Polizeiaufgabengesetz

Polizeiaufgabengesetz

erläutert von
Georg Berner
Generallandesanwalt a. D.

und
Dr. Gerd Michael Köhler
Richter am Bayer. Verwaltungsgerichtshof
Lehrbeauftragter an der Universität Innsbruck

15. Auflage, 1998

Die Deutsche Bibliothek – CIP-Einheitsaufnahme

Berner, Georg:
Polizeiaufgabengesetz / erl. von Georg Berner und Gerd Michael Köhler. – 15. Aufl. – München ; Berlin : Jehle Rehm, 1998
(Handkommentar)
ISBN 3-7825-0388-0

Bei der Herstellung des Bandes haben wir uns zukunftsbewußt für umweltverträgliche und wiederverwertbare Materialien entschieden.
Der Inhalt ist auf elementar chlorfreiem Papier gedruckt.

Alle Rechte vorbehalten
ISBN 3-7825-0388-0
Verlagsgruppe Jehle Rehm GmbH
Einsteinstraße 172, 81675 München
und
Friedrichstraße 130 a, 10117 Berlin
Satz: Kort Satz GmbH, München
Druck und Bindung: Ebner Ulm

Vorwort zur 15. Auflage

Das bayerische Polizeiaufgabengesetz hat seit seinem ersten Erlaß im Jahre 1954 bereits eine Geschichte und vor allem zahlreiche Änderungen hinter sich. Um die Entwicklung zu verstehen, ist es nötig, sich an einige Tatsachen zu erinnern.

Nach dem Grundgesetz (Art. 70) gehört das Organisations- und Tätigkeitsrecht der Polizei im institutionellen Sinn grundsätzlich zur Gesetzgebungszuständigkeit der Länder. Von diesem Grundsatz gibt es nur zwei wichtige Ausnahmen. Nach Art. 73 Nr. 10 GG hat der Bund die ausschließliche Gesetzgebung über die Zusammenarbeit des Bundes und der Länder in der Kriminalpolizei, zum Schutz der Verfassung und zum Schutz gegen die gewalttätige Gefährdung auswärtiger Belange der Bundesrepublik. Nach Art. 74 Nr. 1 GG hat der Bund die konkurrierende Gesetzgebung u. a. auf dem Gebiet des Strafverfahrensrechts und damit auch zur Regelung aller polizeilichen Maßnahmen auf dem Gebiet der Strafverfolgung, die herkömmlich in der StPO enthalten sind. Auf der gleichen Kompetenznorm beruht die Regelung des Ordnungswidrigkeitenrechts, das für Handlungen gilt, die als sogenanntes „Verwaltungsrecht" ohne kriminellen Gehalt zwar für ahndungswürdig gehalten, aber nur mit Geldbuße belegt werden und für den Täter weniger schwerwiegende Folgen haben sollen.

Vor allem dieser bundeseinheitlichen Regelung der polizeilichen Maßnahmen zur Verfolgung von Straftaten und Ordnungswidrigkeiten ist es zuzuschreiben, daß das Fehlen der Rechtseinheit auf dem Gebiet des polizeilichen Tätigkeitsrechts im übrigen hingenommen werden konnte und kann. Den Ländern verblieb damit hauptsächlich die Regelung der Tätigkeit der Polizei zur vorbeugenden Verbrechensbekämpfung und zur Verfolgung nicht bewehrter Verstöße gegen die öffentliche Sicherheit und Ordnung. Das polizeiliche Tätigkeitsrecht der Länder ist aber auch dort von Bedeutung, wo insbesondere die Strafprozeßordnung und das Ordnungswidrigkeitengesetz Verfolgungsmaßnahmen der Polizei nicht abschließend regeln und deshalb im Rahmen des Art. 72 GG das Landesrecht ergänzend oder subsidiär neben das Bundesrecht tritt.

Dieser Umstand hat schon frühzeitig den Wunsch aufkommen lassen, das Polizeirecht der Länder und des Bundes zu vereinheitlichen und zwar sowohl im Interesse der Rechtsklarheit für den Bürger wie für das Recht anwendenden Polizeien. Bereits im Jahre 1951 hat eine Kommission der Arbeitsgemeinschaft der Innenminister/-senatoren der Bundesländer einen Musterentwurf eines „Gesetzes über Maßnahmen der Polizei (materielles Polizeirecht)" erarbeitet, aus dem Gedanken und Formulierungen in das bayerische Polizeiaufgabengesetz von 1954 eingeflossen sind. Zu der beabsichtigten einheitlichen Übernahme des Entwurfs durch die Länder kam es damals jedoch nicht. Am 25. 11. 1977 verabschiedete die Innenministerkonferenz einen neuen „Musterentwurf eines einheitlichen Polizeigesetzes des Bundes und der Länder", der veröffentlicht wurde. Danach hat Bayern als erstes Land mit dem Polizeiaufgabengesetz vom 24. 8. 1978 sein materielles Polizeirecht diesem Entwurf weitgehend angepaßt. Das hat zu inhaltlichen wie systematischen Änderungen des bayerischen materiellen Polizeirechts von nicht geringer Tragweite geführt.

Berlin hat schon in das Allgemeine Gesetz zum Schutz der öffentlichen Sicherheit und Ordnung (ASOG) vom 11. 2. 1975 wichtige Grundsätze des Musterentwurfs übernommen. Die anderen Länder sind zögernder gefolgt und in Einzelfragen auch vom Musterentwurf abgewichen. So ist auf diesem außerordentlich wichtigen Gebiet des Eingriffsrechts zwar die Rechtsgleichheit deutlich vorangekommen, aber doch nicht völlig erreicht worden.

Vorwort

Einen weiteren Schub in der Entwicklung des materiellen Polizeirechts in der Bundesrepublik brachte das Urteil des Bundesverfassungsgerichts zum Volkszählungsgesetz von 1983 mit sich. Die Erkenntnis, daß einerseits der Umfang der Polizei mit personenbezogenen Daten ein Eingriff in die Grundrechte sein kann, andererseits die durch neue Erscheinungsformen der Kriminalität herausgeforderten polizeilichen Maßnahmen wie verdeckte Ermittlungen, polizeiliche Beobachtung oder Rasterfahndung derartige Eingriffe mit sich brachten, ohne daß hierfür eine gesetzliche Grundlage bestand, ließ die Innenministerkonferenz bereits Anfang 1984 einen Entwurf zur Fortentwicklung des Musterentwurfs von 1977 in Auftrag geben, mit dessen Erstellung deren ad-hoc-Ausschuß „Recht der Polizei" beauftragt wurde. Er wurde im März 1986 als „Vorentwurf zur Änderung des Musterentwurfs eines einheitlichen Polizeigesetzes des Bundes und der Länder" verabschiedet und soll seither als Grundlage für die weitere Novellierung der Polizeigesetze im Hinblick auf die polizeiliche Datenerhebung und -verarbeitung dienen. In der Zwischenzeit haben die alten und neuen Länder weitgehend entsprechende Regelungen in Kraft gesetzt, zum 1. 10. 1990 auch Bayern. Mit der Neuregelung der Vorschriften über den Bundesgrenzschutz durch das Gesetz vom 19. 10. 1994 hat auch der Bundesgesetzgeber einen wichtigen Schritt in die gleiche Richtung getan. Rechtsstaatlich unbefriedigend ist es aber nach wie vor, daß die bereits im Musterentwurf von 1977 als wünschenswert bezeichnete und mit den Novellen zur polizeilichen Datenverarbeitung noch dringender gewordene Harmonisierung der Polizeigesetze mit der Strafprozeßordnung bisher nicht abgeschlossen werden konnte.

Die vorliegenden Erläuterungen versuchen, der durch die weitgehende Übernahme des Musterentwurfs von 1977 wie auch nunmehr des Vorentwurfs von 1986 in Bayern entstandenen Gesetzeslage gerecht zu werden.

Die in Randnummern gegliederten Erläuterungen setzen voraus, daß neben dem Wortlaut des Gesetzes auch die zu dessen einzelnen Artikeln ergangene Vollzugsbekanntmachung beachtet wird. Ihr Inhalt wurde in den Erläuterungen regelmäßig nicht wiederholt.

Generell wurde auf alles verzichtet, was für die Anwendung des PAG keine unmittelbare Bedeutung hat, so etwa auf Hinweise zur Gesetzgebung in anderen Ländern oder auf Abweichungen von den Musterentwürfen. Rechtsvergleiche würden den dieser Kommentierung vorgegebenen Rahmen überschreiten. Auf wichtige Entscheidungen der Gerichte aller Instanzen, vor allem der oberen Verwaltungsgerichte und der Verfassungsgerichtsbarkeit, wurde in den Erläuterungen ebenso hingewiesen wie auf interessante Beiträge der Literatur; hierbei ist der Stand vom 1. November 1997 berücksichtigt.

Zur ausgewerteten und zitierten Literatur muß darauf hingewiesen werden, daß bei der Mehrzahl der Veröffentlichungen noch die Sichtweise des preußischen Polizeiverwaltungsgesetzes vorherrscht, die – anders als die bayerische Polizeirechtstradition – nicht unterschied zwischen dem Recht der Vollzugspolizei und der Verwaltungspolizei. Das Recht der Vollzugspolizei ist geprägt durch Notwendigkeit und Unaufschiebbarkeit der Maßnahmen. Das Handeln der Sicherheitsbehörden (Art. 7 POG) unterliegt demgegenüber nicht dem strengen Gebot der Unaufschiebbarkeit und eröffnet damit der fachkundigen Prüfung aller Eingriffsvoraussetzungen durch die Behörde einen deutlich weiteren Zeitrahmen als er der Vollzugspolizei zur Verfügung stehen kann. Die bei allen vollzugspolizeilichen Entscheidungen gebotene Eile bedingt gegenüber verwaltungspolizeilichen Entscheidungen der Sicherheitsbehörden und der mit Sicherheitsaufgaben betrauten Fachbehörden eine andere Sichtweise, die bei der rechtlichen Beurteilung zu berücksichtigen ist. Soweit daher Monographien, Aufsätze und Entscheidungen vorwiegend verwaltungspolizeiliches Handeln und die Verfahrensgrundsätze der allgemeinen Verwaltungsverfahrensgesetze zum Gegenstand haben, muß geprüft werden, ob sich für diesen Bereich gewonnene Erkenntnisse ohne weiteres auf das Recht der Vollzugspolizei und die dort

Vorwort

bestehenden spezifischen Handlungsvoraussetzungen übertragen lassen. Besonders deutlich wird dies bei den Adressaten- und Entschädigungsbestimmungen und bei den Ansprüchen auf Folgenbeseitigung. Schon aus Gründen des vorgegebenen Umfangs kann der Kommentar diese Kritik nicht leisten, sondern muß auf seinen eigentlichen Gegenstand beschränkt bleiben. Beim Heranziehen zitierter Literatur muß dies daher der Aufmerksamkeit des Lesers überlassen bleiben.

Beide Verfasser danken dem Verlag, insbesondere Herrn Benno Dobmeier als Lektor, für die wiederum vorbildliche Betreuung der Neuauflage.

München, Februar 1998 *Die Verfasser*

Inhaltsübersicht

	Seite
Vorwort	V
Abkürzungsverzeichnis	XV
Literaturverzeichnis	XXV

Polizeiaufgabengesetz mit Vollzugsbekanntmachung und Erläuterungen

Die **Abschnitte der Vollzugsbekanntmachung** sind jeweils nach dem Text der Artikel des Gesetzes abgedruckt, zu denen sie gehören. Die Nummern der Vollzugsbekanntmachung entsprechen den Nummern der Gesetzesartikel, zu denen sie gehören, mit Ausnahme der Nrn. 71, 72 und 73. Die Nr. 71 VollzB ist nach Art. 76, Nr. 72 nach Art. 77 und Nr. 73 nach Art. 78 abgedruckt.

I. Abschnitt
Allgemeine Vorschriften

Art. 1	Begriff der Polizei	1
Art. 2	Aufgaben der Polizei	9
Art. 3	Verhältnis zu anderen Behörden	41
Art. 4	Grundsatz der Verhältnismäßigkeit	45
Art. 5	Ermessen, Wahl der Mittel	49
Art. 6	Ausweispflicht des Polizeibeamten	56
Art. 7	Verantwortlichkeit für das Verhalten von Personen	59
Art. 8	Verantwortlichkeit für den Zustand von Sachen	68
Art. 9	Unmittelbare Ausführung einer Maßnahme	75
Art. 10	Inanspruchnahme nicht verantwortlicher Personen	79

II. Abschnitt
Befugnisse der Polizei

Vorbemerkung zum II. Abschnitt des PAG	85
Art. 11 Allgemeine Befugnisse	87
Vorbemerkung zu den besonderen Befugnisvorschriften des PAG (Art. 12–29, 53–69)	107

Inhaltsübersicht

		Seite
Art. 12	Auskunftspflicht	108
Art. 13	Identitätsfeststellung und Prüfung von Berechtigungsscheinen	113
Art. 14	Erkennungsdienstliche Maßnahmen	128
Art. 15	Vorladung	134
Art. 16	Platzverweisung	142
Art. 17	Gewahrsam	151
Art. 18	Richterliche Entscheidung	167
Art. 19	Behandlung festgehaltener Personen	177
Art. 20	Dauer der Freiheitsentziehung	182
Art. 21	Durchsuchung von Personen	188
Art. 22	Durchsuchung von Sachen	194
Art. 23	Betreten und Durchsuchen von Wohnungen	199
Art. 24	Verfahren bei der Durchsuchung von Wohnungen	209
Art. 25	Sicherstellung	213
Art. 26	Verwahrung	227
Art. 27	Verwertung, Vernichtung	231
Art. 28	Herausgabe sichergestellter Sachen oder des Erlöses, Kosten	239
Art. 29	Befugnisse für Aufgaben der Grenzkontrolle und Sicherung von Anlagen	245

III. Abschnitt
Datenerhebung und -verarbeitung

Vorbemerkung zu den Art. 30–49		251

1. Unterabschnitt
Datenerhebung

Vorbemerkung zu Art. 30		257
Art. 30	Grundsätze der Datenerhebung	260
Art. 31	Datenerhebung	265
Art. 32	Datenerhebung bei öffentlichen Veranstaltungen und Ansammlungen sowie an besonders gefährdeten Objekten	271
Art. 33	Besondere Mittel der Datenerhebung	276
Art. 34	Besondere Bestimmungen über den Einsatz technischer Mittel in Wohnungen	285
Art. 35	Besondere Bestimmungen über den Einsatz Verdeckter Ermittler	292
Art. 36	Polizeiliche Beobachtung	295

2. Unterabschnitt
Datenverarbeitung

Vorbemerkung zu Art. 37		298
Art. 37	Allgemeine Regeln der Datenspeicherung, Datenveränderung und Datennutzung	303

Inhaltsübersicht

		Seite
Art. 38	Speicherung, Veränderung und Nutzung von Daten	306
Art. 39	Allgemeine Regelungen der Datenübermittlung	313
Art. 40	Datenübermittlung innerhalb des öffentlichen Bereichs	319
Art. 41	Datenübermittlung an Personen oder Stellen außerhalb des öffentlichen Bereichs	324
Art. 42	Datenübermittlung an die Polizei	329
Art. 43	Datenabgleich innerhalb der Polizei	333
Art. 44	Rasterfahndung	336
Art. 45	Berichtigung, Löschung und Sperrung von Daten	340
Art. 46	Automatisiertes Abrufverfahren	346
Art. 47	Errichtungsanordnung für Dateien	349
Art. 48	Auskunftsrecht	352

3. Unterabschnitt
Anwendung des Bayerischen Datenschutzgesetzes

Art. 49	Anwendung des Bayerischen Datenschutzgesetzes	359

IV. Abschnitt
Vollzugshilfe

Art. 50	Vollzugshilfe	361
Art. 51	Verfahren	368
Art. 52	Vollzugshilfe bei Freiheitsentziehung	372

V. Abschnitt
Zwang

1. Unterabschnitt
Erzwingung von Handlungen, Duldungen und Unterlassungen

Art. 53	Zulässigkeit des Verwaltungszwangs	377
Art. 54	Zwangsmittel	382
Art. 55	Ersatzvornahme	384
Art. 56	Zwangsgeld	388
Art. 57	Ersatzzwangshaft	391
Art. 58	Unmittelbarer Zwang	394
Art. 59	Androhung der Zwangsmittel	399

Inhaltsübersicht

2. Unterabschnitt
Anwendung unmittelbaren Zwangs

		Seite
Art. 60	Rechtliche Grundlagen	405
Art. 61	Begriffsbestimmung	410
Art. 62	Handeln auf Anordnung	415
Art. 63	Hilfeleistung für Verletzte	420
Art. 64	Androhung unmittelbaren Zwangs	422
Art. 65	Fesselung von Personen	427
Art. 66	Allgemeine Vorschriften für den Schußwaffengebrauch	430
Art. 67	Schußwaffengebrauch gegen Personen	438
Art. 68	Schußwaffengebrauch gegen Personen in einer Menschenmenge	445
Art. 69	Besondere Waffen, Sprengmittel	449

VI. Abschnitt
Entschädigungs-, Erstattungs- und Ersatzansprüche

Vorbemerkung zu den Art. 70–73		453
Art. 70	Entschädigungsanspruch	457
Art. 71	Erstattungsanspruch	466
Art. 72	Ersatzanspruch	468
Art. 73	Rechtsweg	470

VII. Abschnitt
Schlußbestimmungen

Art. 74	Einschränkung von Grundrechten	473
Art. 75	*(Änderungsbestimmung)*	476
Art. 76	Verhältnis zum Kostengesetz	476
Art. 77	Begriff der Polizeibehörde	486
Art. 78	Inkrafttreten	488

Anhang

1. Verordnung über die Wahrnehmung von Aufgaben und Befugnissen der „Polizeibehörden" durch die Polizei 493
2. Zusammenarbeit zwischen Staatsanwaltschaft und Polizei (Bek des Bayer. Staatsministeriums des Innern) 494

Vorbemerkung zu den Nrn 3 und 4 496

Inhaltsübersicht

	Seite
3. Gesetz über den unmittelbaren Zwang bei Ausübung öffentlicher Gewalt durch Vollzugsbeamte des Bundes (UZwG)	496
4. Allgemeine Verwaltungsvorschrift des Bundesministers des Innern zum Gesetz über den unmittelbaren Zwang bei Ausübung öffentlicher Gewalt durch Vollzugsbeamte des Bundes (UZwVwV – BMI)	503
5. Polizeikostenverordnung (PolKV)	516
6. Gesetz über die Organisation der Bayerischen Staatlichen Polizei (Polizeiorganisationsgesetz – POG) mit Vollzugsbekanntmachung	517
7. Gesetz über die Sicherheitswacht in Bayern (Sicherheitswachtgesetz – SWG)	531
8. Vollzug des Gesetzes über die Sicherheitswacht in Bayern (Sicherheitswachtgesetz – SWG) (Bek des Bayer. Staatsministeriums des Innern)	536
Stichwortverzeichnis	545

Abkürzungsverzeichnis

a. A.	anderer Ansicht
a. a. O.	am angegebenen Ort
abgedr.	abgedruckt(e)(en)
Abschn.	Abschnitt
a. E.	am Ende
ÄndG	Änderungsgesetz
a. F.	alte Fassung
AG, AusführungsG	Ausführungsgesetz
AGBGB	Gesetz zur Ausführung des Bürgerlichen Gesetzbuchs und anderer Gesetze (BayRS 400-1-J)
AGGVG	Gesetz zur Ausführung des Gerichtsverfassungsgesetzes und von Verfahrensgesetzen des Bundes (BayRS 300-1-1-J)
AG ... (in)	Amtsgericht in ...
AGPersPaßG	Gesetz zur Ausführung des Gesetzes über Personalausweise und des Paßgesetzes (BayRS 210-1-I)
AGStPO	Ausführungsgesetz zur Strafprozeßordnung (BayBS III S. 149)
AGVereinsG	Gesetz zur Ausführung des Vereinsgesetzes (BayRS 2180-1-I)
AGVersammlG	Gesetz zur Ausführung des Versammlungsgesetzes (BayRS 2180-4-I)
AGVwGO	Ausführungsgesetz zur Verwaltungsgerichtsordnung (BayRS 34-1-I)
AllMBl	Allgemeines Ministerialblatt
Alt.	Alternative
amtl. Begr. 1954	amtliche Begründung zum Entwurf eines Gesetzes über die Aufgaben und Befugnisse der Polizei in Bayern (Drucksachen des Bayer. Landtags, 2. Legislaturperiode, Tagung 1953/54, Beilage 4660)
amtl. Begr. ÄG	amtliche Begründung zum Entwurf eines Gesetzes zur Änderung des Polizeiaufgabengesetzes (Drucksachen des Bayer. Landtags, 4. Legislaturperiode, Beilage 3031)
amtl. Begr. 1978	amtliche Begründung zum Entwurf eines Gesetzes über die Aufgaben und Befugnisse der Bayerischen Staatlichen Polizei (Bayer. Landtag, 8. Wahlperiode, Drucksache 8/8134)
amtl. Begr. 1988	amtliche Begründung zum Entwurf eines Zweiten Gesetzes zur Änderung des Polizeiaufgabengesetzes (Drucksachen des Bayer. Landtags, 11. Wahlperiode, Drucksache 11/9078)

Abkürzungsverzeichnis

amtl. Begr. 1990	amtliche Begründung zum Entwurf eines Dritten Gesetzes zur Änderung des Polizeiaufgabengesetzes (Drucksachen des Bayer. Landtags, 11. Wahlperiode, Drucksache 11/16263)
amtl. Begr. 1994	amtliche Begründung zum Entwurf eines Gesetzes zur Änderung polizeirechtlicher Vorschriften (Drucksachen des Bayer. Landtags, 13. Wahlperiode, Drucksache 13/36)
Anh.	Anhang
Anm.	Anmerkung(en)
AO 1977	Abgabenordnung vom 16. März 1976 (BGBl III 610-I-3)
AöR	Archiv für öffentliches Recht
AsylVfG	Asylverfahrensgesetz (BGBl III 26-5)
AT	Allgemeiner Teil
AuslG	Ausländergesetz (BGBl III 26-6)
AV	Ausführungsverordnung
B	Beschluß
BAT	Bundes-Angestelltentarifvertrag
BayAbfAlG	Gesetz zur Vermeidung, Verwertung und sonstigen Entsorgung von Abfällen und zur Erfassung und Überwachung von Altlasten in Bayern (Bayerisches Abfallwirtschafts- und Altlastengesetz) (BayRS 2129-2-1-U)
BayArchivG	Bayerisches Archivgesetz (BayRS 2241-1-K)
BayBFH	Bayerische Beamtenfachhochschule
BayBG	Bayer. Beamtengesetz (BayRS 2030-1-1-F)
BayBgm	Der Bayerische Bürgermeister
BayBO	Bayer. Bauordnung (BayRS 2132-1-I)
BayBS	Bereinigte Sammlung des bayerischen Landesrechts
BayBSVl	Bereinigte Sammlung der Verwaltungsvorschriften des Bayerischen Staatsministeriums des Innern
BayDSG	Bayerisches Datenschutzgesetz (BayRS 204-1-I)
BayEG	Bayerisches Gesetz über die entschädigungspflichtige Enteignung (BayRS 2141-1-I)
BayFiG	Fischereigesetz für Bayern (BayRS 793-1-E)
BayJG	Bayer. Jagdgesetz (BayRS 792-1-E)
BayMeldeG	Bayerisches Gesetz über das Meldewesen (BayRS 210-3-I)
BayNatSchG	Gesetz über den Schutz der Natur, die Pflege der Landschaft und die Erholung in der freien Natur (Bayerisches Naturschutzgesetz – BayNatSchG) (BayRS 791-1-U)

Abkürzungsverzeichnis

BayObLG	Bayerisches Oberstes Landesgericht
BayObLGZ	Entscheidungen des Bayerischen Obersten Landesgerichts in Zivilsachen
BayPrG	Gesetz über die Presse (BayRS 2250-1-I)
BayRS	Bayerische Rechtssammlung
BayRSG	Gesetz über die Sammlung des Bayerischen Landesrechts (Bayerisches Rechtssammlungsgesetz) (BayRS 1141-1-S)
BayStatG	Bayerisches Statistikgesetz (BayRS 290-1-I)
BayVBl	Bayerische Verwaltungsblätter
BayVerfGH	Bayerischer Verfassungsgerichtshof
BayVerfGHE	Entscheidungen des Bayerischen Verfassungsgerichtshofs
BayVGH	Bayerischer Verwaltungsgerichtshof
BayVSG	Bayerisches Verfassungsschutzgesetz (BayRS 12-1-I)
BayVwVfG	Bayerisches Verwaltungsverfahrensgesetz (BayRS 2010-1-I)
BayWaldG	Waldgesetz für Bayern (BayRS 7902-1-E)
BDSG	Bundesdatenschutzgesetz (BGBl III 204-3)
Begr.	Begründung
Bek	Bekanntmachung
Bem.	Bemerkung
ber.	berichtigt
betr.	betreffend, betreffs
BGB	Bürgerliches Gesetzbuch
BGBl	Bundesgesetzblatt
BGH	Bundesgerichtshof
BGHSt	Entscheidungen des Bundesgerichtshofs in Strafsachen
BGHZ	Entscheidungen des Bundesgerichtshofs in Zivilsachen
BGS	Bundesgrenzschutz
BGSG	Gesetz über den Bundesgrenzschutz (Bundesgrenzschutzgesetz) i. d. F. des BGSNeuRegG (BGBl I 1994 S. 2978)
BGSNeuRegG	Gesetz zur Neuregelung der Vorschriften über den Bundesgrenzschutz (Bundesgrenzschutzneuregelungsgesetz – BGSNeuRegG) vom 19. Oktober 1994 (BGBl 1994 S. 2978)
BKA	Bundeskriminalamt
BKAG	Gesetz über die Einrichtung eines Bundeskriminalpolizeiamtes (Bundeskriminalamtes) i. d. F. der Bek vom 29. Juni 1973 (BGBl I 1973 S. 704)

Abkürzungsverzeichnis

BRRG	Rahmengesetz zur Vereinheitlichung des Beamtenrechts (Beamtenrechtsrahmengesetz) BGBl III 2030-1)
BSeuchenG	Gesetz zur Verhütung und Bekämpfung übertragbarer Krankheiten beim Menschen (Bundes-Seuchengesetz) (BGBl III 2126-1)
BStatG	Gesetz über die Statistik für Bundeszwecke (Bundesstatistikgesetz) (BGBl III 29-22)
BStMI	Bayerisches Staatsministerium des Innern
BtMG	Gesetz über den Verkehr mit Betäubungsmitteln (Betäubungsmittelgesetz – BtMG) (BGBl III 2121-6-24)
Buchst.	Buchstabe
BundesjagdG	Bundesjagdgesetz (BGBl III 792-1)
BundesleistungsG, BLG	Bundesleistungsgesetz (BGBl III 54-1)
BV	Verfassung des Freistaates Bayern (BayRS 100-1-S)
BVerfGE	Entscheidungen des Bundesverfassungsgerichts
BVerfSchG	Gesetz über die Zusammenarbeit des Bundes und der Länder in Angelegenheiten des Verfassungsschutzes und über das Bundesamt für Verfassungsschutz (Bundesverfassungsschutzgesetz) (BGBl III 12-4)
BVerwG	Bundesverwaltungsgericht
BVerwGE	Entscheidungen des Bundesverwaltungsgerichts
BVfG, BVerfG	Bundesverfassungsgericht
BZRG	Gesetz über das Zentralregister und das Erziehungsregister (Bundeszentralregistergesetz) (BGBl III 312-7)
CuR	Computer und Recht
DAR	Deutsches Autorecht
ders.	derselbe
d. i.	das ist
Diss	Dissertation
DNP	Die Neue Polizei
DÖD	Der Öffentliche Dienst
DÖV	Die Öffentliche Verwaltung
DRiZ	Deutsche Richterzeitung
DVBl	Deutsches Verwaltungsblatt
d. Verf.	der (die) Verfasser
E, Een	Entscheidung, Entscheidungen
EGGVG	Einführungsgesetz zum Gerichtsverfassungsgesetz (BGBl III 300-1)

Abkürzungsverzeichnis

EGOWiG	Einführungsgesetz zum Gesetz über Ordnungswidrigkeiten (BGBl I S. 503)
EGStGB	Einführungsgesetz zum Strafgesetzbuch (BGBl III 450-1)
EGStPO	Einführungsgesetz zur Strafprozeßordnung (BGBl III 312-1)
ehem.	ehemals, ehemalig(e)(en)
erg.	ergänzend, ergänzt
erkdM	erkennungsdienstliche Maßnahmen
Erl.	Erläuterung(en)
EU	Europäische Union
EuGH	Gerichtshof der Europäischen Gemeinschaften
f., ff.	folgend, folgende
FGG	Gesetz über die Angelegenheiten der freiwilligen Gerichtsbarkeit (BGBl III 315-1)
FNAllMBl	Fortführungsnachweis zum Allgemeinen Ministerialblatt
FNBayRS	Fortführungsnachweis zur Bayerischen Rechtssammlung
FreihEntzG	Gesetz über das gerichtliche Verfahren bei Freiheitsentziehungen (BGBl III 316-1)
FS	Festschrift für . . .
FSt	Die Fundstelle für die Kommunalverwaltung in Bayern
Fußn.	Fußnote
FVGebO	Gebührenordnung zur Fahrzeugverordnung (BayRS 2013-2-2-I)
G	Gesetz
G 10-Gesetz	Gesetz zur Beschränkung des Brief-, Post- und Fernmeldegeheimnisses (Gesetz zu Artikel 10 Grundgesetz) (BGBl III 190-2)
GA	Goldtammers Archiv für Strafrecht
geänd.	geändert(e)(en)
gem.	gemäß
GemB	Gemeinsame Bekanntmachung
GemPolG	Gesetz über die Gemeindepolizei (BayRS 2012-2-2-3)
GeschO BT	Geschäftsordnung des Deutschen Bundestages
GeschO LT	Geschäftsordnung für den Bayerischen Landtag (BayRS 1100-3-I)
GewArch	Gewerbearchiv
GewO	Gewerbeordnung (BGBl III 7100-1)
GG	Grundgesetz für die Bundesrepublik Deutschland (BGBl III 100-1)

Abkürzungsverzeichnis

GKrG	Gesetz zur Bekämpfung der Geschlechtskrankheiten (BGBl III 2126-4)
GMBl	Gemeinsames Ministerialblatt
GO	Gemeindeordnung für den Freistaat Bayern (BayRS 2020-1-1-I)
GüKG	Güterkraftverkehrsgesetz (BGBl III 9241-1)
GVBl	Bayer. Gesetz- und Verordnungsblatt
GVG	Gerichtsverfassungsgesetz (BGBl III 300-2)
GZS	Großer Zivilsenat
HGB	Handelsgesetzbuch (BGBl III 4100-1)
HRR	Höchstrichterliche Rechtsprechung
Hrsg.	Herausgeber
i. d. F.	in der Fassung
i. Verb. m.	in Verbindung mit
INPOL	Informationssystem der Polizei
i. S.	im Sinne
JA	Juristische Arbeitsblätter
JAG	Gesetz zur Ausführung des Gesetzes für Jugendwohlfahrt, des Gesetzes zum Schutze der Jugend in der Öffentlichkeit und des Gesetzes über die Verbreitung jugendgefährdender Schriften (Jugendamtsgesetz) (BayRS 2162-1-A)
JGG	Jugendgerichtsgesetz (BGBl III 451-1)
JMBl	Bayerisches Justizministerialblatt
JÖSchG	Gesetz zum Schutze der Jugend in der Öffentlichkeit (Jugendschutzgesetz – JÖSchG) (BGBl III 2161-5/1)
JR	Juristische Rundschau
JuS	Juristische Schulung
JZ	Juristenzeitung
KG	Kostengesetz (BayRS 2013-1-1-F)
KJ	Kritische Justiz
KörperschaftssteuerG	Körperschaftssteuergesetz 1984 i. d. F. der Bek vom 10. Februar 1984 (BGBl I S. 217)
KpS-Richtlinien	Richtlinien für die Führung kriminalpolizeilicher personenbezogener Sammlungen des Bayer. Staatsministeriums des Innern vom 13. November 1981 (nicht veröffentlicht)
KR-Pol	Richtlinien zur Erhebung von Kosten und anderen öffentlich-rechtlichen Geldleistungen durch die Polizei vom 3. Februar 1984, abgedruckt bei Rott, Kostenerhebung durch die Polizei

Abkürzungsverzeichnis

KunstUrhG	Gesetz betreffend das Urheberrecht an Werken der bildenden Künste und der Photographie (BGBl III 440-3)
LG	Landgericht
LKA	Bayer. Landeskriminalamt
LmBG, LMBG	Gesetz über den Verkehr mit Lebensmitteln, Tabakerzeugnissen, kosmetischen Mitteln und sonstigen Bedarfsgegenständen (Lebensmittel- und Bedarfsgegenständegesetz) (BGBl III 2125-40)
LStVG	Gesetz über das Landesstrafrecht und das Verordnungsrecht auf dem Gebiet der öffentlichen Sicherheit und Ordnung (Landesstraf- und Verordnungsgesetz) (BayRS 2011-2-I)
LT	Landtag(s)
MABl	Ministerialamtsblatt der Bayerischen Inneren Verwaltung
MB	Ministerialbekanntmachung
MDR	Monatsschrift für Deutsches Recht
ME, MEen	Ministerialentschließung, Ministerialentschließungen
MRK	Europäische Konvention zum Schutz der Menschenrechte und Grundfreiheiten vom 4. November 1950 (BGBl 1952 II S. 685)
MS	Ministerialschreiben
m. weit. Nachw.	mit weiteren Nachweisen
n. F.	neue Fassung
NJW	Neue Juristische Wochenschrift
ns.	nationalsozialistisch
NStZ	Neue Zeitschrift für Strafrecht
NVwZ	Neue Zeitschrift für Verwaltungsrecht
NVwZ-RR	NVwZ-Rechtsprechungs-Report Verwaltungsrecht
NZV	Neue Zeitschrift für Verkehrsrecht
ObLG	Bayerisches Oberstes Landesgericht
ObLGSt	Entscheidungen des Bayerischen Obersten Landesgerichts in Strafsachen
OLG	Oberlandesgericht
OrgKG	Gesetz zur Bekämpfung des illegalen Rauschgifthandels und anderer Erscheinungsformen der Organisierten Kriminalität (BGBl I 1992 S. 1302)
OVG	Oberverwaltungsgericht
OVGE	Entscheidungen der Oberverwaltungsgerichte für das Land Nordrhein-Westfalen in Münster sowie für die Länder Niedersachsen und Schleswig-Holstein in Lüneburg

Abkürzungsverzeichnis

OWiG	Gesetz über Ordnungswidrigkeiten (BGBl III 454-1)
PAG	Gesetz über die Aufgaben und Befugnisse der Bayerischen Staatlichen Polizei (Polizeiaufgabengesetz) (BayRS 2012-1-1-I)
(1.) PAGÄndG	Gesetz zur Änderung des Polizeiaufgabengesetzes vom 21. Juli 1983 (GVBl S. 507)
2. PAGÄndG	Zweites Gesetz zur Änderung des Polizeiaufgabengesetzes vom 23. März 1989 (GVBl S. 79)
3. PAGÄndG	Drittes Gesetz zur Änderung des Polizeiaufgabengesetzes vom 24. August 1990 (GVBl S. 329)
PaßG	Paßgesetz (BGBl III 210-5)
PBefG	Personenbeförderungsgesetz (BGBl III 9240-1)
PDV	Polizeidienstvorschrift
PersonalausweisG	Gesetz über Personalausweise (BGBl III 210-1)
PFA	Polizeiführungsakademie Münster-Hiltrup
POG	Gesetz über die Organisation der Bayerischen Staatlichen Polizei (Polizeiorganisationsgesetz) (BayRS 2012-2-1-I)
pol.	polizeilich(e)(en)(es)
PolKV	Polizeikostenverordnung (BayRS 2012-1-1-2-I)
polVÄndG	Gesetz zur Änderung polizeirechtlicher Vorschriften vom 23. Dezember 1994 (GVBl S 1050)
PostG	Gesetz über das Postwesen (BGBl III 901-I)
PrOVG	Preußisches Oberverwaltungsgericht
prPVG	preußisches Polizeiverwaltungsgesetz vom 1. Juni 1931 (pr. Gesetzessammlung S. 77)
RdNr.(n)	Randnummer(n)
RGBl	Reichsgesetzblatt
RGSt	Entscheidungen des Reichsgerichts in Strafsachen
RiA	Das Recht im Amt
Rspr.	Rechtsprechung
RuP	Recht und Politik
S.	Seite
SchPG	Schulpflichtgesetz (BayRS 2230-8-1-K)
SGB-X	Sozialgesetzbuch – Verwaltungsverfahren – (BGBl I S 1469, 2218)
SprengstoffG	Gesetz über explosionsgefährliche Stoffe (Sprengstoffgesetz) (BGBl III 7134-2)

Abkürzungsverzeichnis

StAnz	Bayer. Staatsanzeiger
StGB	Strafgesetzbuch (BGBl III 450-2)
StPO	Strafprozeßordnung (BGBl III 312-2)
str.	streitig
StrBerAnpG	Gesetz zur Bereinigung des Landesrechts und zur Anpassung von Straf- und Bußgeldvorschriften an das Bundesrecht (BayRS 1141-8-S)
StrEG	Gesetz über die Entschädigung für Strafverfolgungsmaßnahmen (BGBl III 313-4)
StVG	Straßenverkehrsgesetz (BGBl III 9231-1)
StVO	Straßenverkehrs-Ordnung (BGBl III 9233-1)
StVollzG	Gesetz über den Vollzug der Freiheitsstrafe und der freiheitsentziehenden Maßnahmen der Besserung und Sicherung (Strafvollzugsgesetz) (BGBl III 312-9-1)
StVZO	Straßenverkehrs-Zulassungs-Ordnung (BGBl III 9232-1)
SWG	Gesetz über die Sicherheitswacht in Bayern (Sicherheitswachtgesetz – SWG) (BayRS 2012-2-3-I)
TierschutzG	Tierschutzgesetz (BGBl III 7833-3)
TierseuchenG	Tierseuchengesetz (BGBl III 7831-1)
TrinkwV	Verordnung über Trinkwasser und über Wasser für Lebensmittelbetriebe (Trinkwasserverordnung – TrinkwV) vom 22. Mai 1986 (BGBl I S. 760)
U., Urt.	Urteil
UmwPLR, UPR	Umwelt- und Planungsrecht
UnterbrG	Gesetz über die Unterbringung psychisch Kranker und deren Betreuung (Unterbringungsgesetz) (BayRS 2128-1-I)
UZwG	Gesetz über den unmittelbaren Zwang bei Ausübung öffentlicher Gewalt durch Vollzugsbeamte des Bundes (BGBl III 201-5)
UZwVwV – BMI –	Allgemeine Verwaltungsvorschrift des Bundesministers des Innern zum Gesetz über den unmittelbaren Zwang bei Ausübung öffentlicher Gewalt durch Vollzugsbeamte des Bundes vom 18. Januar 1974 (GMBl 1974 S. 55)
V, VO	Verordnung
VereinsG	Gesetz zur Regelung des öffentlichen Vereinsrechts (Vereinsgesetz) (BGBl III 2180-1)
VerfGH	(Bayer.) Verfassungsgerichtshof; Zitat der Entscheidungen: z. B. VerfGH 4, 109 = Teil II der unter „VGH n. F." genannten Entscheidungssammlung, Bd. 4, S. 109
VersammlG	Gesetz über Versammlungen und Aufzüge (Versammlungsgesetz) (BGBl III 2180-4)

Abkürzungsverzeichnis

VersR	Versicherungsrecht
VerwArch	Verwaltungsarchiv
VG	Verwaltungsgericht
VGH	Bayer. Verwaltungsgerichtshof
VGH n. F.	Entscheidungssammlung BayVGH/BayVerfGH neue Folge
VkBl	Verkehrsblatt (Amtsblatt des Bundesministers für Verkehr der Bundesrepublik Deutschland)
VMBl	Ministerialblatt des Bundesministers für Verteidigung
VollzB	Vollzug des Polizeiaufgabengesetzes; Bek des Bayer. Staatsministeriums des Innern vom 28. August 1978 (MABl S. 629), letztmals geändert durch Bek vom 23. Dezember 1994 (AllMBl S. 27)
vorst.	vorstehend(e)(en)
VR	Verwaltungsrundschau
VRspr.	Verwaltungsrechtsprechung in Deutschland (Entscheidungssammlung)
VVDStRL	Veröffentlichungen der Vereinigung der Deutschen Staatsrechtslehrer
VwGO	Verwaltungsgerichtsordnung (BGBl III 340-1)
VwVfG	s. BayVwVfG
VwZVG	Bayerisches Verwaltungszustellungs- und Vollstreckungsgesetz (BayRS 2010-2-I)
WaffenG	Waffengesetz (BGBl III S. 7133-3)
WHG	Gesetz zur Ordnung des Wasserhaushalts (Wasserhaushaltsgesetz – WHG) (BGBl III 753-1)
WehrpflichtG	Wehrpflichtgesetz (BGBl III 50-1)
WehrstrafG	Wehrstrafgesetz (BGBl III 452-2)
ZAR	Zeitschrift für Ausländerrecht
ZEVIS	Zentrales Verkehrsinformationsgesetz
zit.	zitiert
ZivildienstG	Gesetz über den Zivildienst der Kriegsdienstverweigerer (Zivildienstgesetz) (BGBl III 55-2)
ZPO	Zivilprozeßordnung (BGBl III 310-4)
ZRP	Zeitschrift für Rechtspolitik

Literaturverzeichnis

Auf die halbfett hervorgehobene Literatur wird zum vertiefenden Studium unter Berücksichtigung des bayerischen Polizeirechts hingewiesen.

Bengl/Berner/Emmerig	Bayerisches Landesstraf- und Verordnungsgesetz, Kommentar (Loseblattausgabe)
Drews/Wacke/Vogel/ Martens	**Gefahrenabwehr, 9. Auflage 1986, Carl Heymanns Verlag**
Eyermann/Fröhler/ Kormann	Verwaltungsgerichtsordnung, 9. Auflage 1988
Gallwas/Mößle	**Bayerisches Polizei- und Sicherheitsrecht, 2. Auflage 1996 (Boorberg Verlag)**
Götz	**Allgemeines Polizei- und Ordnungsrecht, 12. Auflage 1995 (Verlag Vandenhoeck & Ruprecht)**
Gusy	**Polizeirecht, 3. Auflage 1996 (Verlag J. C. B. Mohr [Paul Sibeck])**
Heise/Riegel	Heise/Riegel, Musterentwurf eines einheitlichen Polizeigesetzes, 2. Auflage 1978
Honnacker/Beinhofer	**Polizeiaufgabengesetz – PAG –, 16. Auflage 1995 (Boorberg Verlag)**
Kleinknecht/ Meyer-Goßner	Strafprozeßordnung, 14. Auflage 1997
Knemeyer	**Polizei- und Ordnungsrecht, 6. Auflage 1995 (Verlag C. H. Beck)**
König	**Bayerisches Polizeirecht, 2. Auflage 1985 (Carl Heymanns Verlag)**
Kopp, VwGO	Verwaltungsgerichtsordnung, 10. Auflage 1994
Kopp, VwVfG	Verwaltungsverfahrensgesetz, 6. Auflage 1996
Lisken/Denninger	Handbuch des Polizeirechts, 2. Auflage 1996
Maunz/Dürig/Herzog/ Scholz	Grundgesetz (Loseblattausgabe)
Meder	Die Verfassung des Freistaates Bayern, 4. Auflage 1992
Meyer/Köhler	Das neue Demonstrations- und Versammlungsrecht, 3. Auflage 1990

Literaturverzeichnis

Nawiasky/Leusser	Nawiasky/Leusser/Schweiger/Zacher, Die Verfassung des Freistaates Bayern (Loseblattausgabe)
Palandt-Bearbeiter	Bürgerliches Gesetzbuch, Kommentar, 57. Auflage 1998
Raedeker/von Oertzen	Verwaltungsgerichtsordnung, Kommentar, 12. Auflage 1997
Scholler/Schloer	**Grundzüge des Polizei- und Ordnungsrechts in der Bundesrepublik Deutschland, 4. Auflage 1993 (Verlag C. F. Müller)**
Wilde/Ehmann/ Niese/Knoblauch	Bayerisches Datenschutzgesetz, Kommentar (Loseblattausgabe)

Gesetz über die Aufgaben und Befugnisse der Bayerischen Staatlichen Polizei
(Polizeiaufgabengesetz – PAG)

BayRS 2012-1-1-I; in der Fassung der Bek vom 14. September 1990 (GVBl S. 397), geändert durch Gesetz vom 27. Dezember 1991 (GVBl S. 496), vom 23. Juli 1993 (GVBl S. 498), § 1 des Gesetzes vom 23. Dezember 1994 (GVBl S. 1050) und § 2 des Gesetzes vom 26. Juli 1997 (GVBl S. 342)

I. Abschnitt
Allgemeine Vorschriften

Art. 1
Begriff der Polizei

Polizei im Sinn dieses Gesetzes sind die im Vollzugsdienst tätigen Dienstkräfte der Polizei des Freistaates Bayern.

Vollzug des Polizeiaufgabengesetzes

Bek des Bayer. Staatsministeriums des Innern vom 28. August 1978 (MABl S. 629), geändert durch Bek vom 24. November 1983 (MABl S. 977), vom 11. Juli 1985 (MABl S. 340), vom 22. März 1989 (AllMBl S. 363), vom 12. April 1991 (AllMBl S. 196) und vom 23. Dezember 1994 (AllMBl 1995 S. 27)

An die Dienststellen der Bayerischen Polizei

nachrichtlich an
die Regierungen
die Landratsämter
die Gemeinden

Für den Vollzug des Polizeiaufgabengesetzes vom 14. September 1990 (GVBl S. 397) wird folgendes bestimmt:

1 Zu Art. 1 (Begriff der Polizei)

Im Vollzug tätig sind diejenigen einer Laufbahn des Polizeivollzugsdienstes angehörenden Dienstkräfte der Polizei, die – nicht nur im innerdienstlichen Bereich (ohne Außenwirkung) – für Aufgaben im Sinn des Art. 2 eingesetzt

Art. 1

oder hierfür bereitgehalten werden. Beamte der Bereitschaftspolizei sind daher Polizei im Sinn des PAG, sobald sie nach ihrem Ausbildungsstand für den Vollzugsdienst (Einzeldienst oder Einsatz im geschlossenen Verband) bereitstehen.

1   Die **Gesetzgebungszuständigkeit** der Länder für die im PAG geregelte Rechtsmaterie ist unbestritten. Der BayVerfGH (in BayVBl 1990, 654/658) führt hierzu aus: „Gemäß Art. 30 und 70 Abs. 1 GG haben die Länder das Recht zur Gesetzgebung, soweit das Grundgesetz nicht dem Bund Gesetzgebungsbefugnisse verleiht. Das allgemeine Polizei- und Sicherheitsrecht, das der präventiv-polizeilichen Gefahrenabwehr dient, ist in den Art. 73 bis 75 GG nicht als selbständiger Sachbereich aufgeführt und gehört deshalb zur ausschließlichen Gesetzgebungszuständigkeit der Länder. Präventiv-polizeiliche Maßnahmen dienen der Abwehr und der Beseitigung von Gefahren oder Störungen für die öffentliche Sicherheit oder Ordnung einschließlich der Verhütung oder der Unterbindung von Straftaten und Ordnungswidrigkeiten. Demgegenüber setzen Maßnahmen der Strafverfolgung den Anfangsverdacht einer bereits begangenen Straftat oder Ordnungswidrigkeit voraus, sie zielen auf die Aufklärung und Ahndung dieser Taten."

Im Sachbereich der öffentlichen Sicherheit und Ordnung herrscht nach BayVerfGH in BayVBl 1995, 76/81 in besonderer Weise das **Opportunitätsprinzip**. Im Recht der Gefahrenabwehr ist der **Normgeber**, wenn er sich zum Eingreifen gegen eine Gefahrenquelle entschlossen hat, nicht allgemein verpflichtet, in gleicher Weise auch gegen andere, ähnlich gelagerte Gefahrenquellen vorzugehen. Er darf dabei allerdings **nicht willkürlich** (s. u.) handeln. Seine **Gestaltungsfreiheit** ist unter dem Blickwinkel des Gleichheitssatzes tendenziell um so größer, je schwerer der Schutzzweck der Regelung zu gewichten ist und je weniger empfindlich in die Grundrechte der Betroffenen eingegriffen wird. Neben dem Grad der Ungleichbehandlung sind auch deren Gewicht, der Grad der Härte und damit letztlich die **Verhältnismäßigkeit** der einschränkenden Regelung von Bedeutung (vgl. RdNrn 2 zu Art. 4 und 4 zu Art. 11).

Bei der **materiellrechtlichen Regelung** insbesondere im Bereich der Gefahrenabwehr hat der **Normgeber** ebenfalls weitgehende **Gestaltungsfreiheit**. Fachbezogene Erwägungen über die sachliche Eignung einer Regelung zur Erreichung des gesetzgeberischen Ziels können nur dann durch die Verfassungsgerichte beanstandet werden, wenn sie offensichtlich fehlerhaft oder eindeutig widerlegbar sind oder wenn sie der verfassungsrechtlichen Wertordnung widersprechen. Als **willkürlich** kann eine Regelung nur gelten, wenn für sie jeder sachliche Grund fehlt und damit die äußersten Grenzen der gesetzgeberischen Gestaltungsfreiheit verletzt sind (s. BayVerfGH in BayVBl 1995, 76/80, 81 m. weit. Nachw.).

Das **PAG gilt für die Polizei des Freistaates Bayern**. Es gilt daher **grundsätzlich nicht für Polizeibeamte des Bundes** (Bundeskriminalamt, Bundesgrenzschutz einschließlich Bahnpolizei und Sicherung des Luftverkehrs nach Maßgabe der §§ 1 bis 4 BGSG; weitere Bundespolizeiorgane s. Schreiber in NVwZ 1995, 521/525; zum BGSG 1994 s. Gröpl in DVBl 1995, 317 und Schreiber a. a. O. Das PAG gilt ebenfalls nicht für Dienstkräfte von **EUROPOL**. Die in einem Übereinkommen der Europäischen Union geregelte Errichtung eines **Europäischen Polizeiamtes** (EUROPOL) soll vornehmlich die Zusammenarbeit der vertragschließenden Staaten bei der Bekämpfung von Terrorismus, organisierter Kriminalität und illegalem Drogenhandel koordinieren und verbessern. Es soll insbesondere für die Polizei bedeutsame Daten über Drogendelikte, Menschenhandel, Nuklear- und Schleuserkriminalität, Autoschieberei und Geldwäsche sammeln, analysieren und auswerten. Vollzugspolizeiliche Befugnisse im Sinne des PAG stehen den bei EUROPOL tätigen Dienstkräften bis auf weiteres nicht zu. Näheres s. Waechter in ZRP 1996, 167; Di Fabio in DÖV 1997, 89/96 ff.; Schreckenberger in VerwArch Bd. 88 (1997), 389/409 ff.

Werden Polizeivollzugsbeamte eines anderen Bundeslandes oder des Bundes im Einzeldienst, in geschlossenen Verbänden oder Einheiten oder im gemeinsamen Einsatz in Bayern tätig, sind Art. 11 POG und die §§ 59 und 65 BGSG zu beachten. Werden bayerische Polizeivollzugsbeamte im Zuständigkeitsbereich des Bundesgrenzschutzes tätig, ist Art. 64 BGSG zu beachten; für die Befugnisse bayerischer Beamter gilt auch in diesem Fall das PAG (§ 64 Abs. 2 BGSG).

Die **Ausübung hoheitsrechtlicher Befugnisse** ist nach Art. 33 Abs. 4 GG als ständige Aufgabe in der Regel **Angehörigen des öffentlichen Dienstes** zu übertragen, die in einem **öffentlich-rechtlichen Dienst- und Treueverhältnis** stehen. Diesem Erfordernis entspricht Art. 1.

Polizei im Sinne dieses Gesetzes sind nur die auch nach außen als Vollzugsdienst in Erscheinung tretenden Angehörigen der besonderen staatlichen Einrichtung (Institution) der Polizei (eingeschränkter institutioneller Polizeibegriff). Demgegenüber geht das POG in Art. 1 vom uneingeschränkten institutionellen Polizeibegriff aus, trifft aber wichtige Regelungen, z. B. die der örtlichen Zuständigkeit (Art. 3), ausdrücklich für den „polizeilichen Vollzugsdienst" und damit für die „Polizei" im Sinne des Art. 1 PAG. Zur Rechtsgeschichte des Polizeiwesens und des Polizeibegriffs seit dem 18. Jahrhundert bis zur Gegenwart s. die eingehende Darstellung bei Mayer, Die Eigenständigkeit des bayerischen Verwaltungsrechts, dargestellt an Bayerns Polizeirecht, München 1958.

Aus PAG und POG wie auch aus dem GemPolG ergibt sich somit, daß sie nur das Organisations- und Tätigkeitsrecht der in Polizeiverbänden und -dienststellen zusammengefaßten Beamten umfassen, die einer **Laufbahn** des **Polizeivollzugsdienstes** angehören und unmittelbar für Aufgaben im Sinne des Art. 2 verwendet werden oder vorgesehen sind. Die Verwendung im **Vollzugsdienst** ist nach Art. 2 Abs. 1 POG **Beamten** vorbehalten. Den Vollzugsdienst bilden die Polizeibeamten, denen Aufgaben nach Art. 2 PAG übertragen sind, zu deren Erfüllung sie (Eingriffs-)Befugnisse nach dem PAG, der StPO, dem

Art. 1

OWiG und anderen einschlägigen Gesetzen ausüben dürfen. Näheres bestimmen die V über Hilfsbeamte der Staatsanwaltschaft und innerdienstliche Regelungen und Anordnungen.

Für die Polizeibeamten gilt das **allgemeine Beamtenrecht,** soweit nicht Sondervorschriften für sie erlassen sind (s. u.). Auch Frauen können Polizeibeamte des Vollzugsdienstes sein (z. B. Kriminalbeamtinnen); das ergibt sich aus Art. 3 GG. Das in Art. 12 a Abs. 4 Satz 2 GG enthaltene Verbot des Dienstes mit der Waffe steht nicht entgegen. Die Polizeien des Bundes und der Länder sind nicht Teil der Streitkräfte und erhalten auch im Verteidigungsfall keinen Kombattantenstatus. Die Vorschriften des BayBG über die Pflichten der Beamten (Abschn. III Nr. 1) gelten uneingeschränkt. Hervorzuheben sind die **Weisungsbindung** (Art. 64 Abs. 2, 65 BayBG) und die **Amtsverschwiegenheit** (Art. 69–72 BayBG), an die ein strenger Maßstab anzulegen ist. Vgl. dazu OVG Münster in DVBl 1961, 793 = DÖV 1962, 873 und BGH in DVBl 1961, 329 = DÖV 1961, 308. Grundsätzlich gilt für Polizeibeamte auch Art. 65 BayBG (persönliche Verantwortung für Amtshandlungen, Gegenvorstellungen bei Bedenken); für die Anwendung unmittelbaren Zwangs ist jedoch die Konfliktsnorm des Art. 65 Abs. 2 und 3 BayBG durch Art. 62 Abs. 4 PAG für nicht anwendbar erklärt und durch die Absätze 1 bis 3 dieses Artikels ersetzt (vgl. RdNr. 1 zu Art. 62).

Die besondere Rechtsstellung der Polizeibeamten des Vollzugsdienstes regeln die Art. 129–135 BayBG. Im übrigen gelten für diese Beamten die allgemeinen beamtenrechtlichen Vorschriften (Art. 129 Abs. 1 BayBG). Nach Art. 64 Abs. 1 Satz 1 BayBG hat sich der Beamte mit voller Hingabe seinem Beruf zu widmen. Der Beruf des Polizeibeamten umschließt die Pflicht, zur Erfüllung der polizeilichen Aufgaben (Art. 2 PAG) nötigenfalls Gesundheit und Leben einzusetzen. Die Übernahme dieser Pflicht ist Voraussetzung für die Begründung des Polizeibeamtenverhältnisses. Ihr entspricht eine der erhöhten Gefährdung angemessene verstärkte Fürsorgepflicht des Staates als Dienstherr. (Vgl. Küper in JZ 1980, 755; kritisch Sachs in BayVBl 1983, 460 ff., 489 ff./492, 493.) So kann z. B. auch ein Polizeibeamter, der nicht in einem Polizeiverband oder einer Polizeidienststelle, sondern in einer anderen Behörde (Ministerium) Dienst tut, auf Grund des PAG tätig werden, wenn und soweit ihm Aufgaben des Vollzugsdienstes als Dienstaufgaben zugewiesen sind.

Das PAG gilt nicht für Verwaltungsbeamte der Polizei (s. Art. 129 Abs. 2 BayBG); es gilt auch nicht für Polizeivollzugsbeamte, die nicht im Vollzugsdienst, sondern im **Verwaltungsdienst** (polizeieigene Wirtschafts- und Personalverwaltung) verwendet werden.

Der Verwaltungsdienst umfaßt die Personal- und Wirtschaftsverwaltung der Polizei. Als Verwaltungsbeamte der Polizei gelten auch Ärzte, Apotheker, Seelsorger, Lehrer für Allgemeinbildung und Beamte im höheren kriminaltechnischen Dienst. Für Angestellte s. RdNr. 2.

Dienstkräfte nach Art. 1 sind die einer Laufbahn des Vollzugsdienstes **2** (Vollzugsdienst der uniformierten Polizei und Kriminalpolizei im Sinne der V über die Laufbahnen der bayerischen Polizeivollzugsbeamten) angehörenden und im polizeilichen Vollzugsdienst auch verwendeten oder hierfür bereitgestellten Beamten der **Bayerischen Landes- und Bereitschaftspolizei** und des **Bayerischen Landeskriminalamts** (s. Art. 4–7 POG). Für die besonderen grenzpolizeilichen Aufgaben der Landespolizei und deren Wahrnehmung s. Art. 4 Abs. 3 POG.

Nicht zum Vollzugsdienst gehören Angestellte der Polizei, mit Ausnahme der zur Verwarnung von Verkehrsteilnehmern ermächtigten Angestellten im Sinne des Art. 2 Abs. 2 POG, und die Dienstkräfte des Bayerischen Polizeiverwaltungsamtes (s. Art. 8 POG), soweit sie nicht ausnahmsweise im Vollzugsdienst eingesetzt werden. **Ständige** Verwendung im Vollzugsdienst (vgl. Art. 2 POG) ist nicht erforderlich. Beamtete **Lehrer und Schüler des Fachbereichs Polizei der Bayer. Beamtenfachhochschule** (BayBFH) nehmen als solche keinen Vollzugsdienst wahr. Sollen sie während ihrer Zugehörigkeit zur BayBFH, die bei den Lehrgangsteilnehmern regelmäßig in einem Abordnungsverhältnis besteht, ausnahmsweise zu vollzugsdienstlichen Aufgaben herangezogen werden, wäre das besonders anzuordnen.

Die **Dienststellen** der Bayer. Landes- und Bereitschaftspolizei und damit deren **organisatorische Gliederung** ergeben sich aus der V zur Durchführung des POG (BayRS 2012-2-1-1-I) und ihren Anlagen.

Eine Sonderstellung nehmen die in **Art. 2 Abs. 2 POG** genannten, nur im **kommunalen** Dienst vorhandenen **Angestellten** ein. Ihre Aufgabe ist gesetzlich beschränkt auf die Verwarnung von Verkehrsteilnehmern nach §§ 57, 58 OWiG wegen (geringfügiger) Zuwiderhandlungen gegen Vorschriften des Straßenverkehrsrechts, die im ruhenden Verkehr festgestellt werden. Zwar gehört diese Aufgabe zum polizeilichen Vollzugsdienst, doch begründet die strikte Begrenzung auf Verwarnungen im ruhenden Verkehr hinreichend die zur Entlastung der Polizeibeamten gedachte Ausnahme vom Grundsatz des Art. 2 Abs. 1 POG, durch die eine Doppelzuständigkeit geschaffen wird. Näheres regelt die 3. V zur Änderung der V über Zuständigkeiten im Ordnungswidrigkeitenrecht vom 11. 3. 1986 (GVBl S. 21); s. auch FSt 1986, 236. Zu den aktuellen Bestrebungen in Richtung auf eine **Geschwindigkeitsüberwachung** durch kommunale Dienstkräfte s. etwa Janker in NJW 1992, 1365 und Joachim/Radtke in NZV 1993, 94, jeweils m. weit. Nachw.

Art. 1 beschränkt die Verwendung der Bezeichnung „Polizei" auf Dienst- **3** kräfte des Freistaates Bayern. Er stimmt mit Art. 1 Abs. 1 und 2 POG überein. Polizeiorgane anderer Länder oder des Bundes können auf das PAG grundsätzlich keine Maßnahmen stützen (vgl. aber die Art. 10 Abs. 2, 3 und 11 POG; zu Art. 11 Abs. 3 Nr. 5 POG s. die Verwaltungsabkommen zwischen dem Freistaat Bayern und den anderen Ländern, insbesondere

Art. 1

Baden-Württemberg und Hessen, BayRS 2012-3-1-I bis 2012-3-11-I). Auch Beamte einer Gemeindepolizei im Sinne des GemPolG – derzeit besteht keine solche – würden nur die Rechte und Pflichten von Beamten der Polizei im Sinne des PAG haben, ohne unmittelbar unter dessen Art. 1 zu fallen. S. Art. 8 Abs. 1 GemPolG.

4   Das Tätigsein im Vollzugsdienst im Sinne des Art. 1 beschränkt sich nicht wörtlich auf die eigentlichen Dienststunden, sondern auf die zugewiesene **Dienstaufgabe**. Der Beamte oder der Angestellte nach Art. 2 Abs. 2 POG kann daher im Rahmen der ihm zugewiesenen Aufgaben Maßnahmen nach dem PAG auch treffen, wenn er außerhalb der Dienststunden dienstlich tätig wird.

5   Die Verbindlichkeit von Maßnahmen nach dem PAG ist nicht davon abhängig, ob der Bedienstete **Dienstkleidung** trägt, und zwar auch dann nicht, wenn der Bedienstete innerdienstlich dazu verpflichtet ist. Das Gesetz sieht eine solche Voraussetzung nicht vor.

6   Die **Polizei** im Sinne des Art. 1 ist nach Aufgabe und Organisation **Bestandteil der Verwaltung**. Sie bleibt es auch, soweit ihr Aufgaben im Bereich der Rechtspflege, insbesondere bei Verfolgung von Straftaten und Ordnungswidrigkeiten zugewiesen sind. Die Polizei ist also nicht etwa Träger eines besonderen, neben Verwaltung und Justiz bestehenden Teiles staatlicher Gewalt.

7   **Hilfspolizeibeamte** im Sinne einer die Polizei bei der Wahrnehmung ihrer Aufgaben unterstützenden Institution und begrifflich nicht zu verwechseln mit Hilfsbeamten der Staatsanwaltschaft kennt das bayerische Polizeirecht nicht, wohl aber die Unterstützung der Polizei in einzelnen Bereichen durch „beliehene" (s. u. RdNr. 7) Privatpersonen oder -unternehmen. Zu nennen sind die **Naturschutzwacht** (Art. 43 BayNatSchG, BayRS 791-1-U, mit V über die Naturschutzwacht, BayRS 791-1-2-U) und die **Sicherheitswacht** (SWG mit VollzB s. Anhang Nr. 7). In der Sicherheitswacht wirken Bürger an der Aufrechterhaltung der öffentlichen Sicherheit und Ordnung mit (Art. 1 SWG). Die Angehörigen der Sicherheitswacht unterstützen in ihrer Dienstzeit die Polizei bei der Erfüllung ihrer Aufgaben, insbesondere im Zusammenhang mit der Straßenkriminalität (Art. 2 SWG). Sie werden in ein ehrenamtliches beamtenähnliches Dienstverhältnis berufen (Art. 11 des G). Sie sind befugt, Personen zu befragen, ihre Identität festzustellen, Platzverweisungen vorzunehmen und personenbezogene Daten an die Polizei, andere Angehörige der Sicherheitswacht und Gemeinden zu übermitteln (Art. 3–7 des G). Die Befugnisbestimmungen sind den entsprechenden Vorschriften des PAG (Art. 12, 13, 16, 40) angeglichen. Hinsichtlich von Rechtsbehelfsverfahren gelten die Angehörigen der Sicherheitswacht als Angehörige der Polizeiinspektion, der sie zugeteilt sind (Art. 10, 11 des G). Das

PAG selbst gilt für die Angehörigen der Sicherheitswacht nicht. (Hierzu allgemein: Schneider/Stock, Kriminalprävention vor Ort. Möglichkeiten und Grenzen einer von Bürgern getragenen regionalen Kriminalprävention unter besonderer Würdigung der Rolle der Polizei, 1995.) Hinzuweisen ist ferner auf Art. 7 a des G über Zuständigkeiten im Verkehrswesen (ZustGVerk), wonach Führungsdienstgrade der **Feuerwehr** und Führungskräfte des **Technischen Hilfswerks** oder von diesen beauftragte Dienstgrade oder Helfer – vorbehaltlich anderer Entscheidungen der Straßenverkehrsbehörden oder der Polizei – zur erforderlichen Sicherung von Einsatzstellen und Veranstaltungen unter bestimmten Voraussetzungen Befugnisse nach den §§ 36 Abs. 1, 44 Abs. 2 StVO ausüben können, soweit Polizei i. S. d. Art. 1 nicht oder nicht rechtzeitig zur Verfügung steht. Schließlich ist hinzuweisen auf die Übertragung von **Fluggast- und Gepäckkontrollen** auf Private im Auftrag der Luftämter nach § 29 Abs. 1 Satz 3 LuftverkehrsG (vgl. Beinhofer in BayVBl 1997, 481).

Private Sicherheitsdienste sind zugelassen. Sie haben keinen öffentlich-rechtlichen Status. Sie schützen auf Grund Vertragsrechts private Rechte privater Auftraggeber, übernehmen z. B. Personen- und Objektschutz oder Ordnungsdienste. Für das **Bewachungsgewerbe** s. § 34 a GewO mit BewachungsV 1995, BGBl I S. 160. Polizeiliche Befugnisse stehen diesen nicht zu. Hilfsbeamte der Staatsanwaltschaft sind sie nicht. Sie können lediglich solche Eingriffsbefugnisse ausüben, die gesetzlich jedermann zustehen, also in Notwehr- und Notstandsfällen (RdNr. 6 zu Art. 60) oder zur Hilfeleistung nach § 323 c StGB, Festnahme auf frischer Tat nach § 127 Abs. 1, 3 StPO (s. auch Greifeld in DÖV 1981, 906; Honigl, Tätigwerden von Privaten auf dem Gebiet der öffentlichen Sicherheit und Ordnung, 1985; Bracher, Gefahrenabwehr durch Private, 1987; Mahlberg, Gefahrenabwehr durch gewerbliche Sicherheitsunternehmen, 1988; Jean d'Heur in AÖR Bd. 113 (1994) S. 107; Schulte in DVBl 1995, 130; Beinhofer a. a. O.; grundsätzlich zur Privatisierung staatlicher Sicherheitsaufgaben Gusy in DÖV 1996, 573/581 ff.; Steegmann in NJW 1997, 2157; für eine gesetzlich abgestützte verstärkte „Sicherheitspartnerschaft" zwischen Staat [Polizei] und privatem Sicherheitsgewerbe Pitschas in DÖV 1997, 393; Stober in NJW 1997, 889). Hinzuweisen ist schließlich noch auf die Sonderregelungen durch das Gesetz über die Anwendung unmittelbaren Zwangs und die Ausübung besonderer Befugnisse durch Soldaten der Bundeswehr und zivile Wachpersonen (UZwGBw).

Nach BayObLG in BayVBl 1997, 412/413 kann sich in Fällen, in denen Hoheitsaufgaben vom Staat nicht selbst wahrgenommen werden müssen, der Verwaltungsträger zu deren Wahrnehmung unter Umständen zwar privatrechtlicher Formen bedienen. Auf dem Gebiet der öffentlichen Sicherheit kann aber eine solche Privatisierung in aller Regel nur in der Gestalt einer **Beleihung Privater** erfolgen, die einer gesetzlichen Ermächtigung bedarf und Art. 33 Abs. 4 GG zu beachten hat (vgl. die Einrichtung einer Sicherheitswacht in Bayern; s. RdNr. 7 zu Art. 1 und Anhang Nr. 7). „Beleihung" bedeutet die Eingliederung

Art. 1

eines privaten Unternehmens in die Staatsorganisation für den normativ zu umschreibenden Tätigkeitsbereich (Beinhofer in BayVBl 1997, 481).

V-Leute (**V-Männer, Vertrauensleute**) sind der Polizei nicht angehörende Personen, die sich bereiterklärt haben, die Polizei auf längere Zeit bei ihren Aufgaben zu unterstützen, nämlich durch die Weitergabe von Informationen. Ihnen ist regelmäßig die vertrauliche Behandlung ihrer Informationen zugesichert. Ihre Tätigkeit liegt außerhalb des Polizeirechts. Näheres hierzu s. RdNr. 2 zu Art. 33. Abzugrenzen sind sie von **Gelegenheitsinformanten** aus dem „Milieu", wie Gastwirten, Kellnern, Türstehern, Taxifahrern, die nicht auf Dauer, sondern vereinzelt Informationen liefern.

Demgegenüber ist der sog. **Verdeckte Ermittler** Polizeibeamter, s. zu ihm RdNr. 2 zu Art. 33 und Art. 35. Zum **Under-Cover-Agent** (UCA) s. ebenfalls RdNr. 2 zu Art. 33.

8 **Bedienstete des Landesamtes für Verfassungsschutz** gehören nicht zur Polizei und haben keine polizeilichen Befugnisse (vgl. Art. 50 RdNr. 3).

Art. 2
Aufgaben der Polizei

(1) Die Polizei hat die Aufgabe, die allgemein oder im Einzelfall bestehenden Gefahren für die öffentliche Sicherheit oder Ordnung abzuwehren.

(2) Der Schutz privater Rechte obliegt der Polizei nach diesem Gesetz nur dann, wenn gerichtlicher Schutz nicht rechtzeitig zu erlangen ist und wenn ohne polizeiliche Hilfe die Verwirklichung des Rechts vereitelt oder wesentlich erschwert werden würde.

(3) Die Polizei leistet anderen Behörden und den Gerichten Vollzugshilfe (Art. 50 bis 52).

(4) Die Polizei hat ferner die Aufgaben zu erfüllen, die ihr durch andere Rechtsvorschriften übertragen sind.

2 Zu Art. 2 (Aufgaben der Polizei)

2.1 Art. 2 Abs. 1 bis 3 grenzt den Tätigkeitsbereich der Polizei ab. Außerhalb dieses Tätigkeitsbereichs darf die Polizei nur tätig werden, wenn das eine Rechtsvorschrift ausdrücklich bestimmt. Nach Art. 2 allein kann sich die Zulässigkeit einer polizeilichen Handlung nur bestimmen, wenn diese nicht in fremde Rechte eingreift. Eine Handlung greift dann in fremde Rechte ein, wenn sie gegen den Willen des Betroffenen oder ohne seinen erkennbaren Willen getroffen wird; sie wird in diesem Gesetz als „Maßnahme" bezeichnet.

*2.2 **Öffentliche Sicherheit** im Sinne des Art. 2 Abs. 1 umfaßt die Unversehrtheit des Lebens, der Gesundheit, Ehre, Freiheit und des Vermögens, der Rechtsordnung und der Einrichtungen des Staates und sonstiger Träger von Hoheitsgewalt einschließlich der ungehinderten Ausübung der Hoheitsgewalt.*

***Öffentliche Ordnung** umfaßt die Gesamtheit der ungeschriebenen Regeln für das Verhalten des einzelnen in der Öffentlichkeit, soweit die Beachtung dieser Regeln nach den herrschenden Auffassungen als unerläßliche Voraussetzung eines geordneten Gemeinschaftslebens betrachtet wird (vgl. VerfGH 4, 194).*

***Gefahr** im Sinne des Art. 2 Abs. 1 ist eine Sachlage, die bei ungehindertem Ablauf des objektiv zu erwartenden Geschehens im Einzelfall mit hinreichender Wahrscheinlichkeit zu einer Verletzung der Schutzgüter der öffentlichen Sicherheit oder Ordnung führt (konkrete Gefahr), aber auch eine Sachlage, aus der nach allgemeiner Lebenserfahrung konkrete Gefahren im Einzelfall entstehen können (abstrakte Gefahr).*

Soweit jedoch in den Befugnisvorschriften der Begriff der Gefahr verwendet wird, ist darunter allein die konkrete Gefahr zu verstehen (vgl. Art. 11).

2.3 Die Voraussetzungen für den Schutz privater Rechte nach Art. 2 Abs. 2 sind ohne Bedeutung, wenn die Gefahr für private Rechte zugleich eine Gefahr für die öffentliche Sicherheit oder Ordnung darstellt (z. B. Abwehr eines Diebstahls oder Hausfriedensbruchs).

Art. 2

2.4 Hinsichtlich der Vollzugshilfe wird auf die Erläuterungen zu den Art. 50 bis 52 hingewiesen.

2.5 Andere Rechtsvorschriften, durch die der Polizei besondere Aufgaben zugewiesen werden, sind insbesondere
- § 131 Abs. 2 Satz 2, § 158 Abs. 1 Satz 1, § 159 Abs. 1, §§ 161 und 163 der Strafprozeßordnung
- §§ 53 und 57 Abs. 2 des Gesetzes über Ordnungswidrigkeiten und § 4 Abs. 2 der Verordnung über Zuständigkeiten im Ordnungswidrigkeitenrecht in Verbindung mit § 47 Abs. 1 des Gesetzes über Ordnungswidrigkeiten
- Art. 50, 51 des Jugendamtsgesetzes
- Art. 30 Abs. 1 Satz 2 und Art. 37 Abs. 2 und 3 des Bayerischen Verwaltungszustellungs- und Vollstreckungsgesetzes
- Art. 16 Abs. 2 und Art. 18 Abs. 2 des Unterbringungsgesetzes
- § 9 Abs. 2, §§ 12, 13 Abs. 1, § 15 Abs. 2 und 3 des Versammlungsgesetzes in Verbindung mit Art. 7 des Gesetzes zur Ausführung des Versammlungsgesetzes und § 18 Abs. 2 des Versammlungsgesetzes
- § 44 Abs. 3 des Wehrpflichtgesetzes und § 23 a des Zivildienstgesetzes
- § 1 Abs. 5 der Verordnung zur Ausführung des Waffengesetzes und § 1 der Verordnung über Zuständigkeiten auf dem Gebiet des Arbeitsschutzes und des Sprengwesens
- § 26 des Straßenverkehrsgesetzes und §§ 36 und 44 Abs. 2 der Straßenverkehrs-Ordnung
- § 758 Abs. 3 und § 759 der Zivilprozeßordnung und § 33 Abs. 2 des Gesetzes über die Angelegenheiten der freiwilligen Gerichtsbarkeit.

2.6 Soweit der Polizei durch andere Rechtsvorschriften Aufgaben zugewiesen sind, richtet sich die Tätigkeit der Polizei nach diesen Spezialvorschriften, soweit nicht Art. 11 Abs. 3 eingreift.

1 Art. 2 enthält eine allgemeine Umschreibung der polizeilichen **Aufgaben.** Die Aufgabenzuweisung ist in vier Teile gegliedert, denen die Absätze des Artikels entsprechen: Abs. 1 – allgemeine polizeiliche Gefahrenabwehr, Abs. 2 – Schutz privater Rechte durch die Polizei, Abs. 3 – Vollzugshilfe durch die Polizei, Abs. 4 – Aufgabenzuweisungen außerhalb des PAG. Abs. 4 ist die notwendige Ergänzung des Aufgabenkatalogs der Abs. 1–3, besonders hinsichtlich der Aufgaben im Rahmen des Straf- und Ordnungswidrigkeitenrechts. Zur Wahrnehmung anderer Aufgaben darf die Polizei weder von sich aus tätig noch von anderen Behörden herangezogen werden, sie darf also außerhalb ihres Aufgabenbereichs auch keine Vollzugs- oder Verwaltungshilfe leisten und dementsprechend auch nicht damit beauftragt werden.

Die in Abs. 1 umschriebene polizeiliche Aufgabe der allgemeinen Gefahrenabwehr umfaßt auch die vorbeugende Tätigkeit, weil sie der wirkungsvollen Abwehr von Gefahren und der Verhütung künftiger Gefahren dient. Wie das

BVerfG wiederholt zum Ausdruck gebracht hat, ist es ein wesentlicher Aspekt der Aufgaben wie des Handelns der Polizei, die Bürger von der Angst vor dem Tun von Rechtsbrechern freizuhalten oder zu befreien. Das Freisein-Können von berechtigten Ängsten im Bereich der öffentlichen Sicherheit und Ordnung ist ein wesentlicher Bestandteil des Begriffes der Freiheit im Rechtsstaat.

Wird die Polizei bei der Wahrnehmung ihrer Aufgaben schlicht-hoheitlich tätig, ohne daß damit ein Rechtseingriff verbunden ist, bedarf sie weder einer besonderen Ermächtigungsgrundlage, noch setzt ihr Tätigwerden voraus, daß eine konkrete Gefahr (s. Nr. 2.2 Abs. 3 VollzB; u. RdNr. 10) vorliegt. Zu diesen rechtlich zulässigen, gefahrvorbeugenden polizeilichen Maßnahmen im Rahmen der polizeilichen Vorfeldarbeit gehören u. a. Hinweise, Belehrungen, Warnungen und die Beratungs- und Aufklärungsarbeit der Polizei (VGH Mannheim in DÖV 1989, 169/170; s. auch Götz, RdNrn 135–143), nicht aber die polizeiliche Erhebung personenbezogener Daten, auch nicht, wenn diese aus allgemein zugänglichen Quellen (z. B. Telefon- oder Adreßbüchern) gewonnen werden, s. RdNr. 2 der Vorbem. zu Art. 30. Zur **Observation**, die auch dann, wenn sie verdeckt geschieht, immer als eine die geschützte Persönlichkeitssphäre berührende und daher befugnisbedürftige Maßnahme erscheint, s. u. RdNr. 3 und die RdNrn 2 zu Art. 11, 6 zu Art. 16.

Nach der Rechtsprechung des BVerfG entfaltet **Art. 2 Abs. 2 GG** nicht nur eine Schutzwirkung als subjektives Abwehrrecht gegen staatliche Eingriffe in Individualrechte. Aus seinem objektivrechtlichen Gehalt folgt vielmehr auch die **Pflicht staatlicher Organe,** sich **schützend und fördernd** vor diese Rechtsgüter zu stellen und sie insbesondere vor rechtswidrigen Eingriffen von seiten anderer zu bewahren (vgl. BVerfGE 39, 1/41 = NJW 1975, 573/575; 46, 160/164 = NJW 1977, 22/55; 49, 24/56 = NJW 1978, 2235; 49, 89/141 f. = NJW 1979, 359/363; 53, 30/57 = NJW 1980, 759; 56, 54/73 = NJW 1981, 1655; Klein in NJW 1975, 573; Weßlau/Kutscha in ZRP 1990, 169; Pitschas in ZRP 1990, 174; ders. in JZ 1993, 857; BayVerfGH in BayVBl 1995, 76/80). Nach BayVerfGH in BayVBl 1995, 143/144 findet das durch Art. 100, 101 BV gewährleistete **allgemeine Persönlichkeitsrecht** eine **Schranke** in der **Verpflichtung des Staates zum Schutz seiner Bürger** Art. 99 Satz 2 BV). Die **Sicherheit des Staates** als verfaßter Friedens- und Ordnungsmacht und die von ihm zu gewährleistende **Sicherheit der Bevölkerung** sind **Verfassungswerte**, die mit anderen im gleichen Rang stehen und unverzichtbar sind (BayVerfGH a. a. O. unter Hinweis auf BVerfGE 49, 24/56 f.; sehr klar und überzeugend bei VerfGH in BayVBl 1998, 142/144; vgl. auch Beinhofer in BayVBl 1995, 193/196). Zur verfassungsrechtlichen Verankerung der Staatsaufgabe Sicherheit s. auch Gusy in DÖV 1996, 573. Das GG erwähnt zwar den staatlichen Auftrag zur Sicherheitsvorsorge und zum Schutz der Bürger nicht ausdrücklich (anders Art. 99 Satz 2 BV), läßt ihn aber als ungeschriebene Pflicht erkennen (vgl. Isensee, Das Grundrecht auf Sicherheit, 1983, S. 33 ff.; Robbers, Sicherheit als Menschenrecht, 1987, S. 195 f.; Pitschas in ZRP 1993, 174).

Art. 2

2   **Art. 99 Satz 2 BV** stellt in seinem zweiten Teil fest, daß der Schutz der Einwohner Bayerns „nach innen" gewährleistet ist „durch die Gesetze, die Rechtspflege und die Polizei". Die Formulierung setzt Bestehendes voraus. Damit bestätigt die Verfassung zunächst die herkömmlichen Mittel, deren sich der Staat zu diesem Zweck bedient, wobei „Polizei" hier nicht im Sinne von Art. 1 PAG zu verstehen ist, sondern als die Gesamtheit aller (Verwaltungs-)Behörden und Einrichtungen, denen der Schutz der öffentlichen Sicherheit und Ordnung übertragen ist. Das bedeutet, daß der Staat die innere Sicherheit mit eben diesen Mitteln aufrechtzuerhalten hat und deshalb die notwendigen Organe für Gesetzgebung, Rechtsprechung und Handhabung der Polizei funktionsfähig zu erhalten sind. Es kann dahinstehen, ob Art. 99 Satz 2 BV dem einzelnen Einwohner Bayerns hierauf einen Anspruch gewährt, weil der Staat seinen Pflichten insoweit offensichtlich nachkommt. Seit dem Inkrafttreten der BV sind das Recht der öffentlichen Sicherheit und Ordnung und damit die Aufgaben und Institutionen der Polizei im weiteren Sinn in einem damals schon von den Gegenständen her nicht voraussehbaren Ausmaß angewachsen und differenziert worden.

Neben der auch den Grundsatz der Gewaltenteilung widerspiegelnden **institutionellen Garantie** weist Art. 99 Satz 2 BV zugleich dem Staat und dessen angesprochenen Organen implizit die **materielle Aufgabe des inneren Schutzes** zu. Weder darf der Staat sie vernachlässigen oder gar sich ihrer entäußern, noch darf er Rechtssätze oder Anordnungen erlassen, die die Schutzfunktion des Polizeiwesens im Kern beeinträchtigen oder im Einzelfall entgegen dem Gleichheitssatz entziehen würden (s. auch Vorbem. vor Art. 11 und BayVerfGH in BayVBl 1990, 654 ff., 685 ff.). Aus der Verbindung mit Art. 99 Satz 1 BV (Schutz und geistiges und leibliches Wohl aller Einwohner) kann weiter gefolgert werden, daß entsprechend dem Gesamtsystem der Verfassung auch gegenüber dem Schutz des Gemeinwohls (Art. 3 Abs. 1 BV) stets die Belange des einzelnen Betroffenen zu berücksichtigen und gegen die Belange des Gemeinwohls abzuwägen sind. In diesem Sinne können Nawiasky/Leusser verstanden werden, wenn sie in der Erläuterung zu Art. 99 BV bemerken, daß dessen beiden Sätzen über ihren programmatischen Gehalt hinaus „eine gewisse Rechtserheblichkeit als Auslegungsgrundsatz" zukomme. Ansprüche einzelner auf positives Handeln der Aufgabenträger für den polizeilichen Schutz lassen sich hieraus nicht ableiten.

Wie sich schon aus dem Nebeneinander von Gesetzgebung, Rechtsprechung und Polizei in Art. 99 Satz 2 BV ergibt, haben Rechtsprechung und Polizei ihren Teil des Schutzauftrages im Rahmen der Gesetze auszuführen. Erst aus diesen und der dazu entwickelten Rechtsprechung und nicht unmittelbar aus der genannten Verfassungsbestimmung ergibt sich mithin, ob ein Einwohner im Einzelfall einen Rechtsanspruch auf polizeiliches Einschreiten hat. (Näheres s. RdNr. 4 zu Art. 5; a. A. wohl Meder RdNrn 5, 6 zu Art. 99 und

RdNr. 19 c, d zu Art. 3; allgemein zur grundrechtlichen Schutzpflicht des Staates s. Klein in NJW 1989, 1633.)

Es wäre zumindest mißverständlich, aus Art. 99 BV Rückschlüsse auf die Handhabung des polizeilichen Opportunitätsgrundsatzes für den Einzelfall zu ziehen und ein Grundrecht auf Schutz durch die Polizei abzuleiten. Ein solches Grundrecht könnte nur den Inhalt haben, daß der Staat eine Polizei (im herkömmlichen weiten Sinn; s. o.) unterhalten und gewährleisten muß, daß der Einwohner sich an sie wenden kann; es kann nicht bedeuten, daß die Polizei in jedem Einzelfall verfügbar sein müsse und zum Eingreifen von verfassungswegen verpflichtet wäre. Gegen eine so weitreichende Interpretation des Art. 99 BV sprechen sein sehr allgemein gehaltener Wortlaut und seine abgeschwächte systematische Einreihung (Nawiasky/Leusser, a. a. O.). Auch die Entstehungsgeschichte gibt keine überzeugenden Hinweise für eine weiterreichende Würdigung. Meder erklärt a. a. O. auch nicht den Widerspruch, warum der erste Teil des Art. 99 Satz 2 BV nur einen unverbindlichen Hinweis auf das Völkerrecht bringen, der zweite Teil dagegen erheblich wichtiger sein soll. Schließlich findet die Aussage, daß der VerfGH in seinem nicht veröffentlichten Beschluß vom 17. 11. 1972 Vf. 23-VI-72 Art. 99 Satz 2 BV als eine Norm gewertet habe, die dem Bürger ein subjektives verfassungsmäßiges Recht (auf Schutz durch die Polizei) gewähre (Meder, RdNr. 7 zu Art. 99) im Wortlaut der Entscheidung keine hinreichende Stütze, zumindest nicht, was den Bereich der Polizei anlangt, der nicht Gegenstand des Beschlusses war.

Aus Art. 3 BV, der nach der Rechtsprechung des VerfGH keine Grundrechte verleiht, läßt sich kein anderes Ergebnis gewinnen.

Geht man – was aus den dargelegten Gründen zweifelhaft ist – davon aus, daß Art. 99 Satz 2 BV nicht nur den Staat verpflichtet, die Polizei im weiteren Sinn zu gewährleisten, sondern die Schutzpflicht nach innen auch unmittelbar dem einzelnen Polizeibeamten auferlegt, so verletzt ein entsprechendes Fehlverhalten eines Polizeibeamten diese Pflicht. Ob ein solcher Pflichtenverstoß in jedem Fall auch die Verletzung einer Amtspflicht gegenüber Dritten darstellt, kann weder aus Art. 99 Satz 2 BV noch aus Art. 3 BV geschlossen werden. Hier entscheiden vielmehr die aus dem Rechtsstaatsprinzip, insbesondere dem Gleichheitssatz herzuleitenden Verbote willkürlichen, übermäßigen, unverhältnismäßigen Handelns, die durch Gesetz verliehenen Befugnisse und die tatsächlichen Möglichkeiten der Polizei. Die speziellere Vorschrift des Art. 97 BV setzt bereits für die Haftungsfolge das Verschulden des Beamten, Art. 34 GG für den Regreß erhebliches Verschulden voraus. Ob im Einzelfall eine Amtspflichtverletzung und ein Verschulden eines Polizeibeamten vorliegt, kann nur nach der Gesamtrechtslage ermittelt werden. Das ergibt sich schon daraus, daß die Mehrzahl der auch von der Polizei zu schützenden Grundrechte durch einfaches Gesetz eingeschränkt werden kann.

Art. 2

Die Bedeutung des Art. 99 BV für Einzelfälle und daraus herrührende Individualansprüche ist nach alledem gering, seine Erörterung deshalb hier nicht weiter zu vertiefen.

3   Die **Aufgabenzuweisung** des Art. 2 bietet für sich allein **keine Rechtsgrundlage für Maßnahmen der Polizei, die in Rechte anderer eingreifen oder sie beschränken.** Sie steckt nur den Rahmen ab, innerhalb dessen die Polizei auf Grund besonderer Befugnisnormen tätig werden darf. Aus dem Vorliegen einer polizeilichen Aufgabe allein dürfen also keine polizeilichen Eingriffsbefugnisse abgeleitet werden. Greift die Polizei nicht in die Rechte anderer ein, so genügt es, wenn die Voraussetzungen des Art. 2 gegeben sind. Zu prüfen ist also stets, ob die polizeiliche Maßnahme einen Eingriff in diese Rechte darstellt. Zu dieser Abgrenzung in bezug auf das Recht auf informationelle Selbstbestimmung s. RdNrn 2 der Vorbem. zu den Art. 30–49 und 2 der Vorbem. zu Art. 30.

4   Das PAG unterscheidet zwischen polizeilichen **Aufgaben** und polizeilichen **Befugnissen** (vgl. Art. 11 ff.). Es ist insoweit systematisch klarer und genauer als das ehemalige preußische Polizeirecht (vgl. § 14 Abs. 1 prPVG, die sog. „polizeiliche Generalklausel", die Aufgabe und Befugnis der Polizei in der Pflicht zusammengefaßt hat, „alle nach pflichtgemäßem Ermessen notwendigen Maßnahmen zu treffen, um von der Allgemeinheit oder dem einzelnen Gefahren abzuwenden, durch die die öffentliche Sicherheit und Ordnung bedroht wird"). Das PAG kommt allerdings – wenn auch in rechtlich differenzierten Stufen – zum gleichen Ergebnis wie das prPVG. Zwar ist unerläßliche **Voraussetzung** für jedes rechtmäßige Handeln der Polizei, daß es innerhalb der in Art. 2 umschriebenen **Aufgabe** liegt und – soweit es in Rechte Dritter eingreift – sich auf eine gesonderte **Befugnisnorm** stützen kann. Da aber die äußerste gesetzliche Grenze sowohl für die Aufgabe wie für die Befugnis zu Maßnahmen (s. die Definition in Nr. 2.1 VollzB) die **Abwehr von Gefahren für die öffentliche Sicherheit oder Ordnung** ist und Art. 5 Abs. 1 die Maßnahmen in das pflichtgemäße Ermessen der Polizei stellt, ist der Tätigkeitsbereich der Vollzugspolizei identisch mit der herkömmlichen polizeilichen Generalklausel umschrieben; sie entspricht nach der Rspr. des BVerwG dem Normierungsgebot des Art. 13 Abs. 3 GG (BVerwG in DVBl 1974, 846 = NJW 1975, 130 = DÖV 1975, 172). Ansätze der Rechtsprechung, die Anwendung der Generalklausel rechtsstaatlich einzuschränken (BVerwG in DÖV 1960, 426 = DVBl 1960, 482 = VRspr. 12, 1005 = NJW 1960, 1407 betr. den Schutzmittelverkauf aus Straßenautomaten, ferner BVerwG in DVBl 1974, 297/299 f. = VRspr. 25, 861/866 f., das als Schutzgüter der Generalklausel kollektive Rechtsgüter anspricht, also solche, die mit Rücksicht auf die Allgemeinheit, vornehmlich auf das Leben in der staatlich organisierten Gemeinschaft, schützenswert sind), sind von der Gesetzgebung nicht aufgegriffen worden, wenn auch der Katalog des Art. 11 Abs. 2 in diese Richtung weist.

Das führt auf die allgemeine Frage der verfassungsrechtlichen Zulässigkeit **unbestimmter Rechtsbegriffe** in verbindlichen Normen, vornehmlich im Bereich der öffentlichen Sicherheit und Ordnung. Der BayVerfGH hat die herrschende Rechtsauffassung unter Nennung zahlreicher Nachweise in BayVBl 1995, 76/77 wie folgt zusammengefaßt: „Das aus Art. 3 Abs. 1 Satz 1 BV (Rechtsstaatsprinzip) abzuleitende Gebot der genügenden **Bestimmtheit von Rechtsnormen** verpflichtet den Gesetzgeber, seine Vorschriften so zu fassen, daß sie den Anforderungen der Normenklarheit und Justitiabilität genügen. Gesetze müssen so formuliert sein, daß die davon betroffen Bürger in zumutbarer Weise die Rechtslage erkennen und ihr Verhalten danach einrichten können und daß die Gerichte in der Lage sind, die Anwendung der jeweiligen Rechtsvorschrift durch die Verwaltung nach ausreichend bestimmten tatbestandlichen Voraussetzungen zu kontrollieren. Die Regelungen müssen jeweils so bestimmt gefaßt werden, wie das nach der Eigenart des zu ordnenden Lebenssachverhalts mit Rücksicht auf den Normzweck möglich ist. In diesem Rahmen darf der Gesetzgeber auch unbestimmte Rechtsbegriffe verwenden. Weder aus dem Rechtsstaatsprinzip noch aus den Grundsätzen der Gesetzmäßigkeit der Verwaltung und der Gewaltenteilung ergibt sich ein Verbot unbestimmter Rechtsbegriffe. Erfordernisse der Verwaltungspraxis, insbesondere auch der Anpassung an wechselnde Lebenssachverhalte, machen diese Form der Gesetzgebungstechnik häufig notwendig; es dürfen im Rahmen der Gestaltungsfreiheit des Gesetzgebers auch Erwägungen der Praktikabilität maßgebend sein. Vor allem darf der Normgeber dann auf unbestimmte Rechtsbegriffe zurückgreifen, wenn sich der Tatbestand als Verbot oder Gebot auf Grund der Eigenart des Sachbereichs mit beschreibenden Merkmalen nicht ausreichend kennzeichnen läßt. Aus Wortlaut, Zweck und Zusammenhang der Regelung müssen sich allerdings objektive Kriterien gewinnen lassen, die eine willkürliche Handhabung der Norm durch die vollziehenden Behörden ausschließen. Bei der Prüfung, ob eine gesetzliche Regelung den verfassungsrechtlichen Anforderungen an die Bestimmtheit genügt, ist auch zu beachten, mit welcher Intensität das Gesetz auf Grundrechte der Betroffenen einwirkt; je geringfügiger der Grundrechtseingriff ist, desto niedriger sind grundsätzlich die verfassungsrechtlichen Anforderungen an die Bestimmtheit der dafür maßgeblichen Norm." Sehr ausgewogen bestätigt durch BayVerfGH in BayVBl 1998, 142/145.

Das BVerfG hat das Festhalten an der polizeilichen Generalklausel mit ihren der Auslegung und Konkretisierung in besonderem Maße bedürftigen unbestimmten Rechtsbegriffen allein deshalb für rechtsstaatlich unbedenklich gehalten, „weil sie in jahrzehntelanger Entwicklung durch Rechtsprechung und Lehre nach Inhalt, Zweck und Ausmaß hinreichend präzisiert, in ihrer Bedeutung geklärt und im juristischen Sprachgebrauch verfestigt ist" (BVerfGE 54, 143/144 f.; s. Martens in DÖV 1982, 89/98). Diese Aussage läßt sich kaum halten, weil die Grundlage dieser Rechtsprechung auf wesentlich andersartigen staatsrechtlichen und gesellschaftlichen Voraussetzungen beruht, als sie heute bestehen (vgl. Franssen in FS BVerwG, 1978, S. 201). Das kann jedoch dahinstehen, weil die Bedeutung der Generalklausel stark gesunken, ihre Anwendbarkeit auf Grund der Rechtsentwicklung erheblich eingeschränkt ist. So hat der BayVerfGH in BayVBl 1985, 652 ff. (mit Anm. von Beinhofer) und erneut in BayVBl 1995, 143/144, die der vom BVerfG in seiner folgenreichen E zum VolkszählungsG 1983 (BVerfGE 65, 1 ff. = NJW 1984, 419 = BayVBl 1984, 147 – amtl. Leitsätze) eingeschlagenen Linie folgen, ausdrücklich ausgesprochen, daß angesichts der Bedeutung der Art. 100, 101 BV der Bürger Anspruch auf **normative Bestimmtheit** der Voraussetzungen und des Umfangs zulässiger Beschränkungen der Freiheit der Persönlichkeit habe (vgl. auch nachfolgende RdNr. 7). Wie der BayVerfGH (a. a. O. S. 653) feststellt, können der polizeilichen Generalklausel des Art. 11 Abs. 1 Maßstäbe für Gegenstand, Ausmaß und Begrenzungen zulässiger Aktensammlungen für polizeiliche Zwecke nicht in der gebotenen Klarheit entnommen werden. Er hielt es deshalb nach Art. 101 i. Verb. m. Art. 100 BV für geboten, daß der Gesetzgeber die Materie regelt; das ist durch die Aufnahme der Art. 30–49 in das PAG geschehen (s. die Vorbem. zu diesen Artikeln).

Als Ermächtigungsgrundlage für den Erlaß von Verordnungen, die ihre besondere Bedeutung für das preußische Polizeirecht begründete, hat die Generalklausel nach bayerischem Landesrecht nie gegolten und gilt sie auch heute nicht (s. das auf dem Enumerationsprinzip aufgebaute LStVG). Ferner wirken die immer zahlreicher gewordenen spezialrechtlichen Regelungen im herkömmlichen Bereich der öffentlichen Sicherheit und Ordnung, der starke verfassungsrechtliche Grundrechtsschutz und die Pluralisierung sozial-ethischer Wertmaßstäbe dem Rückgriff auf die Generalklausel entgegen (vgl. Erbel in DVBl 1972, 475; Martens a. a. O.), so daß sie zumindest als Grundlage für vollzugspolizeiliche Befugnisse weitgehend bedeutungslos geworden ist. Die allzu große Unbestimmtheit des Begriffs „öffentliche Ordnung" und seine dadurch bedingte geringe rechtsstaatliche Brauchbarkeit zur Umschreibung der polizeilichen Aufgaben wie erst recht als Grundlage polizeilicher Befugnisse im demokratischen Rechtsstaat hat zu beachtlicher Kritik Anlaß gegeben (s. Martens in Drews/Wacke/Vogel/Martens, S. 246; Erbel a. a. O. S. 477 ff.; Hill in DVBl 1985, 88; Götz in NVwZ 1987, 858/861; vgl. auch VGH Mannheim in NJW 1984, 507); zur kritischen Würdigung beider Begriffe und zur Entbehrlichkeit des Begriffs der öffentlichen Ordnung empfehlenswert Waechter in NVwZ 1997, 729/733 ff.).

Festzustellen ist jedoch, daß die verschiedenen Spielarten des Begriffs der öffentlichen Ordnung auf der früher jedenfalls mehr als heute berechtigten Annahme beruhen, der Gesetzgeber konkretisiere die verfassungsmäßige Ordnung nicht ausreichend durch Normen der einfachen Gesetzgebung. Sie berücksichtigen demgemäß auch nicht, daß die heute vorhandene Fülle normierter Verhaltensregeln sich teilweise bereits einer ständigen und ausreichenden Kontrolle durch öffentliche Organe einschließlich der Polizei entzieht. Es ist nicht hilfreich, der Polizei verbal eine Aufgabe zuzuweisen, die so weit gezogen ist, daß die Polizei sie praktisch weder erfüllen kann, noch auch nach heutiger Auffassung vom Rechtsstaat und seinen Kontrollmechanismen in allen denkbaren Fällen erfüllen soll. Man kommt nicht daran vorbei, daß der Begriff der öffentlichen Ordnung in das gegenwärtige Rechtsschutzsystem integriert werden muß und deshalb in sich selbst einer Begrenzung bedarf, ohne die er nur ein Auffangbegriff aus vergangenen Rechtszuständen bleibt. Hinzu kommt, was Martens a. a. O. mit Recht kritisiert, daß die Begriffe der öffentlichen Sicherheit und der öffentlichen Ordnung in der Rechtsprechung nicht immer mit der wünschenswerten Klarheit unterschieden werden, so daß auch von daher schwer feststellbar ist, welche Rolle dem Begriff der öffentlichen Ordnung im heutigen Tätigkeitsrecht der Polizei überhaupt noch zukommt, wie weit man seiner wirklich bedarf, zumal im pluralistischen Staat weithin ein einheitliches sittliches Leitbild fehlt, das einen zuverlässigen Eingriffsrahmen böte.

Auf Grund dieser gewichtigen Zweifel haben inzwischen die Länder Bremen, Nordrhein-Westfalen und Saarland das Schutzgut der „öffentlichen Ordnung" nicht mehr in ihre Polizeigesetze, insbesondere die polizeilichen Generalklauseln aufgenommen (vgl. Mandelartz in DVBl 1989, 704; Lisken in ZRP 1990, 15/17; Götz in NVwZ 1990, 725/729; Kniesel in DÖV 1990, 646 und NVwZ 1990, 743). Diese Entwicklung ist aus Gründen der Rechtsklarheit und -sicherheit zu begrüßen. Allenfalls könnte mit Lisken a. a. O. statt auf die „öffentliche Ordnung" allein auf den Schutz der materiellen Rechtsordnung abgestellt werden. Das bayerische PAG geht jedoch weiterhin vom herkömmlichen Doppelbegriff aus (s. RdNrn 5 ff.).

Die allgemeine polizeiliche Aufgabe (Abs. 1) ist, wie schon in RdNr. 4 bemerkt, auf die Abwehr von Gefahren für die öffentliche Sicherheit oder Ordnung beschränkt. Der BayVerfGH hat diesen Begriff in seiner Entscheidung vom 13. Oktober 1951 (BayVerfGH 4, 194/204), auf die Nr. 2.2 VollzB hinweist, wie folgt erläutert: „Im deutschen Polizeirecht umfaßt ‚**öffentliche Ordnung**' die Gesamtheit jener ungeschriebenen Regeln für das Verhalten des einzelnen in der Öffentlichkeit, deren Beobachtung nach den jeweils herrschenden Anschauungen als unerläßliche Voraussetzung eines geordneten Gemeinschaftslebens betrachtet wird. (PrOVG 91, 139; Nebinger, Verwaltungsrecht, AT S. 86; s. noch BayVGH in BayVBl 1984, 152). Kürzer gefaßt wird sie als das Minimum der Sozialregeln bezeichnet, die von der großen Mehrheit der Bevölkerung als unerläßlich für das Zusammenleben angesehen werden. Rechtstechnisch dient der Begriff dazu, Normen in das Recht zu überführen, die nicht in das positive Recht aufgenommen sind (Waechter in NVwZ 1997, 729). Unter ‚**öffentlicher Sicherheit**' versteht man die Unversehrtheit von Gesundheit, Ehre, Freiheit und Vermögen sowie der Rechtsordnung und der grundlegenden Einrichtungen des Staates (Peters, Lehrbuch der Verwaltung, S. 377)." Nr. 2.2

Art. 2

VollzB hat diese Definitionen übernommen. In VerfGE 69, 315/352 und in BayVerfGH in BayVBl 1990, 685/689 findet sich für die elementaren Rechtsgüter, die polizeilich zu schützen sind, die Formel „Leben, Gesundheit, Freiheit, Ehre und Eigentum des einzelnen sowie die Unversehrtheit der Rechtsordnung und der staatlichen Einrichtungen". In der Literatur hat die Legaldefinition in § 2 Nr. 2 des Bremischen Polizeigesetzes zunehmend an Bedeutung gewonnen. Danach gehört zur öffentlichen Sicherheit im Sinne der Gefahrenabwehraufgabe „die Unverletzlichkeit der objektiven Rechtsordnung, der subjektiven Rechte und Rechtsgüter des einzelnen sowie der Einrichtungen und Veranstaltungen des Staates und der sonstigen Träger der Hoheitsgewalt" (Götz, RdNr. 75; Näheres bei Martens in Drews/Wacke/Vogel/Martens, S. 232 ff., der darin eine Modernisierung der in der Begr. zu § 14 prPVG gegebenen Umschreibung sieht, s. u. RdNr. 6).

Nach der Auffassung des BayVerfGH haben diese unbestimmten Begriffe im Polizeirecht lediglich die Bedeutung, daß sie das Gebiet umreißen, in dem polizeiliche Eingriffe unter ganz bestimmten gesetzlich (oder gewohnheitsrechtlich) festgelegten Voraussetzungen zulässig sind. Das PAG in seinen von 1954 bis 1978 geltenden Fassungen verwendete diese Begriffe ebenfalls nur zur Umschreibung der polizeilichen Aufgabe. Polizeiliche Eingriffe in Rechte bedurften darüber hinaus besonderer, bestimmter Voraussetzungen. Das trifft nach der Neufassung von 1978 nur insofern noch zu, als eine polizeiliche Maßnahme im Sinne der Nr. 2.1 Satz 4 VollzB niemals allein auf Art. 2 gestützt werden kann, sondern immer einer zusätzlichen Befugnisnorm nach Art. 11 ff. oder aus anderen Gesetzen (s. Art. 2 Abs. 4) bedarf. Dagegen bleibt die in der oben zitierten Entscheidung des VerfGH noch erwähnte Möglichkeit, polizeiliche Aufgaben oder Befugnisse auf gewohnheitsrechtlich begründete Voraussetzungen stützen zu können, mindestens seit dem ersten Erlaß des PAG im Jahre 1954 ausgeschlossen. Art. 64 Abs. 1 PAG 1954 setzte ausdrücklich „alles (dem PAG) entgegenstehende oder gleichlautende bayerische Recht" außer Kraft, damit auch etwa bis dahin bestehendes **Gewohnheitsrecht**. Im übrigen ist der Bestand von Gewohnheitsrecht nicht nachgewiesen. Seine Neubildung auf Bundes- oder Landesebene neben oder entgegen dem bestehenden Gesetzesrecht ist im Bereich des kodifizierten Polizeirechts praktisch ausgeschlossen.

6   „**Öffentliche Sicherheit**" und „**öffentliche Ordnung**" sind **unbestimmte Rechtsbegriffe** (vgl. o. RdNr. 4). Als solche unterliegen sie in vollem Umfang der gerichtlichen Nachprüfung sowohl hinsichtlich des Inhalts und der Grenzen der Begriffe wie deren Auslegung. Legaldefinitionen gibt es für sie nicht, ausgenommen die in RdNr. 5 zitierte Definition der öffentlichen Sicherheit in § 2 Nr. 2 des Bremischen Polizeigesetzes. Gleichwohl haben sie für das materielle Polizeirecht zentrale Bedeutung. Abgesehen vom Beispielskatalog des Art. 11 Abs. 2 haben sie Gestalt und Umriß nur durch eine umfang- und

traditionsreiche Rechtsprechung und die Praxis der Normsetzung gewonnen (vgl. Martens in Drews/Wacke/Vogel/Martens, S. 37 ff., Vogel ebenda S. 493 f.; BVerfGE 54, 143/144 f.; Franssen in FS BVerwG, 1978, S. 201). Ihre Unbestimmtheit gewährleistet einerseits die Anpassung an die jeweiligen gesellschaftlichen Grundauffassungen, andererseits bedeutet sie ein Risiko für die Rechtsklarheit, das jedem unbestimmten Rechtsbegriff innewohnt und um so größer ist, je unbestimmter der sprachliche Ausdruck ist.

Geringere Schwierigkeiten bietet dabei der Begriff **öffentliche Sicherheit**. Die amtliche Begründung zu § 14 prPVG, die sich auf ältere Rechtsprechung des Preußischen Oberverwaltungsgerichts stützte, umschrieb ihn so (zitiert nach Martens in Drews/Wacke/Vogel/Martens, S. 232): „Als Aufrechterhaltung der öffentlichen Sicherheit gilt der Schutz vor Schäden, die entweder den Bestand des Staates oder seiner Einrichtungen oder das Leben, die Gesundheit, Freiheit, Ehre oder das Vermögen der einzelnen bedrohen, sei es, daß die Gefährdung ausgeht
a) von Ereignissen oder Zuständen in der belebten oder unbelebten Natur,
b) von Handlungen oder Unterlassungen von Menschen, insbesondere von dem Bruch einer Norm der öffentlichen oder privaten Rechtsordnung..."
Die spätere Lehre, der der BayVerfGH gefolgt ist (s. die in RdNr. 5 zitierte Entscheidung) und die auch in Nr. 2.2 VollzB zum Ausdruck kommt, hat diese weitreichende Definition noch erweitert, indem sie schlechthin die Rechtsordnung selbst und als Ganzes zum Schutzgut der öffentlichen Sicherheit erklärt (vgl. Martens a. a. O. S. 236; s. auch Franssen a. a. O. S. 211). Gegen diese weder dogmatisch hinreichend begründete noch sachlich gebotene Erweiterung des Begriffs bestehen wenigstens für das Recht der Vollzugspolizei Bedenken. Sie würde nicht nur die Polizei, sondern auch die allgemeinen Sicherheitsbehörden erheblich überfordern. Auch kollidiert sie mit anderen Zuständigkeiten, insbesondere des gerichtlichen Rechtsschutzes. Für ihre praktische Anwendung müßte das Opportunitätsprinzip in einem Umfang zur Begrenzung herangezogen werden, der den einzelnen Eingriff in die Nähe der Willkür rückt. Noch weiter geht allerdings die in die Begründung zum Musterentwurf eines einheitlichen Polizeigesetzes übernommene Definition von Götz, öffentliche Sicherheit im Sinne des herkömmlichen Polizeirechts sei „die Unverletzlichkeit der objektiven Rechtsordnung, der Rechte und Rechtsgüter des einzelnen sowie der Einrichtungen und Veranstaltungen des Staates und der sonstigen Träger der Hoheitsgewalt" (Heise/Riegel, Anm. 3 zu § 1 Abs. 1 Musterentwurf). Umfassender kann diese Definition kaum mehr sein. Sie macht von der Aufgabe her die Polizei (allgemeine Sicherheitsbehörden und Vollzugspolizei) zur staatlichen Ordnungsmacht schlechthin, auf die auch zurückgegriffen werden kann, wenn alle anderen Schutzeinrichtungen versagen. Die äußerst differenzierte Entwicklung der rechtsstaatlichen Schutz- und Kontrollsysteme in der Bundesrepublik ist in diesen theoretischen Aussagen so

Art. 2

wenig verarbeitet wie die polizeistaatlichen Mißbräuche der jüngeren deutschen Staats-, Verwaltungs- und Polizeigeschichte. Für den Bereich des PAG können diese Fragen weitgehend dahinstehen, weil Art. 11 Abs. 2 und die Art. 3 und 4 wichtige gesetzliche Hinweise und Einschränkungen enthalten. Sie zeigen, daß das PAG für seinen Regelungsbereich keinen weitergehenden Begriff der öffentlichen Sicherheit zugrunde legen will, als in Nr. 2.2 VollzB umschrieben ist. Von ihm ist in allen Anwendungsfällen des Gesetzes auszugehen.

Daß auch die in der Definition konkret genannten persönlichen Schutzgüter (Leben, Gesundheit, Freiheit, Ehre, Vermögen) in ihrer Bedeutung erheblich wechseln können, zeigt die jüngere Entwicklung. Während die Ehre infolge der neueren Rechtsprechung, vor allem im Bereich politischer Auseinandersetzungen für den Anwendungsbereich des PAG an Bedeutung verloren hat, hat andererseits die Gesundheit im Zuge der Stärkung des Umweltbewußtseins und auch neuerer wissenschaftlicher Erkenntnisse einen deutlich höheren Stellenwert erhalten als früher.

7   Erhebliche Anwendungsschwierigkeiten macht die Konkretisierung des Begriffs der **öffentlichen Ordnung** (Definition s. Nr. 2.2 Abs. 2 VollzB und vorst. RdNr. 5; noch schlichter ist auch hier die dem Musterentwurf eines einheitlichen Polizeigesetzes zugrunde gelegte Formulierung: „Nach herkömmlicher Definition umfaßt die öffentliche Ordnung die Gesamtheit der ungeschriebenen Regeln, deren Beachtung nach den jeweils herrschenden Auffassungen als unentbehrliche Voraussetzung für ein gedeihliches Miteinander der Menschen angesehen wird"; allgemeine Begründung Nr. 3.12, abgedr. bei Heise/Riegel S. 17; OVG Münster in DÖV 1996, 1032). Knemeyer/Müller stellen fest (in NVwZ 1993, 437/438, Fußn. 19), der regelmäßig subjektiv bestimmte, wandelbare Begriff der öffentlichen Ordnung sei nur schwer faßbar und daher nicht unproblematisch. Ein eigenständiger Anwendungsbereich könne ihm allenfalls dort verbleiben, wo es um die Abwehr von Gefahren gehe, die *noch nicht* (im Gegensatz zu *nicht mehr*) straf- oder ordnungswidrigkeitenrechtlich relevant seien, etwa bei neuen Typen von Gefahren, insbesondere im Umweltbereich.

Gleichwohl ist die weitgedehnte Unbestimmtheit des Begriffs „öffentliche Ordnung" gewollt, um die Verwendung der Polizei zum Schutze „eines geordneten Gemeinschaftslebens" oder mit PrOVG 91, 139/40 zum Schutze „eines geordenten staatsbürgerlichen Gemeinschaftslebens" nicht am Mangel rechtlicher Voraussetzungen scheitern zu lassen. Nachdem sich ethische Regeln, die nicht in Normen des geschriebenen Rechts eingegangen sind, der Feststellung durch Behörden und Polizei nahezu völlig entziehen, blieb Gegenstand des Meinungsstreits vor allem der Bereich des Sexuellen in der Öffentlichkeit. Auch hier ist indessen eine nahezu völlige „Enttabuisierung" eingetreten, die ein polizeiliches Einschreiten allein auf Grund der Generalermächtigung und

ohne Bezug auf Straf- oder Ordnungswidrigkeitentatbestände kaum mehr vorstellbar erscheinen läßt. Lediglich zur Verdeutlichung der möglichen Unsicherheiten ist aus der älteren Rechtsprechung noch hinzuweisen auf den Meinungsstreit über den Film „Die Sünderin".
Hier hatte das OVG Koblenz in einem Urteil vom 29. Mai 1952 (VRspr. 4, 733/738 ff./740 = DÖV 1952, 664) sich mit diesem Begriff auseinandergesetzt und gestützt auf eine Auslegung des Art. 2 Abs. 1 GG festgestellt, daß eine Meinungsäußerung, die die „verfassungsmäßige Ordnung", die „verfassungsmäßigen Grundlagen des Gemeinschaftslebens" angreift, in jedem Fall auch eine Störung der öffentlichen Ordnung im Sinne des § 14 prPVG darstelle. Insoweit es sich um solche Verstöße gegen verfassungsmäßige Grundlagen handle, habe der Begriff der Störung der öffentlichen Ordnung nunmehr einen objektiven, durch die Verfassung normierten Inhalt bekommen und es brauche nicht mehr wie nach der früher herrschenden Auffassung bloß auf die subjektiven Auffassungen der überwiegenden Zahl der Bevölkerung eines bestimmten Gebietes abgestellt zu werden. Das polizeiliche Einschreiten gegen den Film hielt das Gericht für Rechtens.

Das OVG Lüneburg hat sich in seinem, den gleichen Film betreffenden Urteil vom 4. November 1952 (DVBl 1953, 83/85 ff.) mit der vorgenannten Entscheidung ausdrücklich auseinandergesetzt und kritisiert, daß diese Entscheidung der Polizei Befugnisse zuerkannt habe, die ihr im Rechtsstaat nicht zustünden, daß sie der Polizei hier praktisch das Recht zu einer umfassenden (Nach-)Zensur eingeräumt habe. Das Gericht kam zu der Erkenntnis, daß der Film im Sinne des Polizeirechts die öffentliche Ordnung nicht störe.

Mit dem gleichen Gegenstand hat sich das BVerwG in seinem Urteil vom 21. Dezember 1954 (BVerwGE 1, 303) auseinandergesetzt und entschieden, daß die in Art. 5 Abs. 3 Satz 1 GG gewährleistete Freiheit der Kunst nicht den Schranken der polizeilichen Generalklausel unterliege. Sie finde jedoch dort ihre Grenze, wo ihre Inanspruchnahme ein anderes Grundrecht verletzen oder Rechtsgüter, die für den Bestand der staatlichen Gemeinschaft notwendig sind, gefährden würde.

Zu diesen Rechtsgütern gehöre auch das Sittengesetz im Sinne der allgemeinen grundlegenden Anschauungen über die ethische Gebundenheit des einzelnen in der Gemeinschaft. Dennoch würden Darstellungen der Kunst nicht ausgeschlossen, die Vorgänge zum Gegenstand haben, welche vom Sittengesetz mißbilligt werden, moralisch unpassend oder unter Strafe gestellt seien oder von den herkömmlichen Anschauungen über Ehe und Familie (Art. 6 GG) abweichen. Die bloße Darstellung solcher Vorgänge untergrabe diese Rechtsgüter nicht. Das könne erst dann der Fall sein, wenn der Film solche Zustände verherrliche oder als erstrebenswert hinstelle und damit einen kritiklosen Teil des Publikums zur Nachahmung reize. Das sei hier jedoch nicht der Fall.

Das Zurschaustellen des nackten Körpers in der Öffentlichkeit, das gleichwohl nicht die tatbestandlichen Voraussetzungen des § 183 a StGB erfüllt oder bei

Art. 2

dem kein Strafantrag nach § 183 Abs. 2 StGB gestellt wurde, verletzt nach OVG Münster in DÖV 1996, 1052 trotz der in den letzten Jahrzehnten gewandelten Moralvorstellungen das natürliche, nicht übertriebene Schamgefühl der Betroffenen. Der Anblick des nackten Körpers werde den Anwesenden aufgedrängt, ohne daß diese frei entscheiden könnten, ob sie damit konfrontiert werden wollen oder nicht. Die Behauptung, es handle sich im entschiedenen Fall bei den Nacktauftritten um Kunst, führe zu keinem anderen Ergebnis; Freikörperkultur falle nicht in den Schutzbereich des Art. 5 Abs. 3 Satz 1 GG.

Moralische, religiöse und weltanschauliche Auffassungen einzelner Bevölkerungskreise, wie sie in den verschiedenen Landesteilen verschieden entwickelt sind, seien zwar innere Werte. Das Grundgesetz habe sie aber nicht unter den besonderen Schutz der staatlichen Grundordnung gestellt. Dem polizeilichen Einschreiten habe somit die rechtliche Grundlage gefehlt.

Der BayVGH hat (in BayVBl 1993, 658/659) ausgesprochen, das Verharmlosen von ns. Verbrechen und das Leugnen des wahren Charakters des ns. Regimes sei geeignet, die freiheitlich demokratische Grundordnung der Bundesrepublik Deutschland, ihr Ansehen im Ausland und das friedliche Zusammenleben der Bevölkerung zu gefährden. Dies störe, auch wenn die Schwelle der Strafbarkeit noch nicht erreicht sein sollte, die öffentliche Ordnung auf schwerwiegende Weise. Im gleichen Sinne OVG Münster in NJW 1994, 2909 zum präventivpolizeilichen Verbot des Hissens der Reichskriegsflagge.

Gegebenenfalls müssen im strittigen Einzelfall die Regeln eines geordneten Gemeinschaftslebens, die auf dem Weg über den Begriff „öffentliche Ordnung" den Einsatz der Polizei rechtfertigen und damit einer verbindlichen Norm praktisch gleichgestellt werden sollen, festgestellt werden, etwa mit demoskopischen Mitteln. In diesem Sinn hat das Bundesverwaltungsgericht im Zusammenhang mit einem Tanzverbot beim Tod eines früheren Staatsmannes die Frage erörtert, ob die Mehrheit der Bevölkerung am Tanzen während der Trauertage Anstoß nehmen würde und ihr Trauerempfinden deshalb zur schutzwürdigen „öffentl. Ordnung" gehöre (BVerwG in DVBl 1970, 504).

Das kann beim Erlaß von Rechtsverordnungen noch in Betracht kommen, wenn auch nicht in Bayern (s. o. RdNr. 4 Abs. 2), ebenso für die Bestimmung eines Teilkomplexes des polizeilichen Aufgabenbereichs. Als Voraussetzung für Maßnahmen nach PAG ist es nicht praktikabel (s. auch RdNr. 9). Hier bleibt die Polizei auf ihre eigene Einsicht verwiesen und muß gegebenenfalls Fehleinschätzungen in Kauf nehmen. Das kann hingehen, weil es sich bei Art. 2 nur um die Aufgabenumschreibung handelt und die korrespondierende Befugnisnorm des Art. 11 Abs. 1 nur bei „im einzelnen Fall bestehende(n)" Gefahren für die öffentliche Sicherheit oder Ordnung herangezogen werden kann, die möglicherweise auf Grund der gegebenen konkreten Sachlage die Subsumtion unter den Ordnungsbegriff und die wegen des Opportunitätsgrundsatzes („kann") vorzunehmende Abwägung zwischen Umfang und Schwere der Gefahr einerseits und den durch eine polizeiliche Maßnahme betroffenen Individualrechtsgütern andererseits erleichtern. Überdies können auf Art. 11 Abs. 1 nur sogenannte atypische Maßnahmen gestützt werden, also solche, deren Voraussetzungen nicht im PAG (Art. 12–29) speziell geregelt sind.

Das Begriffspaar öffentliche Sicherheit – öffentliche Ordnung wird im deutschen Recht teils kumulativ („und"), teils alternativ („oder") verwendet. Die kumulative Form findet sich teilweise noch im bayerischen Landesrecht, so z. B. in Art. 57 Abs. 1 GO und Art. 6 LStVG, aber auch in Art. 13 Abs. 3 GG. Dagegen sprach bereits die Generalklausel des § 14 Abs. 1 prPVG von öffentlicher Sicherheit **oder** Ordnung; diese alternative Fassung übernahm u. a. § 7 des BGSG und übereinstimmend damit Art. 35 Abs. 2 GG i. d. F. vom 28. Juli 1972 (BGBl I S. 1305), so daß das GG die Begriffe öffentliche Sicherheit und Ordnung nun sowohl in kumulativer wie in alternativer Verbindung enthält, ohne daß darin ein System oder ein begriffsrelevanter Wille des Gesetzgebers zu erkennen wäre. 8

Der Tradition des prPVG folgend verwendet der Musterentwurf eines einheitlichen Polizeigesetzes und wiederum ihm folgend nun auch das PAG die alternative Form; sie kann für das Polizeirecht heute als die herrschende angesehen werden. Sie ist insofern handlicher, als polizeiliches Handeln sich jeweils nur auf einen der beiden Begriffe stützen muß und damit die ohnehin schwierigen und unbefriedigenden juristischen Spekulationen über eine den Inhalt der einzelnen Begriffe noch erweiternde Bedeutung der kumulativen Fassung für den Bereich des PAG entbehrlich machen; große Bedeutung für die Praxis der Polizei hat sie nicht.

Sieht man, wie es polizeilicher Praxis entspricht, die „öffentliche Sicherheit und/oder Ordnung" unabhängig von ihrer kumulativen oder alternativen Fassung als einheitlichen Doppel- oder Gesamtbegriff an (hierzu kritisch Schloer in BayVBl 1991, 257/261) und zieht man Art. 11 Abs. 2 PAG und Art. 7 Abs. 2 und 3 LStVG als Auslegungshilfe heran, so kann man seinen Inhalt etwa wie folgt umschreiben:
die verfassungsmäßige Ordnung, die nicht mit verfassungswidrigen Mitteln verändert werden darf;
alle Rechts- und Sachgüter, deren Gefährdung oder Verletzung mit Strafe oder Geldbuße bedroht ist;
alle Rechts- und Sachgüter, deren Schutz unabhängig von Straf- oder Bußgeldsanktionen im öffentlichen Interesse liegt; hierzu gehört der Schutz der wichtigsten Individualrechtsgüter, die entweder den Charakter von Menschenrechten haben oder, soweit sie Sachgüter betreffen, im Interesse der Allgemeinheit schutzwürdig und -bedürftig sind sowie die kollektiven Rechtsgüter, deren Schutz mit Rücksicht auf die Allgemeinheit, das Leben in der staatlich organisierten Gemeinschaft geboten ist (z. B. die öffentliche Wasserversorgung – BVerwG, VRspr. 25, 861/867);

die Normen, die unerläßlich sind, um das gemäß den Verfassungen geordnete Gemeinschaftsleben entsprechend den innerhalb dieses Rahmens jeweils bestimmenden, nach Ort und Zeit verschieden beurteilbaren gesellschaftlichen Anschauungen und den durch die verfassungsmäßige Ordnung gewährleisteten Lebens- und Freiheitsraum des einzelnen zu schützen.

Diese Leitlinien überschneiden sich. Auch schließt der Gesamtbegriff Mischformen ein, so daß unter „öffentliche Sicherheit und/oder Ordnung" im Einzelfall auch Verhaltensregeln subsumiert werden können, die weder allein zur öffentlichen Sicherheit noch allein zur öffentlichen Ordnung im Sinne der üblichen Definition gerechnet werden können. Die Diskussion der einzeln wie gemeinsam immer noch und immer wieder verwendeten Begriffe öffentliche Sicherheit und öffentliche Ordnung bleibt im Fluß. Sie können angesichts des ständigen Wandelns „herrschender" sozialer und vor allem ethischer Anschauungen vielleicht noch im Einzelfall – und dann letzten Endes durch Gesetzgeber und Gerichte –, nicht mehr jedoch in ihrer Gesamtheit oder als „Inbegriff" hinreichend klar umrissen werden. Wissenschaftlich befriedigende Ergebnisse zeichnen sich vor allem für den Begriff „öffentliche Ordnung" nicht ab. Die Unbestimmtheit des Begriffs der öffentlichen Ordnung hat einige Länder veranlaßt, den Aufgabenbereich der Polizei auf die Abwehr von Gefahren für die öffentlicher Sicherheit zu beschränken (Bremen, Saarland, Schleswig-Holstein). Bäumler in NVwZ 1992, 638/639 bemerkt dazu mit Recht, daß sich durch diese Beschränkung für die Praxis der Polizei nicht allzuviel ändert, weil das gedeihliche Zusammenleben aller ohnehin weitgehend normativ geregelt ist und Verstöße gegen die Regelungen mit Strafe oder Bußgeld bedroht sind. Vgl. noch zum Stand der Erörterung Knemeyer in DÖV 1975, 34/37 und Martens in Drews/Wacke/Vogel/Martens, S. 246 m. weit. Nachw. sowie für die geschichtliche Entwicklung des Polizeibegriffs Berner in Verwaltungsrecht in Bayern, 1952, Bd. II S. 79 ff. und F. Mayer, Die Eigenständigkeit des bayerischen Verwaltungsrechts, dargestellt an Bayerns Polizeirecht, 1958; ders., Bayerisches Polizei- und Sicherheitsrecht, 1959 (Sonderdruck des VI. Abschn. der zuvor genannten Schrift); ders. in DVBl 1959, 449; ferner Erbel in DVBl 1972, 475; Franssen in FS BVerwG, 1978, S. 201; Thiele in ZRP 1979, 7; Martens in DÖV 1982, 89/98; Götz in NVwZ 1987, 858/861; Heuer, Die Generalklausel des preußischen Polizeirechts von 1875 bis zum Polizeiverwaltungsgesetz von 1931, 1988; Schloer, Vom Preußischen Polizeirecht zum Bayerischen Sicherheitsrecht, 1990 und Schloer in BayVBl 1991, 257 sowie die o. am Ende von RdNr. 4 zitierte Literatur.

Zur Aufrechterhaltung der öffentlichen Sicherheit und Ordnung gehören vor allem die Verhütung und Unterbindung von Straftaten und Ordnungswidrigkeiten (Art. 11 Abs. 2 Nr. 1), ohne daß es darauf ankäme, welchem Gebiet die Vorschriften angehören, die durch Straf- oder Bußgeldvorschrift bewehrt sind, ferner die Verhütung und Unterbindung von verfassungsfeindlichen Handlungen (Art. 11 Abs. 2 Nr. 1) und die in Art. 11 Abs. 2 Nr. 2

und 3 genannten Zwecke. Die Aufgabe erschöpft sich darin jedoch nicht. So dient auch die Verfolgung von Straftaten, Ordnungswidrigkeiten und verfassungsfeindlichen Handlungen der Aufrechterhaltung der öffentlichen Sicherheit und Ordnung. Insoweit gibt das PAG der Polizei aber keine Befugnisse; zum Teil ergeben sich solche aus anderen Gesetzen, insbesondere der StPO und dem OWiG (vgl. Art. 11 Abs. 3). (Übereinstimmend Bengl/Berner/Emmerig, RdNr. 3 zu Art. 6 LStVG.)

Aufgabe der Polizei ist die Abwehr von Gefahren für die öffentliche Sicherheit oder Ordnung. Sie teilt sich in der modernen Industriegesellschaft in diese Aufgabe mit einer Vielzahl anderer, vor allem auch technischer Behörden (vgl. Berner in BayVBl 1982, 362). Gefahren im Sinne des Polizeirechts **können allgemein oder im Einzelfall bestehen.** Nach BayVerfGH in BayVBl 1995, 143/145 soll der Begriff „allgemeine Gefahr" zum Ausdruck bringen, daß die Polizei nicht nur die Aufgabe hat, die im Einzelfall bestehende Gefahr abzuwenden (= konkrete Gefahr im Sinne des Art. 11), sondern auch die Aufgabe, die öffentliche Sicherheit und Ordnung vor abstrakten Gefahren zu schützen. Jedenfalls kann man die in Art. 2 Abs. 1 getroffene Unterscheidung – ungeachtet der sprachlichen Unkorrektheit – für die Praxis wohl mit dem Unterschied zwischen abstrakter und konkreter Gefahr (s. Nr. 2.2 VollzB) gleichsetzen. Festzuhalten bleibt, daß die allgemeine Befugnisnorm des Art. 11 Abs. 1 – anders als Art. 2 Abs. 1 – von der „im einzelnen Fall bestehende(n) Gefahr" spricht und die amtl. Begründung 1978 ebenso wie Nr. 2.2 Abs. 4 und 11.4 VollzB davon ausgehen, daß unter Gefahr im Sinne der Befugnisnorm allein die konkrete Gefahr zu verstehen sei. Zur Abwehr allgemein bestehender Gefahren ist danach die Polizei regelmäßig beschränkt auf Initiativen, die keines Eingriffs in die Rechte anderer bedürfen, z. B. Hinweise an zuständige Behörden, Belehrungen und Aufforderungen ohne Maßnahme an einzelne Bürger. 9

Eine Umschreibung des Begriffs **Gefahr** und dessen im Polizeirecht wichtigen Unterarten der **konkreten** und **abstrakten Gefahr** gibt zunächst Nr. 2.2 Abs. 3 VollzB (sinnentsprechend Martens in Drews/Wacke/Vogel/Martens, S. 220, 495 f.; s. ferner Emmerig in Bengl/Berner/Emmerig, Anm. 8 c und 12 c vor Art. 6 LStVG; Walker, Abstrakte und konkrete Gefahr, Diss. Tübingen 1994). Nach der amtl. Begr. 1954 ist **„Gefahr"** im Sinne des Art. 2 ein Zustand, der nach verständigem Ermessen in näherer Zeit den Eintritt einer Störung der öffentlichen Sicherheit und Ordnung, insbesondere eines Schadens, mit Wahrscheinlichkeit erwarten läßt. Dieser Zustand kann auf Ereignisse in der Natur – das Verhalten von Tieren eingeschlossen – oder auf Handlungen oder Unterlassungen von Menschen zurückgehen. BayVerfGH in BayVBl 1995, 76/80 nennt abstrakte oder potentielle Gefahren solche, die generell aus bestimmten Arten von Handlungen oder Zuständen mit hinreichender Wahrscheinlichkeit zu entstehen pflegen; es müsse sich um eine nach der Lebenserfahrung begründete 10

Befürchtung eines Schadenseintritts handeln, diese genüge aber auch. Die Annahme eines hinreichend wahrscheinlichen Schadens ist eine Prognose. Sie ist auf der Grundlage der im Zeitpunkt der polizeilichen Entscheidung zur Verfügung stehenden Erkenntnismöglichkeiten zu treffen (vgl. VGH Mannheim in DVBl 1990, 1047/1048 = DÖV 1991, 165/166).
Für die **Gefahrenprognose** ist eine wertende Abwägung vorzunehmen (vgl. z. B. BayVerfGH in BayVBl 1995, 76/80). Je größer und folgenschwerer der möglicherweise eintretende Schaden sein würde, um so geringer sind die Anforderungen, die an die Wahrscheinlichkeit des Schadenseintritts gestellt werden können (Martens in Drews/Wacke/Vogel/Martens, S. 224). Andererseits sind die Anforderungen an die Wahrscheinlichkeit des Schadenseintritts abhängig von der **Bedeutung der gefährdeten Rechtsgüter**. Je höher diese in ihrer Bedeutung einzuschätzen sind, um so geringer sind die Anforderungen, die an die Wahrscheinlichkeit eines Schadenseintritts gestellt werden können. Geht es um den Schutz besonders hochwertiger Rechtsgüter, wie etwa Leben und Gesundheit von Menschen, so kann auch die entferntere Möglichkeit eines Schadenseintritts polizeiliche Maßnahmen rechtfertigen (BayVerfGH in BayVBl 1995, 76/80; s. auch RdNr. 1 zu Art. 2). Entsprechendes kann für den Grad der Beeinträchtigung des Betroffenen angenommen werden. Je weniger eine polizeiliche Maßnahme in seine **Rechte eingreift**, um so geringere **Anforderungen** sind **an die Wahrscheinlichkeit des Eintritts der Störung** zu stellen (BayVGH in BayVBl 1993, 684). In jedem Fall muß aber bei vernünftiger Betrachtung eine solche Wahrscheinlichkeit anzunehmen sein (Willkürverbot).

Jede Maßnahme zur Verhütung einer Störung, d. h. zur Beseitigung einer Gefahr, ist ein Akt der Gefahrenabwehr („präventivpolizeiliches" = vorbeugendes Handeln). Vgl. VGH Stuttgart in DÖV 1952, 727 (Nachweis des Vorliegens einer polizeilichen Gefahr); BGH in DVBl 1952, 702 = VRspr. 5, 78 (zur Frage der Amtspflichtverletzung bei Nichteinschreiten im Falle der Gefahr; vgl. auch RdNrn 4, 5 zu Art. 5); BGH in VRspr. 5, 319 (gefahrdrohende Vorgänge auf befriedetem Besitztum); BGH in VkBl 1954, 250 (Verpflichtung zum Eingreifen); OVG Münster in NVwZ 1983, 238 und 1985, 355/356; ferner Schneider in DVBl 80, 406/409; Hansen-Dix, Die Gefahr im Polizeirecht, im Ordnungsrecht und im Technischen Sicherheitsrecht, 1982; Martens in Drews/Wacke/Vogel/Martens, S. 221 ff.; s. auch RdNr. 11.

Hält die Polizei eine Gefahr für gegeben, ohne daß die ihr bekannten Tatsachen diese Annahme ausreichend stützen, so sind die Maßnahmen zur Abwehr einer solchen nur **vermeintlichen (Schein-, Putativ-)Gefahr** rechtswidrig und können, wenn die Polizei nur oberflächlich oder nach verständiger Beurteilung sogar leichtfertig gehandelt hat, zu Ansprüchen aus Amtspflichtverletzung führen (vgl. BayVGH in BayVBl 1993, 429/431). Die lediglich entfernte Möglichkeit des Eintritts eines schädigenden Ereignisses auf Grund bloßer Vermutungen – **vermutete Gefahr (Gefahrverdacht)** – genügt ebenfalls nicht als Rechtfertigung polizeilichen Tätigwerdens (BayVGH in BayVBl 1964, 228/

230; DVBl 1975, 888/890; VGH Mannheim in NVwZ-RR 1991, 24/26), es sei denn, daß die Vermutung durch Tatsachen hinreichend begründet ist. Dann aber ist, richtig gesehen, die Annahme einer Gefahr begründet und nicht nur vermutet. Dagegen steht der bei verständiger Würdigung der erkennbaren Umstände bestehende Anschein einer Gefahr – **Anscheinsgefahr** – einer objektiven Gefahr gleich und genügt als Anlaß zum Einschreiten, bis über die wirkliche Sachlage Klarheit geschaffen ist (BGHZ 5, 144; BGH in NJW 1952, 586; VGH Mannheim in NVwZ 1991, 24/26; nach BGH in DVBl 1954, 813 = NJW 1955, 258 mit Anm. von Bender S. 938 muß jedoch grundsätzlich die Gefahr objektiv vorhanden sein; a. A. zu Recht VGH Mannheim in DVBl 1990, 1047/1048; BVerwG in NJW 1974, 807/809; DVBl 1975, 888/890; BayVGH in BayVBl 1997, 634/635; Martens, a. a. O. S. 225 ff. m. weit. Nachw.; Franssen in FS BVerwG, 1978, S. 201/214; Ingewahrsamnahme auf Grund gegenwärtiger Anscheinsgefahr s. OVG Münster in NJW 1980, 138; Schneider in DVBl 1980, 406; Kokott in DVBl 1992, 749; BayVGH in BayVBl 1993, 429/ 431; Nr. 11.4 VollzB; Beleuchtung einer Wohnung durch Zeitschaltuhr ohne Information des Hausmeisters oder zuverlässiger Nachbarn kann Anschein einer Gefahr für Leib oder Leben des in Wirklichkeit abwesenden Wohnungsinhabers begründen, vgl. VG Berlin in NJW 1991, 2854; zur Polizeipflicht aus Anscheinsgefahr vgl. Martensen in DVBl 1996, 286/288 ff.). Wird nach Beginn der Maßnahme oder dem Zeitpunkt des Erlasses einer entsprechenden Verfügung erkennbar, daß möglicherweise nur eine Anscheinsgefahr vorliegt, muß die Polizei die Gefahrenlage alsbald intensiv aufklären (OVG Münster in DVBl 1979, 733/734 mit durch die damalige Gesetzeslage bedingter, teilweise abweichender Terminologie). Zum Folgenbeseitigungsanspruch des Anscheinsstörers (als Entschädigungsanspruch nach Art. 70 Abs. 1) s. RdNrn 7 zu Art. 7, 6 zu Art. 8, 2 zu Art. 70; zur Kostenfrage RdNr. 3 zu Art. 76.

Hinzuweisen ist auch auf die Literatur zur **Gefahr(en)erforschung**, wobei diese in Anlehnung an Weiß in NVwZ 1997, 737 die Klärung dreier Fragen zum Ziel hat: besteht eine Gefahr, in welchem Umfang besteht sie gegebenenfalls, wer ist ihr Verursacher. Die Überlegungen zum Gefahrerforschungseingriff sind vornehmlich am Problem der sog. Altlasten entwickelt worden und haben ihre Hauptbedeutung im Bereich der Verwaltungspolizei (s. Erl. zu Art. 77). Im unmittelbaren Aufgabenbereich der Vollzugspolizei sind sie von geringer Bedeutung. Zu nennen sind beispielsweise: BVerwGE 39, 190 = NJW 1972, 458; Kickartz, Ermittlungsmaßnahmen zur Gefahrenerforschung und einstweilige polizeiliche Anordnungen, 1984; Götz in NVwZ 1984, 211/213; Papier in DVBl 1985, 873; Schink in DVBl 1986, 161; BayVGH in NVwZ 1986, 942; Breuer in NVwZ 1987, 751; OVG Koblenz in DÖV 1992, 270; OLG Stuttgart in NJW 1992, 1396; Classen in JA 1995, 608; Weiß a. a. O.; Dill, Amtsermittlung und Gefahrenerforschungseingriffe, 1997; s. auch RdNr. 4 zu Art. 10 und RdNr. 6 zu Art. 70. Die Erörterungen betreffen vielfach die umstrittene, für den Anwendungsbereich des PAG aber wohl zu bejahende Frage, ob die **Kosten** von Gefahrerforschungsmaßnahmen dem Verantwortlichen auferlegt werden können, was freilich voraussetzt, daß ein solcher ermittelt werden kann. Sie gehören daher in den Rahmen des allgemeinen Sicherheitsrechts und sind für den Vollzug des PAG wegen der Enumeration der Fälle von Kostenverpflichtung und der Regelung in Art. 76 (s. Erl. zu dieser Vorschrift) kaum von Bedeutung.

Nach BayVGH in BayVBl 1964, 228/230 ist eine „Gefahr" gegeben, wenn nach den gegebenen Tatsachen in naher Zukunft eine Störung der öffentlichen Sicherheit zu befürchten ist („**konkreter Gefahrenbegriff**"; s. auch BVerwG in DÖV 1970, 713/715 = NJW 1970, 1890; ferner Martens in Drews/Wacke/ Vogel/Martens, S. 227, Vogel ebenda S. 410 f.).

Zum Unterschied zwischen konkreter und abstrakter Gefahr hat das BVerwG in DÖV 1970, 713 = NJW 1970, 1890 ausgeführt, daß „die im einzelnen Falle bevorstehende Gefahr" keineswegs „unmittelbar" bevorstehend zu sein brauche, ihre Verwirklichung, also der Eintritt des Schadens, vielmehr möglicherweise noch Jahre auf sich warten lassen und gleichwohl die Gefahr „konkret" sein könne. Erforderlich sei nur die hinreichende Wahrscheinlichkeit des Eintritts eines Schadens im konkreten Einzelfall (vgl. z. B. BVerwGE 28, 310/315 f = DÖV 1968, 285; BayVGH in BayVBl 1984, 272/ 276). Solche hinreichende oder auch „bloße" Wahrscheinlichkeit gehöre zur abstrakten genauso wie zur konkreten Gefahr; beide Gefahrenbegriffe stellen, was den zu erwartenden Eintritt eines Schadens anlange, die gleichen Anforderungen der Wahrscheinlichkeit. Der Unterschied liege nur in der Betrachtungsweise; bei der konkreten Gefahr „konkret", d. h. auf den Einzelfall, bei der abstrakten Gefahr „abstrakt-generell", also auf den typischen Fall bezogen. Eine konkrete Gefahr liege danach vor, wenn in dem zu beurteilenden konkreten Einzelfall irgendwann, freilich in überschaubarer Zukunft, mit dem Schadenseintritt hinreichend wahrscheinlich gerechnet werden müsse; eine abstrakte Gefahr sei gegeben, wenn eine generell-abstrakte Betrachtung für bestimmte Arten von Verhaltensweisen oder Zuständen zu dem Ergebnis führt, daß mit hinreichender Wahrscheinlichkeit ein Schaden im Einzelfall einzutreten pflege und daher Anlaß bestehe, diese Gefahr mit generell-abstrakten Mitteln, also einem Rechtssatz, zu bekämpfen, was wiederum zur Folge habe, daß auf den Nachweis der Gefahr eines Schadenseintritts im Einzelfall verzichtet werden könne. Die Auffassung, daß die abstrakte Gefahr ein Weniger an Wahrscheinlichkeit voraussetze als die konkrete Gefahr, sei also zumindest irreführend.

Hinsichtlich des Grades der Wahrscheinlichkeit müsse differenziert werden je nachdem, welches Schutzgut auf dem Spiel steht. Sei der möglicherweise eintretende Schaden sehr groß, dann könnten an die Wahrscheinlichkeit des Schadenseintritts nur entsprechend geringe Anforderungen gestellt werden. Davon gehe die Verwaltungspraxis mit Recht als selbstverständlich aus. Obwohl beispielsweise die mit anonymen Bombendrohungen verbundene Wahrscheinlichkeit eines Schadenseintritts nach aller Erfahrung äußerst gering sei oder gewesen sei und in aller Regel allenfalls die nur entfernte Möglichkeit eines Schadenseintritts bestehe oder bestanden habe, müsse wegen des damit verbundenen – wenn auch noch so entfernten – Risikos dieser (Schein-)Gefahr nachgegangen werden, weil – wenn entgegen aller Wahrscheinlichkeiten die Gefahr sich verwirklichen sollte – der dann zu gewärtigende Schaden so groß wäre, daß ein Eingreifen trotz der nur entfernten Möglichkeit des Schadenseintritts nicht nur gerechtfertigt, sondern sogar geboten sei. Das bedeute, daß bei der Gefahr besonders großer Schäden ausnahmsweise zur „hinreichenden Wahrscheinlichkeit" in der erwähnten Faustformel auch die entfernte Möglichkeit eines Schadenseintritts gehöre. An die Wahrscheinlichkeit des Schadens sind um so geringere Anforderungen zu stellen, je größer und folgenschwerer der zu erwartende Schaden ist. Bei unmittelbaren Eingriffen in die Freiheit der Person darf dabei nicht übersehen werden, daß hier die Eingriffsschwelle aus verfassungsrechtlichen Gründen im allgemeinen höher liegt (BVerwGE 45, 51/61; vgl. ferner BVerwG in NJW 1971, 396; DVBl 1973, 857/859; DÖV 1974, 207/209; OVG Koblenz in NJW 1987, 2250).

Die Feststellung einer polizeilichen Gefahr setzt ein prognostisches Urteil (ob überhaupt der Eintritt eines Schadens wahrscheinlich ist) und ein wertendes Urteil voraus (Verhältnis des möglichen Schadens zum Rang der Rechtsgüter, in die zu seiner Verhütung eingegriffen werden muß – Verhältnismäßigkeit; s. auch Lingemann, Die Gefahrenprognose als Basis eines polizeilichen Beurteilungsspielraumes, 1985). Beides unterliegt gerichtlicher Prüfung, wenn auch verschiedener Intensität (geringer bei Prognose, höher bei Verhältnismäßigkeit). Dabei sind für die gerichtliche Kontrolle der polizeilichen Gefahrenprognose die Verhältnisse maßgebend, unter denen im Zeitpunkt der Anordnung gehandelt werden mußte (BVerwG in DÖV 1974, 207/209; DVBl 1975, 888/889; BVerwGE 47, 31/40 und 45, 51/60; BayVGH in BayVBl 1993, 658). Die Rechtmäßigkeit polizeilicher Maßnahmen kann ohnehin nur auf Grund einer Beurteilung der Sachlage im Zeitpunkt ihrer Vornahme überprüft werden (so auch OVG Hamburg in DÖV 1983, 1016/1017). Auch das Gefahrenbild, das den Beamten zum Handeln veranlaßte, ist so zugrunde zu legen, wie es sich dem Beamten bei verständiger und besonnener Beurteilung der Situation darbot (vgl. Ossenbühl in DÖV 1974, 463/466; Franssen a. a. O. – zit. in RdNr. 3 – S. 214). Die objektive Sachlage ist also nicht allein ausschlaggebend; auch eine Anscheinsgefahr kann das Einschreiten rechtfertigen (s. o.).

Eine **dringende Gefahr** im Sinne von Art. 13 Abs. 3 GG sieht das BVerwG als gegeben an, wenn ohne das Einschreiten der Polizei- oder Ordnungsbehörde mit hinreichender Wahrscheinlichkeit ein wichtiges Rechtsgut geschädigt würde. Bei der Beurteilung der Gefahrenlage ist der Verhältnismäßigkeitsgrundsatz zu beachten (BVerwGE 47, 255 = DVBl 1974, 846 = NJW 1975, 130 = BayVBl 1975, 309), was freilich für das Polizeirecht insgesamt gilt (s. Art. 4 PAG).

Art. 2

Die interpretatorische Rechtsprechung des BVerwG ist nur verständlich aus der Eigenart des Polizei- und Sicherheitsrechts. Sie ist offensichtlich bemüht, dem polizeilichen Handeln keine Schranken aufzuerlegen, die ein im Einzelfall situationsgerecht erscheinendes Eingreifen nachträglich als rechtswidrig darstellen könnten. Sie erkauft dies freilich mit immer neuen unbestimmten Beurteilungskriterien wie „hinreichende Wahrscheinlichkeit" oder „wichtiges Rechtsgut", deren richtige Anwendung unsicher bleibt. Für das polizeiliche Handeln nach dem PAG ergibt sich eine gewisse Konkretisierung dieser Maßgaben aus den Grundsätzen der Art. 3, 4, 5, 7 und 11 Abs. 2 PAG. – Zur Kritik an der Rechtsprechung zum unbestimmten Rechtsbegriff „Gefahr" s. Ule in DVBl 1973, 756/760 f.; zum Gefahrbegriff ferner Erichsen in VVDStRL, Heft 35 (1977), 171/185 ff.; zur Gefahrenabwehr Erichsen, a. a. O. S. 189 f. und Martens in DÖV 1982, 89.

Zur **gegenwärtigen Gefahr** und zur **erheblichen Gefahr** im Sinne des PAG s. Nr. 10.2 VollzB.

11 Anders als das PAG 1954 nennt Art. 2 nur noch die Abwehr von Gefahren, nicht mehr aber die Unterbindung und Beseitigung von **Störungen.** Ebenso vermeidet es die in der Praxis und Lehre unentbehrlichen Begriffe des **Störers** wie des **Nichtstörers,** die in den Art. 7, 8 und 10 nur unter dem reziproken Aspekt der Verantwortlichkeit und des Verantwortlichen erscheinen. Es wäre jedoch falsch, daraus zu schließen, daß es nicht mehr Aufgabe der Polizei wäre, Störungen zu beheben und dementsprechend gegen Störer vorzugehen oder notfalls Nichtstörer in Anspruch zu nehmen.

Störung ist nach der amtl. Begr. 1954 die wirklich gewordene Gefahr. Sie ist eingetreten, wenn ein rechtlich geschütztes Gut verletzt ist. Eine baufällige Brücke z. B. stellt eine Gefahr, die eingestürzte Brücke eine Störung dar. Dabei ist die Möglichkeit nicht ausgeschlossen, daß die eingetretene Störung gleichzeitig die Quelle für weitere Gefahren darstellt, so daß sowohl Maßnahmen zur Gefahrenabwehr wie Maßnahmen zur Unterbindung oder Beseitigung der Störung in Frage kommen. Die Verhütung der Fortdauer von Störungen gehört begrifflich zur Abwehr von Gefahren. Soweit neben einer eingetretenen Störung oder durch diese selbst eine Gefahrensituation fortbesteht, ist die polizeiliche Aufgabe von daher gegeben. Im übrigen scheint das PAG davon auszugehen, daß Störungen unter den Oberbegriff der (verwirklichten) Gefahr fallen. Darauf läßt z. B. Art. 11 Abs. 2 Nr. 1 schließen, wenn dort als Unterfall der Abwehrbefugnis nach Abs. 1 („insbesondere") das Unterbinden von Straftaten und Ordnungswidrigkeiten genannt ist, deren Begehung im Sinne des Polizeirechts eine Störung ist. Polizeiliche Maßnahmen, die nicht der Verhütung oder der Unterbindung einer in Ausführung begriffenen Straftat oder Ordnungswidrigkeit, sondern der Verfolgung bereits begangener Taten dienen, richten sich nicht nach dem PAG, sondern nach StPO und OWiG.

Im Rahmen ihres allgemeinen Auftrags zur Gefahrenabwehr ist die Polizei **12** verpflichtet, **Beistand bei Unglücksfällen** zu leisten. Zu den Schutzgütern der öffentlichen Sicherheit gehören unbestritten die Individualrechtsgüter Leben und Gesundheit. Danach hat die Polizei Verletzten und Hilflosen Beistand zu leisten, soweit es nötig ist und nicht nach der im Einzelfall bestehenden Sachlage andere polizeiliche Aufgaben nach pflichtgemäßer Abwägung durch den verantwortlichen Beamten vordringlicher sind. Die Beistandsleistung umfaßt auch die Sorge für geistlichen Beistand – vgl. die ME vom 3. Dezember 1962, MABl S. 694, erg. MABl 1964, S. 360. Unmittelbare Beistandsleistungen können nicht gefordert werden, wenn sie die Kenntnisse oder körperlichen Fähigkeiten des Polizeibeamten übersteigen; der Beamte hat sich jedoch dann um die notwendige Hilfe durch andere zu bemühen. Beistand zu leisten ist auch Personen jugendlichen Alters, Gebrechlichen oder physisch oder psychisch Kranken, die sich in hilfloser Lage befinden (vgl. § 221 Abs. 1 StGB).

Eine Beistandsverpflichtung folgt auch für die Polizei aus § 323 c StGB, der für die Polizei auf Grund ihres dienstlichen Auftrags besondere Bedeutung hat. Jedoch können sich für die Polizei je nach Sachlage oder auf Grund spezieller Vorschriften bevorrechtigte „andere wichtige Pflichten" im Sinne des § 323 c häufiger als für Private ergeben.

Durch die Aufgabenzuweisung an die Polizei werden gleiche **Aufgaben an- 13 derer Stellen und Einrichtungen nicht berührt** (z. B. der Sicherheitsbehörden, der Feuerwehren, des Zivilschutzes, der Wasser- und Dammwehr, des Rettungsdienstes, des Roten Kreuzes und ähnlicher Hilfsdienste, des Technischen Überwachungsvereins, des Technischen Hilfswerks, des Landesamts für Verfassungsschutz – hierzu MB vom 8. Mai 1957, BayBSVI III, 385; Lisken in NJW 1982, 1481).

Zur Wahrnehmung dieser Beistandsaufgaben braucht die Polizei in aller Regel keine Befugnisnorm, weil der Beistand nicht in Rechte der Betroffenen eingreift, sich im Falle der Hilf- oder Bewußtlosigkeit als öffentlich-rechtliche Geschäftsführung ohne Auftrag darstellen kann oder unmittelbar aus § 323 c StGB zu rechtfertigen ist. Die Vorschriften des BGB über Geschäftsführung ohne Auftrag sind im öffentlichen Recht entsprechend anzuwenden (BVerwG in BayVBl 1989, 183); hierzu allgemein Blas, Die öffentlich-rechtliche Geschäftsführung ohne Auftrag eines Hoheitsträgers und eines Bürgers für einen Träger öffentlicher Gewalt, BayVBl 1989, S. 648.

Hinzuweisen ist noch auf die besondere Hilfeleistungspflicht nach Art. 63 PAG, ferner auf § 5 UZwG und Abschnitt XV UZwVwV-BMI – (s. Anh.), die Allgemeine Verwaltungsschrift des Bundesministers des Innern über die Verwendung des **Bundesgrenzschutzes** bei einer Naturkatastrophe oder bei einem besonders schweren Unglücksfall sowie zur Hilfe im Notfall – BGSKatHiVwV – vom 2. Mai 1974, GMBl S. 171 = MABl S. 667, geändert durch Allgem. VwV vom 4. November 1975, GMBl S. 747 = MABl 1976

Art. 2

S. 15. Für die Hilfeleistungen der **Bundeswehr** bei Naturkatastrophen oder besonders schweren Unglücksfällen und im Rahmen der dringenden Nothilfe gelten besondere Vorschriften.
Zur **Strafverfolgung** s. RdNr. 7 zu Art. 11.

14 Abs. 2 bestimmt als Aufgabe der Polizei auch den **Schutz privater Rechte** von natürlichen oder juristischen Personen. Grundsätzlich ist es Sache der Inhaber solcher Rechte, selbst alles Erforderliche für deren Schutz zu tun, in erster Linie also den gerichtlichen Rechtsschutz herbeizuführen. Das kann in eiligen Fällen auch durch Antrag auf einstweilige Verfügung nach §§ 935 ff. ZPO geschehen. Zu beachten sind auch die Vorschriften über die Selbsthilfe nach den §§ 229, 230, 561 (Vermieter), 581 Abs. 2 (Verpächter), 704 (Gastwirt), 859 (Besitzer), 860 (Besitzdiener), 910 (Überhang) und 962 (Bienenschwarm) BGB und ähnliche, privaten Rechtsträgern zustehende Befugnisse zum Schutz eigener Rechte. S. dazu VGH Mannheim in NVwZ-RR 1995, 527/ 528; ferner RdNrn 10 zu Art. 13, 4 zu Art. 25.

Aufgabe der Polizei ist der Schutz privater Rechte nur unter der **doppelten Voraussetzung,** daß gerichtlicher Schutz nicht rechtzeitig zu erlangen ist und daß ohne polizeiliche Hilfe die Verwirklichung des Rechts vereitelt oder wesentlich erschwert würde. Abs. 2 gewährt einen Anspruch auf Tätigwerden der Polizei. Unterlassung kann Amtspflichtverletzung (§ 839 Abs. 1 BGB) sein. Zeitgleiche Tätigkeitspflichten zum Schutze höherwertiger Rechtsgüter schließen ein Verschulden aus; vgl. RdNr. 5 zu Art. 5. Liegen beide Voraussetzungen des Abs. 2 vor, kann die Polizei nach der Befugnisnorm des Art. 13 Abs. 1 Nr. 6 die Identität dessen feststellen, der private Rechte verletzt hat.

Die Polizei kann nach Abs. 2 i. Verb. m. Art. 9 Abs. 1 eine Störung der Ausübung privater Rechte selbst beseitigen, z. B. durch Verschieben und Abschleppen eines PKW, wenn eigene Abwehrmaßnahmen des Rechtsinhabers tatsächlich möglich, jedoch mit Eingriffen in Rechte Dritter oder mit einer erneuten Beeinträchtigung eigener Rechte verbunden wären (VG Freiburg in NJW 1979, 2060 = DVBl 1979, 745).

Die Polizei ist nicht berufen, strittige Rechtsverhältnisse zu klären (dazu OVG Münster in DVBl 1968, 759 = DÖV 1968, 697). Sie hat nach pflichtgemäßem Ermessen (Art. 5 Abs. 1) zu entscheiden, ob sie die Voraussetzungen des Art. 2 Abs. 2 für gegeben, insbesondere den befürchteten Rechtsverlust für glaubhaft hält. Häufig wird es sich um die Sicherung von Ersatzansprüchen bei Sach- und Körperschäden handeln. Ebenso häufig wird dann die Polizei in den gleichen Fällen Ermittlungen oder Verfolgungsmaßnahmen wegen begangener Straftaten oder Ordnungswidrigkeiten einleiten können oder müssen, die bereits unter die allgemeine polizeiliche Aufgabe (Art. 2 Abs. 1) fallen. Vgl. zum Ganzen Kowalzki, Der Schutz von privaten und individuellen Rechten im allgemeinen Polizeirecht, 1987.

Abs. 3 beauftragt die Polizei mit der **Vollzugshilfe** gegenüber anderen 15
Behörden und Gerichten. **Behörden** sind Einrichtungen öffentlicher Rechtsträger zur Wahrnehmung öffentlich-rechtlicher Aufgaben (vgl. Art. 1 Nr. 2 BayVwVfG: Behörde im Sinne dieses Gesetzes ist jede Stelle, die Aufgaben der öffentlichen Verwaltung wahrnimmt). **Gerichte** sind unabhängige, nach besonderen Rechtsvorschriften verfaßte Spruchorgane zur Entscheidung von Rechtsstreitigkeiten. Die Vollzugshilfe ist eine besondere Form der Amtshilfe (s. u.), zu der alle Behörden des Bundes und der Länder nach Art. 35 GG untereinander verpflichtet sind. Daher gelten die Grundsätze der Art. 5 bis 8 BayVwVfG auch für die Vollzugshilfe durch die Polizei.

Inhaltlich ist die Vollzugshilfe – wie ihre Bezeichnung andeutet – bezogen auf die Anwendung unmittelbaren Zwangs (Art. 50 Abs. 1) und gegenüber Gerichten und Staatsanwaltschaft auf die Vorführung von Personen und die Unterstützung des Gerichtsvorsitzenden bei der Handhabung der Ordnung in der Sitzung (Art. 50 Abs. 2). Art und Umfang der nach diesem Gesetz von der Polizei zu leistenden Vollzugshilfe sind in Nr. 50.1 der VollzB (abgedruckt nach Art. 50) für die Polizei verbindlich umschrieben.

Unabhängig von den besonderen Vorschriften der Art. 50–52 bleibt die auf Art. 35 Abs. 1 GG beruhende Verpflichtung auch der Polizei zur **Amtshilfe** unberührt (Art. 50 Abs. 4). Für diese auf Ersuchen zu leistende ergänzende Hilfe gelten die Art. 4–8 BayVwVfG (Legaldefinition der Amtshilfe dort in Art. 4 Abs. 1); unter dieser „ergänzenden Hilfe" ist jede Hilfe rechtlicher oder tatsächlicher Art zu verstehen, die eine Behörde einer anderen leistet, um dieser die Wahrnehmung ihrer Aufgaben zu ermöglichen oder zu erleichtern). Ferner ist noch hinzuweisen auf § 167 GVG (Recht der Nachteile), § 14 VwGO (Rechts- und Amtshilfe gegenüber den Verwaltungsgerichten) und § 9 Abs. 1 POG (Zusammenarbeit zwischen Polizei und Sicherheitsbehörden). Die allgemeine Amtshilfepflicht der Polizei ist sachlich begrenzt auf ihren in Art. 2 Abs. 1, 2 umschriebenen Aufgabenbereich (vgl. Art. 5 Abs. 2 Nr. 1 BayVwVfG). Zur Amtshilfeproblematik im Verhältnis Polizei – Verfassungsschutz s. Kalkbrenner in FS Samper, S. 69 ff. und allgemein hierzu Gusy in Die Verwaltung 1991, 467. **Zum Informationsaustausch der Polizei mit dem Bayer. Landesamt für Verfassungsschutz** s. Art. 12 ff. BayVSG und in Ergänzung dazu die **IVS-Richtlinien** vom 4. 1. 1993 (AllMBl S. 51). Mitteilungspflichten der Polizei nach Maßgabe dieser Vorschriften sind keine Amtshilfe, sondern besonders geregelte gesetzliche Aufgabe (vgl. Art. 39 Abs. 4 und Art. 12 ff. BayVSG).

Zur **Zusammenarbeit** besonders verpflichtet ist die Polizei nach Art. 9 Abs. 1 POG gegenüber den **Sicherheitsbehörden** (Art. 6 LStVG: Gemeinden, Landratsämter, Regierungen, Staatsministerium des Innern). Diese Behörden haben zugleich gegenüber der Polizei ein Weisungsrecht nach Maßgabe des Art. 9 Abs. 2 POG. Zur Frage, ob auch der Landtagspräsident Sicherheitsbehörde ist, s. RdNr. 1 zu Art. 50.

Art. 2

16 Zur Frage, ob die Polizei zum Tätigwerden verpflichtet ist, vgl. RdNrn 12–15 und Art. 5.

17 Zu **Abs. 4** s. die beispielmäßige Aufzählung in Nr. 2.5 VollzB (zur Problematik der Aufgabenvielfalt s. Kunzmann, Die Kollision zwischen den Aufgaben der Gefahrenabwehr und anderen Aufgaben der Polizei, 1990). Sie verweist u. a. auf die besonders wichtigen Aufgaben der Polizei als Hilfsorgan der Strafrechtspflege nach der StPO (§ 161, 163 Nr. 2 StPO).

„Wird das **Verhältnis von Polizei und Staatsanwaltschaft** angesprochen, so betritt man ein Feld von Empfindlichkeiten" (Kniesel in ZRP 1987, 377/382). Diese Formulierung ist treffend. Ihrem überkommenen Selbstverständnis entsprechend sieht sich die Staatsanwaltschaft als alleinige Herrin des strafrechtlichen Ermittlungsverfahrens und Wächterin über die Einhaltung rechtsstaatlicher Grundsätze bei seiner Durchführung (vgl. für alle Gössel in GA 1980, 325/348 ff.). Demgegenüber ist die Polizei durch eine erheblich bessere personelle und technische Ausstattung als die Staatsanwaltschaft zunehmend der Rolle eines bloßen Hilfsorgans entwachsen. In der Praxis ist Strafverfolgung ohne die kriminalwissenschaftlichen und technischen Möglichkeiten der Polizei in weiten Bereichen unmöglich. Die vorgerichtlichen Ermittlungen werden jeweils im Bereich der kleineren und weitgehend auch der mittleren Kriminalität ausschließlich durch die Polizei vorgenommen, ohne daß die Staatsanwaltschaft eingeschaltet wird oder gar die polizeilichen Ermittlungen laufend überwacht. Diese Entwicklung verstärkte sich mit der Einführung neuer, zum großen Teil auch EDV-gestützter polizeilicher Fahndungsmethoden als Folge des Auftretens neuer und mit den bisherigen Mitteln nicht beherrschbarer Formen der Schwerkriminalität, etwa grenzüberschreitender Banden im Drogenbereich oder des internationalen Terrorismus. Hier kann von einer tatsächlichen Verfahrensherrschaft der Staatsanwaltschaft wohl nur noch im Bereich der Wirtschaftskriminalität sowie in den vergleichsweise seltenen Fällen gesprochen werden, in denen der Generalbundesanwalt die Ermittlungen an sich zieht.

Entsprechend dieser besonders seit Beginn der siebziger Jahre beschleunigten Entwicklung verschärfte sich der Konflikt um die Herrschaft über das Ermittlungsverfahren immer mehr. Beginnend mit der Auseinandersetzung um das Weisungsrecht der Staatsanwaltschaft gegenüber der Polizei bezüglich des polizeilichen Schußwaffengebrauchs bei Geiselnahmen aus Anlaß eines Bankraubes in der Münchner Prinzregentenstraße im Jahr 1971 (vgl. hierzu die Nachweise bei Martens in Drews/Wacke/Vogel/Martens, S. 137 f.) traten die Innenverwaltungen der Länder im folgenden Jahr mit Thesen an die Öffentlichkeit, die darauf hinausliefen, ein eigenständiges, von der Staatsanwaltschaft unabhängiges polizeiliches Ermittlungsverfahren zu schaffen (hierzu und zum folgenden näher Ulrich in ZRP 1977, 158; zur eigenständigen Ermittlungskompetenz der Polizei vgl. auch Knemeyer in FS Krause, 1990, S. 471 ff.; gegen ihn Bindel in DRiZ 1994, 165/166 f.). Die Thesen mündeten ein in Leitsätze einer gemeinsamen Kommission der Innenverwaltungen und der Justizverwaltungen, die zu einer Klarstellung und teilweisen gesetzlichen Neuregelung des Verhältnisses von Staatsanwaltschaft und Polizei beitragen sollten und sowohl von der Konferenz der Innenminister wie auch der Justizminister im Laufe des Jahres 1975 gebilligt wurden. Insbesondere die in ihnen festgeschriebene eigene Ermittlungsbefugnis der Polizei stieß in Justizkreisen teilweise auf erbitterten Widerstand (vgl. Ulrich ebenda sowie Kuhlmann in DRiZ 1976, 265). Für Bayern fanden die Leitsätze ihren Niederschlag in der **MB über die Zusammenarbeit zwischen Staatsanwaltschaft und Polizei vom 5. 9. 1978** (MABl S. 609 = JMBl S. 204; s. Anhang). Literaturstimmen aus der Justiz hoffen, den sich abzeichnenden Herrschaftsverlust durch konkrete Vorschläge zu einer Stärkung der Staatsanwaltschaft, etwa durch Personalvermehrung und Schaffung eines justizeigenen Unterbaus für Ermittlungsaufgaben, ein besseres Berücksichtigen der kriminologischen Forschung sowie eine Ausweitung des Opportunitätsprinzips auf den Bereich der Bagatellkriminalität aufhalten zu können (vgl. Kuhlmann a. a. O.; Gössel a. a. O.). An organisatorischen Maßnahmen wurde die Bildung von sog. Schwerpunktstaatsanwaltschaften, etwa im Bereich der Wirtschaftskriminalität, durchgesetzt (für eine entsprechende Erweiterung s. Schoreit in DRiZ 1991, 320/325).

Den vorläufig letzten Höhepunkt in dem zähen Ringen brachte die Einführung neuer, teilweise EDV-gestützter Fahndungsmethoden; vgl. zu diesen die Nachweise in RdNr. 1 zu Art. 33. Beim **Einsatz von V-Leuten** ist insbesondere umstritten, ob die Polizei auf Grund ihrer Informationspflicht gegenüber der Staatsanwaltschaft auf deren Aufforderung hin ihr die Personalien des V-Mannes mitteilen muß, darüber hinaus, ob die Polizei oder die Staatsanwaltschaft einem V-Mann oder sonstigen Informanten Straffreiheit zuzusagen berechtigt ist (vgl. eingehend Geißer in GA 1980, 385; Füllkrug in ZRP 1984, 193). Die **Einrichtung polizeilicher Dateninformationssysteme** (z. B. INPOL), die Eröffnung des Zugriffs der Polizei auf die Kraftfahrzeug- und Halterdaten aus dem **Verkehrszentralregister ZEVIS** für Fahndungszwecke (§§ 35 f. StVG), die **Schleppnetzfahndung** nach § 163 d StPO sowie die zunehmende Speicherung von **Kriminalakten** werden von der Justiz vielfach als entscheidender Schritt einer Abkoppelung der Polizei von der Staatsanwaltschaft gewertet, weil damit die Informationsbedürfnisse der Staatsanwaltschaft endgültig nicht mehr befriedigt werden würden (vgl. Kühl in NJW 1987, 737/740; Ernesti in ZRP 1986, 57; Schoreit in DRiZ 1986, 54; Erklärung des Deutschen Richterbundes vom 7. 2. 1986, abgedruckt in DRiZ 1986, 110; Wolter in GA 1988, 49/57). Zu fordern sei daher entweder ein Datenverbund Staatsanwaltschaft – Polizei (Füllkrug a. a. O. S. 195), ein eigenes staatsanwaltschaftliches Dateninformationssystem (Erklärung des Deutschen Richterbundes a. a. O.; Odersky in FS Rebmann, 1989, S. 343/351; Richter in NJW 1989, 1785; Hoffmann in ZPR 1990, 55; Schoreit a. a. O. S. 326), sogar die organisatorische Trennung der präventiv tätigen Polizeikräfte von den repressiv tätigen (Wolter a. a. O. S. 70), die Überführung der letzteren in den Geschäftsbereich der Justiz und ihre Eingliederung in die Staatsanwaltschaften (so Uhlig in DRiZ 1986, 247). Im Gegenzug spricht sich der Arbeitskreis II „Öffentliche Sicherheit und Ordnung" der Innenministerkonferenz gegen einen Anschluß der Staatsanwaltschaften an das polizeiliche Informationssystem INPOL aus (vgl. Rebmann/Schoreit in NStZ 1984, 3) und denken dem Polizeibereich angehörende Autoren an eine Überführung der Staatsanwaltschaften in die Geschäftsbereiche der Innenressorts (Kniesel in DRiZ 1986, 251/254; ders. in ZRP 1987, 377/383).

Für die Bewertung dieses Meinungsstreites sind zwei Erkenntnisse bedeutsam: Vorhersehbar ist zum einen, daß zunehmend neue Formen der Kriminalität auftreten, die nur dadurch eingedämmt werden können, daß die von ihnen ausgehenden Gefahren ganzheitlich, also präventiv und repressiv zugleich, bekämpft werden. Ein Beispiel ist der internationale Terrorismus. Ihm kann erfolgversprechend nur entgegengearbeitet werden, wenn systematisch und mit allen zur Verfügung stehenden technischen Möglichkeiten gewonnene und gesammelte Informationen sowohl zum Zwecke der Strafverfolgung wie auch der Prävention bereitgehalten werden. Die vorbeugende Bekämpfung von Straftaten ist begrifflich wie gesetzlich (Art. 2 Abs. 1, 11 Abs. 2, 14 Abs. 1 Nr. 2 PAG) eine **originäre Aufgabe der Polizei** (vgl. Schäfer in GA 1986, 49; Kniesel/Vahle in DÖV 1987, 953/955; Götz in NVwZ 1987, 858/860; Kniesel in ZRP 1989, 329 und ders. in ZRP 1992, 164; Paeffgen in JZ 1991, 437/441 ff.; für Bayern jetzt ausdrücklich BayVerfGH in BayVBl 1995, 143/145; a. A. Schoreit in DRiZ 1986, 54 und ders. in DRiZ 1991, 320; Wolter in GA 1988, 49/62 ff.; Rachor, Vorbeugende Straftatenbekämpfung und Kriminalakten, 1989, passim; Hund in ZRP 1991, 463 und ders. in NJW 1992, 2118; Siebrecht in JA 1996, 711). Eindeutig bleibt auch die bayerische Gesetzgebung, wenn sie, wie schon in Art. 14, in Art. 31 Abs. 1 Nr. 1 die vorbeugende Bekämpfung von Straftaten ausdrücklich unter den Begriff der Gefahrenabwehr im Sinne des Art. 2 stellt. Repressives polizeiliches Einschreiten hat immer auch eine untrennbar mit ihm verwobene präventive Komponente. Anders ausgedrückt: In zunehmendem Maße wird Voraussetzung für eine wirksame Strafverfolgung das präventive Sammeln und Bereithalten einzelner Informationen sein (vgl. Kühl a. a. O.), polizeiliches Handeln sich also als „Gemengelage" darstellen, vgl. hierzu RdNr. 18 zu Art. 11. Die sich aus den tatsächlichen Abläufen gefährdenden Geschehens und polizeilicher Gefahrenabwehr von selbst ergebende Gemengelage läßt sich im Hinblick auf den Rechtsschutz gegen die einzelne polizeiliche Maßnahme durchaus mit einem jeweiligen Schwerpunkt betrachten, ohne daß sie deshalb selbst auflösbar, d. h. in jedem Fall nach Prävention und Repression klar abgrenzbar wäre (kritisch hierzu Merten/Merten in ZRP 1991, 213). Sie ist einheitlich dem Oberbegriff der Gefahrenabwehr und damit dem polizeilichen Aufgabenbereich zuzuordnen.

Zum anderen sind nach Lage der öffentlichen Haushalte sowohl eine wesentliche Mehrung der Stellen der Staatsanwaltschaft als auch die Errichtung eines eigenen Unterbaus nicht zu erwarten. Vielmehr werden immer neue Anstrengungen unternommen, die Polizei technisch wie personell so auszurüsten, daß sie den erheblich gestiegenen Anforderungen moderner Verbrechensbekämpfung entsprechen kann. Der Aufbau eigener staatsanwaltschaftlicher Informationssysteme und erst recht die Überführung von Teilen der Polizei in den Bereich der Justiz erscheinen deshalb für absehbare Zeit unrealistisch. Unter Berücksichtigung dieser Entwicklungen wird der Gesetzgeber das Verhältnis von Polizei und Staatsanwaltschaft gemäß den heutigen Gegebenheiten, vor allem auch unter Berücksichtigung der unerläßlichen internationalen Zusammenarbeit, neu zu definieren haben. Will er die juristisch noch immer bestehende Stellung der Staatsanwaltschaft als Herrin des Ermittlungsverfahrens nicht nur formal aufrechterhalten, müßte er der Staatsanwaltschaft auch in den dargestellten Gemengelagen ein klares Weisungsrecht auch für den präventiven Teil ihrer Aufgaben einräumen, was für den der Länderkompetenz unterliegenden präventiven Teil der Polizeiaufgaben nicht unproblematisch wäre. Zudem müßte ein Datenverbund zwischen Staatsanwaltschaft und Polizei vorgesehen werden (vgl. Kühl a. a. O. S. 740 f.; grundlegend auch Baumann in JuS 1987, 681; vgl. auch Wolter in GA 1988, 40/80, die Vorschläge von Kniesel/Vahle in Clages (Hrsg.), Polizeiliche Informationsverarbeitung und Datenschutz im künftigen Polizeirecht, 1990, RdNr. 178 ff. Zur Dienst- und Fachaufsicht in strafrechtlichen Ermittlungsverfahren Bindel in DRiZ 1994, 165; außerdem noch Schröder, Das verwaltungsrechtlich organisatorische Verhältnis der strafverfolgenden Polizei zur Staatsanwaltschaft, 1996). Ein allgemeines **Zugriffsrecht der Staatsanwaltschaft auf die polizeilichen Informationssysteme** besteht jedenfalls derzeit unter keinem Gesichtspunkt (so zu Recht Odersky in FS Rebmann, 1989, S. 343/350 f. Zum Gesamtkomplex s. noch Bietau, Das Verhältnis der Staatsanwaltschaft zu anderen Hoheitsträgern, Diss. jur. Mainz 1989. Speziell zu Kollisionen beim **Einschreiten gegen Demonstranten** s. Knemeyer/Deubert in NJW 1992, 3131).

Die Vollzugsbekanntmachung verweist auch auf die Aufgaben der Polizei bei der Verfolgung von Ordnungswidrigkeiten nach dem OWiG (§ 53), aber auch auf alle anderen durch besonderes (Bundes- oder Landes-)Gesetz der Polizei zugewiesenen Aufgaben. Unter „anderen Gesetzen" sind nicht nur Gesetze im formellen Sinn zu verstehen, sondern auch Rechtsverordnungen, die auf Grund einer den Anforderungen des Art. 80 Abs. 1 Satz 2 GG genügenden Ermächtigungsgrundlage ergehen. Zweifelhaft und in jedem Einzelfall zu prüfen ist dagegen, ob eine Aufgabenzuweisung auch durch autonome Satzung (etwa einer Selbstverwaltungskörperschaft) vorgenommen werden kann. Zu beachten ist, daß manche – vor allem ältere – Gesetze nicht wie das PAG zwischen Aufgabenzuweisung und Befugnisnormen unterscheiden. Hier ist der Schluß von der Befugnis auf die Aufgabe (als der logischen Voraussetzung)

Art. 2

zulässig, nicht jedoch der umgekehrte Schluß von der Aufgabe auf die Befugnis. Zur Erfüllung der Aufgaben nach Abs. 4 darf die Polizei in Rechte Dritter ebenfalls nur eingreifen, wenn die im PAG hierfür vorgesehenen Voraussetzungen gegeben sind, es sei denn, daß die anderen Gesetze die polizeilichen Befugnisse besonders regeln. Der Hinweis auf die polizeiliche Aufgabe genügt auch in Fällen des Abs. 4 nicht für sich allein zur Begründung eines Rechtseingriffs. Zu den polizeilichen Befugnissen auf Grund der StPO vgl. die Kommentare zu diesem Gesetz, ferner Schwan in VerwArch 1979, Bd. 70, 109; Steinke in MDR 1980, 456.

Durch andere Gesetze zugewiesene Aufgaben finden sich z. B. in den in § 1 der Verordnung über die Wahrnehmung von Aufgaben und Befugnissen der „Polizeibehörden" durch die Polizei vom 16. März 1979 (GVBl S. 85; s. Anhang) genannten Vorschriften.

Wichtig sind ferner folgende, in der VollzB nicht genannte Beispiele:
a) § 41 Abs. 3 **Lebensmittel- und BedarfsgegenständeG** – LMBG (pol. Befugnis zur Überwachung der Durchführung des Gesetzes).
b) Nach § 3 Nr. 2 der Zweiten Zuständigkeitsverordnung zum G über Einheiten im Meßwesen und zum G über das **Meß- und Eichwesen** (2. ZustVEG) vom 1. Juli 1970 (BayRS 7141-4-W) ist die Polizei neben den Eichbehörden zuständig für das Verlangen nach Auskunft, die Nachschau und die Abwehr und Unterbindung von Zuwiderhandlungen. Näheres bestimmt die GemB vom 1. Juli 1984 (MABl S. 406, ber. MABl 1985 S. 4).
c) Nach Art. 18 Abs. 1 Satz 2 des **Schulpflichtgesetzes** (SchPG) kann die Kreisverwaltungsbehörde auf Antrag des Schulleiters durch ihre Beauftragten Schulpflichtige der Schule zwangsweise zuführen. Hierbei leistet die Polizei Vollzugshilfe, vor allem wenn damit zu rechnen ist, daß unmittelbarer Zwang angewendet werden muß.
d) **Forstschutz** nach Art. 32 Abs. 1 Nr. 1, Art. 33 BayWaldG.
e) **Ausweiskontrolle** nach § 1 Abs. 5 des AG zum PersonalausweisG und zum PaßG (AGPersPaßG).
f) **Vorläufige Wegnahme** nach § 16 Abs. 2 BayPrG.
g) **Vereinsrechtliche Zuständigkeitsbestimmung** nach Art. 3 Abs. 1 AGVereinsG.
h) **Begleitung von Transporten gefährlicher Güter** auf der Straße, wenn andere Maßnahmen die sichere Durchführung solcher Transporte nicht gewährleisten können (Rechtsgrundlagen s. Bek vom 1. 4. 1986, MABl S. 212).
i) **Abschiebung von Ausländern** nach Art. 30 Abs. 1 Satz 2 VwZVG (vgl. BayVGH in BayVBl 1994, 243).
k) Gefahrenabwehr und Verfolgung von Straftaten und Ordnungswidrigkeiten im Bereich des **Umweltschutzes.** Der Begriff der öffentlichen Sicherheit umfaßt auch Belange des Natur- und Landschaftsschutzes (VGH Mannheim in NVwZ 1988, 166). Präventiv wird die Polizei tätig nach Maßgabe des Art. 3, z. B. Überwachung und Begleitung des Straßentransports ge-

fährlicher Güter, insbesondere strahlender Substanzen, Unterstützung von Sicherheitsmaßnahmen in kerntechnischen Anlagen und im Rahmen der **Katastrophenhilfe** (FSt 1988, 130).
l) **Sofortige vorläufige Unterbringung** nach Art. 10 Abs. 2 UnterbrG. Vgl. BayObLG in NJW 1992, 2709.

Der Begriff der Gefahrenabwehr im Sinne des Abs. 1 umfaßt auch die **vorbeugende Bekämpfung von Straftaten** (vgl. Art. 31 Abs. 1 Nr. 1). Sie ist Teil des allgemeinen Polizeirechts, fällt damit in die Gesetzgebungskompetenz der Länder und ist nur insoweit ausgegliedert als das Strafverfahrensrecht reicht. Auch in diesem Teilbereich wird aber das Handlungsfeld der Polizei nicht über die Handlungsvoraussetzung der Gefahrenabwehr hinaus erweitert (vgl. BayVerfGH in BayVBl 1995, 143/145). 18

Allerdings kann das **Nebeneinander** von Aufgaben der polizeilichen **Gefahrenabwehr** und polizeilicher Pflicht zur **Strafverfolgung** (vgl. RdNr. 1 zu Art. 5) schwierige und schwerwiegende Entscheidungen notwendig machen. Odersky, dessen Ausführungen in FS Rebmann, 1989, S. 343/344 ff. hier im wesentlichen gefolgt wird, hat darauf hingewiesen, daß nicht nur in spektakulären Fällen wie z. B. Geiselnahmen, sondern auch in Alltagssituationen die sofortige strafverfolgende Tätigkeit mit der Gefahrenabwehr in Konflikt geraten kann. So kann eine Unfallaufnahme auf einer Autobahn zeitraubende Ermittlungen zur Strafverfolgung notwendig machen, die nicht nur mit dem Interesse vielleicht Tausender Verkehrsteilnehmer an einer raschen Räumung der Fahrbahn kollidieren, sondern auch durch Staubildung die Gefahr von Auffahrunfällen drastisch erhöhen. Dann muß eine Güter- und Pflichtenabwägung stattfinden. Sie unterscheidet sich als wertende Entscheidung von einer Ermessensabwägung im Rahmen des Opportunitätsprinzips, wie sie der nur für den Rahmen des PAG geltende Art. 5 vorsieht. Sie kann auch nicht durch die einfache Überlegung ersetzt werden, Art. 31 GG schreibe den Vorrang des Bundesrechts vor und deshalb habe § 163 StPO in jedem Fall Vorrang vor der Gefahrenabwehr nach Art. 2 Abs. 1 PAG. Abgesehen davon, daß § 163 StPO über einen Vorrang der Strafverfolgung vor der Verhütung und Unterbindung solcher Taten nichts aussagt, besitzt auch der polizeiliche Schutzauftrag der Gefahrenabwehr Verfassungsrang (s. o. RdNr. 2 und Vorbem. vor Art. 11). Darauf hat die Verteilung der Gesetzgebungskompetenz auf Bund und Länder keinen Einfluß. Ist ein verfassungsrechtlich geschütztes höherwertiges Rechtsgut konkret bedroht, muß die Schutzpflicht für ein nach den Umständen des Einzelfalles geringer zu bewertendes zurücktreten. Für diese Wertentscheidung besteht kein Ermessensspielraum.

Die Güter- und Pflichtenabwägung ist stets auf die Situation begrenzt, in der aus tatsächlichen Gründen mehreren Rechtspflichten nicht zugleich entsprochen werden kann. Sie führt zu einem lagebedingten Zurücktreten der einen Pflicht gegenüber einer anderen, ohne daß sie den Fortbestand der im Augenblick weniger vordringlich erscheinenden berührt. Diese besteht viel-

Art. 2

mehr fort und es ist ihr nachzukommen, sobald es die Lage und die polizeilichen Möglichkeiten gestatten.

Im Konflikt zwischen Strafverfolgungs- und Verhütungs- und Unterbindungsmaßnahmen (Art. 11 Abs. 2 Nr. 1) besitzt unbeschadet der Leitungsbefugnis der Staatsanwaltschaft für Strafverfolgungsmaßnahmen und der stets gebotenen Zusammenarbeit zwischen Staatsanwaltschaft und **Polizei** diese die **Entscheidungsbefugnis vor Ort.** Sie gründet sich auf Ausbildung, Kenntnisse und Erfahrungen der Polizei für den Einsatz an Ort und Stelle.

Festzuhalten ist, daß keine dieser Überlegungen ein Zurückweichen der Polizei vor der Strafverfolgungspflicht, ein Zurückziehen auf allgemeine Erwägungen, Rücksichten auf mangelnde Akzeptanz polizeilicher Maßnahmen in der Öffentlichkeit oder sonstige Opportunitätserwägungen rechtfertigen kann.

Art. 3
Verhältnis zu anderen Behörden

Die Polizei wird tätig, soweit ihr die Abwehr der Gefahr durch eine andere Behörde nicht oder nicht rechtzeitig möglich erscheint.

3 Zu Art. 3 (Verhältnis zu anderen Behörden)
3.1 Neben der Polizei sind auch die Sicherheitsbehörden (Art. 6 Landesstraf- und Verordnungsgesetz) für die Abwehr von Gefahren für die öffentliche Sicherheit oder Ordnung zuständig. Für spezielle Bereiche, beispielsweise Waffenrecht, Sprengstoffwesen, Bauaufsicht, Wasseraufsicht nehmen ferner sonstige Behörden Aufgaben der Gefahrenabwehr wahr. Der Polizei obliegen daher die Aufgaben der Gefahrenabwehr nur, soweit diese Aufgaben (insbesondere die Durchführung von Erlaubnisverfahren oder der Erlaß von Anordnungen) nicht anderen Behörden durch Rechtsvorschrift vorbehalten sind.

3.2 Soweit die Gefahrenabwehr auch anderen Behörden obliegt, braucht die Polizei hierfür nur tätig zu werden, wenn aus ihrer Sicht die ebenfalls für die Gefahrenabwehr zuständige Behörde nicht oder nicht rechtzeitig tätig werden kann. Eine andere Behörde kann insbesondere dann zur Gefahrenabwehr im Einzelfall nicht tätig werden, wenn ihr – anders als der Polizei – die erforderlichen Befugnisse fehlen, wenn die Behörde nicht über die erforderlichen Mittel zur Durchsetzung der Maßnahme – beispielsweise Hilfsmittel des unmittelbaren Zwangs oder Waffen – oder über die erforderliche Sachkenntnis verfügt. Kann die andere Behörde, weil sie nicht rechtzeitig erreichbar ist, nicht rechtzeitig tätig werden, so soll die weitere Durchführung der Maßnahme der anderen Behörde überlassen werden, sobald die andere Behörde tätig werden kann. Maßgebend für die Abgrenzung der Tätigkeitsbereiche zwischen der Polizei und den anderen Behörden und damit für die Zuständigkeit der Polizei ist nicht der tatsächliche Sachverhalt, sondern die Sachlage, wie sie sich der Polizei bei vernünftiger Einschätzung darstellt.

Ist für die Maßnahme an sich auch eine andere Behörde zuständig, so ist sie möglichst schnell zu unterrichten. Das gilt insbesondere, wenn es in Betracht kommt, daß die andere Behörde im Anschluß an polizeiliche Maßnahmen weitere Maßnahmen zu treffen hat.

Art. 3 enthält eine weitere Voraussetzung für das polizeiliche Tätigwerden, das neben dem Erfordernis der Aufgabenzuweisung (Art. 2) zu beachten ist. Art. 3 betrifft hauptsächlich das Verhältnis der Polizei zu anderen Verwaltungsbehörden. Er bezieht sich nicht auf die strafverfolgende Tätigkeit der Polizei und ihr Verhältnis zur Staatsanwaltschaft; s. dazu RdNr. 17 zu Art. 2; im übrigen ist dafür auf die StPO zu verweisen. Das gleiche gilt für Maßnahmen nach dem OWiG.

Die Polizei kann auch bei der Gefahrenabwehr nicht schlechthin an die Stelle der allgemeinen Sicherheitsbehörden und der in den verschiedenen Berei-

Art. 3

chen tätigen Fachbehörden treten. Trotz seiner großen praktischen Bedeutung ist ihr selbständiges Handeln insbesondere gegenüber speziellen Behördenzuständigkeiten, in deren Rahmen sie gegebenenfalls noch nach Art. 2 Abs. 3 tätig wird, **subsidiär.** Für ihr Verhältnis gegenüber den **Sicherheitsbehörden** (Art. 6 LStVG) ist neben Art. 3 PAG der Art. 10 LStVG zu lesen, wonach Maßnahmen der Sicherheitsbehörden nach dem LStVG widersprechende Maßnahmen der Polizei ausschließen und wo auf das **Weisungsrecht** dieser Behörden gegenüber der Polizei (Art. 9 Abs. 2 POG) verwiesen wird (eingehend hierzu Köhler in BayVBl 1996, 744).

Bei der Ausführung von Weisungen einer im präventivpolizeilichen Bereich dazu befugten Behörde, z. B. einer Sicherheitsbehörde nach Art. 9 Abs. 2 POG, wird die Polizei zwar auf Grund der Weisung tätig, führt die Maßnahme aber gemäß den für sie geltenden polizeirechtlichen Normen aus. Daher fällt die Ausführung in ihren Verantwortungsbereich.

Zur Frage, ob auch der Landtagspräsident Sicherheitsbehörde ist, s. RdNr. 1 zu Art. 50. Damit ist die Gefahr der **Maßnahmenkollision** im Bereich des allgemeinen Sicherheits- und Ordnungsrechts rechtlich ausgeschlossen. Ein Beispiel für das Zusammenwirken mehrerer Behörden und die relativ geringen Möglichkeiten der im Rahmen des PAG subsidiär zuständigen Polizei gibt für die Sicherung des Luftverkehrs Leitmeier in BayVBl 1987, 361/363.

2   **Die Subsidiaritätsklausel ist daran gebunden, daß eine andere Behörde nicht** oder **nicht rechtzeitig** handlungsfähig erscheint. Beide Merkmale beziehen sich darauf, daß die Polizei entweder überhaupt oder im entscheidungserheblichen Zeitpunkt allein zur Abwehr der einem Schutzgut drohenden Gefahr in der Lage erscheint. Dabei ist entscheidend, ob ein Abwarten bis zum Eingreifen der an sich zuständigen und von der Polizei zu unterrichtenden Behörde den Erfolg der zur Verhinderung eines drohenden Schadens notwendigen Maßnahmen erschweren oder vereiteln würde (vgl. VGH Mannheim in DVBl 1990, 1045 = NJW 1990, 1618/1619). Nicht erforderlich ist, daß die zuständige Behörde objektiv nicht erreichbar ist; vielmehr genügt es, daß aus der Sicht der Polizei das rechtzeitige Tätigwerden der zuständigen Behörde nicht erreichbar erscheint (vgl. VGH Mannheim a. a. O.).

Das Handeln der Polizei muß im Zeitpunkt der Maßnahme nach ihrer verständigen Beurteilung **notwendig** und insoweit **unaufschiebbar** sein, wobei – wie stets – die Verhältnismäßigkeit (Art. 4) zu beachten ist. Handelt jedoch die Polizei auf Weisung einer dazu berechtigten nichtpolizeilichen Behörde (s. o. RdNr. 1), so hat sie zwar die Notwendigkeit und Unaufschiebbarkeit der Maßnahme nicht selbst zu prüfen, handelt im übrigen aber gemäß ihren gesetzlichen Befugnissen.

Unaufschiebbar ist eine Maßnahme nach dem PAG nur dann, wenn sofortiges Eingreifen polizeilicher Vollzugsbeamter erforderlich ist oder der mit einem (sicherheitsbehördlichen) Verwaltungsakt beabsichtigte Zweck mit hoher Wahrscheinlichkeit nur bei sofortiger Durchsetzung erreichbar sein wird. Wird eine polizeiliche Maßnahme, etwa eine Sicherstellung von Sachen, durch eine Dienststelle der Vollzugspolizei (z. B. Landeskriminalamt – Art. 7 POG) schriftlich angeordnet, so kann dies, abgesehen von der Frage der sachlichen Zuständigkeit, die – widerlegbare – Vermutung begründen, daß die Zeit ausgereicht hätte, die Anordnung für sofort vollziehbar zu erklären mit der Folge, daß § 80 Abs. 2 Nr. 2 VwGO nicht anwendbar ist (VG Frankfurt a. M. in NVwZ 1990, 1100/1101).

Nach BVerwG in NJW 1975, 2158 beurteilt sich die Frage, ob eine Maßnahme vorbeugender polizeilicher Gefahrenabwehr erforderlich ist, nach dem Sach- und Erkenntnisstand zu dem Zeitpunkt, in dem sie getroffen werden muß (sog. Beurteilung „ex ante"; Fortführung von BVerwGE 45, 51 und 47, 31; s. RdNr. 4 zu Art. 11). Die Polizei besitzt dabei einen Einschätzungsspielraum. Ihre Einschätzung ist nur dann zu beanstanden, wenn sie offensichtlich von unzutreffenden Voraussetzungen ausging, die sich bereits im Zeitraum der Entscheidung erkennen ließen (VGH Mannheim a. a. O.). Maßnahmen, die nur wünschenswert sind oder einer Behörde die Arbeit erleichtern sollen, sind nicht zulässig. Liegen die Voraussetzungen des Art. 3 im Zeitpunkt des Beginns einer polizeilichen Maßnahme oder des Erlasses einer verpflichtenden polizeilichen Verfügung nach den gegebenen Erkenntnismöglichkeiten und ihrer verständigen Beurteilung nicht vor, handelt die Polizei rechtswidrig.

Eine **andere Behörde** kann aus rechtlichen wie tatsächlichen Gründen zur Gefahrenabwehr nicht in der Lage sein. Rechtliche Gründe sind das **Fehlen von Zuständigkeiten** schlechthin oder das **Fehlen sachgerechter Befugnisse**. **Tatsächliche Gründe** können neben den in Nr. 3.2 VollzB genannten auch darin liegen, daß die Behörde außerhalb der Dienststunden nicht besetzt und ein Bereitschaftsdienst nicht eingerichtet ist.

Für den Fall, daß eine andere Behörde ebenfalls zuständig und lediglich **nicht rechtzeitig** handlungsfähig erschienen ist, ordnet Nr. 3.2 VollzB eine Berichtspflicht an. Diese Anordnung ist eine Weisung, die für die Polizeibeamten nach Art. 64 Abs. 2 Satz 2 BayBG verbindlich ist.

3 Für die Rechtmäßigkeit polizeilicher Maßnahmen im Rahmen des Art. 3 ist nicht entscheidend, ob die Gefahr tatsächlich nicht oder nicht rechtzeitig durch eine andere Behörde abgewehrt werden konnte. Es ist ausreichend, wenn die **Polizei** nach **pflichtgemäßer Prüfung,** die allerdings an ihrer Ausbildung und dem tatsächlichen Informationsstand gemessen werden muß, eine der Voraussetzungen des Art. 3 als gegeben annehmen konnte.

4 Art. 3 bewirkt **keinen Übergang behördlicher Zuständigkeiten** auf die Polizei. Maßnahmen (Nr. 2.1 VollzB) kann die Polizei stets nur nach Maßgabe der Art. 11 ff. PAG oder sondergesetzlicher Befugniszuweisungen treffen. Sie kann deshalb auch nach Art. 3 keine Genehmigungen erteilen, zu denen sie nicht ermächtigt ist, und keine Verordnungen erlassen.

Art. 3

Trotz seiner weiten Fassung enthält Art. 3 eine Rechtmäßigkeitsvoraussetzung für polizeiliches Handeln. Trifft die Polizei Maßnahmen, obwohl sie weiß, daß im gegebenen Fall eine andere Behörde zur Gefahrenabwehr zuständig ist und, z. B. auf Grund einer Benachrichtigung durch die Polizei, auch rechtzeitig tätig werden könnte, so sind die eigenen Maßnahmen der Polizei rechtswidrig. Zum gleichen Ergebnis kommt Huber in BayVBl 1989, 5.

5   Art. 3 gilt als allgemeiner Grundsatz für jedes Handeln der Polizei, also auch solches, das nicht in Rechte anderer eingreift und damit keine Maßnahme im Sinne der Nr. 2.1 VollzB darstellt. Die früher strittige Frage, ob die Polizei auch dann, wenn sie nicht in Rechte anderer eingreift, nur in unaufschiebbaren Fällen tätig werden darf, stellt sich für das PAG nicht mehr. Entscheidend ist, ob das Tätigwerden der Polizei im Rahmen ihrer Aufgabe liegt, insbesondere eine Gefahr im Sinne des Art. 2 anzunehmen ist, und im übrigen die Einschränkungen der Art. 3–5 beachtet werden.

6   Für Maßnahmen der Polizei nach Art. 3 – wie auch für alle sonstigen – gilt § 80 Abs. 2 Nr. 2 VwGO, wonach die **aufschiebende Wirkung** von Widerspruch und Anfechtungsklage „bei unaufschiebbaren Anordnungen und Maßnahmen von Polizeivollzugsbeamten" entfällt. Das gilt auch, wenn die Polizei auf Grund einer Weisung einer dazu berechtigten Verwaltungsbehörde tätig wird. Die **Unaufschiebbarkeit** der Maßnahme ist dabei gesetzliche Voraussetzung der Rechtmäßigkeit des polizeilichen Handelns; ob sie gegeben ist, hat die Polizei auf Grund der ihr bekannten Tatsachen mit der ihr nach den gegebenen Umständen und ihrer Sachkunde und Erfahrung zumutbaren Sorgfalt zu prüfen. Soweit die Polizei auf Grund des PAG handelt und handeln kann und insbesondere auch die Voraussetzung des Art. 3 gegeben ist, bleibt der Verwaltungsakt ihr zuzurechnen, auch wenn er durch Weisung ausgelöst worden ist. Eine besondere Vollziehungsanordnung nach § 80 Abs. 2 Nr. 4 VwGO ist gegebenenfalls nur dann notwendig, wenn eine Verwaltungsbehörde selbst einen Verwaltungsakt setzt und die Polizei lediglich Vollzugshilfe leistet (s. Art. 2 Abs. 3 PAG und Art. 9 Abs. 2 POG).

Es bestehen keine Bedenken, die Unaufschiebbarkeit im Sinne des § 80 Abs. 2 Nr. 2 VwGO sinngleich mit der Nicht-Rechtzeitigkeit nach Art. 3 PAG zu interpretieren (s. o. RdNrn 2, 3).

Art. 4
Grundsatz der Verhältnismäßigkeit

(1) Von mehreren möglichen und geeigneten Maßnahmen hat die Polizei diejenige zu treffen, die den einzelnen und die Allgemeinheit am wenigsten beeinträchtigt.

(2) Eine Maßnahme darf nicht zu einem Nachteil führen, der zu dem erstrebten Erfolg erkennbar außer Verhältnis steht.

(3) Eine Maßnahme ist nur so lange zulässig, bis ihr Zweck erreicht ist oder sich zeigt, daß er nicht erreicht werden kann.

4 Zu Art. 4 (Grundsatz der Verhältnismäßigkeit)

4.1 Der Grundsatz des Übermaßverbotes hat Verfassungsrang. Art. 4 ist bei jeder Maßnahme heranzuziehen, auch dann, wenn eine Befugnisnorm unter Anführung verschiedener Kriterien zu einer Eingriffsmaßnahme ermächtigt; das gilt auch für die Anwendung unmittelbaren Zwangs.

4.2 Maßnahmen müssen geeignet und inhaltlich hinreichend bestimmt sein; dem Adressaten muß erkennbar sein, was ihm abverlangt wird. Dabei kann dem Adressaten die Wahl zwischen mehreren geeigneten Mitteln zur Abwehr der Gefahr überlassen bleiben. Die Polizei braucht, wenn mehrere Mittel in Betracht kommen, jedoch zunächst nur eines dieser Mittel zu bestimmen (vgl. Art. 5 Abs. 2).

Das dem Adressaten aufgegebene Tun oder Unterlassen muß tatsächlich möglich und rechtlich zulässig sein. Der Adressat darf nicht zu einem Tun oder Unterlassen verpflichtet werden, das ihm physisch oder psychisch nicht möglich ist. Wirtschaftliches Unvermögen begründet allein keine Unmöglichkeit in diesem Sinn; allerdings ist hierbei Art. 4 Abs. 2 zu beachten.

4.3 Die Maßnahme muß das mildeste Mittel sein. Eine Maßnahme, die nach vernünftiger Einschätzung der Sachlage durch den Polizeibeamten eine größere Beeinträchtigung mit sich bringt als eine andere, die ebenso geeignet ist, darf nicht getroffen werden.

4.4 Eine Maßnahme ist dann unverhältnismäßig, wenn sie nach vernünftiger Einschätzung der Sachlage einen größeren Schaden bewirken dürfte, als den, der entsteht, wenn die polizeiliche Maßnahme unterbleibt. Die Nachteile, die durch die Maßnahme abgewendet werden sollen, sind gegen die Nachteile abzuwägen, die durch die Maßnahme verursacht werden. Eine Maßnahme muß daher unterbleiben, wenn die durch sie voraussichtlich verursachten Nachteile erkennbar erheblich wertvollere Interessen oder Güter des einzelnen oder der Allgemeinheit oder gleichwertige Interessen oder Güter des einzelnen oder der Allgemeinheit in erheblich größerem Umfange beeinträchtigen als der Nachteil, der abgewendet werden soll.

Art. 4

4.5 Das polizeiliche Handeln muß sich dem jeweiligen Stand der Situation anpassen. Polizeiliche Maßnahmen können aus diesem Grunde aufgehoben, geändert oder durch andere Maßnahmen ersetzt werden. Maßnahmen mit Dauerwirkung sind aufzuheben, wenn ihre tatsächlichen oder rechtlichen Voraussetzungen entfallen, insbesondere wenn die Gefahr abgewehrt oder der Zweck der Maßnahme sonst erreicht ist, wenn sich im Verlauf der Maßnahme herausstellt, daß der Zweck auf diese Weise nicht erreicht werden kann oder wenn die Belastung des Adressaten durch das Andauern der Maßnahme unverhältnismäßig wird.

1   Der Begriff „**Maßnahme**" ist an sich rechtlich neutral und umfaßt jedes nach außen in Erscheinung tretende, den innerdienstlichen Bereich überschreitende Tätigwerden der Polizei. Die Maßnahme kann in Rechte anderer eingreifen, muß aber begrifflich keinen Rechtseingriff darstellen (z. B. Fotografieren einer Unfallstelle auf offener Straße, Sicherung eines Privatgrundstückes gegen unbefugte Einwirkungen; vgl. Bengl/Berner/Emmerig, Anm. 5 a vor Art. 6 LStVG). Demgegenüber stellt Nr. 2.1 Satz 4 VollzB für den Sprachgebrauch des PAG fest, daß dieses Gesetz als „Maßnahme" nur eine Handlung bezeichne, die in fremde Rechte eingreife, weil sie gegen den Willen der Betroffenen oder ohne seinen erkennbaren Willen getroffen werde. Die vorliegenden Erläuterungen halten sich aus sprachlichen Gründen nicht immer an diese Einschränkung; rechtliche Folgerungen ergeben sich daraus nicht.

2   Art. 4 PAG, dem für die Sicherheitsbehörden Art. 8 LStVG entspricht, enthält den Grundsatz der **Verhältnismäßigkeit,** der zugleich das **Übermaßverbot** und damit ein strenges **Willkür- und Schikaneverbot** enthält (vgl. auch Art. 5 Abs. 1; zur Ableitung des Willkürverbots aus dem Gleichheitssatz s. BayVerfGH in BayVBl 1995, 270). Dieser Grundsatz ist einer der rechtsstaatlich wichtigsten; er gilt nicht nur für Maßnahmen der Polizei, sondern für jeden Rechtseingriff durch die Verwaltung. Nach **Abs. 1** hat die Polizei unter mehreren Mitteln, die zur Herbeiführung des polizeilichen Erfolges geeignet sind, das gelindeste zu wählen. Hoheitliche Eingriffe dürfen nicht über das zur Gefahrenabwehr Erforderliche hinausgehen. Der Grundsatz der Verhältnismäßigkeit mit seinen Komponenten der Geeignetheit, der Erforderlichkeit und des Übermaßverbotes ist erstmals im Polizeirecht, vornehmlich in der Rechtsprechung des ehem. PrOVG, entwickelt und präzisiert worden. In der Grundrechtsjudikatur des BVerfG hat er eine so große Bedeutung gewonnen, daß man ihn als ein der verfassungsrechtlichen Ordnung inhärentes regulatives Prinzip ansehen kann, mit dem sich grundrechtlich geschützte Individualinteressen einerseits und verfassungsrechtlich anerkannte Gemeinschaftsinteressen andererseits ausbalancieren lassen (Franssen, in FS BVerwG, 1978, S. 201/202). Das BVerfG bezeichnet in ständiger Rechtsprechung den Grundsatz der Verhältnismäßigkeit als einen mit Verfassungsrang ausgestatteten Grundsatz, der bereits aus dem Wesen der Grundrechte

selbst folge, die als Ausdruck des allgemeinen Freiheitsanspruchs des Bürgers gegenüber dem Staat von der öffentlichen Gewalt jeweils nur soweit beschränkt werden dürfe, als es zum Schutz öffentlicher Interessen unerläßlich sei (BVerfGE 19, 342/348 = NJW 1966, 243; NJW 1984, 419/422; s. auch BVerwG in BayVBl 1993, 25/26; sehr ausgewogen BayVerfGH in BayVBl 1998, 142/145; zur Bedeutung des Verhältnismäßigkeitsprinzips für die generelle Verfassungsvereinbarkeit gesetzgeberischer Maßnahmen s. Pitschas in JZ 1993, 857/864, auch Lisken in DRiZ 1992, 250; s. auch RdNr. 1 zu Art. 8).

Nachteilige Folgen einer Maßnahme (**Abs. 2**) stehen dann außer Verhältnis zu dem erstrebten Erfolg der Gefahrenabwehr, wenn sie in höherwertige Rechtsgüter eingreifen als durch die Gefahr bedroht sind, wenn sie wertvollere Sachen beschädigen oder zerstören als die bedrohten, wenn sie nicht verantwortlichen Personen Opfer auferlegen, nur weil ihre Inanspruchnahme für die Polizei einfacher ist als ein Einschreiten gegen einen Störer. So dürfen Schußwaffen nur nach Maßgabe des Art. 66 Abs. 1 angewendet werden, andere Maßnahmen des unmittelbaren Zwangs nur, wenn dadurch die Menschenwürde nicht verletzt wird (Art. 62 Abs. 1 Satz 2). Eine Person darf nicht in Gewahrsam genommen werden, wenn eine Personalienfeststellung verbunden mit einer Platzverweisung ausreicht. Eine Versammlung darf nicht aufgelöst werden, wenn und solange gegen störende Gegendemonstranten erfolgreich eingeschritten und der ordnungsgemäße Ablauf der Versammlung auf diese Weise gesichert werden kann (vgl. hierzu BGH in NJW 1954, 715; DVBl 1954, 813 = NJW 1955, 258 mit Anm. von Bender; OVG Lüneburg OVGE 10, 341; BVerwG in DVBl 1974, 297/299 f.). Ein vorüberkommender Autofahrer darf nicht zum Verletztentransport verpflichtet werden, wenn die Polizei diesen rechtzeitig selbst oder durch zivilrechtlich Beauftragte durchführen kann. Die in Art. 10 und in den Vorschriften über die besonderen Befugnisse der Polizei festgelegten Voraussetzungen dienen sämtlich der Konkretisierung des Grundsatzes der Verhältnismäßigkeit und geben damit auch Hinweise für dessen richtige Anwendung in nicht ausdrücklich geregelten Fällen. Die Beachtung des Grundsatzes und der ihm dienenden gesetzlichen Vorschriften unterliegt voll der gerichtlichen Nachprüfung. (S. auch Riegel in BayVBl 1980, 577.)

Als **Nachteil** im Sinne des Abs. 2 ist nicht nur ein materieller zu verstehen. 3
Der Grundsatz der Güterabwägung ist zu beachten. In aller Regel haben die persönlichen Rechtsgüter (z. B. Leben, Gesundheit, Freiheit) den Vorrang vor sächlichen Gütern, auch wenn deren Wert beträchtlich ist. Andererseits hat der Schutz der Allgemeinheit und der öffentlichen Belange Vorrang vor gleichzubewertenden Rechtsgütern einzelner. Im Hinblick auf den hohen Rang, den die Verfassungen dem einzelnen und den Individualrechtsgütern beimessen, ist hier jedoch besonders sorgfältig abzuwägen.

Abs. 3 enthält eine **sachliche** wie auch eine **zeitliche Grenze** für polizeiliche 4
Maßnahmen. Eingriffe, die zeitlich oder nach ihrer Schwere über den polizei-

lichen Zweck hinausgehen oder die im Hinblick auf den Zweck ungeeignet sind, sind ungerechtfertigt, daher unzulässig und rechtswidrig.

5 **Notwehr- und Notstandsmaßnahmen** auf Grund des StGB oder des BGB (s. RdNr. 6 zu Art. 60) unterliegen nicht den Vorschriften des PAG. (S. hierzu Schwabe, die Notrechtsvorbehalte des Polizeirechts, 1979; Fechner, Grenzen polizeilicher Notwehr, 1991.) Sie sind nicht Rechtsfiguren des Polizeirechts, stehen aber als Entschuldigungs- oder Rechtfertigungsgründe jedermann, also auch jedem Polizeibeamten zur Seite, wenn im Einzelfall ihre Voraussetzungen erfüllt sind (zum Notwehrrecht s. BayObLG in BayVBl 1991, 475 = JZ 1991, 936 mit zustimmender Anm. von Schmidhäuser; ferner Rogall in JuS 1992, 551). Handelt die Polizei auf Grund eines „kollektiven Nothilfeauftrags", etwa bei einem Großeinsatz gegen eine randalierende Menschenmenge, so können dabei durchaus auch Personen von polizeilichen Maßnahmen betroffen werden, die selbst nicht Störer im Sinne des Art. 7 sind, obwohl Art. 11 – insbesondere in Verbindung mit § 113 OWiG (unerlaubte Ansammlung) – diesen Kreis sehr weit zieht. Solchen Personen steht weder ein Anspruch auf Unterlassen der Maßnahmen, noch selbst ein Notwehrgrund zur Seite, wenn der Einsatz der Polizei rechtmäßig angeordnet und im Hinblick auf die Gesamtlage auch verhältnismäßig ist. Insoweit fehlt die Rechtswidrigkeit des Angriffs auch gegenüber dem individuell nicht störenden einzelnen. Dieser bleibt allenfalls auf den Entschädigungsanspruch aus den Art. 10, 70 verwiesen. Für den Schußwaffengebrauch gegen Personen in einer Menschenmenge s. die Sondervorschrift des Art. 68, die in ihrem Abs. 2 im Ergebnis das gleiche bestimmt.

6 Alle in Art. 4 genannten Voraussetzungen verhältnismäßigen Verhaltens sind gesetzliche Tatbestandsmerkmale und unterliegen uneingeschränkt gerichtlicher Nachprüfung. Ermessensspielräume enthält Art. 4 nicht, auch nicht in Verbindung mit Art. 5.

Art. 5
Ermessen, Wahl der Mittel

(1) Die Polizei trifft ihre Maßnahmen nach pflichtgemäßem Ermessen.

(2) [1]Kommen zur Abwehr einer Gefahr mehrere Mittel in Betracht, so genügt es, wenn eines davon bestimmt wird. [2]Dem Betroffenen ist auf Antrag zu gestatten, ein anderes ebenso wirksames Mittel anzuwenden, sofern die Allgemeinheit dadurch nicht stärker beeinträchtigt wird.

5 Zu Art. 5 (Ermessen, Wahl der Mittel)

5.1 Der Polizei steht beim Vollzug dieses Gesetzes grundsätzlich ein Ermessen zu, ob sie eine zulässige Maßnahme trifft und welche von mehreren zulässigen Maßnahmen sie wählt. Von einer zulässigen Maßnahme kann insbesondere abgesehen werden, wenn mehrere Gefahren zugleich abzuwehren sind und die vorhandenen Kräfte und Mittel nur zur Abwehr einer dieser Gefahren oder einiger dieser Gefahren ausreichen, ferner dann, wenn die Gefahrenabwehr durch eine andere Stelle gesichert erscheint, schließlich auch dann, wenn es sich um Bagatellfälle handelt.

5.2 Handelt es sich um schwere Sicherheitsgefahren, insbesondere um Gefahren für Leib oder Leben oder für erhebliche Vermögenswerte oder ist sonst die Intensität der Gefahr besonders groß, so ist die Polizei zum Einschreiten gegen die Gefahr verpflichtet.

5.3 Dem Betroffenen darf die Anwendung eines anderen Mittels als dem angeordneten (Art. 5 Abs. 2 Satz 2) nur gestattet werden, wenn dieses Mittel gleich geeignet ist und Dritte nicht mehr belastet.

Liegen alle Voraussetzungen für eine polizeiliche Maßnahme (s. Nr. 2.1 VollzB) vor, besteht also eine Gefahr für ein polizeiliches Schutzgut und wäre für einen erforderlichen Rechtseingriff auch die Befugnisnorm vorhanden, so ist die Polizei gleichwohl nicht in jedem Fall zum Handeln verpflichtet. Ihr Eingreifen auf Grund des PAG richtet sich grundsätzlich nach dem **Opportunitätsprinzip** (vgl. demgegenüber das für die Polizei uneingeschränkt geltende **Legalitätsprinzip** des § 163 Abs. 1 StPO – an den Ausnahmeregelungen der §§ 153, 153 a–e, 154, 154 a–e StPO ist die Polizei de lege nicht beteiligt – [vgl. dagegen RdNr. 18 zu Art. 2], während § 53 Abs. 1 OWiG wiederum das Opportunitätsprinzip enthält; s. auch RdNr. 17 zu Art. 2). 1

Das Opportunitätsprinzip ist bestimmend für die Frage, ob die Polizei in einem konkreten Fall überhaupt tätig werden will, dies für angezeigt oder „opportun" hält. In der Gesetzessprache wird das umschrieben wie in Art. 5 Abs. 1, häufiger mit der Wendung „die Polizei kann..." (vgl. dazu aus dem II. Abschnitt des PAG die Art. 11–17, 21–23, 25, 29), seltener mit „(eine Maßnahme) ist zulässig, wenn..." (s. Art. 27). Bei der Prüfung der Frage des „Ob überhaupt" wird Ermessen betätigt (Entschließungsermessen). In diesem

Art. 5

Sinne ist Art. 5 zu verstehen, wie sich aus Nr. 5.1 VollzB ergibt. So weit dieser der Polizei eingeräumte Spielraum reicht, gilt das Opportunitätsprinzip. Es entfällt, wenn eine Pflicht zum Handeln besteht („die Polizei hat...", vgl. § 163 StPO). S. dazu Vogel in Drews/Wacke/Vogel/Martens, S. 370 ff. m. weit. Nachw.; Dölling, Polizeiliche Ermittlungstätigkeit und Legalitätsprinzip, 1987 (BKA-Forschungsreihe, Sonderband).

Hat sich die Polizei zum Handeln entschlossen, so steht ihr häufig ein Ermessen zu, welche Maßnahmen oder welche Mittel von mehreren zulässigen und geeignet erscheinenden sie ergreift (Handlungsermessen; vgl. Art. 5 Abs. 2 mit Nr. 5.1 VollzB).

Ist eine bestimmte Maßnahme oder ein bestimmtes Mittel gewählt, so kann schließlich noch die Art und Weise der Ausführung oder Anwendung Zweckmäßigkeitserwägungen unterliegen (Ausführungs-, Anwendungsermessen). Das kommt vor allem bei sog. atypischen Maßnahmen in Betracht, die ihre Rechtsgrundlage nur in Art. 11 Abs. 1 finden und nicht den besonderen Befugnisvorschriften der Art. 12–29, 53–69 oder anderen, speziellen Befugnisnormen unterliegen.

2   Der in Abs. 1 eingeräumte **Ermessensspielraum** darf nicht verwechselt werden mit der Pflicht zur Unterlassung von Maßnahmen, die sich aus Art. 4 Abs. 2 als gesetzliche Folge zwingend ergeben kann.

3   Das der Polizei eingeräumte Ermessen ist – wie stets in der hoheitlichen Verwaltung – kein voraussetzungsloses, freies, sondern ein **pflichtgemäßes** und daher – vor allem durch den Grundsatz der Verhältnismäßigkeit – begrenztes (zur Bestimmung und kritischen Umschreibung polizeilichen Ermessens s. Waechter in VerwArch Bd. 88 [1977], 298 ff.). Seine Grenzen bewegen sich zwischen dem zulässigen Absehen von einer Maßnahme bis zur gerichtlich feststellbaren Amtspflicht zu deren Vornahme. In Anlehnung etwa an § 153 Abs. 1 StPO ist davon auszugehen, daß die Polizei von einer Maßnahme absehen darf, wenn die drohende Beeinträchtigung oder die Verletzung eines polizeilichen Schutzgutes als gering anzusehen wäre und weder ein öffentliches noch ein bei vernünftiger, zwischen dem Aufwand für die Maßnahme und einem hinnehmbaren Bagatellschaden **abwägender Betrachtung** überwiegendes Privatinteresse anzunehmen ist. Dabei ist zu beachten, daß es innerhalb der polizeilichen Schutzgüter Wertunterschiede gibt (vgl. die Aufzählung in Art. 11 Abs. 2 Nr. 3). Leben und Gesundheit sind höherwertig als Eigentum, Vermögen oder – jedenfalls nach heutiger Auffassung – persönliche Ehre. Je höherwertiger das Rechtsgut und je intensiver die Störung oder die Gefährdung ist, um so enger ist der polizeiliche Handlungs-(Ermessens-)Spielraum (vgl. OVG Münster in NVwZ 1983, 101/102). Weiterhin ist abzuwägen nach dem Maß der verfügbaren polizeilichen Kräfte und Mittel. Die Aufnahme eines Verkehrsunfalls mit geringem Sach- oder Personalschaden hat zurückzustehen, wenn gleichzeitig ein Überfall

mit Geiselnahme polizeilichen Einsatz erfordert und die Dienstkräfte nicht für beide Fälle ausreichen. Zugleich mag dieses Beispiel zeigen, daß das Abwägungsgebot auch dort Beachtung fordert, wo nach dem Gesetz (§ 163 Abs. 1 StPO) der Legalitätsgrundsatz das Einschreiten in beiden Fällen gebieten würde.

Der Richter kann prüfen, ob die Polizei von dem ihr eingeräumten Ermessen im Sinne des Gesetzes Gebrauch gemacht hat, oder ob Ermessensfehler vorliegen. Die **Ermessensausübung ist fehlerhaft,** wenn die Grenzen, innerhalb deren Entscheidungsfreiheit besteht, überschritten werden, oder wenn von dem Ermessen willkürlich oder mißbräuchlich Gebrauch gemacht wird (Gleichheitssatz!). Ob die Polizei sich bei ihren Maßnahmen in den vom Gesetz gezogenen Grenzen gehalten hat, kann der Richter im Streitfall schon deshalb entscheiden, weil es sich bei den gesetzlich festgelegten Voraussetzungen des polizeilichen Handelns in der Regel um sog. unbestimmte Rechtsbegriffe (das sind vom Gesetz verwendete Begriffe, die vor ihrer Anwendung erst ausgelegt werden müssen, z. B. Notwendigkeit, Rechtzeitigkeit, öffentliches Interesse usw.) handelt, deren Auslegung und Begrenzung der richterlichen Nachprüfung unterliegt. Eine **Untätigkeit** der Polizeibeamten, die nicht auf sachlichen Erwägungen beruht, sondern Folge eines **Mangels an Energie** ist, unterliegt der richterlichen Nachprüfung und kann sich als schuldhafte Amtspflichtverletzung darstellen (BGH in VkBl 1954, 250). Ist mithin eine Pflicht zum Handeln anzunehmen und wird sie verletzt, so kann darin auch eine Amtspflichtverletzung (§ 839 BGB) gegenüber einer Person liegen, wenn diese nach den Umständen des Einzelfalles wegen Verletzung eines subjektiv-öffentlichen Rechts Anspruch (= Recht, von einem anderen – hier der Polizei – ein Tun oder ein Unterlassen zu verlangen; so § 194 Abs. 1 BGB) auf Schutz hatte. Vgl. hierzu BGH in DVBl 1954, 813 = NJW 1955, 258 mit Anm. von Bender S. 938. Vgl. ferner für die Abgrenzung des Ermessens und die Bestimmung des Umfangs der Pflicht zum Einschreiten das sehr bedeutsame sog. „Bandsäge-Urteil" (BVerwGE 11, 95/97 = DVBl 1961, 128/130 m. Anm. von Bachof). Das Urteil betrifft zwar einen Fall des Baurechts (Nachbarrecht), seine Ausführungen sind aber gleichermaßen wichtig auch für die Vollzugspolizei. Hier hat das BVerwG u. a. ausgeführt: „Opportunitätsprinzip und Ermessensfreiheit selbst tragen aber – und eben darum haben sie Platz im Rechtsstaat – gewisse Schranken in sich. Sie geben keine Freiheit der Willkür, sondern decken nur das sog. pflichtgemäße Ermessen. Die Behörde muß sich von dem Sinn des Gesetzes leiten lassen, das ihr ein Ermessen einräumt. Andernfalls wird ihre Entschließung ebenso rechtswidrig (Ermessensmißbrauch) wie bei Verkennung der Grenzen des eingeräumten Ermessensspielraums (Ermessensüberschreitung oder Nichtgebrauch des Ermessens). Das hier in Rede stehende polizeiliche Ermessen zum Einschreiten gegen baurechtswidrige Zustände hat sich nach der leitenden Aufgabe der Polizei, der Erhaltung der öffentlichen Sicherheit und Ordnung, zu richten. Für eine rechtsfehlerfreie Ermessensausübung kann neben anderen Umständen auch das Ausmaß oder die Schwere der Störung oder Gefährdung eine maßgebende Bedeutung haben. Bei hoher Intensität der Störung oder Gefährdung kann eine Entschließung der Behörde zum Nichteinschreiten unter Umständen sogar als schlechthin ermessensfehlerhaft erscheinen. Praktisch kann dieserhalb die rechtlich gegebene Ermessensfreiheit derart zusammenschrumpfen, daß nur eine einzige ermessensfehlerhafte Entschließung, nämlich die zum Einschreiten, denkbar ist und höchstens für das Wie des Einschreitens noch ein ausnutzbarer Ermessensspielraum der Behörde offenbleibt. Unter dieser besonderen Voraussetzung kann der an sich nur auf ermessensfehlerfreie Entschließung der Behörde gehende Rechtsanspruch im praktischen Ergebnis einem strikten Rechtsanspruch auf ein bestimmtes Verwaltungshandeln gleichkommen." S. dazu auch Vogel in Drews/Wacke/Vogel/Martens, S. 401 ff.

Auf dieser Grundlage bejaht das BVerwG einen Anspruch des Bürgers auf polizeiliches Handeln, weil einer Pflicht zum Einschreiten ein entsprechendes Recht der Begünstigten korrespondiere. Dazu bemerkt Franssen (in FS BVerwG, 1978, S. 201/215, Fußn. 87) zutreffend, daß man von der Existenz einer Pflicht nicht auf die Existenz eines Rechts schließen könne, sondern allenfalls auf Inhalt und Umfang eines schon als existent vorausgesetzten Rechts. Unbeschadet dieses Einwands bleibt bedeutsam, daß das BVerwG den einzelnen Bürger nicht nur als Teil der Allgemeinheit, sondern unmittelbar als Person durch das Polizeirecht geschützt sieht und dieser Schutz im öffentlichen Interesse liegt, wie es den Wertmaßstäben des GG entspricht; ähnliche Überlegungen haben bereits in BVerwG 1, 159/161 zur Anerkennung eines Rechtsanspruchs auf Fürsorge geführt (Franssen a. a. O. S. 216). Zum pflichtgemäßen Ermessen als einer „Möglichkeit zu verfassungsdirigierter, einzelfallbezogener, freiheitsfördernder Feinabstimmung" s. Erichsen in VVDStRL, Heft 35 (1977), 171/199. Beim Alltagsgebrauch des Rechtes der Vollzugspolizei bleibt dafür freilich nur in seltenen Fällen genügend Zeit und rechtlicher Spielraum.

Jedenfalls ist der Feststellung von Dietlein in DVBl 1991, 685/690 ff. zuzustimmen, daß die individuelle Normdurchsetzungsbefugnis erst dort beginnen kann, wo in der Mißachtung einer Norm des objektiven Rechts zugleich ein unmittelbarer Einbruch in die persönliche Rechtssphäre des einzelnen liegt. Im Rahmen des durch die Gesetze begründeten Rechtskreises des Individuums besitzt der einzelne unter den allgemeinen Prämissen des Polizeirechts ein subjektives Recht auf ermessensfehlerfreie Entscheidung über ein Tätigwerden der Polizei in Fällen der Gefahr. Darüber hinaus gibt es kein subjektives Recht auf ermessensfehlerfreie Entscheidung über ein polizeiliches Handeln (Dietlein, a. a. O. S. 691).

S. auch RdNr. 2 zu Art. 2.

Auch wenn man die Abgrenzung zwischen dem Recht und der Pflicht zum 5
Einschreiten als Rechtsfrage und nicht als Ermessensfrage ansieht, liegt also
nicht schon in jedem Fall des Nichteinschreitens eine **Amtspflichtverletzung**
vor (BGH in DVBl 1952, 702 = VRspr 5, 78). Ein klagbarer Anspruch eines
einzelnen auf das Tätigwerden der Polizei setzt voraus, daß der Schutzzweck
einer zum polizeilichen Handeln ermächtigenden Norm nicht nur das Gemein-
gut der öffentlichen Sicherheit und Ordnung, sondern zumindest auch den
Schutz des einzelnen umfaßt. Die Polizei ist jedenfalls dann verpflichtet einzu-
schreiten, wenn der Schutz besonders wertvoller Rechtsgüter des einzelnen
oder wichtiger Belange des Gemeinwohls (z. B. ernsthafte Bedrohung der
staatlichen Ordnung) es erfordern und das Einschreiten objektiv möglich und
nach dem Grundsatz der Güterabwägung zumutbar ist. Sind polizeilich zu
schützende Grundrechte (z. B. Leben, körperliche Unversehrtheit, persönliche
Freiheit) oder andere wesentliche Rechtsgüter gefährdet, dann muß die Polizei
einschreiten (vgl. BGH in DVBl 1952, 702 = VRspr 5, 78 und BGH in
VRspr 5, 319; weitere Nachweise bei Vogel in Drews/Wacke/Vogel/Martens,
S. 399, Fußn. 178). Der Ermessensspielraum ist bei derart schutzwürdigen
Rechtsgütern so eingeengt, daß keine andere Entscheidung mehr möglich ist.
Auch wird man – soweit nicht ausnahmsweise der Grundsatz der Verhältnismäßigkeit entgegensteht – immer eine Rechtspflicht der Polizei bejahen müssen, eine bereits begonnene, aber noch nicht vollendete Straftat zu unterbinden. Diese Pflicht besteht zum Schutz der Rechtsordnung; gegenüber dem von
der Straftat Betroffenen besteht sie als polizeiliche Amtspflicht nur, wenn
durch die Straftat besonders wertvolle Rechtsgüter (s. o.) dieser Person gefährdet oder verletzt werden. (Vgl. auch Emmerig in Bengl/Berner/Emmerig,
Anm. 2 c zu Art. 6 LStVG.) Ferner besteht eine Pflicht zum Handeln, wenn
die Dienstvorschriften es gebieten; diese Pflicht besteht grundsätzlich nur
gegenüber dem Dienstherrn, ihre Verletzung ist ein Dienstvergehen. Sie kann
aber in bestimmten Fällen je nach dem Rang des Schutzgutes und der Dringlichkeit der Gefahr auch eine dem zu Schützenden gegenüber bestehende
Amtspflicht verdeutlichen.

Für den Bundespräsidenten, die Abgeordneten des Bundes- und des Landtags 6
sowie des Bayer. Senats gelten die **Indemnitäts- und Immunitätsbestimmungen**
(Art. 46, 47 und 60 Abs. 4 GG, Art. 27, 28, 29 und 38 BV). Für die Bundestags-
abgeordneten ist Näheres geregelt in § 107 der Geschäftsordnung des Deutschen
Bundestages und in der Anlage 6 hierzu. Auf sog. exterritoriale und bestimmte
andere bevorrechtigte Personen erstreckt sich nach den §§ 18 bis 20 GVG die
deutsche Gerichtsbarkeit nicht; gegen sie sind daher praktisch auch keine rechts-
einschränkenden polizeilichen Maßnahmen zulässig. Die Bevorrechtigung kraft
völkerrechtlicher Verträge berührt jedoch nicht die Verpflichtung der begünstigten Personen, das materielle Recht der Bundesrepublik zu beachten. Eingehende Vorschriften und Hinweise hierzu enthält die MB vom 6. Dezember

Art. 5

1993, AllMBl 1994 S. 29, über **Diplomaten** und andere bevorrechtigte Personen, die eine Liste der konsularischen Vertretungen in Bayern und das einschlägige Rundschreiben des Bundesministeriums des Innern vom 17. August 1993 umfaßt.

7   Abs. 2 Satz 1 konkretisiert wiederum einen Rechtssatz, der allgemein für Verwaltungsanordnungen gilt, den von der **Bestimmtheit der Anordnung.** Abs. 2 Satz 1 bezieht sich erkennbar auf Fälle, in denen anderen Personen geboten wird, eine Gefahr zu beseitigen, und dazu ein bestimmtes Mittel vorgeschrieben wird, das auch nur eine bestimmte Form des Tätigwerdens oder Unterlassens sein kann. Solche Anordnungen sind Verwaltungsakte, d. h. hoheitliche Entscheidungen in einem Einzelfall mit unmittelbarer rechtlicher Wirkung für den betroffenen Adressaten (vgl. Art. 35 BayVwVfG). Es wird ein Gebot oder Verbot für den Adressaten ausgesprochen, das auf den Einzelfall bezogen, ihm angepaßt und konkret sein muß. Die Anordnung muß klar verständlich sein, d. h. der Adressat muß unzweideutig wissen, was er zu tun hat und wann er etwas zu tun hat. Dabei ist es nicht nur erforderlich, das anzustrebende Ergebnis zu nennen, sondern es müssen auch die geeigneten Mittel, mindestens aber eines, näher bezeichnet werden. Außerdem darf nichts rechtlich oder tatsächlich Unmögliches verlangt werden. Eine Anordnung, die der Betroffene nicht befolgen kann, ist nichtig. Maßgebend dabei ist nicht, was der Polizeibeamte zum Ausdruck bringen wollte, sondern was er tatsächlich angeordnet hat. Die Anordnungen können schriftlich, mündlich (z. B. mündliche Aufforderung, Zuruf) oder durch Zeichen (z. B. Winkzeichen, Pfeif- oder Lichtsignal eines Verkehrspolizisten) gegeben werden; vgl. BayObLG in BayVBl 1960, 291.

8   Anordnungen können je nach den Umständen auch **Allgemeinverfügungen** sein. Für das Polizeirecht kommt dabei in der Regel nur der erste Teil der Legaldefinition in Art. 35 Satz 2 BayVwVfG in Betracht, wonach Allgemeinverfügungen Verwaltungsakte sind, die sich an einen nach allgemeinen Merkmalen bestimmten oder bestimmbaren Personenkreis richten. Auch für Allgemeinverfügungen gilt, daß die Polizei vor ihrem Erlaß zu prüfen hat, ob die Maßnahme hinsichtlich des bestimmten oder bestimmbaren Personenkreises geeignet und erforderlich im Sinne einer Mittel-Zweck-Relation zur Bekämpfung der (konkreten) Gefahr ist (eingehend VGH Mannheim in DÖV 1997, 255/256; s. auch RdNr. 1 zu Art. 16).

Anordnungen, die sich an eine unbestimmte Zahl von Personen richten und von jedem sofort befolgt werden müssen (z. B. Räumung einer Straße), dürfen an das Verständnis und das Unterscheidungsvermögen der Betroffenen keine großen Anforderungen stellen, insbesondere nicht zu Zweifeln Anlaß geben, was die Polizei wirklich will. Andererseits ist eine solche Allgemeinverfügung nicht schon deshalb allgemein nichtig, weil sie für einen einzelnen aus der Menge im

Augenblick oder überhaupt aus außergewöhnlichen, in seiner Person gelegenen Umständen (z. B. Schwerhörigkeit) nicht verständlich oder nicht ausführbar ist. Hier muß der spezielle Sinn und Zweck des Polizeirechts Vorrang vor allgemeinen Rechtsgrundsätzen haben. Folgte man undifferenziert der Lehre, daß ein Verwaltungsakt nichtig ist, wenn er etwas rechtlich oder tatsächlich Unmögliches anordnet (Kopp, VwVfG, RdNrn 35 ff. zu § 44), so könnte z. B. ein durch Allgemeinverfügung ergehender Platzverweis nichtig sein, soweit er einen in der Menge befindlichen Gelähmten betrifft, der allein bewegungsunfähig ist, oder einen Geisteskranken oder Bewußtlosen. Richtig ist, daß die Verfügung bezüglich einer solchen Person teilnichtig ist, weil sie etwas fordert, was zu befolgen für diese tatsächlich unmöglich ist. (Zur Teilnichtigkeit s. Kopp, VwVfG, RdNrn 61 ff. zu § 44.) Die in einem Urteil des BayVGH (vom 17. Dezember 1963 Nr. 106 III 63) vertretene Meinung, daß eine im allgemeinen gültig ergangene Allgemeinverfügung nicht in bezug auf eine einzelne Person nichtig sein könne, weil ein und derselbe Akt nicht zugleich gültig und nichtig sein könne, ist insoweit nicht überzeugend. Auch die Fiktion, daß die Allgemeinverfügung für solche Betroffenen nicht gelten solle, befriedigt nicht, denn objektiv können auch solche Personen Störer sein. War dagegen die Anordnung einem Betroffenen nur akustisch nicht verständlich oder auch aus anderen Umständen, etwa durch Augenschein, nicht klar ersichtlich, so ist sie ihm nicht zugegangen und muß ihm gegenüber wiederholt werden, ehe ihre Befolgung verlangt oder erzwungen werden kann. Auf den Ausschluß der aufschiebenden Wirkung von Widerspruch und Anfechtungsklage bei unaufschiebbaren Anordnungen und Maßnahmen von Polizeivollzugsbeamten nach § 80 Abs. 2 Nr. 2 VwGO ist auch hier hinzuweisen (vgl. RdNr. 6 zu Art. 3).

Zu den **Kosten** polizeilicher Maßnahmen s. die Erl. zu Art. 76. **9**

Abs. 2 Satz 2 räumt dem **Betroffenen** (s. Art. 7, 8, 10) ein **Wahlrecht** bezüglich des wirksamen Mittels zur Gefahrenabwehr ein. Es handelt sich um einen speziellen Fall des Grundsatzes der Verhältnismäßigkeit (Art. 4). Das Wahlrecht besteht unbeschadet des Abs. 2 Satz 1, ist also auch gegeben, wenn die Polizei ein bestimmtes Mittel bezeichnet hat. Ist das vom Betroffenen angebotene Mittel ebenso wenig beeinträchtigend für die Allgemeinheit wie das von der Polizei zunächst vorgeschriebene, so hat die Polizei das Ersatzmittel zuzulassen. Ein Ermessensspielraum ist ihr insoweit nicht eingeräumt. Die Tauglichkeit des Mittels ist nach verständiger Würdigung der gegebenen Umstände und den verfügbaren Kenntnissen zu beurteilen. **10**

Art. 6
Ausweispflicht des Polizeibeamten

¹Auf Verlangen des von einer Maßnahme Betroffenen hat der Polizeibeamte sich auszuweisen, soweit der Zweck der Maßnahme dadurch nicht beeinträchtigt wird. ²Das Nähere wird durch Dienstvorschrift geregelt.

6 Zu Art. 6 (Ausweispflicht des Polizeibeamten)

Die Legitimationspflicht des Polizeibeamten ist in der Bekanntmachung vom 26. September 1977 (MABl S. 700) geregelt.

Die in Nr. 6 VollzB genannte MB, die auch bei anderen Amtshandlungen der Polizei gilt, hat folgenden Wortlaut:

Die nachfolgenden Vorschriften bestimmen, unter welchen Voraussetzungen der Polizeibeamte verpflichtet ist, sich gegenüber einer von seinen Amtshandlungen betroffenen Person auszuweisen und seinen Namen anzugeben.

1 Polizeibeamte in Dienstkleidung

1.1 Wenn die Umstände es zulassen, stellt sich der Beamte dem Betroffenen mit Namen und Dienststelle vor; statt dessen kann er eine Visitenkarte mit diesen Angaben überreichen.

1.2 Auf Verlangen zeigt er dem Betroffenen den Dienstausweis vor, wenn es die Umstände erlauben.

1.3 Für die an Grenzübergängen verwendeten Beamten der Bayer. Grenzpolizei gilt Nummer 4 Abs. 4 der Dienstanweisung für die Paßkontrolle vom 6. Dezember 1954.

2 Polizeibeamte in Zivil

2.1 Der Beamte stellt sich dem Betroffenen zu Beginn der Amtshandlung mit Namen und Dienststelle vor; statt dessen kann er eine Visitenkarte mit diesen Angaben überreichen. Er zeigt dem Betroffenen ferner unaufgefordert den Dienstausweis vor. Kriminalbeamte können statt dessen die Kriminaldienstmarke verwenden; auf Verlangen haben sie auch den Dienstausweis vorzuzeigen.

2.2 Lassen die Umstände die in Nummer 2.1 genannten Förmlichkeiten nicht zu, so sind sie nachzuholen, sobald das möglich ist.

3 Gemeinsamer Einsatz

3.1 Bei Amtshandlungen mehrerer Beamter unter gemeinsamer Führung gelten die Nummern 1 und 2 für den Einsatzleiter.

3.2 Es kann im Einzelfall zweckmäßig sein, daß der Einsatzleiter die Beamten, insbesondere wenn sie nicht uniformiert sind, dem Betroffenen vorstellt, sofern die Umstände und die Anzahl der beteiligten Beamten das erlauben.

4 Telefongespräche

4.1 Zu Beginn eines Telefongesprächs nennt der Beamte seinen Namen und seine Dienststelle, wenn dem nicht besondere dienstliche Gründe entgegenstehen.

4.2 Der Beamte an der Vermittlung und an der Notrufabfrage nennt nur die Dienststelle.

Nummer 5.2.2 Absatz 1 Satz 2 der Bek vom 8. März 1977 (MABl S. 385) wird aufgehoben.

Art. 6 gilt nur, wenn die Polizei im Begriff ist, Maßnahmen (Nr. 2.1 VollzB) zu treffen. **Betroffener** ist jeder Adressat der Maßnahmen. Art. 6 verlangt nicht die namentliche Kennzeichnung der Polizeibeamten etwa durch das ständige Tragen eines Namensschildes, solange der Beamte im Einsatz ist. Sie wäre beispielsweise bei Beamten des Kriminaldienstes, die in Zivil Dienst leisten, extrem schwierig. Zu Recht weist Lisken (ZRP 1990, 15/21) darauf hin, daß die Namensregelung für die Eingriffsfolgen im Hinblick auf die rechtlichen Belange der betroffenen Personen nicht relevant ist, weil die Rechtmäßigkeit polizeilichen Handelns nicht von der Namhaftmachung des Beamten abhängt. Das Geltendmachen von Ansprüchen nach dem VI. Abschnitt des PAG wie von sonstigen Schadenersatz- und Schmerzensgeldansprüchen setzt nicht die Benennung des jeweils handelnden Beamten voraus.

Zur Problematik dieser Art von Kennzeichnung s. Rupprecht in ZRP 1989, 93 mit teils abweichender Bemerkung von Seyfarth a. a. O. S. 473. Auch in der sogenannten „Gewaltkommission" (s. Baumann in ZRP 1990, 103/104) fand der Vorschlag, Namensschilder oder Dienstnummern vorzusehen, keine Mehrheit (Baumann a. a. O. S. 108).

Art. 6 gilt nicht für Polizeibeamte, die gem. Art. 33 Abs. 1 Nr. 3 als sog. **Verdeckte Ermittler** eingesetzt sind, vgl. RdNr. 2 zu Art. 33 und RdNr. 2 zu Art. 35.

Für **Polizeibeamte in Dienstkleidung** besteht **Ausweispflicht**, die durch das Vorzeigen des Dienstausweises oder der Kriminaldienstmarke, soweit verfügbar durch das Aushändigen einer Visitenkarte zu erfüllen ist, nur, wenn der Betroffene es verlangt. Der Dienstausweis ist so vorzuzeigen, daß ein Gutwilliger Kenntnis nehmen kann. Auszuhändigen ist der Dienstausweis aus naheliegenden Gründen nicht.

Sowohl die gesetzliche Ausweispflicht wie auch die darüber hinausgehenden Pflichten der VollzB stehen unter dem Vorbehalt, daß der **Zweck der Maßnahme** dadurch **nicht beeinträchtigt** wird. Sie sind also nicht einzuhalten, wenn ein überraschender Zugriff geboten ist oder wenn allgemein Art, Umfang oder Dringlichkeit der Maßnahmen, z. B. bei Großeinsätzen, eine Verzögerung oder Unterbrechung des Zugriffs nicht gestatten. In solchen Fällen sind sie nachzuholen, sobald die Umstände es zulassen. Ist der Polizeibeamte dem Be-

Art. 6

troffenen bereits bekannt und weiß dies der Beamte, so entfällt die dem Art. 6 inhärente Interessenlage; dem Verlangen braucht dann nicht entsprochen zu werden.

Art. 7
Verantwortlichkeit für das Verhalten von Personen

(1) Verursacht eine Person eine Gefahr, so sind die Maßnahmen gegen sie zu richten.

(2) ¹Ist die Person noch nicht 14 Jahre alt, oder ist für sie wegen einer psychischen Krankheit oder einer geistigen oder seelischen Behinderung zur Besorgung aller ihrer Angelegenheiten ein Betreuer bestellt, können Maßnahmen auch gegen die Person gerichtet werden, die zur Aufsicht über sie verpflichtet ist. ²Dies gilt auch wenn der Aufgabenkreis des Betreuers die in § 1896 Abs. 4 und § 1905 des Bürgerlichen Gesetzbuchs bezeichneten Angelegenheiten nicht erfaßt.

(3) Verursacht eine Person, die zu einer Verrichtung bestellt ist, die Gefahr in Ausführung der Verrichtung, so können Maßnahmen auch gegen die Person gerichtet werden, die die andere zu der Verrichtung bestellt hat.

(4) Die Absätze 1 bis 3 sind nicht anzuwenden, soweit andere Vorschriften dieses Gesetzes oder andere Rechtsvorschriften bestimmen, gegen wen eine Maßnahme zu richten ist.

7 Zu Art. 7 (Verantwortlichkeit für das Verhalten von Personen)

7.1 Die Art. 7, 8 und 10 sind keine Befugnisgrundlagen, sie bestimmen lediglich, gegen wen Maßnahmen gerichtet werden dürfen. Personen im Sinn dieser Vorschriften können natürliche oder juristische Personen sein. Auch Hoheitsträger unterliegen materiell dem Recht der Gefahrenabwehr. Von Eingriffsmaßnahmen gegen Hoheitsträger in deren hoheitlichem Tätigkeitsbereich ist jedoch grundsätzlich abzusehen; in solchen Fällen hat sich die Polizei darauf zu beschränken, den Hoheitsträger auf die Gefahr hinzuweisen und notfalls dessen Aufsichtsbehörde zu unterrichten.

7.2 Die Art. 7, 8 und 10 sind nicht anzuwenden, soweit die typisierten Befugnisbestimmungen (vgl. Art. 12 ff.) oder andere Rechtsvorschriften (vgl. Art. 11 Abs. 3 Satz 2) bestimmen, gegen wen eine Maßnahme gerichtet werden kann.

7.3 Art. 7 Abs. 1 setzt voraus, daß eine Person unmittelbar durch ihr Verhalten oder ihren Zustand die Gefahr hervorgerufen hat. Ein Unterlassen einer Handlung kann nur dann eine Gefahr im Sinn des Art. 7 Abs. 1 verursachen, wenn der Betreffende rechtlich zum Handeln verpflichtet ist. Auch wer durch sein Verhalten eine Situation absichtlich herbeiführt, in der zwangsläufig von Dritten eine Gefahr ausgeht, verursacht im Sinn des Art. 7 Abs. 1 diese Gefahr. Auf Verschulden oder ein Mindestalter kommt es für Art. 7 Abs. 1 nicht an.

7.4 Die Pflicht zur Aufsicht über eine Person im Sinn von Art. 7 Abs. 2 kann sich aus Gesetz, Vertrag oder vorangegangenem Tun (tatsächliche Übernahme der Aufsicht) ergeben.

Art. 7

7.5 Die Verantwortlichkeit des Geschäftsherrn nach Art. 7 Abs. 3 bezieht sich nur auf Handlungen des Gehilfen in Ausführung, nicht lediglich bei Gelegenheit der Verrichtung.

7.6 Auch mehrere Personen können zugleich verantwortlich nach Art. 7 sein. Von mehreren Verantwortlichen soll zunächst derjenige in Anspruch genommen werden, der die Gefahr am schnellsten und sichersten abwenden oder beseitigen kann; Art. 4 ist dabei zu beachten.

1 Art. 7 wurde durch Art. 6 des G zur Ausführung des G zur Reform des Rechts der Vormundschaft und Pflegschaft für Volljährige (G zur Ausführung des Betreuungsgesetzes – AGBtG) vom 27. Dezember 1991 (GVBl S. 496/497) geändert und durch einen Satz 2 ergänzt.

Art. 7 regelt, wer Adressat polizeilicher Maßnahmen (allgemein zur Typologie der Adressatenbestimmungen in den Art. 7, 8, 10 s. Köhler in Thüringer Verwaltungsblätter 1996, 25) ist, wenn eine **Gefahr** (s. Nr. 2.2 VollzB und RdNr. 10 zu Art. 2) **unmittelbar** (s. Nr. 7.3 VollzB) **von einer Person ausgeht**. Da eine Maßnahme stets als Eingriff in fremde Rechte gedacht ist (Nr. 2.1 VollzB), setzt sie stets eine Befugnis nach Art. 11 ff. oder nach Rechtsvorschriften außerhalb des PAG voraus.

Grundsätzlich sind Maßnahmen, die durch das polizeiwidrige Verhalten von Personen oder den polizeiwidrigen Zustand von Sachen erforderlich werden, gegen diejenigen zu richten, die für das polizeimäßige Verhalten oder den polizeimäßigen Zustand verantwortlich (herkömmlich: polizeipflichtig, s. u. RdNr. 3) sind. Es sind daher Verhaltenshaftung bzw. **Verhaltensverantwortlichkeit** und Zustandshaftung bzw. **Zustandsverantwortlichkeit** zu unterscheiden. In beiden Fällen wird die polizeipflichtige Person herkömmlich als (polizeilicher) **Störer** bezeichnet (Martens in Drews/Wacke/Vogel/Martens, S. 290/293; Spiesshofer, Der Störer im allgemeinen und im Sonderpolizeirecht, 1989; Lindner, Die verfassungsrechtliche Dimension der allgemeinen polizeirechtlichen Adressatenpflichten, 1997). Wie Martens a. a. O. S. 293 überzeugend feststellt, wird die **Eigenschaft als Störer** allein durch ein **objektiv störendes Verhalten** bzw. einen **objektiv störenden Zustand** begründet. Die Feststellung der Rechtswidrigkeit außerhalb des Polizeirechts oder ein Verschulden im Sinne von Vorsatz oder Fahrlässigkeit ist in beiden Fällen nicht Voraussetzung polizeilicher Maßnahmen und ihrer Adressierung. Damit entfällt auch jede Abhängigkeit der Störereigenschaft von Geschäfts- oder Deliktfähigkeit oder Strafmündigkeit. In den weitaus meisten Fällen wird der Störer durch Maßnahmen zur Gefahrenabwehr nur in die Schranken seiner Rechte zurückgewiesen und leistet deshalb kein Sonderopfer für die Allgemeinheit, das einen Entschädigungsanspruch begründen könnte. Anderes gilt nur für die polizeirechtliche Inanspruchnahme nicht verantwortlicher (nicht polizeipflichtiger) Personen; s. die Art. 10, 70 (vgl. auch BayVGH in BayVBl 1997, 502).

Polizeirechtliche Verantwortlichkeit wie Störereigenschaft sind also Rechtsfiguren. Sie setzen nicht in allen Fällen ein rechtswidriges Tun oder eine rechtswidrige Unterlassung voraus. Sie sind begrifflich auch unabhängig von einem zurechenbaren Verschulden (Vorsatz, Fahrlässigkeit). Der BayVGH hat in BayVBl 1984, 559/562 einen Fahrzeugeigentümer, der sein Kfz laufend einer oder mehreren Personen zur Verfügung stellte, von denen er wußte, daß sie damit Verkehrsordnungswidrigkeiten begehen würden, als Verhaltensverantwortlichen bezeichnet, weil er mit einem solchen bewußt die Verkehrssicherheit gefährdenden Verhalten, das er jederzeit durch Nichtweiterverleihen seines Fahrzeugs an diese Personen abstellen konnte, selbst störte. Dies zeigt zwar, daß selbstverständlich eine Störung auch vorsätzlich oder fahrlässig verschuldet sein kann, ändert aber nichts daran, daß dem Verantwortlichen eine **gefahrenadäquate unmittelbare Verursachung** muß zugerechnet werden können; im entschiedenen Fall kann das bejaht werden.

Mittelbar verantwortlich als sog. „Zweckveranlasser" kann sein, wer sich eines ihm an sich zustehenden (Grund-)Rechts bedient (z. B. Demonstrations-, Versammlungsfreiheit), um andere bewußt und gewollt zu einem Verhalten zu veranlassen, das eine Gefahr oder Störung darstellt (z. B. gewalttätige Gegenmaßnahmen; zur Rechtsfigur des Zweckveranlassers im Versammlungsrecht und ihrer Übernahme in den § 5 Nr. 3 VersammlG s. Huber in BayVBl 1994, 513). Nach VGH Mannheim in NVwZ-RR 1995, 663 = DÖV 1996, 83 = DVBl 1996, 564 ist Zweckveranlasser und damit Handlungsstörer nur derjenige, der eine Störung der öffentlichen Sicherheit oder Ordnung herbeiführt, indem er den Erfolg, das heißt die Störung, subjektiv bezweckt, oder wenn sich diese als Folge seines Verhaltens zwangsläufig einstellt. Er verursacht also die Gefahr oder Störung nicht unmittelbar, sondern veranlaßt Dritte zu einem entsprechenden Verhalten, das jedoch auf deren eigenem Willensentschluß beruht. Der Zweckveranlasser ist daher nur ein Mitverursacher. Er setzt, wie es OLG Köln in DÖV 1996, 86 ausgedrückt hat, in einer längeren Kausalkette lediglich eine erste Ursache für die spätere Störung und kann polizeirechtlich nur dann als Verursacher (Störer) angesehen werden, wenn er die spätere Gefahrensituation bezweckt hat. Sein Verhalten und das unmittelbar gefahrverursachende Verhalten der von ihm beeinflußten Dritten müssen deshalb eine für den Zweckveranlasser erkennbare natürliche Einheit bilden, die es rechtfertigt, diesem das Verhalten der Dritten in der Weise zuzurechnen, daß ohne seine Einflußnahme das Verursachen der Gefahr unterblieben wäre (vgl. VGH Mannheim in DÖV 1996, 83/84). Schon Martens weist jedoch mit Recht darauf hin, daß eine solche Absicht nur schwer nachweisbar sein wird und berücksichtigt werden muß, daß die eigentlichen Störer aus eigenem Entschluß handeln und nicht willenlose Werkzeuge der Person sind, denen ihr Verhalten zugerechnet werden soll (Martens, a. a. O. S. 315; s. auch RdNr. 4 zu Art. 10). Ein Beispiel bietet der durch den VGH Kassel (in DÖV 1992, 753/754 f.) entschiedene Fall, in welchem der Eigentümer eines im Sperrgebiet liegenden Hauses die Zimmer des Gebäudes regelmäßig und wissentlich an Frauen zur Ausübung der Prostitution untervermietete. Götz stellt in NVwZ 1990, 725/731 zu Recht fest, daß schon das Argument der Provokation dazu führen könne, eine Störereigenschaft in bezug auf zu erwartende gewalttätige Auseinandersetzungen anzunehmen. Auch die Figur der Zweckveranlassung könne die Pflicht der Polizei, gewaltfreie politische Manifestationen zu schützen, nicht einschränken. Daher könne der Argumentation des OVG Lüneburg in NVwZ 1988, 638 nicht gefolgt werden.

Erbel in JuS 1985, 257/263 hält die haftungsrechtliche Figur des Zweckveranlassers mit beachtlichen Gründen für verfehlt. Nach seiner Ansicht kann ein Zweckveranlasser nur als Nichtstörer in Anspruch genommen werden. Es trifft zu, daß dies dem Verursachungs- und Haftungssystem des geltenden Poleirechts zwangloser gerecht wird. Gegen Satz 3 der Nr. 7.3 VollzB, der von einem „zwangsläufigen" Herbeiführen einer Gefahr durch Dritte ausgeht, bestehen Bedenken, weil damit deren eigene Verantwortlichkeit grundsätzlich ausgeschlossen wäre. Die Folge wäre, daß der Zweckveranlasser nicht nur mittelbar, sondern allein verantwortlich im Sinne der Art. 7, 8, also selbst Störer wäre. Der gleiche Einwand besteht gegen die – dort nicht entscheidungserhebliche – Übernahme der Zwangsläufigkeits-Voraussetzung in der oben zitierten E des VGH Mannheim.

2   Die Gefahr kann, worauf Nr. 7.3 VollzB hinweist, durch das **Verhalten** der Person, das sowohl in einer Handlung wie auch in einer Unterlassung einer ihr rechtlich gebotenen Handlung bestehen kann, oder durch den **Zustand** der Person ausgelöst werden; auch eine solche kann eine Gefahr im Sinne des Abs. 1 herbeiführen (z. B. Bewußtlosigkeit, psychische Störung; die Artikelüberschrift ist insofern zu eng).

Der Begriff „**Verhalten**" umfaßt grundsätzlich alle Lebensäußerungen einer Person. Nicht notwendig ist, daß das Verhalten durch Wille oder Bewußtsein gesteuert wird. Auf Verschulden im Sinne des Zivil- und Strafrechts kommt es nicht an. Maßgeblich nach Art. 7 ist nur, daß das Verhalten eine Gefahr verursacht.

„**Zustand**" ist eine auf objektiven Eigenschaften oder Vorgängen beruhende Eigenart eines Menschen, eines Tieres oder einer Sache, die bei Mensch und Tier entweder wiederum zu Handlungen führen (z. B. gefährliches Verhalten eines Geistesschwachen, Angriff eines Tieres) oder aus sich selbst heraus gefährlich sein kann (z. B. Ansteckungsgefahr bei Krankheit, Abbruchgefahr bei verwittertem Fels). Unerheblich ist, ob der Zustand ohne menschliches Zutun entstanden oder künstlich herbeigeführt worden ist (z. B. falsch geparktes Auto, überlautes Radio, schadhafte Stromleitung).

3   „**Verursachen**" im Sinne des Abs. 1 bedeutet nicht Verschulden. Es bedeutet auch nicht das Setzen irgendeiner Ursache im Sinne jeder Bedingung, die nicht hinweggedacht werden könnte, ohne daß die Gefahr oder die Störung entfiele.

Vielmehr muß das Verhalten oder der Zustand der Person nach der Lebenserfahrung geeignet sein, die Gefahr oder die Störung herbeizuführen, die eingetreten ist. Nur wer eine die Gefahr oder Störung im polizeirechtlichen Sinne adäquat bewirkende Ursache setzt, ist verantwortlich im gleichen Sinn, z. B. also der, der mit einem Sprengstoff in vorschriftswidriger, die Allgemeinheit gefährdender Weise hantiert, oder der, der Sprengstoffe an unzuverlässige Personen gibt, nicht aber der, der diesen Sprengstoff den bestehenden Vorschriften entsprechend hergestellt hat. Ein späteres Ereignis kann eine neue Ursachenkette auslösen. Verliert daneben die bisherige ihre unmittelbar gefahrverursachende Wirkung, so unterbricht diese „überholende Kausalität" den ursprünglichen Kausalzusammenhang.

Diese Adäquanz ist nicht identisch mit der der zivilrechtlichen Adäquanztheorie, sie ist auch nicht ausschließlich im Sinne sozialadäquaten Verhaltens zu verstehen, was immer im Bereich des Polizeirechts damit gemeint sein will (vgl. Hurst in AöR Bd. 83 [1958], 43/75 ff.; Erichsen in VVDStRL, Heft 35 [1977], 171/201 ff.). Ihr Bezugspunkt ist vielmehr die polizeirechtliche Gefahr. Wer diese oder die verwirklichte Gefahr (= Störung) unmittelbar bewirkt, ist Verursacher im Sinne der Abs. 1 und 3. Näheres s. bei Hurst a. a. O.; Schnur in DVBl 1962, 1; Martens in Drews/Wacke/Vogel/Martens, S. 310 ff.; Emmerig in Bengl/Berner/Emmerig, Anm. 3 b, aa zu Art. 9 LStVG; Konrad in BayVBl 1980, 581. Zu einem ähnlichen Ergebnis, wenn auch bei anderem Ansatz, kommt Selmer (in Gedächtnisschrift für Martens, 1987, S. 485, fortgeführt in JuS 1992, 97 ff.), wenn er bei Beurteilung der Kausalität darauf abstellt, wessen Verhalten bei wertender Betrachtung unter Einbeziehung aller Umstände des jeweiligen Einzelfalls seinerseits – nicht notwendig als zeitlich letztes Glied der Kausalkette – die Gefahrengrenze überschritten hat. Die von Selmer a. a. O. angenommene Notwendigkeit eines fließenden Verursachungsbegriffs im allgemeinen Polizei- und Ordnungsrecht kann für den Bereich des PAG dahingestellt bleiben, weil Notwendigkeit und Unaufschiebbarkeit des polizeilichen Handelns (s. RdNr. 2 zu Art. 3) die hierzu notwendigen sorgfältigen Überlegungen in aller Regel weder erfordern noch an Ort und Stelle zulassen. Bloßes **Unterlassen** begründet eine Verhaltensverantwortlichkeit nur, wenn eine besondere, also nicht etwa nur aus der Sozialpflichtigkeit des Eigentums abgeleitete, öffentlich-rechtliche Gebotsnorm zum Handeln verpflichtet (Selmer a. a. O.; Martens in Drews/Wacke/Vogel/Martens S. 307). Das polizeiliche Schutzgut „öffentliche Sicherheit und Ordnung" setzt die Verpflichtung jedes Rechtsgenossen voraus, sein Verhalten und den Zustand seiner Sachen so einzurichten, daß daraus keine Gefahren oder Störungen für dieses Schutzgut entstehen. Diese Verpflichtung wird herkömmlich als **materielle Polizeipflicht** bezeichnet (vgl. Martens a. a. O. S. 293; Selmer a. a. O.; Hölzle, Das Störungsverbot als präventive und repressive Verhaltensnorm im allgemeinen Polizei- und Zivilrecht, Diss. Berlin [FU] 1988; Martensen in DVBl 1996, 286). Martensen (a. a. O. S. 288) sieht in der Polizeipflicht kein Gefahrenvermeidungsgebot, sondern lediglich eine besondere Ausprägung der Gefahrenbeseitigungspflicht. Das erscheint zu weitgehend. Sicher ist, daß die Polizeipflicht kein Gebot darstellt, entwicklungs- oder zustandsbedingte Risiken von vornherein auszuschließen; sie kann nicht als entwicklungsfeindlich interpretiert werden. Sie umfaßt jedoch die Pflicht, erkennbaren Gefährdungspotentialen von vornherein mit den aktuell bestmöglichen Sicherheitsmaßnahmen zu begegnen und kann, wenn sich das als unmöglich erweist, den Verzicht auf unbeherrschbare Entwicklungen gebieten. Der Verantwortliche kann insbesondere gegen eine ihn betreffende Maßnahme grundsätzlich nicht einwenden, daß anderen (möglicherweise) bestehenden vergleichbaren Gefahren nicht in der gleichen Weise und mit ebensolchem Nachdruck begegnet werde; eine bekanntgewordene Gefahr ist ohne Rücksicht auf behauptete Verstöße gegen den Gleichbehandlungsgrundsatz abzuwehren (vgl. BayVGH in BayVBl 1993, 54 f.).

In der Regel werden Art, Umfang und Dringlichkeit einer Gefahr stärker vom Verhalten einer Person oder auch eines anderen Lebewesens bestimmt als vom Zustand eines Lebewesens oder einer Sache allein. Daher werden polizeiliche Maßnahmen schon um ihrer Wirksamkeit willen grundsätzlich an den „Verhaltensstörer" zu richten sein und erst in zweiter Linie an einen „Zustandsstörer". Zu beachten bleibt aber, daß das Gesetz eine solche Rangfolge nicht vorgibt, um den Handlungsspielraum der Polizei bei der Auswahl der Adressaten der Maßnahmen nicht unnötig einzuschränken (vgl. VGH Mannheim in DVBl 1990, 1046/1047 und NVwZ-RR 1991, 27/28; Ausnahme: der Ausschluß der Verantwortung in Art. 8 Abs. 2 Satz 2). Möglich ist auch, daß ein und dieselbe Person in bezug auf ein und dieselbe Gefahr sowohl als Verhaltens- wie auch als Zustandsstörer verantwortlich sein kann, wenn etwa eine Person fahrlässig mit Feuer hantiert in einer Umgebung, in der feuergefährliche Sachen ohne hinreichende Sicherungsvorkehrungen verwahrt werden und die handelnde Person selbst das Unterlassen solcher Vorkehrungen zu vertreten hat. BayVGH in BayVBl 1996, 437 f. läßt diese Überlegungen anklingen. Ihre praktische Bedeutung im Polizeirecht ist jedoch gering, weil die Art. 7, 8 nur die Adressatenbestimmung polizeilicher Maßnahmen regeln, nicht aber Notwendigkeit, Art und Umfang solcher Maßnahmen betreffen. Zweck auch der Vorschriften über die Verantwortlichkeit ist allein, eine Gefahr oder Störung so rasch und wirksam wie nötig und möglich zu beseitigen (Grundsatz der Effektivität des polizeilichen Handelns). Nur von daher ist unter Abwägung der Gefahrenlage und der Notwendigkeit, Verhältnismäßigkeit und Zweckmäßigkeit der Abwehrmaßnahmen eine Rang- oder Reihenfolge der in Anspruch zu nehmenden Verursacher als Adressaten sinnvoll und rechtsbedeutsam. Dieser Auffassung folgt – unter Aufgabe früherer Rspr. – auch der BayVGH in BayVBl 1986, 625 und 1987, 404. Auch er geht von der Subsidiarität der Zustands- gegenüber der Verhaltens-(Handlungs-)verantwortung aus und verweist zur sachgerechten Handhabung des nach den Art. 7, 8 bestehenden Auswahlermessens im wesentlichen auf den

Grundsatz der Verhältnismäßigkeit von Zweck und Mittel und des daraus abgeleiteten Übermaßverbots.

Es wurde und wird versucht, den Verursachungsbegriff des Polizeirechts schärfer zu fassen. Eine befriedigende Lösung, die geeignet wäre, den nicht immer praktikablen Begriff der adäquaten Verursachung zu ersetzen, ist nicht gefunden worden; vgl. zum anhaltenden Meinungsstreit der polizeirechtlichen Verursachungslehre u. a. Pietzcker in DVBl 1984, 457; Kränz in BayVBl 1985, 301; Götz in NVwZ 1987, 858/862 f.; Herrmann in DÖV 1987, 666. Ergänzend zum Begriff der Adäquanz kann jedoch das Kriterium der **Unmittelbarkeit** der Verursachung herangezogen werden; vgl. VGH Mannheim in VRspr. 20, 426/429 (Verursacher im Sinne des Polizeirechts ist nur, wer durch sein Verhalten den rechts- bzw. ordnungswidrigen Zustand unmittelbar herbeigeführt hat), OLG Köln in DÖV 1996, 86/87 und OVG Hamburg in DÖV 1983, 1016/1017 (ob eine Ursache in diesem Sinne unmittelbar ist, richtet sich grundsätzlich danach, ob durch ihr Wirken die Gefahrengrenze überschritten wird; im Einzelfall kann es jedoch, wenn unbefriedigende Ergebnisse vermieden werden sollen, geboten sein, zusätzlich darauf abzustellen, ob das von dem vermeintlichen Störer gezeigte Verhalten rechtmäßig und sozialadäquat war). Der VGH Mannheim (in DÖV 1996, 1055) hat entschieden, daß der Halter eines Kraftfahrzeugs, dessen Veräußerung er nicht gem. § 27 Abs. 3 Satz 1 StVZO der Zulassungsstelle gemeldet hat, als Verhaltensverantwortlicher zur Entfernung des nach der Veräußerung straßenrechtswidrig abgestellten Fahrzeugs herangezogen werden kann, wenn sich dessen neuer Halter und der Fahrer nicht (rechtzeitig) ermitteln lassen (s. auch RdNr. 7 zu Art. 76).

Kritisch zur Unmittelbarkeitslehre äußert sich Herrmann (a. a. O.). Er will die Bestimmung der rechtlich relevanten Verantwortung dadurch erreichen, daß jedes Glied der Kausalkette daraufhin geprüft wird, ob bereits durch diesen Beitrag die für das polizeiliche Einschreiten hinreichende Gesamtwahrscheinlichkeit eines Schadenseintritts erreicht wurde. Für die Störerbestimmung und die damit verbundene Kostenpflicht soll an Pflichtbestimmungen und Risikozuweisungen aus der gesamten Rechtsordnung angeknüpft werden. Diese Gedanken können weiterführen, leiden aber für den Bereich der Vollzugspolizei an zu hoher Komplexität; für den Aufgabenbereich der Sicherheitsbehörden (Art. 6 POG) gewinnen sie allerdings zunehmend und erheblich an Bedeutung (vgl. Martens in DÖV 1982, 89; Selmer in Gedächtnisschrift für Martens, 1989, S. 483; Brandner, Gefahrenerkennbarkeit und polizeiliche Verhaltensverantwortlichkeit – Zur Störerverantwortlichkeit insbesondere bei Altlasten, 1990). Die Polizei, die in aller Regel unverzüglich zu handeln hat, ist oft schon aus Zeitgründen nicht in der Lage, schwierige und an Ort und Stelle nicht zu erkennende Umstände in ihre Überlegungen zur gefahradäquaten unmittelbaren Verursachung einzubeziehen. Für sie müssen die Begriffe einfach definiert werden: Wer unmittelbar die öffentliche Sicherheit und Ordnung gefährdet oder stört ist „Störer" und damit verantwortlich, wenn auf Grund der allgemeinen Lebenserfahrung vorherzusehen war,

Art. 7

daß sein Verhalten oder sein Zustand diese Wirkung haben würde. Bei mehreren Verantwortlichen steht es im pflichtgemäßen Ermessen der Polizei, ob sie gegen alle oder nur gegen einzelne vorgehen will.

4   Die **Abs. 2 und 3** sind mit der Theorie der unmittelbaren Verursachung der Gefahr scheinbar nicht zu vereinbaren. Das in beiden Absätzen verwendete Wort „auch" zeigt, daß hier nicht der in jedem Fall vorhandene Verantwortliche im Sinne der unmittelbaren Verursachung, also der Strafunmündige oder der aus den in Satz 1 genannten Gründen Betreute angesprochen wird, weil dies unter Umständen sogar an tatsächlicher Unmöglichkeit, z. B. Nichtansprechbarkeit, scheitert. Kraft Gesetzes und begründet mit einer Aufsichts- oder Betreuungspflicht (Abs. 2) oder mit einer Verrichtungsbestellung (Abs. 3) wird hier eine selbständige Verantwortlichkeit und damit eine **konkurrierende Adressateneigenschaft** begründet. Diese Hilfs- oder Ersatzadressaten sind weder selbst verantwortlich im Sinne der Unmittelbarkeitstheorie, noch gehören sie wegen der positivrechtlichen Bestimmung ihrer Adressateneigenschaft zu dem in Art. 10 erfaßten Personenkreis. Sie werden herangezogen, ohne daß nach Wortlaut und Sinn des Gesetzes ein unmittelbarer Ursachenzusammenhang mit der gegebenen Gefahr oder Störung notwendig und zu prüfen wäre.

Auch Kinder und Zurechnungsunfähige können verantwortlich sein, weil die polizeirechtliche Verantwortlichkeit, im Gegensatz etwa zur Strafbarkeit, weder bürgerlichrechtliche Geschäftsfähigkeit noch strafrechtliche Verantwortlichkeit (Schuld) voraussetzt. Zweck der polizeilichen Maßnahmen ist nicht die Sühne, sondern die Sicherung oder Wiederherstellung des der Rechts- und Lebensordnung entsprechenden Zustandes. Zur Strafunmündigkeit vgl. § 1 Abs. 3 JGG (Kinder unter 14 Jahren); zur elterlichen Sorge §§ 1626 ff. BGB; zur Sorge für nichteheliche Kinder §§ 1705 ff. BGB; zur Vormundschaft über Minderjährige §§ 1773 ff. BGB; zur Betreuung Volljähriger §§ 1896 ff. BGB.

5   **Verrichtungsgehilfe** im Sinne des **Abs. 3** ist jeder, dem von einem anderen, von dessen Weisungen er abhängig ist, eine Tätigkeit übertragen wird. Für das Weisungsrecht ist ausreichend, daß der Geschäftsherr die Tätigkeit des Handelnden jederzeit beschränken, untersagen oder nach Zeit und Umfang bestimmen kann. Die Art des Rechtsverhältnisses zwischen dem Gehilfen und dem Geschäftsherrn ist ohne Bedeutung; ausschlaggebend ist, daß der Bestellte bei Ausführung der Verrichtung vom Willen des Bestellers abhängig ist, mag er im übrigen auch selbständig arbeiten (VGH Mannheim in NJW 1993, 1543 f.).

Die Verantwortung des Dienstgebers für den **Verrichtungsgehilfen** nach Abs. 3 (s. § 831 BGB) besteht nur, wenn dieser die Gefahr oder Störung **in Ausführung** der ihm aufgetragenen Verrichtung, nicht dagegen wenn er sie **ge-**

legentlich dieser Verrichtung verursacht. Z. B. kann der Dienstgeber zur Beseitigung von Gefahren veranlaßt werden, die durch unsachgemäße Arbeit des Gehilfen entstehen; hantiert der Gehilfe während der Arbeitspause in einer gefüllten Scheune fahrlässig mit Feuer, ist nur der Gehilfe selbst, nicht der Dienstgeber polizeirechtlich verantwortlich.

Abs. 4 bestimmt die lediglich **subsidiäre Geltung** der Absätze 1–3 **gegenüber** anderen, insbesondere **speziellen Rechtsvorschriften**. Die Befugnisnormen des PAG wie der anderen einschlägigen Gesetze bestimmen vielfach selbst, aber durchaus nicht immer, gegen wen die jeweilige Maßnahme zu richten ist. Z. B. enthält Art. 13 Abs. 1 Nrn 1 und 6 keine Adressatenbestimmung, so daß zu seiner Anwendung auf Art. 7 zurückgegriffen werden muß, während Art. 13 Abs. 1 Nr. 2–5 unmittelbar die Personen bezeichnet, gegen die die Maßnahmen der Identitätsfeststellung zulässig sind, so daß Art. 7 zurücktritt. Grundsätzlich gilt für die besonderen Befugnisvorschriften der Art. 12 ff., daß der Adressat der Maßnahme nach Inhalt und Zweck der Norm festzustellen ist, so z. B. bei Art. 12 eine Person, von der anzunehmen ist, daß sie sachdienliche Angaben machen kann. Daraus folgt, daß außer in den Fällen des Art. 11 die Art. 7 und 8 nur heranzuziehen sind, wenn der Befugnistatbestand lediglich „zur Abwehr einer Gefahr" lautet (z. B. Art. 13 Abs. 1 Nr. 1, Art. 25 Nr. 1); dann muß dem Adressaten im Sinne des Normzwecks eine Verantwortlichkeit nach Art. 7 oder 8 zuzurechnen sein.

6

Ist eine Person **Anscheinsstörer**, hat sie also unmittelbar lediglich den Anschein einer Gefahr, diese nicht aber wirklich verursacht, so trifft sie grundsätzlich keine Verantwortung. Zur Kostenfreiheit bei der Aufklärung einer Anscheinsgefahr s. RdNr. 3 zu Art. 76. Nach BayVGH in BayVBl 1995, 758 = DÖV 1996, 82 schließt die Verpflichtung des Anscheinsstörers, sich auf der Verhaltensebene in Anspruch nehmen zu lassen, nicht auch die Verpflichtung ein, den daraus folgenden Zustand als endgültig hinzunehmen. Werden daher gegen einen Anscheinsstörer Maßnahmen gerichtet und verbleiben ihm nach deren Erledigung ungerechtfertigte Kosten oder sonstige Belastungen, so kann er einen **Folgenbeseitigungsanspruch** (s. RdNr. 1 zu Art. 28) geltend machen. Entsprechend dem Gedankengang des BGH in DVBl 1996, 1312/1314 kann er wie ein Nichtstörer (Art. 10) Entschädigung nach Art. 70 Abs. 1 verlangen, obwohl er nicht ausdrücklich als solcher in Anspruch genommen wurde. Diese Analogie erscheint system- und sachgerecht. Grundsätzlich zur Verantwortlichkeit des Anscheinsstörers s. Schenke/Ruthig in VerwArch Bd. 87 (1996), 329.

7

**Art. 8
Verantwortlichkeit für den Zustand von Sachen**

(1) Geht von einer Sache eine Gefahr aus, so sind die Maßnahmen gegen den Inhaber der tatsächlichen Gewalt zu richten.

(2) ¹Maßnahmen können auch gegen den Eigentümer oder einen anderen Berechtigten gerichtet werden. ²Das gilt nicht, wenn der Inhaber der tatsächlichen Gewalt diese ohne den Willen des Eigentümers oder Berechtigten ausübt.

(3) Geht die Gefahr von einer herrenlosen Sache aus, so können die Maßnahmen gegen denjenigen gerichtet werden, der das Eigentum an der Sache aufgegeben hat.

(4) Art. 7 Abs. 4 gilt entsprechend.

8 Zu Art. 8 (Verantwortlichkeit für den Zustand von Sachen)

8.1 Auf Nummer 7.1 und 7.2 wird hingewiesen.

8.2 Auch Tiere, Flüssigkeiten, gasförmige Stoffe und Sachgesamtheiten sind Sachen im Sinn des Art. 8.

8.3 Inhaber der tatsächlichen Gewalt ist derjenige, der die tatsächliche Einwirkungsmöglichkeit – berechtigt oder unberechtigt – auf die Sache hat.

8.4 Die Gefahr kann von der dauernden oder vorübergehenden Beschaffenheit einer Sache ausgehen, aber auch von der Lage, in der sich eine an sich ungefährliche Sache befindet.

8.5 Auf ein Verschulden für die Beschaffenheit oder Lage der Sache kommt es nicht an; die Gefahr, die von der Sache ausgeht, kann auch durch höhere Gewalt oder durch Veränderungen der Sache durch Umwelteinwirkungen oder durch Schädigungen seitens Dritter entstanden sein.

8.6 Art. 8 Abs. 2 setzt voraus, daß andere als der Inhaber der tatsächlichen Gewalt über die Sache an dieser berechtigt sind; die Berechtigung kann dinglicher Natur (Eigentum, Nießbrauch) oder schuldrechtlicher Art (Miete, Pacht, Verwahrung, Auftrag) sein. Der Inhaber der tatsächlichen Gewalt übt diese auch dann ohne Willen des Eigentümers oder sonstigen Berechtigten im Sinn des Art. 8 Abs. 2 Satz 2 aus, wenn er die tatsächliche Gewalt gegen den Willen des Berechtigten ausübt.

8.7 Art. 8 Abs. 3 setzt voraus, daß jemand das Eigentum an einer Sache, von der eine Gefahr ausgeht, gemäß §§ 928, 959 BGB aufgegeben hat. Art. 8 Abs. 3 setzt voraus, daß die Gefahr bereits vor der Aufgabe des Eigentums von der Sache ausging oder durch die Aufgabe des Eigentums verursacht worden ist.

*8.8 Die Verantwortlichkeit entfällt
a) im Fall des Art. 8 Abs. 1, wenn die tatsächliche Sachherrschaft des Verantwortlichen endet,
b) im Fall des Art. 8 Abs. 2, wenn die Berechtigung an der Sache endet,
c) im Fall des Art. 8 Abs. 3, wenn ein Dritter die tatsächliche Sachherrschaft an der herrenlosen Sache begründet.
Ist eine neue Anordnung gegen einen Verantwortlichen getroffen worden, dessen Verantwortlichkeit später entfällt, so ist im Zweifel davon auszugehen, daß die Anordnung unter der stillschweigenden Bedingung der Sachherrschaft oder Berechtigung getroffen worden ist; mit dem Wegfall der Verantwortlichkeit wird die Anordnung daher ungültig; sie geht nicht auf einen neuen Verantwortlichen über, so daß erforderlichenfalls gegen den neuen Verantwortlichen eine neue Anordnung zu erlassen ist.*

8.9 Nummer 7.6 gilt entsprechend. Sind Personen nach Art. 7 und Art. 8 nebeneinander verantwortlich, so soll zunächst der nach Art. 7 Verantwortliche in Anspruch genommen werden, es sei denn, daß die Inanspruchnahme des Verantwortlichen nach Art. 8 zweckmäßig und verhältnismäßig ist. Dabei sollen als Kriterien die sachliche und örtliche Nähe zur Gefahrenquelle, die Eignung, das Ausmaß der Nachteile, die der Allgemeinheit und den in Anspruch zu nehmenden Verantwortlichen erwachsen, und die persönliche und sachliche Leistungsfähigkeit möglichst berücksichtigt werden.

Abs. 1 enthält die allgemeine Adressatenbestimmung für den Fall, daß die Gefahr **unmittelbar von einer Sache ausgeht.** Zum Begriff der Sache s. Nr. 8.2 VollzB. Zu Maßnahme und Befugnis s. RdNr. 1 zu Art. 11. Adressat einer polizeilichen Maßnahme zu sein, setzt eine **polizeirechtliche Verantwortlichkeit** für den Zustand einer Sache voraus, die Art. 8 selbständig regelt. Sie folgt aus der tatsächlichen und rechtlichen Sachherrschaft, welche die Nutzung der Sache mit den sich daraus ergebenden Vorteilen ermöglicht (BVerwG in DÖV 1986, 287 ff.). Die Verantwortung für den ordnungsgemäßen Zustand einer Sache (Polizeipflicht; RdNr. 1 zu Art. 7) beinhaltet zugleich die Pflicht, vom Eigentum an einer Sache und anderen, vom Eigentum hergeleiteten Verfügungsrechten (z. B. Besitz) nur einen ordnungsgemäßen Gebrauch zu machen, insbesondere dafür zu sorgen, daß von einem Grundstück oder einer beweglichen Sache keine Gefahren oder Störungen für die öffentliche Sicherheit und Ordnung ausgehen. Hierin liegt eine Eigentumsbeschränkung im Interesse der öffentlichen Sicherheit und Ordnung, eine **Sozialbindung,** die Riegel in BayVBl 1981, 289/291 „negative Polizeipflichtigkeit" nennt. Aus dieser Sozialbindung ergeben sich Bestimmungen für Inhalt und Schranken des Eigentums im Sinne von Art. 14 Abs. 1 Satz 2 GG. Die Rechtspflicht, dafür zu sorgen, daß von einer Sache keine Gefahren oder Störungen für die öffentliche Sicherheit oder Ordnung ausgehen, ist eine solche Bestimmung (vgl. BVerwG in BayVBl 1997,

Art. 8

412 m. weit. Nachw.). Die Sozialbindung ist durch das Übermaßverbot begrenzt (BayVGH in BayVBl 1986, 590/592). Im Übermaßverbot sieht der BayVGH den Ansatzpunkt für eine zumutbare Belastung und entsprechend für die notwendige Begrenzung der Sozialbindung und damit auch der Haftung des Zustandsstörers, wie sie in der Literatur mehrfach gefordert worden ist (Nachweise BayVGH a. a. O. S. 592; s. ferner Sparwasser/Geißler in DVBl 1995, 1317; grundsätzlich kritisch zu Nutzungseinschränkungen des Eigentums, wenn auch hier nicht unmittelbar einschlägig, Schönfeld in BayVBl 1996, 673 ff., 721 ff.; Koehl in BayVBl 1996, 685/686; s. ferner BVerwG in BayVBl 1997, 412). Dieser Ansatz ist nach dem PAG wie auch nach den korrespondierenden Art. 8, 9 LStVG systemgerecht und überzeugend. S. auch RdNr. 6 f. zu Art. 70; vgl. auch Binder, Die polizeiliche Zustandshaftung als Gefährdungshaftungstatbestand, 1991.

Zum **Folgenbeseitigungsanspruch** eines **Anscheinsstörers** s. RdNr. 10 zu Art. 2 und RdNr. 7 zu Art. 7.

Wird eine Maßnahme gemäß Abs. 1 gegen den Inhaber der tatsächlichen Gewalt gerichtet und bestehen der Sache nach noch **private Rechte Dritter**, z. B. des Eigentümers oder weiterer Mitbesitzer, so können diese Rechte beeinträchtigt werden. Muß in diesem Fall die Maßnahme nach Abs. 1 zwangsweise durchgesetzt werden, müssen entsprechende Verfügungen auch gegen diese Mitberechtigten ergehen (Abs. 2), weil diesen gegenüber sonst die **öffentlich-rechtliche Rechtfertigung** des Eingriffs in ihre Privatrechte fehlt (vgl. VGH Kassel in DVBl 1996, 573 = NVwZ-RR 1996, 330). Das kann angesichts der Notwendigkeit und Unaufschiebbarkeit (Art. 3) polizeilicher Präventiv- oder Unterbindungsmaßnahmen zu beträchtlichen (rechtlichen) Schwierigkeiten führen, wenn z. B. der nach Abs. 1 Verpflichtete nicht oder nicht rechtzeitig über bestehende Rechte Dritter Auskunft gegen kann oder will. Muß die Polizei gleichwohl handeln, können für die Mitberechtigten Ansprüche aus Art. 70 Abs. 2 entstehen.

2 Auch eine **Sache**, z. B. ein Elektrogerät oder ein Tier, kann ein **Verhalten** zeigen oder sich in einem **Zustand** befinden, der gefährlich ist. Insoweit ist auf RdNr. 2 zu Art. 7 zu verweisen. Aber auch die bloße **Lage** einer Sache kann unter bestimmten Bedingungen gefährlich sein, z. B. Eiszapfen über einem Gehsteig bei Tauwetter.

3 Der Begriff des Verursachens ist subjektbezogen. Er wird deshalb in Art. 8 Abs. 1 zu Recht vermieden. Es wird nur darauf abgestellt, daß von einer Sache **eine Gefahr ausgeht,** die polizeiliche Maßnahmen zu ihrer Beseitigung notwendig erscheinen läßt, ohne daß es darauf ankäme, wie und durch wen die Gefahr verursacht wurde.

4 **Tatsächliche Gewalt** bedeutet die unmittelbare Verfügungsmacht über eine Sache, wobei es nicht darauf ankommt, ob sie rechtmäßig oder unrechtmäßig

ausgeübt werden kann (OVG Münster in DVBl 1977, 257 = DÖV 1977, 532 verweist darauf, daß der Begriff der tatsächlichen Gewalt im Ordnungsrecht mit dem Inhalt verwendet wurde, den er durch seine Verwendung in den §§ 854–856 BGB – Vorschriften über den Besitz – erhalten habe; die Feststellung von Rechtsbeziehungen allein reiche nicht aus). So ist auch der Dieb für den vorschriftsmäßigen Zustand des gestohlenen Fahrzeugs verantwortlich, solange er die tatsächliche Gewalt über das Fahrzeug innehat. Die Verantwortlichkeit nach Abs. 1 endet notwendig an den Grenzen der tatsächlichen (also nicht der rechtlichen) Verfügungsmacht; war sie im Zeitpunkt der Maßnahme nicht oder nicht mehr gegeben, scheidet eine Verantwortlichkeit nach Abs. 1 aus (vgl. VGH Mannheim in DVBl 1990, 1046/1047). Hier können nur Abs. 2 Satz 1, notfalls Art. 9 oder 10 weiterführen.

Inhaber der tatsächlichen Gewalt können nicht nur natürliche, sondern auch juristische Personen sein, die sie durch ihre zuständigen Bediensteten ausüben. So ist bei einer Bundeswasserstraße, die durch Öl oder schädliche Chemikalien in einen gefährlichen Zustand geraten ist, der Bund auch polizeilich verantwortlich (VG Kassel in NJW 1980, 305), und zwar sowohl als Inhaber der tatsächlichen Gewalt (Abs. 1) wie als Eigentümer (Abs. 2; vgl. OVG Hamburg in DÖV 1983, 1016 f.). Öffentlich-rechtliche Verpflichtungen, zu denen die polizeirechtliche Verantwortung (Polizeipflicht) gehört, gehen grundsätzlich auf den Gesamtrechtsnachfolger über (z. B. bei Gebietsreformen), es sei denn, es wird eine höchstpersönliche Leistung geschuldet (OVG Koblenz in DÖV 1980, 654). S. dazu noch u. RdNr. 10.

Abs. 2 läßt **alternativ,** erforderlichenfalls aber auch **zusätzlich** Maßnahmen 5 nicht nur gegen den Inhaber der tatsächlichen Gewalt, sondern auch gegen andere Personen zu, die über die Sache eine rechtliche Verfügungsmacht haben, die zur Beseitigung der Gefahr genützt werden kann. Er verdeutlicht, daß die Verantwortlichkeit des Eigentümers oder Besitzers grundsätzlich – Ausnahme: Abs. 2 Satz 2, s. u. RdNr. 7 – selbständig und konkurrierend neben der Verantwortlichkeit aus Verhaltens-(Handlungs-)störung besteht (s. RdNr. 4 zu Art. 7).
Anderer Berechtigter nach Abs. 2 Satz 1 kann jeder sein, der eine dingliche oder rechtsgeschäftliche Verfügungsmacht über die Sache besitzt, die ihm die Beseitigung der Gefahr durch Gebrauch seiner Möglichkeiten gestattet. Dingliche Verfügungsrechte können sich u. a. ergeben aus Erbbaurecht, Grunddienstbarkeit, Nießbrauch, beschränkter persönlicher Dienstbarkeit und Pfandrecht. Rechtsgeschäftliche Verfügungsrechte können vertraglich begründet sein, etwa durch Miet-, Pacht- oder Dienstvertrag.

Nach Art. 4 und 5 (Verhältnismäßigkeit, pflichtgemäßer Ermessensge- 6 brauch) sind Maßnahmen gegen die in Art. 8 Abs. 2 Satz 1 Genannten ausgeschlossen, wenn diese weder die tatsächliche Gewalt selbst ausüben, noch auf die Ausübung der tatsächlichen Gewalt durch deren Inhaber aus rechtlichen

oder tatsächlichen Gründen hinreichenden Einfluß haben. Maßgebend ist stets der zu erwartende **Erfolg für die Gefahrenabwehr.**
Sind nach Abs. 1 und Abs. 2 Satz 1 **mehrere Personen verantwortlich,** steht es im pflichtgemäßen Ermessen der Polizei, unter Abwägung von Notwendigkeit, Verhältnismäßigkeit, Zweckmäßigkeit und Erfolgsaussichten zu bestimmen, an wen sie ihre Maßnahmen richtet. Auch das Heranziehen mehrerer Verantwortlicher ist zulässig, wenn es nach den Umständen des Einzelfalls sinnvoll und koordinierbar ist (vgl. BayVGH in BayVBl 1993, 147/148). Zur **Kostentragung bei mehreren Störern** s. RdNr. 7 zu Art. 76.
Wird einer der nach Abs. 1 oder 2 Verantwortlichen als Zustandsstörer in Anspruch genommen, weil der durch Tatsachen begründete Verdacht besteht, daß von einer Sache eine Gefahr ausgeht, so kann er für dadurch erlittene Nachteile wie ein Nichtstörer Entschädigung verlangen (Art. 70 Abs. 1), wenn sich nachträglich ergibt, daß die Gefahr in Wirklichkeit nicht bestand und er die den Verdacht begründenden Umstände auch nicht zu vertreten hat (vgl. RdNrn 10 zu Art. 2, 7 zu Art. 7, 6 zu Art. 8, 2 zu Art. 70).

7 **Der Begriff des Eigentümers** in Abs. 2 wie der polizeirechtliche **Begriff des Eigentums** sind die gleichen wie im bürgerlichen Recht (Götz, RdNr. 208 f.; Martens in Drews/Wacke/Vogel/Martens, S. 326; Riegel in BayVBl 1981, 289; OVG Hamburg in DÖV 1983, 1016; VGH Mannheim in DÖV 1996, 1057). Deshalb endet bei einer rechtsgeschäftlichen Eigentumsübertragung die Zustandshaftung des bisherigen Eigentümers erst mit der Eintragung des neuen Eigentümers im Grundbuch (VGH Mannheim a. a. O.). Eigentümer im Sinne des Abs. 2 sind daher auch der Miteigentümer (Gesamthands- oder Bruchteilseigentum), der Sicherungseigentümer (z. B. bei Treuhandgeschäften), bei Kauf unter Eigentumsvorbehalt neben dem Verkäufer auch der Erwerber, weil er mit der Anwartschaft auf das Eigentum ein diesem wesensgleiches Recht erworben hat. Ist der bisherige Eigentümer nicht (mehr) im Besitz der tatsächlichen Gewalt, so sind wegen der Unaufschiebbarkeit (Art. 3) Maßnahmen in erster Linie nach Abs. 1 gegen den Inhaber der tatsächlichen Gewalt zu richten, wie es auch der Subsidiarität des Abs. 2 („auch") gegenüber Abs. 1 entspricht.
Die Heranziehung nach **Abs. 2 Satz 1** steht unter dem gesetzlichen Vorbehalt des Abs. 2 Satz 2. Wird die tatsächliche Gewalt über die Sache ohne den Willen des Eigentümers oder des sonst Berechtigten ausgeübt, werden diese in der Regel auch keinen Einfluß nehmen können und keine (Mit-)Verantwortung tragen. Es genügt nach Satz 2, daß die tatsächliche Gewalt ohne den Willen eines Berechtigten ausgeübt wird; es ist nicht erforderlich, daß es gegen dessen Willen geschieht. Überläßt ein Eigentümer eine Sache einem anderen zum Gebrauch und verwendet dieser die Sache rechtswidrig oder begründet er durch sie eine Gefahrenlage, so kann gleichwohl auch der Eigentümer nach Abs. 2 Satz 1 verantwortlich sein und zwar auch dann, wenn der Inhaber der tatsächlichen Gewalt abredewidrig gehandelt hat (so für die Halterhaftung bei

Kraftfahrzeugen BayVGH in BayVBl 1979, 309 und 1989, 438, wobei in der jüngeren Entscheidung neben der Zustandshaftung auch eine Verhaltensverantwortlichkeit angenommen wird, wenn der Halter die straßenverkehrsrechtliche Zuverlässigkeit des Fahrers außer acht gelassen hat; vgl. auch BVerwG in NJW 1992, 1908 und im einzelnen RdNr. 7 zu Art. 76). Trifft **Abs. 2 Satz 2** uneingeschränkt zu, so ist der Adressat der Maßnahme allein nach Abs. 1 zu bestimmen. Jedoch wird Abs. 2 Satz 1 wieder anwendbar, wenn der Inhaber der tatsächlichen Gewalt, der diese ohne den Willen des Eigentümers oder Berechtigten ausgeübt hat, die Sachherrschaft verliert oder aufgibt (OVG Koblenz in DVBl 1989, 1011).

Zu **Abs. 3** ist zunächst auf die §§ 958–964 BGB zu verweisen. Nach neuerer Rspr. (vgl. OVG Bremen in DÖV 1989, 172 = DVBl 1989, 1008) kann sich jedoch der Eigentümer einer störenden Sache der einmal begründeten Zustandshaftung nicht durch **Dereliktion** entziehen (a. A. Martens in Drews/Wacke/Vogel/Martens, S. 328; Götz, RdNrn 213 f.). Nach den allgemeinen Kriterien des Sicherheitsrechts, wie sie auch in Abs. 3 zum Ausdruck kommen, verdient diese Auffassung Zustimmung. Bei beweglichen Sachen wird allerdings ein Voreigentümer nur in wenigen Fällen rechtzeitig und mit vertretbarem Aufwand ermittelt werden können. Nach dem Wortlaut des Abs. 3 sind Fälle ausgeschlossen, in denen Eigentum noch nie bestanden hat (z. B. bei wilden Tieren, die in ursprünglicher Freiheit leben, § 960 Abs. 1 Satz 1 BGB, oder Meereserzeugnissen). Ein bloßes Aneignungsrecht, z. B. des Jägers nach § 1 Abs. 1 Satz 1 BundesjagdG genügt nicht, um Abs. 3 anzuwenden. Auch bei Leichenfunden scheidet Abs. 3 aus. Eine Leiche ist zwar als herrenlose Sache anzusehen, an der aber weder Voreigentum bestehen konnte, noch ein Aneignungsrecht gegeben ist (vgl. Palandt-Heinrichs, Überblick 4 b vor § 90 BGB). 8

Die in **Abs. 4** enthaltene Verweisung bedeutet, daß die Abs. 1–3 nicht anzuwenden sind, soweit andere Vorschriften des PAG oder andere Rechtsvorschriften bestimmen, gegen wen eine Maßnahme zu richten ist (vgl. z. B. Art. 29). Für Regelungen außerhalb des PAG s. etwa die Verantwortlichkeit des Konkursverwalters nach der Konkursordnung, die Aufsichtspflicht des Bauherrn oder Unternehmers nach Art. 59, 61 BayBO, des Testamentvollstreckers, des Zwangsverwalters u. a. 9

Ein besonderes Problem stellen polizeiliche **Maßnahmen** dar, die **gegen Hoheitsträger** als Verantwortliche zu richten sind (z. B. gegen den Bund oder eine sonstige Körperschaft oder Anstalt des öffentlichen Rechts). Hierzu ist zunächst festzustellen, daß Bund und Länder mit den ihnen vom GG überlassenen Kompetenzen gleichrangig nebeneinanderstehen, soweit sich nicht aus dem GG selbst ein Vorrang bestimmter Bundeskompetenzen ergibt. Das bedeutet, daß der Bund sowohl bei nichthoheitlicher Betätigung, etwa als Unter- 10

Art. 8

nehmen der öffentlichen Hand in privatrechtlicher Form oder zur Vorbereitung oder Unterstützung hoheitlichen Handelns (Köhler in Thüringer Verwaltungsblätter 1996, 25), als auch bei hoheitlicher Tätigkeit (z. B. bei der Wahrnehmung von Verteidigungsaufgaben – BVerwG in DVBl 1968, 749 = BayVBl 1968, 353) auch die Landesgesetze, insbesondere das Polizei- und Sicherheitsrecht des Landes, zu beachten hat (vgl. Martens in Drews/Wacke/ Vogel/Martens, S. 240 ff., 294 f.). Bei der hoheitlichen Betätigung des Bundes steht diese Bindung jedoch unter dem Vorbehalt, daß im Einzelfall eine Abwägung kollidierender öffentlicher (Bundes- und Landes-)Interessen stattzufinden hat. Diese Abwägung kann ergeben, daß das einschlägige Landesgesetz (z. B. das PAG) im konkreten Fall auf die hoheitliche Tätigkeit des Bundes nur beschränkt oder gar nicht anwendbar ist (BVerwG in DVBl 1968, 749 = BayVBl 1968, 353). Im Einzelfall ist zu prüfen, ob die Rechtsgrundlage, nach welcher ein Hoheitsträger eine gefährdende oder störende Tätigkeit ausübt, den bundesrechtlichen (Art. 31 GG) oder den spezialgesetzlichen Vorrang vor dem PAG beanspruchen kann.

Davon zu trennen ist der Grundsatz, daß – von Sonderregelungen und Ausnahmelagen, wie z. B. Gefahr im Verzuge, abgesehen – eine Hoheitsverwaltung nicht mit Anordnungen oder gar mit Zwang in die hoheitliche Tätigkeit einer anderen Hoheitsverwaltung, sei es derselben (Freistaat Bayern), sei es einer anderen Körperschaft (Bund), eingreifen darf (BVerwG in DVBl 1968, 749 = BayVBl 1968, 353).

Im Polizeirecht, das auf die Beseitigung akuter Gefahren oder Störungen gerichtet ist, wobei regelmäßig „Gefahr im Verzuge" gegeben erscheint (s. Art. 3), haben schwierige und langwierige Kompetenzüberlegungen keinen Raum. Das GG hat das Polizeirecht der (originären) Länderkompetenz überlassen. Der Landesgesetzgeber kann seiner damit gegebenen Verantwortung nur gerecht werden, wenn in seinem Zuständigkeitsbereich grundsätzlich jedermann, also – unbeschadet des Art. 31 GG – auch andere Hoheitsträger, an dieses Recht gebunden ist. Auf die für das Recht der öffentlichen Sicherheit und Ordnung außerhalb des Rechts der Vollzugspolizei entwickelten Überlegungen ist hier nicht einzugehen. Da ein ordnungsgemäßes Handeln oder zumindest Handelnwollen bei Hoheitsträgern grundsätzlich vorauszusetzen ist, kann sich die Erfüllung der polizeilichen Aufgaben insoweit auf eine Hinweispflicht gegenüber den Verantwortlichen reduzieren. Reicht dies allerdings nicht aus, wird die Polizei auch gegenüber anderen Hoheitsträgern von ihren Befugnissen Gebrauch machen, weil die Aufgabe der Gefahrenabwehr im Interesse des Gemeinwohls nicht unerfüllt bleiben darf.

**Art. 9
Unmittelbare Ausführung einer Maßnahme**

(1) ¹Die Polizei kann eine Maßnahme selbst oder durch einen Beauftragten ausführen, wenn der Zweck der Maßnahme durch Inanspruchnahme der nach den Art. 7 oder 8 Verantwortlichen nicht oder nicht rechtzeitig erreicht werden kann. ²Der von der Maßnahme Betroffene ist unverzüglich zu unterrichten.

(2) ¹Für die unmittelbare Ausführung einer Maßnahme werden von den nach Art. 7 oder 8 Verantwortlichen Kosten (Gebühren und Auslagen) erhoben. ²Im übrigen gilt das Kostengesetz.

9   Zu Art. 9 (Unmittelbare Ausführung einer Maßnahme)

9.1   Grundsätzlich ist der Verantwortliche durch Anordnung zur Abwehr der Gefahren zu verpflichten. Nur wenn aus der Sicht des Polizeibeamten die Gefahr durch den Verantwortlichen nicht oder nicht rechtzeitig beseitigt werden würde, darf die Polizei durch unmittelbare Tatmaßnahmen selbst oder durch einen Beauftragten die Gefahr abwehren. Die unmittelbare Ausführung kommt daher in Betracht, wenn der Verantwortliche

nicht zugegen und nicht rechtzeitig erreichbar ist oder

nicht in der Lage ist, die Gefahr rechtzeitig abzuwehren oder

nicht willens ist, die Gefahr rechtzeitig abzuwehren und wenn eine vorausgehende Anordnung nicht rechtzeitig zwangsweise durchsetzbar wäre.

9.2   Art. 9 gibt keine Befugnis, einen Dritten als Beauftragten zur Beseitigung der Gefahr heranzuziehen. Eine solche Befugnis kann sich jedoch aus Art. 11 in Verbindung mit Art. 10 ergeben.

9.3   Die nach Art. 7 und Art. 8 Verantwortlichen haften für die Kosten als Gesamtschuldner. Sind Personen nach Art. 7 und Art. 8 nebeneinander verantwortlich, so ist der nach Art. 7 Verantwortliche vorrangig in Anspruch zu nehmen. Der nach Art. 8 Verantwortliche kann nur dann in Anspruch genommen werden, wenn der nach Art. 7 Verantwortliche trotz eingehender polizeilicher Ermittlungen nicht festzustellen oder nicht leistungsfähig ist.

Abs. 2 Satz 1 wurde durch § 1 Nr. 1, § 2 PAGÄndG mit Wirkung vom 1. August 1983 neu gefaßt; zugleich wurde Satz 2 a. F. gestrichen, der bisherige Satz 3 wurde Satz 2.

Art. 9 regelt die **unmittelbare Ausführung** einer Maßnahme durch die Polizei bei vertretbaren Handlungen. Zur Vorgeschichte der Norm, allerdings unter Einengung auf den Begriff des sofortigen Polizeizwangs, vgl. Drews/Wacke/Vogel/Martens, S. 438 ff.; Pietzner in VerwArch Bd. 82 (1991), S. 291.

Die unmittelbare Ausführung ist eine besondere, aus dem Schutzzweck des Sicherheitsrechts gerechtfertigte Form des polizeilichen Handelns.

Art. 9

Nr. 9.1 VollzB reiht die unmittelbare Ausführung unter den Begriff „Tatmaßnahmen" ein, der gleichbedeutend ist mit dem Begriff **„Realakt"** (so auch BayVGH in BayVBl 1997, 634). Rasch in DVBl 1992, 207/208 versteht unter Realakten Tathandlungen, „die unmittelbar nur einen tatsächlichen Erfolg herbeiführen, der Bedingung für eine rechtliche Folge sein kann". Nach Rasch a. a. O. S. 210 handelt es sich bei der unmittelbaren Ausführung um einen Realakt. Rechtsschutz dagegen kann durch die allgemeine Leistungsklage erlangt werden, die den Betroffenen günstiger stellt als die Anfechtungsklage, weil sie ohne Vorverfahren erhoben werden kann und nicht fristgebunden ist (a. a. O. S. 208; Kästner in JuS 1994, 361/364; vgl. auch RdNr. 2 zu Art. 15). Demgegenüber ist festzuhalten, daß die unmittelbare Ausführung gleichwohl eine hoheitliche Maßnahme einer Behörde zur Regelung (durch unmittelbaren Zugriff) eines Einzelfalls auf dem Gebiet des öffentlichen Rechts und auf unmittelbare Rechtswirkung nach außen gerichtet ist. Damit ist sie ein Verwaltungsakt im Sinne der Legaldefinition des Art. 35 Satz 1 BayVwVfG, der verwaltungsgerichtlich im Wege der Anfechtungsklage, gegebenenfalls der Fortsetzungsfeststellungsklage (§ 113 Abs. 1 Satz 4 VwGO; das notwendige Feststellungsinteresse ergibt sich häufig aus dem Begehren nach Folgenbeseitigung oder Rehabilitation) nachprüfbar ist. Vgl. Emmerig, RdNr. 5 b, bb vor Art. 6 LStVG; im Ergebnis auch BayVGH in BayVBl 1991, 433/435; a. A. Schäfer in BayVBl 1989, 742 unter Hinweis auf eine E des BayVGH in GewArch 1981, 233/234. Zwar ist Rasch (a. a. O. S. 209) zuzugeben, daß die unmittelbare Ausführung im Zeitpunkt ihrer Vornahme ein „adressatloser Verwaltungsakt" ist, gegen dessen Konstruktion Bedenken bestünden. Es liegt jedoch in der Natur der polizeilichen Aufgaben (vgl. RdNr. 2 zu Art. 3), daß nach Lage des Falles die Ermittlung eines möglicherweise Verantwortlichen nicht abgewartet werden kann. Auch setzt Art. 35 Satz 1 BayVwVfG zwar einen Adressaten voraus, trifft jedoch darüber keine unmittelbare Aussage. Die Wirksamkeitsvoraussetzung des Art. 43 Abs. 1 Satz 1 BayVwVfG kann und muß jedenfalls im Recht der Gefahrenabwehr durch spezielle Regelungen ersetzt werden, die einen Verwaltungsakt wirksam sein lassen, auch wenn von ihm Betroffene erst nach seinem Vollzug festgestellt werden können. So läßt es das Polizeirecht zu, den oder die nach Art. 7 oder 8 Verantwortlichen unter bestimmten Voraussetzungen erst nach Beseitigung der Gefahr zu ermitteln und durch die hier in Abs. 1 Satz 2 vorgeschriebene unverzügliche Unterrichtung die vorübergehende Unkenntnis des Adressaten auszugleichen. Die unmittelbare Ausführung ist daher gegenüber einem Verantwortlichen von Anfang an wirksam, auch wenn er erst später ermittelt und die Maßnahme ihm dann bekanntgegeben wird. Auch nach BayVGH a. a. O. setzt die unmittelbare Ausführung keine vorherige Bekanntgabe der Anordnung an den für die Gefahrenbeseitigung Verantwortlichen voraus, weil sie nur zulässig ist, wenn dieser nicht oder nicht rechtzeitig erreicht werden kann. Allgemein zu unmittelbaren Maßnahmen der Gefahrenabwehr Kästner in JuS 1994, 361.

Art. 9

Vertretbar sind solche **Handlungen,** die nicht nur durch einen nach Art. 7 oder 8 Verantwortlichen, sondern mit dem gleichen Erfolg im Sinne der Gefahrenabwehr auch von einem anderen – hier der Polizei oder einem von ihr Beauftragten – vorgenommen werden können. Auch Art. 9 gilt nur, wenn Maßnahmen getroffen werden müssen, also Handlungen, die ohne oder gegen den Willen des Betroffenen in seine Rechte eingreifen (Nr. 2.1 VollzB). Sie setzen stets eine entsprechende Befugnis voraus. Für die Ersatzvornahme in einem Verwaltungszwangsverfahren s. Art. 55; sie darf rechtlich nicht mit der in Art. 9 geregelten unmittelbaren Ausführung einer Maßnahme verwechselt werden.

Abs. 1 Satz 1 stellt die unmittelbare Ausführung in das pflichtgemäße Ermessen der Polizei. Sie setzt voraus, daß Maßnahmen gegen einen Verantwortlichen aus irgendeinem rechtlichen oder tatsächlichen Grund nicht oder nicht rechtzeitig möglich sind oder nach aller Voraussicht keinen Erfolg versprechen (vgl. Nr. 9.1 VollzB). Die Polizei trifft dann keine Anordnung gegenüber dem Verursacher oder sonst Verpflichteten, sondern handelt unmittelbar selbst oder durch einen Beauftragten mit der Folge der Zahlungsverpflichtung nach Abs. 2. Dadurch unterscheidet sich Art. 9 von der Ersatzvornahme nach Art. 55, die dazu dient, einen polizeilichen Verwaltungsakt nach Art. 53 Abs. 1 durchzusetzen. 2

Die alternative Fassung des Abs. 1 Satz 1 stellt es wieder in das **pflichtgemäße Ermessen** der Polizei, ob sie die Maßnahme mit eigenen Kräften und Mitteln ausführt oder einen anderen beauftragt. Bei der Entscheidung ist der Grundsatz der Verhältnismäßigkeit (Art. 4) zu beachten. 3

Die Polizei wird einen **Dritten beauftragen,** wenn sie im gegebenen Zeitpunkt nicht selbst über ausreichende oder genügend sachkundige Kräfte oder die erforderliche Ausrüstung (z. B. technische Spezialgeräte, chemische Neutralisierungsmittel für Schadstoffe, Strahlenschutz, Krankenwagen) verfügt. Die Beauftragung nach Abs. 1 ist keine Inanspruchnahme eines Nichtverantwortlichen nach Art. 10 Abs. 1 Nr. 3; eine solche ist nur zulässig, wenn vertragliche Hilfe nicht erreicht werden kann. Der Auftrag schafft ein bürgerlich-rechtliches Vertragsverhältnis zwischen der Polizei und den Beauftragten, das in aller Regel jedoch nicht als Auftrag im Sinne der §§ 662 ff. BGB, sondern als Dienst- oder Werkvertrag (§§ 611 ff., 631 ff. BGB) anzusehen ist, wobei zunächst die Polizei verpflichtet ist, die Vergütung zu bezahlen (s. aber RdNr. 5). 4
Entstehen bei der Ausführung des Auftrags **Schäden am Eigentum Dritter,** so kann ein Entschädigungsanspruch nach Art. 70 gegeben sein. Er schließt Schadenersatzansprüche nach bürgerlichem Recht (z. B. wegen unerlaubter Handlung) nicht aus.

Art. 9

5   Hinsichtlich der **Kosten** für das **Abschleppen von Kfz durch beauftragte Unternehmer** vgl. RdNr. 9 zu Art. 25 sowie RdNr. 7 zu Art. 76.

6   Als Fälle des Abs. 1 Satz 1 kommen u. a. in Betracht:
ein Verantwortlicher nach Art. 7 oder 8 ist nicht vorhanden (Naturkatastrophe); ein Verantwortlicher kann nicht in Anspruch genommen werden, weil er z. B. die Vorrechte der Exterritorialität genießt (s. RdNr. 6 zu Art. 5); ein Verantwortlicher kann nicht rechtzeitig in Anspruch genommen werden, weil er z. B. verreist ist, im Krankenhaus liegt, sich in Haft befindet oder aus anderen Gründen nicht oder nicht rechtzeitig erreichbar ist (z. B. Auftrag an einen Unternehmer, ein Fahrzeug abzuschleppen, das verbotswidrig geparkt ist, den Verkehr gefährdet und dessen Fahrer oder Halter nicht rechtzeitig ermittelt werden kann). Zum Abschleppen von Kraftfahrzeugen s. Nr. 25.3 VollzB und RdNr. 9 zu Art. 25.

7   Die **Benachrichtigungspflicht** gegenüber dem Betroffenen nach **Abs. 1 Satz 2** ist eine der Polizei auferlegte Rechtspflicht. Sie steht nicht im Ermessen der Polizei und ist unverzüglich wahrzunehmen, sobald etwa vorrangige Aufgaben der Gefahrenabwehr es gestatten. Von der Benachrichtigung darf auch dann nicht abgesehen werden, wenn sie Ermittlungen notwendig macht. Erst wenn die möglichen und üblichen Ermittlungen erfolglos bleiben und weitergehende nicht mehr in angemessenem Verhältnis zur Bedeutung der Sache und der übrigen Aufgaben stehen würden, kann die Verpflichtung als hinreichend – wenn auch erfolglos wahrgenommen – angesehen werden. Die Pflicht zur – stets nachträglichen – Unterrichtung des Betroffenen dient auch dessen Belangen und hat damit den Charakter einer Amtspflicht. Inhaltlich ist sie jedoch mit der vorausgegangenen Maßnahme nicht verbunden, so daß ihre Verzögerung oder Unterlassung die Rechtswirksamkeit der Maßnahme selbst nicht beeinträchtigt (so auch BayVGH in BayVBl 1991, 433/435). Dagegen hat die Verletzung der Unterrichtungspflicht Bedeutung für die Rechtsbehelfe (vgl. § 70 Abs. 1 VwGO – Widerspruch) wie für die Ansprüche nach dem Kostengesetz (**Abs. 2 Satz 2**).

8   Handelt die Polizei aus den in Nr. 9.1. VollzB genannten Gründen anstelle eines nach Art. 7 oder 8 Verantwortlichen selbst, so ist der **Verantwortliche verpflichtet,** für diese Maßnahme die **Kosten** zu tragen. Siehe hierzu die Erl. zu Art. 76. Die **Gebühren** bemessen sich nach § 1 Nr. 1 PolKV. Zur Kostenfreiheit im übrigen s. RdNr. 3 zu Art. 76.

Art. 10
Inanspruchnahme nicht verantwortlicher Personen

(1) Die Polizei kann Maßnahmen gegen andere Personen als die nach den Art. 7 oder 8 Verantwortlichen richten, wenn
1. eine gegenwärtige erhebliche Gefahr abzuwehren ist,
2. Maßnahmen gegen die nach den Art. 7 oder 8 Verantwortlichen nicht oder nicht rechtzeitig möglich sind oder keinen Erfolg versprechen,
3. die Polizei die Gefahr nicht oder nicht rechtzeitig selbst oder durch Beauftragte abwehren kann und
4. die Personen ohne erhebliche eigene Gefährdung und ohne Verletzung höherwertiger Pflichten in Anspruch genommen werden können.

(2) Die Maßnahmen nach Absatz 1 dürfen nur aufrechterhalten werden, solange die Abwehr der Gefahr nicht auf andere Weise möglich ist.

(3) Art. 7 Abs. 4 gilt entsprechend.

10 Zu Art. 10 (Inanspruchnahme nicht verantwortlicher Personen)

10.1 Maßnahmen gegen Nichtverantwortliche dürfen nur unter den engen Voraussetzungen des Art. 10 oder soweit eine Befugnisbestimmung Maßnahmen gegen Nichtverantwortliche zuläßt (Art. 10 Abs. 3) getroffen werden.

*10.2 Eine **gegenwärtige** erhebliche Gefahr im Sinne des Absatzes 1 Nr. 1 liegt vor, wenn die Einwirkung des schädigenden Ereignisses bereits begonnen hat oder unmittelbar oder in allernächster Zeit mit an Sicherheit grenzender Wahrscheinlichkeit bevorsteht und die Gefahr einem bedeutsamen Rechtsgut (insbesondere Leben, körperliche Unversehrtheit, Freiheit der Person, Wohnungsfreiheit, öffentliche Versorgungsanlagen, wichtige öffentliche Einrichtungen und unersetzliche Kulturgüter) droht.*

10.3 Eine erhebliche eigene Gefährdung im Sinn des Absatzes 1 Nr. 4 ist insbesondere gegeben, wenn durch die Maßnahme gegen den Nichtverantwortlichen dessen Leben oder Gesundheit gefährdet würde. Eine Gefahr für das Vermögen des Nichtverantwortlichen ist im Hinblick auf Art. 70 nur dann als erheblich im Sinn des Art. 10 Abs. 1 Nr. 4 anzusehen, wenn es sich um nicht ersetzbare Vermögensgüter handelt oder die Vermögensgefährdung im Einzelfall außer Verhältnis zu der abzuwehrenden Gefahr steht.

10.4 Die Beurteilung, ob eine Pflicht höherwertig im Sinn des Art. 10 Abs. 1 Nr. 4 ist, orientiert sich an den Rechtsgütern, deren Schutz die Pflicht dient.

10.5 Fällt nach einer Anordnung gegen einen Nichtverantwortlichen eine der Voraussetzungen nach Art. 10 Abs. 1 nachträglich weg, so ist die Anordnung zurückzunehmen (Art. 10 Abs. 2). Eine Anordnung nach Art. 10 Abs. 1 befreit die Polizei nicht von der Pflicht, die zur Gefahrenabwehr notwendigen Kräfte und Mittel selbst bereitzustellen. Hat die Anordnung Dauerwirkung, so

Art. 10

muß die Polizei das Geschehen fortlaufend überwachen, damit die Maßnahme zum frühestmöglichen Zeitpunkt zurückgenommen wird.

1 Art. 10 behandelt Maßnahmen gegen andere als nach dem PAG verantwortliche Personen, auf deren Mitwirkung zur Gefahrenabwehr gleichwohl nicht verzichtet werden kann (vgl. Bott, Die Verantwortlichkeit wegen des Verhaltens Dritter im allgemeinen Sicherheits- und Polizeirecht, Diss. jur. Würzburg 1987). Zu Maßnahme und Befugnis wie auch zur Heranziehung des „Zweckveranlassers" s. RdNr. 1 zu Art. 7. Selbständig und von Art. 10 unberührt bleiben die bundesrechtlichen Vorschriften über Nothilfe, insbesondere die selbständigen Pflichten aus § 323 c StGB.

Vom Nichtstörer nach Art. 10 zu unterscheiden ist der **andere Betroffene** eines polizeilichen Eingriffs in das Recht auf informationelle Selbstbestimmung, den der Gesetzgeber, den traditionellen Rahmen möglicher Adressaten polizeilicher Maßnahmen sprengend, ins PAG eingeführt hat, s. Art. 31 Abs. 1 und näher RdNr. 3 zu Art. 31.

2 Im Gegensatz zur (rechtsgeschäftlichen) Beauftragung nach Art. 9 ist die **Inanspruchnahme** nach Art. 10 ein öffentlich-rechtliches, hoheitliches Gebot (Verwaltungsakt), für das nach § 80 Abs. 2 Nr. 2 VwGO die aufschiebende Wirkung der Rechtsmittel ausgeschlossen ist.

3 Nach dem kumulativen Katalog des Abs. 1 ist die Inanspruchnahme zulässig zur Abwehr einer gegenwärtigen und erheblichen Gefahr; s. hierzu die Definition in Nr. 10.2 VollzB (im gleichen Sinne OVG Saarlouis in DÖV 1973, 863/864). Die **gegenwärtige erhebliche Gefahr** stellt sich dabei dar als eine konkrete Gefahr (s. Nr. 2.2 Abs. 3 VollzB), deren Abwehr zeitlich wie qualitativ in bezug auf die bedrohten Schutzgüter besonders dringlich ist.

In allen Fällen des Abs. 1 ist die auf dem Grundsatz der Verhältnismäßigkeit beruhende Schutzvorschrift des **Abs. 1 Nr. 4** zu beachten; s. dazu Nrn 10.3 und 10.4 VollzB. Die Abwägung der Pflichten, die in eine wertende Entscheidung mündet, ist keine Ermessensbetätigung (vgl. RdNr. 18 zu Art. 2); sie obliegt der an Ort und Stelle handelnden Polizei.

So kann eine Fuß- oder Kradstreife der Polizei zur Bergung eines auf offener Landstraße Verletzten, den die Beamten selbst nicht abtransportieren können und der bis zum Herbeirufen eines Krankenwagens voraussichtlich verbluten würde, einen vorüberkommenden Kraftfahrer anhalten (vgl. RdNr. 11 zu Art. 13) und auch gegen seinen Willen anweisen, den Verletzten ins nächste Krankenhaus zu bringen. Die Befugnis dazu ergibt sich aus Art. 11 Abs. 2 Nr. 3. Gegenüber dem bewußtlosen oder hilflosen Verletzten ist Geschäftsführung ohne Auftrag anzunehmen. Kann dagegen die Polizei ebenso schnell ein Rettungsfahrzeug der Polizei selbst, des Roten Kreuzes oder eines anderen Hilfsdienstes herbeirufen, darf sie nicht nach Art. 10 vorgehen. Die Inanspruchnahme ist ebenfalls unzulässig, wenn sie etwa nur der Polizei einen Arbeits- oder Kostenaufwand ersparen soll.

Besondere Bedeutung für die polizeiliche Praxis gewinnt Art. 10 über seinen Abs. 1 Nr. 2 in Verbindung mit dem Grundsatz der Verhältnismäßigkeit der Mittel. Hierzu mögen folgende Beispiele dienen: In einem Geschäft werden zeitlich begrenzt Waren zu einem sehr niedrigen Preis abgegeben. Vor dem Geschäft sammelt sich eine große Menschenmenge an, die mit Gewalt in den Laden zu drängen versucht. Wenn die Gefahr besteht, daß die Geschäftsräume oder -einrichtungen beschädigt, Menschen verletzt werden und die Menge sich nicht ohne Anwendung gefährlicher Zwangsmittel zerstreuen läßt, darf die Polizei das Geschäft vorübergehend schließen, obwohl nicht der Inhaber, sondern die hereindrängenden Leute die Gefahr verursachen (s. o. RdNr. 1 und RdNr. 1 zu Art. 7). Zur Gefahrerforschung s. RdNr. 10 zu Art. 2.

Wird z. B. auf Grund einer anonymen Bombendrohung ein Haus, eine Diskothek, ein Flughafen o. Ä. geräumt, so ist die Maßnahme, etwa Platzverweis nach Art. 16, zur Aufklärung und gegebenenfalls Abwehr einer konkreten oder einer Anscheinsgefahr zulässig (vgl. RdNr. 10 zu Art. 2). Doch sind in aller Regel die von den zunächst ergriffenen Maßnahmen Betroffenen (Eigentümer, Betreiber, Bewohner, Besucher, Fluggäste) nicht nach den Art. 7, 8 verantwortlich. Dann kann z. B. der Eigentümer, Betreiber oder Verwalter zur Unterstützung der polizeilichen Aufgaben nach Art. 10 in Anspruch genommen werden, während die nur passiv Betroffenen (Bewohner, Besucher, Fluggäste) lediglich Adressaten der besonderen Befugnisvorschriften sind. Diese Unterscheidung ist für etwaige Ansprüche aus Art. 70 (s. dort RdNrn 3, 6) bedeutsam. Den nach Art. 10 in Anspruch Genommenen kann ein Entschädigungsanspruch nach Maßgabe des Art. 70 Abs. 1, 4 zustehen, während dies bei den lediglich von Maßnahmen nach den besonderen Befugnisvorschriften Betroffenen nicht der Fall ist (s. RdNr. 6 zu Art. 70; vgl. OLG Stuttgart in NJW 1992, 1396).

Der BayVGH hat ein Versammlungsverbot bestätigt, obwohl nach seiner Feststellung von der Versammlung selbst keine unmittelbare Gefahr für die öffentliche Sicherheit oder Ordnung ausging (§ 15 Abs. 1 VersammlungsG), auch nicht in der Weise, daß der Veranstalter Gegenaktionen, welche die Gefahr einer Störung der öffentlichen Sicherheit oder Ordnung mit sich bringen können, etwa bewußt hätte auslösen wollen oder Zusammenstöße mit Gegendemonstranten gesucht hätte. Er stellt unter Hinweis auf andere Rechtsprechung und Literatur fest, daß ein Versammlungsverbot gegen den Veranstalter als Nichtstörer ausnahmsweise dort zulässig sei, wo es der Polizei unmöglich ist, die öffentliche Sicherheit durch ein Vorgehen gegen die Störer aufrechtzuerhalten, oder wo Maßnahmen gegen die Störer eine größere Gefahr hervorriefen als Maßnahmen gegen den Nichtstörer. Dies rechtfertige sich insbesondere aus dem polizeirechtlichen Grundsatz des Verbots unverhältnismäßiger Ein-

Art. 10

griffe (DÖV 1979, 569, 570 = BayVBl 1979, 629/631). Gegen die vom VGH herangezogene zweite Alternative „wo Maßnahmen gegen den Störer eine größere Gefahr hervorriefen als Maßnahmen gegen den Nichtstörer" wendet sich mit Recht Schwabe in BayVBl 1980, 299/300, weil danach bei fast jedem Auftreten eines renitenten Störers der Nichtstörer belangt werden könnte. Dem Veranstalter stand eines der wichtigsten demokratischen Grundrechte zur Seite, die Versammlungsfreiheit (s. OVG Saarlouis in DÖV 1973, 863/864; eingehend ferner VGH Mannheim in DÖV 1990, 346). Aber auch abgesehen davon ist an der Auffassung festzuhalten, daß nur in extremen Fällen und Notsituationen, insbesondere bei sonst unvermeidbarer Gefährdung von Leib und Leben unbeteiligter Personen durch ein Vorgehen gegen die Störer, ein Verbot der rechtmäßigen Versammlung als ultima ratio zulässig sein kann (Schwabe a. a. O. S. 299 unter Hinweis auf Martens und Friauf). Die Strenge dieses Maßstabes muß aus rechtlichen wie sozialpsychologischen Gründen richtungweisend sein für alle Fallgestaltungen des Abs. 1 Nr. 2. Die nicht überzeugend begründbare Annahme einer polizeilichen Notsituation ist stets eine Belastung für das Vertrauen in Staat und Polizei.

Dagegen kann der E des BayVGH in BayVBl 1983, 434/436 nicht vorbehaltlos beigepflichtet werden, wenn sie denjenigen, der ohne „passive Bewaffnung" zu einer Versammlung anreist, im Regelfall als Nichtstörer ansieht, der nicht wegen mit ihm zusammen reisender passiv bewaffneter Störer an der Weiterfahrt mit einem gemieteten Omnibus gehindert werden dürfe. Diese Rechtsauffassung widerstreitet nicht nur dem Grundsatz der Effektivität des polizeilichen Handelns (vgl. RdNr. 3 zu Art. 7), worauf Köhler in BayVBl 1983, 437 zutreffend hingewiesen hat. Die Entscheidung hat auch versäumt, sich mit dem allgemeinen Rechtsgedanken des Polizeirechts auseinanderzusetzen, der in Art. 68 Abs. 2, in Nr. 16.2 Abs. 2 VollzB und seit dem 2. PAGÄndG in den Prognosebeispielen des Art. 17 Abs. 1 Nr. 2 a, b zum Ausdruck kommt. Findet die Polizei in einem von einer Gruppe benützten Fahrzeug Gegenstände, die der aktiven oder passiven Bewaffnung bei einer Veranstaltung dienen können, an der die Gruppe erkennbar teilnehmen will, und gibt die Polizei dies bekannt, so kann sich spätestens von diesem Zeitpunkt an kein Mitglied der Gruppe auf Unkenntnis dieser Tatsache und der darin begründeten Gefahr berufen. Trennt er sich dann nicht von der Gruppe, so richtet sich gegen jedes verbleibende Mitglied ein hinreichend tatsachengestützter Anfangsverdacht im Sinne des Art. 2 Abs. 1, 4 mit Art. 11 Abs. 2 Nrn 1, 3, der ein polizeiliches Einschreiten gegen alle verbliebenen Mitglieder der Gruppe rechtfertigt. Diese Mitglieder sind dann selbst nach den Art. 7, 8 verantwortlich und fallen nicht unter Art. 10. Selbst wenn an Ort und Stelle, in angemessener Zeit und mit hinreichender Klarheit die Zuordnung der gefährlichen Gegenstände zu einzelnen Mitgliedern der Gruppe gelingt, kann in der Regel nicht ausgeschlossen werden, daß sich auch andere zu gegebener Zeit dieser Gegenstände bedienen. Können dagegen die gefährlichen Gegenstände und ihre Eigentümer oder Besitzer ausgesondert und weitere polizeiliche Maßnahmen auf diese Personen und die von ihnen mitgeführten Gegenstände beschränkt werden, gibt es in der Regel auch keinen Grund, gegen die restlichen Gruppenangehörigen Maßnahmen nach Art. 10 zu ergreifen. Bei alledem bleibt zu beachten, daß nach Sinn und Zweck der Art. 2, 11 der Polizei an Ort und Stelle keine Nachforschungen und Prüfungen zugemutet werden dürfen, die sie an der Erfüllung weiterer gleichrangiger und zeitgleicher Aufgaben hindern. Vgl. zum Ganzen auch OLG Nürnberg in NVwZ-RR 1991, 67.

Zu **Abs. 2** vgl. Art. 4 Abs. 3 und Nr. 10.5 VollzB. 5

Die **Inanspruchnahme** eines Nichtverantwortlichen ist **keine Zuständigkeitsübertragung** auf diesen. Es kann ihm nicht gestattet oder geboten werden, nach eigenem Gutdünken anstelle der Polizei Maßnahmen zu treffen. Er kann vielmehr nur zu Tätigkeiten herangezogen werden, die von der Polizei im Rahmen ihrer Aufgaben und Befugnisse genau bestimmt werden, wobei die rechtliche Verantwortung für die Anordnung ungeteilt bei der Polizei verbleibt. 6

Zu **Abs. 3** vgl. RdNr. 6 zu Art. 7 und RdNr. 9 zu Art. 8. 7

Dem nach Art. 10 in Anspruch Genommenen steht nach Art. 70 Abs. 1 ein **Entschädigungsanspruch** zu, der sich gegen den Träger der Polizei richtet, die die Inanspruchnahme angeordnet hat. Das ist nach dem PAG der Freistaat Bayern. Näheres s. bei Art. 70. 8

II. Abschnitt
Befugnisse der Polizei

Vorbemerkung zum II. Abschnitt des PAG

Die polizeilichen Eingriffsrechte (Befugnisse zu Maßnahmen im Sinne der Nr. 2.1 VollzB) sind neben der Strafgewalt des Staates die wichtigste Anwendungsform des **staatlichen Gewaltmonopols** (Martens in Drews/Wacke/Vogel/Martens, S. 2; Vogel a. a. O. S. 547; weitere Hinweise bei Baumann in ZRP 1990, 103/105; eingehend Isensee, Das staatliche Gewaltmonopol als Grundlage und Grenze der Grundrechte, FS Sendler, 1991, S. 39 ff.; Schulte in DVBl 1995, 130/132 ff.; zur Geschichte: Becker in NJW 1995, 2077; Gusy in DÖV 1996, 573/575; Stegmann in NJW 1997, 2157/2158; Stober in NJW 1997, 889/890 f. Zweck des Gewaltmonopols ist es, Gewalt dadurch zu verhindern, daß sie in der Hand dazu durch Verfassung und Gesetz berufener und bei ihrer Ausübung an gesetzliche Regeln gebundener Organe monopolisiert wird und so ihr unbefugter Gebrauch verhindert oder beendet werden kann.

Gewalt ist Anwendung von Macht entweder durch (Straf- oder Buß-)Sanktionen oder durch Anwendung unmittelbarer, körperlicher Gewalt. **Macht** ist nach Max Weber jede Chance, innerhalb einer sozialen Beziehung den eigenen Willen auch gegen Widerstreben durchzusetzen, gleichviel, worauf diese Chance beruht (Wirtschaft und Gesellschaft, 1980, S. 28) oder an späterer Stelle etwas vereinfacht: die Möglichkeit, den eigenen Willen dem Verhalten anderer aufzuzwingen (a. a. O. S. 542).

Die Anerkennung der Notwendigkeit des Gewaltmonopols und seine Rechtfertigung lassen sich im neuzeitlichen europäischen Staatsrecht zurückführen auf die Souveränitätslehre von Jean Bodin (Bodinus, 1529 oder 1530–1596). Er sieht in der Ausübung der höchsten Gewalt nach außen (ius ad bellum) wie nach innen (Garantie elementarer Untertanenrechte wie Freiheit und Eigentum, oberste Gerichtsbarkeit) das entscheidende Merkmal des souveränen Staates.

Der aktuelle Begriff „Gewaltmonopol" geht nach Isensee a. a. O. S. 47 ebenfalls zurück auf Max Weber, der den modernen, rationalen Staat definiert als anstaltsmäßigen Herrschaftsverband mit dem Monopol legitimer physischer Gewaltsamkeit, wie sie in Polizei, Zwangsvollstreckung und Armee organisiert ist; die Strafjustiz muß ergänzend genannt werden. Nach Schneider in JZ 1992, 385/387 ist die Anwendung von Gewalt durch den Staat nur unter drei Voraussetzungen zu rechtfertigen: sie muß allerletztes Mittel sein, wenn keine anderen gewaltlosen Mittel zur Friedenstiftung mehr ausreichen; die Art und Weise ihrer Anwendung muß Verfassung, Gesetz und Recht entsprechen, insbesondere verhältnismäßig sein; der Staat muß sein Gewaltmonopol tatsächlich durchsetzen. Die sogenannte „Gewaltkommission", die von 1987 bis 1990 tätig war (Bau-

Vorbemerkung zu den Art. 11–29

mann a. a. O. S. 104), geht von der Unverzichtbarkeit dieses mühevoll errungenen Monopols (vgl. Quaritsch, Staat und Souveränität, Bd. 1 1970, S. 234 ff. und 395 ff.; zum Phänomen der nichtstaatlichen Gewalt s. Schneider a. a. O., ferner ders. in JZ 1992, 499 ff. und 769 ff.) aus. Aus diesem Monopol folge die uneingeschränkte Friedenssicherungspflicht des Staates. „Begrenzten Regelverletzungen", zivilem Ungehorsam und ähnlichen Erscheinungen erteilt die Kommission eine klare Absage, desgleichen dem politisch motivierten Verzicht auf Normdurchsetzung. Die Ausübung des Gewaltmonopols und die Friedenssicherung dürfen nicht von utilitaristischen Erwägungen abhängig gemacht werden (Baumann a. a. O. S. 105; Schneider a. a. O. S. 385 f.; Isensee a. a. O. S. 48 ff.). Andererseits darf von dem staatlichen Gewaltmonopol nur auf der Grundlage gesetzlicher Befugnisbestimmungen Gebrauch gemacht werden (vgl. Isensee a. a. O. S. 41 f. und RdNrn 1 zu Art. 11, 7 zu Art. 16). Vgl. auch RdNrn 1 und 2 zu Art. 2.

Das Gewaltmonopol des Staates kennt nur sehr wenige Ausnahmen. Die wichtigsten sind die Notwehr- und Notstandsbefugnisse des einzelnen Bürgers (s. RdNrn 6 zu Art. 60, 5 zu Art. 4). Dem Monopol entspricht folgerichtig ein umfassendes und weithin vollständig mit Sanktionen bedrohtes **Verbot privaten Gewaltgebrauchs** durch die im Staatsverband lebenden Menschen. Daß auch der Gewaltgebrauch durch staatliche oder vom Staat beliehene Organe stets einer positivrechtlichen Befugnis bedarf, wurde bereits oben erwähnt.

Art. 11
Allgemeine Befugnisse

(1) Die Polizei kann die notwendigen Maßnahmen treffen, um eine im einzelnen Fall bestehende Gefahr für die öffentliche Sicherheit oder Ordnung (Gefahr) abzuwehren, soweit nicht die Art. 12 bis 48 die Befugnisse der Polizei besonders regeln.

(2) ¹Eine Maßnahme im Sinn des Absatzes 1 kann die Polizei insbesondere dann treffen, wenn sie notwendig ist, um
1. Straftaten, Ordnungswidrigkeiten oder verfassungsfeindliche Handlungen zu verhüten oder zu unterbinden,
2. durch solche Handlungen verursachte Zustände zu beseitigen oder
3. Gefahren abzuwehren oder Zustände zu beseitigen, die Leben, Gesundheit oder die Freiheit der Person oder die Sachen, deren Erhaltung im öffentlichen Interesse geboten erscheint, bedrohen oder verletzen.

²Straftaten im Sinn dieses Gesetzes sind rechtswidrige Taten, die den Tatbestand eines Strafgesetzes verwirklichen. ³Ordnungswidrigkeiten im Sinn dieses Gesetzes sind rechtswidrige Taten, die den Tatbestand einer Ordnungswidrigkeit verwirklichen. ⁴Verfassungsfeindlich im Sinn des Satzes 1 Nr. 1 ist eine Handlung, die darauf gerichtet ist, die verfassungsmäßige Ordnung der Bundesrepublik Deutschland oder eines ihrer Länder auf verfassungswidrige Weise zu stören oder zu ändern, ohne eine Straftat oder Ordnungswidrigkeit zu verwirklichen.

(3) ¹Zur Erfüllung der Aufgaben, die der Polizei durch andere Rechtsvorschriften zugewiesen sind (Art. 2 Abs. 4), hat sie die dort vorgesehenen Befugnisse. ²Soweit solche Rechtsvorschriften Befugnisse der Polizei nicht regeln, hat sie die Befugnisse, die ihr nach diesem Gesetz zustehen.

11 Zu Art. 11 (Allgemeine Befugnisse)

11.1 Polizeiliche Maßnahmen (vgl. Nr. 2.1) bedürfen der besonderen gesetzlichen Ermächtigung. Solche gesetzlichen Ermächtigungen stellen die Art. 11 bis 29 dar.

11.2 Art. 11 Abs. 1 und 2 gelten nicht für Maßnahmen, die in den Art. 13 bis 29 typisiert sind.

*Die Art. 11 bis 29 sind nicht anzuwenden, soweit die Polizei Aufgaben erfüllt, die ihr durch **andere Rechtsvorschriften** zugewiesen sind, soweit diese Rechtsvorschriften die Polizei zu diesen Maßnahmen ermächtigen. Sind der Polizei durch andere Rechtsvorschriften Aufgaben zugewiesen und enthalten diese Rechtsvorschriften keine entsprechende Befugnisregelung für die Polizei, so können die Art. 11 bis 29 angewendet werden, soweit die Regelung der anderen Rechtsvorschrift nicht abschließend ist. Die Strafprozeßordnung, das Gerichtsverfassungsgesetz und das Gesetz über Ordnungswidrigkeiten enthal-*

Art. 11

ten – abgesehen von der Anwendung unmittelbaren Zwangs – eine abschließende Regelung der polizeilichen Befugnisse auf dem Gebiet der Verfolgung von Straftaten und Ordnungswidrigkeiten.

11.3 Soweit die Art. 11 bis 29 für den polizeilichen Vollzug anderer Rechtsvorschriften gelten, sind auch die Art. 4 bis 10 zu beachten.

*11.4 Gefahr im Sinn des Absatzes 1 und des Absatzes 2 Nr. 3 ist die **konkrete Gefahr**. Darunter ist eine Sachlage zu verstehen, die bei ungehindertem Ablauf des objektiv zu erwartenden Geschehens im Einzelfall mit hinreichender Wahrscheinlichkeit zu einem Schaden (einer Verletzung der Schutzgüter der öffentlichen Sicherheit oder Ordnung) führt. An die Wahrscheinlichkeit des Schadenseintritts sind um so geringere Anforderungen zu stellen, je größer und folgenschwerer der möglicherweise eintretende Schaden ist. Der Eintritt des Schadens braucht nicht unmittelbar bevorzustehen.*

Gefahr in diesem Sinn ist auch die sogenannte Anscheinsgefahr, also eine Sachlage, die bei verständiger Betrachtung objektiv den Anschein oder den dringenden Verdacht einer Gefahr erweckt.

Zur Gefahrenabwehr gehört auch die Beseitigung einer bereits eingetretenen Beeinträchtigung (Störung) der öffentlichen Sicherheit oder Ordnung, wenn von ihr eine fortwirkende Gefährdung für diese Rechtsgüter ausgeht. Eine Gefahr in diesem Sinn ist auch gegeben, wenn der Tatbestand einer Straftat oder Ordnungswidrigkeit verwirklicht wird, ohne daß im Einzelfall eine zusätzliche konkrete Gefahr vorzuliegen braucht.

*11.5 Art. 11 **Abs. 2** erläutert den Begriff der Gefahrenabwehr im Sinn des Absatzes 1 **beispielhaft**.*

Diese nicht abschließende gesetzliche Definition des Begriffs der Gefahrenabwehr, die sich an das bisherige bayerische Polizeirecht anlehnt, deckt mit ihren Beispielen den Bereich nach Absatz 1 nahezu völlig ab. Die Polizei wird daher bei der Anwendung des Art. 11 Abs. 1 fast immer die Kriterien nach Absatz 2 zugrunde legen können. Soweit Absatz 1 über Absatz 2 hinausgeht, wird es sich im wesentlichen um Gefahren für die öffentliche Ordnung handeln.

Aus Absatz 2 Nr. 2 folgt, daß durch eine Straftat, Ordnungswidrigkeit oder verfassungsfeindliche Handlung verursachte Zustände eine fortwirkende Gefahr für die öffentliche Ordnung darstellen.

Eine Handlung ist dann darauf gerichtet, die verfassungsmäßige Ordnung im Sinn des Art. 11 Abs. 2 Satz 4 „auf verfassungswidrige Weise" zu stören oder zu ändern, wenn durch sie eine Änderung der verfassungsmäßigen Ordnung angestrebt wird, die durch die Verfassung nicht zugelassen ist (vgl. Art. 79 GG).

1 Nach der Systematik des PAG darf die Polizei jedenfalls in die Rechte anderer ohne oder gegen deren Willen nur eingreifen, wenn dies innerhalb ihrer **Aufgaben** liegt (Art. 2) **und** sie mit einer entsprechenden **Befugnis** ausgestattet

Art. 11

ist (Art. 11 bis 29), wozu noch die Befugnisse zur Vollzugshilfe (Art. 50–52) und bei der Anwendung von Verwaltungszwang (Art. 53–59) treten. Die Beachtung der Befugnisnormen ist nur entbehrlich, wenn und solange der Betroffene aus freiem Willen mit den Handlungen der Polizei einverstanden ist; sie sind dann keine Maßnahmen im Sinn der Nr. 2.1 Satz 4 VollzB.

Dieser systematischen **Unterscheidung** kommt vom Grundsatz her keine größere Bedeutung zu, weil die allgemeine Aufgabenumschreibung in **Art. 2 Abs. 1** und die allgemeine Befugnisvoraussetzung in Art. 11 Abs. 1 insoweit deckungsgleich sind, als sie von einer im Einzelfall bestehenden Gefahr für die öffentliche Sicherheit oder Ordnung ausgehen. **Bedeutsam** ist die Unterscheidung allerdings in **zwei Richtungen:** Bereits bei Art. 2 wurde darauf hingewiesen (s. dort RdNr. 9), daß das PAG Befugnisse zu Maßnahmen nur bei „im einzelnen Falle" bestehenden Gefahren einräumt und daraus zu schließen ist, daß es sich auch um konkrete Gefahren handeln muß (Nrn 2.2 und 11.4 VollzB). Zum anderen darf auf die Befugnis-Generalklausel des Abs. 1 nicht zurückgegriffen werden, wenn bestimmte Maßnahmen im Gesetz nur unter eingeschränkten Voraussetzungen zugelassen werden (s. Nr. 11.2 VollzB, dort als „typisierte" Maßnahmen bezeichnet). Sind die Voraussetzungen für bestimmte Eingriffe besonders normiert, darf also nicht – auch nicht hilfsweise – auf die Generalermächtigung des Abs. 1 Halbsatz 1 zurückgegriffen werden. Darin liegt eine sehr wichtige doppelte Beschränkung. Zum einen darf die Polizei die Generalklausel als Befugnisgrundlage nur heranziehen, wenn sie eine **Maßnahme** ergreifen muß, deren Voraussetzungen nicht in den Art. 13–29 oder in einer anderen Rechtsvorschrift **besonders geregelt** und die Maßnahme selbst damit **„typisiert"** ist, es sich also um eine **„atypische" Maßnahme** handelt. Zum anderen darf die Polizei atypische Maßnahmen nur ergreifen, wenn die gesetzlichen Voraussetzungen für eine typisierte Maßnahme entweder nicht vorliegen oder eine solche eindeutig ungeeignet ist, den polizeilichen Zweck der Gefahrenabwehr zu erfüllen.

Darüber hinaus muß für Eingriffe, die Grundrechte berühren, der **Grundsatz der Normenklarheit** beachtet werden. So hat der BayVerfGH in BayVBl 1985, 653 festgestellt, daß der polizeilichen Generalklausel Maßstäbe für Gegenstand, Ausmaß und Begrenzungen zulässiger **Aktensammlungen** für polizeiliche Zwecke nicht in der gebotenen Klarheit entnommen werden können. In BayVBl 1995, 143/144 hat er diese Entscheidung bekräftigt, die Normlücke aber durch die Art. 31 Abs. 1 (Datenerhebung) und 38 Abs. 1 in verfassungsmäßig zulässiger Weise als geschlossen angesehen.

In der jüngeren Polizeipraxis wurden in mehreren Bereichen atypische Maßnahmen ergriffen: Im **Demonstrations- und Versammlungsrecht** z. B. die Observation (s. RdNr. 6 zu Art. 16); die zeitweilige Unterbindung der Weiterfahrt eines von potentiellen Störern benutzten Autobusses (vgl. VG Würzburg in NJW 1980, 2541; BayVGH in BayVBl 1983, 434 mit Anm. von Köhler, **2**

a. a. O. S. 437; Birk in JuS 1982, 496), die „Einkesselung" von Teilnehmern an einer Demonstration (vgl. – sehr zweifelhaft – VG Hamburg in NVwZ 1987, 829 mit Anm. von Hofmann in NVwZ 1987, 769 und von Alberts in VR 1987, 298 und ders. in NVwZ 1988, 224; VG Berlin in NVwZ-RR 1990, 188; VG Mainz in NVwZ-RR 1991, 242/243; zur Einschließung nach dem 2. PAGÄndG s. RdNr. 10 zu Art. 17), das sog. begleitende Einschließen eines Demonstrationszuges oder einer gewaltbereiten Gruppe (vgl. VG Bremen in NVwZ 1989, 895; OVG Bremen in DVBl 1990, 1048; Markert/Schmidbauer in BayVBl 1993, 517/521; s. RdNr. 6 zu Art. 16), das Einschreiten gegen externe Störer einer Versammlung (vgl. VGH Mannheim in DÖV 1990, 572), das Verbringen von platzverwiesenen Demonstranten in eine vom Demonstrationsort entfernt gelegene Gegend und die Freilassung erst dort (vgl. OVG Bremen in DÖV 1987, 253; BVerwG in NVwZ 1988, 250; BayObLG in BayVBl 1990, 347; zur Durchsetzung einer Platzverweisung nach dem 2. PAGÄndG s. Art. 17 Abs. 1 Nr. 3 und RdNr. 12 zu Art. 17), der Einsatz von CN- und CS-Reizstoffen gegen Demonstranten (hierzu BayVGH in BayVBl 1988, 562 = NVwZ 1988, 1055), das Unterbinden des **Verteilens von Flugblättern** (vgl. BayVGH in BayVBl 1979, 629 mit Anm. von Schwabe in BayVBl 1980, 299) sowie bei **Hausbesetzungen** (vgl. VG Berlin in DVBl 1981, 785 = NJW 1981, 1748; Eyermann in UmwPLR 1981, 14/18; Degenhart in JuS 1982, 330/ 335; Schlink in NVwZ 1982, 529/535). Die Räumung eines besetzten Hauses ist keine Platzverweisung nach Art. 16, weil sie endgültige und nicht nur, wie diese, vorübergehende Wirkung haben soll. Sie dient der Unterbindung eines noch andauernden Hausfriedensbruchs (§ 123 StGB, hier als „Dauerdelikt") und ist deshalb auf Art. 11 Abs. 1 und Abs. 2 Nr. 1 PAG zu stützen. Soweit sie zugleich der Strafverfolgung dient, die Polizei also in ihrer Doppelfunktion Gefahrenabwehr/Strafverfolgung tätig wird, s. zur Problematik Schwan in VerwArch 1979, 109/130.

Nach OVG Münster in DÖV 1997, 512 = NJW 1997, 1596 beeinträchtigten **Warnungen** unbefugter Dritter vor verdeckten **Geschwindigkeitskontrollen** die ordnungsgemäße Durchführung präventivpolizeilicher Aufgaben der Verkehrsüberwachung und sind damit eine konkrete Gefahr für die öffentliche Sicherheit. Die Polizei kann sie durch Unterlassungsverfügung mit Anordnung der sofortigen Vollziehung abwehren, unabhängig davon, ob die Warnungen einen Straf- oder Bußgeldtatbestand erfüllen. Zum **Verbringen an einen anderen Ort** s. RdNr. 12 zu Art. 17.

3   Zu den Begriffen **öffentliche Sicherheit** und **öffentliche Ordnung,** die auch hier alternativ gebraucht werden, s. RdNrn 4–8 zu Art. 2. Zum Begriff der **vermuteten Gefahr,** der **Anscheins-(Putativ-)Gefahr** und der **Störung** s. RdNrn 9–11 zu Art. 2 und Nrn 2.2 und 11.4 VollzB.

Art. 11

Die Polizei darf nur solche Maßnahmen treffen, die zur Abwehr einer kon- 4
kreten Gefahr (s. RdNr. 10 zu Art. 2) **notwendig** und **verhältnismäßig** (Art. 4)
sind. **Notwendig** ist eine Maßnahme, wenn die Gefahr nicht auf andere Weise –
etwa durch einen bloßen Hinweis gegenüber einem Verantwortlichen, dem dieser folgt, oder gegenüber einer zuständigen Behörde – rechtzeitig behoben
werden kann. Der Begriff der Notwendigkeit enthält aber auch Elemente der
Verhältnismäßigkeit. So schließt er aus, daß die Polizei weitergehende Maßnahmen ergreift als sie zur Abwehr der Gefahr erforderlich sind, oder daß
polizeiliche Mittel in einem Umfang eingesetzt werden, der außer Verhältnis
zur konkreten Gefahrenlage steht. Was notwendig ist, beurteilt sich nach der
durch Ausbildung geschulten, vernünftigen Beurteilung im Zeitpunkt der Entscheidung über die Maßnahme (sog. Betrachtung „ex ante"; s. auch RdNr. 2 zu
Art. 3). Die gleichen Beurteilungskriterien gelten für die **Adressatenbestimmung** bei Maßnahmen. Ob ein Verursachen und damit die Inanspruchnahme
einer Person als Verhaltens- oder Zustandsverantwortlicher in Betracht kommt
oder ob von Art. 10 Gebrauch gemacht werden muß, unterliegt ebenfalls der ex
ante-Beurteilung durch die Polizei. Zu der durch die Rechtsprechung erarbeiteten Ausnahme einer ex post-Beurteilung für Entschädigungsansprüche eines
Anscheinsstörers s. RdNrn 7 zu Art. 7, 1 zu Art. 28 und 2 zu Art. 70. Der Begriff
der Notwendigkeit unterliegt im Streitfall der vollen Überprüfung der Verwaltungsgerichte, die bei der Auslegung an die einschlägigen norminterpretierenden
Verwaltungsrichtlinien nicht gebunden sind (vgl. VGH Mannheim in NJW 1987,
2762 sowie in DÖV 1988, 83).

Abs. 2 enthält eine gesetzliche **Erläuterung** der allgemein gefaßten Befugnis- 5
norm des Abs. 1, **nicht** etwa eine **Erweiterung.** Auch für Abs. 2 gilt daher, was
in den voranstehenden RdNrn 1 und 2 gesagt wurde. Auf Nr. 11.2 VollzB ist
nochmals hinzuweisen. Auf die Tatbestände der Abs. 1 und 2 ist nur zurückzugreifen, wenn eine Gefahr mit Maßnahmen abzuwehren ist, für die es nach den
Art. 12 ff. PAG oder in anderen Gesetzen keine besondere Befugnisvorschrift
gibt. Art. 11 Abs. 1 und 2 legen keine konkreten Maßnahmen fest, so daß sich
deren Zulässigkeit ausschließlich danach richtet, ob sie notwendig und angemessen (verhältnismäßig) sind. Gegen wen die Maßnahmen im Einzelfall zu
richten sind, bestimmt sich vorbehaltlich des Art. 9 nach den Art. 7, 8 und 10.

Die **Verhütung** (vorbeugende Bekämpfung) von Straftaten, Ordnungswidrig- 6
keiten und verfassungsfeindlichen Handlungen gehört, wie auch aus Art. 2
Abs. 1 abzuleiten ist, zu den ursprünglichen Aufgaben der Polizei. Sie ist Teil
des allgemeinen Polizeirechts, für das die Länder die Gesetzgebungskompetenz
besitzen; sie ist nur insoweit ausgegliedert, als das Strafverfahrensrecht reicht
(BayVerfGH in BayVBl 1995, 143/145 unter Hinweis auf Art. 30, 70, 74 Nr. 1
GG, auch BayVerfGH in BayVBl 1990, 654/658). Bei Straftaten, Ordnungswid-

rigkeiten und verfassungsfeindlichen Handlungen nach **Abs. 2 Satz 1 Nr. 1**, die in Abs. 2 Satz 2–4 gesetzlich definiert sind, kommt es nach Sinn und Zweck des Polizeirechts nicht darauf an, ob sie schuldhaft begangen werden. Entscheidend ist allein ihre **objektive Gefährlichkeit**. Die Definition der „verfassungsfeindlichen Handlung" im Sinne des PAG ist ein Ausdruck des Subsidiaritätsprinzips und nur darin begründet, daß im demokratischen Rechtsstaat den Verfassungen des Bundes und der Länder ein für den Bestand des Staates so hoher Rang zukommt, daß verfassungswidrige Störungen oder Änderungen der verfassungsmäßigen Ordnung (s. zu diesem Begriff die Kommentare zum GG und den Länderverfassungen) selbst dann polizeiliche Maßnahmen rechtfertigen, wenn diese Störungen oder Änderungen den Tatbestand eines Strafgesetzes oder einer Ordnungswidrigkeit nicht verwirklichen sollten.

7   **Verhütung** ist das Verhindern des in naher Zukunft zu befürchtenden Begehens einer Handlung (Prävention). Um **Unterbindung** handelt es sich, wenn die Fortführung oder Vollendung einer in Ausführung begriffenen Handlung verhindert wird (Teilbereich der Repression, der die Verfolgungsmaßnahmen mit umfaßt). Einem polizeilichen Einschreiten zur Verhütung oder Unterbindung einer Straftat oder Ordnungswidrigkeit steht nicht entgegen, daß die Staatsanwaltschaft ein Ermittlungsverfahren eingestellt hat (vgl. OVG Koblenz in DVBl 1966, 576). Staatsanwaltschaftliche Entscheidungen binden die Polizei nicht ipso iure (anders bei Weisungen, soweit die Staatsanwaltschaft nach § 152 Abs. 1 GVG gegenüber der Polizei dazu berechtigt ist, und bei rechtskräftigen gerichtlichen Entscheidungen).

Außer Maßnahmen im Sinne von Nr. 2.1 VollzB sind auch Initiativen ohne Eingriffscharakter zulässig, wie gebührenfreie Verwarnung, Belehrung, Mitteilung an die zuständige Verwaltungsbehörde. Sie bedürfen keiner Befugnisnorm; es genügt, daß sie im Rahmen der polizeilichen Aufgaben liegen. Befugnisse zur polizeilichen **Verfolgung** von Straftaten und Ordnungswidrigkeiten ergeben sich aus der StPO und dem OWiG.

Befugnisse zur polizeilichen **Verfolgung** von Straftaten und Ordnungswidrigkeiten ergeben sich aus der StPO und dem OWiG. Zwischen allen Bundesländern ist ein **Abkommen über** die erweiterte Zuständigkeit der Polizei der Länder bei der **Strafverfolgung** geschlossen worden (vom 8. November 1991, GVBl 1992, S. 720). Es ist am 1. Januar 1992 in Kraft getreten und zunächst auf die Dauer von fünf Jahren befristet (bis 31. Dezember 1996) mit automatischer Verlängerungsmöglichkeit auf unbestimmte Zeit (Art. 4 Abs. 1 des Abkommens). Danach sind die Polizeibeamten jedes Landes nach Maßgabe des Abkommens berechtigt, Amtshandlungen auch in anderen Ländern vorzunehmen, wenn einheitliche Ermittlungen notwendig erscheinen (Art. 1 Abs. 1 d. Abk.).

8   Abs. 2 Nr. 2 erweitert die polizeilichen Befugnisse ausdrücklich auf Maßnahmen zur Beseitigung von Zuständen, die durch Handlungen im Sinne der

Nr. 1 verursacht worden sind. Zum Begriff **Zustand** s. RdNr. 2 zu Art. 7. Für Befugnisse zur Beseitigung anderer Störungen – etwa der Folgen von Naturkatastrophen – gilt Abs. 2 Nr. 3; s. hierzu auch RdNrn 12 und 13 zu Art. 2.

Abs. 2 Nr. 3 ergänzt die Befugnis zu Maßnahmen für die Fälle, in denen Gefahren oder gefährliche Zustände ohne unmittelbaren Kausalzusammenhang mit Handlungen im Sinne des Abs. 2 Nr. 1 stehen. Er kommt also vor allem bei Naturereignissen und bei Gefahren in Betracht, die von (wilden) Tieren oder vom Zustand (Eigenschaft) sonstiger Sachen ausgehen. Er rechtfertigt auch polizeiliche Maßnahmen zum **Schutz des Selbstmörders** vor sich selbst; s. auch Hillgruber, Der Schutz des Menschen vor sich selbst, 1992. Die Bewahrung des menschlichen Lebens ist der verfassungsmäßigen Ordnung und dem Sittengesetz nach Art. 2 Abs. 1 GG immanent. Nach diesem Verfassungsverständnis ist die Bewahrung des menschlichen Lebens auch eine Aufgabe zur Wahrung der öffentlichen Ordnung. Sie ist bei geplantem Selbstmord häufig auch eine Aufgabe zur Wahrung der öffentlichen Sicherheit (z. B. Selbstmord durch ausströmendes Gas, durch Selbstverbrennung, durch Anwendung von Explosionsmitteln). Nach der Rechtsprechung ist ein Selbstmordversuch ein Unglücksfall, bei dem nach § 323 c (früher 330 c) StGB Hilfe zu leisten ist (BGHSt 6, 147; 13, 162/169), was für die Polizei zu ihrer gesetzlichen Aufgabe (Art. 2) gehört. Der abstrakt wie im Einzelfall verfassungsrechtlich gebotene Schutz des Lebens verpflichtet die Polizei zu dessen Bewahrung auch bei selbstgefährlichen Menschen (vgl. Frotscher in DVBl 1976, 695/698; Knemeyer in VVDStRL, Heft 35 (1977), 221/253 f.). Hierbei darf die Polizei nötigenfalls unmittelbaren Zwang, nach Maßgabe des Art. 65 Nr. 3 auch die Fesselung anwenden (eingehend zu allen einschlägigen Fragen BayObLG in BayVBl 1989, 219/220 = NJW 1989, 1815 = DÖV 1989, 273 = JR 1989, 473). Gemessen an dem Ziel, das Leben eines Menschen zu retten, können die Eingriffsbefugnisse des PAG nicht als Verstoß gegen Grundrechte der BV gewertet werden. Das gleiche gilt für die pol. Befugnisse nach dem UnterbrG, das als Spezialgesetz vorrangig anzuwenden ist, wenn eine vorläufige Unterbringung nach dessen §§ 1 Abs. 1 mit 18 Abs. 2 Satz 1 geboten erscheint. S. hierzu BayVerfGH in VerfGH 41, 151/157 ff. = BayVBl 1989, 205/206 ff. = NJW 1989, 1790 und BayVBl 1990, 303/304; zur ethischen Problematik des „Rechts" auf Selbsttötung s. Schittek in BayVBl 1990, 137. Die gleichen Gründe, die die Polizei verpflichten, eine Selbsttötung zu verhindern, verpflichten die Polizei auch, Hilfeleistungen zur Selbsttötung (sog. **aktive Sterbehilfe**) zu verhindern, soweit ihr das möglich sein sollte. Zur Problematik s. VG Karlsruhe in NJW 1988, 1536 = JZ 1988, 208; a. A. m. teilw. beachtlichen Gründen Herzberg in JZ 1988, 182).

9

Nach Abs. 2 Nr. 3 genießen Leben, Gesundheit oder Freiheit von Menschen als die höchstrangigen Individualrechtsgüter vorrangig Schutz. Die Obdachlosig-

10

Art. 11

keit erscheint als eine Störung dieser Rechtsgüter und der Obdachlose – je nach Lage des Falles – als Handlungs- oder Zustandsstörer, gegen den eine Unterbringungsmaßnahme gerichtet werden kann. Das Unterbringen von **Obdachlosen** (nicht zu verwechseln mit Nichtseßhaften), bei denen es nicht darauf ankommt, ob sie Deutsche oder Ausländer sind (BayVGH in BayVBl 1995, 503), als atypische Maßnahme der Polizei kann jedoch nur unter strenger Beachtung der Einschränkungen in Betracht kommen, denen die Anwendung des Art. 11 unterliegt (s. o. RdNr. 4; zur Obdachlosigkeit als Störung der öffentlichen Sicherheit s. Schloer in DVBl 1989, 739; Huttner, Die Unterbringung Obdachloser, 1990; Kohl in NVwZ 1991, 620; zur Frage der Unterbringung wohnungsloser Asylbewerber s. BayVGH in BayVBl 1989, 370/371 m. krit. Anm. von Köhler, a. a. O. S. 373; zur Rechtmäßigkeit der Beseitigung eines Zeltlagers von Nichtseßhaften in öffentlichen Anlagen, wenn Notübernachtungscontainer und Tagesaufenthaltsstätten verfügbar sind, s. VGH Mannheim in DÖV 1992, 267; Wohlfarth in BayVBl 1997, 420). In der Regel obliegt das Unterbringen den allgemeinen Sicherheitsbehörden (Art. 6 LStVG), obwohl Art. 74 PAG anders als Art. 7 Abs. 4 PAG das Einschränken des Grundrechts auf Unverletzlichkeit der Wohnung zuläßt, wobei allerdings Art. 13 Abs. 3 GG zu beachten ist; zum Begriff der dort vorausgesetzten „dringenden Gefahr" s. RdNr. 9 zu Art. 23. Vgl. zu den Befugnissen der allgemeinen Sicherheitsbehörden RdNrn 1, 2 zu Art. 3; ferner Emmerig in Bengl/ Berner/Emmerig, RdNr. 5 b, bb zu Art. 7 LStVG; OVG Berlin in NJW 1980, 2484 mit Anm. von Huber in JZ 1981, 385; VGH Mannheim in DÖV 1990, 573, BayVGH in BayVBl 1991, 114; 1995, 503 und 729. Zur Abwehr einer dringenden Gefahr können die allgemeinen Sicherheitsbehörden die Polizei anweisen (Art. 9 Abs. 2 und 3 POG, Art. 10 Satz 2 LStVG), die Obdachlosen gegebenenfalls unter Inanspruchnahme eines Nichtstörers (Art. 10) vorübergehend (Art. 3, 4 Abs. 3 PAG) unterzubringen, bis die zuständige Sicherheitsbehörde, deren Maßnahmen Vorrang vor denen der Polizei haben (Art. 10 LStVG), selbst Abhilfe geschaffen hat (Art. 3 PAG, 7 LStVG; Art. 57 Abs. 1 GO i. Verb. m. Art. 6 LStVG). S. hierzu „Empfehlungen für das Obdachlosenwesen", GemB vom 15. 2. 1982, MABl S. 148. Obdachlosenunterkünfte müssen zum Aufenthalt geeignet sein und dem Obdachlosen ermöglichen, sich notdürftig wohnlich einzurichten, jedenfalls unter Berücksichtigung von Art. 1 Abs. 1 und Art. 6 Abs. 1 GG ein menschenwürdiges Dasein zu führen (vgl. VGH Mannheim in DÖV 1987, 256; BayVGH in BayVBl 1991, 114). Einen Rechtsanspruch auf eine allgemeinen Anforderungen entsprechende wohnungsmäßige Versorgung haben Obdachlose nicht. Schutz vor den Unbilden des Wetters muß gegeben, Waschgelegenheit und Toilette müssen auch bei der vorübergehenden, notdürftigen Unterbringung vorhanden sein, nicht dagegen Warmwasseranschluß, Bad oder Dusche (BayVGH in BayVBl 1993, 569 f.).

11   Maßnahmen zur **Erhaltung oder Rettung von Sachwerten** sind nur zulässig, wenn die Erhaltung dieser Werte im öffentlichen Interesse nicht nur wün-

schenswert, sondern geboten erscheint. Das kann beispielsweise angenommen werden bei Versorgungsbetrieben, Krankenhäusern, gemeinschaftswichtigen Industriebetrieben, aber auch bei hervorragenden Werken der Kunst oder Architektur. Dagegen genügen individuelle Interessen für sich allein nicht, um Maßnahmen zum Schutz von Sachwerten zu treffen. Maßnahmen nach Abs. 2 Nrn 1 und 2 können selbstverständlich auch den Erfolg des Schutzes von Sachwerten haben; insoweit bedarf es einer besonderen Prüfung des öffentlichen Interesses nicht.

Maßnahmen zum Schutz der **Sittlichkeit** sind nach Abs. 2 Nr. 1 zulässig, wobei neben dem StGB auf die §§ 118–120 OWiG hinzuweisen ist. Sollte darüber hinaus ein Verhalten, eine Sache (Plakat) oder ein Zustand (Inschrift auf einer Hauswand) als gegen die öffentliche Ordnung verstoßend angesehen werden, sind Maßnahmen nach Abs. 1 möglich, Maßnahmen nach den Art. 12–28 dagegen nur, wenn deren besondere Voraussetzungen es zulassen. **12**

Zu **Abs. 3** s. Nr. 11.2 VollzB. Abs. 3 enthält lediglich eine Feststellung, weil Bundesgesetze gemäß Art. 31 GG und spezielle Landesgesetze nach dem Rechtsgrundsatz, daß das spezielle Gesetz das allgemeine verdrängt, dem PAG vorgehen. Satz 2 ordnet die hilfsweise Geltung der Befugnisvorschriften des PAG an, soweit der Polizei in anderen Gesetzen Aufgaben zugewiesen sind, ohne daß zugleich die Befugnisse zur Erfüllung dieser Aufgaben geregelt werden, oder soweit in solchen Gesetzen die polizeilichen Befugnisse nur unvollständig geregelt sind und nicht aus diesen Gesetzen selbst zu entnehmen ist, daß der Gesetzgeber der Polizei andere Befugnisse einräumen wollte, als sie das PAG vorsieht. Nr. 11.2 Abs. 2 Satz 3 VollzB erscheint jedenfalls hinsichtlich der StPO – und damit auch des OWiG, soweit dieses in § 46 Abs. 1 allgemein auf die Vorschriften auch der StPO verweist – zu eng. Strafrecht und gerichtliches Verfahrensrecht gehören zur konkurrierenden Gesetzgebung des Bundes (Art. 74 Nr. 1 GG). Aus Art. 72 Abs. 1 GG ergibt sich, daß die Länder in diesem Bereich ihr Gesetzgebungsrecht (Art. 70 Abs. 1 GG) behalten, soweit der Bund keine abschließende Regelung trifft (vgl. BayVGH in BayVBl 1984, 272/276). Aus § 6 EGStPO ist zu entnehmen, daß die StPO nur das eigentliche Prozeßrecht, die „prozeßrechtlichen Vorschriften", abschließend geregelt hat. Auch hat § 6 EGStPO landesrechtliche Vorschriften über die Befugnis zum Erlaß polizeilicher Strafverfügungen aufgehoben. Kleinknecht/Meyer-Goßner (RdNr. 1 zu § 6 EGStPO) weisen darauf hin, daß außerhalb dieses Rahmens ergänzende landesrechtliche Vorschriften zulässig bleiben. Sie verweisen auf die Vorschriften der StPO über die Identitätsfeststellung (§§ 127 Abs. 1, 163 b, 163 c) und die Einrichtung von Kontrollstellen (§ 111) und bemerken, daß die zusätzlichen polizeirechtlichen Regelungen, etwa der Art. 11 ff. PAG **13**

Art. 11

über Vorladung, Durchsuchung und Prüfung von Berechtigungsscheinen, Razzia u. a. unberührt bleiben. Dem ist zuzustimmen.

14 Abs. 3 Satz 2 wurde u. a. auch geschaffen, um die Zweifel zu beheben, die dann entstehen, wenn die StPO zwar bestimmte Befugnisse einräumt, aber keine Vorschriften über deren zwangsweise Durchsetzung enthält. Insofern enthält die StPO, die Bestandteil der konkurrierenden Gesetzgebung des Bundes ist, keine abschließende Regelung, so daß der für das Tätigkeitsrecht der Polizei zuständige Landesgesetzgeber die Vorschriften über die Anwendung unmittelbaren Zwangs durch die Polizei wirksam erlassen konnte. Sie sind auch im Bereich der StPO, der AO und entsprechender anderer Gesetze immer dann anwendbar, wenn und soweit die in diesen anderen Gesetzen geregelten Befugnisse nicht bereits die Befugnis zur Anwendung von Zwang notwendig in sich schließen (Grundsatz maius minus continet). Das ist dann der Fall, wenn die vom Gesetz zugelassene oder sogar geforderte Maßnahme ohne Anwendung von Zwang nicht durchgeführt werden könnte. Dabei bleibt der **Grundsatz der Verhältnismäßigkeit** zu beachten, insbesondere dürfen Zwangsmaßnahmen unter keinen Umständen weitergehen als es zur Durchführung einer notwendigen Maßnahme unerläßlich ist. Das BVerwG hat in DVBl 1974 S. 297/300 ausgeführt, der bundesverfassungsrechtlich ableitbare Grundsatz der Verhältnismäßigkeit gebiete, daß hoheitliche Eingriffe nicht über das zur Gefahrenabwehr Erforderliche hinausgehen dürfen (vgl. auch BVerwGE 38, 68/70 f., BVerwGE 39, 190/196 f. = DVBl 1972, 499; BVerwG in BayVBl 1993, 25/26). Was in diesem Sinne „erforderlich" sei, sei in erster Linie nach den tatsächlichen Umständen des Einzelfalls zu beurteilen. In rechtlicher Hinsicht sei dabei davon auszugehen, daß die Nachhaltigkeit der angeordneten Maßnahmen ebenso wie der für die Anordnung erforderliche Grad der Wahrscheinlichkeit des Schadenseintritts in Abhängigkeit davon stehen, welches Schutzgut durch die Gefahrenlage bedroht wird. Der erkennende Senat hat bereits früher im Hinblick gerade auf § 34 Abs. 2 WHG darauf hingewiesen, daß an die Wahrscheinlichkeit des Schadenseintritts um so geringere Anforderungen zu stellen sind, je größer und folgenschwerer der möglicherweise eintretende Schaden ist (vgl. NJW 1970, 1890 = DÖV 1970, 713; klar und ausgewogen BayVerfGH in BayVBl 1998, 142/145; zur Verhältnismäßigkeit harter Polizeieinsätze s. BayVGH in BayVBl 1988, 562/564 = NVwZ 1988, 1055).

15 Dem Art. 11 entspricht für die Sicherheitsbehörden der Art. 7 LStVG.

16 Gegen Maßnahmen der Polizei ist der **Rechtsweg** eröffnet (Art. 19 Abs. 4 GG). Zu welchem Zweig der Gerichtsbarkeit er führt, bestimmt sich nach der Aufgabe, zu deren Vollzug die Polizei tätig geworden ist.

17 Wird die Polizei nach eigenem Recht, also auf Grund der Befugnisbestimmungen des PAG, oder wird sie als Vollzugsorgan der Behörden der allgemei-

Art. 11

nen inneren Verwaltung oder als Hilfsorgan anderer Verwaltungsbehörden tätig (Art. 2), so unterliegen ihre Maßnahmen der Kontrolle der Verwaltungsgerichte gemäß den Vorschriften der VwGO und des Art. 12 POG (s. auch Art. 79 BayVwVfG), soweit nicht Art. 73 Abs. 1 PAG die Zuständigkeit der ordentlichen Gerichte feststellt, oder durch Gesetz ein bestimmtes gerichtliches Prüfungsverfahren besonders vorgeschrieben ist (z. B. bei Beschlagnahme nach § 94 Abs. 2 StPO die richterliche Prüfung nach § 98 Abs. 2 Satz 2 und 3 StPO, bei vorläufiger Festnahme nach § 127 StPO die Entscheidung des Amtsrichters nach § 128 StPO). Für die übrigen Fälle, in denen gegen Maßnahmen der Polizei der Rechtsweg zu den Verwaltungsgerichten nicht eröffnet ist, s. u. RdNrn 18, 19.

Im Polizeirecht ist bei **Rechtsbehelfen nach der VwGO** folgendes besonders zu beachten:

Widerspruch und Anfechtungsklage gegen unaufschiebbare Anordnungen und Maßnahmen von Polizeivollzugsbeamten haben keine aufschiebende Wirkung (§ 80 Abs. 2 Nr. 2 VwGO; s. aber RdNr. 2 zu Art. 3). Nach § 80 Abs. 4 Satz 1 VwGO kann nach Einlegung des Widerspruchs die nach Art. 12 Abs. 2 und 3 POG zuständige Behörde die Vollziehung der Maßnahme aussetzen. Nach § 80 Abs. 5 und 7 VwGO kann das zuständige Verwaltungsgericht (in dringenden Fällen der Vorsitzende) auf Antrag, der auch schon vor Erhebung der Anfechtungsklage (aber erst nach Erhebung des Widerspruchs) gestellt werden kann, die aufschiebende Wirkung ganz oder teilweise anordnen oder – wenn die Maßnahme schon vollzogen ist – die Aufhebung der Vollziehung anordnen. Diese Möglichkeiten haben aber bei polizeilichen Maßnahmen nur begrenzte Bedeutung, weil häufig entweder Anordnungen und Vollzug zusammenfallen (z. B. Anhalten einer Person zur Identitätsfeststellung) oder die Vollziehung der Maßnahme keine fortdauernde Wirkung hat (z. B. zwangsweises Entfernen eines Störers vom Platz nach Platzverweisung). Polizeiliche Maßnahmen, die nicht unaufschiebbar sind, kommen wegen Art. 2–4 und 11 Abs. 1 grundsätzlich nur bei entsprechender Anordnung einer Verwaltungsbehörde in Betracht (anders u. U. nach Art. 29 Abs. 1, insbes. Nrn 2 und 3). Soll in diesen Fällen die aufschiebende Wirkung des Widerspruchs ausgeschlossen werden, muß die anordnende Verwaltungsbehörde den Verwaltungsakt, den die Polizei vollziehen soll, mit einer auf den Einzelfall bezogenen, sachlich einleuchtenden Begründung für sofort vollziehbar erklären (§ 80 Abs. 2 Nr. 4 VwGO). Wird die Polizei in einem an sich aufschiebbaren Fall angewiesen, von ihren eigenen Befugnissen sofort Gebrauch zu machen, muß sie selbst nach der genannten Vorschrift ihre Maßnahme für sofort vollziehbar erklären.

Widerspruch und Anfechtungsklage setzen voraus, daß die polizeiliche Maßnahme, deren Aufhebung begehrt wird, noch wirksam, also noch nicht erledigt ist. Wie oben dargelegt, ist es aber gerade bei polizeilichen Maßnahmen oft so, daß Anordnung und Vollzug unmittelbar aufeinanderfolgen (z. B. eine Platzverweisung und die damit verbundene Androhung unmittelbaren Zwangs werden wenige Minuten später vollzogen). In diesen Fällen ist ein auf Aufhebung gerichteter Widerspruch, der anschließend eingelegt wird, oder eine Anfechtungsklage nicht zulässig, weil der Betroffene zu diesem Zeitpunkt bereits nicht mehr durch die polizeiliche Maßnahme beschwert ist. Die Rechtsbeeinträchtigung (als Voraussetzung der Widerspruchs- und Klageerhebung) ist schon beendet.

Dieser Fall ist in der VwGO nicht ausdrücklich geregelt. § 113 Abs. 1 Satz 4 VwGO regelt nur den Fall, daß sich ein Verwaltungsakt zwischen Klageerhebung und Urteil, also während des gerichtlichen Verfahrens erledigt. § 113 Abs. 2 VwGO trifft nicht zu, weil diese Bestimmung die Fortdauer der Beschwer voraussetzt. Die Rechtsprechung hat aber anerkannt, daß die in § 113 Abs. 1 Satz 4 VwGO enthaltene Regelung auch bei Verwaltungsakten gilt, die sich schon **vor** der Klage- (und Widerspruchs-)erhebung erledigt, d. h. in ihren rechtlichen Auswirkungen mit ihrer Vollziehung erschöpft haben, ohne daß diese Vollziehung noch rückgängig gemacht werden könnte (vgl. BVerwGE 12, 87 ff./90; 26, 161/165 – „Schwabinger Krawalle"; Kopp, VwGO, RdNr. 52 zu § 113). Es besteht also in solchen Fällen die Möglichkeit, Klage zu erheben mit dem Antrag auf Feststellung der Rechtswidrigkeit der polizeilichen Maßnahme, wenn der Kläger ein berechtigtes Interesse an dieser Feststellung hat. Die Durchführung eines Vorverfahrens ist nicht erforderlich, weil es sich nicht um eine Anfechtungs- oder Verpflichtungsklage handelt, um eine Anfechtungsklage in Form der Fortsetzungsfeststellungsklage jedenfalls dann nicht, wenn die Erledigung schon vor Ablauf der Frist für das Vorverfahren eingetreten ist und eine Anfechtungsklage deshalb noch nicht erhoben war (BVerwG in DÖV 1967, 347 = DVBl 1967, 379; BayVGH in BayVBl 1993, 429/430 sieht unter Hinweis auf BVerwGE 26, 161/167 die Fortsetzungsfeststellungsklage als einen Unterfall der Anfechtungsklage nach § 42 Abs. 1 VwGO, so daß auch hier die für Anfechtungsurteile vorgeschriebenen Prozeßvoraussetzungen wie z. B. die Klagebefugnis im Sinne von § 42 Abs. 2 VwGO und die Wahrung der Klagefrist erfüllt sein müßten). Da bei polizeilichen (Tat-)Maßnahmen regelmäßig kein Raum für Rechtsbehelfsbelehrungen bleibt, bestimmt sich die Klagefrist nach §§ 74 Abs. 1 Satz 2, 58 Abs. 2 Satz 1 VwGO – Jahresfrist –; s. BayVGH a. a. O. Überdies ginge auf Grund der Erledigung das Widerspruchsverfahren gegen die Maßnahme seinem Hauptzweck nach ins Leere. Dieser zwingenden Argumentation vermag die in der Literatur teilweise vertretene Gegenmeinung letztlich nur entgegenzusetzen, daß das Widerspruchsverfahren als interne Verwaltungskontrolle auch hinsichtlich erledigter Akte möglich sein müsse; dieser formale Einwand greift nicht durch. Auch auf Grund einer schlichten Aufsichtsbeschwerde kann die Verwaltung die Rechtmäßigkeit ebenso prüfen, wie es ihr ex officio möglich ist. **Bis zur Erledigung** gelten jedoch die Vorschriften für das Anfechtungsverfahren (insbesondere die Fristvorschriften). Erledigt sich der Verwaltungsakt innerhalb der Widerspruchsfrist oder nach rechtzeitig eingelegtem Widerspruch, so ist die Feststellungsklage entsprechend den Fristbestimmungen der §§ 74 Abs. 1 Satz 2 bzw. 58 Abs. 2 VwGO (Monats- bzw. Jahresfrist) zu erheben. Das BVerwG (a.a.O.) hat darüber jedoch noch nicht abschließend entschieden. Zur Problematik im einzelnen vgl. Kopp, VwGO, RdNrn 47 ff. zu § 113.

Ein berechtigtes Interesse an der Feststellung der Rechtswidrigkeit einer vor Klageerhebung erledigten Polizeimaßnahme liegt nicht schon deshalb stets vor, weil die Verwaltung sonst faktisch klaglos gestellt wäre (so aber OVG Hamburg in DVBl 1967, 422; ähnlich VG Hamburg in NVwZ 1987, 829/830 und VG Mainz in NVwZ-RR 1991, 242/243). Dem Betroffenen steht es frei, einen durch eine solche Maßnahme erlittenen Schaden mit einem zivilrechtlichen Amtshaftungsanspruch geltend zu machen. Zur **Vorbereitung eines Amtshaftungsprozesses** besteht hinwiederum **kein berechtigtes Interesse für eine analoge Fortsetzungsfeststellungsklage** (abweichend BayVGH in BayVBl 1993, 429/430, allerdings unter Hinweis auf ältere Rspr. des BVerwG, s. u.), schon weil die Entscheidung nach § 28 Abs. 1 Satz 4 EGGVG für das Verfahren über die Amtshaftungsklage keine Bindungswirkung hat (OLG Nürnberg in BayVBl 1987, 411/412 m. Anm. von Niethammer und von Aulehner in BayVBl 1988, 709). In Abkehr von der früheren Rechtsprechung verweisen die Gerichte nunmehr den Kläger aus Gründen der Prozeßökonomie sogleich auf den für sein Schadensersatzanliegen maßgeblichen Zivilrechtsweg (vgl. BVerwG in BayVBl 1983, 121; BayVGH in BayVBl 1983, 473; BVerwG in BayVBl 1989, 441).

Abgesehen von diesem Sonderfall genügt als berechtigtes Interesse im Sinne von § 113 Abs. 1 Satz 4 VwGO jedes nach vernünftigen Erwägungen nach Lage des Falles anzuerkennende **schutzwürdige Interesse** rechtlicher, wirtschaftlicher oder auch ideeller Art. Unter Hinweis auf die ständige Rspr. und deren Nachweise bei Kopp, VwGO, RdNr. 57 zu § 113 sieht auch der BayVGH in BayVBl 1993, 429/430 solche Interessen insbesondere gegeben bei konkreter Gefahr der Wiederholung gleichartiger Verwaltungsakte und bei polizeilichen Maßnahmen, die nach objektiver Betrachtung diskriminierenden Charakter haben. BVerwG in BayVBl 1997, 761 (m. weit. Nachw.) stellt fest, daß in der Rechtsprechung des BVerwG ein schutzwürdiges ideelles Interesse an der Rechtswidrigkeitsfeststellung nicht nur dann in Betracht komme, wenn abträgliche Nachwirkungen erledigter Verwaltungsakte fortbestehen. Vielmehr könne auch die Art des Eingriffs, insbesondere im grundrechtlich geschützten Bereich, verbunden mit dem verfassungsrechtlich garantierten Anspruch auf effektiven Rechtsschutz erfordern, das Feststellungsinteresse anzuerkennen (entschieden für den Fall eines Eindringens der Vollzugspolizei in die Privatsphäre der Klägerin zum Zweck der Absicherung der Legende von verdeckten Ermittlern). Diese Rspr. ist in Gefahr auszuufern; Näheres dazu am Ende dieser RdNr.

Konkrete Wiederholungsgefahr ist anzunehmen, wenn der Betroffene mit einer Wiederholung der Maßnahme deshalb rechnen muß, weil sich der zugrundeliegende Sachverhalt entweder schon wieder konkret abzeichnet oder sein Eintritt zumindest in absehbarer Zeit möglich erscheint, wobei es nach der aktuellen Tendenz der Rechtsprechung ausreicht, daß es sich um einen bloßen vergleichbaren Sachverhalt handelt (BayVGH in BayVBl 1983, 434; vgl. auch OVG Münster in DVBl 1982, 653 und in DVBl 1994, 541). Die Gefahr der Wiederholung gleichartiger Verwaltungsakte schafft jedenfalls ein berechtigtes Interesse an der Klärung der Rechtmäßigkeit eines Verwaltungsakts (BayVGH in BayVBl 1991, 243/244 m. weit. Nachw. und in BayVBl 1993, 429/430). Dabei kann die Gleichartigkeit einer Verwaltungsentscheidung grundsätzlich nur dann angenommen werden, wenn sich die tatsächlichen und rechtlichen Interessen seit dem Erlaß der erledigten Verwaltungsentscheidung nicht geändert haben und diese Verhältnisse auch noch im Zeitpunkt der zukünftig zu erwartenden Verwaltungsentscheidung vorliegen werden, oder wenn auch trotz veränderter Verhältnisse eine auf gleichartigen Erwägungen beruhende Entscheidung der Behörde zu erwarten ist, weil sie eine entsprechende Absicht zu erkennen gegeben hat (BVerwG in DVBl 1994, 168). Zu Recht wird im übrigen verlangt, daß die Wiederholungsgefahr hinreichend substantiiert dargetan werden muß; sie kann weder aus der angefochtenen Maßnahme per se hergeleitet werden, noch reichen allgemeine Befürchtungen aus (vgl. OLG Nürnberg a. a. O.). Überhaupt ist jeder großzügigen Zulassung dieser Klageart nachdrücklich entgegenzutreten, öffnet sie doch der Umformung der analogen Fortsetzungsfeststellungsklage in eine Popularklage gegen erledigte Verwaltungsakte Tür und Tor (vgl. Köhler in BayVBl 1983, 437). Den Vorzug verdient hier die bisherige Linie der Judikatur des BayVGH, der eine ein Feststellungsinteresse stützende Wiederholungsgefahr dann verneint hatte, wenn im Zeitpunkt der Entscheidung des Gerichts nicht abzusehen war, ob oder auch nur wann die Maßnahme für den Betroffenen wieder Bedeutung erlangen könnte und eine zeitlich ungewisse Möglichkeit nicht genügen ließ (BayVGH in BayVBl 1973, 383). Trotz Wiederholungsgefahr kann von einem schutzwürdigen Feststellungsinteresse dann nicht gesprochen werden, wenn sich die künftige Polizeimaßnahme gegen ein offenkundig rechtswidriges Verhalten richten würde, etwa gegen ein ausschließlich aus Schwarzbauten zu errichtendes Hüttendorf. Die Rechtsschutzgarantie des Art. 19 Abs. 4 GG greift nicht ein, wenn die Möglichkeit einer Verletzung von Rechten des Betroffenen von vornherein ausscheidet.

Eine **diskriminierende Wirkung** der angegriffenen Maßnahme kann entgegen vereinzelten Stimmen in der Judikatur (VG Hamburg in NVwZ 1987, 829/830; VG Mainz in NVwZ-RR 1991, 242/243) auf Grund von Art. 74 PAG nicht schon bei jeder Beeinträchtigung des Betroffenen in seinen Grundrechten angenommen werden (vgl. BGH in BayVBl 1990, 91; BayVGH in NVwZ-RR 1993, 621). Ein Feststellungsinteresse wegen Diskriminierung (Rehabilitationsinteresse) muß deshalb nach wie vor von zwei Voraussetzungen abhängig gemacht werden, nämlich zum einen, daß die Maßnahme den Betroffenen objektiv in seinem allgemeinen Persönlichkeitsrecht (Art. 1 Abs. 1 GG) beeinträchtigt hat, d. h. objektiv geeignet war, sein Ansehen in der Öffentlichkeit herabzusetzen, und daß diese Beeinträchtigung auch nach Erledigung der Maßnahme in irgendeiner Weise noch fortdauert (so ausdrücklich BVerwG in BayVBl 1976, 183 und BVerwGE 61, 164; BayVGH in BayVBl 1993, 429/431). In der Judikatur hat sich hierzu eine kaum mehr überschaubare Kasuistik entwickelt, welche eine diskriminierende Wirkung einer polizeilichen Maßnahme zutreffend etwa annimmt beim Vorgehen der Polizei mit Hiebwaffen gegen einen Bürger (BVerwGE 26, 161/168), im Verbringen eines Festgenommenen mit angelegter Knebelkette vor zahlreichen Schaulustigen zum Flugzeug (BVerwG in DÖV 1982, 35/36), im Transportieren von Demonstranten an einen entfernten Ort und anschließendem dort Laufenlassen (OVG Bremen in DÖV 1987, 253), im polizeilichen Reizstoffeinsatz gegen Demonstranten (BayVGH in BayVBl 1988, 562 = NVwZ 1988, 1055, bestätigt durch BVerwG in NVwZ 1989, 87; s. dazu RdNr. 4 zu Art. 61), aber auch in einer bloßen Gewahrsamnahme (BVerwGE 45, 51/53), jedenfalls einer von der Öffentlichkeit bemerkbaren (BayVGH in BayVBl 1993, 429/431), in der rechtlichen Bewertung eines Bürgers als Störer (BayVGH a. a. O.; OVG Lüneburg in NVwZ 1988, 638) sowie, in dieser Allgemeinheit zu weitgehend, in der routinemäßigen Durchsuchung angehaltener Fahrzeuge nach Waffen und sonstigen gefährlichen Gegenständen an einer aus Anlaß einer bevorstehenden Großdemonstration eingerichteten Kontrollstelle (OVG Münster in DÖV 1982, 551). Demgegenüber ist mit dem BGH dafür zu halten, daß eine subjektive ideelle Beeinträchtigung, die allein in dem Bewußtsein liegt, als Angehöriger einer bestimmten Gesinnungsgruppe in der Bevölkerung zu Unrecht zum Objekt einer polizeilichen Ermittlungsmaßnahme gemacht worden zu sein, eine objektive Beeinträchtigung des allgemeinen Persönlichkeitsrechts nicht begründen kann. Ein gleiches gilt für das aus verletztem Rechtsgefühl geborene Verlangen nach Genugtuung (vgl. zum ganzen BGH in BayVBl 1990, 91 und in NVwZ-RR 1993, 62).

Zu einer Sprengung der dargestellten eng begrenzten und systematisch dessentwegen uneingeschränkte Befürwortung verdienenden Kasuistik des berechtigten Interesses könnte die neueste Rechtsprechung des BVerfG führen, wonach generell in allen Verfahrensarten ein berechtigtes Interesse an der Klärung der Rechtmäßigkeit jedes Hoheitsaktes auch nach dessen Erledigung dann besteht, wenn es sich um einen **tiefgreifenden Grundrechtseingriff** gehandelt hat. Tiefgreifende Grundrechtseingriffe seien vor allem solche, deren Anordnung dem Richter vorbehalten sei, also etwa Wohnungsdurchsuchungen (vgl. Art. 13 Abs. 2 GG), aber auch eine Freiheitsentziehung (vgl. Art. 104 Absätze 2 und 3 GG). S. im einzelnen BVerfG in NJW 1997, 2163.

Deutlich weiter als diese E des BVerfG scheint BVerwG in BayVBl 1997, 761 = NJW 1997, 2534 zu gehen. Es stellt fallunabhängig fest, in seiner Rspr. sei anerkannt, daß ein schutzwürdiges ideelles Interesse an der Rechtswidrigkeitsfeststellung nicht nur dann in Betracht komme, wenn abträgliche Nachwirkungen erledigter Verwaltungsakte fortbestehen. Vielmehr könne auch die **Art des Eingriffs**, insbesondere im grundrechtlich geschützten Bereich, verbunden mit dem verfassungsrechtlich garantierten Anspruch auf effektiven Rechtsschutz erfordern, das Feststellungsinteresse anzuerkennen (entschieden für den Fall eines Eindringens der Vollzugspolizei in die Privatsphäre der Klagepartei zum Zweck der Absicherung der Legende von verdeckten Ermittlern).

Diese auf Eingriffsmodalitäten ausgedehnte, gegenüber dem entschiedenen Einzelfall verallgemeinerte und damit ins Grundsätzliche gehobene Aussage eröffnet dem richterlichen Bemessen einen bedenklich weitgehenden Spielraum, dem eine für die polizeiliche Praxis unerläßliche positivrechtliche Abgrenzung fehlt. Das Bestimmtheitsgebot kann auch bei Verfassungsrecht, das unmittelbar anwendbar sein soll, schon aus Rücksicht auf die Erfordernisse der Gewaltenteilung und die darin auch begründete richterliche Selbstbeschränkung nicht unbeachtet gelassen werden. Die zitierte E befaßt sich freilich nicht unmittelbar mit der Feststellung der Rechtswidrigkeit der gerügten Datenerhebung, sondern mit der Wahl der richtigen Klageart unter Zurückverweisung an die Vorinstanz im übrigen. Gleichwohl weisen der Leitsatz 1 und die Ausführungen unter Nr. 3 b der Urteilsgründe über den Prozeßrahmen hinaus. Das gibt gerade für präventivpolizeiliche Maßnahmen Anlaß zu folgendem Hinweis:

Erweist sich die Datenerhebung nicht schon als rechtswidrig wegen Verstoßes gegen datenschutzrechtliche Vorschriften, so kann es nicht allein darauf ankommen, ob dem Betroffenen „ein hohes Opfer für die Allgemeinheit" abverlangt worden ist. Nur wenn dieses Opfer gegenüber dem angestrebten und erreichbar erscheinenden Ziel, Beeinträchtigungen oder Verletzungen der Grundrechte Dritter zu verhindern oder zu beenden, sich nach der gebotenen Abwägung als zu hoch erweist, kann der Grundsatz der Verhältnismäßigkeit verletzt und damit die Maßnahme rechtswidrig gewesen sein. Es bleibt daher abzuwarten, inwieweit diese Rspr. durch die Verwaltungsgerichte aufgenommen und speziell auf präventivpolizeiliche Maßnahmen angewendet wird.

18 Trifft die Polizei **Maßnahmen zur Verfolgung einer strafbaren Handlung**, insbesondere Maßnahmen auf Grund der StPO, so handelt es sich dabei zwar begrifflich ebenfalls um Verwaltungsakte, doch ist nach herrschender Ansicht insoweit nicht der Verwaltungsrechtsweg, sondern gem. § 23 Abs. 1 EGGVG der Rechtsweg vor den ordentlichen Gerichten (§ 25 EGGVG) gegeben. Die Polizei wird hier als Hilfsorgan von Justizbehörden tätig, so daß ihr Handeln diesem Bereich und damit – wenn überhaupt (s. u.) – der Kontrolle der dafür zuständigen Gerichte unterliegt. Für Maßnahmen nach der StPO sind das die Strafgerichte (vgl. BVerwGE 47, 255 = NJW 1975, 893 m. Anm. von Schenke a. a. O. S. 1529 = BayVBl 1975, 708; BVerwG in NJW 1975, 895 – nur Leitsatz; OLG Nürnberg in BayVBl 1987, 411; Aulehner in BayVBl 1988, 709). Weist dagegen ein Strafgericht Beschwerdeanträge zurück, weil die Maßnahmen keine Justizverwaltungsakte seien und präventivpolizeiliche Eingriffe beträfen, so hat es nach § 17 a Abs. 2 GVG die Verweisung an das zuständige Verwaltungsgericht auszusprechen und darf sich nicht mit der Ablehnung der Anträge begnügen, weil dies zu einer Rechtsschutzverweigerung führen kann, die nach Art. 19 Abs. 4 GG unzulässig ist (s. dazu Czermak in BayVBl 1995, 489 f.).

§ 23 Abs. 1 Satz 1 EGGVG, der geprüft werden muß, wo die StPO selbst keine richterliche Präventivkontrolle der Ermittlungsbehörden vorsieht (z. B. Festnahme eines Störers von Ermittlungshandlungen, § 164 StPO), weist die Nachprüfung der sog. „Justizverwaltungsakte" gesetzlich den ordentlichen Gerichten zu (Antrag auf gerichtliche Entscheidung statt Widerspruch und Klageerhebung); die §§ 23 bis 30 EGGVG regeln das Verfahren dafür in Anlehnung an die entsprechenden Vorschriften der VwGO. Die VwGO selbst ist also auf Justizverwaltungsakte nicht anwendbar, damit entfällt auch das Widerspruchsverfahren.

Ob es sich bei Maßnahmen der Polizei „zur Regelung einzelner Angelegenheiten auf dem Gebiet der Strafrechtspflege" um Justizverwaltungsakte im Sinne von § 23 EGGVG handelt, entscheiden auf Antrag die ordentlichen Gerichte, die also die Kompetenzkompetenz haben. Die Entscheidung hängt davon ab, ob die Polizei als „Justizbehörde" zu gelten hat, wenn sie im Bereich der Strafrechtspflege, vor allem also zum Vollzug der StPO, tätig wird. Für diese Auffassung spricht die sehr gewichtige praktische Erwägung, daß nur auf diese Weise vermieden werden kann, die Anwendung von Vorschriften der StPO, die Ausführung von Weisungen des Staatsanwalts (§ 152 GVG), den Vollzug richterlicher Haftanordnungen u. ä. durch die Polizei der Nachprüfung durch die Verwaltungsgerichte zu unterwerfen und damit für diese Maßnahmen der Strafrechtspflege einen zweigleisigen Rechtsweg mit allen prozessualen Nachteilen, der Möglichkeit einander widersprechender Entscheidungen usw. anzuerkennen. Diesen Überlegungen ist die Rechtsprechung gefolgt, wie die in Abs. 1 dieser RdNr. genannten Entscheidungen zeigen; s. auch OLG Karlsruhe in DÖV 1976, 170 = NJW 1976, 1417. Nach OVG Münster in DÖV 1980, 574 ist die Polizei, soweit sie zur Verfolgung begangener Straftaten tätig wird, stets Justizbehörde im Sinne von § 23 EGGVG, gleich ob sie dabei auf Ersuchen oder im Auftrag der Staatsanwaltschaft oder des Untersuchungsrichters oder aus eigener Initiative handelt.

Polizeiliche Maßnahmen auf Grund des OWiG sind ebenfalls nicht durch die Verwaltungsgerichte, sondern allein durch das jeweils zuständige Amtsgericht überprüfbar (§§ 62, 68 OWiG, vgl. BayVGH in BayVBl 1991, 243).

Besondere Probleme tauchen auf, wenn die Polizei **eine Maßnahme sowohl zur präventiven Gefahrenabwehr als auch zur repressiven Strafverfolgung** trifft. Derartige „Gemengelagen" sind nicht selten (vgl. Kniesel/Vahle in DÖV 1987, 953/955 f.; Dreier in JZ 1987, 1009; Rieger, Die Abgrenzung doppelfunktionaler Maßnahmen der Polizei, 1994, und RdNr. 17 zu Art. 2). Nach herkömmlicher Rechtsprechung ist für die Frage des Rechtswegs – entweder der ordentliche nach § 23 EGGVG i. Verb. m. Art. 12 Abs. 1 POG oder der zu den

Art. 11

Verwaltungsgerichten nach § 40 Abs. 1 VwGO – darauf abzustellen, auf welcher Seite das **Schwergewicht der Maßnahme** liegt, wobei es auf die Sicht des von der Maßnahme Betroffenen ankommt (vgl. BVerwGE 47, 255 = NJW 1975, 893 = DVBl 1975, 581 = JZ 1975, 523; BayVGH in BayVBl 1986, 337 sowie in BayVBl 1986, 338; s. auch BayObLG in BayVBl 1990, 347/349; eingehend zu den verfahrensrechtlichen Voraussetzungen VG Frankfurt a. M. in NVwZ 1994, 720 und zum Ganzen Hertrich, Die gerichtliche Überprüfung von doppelfunktionalen Hoheitsakten der Polizei in Bayern, 1996). Nach BayVGH in BayVBl 1993, 429/430 ist der Verwaltungsrechtsweg bei sowohl strafverfolgenden wie auch präventivpolizeilichen Maßnahmen dann eröffnet, wenn diese aus der Sicht eines objektiven, den Sachverhalt nachträglich beurteilenden Beobachters überwiegend gefahrenabwehrenden Zwecken gedient haben. Dabei muß der Sachverhalt einheitlich betrachtet werden, soweit nicht einzelne Teile objektiv abtrennbar sind; letzteres ist der Fall, wenn für jeden verständigen Beobachter in der Lage des Betroffenen erkennbare Zäsuren feststellbar sind (VGH Mannheim in DÖV 1989, 171). Indizien für ein repressives Einschreiten können etwa sein, daß der Betroffene vor Beginn der Maßnahme davon in Kenntnis gesetzt wurde, er mache sich einer Straftat schuldig, das Handeln der Polizei auf Weisung der Staatsanwaltschaft oder das Weiterleiten der polizeilichen Ermittlungsergebnisse an die Staatsanwaltschaft bzw. an das Gericht. Demgegenüber sind die von der Judikatur darüber hinaus angeführten Kriterien, nämlich das Festhalten des Betroffenen für längere Zeit sowie sein Verbringen auf die Polizeidienststelle nach Abschluß der Maßnahme, wenig aussagekräftig, können sie doch je nach der Situation im Einzelfall auch durchaus präventive Zielsetzungen haben. Für die beobachtende Fahndung, die als Vorläuferin der **polizeilichen Beobachtung nach Art. 36** anzusehen ist, hat das OVG Münster den repressiven Schwerpunkt bejaht (in NJW 1980, 855). Die **Aufbewahrung der im Rahmen eines strafrechtlichen Ermittlungsverfahrens gefertigten erkennungsdienstlichen Unterlagen** soll demgegenüber mit Schwerpunkt präventiv und damit der Verwaltungsrechtsweg eröffnet sein (BVerwG in NJW 1983, 1338; BayVGH in NJW 1984, 2235; OVG Münster in DÖV 1983, 603). Das nämliche gilt für die **Führung und Aufbewahrung von Kriminalakten** (BayVGH in BayVBl 1991, 657). Die **erkennungsdienstliche Behandlung** selbst kann sowohl präventiver (§ 81 b 2. Alt. StPO bzw. Art. 14 Abs. 1 Nr. 2 PAG) als auch repressiver Natur (§§ 81 b 1. Alt. i. Verb. m. 163 b Abs. 1 Satz 3 StPO) sein. Der Schwerpunkt ist jeweils im Einzelfall anhand der oben genannten Kriterien zu bestimmen. Zur Abgrenzung von § 81 b 2. Alt. StPO von Art. 14 Abs. 1 Nr. 2 PAG s. u. RdNrn 2 ff. zu Art. 14.

Durch derartige Überlegungen wird im übrigen die institutionelle Zugehörigkeit der Polizei zur Verwaltung nicht berührt, ebensowenig die Zugehörigkeit der Staatsanwaltschaft zu den Justizbehörden i. S. des § 23 EGGVG. Wesentlich ist und bleibt, ob die polizeiliche Maßnahme allein oder mit

Schwerpunkt auf ein Strafverfahren oder ein sonstiges justizbehördliches Verfahren im Rahmen der ordentlichen Gerichtsbarkeit bezogen ist oder nicht.
Zuständig für die Entscheidung über Anträge nach § 23 Abs. 1 EGGVG ist ein Strafsenat des Oberlandesgerichts (§ 25 EGGVG), soweit nicht das Strafgericht bereits auf Grund anderer Vorschriften angerufen werden kann (§ 23 Abs. 3 EGGVG; z. B. wenn eine rechtswidrige Maßnahme der Polizei zugleich einen Straftatbestand – etwa Beleidigung oder Körperverletzung – erfüllt).
Unbestrittenes Ergebnis dieser Überlegungen ist zunächst nur die Verneinung der Zuständigkeit der Verwaltungsgerichte, soweit die Polizei im Vorfeld oder im Rahmen eines konkreten Strafverfahrens tätig wird, möglicherweise sogar auf Weisung der Staatsanwaltschaft. In den in Abs. 1 dieser RdNr. zitierten Urteilen hat das BVerwG in einschlägigen Fällen den Rechtsweg vor den ordentlichen Gerichten ausdrücklich für gegeben erachtet.
Dagegen hat sich jedoch in einem eingehend begründeten Beschluß vom 8. Dezember 1975 und unter Berufung auf die Rechtsansicht auch der anderen Oberlandesgerichte das OLG Karlsruhe gewandt (zit. in Abs. 3 dieser RdNr.). Es hält im entschiedenen Fall eine durch die Polizei im Zuge eines strafrechtlichen Ermittlungsverfahrens vorgenommene Blutentnahme nach § 81 a StPO nicht für einen Justizverwaltungsakt, sondern für eine Prozeßhandlung, d. i. „eine auf Einleitung, Durchführung und Gestaltung eines Strafverfahrens gerichtete Betätigung eines Strafverfolgungsorgans". Zum Strafverfahren gehöre auch der der Vorbereitung der öffentlichen Klage dienende Verfahrensabschnitt, also das von der Polizei (und/oder der Staatsanwaltschaft) zu führende Ermittlungsverfahren. Solche Prozeßhandlungen sind nach Ansicht des Gerichts dem Rechtsweg nach den §§ 23 ff. EGGVG nach der Entstehungsgeschichte dieser besonderen Rechtswegregelung nicht unterworfen. Sie seien nach gesetzgeberischer Absicht und Wortlaut des § 23 Abs. 1 EGGVG nicht unter diese Vorschrift zu subsumieren. Der Rechtsweg zum OLG sei nur zur Überprüfung von „Verwaltungsmaßnahmen", also von Verwaltungshandlungen der Justizverwaltung, eröffnet worden. Maßnahmen aber, die auf die Ermittlung, Aufklärung und Ahndung von Straftaten gerichtet sind, verwalteten nicht; sie gehörten funktionell zur Rechtspflege, nicht zur Verwaltung. Die Zuständigkeit des OLG nach § 25 EGGVG könne zu einer Vielzahl von Nebenverfahren vor diesen Gerichten führen, das eigentliche Ermittlungsverfahren lähmen oder auch zu einer unerwünschten Mehrgleisigkeit der Ermittlungen führen. Den Rechtsweg vor den Verwaltungsgerichten hält das OLG ebenfalls nicht für gegeben, weil die Maßnahme funktionell im Bereich der Rechtspflege liege und kein Verwaltungsakt sei. Damit kommt das OLG zu dem Ergebnis, daß der Antragsteller die Rechtmäßigkeit der Anordnung zur Blutentnahme „in diesem Verfahrensstadium" gerichtlich nicht klären kann. Einen Verstoß gegen Art. 19 Abs. 4 GG sieht das Gericht darin nicht und beruft sich dazu auf BVerwG in NJW 1975, 893/894 = BayVBl 1975, 708 = BVerwGE 47, 255, das allerdings positiv auf den Rechtsweg zu den ordent-

Art. 11

lichen Gerichten hinweist. Es müsse auch hingenommen werden, daß ein Betroffener im Fall einer Verfahrenseinstellung vor Anklageerhebung eine Überprüfung der Rechtmäßigkeit durch ein Gericht überhaupt nicht mehr erreichen könne.

Die Entscheidung überzeugt nicht in allen Teilen. Soweit sie von „Verwaltungsmaßnahmen" oder „Verwaltungshandlungen der Justizverwaltung" spricht, muß bemerkt werden, daß § 23 Abs. 1 EGGVG keinen dieser Ausdrücke verwendet, seine allgemeine Fassung vielmehr auch eine weitergehende Interpretation gestattet. Weiter übergeht die Entscheidung den subsidiären Charakter der Regelung in §§ 23 Abs. 1, 25 EGGVG, der sich aus § 23 Abs. 3 EGGVG ergibt. Schließlich wird sie Art. 19 Abs. 4 GG nicht gerecht, der zwar keinen Instanzenzug, wohl aber einen effektiven Rechtsschutz garantiert. Würden daher Polizeimaßnahmen im Rahmen der Strafverfolgung nach der StPO, die das OLG als „Prozeßhandlungen" bezeichnet, nicht in einem nachfolgenden Strafverfahren oder inzidenter in einem anderen Verfahren vor den ordentlichen Gerichten überprüfbar sein und auch die Verwaltungsgerichte ihre Kompetenz in einem solchen Falle verneinen, würde nach Art. 19 Abs. 4 Satz 2 GG der Rechtsweg wieder vor die ordentlichen Gerichte führen. S. auch Markworth in DVBl 1975, 575; Amelung in NJW 1979, 1687; zu hier auftretenden prozeßrechtlichen Fragen Flieger in MDR 1981, 17.

Gegen **Presseerklärungen** der Polizei zu anhängigen staatsanwaltschaftlichen Ermittlungsverfahren ist der Rechtsweg nach §§ 23 ff. EGGVG eröffnet (so zu Recht OLG Karlsruhe in NJW 1995, 899).

19 Die wichtigsten Maßnahmen, die Polizeidienstkräfte selbständig nur in ihrer Eigenschaft als **Hilfsbeamte der Staatsanwaltschaft** treffen können, finden sich in den §§ 81 a und c (körperliche Untersuchung, Blutproben), 94 Abs. 1 (Beschlagnahme) und 105 Abs. 1 (Durchsuchung) der StPO. Daß eine solche Maßnahme durch einen Polizeibeamten angeordnet wurde, der nicht Hilfsbeamter der Staatsanwaltschaft ist, begründet im Verfahren vor dem Strafgericht nicht die Unverwertbarkeit der daraus gewonnenen Erkenntnisse. Es genügt für das Strafverfahren, daß die hoheitliche Anordnung von einer generell zuständigen Stelle (Polizei) ausgegangen ist (vgl. ObLGSt 15, 128). – Welche Polizeidienstkräfte Hilfsbeamte der Staatsanwaltschaft sind, ist festgelegt in der Verordnung über die Hilfsbeamten der Staatsanwaltschaft vom 28. 12. 1984 (BayRS 300-1-2-J).

20 Zum möglichen **Rechtsanspruch** des Bürgers **auf polizeiliches Handeln** s. RdNrn 2 zu Art. 2 und 4 zu Art. 5.

Vorbemerkung zu den besonderen Befugnisvorschriften des PAG (Art. 12–29, 53–69)

Maßnahmen der in den Art. 12–29 und 53–69 genannten Art sind **nur** unter den in diesen Artikeln jeweils **besonders genannten Voraussetzungen** zulässig. Sie dürfen nicht angewendet werden, wenn zwar die allgemeinen Voraussetzungen nach Art. 11, nicht aber die in den jeweiligen Einzelvorschriften geforderten besonderen Voraussetzungen gegeben sind. Andererseits ist neben der Prüfung der in den Einzelvorschriften geforderten Voraussetzungen keine besondere Prüfung der Voraussetzungen nach Art. 11 notwendig (vgl. Nr. 11.2 VollzB). Auch für die Maßnahmen nach den besonderen Befugnisvorschriften gelten jedoch die allgemeinen Vorschriften der Art. 4–10, soweit nichts Abweichendes vorgeschrieben ist.

Eine Anzahl der in den besonderen Befugnisvorschriften geregelten Maßnahmen sind auch nach der StPO zulässig (z. B. erkennungsdienstliche Maßnahmen – § 81 b, Durchsuchung – §§ 102 ff., Festnahme – §§ 127 ff. StPO). In diesen Fällen bestimmen sich Zulässigkeit und Verfahren ausschließlich nach den Vorschriften der StPO (s. Nr. 11.2 VollzB). Es ist daher stets zu unterscheiden, ob die Maßnahme nach der StPO oder auf Grund des PAG ergriffen wurde. Das ist für ihre rechtliche Beurteilung wichtig und – soweit die Voraussetzungen und das Verfahren abweichend geregelt sind – von ausschlaggebender Bedeutung für ihre Rechtmäßigkeit. Zur **Doppelfunktion** polizeilicher Tätigkeit und deren Folgen für den jeweiligen **Rechtsweg** s. RdNrn 16 ff. zu Art. 11. Bei **Ordnungswidrigkeiten** vgl. insbesondere § 53 Abs. 2 OWiG.

Zu den besonderen Befugnisvorschriften enthält die **Vollzugsbekanntmachung** selbst weitgehende Erläuterungen. Dabei weist sie vor allem darauf hin, ob und inwieweit die Befugnisse nach dem PAG auch für polizeiliche Maßnahmen nach der **StPO** und dem **OWiG** in Betracht kommen. Darüber hinausgehende Erläuterungen können sich deshalb auf **ergänzende Hinweise** beschränken, die entsprechend der inneren Systematik jedes Artikels angeordnet sind.

Art. 12
Auskunftspflicht

¹Auf Befragen durch die Polizei ist eine Person verpflichtet, Name, Vorname, Tag und Ort der Geburt, Wohnanschrift und Staatsangehörigkeit anzugeben, wenn anzunehmen ist, daß sie sachdienliche Angaben machen kann, die zur Erfüllung einer bestimmten polizeilichen Aufgabe erforderlich sind. ²Zu weiteren Auskünften gegenüber der Polizei ist die Person nur verpflichtet, soweit für sie gesetzliche Handlungspflichten bestehen. ³Für die Dauer der Befragung kann die Person angehalten werden.

12 Zu Art. 12 (Auskunftspflicht)

*12.1 Satz 1 gibt der Polizei die **Befugnis**, eine Person nach deren Wahrnehmungen zu tatsächlichen Ereignissen oder Personen zu befragen, wenn anzunehmen ist, daß sie sachdienliche Angaben zur Erfüllung einer bestimmten polizeilichen Aufgabe nach Art. 2 machen kann. Beispiele hierfür sind der Zufallszeuge einer Gefahrenlage oder der Nachbar eines Störers. Satz 1 stellt klar, daß Befragungen auch unbeteiligter Dritter zulässig und nicht etwa auf die Ausnahmefälle des Art. 10 beschränkt sind.*

*12.2 Eine Auskunfts**pflicht** der befragten Person zur Sache gegenüber der Polizei besteht aber nur im Rahmen der für die Person geltenden gesetzlichen Handlungspflichten. Nur soweit besondere gesetzliche Handlungspflichten (z. B. Garantenstellung, Nichtanzeige geplanter Straftaten § 138 StGB oder unterlassene Hilfeleistung § 323 c StGB) bestehen, ist die befragte Person auch der Polizei gegenüber zu Auskünften in der Sache verpflichtet. Die in der Strafprozeßordnung geregelten Auskunfts- und Zeugnisverweigerungsrechte (§§ 52 bis 55 StPO) gelten nur für den Bereich der Strafverfolgung. Verweigert eine befragte Person Angaben zur Sache, so sind deren Personalien – soweit zur Aufgabenerfüllung im konkreten Fall erforderlich – nach Satz 1 aufzunehmen, um spätere richterliche Feststellungen in einem etwaigen nachfolgenden gerichtlichen Verfahren zu erleichtern. § 111 OWiG bleibt unberührt.*

*12.3 Satz 3 sieht vor, daß die Polizei den Betroffenen für die Dauer der Befragung **anhalten** kann. Eine Mitnahme zur Dienststelle ist nur unter den Voraussetzungen der Identitätsfeststellung nach Art. 13 Abs. 2 Satz 3 zulässig.*

1   Art. 12 wurde durch das 3. PAGÄndG (dort § 1 Nr. 1–Art. 11 a) in das PAG eingefügt. Kritisch hierzu Gusy in NVwZ 1991, 614.

Art. 12 entspricht in seinem wesentlichen Inhalt einer herkömmlichen Praxis der Polizei zur wirksamen Erfüllung ihres Schutzauftrags (vgl. RdNrn 1 und 2 zu Art. 2). Allerdings war es dabei den Befragten freigestellt, auf die Fragen der Polizei zu antworten (Ausnahme: Identitätsfeststellung nach den Art. 13 Abs. 1 und 2, 14, 15 Abs. 1 Nr. 2); sie konnten nach Art. 15 Abs. 1

Nr. 1 lediglich vorgeladen werden. Nunmehr statuiert Art. 12, der neben Art. 15 selbständige Bedeutung hat, eine beschränkte Aussagepflicht, die im wesentlichen dem gleichen Zweck dient wie Art. 15 Abs. 1 Nr. 1. Entsprechend den von den Verfassungsgerichten aufgestellten Grundsätzen (BVerfGE 65, 1 – Recht auf informationelle Selbstbestimmung – und BayVerfGH in BayVBl 1985, 652) bedarf diese gegenüber Art. 15 erweiterte polizeiliche Befugnis einer gesetzlichen Grundlage, aus der sich Voraussetzungen und Umfang des Eingriffs für den Bürger erkennbar ergeben. Diesem Erfordernis entspricht Art. 12. Zu beachten bleibt, daß die Verpflichtung zur Angabe der Personalien – wie übrigens die Folgepflicht gegenüber jeder polizeilichen Maßnahme – nur rechtmäßig ist, wenn ihre gesetzlich bestimmten Voraussetzungen im Einzelfall auch gegeben sind. Das BVerfG hat festgestellt (in BayVBl 1995, 495), daß es gegen Art. 2 Abs. 1 GG verstößt, wenn die Verweigerung der Personalienangabe nach § 111 OWiG geahndet wird, ohne daß zuvor die Rechtmäßigkeit der Aufforderung in vollem Umfang überprüft worden ist.

Satz 1 verleiht der Polizei eine **Fragebefugnis,** die beim Befragten eine **Pflicht zur Beantwortung** auslöst. Sie ist allerdings auf die Angabe der Personalien einschließlich der Staatsangehörigkeit beschränkt; die Verweigerung der Angaben ist eine Ordnungswidrigkeit nach § 111 OWiG. Hinsichtlich der „sachdienlichen Angaben" begründet Art. 12 keine Aussagepflicht gegenüber der Polizei, es sei denn, daß die befragte Person nach anderen Gesetzen als dem PAG zum Handeln, zu dem Art. 12 offenbar auch die Auskunftserteilung rechnet, verpflichtet ist; vgl. Nr. 12.2 VollzB und u. RdNr. 6. Fragen, auf die zu antworten keine rechtliche Verpflichtung besteht, sind keine Rechtseingriffe, vgl. Art. 19 Abs. 1 Satz 2. Eine vorgreifliche Pflicht des zu Befragenden, etwa die, sich zu melden, begründet Satz 1 nicht. **2**

Satz 1 schreibt auch nicht vor, daß die Befragung etwa in einem unmittelbaren zeitlichen oder örtlichen Zusammenhang mit einem bestimmten Vorkommnis stehen muß (vgl. die Beispiele in Nr. 12.1 VollzB). Nicht einmal ein unmittelbarer Zusammenhang mit einem solchen ist gefordert (s. dazu u. RdNr. 3). Die Befragung kann an jedem Ort und zu jeder Zeit stattfinden, solange die erwarteten Angaben im Rahmen des Satzes 1 für erforderlich und sachdienlich gehalten werden können.

Das **Befragen** durch die Polizei ist **kein Verwaltungsakt** im Sinne des Art. 35 BayVwVfG, denn es dient nicht der Regelung eines Einzelfalls. Vielmehr ist es eine gesetzlich besonders geregelte Maßnahme. Sie kann nach § 40 Abs. 1 Satz 1 VwGO von den Verwaltungsgerichten auf ihre Rechtmäßigkeit überprüft werden.

Voraussetzung für die Befragung nach Satz 1 ist die **Annahme** (Vermutung) **der Polizei,** daß die zu befragende Person sachdienliche Angaben zur Erfüllung einer bestimmten polizeilichen Aufgabe machen kann. Anders als in **3**

Art. 15 Abs. 1 Nr. 1 muß die Annahme der Polizei nicht auf bestimmte Tatsachen gestützt werden können, wie es etwa auch Art. 21 Abs. 1 Nrn 1 und 4 und Art. 22 Abs. 1 Nrn 1 bis 3 und 5 ausdrücklich fordern. Sie muß aber für einen ruhig und vernünftig denkenden Menschen nachvollziehbar sein und darf nicht gegen das Willkürverbot verstoßen. Die Polizei ist weder verpflichtet noch gehindert, dem zu Befragenden die Gründe für ihre Annahme mitzuteilen. Die Polizei entscheidet, was zweckmäßig erscheint, z. B. den Erfolg der Befragung fördert.

Die von dem Befragten erwarteten Angaben müssen zur **Erfüllung einer bestimmten polizeilichen Aufgabe** notwendig sein. Diese Aufgabe muß im Rahmen des Art. 2 liegen und in diesem Rahmen „**bestimmt**", also konkret zu beschreiben sein. Andererseits muß sie nicht an einen Einzelfall gebunden sein. Danach erscheint eine Befragung durch die Polizei zur allgemeinen Gefahrenabwehr unzulässig, zulässig dagegen bereits, wenn sie z. B. der besseren Bekämpfung von Schutzgeld- oder Rauschgiftkriminalität dient, erst recht, wenn sie der Ermittlung eines Täterkreises oder eines Einzeltäters dienen soll. In diesem Rahmen müssen die erwarteten Angaben **sachdienlich** sein. Sie dürfen also beispielsweise nicht der bloßen Ausforschung über Lebensumstände von Personen oder über den Zustand von Sachen dienen, die zur Erfüllung der aktuellen polizeilichen Aufgabe ohne Bedeutung sind.

4 Satz 1 gehört zu den Vorschriften des PAG, die eine **selbständige Adressatenbestimmung** enthalten, so daß dafür die Art. 7, 8 und 10 nicht heranzuziehen sind (s. Art. 7 Abs. 4, 8 Abs. 4, 10 Abs. 3; vgl. RdNr. 6 zu Art. 7 und Nrn 7.2, 12.1 VollzB).

Befragt werden kann jede beliebige Person, von der die Polizei die benötigten Auskünfte erwarten darf. Es ist nicht vorausgesetzt, daß der zu Befragende ein bestimmtes Alter hat oder auch als Zeuge im Sinne von StPO oder ZPO in Betracht kommt, obwohl sich das durch die Aussagen des Befragten oder aus anderen, der Polizei bereits bekannten Umständen ergeben kann. Das Fragerecht ist also nicht beschränkt auf den Kreis der in einem konkreten Einzelfall etwa nach den Art. 7, 8 oder 10 Betroffenen. Kniesel/Vahle (in DÖV 1990, 646/648; vgl. auch Götz in NVwZ 1990, 725/727) rechnen wohl auch diese Maßnahme zu den Erweiterungen der polizeilichen Vorfeldbefugnisse, die sich von der konkreten Gefahr und dem Störerprinzip lösen und tendenziell Eingriffsbefugnisse gegen „jedermann" eröffnen. Noch schärfer formuliert Lisken (in ZRP 1990 15/19), der jeden Zwang zur Preisgabe der Identität für Personen ablehnt, die keinen Anlaß für die Annahme einer Gefahr bieten (vgl. den Versuch, in Hessen den auskunftspflichtigen Personenkreis enger zu halten; dazu Schild in NVwZ 1990, 738/741). Es trifft zu, daß Bestimmungen wie Art. 12, 15 Abs. 1 Nr. 1 oder Art. 17 Abs. 1 Nr. 2 hinsichtlich der „Begleitpersonen" den herkömmlichen Adressatenbereich Störer – Nichtstörer überschreiten, doch war der wirksame Schutz der durch die Polizei zu schützenden Güter wohl kaum je in dieser engen Adressatenbegrenzung möglich. Qualitätsänderungen ergeben sich dabei immer beim Übergang von der freiwilligen Mitwirkung des Bürgers zur pflichtgemäßen oder gar erzwingbaren. Das ist kein neuer Vorgang, wie etwa die Geschichte des Schutzes potentieller Selbstmörder vor sich selbst aufzeigt. Die Konstruktion, das Suizid als „Störung" der öffentlichen Sicherheit oder Ordnung und folglich den potentiellen Selbstmörder als „Störer" zu begreifen, war immer unbefriedigend und ist es heute mehr denn je. Trotzdem ist die gesetzliche Regelung dieses Schutzes weder verfassungs- noch sittenwidrig noch aus anderen rechtsstaatlichen Gründen abzulehnen. Effektive Polizei ist ohne Mitwirkung auch unbeteiligter Bürger nicht möglich. Sieht sich der Staat bei der Wahrnehmung seiner Schutzpflichten infolge neuer Formen oder steigender Intensität der Kriminalität nachweisbar genötigt, bei dieser Mitwirkung partiell vom Freiwilligkeitszum Pflichtprinzip überzugehen, so ist das weder neu noch rechtsstaatlich prinzipiell unzulässig. Die notwendigen Korrektive liegen hier wie im gesamten Polizeirecht im Verbot von Willkür, Schikane und Übermaß, also den Grundsätzen der Notwendigkeit und Verhältnismäßigkeit der Mittel und des Handelns und in der aufsichtlichen, gerichtlichen und politischen Kontrolle polizeilichen Handelns, die eine Vielzahl gegen Mißbrauch wirksamer Instrumente und Mechanismen bietet.

Satz 1 benennt ausdrücklich die Angaben zur Person des Befragten, die von diesem nicht verweigert werden dürfen. Es ist jedoch zu beachten, daß auch die Frage nach diesen Daten unter dem stets geltenden Vorbehalt der sachbezogenen **Notwendigkeit** und **Verhältnismäßigkeit** steht. Für die Angaben über **Namen, Geburtsdaten** und **Anschrift** ist das in der Regel unproblematisch, weil sie zur Identifikation und zum etwa notwendigen Wiederauffinden des Befragten und wegen seiner etwaigen Zeugeneigenschaft zumeist unerläßlich sind. Für die Angabe der **Staatsangehörigkeit** gilt das nicht von vornherein. Zwar gewinnt auch diese Frage wegen des Wegfalls europäischer Binnengrenzen und der Internationalisierung von Taten und Täterzusammenschlüssen immer mehr an Bedeutung, gleichwohl gehört sie nicht immer zu den unerläßlichen Identifikationsdaten. Es ist deshalb im Einzelfall zu überlegen, ob die Frage nach der Staatsangehörigkeit sachdienlich und notwendig ist. Für die **Folgen unrichtiger Angaben** des Befragten s. § 111 OWiG. 5

Während Satz 1 die Pflicht zu Angaben über die eigene Person des Befragten regelt, beschreibt **Satz 2** die **Pflicht zu Auskünften zur** jeweiligen **Sache** und **über sonstige Personen,** die damit in Zusammenhang zu bringen sind. 6

Niemand ist verpflichtet, gegen sich selbst auszusagen. Über diesen für das Polizei- und das Strafverfahrensrecht geltenden Grundsatz hinaus **beschränkt** Satz 2 **die Auskunftspflicht** der nach Satz 1 Befragten gegenüber der Polizei

Art. 12

auf Fälle, in denen für sie **gesetzliche Handlungspflichten** bestehen. Auf die in Nr. 12.2 VollzB genannten Beispiele wird verwiesen.

Verweigert ein Befragter sachdienliche **Angaben** nach Satz 2, insbesondere solche, zu denen er nach dieser Vorschrift verpflichtet ist oder nach Sachlage als verpflichtet zu gelten hat, hat die Polizei nach Nr. 12.2 Satz 4 VollzB zu verfahren, der für sie Dienstvorschrift ist. Art. 15 bleibt unberührt.

7   **Satz 3** gibt der Polizei die **Befugnis**, die zu befragende Person zu diesem Zweck **anzuhalten** (s. zum Begriff Nr. 13.8 VollzB und RdNr. 11 zu Art. 13). Das Anhalten ist **befristet** auf die Dauer der Befragung. Führt die Befragung nicht zum Ziel, etwa weil der zu Befragende aus körperlichen Gründen nicht antworten kann, der deutschen Sprache nicht mächtig ist oder nicht antworten will, so entfällt die Befugnis zum Anhalten nach Satz 3. Auch wird davon auszugehen sein, daß Art. 12 Satz 1 keine Ausweispflicht im Sinne von § 1 des Gesetzes über Personalausweise begründet; dagegen spricht die selbständige Ausgestaltung der Auskunftspflicht.

Aus der allgemeinen Fassung des Art. 53 Abs. 2 könnte hergeleitet werden, daß das **Fragerecht** der Polizei mit den allgemeinen Mitteln des Verwaltungszwangs (Art. 54) **durchgesetzt werden** könnte. Dagegen sprechen jedoch die Sonderregelung des Art. 12 Satz 2 und der Grundsatz der Verhältnismäßigkeit. Man wird Art. 12 in Verbindung mit Art. 15 Abs. 1 Nr. 1 zu lesen haben, der bereits die Zulässigkeit einer Vorladung, die nicht zu den Zwangsmitteln des Art. 54 gehört, an die gegenüber Art. 12 strengere Voraussetzung bindet, daß das Fragerecht der Polizei im gegebenen Fall tatsachengestützt ist und in Abs. 3 die Zulässigkeit der Zwangsanwendung besonders regelt, so daß der unmittelbare **Rückgriff auf die Art. 53 Abs. 2, 54** wegen dieser Spezialregelung **ausscheidet**.

Satz 3 **gestattet** der Polizei auch **nicht,** den Befragten gegen seinen Willen **festzuhalten** und an einen **anderen Ort,** etwa in ein Polizeifahrzeug oder auf die Polizeidienststelle **zu verbringen**. Diese über das Anhalten hinausgehenden Freiheitsbeschränkungen sind nur unter den Voraussetzungen des Art. 13 Abs. 2 Satz 3 zulässig (vgl. Nr. 13.3 VollzB). Sie setzen mindestens voraus, daß die Identifikation des Betroffenen über die Befragung hinaus auch zur Abwehr einer Gefahr (s. Nr. 2.2 VollzB und RdNr. 10 zu Art. 2) notwendig ist (s. Art. 13 Abs. 1 Nr. 1), oder aber die spezielleren Voraussetzungen des Art. 13 Abs. 1 Nrn 2 ff. gegeben sind. Entsprechendes gilt für die Anwendung des Art. 15 Abs. 3 (s. Nrn 15.3 und 15.4 VollzB).

Art. 13
Identitätsfeststellung und Prüfung von Berechtigungsscheinen

(1) Die Polizei kann die Identität einer Person feststellen
1. zur Abwehr einer Gefahr,
2. wenn die Person sich an einem Ort aufhält,
   a) von dem auf Grund tatsächlicher Anhaltspunkte anzunehmen ist, daß dort
      aa) Personen Straftaten verabreden, vorbereiten oder verüben,
      bb) sich Personen ohne erforderliche Aufenthaltserlaubnis treffen, oder
      cc) sich Straftäter verbergen, oder
   b) an dem Personen der Prostitution nachgehen,
3. wenn sie sich in einer Verkehrs- oder Versorgungsanlage oder -einrichtung, einem öffentlichen Verkehrsmittel, Amtsgebäude oder einem anderen besonders gefährdeten Objekt oder in unmittelbarer Nähe hiervon aufhält und Tatsachen die Annahme rechtfertigen, daß in oder an Objekten dieser Art Straftaten begangen werden sollen, durch die in oder an diesen Objekten befindliche Personen oder diese Objekte selbst unmittelbar gefährdet sind,
4. an einer Kontrollstelle, die von der Polizei eingerichtet worden ist, um Straftaten im Sinn von § 100 a der Strafprozeßordnung (StPO) oder § 27 des Versammlungsgesetzes zu verhindern,
5. im Grenzgebiet bis zu einer Tiefe von 30 km sowie auf Durchgangsstraßen (Bundesautobahnen, Europastraßen und andere Straßen von erheblicher Bedeutung für den grenzüberschreitenden Verkehr) und in öffentlichen Einrichtungen des internationalen Verkehrs zur Verhütung oder Unterbindung der unerlaubten Überschreitung der Landesgrenze oder des unerlaubten Aufenthalts und zur Bekämpfung der grenzüberschreitenden Kriminalität oder,
6. zum Schutz privater Rechte (Art. 2 Abs. 2).

(2) ¹Die Polizei kann zur Feststellung der Identität die erforderlichen Maßnahmen treffen. ²Sie kann den Betroffenen insbesondere anhalten, ihn nach seinen Personalien befragen und verlangen, daß er mitgeführte Ausweispapiere zur Prüfung aushändigt. ³Der Betroffene kann festgehalten werden, wenn die Identität auf andere Weise nicht oder nur unter erheblichen Schwierigkeiten festgestellt werden kann. ⁴Unter den Voraussetzungen von Satz 3 können der Betroffene sowie die von ihm mitgeführten Sachen durchsucht werden.

(3) Die Polizei kann verlangen, daß ein Berechtigungsschein zur Prüfung ausgehändigt wird, wenn der Betroffene auf Grund einer Rechtsvorschrift verpflichtet ist, diesen Berechtigungsschein mitzuführen.

Art. 13

13 Zu Art. 13 (Identitätsfeststellung und Prüfung von Berechtigungsscheinen)

13.1 **Identitätsfeststellung** *bedeutet die Vergewisserung, welche Personalien (vgl. § 111 Abs. 1 OWiG; Vor-, Familien- oder Geburtsnamen, Ort und Tag der Geburt, Familienstand, Beruf, Wohnort, Wohnungsanschrift, Staatsangehörigkeit) eine bestimmte Person hat; nach Absatz 2 umfaßt die Befugnis zur Identitätsfeststellung insbesondere die Anhaltung, das Befragen nach den Personalien und das Verlangen, daß mitgeführte Ausweispapiere zur Prüfung ausgehändigt werden. Ferner kann die Polizei zur Identitätsfeststellung die Echtheit und Unverfälschtheit der Ausweispapiere prüfen. Auch Gegenüberstellungen sind ein Mittel der Identitätsfeststellung.*

Die erkennungsdienstliche Behandlung, die auch der Identitätsfeststellung dienen kann, ist in Art. 14 gesondert geregelt.

13.2 Die Vorschriften der Strafprozeßordnung, die zur Identitätsfeststellung ermächtigen (§§ 111, 163 b, 163 c StPO), stellen eine abschließende Regelung der Identitätsfeststellung für Zwecke der **Strafverfolgung** *dar. Diese Vorschriften gelten gemäß § 46 Abs. 1 OWiG entsprechend auch für die* **Verfolgung von Ordnungswidrigkeiten***. Art. 13 ist daher für die Zwecke der Strafverfolgung und der Verfolgung von Ordnungswidrigkeiten nicht anwendbar.*

13.3 Eine Anwendung des Absatzes 1 Nr. 1 kommt daher beispielsweise in Betracht, wenn der Täter oder ein Zeuge einer verfassungsfeindlichen Handlung festgestellt werden soll, wenn die Identitätsfeststellung geeignet erscheint, diese Tat zu beenden oder künftige Taten dieser Art zu verhindern.

13.4 Eine Identitätsfeststellung nach **Art. 13 Abs. 1 Nr. 2** *(sogenannte gefährliche Orte) setzt voraus, daß Tatsachen bekannt sind, die nach kriminalistischer Erfahrung darauf hindeuten, daß an diesen Orten die in Nummer 2 genannten Tätigkeiten stattfinden. Es ist nicht erforderlich, daß nach den Anhaltspunkten Tätigkeiten gerade zur Zeit der Identitätsfeststellung gegeben sind. Ferner ist nicht erforderlich, daß alle oder die meisten sich an diesen Orten aufhaltenden Personen der vorher bezeichneten Tätigkeiten verdächtig sind. Vielmehr werden alle Personen an solchen Orten, die nicht offensichtlich keine Beziehung zu diesen Tätigkeiten haben, von der Feststellungsbefugnis erfaßt. Die tatsächlichen Anhaltspunkte brauchen sich nicht auf bestimmte Personen oder bestimmte Straftaten zu beziehen. Ist für die Identitätsfeststellung das Betreten befriedeten Besitztums ohne Einwilligung des Hausrechtsinhabers erforderlich, so ist Art. 23 zu beachten.*

13.4.1 **Aufenthaltserlaubnis** *im Sinn des Absatzes 1 Nr. 2 Buchst. a, bb ist insbesondere die ausländerrechtliche Aufenthaltserlaubnis, aber auch die durch das Lösen einer Fahrkarte erwirkte Aufenthaltserlaubnis für Verkehrsanlagen, soweit für diese Anlagen eine öffentlich-rechtliche Regelung (z. B. Gemeindesatzung) besteht.* **Straftäter** *im Sinn der Nummer 2 Buchst. a, cc* sind Personen, die wegen einer Straftat verurteilt worden sind (ggf. auch durch Strafbefehl). Für den Begriff „*der* **Prostitution** *nachgehen*" (Nummer 2 Buchst. b) genügen Handlungen, die unmittelbar auf sexuelle Betätigungen gegen Entgelt abzielen, so die für den sog. Straßenstrich typischen Anbahnungshandlungen.

13.5 **Absatz 1 Nr.** *3 (sogenannte gefährdete Objekte) setzt nicht voraus, daß sich die tatsächlichen Anhaltspunkte gerade auf das Objekt beziehen, das durch die Identitätsfeststellungen geschützt werden soll. Die Voraussetzungen nach dieser Vorschrift sind bereits gegeben, wenn Tatsachen die Annahme rechtfertigen, daß ein* **Objekt dieser Art** *gefährdet ist, ohne daß schon erkennbar ist, welchem einzelnen Objekt die Gefahr droht. Die Straftat muß gegen das Objekt selbst, gegen dessen Einrichtungen oder gegen Personen in diesen Objekten oder in deren unmittelbarer Nähe gerichtet sein, die dessen besondere Gefährdung teilen (z. B. Sprengstoffanschläge, nicht jedoch Taschendiebstähle). Wenn eine solche Gefährdungslage hinsichtlich solcher Objekte gegeben ist, ist für die Befugnis nach Art. 13 Abs. 1 Nr. 3 nicht erforderlich, daß die besonderen Anhaltspunkte auf die einzelnen Personen hindeuten, deren Identität festgestellt werden soll.*

Andere besonders gefährdete Objekte im Sinn dieser Vorschrift können auch im Bau befindliche Kernkraftwerke oder Kernforschungsanlagen, Vertretungen ausländischer Staaten und ausländischer Verkehrs- und Handelsbüros sein.

13.6 *Art. 13 Abs. 1 Nr. 4 ergänzt § 111 der Strafprozeßordnung für den präventiven Bereich. Die Vorschrift dient der Gefahrenabwehr und läßt an den Kontrollstellen die Feststellung der Identität auch solcher Personen zu, bei denen die Voraussetzungen der Art. 7, 8 und 10 nicht vorliegen. Im Hinblick auf Art. 4 sind solche Maßnahmen auf das unumgänglich notwendige Maß zu beschränken. Sie kommen vornehmlich im Zusammenhang mit der Begehung einer Straftrat im Sinn vom § 100 a der Strafprozeßordnung oder § 27 des Versammlungsgesetzes in Betracht. Kontrollstellen sollen nur eingerichtet werden, wenn zu erwarten ist, daß durch die Identitätsfeststellungen und die gegebenenfalls notwendigen Durchsuchungen von Personen und Sachen Störer, die Straftaten im Sinn von § 100 a der Strafprozeßordnung oder § 27 des Versammlungsgesetzes beabsichtigen, von der Begehung solcher Taten abgehalten werden können. Die Polizei kann sich hierbei auf die Erfahrung stützen, daß diese Personen vorwiegend derartige Wege, Verkehrsmittel oder Örtlichkeiten benutzen bzw. aufsuchen.*

13.7 *Art. 13 Abs. 1 Nr. 5 enthält eine verdachts- und ereignisunabhängige Befugnis zur Personenkontrolle in den dort genannten Bereichen.*
Die Vorschrift deckt auch – in der Alternative „zur Verhütung oder Unterbindung der unerlaubten Überschreitung der Landesgrenze" – die herkömm-

Art. 13

liche Grenzkontrolle ab, soweit und solange sie nicht nach dem Schengener Durchführungsübereinkommen oder anderen in innerstaatliches Recht umgesetzten völkerrechtlichen Vereinbarungen entfällt.
  Außerhalb der Grenzübertrittskontrolle werden Art und Umfang der Kontrollen durch die Zielsetzung der Bekämpfung der grenzüberschreitenden Kriminalität und der Unterbindung des unerlaubten Aufenthalts bestimmt. Eine wesentliche Bedeutung kommt dabei dem Einsatz mobiler Fahndungstrupps auf den Durchgangsstraßen und in den öffentlichen Einrichtungen des internationalen Verkehrs zu. Durchgangsstraßen des internationalen Verkehrs sind neben den Bundesautobahnen und den Europastraßen andere Straßen, die von erheblicher Bedeutung für den grenzüberschreitenden Verkehr sind und damit auch Bedeutung für die grenzüberschreitende Kriminalität haben. Dabei wird nicht auf bestimmte Straßenklassen abgestellt, sondern auf die wandelbaren tatsächlichen Gegebenheiten, wie sie nach dem polizeilichen Lagebild zu erkennen sind. Öffentliche Einrichtungen des internationalen Verkehrs können Flughäfen, Bahnhöfe und Züge, aber auch Tank- und Rastanlagen sein.
  An die Befugnis zu Personenkontrollen angebunden ist die Befugnis zur Durchsuchung von Personen und Sachen (vgl. Art. 21 Abs. 1 Nr. 3, Art. 22 Abs. 1 Nr. 4). Der Umfang der im Einzelfall zur Verfolgung des Kontrollzwecks gebotenen Maßnahmen wird durch den Verhältnismäßigkeitsgrundsatz (Art. 4) begrenzt.

13.8 Die Identitätsfeststellung nach Abs. 1 Nr. 6 kommt in Betracht, wenn sie geeignet ist, die Wahrnehmung privater Rechte zu sichern, sofern ohne sofortige Identitätsfeststellung die Verwirklichung des Rechts in Frage gestellt wäre. Insbesondere kommt diese Befugnis dann zum Tragen, wenn jemand fahrlässig eine Sache beschädigt hat, seine Personalien dem Geschädigten nicht bekannt gibt und sich entfernen will. Für eine Identitätsfeststellung in solchen Fällen ist es nicht erforderlich, daß der Geschädigte sie beantragt.

13.9 Das Anhalten (Art. 13 Abs. 2) ist das Gebot an eine Person, an Ort und Stelle solange zu verweilen, wie die Feststellung der Personalien es erfordert. Dauert es länger, als für die Prüfung der Personalpapiere an Ort und Stelle gebraucht wird, so kann der Betroffene festgehalten werden. Das stellt eine Freiheitsentziehung dar, so daß die Art. 18 bis 20 Anwendung finden.

13.10 Die Pflicht nach Art. 13 Abs. 1 und 2, mitgeführte Ausweispapiere (Personalausweis, Paß oder sonstige, mit einem Lichtbild versehene amtliche Urkunden wie z. B. Führerschein) auszuhändigen, begründet keine Pflicht, Ausweispapiere mit sich zu führen. Eine solche Pflicht kann sich jedoch aus anderen Rechtsvorschriften ergeben (vgl. § 35 Abs. 5 Nr. 1, § 39 Abs. 5, § 45 Abs. 5 WaffG, § 4 Abs. 2 Satz 2 StVZO, § 60 c Abs. 1 GewO, Art. 1 Abs. 1 Fischereischeingesetz, § 15 Abs. 1 Bundesjagdgesetz).

Art. 13

Die Identität kann an Ort und Stelle nicht festgestellt werden, wenn der Betroffene Angaben über seine Person verweigert oder nicht machen kann und über hinreichende Ausweise nicht verfügt oder wenn im Einzelfall Zweifel an deren Echtheit oder Gültigkeit bestehen und wenn vertrauenswürdige Gewährspersonen oder andere zuverlässige Anhaltspunkte nicht vorhanden sind.
Erhebliche Schwierigkeiten im Sinn des Art. 13 Abs. 2 Satz 3 liegen insbesondere dann vor, wenn Zahl, Ausrüstung oder körperliche Stärke der angehaltenen Personen oder Besonderheiten des Ortes die Identitätsfeststellung an Ort und Stelle nicht tunlich erscheinen lassen.

*13.11 Die **Durchsuchung** nach Art. 13 Abs. 2 Satz 4 muß sich auf den Zweck der Identitätsfeststellung beschränken; liegen jedoch die Voraussetzungen des Art. 21 Abs. 1 oder 2 oder des Art. 22 Abs. 1 vor, so kann die Durchsuchung auch den dort angegebenen Zwecken dienen.*

*13.12 **Berechtigungsscheine** im Sinn des Art. 13 Abs. 3 sind Urkunden, die die Berechtigung für die Ausübung einer besonders geregelten Tätigkeit nachweisen, insbesondere die Bescheinigung (lies: Bescheinigungen), die sich aus den in Nr. 13.9 bezeichneten Rechtsvorschriften ergeben, ferner Bescheinigungen nach § 27 Abs. 3, § 39 Abs. 2, § 45 Abs. 5 Waffengesetz, § 12 Abs. 4 des Gesetzes über die Kontrolle von Kriegswaffen, §§ 23 und 28 Sprengstoffgesetz, § 24 Abs. 2 StVZO. Eine Anordnung nach Art. 13 Abs. 3 setzt voraus, daß der Betroffene die Tätigkeit, für deren Ausübung der Berechtigungsschein erforderlich ist, noch ausübt oder nach den Umständen nur kurzzeitig unterbrochen hat. Ist nach der Rechtsvorschrift, die den Berechtigungsschein vorschreibt, außerdem das Mitführen eines Identitätspapiers vorgesehen (vgl. § 35 Abs. 5, § 39 Abs. 5 Waffengesetz), so kann die Polizei auch die Vorzeigung dieses Papiers verlangen.*

1 Durch § 1 Nr. 2 des 3. PAGÄndG wurden in Art. 13 Abs. 1 Nr. 4 die Abkürzung „(StPO)" eingefügt und in Nr. 5 die Worte „oder ‚Zonengrenzbezirk'" gestrichen. Durch § 1 Nr. 1 des polVÄndG wurde Art. 13 Abs. 1 Nr. 5 neu gefaßt (zur Kompetenz des Landes für diese Änderung s. Beinhofer in BayVBl 1995, 193/195 f.).

Von der Personalienfeststellung des Art. 12 unterscheidet sich die Identitätsfeststellung nach Abs. 1 dadurch, daß sie auch durch andere Ermittlungen als das Befragen vorgenommen werden und sich z. B. auch auf das Feststellen körperlicher Merkmale erstrecken kann. Die enumerierten und gegenüber Art. 12 erschwerten Voraussetzungen der Identitätsfeststellung dienen auch der Rechtfertigung schwerwiegender Folgemaßnahmen, wie sie etwa Art. 13 Abs. 2 oder Art. 14 Abs. 1 Nr. 1 vorsehen. Demgegenüber ist die Verweigerung der Auskunft nach Art. 12 nur eine Ordnungswidrigkeit nach § 111 OWiG; s. dazu RdNr. 1 a. E. zu Art. 12.

Zu Abs. 1: Inhalt und Umfang der **Identitätsfeststellung** bestimmt Nr. 13.1 VollzB verbindlich für die Polizei. Das kann jedoch nicht bedeuten, daß Fest-

Art. 13

stellungen, die über die Aufzählung in Nr. 13.1 VollzB hinausgehen, auch dann verboten wären, wenn Sinn und Zweck der Vorschrift sie erfordern, z. B. die Feststellung von Namen und Anschrift der Eltern oder sonstiger Erziehungsberechtigter bei Minderjährigen, Verwandter, Betreuer von Hilflosen oder psychisch Kranken, anderer sorgeberechtigter Personen u. ä. Andererseits erfordert der Grundsatz der Verhältnismäßigkeit, keine Angaben zur Person zu verlangen, die mit Anlaß, Sinn und Zweck der Kontrolle im Einzelfall nicht in Zusammenhang stehen (vgl. OLG Düsseldorf in NVwZ 1986, 247).

2 Sowohl nach seinem Sinn und Zweck wie nach der verhältnismäßig weiten Fassung der einzelnen Voraussetzungen ist Art. 13 die Rechtsgrundlage sowohl für **Einzel- wie für Sammelkontrollen (Razzien)** von Personen. Allgemeine Voraussetzung ist stets, daß die Identitätsfeststellung nach pflichtgemäßem Ermessen geeignet erscheint, die in Art. 13 oder in Rechtsvorschriften außerhalb des PAG, die entsprechende Befugnisse enthalten, vorgesehenen Zwecke auch zu erfüllen. S. auch unten RdNr. 7.

3 **Zu Abs. 1 Nr. 1:** Als **Gefahr** i. S. des Abs. 1 ist stets eine konkrete Gefahr zu verstehen (s. Nr. 2.2 Abs. 3, 4 VollzB zu Art. 2). Der Wortlaut der Nr. 1 ist dahin zu ergänzen, daß es sich um eine Gefahr für ein Schutzgut im Sinne der der Polizei übertragenen Aufgaben handeln muß (Art. 2). Darunter fällt z. B. die Verhütung und Unterbindung von strafbedrohten Handlungen, Ordnungswidrigkeiten oder verfassungsfeindlichen Handlungen (Art. 11 Abs. 2) ebenso wie die übrigen in Art. 11 Abs. 2 besonders genannten Fälle.

Enthalten andere Rechtsvorschriften eine Befugnis für die Polizei, Identität und Personalien festzustellen, tritt diese als Spezialvorschrift an die Stelle von Art. 12 und 13.

4 **Zu Abs. 1 Nrn 2–4** s. Nrn 13.4–13.6 VollzB. Im Gegensatz zu der generellen Aussage in Nr. 2.2 Abs. 4 VollzB, daß in den Befugnisvorschriften der Begriff der Gefahr stets als konkrete Gefahr zu verstehen sei, trifft dies für **Abs. 1 Nrn 2 und 5** nicht zu. Vielmehr kann es sich hier sowohl um eine konkrete wie um eine abstrakte Gefahr nach der Definition der VollzB handeln. Die Gefahr muß nicht notwendigerweise von der kontrollierten Person ausgehen. Diese könnte auch Opfer einer Störung werden, die von anderen Personen ausgeht, die sich an dem gefährlichen Ort aufhalten oder zu treffen pflegen. Maßgebend ist, daß an solchen Orten erfahrungsgemäß das Entstehen konkreter Gefahrenlagen in erhöhtem Maß zu besorgen ist. Vgl. hierzu OVG Berlin in NJW 1986, 3223. Die Lage ist hier ähnlich wie in den Fällen des Art. 68 Abs. 2. Die Anwesenheit an einem besonders gefahrgeneigten Ort bedeutet für jede Person einen Anfangsverdacht, selbst Störer zu sein; daneben löst sie die polizeiliche Schutzfunktion aus, jedermann vor möglichem Schaden im Sinne der Art. 2, 11 zu bewahren.

In den Fällen des **Abs. 1 Nr. 2 Buchstabe a** ist eine besondere Zulässigkeits- 5
voraussetzung der Maßnahme, daß der Polizei **Tatsachen,** nicht nur Annahmen oder Unterstellungen, bekannt sind, die bei verständiger Würdigung
die **Vermutung** begründen, die Tatbestände der Buchstaben aa bis cc könnten
gegeben sein. Für Buchstabe b ist diese besondere Tatsachenkenntnis nicht
vorgesehen, hier genügt das Wissen um die Tatsache, daß an dem jeweiligen
Ort Prostitution ausgeübt wird. Abs. 1 Nr. 2 verleiht **kein Betretungsrecht,**
das gegenüber der Identitätsfeststellung die belastendere Maßnahme wäre. Es
ist kaum vorstellbar, daß einer gemeinen Gefahr oder Lebensgefahr, deren
Vorliegen ein unmittelbares Betretungsrecht nach Art. 13 Abs. 3 GG begründen würde, mit einer bloßen Identitätsfeststellung wirksam begegnet werden
könnte. Soweit es sich also nicht um allgemein zugängliche Orte handelt, die
Kontrollen insbesondere nicht außerhalb befriedeten Besitztums stattfinden,
der Verfügungsberechtigte das Betreten nicht ausdrücklich gestattet oder zusätzliche weiterreichende Befugnisnormen gleichzeitig einschlägig sind, sind
die Art. 23, 24 und 29 zu beachten. Im Zusammenhang mit **Abs. 1 Nr. 2
Buchst. b** ist § 19 GKrG von besonderer Bedeutung, wonach die Polizeibehörden Personen, die sie in Verwahrung genommen oder vorläufig festgenommen
haben und bei denen nach ihren Lebensumständen der hinreichende Verdacht
einer Geschlechtskrankheit und der Weiterverbreitung von Geschlechtskrankheiten begründet ist, vor ihrer Freilassung dem Gesundheitsamt zuzuführen
haben.

Beispiele für Verkehrsanlagen nach **Abs. 1 Nr. 3** sind Eisenbahn- und 6
Omnibusbahnhöfe, Flug- und Landeplätze, Flughäfen, Schiffahrtshäfen u. ä.
Öffentliche Verkehrsmittel sind auch Flugzeuge im Linien- oder Charter-
verkehr wie jedes Verkehrsmittel, das von einer ursprünglich unbestimmten
Personenmehrheit benützt werden kann. Es ist nicht notwendig, daß es regelmäßig und zu jeweils bestimmten Zeiten in Anspruch genommen werden
kann.
Der Ausdruck **unmittelbare Nähe** ist einmal räumlich zu verstehen und bedeutet dann einen verhältnismäßig eng begrenzten Umgriff. Wie auch aus der
Fortsetzung des Vorschriftentextes zu entnehmen ist, wird man die „unmittelbare Nähe" jedoch nicht enger begrenzen dürfen als auf den Umgriff, von dem
aus unmittelbare Gefährdungen für das zu schützende Objekt ausgehen können. Eine engere Auslegung wäre mit dem Zweck der Norm nicht vereinbar;
der sprachliche Ausdruck erscheint zu eng gewählt.
Zum **Betretungsrecht** s. o. RdNr. 5.
Vgl. auch § 36 Abs. 5 StVO (Anhalten von Verkehrsteilnehmern zur Verkehrskontrolle und -zählung) und § 71 Abs. 2 Satz 1 ZollG.

Anlaß und Aufgabe von **Kontrollstellen** nach **Abs. 1 Nr. 4** werden im Ge- 7
setz und in Nr. 13.6 VollzB hinreichend umschrieben. Nr. 13.6 enthält noch

Art. 13

zwei innerdienstliche Sollvorschriften, die eine einschränkende Handhabung vorsehen. Diese Vorschriften binden die Polizei. Da sie jedoch im Gesetz selbst nicht vorgesehen sind, begründen sie kein Recht betroffener Dritter, sich etwa darauf zu berufen, eine Kontrollstelle hätte im gegebenen Fall nicht eingerichtet werden dürfen. Auf den Katalog der Straftaten in § 100 a StPO muß verwiesen werden. Für Kontrollstellen, die nach § 111 StPO eingerichtet werden, bedarf es keines Rückgriffs auf das PAG. § 27 VersammlG dient dem Zweck, den Mißbrauch von Waffen oder anderen für Personen oder Sachen gefährlichen Gegenständen zu verhindern und erstreckt sich jetzt auch auf Veranstaltungen, die nicht Versammlungen sind, insbesondere Sport- oder Unterhaltungsveranstaltungen (vgl. Meyer/Köhler RdNrn 1 ff. zu § 27 VersammlG). Über die in Art. 13 geregelte Identitätsfeststellung hinaus können an einer Kontrollstelle Personen nach Waffen, anderen gefährlichen Werkzeugen und Explosionsmitteln durchsucht werden, wenn die Voraussetzungen des Art. 21 Abs. 2 gegeben sind. Fahrzeuge können gemäß Art. 22 Abs. 1 Nr. 6 ebenfalls durchsucht werden. S. zum Ganzen auch Göhring, Polizeiliche Kontrollstellen und Datenverarbeitung, 1993.

An Kontrollstellen wie auch bei Razzien (s. o. RdNr. 2) werden Personen erfaßt, gegen die zunächst keine stärkere Störer- oder Tatverdächtigenvermutung besteht, als daß sie eben an dem Ort der polizeilichen Maßnahme anwesend sind. Erst die Identitätskontrolle selbst soll weitergehende Ergebnisse bringen. Die vom Kammergericht in NJW 1975, 887 ff. für Razzien aufgestellte Fiktion, am Ort solcher Maßnahmen sei jedermann als Störer zu betrachten, trägt nicht, wenn es sich nicht um eine Razzia an einem gefährlichen Ort (s. Abs. 1 Nrn. 2, 3; Nr. 13.4 VollzB), sondern etwa um eine Kontrollstelle an einer Autobahn handelt. Zu Recht weist Riegel in BayVBl 1981, 289/296 darauf hin, daß man solchen Kontrollmaßnahmen unterworfene Personen, die sich im nachhinein als Nichtstörer herausstellen, analog Art. 70 Abs. 1 eine Entschädigung werde zubilligen müssen, wenn ihnen ein nachweisbarer Schaden (z. B. Verdienstausfall, versäumter Termin) entstanden ist.

8 **Abs. 1 Nr. 5** dient der wirksamen polizeilichen Kriminalitätsbekämpfung nach dem Wegfall der Zoll- und Sicherheitskontrollen an den Binnengrenzen der EU (vgl. Beinhofer in BayVBl 1995, 193). Eine solche ist seit dem 1. Januar 1995 auch die Grenze zu Österreich, die damit bereits ihre Eigenschaft als Zollgrenze verloren hat. Mit dem weiteren Vollzug des **Schengener Grenzabkommens** (Übereinkommen zwischen den Regierungen der Staaten der Benelux-Wirtschaftsunion, der Bundesrepublik Deutschland und der Französischen Republik betreffend den schrittweisen Abbau der Kontrollen an den gemeinsamen Grenzen, Bek des Bundesministers des Innern vom 29. Januar 1986, GMBl S. 79) werden dort auch die bisherigen polizeilichen Kontrollen entfallen, wie es gegenüber Frankreich, den Benelux-Staaten, Spanien und Portugal seit dem 26. März 1995 verwirklicht ist; als nächste Länder folgen Italien und Österreich.

Die erhebliche Bedeutung der Landesgrenzen, die zugleich Bundesgrenzen sind, für die Wahrnehmung polizeilicher Aufgaben ist aber nicht nur geblieben; durch den Wegfall unmittelbarer Grenzkontrollen verstärkt sie sich vielmehr. Für den Abbau der EU-Binnengrenzkontrollen zwischen den Vertragsstaaten des Schengener Grenzabkommens wird verwiesen auf das Durchführungsabkommen hierzu vom 19. Juni 1990, ratifiziert mit G vom 15. Juli 1993 (BGBl II S. 1010). Abs. 1 Nr. 5 trägt diesem Umstand Rechnung, indem er der Polizei im **Grenzgebiet** bis zu einer Tiefe von 30 km, auf **Durchgangsstraßen** und in **öffentlichen Einrichtungen des internationalen Verkehrs** eine erhebliche und effektive Kontrollbefugnis einräumt.

Die Bezeichnung und der Umfang des Grenzgebiets sind wortgleich umschrieben in Art. 4 Abs. 3 Nr. 3 POG und bundesrechtlich in § 23 Abs. 1 Buchst. c BGSG. Die Außengrenze des Grenzgebiets ist die Landesgrenze, soweit sie zugleich Bundesgrenze ist. Die Binnengrenze des Gebiets bestimmt sich jeweils durch den lotrechten 30-km-Abstand zur Bundesgrenze. Topographisch ist diese Binnengrenze nicht genau festgelegt. Weder die Gesetze noch die VollzB enthalten hierzu nähere Angaben.

Für die Identitätsfeststellung auf Durchgangsstraßen und in öffentlichen Einrichtungen des internationalen Verkehrs ist die räumliche Beschränkung auf das Grenzgebiet nicht vorgeschrieben. Hier genügt die in Abs. 1 Nr. 5 enthaltene Zweckbestimmung des polizeilichen Einsatzes. Sie ist ein Unterfall der allgemeinen Verhütung und Unterbindung von Straftaten und Ordnungswidrigkeiten. Andererseits ergibt sich aus eben dieser Zweckbestimmung, daß ein, wenn auch weit aufzufassender Bezug zur unerlaubten Überschreitung der Landesgrenze, zur Ermittlung unerlaubten Aufenthalts oder zur Bekämpfung grenzüberschreitender Kriminalität vorhanden sein muß. Damit werden die örtlichen Voraussetzungen nicht durch konkrete Verdachtsmomente veranlaßter Kontrollen desto enger, je mehr in dem Kontrollbereich nach polizeilicher Kenntnis reiner Binnenverkehr überwiegt.

Zum Umfang der polizeilichen Personenkontrollen und für die Begriffe „Durchgangsstraßen" und „öffentliche Einrichtungen des internationalen Verkehrs" s. Nr. 13.7 VollzB. Die Verhinderung unerlaubter Überschreitung der Landesgrenzen hat insbesondere Bedeutung für die Überwachung der sog. „grünen" Grenze und für die Grenzübertrittskontrolle insgesamt, solange und soweit sie nicht nach dem Schengener Durchführungsübereinkommen oder anderen, in innerstaatliches Recht umgesetzten völkerrechtlichen Vereinbarungen entfällt. Die Verhütung oder Unterbindung des unerlaubten Aufenthalts und die Bekämpfung der grenzüberschreitenden Kriminalität haben auch und gerade nach dem geplanten Wegfall personeller Grenzübertrittskontrollen bleibende Bedeutung.

Abs. 1 Nr. 5 ist die Rechtsgrundlage der sogenannten **Schleierfahndung**. Er verleiht der Polizei die Befugnis **verdachts- und ereignisunabhängiger Personenkontrollen**, die das nationale Polizeirecht im Bereich der besonderen Befug-

Art. 13

nisvorschriften allgemein nicht kannte (vgl. aber Art. 29, Nr. 29.1 VollzB und RdNr. 2 zu Art. 29). Das wird begründet mit dem raschen Anwachsen international verflochtener Kriminalität und der steigenden Mobilität der Rechtsbrecher vor allem auf den Gebieten der Kfz-Verschiebung, des Rauschgifthandels und des Schlepperunwesens. Man wird zusätzlich auf Waffen-, Sprengstoff- und Nuklearschmuggel, international gesteuerten Terrorismus und Geiselnahmen hinzuweisen haben. Aus diesen unbestreitbar schwerwiegenden Gefahren für die öffentliche Sicherheit wird abgeleitet, daß das Einräumen der weitgehenden Befugnis des Abs. 1 Nr. 5 mit dem auch den Gesetzgeber bindenden Grundsatz der Verhältnismäßigkeit vereinbar ist. Die amtl. Begr. 1994 und Nr. 13.7 VollzB weisen aber selbst und sehr zu Recht darauf hin, daß im Einzelfall der Verhältnismäßigkeitsgrundsatz (s. Art. 4) den Umfang der zur Verfolgung des Kontrollzwecks gebotenen Maßnahmen beschränkt. Angesichts der Voraussetzungslosigkeit der Maßnahmen nach Abs. 1 Nr. 5, die im übrigen nur durch den Rahmen der polizeilichen Aufgaben (Art. 2) begrenzt werden, sind Notwendigkeit (Art. 3) und Verhältnismäßigkeit die einzigen materiellen Korrektive gegen Willkür und Übermaß und daher mit besonderer Sorgfalt zu beachten, wenn auch die Kontrollmaßnahmen sich nur als relativ geringfügige Rechtseingriffe darstellen. Die Verantwortung der Polizei wächst im gleichen Maß, wie Umfang und Qualität der Bedrohungen für die öffentliche Sicherheit die Erweiterung polizeilicher Befugnisse unabweisbar erscheinen lassen.

Soweit Art. 1 Abs. 5 **Einrichtungen des internationalen Verkehrs** umgreift, zu denen nach Nr. 13.7 VollzB Flughäfen, Bahnhöfe, Züge, Tank- und Rastanlagen zählen, muß deren **räumlicher Bereich** im Einzelfall festgestellt werden. Allgemein gehört dazu das in der Regel abgegrenzte, der Abfertigung des Flug-, Bahn- oder Kfz-Verkehrs und der dazu notwendigen Betreuungs-, Hilfs- und sonstigen Ergänzungseinrichtungen dienende Areal. Unbeachtlich ist, ob die Einrichtungen generell dem internationalen Verkehr dienen oder diese Funktion nur vorübergehend oder in Einzelfällen haben und ob sie öffentliche oder nichtöffentliche (private, werkseigene) Anlagen sind. Auch Größe und Bezeichnung sind ohne Bedeutung.

Nach Art. 4 Abs. 3 POG nimmt die **Landespolizei** auch die dort umschriebenen besonderen **grenzpolizeilichen Aufgaben** wahr und zwar, wie sich aus § 2 Abs. 1 BSG ableiten läßt, im **Einzeldienst**. Der Einsatz von **Polizeiverbänden** zum polizeilichen Schutz der Staatsgrenzen ist in erster Linie Aufgabe des **Bundesgrenzschutzes** (§ 59 Abs. 1 BGSG). Gemäß § 29 c LuftverkehrsG ist auf dem Flugplatzgelände der Schutz vor Angriffen auf die Sicherheit des Luftverkehrs Aufgabe der Luftfahrtbehörden, die für die Personen- und Gepäckkontrolle auch nichtpolizeiliche öffentliche Bedienstete einsetzen können. Die Befugnisse regelt § 29 c Abs. 2 bis 4 LuftverkehrsG. Nach Abs. 6 a. a. O. bleiben jedoch die Aufgaben und Befugnisse der Polizei unberührt. Nach dem Schengener Grenzabkommen (s. o.) sind dabei seit dem 26. März 1995 Flüge nach Frankreich, den Benelux-Staaten, Spanien und Portugal, demnächst auch nach Italien und Österreich wie Inlandsflüge zu behandeln. Zu beachten ist, daß die grenzpolizeilichen Aufgaben gemäß dem in RdNr. 1 zu Art. 29 genannten Verwaltungsabkommen nur an der deutsch-österreichischen und der deutsch-schweizerischen Grenze, nicht also an der deutsch-tschechischen Grenze von der Bayerischen Landespolizei wahrgenommen werden. Der Wortlaut des Art. 4 Abs. 3 POG enthält ebensowenig wie die §§ 2 bis 4 BGSG entsprechende räumliche Einschränkungen. Gleichwohl ist die Regelung gültig, weil sie auf der in § 2 Abs. 1 BGSG enthaltenen Klausel beruht, die dem BGS den polizeilichen Grenzschutz nur überträgt, „soweit nicht ein Land im Einvernehmen mit dem Bund Aufgaben des grenzpolizeilichen Einzeldienstes mit eigenen Kräften wahrnimmt". Dies kann durch Verwaltungsabkommen zwischen Bund und Land verbindlich festgestellt werden.

Die Befugnisse des Art. 13 werden ergänzt durch die des Art. 29, insbesondere dessen Abs. 1 (Betreten und Befahren von Grundstücken) und die Verpflichtungen nach dessen Abs. 2.

Für das unerlaubte Überschreiten der Landesgrenze s. §§ 3 mit 24, 25, insbesondere dessen Abs. 2 Nr. 2 PaßG.

Auf Grund des Abkommens zwischen der Bundesrepublik Deutschland und der Republik **Österreich** über Erleichterungen der Grenzabfertigung im Eisenbahn-, Straßen- und Schiffsverkehr vom 14. September 1955, ratifiziert durch G vom 4. Juli 1957 (BGBl II, 581; in Kraft gesetzt am 31. Oktober 1957, BGBl II 1958, 13; durch Zusatzabkommen mehrfach geändert und seit dem Beitritt Österreichs zur EU am 1. Januar 1995 in seiner Bedeutung erheblich gemindert) können beide Staaten auf dem Gebiet des jeweiligen Nachbarstaates Grenzdienststellen, sogenannte **vorgeschobene Übergänge**, unterhalten und durch deren Bedienstete die **Grenzabfertigung** auf dem Gebiet des Nachbarstaats vornehmen. Die Örtlichkeiten sind in einer Reihe von Vereinbarungen festgelegt. Nach § 19 des Abkommens haben die Bediensteten des Nachbarstaates das Recht, innerhalb der ihnen zum Alleingebrauch zugewiesenen Diensträume auf vorgeschobenen Übergängen die Ordnung aufrechtzuerhalten und Personen, die sich nicht ordentlich verhalten, aus ihren Diensträumen zu entfernen. Dabei haben auf Ersuchen die zuständigen Dienststellen und Bediensteten des Gebietsstaates Beistand zu leisten. Für die Grenzabfertigung gelten die Vorschriften des jeweiligen Nachbarstaates so lange, bis dessen Bedienstete die Abfertigung beendet und die Bediensteten des Eingangsstaates ihre Amtshandlungen begonnen haben (Art. 3 des Abkommens). Nach Art. 4 Abs. 2 des Abkommens dürfen die Bediensteten des jeweiligen Nachbarstaates, soweit das Abkommen nichts anderes bestimmt, alle Vorschriften ihres Staates über die Grenzabfertigung auf dem Gebiet des anderen Staates in gleicher Weise, in gleichem Umfang und mit gleichen Folgen wie im eigenen Staate durchführen, gemäß Art. 5 Abs. 1 des Abkommens einschließlich der Festnahme und zwangsweisen Zurückführung. Ausgenommen von diesen be-

Art. 13

sonderen Maßnahmen sind Angehörige des Staates, auf dessen Boden die Amtshandlungen vorgenommen werden, und dessen Asylrecht (Art. 5 Abs. 1 Satz 2, Abs. 3 des Abkommens). Durch das Abkommen haben die Vertragsstaaten völkerrechtlich wirksam bestimmten Einschränkungen ihrer Souveränität zugestimmt. Daher sind die einschlägigen Vorschriften des PAG, der StPO, des Zoll- und Ausländerrechts usw. nach Maßgabe des Abkommens auch auf dem Gebiet des Nachbarstaates unmittelbar und nicht etwa entsprechend anzuwenden. Der in Abs. 1 Nr. 5 a. F. genannte Zollgrenzbezirk, der eine Tiefe von 15 km aufwies, war in den durch das Abkommen und die jeweiligen Zusatzvereinbarungen umschriebenen Gebieten durch das Ratifikationsgesetz bereits erweitert. Die Zuständigkeit des Bundes ergibt sich aus Art. 73 Nr. 1 GG (auswärtige Angelegenheiten). Die polizeiliche Grenzabfertigung umfaßt vornehmlich die Identitätsfeststellung nach Art. 13 Abs. 1 Nr. 5, die Durchsuchung von Personen (Art. 21 Abs. 1 Nr. 3) und die Durchsuchung von Sachen (Art. 22 Abs. 1 Nr. 4). Sie ist vergleichbar den Aufgaben der Kontrollstellen nach Art. 13 Abs. 1 Nr. 4; s. zum Ganzen eingehend Köhler in Die Polizei 1986, 356.

10 **Abs. 1 Nr. 6** ist der einzige Fall, in dem eine polizeiliche Maßnahme ausschließlich zum **Schutz privater Rechte** vorgesehen ist. Der Begriff der privaten Rechte ist nicht definiert und daher vom PAG her auch nicht eingeschränkt. S. dazu Art. 2 Abs. 2.

Auch Abs. 1 Nr. 6 erstreckt sich nur auf die Identitätsfeststellung. Er berührt weder eigene Abwehr-, Verfolgungs- und Ersatzrechte des Rechtsinhabers (s. RdNr. 14 zu Art. 2), noch ersetzt er sie; je nach Sachlage kann er ihrer Verwirklichung dienen. Die Polizei darf insbesondere nicht selbst an Stelle des Selbsthilfeberechtigten eine Sache wegnehmen, zerstören oder beschädigen oder einen Verpflichteten festnehmen oder seinen Widerstand brechen, weil § 229 BGB diese Befugnisse nur dem Selbsthilfeberechtigten selbst, nicht aber der Polizei oder Dritten einräumt. Ist Widerstand eines Verpflichteten ernstlich zu besorgen, so darf die Polizei das Vorgehen des Berechtigten überwachen und ihn vor Angriffen (§§ 223 ff., 240 StGB) schützen. Darüber hinaus darf die Polizei auch in solchen Fällen Maßnahmen nur treffen, wenn dafür die nach dem PAG, der StPO oder anderen einschlägigen Gesetzen geforderten Voraussetzungen gegeben sind.

11 **Abs. 2** umschreibt im einzelnen die Maßnahmen, die zur Identitätsfeststellung getroffen werden dürfen.

Das **Anhalten** ist das Gebot an eine Person, an Ort und Stelle zu verweilen (vgl. Nr. 13.8 VollzB). Es ist in Art. 12 Satz 3 und in dem einen verwandten Sachverhalt regelnden Art. 13 Abs. 2 Satz 2 als Voraussetzung der Personalienfeststellung zwar ausdrücklich genannt, als eigene Maßnahme aber im II. Abschnitt des PAG nicht allgemein geregelt. Die Art. 12 Satz 3 und 13 Abs. 2 Satz 2 sind keine abschließende Regelung für das Anhalten. Vielmehr setzen zahlreiche polizeiliche Maßnahmen das Anhalten von Personen notwendig voraus. Es ist daher häufig der wirksamen Anwendung anderer, auch weitergehender Maßnahmen immanent. Das trifft beispielsweise zu bei der Inanspruchnahme nicht verantwortlicher Personen nach Art. 10 (vgl. dort RdNr. 3 Abs. 3), für das Anhalten an Kontrollstellen nach Art. 13 Abs. 1 Nr. 4, dem im Einzelfall nicht notwendig eine Identitätsfeststellung folgen muß, das Hinzuziehen von Zeugen nach Art. 22 Abs. 2 Satz 2 und anderes mehr. Selbst die Begründung des Gewahrsams nach Art. 17 kann schwerlich ohne immanentes Anhaltegebot gedacht werden.

Das Anhalten und erst recht das Festhalten einer Person sind Eingriffe in deren persönliche Freiheit, die das GG als unverletzlich und damit als ein besonders hohes Rechtsgut kennzeichnet (Art. 2 Abs. 2, Art. 104 Abs. 1 GG). Es ist deshalb sorgsam abzuwägen, ob ein an sich gesetzlich zugelassener Eingriff in den Grenzen verbleibt, die der im Rechtsstaatsprinzip wurzelnde Grundsatz der Verhältnismäßigkeit zieht. Insbesondere muß der Eingriff zum Erreichen des angestrebten Zwecks erforderlich und durch kein milderes Mittel ersetzbar sein (vgl. Art. 4 und BVerfG in BayVBl 1992, 433).

In dem Fall des Art. 13 Abs. 2 Satz 2, der als signifikant und häufig vorkommend besonders geregelt ist, wird das Anhalten mit der Aufforderung verbunden, mitgeführte Ausweispapiere zur Prüfung auszuhändigen. Nach Satz 3 a. a. O. kann diese Maßnahme in das **Festhalten** übergehen, das – notfalls unter Zwangsanwendung – das Entfernen vom Ort der Maßnahme verhindert; s. dazu Nr. 13.8 VollzB. Hier sind die das Übermaßverbot konkretisierenden Einschränkungen des Abs. 2 Satz 3 streng zu beachten. Legt z. B. der Betroffene zureichende, wenn auch nicht alle geforderten Angaben vor, etwa die Angabe der Wohnung oder der Staatsangehörigkeit enthaltende Ausweispapiere (s. Nr. 13.9 VollzB) und besteht kein konkreter Anlaß, an der Echtheit der Ausweispapiere oder der Angaben des Betroffenen zu zweifeln, ist ein Festhalten rechtswidrig. Unbeachtlich ist, daß sich die Personalienfeststellung auf der Dienststelle lediglich einfacher gestalten kann als am Ort des Anhaltens; vgl. BVerfG in BayVBl 1992, 433/434 = NVwZ 1992, 767.

Das Anhalten und auch das Festhalten nach Art. 13 Abs. 2 werden sich bei Beachtung des Grundsatzes der Verhältnismäßigkeit in der Regel nur als Freiheitsbeschränkung und nicht als Freiheitsentziehung im Sinne des Art. 18 und des Satzes 3 der Nr. 13.8 VollzB darstellen. Hierzu wird auf die Darstellung der einschlägigen Rspr. in RdNr. 5 zu Art. 15 verwiesen. Sollte nach den dort genannten Grundsätzen ein Festhalten zur Identitätsfeststellung die Intensität einer Freiheitsentziehung notwendig werden lassen, so wäre auch dies vom Gesetz gedeckt, wie sich aus der Nennung des Art. 13 Abs. 2 in Art. 18 Abs. 1 ergibt. Nur für einen solchen praktisch seltenen Fall trifft Satz 3 der Nr. 13.8 VollzB zu. Die zulässige Dauer der Freiheitsentziehung richtet sich in diesen

Fällen nach den Vorschriften der Art. 18 bis 20. Sie wird von dem zur Identifizierung notwendigen Aufwand bestimmt und kann, wenn etwa der Betroffene keine Papiere bei sich hat, nicht ansprechbar ist, jede Auskunft verweigert und auch sonstige Maßnahmen (z. B. Fingerabdruckvergleich) ergebnislos sind, auch längere Zeit in Anspruch nehmen als die zwölf Stunden, die § 163 c Abs. 3 StPO zur Feststellung der Identität zuläßt. Die zuletzt genannte Vorschrift steht im System der Strafverfolgungsmaßnahmen. Sie präjudiziert weder das Recht der polizeilichen Gefahrenabwehr, noch geht sie ihm außerhalb des Bereichs der Strafverfolgung vor.

Das Anhalten und das Festhalten sind Vollstreckungshandlungen im Sinne des § 113 StGB (Widerstand gegen Vollstreckungsbeamte) und daher durch diesen sanktioniert; s. BGH in NJW 1974, 1254/1255. Es ist gleichgültig, ob eine sich bewegende Person veranlaßt wird, ihre Bewegung zu unterbrechen, oder ob eine sich nicht bewegende (stehende, sitzende, liegende) Person durch das Anhalten gehindert wird, sich zu entfernen. Dagegen deckt der Ausdruck „anhalten" keine polizeiliche Anordnung, sich an einen bestimmten Ort zu begeben, etwa zum Funkstreifenwagen zu kommen. Leistet ein zu Kontrollierender einer solchen weitergehenden Aufforderung nicht freiwillig Folge, muß der Polizeibeamte sich zunächst zu ihm hinbegeben. Eine nachteilige Folge ergibt sich für den Betroffenen daraus nicht, insbesondere ist die Weigerung des Betroffenen, dieser weitergehenden Aufforderung nachzukommen, für sich allein keine Widerstandshandlung. Weitergehende Eingriffe in die Bewegungsfreiheit sind nur zulässig, wenn die Voraussetzungen der Art. 14–17 gegeben sind.

Zur **Ausweispflicht** vgl. noch § 1 Abs. 1 und § 3 PersonalausweisG, § 1 und §§ 11 ff. PaßG, § 1 Abs. 5 Bayer. AG zum PersonalausweisG und PaßG, § 111 OWiG, § 142 StGB (Unfallflucht).

Vgl. zum Anhalten von Personen (Abs. 2 Satz 2) ObLG in BayVBl 1959, 162 = DÖV 1960, 130 und OVG Münster in DVBl 1968, 759 = DÖV 1968, 697. Das OLG Hamm in NVwZ 1982, 156 hat „zur Sicherung einer einheitlichen Rechtsprechung" entschieden, es bestehe keine gesetzliche Pflicht des Staatsbürgers, sich ohne Grund auf amtliche Aufforderung hin über seine Person auszuweisen. Der zur Angabe der Personalien Aufgeforderte müsse erkennen können, warum gegen ihn eingeschritten werde. Dabei sei ausreichend, daß der Aufgeforderte entweder auf Grund seines eigenen Verhaltens oder auf Grund eines Hinweises der kontrollierenden Beamten nicht im Zweifel über den Anlaß der Personenkontrolle sein könne. Die Entscheidung ist im Hauptpunkt unrichtig. Zwar ist es bürgerfreundlich und aus Zweckmäßigkeitsgründen vernünftig, die Maßnahme mündlich kurz zu begründen, wenn die Umstände es zulassen. Ein Anspruch darauf, dessen Nichtbeachtung die Rechtswidrigkeit der Maßnahme zur Folge hätte, besteht jedoch nicht. Weder aus dem PAG, noch aus den allgemeinen Grundsätzen der Verhältnismäßigkeit und der Wahrung der Menschenwürde, noch aus Art. 39 BayVwVfG läßt sich ein solcher Begründungsanspruch ableiten. Dagegen ergibt sich ein Hinweis auf die Pflicht, die polizeiliche Anordnung zu befolgen, aus § 80 Abs. 2 Nr. 2 VwGO. Hierauf geht die Entscheidung nicht ein.

Abs. 2 Satz 4 gibt der Polizei die Befugnis, unter den Voraussetzungen des Satzes 3 sowohl die **Person** des Betroffenen wie die von ihm **mitgeführten Sachen** zu **durchsuchen.** Die Maßnahme entspricht den Voraussetzungen nach Art. 21 und 22 und stellt eine für die polizeiliche Praxis wichtige Ergänzung dieser Vorschriften dar. S. auch Nr. 13.10 VollzB.

Zu Abs. 3 s. Nr. 13.11 VollzB. Ergänzend ist zu verweisen auf § 60 c GewO (Reisegewerbekarte), § 17 Abs. 3 BayJG (schriftliche Jagderlaubnis des Jagdgastes) und § 35 Abs. 3 BayFiG (Erlaubnisschein des Fischfangausübenden); ferner auf die §§ 17 Abs. 6, 20 Abs. 3 Satz 3 PBefG und 6 Abs. 3, 28 Abs. 3, 50 e Abs. 3, 51 Abs. 1 Satz 2, 52 Abs. 1, 52 Abs. 4, 86, 89 GüKG. 12

Abs. 3 enthält zwar nicht die Befugnis, eine Person anzuhalten. Bei Verweigerung der Aushändigung des Berechtigungsscheines kann jedoch eine Gefahr im Sinne des Abs. 1 Nr. 1 gegeben sein. Überdies ist das Aushändigungsverlangen ein Verwaltungsakt, der unter Beachtung der Verhältnismäßigkeit (Art. 4) mit Zwangsmitteln (Art. 53 ff.) durchgesetzt werden kann.

Art. 13 wird ergänzt durch Art. 14 Abs. 1 Nr. 1. Zum Auskunftsrecht des Betroffenen s. Art. 48 und RdNr. 6 a. E. zu Art. 14. 13

Art. 14
Erkennungsdienstliche Maßnahmen

(1) Die Polizei kann erkennungsdienstliche Maßnahmen vornehmen, wenn
1. eine nach Art. 13 zulässige Identitätsfeststellung auf andere Weise nicht oder nur unter erheblichen Schwierigkeiten möglich ist oder
2. dies zur vorbeugenden Bekämpfung von Straftaten erforderlich ist, weil der Betroffene verdächtig ist, eine Tat begangen zu haben, die mit Strafe bedroht ist und wegen der Art und Ausführung der Tat die Gefahr der Wiederholung besteht.

(2) Sind die Voraussetzungen nach Absatz 1 entfallen, kann der Betroffene die Vernichtung der erkennungsdienstlichen Unterlagen verlangen.

(3) Erkennungsdienstliche Maßnahmen sind insbesondere
1. die Abnahme von Finger- und Handflächenabdrucken,
2. die Aufnahme von Lichtbildern,
3. die Feststellung äußerer körperlicher Merkmale,
4. Messungen.

14 Zu Art. 14 (Erkennungsdienstliche Maßnahmen)

14.1 Erkennungsdienstliche Maßnahmen nach Art. 14 **Abs. 1 Nr. 1** *kommen nur in Betracht, wenn andere Möglichkeiten der Identitätsfeststellung mit zumutbarem Aufwand im Einzelfall nicht bestehen. Er setzt voraus, daß auch die Voraussetzungen nach Art. 13 zur Identitätsfeststellung vorliegen.*

14.2 Art. 14 Abs. 1 Nr. 2 ergänzt § 81 b der Strafprozeßordnung. Er kommt insbesondere in Betracht, wenn ein Strafunmündiger verdächtig ist, eine Straftat begangen zu haben oder die Beschuldigteneigenschaft wegen rechtskräftiger Verurteilung weggefallen ist, und wenn Wiederholungsgefahr besteht.

14.3 Zum Zweck der erkennungsdienstlichen Behandlung kann der Betroffene zur Dienststelle mitgenommen werden.

14.4 Erkennungsdienstliche Unterlagen dürfen grundsätzlich aufbewahrt werden. Sie sind jedoch zu vernichten, wenn die Voraussetzungen des § 81 b Strafprozeßordnung oder die Voraussetzungen nach Art. 14 Abs. 1 nicht mehr vorliegen und der Betroffene einen Antrag stellt (Absatz 2). Die Richtlinien über kriminalpolizeiliche Sammlungen bleiben unberührt.

14.5 Die Aufzählung der erkennungsdienstlichen Maßnahmen in Absatz 3 ist nicht abschließend. Andere als die dort bezeichneten Maßnahmen sind nur zulässig, wenn und soweit sie hinsichtlich der Beeinträchtigung der körperlichen Integrität des Betroffenen jenen vergleichbar sind.

Art. 14

Anwendungsbereich des Art. 14 ist insgesamt nur jener der Prävention. Die 1
Vorschrift betrifft ausschließlich solche erkdM, die außerhalb der Strafverfolgung von der Polizei im präventiven Aufgabenbereich getroffen werden (BayVGH in BayVBl 1984, 272/274). Nimmt die Polizei eine derartige Maßnahme anläßlich eines laufenden Strafverfahrens vor, gilt ausschließlich die **Parallelvorschrift in der StPO**, nämlich § 81 b.
Eine gewisse Komplizierung bei der Anwendung von Art. 14 tritt dadurch ein, daß Abs. 1 Nr. 2 in einer partiellen **Gesetzeskonkurrenz zu § 81 b 2. Alt.** StPO steht; die letztgenannte Vorschrift wird einhellig als Präventivnorm und damit als eine Art Fremdkörper in der StPO angesehen. Bedenken, daß der Bund hierfür über keine Gesetzgebungskompetenz verfüge, hat das BVerwG nicht geteilt (vgl. BVerwG in NJW 1967, 1192 und zuletzt in NJW 1983, 772/773), sondern eine Kompetenz kraft Sachzusammenhangs mit § 163 StPO angenommen (krit. dazu etwa Dreier in JZ 1987, 1013). Dem Unbehagen darüber entspringende Bestrebungen, § 81 b so umzuformulieren, daß er künftig eindeutig nur auf die Strafverfolgung beschränkt bleiben soll, haben bisher nicht zum Erfolg geführt. Zu den Konsequenzen aus dieser unbefriedigenden Situation s. u. RdNr. 6.
Parallelvorschriften außerhalb der StPO finden sich etwa in §§ 15 Abs. 3 Nr. 6 AsylVfG, 16 AsylVfG, 41 AuslG, 24 BGSG, 6 Abs. 3 Satz 3 PaßG und 86 StVollzG.

Der **Aufbau** von Art. 14 ist folgender: Abs. 1 enthält in den Nrn 1 und 2 2
zwei voneinander unabhängige Befugnisnormen für erkdM. Davon wiederum unabhängig bringt Abs. 2 einen subjektiven Anspruch für den Betroffenen auf Vernichtung der mittels dieser Maßnahmen gefertigten Unterlagen. Abs. 3 schließlich enthält – im Gesamtgefüge systematisch unglücklich – Beispiele für erkdM im Sinne von Art. 14.

Der **Begriff der erkennungsdienstlichen Maßnahme** ist im Gesetz selbst nicht 3
definiert. Der Gesetzgeber gibt lediglich Beispiele für solche Maßnahmen („insbesondere") in **Abs. 3**. Nach der Rechtsprechung sind es alle Feststellungen über Merkmale des äußeren Erscheinungsbildes einer Person, die ihre Wiedererkennung ermöglichen, z. B. wenn ein anonymer Straftäter Spuren seiner Person hinterlassen hat (vgl. BayVGH in BayVBl 1984, 272/274). Allerdings müssen sie, sollen sie auf Art. 14 gestützt werden, mit den dort in Abs. 3 aufgeführten Beispielen hinsichtlich der Eingriffstiefe vergleichbar sein (s. auch Nr. 14.5 VollzB). Damit sind Eingriffe in die körperliche Unversehrtheit, die über ein bloßes Registrieren hinausgehen, unzulässig. Erlaubt sind hingegen offene Video- oder Tonaufnahmen. Als problematisch erweist sich in diesem Zusammenhang die sog. **Genomanalyse**, weil ihr auch Material zugrundeliegen kann, das nicht durch Eingriffe in die körperliche Integrität des Betroffenen gewonnen worden ist, wie etwa verlorene Haare (s. zum ganzen näher Keller in NJW 1989, 2289 m. weit. Nachw.; Klumpe, Der „genetische Fingerab-

druck" im Strafverfahren, 1993; Taschke/Breidenstein, Die Genomanalyse im Strafverfahren, 1995; Senge in NJW 1997, 2409; grundlegend auch BVerfG in NJW 1996, 771). Mit der wohl herrschenden Meinung zu § 81 b StPO (vgl. Keller a. a. O. S. 2294 f.) ist dafür zu halten, daß sie deshalb nicht erkdM sein kann, weil das Regelbeispiel des Abs. 3 Nr. 3 ausdrücklich von der Feststellung äußerer körperlicher Merkmale spricht, die Genomanalyse aber gerade Informationen über die nicht äußerlich erkennbaren Merkmale des menschlichen Körpers erbringt.

Erkennungsdienstliche Unterlagen enthalten nach der Rechtsprechung keine **personenbezogenen Daten im Sinne von Art. 30 ff.**, sind somit selbst auch nicht **Dateien** oder **(Kriminal-)Akten** nach diesen Vorschriften (BayVGH in BayVBl 1993, 211; vgl. auch VGH Kassel in NVwZ-RR 1994, 652/653) mit der Folge, daß Art. 30 ff,. auf sie nicht, auch nicht analog, anwendbar sind.

Vgl. allgemein zum polizeilichen Erkennungsdienst die eingehende Darstellung bei Gusy in VerwArch 1993, 441.

4 Die Vornahme erkdM setzt begrifflich ein **Festhalten** des Betroffenen voraus, welches gegebenenfalls seine Verbringung an den Ort beinhaltet, wo die Polizei die notwendigen Mittel zur erkennungsdienstlichen Behandlung bereithält. Die Befugnis für dieses Festhalten ist in Art. 14 Abs. 1 mit enthalten (unklar insoweit Honnacker/Beinhofer, Erl. 1 zu Art. 14; wie hier im Ergebnis für § 81 b StPO Kleinknecht/Meyer-Goßner, § 81 b RdNr. 15). Ebenso deckt diese Befugnis Vorbereitungsmaßnahmen der erkennungsdienstlichen Behandlung mit ab, beispielsweise das Entfernen und Aufsetzen einer Perücke, Entfernen von Schminke, Veränderung der Haar- bzw. Barttracht (vgl. für § 81 b die Nachweise bei Kleinknecht/Meyer-Goßner a. a. O. RdNr. 10). Zur Zulässigkeit der **Vorladung** s. Art. 15 Abs. 1 Nr. 2, zur **Behandlung festgehaltener Personen** s. Art. 19.

5 Die Befugnis aus **Abs. 1 Nr. 1** betrifft alle Fälle der **Identitätsfeststellung** nach Art. 13. Erheblich sind die Schwierigkeiten der Identitätsfeststellung dann, wenn die Polizei anderenfalls in unverhältnismäßiger Weise an der Erfüllung ihrer Aufgaben gehindert würde. Das verfassungsrechtliche Übermaßverbot (vgl. Art. 4 Abs. 1) gebietet, zunächst andere, weniger eingriffsintensive Möglichkeiten zur Identitätsfeststellung auszuschöpfen (z. B. Erkundigungen bei Dritten, Anfragen an registerführende Stellen). Das der Polizei zusätzlich zu den Voraussetzungen des Art. 13 eingeräumte Ermessen läßt überdies erkennen, daß erkdM nach Nr. 1 nicht immer dann und routinemäßig vorgenommen werden dürfen, wenn die Identitätsfeststellung ohne Erfolg bleibt; vielmehr ist stets vorab zu prüfen, ob die doch massive Eingriffsmaßnahme gemessen an ihrem Anlaß verhältnismäßig ist (Art. 4 Abs. 2). Andererseits kann das nicht heißen, daß etwa strafunmündige Kinder niemals zur Identitätsfeststellung erkennungsdienstlich behandelt werden dürfen, stel-

len doch inzwischen die aus einem derartigen Personenkreis zusammengesetzten Banden ein Gefahrenpotential, das zu vernachlässigen im Interesse der gefährdeten Bürger unverantwortlich wäre; im übrigen sind dem Polizeirecht derartige Erwägungen ohnehin systemfremd, wie ein Blick auf Art. 7 Abs. 2 zeigt.

Abs. 1 Nr. 2 steht, wie bereits oben (RdNr. 1) umrissen teilweise in Gesetzeskonkurrenz zu § 81 b 2. Alt. StPO. Hält man die letztgenannte Vorschrift mit dem BVerwG und der wohl herrschenden Meinung für rechtsgültig, so hat das PAG gem. Art. 31 GG zurückzutreten, soweit ihr Anwendungsbereich reicht (a. A. Honnacker/Beinhofer, Erl. 2 zu Art. 14). Das bringt es mit sich, daß immer dann, wenn präventiv erkdM an Personen durchgeführt werden sollen, die im Moment der Maßnahme **Beschuldigte** im Sinne der StPO sind, Art. 14 Abs. 1 Nr. 2 nicht anwendbar ist (vgl. OVG Münster in DÖV 1983, 603/604; VGH Kassel in NVwZ-RR 1994, 652/653 und ebenda S. 656). Die Vorschrift greift jedoch subsidiär dann, wenn mögliche Betroffene aus irgendeinem Grund nicht Beschuldigte im Sinne der StPPO sind, etwa rechtskräftig Verurteilte vor Entlassung aus der Strafhaft oder verdächtige Strafunmündige (vgl. näher Kleinknecht/Meyer-Goßner, § 81 b RdNr. 7 m. weit. Nachw.; VGH Mannheim in NJW 1987, 2762, DÖV 1988, 83 und NJW 1987, 3022). Zu den Voraussetzungen des § 81 b 2. Alt. StPO s. Kleinknecht/Meyer-Goßner a. a. O. RdNr. 12; zur Aufbewahrung der nach dieser Vorschrift gewonnenen Unterlagen ebenda RdNrn 16 ff.

Nach Maßgabe des eben Ausgeführten kann die Polizei erkdM nach Art. 14 Abs. 1 Nr. 2 vornehmen, wenn dies zur vorbeugenden Bekämpfung von Straftaten erforderlich ist. Hierin wird, wie auch in Art. 31 Abs. 1 Nr. 1, der Standpunkt des Gesetzgebers sichtbar, daß die vorbeugende Bekämpfung von Straftaten zur Prävention gehören und damit in den Aufgabenbereich der Polizei fallen soll (vgl. im einzelnen RdNr. 17 zu Art. 2 und RdNr. 1 zu Art. 33).

Der Betroffene muß **verdächtig** sein, eine mit Strafe bedrohte Tat begangen zu haben. Der Verdacht muß aus der Sicht der Polizei bestehen, eine bestimmte Intensität ist nicht erforderlich. Ist der Betroffene bereits rechtskräftig verurteilt, ist diese Voraussetzung erst recht erfüllt. Der Verdacht muß sich auf **eine mit Strafe bedrohte Handlung** beziehen, d. h. eine Tat, die den objektiven Tatbestand einer Strafnorm verwirklicht und rechtswidrig ist. Auf ein Verschulden kommt es, wie im Polizeirecht üblich (vgl. Art. 7 Abs. 2), nicht an. Betroffene können daher auch Kinder oder Geisteskranke sein.

Die **Erforderlichkeit** der Maßnahme bemißt sich allein danach, ob wegen der Art oder der Ausführung der Tat **Wiederholungsgefahr** besteht. Anhaltspunkte hierfür bemessen sich nach kriminalistischer Erfahrung in Ansehung aller Umstände des jeweiligen Einzelfalls und sind insbesondere Art, Schwere und Begehungsweise der dem Betroffenen bisher zur Last gelegten Straf-

Art. 14

tat(en), seine Persönlichkeit, der Zeitraum, in dem er bisher strafrechtlich noch nicht bzw. nicht mehr in Erscheinung getreten ist (vgl. BVerwG in NJW 1989, 2640 m. weit. Nachw.). Ein besonders hohes Maß an Gemeinschädlichkeit müssen die zugrunde gelegten Delikte nicht aufweisen (BVerwG ebenda), auch kommt es nicht darauf an, ob der Betroffene erstmals polizeilich auffällig wurde. Die Einstellung von Strafverfahren nach § 153 bzw. § 153 a StPO schließt Wiederholungsgefahr nicht aus (VGH Kassel in NVwZ-RR 1994, 652/655), auch nicht automatisch eine Einstellung nach § 170 Abs. 2 StPO (so aber VGH Kassel ebenda). Die Prognose einer Wiederholungsgefahr ist vielmehr in jedem Einzelfall nach den genannten Kriterien individuell zu treffen (vgl. etwa BayVGH, U. v. 4. 6. 1996 – 24 B 94.3094 –). Liegen keine hinreichenden Anhaltspunkte (mehr) vor, ist die **Aufbewahrung** bereits **erhobener Unterlagen** nicht (mehr) zulässig (BVerwGE 26, 169/171) und demgemäß auch die Aufrechterhaltung einer noch nicht vollzogenen Anordnung zur Vornahme erkdM rechtswidrig (BVerwG in BayVBl 1983, 183 und in BayVBl 1993, 211. Vgl. zum Ganzen eingehend Gusy in VerwArch 1993, 441 ff.).

Von besonderer Bedeutung ist im Hinblick auf die Erforderlichkeit erkdM deren Eignung zur Unterstützung künftiger Ermittlungen wegen der jeweils in Rede stehenden konkreten Straftaten. So ist z. B. bei Delikten wie Beleidigung oder Körperverletzung nicht einzusehen, warum am Täter erkdM vorgenommen werden, wo doch von der Art des persönlich offen begangenen Delikts her keine Verschleierung der Identität des Täters zu besorgen und damit kein Sinn einer erkennungsdienstlichen Behandlung und der Aufbewahrung der gewonnenen Unterlagen erkennbar ist (vgl. VGH Kassel in NVwZ-RR 1994, 652/655 und ebenda S. 658).

Im Rahmen der ebenfalls stets zu prüfenden Verhältnismäßigkeit der weiteren Aufbewahrung ist nach Ansicht des BayVGH (a. a. O.) auch auf die berufliche Situation des Betroffenen abzustellen.

7 **Abs. 2** verleiht dem Betroffenen einen subjektiven Anspruch darauf, die Vernichtung – nicht: die Herausgabe – erkennungsdienstlicher Unterlagen zu verlangen. Auf Unterlagen, die gem. § 81 b 1. oder 2. Alt. StPO gewonnen worden sind, bezieht sich die Vorschrift nicht. Art. 38 Abs. 2 und 45 Abs. 2 gelten neben oder statt ihr nicht, auch nicht analog (vgl. BayVGH in BayVBl 1993, 211 und oben RdNr. 3). Unberührt bleibt die Amtspflicht der Polizei, die Unterlagen nach Abs. 1 von sich aus zu vernichten, wenn die Voraussetzungen für ihre Gewinnung entfallen. Die Vernichtung hat **kostenfrei** zu erfolgen. Nähere Regelungen hierzu enthalten die sog. PpS-Richtlinien (früher: KpS-Richtlinien; vgl. zu ihnen RdNr. 1 der Vorbem. zu Art. 37).

Eine Vernichtung kann nicht beansprucht werden, wenn eine Aufbewahrung der erkennungsdienstlichen Unterlagen nach anderen Rechtsvorschriften (s. o. RdNr. 1) zulässig ist.

Einen **Auskunftsanspruch** des Betroffenen bezüglich der über ihn vorgehaltenen erkennungsdienstlichen Unterlagen enthält Abs. 2 nicht. Der BayVGH wendet hierfür – methodisch sehr fragwürdig – Art. 48 analog an (BayVGH in BayVBl 1991, 467).

Der **Rechtsschutz** im Zusammenhang mit Maßnahmen nach Art. 14 richtet **8** sich aufgrund deren präventiven Charakters allein nach den Vorschriften der VwGO (vgl. § 40 Abs. 1 VwGO).

Richtige **Klageart** gegen die **Vornahme erkdM** als Verwaltungsakt im Sinne von Art. 35 BayVwVfG ist die Anfechtungsklage (§ 42 Abs. 1 Fall 1 VwGO). Sie bleibt es auch dann, wenn die erkennungsdienstliche Behandlung als solche beendet ist, wirkt doch die Beschwer des Betroffenen, über den die gewonnenen Unterlagen nunmehr aufbewahrt werden, weiter fort, so daß sich die beeinträchtigende Wirkung der Maßnahme nicht erledigt hat. Sind die erhobenen Unterlagen bereits vernichtet, kann sich der Betroffene der Fortsetzungsfeststellungsklage (§ 113 Abs. 1 Satz 4 VwGO) bedienen, sofern deren Voraussetzungen vorliegen (s. hierzu eingehend RdNr. 17 zu Art. 11). Die Voraussetzungen des Absatzes 1 für die Vornahme erkdM bzw. die Aufbewahrung der dadurch gewonnenen Unterlagen unterliegen als unbestimmte Rechtsbegriffe der uneingeschränkten verwaltungsgerichtlichen Kontrolle.

Der Anspruch auf **Vernichtung erkennungsdienstlicher Unterlagen** gem. Abs. 2 kann mit der Verpflichtungsklage (§ 42 Abs. 1 Fall 2 VwGO) durchgesetzt werden, weil es sich bei der Vernichtung wiederum um einen Verwaltungsakt handelt (vgl. VGH Kassel in NVwZ-RR 1994, 656).

Art. 15
Vorladung

(1) Die Polizei kann eine Person schriftlich oder mündlich vorladen, wenn
1. Tatsachen die Annahme rechtfertigen, daß die Person sachdienliche Angaben machen kann, die für die Erfüllung einer bestimmten polizeilichen Aufgabe erforderlich sind, oder
2. das zur Durchführung erkennungsdienstlicher Maßnahmen erforderlich ist.

(2) ¹Bei der Vorladung soll deren Grund angegeben werden. ²Bei der Festsetzung des Zeitpunkts soll auf den Beruf und die sonstigen Lebensverhältnisse des Betroffenen Rücksicht genommen werden.

(3) Leistet ein Betroffener der Vorladung ohne hinreichenden Grund keine Folge, so kann sie zwangsweise durchgesetzt werden,
1. wenn die Angaben zur Abwehr einer Gefahr für Leib, Leben oder Freiheit einer Person erforderlich sind, oder
2. zur Durchführung erkennungsdienstlicher Maßnahmen (Absatz 1 Nr. 2).

(4) § 136 a StPO gilt entsprechend.

15 Zu Art. 15 (Vorladung)

15.1 Absatz 1 Nr. 1 setzt voraus, daß im Einzelfall Tatsachen die Annahme rechtfertigen, daß der Betroffene Angaben machen kann, die für die Erfüllung einer bestimmten polizeilichen Aufgabe erforderlich sind. Die polizeiliche Aufgabe in diesem Sinn kann sich auch aus anderen Rechtsvorschriften ergeben; jedoch nicht aus der StPO oder dem OWiG. Eine Vorladung zum Zweck einer allgemeinen Ausforschung ist nicht zulässig. Eine Vorladung ist nicht erforderlich und damit unzulässig, wenn die gewünschte Aufklärung auf anderem Wege rechtzeitig und ohne größeren Aufwand beschafft werden kann. Als Betroffene kommen auch Nichtverantwortliche in Betracht.

Da der Vorgeführte nicht verpflichtet ist, zur Sache auszusagen, ist eine Vorladung auch dann nicht zulässig, wenn die Personalien des Betroffenen bekannt sind nach den Umständen nicht zu erwarten ist, daß der Betroffene zur Sache Angaben macht.

*15.2 Von der **Angabe des Grundes** der Vorladung kann abgesehen werden, wenn dadurch der Vorladungszweck gefährdet würde. Eine Pflicht nach **Absatz 2 Satz 2** besteht nicht, wenn das öffentliche Interesse an einer sofortigen Auskunft (Intensität oder Ausmaß der Gefahr, die abgewehrt werden soll) das private Interesse des Betroffenen (berufliche und sonstige Verpflichtungen, Verkehrsverhältnisse) überwiegt.*

*15.3 Zur **zwangsweisen Durchsetzung** (insbesondere Vorführung) einer auf Art. 15 Abs. 1 beruhenden Vorladung ist die Polizei nur in den Fällen des Absatzes 3 befugt. Zur Zeit der zwangsweisen Durchsetzung der Vorladung müssen neben den Voraussetzungen des Absatzes 3 auch die nach Absatz 1 noch gegeben sein. Auch Absatz 2 ist bei der zwangsweisen Durchsetzung von Vorladungen zu beachten.*

Art. 15

Ein hinreichender Grund, einer Vorladung nicht Folge zu leisten, kann insbesondere dann gegeben sein, wenn der Betroffene krank oder zu dem Zeitpunkt, für den er vorgeladen ist, durch unaufschiebbare berufliche oder persönliche Angelegenheiten verhindert ist. Freilich findet insoweit eine Güterabwägung statt: Bei großer Intensität der Gefahr, die durch die Befragung (Vorladung) abgewendet werden soll, müssen unter Umständen auch wichtige berufliche und persönliche Angelegenheiten zurücktreten.

15.4 Wegen der Mittel zur Durchsetzung der Vorladung (Abs. 3) wird auf die Art. 53 ff. hingewiesen. Polizeilich angeordnete und durchgeführte Vorführungen unter Anwendung unmittelbaren Zwangs stellen bei kurzer Dauer im allgemeinen keine Freiheitsentziehungen, sondern lediglich Freiheitsbeschränkungen nach Art. 104 Abs. 1 Satz 1 des Grundgesetzes dar. Der Richtervorbehalt des Art. 104 Abs. 2 Satz 1 des Grundgesetzes greift für sie deshalb nicht ein.

15.5 Art. 15 begründet keine Pflicht für den Betroffenen, vor der Polizei auszusagen. Aus Art. 11 Abs. 1 und 2 in Verbindung mit den Art. 7, 8 und 10 kann sich jedoch die Befugnis zu einer Anordnung ergeben, nach bestem Wissen und Gewissen Auskunft zu erteilen. Die Vorschriften der Strafprozeßordnung über die Aussageverweigerungsrechte sind sinngemäß anzuwenden. Als Mittel zur Durchsetzung eines Auskunftsanspruchs kommt nur das Zwangsgeld in Betracht. Soweit die Verweigerung der Auskunft eine unterlassene Hilfeleistung im Sinn des § 330 c (jetzt: § 323 c) Strafgesetzbuch darstellen könnte, soll der Betroffene, wenn er zunächst die Auskunft verweigert, auf diese Strafvorschrift hingewiesen werden.

Zu **Art. 15** enthält Nr. 15 VollzB wichtige und weitgehende Hinweise; auf sie wird verwiesen. Geregelt wird die **Vorladung zu einer Dienststelle der Polizei.** Sie kann schriftlich oder mündlich und damit auch fernmündlich vorgenommen werden. Die Wahl der Form richtet sich nach Zweckmäßigkeit und Eilbedürftigkeit. 1

Abs. 1 stellt die Vorladung grundsätzlich in das **Ermessen** der Polizei. S. dazu Art. 5 Abs. 1 und den – unmittelbar, ergänzend oder subsidiär – stets zu beachtenden Art. 4 (**Verhältnismäßigkeit**). Nach Art. 4 Abs. 3 darf insbesondere eine Vorladung nicht aufrechterhalten bleiben, wenn ihr Zweck etwa auf andere Weise erreicht ist oder sich zeigt, daß er mit oder trotz der Vorladung nicht erreicht werden kann. 2

Wie bei vielen polizeilichen Maßnahmen ist es auch bei der Vorladung zweifelhaft, ob sie ein Verwaltungsakt im Sinne des Art. 35 BayVwVfG ist. Sie dient aber weder zur „Regelung" eines Einzelfalls, noch enthält sie unmittelbar einen Eingriff in Rechte des Adressaten. Sie ist daher kein Verwaltungsakt nach Art. 35 BayVwVfG und nur mit der allgemeinen Leistungsklage angreifbar, falls im Einzelfall ein Rechtsschutzinteresse anzunehmen ist. Der Versuch des BayVGH in BayVBl 1991, 433/435, bereits in der polizeilichen Entscheidung, von einer gesetzlichen Befugnis Gebrauch zu machen, im wesentlichen die Merkmale des Verwaltungsakts gemäß Art. 35 BayVwVfG erfüllt zu sehen, kann dogmatisch nicht befriedigen; s. dazu RdNr. 1 zu Art. 9. Vielmehr ist die Vorladung eine Ermittlungshilfe im Bereich polizeilicher Gefahrenabwehr, deren Voraussetzungen und Sanktionen besonders geregelt sind. Wird die Vorladung mit der Androhung von Zwangsmitteln verbunden, ist die Androhung anfechtbarer Verwaltungsakt; s. RdNrn 2, 3 zu Art. 59.

Für die Vorladung kann die sofortige Vollziehung angeordnet werden, wenn sie nicht als unaufschiebbare Maßnahme unter § 80 Abs. 2 Nr. 2 VwGO fällt. Das Erfordernis einer Begründung der Vorladung selbst richtet sich nach Art. 39 BayVwVfG, der auch Ausnahmen vorsieht. Die Anordnung der sofortigen Vollziehung ist nach der Rechtsprechung zu § 80 Abs. 3 Satz 1 VwGO besonders zu begründen. Das gilt grundsätzlich auch dann, wenn eine Vorladung mündlich ausgesprochen wird, aber nicht unaufschiebbar ist. In der Begründung der sofortigen Vollziehung muß das besondere öffentliche Interesse dafür dargelegt werden, daß sie im gegebenen Fall notwendig ist, insbesondere weil die begründete Besorgnis besteht, daß die von der Polizei mit ihrer Maßnahme bekämpfte Gefahr sich im Zeitraum bis zu einer endgültigen richterlichen Entscheidung über die Rechtmäßigkeit des Bescheides erneut realisiert und daß hinter diesem erheblichen öffentlichen Interesse das private Interesse des Betroffenen, bis zur rechtmäßigen Entscheidung dem Gebot nicht folgen zu müssen, zurückzutreten hat (BayVGH in BayVBl 1982, 756/757 m. weit. Nachw.; dazu kritisch Schreiber in BayVBl 1983, 182). Diese Anforderungen dürfen allerdings nicht so eng gezogen werden, daß die Aufgabe der Polizei, insbesondere der Zweck der Maßnahme gefährdet oder sogar die Möglichkeiten der Polizei überfordert werden. So kann der polizeiliche Zweck es rechtfertigen, dem Betroffenen nicht alle Gründe für die Maßnahme zu nennen. Auch müssen „Art und Ausführung der Tat", der sog. „modus operandi", nur die Wiederholungsgefahr krimineller Betätigung überhaupt begründen, nicht notwendigerweise die der gleichen oder gleichartigen Tat. Es gehört zu den kriminologischen Erkenntnissen, daß bei Fortbestand der kriminellen Veranlagung oder Neigung je nach den Lebensumständen und dem Lebensalter sich die Art und Ausführung krimineller Handlungen ebenso wie ihre Objekte ändern können, worauf Schreiber ebenda zu Recht hinweist. Daß der Gesetzgeber die polizeilichen Befugnisse nicht sachfremd einengen, vielmehr den Besonderheiten des Rechtsgebiets Rechnung tragen will, zeigen neben § 80 Abs. 2 Nr. 2 VwGO die häufig verwendeten weiten unbestimmten Rechtsbegriffe und speziell in Art. 15 Abs. 1 Nr. 2 die Beschränkung der Voraussetzungen auf das bloße Erfordernis, also die reine Zweckmäßigkeit ohne zusätzliche Einschränkung gegenüber Art. 14, wie auch das ausdrückliche Gestatten der nur mündlichen Vorladung. Sie würde entgegen dem Wortlaut des Gesetzes weitgehend illusorisch, wollte man bei ihrer Nichtbefolgung für das weitere Vorgehen der Polizei die engen Maßstäbe des o. g. Beschlusses des BayVGH anlegen, die die wirksame Handhabung der Vorschrift gefährden können.

Ist der Polizei durch **Rechtsvorschriften des PAG** eine Aufgabe zugewiesen und regeln diese Vorschriften zugleich die Befugnisse zur Erfüllung dieser Aufgabe abschließend, so kommt Art. 15 daneben weder ergänzend noch subsidiär in Betracht. Solche Rechtsvorschriften sind StPO (z. B. §§ 81 a–c) und OWiG (§ 53).

Soweit andere Rechtsvorschriften die Vorladung durch andere Behörden zulassen, kommt **Vollzugshilfe** durch die Polizei in Betracht (Art. 2 Abs. 3, 50–52). Solche Vorschriften sind z. B. die §§ 32 Abs. 2, 36 Abs. 2 BSeuchenG (Gesundheitsamt); § 18 Abs. 1 GKrG (Gesundheitsamt); § 44 Abs. 2 und 3 WehrpflichtG; Art. 9 Abs. 1, 16, 18 Abs. 1, 2, 5 UnterbrG (vgl. hierzu BayVerfGH in BayVBl 1982, 47; die E bezieht sich jedoch nicht auf die polizeiliche Maßnahme im Sinne von Art. 18 Abs. 2 UnterbrG); § 48 StVO (Straßenverkehrsbehörde); Art. 19 BayMeldeG (persönliches Erscheinen bei der Meldebehörde).

Zu **Abs. 1 Nr. 1** s. Nr. 15.1 VollzB. Der Polizei müssen **Tatsachen** bekannt **3** sein, die die **Annahme rechtfertigen,** die Vorladung der Person sei sachdienlich im Sinne des Abs. 1 Nr. 1. Bis zur Einfügung des Art. 12 durch das 3. PAGÄndG setzte Art. 15, der nur die Vorladung regelt, das entsprechende Fragerecht der Polizei als allgemeine Befugnis im Sinne des Art. 11 Abs. 1 voraus. Nunmehr schließt Art. 15 Abs. 1 Nr. 1 an Art. 12 an. Er läßt jedoch die besondere Maßnahme der Vorladung, die nicht zu den Zwangsmitteln des Art. 54 gehört, nur dann zu, wenn der Polizei Tatsachen bekannt sind, die bei vernünftiger Beurteilung eine konkrete, wenn auch nur wissensmäßige Beziehung zwischen dem zu Befragenden und dem von der Polizei zu erforschenden Sachverhalt annehmen lassen. Die Tatsachen können darin bestehen, daß die vorzuladende Person zu bestimmter Zeit an einem bestimmten Ort gewesen ist, die Lebensgewohnheiten einer anderen Person kennt, bestimmte Fachkenntnisse besitzt usw. Bloße Vermutungen über das Vorhandensein solcher fallbezogener Tatsachen genügen nicht. Auch müssen die Tatsachen zumindest nach polizeilicher Erfahrung eine relevante Beziehung zum gegenständlichen Fall haben. Vgl. auch RdNr. 5 zu Art. 13. Der Kreis der zu Befragenden ist weit gezogen, gleichwohl aber wegen der hier geforderten Tatsachenbezogenheit enger als in RdNr. 2 zu Art. 12 beschrieben.

Zweck der Nr. 1 ist, sachdienliche Angaben zur Erfüllung einer bestimmten polizeilichen Aufgabe zu erhalten. Nr. 15.1 Abs. 2 VollzB weist aber zu Recht darauf hin, daß der Vorgeladene nicht verpflichtet ist, gegenüber der Polizei zur Sache auszusagen und erklärt eine Vorladung dann für unzulässig, wenn die Personalien des potentiellen Adressaten der Vorladung bekannt sind und nicht zu erwarten ist, daß er aussagewillig ist. Dabei ist aber zu beachten, daß

Art. 12 Satz 2 beim Vorliegen anderweit gesetzlich begründeter Handlungspflichten eine sachbezogene Aussagepflicht auch gegenüber der Polizei anordnet. Vgl. Nr. 12.2 VollzB und die Anm. zu Art. 12.

Abs. 1 Nr. 2 stellt für die Durchführung erkennungsdienstlicher Maßnahmen die Hilfsmaßnahme der Vorladung zur Verfügung, wobei die Vorladung allerdings voraussetzt, daß die Identität des Vorzuladenden bereits bekannt ist, so daß sie nur in Fällen des Art. 14 Abs. 1 Nr. 2 in Betracht kommt. Der Kreis der möglichen Betroffenen ist gegenüber Nr. 1 wiederum enger, weil nur solche Personen in Betracht kommen, gegen die erkennungsdienstliche Maßnahmen zulässig sind. Es müssen also die Voraussetzungen des Art. 14 oder des § 81 b StPO von vornherein gegeben sein.

Gegenüber einem nach Art. 14 zulässigen unmittelbaren Verbringen zur Dienststelle (vgl. RdNr. 4 zu Art. 14) erscheint die Vorladung als das weniger beeinträchtigende Mittel. Soweit daher die Vorladung zulässig und erfolgversprechend ist, ist sie in Fällen des Art. 14 zunächst vorzunehmen. Die Anwendung von Zwang bestimmt sich dann nach Art. 15 Abs. 3, so daß für die Anwendung von Zwang engere Schranken bestehen können, als nach Art. 14 selbst (s. u. RdNr. 5).

4 **Abs. 2 Satz 1 und 2 sind Sollvorschriften** und damit erheblich enger als Ermessensvorschriften. Sollvorschriften sind für die Verwaltung und damit auch für die Polizei ebenso verbindlich wie Mußvorschriften, solange die Verwaltung (Polizei) nicht besondere Umstände dartun und beweisen kann, die ausnahmsweise ein Abweichen von der Regel zulassen. Soweit die Verbindlichkeit reicht, kann auch der einzelne im Rahmen seines Anfechtungsrechts die Beachtung der Sollvorschriften verlangen (BVerwG in DVBl 1960, 252/253). Abs. 2 beruht ebenfalls auf dem Grundsatz der Verhältnismäßigkeit.

5 **Abs. 3** läßt die Anwendung von **Verwaltungszwang** zur Durchsetzung einer Vorladung **(Vorführung) nur in den in Nr. 1 und 2 genannten Fällen** zu. Soll die Vorladung zur Polizei anderen Zwecken dienen, dürfen daher Maßnahmen nach dem V. Abschnitt des PAG nicht angewendet werden. Auch diese Beschränkung beruht auf dem Grundsatz der Verhältnismäßigkeit. S. dazu Nrn 15.3 und 15.4 VollzB und den darin enthaltenen Hinweis auf die Art. 18–20, wobei insbesondere Art. 20 für die **Beendigung der Maßnahme** zu beachten ist.

Bei der zwangsweisen Vorführung zu erkennungsdienstlichen Maßnahmen ist zu unterscheiden zwischen einer Freiheitsbeschränkung, die einer gesetzlichen Ermächtigung bedarf (Art. 104 Abs. 1 GG), und einer Freiheitsentziehung, die außerdem nur bei einer richterlichen Entscheidung zulässig ist (Art. 104 Abs. 2 Satz 1 GG). Das PAG ist bei seinem Erlaß von einer solchen Unterscheidung nicht ausgegangen. Sie hat sich jedoch aus Gründen der Gewaltenteilung, der Verhältnismäßigkeit und nicht zuletzt des differenzierenden Sprachgebrauchs in Art. 104 Abs. 1 und 2 GG in der Rechtsprechung immer stärker durchgesetzt. Der **Freiheitsbeschränkung** und der **Freiheitsentziehung** ist gemeinsam, daß zwangsweise in die Bewegungsfreiheit des Betroffenen eingegriffen wird. Die **Abgrenzung** ist nach der Intensität des Eingriffs vorzunehmen (BVerwGE 62, 325/327 = BayVBl 1982, 55/56 = NJW 1982, 537 = DÖV 1982, 35; BayObLGZ 1956, 353/357), wobei auch deren Dauer nicht außer Betracht gelassen werden darf (BGHZ 82, 261/269 f.; VG Berlin in NVwZ-RR 1990, 188). Nach § 2 FreihEntzG ist Freiheitsentziehung die Unterbringung einer Person gegen ihren Willen oder im Zustand der Willenlosigkeit in einer Justizvollzugsanstalt, einem Haftraum, einer abgeschlossenen Verwahranstalt, einer abgeschlossenen Anstalt der Fürsorge, einer abgeschlossenen Krankenanstalt oder einem abgeschlossenen Teil einer Krankenanstalt. Keine Freiheitsentziehung sind im Regelfall Maßnahmen des unmittelbaren Zwangs gegen Personen, damit ein Verhalten behördlicherseits durchgesetzt werden kann, zu dem der jeweils Betroffene verpflichtet ist (BVerwGE 62, 325/327), sofern die Bewegungsfreiheit nur für eine kurze Zeit zur Durchführung der Maßnahme beschränkt wird (so wohl auch BGHZ 82, 261/269 f.).

Unter diesen Voraussetzungen herrscht in der oberst- und obergerichtlichen Rechtsprechung die Auffassung vor, daß behördlich angeordnete und durchgeführte Vorführungen durch Anwendung einfachen unmittelbaren Zwanges keine Freiheitsentziehungen, sondern lediglich Freiheitsbeschränkungen darstellen, für die der Richtervorbehalt des Art. 104 Abs. 2 Satz 1 GG nicht eingreift: Vorführung zur Röntgenuntersuchung (BVerwG in JR 1958, 153/154); Vorführung gemäß § 18 GKrG (BGHZ 82, 261); Vorführung und Untersuchung eines psychisch Kranken oder Suchtkranken durch das Gesundheitsamt (OLG Karlsruhe in Die Justiz 1972, 180; OLG Stuttgart in Die Justiz 1973, 392); Vorführung eines Wehrpflichtigen, der der Musterung unentschuldigt ferngeblieben ist (BVerwGE 82, 243/245); Verbringen eines Ausländers zur Flughafenwache zum Zwecke der Abschiebung (BVerwGE 62, 325 = BayVBl 1982, 55). Der Betroffene soll lediglich dulden, daß bei ihm erkdM (vgl. Art. 14 Abs. 3 PAG) durchgeführt werden (Art. 15 Abs. 1 Nr. 2 PAG). Er kann sich nur während seiner Abholung durch die Polizei, während des Transports zur Dienststelle und während der Durchführung der erkennungsdienstlichen Maßnahmen nicht frei bewegen. Eine räumliche Absonderung des Betroffenen im Sinne des § 2 Abs. 1 FreihEntzG ist weder erforderlich noch vorgesehen. Es spricht nichts dafür, daß der Betroffene nach Erledigung der in aller Regel nur kurze Zeit in Anspruch nehmenden erkdM nicht sofort wieder auf freien Fuß gesetzt wird. Intensität und Dauer der Beschränkung der Bewegungsfreiheit sind somit nicht so erheblich, daß die Vorführung durch richterliche Kontrolle gesichert werden müßte (vgl. BGHZ 82, 261/270).

Art. 15

An der dargelegten Abgrenzung von Freiheitsentziehung und Freiheitsbeschränkung ändert auch Art. 18 PAG nichts. Denn diese Vorschrift will keine über Art. 104 GG hinausgehende Regelung treffen, sondern dient gerade dem Vollzug des Art. 104 Abs. 2 GG, wie etwa Nr. 18.1 VollzB betont. Art. 18 PAG ist seinem Kern nach eine Zuständigkeitsvorschrift, die klarstellt, daß die ordentlichen Gerichte tätig zu werden haben, wenn eine Freiheitsentziehung im oben umrissenen Sinn in Betracht kommt. Sie besagt aber nicht, daß die mit einer Vorführung verbundene Beschränkung der Bewegungsfreiheit immer schon als Festhalten zu werten ist. Unter Festhalten will nämlich auch Art. 18 PAG nur eine Freiheitsentziehung verstanden wissen, wie sich aus dessen Wortlaut und aus dem Gesamtzusammenhang des Gesetzes ergibt. So ist Art. 20 PAG mit der amtlichen Überschrift „Dauer der Freiheitsentziehung" versehen. Die „festgehaltene" Person soll ferner nach Art. 19 PAG gesondert, insbesondere ohne ihre Einwilligung nicht in demselben Raum mit Straf- oder Untersuchungsgefangenen untergebracht werden. Der „Festgehaltene" wird somit zwar nicht wie solche Gefangene untergebracht; er wird aber – wie diese – nicht nur kurzfristig und absehbar in seiner Bewegungsfreiheit beschränkt.

Liegt aber keine Freiheitsentziehung inmitten, so bedarf es keiner richterlichen Entscheidung. Sie ist nur notwendig, wenn zur zwangsweisen Durchsetzung der Vorladung eine Freiheitsentziehung im oben beschriebenen Sinne für notwendig und verhältnismäßig gehalten werden müßte (BayObLG in DVBl 1983, 1069 = DÖV 1984, 515 = BayVBl 1984, 27 mit Anm. von Kießling in BayVBl 1985, 249).

Auch das BVerwG hat in BayVBl 1982, 55/56 auf den Unterschied zwischen Freiheitsbeschränkung und Freiheitsentziehung abgestellt und ausgeführt, der Unterschied, wie er dem Art. 104 GG zugrunde liegt (BVerfGE 10, 302/323) sei gradueller Natur. Die Freiheitsentziehung ist die stärkste Form der Freiheitsbeschränkung. Die Abgrenzung bestimmt sich nach der Intensität des Eingriffs. Danach stellen Einsperrungen und Einschließungen ohne weiteres Freiheitsentziehungen dar, wie es der Regelung des § 2 Abs. 1 G über das gerichtliche Verfahren bei Freiheitsentziehungen entspricht. Aber nicht jede Zwangsmaßnahme, die in die Bewegungsfreiheit des Betroffenen vorübergehend eingreift, ist eine Freiheitsentziehung, die den besonderen Schutz des Art. 104 Abs. 2 GG auslöst (s. Nrn 15.4 und 18.1 VollzB). Die bloße Anwendung unmittelbaren Zwangs stellt keine die Einschaltung des Haftrichters erfordernde Freiheitsentziehung dar (entschieden für zwangsweises Verbringen von der Wohnung zum Flugzeug bei Abschiebung).

6   Eine **Aussagepflicht** des Betroffenen vor der Polizei **besteht nicht.** S. dazu Nrn 15.1 und 15.5 VollzB. Die Weigerung eines Betroffenen, dessen Personalien bekannt sind, vor der Polizei Aussagen zu machen, ist ein hinreichender

Grund, einer polizeilichen Vorladung zum Zwecke der Vernehmung nicht zu folgen (BayObLG in BayVBl 1957, 35).

Für die **Entschädigung** von Personen, die von der Polizei als **Zeugen** oder **Sachverständige** herangezogen worden sind, s. Art. 26 Abs. 3 Satz 2 BayVwVfG. 7

Art. 16
Platzverweisung

¹Die Polizei kann zur Abwehr einer Gefahr eine Person vorübergehend von einem Ort verweisen oder ihr vorübergehend das Betreten eines Orts verbieten. ²Die Platzverweisung kann ferner gegen Personen angeordnet werden, die den Einsatz der Feuerwehr oder von Hilfs- oder Rettungsdiensten behindern.

16 Zu Art. 16 (Platzverweisung)

16.1 Eine Anordnung nach Art. 16 kann sich auch auf Fahrzeuge oder andere Sachen (z. B. Tiere) erstrecken, die die Betroffenen bei sich haben; erforderlichenfalls sind die Betroffenen hierauf ausdrücklich hinzuweisen.

16.2 Die Platzverweisung kann auch in Räumen erfolgen. Der Inhaber einer Wohnung im Sinn des Art. 23 darf jedoch nur dann an deren Betreten gehindert werden oder aus ihr verwiesen werden, wenn eine gegenwärtige erhebliche Gefahr diese Beschränkung seines Grundrechts aus Art. 13 GG erfordert.

Die Art. 7, 8 und 10 sind zu beachten. Ist eine Menschenmenge von einem Ort zu verweisen oder ist ihr das Betreten eines Ortes zu verbieten, weil einzelne Personen in der Menschenmenge durch ihr Verhalten eine konkrete Gefahr verursachen, so sind auch die anderen Personen in der Menschenmenge im Sinn des Art. 7 verantwortlich, weil sie durch ihre Gegenwart die Gefahr verstärken. Soweit die Gefahr dadurch abgewendet werden kann, ist die Platzverweisung jedoch in erster Linie gegen die Personen zu richten, die die Gefahr verursacht haben.

16.3 Art. 16 Satz 2 setzt nicht voraus, daß die Adressaten des Platzverweises aktiv den Einsatz der Feuerwehr, von Hilfs- oder Rettungsdiensten behindern. Vielmehr reicht es aus, wenn allein die Anwesenheit von Menschen oder Fahrzeugen ein Hindernis für die Zufahrt oder Abfahrt von Fahrzeugen oder für sachdienliche Hilfsmaßnahmen darstellt.

1 Die **Platzverweisung** ist (nach Maaß in NVwZ 1985, 152/153) die Verweisung von einem Ort und/oder das Verbot, vorübergehend einen Ort zu betreten (z. B. Aufforderung an eine Menschenmenge, auseinanderzugehen; Wegweisen der Zuschauer bei einem Verkehrsunfall, soweit das nicht schon nach der StVO zulässig ist; Aufforderung zum Räumen einer Gaststätte usw.) Die Maßnahme hat nur vorübergehenden Charakter (vgl. Art. 4 Abs. 3). Eine Anordnung an die Betroffenen, wie weit und in welcher Richtung sie sich zu entfernen, oder daß sie sich an einen bestimmten oder an jeden hinter einem bestimmten Ort liegenden Platz zu begeben haben, kann nicht auf Art. 16 gestützt werden. Allenfalls können solche Anordnungen als atypische Maßnahmen nach Art. 11 Abs. 1, 2 in Betracht kommen.

Die Verweisung vom Platz ist eine der häufigsten polizeilichen Maßnahmen und sichert trotz der Geringfügigkeit des damit verbundenen Rechtseingriffs vielfach den notwendigen polizeilichen Erfolg. Sie ist deshalb auch im weitesten Rahmen der Abwehr von Gefahren für die öffentliche Sicherheit oder Ordnung zulässig, und zwar – wie die in den Worten „zur Abwehr einer Gefahr" zu erblickende Übernahme aller Voraussetzungen des Art. 11 ergibt – bereits zur Verhütung von Ordnungswidrigkeiten, was im Hinblick auf die Ordnungswidrigkeit der unerlaubten Ansammlung in § 113 OWiG der Polizei breite Anwendungsmöglichkeiten einräumt. Die Anwendungsbreite der Platzverweisung wird kompensiert durch die Kennzeichnung der Maßnahme als **„vorübergehend"**. Darin liegt eine zeitliche Beschränkung. Sie engt die rechtliche Zulässigkeit der Platzverweisung auf eine geringe Dauer, je nach Sachlage allenfalls wenige Stunden, ein. Auch diese Maßnahme darf nach dem Grundsatz der Verhältnismäßigkeit (Art. 4) nicht weitergehen und nicht stärker in die Rechte des Verpflichteten eingreifen, als es zur Gefahrenabwehr notwendig ist (vgl. VG Stuttgart in NVwZ-RR 1996, 390 und VGH Mannheim in DÖV 1997, 255; zum Platzverweis in der Form einer Allgemeinverfügung s. RdNr. 8 zu Art. 5). Art. 16 reicht jedoch aus, um im Katastrophenfall eine Wohnung zu räumen, weil in einem solchen Fall auch die Voraussetzungen des Art. 13 Abs. 3 erste Alternative GG gegeben sein werden. Art. 16 ermöglicht es beispielsweise auch, Schaulustige zu entfernen, damit die Polizei den Ort des Geschehens erreichen und sich den notwendigen Raum für ihre Maßnahmen schaffen kann. Ebenso können einzelne Personen weggewiesen werden, wenn sie Polizeidienstkräfte oder deren Einsatzleiter bei ihren Aufgaben behindern. In schwierigen Fällen wird die Platzverweisung nicht ausreichen. Dann muß die Möglichkeit von Gewahrsamnahmen nach den dafür geltenden besonderen gesetzlichen Voraussetzungen geprüft werden.

Art. 16 behält seine Bedeutung auch im Bereich des Demonstrations- und Versammlungsrechts, soweit dessen Spezialnormen nicht unmittelbar eingreifen. Das allgemeine Polizeirecht wird durch Sondervorschriften zur Gefahrenabwehr nicht generell derogiert, vor allem nicht, wenn es im Sinne des Art. 4 Abs. 1 PAG weniger beeinträchtigende Mittel bietet, deren Wirksamkeit im gegebenen Fall ausreichend erscheint. Das gilt vor allem für präventivpolizeiliche Maßnahmen (vgl. OVG Münster in NVwZ 1982, 46), kann aber auch für repressive, störungsbeendende Maßnahmen in Betracht kommen (vgl. BVerwG in BayVBl 1983, 183/184 und in NVwZ 1988, 250; Näheres s. u. RdNrn 6 f.).

Jeder Befugnisnorm ist der **Adressatenkreis** der Maßnahmen zunächst selbst zu entnehmen. Er kann in den einzelnen Vorschriften enger, aber auch weiter gezogen sein als in den Art. 7, 8 und 10 (s. RdNr. 1 zu Art. 7, aber auch Nr. 7.2 VollzB). Art. 16 trägt der Tatsache Rechnung, daß bei bestimmten Gefahrenlagen, die durchaus unabhängig vom eigenen Verhalten der wegzuweisenden Person entstanden sein können, die bloße Anwesenheit eine eigenständige Gefahr im Sinne der Art. 7 und 11 darstellen kann, was Schloer bei seinen sonst beachtlichen Ausführungen in DÖV 1991, 955 nicht hinreichend

2

Art. 16

berücksichtigt. Das Gleiche gilt für Nr. 16.2 Abs. 2 Sätze 2 und 3 VollzB. Art. 16 bringt dies auch nicht klar zum Ausdruck, weil Satz 1 eine bereits gegebene Gefahrenlage voraussetzt, ohne die Adressaten des Platzverweises unmittelbar zu benennen, und erst Satz 2 auf die eigenständige Gefahr durch „Behindern" hinweist. Auch im Falle des Satzes 1 kann aber auf die Bestimmung des „richtigen" Adressaten nicht verzichtet werden. Deshalb verweist Nr. 16.2 Abs. 2 Satz 1 VollzB auf die Beachtung der Art. 7, 8 und 10. Größere Menschenansammlungen bilden als solche eine potentielle Gefahr im Sinne des Art. 11 Abs. 1. Das bedeutet zugleich, daß jede Person in dieser Menge als potentiell verantwortlich im Sinne des Art. 7 zu gelten hat, soweit sie sich nicht freiwillig aus einer insgesamt störenden Menge entfernt. Mit dieser Maßgabe ist Nr. 16.2 Abs. 2 Satz 1 VollzB zutreffend; der Konstruktion einer „Gefahrverstärkung" bedarf es dazu nicht. Dabei ist, wie auch sonst, davon auszugehen, daß der Gefahrverursacher (Störer) sich nicht bewußt sein muß, daß er objektiv diese Eigenschaft hat. Der Ausspruch des Platzverweises dient dazu, den Betroffenen auf die nach verantwortlicher Einschätzung der Polizei durch seine bloße Anwesenheit erzeugte Gefahr hinzuweisen und diese zugleich durch das Gebot des Entfernens wirksam und mit geringstmöglicher Beeinträchtigung zu beenden. Die durch den Betroffenen verursachte Gefahr ist entweder eine durch sein Verbleiben an Ort und Stelle begründete originäre, etwa als Gefahr für seine eigene körperliche Unversehrtheit, oder eine additiv zu anderen, bereits vorhandenen Gefahren hinzutretende Gefahr der Erschwerung oder Behinderung gefahrabwehrender polizeilicher Maßnahmen. In beiden Fällen ist eine polizeirechtliche Verantwortlichkeit durch bloße Anwesenheit begründet. Diese in Art. 16 erfaßte spezifische Gefahr ist in aller Regel durch persönliches Verhalten verursacht (Art. 7). In selteneren Fällen kann auch eine Zustandsverantwortlichkeit (Art. 8) in Betracht kommen. Dagegen dürfte eine Inanspruchnahme nach Art. 10 im Sonderfall des Art. 16 praktisch auszuschließen sein.

3 Die Besonderheit des Art. 16 ist, daß der Platzverweis auch an Personen gerichtet werden kann, die lediglich durch ihre Anwesenheit oder durch eine nicht strafbedrohte Betätigung die Gefahr strafbarer oder sonst störender oder gefährdender Handlungen durch andere hervorrufen (z. B. Entfernung eines Zwischenrufers, der den ordnungsgemäßen Ablauf einer Versammlung gefährdet; Zerstreuen einer Menschenmenge vor einem Schaufenster, deren Ansammlung andere Verkehrsteilnehmer zu verkehrswidrigem Verhalten nötigt). Der VGH hat in BayVBl 1969, 105 die Ansicht bestätigt, daß die Platzverweisung sowohl gegen einzelne wie gegen eine Menschenmenge und sowohl gegen verantwortliche wie nicht verantwortliche Personen im Sinne der Art. 7, 8 und 10 (Störer und Nichtstörer) gerichtet werden kann. Dabei ist Art. 4 zu beachten.

Die amtl. Begr. 1978 bemerkt, Art. 16 erstrecke sich nicht auf den Zweck **4** der Ermittlung oder **Aufklärung einer Straftat oder Ordnungswidrigkeit**, weil für Platzverweisungen zum Zwecke der (polizeilichen) Verfolgung von Straftaten oder Ordnungswidrigkeiten § 164 StPO, gegebenenfalls i. Verb. m. § 46 Abs. 1 (und § 53 Abs. 1) OWiG die Rechtsgrundlage sei. Das erscheint nicht zwingend. § 164 StPO regelt die **Festnahme** und das anschließende **Festhalten** von Personen, die die amtliche Tätigkeit von Strafverfolgungsbeamten an Ort und Stelle vorsätzlich stören oder sich deren Anordnungen widersetzen. Geschieht die Störung nicht vorsätzlich, ist insoweit § 164 StGB nicht anwendbar und es muß gegebenenfalls auf Art. 16 PAG zurückgegriffen werden. Aber auch bei vorsätzlicher Störung kann man zwar davon ausgehen – wie es offenbar die amtl. Begründung tut –, daß nach dem Satz plus minus continet der Platzverweis als milderes Mittel zulässig ist, wenn der Störer sogar festgenommen werden kann. Andererseits spricht nichts dagegen, die StPO bezüglich milderer Mittel – insbesondere der Polizei – nicht als abschließende Regelung anzusehen, so daß unter diesem Gesichtspunkt der Rückgriff auf Art. 16 PAG zulässig erscheint (vgl. o. RdNr. 1).

Bei Maßnahmen nach **Satz 2** ist es auch nach Nr. 16.3 VollzB unstreitig, daß **5** die wegzuweisenden Personen nicht als „verantwortlich" i. S. d. Art. 7, 8 (vgl. Nr. 16.1 VollzB) anzusehen sind, nur weil ihre bloße Anwesenheit notwendige Maßnahmen oder Tätigkeiten behindert. Abwegig wäre auch hier, eine Inanspruchnahme nach Art. 10 konstruieren zu wollen. Es genügt, die **Adressaten** aus Art. 16 selbst zu bestimmen.

Zu den **Hilfs- und Rettungsdiensten** s. RdNr. 13 zu Art. 2.

Für das polizeiliche Einschreiten gegen **Versammlungen und Demonstratio-** **6** **nen** ergeben sich aus dem Brokdorf-Urteil des BVerfG (E 69, 315 = NJW 1985, 2395 = BayVBl 1985, 589 und 623 = DVBl 1985, 1006 = DÖV 1985, 778 = NVwZ 1985, 898) neue Gesichtspunkte, die zu beachten sind. So schützt Art. 8 GG nicht nur Diskussionsveranstaltungen, sondern überhaupt alle Formen gemeinsamen Verhaltens bis hin zu nicht verbalen Ausdrucksformen, welche der Meinungskundgabe dienen sollen, also auch Feste mit Imbiß- und Verzehrständen (BVerwG in NJW 1989, 2411; zum Teil a. A. BayVGH in NVwZ-RR 1994, 581 [nur Leitsatz]), Menschenketten, Mahnwachen, Straßentheater (VGH Mannheim in DÖV 1995, 163), „die-ins" vor Kasernentoren. Diese Qualität auch der Praktizierung bestimmter Lebensformen, z. B. in sogenannten Hüttendörfern, zuzuerkennen, erscheint dann denkbar, wenn ihr Hauptzweck in der Meinungskundgabe zu sehen ist, wie etwa bei in einem Zeltlager gegen ihre drohende Abschiebung demonstrierenden Roma (VG Düsseldorf in NVwZ-RR 1992, 185). Zweifelhaft erscheint das für sogenannte Chaos-Tage und Techno-Paraden (s. hierzu Deger in NJW 1997, 923). Zu begrüßen ist die Klarstellung des BVerfG, daß Demonstrationen nicht nur dann als unfriedlich gelten und damit von Art. 8 GG nicht geschützt werden, wenn Teilnehmer

Gewalt gegen Personen verüben, sondern auch dann, wenn sich diese Gewalt gegen Sachen richtet. **Vorbeugende polizeiliche Maßnahmen** wie Observierungen oder Einrichten von Kontrollstellen (Art. 13 Abs. 1 Nr. 4 PAG) für anreisende Demonstranten sind nur dann mit der Versammlungsfreiheit unvereinbar, wenn sie den Zugang zur Demonstration unzumutbar erschweren oder sonst als übermäßige und daher unverhältnismäßige Reaktion betrachtet werden müssen (vgl. für die polizeiliche Kontrolle anreisender Demonstranten VG Würzburg in NJW 1980, 2541; BayVGH in BayVBl 1983, 434 m. Anm. von Köhler; Birk in JuS 1982, 496; VG Braunschweig in NVwZ 1988, 661; Zeitler in DÖV 1997, 371). Die offene oder verdeckte **Observation,** also die Ermittlung durch geplante und zielgerichtete Beobachtung, kann zur Ermittlung personenbezogener Daten notwendig sein. Sie muß dann mit den Art. 30 und 31 in Einklang stehen; vgl. Markert/Schmidbauer in BayVBl 1993, 517/519.

Für das sog. **begleitende Einschließen eines Demonstrationszuges** hat das OVG Bremen in sehr sorgfältig abgewogener Argumentation dargelegt, daß hier auch Demonstranten betroffen werden, von denen keine Gefahr ausgeht, also Nichtstörer, und deshalb die hierfür geltenden Voraussetzungen − in Bayern: Art. 10 PAG − vorliegen müssen (zur grundsätzlichen Zulässigkeit polizeilicher Maßnahmen in diesen Fällen vgl. BayObLG in BayVBl 1990, 347/350); zudem dürfen im Lichte des Verhältnismäßigkeitsgrundsatzes objektbezogene Schutzmaßnahmen, z. B. Absperrungen bestimmter durch Demonstrationsteilnehmer gefährdeter Objekte, nicht ausreichend zur Gefahrenabwehr sein (OVG Bremen in DVBl 1990, 1048/1052; lesenswert auch die ebenfalls eingehend begründete Entscheidung der Vorinstanz, VG Bremen in NVwZ 1989, 895). Zur einschließenden Begleitung von gewaltbereiten Gruppen durch „hautnahe polizeiliche Präsenz", die keine Gewahrsamnahme, sondern nur eine manifeste Begleitung zum Zielort der Gruppe darstellt, s. Markert/Schmidbauer in BayVBl 1993, 517/521. Den Verfassern ist darin zu folgen, daß die Inanspruchnahme nichtverantwortlicher Personen in solchen Fällen regelmäßig durch die Annahme einer erheblichen Gefahr im Sinne des Art. 10 Abs. 1 Nr. 1 gedeckt sein wird, weil Leben oder Gesundheit von Betroffenen bedroht erscheinen und die Polizei im gegebenen Zeitpunkt meist (noch) nicht in der Lage ist, erkennbar verantwortliche Einzelpersonen zu ergreifen. Für **Bild- und Tonaufnahmen** von Demonstrationen hat der Gesetzgeber mit den §§ 12 a und 19 a VersammlG neue präventivpolizeiliche Befugnisnormen geschaffen, s. hierzu Niethammer in BayVBl 1990, 513; Götz in NVwZ 1990, 112; Riegel in NVwZ 1990, 745.

Zur **Berichterstattung der Presse** anläßlich polizeilicher Einsätze bei Demonstrationen s. grundlegend Kerber, Bildberichterstattung von Polizeieinsätzen, 1992; Lenz in BayVBl 1995, 164, und generell die Verhaltensgrundsätze für Presse/Rundfunk und Polizei zur Vermeidung von Behinderungen bei der Durchführung polizeilicher Aufgaben und der freien Ausübung der Berichterstattung (AllMBl 1994, 471).

Eine **Auflösung der Demonstration** durch die Polizei stellt nach Meinung des BVerfG a. a. O. nur die ultima ratio dar und kommt nur bei der Gefährdung elementarer Rechtsgüter in Betracht, nicht aber allein wegen Verletzung der Anmeldepflicht, obwohl § 15 Abs. 2 VersammlG dies ausdrücklich zugelassen hat; er wird insoweit als verfassungswidrig zu gelten haben, wenn auch ein klarer Ausspruch dazu fehlt. Besondere Bedeutung habe auch die **Kooperationsbereitschaft** der Veranstalter mit den jeweiligen Behörden und umgekehrt; je mehr die Veranstalter zu einer Kooperation mit den Behörden bereit seien, um so höher sei die Schwelle für behördliches Eingreifen (vgl. zum ganzen Hoffmann-Riem in FS Simon, 1987, S. 379 ff. und Buschmann, Kooperationspflichten im Versammlungsrecht, 1990). Hier wird man allerdings soweit irgend möglich unterscheiden müssen zwischen echter und nur vorgetäuschter Bereitschaft zum Zusammenwirken.

Im übrigen können präventivpolizeiliche Maßnahmen gegen Teilnehmer von Demonstrationen und Versammlungen nur getroffen werden, soweit das VersammlG dafür Raum läßt. So darf ein Platzverweis nicht dazu führen, daß ein Versammlungsteilnehmer de facto von der Versammlung ausgeschlossen wird. Diese Maßnahme können nur der Leiter der Versammlung nach § 11 VersammlG oder die Polizei nach den §§ 18 Abs. 3, 19 Abs. 4 VersammlG treffen. Ausgeschlossene Teilnehmer stehen nicht mehr unter dem Schutz des VersammlG, so daß nach ihrem Ausschluß etwa notwendige weitere Maßnahmen nach dem PAG gegen sie getroffen werden können.

Art. 16 PAG kann auch nicht dazu dienen, anstelle einer Maßnahme nach § 15 Abs. 2 oder 3 VersammlG eine Versammlung aufzulösen. Erst wenn eine Versammlung nach der zuletzt genannten Vorschrift aufgelöst ist, können die Teilnehmer, soweit nötig, vom Platz verwiesen werden. Nach BVerwG in NVwZ 1988, 250/251 ist das VersammlG die umfassende bundesgesetzliche Regelung des Versammlungswesens, die nach Maßgabe der Art. 70, 72 GG landesrechtliche Regelungen ausschließt (so auch OVG Bremen in NVwZ 1987, 235 = DÖV 1987, 253).

Das BVerwG hat allerdings in der gleichen E (a. a. O. S. 250 m. weit. Nachw.) bemerkt, in Fällen, in denen die Unterbindung einer Versammlung zur Abwehr einer zu bekämpfenden Gefahr nicht erforderlich oder unverhältnismäßig sei, müsse die Behörde im Rahmen der ihr zur Gefahrenabwehr zustehenden, gegebenenfalls auch der landesrechtlichen Befugnisse ein milderes und nach Sachlage angemessenes Mittel zur Abwehr von der Versammlung ausgehender unmittelbarer Gefahren im Sinne von § 15 VersammlG einsetzen. Kann die Gefahr nur durch Unterbindung der Versammlung behoben werden, muß diese nach § 15 Abs. 2 VersammlG aufgelöst werden, um weitere Maßnahmen treffen zu können.

Für die Verfolgung strafbarer Handlungen von Versammlungsteilnehmern s. u. RdNr. 7.

Art. 16

7   Liegt eine von Art. 8 GG geschützte **Versammlung** vor, so können einschränkende Maßnahmen der Polizei regelmäßig nur auf das VersammlG (vgl. §§ 11, 15 Abs. 2, 17a Abs. 4, 18 Abs. 3, 19 Abs. 4 VersammlG) und das bayerische AusführungsG (AGVersammlG) hierzu, nicht aber auf das PAG gestützt werden (vgl. OVG Münster in DÖV 1982, 553; OVG Bremen in NVwZ 1987, 235 = DÖV 1987, 253; BVerwG in NVwZ 1988, 250; VGH Mannheim in DÖV 1990, 572; VG Mainz in NVwZ-RR 1991, 242. Die Anwendbarkeit des PAG kommt aber in den Fällen in Betracht, in denen der Schutz des Grundrechts auf Versammlungsfreiheit nicht besteht, also beispielsweise gegenüber unfriedlichen oder bewaffneten Versammlungsteilnehmern (a. A. zu Unrecht VG Mainz ebenda), gegenüber Personen, die an der Versammlung nicht teilnehmen, sondern diese verhindern wollen (vgl. BVerfG in BayVBl 1991, 563), ferner zur Gefahrenabwehr im Vorfeld von Versammlungen sowie nach deren Auflösung oder sonstiger Beendigung (s. o. RdNr. 6). Ebenso ist anerkannt, daß sich die Polizei auf die Zwangsbefugnisse des PAG (Art. 53 ff.) stützen können muß, soweit sie Maßnahmen, die sie auf Grund des VersammlG trifft, durchsetzen will, weil das VersammlG die polizeilichen Zwangsbefugnisse zu seiner Durchsetzung nicht regelt. S. hierzu Halwas, Das Vorgehen gegen Versammlungen unter Heranziehung des allgemeinen Polizei- und Ordnungsrechts, 1995.

Bei **nichtöffentlichen Versammlungen in geschlossenen Räumen** geht Krüger in DÖV 1993, 658 ff. davon aus, daß der Rückgriff auf das allgemeine Polizeirecht sowohl aus verfassungsrechtlich begründeten eingriffssystematischen wie auch aus allgemein rechtssystematischen Gründen ausgeschlossen sei (a. a. O., S. 660 f.). Das überzeugt insofern nicht, als Art. 8 Abs. 1 GG, anders als Art. 8 Abs. 2 GG, für Maßnahmen gegen unfriedliche und gegen das Waffenverbot verstoßende Versammlungen keinen Gesetzesvorbehalt kennt. Daher überzeugt es auch nicht, wenn die auch für nichtöffentliche Versammlungen geltenden §§ 3, 21, 23, 28 VersammlG als abschließende spezialgesetzliche Regelung angesehen werden, über die hinaus von einer Regelung für nichtöffentliche Versammlungen bewußt von einer Normierung abgesehen worden sei. **Unfriedliche und bewaffnete Versammlungen** genießen aber weder grund- noch einfachgesetzlichen Schutz, gleichviel ob sie öffentlich oder nichtöffentlich, unter freiem Himmel oder in geschlossenen Räumen stattfinden. Gegen sie kann daher im Rahmen und mit den Mitteln des Polizeirechts auch präventivpolizeilich vorgegangen werden. Hierzu bedarf es keiner Analogie etwa zu §§ 5, 13 VersammlG. Dagegen weist Krüger a. a. O., S. 661 zu Recht darauf hin, daß nichtöffentliche Versammlungen in geschlossenen Räumen über Art. 8 Abs. 1 GG hinaus regelmäßig auch den Schutz des Art. 13 GG genießen. Die Polizei muß daher in jedem Fall die Schranken des Art. 13 Abs. 2, 3 GG beachten, die sie aber in Abs. 3 Satz 1 a. a. O. berechtigen, zur Abwehr einer gemeinen oder Lebensgefahr für Einzelpersonen tätig zu werden, ohne daß sie dazu noch einer einfachgesetzlichen Befugnis zum

Eingriff in den Wohnungsfrieden bedarf. Die besonderen Eingriffsvoraussetzungen und -grenzen des PAG gelten jedoch selbstverständlich auch in diesen Fällen.

Generell kann festgehalten werden, daß präventivpolizeiliche Maßnahmen zum Schutz einer Versammlung bzw. ihrer Teilnehmer immer zulässig sind, wenn und soweit das VersammlG dafür keine besonderen Regelungen bereithält. Nur im letzteren Fall sind diese abschließend. Insgesamt kann die Abgrenzung der Anwendungsbereiche im Einzelfall schwierige Fragen aufwerfen, die nicht pauschal im vorhinein beantwortet werden können. Vgl. zum ganzen eingehend BayVerfGH in BayVBl 1990, 654/659, speziell zu Polizeimaßnahmen bei **nichtöffentlichen Versammlungen** Krüger in DÖV 1993, 658; ergänzend zu beachten BVerfG in BayVBl 1994, 433/434. Vor **Strafverfolgungsmaßnahmen** nach der StPO schützen weder Art. 8 GG noch das VersammlG; ist eine Straftat begangen worden, sind Verfolgungsmaßnahmen auch dann zulässig, wenn sie faktisch zur Auflösung einer Versammlung führen.

Im einzelnen vgl. zum Verbot **gefahrverursachender Demonstrationen** gegen genehmigte Wahlversammlungen politischer Parteien OVG Bremen in DÖV 1972, 101; über die Voraussetzungen und die Rechtsnatur der Maßnahmen gegen eine Demonstration OLG Karlsruhe in NJW 1974, 2144. Zur Polizeipflichtigkeit bei Gegendemonstrationen Rühl in NVwZ 1988, 577; OVG Lüneburg in NVwZ 1988, 638; VGH Mannheim in DÖV 1990, 572. S. ferner Ganßer in BayVBl 1981, 711 (pol. Einschreiten gegen Störer einer öff. Vers. unter freiem Himmel) mit Anm. von König BayVBl 1982, 395; OVG Münster in NVwZ 1982, 46 = DÖV 1982, 551 = DVBl 1982, 653 m. Anm. von Schwabe u. weiterer Anm. von Riegel a. a. O. 1006 (Demonstration gegen Kernkraftwerk Kalkar); Blumenwitz in FS Samper, S. 131; Burfeind, Polizeiliche Maßnahmen gegen gewalttätige Demonstrationen, Diss.jur. Göttingen 1993; Breitenwieser, Die Versammlungsfreiheit in den deutschen und US-amerikanischen Polizeikonzepten zur Bewältigung von Demonstrationen, Diss.jur. München 1993; OVG Bremen in DÖV 1987, 235 und BayObLG in BayVBl 1990, 347 (Polizeitransport von Demonstranten an einen vom Demonstrationsplatz kilometerweit entfernten Ort s. auch RdNr. 12 zu Art. 17); VG Hamburg in NVwZ 1987, 829 m. Anm. von Hofmann in NVwZ 1987, 769 und von Alberts in VR 1987, 298 und in NVwZ 1988, 224; VG Berlin in NVwZ-RR 1990, 188; VG Mainz in NVwZ-RR 1991, 242 (Einkesseln von Demonstranten durch die Polizei, sog. Hamburger, Berliner oder Mainzer Kessel; s. auch RdNr. 10 zu Art. 17). Zur Reform des Versammlungsrechts insbesondere im Lichte seiner Abgrenzbarkeit zum Polizeirecht instruktiv Alberts in ZRP 1988, 285; zu den von der in den Jahren 1988–1990 arbeitenden sog. Gewaltkommission der Bundesregierung gefundenen Ergebnissen und Vorschlägen (vollständig abgedruckt bei Schwind/Baumann u. a. [Hrsg.], Ursachen, Prävention und Kontrolle von Gewalt, Bände I–IV, 1990) s. die Zusammenfassung von Baumann in ZRP 1990, 103; ferner zu diesem Problemkreis noch Korbmacher, Möglichkeiten und Gren-

Art. 16

zen gewaltfreien Einschreitens der Polizei, 1989; Schmitt Glaeser, Private Gewalt im politischen Meinungskampf, 2. Aufl., 1992; Rolinski/Eibl-Eibesfeldt (Hrsg.), Gewalt in unserer Gesellschaft, Gutachten für das Bayerische Staatsministerium des Innern, 1990; Schneider in JZ 1992, 385; ders. ebenda S. 499 u. 769; Schmitt Glaeser in ZRP 1995, 56. S. auch o. RdNrn 1 und 6 sowie RdNr. 2 zu Art. 11.

8 Zur **Durchsetzung von Platzverweisungen** mittels **Gewahrsam** s. RdNr. 7 zu Art. 17.

Art. 17
Gewahrsam

(1) Die Polizei kann eine Person in Gewahrsam nehmen, wenn
1. das zum Schutz der Person gegen eine Gefahr für Leib oder Leben erforderlich ist, insbesondere weil die Person sich erkennbar in einem die freie Willensbestimmung ausschließenden Zustand oder sonst in hilfloser Lage befindet oder
2. das unerläßlich ist, um die unmittelbar bevorstehende Begehung oder Fortsetzung einer Straftat oder einer Ordnungswidrigkeit von erheblicher Bedeutung für die Allgemeinheit zu verhindern; die Annahme, daß eine Person eine solche Tat begehen oder zu ihrer Begehung beitragen wird, kann sich insbesondere darauf stützen, daß
   a) sie die Begehung der Tat angekündigt oder dazu aufgefordert hat oder Transparente oder sonstige Gegenstände mit einer solchen Aufforderung mit sich führt; dies gilt auch für Flugblätter solchen Inhalts, soweit sie in einer Menge mitgeführt werden, die zur Verteilung geeignet ist, oder
   b) bei ihr Waffen, Werkzeuge oder sonstige Gegenstände aufgefunden werden, die ersichtlich zur Tatbegehung bestimmt sind oder erfahrungsgemäß bei derartigen Taten verwendet werden, oder ihre Begleitperson solche Gegenstände mit sich führt und sie den Umständen nach hiervon Kenntnis haben mußte, oder
   c) sie bereits in der Vergangenheit mehrfach aus vergleichbarem Anlaß bei der Begehung von Straftaten oder Ordnungswidrigkeiten von erheblicher Bedeutung für die Allgemeinheit als Störer betroffen worden ist und nach den Umständen eine Wiederholung dieser Verhaltensweise zu erwarten ist;
   oder
3. das unerläßlich ist, um eine Platzverweisung nach Art. 16 durchzusetzen.

(2) Die Polizei kann Minderjährige, die sich der Obhut der Sorgeberechtigten entzogen haben oder sich an Orten aufhalten, an denen ihnen eine sittliche Gefahr oder Verwahrlosung droht, in Gewahrsam nehmen, um sie den Sorgeberechtigten oder dem Jugendamt zuzuführen.

(3) Die Polizei kann eine Person, die aus dem Vollzug von Untersuchungshaft, Freiheitsstrafen oder freiheitsentziehenden Maßregeln der Besserung und Sicherung entwichen ist oder sich sonst ohne Erlaubnis außerhalb der Vollzugsanstalt aufhält, in Gewahrsam nehmen und in die Anstalt zurückbringen.

17 Zu Art. 17 (Gewahrsam)

17.1 Art. 17 regelt den polizeilichen Entzug der Freiheit, soweit diese nicht lediglich eine Nebenfolge einer sonstigen polizeilichen Maßnahme (vgl. Art. 13 Abs. 2 Satz 3, Art. 15 Abs. 3) darstellt.

Art. 17

*17.2 Der Gewahrsam nach **Absatz 1 Nr. 1** dient ausschließlich dem Schutz des Betroffenen. Absatz 1 Nr. 1 ist nicht anzuwenden, wenn die Voraussetzungen nach Art. 18 Abs. 2 des Unterbringungsgesetzes gegeben sind, der als spezielle Vorschrift vorgeht. Die Gefahr braucht nicht gegenwärtig zu sein. Es kommt nicht darauf an, ob sich der Gefährdete selbst – schuldhaft oder schuldlos – in die Gefahr begeben hat. Die Gefahr kann von Dritten ausgehen, durch Naturereignisse oder sonstige Fälle höherer Gewalt verursacht sein.*

*17.3.1 Der Gewahrsam nach **Absatz 1 Nr. 2** ist nur zulässig, wenn die Polizei kein milderes Mittel hat, um die Begehung oder Fortsetzung einer Straftat oder einer Ordnungswidrigkeit von erheblicher Bedeutung für die Allgemeinheit zu verhindern.*

*Eine Straftat oder Ordnungswidrigkeit **steht unmittelbar bevor,** wenn mit der Ausführung bereits begonnen wurde oder sie in allernächster Zeit mit an Sicherheit grenzender Wahrscheinlichkeit zu erwarten ist.*

*Die **Bedeutung** einer Straftat oder Ordnungswidrigkeit ist erheblich für die Allgemeinheit, wenn ein Schaden für ein besonders bedeutsames Rechtsgut (Leben, Gesundheit, Freiheit, unersetzliche Vermögenswerte) oder für andere Rechtsgüter in erheblichem Umfang oder für den Bestand des Staates und von dessen Einrichtungen zu befürchten sind oder wenn die betreffende Vorschrift ein sonstiges bedeutsames Interesse der Allgemeinheit schützt.*

*17.3.2 Die in Art. 17 Abs. 1 Nr. 2 2. Halbsatz enthaltenen Kriterien stellen der Polizei und den zuständigen Gerichten konkrete Anhaltspunkte für die Prognoseentscheidung über das unmittelbare Bevorstehen von Straftaten oder Ordnungswidrigkeiten von erheblicher Bedeutung für die Allgemeinheit zur Verfügung. Es handelt sich hierbei **nicht um Regelbeispiele** (wie im Fall des § 243 Abs. 1 des Strafgesetzbuches), sondern um Prognosekriterien, d. h. es werden für die zu treffende Prognoseentscheidung einige typische Anhaltspunkte angeführt, bei deren Vorliegen nach der allgemeinen Lebenserfahrung von dem unmittelbaren Bevorstehen einer Straftat oder Ordnungswidrigkeit mit erheblicher Bedeutung für die Allgemeinheit ausgegangen werden kann. An den Grundvoraussetzungen des Art. 17 Abs. 1 Nr. 2 ändert sich nichts, insbesondere muß die polizeiliche Ingewahrsamnahme **unerläßlich** sein, um die o. g. Gefahrenlage abzuwehren. Der Verhältnismäßigkeitsgrundsatz ist strikt zu beachten.*

*In **Buchstabe a)** werden Personen erfaßt, die öffentlich, d. h. mit Hilfe von Transparenten, Flugblättern oder sonstigen Gegenständen zu rechtswidrigen Aktionen im Zusammenhang mit Demonstrationen auffordern (vgl. § 111 StGB) oder solche Aktionen befürworten. Das Mitführen derartiger Kundgebungsmittel läßt den Schluß zu, daß die betroffenen Personen nicht ihr Grundrecht auf Versammlungsfreiheit nach Art. 8 GG ausüben, sondern Straftaten oder Ordnungswidrigkeiten von erheblicher Bedeutung für die Allgemeinheit begehen wollen. Das Mitführen einzelner Flugblätter strafbaren In-*

halts, die dem Betroffenen von Dritten zugesteckt worden sind, reicht hingegen als Voraussetzung für eine Ingewahrsamnahme nicht aus.

In **Buchstabe b)** werden typische Gegenstände oder Waffen, deren Mitnahme zu öffentlichen Versammlungen (§ 2 Abs. 3 Versammlungsgesetz) verboten ist (wie Molotow-Cocktails, Schutzbewaffnung, Bankräubermasken), als Indizien dafür aufgeführt, daß die Träger nicht friedlich im Sinn des Art. 8 GG demonstrieren wollen. Die Anwendung des Buchstaben b) auf andere Personen setzt zunächst voraus, daß die Begleitperson, die die o. g. Gegenstände mit sich führt, **Störer** im Sinn des PAG ist. Eine **Zurechnung** des Verhaltens der Begleitperson **darf nur dann erfolgen, wenn** im Einzelfall nach Gesamtwürdigung der objektiv feststellbaren Umstände die Schlußfolgerung zu ziehen ist, daß die betroffene Person **Kenntnis** von dem Mitführen der Gegenstände **haben mußte**. Bei Insassen eines Personenwagens wird man das in der Regel annehmen können, bei Insassen eines Omnibusses dagegen im allgemeinen nicht. Nach dem Grundsatz der Verhältnismäßigkeit ist von der Anordnung des Unterbindungsgewahrsams abzusehen, wenn eine Sicherstellung der o. g. Gegenstände oder andere polizeiliche Maßnahmen (z. B. eine Platzverweisung) zur Abwehr der Gefahr ausreichen.

Buchstabe c) sieht eine **Gefahrenprognose aufgrund früheren Verhaltens** vor. Voraussetzung hierfür ist, daß sich durch vorhandene Unterlagen oder sonstige Beweismittel nachweisen läßt, daß die betreffende Person bereits früher mehrfach aus vergleichbarem Anlaß als Störer bei der Begehung entsprechender Taten in Erscheinung getreten ist, und aufgrund der Umstände des Einzelfalls von einer Wiederholung dieser Verhaltensweise auszugehen ist. Der Nachweis, daß die betroffene Person bereits früher als Störer in Erscheinung getreten ist, kann sich auf rechtskräftige Verurteilungen im In- und Ausland, auf andere behördliche Entscheidungen (Bußgeldbescheide, Verwaltungsakte, insbesondere frühere polizeiliche Maßnahmen), zivilrechtliche Rechtshandlungen (Hausverbote, Stadionverbote) sowie auf alle sonstigen Beweismittel stützen.

17.4 Der **Gewahrsam nach Absatz 1 Nr. 3** ist nur zulässig, wenn der Polizei kein milderes Mittel zur Verfügung steht, um eine Platzverweisung nach Art. 16 durchzusetzen. Da eine Platzverweisung nur vorübergehenden Charakter hat (Art. 16 Satz 1) und somit in der Regel nur von kurzer Dauer ist, kommt eine längerfristige Ingewahrsamnahme zur Durchsetzung einer Platzverweisung nur in besonderen Ausnahmefällen in Betracht.

17.5 Der **Gewahrsam von Minderjährigen** nach Absatz 2 dient dem vorübergehenden Zweck, sie den Sorgeberechtigten oder dem Jugendamt zuzuführen. Nicht erforderlich ist es, daß von dem Minderjährigen eine konkrete Gefahr ausgeht oder daß eine solche ihm droht.

Art. 17

*17.6 Der Gewahrsam nach **Absatz** 3 dient dem Zweck, die Entwichenen in die Anstalt zurückzubringen. Nicht erforderlich ist, daß eine besondere Gefahr von dem Entwichenen ausgeht. Entscheidend ist, daß sich die betreffende Person unerlaubt außerhalb der Anstalt aufhält. Der Eingriff ist auch dann zulässig, wenn noch kein Ersuchen der Vollzugsanstalt vorliegt.*

1   Durch das 2. PAGÄndG wurde Art. 17 Abs. 1 Nr. 2 durch einen die Buchstaben a–c enthaltenden Halbsatz ergänzt und Nr. 3 eingefügt.

2   Art. 17 regelt mehrere Fälle, in denen in **Gewahrsam** (polizeiliche Verwahrung) genommen werden kann. Gewahrsam bedeutet, daß eine Person auf Grund gesetzlicher Befugnis und in einer dem polizeilichen Zweck genügenden Weise daran gehindert wird, sich zu entfernen, also ihren Aufenthaltsort nach eigenem Willen frei zu verlassen (persönliche Fortbewegungsfreiheit). Es darf nicht nur eine Beschränkung in der Wahl des Aufenthaltsortes nach dieser oder jener konkreten Richtung, wie z. B. beim Platzverweis, oder eine bloße Erschwerung der freien Bewegung vorliegen, sondern es muß eine, wenn auch vorübergehende, so doch in ihrer Wirkung vollständige Aufhebung der etwa auf Aufenthaltsveränderung gerichteten Willensbetätigung vorliegen (BGHSt 32, 183/184 = NJW 1984, 673). Der Begriff Gewahrsam stellt mithin auf das tatsächliche Verhindern des Sich-Entfernens ab; dazu ist das Verbringen in einen abgeschlossenen Raum nicht notwendig (vgl. OVG Münster in NJW 1980, 138; auch OVG Bremen in NVwZ 1987, 235/237 = DÖV 1987, 253; weitere Rspr.-Nachweise bei Maaß in NVwZ 1985, 151/155, Fußn. 69).
   Polizeilicher Gewahrsam ist mit Verfassungsrecht vereinbar. Art. 102 Abs. 1 BV ist, wie sich auch aus seinem Abs. 2 ergibt, die allgemeine Beschränkbarkeit durch das Gesetz inhärent. Gleiches gilt für Art. 104 GG. Die Verfahrensgarantien des Art. 102 Abs. 2 BV und des Art. 104 Abs. 2 und 3 GG sind im PAG beachtet; die nach Art. 104 Abs. 4 GG vorgeschriebene Benachrichtigungspflicht ist in § 6 Abs. 2 FreihEntzG näher geregelt. Der Grundsatz der Verhältnismäßigkeit ist streng zu beachten. Die Entziehung der persönlichen Freiheit muß immer durch gewichtige Gründe des Gemeinwohls gerechtfertigt sein, die den Freiheitsanspruch des einzelnen überwiegen (BayVerfGH in BayVBl 1990, 685/686). Die mit dem Gewahrsam verbundene Einschränkung der Bewegungsfreiheit ist am spezielleren und deshalb vorrangigen Freiheitsgrundrecht der Art. 102 Abs. 1 BV, 104 Abs. 1 GG zu messen; ist sie mit diesen Grundrechten vereinbar, kann sie auch nicht gegen das Grundrecht der Freizügigkeit verstoßen (vgl. BayVerfGH a. a. O. S. 687).

3   Nach **Abs. 1 Nr. 1** kann polizeilicher Gewahrsam begründet werden zum Schutz einer Person gegen eine ihr drohende Gefahr für Leib oder Leben (**Schutzgewahrsam**). Die **Gefahr** muß zwar keine gegenwärtige i. S. v. Nr. 10.2 VollzB, jedenfalls aber eine **konkrete** i. S. v. Nr. 2.2 Abs. 3 und 4 VollzB sein. Liegt eine konkrete Gefahr in diesem Sinne nicht tatsächlich vor, obwohl sie der Polizei als gegeben erscheinen mußte (Anscheinsgefahr, s. RdNr. 10 zu Art. 2), so kann das die Maßnahme rechtfertigen. Sobald erkennbar wird, daß möglicherweise nur eine Anscheinsgefahr vorliegt, muß die Polizei die Gefahrenlage intensiv aufklären. Der Gewahrsam wird rechtswidrig, wenn er länger als etwa zwei bis drei Stunden andauert, ohne daß die Entscheidung eines − erreichbaren und zuständigen − Richters herbeigeführt wird (OVG Münster in DVBl 1979, 733 ff. = NJW 1980, 138, mit durch die Gesetzeslage bedingter teilweise abweichender Terminologie; s. ferner RdNr. 5 zu Art. 15, und die Art. 18 und 20). Nach dem Grundsatz der Verhältnismäßigkeit (Art. 4) ist wegen der Schwere des Rechtseingriffs die Gefahrenlage entsprechend sorgfältig zu prüfen. Daß der Richter einen verhältnismäßig weiten Spielraum für die Festsetzung der Dauer des Gewahrsams hat, ändert nichts an den Anforderungen für die Sorgfalt der Polizei.

Das **Leben** ist das am höchsten zu bewertende Individualrechtsgut. Der der 4 älteren Rechtssprache entlehnte Ausdruck **Leib** steht für die körperliche wie geistige Unversehrtheit des menschlichen Körpers und die Gesundheit, soweit diese Güter durch die Maßnahme des Gewahrsams wirksam geschützt werden können.

Unerheblich ist, ob die **Gefahr** für Leib oder Leben **durch andere** droht oder 5 von dem **Gefährdeten selbst** ausgeht (Selbstgefährdung, Eigengefahr). Abs. 1 Nr. 1 läßt deshalb den Gewahrsam auch zu, um einen **Selbstmord** zu verhüten. S. auch RdNr. 9 zu Art. 11.

Ausschluß der freien Willensbestimmung ist infolge Krankheit (Bewußt- 6 losigkeit, Fieberdelirium, Nervenschock), Trunkenheit oder hochgradiger Gebrechlichkeit u. ä. möglich. Bei geistigen Störungen, Rauschgift- oder Alkoholsucht ist die Sondervorschrift des Art. 18 UnterbrG zu beachten. Eine **hilflose Lage** ist gegeben, wenn eine Person nicht aus eigenem Entschluß und mit eigener Kraft oder eigenen Mitteln die Gefahr überwinden kann. Der Zustand oder die hilflose Lage müssen für einen besonnenen Betrachter **erkennbar** sein und können zu diesem Zweck auch Proben voraussetzen (z. B. Versuch des Wachrüttelns). Bloße Vermutungen genügen nicht. Hat die gefährdete Person sich selbst in Gefahr begeben, vermag sie grundsätzlich die Gefahr zu beherrschen und will sie keine Hilfe (z. B. Artisten, Rennfahrer, Bergsteiger u. ä.), so darf die Polizei nicht vorbeugend einschreiten (Art. 2 Abs. 1 GG; Näheres bei Frotscher in DVBl 1976, 695/701).

Auch für die **Dauer des Schutzgewahrsams** gilt Art. 20. Eine längere Dauer 7 des Schutzgewahrsams (s. o. RdNr. 3) ist ohne richterliche Anordnung nur als freiwilliges Verbleiben der verwahrten Person auf Grund ihres ausdrücklichen und unbeeinflußten Verlangens denkbar, wenn etwa bei Aufhebung der Ver-

Art. 17

wahrung eine akute, auf andere Weise nicht behebbare Gefahr für Leib oder Leben durch Dritte weiterhin vorhanden wäre.

Begibt sich jemand freiwillig in polizeilichen Schutz, um einer Gefahr zu entgehen, so handelt es sich nicht um Gewahrsam im Sinne des Art. 17, der immer Freiheitsentzug ohne oder gegen den Willen des Gefährdeten ist. Auf Grund ihrer allgemeinen Aufgabe (Art. 2) ist die Polizei in der Regel verpflichtet, einer solchen Schutzbitte zu entsprechen, wenn die Gefahr glaubhaft gemacht wird und der Schutzgewahrsam das notwendige und damit auch verhältnismäßige Mittel ist, ihr zu begegnen. In solchen Fällen gilt auch die zeitliche Grenze des Art. 20 nicht; das gleiche gilt für Art. 104 Abs. 2 Satz 3 GG, weil die Polizei hier nicht „aus eigener Machtvollkommenheit" handelt, sondern nur wegen der ihr gegebenen tatsächlichen Möglichkeiten um Hilfe angegangen wird und diese gewährt.

8 Der Gewahrsam nach **Abs. 1 Nr. 2** zur Verhütung oder Unterbindung von bestimmten Straftaten und Ordnungswidrigkeiten ergänzt die Festnahmebestimmungen zur Verfolgung strafbarer Handlungen nach der StPO. Er ist **nicht zulässig** zur Verhütung oder Unterbindung von **verfassungsfeindlichen** Handlungen i. S. d. Art. 11 Abs. 2 Nr. 1. Zur Voraussetzung des **unmittelbaren Bevorstehens** einer Gefahr oder Störung s. RdNr. 17.3.1 VollzB und die Nachweise in BayVerfGH in BayVBl 1990, 685/686, Buchst. a, aa.

Der BayVerfGH (BayVBl 1990, 654/659 f.) hat festgestellt, daß Art. 16 (jetzt: 17) Abs. 1 Nr. 2 nicht die in Art. 73 Nr. 3 GG enthaltene ausschließliche Gesetzgebungskompetenz des Bundes für die **Freizügigkeit** berührt. Die Freizügigkeit im Sinne des Art. 11 Abs. 1 GG darf gemäß Abs. 2 a. a. O. auch durch ein Landesgesetz eingeschränkt werden. Die Bundeskompetenz nach Art. 73 Nr. 3 GG erstreckt sich nicht auf das Recht der Gefahrenabwehr, wie sich auch daraus ergibt, daß die Freizügigkeit nach Art. 11 Abs. 2 GG unter anderem beschränkt werden darf in den Fällen, in denen es erforderlich ist, um strafbaren Handlungen vorzubeugen; dies fällt aber grundsätzlich in die Gesetzgebungszuständigkeit der Länder (s. RdNr. 1 zu Art. 1). Art. 11 Abs. 2 GG steht deshalb einem Gewahrsam auf Grund des Polizeirechts der Länder nicht entgegen. Abs. 1 Nr. 2 verletzt auch weder das Grundrecht der Freizügigkeit selbst (BayVerfGH a. a. O., S. 685/687, Buchst. d) noch das aus dem Rechtsstaatsprinzip abzuleitende Gebot der genügenden Bestimmtheit von Rechtsvorschriften (BayVerfGH a. a. O. S. 686). Kritisch zu Abs. 1 Nr. 2 aber gegenüber der Regelung des PAG nicht überzeugend Lisken in ZRP 1996, 332, der Art. 20 nicht erwähnt.

9 Gehäufte Fälle von teilweise gewalttätigen **Massendemonstrationen** haben dazu geführt, im 2. PAGÄndG den Abs. 1 Nr. 2 durch **legislative Prognosehilfe** zu ergänzen, an die auch der Richter bei seiner Entscheidung nach Art. 18 gebunden ist. Durch die in Art. 17 Abs. 1 Nr. 2 Buchst. a–c zusammengefaßten **Beispiele** wird die Willensrichtung des Gesetzgebers verdeutlicht, ohne daß es sich dabei um eine abschließende Aufzählung möglicher Gewahrsamsgründe handelt (s. dazu Nr. 17.3.2 VollzB), oder der Grundtatbestand des Abs. 1 Nr. 2 verändert wird (vgl. BayVerfGH in BayVBl 1990, 685/686, Buchst. bb). Der Einwand, einzelne der in den Beispielen verwendeten Begriffe seien zu unbestimmt, greift nicht durch, weil sie nur dazu dienen, die notwendige polizeiliche Prognose an eine hinreichende Wahrscheinlichkeit zu knüpfen (BayVerfGH a. a. O., Buchst. cc).

Die Regelung des Abs. 1 Nr. 2 ist eine allgemeine präventivpolizeiliche Eingriffsvoraussetzung, die insbesondere gewalttätige Ausschreitungen bei Massenveranstaltungen jeder Art zu verhindern geeignet ist. Zu solchen Veranstaltungen gehören Fußballspiele, Open-air-Veranstaltungen wie Jazz-, Rock-, Popkonzerte, Theater- und sonstige Aufführungen mit großem Publikumszulauf. Auch im Zusammenhang mit Demonstrationen, Aufzügen und Versammlungen können Gefahren der in Abs. 1 Nr. 2 genannten Art entstehen, z. B. durch reisende „Chaoten". Im Vorfeld oder nach ordnungsgemäßer Auflösung von genehmigten Versammlungen und Aufzügen kann deshalb ebenfalls nach Abs. 1 Nr. 2 vorgegangen werden, ohne daß dies eine Einschränkung des Grundrechts nach Art. 113 BV, Art. 8 Abs. 1 GG bedeutet. Bewaffnete Versammlungsteilnehmer oder solche, die sich unfriedlich verhalten, stehen von vornherein nicht unter dem Schutz dieses Grundrechts (vgl. BVerfGE 69, 315/359 f.; BayVerfGH in BayVBl 1990, 685/687, Buchst. c). Das Vorgehen gegen Personen, die sich unfriedlich verhalten, dient auch dem Schutz des ordnungsgemäßen, friedlichen Ablaufs solcher Veranstaltungen. Nach Martens in Drews/Wacke/Vogel/Martens, S. 177 muß zur Gefahrenabwehr auf das allgemeine Polizeirecht zurückgegriffen werden, weil das VersamlG keine eigene Ermächtigung zur Störungsbeseitigung enthält (vgl. auch RdNrn 1, 6, 7 zu Art. 16).

Die in Abs. 1 Nr. 2 angeführten **Beispiele** (s. dazu RdNr. 17.3.2 VollzB) gehen **für die Prognose** der Begehung oder Fortsetzung von Straftaten oder Ordnungswidrigkeiten im Sinne von Abs. 1 Nr. 2 von **unmittelbar wahrnehmbaren** oder **zumindest feststellbaren Tatsachen** aus, geben dann aber polizeilicher Notwendigkeit Raum, indem sie die Zuordnung gefährlicher Gegenstände zur Person eines potentiellen Täters lockern. Mit Recht hat bereits Köhler in BayVBl 1983, 437 auf die praktische Unmöglichkeit hingewiesen, in einem von einer Gruppe benützten Fahrzeug mitgeführte gefährliche Gegenstände bestimmten Mitgliedern dieser Gruppe zuzuordnen, wenn dafür keine augenfälligen Hinweise vorhanden sind. Es bleibt stets zu beachten, daß polizeiliche Gefahrenabwehr kein schuldhaftes Verhalten der davon Betroffenen voraussetzt, die für das Strafverfahrensrecht maßgebende Unschuldsvermutung für präventivpolizeiliches Einschreiten nicht gilt und die Polizei berechtigt und verpflichtet ist, bei ihrer Prognoseentscheidung nach Art. 17 in erheblicher Menge vorgefundene gefährliche Gegenstände als sicheres Anzeichen für die

Art. 17

Notwendigkeit des Einschreitens zu betrachten (vgl. Niethammer in BayVBl 1989, 449/452). Der BayVerfGH hat in BayVBl 1989, 496/498 festgestellt, daß die Allgemeinheit ein schützenswertes Interesse daran habe, vor der Begehung von Straftaten oder Ordnungswidrigkeiten von erheblicher Bedeutung bewahrt zu werden, wenn sie durch einen Gewahrsam von mehr als 48 Stunden verhindert werden können. Dem OLG Nürnberg (in NVwZ-RR 1991, 67/69) ist darin zuzustimmen, daß nach dem Grundsatz der Verhältnismäßigkeit auch eine Beziehung zwischen dem Wahrscheinlichkeitsgrad selbst und der Schwere der zu erwartenden Straftat in der Weise herzustellen ist, daß die Anforderungen an den Wahrscheinlichkeitsgrad ihres Eintretens um so niedriger zu bewerten sind, je schwerer die zu erwartende Straftat sein würde. Es wird dabei auch darauf ankommen, in welchem Verhältnis die Zahl der aufgefundenen gefährlichen Gegenstände zur Anzahl der Personengruppe steht, d. h., ob bereits die Anzahl der Gegenstände den Schluß rechtfertigt, daß die gesamte Gruppe oder wenigstens deren überwiegender Teil die Begehung einer Straftat erwarten läßt und ob feststellbare Verbindungen der Personen untereinander auf gleichartige Ziele schließen lassen (OLG Nürnberg a. a. O.). Ist die Zahl der mitgeführten gefährlichen Gegenstände deutlich größer als es der Kopfzahl der Gruppe entspricht, liegt der Verdacht nahe, daß auch andere Personen damit ausgerüstet werden sollen.

Werden z. B. in einem Zeltlager, in dem sich Demonstranten versammelt haben (Wackersdorf), Waffen, Werkzeuge oder sonstige Gegenstände gefunden, die ersichtlich zur Begehung von Straftaten oder Ordnungswidrigkeiten im Sinne des Abs. 1 Nr. 2 bestimmt sind oder erfahrungsgemäß dabei verwendet werden (**Buchst. b**), so ist Gewahrsam nicht nur bei Personen zulässig, bei denen solche Gegenstände gefunden werden, sondern auch bei anderen Personen, wenn deren Begleiter solche Gegenstände mit sich führen und sie den Umständen nach hiervon Kenntnis haben mußten. „Begleitperson" ist jemand, der sich mit dem Betroffenen im selben Fahrzeug oder innerhalb einer Gruppe in dessen Nähe befindet. Begleitperson ist auch, wer sich mit einem anderen nicht nur verbal, sondern auch räumlich solidarisiert oder seine Verbundenheit mit ihm auf andere Weise erkennen läßt. In dringenden Fällen können gemeinsames Antreffen und der Augenschein genügen. Für das Merkmal „**Kenntnis haben mußte**" reicht es aus, wenn objektiv feststellbare Umstände und polizeiliche Erfahrung die Vermutung begründen, der Betroffene müsse wissen, daß sein(e) Begleiter gefährliche Gegenstände bei sich oder in ihrem Gepäck oder Fahrzeug mitführen, und er nehme das darin liegende Gefahrenpotential zumindest hin. Nicht notwendig ist, daß die Polizei dieses Wissen an Ort und Stelle nachweist. Oberflächliche, bei vernünftiger Betrachtung nicht nachvollziehbare Vermutungen und Annahmen reichen allerdings nicht aus. Die Voraussetzungen des Beispiels sind besonders gründlich zu prüfen, um einen Gewahrsam zu rechtfertigen (BayVerfGH in BayVBl 1990, 685/686, Buchst. bb).

Ähnlich leitet Abs. 1 Nr. 2 **Buchst. c** eine zur Gewahrsamnahme ausreichende Vermutung daraus ab, daß der Betroffene nach polizeilicher Kenntnis bereits **mehrfach**, also nicht nur einmal, als Störer im Sinne von Buchst. c betroffen worden ist und nach den Umständen an Ort und Stelle von ihm erneut störendes Verhalten zu besorgen ist. Hierbei kann es genügen, daß Polizeibeamte die Person etwa aus früheren Einsätzen wiedererkennen. Der Rückgriff auf vorhandene Unterlagen, von dem Nr. 17.3.2 VollzB in erster Linie ausgeht, ist nicht die allein mögliche Voraussetzung. Auch hier ist jedoch stets die generelle Voraussetzung des Abs. 1 Nr. 2 zu beachten, daß der Gewahrsam aus den dort genannten Gründen unerläßlich sein muß. Die Tatsache, daß eine Person auftritt, die den Kriterien des Buchst. c entspricht, genügt für sich allein nicht zur Begründung des Gewahrsams. Deshalb verletzt das Prognosebeispiel des Buchst. c das Grundrecht der Versammlungsfreiheit nicht.

Sind die Voraussetzungen des Abs. 1 Nr. 2 gegeben, wobei entsprechend **10** dem hohen Rang des Rechtsgutes der persönlichen Freiheit stets ein strenger Maßstab anzulegen ist, so kann auf diese Vorschrift auch eine **Einschließung** gestützt werden. Sie bedeutet das Festhalten einer Mehrzahl von Personen an einem bestimmten Ort und kommt in Betracht als Folgemaßnahme nach Verbot oder ordnungsgemäßer Auflösung einer Versammlung oder eines Aufzuges aber auch beispielsweise zur Verhinderung von Ausschreitungen vor oder nach Massenveranstaltungen (z. B. Fußballspielen). Zur bisherigen Rspr. zum sog. „Hamburger Kessel", die das Fehlen einer Rechtsgrundlage gerügt hat, und zum sog. „Berliner Kessel" s. RdNr. 2 zu Art. 11 und RdNr. 7 zu Art. 16.

Stets zu beachten ist, daß die Grundvoraussetzungen des Art. 17 durch dessen Novellierung nicht verändert worden und daß die Art. 18–20 gleichfalls zu beachten sind. Daß ihre korrekte Anwendung gerade bei einer größeren Anzahl gleichzeitig Betroffener schwierig ist, ändert daran nichts. Als zwingendes Recht und als Schutzvorschrift für die Betroffenen können sie weder außer acht gelassen noch weit ausgelegt werden. Überdies verbietet der letzte Teilsatz des Art. 11 Abs. 1 ausdrücklich, Fälle, die als – wenn auch atypische – Gewahrsamsfälle anzusehen sind, unter Umgehung der dafür geltenden Sondervorschriften als Maßnahmen nach Art. 11 zu treffen. Die der Polizei durch Art. 18 Abs. 1 Satz 2 eingeräumte Möglichkeit, von der Herbeiführung der unverzüglichen richterlichen Entscheidung abzusehen, befreit insbesondere nicht von der Beachtung der Art. 19 und 20, wobei zu beachten ist, daß ohne richterliche Entscheidung die zeitlichen Grenzen der Art. 102 Abs. 2 BV und 104 Abs. 2 GG zwingend sind. Es kommt noch hinzu, daß die Einschließung zusätzliche Fürsorgepflichten vor allem gegenüber Jugendlichen und älteren Menschen auslösen kann, wenn ursprünglich für die Heimfahrt bereitgehaltene Transportmittel nicht benützt werden können oder je nach Tageszeit, Witterung und sonstigen Umständen nötige Unterkunfts-, Verpflegungsmittel oder sanitäre Einrichtungen nicht verfügbar sind.

Art. 17

11 Nach der Textfassung ist nicht völlig klar, ob sich die Voraussetzung „von erheblicher Bedeutung für die Allgemeinheit" (im Entwurf des 2. PAGÄndG noch „von erheblicher Gefahr") nur auf Ordnungswidrigkeiten oder auch auf Straftaten erstrecken soll. Die Wiederholung des unbestimmten Artikels vor „Ordnungswidrigkeit" spricht zunächst für die Beschränkung des Zusatzerfordernisses auf diese. Davon geht eindeutig auch die Begründung zum Musterentwurf eines einheitlichen Polizeigesetzes des Bundes und der Länder von 1977 aus („...von Straftaten und von solchen Ordnungswidrigkeiten, von denen eine erhebliche Gefahr ausgeht"). Die amtl. Begr. 1978 (zu Art. 15 dieses Entw.) deutet dagegen in dieser wichtigen Frage eher auf das Gegenteil („...Ingewahrsamnahme zur Verhinderung einer unmittelbar bevorstehenden Begehung oder Fortsetzung einer Straftat oder Ordnungswidrigkeit ist auf Fälle von erheblicher Gefahr beschränkt worden."), wobei anzumerken ist, daß sich die sprachliche Konstruktion nicht geändert hat, wenn auch die Worte „von erheblicher Gefahr" im Gesetzgebungsverfahren ersetzt wurden durch die Worte „von erheblicher Bedeutung für die Allgemeinheit". Abschn. B der amtl. Begr. 1988 und vor allem der Wortlaut der Nr. 17.3.1 VollzB weisen deutlich darauf hin, daß der einschränkende Zusatz sowohl für Straftaten wie für Ordnungswidrigkeiten gelten soll (a. A. ohne nähere Begründung und im Widerspruch zum Wortlaut der Nr. 17.3.1 VollzB Samper/Honnacker, Erl. 5 zu Art. 16 [jetzt: 17]). Es erscheint angesichts der Schwere des Rechtseingriffs und des Grundsatzes der Verhältnismäßigkeit sinnvoll, gerechtfertigt und damit überzeugend, auch bei minder bedeutsamen Straftaten den Gewahrsam nicht zuzulassen. Die Frage hat jedoch für die Praxis viel an Bedeutung verloren, weil seit dem 3. PAGÄndG beispielsweise auch das mildere Mittel der Platzverweisung (Art. 16) nach Art. 17 Abs. 1 Nr. 3 mit der Gewahrsamnahme durchgesetzt werden kann (vgl. u. RdNr. 12). Als Regulativ bleibt wiederum die strikte Beachtung der Grundsätze der Notwendigkeit und Verhältnismäßigkeit (vgl. BayVerfGH in BayVBl 1990, 685/687, Nr. 2).

Ob die Voraussetzung der erheblichen Bedeutung für die Allgemeinheit als gegeben anzusehen ist, bestimmt sich nach der vernünftigen, durch Ausbildung und Erfahrung gestützten Beurteilung der im Zeitpunkt der Entscheidung gegebenen Umstände durch die Polizei. Zur inhaltlichen Begrenzung der Voraussetzung s. Nr. 17.3.1 VollzB und die weiteren Nachweise in BayVerfGH in BayVBl 1990, 685/686, Buchst. a, aa und b, bb. Allgemein zum Gewahrsam zur Verhütung von strafbarem Glücksspiel (hier sog. Hütchenspiel) vgl. VG Frankfurt a. M. in NVwZ 1994, 720/722.

Soweit Abs. 1 Nr. 2 bei Ordnungswidrigkeiten anzuwenden ist, erscheint die Vorschrift nicht unproblematisch. Nach § 53 Abs. 1 Satz 2 i.Verb. m. § 46 Abs. 3 Satz 1 OWiG sind Verhaftung und vorläufige Festnahme zur Erforschung von Ordnungswidrigkeiten unzulässig. Nach § 1 Abs. 1 OWiG muß ihr Unrechtsgehalt die Ahndung mit einer Geldbuße zulassen. Daraus könnte geschlossen werden, daß auch zur Verhütung oder Unterbindung von Ordnungswidrigkeiten kein Freiheitsentzug zulässig sein kann, sondern nur weniger einschneidende Maßnahmen. Dem läßt sich entgegenhalten, daß zur Verhütung oder Unterbindung von Ordnungswidrigkeiten der in Abs. 1 Nr. 2 genannten Art schärfere Maßnahmen zulässig sein können als zur Erforschung und Ahndung der bereits geschehenen Tat. Die besondere Aufgabe polizeilicher Gefahrenabwehr ist nach den eigenen Grundsätzen dieses Rechtsgebiets, nicht mit den Maßstäben der Ermittlung und Verfolgung begangenen Unrechts zu beurteilen, so daß die Bedenken nicht durchgreifen. Der BayVerfGH (BayVBl 1990, 654/658 f.) hat bestätigt, daß Wertungen, die der Bundesgesetzgeber im Rahmen der Verfolgung von Ordnungswidrigkeiten vorgenommen hat, vom Landesgesetzgeber im Bereich der Gefahrenabwehr nicht übernommen werden müssen. Der BayVerfGH stellt a. a. O. ferner fest, daß die Möglichkeit eines Gewahrsams auch zur Verhütung von Ordnungswidrigkeiten von erheblicher Bedeutung für die Allgemeinheit nicht gegen Art. 5 Abs. 1 der als Bundesrecht geltenden MRK verstößt. Er geht zu Recht davon aus, daß Art. 5 Abs. 1 Satz 2 Buchst. c MRK nicht nur mit Kriminalstrafe bedrohte Handlungen, sondern auch mit Geldbuße bedrohte erfaßt. Andererseits weist er gerade im Zusammenhang mit Ordnungswidrigkeiten nachdrücklich auf den Grundsatz der Verhältnismäßigkeit hin (a. a. O. S. 686, Buchst. b, bb).

Dieses Ergebnis wird bekräftigt, wenn man die gesetzliche Voraussetzung beachtet, daß der Gewahrsam **unerläßlich** sein muß, also als Alternative kein gelinderes Mittel erfolgversprechend erscheint, sondern das Absehen vom Gewahrsam zugleich das Gewährenlassen bedeutet. Abgesehen davon, daß dies nur bei schweren Störungen so sein wird, nimmt das Gesetz diese Situation bei allen Straftaten und Ordnungswidrigkeiten, bei denen eine erhebliche Bedeutung für die Allgemeinheit angenommen werden kann, zur Wiederherstellung der öffentlichen Sicherheit und Ordnung in Kauf.

Die gesetzlichen Voraussetzungen für die Anwendung des Art. 17 allgemein und seines Abs. 1 Nr. 2 im besonderen entsprechen in ihrer Strenge der Schwere des Rechtseingriffs. Werden, wie es im Eingriffsrecht stets zu geschehen hat, bei der Anwendung der Grundsatz der Verhältnismäßigkeit, das Übermaß-, Schikane- und Willkürverbot beachtet, so bestehen gegen Art. 17 keine durchgreifenden verfassungsrechtlichen Bedenken. Das bestätigt jedenfalls hinsichtlich der BV die E des BayVerfGH in BayVBl 1990, 654 ff. Zur vorausgegangenen Diskussion vgl. Schmitt Glaeser in BayVBl 1989, 129 und bis auf weiteres BayVerfGH in BayVBl 1989, 496; a. A. Hirsch in ZRP 1989, 81 mit zustimmender Anm. von Lisken, a. a. O. S. 190 und teilw. korrigierender Anm. von Riegel, a. a. O. S. 191; hierzu Erwiderung von Beckstein in ZRP 1989, 287; ferner Blankenagel in DÖV 1989, 689; Jahn in DVBl 1989, 1038 und Knemeyer in NVwZ 1990, 138. Die Kritik berücksichtigt nicht hinreichend, daß der polizeiliche Schutzauftrag selbst einen hohen verfassungsrechtlichen Rang besitzt (vgl. RdNr. 2 zu Art. 2) und seine zur Aufrechterhaltung der verfassungsmäßigen Ordnung notwendige Effizienz voraussetzt, daß das Recht

Art. 17

ausreichende Handhaben bietet, auch schweren und unvorhergesehenen Herausforderungen in einem rechtsstaatlich geordneten Verfahren zu begegnen.

12 Nach den allgemeinen Regeln des V. Abschnitts des PAG ist Gewahrsam im Sinne des Art. 17 als Zwangsmittel zur Durchsetzung eigener Verwaltungsakte der Polizei nicht zugelassen. Eine für die polizeiliche Praxis sehr wichtige Ausnahme, die zugleich kennzeichnend ist für den sachbezogen notwendigen Pragmatismus des Polizeirechts, enthält die durch das 2. PAGÄndG dem **Abs. 1** angefügte **Nr. 3**. Sie läßt die Gewahrsamnahme zu, wenn das **unerläßlich** ist, um eine **Platzverweisung** nach Art. 16 **durchzusetzen**. Hiernach ist es zulässig, Personen, die einem Platzverweis nicht Folge leisten (z. B. im Gladbecker Fall Journalisten, die sich trotz Aufforderung nicht aus der Gefahrenzone entfernen), in Gewahrsam zu nehmen (z. B. in einem Polizeifahrzeug). Die Voraussetzung der Unerläßlichkeit (vgl. auch Nr. 17.4 VollzB) trägt dem Ungleichgewicht Rechnung, das hinsichtlich der Schwere des Eingriffs zwischen Platzverweis und Gewahrsam besteht. Ähnliche Ungleichgewichte sind unvermeidbare Folgen jeder Art von Verwaltungszwang. Angesichts der sehr weit gefaßten Voraussetzungen für die einfache und nur wenig beschwerende Maßnahme der Platzverweisung in Art. 16 überrascht es gleichwohl, daß anders als in Art. 17 Abs. 1 Nrn 1 und 2 die Nr. 3, die nicht mit Nr. 2 verknüpft ist, sondern eine selbständige Gewahrsamsvoraussetzung darstellt, keine besonderen Umstände oder Ziele für die Zulässigkeit des Gewahrsams benennt. Damit ist der Polizei eine zunächst sehr weitreichend erscheinende Vollmacht erteilt worden. Sie wird jedoch in zweifacher Weise rechtlich wirksam begrenzt. Einmal muß der Gewahrsam nach Nr. 3 zur Durchsetzung der Platzverweisung **unerläßlich** sein. Kann dies nicht angenommen werden, so fehlt es bereits an der Zulässigkeit dieses Gewahrsams überhaupt. Zum anderen läßt Art. 16 die Platzverweisung nur als **vorübergehende** Maßnahme zu. Daraus ist zu schließen, daß eine Durchsetzung der Platzverweisung den so gekennzeichneten zeitlichen Rahmen ebenfalls nicht überschreiten darf, obwohl Nr. 3 die zeitliche Begrenzung nicht ausdrücklich auch für den Gewahrsam wiederholt. Vgl. dazu RdNr. 1 zu Art. 16. Erscheint Gewahrsam von längerer Dauer geboten, kann er nur nach anderen Vorschriften angeordnet werden, etwa nach Art. 17 Abs. 1 Nr. 2.

Die Gewahrsamsvoraussetzung der Unerläßlichkeit hat entscheidendes Gewicht für die Rechtmäßigkeit des Gewahrsams nach Nr. 3. Hiernach sind Umsicht und Sorgfalt ganz besonders geboten (vgl. Nr. 3 d. Anm. von Riegel in ZRP 1989, 191/192). Schmitt Glaeser (BayVBl 1989, 129/134), der bei entsprechender Abwägung im Einzelfall keine verfassungsrechtlichen Bedenken gegen Abs. 1 Nr. 3 erkennt, weist noch darauf hin, daß beim Platzverweis Schutzgüter von hohem Rang in Frage stehen können, wie Art. 16 Satz 2 zeige. Bei Katastrophen bestehen aber regelmäßig auch erhebliche Gefahren für das Leben und die körperliche Unversehrtheit von Menschen. Die amtl.

Begr. 1988 hält den Gewahrsam nach Nr. 3 für zulässig, wenn verhindert werden muß, daß polizeiliche Räumungsmaßnahmen, die durch Platzverweis getroffen werden, wegen des vorübergehenden Charakters dieser Maßnahme von den Störern durch Wiederholungs-Aktionen unterlaufen werden können, etwa ein besetztes Gebäude durch einen Eingang verlassen, durch einen anderen alsbald wieder betreten werden kann. Das Beispiel überzeugt jedoch nur, wenn es der Polizei tatsächlich unmöglich ist, alle vorhandenen Eingänge zu dem Gebäude so lange gegen neues Eindringen zu sichern, bis die Eindringlinge („Besetzer") zerstreut sind. Der BayVerfGH (BayVBl 1990, 685/687, Nr. 2) anerkennt, daß es Situationen geben kann, in denen ein Gewahrsam unerläßlich ist, um den mit der Platzverweisung verfolgten Zweck zu erreichen. Der Gesetzgeber dürfe im Rahmen seines Prognose- und Gestaltungsspielraums Vorsorge dafür treffen, daß die Polizei ihre Aufgabe bei allen denkbaren, auch extremen Fallgestaltungen erfüllen kann.

Zulässig ist in dem zuvor aufgezeigten engen Rahmen nach Nr. 3 auch der sog. **„Verbringungsgewahrsam"** (zur bisherigen Rspr. s. RdNr. 2 zu Art. 11). Ist z. B. eine Versammlung oder ein Aufzug verboten oder ordnungsgemäß aufgelöst und ergeht danach an Personen aus dem Teilnehmerkreis ein Platzverweis, dem nicht Folge geleistet wird, so kann er in der Weise durchgesetzt werden, daß die Betroffenen in Gewahrsam genommen, an einen vom Ort des Geschehens mehrere Kilometer entfernten Ort gebracht werden und dort der Gewahrsam beendet wird (vgl. Niethammer in BayVBl 1989, 449, 454/455). Nach BayObLG in BayVBl 1990, 347/350 kann das z. B. gerechtfertigt sein, weil möglicherweise nur die räumliche Trennung der Teilnehmer untereinander die Gefahrenlage beenden und – als gelinderes Mittel – eine sonst notwendige längere Dauer des Gewahrsams vermeiden kann. Sind die Voraussetzungen eines Platzverweises und des Gewahrsams nach Abs. 1 Nr. 3 gegeben, kann das **Verbringen an einen anderen**, auch entfernteren, jedoch lageentsprechend möglichst nächstgelegenen **Ort** und die Aufhebung des Gewahrsams an diesem ein gelinderes, zwar kasuistisch im Gesetz nicht erfaßtes, jedoch nach Art. 11 zulässiges Mittel sein anstelle eines sonst gebotenen längerdauernden Gewahrsams (vgl. BayObLG in BayVBl 1990, 347/350). Zwar wird der an einem anderen Ort aus dem Gewahrsam Entlassene dadurch beschwert, daß er Zeit und möglicherweise auch Mittel (Fahrkarte) benötigt, um wieder an den Ort seiner Wahl zu kommen. Darin kann eine Freiheitsbeschränkung, jedoch kein Freiheitsentzug gesehen werden. Auch dies läßt bei Beachtung der Verhältnismäßigkeit die zwangsweise Ortsveränderung als ein gelinderes Mittel gegenüber dem strikten Gewahrsam erscheinen. Ist aber das Verbringen an einen anderen Ort zulässig, ist folgerichtig der zur Überstellung an diesen Ort erforderliche kurzzeitige Verbringungsgewahrsam ebenfalls gerechtfertigt (streitig, für den Geltungsbereich des PAG jedoch nicht überzeugend z. B. LG Hamburg in NVwZ-RR 1997, 537/538 m. weit. Nachw.). Es ist Sinn und Zweck der in ihrem Gesamtzusammenhang zu interpretierenden Vorschriften des PAG, der Polizei

Art. 17

eine rechtsstaatlich begrenzte, aber lagegerechte Wahl verhältnismäßiger Mittel zu ermöglichen, ohne das Gesetz mit überbordenden Einzelfallregelungen zu belasten. Gleichwohl ist im Hinblick auf Art. 104 GG wünschenswert, das Verbringen an einen anderen Ort und den dazu notwendigen Gewahrsam gesetzlich zu regeln.

Ist das Verbringen an einen anderen Ort nicht notwendig oder erscheint es nicht als erkennbar gelinderes Mittel, weil z. B. Gewahrsam in einer Polizeidienststelle möglich ist und das Verbringen an einen anderen Ort die voraussichtlich notwendige Dauer des Gewahrsams nicht deutlich verkürzen würde, ist das Verbringen unzulässig. In jedem Fall unzulässig ist es, wenn damit Art. 18 Abs. 1 (richterliche Entscheidung) umgangen werden soll. Selbstverständlich müssen alle gesetzlich gebotenen Voraussetzungen für den Gewahrsam gegeben sein und die Art. 18–20 beachtet werden, soweit sie nicht selbst Ausnahmen zulassen. Für zusätzliche Sorgfaltspflichten der Polizei, die sich aus der Eigenart der Maßnahme ergeben können, vgl. o. RdNr. 10.

13 **Abs. 2** ist in Zusammenhang zu sehen mit § 1 Abs. 1 und 2 JÖSchG. Der Vollzug dieser Vorschriften obliegt nach Art. 50 Abs. 1 JAG der Polizei. Nach § 1 Abs. 1 JÖSchG i. Verb. m. Art. 50 Abs. 1 JAG hat demnach die Polizei Kinder und Jugendliche, die sich an Orten aufhalten, an denen ihnen eine sittliche Gefahr oder Verwahrlosung droht, dem Jugendamt zu melden. Nach § 1 Abs. 2 JÖSchG i. Verb. m. Art. 50 Abs. 1 JAG hat die Polizei Kinder und Jugendliche zum Verlassen eines Ortes anzuhalten, wenn eine ihnen dort unmittelbar drohende Gefahr nicht unverzüglich beseitigt werden kann. Wenn nötig, sind Kinder und Jugendliche dem Erziehungsberechtigten zuzuführen oder, wenn dieser nicht erreichbar ist, in die Obhut des Jugendamtes zu bringen. Für die Anwendung des Art. 17 Abs. 2 PAG ist im übrigen der Ausdruck **Sorgeberechtigter gleichzusetzen** mit dem Ausdruck **Erziehungsberechtigter.**

Die Zuführung eines Minderjährigen zum Erziehungs-(Sorge-)berechtigten oder in die Obhut des Jugendamtes setzt notwendig die Befugnis zum vorübergehenden Freiheitsentzug voraus, allerdings nur im Sinne einer Freiheitsbeschränkung (s. RdNrn 5 zu Art. 15 sowie 3 zu Art. 17). Zuständigkeit und Befugnis der Polizei hierzu sind nach den oben genannten bundes- und landesrechtlichen Vorschriften bereits gegeben, so daß es zu dem in Nr. 17.5 VollzB genannten Zweck jedenfalls in Bayern keiner zusätzlichen polizeirechtlichen Norm bedurft hätte. In der amtlichen Begründung zur früheren Fassung des PAG angedeutete Zweifel an dieser Konstruktion sind nicht angebracht. Allerdings enthält Art. 17 Abs. 2 PAG anders als § 1 Abs. 2 JÖSchG nicht die Voraussetzung der **unmittelbar drohenden Gefahr** (§ 1 Satz 1 JÖSchG, der sich insoweit wohl auch auf Satz 2 erstreckt) und auch nicht den Hinweis auf die **Notwendigkeit** wie in § 1 Satz 2 JÖSchG, der sich allerdings aus dem Grundsatz der **Verhältnismäßigkeit** in Art. 4 PAG von selbst ergibt. Immerhin scheint die Wortfassung des Art. 17 Abs. 2 PAG den Gewahrsam an Minderjährigen auch dann zuzulassen, wenn zwar eine unmittelbare Gefahr im Sinne des § 1 Abs. 2 JÖSchG noch nicht gegeben, nach der Lebenserfahrung jedoch zu erwarten ist (konkrete Gefahr i. S. d. Nr. 2.2 VollzB). Es bestehen jedoch angesichts der präzisen Regelung in **§ 1 JÖSchG** erhebliche Zweifel, ob diese Vorschrift nicht eine **abschließende bundesgesetzliche Regelung** für diese Fälle darstellt, so daß daneben kein Raum für landesgesetzliche Ergänzungen ist. Polizeigewahrsam ist nicht nur eine einschneidende Maßnahme, sondern kann bei Minderjährigen auch weitreichende psychologische Folgen haben, so daß auch der Grundsatz der Verhältnismäßigkeit gebieten kann, von Art. 17 Abs. 2 nur Gebrauch zu machen, soweit er zur Durchführung des § 1 Abs. 2 JÖSchG unumgänglich ist.

Ähnliches gilt, wenn man aus der schlicht alternativen Fassung am Ende von Art. 17 Abs. 2 schließen wollte, er räume der Polizei ein gegenüber § 1 Abs. 2 Satz 2 JÖSchG erweitertes Wahlrecht ein, den Minderjährigen entweder dem Sorgeberechtigten oder dem Jugendamt zuzuführen. Die **Zuführung zum Sorgeberechtigten** hat nicht nur aus rechtlichen Gründen **Vorrang** vor der zum Jugendamt; sie ist auch regelmäßig als das gelindere und altersentsprechende Mittel anzusehen gegenüber der Einschaltung einer weiteren Behörde. Der Grundsatz der Verhältnismäßigkeit führt deshalb auch hier zum gleichen Ergebnis wie das Bundesrecht, nämlich den Minderjährigen nur dann dem Jugendamt zuzuführen, wenn der Sorgeberechtigte nicht erreichbar ist.

Der polizeiliche **Gewahrsam** nach Abs. 2 **endet** mit der Zuführung zum Sorgeberechtigten oder zum Jugendamt, im übrigen nach Art. 20.

Der Polizeigewahrsam nach **Abs. 3** ist nur zulässig in den dort ausdrücklich genannten drei Fällen. **14**

Untersuchungshaft muß in jedem Falle durch **schriftlichen Haftbefehl** des Richters angeordnet sein (s. §§ 114 StPO, 72 JGG). **Freiheitsstrafe** kann nur auf Grund **rechtskräftiger Verurteilung** vollzogen werden. Auch freiheitsentziehende Maßnahmen der **Besserung und Sicherung** (§§ 61 ff. StGB) bedürfen **rechtskräftiger gerichtlicher Anordnung.**

Die Begr. zum Musterentwurf eines einheitlichen Polizeigesetzes weist darauf **15** hin, daß nach § 87 StVollzG ein **Gefangener,** der **entwichen** ist oder sich sonst ohne Erlaubnis außerhalb der Anstalt aufhält (z. B. bei Überschreiten eines Hafturlaubs), durch die Vollzugsbehörden oder auf ihre Veranlassung festgenommen und in die Anstalt zurückgebracht werden kann. Die Polizei könnte danach einen Entwichenen nur festnehmen, wenn die Vollzugsbehörde das veranlaßt. Die Polizei muß einen Entwichenen aber auch aus eigenem Recht und ohne vorherige Anfrage bei der Vollzugsbehörde in Gewahrsam nehmen können, etwa wenn sie von dessen Flucht zuerst Kenntnis erhält. Sonst würde der gerichtlich angeordnete Freiheitsentzug unnötig erschwert oder vereitelt. Bedenken etwa aus Art. 31 GG bestehen gegen Abs. 3 nicht, weil es sich hier ein-

Art. 17

deutig um eine polizeiliche Aufgabe im Sinne des Art. 2 handelt und dem Bundesgesetzgeber grundsätzlich nicht unterstellt werden kann, er wolle in die Vorbehaltsgesetzgebung der Länder eingreifen. Es liegt hier keine abschließende bundesgesetzliche Regelung vor, vielmehr ergänzen die Vorschriften einander.

16 In allen in **Abs. 3** genannten Fällen stellt sich der Polizeigewahrsam **nicht als Rechtseingriff** dar, weil dem Betroffenen die Freiheit rechtlich bereits entzogen ist. Der Polizeigewahrsam dient also nur dazu, den rechtlich gebotenen, tatsächlich aber unterbrochenen Freiheitsentzug wieder herzustellen. Art. 18 ist deshalb auf Fälle des Art. 17 Abs. 3, der insoweit Spezialregelung ist, nicht anzuwenden. Selbst wenn und soweit hiernach dem Abs. 3 nur **klarstellende Bedeutung** zukommt, ist die Vorschrift im Hinblick auf Bedeutung und Gewicht der Maßnahme gerechtfertigt.

17 Die amtl. Begr. 1978 hält es zu Recht nicht für geboten, den **Gewahrsam** zur Sicherung der Ausweisung, Abschiebung, Zurückweisung oder Zurückschiebung von **Ausländern** zu regeln. Hier bieten die §§ 13, 16, 18, 47, 48 AuslG, i. Verb. m. Art. 17 Abs. 1 Nr. 2 PAG die notwendigen Rechtsgrundlagen, soweit nicht eine unmittelbar zu vollziehende gerichtliche Entscheidung vorliegt.

18 Der **Gewahrsam auf Ersuchen einer Verwaltungsbehörde** ist geregelt durch Art. 2 Abs. 3 mit Art. 50 ff., gegebenenfalls durch Art. 2 Abs. 4, 11 Abs. 3 und die jeweiligen Rechtsvorschriften außerhalb des PAG. Fälle dieser Art können sich z. B. ergeben aus den Art. 5, 9, 12, 17, 18 UnterbrG, § 18 GKrG, § 37 Abs. 1, 2 BSeuchenG. Dagegen regelt § 17 Wehrdisziplinarordnung das Festnahmerecht unmittelbar und abschließend, so daß kein Raum für die Inanspruchnahme der Polizei bleibt. Bei Freiheitsentziehungen, die auf Grund Bundesrechts angeordnet werden, ist das FreihEntzG zu beachten (vgl. RdNr. 11 zu Art. 18), soweit das spezielle Bundesrecht keine besonderen Regelungen enthält.

In diesem Zusammenhang ist auch erneut auf § 19 GKrG zu verweisen, der zwar keine Rechtsgrundlage zur Begründung von Gewahrsam ist, aber die Polizei verpflichtet, unter bestimmten Voraussetzungen eine aus anderem Rechtsgrund in Verwahrung genommene oder festgenommene Person dem Gesundheitsamt zuzuführen (s. RdNr. 5 zu Art. 13).

19 Zum Vollzug unter Anwendung von Verwaltungszwang s. Art. 53 Abs. 2 und RdNr. 5 hierzu.

Art. 18
Richterliche Entscheidung

(1) ¹Wird eine Person auf Grund von Art. 13 Abs. 2 Satz 3, Art. 15 Abs. 3 oder Art. 17 festgehalten, hat die Polizei unverzüglich eine richterliche Entscheidung über Zulässigkeit und Fortdauer der Freiheitsentziehung herbeizuführen. ²Der Herbeiführung der richterlichen Entscheidung bedarf es nicht, wenn anzunehmen ist, daß die Entscheidung des Richters erst nach Wegfall des Grundes der polizeilichen Maßnahme ergehen würde.

(2) ¹Ist die Freiheitsentziehung vor Erlaß einer gerichtlichen Entscheidung beendet, kann die festgehaltene Person, bei Minderjährigkeit auch ihr gesetzlicher Vertreter, innerhalb eines Monats nach Beendigung der Freiheitsentziehung die Feststellung beantragen, daß die Freiheitsentziehung rechtswidrig gewesen ist, wenn hierfür ein berechtigtes Interesse besteht. ²Der Antrag kann bei dem nach Absatz 3 Satz 2 zuständigen Amtsgericht schriftlich oder durch Erklärung zu Protokoll der Geschäftsstelle dieses Gerichts gestellt werden. ³Die Entscheidung des Amtsgerichts ist mit sofortiger Beschwerde anfechtbar. ⁴Gegen die Entscheidung des Landgerichts ist die weitere sofortige Beschwerde nur statthaft, wenn das Landgericht sie wegen der grundsätzlichen Bedeutung der zur Entscheidung stehenden Frage zuläßt.

(3) ¹Für die Entscheidung nach Absatz 1 ist das Amtsgericht zuständig, in dessen Bezirk die Freiheitsentziehung vollzogen wird. ²Für die Entscheidung nach Absatz 2 ist das Amtsgericht zuständig, in dessen Bezirk die Person von der Polizei in Gewahrsam genommen wurde. ³Das Verfahren richtet sich nach den Vorschriften des Gesetzes über das gerichtliche Verfahren bei Freiheitsentziehungen.

18 Zu Art. 18 (Richterliche Entscheidung)

18.1 Art. 18 trägt dem Art. 104 Abs. 2 des Grundgesetzes Rechnung. Soweit eine nach Art. 15 Abs. 3 angeordnete und durchgeführte Vorführung wegen ihrer kurzen Dauer nur eine Freiheitsbeschränkung nach Art. 104 Abs. 1 Satz 1 des Grundgesetzes darstellt, ist Art. 18 auf sie nicht anzuwenden (vgl. Nr. 15.4).

18.2 Die richterliche Entscheidung ist bereits vor der Ingewahrsamnahme herbeizuführen, wenn dadurch der Erfolg der Maßnahme nicht gefährdet wird.

18.3 Würde die Herbeiführung einer vorherigen richterlichen Entscheidung den Zweck der Maßnahme gefährden, so ist die Entscheidung ohne jede Verzögerung, die nicht aus sachlichen Gründen geboten ist, (unverzüglich) nachzuholen, wenn nicht anzunehmen ist, daß die Entscheidung des Richters erst nach Wegfall des Grundes der polizeilichen Maßnahme ergehen würde.

Art. 18

18.4 Nach einer Entlassung aus dem Gewahrsam ist die richterliche Entscheidung nicht mehr nachzuholen.

*18.5 Art. 18 Abs. 2 PAG regelt die Zulässigkeit eines Feststellungsantrages für den Fall, daß die **Freiheitsentziehung vor Erlaß einer gerichtlichen Entscheidung beendet** wurde. Bei Vorliegen eines berechtigten Interesses kann der Betroffene innerhalb eines Monats nach Beendigung der Freiheitsentziehung bei dem zuständigen Amtsgericht nachträglich Antrag auf Feststellung der Rechtswidrigkeit der Freiheitsentziehung stellen.*

*18.6 Art. 18 Abs. 3 regelt die **örtliche Zuständigkeit** für die gerichtlichen Entscheidungen nach Art. 18 Abs. 1 und Abs. 2 sowie das anzuwendende gerichtliche Verfahren. In den Fällen, in denen die Freiheitsentziehung noch andauert, wird unter dem Gesichtspunkt der Eilbedürftigkeit der Entscheidung das Amtsgericht für zuständig erklärt, in dessen Bezirk die Freiheitsentziehung vollzogen wird. Für die Fälle des nachträglichen Feststellungsantrags richtet sich die örtliche Zuständigkeit nach dem Ort der Ingewahrsamnahme durch die Polizei.*

1 Durch das 2. PAGÄndG wurde in Art. 18 ein neuer Abs. 2 eingefügt; der bisherige Abs. 2 wurde Abs. 3 und neu gefaßt.

2 Wie aus seinem **Abs. 1 Satz 1** hervorgeht, bezieht sich **Art. 18** auf ein **Festhalten** im Sinne einer **Freiheitsentziehung**. Bei bloßen **Freiheitsbeschränkungen**, also kurzfristigen Behinderungen der Bewegungsfreiheit bis zum Abschluß notwendiger polizeilicher Maßnahmen, ist nach der Rechtsprechung die richterliche Entscheidung nicht geboten. S. dazu RdNr. 5 zu Art. 15. Der gleiche, aus der Systematik des Art. 104 Abs. 1 und 2 GG abgeleitete Rechtsgedanke, vorübergehende kurzfristige Freiheitsbeschränkungen nicht an eine begleitende richterliche Entscheidung zu binden, kommt auch in Art. 18 Abs. 1 Satz 2 zum Ausdruck. Äußerste zeitliche Grenze für das Festhalten allein auf Grund Polizeirechts ist jedoch immer das Ende des Tages nach dem Ergreifen einer Person (Art. 104 Abs. 2 Satz 3 GG).

3 **Art. 18** ist notwendig zur Erfüllung **verfassungsrechtlicher Gebote**. Er verstärkt überdies ebenso wie § 13 FreihEntzG bei Freiheitsentziehungen auf Grund Bundesrechts (§ 1 a. a. O.) den bereits durch die Art. 104 Abs. 2 GG, 102 Abs. 2 BV gewährleisteten richterlichen Schutz dadurch, daß er der Polizei die auch dem Betroffenen gegenüber bestehende **Amtspflicht** auferlegt, bei Freiheitsentziehungen von sich aus die **richterliche Entscheidung herbeizuführen**. Diese Amtspflicht ist unabhängig vom Recht des Betroffenen, seinerseits gegen eine polizeiliche Freiheitsentziehung nach § 13 Abs. 2 FreihEntzG Rechtsbehelfe einzulegen (so auch BayVGH in BayVBl 1988, 246/247).

Die Polizei hat die richterliche Entscheidung **unverzüglich** herbeizuführen. Das Wort „unverzüglich" ist in Art. 18 Abs. 1 im gleichen Sinn gebraucht wie in Art. 104 Abs. 2 Satz 2 GG. Art. 104 Abs. 2 Satz 3 GG dient nur dazu, den Ausdruck „unverzüglich" für den Fall des Polizeigewahrsams zu konkretisieren. Er schränkt die Rechte der Polizei dahin ein, daß der Festgenommene zu entlassen ist, falls die richterliche Haftanordnung über Zulässigkeit und Fortdauer der Freiheitsentziehung notwendig ist, aber nicht alsbald herbeigeführt werden kann. Ausnahmen im Rahmen des Art. 104 Abs. 2 Satz 3 GG gelten nur nach Abs. 1 Satz 2 und bei bloßen Freiheitsbeschränkungen (s. o.). Das BVerwG hat in DVBl 1974, 842 (= DÖV 1974, 637 = NJW 1974, 807 = MDR 1974, 513 = BayVBl 1975, 306) ausgeführt, daß „unverzüglich" in Art. 104 GG nicht im Sinne von § 121 BGB („ohne schuldhaftes Zögern") auszulegen sei, sondern dahin, „daß die richterliche Entscheidung ohne jede Verzögerung, die sich nicht aus sachlichen (tatsächlichen oder rechtlichen) Gründen rechtfertigen lasse, nachgeholt werden müsse." Es lasse sich aus Art. 104 Abs. 1 Satz 1 und 2 GG nicht entnehmen, die Justizverwaltung müsse es der Polizei durch Einrichtung eines Bereitschaftsdienstes ermöglichen, daß die Entscheidung nach Art. 104 Abs. 2 Satz 2 GG nicht nur während der allgemeinen Dienststunden des Gerichts und des Bereitschaftsdienstes an dienstfreien Tagen, sondern auch zu jeder anderen Tages- und Nachtzeit herbeigeführt werden könne. Art. 104 Abs. 2 Satz 3 GG konkretisiere den in Satz 2 gebrauchten Ausdruck „unverzüglich" (BVerfGE 10, 302/321). Die richterliche Entscheidung kann daher nachgeholt werden, sobald das Gericht innerhalb der der Polizei eingeräumten Frist dienstbereit ist. Ist eine richterliche Entscheidung innerhalb dieser Frist nicht erreichbar, ist der Ergriffene freizulassen. Die richterliche Entscheidung muß auch dann eingeholt werden, wenn feststeht, daß der Polizeigewahrsam nicht nur von geringfügiger Dauer ist (nach OVG Münster in DVBl 1979, 733/734 unter normalen Umständen – wenn ein zuständiger Richter erreichbar ist – etwa zwei bis drei Stunden), gleichwohl aber mit Sicherheit innerhalb der Frist des Art. 104 Abs. 2 Satz 3 GG endet und ein zuständiger Richter noch während der Dauer des Gewahrsams erreichbar ist.

Abs. 1 Satz 1 beschränkt die Pflicht der Polizei ausdrücklich auf die dort genannten **Gewahrsamsfälle nach dem PAG**, gilt also nicht für Polizeigewahrsam, der auf Grund anderer Rechtsvorschriften begründet wird (vgl. §§ 163 c, 164 StPO und die abweichende Vorschrift des § 46 Abs. 3 OWiG). Er kann auch nicht gelten für Fälle des Art. 17 Abs. 3, in denen der Gewahrsam bereits rechtens besteht und nur durch Eigenmacht des Betroffenen unterbrochen wurde. Hier ist das Zurückbringen in die Anstalt ohne vorgängige richterliche Entscheidung zulässig. 4

Soweit Rechtsvorschriften außerhalb des PAG für Gewahrsamsfälle keine entsprechenden Bestimmungen enthalten, sind Art. 104 Abs. 2 GG und der daneben fortgeltende Art. 102 BV unmittelbar zu beachten. 5

Art. 18

Die Art. 104 Abs. 2–4 GG und 102 BV sind unmittelbar geltendes und gegenüber einfachen Gesetzen höherrangiges Recht. Art. 18 PAG kann deshalb, soweit er nicht das Verfassungsrecht deklaratorisch wiederholt, nur innerhalb der Grenzen des Verfassungsrechts ausführende oder engere Vorschriften treffen.

6   **Zuständig zur Antragstellung** nach Abs. 1 Satz 1 ist die Polizeidienststelle, die den Gewahrsam angeordnet hat oder der der an Ort und Stelle aus eigenem Entschluß tätig gewordene Beamte angehört.
  Weder die Verfassungsbestimmungen noch Art. 18 Abs. 1 Satz 1 gebieten, bereits **vor** der **Durchführung des Gewahrsams** eine **richterliche Entscheidung** über seine **Zulässigkeit und Dauer** herbeizuführen; sie schließen eine solche Entscheidung auch nicht aus. Nr. 18.2 VollzB hat daher nicht den Charakter einer Gesetzesinterpretation, sondern den einer im rechtsstaatlichen Interesse zu begrüßenden, für die Polizei verbindlichen **Verwaltungsvorschrift**. Sie begründet als solche keinen Rechtsanspruch des Betroffenen auf gerichtliche Prüfung, ob die richterliche Entscheidung vor der Durchführung des Gewahrsams möglich und deshalb geboten gewesen wäre. Im Hinblick auf die Gesetzeslage macht eine Verletzung des Gebots in Nr. 18.2 VollzB den Gewahrsam nicht rechtsfehlerhaft und bedeutet eine allenfalls disziplinar zu ahndende Pflichtverletzung, nicht aber die Verletzung einer gegenüber dem Betroffenen bestehenden Amtspflicht.
  Lehnt das Amtsgericht einen Antrag der Polizei nach Abs. 1 Satz 1 ab und ist diese Entscheidung nach Ansicht der Polizei fehlerhaft, steht ihr gleichwohl weder eine Beschwerde noch ein sonstiger Rechtsbehelf zu. Alle in Betracht kommenden Rechtsbehelfe haben nur die von der Maßnahme Betroffenen (vgl. OLG Hamburg in NVwZ-RR 1996, 204 f.).

7   **Abs. 1 Satz 2** gilt für den Fall, daß aus polizeilicher Sicht der eine Freiheitsentziehung (s. o. RdNr. 2) darstellende Gewahrsam innerhalb der Frist des Art. 104 Abs. 2 Satz 3 GG vermutlich früher beendet werden kann, als eine richterliche Entscheidung zu erreichen ist. Jede festgehaltene Person muß aus den Gründen des Art. 20 entlassen werden, der für Freiheitsbeschränkungen wie -entziehungen den Grundsatz der Verhältnismäßigkeit (Art. 4) konkretisiert. Hat dies noch innerhalb der verfassungsrechtlich bestimmten Frist des Art. 20 Nr. 3 zu geschehen, kann der Richter über die Fortdauer des Gewahrsams ohnehin nicht mehr entscheiden. Begehrt der Betroffene noch eine Entscheidung über die Zulässigkeit, so ist ihm zuzumuten, den entsprechenden Antrag selbst an das Gericht zu stellen. Für den Rechtsweg gilt auch in diesem Falle Abs. 2. Jedoch hat das OLG Nürnberg in BayVBl 1987, 411 (m. Anm. von Niethammer, a. a. O. S. 412 und von Aulehner, a. a. O. 1988, 709) kein berechtigtes Interesse nach § 28 Abs. 1 Satz 4 EGGVG für die Feststellung der

Rechtswidrigkeit der durch Vollzug erledigten, der Ermittlung und Verfolgung strafbarer Handlungen dienenden polizeilichen Zwangsmaßnahmen anerkannt. Weder das Bedürfnis nach Rehabilitierung noch die Absicht, eine Amtshaftungsklage zu erheben, könnten ein entsprechendes Feststellungsinteresse begründen; eine Wiederholungsgefahr für die streitgegenständlichen Maßnahmen hat das Gericht im entschiedenen Fall als nicht hinreichend dargetan erachtet. Bei nachfolgendem strafprozessualen Ermittlungs- und Strafverfahren gelten für das berechtigte Interesse besondere Kriterien; s. dazu BGH in NJW 1990, 2758.

Abs. 2 i. d. F. des 2. PAGÄndG bestimmt den **Rechtsweg** bei einem Antrag auf Feststellung der **Rechtswidrigkeit eines polizeilichen Gewahrsams** im Sinne des Abs. 1, **wenn vor** dessen **Beendigung keine richterliche Entscheidung** über seine Zulässigkeit und Fortdauer **ergangen ist**. Ferner bestimmt Abs. 2, wer zur Antragstellung berechtigt ist, Frist und Form des Antrags und in Verbindung mit Abs. 3 die örtliche Zuständigkeit der Gerichte und das Verfahren. **8**

Gewahrsam ist regelmäßig eine Freiheitsentziehung, nicht nur eine Freiheitsbeschränkung (vgl. RdNr. 5 zu Art. 15). Hierfür steht nach Art. 19 Abs. 4 GG der Rechtsweg offen. Bereits in seinem B vom 27. 10. 1987 (BayVBl 1988, 246; bestätigt durch B des BVerwG vom 8. 1. 1988, BayVBl S. 731 = NJW 1989, 1048) hatte der BayVGH angenommen, daß die landesrechtliche Rechtswegregelung des Art. 17 Abs. 2 a. F. (= Amtsgericht als Gericht der Freiwilligen Gerichtsbarkeit) auch gelte, wenn sich der Betroffene gegen seine Festnahme durch die Polizei wende oder nachträglich die Feststellung der Rechtswidrigkeit der polizeilichen Festnahme begehre. Hiermit grundsätzlich übereinstimmend hatte das BayObLG in einem B vom 5. 5. 1988 (BayVBl S. 541) festgestellt, es sei verfassungsrechtlich (Art. 19 Abs. 4, Art. 104 Abs. 2 GG, Art. 102 Abs. 2 BV) geboten, ausnahmsweise ein Verfahren zuzulassen, das sich auf die Überprüfung richtet, ob eine von der Polizei vorgenommene Freiheitsentziehung rechtmäßig war. Hierbei handele es sich um ein echtes öffentlich-rechtliches Streitverfahren, das jedoch durch Art. 17 Abs. 2 (a. F.) PAG der ordentlichen Gerichtsbarkeit zugewiesen worden sei (s. auch u. RdNr. 9). Dieser Rspr. folgt die Neufassung des Abs. 2.

Abs. 2 Satz 1 regelt zunächst, wer **antragsberechtigt** ist (festgehaltene Person, gesetzlicher Vertreter bei Minderjährigen; bei Vormundschaft, Betreuung und Pflegschaft wird Entsprechendes zu gelten haben). Es wird eine **Antragsfrist** bestimmt (ein Monat nach Beendigung der Freiheitsentziehung), die dem Antragsteller Zeit zu ruhiger Überlegung läßt, durch die zeitliche Nähe zur Beendigung des Gewahrsams aber auch die Beweisaufnahme erleichtert. **Antragsziel** ist die Feststellung, daß die Freiheitsentziehung rechtswidrig war. **Voraussetzung für die Zulässigkeit** des Antrags ist der Nachweis eines **berechtigten Interesses** an dieser Feststellung. Nach BayObLG in BayVBl 1989, 699/701

Art. 18

besteht ein solches in der Regel, wenn der Betroffene wegen der Freiheitsentziehung Schadenersatzansprüche geltend machen will. Die richterliche Entscheidung über die Rechtmäßigkeit der Freiheitsentziehung kann in materielle Rechtskraft (Unabänderlichkeit) erwachsen (eingehend BayObLG in BayVBl 1989, 541 f.; vgl. u. RdNr. 11). Sie kann deshalb für einen nachfolgenden Rechtsstreit über Amtspflichtverletzung und Schadenersatzforderungen Bedeutung haben, die ein berechtigtes Interesse begründet. Gleiches gilt für das Rehabilitationsinteresse, wenn dem Betroffenen aus der Tatsache der polizeilichen Gewahrsamnahme Nachteile im persönlichen Bereich entstehen können.

Abs. 2 Satz 2 schreibt für den Antrag die **Schriftform oder** die **Erklärung zu Protokoll der Geschäftsstelle** des Amtsgerichts vor, in dessen Bezirk der Betroffene von der Polizei in Gewahrsam genommen wurde (Abs. 3 Satz 2). Satz 3 läßt übereinstimmend mit § 7 Abs. 1 FreihEntzG gegen die Entscheidung des Amtsgerichts die damit nicht an eine Zulassung durch das Landgericht gebundene **sofortige Beschwerde** zu diesem Gericht zu, für die § 22 FGG eine Frist von zwei Wochen von dem Zeitpunkt vorschreibt, in welchem der Gerichtsbeschluß dem Beschwerdeführer bekanntgemacht worden ist (s. BayOblG in BayVBl 1995, 734). Gegen die E des Beschwerdegerichts ist nach § 3 Satz 2 FreihEntzG mit §§ 27, 28 Abs. 1, 29 Abs. 2 u. 3 FGG bei Gesetzesverletzungen die sofortige Beschwerde an das BayObLG (§ 8 EGGVG, Art. 11 AGGVG) möglich; sie ist jedoch durch **Satz 4** auf eine **Zulassungsbeschwerde wegen grundsätzlicher Bedeutung** der zur Entscheidung stehenden Frage beschränkt. Diese Beschränkung ist zulässig, weil Art. 19 Abs. 4 GG nur den Rechtsweg, nicht aber einen mehrstufigen Instanzenzug garantiert. Nach BayObLG a. a. O. gilt Satz 4 jedoch nur für den Fall, daß die Freiheitsentziehung endet, bevor ein Gericht entschieden hat, wie zu Beginn dieser RdNr. bereits festgestellt wurde.

9   Streitigkeiten über Zulässigkeit und Dauer von Polizeigewahrsam fallen an sich unter die Definition des § 40 Abs. 1 Satz 1 VwGO und würden damit vor die Verwaltungsgerichte gehören. § 40 Abs. 1 Satz 2 VwGO läßt jedoch die Bestimmung eines anderen Gerichts auch durch Landesrecht zu. Solche Regelungen enthalten **Art. 18 Abs. 2 und 3**. Sie stehen auch mit den Art. 20 Abs. 3, 101 Abs. 1 Satz 2 und 104 Abs. 2 Satz 1 GG und Art. 102 Abs. 2 Satz 1 BV in Einklang, weil dort kein bestimmter Gerichtszweig angesprochen ist; Art. 19 Abs. 4 GG ist ebenfalls gewahrt (s. auch BVerwG in BayVBl 1988, 731). Die amtl. Begr. 1978 sagt, es habe sich als zweckmäßig erwiesen, das **Amtsgericht** für zuständig zu erklären, weil dieses auch über Freiheitsentziehungen nach anderen gesetzlichen Vorschriften zu entscheiden hat und in der Regel ortsnäher ist als das Verwaltungsgericht. Zugleich wird damit eine einheitliche Zuständigkeit der ordentlichen Gerichtsbarkeit erreicht, gleich ob der Betroffene selbst die richterliche Entscheidung begehrt oder die Polizei sie herbeiführt.

Abs. 3 regelt in den **Sätzen 1 und 2** die **örtliche Zuständigkeit der Amts-** 10
gerichte und zwar für die Fälle der Absätze 1 und 2 unterschiedlich. Damit
wird weder ein unzulässiges Ausnahmegericht geschaffen, noch das Recht auf
den gesetzlichen Richter (Art. 86 Abs. 1 BV, Art. 101 Abs. 1 GG) verletzt (vgl.
BayVerfGH in BayVBl 1990, 685/688 Nr. 3). Zur Zulässigkeit landesrechtlicher Regelung der Zuständigkeit des Amtsgerichts und des gerichtlichen Verfahrens (**Satz 3**) eingehend BVerfG in NJW 1991, 1283 f. = DÖV 1991, 288.

In den **Gewahrsamsfällen nach Abs. 1**, in denen die Polizei grundsätzlich
(Ausnahme: Abs. 1 Satz 2) verpflichtet ist, noch während der Dauer des Gewahrsams unverzüglich eine richterliche Entscheidung herbeizuführen, ist
nach **Abs. 3 Satz 1** das **Amtsgericht örtlich zuständig, in dessen Bezirk die
Freiheitsentziehung vollzogen wird.** Die richterliche Entscheidung ist wegen
der Frist des Art. 104 Abs. 2 Satz 3 GG stets eilbedürftig. Werden Personen in
größerer Zahl und etwa noch an Sonn- und Feiertagen in Gewahrsam genommen, so kann nicht nur deren Unterbringung im Amtsgerichtsbezirk, in dem
die Maßnahme getroffen wird, wegen Raummangel schwierig, sondern auch
das – möglicherweise kleine – Amtsgericht rasch überlastet sein. Dann können eine Verteilung der Festgehaltenen auf andere, auch mehrere Amtsgerichtsbezirke und eine dadurch bewirkte leichtere und schnellere Verbringung
zu dem für den Ort des Gewahrsamsvollzugs zuständigen Amtsgericht in Verbindung mit der möglichen Einrichtung eines gerichtlichen Bereitschaftsdienstes den verfassungsrechtlich gewährleisteten gerichtlichen Schutz der Betroffenen leichter verwirklichen.

Dagegen bestimmt **Abs. 3 Satz 2**, daß in den **Gewahrsamsfällen nach
Abs. 2**, in denen die Freiheitsentziehung bereits vor Erlaß einer gerichtlichen
Entscheidung beendet wurde, das **Amtsgericht örtlich zuständig ist, in dessen
Bezirk die Gewahrsamnahme** stattgefunden hat. Hier sind die Gesichtspunkte
der Eilbedürftigkeit, der möglichen Raumnot und der etwaigen Überlastung
des Gerichts nicht mehr ausschlaggebend. Die örtliche Zuständigkeit des
Amtsgerichts kann sich daher nach der Belegenheit des Ortes richten, an dem
die Gewahrsamnahme stattgefunden hat.

Die Rechtswegregelung des Abs. 3 (früher Abs. 2) ist nach BayVGH in
BayVBl 1989, 244 trotz Fehlens einer ausdrücklichen Regelung **auf solche
polizeilichen Maßnahmen auszudehnen, die die Freiheit** einer in Gewahrsam
genommenen Person **gemäß Art. 19 Abs. 3 Satz 3 weiter beschränken** und die
der Zweck oder die Ordnung im Gewahrsam aus polizeilicher Sicht erfordern
(z. B. persönliche Durchsuchung). Diese extensive Auslegung rechtfertigt das
Gericht überzeugend aus dem Willen des Gesetzgebers zur prozeßökonomischen Klärung der Rechtswege, dem engen Sachzusammenhang zwischen Gewahrsamnahme und ordnungsrechtlichen Folgemaßnahmen und dem Bedürfnis nach Entscheidung durch den „sachnäheren" Richter.

Art. 18

11 Abs. 3 Satz 3 erklärt für das **gerichtliche Verfahren** in Fällen der Abs. 1 und 2 durch eine **konstitutive (und dynamische) Verweisung** (s. dazu BayVerfGH in BayVBl 1989, 267) die Vorschriften des FreihEntzG für anwendbar, nach dessen § 3 ebenfalls das Amtsgericht zuständig ist, das nach Satz 2 a. a. O. im Verfahren der Freiwilligen Gerichtsbarkeit zu entscheiden hat. Die Gerichte der Freiwilligen Gerichtsbarkeit haben keine Kompetenz für die Beurteilung strafrechtlicher Fragen. Art. 17 Abs. 1 Satz 1 PAG überträgt ihnen die Nachprüfung des polizeilichen Festhaltens nur in den dort genannten Fällen. Die Rechtmäßigkeit der polizeilichen Maßnahmen kann deshalb in diesen Verfahren nur nach diesen Bestimmungen des PAG, nicht aber nach allgemeinen strafrechtlichen Gesichtspunkten geprüft werden (BayObLG in BayVBl 1990, 347/349).

Die örtliche Zuständigkeit der Amtsgerichte ist in Art. 18 Abs. 3 Satz 1 und 2 PAG selbständig geregelt. Abs. 3 Satz 3 hat ein Vorbild in § 20 Abs. 2 Satz 2 mit Abs. 4 BGSG, der die gleiche Zuständigkeits- und Verfahrensregelung enthält. Zu beachten ist, daß die Verweisung in Abs. 3 Satz 3 sich auf das zitierte Bundesgesetz in seiner jeweils geltenden Fassung bezieht (Globalverweisung, dynamische Verweisung; s. o.), das durch die Verweisung integrierter Bestandteil des PAG, also des Landesrechts wird. Dagegen bestehen keine durchgreifenden Bedenken, weil sowohl die Verweisung wie auch ihr Gegenstand nach Inhalt und Zweck so klar umrissen sind, daß der Landesgesetzgeber die jeweilige Fassung des Bezugsgesetzes in seinen Willen aufnehmen konnte, auch ohne sie im einzelnen voraussehen zu können.

Die Verweisung auf das FreihEntzG hat erhebliche Bedeutung. Das **Amtsgericht hat** nach § 5 Abs. 1 FreihEntzG den **Betroffenen mündlich zu hören**; es kann nötigenfalls seine Vorführung anordnen. Ausnahmen von der Pflicht zur mündlichen Anhörung sind auf die Fälle des § 5 Abs. 2 a. a. O. beschränkt. Das gilt über § 13 Abs. 2 a. a. O. auch in den Fällen, in denen die Rechtmäßigkeit einer bereits vor der gerichtlichen Entscheidung beendeten Freiheitsentziehung zu prüfen ist (vgl. BayObLG in BayVBl 1990, 347/349). Auf das Vorbringen der Polizei allein darf die richterliche Entscheidung nicht gestützt werden. Der Richter hat nach Art. 104 Abs. 2 GG über die Zulässigkeit der Freiheitsentziehung selbst zu entscheiden und die Verantwortung dafür zu übernehmen, daß der Gewahrsam zum Erreichen des Gesetzeszwecks unerläßlich ist. Die richterliche Entscheidung ist konstitutiv und nicht nur eine Genehmigung oder Bestätigung einer vorgängigen Verwaltungsentscheidung. Der Richter muß deshalb selbst die Tatsachen feststellen, die eine Freiheitsentziehung rechtfertigen. Die Schwere des Grundrechtseingriffs gebietet insbesondere eine eingehende Prüfung. Als Mittel eigener richterlicher Sachaufklärung stehen bei eilbedürftigen Entscheidungen neben der persönlichen Anhörung des Betroffenen insbesondere die Akten, die sichergestellten Sachen und die Aussagen der beteiligten Beamten zur Verfügung (BVerfG in NJW 1991, 1283/1284).

Aus der Verweisung auf das FGG in § 3 FreihEntzG ergibt sich auch, daß die **Gerichtsverhandlung nicht öffentlich** ist. § 8 FGG verweist nicht auf die Vorschriften der §§ 169 ff. GVG, die die Öffentlichkeit der Verhandlung regeln (vgl. BayVerfGH in BayVBl 1990, 685/688, Nr. 4 Buchst. a). Ist die von der Polizei festgehaltene Person **entlassen** worden, **nachdem der Richter über Zulässigkeit und Fortdauer der Freiheitsentziehung entschieden hat**, so ist eine Feststellungsentscheidung, die von der Polizei vorgenommene Freiheitsentziehung sei rechtswidrig gewesen, nicht zulässig, weil dem Betroffenen die Freiheit zuletzt nicht mehr von der Polizei, sondern vom Richter entzogen worden war. Gegenstand des weiteren Verfahrens in den Rechtsmittelzügen ist danach unmittelbar die Haftfrage. Hierbei stellt sich die Frage der Fortdauer der Freiheitsentziehung stets neu. Deshalb erwächst die richterliche Entscheidung darüber nicht in materielle Rechtskraft (Unabänderlichkeit), sondern nur in formelle Rechtskraft (Unanfechtbarkeit). Sie entfaltet deshalb für spätere Entscheidungen über die Rechtmäßigkeit der Freiheitsentziehung keine Bindungswirkung. Nach der Entlassung des Betroffenen ist die Hauptsache erledigt. Eine Feststellungsentscheidung, ob eine **vom Richter** angeordnete Freiheitsentziehung rechtmäßig war, ist vom Gesetz nicht vorgesehen („Schutz durch den Richter, nicht gegen den Richter"). Der Betroffene kann dann nur noch seine Pflicht bekämpfen, Kosten des Verfahrens tragen zu müssen. S. dazu BayObLGZ 1971, 182/184 = BayVBl 1972, 276; BayObLGZ 1986, 310/311 ff. = BayVBl 1986, 666; BayObLG in BayVBl 1988, 541 = DÖV 1989, 168; BayObLG in BayVBl 1991, 220; BayObLG in BayVBl 1995, 734/735; Götz, RdNr. 421 m. weit. Nachw.

Rechtlich anders liegt es nach BayObLG in BayVBl 1988, 541, wenn der **Betroffene entlassen** worden ist, **bevor der Richter über Zulässigkeit und Fortdauer der Freiheitsentziehung entschieden hat** (Fälle des Abs. 2). Hierbei handelt es sich um ein echtes öffentlich-rechtliches Streitverfahren, das jedoch durch Abs. 2 Satz 3 und Abs. 3 Satz 2 der ordentlichen Gerichtsbarkeit zugewiesen worden ist. Würde ein solcher Streit durch die Verwaltungsgerichte entschieden, würde deren Entscheidung nach § 121 VwGO in Rechtskraft erwachsen. Diese Wirkung kann nicht allein durch die Zuweisung an die Gerichte der Freiwilligen Gerichtsbarkeit entfallen. Deren **Entscheidung über die Rechtmäßigkeit einer allein von der Polizei angeordneten Freiheitsentziehung** hat deshalb **Bindungswirkung** für spätere Verfahren. Deshalb verliert in diesen Fällen die Weiterführung der gerichtlichen Prüfung nicht mit der Entlassung des Betroffenen ihren Sinn und deshalb erledigt sich mit der Entlassung die Hauptsache nicht (s. dazu BayObLG in BayVBl 1991, 220/221 und o. RdNr. 8).

Nach § 7 Abs. 1 FreihEntzG findet gegen die Entscheidung des Amtsgerichts die **sofortige Beschwerde** statt, für die § 22 FGG eine Frist von zwei Wochen ab dem Zeitpunkt vorschreibt, in welchem die Verfügung dem Beschwerdeführer bekanntgemacht worden ist. Gegen die Entscheidung des Be-

Art. 18

schwerdegerichts ist in Fällen des Art. 18 Abs. 1 bei Gesetzesverletzung die sofortige weitere Beschwerde an das Oberlandesgericht zugelassen (§ 3 Satz 2 FreihEntzG mit §§ 27, 28 Abs. 1, 29 Abs. 2, 3 FGG), in Bayern das Oberste Landesgericht (§ 8 EGGVG, Art. 11 AGGVG). Für die Fälle des Art. 18 Abs. 2 s. o. RdNr. 8 a. E.

Art. 19
Behandlung festgehaltener Personen

(1) ¹Wird eine Person auf Grund von Art. 13 Abs. 2 Satz 3, Art. 15 Abs. 3 oder Art. 17 festgehalten, ist ihr unverzüglich der Grund bekanntzugeben; sie ist über die ihr zustehenden Rechtsmittel zu belehren. ²Zu der Belehrung gehört der Hinweis, daß eine etwaige Aussage freiwillig erfolgt.

(2) ¹Der festgehaltenen Person ist unverzüglich Gelegenheit zu geben, einen Angehörigen oder eine Person ihres Vertrauens zu benachrichtigen, soweit dadurch der Zweck der Freiheitsentziehung nicht gefährdet wird. ²Unberührt bleibt die Benachrichtigungspflicht bei einer richterlichen Freiheitsentziehung. ³Die Polizei hat die Benachrichtigung zu übernehmen, wenn die festgehaltene Person nicht in der Lage ist, von dem Recht nach Satz 1 Gebrauch zu machen und die Benachrichtigung ihrem mutmaßlichen Willen nicht widerspricht. ⁴Ist die festgehaltene Person minderjährig oder ist für sie ein Betreuer mit dem Aufgabenkreis der Personensorge oder der Aufenthaltsbestimmung bestellt, so ist in jedem Fall unverzüglich der Betreuer oder derjenige zu benachrichtigen, dem die Sorge für die Person obliegt.

(3) ¹Die festgehaltene Person soll gesondert, insbesondere ohne ihre Einwilligung nicht in demselben Raum mit Straf- oder Untersuchungsgefangenen untergebracht werden. ²Männer und Frauen sollen getrennt untergebracht werden. ³Der festgehaltenen Person dürfen nur solche Beschränkungen auferlegt werden, die der Zweck der Freizeitsentziehung oder die Ordnung im Gewahrsam erfordert.

19 Zu Art. 19 (Behandlung festgehaltener Personen)

*19.1 Dem in Gewahrsam Genommenen ist der **Grund** des Gewahrsams zum frühestmöglichen Zeitpunkt **bekanntzugeben**, nicht erst beispielsweise auf der Dienststelle. Die Bekanntgabe setzt voraus, daß der Betroffene physisch in der Lage ist, die Mitteilung zu verstehen. Zur Bekanntgabe des Grundes gehört auch die Mitteilung, aus welchem Sachverhalt die Polizei die Berechtigung zur Freiheitsentziehung herleitet. Die Rechtsgrundlage braucht nicht in Einzelheiten erörtert zu werden. Sofern eine richterliche Entscheidung herbeigeführt wird, ist auch dies dem Betroffenen unverzüglich mitzuteilen.*

*19.2 Zu den **Vertrauenspersonen**, die gemäß Absatz 2 benachrichtigt werden dürfen, zählen vor allem Rechtsanwälte, Angehörige, Freunde, Verlobte. Wird die Benachrichtigung von der Polizei übernommen, soll eine möglichst schnelle Unterrichtung gewährleistet werden (fernmündlich, Telegramm).*

Das Benachrichtigungsrecht des Betroffenen darf den Zweck der Freiheitsentziehung nicht vereiteln. Der Zweck wird beispielsweise dann gefährdet, wenn durch die Benachrichtigung die Unterbindung einer beabsichtigten Straftat in Frage gestellt würde. Eine Benachrichtigung ist zu verweigern, wenn das Benachrichtigungsrecht offensichtlich mißbraucht werden soll (Benennung

Art. 19

einer Persönlichkeit des öffentlichen Lebens, die zum Betroffenen in keinerlei Beziehungen steht).
Der Betroffene ist auf sein Benachrichtigungsrecht hinzuweisen.
Wünscht der Betroffene keine Benachrichtigung, so ist dem Rechnung zu tragen, wenn es sich nicht um Fälle des Absatzes 2 Satz 4 handelt.
Ist jemand allein wegen Trunkenheit in Gewahrsam genommen worden, so sollen die Angehörigen im allgemeinen nicht während später Nachtstunden durch die Polizei verständigt werden. Eine Benachrichtigung erübrigt sich, wenn die Vertrauensperson erst nach der Beendigung des polizeilichen Gewahrsams erreicht werden könnte.
19.3 Von den Vorschriften nach Absatz 3 Satz 1 und 2 darf nur abgewichen werden, wenn tatsächliche Gegebenheiten entgegenstehen. Nach Möglichkeit sollen auch Minderjährige, Kranke und Süchtige gesondert untergebracht werden.
Beschränkungen im Sinn des Absatzes 3 Satz 3 sind beispielsweise Fesselung, Verbot des Schreibens, Entzug mitgeführter Sachen.

1 Durch § 1 Nr. 2 des polVÄndG wurde Art. 19 Abs. 2 Satz 4 neu gefaßt, um ihn der Terminologie des Betreuungsrechts anzupassen, das an die Stelle der Vormundschaft und Pflegschaft für Volljährige getreten ist.

Art. 19 ist beschränkt auf **Gewahrsamsfälle nach dem PAG**, gilt also nicht für Polizeigewahrsam, der auf Grund anderer Rechtsvorschriften begründet wird; vgl. insoweit RdNrn 3 und 4 zu Art. 18. Auf die verwandten Vorschriften der §§ 114 b bis 115 a, 128 StPO (anders § 46 Abs. 3 Satz 1 OWiG) ist hinzuweisen. Art. 19 trägt auch Art. 5 der Europäischen Konvention zum Schutze der Menschenrechte und Grundfreiheiten vom 4. November 1950 und den Art. 104 GG und 102 BV (s. RdNr. 5 zu Art. 18) Rechnung.

Art. 19 begründet **Amtspflichten**, die der Polizei auch dem Betroffenen gegenüber obliegen. Ihre Verletzung macht zwar die Maßnahme des Gewahrsams nicht unrechtmäßig, weil sie nur formelle Begleitvorschriften betrifft, den Rechtsgrund der Gewahrsamnahme aber nicht berührt. Nichtbeachtung des Art. 19 kann aber Amtspflichtverletzung nach § 839 BGB sein.

Die Vorschriften des Art. 19 sind in den in Abs. 1 genannten Fällen ausnahmslos zu beachten. In den Fällen des Abs. 1 und 2 ist eine Unterscheidung zwischen Freiheitsbeschränkung und -entzug (vgl. RdNr. 2 zu Art. 18) weder sinnvoll noch angezeigt. Zu Abs. 3 s. u. RdNr. 8.

2 Zur **Bekanntgabe des Grundes** für den Gewahrsam nach **Abs. 1 Satz 1 Halbs. 1** s. Nr. 19.1 VollzB. Der Grund ist **unverzüglich** bekanntzugeben. „Unverzüglich" ist hier im Sinne von § 121 Abs. 1 BGB anzusehen, bedeutet also ohne schuldhaftes Zögern (vgl. RdNr. 6 zu Art. 24; anders nur in Art. 18 Abs. 1 Satz 1, s. dort RdNr. 3). Eine Form ist für die Bekanntgabe nicht vorgeschrieben, mündliche Mitteilung genügt daher. Aus Beweisgründen erscheint jedoch eine Niederschrift zweckmäßig. Näheres s. Nr. 19.1 VollzB.

Ist der Betroffene etwa wegen alkohol- oder drogenbedingten Rauschzustandes, wegen Erschöpfung oder vorübergehender geistiger Störung offensichtlich physisch nicht in der Lage, die Mitteilung zu verstehen, muß sie nachgeholt werden, sobald das möglich ist, gegebenenfalls noch im Zeitpunkt der Entlassung. Unterbleiben darf die Bekanntgabe nicht, auch nicht, wenn der Betroffene darauf verzichtet.

Die in **Abs. 1 Satz 1 Halbs. 2** vorgeschriebene **Belehrung über die Rechts-** 3 **mittel** verweist in ihrer allgemeinen Fassung an sich auf Art. 12 POG. Das wäre jedoch nur zutreffend, würde es sich hier um Rechtsbehelfe gegen irgendwelche Verwaltungsakte der Polizei handeln. Aus Abs. 1 Satz 1 Halbs. 1 und aus der systematischen Stellung des Art. 19 ergibt sich aber, daß in Halbs. 2 nur die Rechtsbehelfe gemeint sein können, die einer festgehaltenen Person gegen die Entziehung ihrer Freiheit zustehen. Damit verweist Halbs. 2 auf die richterliche Entscheidung nach Art. 18. Die Belehrung umfaßt daher die Aufklärung darüber, ob die Polizei gemäß Art. 18 Abs. 1 Satz 1 unverzüglich selbst die richterliche Entscheidung herbeiführen wird oder ob sie nach Art. 18 Abs. 1 Satz 2 davon absehen will. Ferner ist darüber zu belehren, daß der Festgehaltene selbst die richterliche Entscheidung beantragen kann und zwar sowohl während der Dauer der Freiheitsentziehung (Art. 19 Abs. 4 GG; s. dazu RdNr. 8 zu Art. 18) wie nach deren Beendigung nach Maßgabe des Art. 18 Abs. 2 Satz 1. Weiter umfaßt die Belehrung die sachliche Zuständigkeit des Amtsgerichts und dessen örtliche Zuständigkeit nach Art. 18 Abs. 3, die im Fall des Art. 18 Abs. 2 vorgeschriebene Form des Antrags und die Monatsfrist. Wie sich aus dem gesetzlichen Ausdruck „Rechtsmittel" entnehmen läßt, erstreckt sich die Belehrung nicht auf formlose Rechtsbehelfe wie Aufsichtsbeschwerden (vgl. Art. 12 Abs. 4 POG), Dienstaufsichtsbeschwerden oder das Petitionsrecht nach Art. 115 BV. Mit der Belehrung muß nach Art. 19 Abs. 1 Satz 2 der Hinweis auf die Freiwilligkeit der Aussage zur Sache (anders zur Person, vgl. die Art. 12 bis 14) verbunden werden. Die Belehrung bezieht sich allein auf die in Abs. 1 Satz 1 genannten Gewahrsamsfälle nach dem PAG und ist daher nicht identisch mit den Hinweisen und Belehrungen nach § 115 Abs. 3, 4 StPO. Zur physischen Unfähigkeit des Betroffenen, die Belehrung zu verstehen, s. o. RdNr. 2.

Für die Belehrung ist keine Form vorgeschrieben, sie kann daher mündlich geschehen. Auch hier wie bei der Bekanntgabe des Grundes für den Gewahrsam erscheint eine Niederschrift mit Gegenzeichnung des Betroffenen zweckmäßig, wenn immer sie nach den Umständen des Einzelfalles möglich ist.

Abs. 2 Satz 1 begründet die Pflicht, dem Betroffenen unverzüglich (s. o. 4 RdNr. 2) **Gelegenheit zur Benachrichtigung** ihm Nahestehender zu geben. Nach dem Wortlaut des Satzes 1 muß der Betroffene persönlich die Benachrichtigung vornehmen können. Lehnt er das aus freiem Entschluß ab, obwohl ihm die Gelegenheit geboten wurde, so hat die Polizei ihrer Pflicht genügt; eine weitergehende besteht nur in den Fällen des Satzes 3. Die Benachrichtigung kann in jeder geeigneten Weise geschehen, also etwa durch Ferngespräch, Telegramm oder Brief. Der Gesetzeszweck schließt auch die gebotene Eile ein, so daß Fernspruch oder Telegramm regelmäßig den Vorzug vor schriftlichen Benachrichtigungen verdienen. Das gilt grundsätzlich auch bei Razzien oder Großeinsätzen, soweit die Möglichkeiten der Polizei es erlauben. Die Benachrichtigung darf nur versagt werden, soweit sie den Zweck der Maßnahme gefährden würde, nicht jedoch aus anderen Erwägungen oder aus Bequemlichkeit. Ob eine Gefährdung des Zwecks der Maßnahme anzunehmen ist, ist unter verständiger Würdigung aller Umstände zu beurteilen. Dabei ist ein strenger Maßstab anzulegen, weil nach dem Grundsatz der Verhältnismäßigkeit die Rechte des einzelnen nicht weiter eingeschränkt werden dürfen, als der Gesetzeszweck es verlangt. Haben Angehörige oder Vertrauenspersonen (Nr. 19.2 VollzB) schon aus Anlaß der Maßnahme selbst von ihr Kenntnis erhalten, etwa weil sie bei der Festnahme zugegen waren, kann eine weitere Benachrichtigung in der Regel unterbleiben, weil der Zweck der Vorschrift bereits erfüllt ist. Jedoch ist trotz der im Gesetz verwendeten Einzahlform („einen Angehörigen oder eine Person ihres Vertrauens") nicht kleinlich zu verfahren, wenn etwa neben einem Angehörigen noch ein Rechtsanwalt benachrichtigt werden will und ein Mißbrauch nicht anzunehmen ist.

5   **Abs. 2 Satz 2** hat lediglich Hinweischarakter. Zu beachten ist, daß diese Benachrichtigungspflicht unterschiedlich ausgestaltet sein kann. Beispielsweise hat bei Anordnung von Untersuchungshaft nach § 114 b Abs. 1 StPO der Richter die dort vorgeschriebene Benachrichtigung anzuordnen. Nach Abs. 2 der gleichen Vorschrift ist jedoch außerdem dem Verhafteten selbst Gelegenheit zu einer Benachrichtigung zu geben. Diese Pflicht trifft den, in dessen Gewahrsam sich der Verhaftete befindet; das kann die Polizei, aber auch eine Haftanstalt sein.

6   **Abs. 2 Satz 3** verpflichtet unter den dort genannten Voraussetzungen die Polizei, die Benachrichtigung nach Satz 1 selbst zu übernehmen, falls ihr nicht bekannt ist oder die Umstände des Falles für sie erkennbar darauf hindeuten, daß der Betroffene eine solche Benachrichtigung nicht wünschen würde. Der notwendige Beurteilungsspielraum für die Polizei ist der Regelung immanent. Sind keine hinreichend sicheren Kenntnisse oder Anhaltspunkte vorhanden, ist die Benachrichtigung durchzuführen.

7   In den Fällen des **Abs. 2 Satz 4** ist stets die mit der Betreuung oder der Personensorge beauftragte Person (Betreuer, Sorgeberechtigter) zu benachrichtigen. Ein etwa entgegenstehender Wille des Festgehaltenen ist unbeachtlich. Kann der Festgehaltene die Benachrichtigung selbst vornehmen und tut er dies auch, so ist die Vorschrift erfüllt. Andernfalls hat die Polizei ohne schuldhaf-

tes Zögern den Betreuer oder Sorgeberechtigten selbst zu ermitteln und zu verständigen. Daneben ist je nach den Umständen nach Abs. 2 Satz 1 oder 3 zu verfahren, wenn der Betreuer oder Sorgeberechtigte nicht zugleich der Angehörige oder die Vertrauensperson ist, die der Festgehaltene benachrichtigt haben will oder deren Benachrichtigung im Falle des Satzes 3 zusätzlich naheläge.

Abs. 3 bezieht sich nach seinem Wortlaut auf Fälle der **Unterbringung** festgehaltener Personen. Die Unterbringung setzt begrifflich ein zwangsweises Festhalten von längerer Dauer und in Räumen voraus, in denen Polizeibeamte nicht ständig anwesend sind. Ein vorübergehender Aufenthalt in einem Dienstzimmer der Polizei, in dem auch etwaige Belästigungen festgehaltener Personen durch Dritte unterbunden werden können, ist keine Unterbringung im Sinne des Abs. 3. Abs. 3 ist § 119 StPO nachgebildet. Er entspricht dem Gebot des Art. 1 Abs. 1 Satz 2 GG. Polizeigewahrsam ist weder Untersuchungshaft noch Vollzug von Freiheitsstrafe, auch nicht in den Fällen des Art. 17 Abs. 3. Vor allem der Schutzgewahrsam kann völlig anderer Natur sein als gerichtlicher Freiheitsentzug. Gleichwohl sind Satz 1 und 2 als **Sollvorschriften** gefaßt (s. RdNr. 4 zu Art. 15), um die Polizei nicht weiter zu verpflichten, als ihre gegebenen, insbesondere räumlichen Möglichkeiten reichen. Die in Satz 1 vorgesehene **Einwilligung** muß freiwillig und ohne bestimmende Einflußnahme durch die Polizei erklärt werden. Eine besondere Form ist für die Einwilligung nicht vorgeschrieben, wenn auch die Schriftform aus Beweisgründen zweckmäßig ist. Auf Nr. 19.3 VollzB wird im übrigen verwiesen. Zum Rechtsweg bei Maßnahmen nach Abs. 3 Satz 3 s. RdNr. 10 zu Art. 18. 8

Werden bei einem **geschlossenen** (truppenähnlichen) **Einsatz** der Polizei Personen in Gewahrsam genommen, ist zusätzlich die Dienstvorschrift der Nr. 62.5 VollzB zu beachten. 9

Art. 20
Dauer der Freiheitsentziehung

¹Die festgehaltene Person ist zu entlassen,
1. sobald der Grund für die Maßnahme der Polizei weggefallen ist,
2. wenn die Fortdauer der Freiheitsentziehung durch richterliche Entscheidung für unzulässig erklärt wird,
3. in jedem Fall spätestens bis zum Ende des Tages nach dem Ergreifen, wenn nicht vorher die Fortdauer der Freiheitsentziehung durch richterliche Entscheidung angeordnet ist. ²In der richterlichen Entscheidung ist die höchstzulässige Dauer der Freiheitsentziehung zu bestimmen; sie darf nicht mehr als zwei Wochen betragen.

20 Zu Art. 20 (Dauer der Freiheitsentziehung)

20.1 Die Polizei hat von Amts wegen ständig zu prüfen, ob die Voraussetzungen für die Freiheitsentziehung entfallen sind. Sie hat von sich aus darauf hinzuwirken, daß der Betroffene sobald wie möglich entlassen werden kann.

20.2 Über das Ende des Tages nach dem Ergreifen hinaus darf die Polizei in keinem Fall aus eigener Machtvollkommenheit eine Person festhalten.

*20.3 Bei richterlicher Entscheidung beträgt die **höchstzulässige Dauer** der Freiheitsentziehung zwei Wochen. Dieser Rahmen darf im Fall des Art. 17 Abs. 1 Nr. 2 nur ausgeschöpft werden, wenn dies **unerläßlich** ist, um die unmittelbar bevorstehende Begehung oder Fortsetzung einer Straftat oder einer Ordnungswidrigkeit von erheblicher Bedeutung für die Allgemeinheit zu verhindern. Ordnungswidrigkeiten können demnach einen längerfristigen Unterbindungsgewahrsam nur rechtfertigen, wenn sie von erheblicher Bedeutung für die Allgemeinheit sind. In Betracht kommen hierfür insbesondere Verstöße gegen das Versammlungsgesetz (Vermummungsverbot, passive Bewaffnung) und gegen Bestimmungen auf dem Gebiet des Umweltschutzes. Ordnungswidrigkeiten im **Straßenverkehr** können durch andere Maßnahmen (z. B. Sicherstellung des Fahrzeugs, Beschlagnahme des Führerscheins) wirksam bekämpft werden und kommen deshalb als Anordnungsgrund für eine längerfristige Ingewahrsamnahme im Regelfall **nicht** in Betracht.*

1 Durch das 2. PAGÄndG wurden in Art. 20 Nr. 3 die Worte „auf Grund eines anderen Gesetzes" gestrichen und ein weiterer Satz angefügt.

2 **Art. 20** bezieht sich ebenso wie die Art. 18 und 19 unmittelbar nur auf die Gewahrsamsfälle nach Art. 13 Abs. 2 Satz 3, Art. 15 Abs. 3 und Art. 17. Das ist in Art. 20 zwar nicht ausdrücklich ausgesprochen, ergibt sich aber aus Sachzusammenhang und Systematik (vgl. Art. 20 Nr. 3). Art. 20 enthält **Amtspflichten der Polizei**, die ihr auch gegenüber den festgehaltenen Personen obliegen (vgl. § 839 BGB).

Art. 20

Zur Bedeutung des „**Festhaltens**" als Freiheitsentzug s. RdNr. 2 zu Art. 18.

Die **Höchstdauer des Polizeigewahrsams** ist verfassungsrechtlich vorgegeben durch Art. 104 Abs. 2 Satz 3 GG und Art. 102 Abs. 2 BV. Die **Polizei ist nicht ermächtigt, von sich aus** („aus eigener Machtvollkommenheit", Art. 104 Abs. 2 Satz 3 GG) den Gewahrsam gegen den Willen des Festgehaltenen (vgl. RdNr. 7 zu Art. 17) **über das Ende des Tages nach dem Ergreifen hinaus** zu verlängern. Unterbleibt die durch Art. 18 Abs. 1 Satz 1 vorgeschriebene richterliche Entscheidung, etwa nach Satz 2 a. a. o. oder aus anderen Gründen, so bleibt das Ende des Tages nach dem Ergreifen die äußerste zeitliche Grenze des Freiheitsentzugs. Das gilt auch, wenn bis zu diesem Zeitpunkt der Grund für die polizeiliche Maßnahme noch nicht weggefallen ist. **3**

Nr. 1 wiederholt im Ergebnis Art. 4 Abs. 3, der zur gesetzlichen Interpretation des Art. 20 Nr. 1 insofern von Bedeutung ist, als er erklärt, daß der **Grund für den Gewahrsam** auch dann weggefallen ist, wenn sich zeigt, daß ein polizeilicher Zweck auch bei Fortdauer des Freiheitsentzugs nicht erreicht werden kann. **4**

Zu der in **Nr. 2** genannten **richterlichen Entscheidung** s. Art. 18. Die Entscheidung, die in jedem Falle ein Amtsgericht nach dem in Art. 18 Abs. 3 Satz 3 genannten Verfahrensgesetz zu treffen hat, kann sowohl feststellen, daß der zunächst rechtmäßige Gewahrsam zu beenden ist, wie auch, daß er von Anfang an unzulässig war. In beiden Fällen ist die Fortdauer der Freiheitsentziehung unzulässig und die Polizei verpflichtet, den Festgehaltenen zu entlassen. Zwar steht der Polizei die sofortige Beschwerde gegen die Entscheidung zu (§§ 7 Abs. 2 Halbs. 2 mit 6 Abs. 2 FreihEntzG; RdNr. 12 zu Art. 18), die auch aufschiebende Wirkung hat, wenn das Gericht nicht die sofortige Wirksamkeit seiner Entscheidung anordnet (§ 8 Abs. 1 FreihEntzG). Damit kann jedoch eine Fortdauer des Gewahrsams über das Ende des Tages nach dem Ergreifen hinaus nur erreicht werden, wenn vor dem Ende dieser Frist eine entsprechende anderweitige richterliche Entscheidung erlangt werden kann. **5**

Nr. 3 i. d. F. des 2. PAGÄndG wiederholt zunächst den o. in RdNr. 3 erläuterten Zeitpunkt, in dem verfassungsrechtlich jeder Gewahrsam enden muß, der allein auf Polizeirecht und allein auf einer Maßnahme der Polizei beruht. Dann folgt in Nr. 3 aber die wichtige Ausnahme, daß der Gewahrsam über die **Frist des Art. 104 Abs. 2 Satz 3 GG hinaus ausgedehnt** werden kann, wenn **vor dem Ende dieser Frist** eine entsprechende **richterliche Entscheidung** dies anordnet. Antragsrecht und -pflicht der Polizei für eine solche Entscheidung regelt Art. 18 Abs. 1, die sachliche und örtliche Zuständigkeit des Gerichts und das Verfahren regeln Art. 18 Abs. 2 und 3. **6**

Art. 20

Verfassungsrechtlich ist das Überschreiten der Frist des Art. 104 Abs. 2 Satz 3 GG **auf Grund richterlicher Anordnung zulässig.** Art. 102 Abs. 2 Satz 1 BV enthält eine Frist nur für die Vorführung eines Festgenommenen vor den Richter, nicht dagegen für die Dauer des Gewahrsams. Die Frist des Art. 104 Abs. 2 Satz 3 GG gilt, wie mehrfach betont, nur für Gewahrsam „aus eigener Machtvollkommenheit der Polizei", nicht dagegen für die Dauer eines Gewahrsams, die auf Grund Polizeirechts durch den Richter bestimmt wird. Der in Art. 102 Abs. 2 Satz 3 BV und Art. 104 Abs. 3 Satz 2 GG verwendete Begriff des **Haftbefehls** ist nicht allein im Sinne der StPO zu verstehen, sondern bezeichnet jede richterliche Entscheidung über die Fortdauer der Freiheitsentziehung. Die Formvorschriften beider Verfassungen sind daher nicht verletzt, wenn kein Haftbefehl im Sinne der §§ 114 ff. StPO ergeht (vgl. BayVerfGH in BayVBl 1990, 685/688, Nr. 5 Buchst. a). Daß dem Richter, und nur diesem, durch Gesetz die Möglichkeit der Verlängerung des Gewahrsams eingeräumt werden kann, ergibt sich hinlänglich klar aus der Gegenüberstellung der Sätze 1 und 2 des Art. 104 Abs. 2 GG mit dessen Satz 3. Eine zeitliche Obergrenze für die Dauer des vom Richter angeordneten Gewahrsams ist an dieser Stelle nicht vorgesehen. Der Gesetzesvorbehalt ergibt sich aus Art. 104 Abs. 2 Satz 4 GG. In diesen verfassungsrechtlichen Rahmen ist Art. 20 Nr. 3 PAG eingeordnet und insoweit nicht zu beanstanden.

Nicht zu beanstanden, wenn nicht rechtsstaatlich geboten, ist ferner dem Grunde nach, daß **Nr. 3 Satz 2** in Ergänzung des Verfassungsrechts einen **zeitlichen Rahmen** bestimmt, den auch der Richter bei der Verlängerung des Gewahrsams nicht überschreiten darf (vgl. hierzu die in RdNr. 11 a. E. zu Art. 17 zitierte Literatur). Der **Beginn der Gewahrsamsdauer** ist in jedem Fall der Zeitpunkt der Ingewahrsamnahme. Die **Gewahrsamsdauer endet** entsprechend § 188 Abs. 2 BGB **spätestens** mit dem Ablauf desjenigen Tages der zweiten Woche des Gewahrsams, welcher durch seine Benennung dem Tage entspricht, an dem die Gewahrsamnahme stattgefunden hat. Eine weitere Erstreckung der Frist auf Grund Polizeirechts ist ausgeschlossen und zwar auch dann, wenn bei Fristende die polizeilichen Gründe für den Gewahrsam noch fortbestehen sollten (s. auch RdNr. 8 zu Art. 17). **Gewahrsam von längerer Dauer als zwei Wochen** ist **nur auf Grund anderer Gesetze** als des PAG möglich, wie es in Nr. 3 a. F. auch zum Ausdruck kam. Beispiele hierfür sind §§ 111 Abs. 3, 112 bis 113, 126 a, 163 b, c StPO; § 16 AuslG; Art. 1, 17, 18 UnterbrG; § 37 BSeuchenG; § 18 GKrG.

Innerhalb des Zeitrahmens von zwei Wochen muß der Richter die **dem Einzelfall angemessene Dauer des Gewahrsams** individuell festsetzen. Hierfür gelten die gleichen gesetzlichen Voraussetzungen und Maßstäbe wie für die polizeiliche Maßnahme selbst. Die richterliche Entscheidung nach Nr. 3 beruht ebenfalls auf einer Prognose, auch wenn der Richter nicht an das Vorbringen der Polizei gebunden ist. Sie steht deshalb unter dem Vorbehalt nachträglicher Entscheidungen gem. Nrn 1 und 2.

Der BayVerfGH (BayVBl 1989, 496/497 = NVwZ 1989, 856 und BayVBl 1990, 685/689) hat festgestellt, daß sich richterliche Entscheidungen nach Art. 18 Abs. 1 Satz 1 i. Verb. m. Art. 20 Nr. 3 auf acht verschiedene Fallgestaltungen beziehen können, nämlich auf Tatbestände gemäß

Art. 13 Abs. 2 Satz 3	(Identitätsfeststellung; zu beenden, sobald die Identität des Betroffenen feststeht)
Art. 15 Abs. 3 Nr. 1	(Vorladung zur Aussage; zu beenden, wenn der Betroffene die notwendigen Angaben gemacht hat oder feststeht, daß er sie nicht machen kann oder will)
Art. 15 Abs. 3 Nr. 2	(erkennungsdienstliche Maßnahmen; zu beenden, wenn die Maßnahmen durchgeführt sind)
Art. 17 Abs. 1 Nr. 1	(Schutzgewahrsam; zu beenden, wenn der Schutz nicht mehr notwendig ist, die Beeinträchtigung der freien Willensbestimmung oder die hilflose Lage behoben sind)
Art. 17 Abs. 1 Nr. 2	(Präventiv- und Unterbindungsgewahrsam; zu beenden, sobald er zur Verhütung oder Unterbindung von Unrechtshandlungen von erheblicher Bedeutung für die Allgemeinheit nicht mehr unerläßlich ist)
Art. 17 Abs. 1 Nr. 3	(Vollzug von Platzverweisungen; zu beenden, sobald er zur Durchsetzung der Platzverweisung nicht mehr unerläßlich ist)
Art. 17 Abs. 2	(Zuführung von Minderjährigen; zu beenden, wenn die Zuführung vollzogen ist)
Art. 17 Abs. 3	(Rückführung Entwichener; zu beenden, wenn die Rückführung vollzogen ist).

Nach den Erfahrungen der polizeilichen Praxis in Baden-Württemberg, dessen Polizeigesetz ebenfalls die Möglichkeit richterlich angeordneten Polizeigewahrsams bis zweiwöchiger Dauer vorsieht, sowie in Bremen und Hamburg, die die richterliche Anordnung der Fortdauer von Polizeigewahrsam ohne ausdrückliche zeitliche Begrenzung vorsehen, wie auch nach den bisherigen Erfahrungen in Bayern selbst kann davon ausgegangen werden, daß eine nennenswerte Überschreitung der Zeitspanne bis zum Ende des Tages nach dem Ergreifen nur in einigen Fällen der Identitätsfeststellung nach Art. 13 Abs. 2 Satz 3 und beim Präventiv- und Unterbindungsgewahrsam nach Art. 17 Abs. 1 Nr. 2 in Betracht kommen kann. In den anderen sechs Fällen wird regelmäßig die Entlassung nach Art. 20 Nr. 1 innerhalb des Zeitraums bis zum Ende des Tages nach dem Ergreifen möglich und damit auch geboten sein.

Gleichwohl gibt Nr. 3 Satz 2 Anlaß zu prüfen, ob die zugelassene Höchstdauer des Gewahrsams nicht bereits als solche gegen das verfassungsrechtliche **Übermaßverbot** verstößt und damit verfassungswidrig und nichtig ist. Aus-

Art. 20

gangspunkt ist die Tatsache, daß die persönliche Freiheit neben dem Recht auf Leben und körperliche Unversehrtheit zu den höchstrangigen Individualrechtsgütern überhaupt und damit zu den zentralen Schutzgütern des Verfassungsrechts gehört. Die Frage des Übermaßverbots kann jedoch nicht allein und nicht in erster Linie unter dem Gesichtspunkt der möglicherweise von einer Gewahrsamnahme Betroffenen geprüft werden. Ausschlaggebend ist vielmehr, ob das mögliche Ausmaß polizeilich abzuwehrender Gefahren und die Intensität des Durchsetzungswillens potentieller Störer die Entscheidung des Gesetzgebers rechtfertigen. Das Ziel, die Verletzung elementarer Rechtsgüter wie Leben, Gesundheit, Freiheit, Ehre und Eigentum des einzelnen und die Unversehrtheit der Rechtsordnung und der staatlichen Einrichtungen vor Verletzung durch Straftaten und Ordnungswidrigkeiten zu bewahren, wiegt schwerer als das Interesse potentieller Täter, von polizeilichen Eingriffen zur Verhinderung solcher Taten verschont zu bleiben (BayVerfGH in BayVBl 1990, 685/689). Dabei ist zu berücksichtigen, daß Nr. 3 Satz 2 lediglich einen **zeitlichen Rahmen** setzt, innerhalb dessen der **Richter in jedem Einzelfall** nach den **strengen gesetzlichen Voraussetzungen**, die für die polizeiliche Maßnahme selbst gelten, und nach dem **ebenfalls in jedem Einzelfall** zu beachtenden Grundsatz der **Verhältnismäßigkeit**, dem **Willkür-, Schikane- und Übermaßverbot** die Dauer des Gewahrsams zu bestimmen hat. Dadurch kann und muß im Einzelfall das Gleichgewicht zwischen der Schwere und Bedeutung unmittelbar drohender Gefahr oder der Störung einerseits und der hiernach zu bemessenden Dauer des Gewahrsams andererseits hergestellt werden. Deshalb ist der zeitliche Spielraum für die Entscheidung des Richters notwendig. Der unvermeidbare Umstand, daß die richtige Rechtsanwendung sich immer erst in der Einzelentscheidung zeigt, erübrigt zugleich, den zeitlichen Rahmen für die Einzelentscheidung für die verschiedenen Gewahrsamsfälle differenziert im Gesetz zu bestimmen. Die den einzelnen Störer belastende tatsächliche Dauer des Gewahrsams ergibt sich in keinem Fall unmittelbar aus dem Gesetz, wohl aber ihr äußerstes Ende. Gegen dieses Verfahren sind durchgreifende verfassungsrechtliche Bedenken nicht ersichtlich.

Andererseits muß der zeitliche Rahmen, den das Gesetz insbesondere für den Präventiv- und Unterbringungsgewahrsam zur Verfügung stellt, so bemessen sein, daß die Maßnahmen bei fortdauernder Gefahrenlage nicht aus Gründen zu enger zeitlicher Begrenzung ineffizient werden müssen. Die Zunahme verzweigter Bandenkriminalität, des organisierten Verbrechens, der international operierenden Kriminalität aber auch der Mobilität von „Chaoten" und „Berufsdemonstranten", die örtlich bürgerkriegsähnliche Zustände herbeiführen können, sind ausreichende Gründe, die hier in Betracht kommenden Arten des Gewahrsams in einem deutlich erweiterten, zugleich aber strikt begrenzten Zeitraum zuzulassen. Die Höchstdauer von zwei Wochen erscheint auf Grund des für das Polizeirecht und seine Anwendung stets zu beachtenden Tatsachen- und Erfahrungsmaterials, von dem der Gesetzgeber auszugehen hatte, als vertretbare Entscheidung im Rahmen seines Ermessens bei der Konkretisierung seines aus verfassungsrechtlichen Schutzpflichten abzuleitenden Schutzauftrags. (Vgl. die in RdNr. 11 a. E. zu Art. 17 genannte Literatur; ferner zur grundrechtlichen Schutzpflicht des Staates Klein in NJW 1989, 1633.)

Die von Schmitt Glaeser in BayVBl 1989, 129/135 gestellte Frage nach der Zulässigkeit der Begrenzung des polizeilichen Gewahrsams auf zwei Wochen, wenn die den Gewahrsam rechtfertigende Gefahrenlage über diesen Zeitpunkt hinaus andauert, ist rechtspolitischer Natur und hier nicht zu erörtern.

Art. 21
Durchsuchung von Personen

(1) Die Polizei kann, außer in den Fällen des Art. 13 Abs. 2 Satz 4, eine Person durchsuchen, wenn
1. Tatsachen die Annahme rechtfertigen, daß sie Sachen mit sich führt, die sichergestellt werden dürfen,
2. sie sich erkennbar in einem die freie Willensbestimmung ausschließenden Zustand oder sonst in hilfloser Lage befindet,
3. sie sich an einem der in Art. 13 Abs. 1 Nrn 2 oder 5 genannten Ort aufhält oder
4. sie sich in einem Objekt im Sinn des Art. 13 Abs. 1 Nr. 3 oder in dessen unmittelbarer Nähe aufhält und Tatsachen die Annahme rechtfertigen, daß in oder an Objekten dieser Art Straftaten begangen werden sollen.

(2) Die Polizei kann eine Person, deren Identität nach diesem Gesetz oder anderen Rechtsvorschriften festgestellt werden soll oder die nach diesem Gesetz oder anderen Rechtsvorschriften festgehalten werden kann, nach Waffen, anderen gefährlichen Werkzeugen und Explosionsmitteln durchsuchen, wenn dies nach den Umständen zum Schutz des Polizeibeamten oder eines Dritten gegen eine Gefahr für Leib oder Leben erforderlich ist.

(3) Personen dürfen nur von Personen gleichen Geschlechts oder Ärzten durchsucht werden; dies gilt nicht, wenn die sofortige Durchsuchung zum Schutz gegen eine Gefahr für Leib oder Leben erforderlich ist.

21 Zu Art. 21 (Durchsuchung von Personen)

21.1 Die Durchsuchung nach Art. 21 beschränkt sich auf die Suche nach Sachen, die sich in den Kleidern des Betroffenen oder an seinem Körper befinden könnten. Auch in der Mundhöhle und in den Ohren kann erforderlichenfalls nachgeschaut werden. Die Suche nach Gegenständen im Innern des Körpers einschließlich der nicht ohne weiteres zugänglichen sonstigen Körperöffnungen wird als körperliche Untersuchung nicht von Art. 21 erfaßt (vgl. §§ 81 a, 81 c StPO).

21.2 Zu Art. 21 Abs. 1

21.2.1 Art. 21 Abs. 1 setzt voraus, daß Tatsachen die Annahme rechtfertigen, daß der Betroffene eine bestimmte Sache in seinen Kleidern oder an seinem Körper trägt und daß die Sicherstellung dieser Sache durch die Polizei erforderlich ist, um
- *eine gegenwärtige Gefahr für die öffentliche Sicherheit oder Ordnung abzuwehren (Art. 25 Nr. 1) oder*
- *die mißbräuchliche Verwendung dieser Sache durch eine festgehaltene Person zu verhindern (Art. 25 Nr. 3)*
- *den Eigentümer vor Verlust oder Beschädigung der Sache zu schützen (Art. 25 Nr. 2).*

Art. 21

Bloße Vermutungen reichen für eine Durchsuchung nach Absatz 1 nicht aus.

*21.2.2 Die Durchsuchung hilfloser Personen nach **Absatz 1 Nr. 2** beschränkt sich nach dem Zweck der Maßnahme auf die Suche nach Identitätspapieren oder -hinweisen, um gegebenenfalls Angehörige benachrichtigen zu können, und auf die Suche nach Unfallausweisen und auf Hinweise für den Grund des körperlichen Zustandes, um dem Hilflosen zweckmäßigen Beistand leisten zu können.*

*21.2.3 Die Durchsuchung in den Fällen des **Absatz 1 Nr. 3 und 4** muß sich an dem Zweck der Maßnahmen orientieren; Zweck der Maßnahme ist die Feststellung von Sachen, die sichergestellt werden können, an den in Art. 13 Abs. 1 Nr. 2 genannten Orten auch die Erlangung von Hinweisen auf die Verabredung, Vorbereitung oder Begehung von Straftaten; die Durchsuchung darf in letzteren Fällen angeordnet werden, ohne daß Tatsachen die Annahme rechtfertigen, daß der einzelne Betroffene solche Sachen bei sich führt. Voraussetzung bei Nummer 4, soweit er sich auf Objekte nach Art. 13 Abs. 1 Nr. 3 bezieht, sind jedoch Anhaltspunkte dafür, daß Straftaten bevorstehen, die sich gegen ein Objekt oder gegen Personen richten, die sich darin oder in dessen unmittelbarer Nähe aufhalten.*

*21.3 Die Durchsuchung nach Absatz 2 dient der Eigensicherung der Beamten und dem Schutz Dritter, beispielsweise von Personen, mit denen zusammen der Betroffene im Gewahrsam zu halten ist. Sie ist zulässig, wenn die Identität der Betroffenen nach Art. 13 oder anderen Rechtsvorschriften (insbesondere §§ 111, 163 b StPO) festgestellt werden soll oder der Betroffene nach Art. 13 Abs. 2 Satz 3 oder anderen Rechtsvorschriften (insbesondere solchen der StPO) festgehalten werden kann **und** wenn besondere Umstände darauf schließen lassen, daß diese Person Leib oder Leben von Polizeibeamten oder Dritten mit Waffen, anderen gefährlichen Werkzeugen oder Explosivmitteln gefährden könnte.*

21.4 Bei einer Durchsuchung aufgefundene Gegenstände sind dem Betroffenen zu belassen, wenn sie weder sichergestellt (Art. 25), noch beschlagnahmt (§§ 94 ff. Strafprozeßordnung) oder nach Art. 19 Abs. 3 Satz 3 einbehalten werden dürfen.

21.5 Leibesgefahr im Sinn des Absatzes 3 ist nur die Gefahr einer erheblichen Beeinträchtigung der körperlichen Unversehrtheit des Beamten oder eines Dritten.

Art. 21 gibt der Polizei eine **Befugnis zur Durchsuchung von Personen**. 1 Diese Befugnis dient ausschließlich **präventivpolizeilichen Zwecken** und besteht selbständig neben den entsprechenden Vorschriften anderer Gesetze. Die Durchsuchung zum Zweck der Aufklärung und Verfolgung begangener Straftaten richtet sich ausschließlich nach der StPO (§§ 102 ff., 163 b Abs. 1), die

Art. 21

Durchsuchung zur Erforschung begangener Ordnungswidrigkeiten nach dem OWiG (§§ 53, 46).

2 **Begrifflich** bedeutet Durchsuchung das Suchen nach bestimmten Gegenständen, im Falle des Art. 21 am menschlichen Körper oder in dessen Bekleidung; s. hierzu Nr. 21.1 VollzB. Die Durchsuchung kann von Hand oder auch mit Hilfe von Geräten vorgenommen werden, etwa bei der Suche nach verborgenen Gegenständen aus Metall. Gibt ein Betroffener zu erkennen, daß in seinen Körper elektronische Geräte zum Schutz der Gesundheit implantiert sind (z. B. Herzschrittmacher, Insulinpumpe u. ä.), deren Funktion durch das Verwenden von Suchgeräten gestört werden könnte, so hat die Polizei wegen des hohen Ranges der Schutzgüter Leben und Gesundheit dies zu beachten (vgl. Art. 4 Abs. 2). Gegebenenfalls muß sie auf das Anwenden von Hilfsmitteln bei der Durchsuchung verzichten.

Eine **allgemeine Definition** der Durchsuchung gibt das BVerwG in DVBl 1974, 846/848 = DÖV 1975, 130 f. Danach dienen die gesetzlich zulässigen Durchsuchungen als Mittel zum Auffinden und Ergreifen einer Person, zum Auffinden, Sicherstellen oder zur Beschlagnahme einer Sache oder zur Verfolgung von Spuren. Kennzeichnend für die **Durchsuchung von Wohnungen** ist nach der Rspr. des BVerfG das ziel- und zweckgerichtete Suchen staatlicher Organe nach Personen oder Sachen oder zur Ermittlung eines Sachverhalts. Es soll etwas aufgespürt werden, was der Inhaber der Wohnung von sich aus nicht herausgeben oder offenlegen will (BVerfGE 75, 318/327 = NJW 1987, 2500/2501; s. auch BVerwGE 28, 285/287 = NJW 1968, 563 und 47, 31/37 = NJW 1975, 130; vgl. ferner Nr. 23.2 VollzB und RdNrn 1, 2 zu Art. 23; näher hierzu Voßkuhle in DVBl 1994, 611/615 f.).

Der Zweck der Durchsuchung ist somit die Suche nach Personen oder Sachen oder die Ermittlung eines Sachverhalts in einer Wohnung oder auf einem befriedeten Grundstück. Vom Begriff der Durchsuchung **nicht umfaßt** wird die **Durchsicht von Papieren**, d. h. das bewußte und absichtliche Kenntnisnehmen von ihrem Inhalt. Diese besondere Maßnahme ist bei der Strafverfolgung durch § 110 StPO an enge Voraussetzungen gebunden, die der Polizei die Durchsicht von Papieren nur in Ausnahmefällen gestatten und diese Maßnahme damit aus dem üblichen Instrumentarium der Polizei ausgrenzen. Für den präventiven Bereich des PAG müßte sie im Hinblick auf die Schwere des damit verbundenen Eingriffs in die Privatsphäre geregelt werden. Eine solche Regelung enthält das PAG jedoch nicht. Ein Rückgriff auf die Generalermächtigung des Art. 11 Abs. 1 mit Abs. 2 kann deshalb eine präventivpolizeiliche Durchsicht von Papieren nur rechtfertigen, wenn die Polizei nach sorgfältiger Überlegung überzeugt ist, die Maßnahme sei zur wirksamen Erfüllung ihrer Aufgabe unverzichtbar und nicht durch eine andere Maßnahme – z. B. Sicherstellung – zu erreichen.

Art. 21

Abs. 1 verweist zunächst auf Art. 13 Abs. 2 Satz 4 als selbständigen Durchsuchungstatbestand mit besonderen Voraussetzungen, die keinen Rückgriff auf Art. 21 oder 22 notwendig machen. Er bestimmt dann eine Reihe von Voraussetzungen, unter denen die Durchsuchung von Personen zulässig ist. 3

Abs. 1 Nr. 1 verweist auf Art. 25 und läßt die Durchsuchung einer Person zu, wenn **Tatsachen** die Annahme rechtfertigen, daß sie **Sachen** bei sich führt, die der **Sicherstellung** unterliegen. Bloße Vermutungen der Polizei genügen nicht. Die Tatsachen können auch in sinnlichen Wahrnehmungen (Umriß einer Waffe zeichnet sich in der Kleidung ab) oder in früher gewonnenen Erkenntnissen bestehen (bei einer Person sind bereits früher gefälschte Papiere gefunden worden). Die Tatsachen müssen stets auf die zu durchsuchende Person bezogen sein, wie sich aus dem Wortlaut der Nr. 1 („sie") ergibt. Die Feststellung des OVG Münster in NVwZ 1982, 46 = DÖV 1982, 551 = DVBl 82, 653, Durchsuchungen von Personen seien bereits dann zulässig, wenn objektive Anhaltspunkte für das Auffinden sicherstellbarer Sachen bestehen, eines konkreten Verdachts gerade gegen den zu Durchsuchenden bedürfe es nicht, ist jedenfalls nach bayerischem Recht abzulehnen. Das gleiche gilt für die Aussage des zitierten Urteils, die Sicherstellung von Sachen werde schon durch den „Verdacht einer Gefahr" gerechtfertigt. Die Eingriffsvoraussetzung ist in Art. 21 Abs. 1 Nr. 1 PAG mit den Worten „wenn Tatsachen die Annahme rechtfertigen" selbständig, konkret und unabhängig vom allgemeinen Gefahrenbegriff umschrieben. Erst bei der Beschreibung der aufzufindenden Sachen kommt durch die Verweisung auf Art. 25 der allgemeine Gefahrenbegriff wieder ins Spiel. Vgl. im übrigen RdNr. 3 zu Art. 15. 4

Sind der Polizei entsprechende Tatsachen bekannt, geht ihre Durchsuchungsbefugnis nach Abs. 1 Nr. 1 ebenso weit wie die in ihrer Nr. 1 sehr weit gefaßte Sicherstellungsbefugnis des Art. 25 (s. dort).

Abs. 1 Nr. 2 ist zunächst eine Schutzbestimmung zugunsten der darin genannten Personen, um die Benachrichtigung von Angehörigen, das Verbringen in die Wohnung oder sonstige fürsorgende Maßnahmen vornehmen zu können, soweit diese nicht bereits unter dem Gesichtspunkt der bürgerlichrechtlichen Geschäftsordnung ohne Auftrag gerechtfertigt erscheinen. Seinem Wortlaut nach geht Nr. 2 jedoch über diesen Zweck hinaus und läßt zunächst wegen des besonderen Falles der mentalen oder körperlichen Hilflosigkeit die Durchsuchung in vollem Umfang und ohne andere Voraussetzungen als die in Nr. 2 selbst genannten zu. Nr. 21.2.2 VollzB enthält demgegenüber eine einschränkende Dienstvorschrift, die den Befugnisrahmen der Norm nicht voll ausschöpft, der nur beschränkt ist durch den Grundsatz der Verhältnismäßigkeit (Art. 4). Entsprechend seinem Zweck läßt Abs. 1 Nr. 2 zwar nicht allgemein die Durchsicht von Papieren zu, die der Betroffene bei sich trägt (s. o. 5

RdNr. 2), wohl aber die **Einsicht in** solche **Papiere**, soweit sie den Anschein erwecken, ihr Inhalt könne die Identität des Betroffenen oder den Grund seiner Hilflosigkeit erkennen lassen und damit entsprechende gezielte Hilfeleistungen ermöglichen.

6 **Abs. 1 Nr. 3** erlaubt die Durchsuchung von Personen, die sich an den in Art. 13 Abs. 1 Nr. 2 genannten **Orten** oder in den in Nr. 5 genannten **Bereichen** befinden. Dabei ist besonders zu beachten, daß die in Abs. 1 Nr. 3 gebrauchte Verweisung sich nur auf diese Orte und Bereiche bezieht, nicht jedoch auf die in Art. 13 Abs. 1 Nr. 5 enthaltene Begrenzung des Maßnahmezwecks auf Verhütung oder Unterbindung unerlaubter Überschreitung der Landesgrenze. Damit ist auch in Fällen des Abs. 1 Nr. 3 die Durchsuchung von Personen im vollen Befugnisrahmen des Art. 11 zulässig, worin z. B. die allgemeinen Passagierkontrollen auf Flughäfen ebenso ihre Rechtsgrundlage haben wie Durchsuchungen im Rahmen grenzpolizeilicher Aufgaben nach Art. 4 Abs. 3 POG. Auf Nr. 21.2.3 VollzB ist im übrigen hinzuweisen. Zur Durchsuchung von Personen vor öffentlichen politischen Veranstaltungen in geschlossenen Räumen s. Zeitler in Die Polizei, 1991, 300.

7 Entsprechendes gilt für **Abs. 1 Nr. 4**, wonach Personen durchsucht werden können, die sich in **Objekten** im Sinne des Art. 13 Abs. 1 Nr. 3 oder in deren **unmittelbarer Nähe** (s. dazu RdNr. 6 zu Art. 13) aufhalten. Auch bei Nr. 4 ist zu beachten, daß die Verweisung sich nur auf die Art der Objekte bezieht, deren Umgriff jedoch selbständig, aber identisch mit Art. 13 Abs. 1 Nr. 3 umschreibt, ebenso die Voraussetzung der durch Tatsachen gerechtfertigten Annahme der Gefährdung durch beabsichtigte Straftaten. Insgesamt ist jedoch die Formulierung in Art. 21 Abs. 1 Nr. 4 weiter als in Art. 13 Abs. 1 Nr. 3, weil die dort vorgesehene zusätzliche Annahme, daß durch die Straftaten „in oder an diesen Objekten befindliche Personen oder diese Objekte selbst unmittelbar gefährdet sind" in Art. 21 Abs. 1 Nr. 4 fehlt. Das Weglassen dieser Einschränkung ist polizeirechtlich durchaus sinnvoll. Es überrascht nur, daß die Personendurchsuchung als der regelmäßig schwerere Eingriff unter einer weitergehenden Voraussetzung zulässig ist als der geringere der Identitätsfeststellung. Nr. 21.2.3 VollzB weist auf den Unterschied im Gesetzestext nicht hin, sondern legt offenbar auch bei Art. 21 Abs. 1 Nr. 4 die gleiche Einschränkung zugrunde wie bei Art. 13 Abs. 1 Nr. 3. Jedenfalls ist aber auch die Umschreibung des Umgriffs der gefährdeten Objekte in Abs. 1 Nr. 4 noch so eng, daß die Durchsuchung von Personen, die sich erst auf dem Wege zu einem solchen Objekt und noch in größerer Entfernung von ihm befinden, auf diese Vorschrift nicht gestützt werden kann.

8 Zum Betretungsrecht in den Fällen des Abs. 1 Nr. 3 und 4 s. RdNr. 5 zu Art. 13. Auch das Verhältnis zwischen der Durchsuchung von Personen und

dem Betreten befriedeter Grundstücke ist nicht so kausalbedingt, daß die Durchsuchung das Betreten von Grundstücken immer und notwendig voraussetzt. Auch in diesem Fall sind daher die Art. 23, 24 und 29 zusätzlich zu beachten.

Zur Zweckbestimmung des **Abs. 2** s. Nr. 21.3 VollzB. Zur **Identitätsfeststellung** s. Art. 13 Abs. 1 und 2. Befugnisse zum **Festhalten** von Personen enthält das PAG in den Art. 13 Abs. 2 Satz 3, 15 Abs. 3 und 17. Beispiele für andere Gesetze, die ein Festhalten von Personen zulassen, s. RdNr. 6 zu Art. 20. Ob Abs. 2, wie Nr. 21.3 VollzB annimmt, auch ergänzend zur StPO herangezogen werden kann, ist fraglich. Fest steht, daß nach Art. 31 GG wie nach dem Vorrang der lex specialis das Landesrecht nicht herangezogen werden kann, soweit das gleiche Ergebnis aus der StPO selbst zu gewinnen ist, oder aber die bundesrechtliche Regelung ein gleiches Ergebnis nicht zuläßt und als abschließend gelten muß; vgl. Nrn 2.6 und 11.2 VollzB. Eine ergänzende Anwendung des Art. 21 Abs. 2 gegenüber der StPO ist besonders schwierig, wenn – wie hier – eine Regelungslücke nicht bezüglich der Maßnahme selbst, sondern nur bezüglich ihrer Zweckvoraussetzung angenommen wird. Dem Nachweis, daß die StPO keine abschließende Regelung enthält, kommt dann besondere Bedeutung zu. Für die Zulässigkeit der Ergänzung auch gegenüber der StPO und dem OWiG spricht, daß sie dem Schutz der am höchsten zu bewertenden Individualrechtsgüter gelten und nicht anzunehmen ist, daß StPO und OWiG präventive Maßnahmen der Polizei zu diesem Zweck ausschließen wollen. Die Frage zeigt indes die Notwendigkeit, das materielle Polizeirecht und das Recht der Strafverfolgung und der Erforschung von Ordnungswidrigkeiten aufeinander abzustimmen. Gegenüber anderen Gesetzen, die weniger eingehende Befugnisvorschriften enthalten, verliert die Zweifelsfrage entsprechend an Bedeutung.

Zum Begriff **Waffen** s. § 1 WaffenG, zum Begriff **gefährliche Werkzeuge** s. § 223 a StGB, zum Begriff **Explosionsmittel** s. §§ 1 und 3 Abs. 1 SprengstoffG.

Durchsuchung und Sicherstellung (Art. 25) sind besonders geregelte und auch rechtlich zu trennende Maßnahmen. Sie sind deshalb auch dann gesonderte Maßnahmen, wenn eine Sicherstellung erst auf Grund einer Durchsuchung möglich wird oder sich als notwendig erweist.

Abs. 3 Halbsatz 1 entspricht dem Grundsatz der Verhältnismäßigkeit in bezug auf Sitte und natürliches Schamgefühl. Für Ärzte gilt die Beschränkung im Hinblick auf ihren Beruf und ihre Ausbildung nicht. Sie gilt nach **Halbsatz 2** ferner nicht, wenn für die zu durchsuchende Person Lebensgefahr oder eine Leibesgefahr im Sinne der Nr. 21.5 VollzB anzunehmen ist.

Art. 22
Durchsuchung von Sachen

(1) Die Polizei kann außer in den Fällen des Art. 13 Abs. 2 Satz 4 eine Sache durchsuchen, wenn
1. sie von einer Person mitgeführt wird, die nach Art. 21 durchsucht werden darf,
2. Tatsachen die Annahme rechtfertigen, daß sich in ihr eine Person befindet, die
   a) in Gewahrsam genommen werden darf,
   b) widerrechtlich festgehalten wird oder
   c) hilflos ist,
3. Tatsachen die Annahme rechtfertigen, daß sich in ihr eine andere Sache befindet, die sichergestellt werden darf,
4. sie sich an einem der in Art. 13 Abs. 1 Nrn. 2 oder 5 genannten Ort befindet oder
5. sie sich in einem Objekt im Sinn des Art. 13 Abs. 1 Nr. 3 oder in dessen unmittelbarer Nähe befindet und Tatsachen die Annahme rechtfertigen, daß Straftaten in oder an Objekten dieser Art begangen werden sollen,
6. es sich um ein Land-, Wasser- oder Luftfahrzeug handelt, in dem sich eine Person befindet, deren Identität nach Art. 13 Abs. 1 Nr. 4 festgestellt werden darf; die Durchsuchung kann sich auch auf die in dem Fahrzeug enthaltenen Sachen erstrecken.

(2) ¹Bei der Durchsuchung von Sachen hat der Inhaber der tatsächlichen Gewalt das Recht, anwesend zu sein. ²Ist er abwesend, so sollen sein Vertreter oder ein anderer Zeuge hinzugezogen werden. ³Dem Inhaber der tatsächlichen Gewalt ist auf Verlangen eine Bescheinigung über die Durchsuchung und ihren Grund zu erteilen.

22 Zu Art. 22 (Durchsuchung von Sachen)

22.1 Sache im Sinn dieser Vorschrift ist jeder körperliche Gegenstand, sofern es sich nicht um am Körper befindliche Kleidungsstücke und deren Inhalt handelt (vgl. Nummer 21.1).

22.2 Für die Durchsuchung im befriedeten Besitztum gelten die Art. 23 und 24.

22.3 Die Durchsuchung nach Abs. 1 Nr. 1 muß sich an Art. 21 orientieren; wird daher im Fall des Art. 21 Abs. 2 auch ein mitgeführtes Gepäckstück des Betroffenen durchsucht, ohne daß die Voraussetzungen nach Art. 21 Abs. 1 gegeben sind, so beschränkt sich die Durchsuchung auf die Suche nach den in Art. 21 Abs. 2 genannten Sachen, ferner, im Hinblick auf Art. 13 Abs. 2 Satz 4 im Fall der Identitätsfeststellung auch auf die Identitätspapiere und sonstige Hinweise auf die Identität.

22.4 Die Durchsuchung nach Absatz 1 Nr. 2 beschränkt sich auf die Suche nach der Person, die Durchsuchung nach Absatz 1 Nr. 3 auf die Suche nach der anderen Sache. Die Durchsuchung nach Absatz 1 Nr. 4 richtet sich auf die Feststellung der Identität und auf Hinweise auf Straftaten und auf die Feststellung der Prostitution. Nach Art. 22 Abs. 1 Nr. 4 ist es nicht erforderlich, daß bereits Tatsachen die Annahme rechtfertigen, daß Personen oder Sachen, nach denen gesucht wird, bei der Suche gefunden werden; es reicht aus, daß die Voraussetzungen nach Art. 13 Abs. 1 Nr. 2 oder 5 gegeben sind. Die Durchsuchung nach Absatz 1 Nr. 5 richtet sich insbesondere auf die Feststellung der Identität und auf Gegenstände, die für die Begehung einer Straftat gegen das Objekt oder gegen Gegenstände oder Personen in dem Objekt oder in unmittelbarer Nähe des Objekts verwendet werden können. Nach Absatz 1 Nr. 4 und 5 können auch Sachen, die nicht mitgeführt werden (abgestellte Sachen), aber sich an diesen Orten befinden, durchsucht werden. Voraussetzung einer Durchsuchung von Sachen nach Absatz 1 Nr. 5 ist lediglich, daß nach objektiven Anhaltspunkten Straftaten bevorstehen, die sich gegen ein gefährdetes Objekt dieser Art oder gegen Sachen oder Personen richten, die sich in einem solchen Objekt aufhalten.

Art. 22 gestattet die Durchsuchung von Sachen, zu denen auch Grundstücke gehören, die nicht im Sinne von § 123 StGB befriedetes Besitztum sind. Zum Begriff **Durchsuchung** s. RdNr. 2 zu Art. 21. 1

Ebenso wie Art. 21 Abs. 1 verweist auch Art. 22 Abs. 1 zunächst auf Art. 13 Abs. 2 Satz 4 als selbständigen Durchsuchungstatbestand gegenüber einer Person und den von ihr mitgeführten Sachen; s. dazu RdNr. 3 zu Art. 21. Zum Begriff der **Sache** s. Nrn 22.1 und 21.1 VollzB.

Ähnlich wie Art. 13 Abs. 2 Satz 4 läßt **Art. 22 Abs. 1 Nr. 1** die Durchsuchung von **Sachen** zu, die von einer Person **mitgeführt** werden, die nach Art. 21 durchsucht werden darf. Diese Akzessorietät der Durchsuchungsvorschriften entspricht bei der Durchführung der polizeilichen Aufgaben der praktischen Notwendigkeit. Zur Voraussetzung der Durchsuchung von Personen nach Art. 21 s. dort. „Mitgeführt" wird z. B. Gepäck, aber auch das Kraftfahrzeug, dessen sich eine Person bedient, wenn sie die tatsächliche Gewalt darüber ausübt oder ausüben kann. 2

Die in **Nr. 22.3** VollzB unter Berufung auf Art. 21 vorgenommene **Beschränkung der Durchsuchungsbefugnis** erscheint nicht zwingend. Der Wortlaut des Art. 22 Abs. 1 Nr. 1 gebietet sie nicht. Die Durchsuchung von Sachen ist wegen des geringeren Grades der Belästigung gegenüber der Durchsuchung der Person ein weniger einschneidendes Mittel. Auch wegen des möglichen größeren Umfangs mitgeführter Sachen kann eine weitreichende Durchsuchungsbefugnis begründet sein. Sie verstößt jedenfalls gegenüber Art. 21 nicht schon grundsätzlich gegen ein Übermaßverbot. Die für die Polizei inner-

Art. 22

dienstlich verbindliche und wegen des Grundsatzes der Gleichbehandlung potentiell auch außenwirksame VollzB sollte es daher der Polizei selbst überlassen, ob und wieweit sie in Fällen des Art. 21 Abs. 2 unter Beachtung des Grundsatzes der Verhältnismäßigkeit und des pflichtgemäßen Ermessens (Art. 4, 5 Abs. 1) die Durchsuchung auf andere gefährliche Gegenstände ausdehnt. Das erscheint auch deshalb gerechtfertigt, weil sich Art. 21 Abs. 2 nicht nur auf die Fälle der Identitätsfeststellung erstreckt, sondern den weiten Bereich der „anderen Rechtsvorschriften" mit seinen verschiedenartigen Tatbeständen einbezieht.

3 Zu **Abs. 1 Nrn 2–5** s. zunächst Nr. 22.4 VollzB. Für Abs. 1 Nrn 2, 3 und 5 ist erforderlich, daß **Tatsachen** die jeweils gesetzlich vorgesehene **Annahme rechtfertigen**; s. dazu RdNr. 5 zu Art. 13, RdNr. 3 zu Art. 15 und RdNr. 4 zu Art. 21.
Bei **Nr. 2 Buchst a** kann sich die Zulässigkeit des **Gewahrsams** sowohl auf das PAG (Art. 13 Abs. 2 Satz 3, 15 Abs. 3, 17) wie auf Rechtsvorschriften außerhalb des PAG stützen. **Nr. 2 Buchst. b** betrifft Fälle von Freiheitsberaubung und Geiselnahme (vgl. §§ 234, 234 a, 235, 237, 239–239 b, 240 StGB). Zur **Hilflosigkeit** im Sinne der **Nr. 2 Buchst. c** s. RdNr. 6 zu Art. 17. Zur Zulässigkeit der **Sicherstellung** nach **Nr. 3** s. Art. 25; zu beachten ist, daß sich Nr. 3, anders als Nr. 1, auf Sachen bezieht, die nicht von einer Person mitgeführt werden. Bei **Nr. 4** ist auf die Voraussetzung der Tatsachenkenntnis verzichtet, weil bereits der Umstand, daß eine Sache sich an einem der in Art. 13 Abs. 1 Nr. 2 oder 5 genannten Orte befindet, insbesondere nach den Erfahrungen auf dem Gebiet der Gewaltkriminalität einen nach dem Grundsatz der Verhältnismäßigkeit hinreichenden Anlaß zur Durchsuchung bieten kann. Auch hier ergeben sich die notwendigen Korrektive aus Art. 4 und 5 Abs. 1 (s. RdNr. 2 zu Art. 4), die in jedem Falle ein **Willkür- und Schikaneverbot** enthalten. Zu **Nr. 5** s. Nr. 13.5 VollzB und RdNr. 5 zu Art. 13. Zu beachten ist jedoch, daß Nr. 5 nicht die Einschränkung des Art. 13 Abs. 1 Nr. 3 enthält, wonach es sich um Straftaten handeln muß, „durch die in oder an diesen Objekten befindliche Personen oder diese Objekte selbst unmittelbar gefährdet sind". Die Durchsuchung ist also ohne diese besondere Voraussetzung zulässig.

4 Zu **Abs. 1 Nr. 6**, die Art. 13 Abs. 1 Nr. 4 ergänzt, s. Nr. 13.6 VollzB und RdNr. 7 zu Art 13. „Sache" im Sinne der Nr. 6, die durchsucht werden darf, sind **Land-, Wasser- und Luftfahrzeuge**, die unter der Voraussetzung der Nr. 6 in allen Teilen, auch einschließlich der dem Betrieb und der Gepäckbeförderung dienenden Räume (z. B. Cockpit und Frachtraum des Flugzeugs, Kofferraum des Autos) durchsucht werden dürfen. Darüber hinaus ist die Durchsuchung aller in dem betreffenden Fahrzeug enthaltenen Sachen zulässig, gleichgültig, ob sie zur Ausrüstung des Fahrzeugs gehören, von Mannschaft und Passagieren mitgeführt werden oder Transportgüter sind. Auch diese sehr weitgehende Vorschrift dient den Erfordernissen moderner Verbrechensbekämpfung (Rauschgiftdelikte, Flugzeugentführungen).

Abs. 2 regelt in Anlehnung an § 106 StPO das Verfahren bei der Durchsuchung von Sachen. Zum **Inhaber der tatsächlichen Gewalt** s. Nr. 8.2 VollzB und RdNr. 4 zu Art. 8. Es kommt auf die tatsächliche Herrschaft über die Sache an, wie sie im Zeitpunkt der Maßnahme gegeben erscheint. Unerheblich ist, ob der Inhaber der tatsächlichen Gewalt diese auch Rechtens ausübt. Das Gesetz schreibt auch nicht vor, daß der Inhaber der tatsächlichen Gewalt über sein **Anwesenheitsrecht** zu belehren ist. Nicht ohne weiteres klar ist, ob trotz des Anwesenheitsrechts von der Platzverweisung nach Art. 16 Gebrauch gemacht werden darf, wenn die Voraussetzungen des Art. 16 vorliegen. Die Frage wird im Hinblick auf Sinn und Zweck des Gesetzes zu bejahen sein. Auch für diesen Fall ist aber Abs. 2 Satz 2 zu beachten. 5

Abs. 2 Satz 2 ist eine **Sollvorschrift**; zu deren Verbindlichkeit s. RdNr. 4 zu Art. 15. Die Zuziehung kann unterbleiben, wenn sie den polizeilichen Zweck der Maßnahme gefährden würde. Die Frage, wem im Einzelfall die Eigenschaft eines **Vertreters** zukommt, braucht nicht vertieft zu werden, weil ohne weitere Voraussetzungen auch andere Personen als Zeugen zugezogen werden können. Kennt die Polizei die Vertretereigenschaft einer Person nicht aus eigenem Wissen, kommt es darauf an, ob sich ein Anwesender als Vertreter bekennt. Besonderer Nachforschungen bedarf es nicht. Bei der Auswahl von Zeugen hat die Polizei entsprechend den bei Durchführung der Maßnahme bestehenden Möglichkeiten deren objektive Eignung und Glaubwürdigkeit zu bedenken und unter mehreren geeigneten Personen nach pflichtgemäßem Ermessen eine Auswahl zu treffen. Lehnt es eine Person ab, als Zeuge tätig zu werden, kann sie nicht nach Art. 10 dazu verpflichtet werden. Erfordert das Hinzuziehen Anwesender oder das Herbeiholen anderer Personen einen größeren Aufwand als nach den Umständen des Falles vertretbar ist, kann es unterbleiben. Satz 2 enthält keine Voraussetzung für die Rechtmäßigkeit der Durchsuchung, sondern dient lediglich der Beweissicherung zugunsten des Betroffenen. 6

Abs. 2 Satz 3 verpflichtet die Polizei, dem Inhaber der tatsächlichen Gewalt (s. o. RdNr. 5) eine **Bescheinigung** über die Durchsuchung und ihren Grund zu erteilen, jedoch nur, wenn dieser es verlangt. Auch in diesem Fall schreibt das Gesetz keine Belehrung über den Anspruch vor. Die Angabe des Grundes der Durchsuchung hat nicht nur den tatsächlichen Anlaß sowie Ort und Zeit der Maßnahme, sondern auch die Rechtsgrundlage zu umfassen, das Ergebnis der Durchsuchung jedoch nur, wenn der Zweck der Maßnahme dadurch nicht gefährdet wird. 7

Das Verlangen des Inhabers der tatsächlichen Gewalt ist nicht fristgebunden. Anderen Personen, insbesondere anderen Berechtigten, räumt das Gesetz keinen Anspruch auf die Bescheinigung ein. Es liegt daher im pflichtgemäßen Ermessen der Polizei, ob und welchen anderen Personen (z. B. Eigentümer) sie

Art. 22

beim Nachweis eines berechtigten Interesses eine solche Bescheinigung erteilen will.

8 Für die **Durchsuchung** von Gepäckstücken, Behältnissen, Tieren, Fahrzeugen und Personen **durch Zollbedienstete** im Zollgrenzbezirk (RdNr. 8 zu Art. 13) s. § 71 Abs. 2, 3 ZollG. Für das Durchsuchen von **Wohnungen** s. Art. 23.

9 Für das Verhältnis von Durchsuchung und Sicherstellung s. RdNr. 11 zu Art. 21.

Art. 23
Betreten und Durchsuchen von Wohnungen

(1) ¹Die Polizei kann eine Wohnung ohne Einwilligung des Inhabers betreten und durchsuchen, wenn
1. Tatsachen die Annahme rechtfertigen, daß sich in ihr eine Person befindet, die nach Art. 15 Abs. 3 vorgeführt oder nach Art. 17 in Gewahrsam genommen werden darf,
2. Tatsachen die Annahme rechtfertigen, daß sich in ihr eine Sache befindet, die nach Art. 25 Nr. 1 sichergestellt werden darf, oder
3. das zur Abwehr einer gegenwärtigen Gefahr für Leib, Leben oder Freiheit einer Person oder für Sachen von bedeutendem Wert erforderlich ist.

²Die Wohnung umfaßt die Wohn- und Nebenräume, Arbeits-, Betriebs- und Geschäftsräume sowie anderes befriedetes Besitztum.

(2) Während der Nachtzeit (§ 104 Abs. 3 StPO) ist das Betreten und Durchsuchen einer Wohnung in den Fällen des Absatzes 1 nur zur Abwehr einer gegenwärtigen Gefahr für Leib, Leben oder Freiheit einer Person oder für Sachen von bedeutendem Wert zulässig.

(3) Wohnungen dürfen jedoch zur Abwehr dringender Gefahren jederzeit betreten werden, wenn
1. aufgrund tatsächlicher Anhaltspunkte anzunehmen ist, daß dort
   a) Personen Straftaten verabreden, vorbereiten oder verüben,
   b) sich Personen ohne erforderliche Aufenthaltserlaubnis treffen oder
   c) sich Straftäter verbergen, oder
2. sie der Prostitution dienen.

(4) Arbeits-, Betriebs- und Geschäftsräume sowie andere Räume und Grundstücke, die der Öffentlichkeit zugänglich sind oder zugänglich waren und den Anwesenden zum weiteren Aufenthalt zur Verfügung stehen, dürfen zum Zweck der Gefahrenabwehr (Art. 2 Abs. 1) während der Arbeits-, Geschäfts- oder Aufenthaltszeit betreten werden.

23   Zu Art. 23 (Betreten und Durchsuchen von Wohnungen)

*23.1   Die Befugnis zum **Betreten** einer Wohnung schließt die Befugnis ein, von Personen, Sachen und Zuständen, die ohne jeglichen Aufwand wahrgenommen werden können, Kenntnis zu nehmen. Soweit es für die Erfüllung der polizeilichen Aufgabe erforderlich ist, umfaßt das Betreten auch das Befahren mit Fahrzeugen.*

*23.2   **Durchsuchen** ist das ziel- und zweckgerichtete Suchen nach Personen oder Sachen oder die Ermittlung einer Gefahrenquelle in einer Wohnung.*

*23.3   **Wohnung** ist jede tatsächlich bewohnte oder Wohn-, Arbeits-, Betriebs- oder Geschäftszwecken dienende Räumlichkeit, ferner anderes befriedetes Be-*

sitztum. Wohnungen sind demnach auch zu den genannten Zwecken genutzte bewegliche Sachen wie Schiffe, Wohnwagen, Zelte, Schlafkojen in Lastkraftwagen. Zum befriedeten Besitztum gehören auch eingefriedete Grundstücke.

23.4 **Inhaber** *einer Wohnung ist diejenige natürliche oder juristische Person, die rechtmäßig die tatsächliche Gewalt über die Räumlichkeit ausübt, also auch Mieter, Untermieter, Hotelgäste. Bei Gemeinschaftsunterkünften, Internaten, Obdachlosenasylen sind nur die Leiter oder deren Beauftragte Inhaber.*

23.5 Die **Einwilligung** *kann neben dem oder für den Inhaber auch dessen gesetzlicher oder bevollmächtigter Vertreter erteilen.*

23.6 Art. 23 gilt nicht für das Betreten und Durchsuchen von Wohnungen allein zum Zweck der Verfolgung von Straftaten und Ordnungswidrigkeiten.

23.7 Art. 23 regelt, gegen wen die Maßnahme gerichtet ist; daher sind die Art. 7, 8 und 10 insoweit nicht anzuwenden.

23.8 Wegen des Begriffs der **gegenwärtigen Gefahr** *im Sinn des Art. 23 Abs. 1 Nr. 3 und Abs. 2 wird auf Nummer 10.2 verwiesen.*

23.9 Die Durchsuchung einer Wohnung muß sich auf die Suche dessen beschränken, was Anlaß und Zweck der Durchsuchung ist. Sollen Personen oder Sachen in der Wohnung durchsucht werden, so sind hierfür die Art. 21 bzw. 22 maßgebend.

23.10 Das Betretungsrecht nach Art. 23 Abs. 3 setzt keine konkrete Gefahr voraus. Die Befugnis dient der Verhütung dringender Gefahren durch polizeiliche Präsenz. Die Befugnis nach Art. 23 Abs. 3 beschränkt sich auf die Kenntnisnahme von Personen, Sachen und Zuständen, die ohne jeglichen Aufwand wahrgenommen werden. Weitergehende Eingriffe wie Identitätsfeststellung oder Durchsuchung sind nur unter den Voraussetzungen der Art. 13, 21 oder 22 oder nach strafprozessualen Vorschriften zulässig. Die tatsächlichen Anhaltspunkte im Sinn des Absatzes 3 brauchen sich nicht auf bestimmte Personen oder bestimmte Straftaten zu beziehen. Es müssen jedoch begründete tatsächliche Anhaltspunkte vorliegen, daß an den in Absatz 3 bezeichneten Orten die dort genannten Tätigkeiten stattfinden.

23.11 **Der Öffentlichkeit zugänglich** *im Sinn des Art. 23 Abs. 4 sind Räume und Grundstücke, deren Besuch im Prinzip jedermann aufgrund einer tatsächlichen oder vermuteten Einwilligung des Inhabers freisteht, wie beispielsweise Gaststätten, Theater, Lichtspielhäuser, Badeanstalten, Ausstellungen, Kaufhäuser, Geschäfts- oder Betriebsräume mit Publikumsverkehr, Spielsalons. Daß das Betreten von Räumlichkeiten bestimmten Personengruppen untersagt ist (beispielsweise Kindern und Jugendlichen, Personen in nicht erwünschter*

Kleidung), steht der öffentlichen Zugänglichkeit nicht entgegen. Absatz 4 gestattet auch das Betreten von Räumlichkeiten, die zur Zeit des Betretens nicht mehr öffentlich zugänglich sind, sofern sich darin noch Personen aufhalten, die diese Räumlichkeiten betreten haben, als sie öffentlich zugänglich waren. Ist eine Räumlichkeit nur für einen abgegrenzten Personenkreis bestimmt (z. B. für Betriebsangehörige, Lieferanten, Clubmitglieder) und sind Vorkehrungen getroffen, andere am Betreten der Räumlichkeiten zu hindern, so sind die Voraussetzungen nach Absatz 4 nicht gegeben. Wird das Betreten einer Räumlichkeit vom Erwerb einer Eintrittskarte oder einer mit der Eintrittskarte verbundenen nominellen Clubmitgliedschaft abhängig gemacht, so ist eine solche Räumlichkeit gleichwohl der Öffentlichkeit zugänglich.

Art. 23 regelt als besonders qualifizierten Fall der **Durchsuchung** das Durchsuchen von **Wohnungen** (s. hierzu Rdnr. 2 zu Art. 21), d. h. abgeschlossenen Räumlichkeiten, die dem ständigen, freiwilligen Aufenthalt von Menschen dienen. Der Begriff Wohnung ist weit auszulegen. Er umfaßt nach BVerfGE 32, 54/69 f./75 (= NJW 1971, 2299) auch Arbeits-, Betriebs- und Geschäftsräume, auch die Geschäftsräume von Vereinen, soweit sie nicht allgemein zugänglich sind (hierzu kritisch, trotz weiterer Nachweise aber nicht voll überzeugend Voßkuhle in DVBl 1994, 611/613; Näheres eingehend BGH in NJW 1997, 1018/1019). Dabei ist aber zu beachten, daß die genannten Räume und Grundstücke noch der räumlichen Privatsphäre zugehören müssen (s. BVerfGE 32, 54/69 ff./75; hierzu kritisch, trotz weiterer Nachweise aber nicht voll überzeugend Voßkuhle in DVBl 1994, 611/613). Sonst fallen sie nicht unter die Regelung des **Abs. 1 Satz 2**, die sich wiederum von den Verfassungsbestimmungen der Art. 13 Abs. 1 GG, 106 Abs. 3 BV herleitet. Für den Anwendungsbereich des § 100 c Abs. 1 Nr. 2 StPO führt der BGH a. a. O. noch aus, daß auch in einer „kriminell bemakelten" Räumlichkeit Abhöreinrichtungen nicht ohne Wissen des Betroffenen angebracht werden dürfen, solange eine gesetzliche Ermächtigungsgrundlage nicht geschaffen ist. Demgegenüber ist für den Anwendungsbereich des PAG auf dessen Art. 34 Abs. 1 hinzuweisen, der den verdeckten Einsatz technischer Mittel (sog. Lauschangriff) im dort geregelten Umfang „in oder aus Wohnungen" im Sinne von Art. 23 Abs. 1 ausdrücklich zuläßt; Art. 34 ist gegenüber Art. 23 lex specialis.

Der BayVGH hat in BayVBl 1994, 272/273 unter Hinweis auf Daktoglou in Bonner Kommentar, 1966, RdNrn 16 ff. zu Art. 13 GG, die „fast einhellige Meinung" wiedergegeben, nach welcher der Begriff Wohnung außer den Hauptwohnräumen wie Wohn-, Schlaf-, Eß- und Kinderzimmer auch die Nebenräume wie Flure, Treppen, Vorplätze, Veranden, Mansarden, Keller, Speicher und Garagen sowie die an die Wohnräume unmittelbar angrenzenden, nicht allgemein zugänglichen Räume wie Höfe, Gärten und Spielplätze umfaßt, mithin das gesamte für Wohnzwecke bestimmte und genutzte befriedete Besitztum, auch wenn es sich um nur vorübergehend oder unregelmäßig

zum Wohnen bestimmte und benutzte Räumlichkeiten handelt wie Wohnwagen, Zelt, Hausboot, Hotel-, Wohnheimzimmer u. ä. (vgl. Martens in Drews/ Wacke/Vogel/Martens, S. 203).
Befriedete Besitztümer, die weder als Wohnung dienen noch zu deren Wohnzwecken dienendem Umgriff gehören, stehen nicht unter dem besonderen verfassungsrechtlichen Schutz, jedoch unter dem der §§ 123, 124 StGB. Wollte man die in Abs. 1 Satz 2 als vom Wohnungsbegriff umfaßt genannten Räume und Grundstücke losgelöst von diesem Oberbegriff als ebenso geschützt ansehen wie die Wohnung im oben beschriebenen Umfang, worauf Nr. 23.3 VollzB hinzudeuten scheint, so würde dies den verfassungsrechtlichen Schutz der Wohnung weit überdehnen und die Erfüllung der polizeilichen Aufgaben erschweren, ohne daß dafür ein einleuchtender Grund erkennbar wäre. Deshalb ist daran festzuhalten, daß die im Gesetz genannten Räume und Grundstücke nur dann unter Abs. 1 Satz 2 fallen, wenn sie mit Wohnzwecken gemischt genutzt werden oder wenigstens organischer Bestandteil eines Wohn- und Privatbereichs sind, wie es z. B. bei Heimarbeit meist der Fall sein wird. Sind dagegen Arbeits-, Betriebs-, Geschäftsräume und anderes befriedetes Besitztum getrennt von Wohnstätten errichtet wie z. B. Fabrik-, Verwaltungs- und Bürogebäude einschließlich ihres Umgriffs oder eingefriedete Sportanlagen, so ist wegen der dann fehlenden dominanten Verbindung zu privatem Wohnraum Abs. 1 Satz 2 nicht anwendbar, weil der dort ausdrücklich vorausgesetzte sachliche Bezug zu einer „Wohnung" nicht herstellbar ist. Voßkuhle a. a. O. S. 612 weist darauf hin, daß der EuGH in NJW 1989, 3080/3081 einen dem Recht der Mitgliedstaaten gemeinsamen Grundsatz, der Betriebs- und Geschäftsräume gleich den Privaträumen vor Eingriffen hoheitlicher Gewalt schützt, nicht erkennen konnte und eine Ausdehnung des Schutzbereichs des Art. 8 Abs. 1 der Europ. Menschenrechtskonvention auf Geschäftsräume abgelehnt hat.
Zur Durchsuchung von **Presseräumen** vgl. BVerfGE 20, 162/186 ff. = NJW 1966, 1603 (sog. „Spiegel"-Urteil).

2 Der besondere verfassungsrechtliche Schutz **der Wohnung** ergibt sich aus Art. 106 Abs. 3 BV und eingehend aus Art. 13 GG. Trotz der Beschränkungen in Art. 13 Abs. 2, 3 GG sind nach den Art. 98 BV und 13 mit 19 GG Eingriffe in die Unverletzlichkeit der Wohnung zulässig, wenn auch nur unter strengen Voraussetzungen. Entsprechend eingehend sind der Gesetzestext und die Erläuterungen in Nr. 23 VollzB, auf die insgesamt verwiesen wird. Art. 23 wird durch die **Verfahrensvorschrift** des **Art. 24** ergänzt. Soweit das Betreten und Durchsuchen von Wohnungen der **Verfolgung** von **Straftaten** oder dem Erforschen von **Ordnungswidrigkeiten** dient, richtet es sich nach den §§ 102 – 107 StPO, 53 und 46 OWiG.

3 **Art. 13 Abs. 2 GG** gilt nur für Durchsuchungen – also nicht für Fälle des bloßen Betretens oder Befahrens von Grundstücken –, beschränkt sich aber nicht auf strafprozessuale Durchsuchungen; er erfaßt vielmehr **alle Arten von Durchsuchungen,** also auch die polizeilichen (BVerfGE 51, 97/106 ff./107 = NJW 1979, 1539, unter Darlegung der Entstehungsgeschichte des Art. 13 Abs. 2 GG). Er ist überdies unmittelbar geltendes und anzuwendendes Recht (BVerfG a. a. O. S. 114). Das hat zur Folge, daß die Rechtmäßigkeit einer polizeilichen Durchsuchung allein anhand des Art. 13 Abs. 2 GG zu prüfen ist, und Art. 13 Abs. 3 GG, der von den übrigen Eingriffen und Beschränkungen handelt, nicht herangezogen werden kann (s. dazu RdNr. 11). Der Eingriff in die Unverletzlichkeit muß, wie jede polizeiliche Maßnahme, dem Grundsatz der Verhältnismäßigkeit entsprechen (BVerfGE 57, 346/356 = NJW 1981, 2111; BGHZ 82, 271/273 = NJW 1982, 755; BayObLG in BayVBl 1984, 27/28).

Für die richterliche Anordnung und das Verfahren bei den in Art. 23 allein geregelten präventivpolizeilichen Durchsuchungen s. Art. 24. **4**

Bei der **Durchsuchung ohne richterlichen Beschluß** kommt es nach Art. 13 Abs. 2 GG darauf an, ob „Gefahr im Verzuge" vorliegt, nicht dagegen, ob die Durchsuchung „zur Verhütung dringender Gefahren" für die öffentliche Sicherheit und Ordnung vorgenommen wird (BVerwGE 28, 285 ff. = DVBl 1968, 752 = DÖV 1968, 216 = NJW 1968, 563 = BayVBl 1968, 1972). „Gefahr im Verzuge" im Sinne des Art. 13 Abs. 2 GG liegt nach der Entscheidung des BVerwG nur dann vor, wenn die durch die Anrufung des zuständigen Richters bewirkte Verzögerung den Zweck der Durchsuchung gefährden würde; so im Ergebnis auch RdNr. 24.1 VollzB. Diese Auffassung deckt sich mit BVerfGE 51, 97/111, wonach Gefahr im Verzuge in den Fällen des Art. 13 Abs. 2 GG nur dann vorliegt, wenn die vorherige Einholung der richterlichen Anordnung den Erfolg der Durchsuchung gefährden würde. Nach Maunz in Maunz/Dürig/Herzog/Scholz, RdNr. 14 zu Art. 13 GG, ergibt sich Gefahr im Verzug, wenn bei unterlassener Anordnung der gesetzlich festgelegte Zweck der Durchsuchung nicht erreicht würde. Gefahr im Verzuge kann aber nicht etwa deshalb angenommen werden, weil eine richterliche Entscheidung möglicherweise wegen des Fehlens einer gesetzlichen Zuständigkeits- und Verfahrensregelung nicht rechtzeitig hätte getroffen werden können. Da weder das PAG noch die VwGO eine Regelung für die richterliche Zuständigkeit und ein entsprechendes Verfahren für die Fälle enthalten, in denen keine Gefahr i. S. des Art. 13 Abs. 2 GG und der Art. 23, 24 PAG vorliegt, können in solchen Fällen Durchsuchungen von Wohnungen, Geschäftsräumen und befriedetem Besitztum nicht auf das PAG, sondern nur auf andere Gesetze gestützt werden (z. B. §§ 102–104 StPO, § 53 Abs. 2 OWiG). Entsprechendes gilt für die Fälle des Art. 18 Abs. 2 SchPG. Eigenständige (bundesrechtliche) Regelungen enthalten die §§ 10, 10a BSeuchenG, § 44 Abs. 4 WehrpflichtG, § 23a ZivildienstG und die §§ 4 Abs. 2 und 10 Abs. 2 VereinsG.

Ob Gefahr im Verzug vorliegt, entscheidet die handelnde Polizei nach pflichtgemäßer Prüfung aller im Zeitpunkt der Maßnahme bekannten Um-

Art. 23

stände und unter Beachtung des Grundsatzes der Verhältnismäßigkeit. Liegt Gefahr im Verzuge nicht vor, durchsucht die Polizei aber gleichwohl eine Wohnung ohne richterliche Anordnung, so ist die Maßnahme rechtswidrig und die Polizei macht sich einer Amtspflichtverletzung schuldig.

5   **Abs. 1** nennt neben dem Recht zur Durchsuchung auch das im Falle des Art. 23 dafür unerläßliche Recht zum Betreten ohne Einwilligung des Inhabers. Willigt der Inhaber ein, brauchen die Art. 23 und 24 Abs. 1 nicht beachtet zu werden (s. RdNr. 1 zu Art. 11). Zum Begriff **Betreten** s. Nr. 23.1 VollzB, zum Begriff **Inhaber** Nr. 23.4 VollzB.

6   Bei allen Einzeltatbeständen des Abs. 1 ist zu beachten, daß sie wegen Art. 13 Abs. 2 GG **nur bei Gefahr im Verzug** angewendet werden dürfen, **wenn nicht** eine **richterliche Anordnung** nach Art. 24 Abs. 1 vorliegt. Der Sonderfall des Art. 23 Abs. 2 hat noch strengere Voraussetzungen.

7   **Abs. 1 Nrn 1 und 2** verlangen wiederum, daß **Tatsachen** die Annahme der gesetzlichen Voraussetzungen rechtfertigen. S. dazu RdNr. 3 zu Art. 22 und die dort genannten weiteren Fundstellen, ferner BayVGH in BayVBl 1997, 634/635. Lediglich zur Ausforschung darf in das Grundrecht des Art. 13 GG nicht eingegriffen werden. Die Vereinbarkeit des Abs. 1 Nr. 1 mit der BV wurde in BayVerfGHE 41, 151 ff. = NJW 1989, 1790 festgestellt. Zum Begriff **gegenwärtige Gefahr** in **Abs. 1 Nr. 3** s. Nr. 10.2 VollzB. Als **Gefahr für Leib und Leben** im Sinne von **Abs. 1 Nr. 3** genügt z. B. das bloße Bedrohen mit einer Waffe oder eine nur leichte Schußverletzung (BayVGH in BayVBl 1997, 634/635). Auch das Bedrohen mit dem Einsatz überlegener Körperstärke, mit dem Einsatz eines scharfen Hundes, allgemein jede Drohung mit einem Verhalten, das nach der Lebenserfahrung **Verletzungsfolgen** oder **Einschränkungen der körperlichen Bewegungsfreiheit** (z. B. Geiselnahme, Einschließen) befürchten läßt, genügen für die Anwendung des Abs. 1 Nr. 3.

8   **Abs. 2** enthält ebenso wie § 104 StGB strengere Voraussetzungen für Durchsuchungen zur **Nachtzeit**. Sie umfaßt nach § 104 Abs. 3 StPO vom 1. April bis 30. September die Stunden „von neun Uhr abends bis vier Uhr morgens", vom 1. Oktober bis 31. März die Stunden „von neun Uhr abends bis sechs Uhr morgens". Zum Begriff **gegenwärtige Gefahr** s. Nr. 10.2 VollzB.
Zu beachten ist, daß **Abs. 2 auch** gilt, wenn eine **richterliche Durchsuchungsanordnung** vorliegt.

9   **Abs. 3** gilt **nur** für das **Betreten von Wohnungen** im Sinne des Abs. 1 Satz 2, nicht dagegen für deren Durchsuchung. Für Räume, die an Prostituierte (vgl. Art. 13 Abs. 1 Nr. 2 b) vermietet sind, hat das BVerwG in VRspr. 24, 194 festgestellt, daß sie ihrer Zweckbestimmung nach keine Wohnräume im engeren Sinne sind, sondern in besonderer Weise der Erwerbstätigkeit der Mieter die-

nen und mit Geschäfts- und Betriebsräumen vergleichbar sind, für deren Eigenart auf BVerfGE 32, 54/75 verwiesen wird. Das Betreten ist nach Abs. 3 nur zulässig zur Abwehr (s. u.) **dringender Gefahren.** Es genügt also nicht das Vorhandensein einer (konkreten) Gefahr im Sinne von Art. 11 Abs. 1, sondern diese Gefahr muß dringend sein, d. h. es muß anzunehmen sein, daß mit Handlungen der in Abs. 3 Nrn 1 und 2 genannten Art unmittelbar zu rechnen ist.

Nach BVerwGE 47, 31 = DVBl 1974, 846 = NJW 1975, 130 = BayVBl 1975, 309 = VRspr. 26, 580 liegt eine dringende Gefahr im Sinne von Art. 13 Abs. 3 GG vor, wenn ohne das Einschreiten der Polizei- oder Ordnungsbehörde mit hinreichender Wahrscheinlichkeit ein wichtiges Rechtsgut geschädigt würde. Bei der Beurteilung der Gefahrenlage ist der Grundsatz der Verhältnismäßigkeit zu beachten; s. auch RdNr. 10 zu Art. 2.

Das Recht zum Betreten kann nach den Art. 53 ff. unter **Anwendung von Zwang** durchgesetzt werden. Die Polizei kann sich also gewaltsam Zugang zu der Wohnung verschaffen. Gegenüber Art. 53 ist aber zu beachten, daß die Maßnahme selbst nur zur Abwehr dringender Gefahren zulässig ist, so daß auch der Zwangsvollzug dieser strengeren Voraussetzung unterliegt. **Maßnahmen gegen** etwa in der Wohnung anwesende **Personen** können nur insoweit auf Art. 23 Abs. 3 allein gestützt werden als sie notwendig sind, um der Polizei das Betreten der Wohnung zu ermöglichen.

Der Begriff **Abwehr** umfaßt Verhütung und Unterbindung gefährlicher Handlungen und Zustände. Das erscheint als mit Art. 13 Abs. 3 Halbsatz 2 GG vereinbar, weil der dort gebrauchte Begriff „Verhütung" ebenfalls so zu interpretieren ist, daß er die Unterbindung als den noch vordringlicheren polizeilichen Zweck mit umfaßt.

Es fällt auf, daß Nr. 11.4 VollzB als Gefahr im Sinne des Art. 11 Abs. 1 die **10** **konkrete Gefahr** versteht, während dies für die dringende Gefahr in Art. 23 Abs. 3 nach Nr. 23.10 VollzB nicht gelten soll. Es ist schwer vorstellbar, daß eine abstrakte Gefahr dringend im Sinn von Art. 23 Abs. 3 sein könnte. Auch rechtssystematisch ist Nr. 23.10 Satz 1 VollzB nicht verständlich. Die Differenzierung ist auch nicht nötig, wenn man von der in Abs. 3 Nrn 1 und 2 umschriebenen besonderen Gefahrenlage ausgeht, die durchaus konkret im Sinne von Nr. 11.4 VollzB ist und durch die Voraussetzung der Dringlichkeit nicht minder konkret wird.

Abs. 3 entnimmt den Begriff „dringende Gefahr" aus Art. 13 Halbsatz 2 GG, der einschlägig ist, weil Abs. 3 keine Befugnis zur Durchsuchung enthält, die an Art. 13 Abs. 2 GG zu messen wäre. Die Begründung zum Musterentwurf eines einheitlichen Polizeigesetzes bemerkt dazu noch folgendes: „Nach der Rechtsprechung des Bundesverfassungsgerichts braucht eine dringende Gefahr für die öffentliche Sicherheit und Ordnung nicht bereits eingetreten zu sein; es genügt, daß die Beschränkung des Grundrechts dem

Art. 23

Zweck dient, einen Zustand nicht eintreten zu lassen, der seinerseits eine dringende Gefahr für die öffentliche Sicherheit und Ordnung darstellen würde (BVerfGE 17, 232/251). Das Bundesverwaltungsgericht schließt hieraus, daß eine dringende Gefahr im Sinne von Art. 13 Abs. 3 GG vorliegt, wenn eine Sachlage oder ein Verhalten bei ungehindertem Ablauf des objektiven Geschehens mit hinreichender Wahrscheinlichkeit ein wichtiges Rechtsgut schädigen wird (BVerwGE 47, 31/40 = DVBl 1974, 846).

Auch die zitierte Rechtsprechung steht der Annahme einer konkreten Gefahr im Sinne des Art. 11 Abs. 1 nicht entgegen.

Zeigt sich nach dem Betreten, daß andere polizeiliche Maßnahmen notwendig werden, richtet sich deren Zulässigkeit nach ihren jeweiligen besonderen Voraussetzungen.

Betretungsrechte, die in anderen Gesetzen geregelt sind, finden sich z. B. in § 41 Abs. 3 LmBG, §§ 10 Abs. 2, 11 Abs. 1, 4 BSeuchenG und § 14 Abs. 1, 2 TrinkwV (hierzu BayVGH in BayVBl 1991, 115) und Art. 37 Abs. 3 VwZVG. Das Betretungsrecht aus Art. 79 Abs. 4 BayBO („ist jederzeit Zutritt... zu gewähren") enthält nicht die Befugnis, dieses Recht unmittelbar zu erzwingen (vgl. BayObLG in VRspr. 18, 831). Hierzu ist vielmehr erst ein Verwaltungsakt erforderlich, der zu der bestehenden Duldungspflicht anhält. Anders für das Betretungsrecht aus Art. 83 BayBO, das ausdrücklich auch gegen den Willen der Betroffenen eingeräumt ist. Vgl. ferner die in RdNr. 4 genannten bundesrechtlich geregelten Fälle.

11 Zu beachten bleibt, daß nach **Art. 13 Abs. 3 Halbsatz 1 GG** Eingriffe und Beschränkungen in das Grundrecht der Unverletzlichkeit der Wohnung **ohne weitere gesetzliche Grundlage** zulässig sind, wenn sie zur Abwehr einer **gemeinen Gefahr** oder einer **Lebensgefahr für einzelne Personen** notwendig sind (s. Maunz in Maunz/Dürig/Herzog/Scholz, RdNr. 19 zu Art. 13 GG). Fälle einer gemeinen Gefahr oder Lebensgefahr können z. B. Brände, Wasserrohrbrüche, das Ausströmen von Gas, das Vorhandensein selbstentzündlicher Stoffe, ein erkennbares Selbstmordvorhaben eines Wohnungsinhabers, eine schwere Schlägerei in einer Privatwohnung usw. sein. In solchen Fällen kann die Anwendung unmittelbaren Zwangs nach den Art. 53 mit 59 Abs. 1, 61 Abs. 1 notwendig sein, z. B. das gewaltsame Öffnen einer Wohnung oder einzelner Räume. Materiell können derartige Maßnahmen, die nicht Durchsuchungen sind (vgl. RdNr. 2 zu Art. 21), auf Art. 11 Abs. 2 Nr. 3 PAG gestützt werden, aber nur wenn eine der in Art. 13 Abs. 3 GG genannten schwerwiegenden Gefahrenlagen gegeben ist. Die Eingriffsvoraussetzungen sind also bei allen Maßnahmen, die Wohnungen betreffen, erheblich enger als bei anderen Sachen (vgl. RdNrn 9 und 10 zu Art. 11).

12 **Abs. 3** enthält für bestimmte Fälle **Ausnahmen** von der zeitlichen Beschränkung des Abs. 2. Er gilt nur für das **Betreten von Wohnungen,** nicht auch für deren Durchsuchung oder andere weitergehende Maßnahmen.

Abs. 3 Nr. 1 verlangt als **allgemeine Eingriffsvoraussetzung** für das **Betreten** einer Wohnung, daß **tatsächliche Anhaltspunkte** für das Vorhandensein einer dringenden Gefahr gegeben sind. Gegenüber der Formulierung in Abs. 1, die Tatsachenkenntnis verlangt, ist die in Abs. 3 gebrauchte Wendung eindeutig schwächer, wenn auch im einzelnen die Abgrenzung schwierig ist. Das Erfordernis der Tatsächlichkeit bezieht sich jedenfalls nur auf die Anhaltspunkte für das Bestehen der Gefahrenlage, die mithin nicht aus der Luft gegriffen sein dürfen, sondern aus Wahrnehmungen, beispielsweise aber auch aus einschlägigen Erfahrungen oder allgemeinen Erkenntnissen der Polizei gewonnen werden können. Siehe im übrigen Nr. 23.10 VollzB.

Zu **Abs. 4** ist zunächst Nr. 23.11 VollzB zu beachten. Der darin enthaltene Hinweis, daß Abs. 4 nicht angewendet werden kann auf Räumlichkeiten, die nur für einen abgegrenzten Personenkreis bestimmt und anderen normalerweise nicht zugänglich sind, ist für die verfassungskonforme Anwendung des Abs. 4 eine Mindestvoraussetzung. Weiter ist sorgfältig zu beachten, daß Abs. 4 nicht für das Betreten von Wohnungen im Sinne der Abs. 1–3 gilt. Andernfalls wäre Abs. 4 mit Art. 13 GG nicht zu vereinbaren, zumal er auch den Anforderungen von dessen Abs. 3 nicht genügt. Abs. 4 verweist in Anlehnung an den Musterentwurf nur auf den auch als abstrakt zu denkenden Gefahrenbegriff des Art. 2 Abs. 1. Die Verweisung ist nicht glücklich. Mit Nr. 2.2 Abs. 4 der VollzB ist vielmehr davon auszugehen, daß in allen Befugnisvorschriften die „im einzelnen Falle bestehende" konkrete Gefahr (s. Nr. 11.4 VollzB) vorausgesetzt wird. Gründe für eine andere Auslegung sind jedenfalls nicht ersichtlich. **13**

Abs. 4 enthält für die darin besonders beschriebenen Räume und Grundstücke ebenfalls eine **Ausnahme von der zeitlichen Beschränkung des Abs. 2.** Es wäre nicht sinnvoll, der Polizei zur Nachtzeit das Betreten zu verwehren, wenn während dieser Zeit die Räume oder Grundstücke öffentlich zugänglich sind oder im Anschluß an ihre Öffnungszeit noch für den weiteren Aufenthalt von Personen zur Verfügung stehen, die sich während der Öffnungszeit dort aufhalten durften. Auf Nr. 23.11 VollzB wird verwiesen. Daraus ergibt sich auch, daß Arbeits-, Betriebs- und Geschäftsräume, die nicht zumindest auch der Öffentlichkeit zugänglich sind, sondern nur dem Aufenthalt von Beschäftigten oder anderweitig hierzu befugten Personen dienen, nicht unter Abs. 4 fallen. **14**

Abs. 4 gilt ebenso wie Abs. 3 nur für das **Betreten,** nicht auch für Durchsuchungen oder andere weitergehende Maßnahmen. Erweisen sich solche als notwendig, müssen die dafür jeweils besonders geregelten Voraussetzungen erfüllt sein. Auch Abs. 4 enthält übrigens noch eine **zeitliche Begrenzung,** nämlich auf die Arbeits- oder Geschäftszeit, während welcher die Räume auch öffentlich zugänglich sind und die Zeit, in der im Zusammenhang damit Beschäftigte und andere, vom Verfügungsberechtigten ermächtigte oder geduldete Personen, sich in den genannten Räumen oder auf den Grundstücken aufhalten. Die zeitliche Begrenzung kann allerdings nicht gelten, wenn die Voraussetzungen des Abs. 2 oder eine dringende Gefahr im Sinne des Abs. 3 gegeben sind, weil die Abwehr dieser Gefahren schwerer wiegt als die Rücksicht auf Arbeits-, Geschäfts- oder Aufenthaltszeiten. Dabei kann dahinstehen, ob die Arbeits-, Betriebs- oder Geschäftsräume als unter den Begriff der Wohnung (Art. 13 GG, Art. 23 Abs. 1 bis 3 PAG) fallend anzusehen sind (s. Nr. 23.3 VollzB und o. RdNr. 1), so daß Art. 23 Abs. 1 bis 3 unmittelbar auch für Räume im Sinne des Abs. 4 gelten. Wird das verneint, so entfällt der Schutzzweck des Wohnungsfriedens nach Art. 13 GG.

Auf Nr. 23.11 VollzB, insbesondere deren letzten Satz, wird verwiesen.

Art. 24
Verfahren bei der Durchsuchung von Wohnungen

(1) ¹Durchsuchungen von Wohnungen dürfen, außer bei Gefahr im Verzug, nur durch den Richter angeordnet werden. ²Zuständig ist das Amtsgericht, in dessen Bezirk die Wohnung liegt. ³Für das Verfahren gelten die Vorschriften des Gesetzes über die Angelegenheiten der freiwilligen Gerichtsbarkeit entsprechend.

(2) ¹Bei der Durchsuchung einer Wohnung hat der Wohnungsinhaber das Recht, anwesend zu sein. ²Ist er abwesend, so ist, wenn möglich, sein Vertreter oder ein erwachsener Angehöriger, Hausgenosse oder Nachbar zuzuziehen.

(3) Dem Wohnungsinhaber oder seinem Vertreter ist der Grund der Durchsuchung unverzüglich bekanntzugeben, soweit dadurch der Zweck der Maßnahme nicht gefährdet wird.

(4) ¹Über die Durchsuchung ist eine Niederschrift zu fertigen. ²Sie muß die verantwortliche Dienststelle, Grund, Zeit und Ort der Durchsuchung und ihr Ergebnis enthalten. ³Die Niederschrift ist von einem durchsuchenden Beamten und dem Wohnungsinhaber oder der zugezogenen Person zu unterzeichnen. ⁴Wird die Unterschrift verweigert, so ist hierüber ein Vermerk aufzunehmen. ⁵Dem Wohnungsinhaber oder seinem Vertreter ist auf Verlangen eine Abschrift der Niederschrift auszuhändigen.

(5) Ist die Anfertigung der Niederschrift oder die Aushändigung einer Abschrift nach den besonderen Umständen des Falls nicht möglich oder würde sie den Zweck der Durchsuchung gefährden, so sind dem Betroffenen lediglich die Durchsuchung unter Angabe der verantwortlichen Dienststelle sowie Zeit und Ort der Durchsuchung schriftlich zu bestätigen.

24 Zu Art. 24 (Verfahren bei der Durchsuchung von Wohnungen)

*24.1 Art. 24 Abs. 1 läßt die Durchsuchung einer Wohnung ohne richterliche Anordnung nur bei **Gefahr in Verzug** zu. Gefahr in Verzug ist gegeben, wenn die richterliche Anordnung nicht rechtzeitig vor Eintritt des zu erwartenden Schadens ergehen könnte.*

24.2 Vertreter im Sinne des Absatzes 2 Satz 2 ist derjenige, der von dem Inhaber der Wohnung als sein Vertreter bestimmt worden ist oder von dem das nach den Umständen anzunehmen ist. Die Zuziehung eines Vertreters oder einer anderen in Absatz 2 Satz 2 bezeichneten Person ist auch erforderlich, wenn der Inhaber wegen Behinderung der Durchsuchung entfernt werden mußte.

24.3 Der Wohnungsinhaber oder dessen Vertreter soll darauf hingewiesen werden, daß er eine Abschrift der Niederschrift über die Durchsuchung verlangen kann.

24.4 Betroffener im Sinn des Absatzes 5 ist der Wohnungsinhaber oder dessen Vertreter.

Art. 24

1 Art. 24 enthält Parallelen zu Art. 22. Das Verfahren ist jedoch wegen des besonderen verfassungsrechtlichen Schutzes der Wohnung (s. RdNrn 2–4 zu Art. 23) an strengere Voraussetzungen gebunden.

2 **Abs. 1 Satz 1** macht im Einklang mit Art. 13 Abs. 2 GG grundsätzlich jede Durchsuchung einer Wohnung von einer **richterlichen Anordnung** abhängig, die von der Polizei zu beantragen ist. Ausnahmen von diesem Gebot erlaubt Abs. 1 ebenso wie Art. 13 Abs. 2 GG nur bei Gefahr im Verzug; s. dazu Nr. 24.1 VollzB und RdNr. 4 zu Art. 23.

3 Nach **Abs. 1 Satz 2** ist **zuständig** für die Anordnung der Durchsuchung das **Amtsgericht**, in dessen Bezirk die zu durchsuchende Wohnung liegt. Der Bezirk bestimmt sich nach den jeweils bestehenden Vorschriften über die Gerichtsorganisation. Auch hier sind also wie in Art. 18 die Amtsgerichte und nicht die Verwaltungsgerichte für zuständig erklärt, weil sie entsprechende Erfahrungen auf dem Gebiet der Strafverfolgung besitzen, weil ihre Gerichtsbezirke kleiner und damit ortsnäher sind als die der Verwaltungsgerichte und weil bei ihnen die Entscheidung durch den Einzelrichter zulässig ist, die es bei den Verwaltungsgerichten nicht gibt. Zum **Rechtsweg** vgl. RdNr. 10 zu Art. 18. Dort wie hier handelt es sich um eine besondere Rechtswegzuweisung im Sinne des § 40 Abs. 1 Satz 2 VwGO; so auch BayObLG in BayVBl 1984, 27/28 (Abschn. 3 a).

Für das **gerichtliche Verfahren** bestimmt **Abs. 1 Satz 3**, daß die Vorschriften des G über die Angelegenheiten der freiwilligen Gerichtsbarkeit (FGG) entsprechend anzuwenden sind. Auch hier handelt es sich ähnlich wie in Art. 18 Abs. 2 Satz 2 um eine **konstitutive Verweisung**. Das FGG ist nach Art. 123 Abs. 1, 125 GG als Bundesrecht fortgeltendes Reichsrecht. Nach seinem § 1 gilt das Gesetz für diejenigen Angelegenheiten der freiwilligen Gerichtsbarkeit, welche durch Reichs- (lies: Bundes-)gesetz den Gerichten übertragen sind. Weder kann diese Bestimmung durch Landesrecht geändert oder ergänzt werden, noch handelt es sich bei der Durchsuchungsanordnung um einen Gegenstand im Sinne der „freiwilligen Gerichtsbarkeit" im herkömmlichen Sinne. Jedoch enthält auch das FreihEntzG, das Art. 18 Abs. 2 für anwendbar erklärt (s. RdNrn 8–12 zu Art. 18), Verweisungen auf das FGG. Zu beachten ist, daß das FGG selbst weder die Erst- noch die weitere Beschwerde befristet (§§ 19, 20, 21, 27 ff. FGG), wenn dies nicht in dem Gesetz vorgesehen ist, auf Grund dessen die beschwerende Verfügung ergangen ist (z. B. § 7 Abs. 1 FreihEntzG mit §§ 22, 29 Abs. 2 FGG, auf das Art. 18 Abs. 2 PAG verweist). Beschwerden gegen präventivpolizeiliche Anordnungen von Wohnungsdurchsuchungen sind daher unbefristet (so auch BayObLG in BayVBl 1984, 27, Abschn. 1).

Zur Bedeutung der konstitutiven Verweisung s. RdNr. 11 zu Art. 18. Die Verweisung bezieht sich vornehmlich auf den Ersten Abschnitt des

FGG (§§ 1–34). Die Vorschriften sind **entsprechend** anzuwenden, es kann und muß also Unterschieden Rechnung getragen werden, die durch die Besonderheiten der hier dem Gericht zugewiesenen Aufgabe bedingt sind. Dabei darf die verfahrensrechtliche Substanz der Vorschriften des FGG nicht verändert werden.

Die **Abs. 2–5** gelten auch, wenn die Polizei bei Gefahr im Verzug **ohne vorgängige richterliche Anordnung** handelt. Sie enthalten Verfahrensvorschriften, die dem Schutz und der Sicherung persönlicher Rechte der Betroffenen zu dienen bestimmt sind, nicht jedoch die Rechtsgrundlagen und den Zweck der Maßnahme selbst betreffen. Werden daher die Vorschriften der Abs. 2–5 schuldhaft nicht beachtet oder verletzt, ist das eine Amtspflichtverletzung der handelnden Polizeibeamten, die Durchsuchung wird jedoch dadurch nicht rechtswidrig. 4

Abs. 2 hat eine Parallele in Art. 22 Abs. 2. Für den Begriff **Wohnungsinhaber** s. Nr. 23.4 VollzB. Wohnungsinhaber ist für den von ihm gemieteten Raum auch der Untermieter. Ist ein untervermieteter Raum Teil einer größeren Mietwohnung, steht dem Haupt- und dem Untermieter das Anwesenheitsrecht zu, auch wenn die übrigen Räume der Wohnung nur betreten und nicht durchsucht werden. Anderes gilt bei untervermieteten Räumen, die einen eigenen Zugang haben. Ist dieser Zugang der alleinige, steht unter dem Gesichtspunkt der möglichen Begrenzung des Eingriffs auch allein dem Untermieter das Anwesenheitsrecht nach Satz 1 zu; der Inhaber der Hauptwohnung kann gegebenenfalls nach Satz 2 zugezogen werden. 5

Wer **Vertreter** des Wohnungsinhabers im Sinne von Abs. 2 Satz 2 ist, sagt Nr. 24.2 VollzB. Die in Abs. 2 Satz 2 genannten Personen sind zwar gegebenenfalls zuzuziehen, aber nur, wenn das möglich ist, ohne den Zweck der Maßnahme zu gefährden, sei es auch nur durch eine für den Zweck schädliche Verzögerung.

Auch in Art. 24 Abs. 2 schreibt das Gesetz nicht vor, daß der Wohnungsinhaber über sein Anwesenheitsrecht zu belehren ist (vgl. RdNr. 5 zu Art. 22).

Die in **Abs. 3** bedingt vorgeschriebene Pflicht zur **Bekanntgabe** des rechtlichen und tatsächlichen **Grundes** der Durchsuchung besteht nur gegenüber dem Wohnungsinhaber oder seinem Vertreter, nicht auch gegenüber den anderen in Abs. 2 Satz 2 genannten Personen. Der Grund ist **unverzüglich** bekanntzugeben. „Unverzüglich" ist hier im Sinne von § 121 Abs. 1 BGB auszulegen, bedeutet also ohne schuldhaftes Zögern (vgl. RdNr. 2 zu Art. 19; anders nur in Art. 18 Abs. 1 Satz 1, s. dort RdNr. 3). 6

Die **Bekanntgabe** hat zu **unterbleiben,** wenn sie den Zweck der Maßnahme nach der sachverständigen Ansicht der Polizei gefährden würde. Gegebenenfalls ist die Bekanntgabe des tatsächlichen Grundes auf das zu beschränken, was ohne Gefährdung des Zwecks mitgeteilt werden kann.

7 Abs. 4 schreibt zwingend vor, daß über **jede Wohnungsdurchsuchung** eine **Niederschrift** zu fertigen ist. Sie muß die Angaben enthalten und den Formvorschriften entsprechen, die in Abs. 4 vorgeschrieben sind.
Aus Abs. 4 Satz 3 ist zu entnehmen, daß die Niederschrift vorbehaltlich des Abs. 5 an Ort und Stelle, zumindest aber unmittelbar im Anschluß an die Durchführung der Maßnahme anzufertigen ist.
Nach **Abs. 4 Satz 5** steht wiederum dem Wohnungsinhaber oder seinem Vertreter, nicht auch anderen Personen, das Recht zu, eine Abschrift der Niederschrift zu verlangen. Nicht das Gesetz, aber Nr. 24.3 VollzB enthält eine Sollvorschrift, daß der Wohnungsinhaber oder sein Vertreter auf ihr Recht nach Abs. 4 Satz 5 hinzuweisen sind. Zur Bedeutung der Sollvorschrift s. RdNr. 4 zu Art. 15. Die VollzB ist für die Polizei verbindliche Dienstanweisung, gewährt jedoch den Begünstigten keinen Rechtsanspruch auf den Hinweis, so daß die Nichtbeachtung der Nr. 24.3 VollzB zwar eine Pflichtverletzung, nicht aber eine Amtspflichtverletzung nach § 839 BGB darstellt.

8 Abs. 5 schränkt die in Abs. 4 enthaltenen Verpflichtung zur Anfertigung einer Niederschrift entsprechend dem Sinn und Zweck des polizeilichen Tätigkeitsrechts ein. Im Falle des Abs. 5 tritt an die Stelle der Niederschrift oder der dem Betroffenen auszuhändigenden Abschrift eine **Bestätigung** mit eingeschränktem Inhalt, die dem Betroffenen auszuhändigen ist. **Betroffener** ist der Wohnungsinhaber, gegebenenfalls sein Vertreter.
Die Bestätigung nach Abs. 5 ist in jedem Fall zu erteilen, ohne daß es eines Antrags bedarf. Wird diese Pflicht verletzt, macht das die Durchsuchung als solche nicht rechtswidrig, weil es sich hier nur um eine Ordnungsnorm handelt, die nach Beendigung der Durchsuchung eingreift, nicht um ein verfahrensrechtliches Essentiale der Maßnahme selbst.
Verweigert der Betroffene die Annahme der Bestätigung, ist darüber ein Vermerk zu den Akten zu nehmen. Das Recht des Betroffenen auf die Bestätigung wird dadurch nicht verwirkt; er kann die Aushändigung später verlangen.

Art. 25
Sicherstellung

Die Polizei kann eine Sache sicherstellen
1. um eine gegenwärtige Gefahr abzuwehren,
2. um den Eigentümer oder den rechtmäßigen Inhaber der tatsächlichen Gewalt vor Verlust oder Beschädigung einer Sache zu schützen, oder
3. wenn sie von einer Person mitgeführt wird, die nach diesem Gesetz oder anderen Rechtsvorschriften festgehalten wird, und diese Person die Sache verwenden kann, um
   a) sich zu töten oder zu verletzen,
   b) Leben oder Gesundheit anderer zu schädigen,
   c) fremde Sachen zu beschädigen oder
   d) sich oder anderen die Flucht zu ermöglichen oder zu erleichtern.

25 Zu Art. 25 (Sicherstellung)

25.1 Art. 25 gilt nicht für die Verfolgung von Straftaten und Ordnungswidrigkeiten.

25.2 Sicherstellung im Sinn des Art. 25 ist die Begründung eines öffentlich-rechtlichen Verwahrungsverhältnisses durch Sicherstellungsanordnung und deren Vollzug durch Realakt. In der Regel wird das Verwahrungsverhältnis dadurch begründet, daß dem Inhaber die tatsächliche Verfügungsgewalt über die Sache entzogen wird. Die Sicherstellung einer Sache, über die niemand die tatsächliche Verfügungsgewalt ausübt, geschieht dadurch, daß die Sache in Besitz genommen wird.

*25.3 Wegen des Begriffs der **gegenwärtigen Gefahr** (Art. 25 Nr. 1) wird auf Nummer 10.2 verwiesen.*
Die Gefahr kann ausgehen
– von der Sache selbst (Beschaffenheit oder Lage im Raum),
– vom Zustand des Besitzers (körperlicher Zustand, Stand der Persönlichkeitsentwicklung),
– von der Absicht des Besitzers (Sache als Werkzeug oder Gegenstand eines die Gefahr begründenden Verhaltens).
Eine Sicherstellung nach Art. 25 Nr. 1 kann insbesondere in Betracht kommen, wenn
– sich Schußwaffen oder Explosivmittel im Besitz Nichtsachkundiger befinden,
– Giftmüll unsachgemäß gelagert wird,
– jemand eine Sache besitzt, mit der eine Straftat oder Ordnungswidrigkeit begangen werden soll oder begangen wird,
– jemand durch den Besitz einer Sache den Tatbestand einer Straftat oder Ordnungswidrigkeit verwirklicht.

Art. 25

Die Sicherstellung eines Kraftfahrzeugs kann nach **Art. 25 Nr. 1** zulässig sein, wenn
- es verbotswidrig abgestellt ist **und** den Verkehr behindert oder gefährdet und der Verantwortliche nicht erreichbar oder nicht willens ist, das Fahrzeug wegzuschaffen und ein geeigneter Abstellplatz auf öffentlichem Straßengrund nicht vorhanden ist,
- es als Unfallfahrzeug ein Verkehrshindernis darstellt und der Verantwortliche nicht willens oder nicht in der Lage ist, das Fahrzeug zu beseitigen,
- das Fahrzeug nicht verkehrssicher ist, nicht zugelassen ist oder keine Betriebserlaubnis besitzt, wenn nur auf diese Weise Gefahren oder wesentliche Belästigungen für die Allgemeinheit verhindert werden können,
- das Fahren durch einen Fahruntüchtigen nicht auf andere Weise, z. B. durch Sicherstellung der Fahrzeugpapiere oder des Zündschlüssels, verhindert werden kann.

Ist das Abschleppen eines Fahrzeugs erforderlich, sind die Voraussetzungen zur Sicherstellung jedoch nicht gegeben, so kommt als Rechtsgrundlage für das Abschleppen Art. 11 in Betracht.

25.4 Die Anwendung des **Art. 25 Nr. 2** kann in Betracht kommen, wenn
- eine Hausbesetzung droht,
- eine wertvolle Sache dem direkten Zugriff Dritter ungeschützt ausgesetzt ist,
- ein Tier entlaufen ist.

25.5 **Art. 25 Nr. 3** setzt voraus, daß der Betroffene tatsächlich festgehalten wird und daß die Sache geeignet ist, zu einer in den Buchstaben a bis d bezeichneten Tätigkeiten verwendet zu werden. Insbesondere kommen für die Sicherstellung Waffen und Werkzeuge jeder Art, auch Gürtel, Nadeln, Rasierklingen, Ausweispapiere und Geld in Betracht. Daß eine in den Buchstaben a bis d bezeichnete Gefahr konkret vorliegt, ist nicht erforderlich.

1 Die **Art. 25–28** befassen sich mit der **präventiven Sicherstellung**; hierzu Nagel, Probleme der polizeilichen Sicherstellung, 1988. Zum Begriff s. Nr. 25.2 VollzB (vgl. auch VG Düsseldorf in DVBl 1991, 1373), wobei wiederum zu ergänzen ist, daß eine Sicherstellungsanordnung nur notwendig ist, wenn die Maßnahme ohne oder gegen den Willen des Betroffenen durchgeführt werden muß (s. RdNr. 1 zu Art. 11). Wer Betroffener ist, bestimmt sich in den Fällen der Nrn 1 und 2 nach den Art. 7 oder 8 (vgl. Nrn 25.3 und 25.4 VollzB). Aus der Nr. 3 ergibt sich unmittelbar, an welche Person die Anordnung zu richten ist.

Die Sicherstellung ist die Befugnis, eine fremde Sache wegzunehmen und ihre Herausgabe von jedem zu verlangen, in dessen Gewahrsam sie sich befindet. Hierbei kommt es nach richtiger Ansicht des BayVGH nicht darauf an, ob die Polizei die Sache in erster Linie in eigenen Gewahrsam nehmen will – was etwa der Fall ist, wenn sie eine als gestohlen gemeldete Sache findet und birgt –, sie also in ihrem Besitz haben will, oder ob der polizeiliche Gewahrsam nur sekundär gleichsam als Nebenfolge eintritt, weil es der Polizei primär darum geht, die Sache von ihrem gegenwärtigen Ort zu entfernen und eine dort bestehende Gefahr zu beheben. Denn die Vorschriften der Art. 25 ff. dienen der Gefahrenabwehr und lassen zu diesem Zweck die Ingewahrsamnahme von Sachen zu (vgl. BayVGH in BayVBl 1989, 437). Die Sicherstellung ist ein Eingriff in die auf dem Eigentum beruhenden und deshalb durch Art. 14 GG, 103 BV grundsätzlich geschützten Verfügungsrechte, insbesondere den Besitz. Dem Zitiergebot des Art. 19 Abs. 1 Satz 2 GG (s. Art. 74 PAG) unterliegt das Eigentum hier jedoch nicht, weil es sich bei den Art. 25–28 PAG um eine durch Art. 19 Abs. 1 Satz 2 GG ausdrücklich zugelassene gesetzliche Bestimmung der Schranken des Eigentums handelt, die seine Bindung zugunsten der öffentlichen Sicherheit und Ordnung, also des Wohls der Allgemeinheit im Sinne des Art. 19 Abs. 2 GG konkretisiert (vgl. VerfGHE 4, 109/138).

Der Schutz des Art. 14 GG umfaßt das Eigentum im Sinne des BGB (§ 903) und solche Ansprüche, die ihrem Inhaber eine Rechtsposition verschaffen, die derjenigen des Eigentümers so nahe kommt, daß es nach dem rechtsstaatlichen Gehalt des GG ausgeschlossen erscheint, daß der Staat sie ersatzlos entziehen kann (vgl. Leibholz/Rinck, RdNr. 2 zu Art. 14 GG). Die Art. 25–28 PAG enthalten, auch wo sie die Verwertung, Unbrauchbarmachung und Vernichtung vorsehen, in der Regel keine Enteignung im Sinne des Art. 14 Abs. 3 GG und des Art. 159 BV. Mißbrauch des Eigentums- oder Besitzrechts genießt keinen Rechtsschutz (vgl. Art. 158 BV). Das PAG geht in diesem Sinne von der Voraussetzung aus, daß jeder Staatsbürger die Pflicht hat, seine Habe in einem ordnungsgemäßen Zustand zu erhalten und von ihr einen ordnungsgemäßen Gebrauch zu machen (vgl. BVerfGE 20, 351/359). Die Art. 25–28 beschränken das Eigentum nur insofern, als es nicht zu rechts- und gesetzwidrigen Zwecken verwendet werden oder einen andere Personen und ihre rechtlich geschützten Güter bedrohenden Charakter haben darf. Mit den Bestimmungen über die Verwertung, Unbrauchbarmachung und Vernichtung wird die Folgerung aus Art. 158 Satz 2 BV gezogen (s. auch RdNr. 2 zu Art. 27).

Auch der VGH unterscheidet klar zwischen Enteignung und polizeilichem Eingriff (vgl. BayVGH in BayVBl 1966, 280). Während die Enteignung ein Akt der Güterbeschaffung für gemeinwohldienliche Vorhaben ist, wehrt der polizeiliche Eingriff Gefahren für die öffentliche Sicherheit oder Ordnung ab. Bei der Enteignung werden Vermögensnachteile auf ein im öffentlichen Interesse liegendes Unternehmen überführt, beim polizeilichen Eingriff gewinnt die Allgemeinheit nichts hinzu.

Für den Bereich der **Strafverfolgung** gelten die Vorschriften über Beschlagnahme und Sicherstellung in den §§ 94–111 n StPO, für die **Erforschung von Ordnungswidrigkeiten** die §§ 53 mit 46, 47 OWiG. Überschneidungen dieser Vorschriften mit denen des PAG sind möglich und je nach dem Zweck der 2

Art. 25

Maßnahme im Zeitpunkt ihrer Anordnung oder Vornahme aufzulösen (vgl. zur Problematik dieser „Gemengelagen" die RdNrn 17 zu Art. 2 und 18 zu Art. 11). Ist z. B. eine Sache auf Grund der §§ 94, 98 Abs. 1 StPO durch die Polizei in Beschlag genommen worden und versagt der Richter die Bestätigung gemäß § 98 Abs. 2 StPO, so kann die Polizei die Sache nach dem PAG sicherstellen, wenn das im Zusammenhang mit einem anderen Sachverhalt aus präventivpolizeilichen Gründen notwendig erscheint und das (Straf-)Gericht diesen Sachverhalt in seiner Entscheidung nicht gewürdigt hat. Über diese Sicherstellung entscheidet dann nicht das Straf-, sondern das Verwaltungsgericht.

3   Andere Vorschriften, auf Grund deren eine Sicherstellung möglich ist und die dem PAG vorgehende Spezialvorschriften sind, sind beispielsweise noch das WaffenG (§§ 37 Abs. 5, 40 Abs. 2, 48 Abs. 2), ferner die Sonderregelungen über die Probenahme in § 42 LmBG (zu beachten die eingeschränkte Entschädigungspflicht nach § 42 Abs. 3) und die vorläufige Wegnahme von Druckwerken nach § 16 des BayPrG. Bei **Druckwerken** ist zu unterscheiden:
a) Eine auf die §§ 94 ff. StPO gestützte Beschlagnahme darf nur der Richter anordnen (§ 16 Abs. 1 BayPrG). Eine Sicherstellung als präventivpolizeiliche Maßnahme nach dem PAG ist ausgeschlossen. Insoweit stellt § 16 Abs. 2 BayPrG eine abschließende Regelung dar (s. BayVGH in NJW 1983, 1339 unter besonderer Würdigung der verfassungsrechtlichen Lage); s. nachst. Buchst. b–d.
b) **Zeitungen** und **Zeitschriften,** die gegen § 7 BayPrG (Impressum) verstoßen oder einen strafbaren Inhalt haben, dürfen in keinem Fall von der Polizei weggenommen werden (§ 16 Abs. 2 BayPrG).
c) **Andere Druckwerke** (z. B. Flugblätter; s. dazu OVG Koblenz in DÖV 1981, 801) darf die Polizei vorläufig wegnehmen, wenn sie gegen § 7 BayPrG verstoßen oder einen strafbaren Inhalt haben. Sie sind unverzüglich dem (Straf-)Richter (vgl. § 14 BayPrG) vorzulegen, der innerhalb von 24 Stunden eine Entscheidung zu treffen hat (§ 16 Abs. 2 BayPrG).
d) Die Vorschriften der StPO über die Verwahrung und Beschlagnahme bleiben nach Art. 31 GG gegenüber Druckwerken i. S. des § 6 des (landesrechtlichen) BayPrG unberührt. Im übrigen ist § 16 Abs. 1 BayPrG zu beachten, der gegenüber dem PAG lex specialis ist. Die Polizei darf also abgesehen von den unter c) genannten Fällen Druckwerke nur auf Grund richterlicher Anordnung sicherstellen oder beschlagnahmen, auch wenn die Voraussetzungen des Art. 25 PAG gegeben sind. Die richterliche Anordnung darf nur auf die Vorschriften der StPO gestützt werden (s. o. Buchst. a).

4   Die einem Pressefotografen gegenüber vorgenommene präventivpolizeiliche Sicherstellung eines **belichteten Films** ist rechtmäßig, wenn der Polizeibeamte auf Grund der Umstände von einer den Vorschriften des Kunsturhebergesetzes (Recht am eigenen Bild, §§ 22, 23 i. Verb. m. § 33 KunstUrhG) widersprechen-

den und dort mit Strafe bedrohten bevorstehenden Veröffentlichung seines Bildnisses ausgehen durfte. § 16 BayPrG steht dem nicht entgegen, weil er sich auf die Beschlagnahme von Druckwerken beschränkt und ein belichteter Film nicht unter die Legaldefinition des § 6 BayPrG fällt. Die Sicherstellung verstößt auch nicht gegen Art. 5 Abs. 1 GG. Denn die dem Schutzbereich des Art. 5 Abs. 1 Satz 2 GG unterfallende Tätigkeit des Beschaffens von Bildmaterial zum Zwecke der Berichterstattung unterliegt den Schranken der allgemeinen Gesetze im Sinne des Art. 5 Abs. 2 GG, zu denen die Vorschriften des Polizeirechts und des Kunsturhebergesetzes gehören. S. dazu VG Karlsruhe in NJW 1980, 1708 f. Ist nach Lage des Falles kein drohender Verstoß gegen die genannten Vorschriften des KunstUrhG anzunehmen und auch sonst kein hinreichender Grund für eine polizeiliche Sicherstellung gegeben, ist die Wegnahme eines Films, um ihn unbrauchbar zu machen, rechtswidrig (VG Frankfurt in NJW 1981, 2372 f.; VG Köln in NJW 1988, 367; eingehend VGH Mannheim in NVwZ-RR 1995, 527).

Wird einer Sicherstellung zunächst vom Betroffenen in freier Willensentscheidung zugestimmt (s. o. RdNr. 1), diese Zustimmung aber nach Beendigung der polizeilichen Maßnahme widerrufen, ist keine nachträgliche (Quasi-)Sicherstellung notwendig, weil der nachträgliche Widerruf nichts daran ändert, daß die sichergestellten Gegenstände dem Betroffenen nicht unter Zwang, sondern mit seinem Einverständnis weggenommen worden sind (vgl. BayVGHE 17, 85 = BayVBl 1963, 286). 5

Eine **Sicherstellung** darf die Polizei nur vornehmen, wenn eine oder mehrere Voraussetzungen der Nrn 1–3 erfüllt sind. Die Entscheidung steht dann im **pflichtgemäßen Ermessen** der Polizei (Art. 5 Abs. 1). Dabei kommt der Abwägung im Sinne des Grundsatzes der **Verhältnismäßigkeit** (Art. 4) auf dem in RdNr. 1 angedeuteten verfassungsrechtlichen Hintergrund wiederum zentrale Bedeutung zu. Grundsätzlich kann die **Sicherstellung** in jeder geeigneten **Art und Weise** vorgenommen werden, beispielsweise sowohl durch Wegnahme oder Verbringen an einen anderen Ort, wie auch durch entsprechend sichere und dem Zugriff Dritter unzugängliche Verwahrung an Ort und Stelle (z. B. Verschluß und Versiegelung von Räumen, Versperren des Zugangs zu Maschinen). Im Einzelfall bestimmt sich das nach den gegebenen praktischen Möglichkeiten, der Zweckmäßigkeit und der Verhältnismäßigkeit (Kosten!). Das Belassen von Gegenständen an Ort und Stelle ist nicht möglich, wenn von ihnen ausgehende Gefahren dann nicht ausgeschlossen werden können. 6

Sachen im Sinne des Art. 25 sind nicht nur bewegliche Sachen oder Tiere. Es können auch unbewegliche sein, z. B. eine Wohnung. 7

Nr. 1 erlaubt die Sicherstellung zur Abwehr einer **gegenwärtigen Gefahr**. **Gefahr** ist, wie auch in den Art. 13 Abs. 1 Nr. 1 und 16, schlechthin eine Ge- 8 fahr für die öffentliche Sicherheit oder Ordnung im Sinne der Art. 2 Abs. 1 und 11 Abs. 1 (vgl. RdNr. 3 zu Art. 13 und RdNr. 1 zu Art. 16). Damit ist die Sicherstellung grundsätzlich im Gesamtbereich der allgemeinen Aufgabe und der allgemeinen Befugnis der Polizei zulässig. Gegenüber Art. 11 Abs. 1 ist die Zulässigkeit der Sicherstellung aber insoweit beschränkt, als es sich um die Abwehr einer Gefahr handeln muß, die gegenwärtig ist. Entsprechend Nr. 10.2 VollzB ist die Gefahr **gegenwärtig,** wenn die Einwirkung des schädigenden Ereignisses bereits begonnen hat oder unmittelbar oder in allernächster Zeit mit an Sicherheit grenzender Wahrscheinlichkeit bevorsteht. Ausreichend zur Rechtfertigung der Sicherstellung ist die Anscheinsgefahr (s. RdNr. 10 zu Art. 2), eine nur vermutete Gefahr oder „der Verdacht einer Gefahr" (OVG Münster in NVwZ 1982, 46 = DÖV 1982, 551 = DVBl 1982, 653) dagegen nicht. Vgl. hierzu VG Braunschweig in NVwZ 1988, 661. Zur gegenwärtigen Gefahr eines möglichen Verstoßes gegen die §§ 22, 23, 33 KunstUrhG beim Fotografieren im Einsatz befindlicher Polizeibeamter s. VG Köln in NJW 1988, 367; vgl. auch o. RdNr. 4.

9   Nr. 25.3 VollzB bringt Beispiele dafür, wovon oder von wem eine (gegenwärtige) Gefahr ausgehen kann und wann eine Sicherstellung nach Nr. 1 insbesondere in Betracht kommen kann. Als ein im städtischen Alltag besonders wichtiger und häufiger Anwendungsfall wird dabei die **Sicherstellung und das Abschleppen von Kraftfahrzeugen** behandelt. In den unter Nr. 25.3 VollzB aufgezählten Beispielen kann unstreitig eine gegenwärtige Gefahr angenommen werden. Dies gilt auch dann, wenn die Polizei ein unversperrtes, auch sonst ungesichertes nicht bewachtes Fahrzeug zur Sicherung abschleppen läßt, um dessen unbefugte Benutzung zu verhindern, gegen die es zu sichern der Halter nach § 14 Abs. 2 Satz 2 StVO verpflichtet ist (vgl. speziell zur Sicherstellung aufgefundener gestohlener Fahrzeuge OVG Koblenz in DÖV 1989, 173; zur Kostenpflicht hierbei s. RdNr. 7 zu Art. 76). Daneben greift in diesen Fällen Nr. 2 ein (s. u. RdNr. 11). Bestritten wird eine solche in der Literatur für das von der Polizei in Bayern seit 1987 praktizierte **Sicherstellen von Fahrzeugen sog. „Raser"**, das sind Personen, die in kurzen zeitlichen Abständen mit jeweils erheblich überhöhter Geschwindigkeit in mehrere Radarkontrollen geraten sind (vgl. Geppert in DAR 1988, 12). Daß ein Raser daraufhin erneut weiterrase, sei eine bloße Mutmaßung, überdies handle es sich dabei um eine verkappte Sanktion, für welche die Rechtsgrundlage fehle. Dem ist entgegenzuhalten, daß ein Raser, der trotz mehrerer Radarkontrollen innerhalb kurzer Zeit sein Verhalten nicht ändert, die tatsachengestützte Annahme rechtfertigt, er werde auch weiterhin eine entsprechende Gefahr verursachen (Art. 7 Abs. 1, Verhaltensstörer). Das reicht aus, präventive Maßnahmen gegen ihn als notwendig zu begründen und läßt die Sicherstellung des Fahrzeugs nach dem Grundsatz der Verhältnismäßigkeit als angemessen erscheinen. Angesichts der extremen Gefahr für Leib und Leben anderer Verkehrsteilnehmer,

mithin der höchsten Rechtsgüter unserer Rechtsordnung, als Folge dieser Willensbetätigung darf die Schwelle für präventivpolizeiliches Einschreiten nicht zu hoch angesetzt werden. Im übrigen kommt es für das Einschreiten allein auf das Vorliegen der gesetzlichen Voraussetzungen an, die hier gegeben sind. Ob die Wirkung des Einschreitens für den Betroffenen einer „Sanktion" gleichkommt, ist unbeachtlich.

Charakteristisch für die Sicherstellung ist, daß eine Gefahr im polizeirechtlichen Sinn nur durch **amtlichen Gewahrsam an der Sache** behoben werden kann und daß die Polizei zu diesem Zweck das Fahrzeug in ihren Besitz nimmt. Amtlicher Gewahrsam (Inbesitznahme) ist immer dann anzunehmen, wenn der Vorbesitzer oder Verfügungsberechtigte den Besitz am Fahrzeug nicht ohne tätige Mitwirkung der Polizei oder eines von ihr Beauftragten, also nicht nur durch eine bloße Auskunft über den veränderten Standort, wiedererlangen kann. Das ist z. B. der Fall, wenn die Polizei das Fahrzeug auf einen eigens für diese Zwecke bereitgestellten Verwahrplatz verbringen läßt, wobei es unerheblich ist, ob dieser Platz ein polizeieigener oder der eines privaten Unternehmers ist, mit dem sie eine entsprechende Abrede getroffen hat (vgl. BayVGH in BayVBl 1984, 559/560 f. mit zustimmender Anm. von Köhler, a. a. O. S. 630).

Derlei Vereinbarungen wie auch überhaupt die **Durchführung des Abschleppens durch private Unternehmer** – in der Praxis von erheblicher Bedeutung – bergen im einzelnen zahlreiche Probleme. Die Gültigkeit entsprechender Verträge zwischen Polizei und Unternehmern ist inzwischen jedenfalls dann anerkannt, wenn sowohl die Entscheidung über das Abschleppen selbst wie auch über die Herausgabe des auf einem Verwahrplatz abgestellten abgeschleppten Fahrzeugs gegen Erstattung der Abschleppkosten (Art. 28 Abs. 3) in der Hand der Polizei verbleibt. Vgl. VG München in NVwZ 1988, 667; BayObLG in BayVBl 1992, 443; die Nachweise bei Köhler in BayVBl 1984, 630 sowie allgemein von Klitzing in BayBgm 1983, 31 ff., 36 ff.; Günning/Möller in VR 1984, 156; Günning/Großmann in VR 1985, 37; Kilian in VR 1985, 342; Hiltl, Die Entfernung von Kraftfahrzeugen auf Veranlassung der Polizei nach dem Recht der Gefahrenabwehr in Bayern, Diss. jur. Regensburg 1987; Janker in ZRP 1989, 449; Pitschas/Aulehner in BayVBl 1990, 417. Der Unternehmer handelt dann als Beauftragter der Polizei gem. Art. 9 Abs. 1, hinsichtlich der Kosten als deren Empfangsbevollmächtigter, s. hierzu näher RdNr. 7 zu Art. 76. Zur Ausübung des Zurückbehaltungsrechts nach Art. 28 Abs. 3 Satz 3 durch den Privatunternehmer s. RdNr. 10 zu Art. 28. Zu einer möglichen Amtspflichtverletzung des Unternehmers bzw. seiner Bediensteten s. eingehend BGH in NJW 1993, 1258.

Ein weiteres Problemfeld bildet zunehmend das Abschleppen mit Hilfe des Einsatzes **kommunaler Parküberwachung** (zu ihr allgemein Janker a. a. O. und eingehend Pitschas/Aulehner a. a. O.). Im Brennpunkt des Interesses steht hierbei das sog. **Münchner Modell.** Dabei erläßt die zuständige Polizeidienststelle für bestimmte Bereiche, in denen wegen der besonderen örtlichen

Art. 25

Verhältnisse regelmäßig die rechtlichen Voraussetzungen zum Abschleppen von Falschparkern vorliegen, generelle Abschleppanordnungen in Form von Weisungen, z. B. in bestimmten Fußgängerzonen, Halteverbotsbereichen und bei Geh- und Radwegen, wenn andere Verkehrsteilnehmer gefährdet sind. Abgeschleppt wird dann (auch) auf Veranlassung eines städtischen Mitarbeiters der kommunalen Parküberwachung. Dieser verständigt über Funk die Polizei und schildert ihr den Standort des abzuschleppenden Fahrzeugs sowie gegebenenfalls die näheren Umstände. Die Anordnung zum Abschleppen trifft sodann der Polizeibeamte. In deren Ausführung erteilt der städtische Bedienstete einem Abschleppunternehmer den Abschleppauftrag. Eine eigene Augenscheinnahme durch die Polizei vor Ort erfolgt nicht.

Bedenklich erscheint diese Verfahrensweise insbesondere aus dem Gesichtspunkt, daß der die Abschleppmaßnahme anordnende Polizeibeamte den Sachverhalt nicht selbst ermittelt (VG München in NZV 1989, 327; Jahn in NZV 1989, 300 und in BayVBl 1990, 424/425 f.). Gleichwohl ist der Polizeibeamte, der die Entscheidung über eine polizeiliche Maßnahme trifft, nicht gleichsam automatisch gehalten, sein Handlungsermessen in Anschauung der konkreten Situation an Ort und Stelle auszuüben (so zu Recht Pitschas/Aulehner a. a. O. S. 423). Der BayVGH hat daher die dargestellte Verfahrensweise für rechtens erklärt, wenn der Polizeibeamte auf Grund eigener Kenntnis der örtlichen Verhältnisse, der ihm vorliegenden Lagepläne und der ihm durch den städtischen Bediensteten übermittelten Informationen alle wesentlichen Umstände kannte, die für die Entscheidung über den Verbleib oder das Abschleppen des Fahrzeugs nötig waren (BayVGH in BayVBl 1990, 433, in BayVBl 1991, 433 sowie in NZV 1992, 207). Demgegenüber greifen die Bedenken von Pitschas/Aulehner (a. a. O. S. 423 f.), die auf der nicht erfolgten Veröffentlichung der generellen Abschleppanordnung fußen, nicht durch, denn der Bürger weiß, daß er falsch parkt. Auf eine Offenlegung der die Konsequenzen regelnden internen Verwaltungsvorschriften hat er keinen Anspruch; es entspricht gerade dem Wesen derartiger Vorschriften, sich nicht an den Bürger, sondern an die Verwaltung zu richten. Ihr Vorhandensein ist jedoch wichtig, um den Gleichbehandlungsgrundsatz zu gewährleisten.

Begrifflich keine Sicherstellung liegt nach Ansicht des BayVGH a. a. O. vor, wenn ein verbotswidrig abgestelltes Fahrzeug von seinem Parkplatz auf einen in unmittelbarer Nähe gelegenen, der StVO entsprechenden Platz geschleppt wird, sog. **Versetzen**. Hierin liege eine Maßnahme eigener Art nach Art. 11 Abs. 1 (ebenso Honnacker/Beinhofer, RdNr. 4 zu Art. 24). Dem Grunde nach gleich gelagert sind die Fälle, in denen die Polizei fahrbereite Kfz selbst ein paar Meter weiter auf für das Parken zugelassene Flächen fährt, rollen läßt oder schiebt; Jahn (in JuS 1989, 969) differenziert danach, ob der neue Standort in unmittelbarer Nähe oder in weiterer Entfernung liegt.

Gleichwohl ist in allen diesen Fällen eine Sicherstellung anzunehmen, denn der amtliche Gewahrsam beginnt in dem Moment, in dem die Polizei die Sachherrschaft über das Fahrzeug unter Ausschluß der Einwirkungsmöglichkeit Dritter tatsächlich übernimmt, also mit dem Nehmen des Kfz auf den Abschlepphaken, dem Einsteigen mit dem Ziel der Fortbewegung oder der tatsächlichen Einwirkung mit der Absicht hierzu mit dem gleichzeitigen Willen, Dritte von der Sachherrschaft über das Gefährt auszuschließen. Eine sich an den Abschleppvorgang anschließende Verwahrung ist nicht Voraussetzung, sondern mögliche Folge der Sicherstellung (vgl. Köhler a. a. O. mit weiteren Nachweisen; a. A. VGH Kassel in NVwZ 1987, 904/909 und der BayVGH in ständiger Rspr., so zuletzt etwa in NZV 1992, 207). Beendet wird die Sicherstellung dadurch, daß die Polizei die Sachherrschaft über das Fahrzeug wieder aufgibt, also dann, wenn das Versetzen abgeschlossen ist oder wegen des Erscheinens des Fahrzeugführers nicht weiter fortgesetzt werden muß. Wurde das Fahrzeug auf einen Verwahrplatz verbracht, endet die Sicherstellung mit der Übergabe des Fahrzeugs an den Berechtigten.

Das Abschleppen verkehrsrechtswidrig geparkter Fahrzeuge ist regelmäßig keine Ersatzvornahme nach Art. 55, sondern unmittelbare Ausführung nach Art. 9 (BayVGH ebenda; a. A. OVG Koblenz in DÖV 1986, 37 und VGH Kassel in NVwZ 1988, 655; zur Abgrenzung dieser beiden Begriffe s. RdNr. 2 zu Art. 9 und RdNr. 2 zu Art. 55). Zu beachten ist besonders der Grundsatz der Verhältnismäßigkeit. Grundsätzlich kann bloßes verkehrsrechtswidriges Parken für sich allein das sofortige Abschleppen nicht rechtfertigen. **Gehsteigparkern** ließ die Rechtsprechung früher größte Zurückhaltung angedeihen. So war nach Ansicht des OVG Münster sofortiges Abschleppen nur dann verhältnismäßig, wenn das Fahrzeug den Bürgersteig in voller Breite versperrt und zudem noch erheblich in die Fahrbahn hinausragt, so daß Fußgänger weit auf die Fahrbahn ausweichen und sich dadurch erhöhter Gefahr aussetzen müssen (OVG Münster in MDR 1980, 874; vgl. auch BayVGH in BayVBl 1988, 180/181). Die zunehmende Verrohung der Parkmoral in den größeren Städten hat inzwischen zu einem Umdenken geführt. So ist nach VG München in NVwZ 1988, 667/669 darauf abzustellen, ob eine Mindestwegbreite von 1,60 m für den Fußgängerverkehr verbleibt. Den Durchbruch hin auf das Ermöglichen einer wirksamen Abschleppraxis zumindest im innerstädtischen Bereich brachte schließlich eine begrüßenswerte Grundsatzentscheidung des BayVGH vom 25. 10. 1988 (BayVBl 1989, 437). In ihr wird ausgeführt, daß unabhängig von einer offenen Restbreite des Bürgersteigs und der im maßgeblichen Zeitpunkt gegebenen Intensität des Fußgängerverkehrs im Innenstadtbereich einer Großstadt das generalpräventive Interesse daran, dem einen Nachahmungseffekt auslösenden Fehlverhalten rücksichtsloser Autofahrer zu begegnen, das sofortige Abschleppen als verhältnismäßig erscheinen läßt (ebenso BayVGH in BayVBl 1991, 433 u. in NZV 1992, 207). Die wegen des Mangels an Parkplätzen im großstädtischen Innenbereich durch das Gehsteigparken drohende Verdrängung der Fußgänger drücke diese nicht nur regelrecht an die Wand, sondern führe auch wegen des dann allenthalben einsetzenden Zu- und Abfahrtsverkehrs auf den Bürgersteigen unvermeidbar zu Personenschäden. Etwas anderes könne nur gelten, wenn das Fahrzeug im konkreten Fall nicht stört, etwa weil es nachts auf dem Bürgersteig steht, oder wenn zu sehen ist, daß die Störung alsbald endet (z. B. wenn das Fahrzeug gerade be- oder entladen wird), oder wenn die Polizei das Fahrzeug und seinen Halter kennt und mündlich mit ihm Kontakt aufnehmen kann (vgl. hierzu auch BVerwG in NJW 1990, 931). Demgegenüber hält das BVerwG das Abschleppen von Gehwegparkern grundsätzlich nicht für gerechtfertigt, verlangt ein Verstellen des gesamten Bürgersteigs oder ein Hineinragen des Fahrzeugs in die Fahrbahn, und lehnt vor allem den Gedanken der Generalprävention aufgrund einer Vorbildwirkung ab (BVerwG in NJW 1993, 870). Diese Entscheidung erscheint hinsichtlich ihrer Konsequenzen als nicht hinreichend durchdacht. Beim Parken in einer **Fußgängerzone** ist ein sofortiges Abschleppen auch dann unverhältnismäßig, wenn das Fahrzeug erkennbar nur ganz geringfügig stört, etwa wenn der Motor läuft oder die Tür offen ist und deshalb feststeht, daß das Fahrzeug in Kürze wieder entfernt werden wird, oder weil es nur geringfügig in die Fußgängerzone hineinragt oder dort nachts erkennbar nur vorübergehend steht und das Publikum dabei nicht stört (BayVGH in BayVBl 1984, 559/562); enger zu Recht OVG Koblenz in DÖV 1989, 172: Unverhältnismäßigkeit nur bei geringfügigem Hineinragen in die Fußgängerzone; noch enger wohl VG München in NVwZ 1988, 667, wonach offenbar die Funktionsbeeinträchtigung der Fußgängerzone ausreichen soll.

Das Abschleppen eines in einem Halteverbot abgestellten Fahrzeugs ist erlaubt, wenn es auf Grund der polizeilichen Gefahrenprognose erforderlich ist, um den ordnungsgemäßen Verlauf einer angemeldeten **Demonstration** zu gewährleisten (BayVGH in BayVBl 1989, 439). Verhältnismäßig ist auch das Abschleppen eines etwa 25 Minuten lang auf einem gekennzeichneten **Fußgängerüberweg** („**Zebrastreifen**") abgestellten Fahrzeugs (VGH Kassel in NVwZ 1988, 657) sowie eines 40 Minuten lang auf einem **Radweg** stehenden Kfz (VG Berlin in NZV 1993, 368). Sofortiges Abschleppen ist zulässig aus dem uneingeschränkten Halteverbotsbereich einer **Feuerwehranfahrtszone** (OLG Düsseldorf in VersR 1982, 246; VG München in NVwZ 1988, 667; BayVGH in BayVBl 1991, 433; BVerwG a. a. O.) wie auch einer sog. Sicherheitszone nach § 45 Abs. 1 Satz 2 Nr. 5 StVO, ebenso bei einem rechtswidrig auf einem **Behindertenparkplatz** abgestellten Fahrzeug, ohne daß es der konkreten Behinderung eines Berechtigten bedarf (OVG Münster in NJW 1986, 447; VGH Kassel in NVwZ 1987, 910; BayVGH in NJW 1989, 245, in DÖV 1990, 483, und in NJW 1996, 1979; BVerwG a. a. O.); ein dort abgestelltes Kfz eines Schwerbehinderten darf dann abgeschleppt werden, wenn der zum Parken berechtigende Ausweis nicht gut sichtbar im Fahrzeug ausliegt (VGH Mannheim in NJW 1992, 2442). Sofort abgeschleppt werden darf auch bei unerlaubtem Parken auf sog. **Anwohnerparkplätzen** (VGH Mannheim in NJW 1990, 2270, in NJW 1995, 3004 [nur Leitsatz], und in NVwZ-RR 1996, 149) sowie regelmäßig beim Parken im **absoluten Halteverbot** (VGH Mannheim in DÖV 1990, 482; VGH Kassel in

NVwZ-RR 1995, 29), auch wenn der Störer geltend macht, das Schild sei für ihn nicht wahrnehmbar gewesen (OVG Münster in NJW 1990, 2835). Ist das **Halteverbot** als **noch nicht wirksam** überklebt, muß der Kraftfahrer damit rechnen, daß es alsbald wirksam wird (VGH Mannheim in DVBl 1991, 1370).

Unverhältnismäßig ist das Abschleppen auch nicht, wenn das Fahrzeug auf einer **Grünfläche** unter Mißachtung besonderer Vorkehrungen zu ihrem Schutz wie Absperrungen aus Holzpfählen oder Eisenstangen abgestellt wurde (VG Frankfurt in NVwZ-RR 1993, 28) oder wenn es mehrere Stunden an einer **abgelaufenen Parkuhr** steht (BVerwG in DVBl 1983, 1066), oder wenn ohne vorherige Ankündigung zum Zweck des Ermöglichens von **Straßenbauarbeiten** Halteverbotsschilder aufgestellt wurden; dann ist lediglich unter Umständen die Belastung mit den Kosten unzumutbar (VGH Mannheim in DÖV 1991, 169; OVG Hamburg in DÖV 1995, 783; OVG Münster in DVBl 1996, 575; VGH Kassel in NJW 1997, 1023; BVerwG in NJW 1997, 1021; s. RdNr. 7 zu Art. 76).

Zum Abschleppen eines Pkw, der in einem **verkehrsberuhigten Bereich** außerhalb der gekennzeichneten Parkflächen abgestellt ist, s. VG Düsseldorf in NZV 1992, 287.

Im Rahmen der Verhältnismäßigkeit bewegt sich auch die Frage, welchen Aufwand die Polizei im einzelnen zur Ermittlung der nach Art. 7 oder 8 für ein rechtswidrig geparktes Fahrzeug verantwortlichen Personen treiben muß, ehe sie abschleppen lassen darf. Hier dürfen die Anforderungen nicht überspannt werden. Zwar wird regelmäßig zu verlangen sein, daß sich die Beamten in den unmittelbar an der konkreten Stelle gelegenen Läden, Gaststätten oder kleineren Liegenschaften nach dem Fahrer erkundigen oder ihn ausrufen lassen. Ist das vergeblich oder verspricht es wegen vorhersehbar größeren Zeitaufwands nur einen Erfolg, der die Erfüllung anderer polizeilicher Aufgaben beeinträchtigt, so ist die Entscheidung über das Abschleppen in Abwägung mit der Intensität der konkret bestehenden Verkehrsbehinderung ohne besondere Rücksichtnahme auf den Störer zu treffen. Ein vorheriger Versuch, über eine computergestützte Halterfeststellung den Halter zu ermitteln, ist wegen häufig zu beobachtender Divergenz zwischen Fahrer und Halter wenig erfolgversprechend und jedenfalls bei gegenwärtiger deutlicher Beeinträchtigung des Verkehrs nicht notwendig (vgl. OVG Münster in NJW 1990, 2835).

Nach Ansicht des VGH Mannheim (in DÖV 1994, 82) soll es der Polizei nicht gestattet sein, einen **Personenkraftwagen** allein deshalb abschleppen zu lassen, weil der sich **nicht in einem vorschriftsmäßigen Zustand** befindet (hier: wegen abgefahrener Reifen). Ein Einschreiten hiergegen sei zunächst der Straßenverkehrsbehörde nach den Bestimmungen der StVZO vorbehalten, deren Anordnungen nicht schon deshalb zur Gefahrenbekämpfung ungeeignet seien, weil sie im Einzelfall umgangen oder nicht befolgt würden. Diese Ansicht ist im Lichte der der Polizei obliegenden Aufgabe des Schutzes höchster Rechtsgüter wie Leib oder Leben anderer Verkehrsteilnehmer nicht mehr nachvollziehbar.

Die Polizei darf nach Art. 2 Abs. 2 auch zum **Schutz privater Rechte** das Abschleppen veranlassen oder selbst durchführen, z. B. um eine Garageneinfahrt freizumachen, um den dort stehenden Wagen für wichtige Termine des Eigentümers oder in einem Erkrankungsfall benutzen zu können. Das Erwirken einer gerichtlichen einstweiligen Anordnung nach § 123 VwGO oder einstweiligen Verfügung nach § 935 ZPO ist hier in der Regel nutzlos, weil nicht rechtzeitig erreichbar. Ein Selbsthilferecht des Behinderten nach § 859 BGB wird in der Regel wegen des Fehlens entsprechender Körperkräfte oder Hilfsmittel nutzlos sein (vgl. zum Ganzen VG Freiburg in NJW 1979, 2060). Demgegenüber ist es rechtmäßig, den Wagen des Mieters eines Stellplatzes polizeilich abzuschleppen, wenn dieser einem widerrechtlich darauf Parkenden die Ausfahrt versperrt und keinen Hinweis auf seine eventuelle Erreichbarkeit hinterlassen hat (OVG Saarlouis in NJW 1994, 878). Zum Abschleppen **ungesicherter Fahrzeuge in öffentlichen Garagen** s. BayVGH, U. v. 11. 11. 1996 – 24 B 95.3946 –. Hinsichtlich der Kosten vgl. RdNr. 7 zu Art. 76.

10 Nr. 25.3 VollzB ist nicht anwendbar auf **herrenlose Sachen,** deren Abtransport für sich allein gesehen in niemandes Rechte eingreift und daher nur innerhalb der polizeilichen Aufgabe liegen muß, aber keiner Befugnisnorm bedarf. Handelt es sich um **Fahrzeuge,** an denen das Eigentum durch Besitzaufgabe untergegangen ist (§ 939 BGB), die also herrenlose Sachen sind, so bedarf es gleichwohl einer Befugnisnorm, wenn nach Art. 8 Abs. 3 der frühere Eigentümer in Anspruch genommen werden soll. Ob dafür Art. 25 Nr. 1 oder Art. 11 in Betracht kommen, richtet sich nach den oben dargestellten Überlegungen. Ist ein derelinquierter Gegenstand vom früheren Eigentümer in einer Lage oder einem Zustand belassen worden, in dem er eine Gefahr darstellt, und ist diese Situation durch den früheren Eigentümer oder eine andere Person unmittelbar verursacht worden (s. RdNrn 2, 3 zu Art. 7), so kann die Maßnahme auch gegen die nach Art. 7 verantwortliche Person gerichtet werden. Das muß – anders als nach Art. 8 Abs. 3 – nicht der frühere Eigentümer sein.

11 Nr. 2 dient dem **Schutz von Rechten aus Eigentum oder Besitz,** also privater Rechte. Von der Befugnis kann daher nur Gebrauch gemacht werden, soweit sie nach Art. 2 Abs. 2 in den polizeilichen Aufgabenbereich fällt. Das kann außer in den in Nr. 25.4 VollzB genannten Fällen z. B. auch bei Fundsachen in Betracht kommen, etwa wenn ein Fahrzeug ungesichert und nicht bewacht aufgefunden wird, wie es häufig bei **gestohlenen Fahrzeugen** geschieht (vgl. OVG Koblenz in DÖV 1989, 173; BayVGH, U. v. 11. 11. 1996 – 24 B 95.3946 –; s. o. RdNr. 9). Anders als nach Nr. 1 setzt eine Sicherstellung nach Nr. 2 keine gegenwärtige Gefahr einer Beeinträchtigung der betroffenen Sache voraus. Es genügt, daß bei Nichteingreifen Verlust oder Beschädigung wahrscheinlich sind. Sind diese Folgen auszuschließen, ist die Sicherstellung unzulässig. Das gleiche gilt, wenn die Sache wertlos oder so geringwertig ist, daß ein Interesse des

Berechtigten an der Sicherstellung verneint werden kann; ebenso wenn die Sicherstellung etwa durch sofortige Benachrichtigung eines Berechtigten oder einfach zu treffende Sicherungsmaßnahmen an der Sache vermieden werden kann (Verhältnismäßigkeit; vgl. OVG Koblenz in DVBl 1989, 1011). Über die Maßnahme hat die Polizei nach pflichtgemäßem Ermessen (Art. 5 Abs. 1) selbst zu entscheiden. Das Gesetz enthält weder besondere Anforderungen an Art oder Wert der Sache, noch setzt es einen Antrag des Berechtigten voraus.

Nr. 2 ist nicht anzuwenden, wenn der Schutz einer Sache sich als Nebenfolge einer anderen Maßnahme ergibt, z. B. aus der Platzverweisung nach Art. 16 oder der Ingewahrsamnahme einer Person, die im Begriff ist, Sachbeschädigungen zu begehen, wenn die Voraussetzungen des Art. 17 Abs. 1 Nr. 2 gegeben sind.

Geschützt werden nur die Rechte des **Eigentümers** oder des rechtmäßigen **Inhabers der tatsächlichen Gewalt,** der regelmäßig Eigenbesitzer oder mittelbarer Besitzer im Sinne der §§ 854–872 BGB sein wird. Nach der Formulierung der Nr. 2 fällt jedoch auch der Besitzdiener (§ 855 BGB) unter Nr. 2, der nach § 860 BGB auch zur Selbsthilfe berechtigt ist.

Nr. 3 setzt zunächst voraus, daß eine Person rechtmäßig festgehalten wird, entweder auf Grund der Art. 13 Abs. 2 Satz 3 (dazu zu beachten Art. 13 Abs. 2 Satz 4 und Art. 21 Abs. 2), 15 Abs. 3 oder 17 PAG oder auf Grund anderer Rechtsvorschriften (s. dazu RdNr. 18 zu Art. 17). Die sicherzustellenden Sachen müssen von einem Festgehaltenen mitgeführt werden, also seinem Zugriff an Ort und Stelle zugänglich sein (s. RdNr. 2 zu Art. 22). 12

Weiter setzt Nr. 3 voraus, daß die festgehaltene Person die mitgeführten Sachen zu den unter Buchst. a–d genannten Zwecken verwenden kann. Dies wiederum erfordert, daß die festgehaltene Person subjektiv zu einem solchen Tun in der Lage, also nicht etwa bewegungsunfähig ist. In diesem Fall könnte die vorsorgliche Verwahrung mitgeführter Gegenstände eine Hilfeleistung in Geschäftsführung ohne Auftrag, jedoch keine Sicherstellung sein. Andererseits müssen die Sachen objektiv geeignet sein, in der in Buchst. a–d genannten Weise verwendet zu werden. Sind sie das nicht, unterliegen sie jedenfalls nicht der Sicherstellung aus diesem Grunde.

Durch den Ausdruck „diese Person die Sache verwenden **kann**" läßt das Gesetz selbst in Nr. 3 die **abstrakte** Möglichkeit der Verwendung genügen. Es müssen keine konkreten Anhaltspunkte vorliegen, daß die festgehaltene Person die Sache auch tatsächlich so verwenden würde. Diese gesetzliche Ausnahme vom Erfordernis einer konkreten Gefahr (vgl. Nr. 2.2 Abs. 4 VollzB) ist durch die in solchen Fällen erfahrungsgemäß anzunehmende besondere Gefahrenlage gerechtfertigt.

Durchsuchung und Sicherstellung sind gesetzlich besonders geregelte und daher auch rechtlich zu unterscheidende Maßnahmen. Sie sind auch dann ge- 13 sonderte Maßnahmen (Verwaltungsakte), wenn eine Sicherstellung erst auf Grund einer Durchsuchung möglich wird oder sich als notwendig erweist. Die Sicherstellung kann daher als gegenüber der Durchsuchung rechtlich selbständige Maßnahme auch gesondert angefochten werden; sie ist in ihrem Rechtsbestand von der Rechtmäßigkeit der Durchsuchung nicht abhängig (BayVGH in BayVBl 1963, 286).

Art. 26
Verwahrung

(1) ¹Sichergestellte Sachen sind in Verwahrung zu nehmen. ²Läßt die Beschaffenheit der Sachen das nicht zu oder erscheint die Verwahrung bei der Polizei unzweckmäßig, sind die Sachen auf andere geeignete Weise aufzubewahren oder zu sichern. ³In diesem Fall kann die Verwahrung auch einem Dritten übertragen werden.

(2) ¹Dem Betroffenen ist eine Bescheinigung auszustellen, die den Grund der Sicherstellung erkennen läßt und die sichergestellten Sachen bezeichnet. ²Kann nach den Umständen des Falls eine Bescheinigung nicht ausgestellt werden, so ist über die Sicherstellung eine Niederschrift aufzunehmen, die auch erkennen läßt, warum eine Bescheinigung nicht ausgestellt worden ist. ³Der Eigentümer oder der rechtmäßige Inhaber der tatsächlichen Gewalt ist unverzüglich zu unterrichten.

(3) ¹Wird eine sichergestellte Sache verwahrt, so hat die Polizei nach Möglichkeit Wertminderungen vorzubeugen. ²Das gilt nicht, wenn die Sache durch den Dritten auf Verlangen eines Berechtigten verwahrt wird.

(4) Die verwahrten Sachen sind zu verzeichnen und so zu kennzeichnen, daß Verwechslungen vermieden werden.

26 Zu Art. 26 (Verwahrung)

26.1 Verwahrung im Sinn des Art. 26 Abs. 1 ist die Aufbewahrung einer Sache bei der Polizei oder im Auftrage der Polizei bei einem Dritten oder die Sicherung der Sache vor dem Zugriff Dritter auf andere Weise (z. B. Versiegelung). Art. 26 Abs. 1 ermächtigt die Polizei nicht dazu, einem Dritten die Übernahme der Aufbewahrung zu gebieten; als Rechtsgrundlage für eine solche Anordnung kommt allenfalls Art. 11 in Verbindung mit Art. 10 des Gesetzes in Betracht.

*26.2 Die **Beschaffenheit** einer Sache läßt deren Aufbewahrung bei der Polizei insbesondere dann nicht zu, wenn wegen der Größe oder des Gewichts des Gegenstandes ein Transport undurchführbar ist oder wenn die Sache, um Gefahren oder den Verderb zu verhindern, nur mit besonderen Sicherungsvorkehrungen gelagert werden kann.*

*26.3 Die Aufbewahrung einer sichergestellten Sache durch Dritte ist insbesondere dann **zweckmäßig**, wenn der Dritte, jedoch nicht die Polizei über Einrichtungen verfügt, die eine sachgemäße Aufbewahrung gewährleisten (beispielsweise Aufbewahrung von Tieren, verderblichen Gütern).*

*26.4 Die **Bescheinigung** nach Art. 26 Abs. 2 Satz 1 soll die Rechtsgrundlage der Sicherstellung und den Zweck der Maßnahme darstellen (z. B. „Beendigung des unerlaubten Besitzes" [einer Schußwaffe], „Abwendung der Explosionsgefahr"). In der Bescheinigung ist die Sache so genau zu bezeichnen, daß Verwechslungen mit anderen sichergestellten Sachen ausgeschlossen sind.*

Art. 26

*26.5 Eine Bescheinigung kann insbesondere dann **nicht ausgestellt** werden, wenn der Betroffene nicht rechtzeitig ermittelt werden kann. Die nach Art. 26 Abs. 2 Satz 2 erforderliche **Niederschrift** soll die gleichen Angaben wie die Bescheinigung nach Satz 1 enthalten, ferner die Feststellung, warum eine Ausstellung nach Satz 1 nicht möglich war. Unter dem rechtmäßigen Inhaber der tatsächlichen Gewalt im Sinn des Art. 26 Abs. 2 Satz 3 ist der zum Besitz Berechtigte zu verstehen.*

*26.6 Die **Sorgfaltspflicht** der Polizei nach Absatz 3 Satz 1 besteht auch dann, wenn die Polizei die Sache durch einen Dritten verwahren läßt, sofern diese Art der Verwahrung nicht auf Verlangen des Berechtigten gewählt worden ist. Unter **Wertminderungen** im Sinn des Absatzes 3 Satz 1 sind nur Beeinträchtigungen zu verstehen, die die Substanz der Sache angreifen. Veränderungen, die den Marktwert betreffen, bleiben außer Betracht. Die Pflicht, Wertminderungen vorzubeugen, erstreckt sich insbesondere auf sachgerechte Lagerung, Wartung und Pflege und auf den Schutz gegen Beeinträchtigungen durch Dritte. Außergewöhnliche Schutzmaßnahmen und Maßnahmen, deren Kosten den Wert der Sache übersteigen, sind nicht erforderlich. Die Pflege der Sache kann dem Betroffenen selbst oder einem von ihm Beauftragten überlassen werden, wenn der Zweck der Sicherstellung das zuläßt.*

1 Zum **Begriff** der **Verwahrung** s. zunächst Nr. 26.1 VollzB. Dort wird darauf hingewiesen, daß Sachen auch auf andere Weise als durch Verwahrung im strengen Wortsinn sichergestellt werden können, z. B. dadurch, daß ein Raum oder ein Behältnis amtlich verschlossen, eine Anlage oder ein Gerät durch Wegnahme eines Teils, die ohne Zerstörung der Sache möglich ist, funktionsunfähig gemacht oder daß die Sache (das Tier) einem Dritten zur Aufbewahrung anvertraut wird. So kann z. B. ein Raum amtlich verschlossen werden, in dem sich ein schwer beweglicher, sicherzustellender Gegenstand, etwa eine größere Maschine, Druckerpresse oder dergleichen befindet. Eine verirrte Kuh, deren Eigentümer zunächst nicht festgestellt werden kann und die die Saatfelder zu beschädigen droht, kann im Stall des nächstwohnenden Bauern eingestellt werden. Dagegen kann die Sicherung einer sicherzustellenden Sache rechtmäßig nicht durch deren Beschädigung oder Zerstörung bewirkt werden (vgl. OLG Zweibrücken in MDR 1989, 928). Hiervon zu unterscheiden sind der Fall des Art. 27 Abs. 4 und die Anwendung unmittelbaren Zwangs, etwa durch Schüsse in die Reifen des Fahrzeugs eines flüchtenden Straftäters.

Soweit Art. 26 die Behandlung von Verwahrstücken nicht selbst regelt, ist die Dienstvorschrift für die Behandlung von Verwahrstücken bei staatlichen Polizeidienststellen (DVVstP) maßgebend (Bek des BStMI vom 23. August 1995, AllMBl S. 707).

Das Rechtsverhältnis, auf Grund dessen ein Dritter die Verwahrung übernimmt, stellt sich regelmäßig als nicht formbedürftiger, bürgerlich-rechtlicher

Vertrag zwischen der Polizei und dem Dritten dar, ähnlich wie im Fall der Beauftragung nach Art. 9 Abs. 1 (vgl. dort RdNr. 4). Die Polizei bleibt jedoch auch in diesem Falle gegenüber dem Adressaten der Sicherstellung für die ordnungsgemäße Verwahrung verantwortlich. Eine unmittelbare Rechtsbeziehung zwischen dem Adressaten der Sicherstellung und dem Dritten entsteht nicht (vgl. Abs. 3 Satz 1).
Art. 26 Abs. 1 bietet keine Rechtsgrundlage, einen Dritten zur Übernahme der Verwahrung durch Verwaltungsakt zu verpflichten. Die Voraussetzungen für eine Inanspruchnahme nach Art. 11 i. Verb. m. Art. 10, die Nr. 26.1 VollzB andeutet, dürften in der Praxis nur selten gegeben sein. Weigert sich ein Dritter, eine sichergestellte Sache anstelle der Polizei in Verwahrung zu nehmen, muß eine andere Person oder eine andere Möglichkeit der Verwahrung gesucht werden, wenn nicht nach Art. 10 vorgegangen werden kann.

Abs. 2 schreibt ein bestimmtes Verfahren vor, das dem Betroffenen die 2 Wahrnehmung seiner Rechte, insbesondere auf Rückgabe oder Schadenersatz, erleichtern soll. Damit legt Abs. 2 der Polizei mehrere **Amtspflichten** gegenüber Dritten auf, deren Verletzung die Sicherstellung zwar nicht unwirksam macht, aber Ansprüche aus § 839 BGB begründen kann; s. dazu RdNr. 4 zu Art. 24.

Abs. 2 Satz 1 schreibt vor, daß dem Betroffenen eine **Bescheinigung** über 3 die Sicherstellung zu erteilen ist, und bestimmt deren Inhalt. Die Bescheinigung als solche ist kein selbständig anfechtbarer Verwaltungsakt (vgl. VGH Mannheim in NVwZ 1992, 184/185 = DÖV 1992, 80 = NZV 1992, 383). Sie dient der Information und enthält keine selbständige Beschwer. In der Regel ist diese Bescheinigung an Ort und Stelle auszustellen. Ist das nicht möglich, weil z. B. die örtlichen oder zeitlichen Gegebenheiten es nicht erlauben oder der Aufenthalt des Betroffenen nicht bekannt ist und nicht rechtzeitig ermittelt werden kann, so ist nach **Satz 2** eine **Niederschrift** aufzunehmen, die neben Ort und Zeit der Maßnahme die in Satz 1 geforderten Angaben und den Grund enthalten muß, weshalb nicht nach Satz 1 verfahren werden konnte. **Satz 3** verpflichtet die Polizei, den Eigentümer oder den rechtmäßigen Inhaber der tatsächlichen Gewalt über die Sache (s. RdNr. 11 a. E. zu Art. 25) unverzüglich, also ohne schuldhaftes Zögern (§ 121 Abs. 1 BGB), von der Sicherstellung zu **unterrichten.** Für die Unterrichtung ist keine Form vorgeschrieben, sie kann deshalb auch mündlich oder fernmündlich geschehen, zumal sie die Pflichten der Polizei aus Satz 1 oder 2 zwar ergänzt, aber nicht ersetzt.

Abs. 3 enthält ebenfalls eine der Polizei gegenüber dem Betroffenen auferlegte Amtspflicht. Sie richtet sich darauf, **Wertminderungen** (s. dazu Nrn 26.6 und 27.1 VollzB) vorzubeugen, wobei der Zusatz „nach Möglichkeit" die

Art. 26

Pflicht der Polizei auf das ihr rechtlich wie nach ihren räumlichen und personellen Gegebenheiten Mögliche begrenzt. **Satz 1** gilt auch bei der Verwahrung durch Dritte anstelle der Polizei. In diesem Fall hat die Polizei durch entsprechende Vereinbarungen zu gewährleisten und sich im Rahmen des Möglichen und Zumutbaren auch zu überzeugen, daß Wertminderungen vermieden werden, die etwa durch unsachgemäße Unterbringung, Behandlung oder durch Mangel an notwendiger Pflege und Wartung entstehen können.

Da es sich um öffentlich-rechtliche Verwahrung handelt (s. Nr. 25.2 VollzB), können zur Bestimmung der wechselseitigen Rechte, Pflichten und Ansprüche die §§ 688 ff. BGB sinngemäß herangezogen werden, jedoch nur, soweit die Art. 25 und 26 PAG dafür Raum lassen. Dabei ist nicht nur der öffentlich-rechtliche Zweck der Maßnahme, sondern insbesondere auch Abs. 3 Satz 1 zu beachten, so daß selbst bei unentgeltlicher Verwahrung durch die Polizei oder auch Dritte die Sorgfaltspflicht über die eigenübliche Sorgfalt nach § 690 BGB hinausgehen kann. Auch „übernimmt" die Polizei die Aufbewahrung nicht aus eigenem Antrieb, sondern kraft einer ihr auferlegten Amtspflicht. Deshalb haftet die Polizei gegebenenfalls aus § 839 BGB. Vgl. im übrigen Burmeister in JuS 1989, 256.

Für **vermögensrechtliche Ansprüche** aus öffentlich-rechtlicher Verwahrung und **Schadenersatzansprüche** aus der Verletzung öffentlich-rechtlicher Pflichten, die nicht auf einem öffentlich-rechtlichen Vertrag beruhen, ist nach § 40 Abs. 2 VwGO der **ordentliche Rechtsweg** gegeben.

5 Wird auf **Verlangen eines** an der sichergestellten Sache **Berechtigten** die Sache durch einen Dritten verwahrt, ist gemäß **Abs. 3 Satz 2** die Polizei nicht verpflichtet, Wertminderungen selbst vorzubeugen. Berechtigt an der sichergestellten Sache ist nicht nur der Betroffene, sondern jeder, dem ein Verfügungsrecht an ihr zusteht (s. auch Nr. 27.3 Satz 1 VollzB). Dem Verlangen des Berechtigten auf Verwahrung durch einen Dritten, der auch ein Unternehmen sein kann, darf nur entsprochen werden, soweit der Zweck der Sicherstellung dadurch nicht gefährdet wird. Ein Anspruch des Berechtigten, daß seinem Verlangen stattgegeben wird, wird durch Satz 2 nicht begründet. Dem Verlangen ist nur zu entsprechen, wenn das ohne unverhältnismäßige Aufwendungen möglich ist und der polizeiliche Zweck der Verwahrung dadurch nicht gefährdet wird.

6 Die Verfahrensvorschrift des **Abs. 4** ist ebenfalls eine der Polizei gegenüber dem Betroffenen auferlegte Amtspflicht. Hinzuweisen ist auf die **Dienstvorschrift für die Behandlung von Verwahrstücken** bei staatlichen Polizeidienststellen vom 14. Mai 1958 (MABl S. 264, geänd. durch Nr. 8 a der ME vom 5. August 1970, MABl S. 499 und Bek vom 12. Juli 1978, MABl S. 462), sowie auf die Gebührenordnung zur Fahrzeugverwahrung – FVGebO – vom 8. Juni 1994, GVBl S. 509.

Art. 27
Verwertung, Vernichtung

(1) Die Verwertung einer sichergestellten Sache ist zulässig, wenn
1. ihr Verderb oder eine wesentliche Wertminderung droht,
2. ihre Verwahrung, Pflege oder Erhaltung mit unverhältnismäßig hohen Kosten oder Schwierigkeiten verbunden ist,
3. sie infolge ihrer Beschaffenheit nicht so verwahrt werden kann, daß weitere Gefahren für die öffentliche Sicherheit oder Ordnung ausgeschlossen sind,
4. sie nach einer Frist von einem Jahr nicht an einen Berechtigten herausgegeben werden kann, ohne daß die Voraussetzungen der Sicherstellung erneut eintreten würden, oder
5. der Berechtigte sie nicht innerhalb einer ausreichend bemessenen Frist abholt, obwohl ihm eine Mitteilung über die Frist mit dem Hinweis zugestellt worden ist, daß die Sache verwertet wird, wenn sie nicht innerhalb der Frist abgeholt wird.

(2) ¹Der Betroffene, der Eigentümer und andere Personen, denen ein Recht an der Sache zusteht, sollen vor der Verwertung gehört werden. ²Die Anordnung sowie Zeit und Ort der Verwertung sind ihnen mitzuteilen, soweit die Umstände und der Zweck der Maßnahme es erlauben.

(3) ¹Die Sache wird durch öffentliche Versteigerung verwertet; § 979 Abs. 1 des Bürgerlichen Gesetzbuchs gilt entsprechend. ²Bleibt die Versteigerung erfolglos, erscheint sie von vornherein aussichtslos oder würden die Kosten der Versteigerung voraussichtlich den zu erwartenden Erlös übersteigen, so kann die Sache freihändig verkauft werden. ³Der Erlös tritt an die Stelle der verwerteten Sache. ⁴Läßt sich innerhalb angemessener Frist kein Käufer finden, so kann die Sache einem gemeinnützigen Zweck zugeführt werden.

(4) ¹Sichergestellte Sachen können unbrauchbar gemacht oder vernichtet werden, wenn
1. im Fall einer Verwertung die Gründe, die zu ihrer Sicherstellung berechtigten, fortbestehen oder Sicherstellungsgründe erneut entstehen würden, oder
2. die Verwertung aus anderen Gründen nicht möglich ist.

²Absatz 2 gilt sinngemäß.

27 Zu Art. 27 (Verwertung, Vernichtung)

*27.1 Wegen des Begriffs der **Wertminderung** wird auf Nummer 26.6 hingewiesen. Eine Verwertung nach Art. 26 Abs. 1 Nr. 1 ist auch dann – unbeschadet einer etwaigen Schadensersatzpflicht der Polizei – zulässig, wenn der Verderb oder die wesentliche Wertminderung auf nicht ordnungsgemäße Verwahrung zurückzuführen ist.*

*27.2 Art. 27 Abs. 1 Nr. 2 setzt voraus, daß die **unverhältnismäßig** hohen Kosten oder Schwierigkeiten nicht durch die Beauftragung eines Dritten mit* *der Verwahrung oder auf sonstige Weise abgewendet werden können. Unverhältnismäßig sind Kosten, die den Wert der Sache übersteigen. Übernimmt der Betroffene die Kosten, so kommt eine Verwertung nach Nummer 2 nicht in Betracht. Unverhältnismäßig große Schwierigkeiten können sich aus dem Umfang oder der Beschaffenheit der Sache ergeben, beispielsweise bei Sachen oder Stoffen, für die sich kein Aufbewahrungsort oder Betreuer finden läßt.*

27.3 **Berechtigter** *im Sinn des Art. 27* **Abs. 1 Nr. 4** *ist jeder, der Eigentümer der Sache ist oder ein Recht zum Besitz der Sache hat (beispielsweise Mieter, Pächter, Entleiher, Pfandgläubiger). Die Frist nach Nummer 4 beginnt im Zeitpunkt der Sicherstellung zu laufen.*

27.4 Art. 27 **Abs. 1 Nr. 5** *setzt voraus, daß die Sicherstellungsgründe entfallen sind und ein Berechtigter und sein Aufenthaltsort der Polizei bekannt sind. Der Begriff des Berechtigten in Nummer 5 stimmt mit dem in Nummer 4 überein. Sind der Polizei mehrere Berechtigte bekannt, so soll die Mitteilung nach Nummer 5 jedem Berechtigten zugestellt werden. Die Frist ist so zu bemessen, daß der Berechtigte in der Lage ist, der Aufforderung nachzukommen; die Entfernung des Aufenthaltsortes des Berechtigten vom Verwahrungsort und sonstige bekannte Hinderungsgründe (z. B. Urlaub) sollen berücksichtigt werden. Werden solche Umstände später bekannt, ist die Frist neu zu bemessen. Kann der Berechtigte nur mit unverhältnismäßigem Aufwand ermittelt werden, ist eine Verwertung nach Abs. 1 Nr. 2 zulässig.*

27.5 Die **Anhörung** *nach* **Absatz 2** *soll in der Regel schriftlich erfolgen, wenn die Verwertung nicht besonders eilbedürftig ist. Von einer Anhörung kann abgesehen werden, wenn sich Berechtigte nur mit unverhältnismäßigem Aufwand ermitteln lassen oder durch die durch die Anhörung bewirkte Verzögerung der Verwertung der voraussichtliche Erlös vermindert würde.*

27.6 Die Anordnung des **freihändigen Verkaufs** *nach Art. 27* **Abs. 3** *Satz 2 und dessen Zeit und Ort sind dem Berechtigten mitzuteilen, soweit die Umstände und der Zweck der Maßnahme dies erlauben.*

27.7 Eine Sache wird dann im Sinn des **Absatzes 4 unbrauchbar** *gemacht, wenn sie so geändert wird, daß sie ihrer ursprünglichen objektiven Zweckbestimmung, mit der Gefahren für die öffentliche Sicherheit oder Ordnung verbunden sind, nicht mehr dienen kann. Nach der Unbrauchbarmachung ist die Sache an denjenigen herauszugeben, bei dem sie sichergestellt worden ist (Art. 28 Abs. 1).*

1   Art. 27 gewährt gegenüber Art. 25 keine zusätzlichen Sicherstellungsbefugnisse. Er erlaubt vielmehr unter bestimmten Voraussetzungen, daß eine sichergestellte Sache verwertet oder vernichtet werden darf und regelt das Verfahren dafür. Die StPO enthält eine entsprechende Regelung in § 111 l, die über § 46, gegebenenfalls i. Verb. m. § 53 Abs. 2 OWiG auch für den Bereich der Ord-

nungswidrigkeiten gilt. Auch § 930 Abs. 3 ZPO, die §§ 383 Abs. 1 und 1219 BGB sowie § 373 Abs. 2 HGB enthalten ähnliche Vorschriften.
Vorrang vor der Verwertung oder Vernichtung der Sache hat ihre **Herausgabe** nach Art. 28 Abs. 1. Nur wenn die Herausgabe der Sache den Zweck der Sicherstellung vereiteln würde oder die Voraussetzung des Art. 28 Abs. 1 Satz 3 gegeben ist, kann von Art. 27 Gebrauch gemacht werden.

Zum **Begriff** der **Verwertung** s. Abs. 3. Er umfaßt sowohl einen Vorgang, 2 bei dem der Erlös an die Stelle der Sache tritt, wie auch das Zuführen einer Sache zu ihrer bestimmungsgemäßen Verwendung.

Während die Sicherstellung regelmäßig nur einen **Eingriff** in den Besitz darstellt (s. RdNr. 1 zu Art. 25), ist die Verwertung oder Vernichtung ein solcher **in das Eigentum**. In den Fällen des Abs. 1 Nrn 1–4 ist die Verwertung ebenso wie die Sicherstellung unmittelbar aus der verfassungsrechtlich erlaubten Beschränkung des Eigentums zugunsten der öffentlichen Sicherheit und Ordnung im Rahmen des Art. 14 Abs. 1 Satz 2 und dem Schutzzweck des Art. 14 Abs. 2 GG zu rechtfertigen, jedenfalls soweit im Zeitpunkt der Verwertung oder Vernichtung die Gründe für die Sicherstellung nach Art. 25 Nrn 1 und 3 fortbestehen. Die Anordnung der Verwertung oder Vernichtung, die erst zum Untergang des ursprünglichen Eigentumsrechts führt, ist ein Verwaltungsakt im Sinne des Art. 35 Abs. 1 Satz 1 BayVwVfG, denn der Eigentumsentzug ist gegenüber dem Besitzentzug ein weiterer und stärkerer, einen Einzelfall regelnder Rechtseingriff. Widerspruch und Anfechtungsklage haben daher grundsätzlich aufschiebende Wirkung, soweit nicht die Unaufschiebbarkeit im Sinne des § 80 Abs. 2 Nr. 2 VwGO gegeben ist oder die sofortige Vollziehung nach § 80 Abs. 2 Nr. 4 VwGO angeordnet wird. Die Ausgestaltung des Art. 27 Abs. 2 PAG als Sollvorschrift und der Verzicht auf das Zustellungserfordernis des Abs. 1 Nr. 5 stehen dieser Auffassung nicht entgegen. Die Abweichung trägt nur der Pragmatik Rechnung, wenn ein Berechtigter nicht bekannt und auch in vertretbarer Zeit nicht zu ermitteln ist oder wenn die Verwertung wegen der Eigenart der Sache oder ihrer besonderen Gefährlichkeit ohnehin keinen Aufschub duldet (s. Abs. 4); vgl. OVG Münster in DVBl 1991, 1375 = NVwZ-RR 1992, 76.

Sachen, die nach Art. 25 Nr. 2 sichergestellt worden sind, fallen zwar auch unter Art. 27, doch würde die Verwertung oder Vernichtung in diesem Fall im Gegensatz zum gesetzlichen Zweck der Sicherstellung stehen. Hier gebietet die Interessenlage, das Einvernehmen mit dem an der Sache Berechtigten über deren weitere Behandlung herbeizuführen, wenn dies Art. 27 Abs. 2 auch nicht vorschreibt.

Den Fällen des Abs. 1 Nrn 1–4 liegt mithin eine **Bestimmung von Inhalt und Schranken des Eigentums (Sozialbindung)** zugrunde, außerhalb derer das Eigentum nicht gewährleistet ist, so daß insoweit begrifflich keine Enteignung und damit auch keine Entschädigungspflicht anzunehmen ist (s. auch RdNr. 1 zu Art. 25). Soweit nach Abs. 3 Satz 3 der Erlös an die Stelle der Sache tritt,

Art. 27

handelt es sich nicht um eine Entschädigungsregelung im Sinne des Art. 14 Abs. 3 Satz 2 f. GG. In den Fällen des Abs. 3 Satz 2 und 4 ist anzunehmen, daß die gleichen Schwierigkeiten auch für den an der Sache Berechtigten bestünden, würde er sich selbst der Sache wegen ihrer Gefährlichkeit entäußern. Da objektiv Unmögliches, wie ein Verkauf ohne Käufer (Abs. 3 Satz 4), vom Staat nicht gefordert werden kann und dieser zwar Aufwendungen für die sichergestellte Sache erbracht hat, aus ihr aber bei der Zuführung zu einem gemeinnützigen Zweck keinen Nutzen zieht, rechtfertigt die gebotene Interessenabwägung auch die Verwertung ohne Erlös.

Der Fall des Abs. 1 Nr. 5 unterscheidet sich von den übrigen insofern, als er davon ausgeht, daß die Gründe der Sicherstellung weggefallen sind (s. Nr. 27.4 VollzB; Art. 28 Abs. 1). Die Zulassung der Verwertung wird damit zur bloßen Ordnungsnorm, denn dem Berechtigten ist freigestellt, sich wieder in den Besitz der Sache zu setzen. Damit entfällt wiederum die enteignungsrechtliche Problematik. Nimmt der Berechtigte sein Recht trotz entsprechender Unterrichtung nicht wahr, besteht keine Verpflichtung zu weiterer Verwahrung; das Interesse der Polizei und ihres Trägers, die Verwahrung auf geeignete Weise zu beenden, überwiegt. Für weitergehende Ansprüche des Berechtigten, als sie Art. 27 Abs. 3 und Art. 28 vorsehen, ist kein Rechtsgrund ersichtlich.

3   Zu **Abs. 1 Nr. 1: Verderb** einer Sache bedeutet, daß sie sich so verändert, daß sie weder zu ihrer ursprünglichen Bestimmung noch zu einem anderen sinnvollen und erlaubten Zweck verwendet werden kann.

Zur **Wertminderung** s. Nrn 26.6 und 27.1 VollzB. Ob eine Wertminderung als **wesentlich** zu betrachten ist, beurteilt sich in der Regel nach wirtschaftlichen Gesichtspunkten, kann aber auch nach ideellen Maßstäben zu bewerten sein, etwa bei Kunstwerken, Sammlerstücken u. ä. Beginnender Verderb ist stets eine wesentliche Wertminderung (z. B. Fäule bei Lebensmitteln, erhebliche Korrosion bei Metall). Zu denken ist auch an das Entweichen ungefährlicher (sonst Nr. 3!) Gase oder Aerosole oder das Altern von Arzneimitteln.

Verderb oder wesentliche Wertminderung müssen noch nicht eingetreten sein, aber **drohen,** d. h. mit ihrem Eintritt muß nach Erfahrung oder verständigem, gegebenenfalls fachkundigem Urteil vor dem voraussichtlichen Wegfall des Zwecks der Sicherstellung und unter Berücksichtigung der für eine Verwertung benötigten Zeit zu rechnen sein.

4   Zu **Abs. 1 Nr. 2** s. Nr. 27.2 VollzB.

5   Zu **Abs. 1 Nr. 3:** Hier kommen insbesondere Stoffe in Betracht, die nicht sachgemäß gelagert und verwahrt werden können, weil weder die Polizei noch erreichbare und zur Übernahme der Verwahrung bereite Dritte entsprechende Möglichkeiten haben. Zu denken ist an explosionsgefährliche oder besonders feuergefährliche Gegenstände, aber auch an giftige Stoffe, deren Entweichen nicht sicher verhindert werden kann. **Gefahren** müssen bei der Verwahrung **ausgeschlossen,** d. h. mit Sicherheit nicht zu erwarten sein; andernfalls ist die Verwertung zulässig.

Zu **Abs. 1 Nr. 4:** Die **Jahresfrist** berechnet sich vom Zeitpunkt der Sicherstellung an nach den §§ 186, 187, 188 Abs. 2 BGB. Zum Begriff „**Berechtigter**" s. Nr. 27.3 VollzB. 6

Die Wendung „**erneut eintreten**" darf nicht darüber hinwegtäuschen, daß die Voraussetzungen der Sicherstellung und der **Verwahrung** auch während der gesamten Jahresfrist bestanden haben müssen. Andernfalls wäre nach Art. 28 Abs. 1 zu verfahren gewesen.

Bei Nr. 4 sind Art und Beschaffenheit der zu verwertenden Sache unerheblich. Als Beispiel ist zu denken an die Verwertung von Waffen, die einem inzwischen flüchtigen und untergetauchten Verbrecher abgenommen worden sind und für die kein sonstiger Berechtigter ermittelt werden kann, soweit hierüber nicht im objektiven Verfahren nach § 76 a StGB zu entscheiden ist.

Zu **Abs. 1 Nr. 5** s. zunächst Nr. 27.4 VollzB. Daß die **Mitteilung** der **Schriftform** bedarf, ergibt sich aus der in Nr. 5 vorgeschriebenen **Zustellung.** Diese ist nach den Bestimmungen des im Bereich des Landesrechts anzuwendenden VwZVG (Art. 1–16) zu bewirken. Ist der Berechtigte bekannt und zur Abholung der Gegenstände aufgefordert worden, will er sie aber nicht zurücknehmen, so besteht die Verwahrungspflicht der Polizei zunächst fort, obwohl die polizeilichen Aufgaben die Verwahrung nicht mehr erfordern. Es ist deshalb notwendig, die Verwahrung in einem gesetzlich geordneten Verfahren zu beenden, um Raum und Kosten zu sparen oder sonstige aus der Pflicht zu sachgemäßer Verwahrung etwa entstehende Schwierigkeiten zu vermeiden. Abs. 1 Nr. 5 und Abs. 3 bieten dazu die notwendige gesetzliche Handhabe. Die Zustellung des Hinweises ist Voraussetzung für das weitere Verfahren. Ist sie unterblieben, obwohl der Berechtigte bekannt war, oder wartet die Polizei die von ihr gesetzte Frist nicht ab, ist die Verwertung nach Abs. 3 unzulässig und gegebenenfalls rechtswidrig. Das gilt auch, wenn die Polizei weiß oder den Umständen nach annehmen muß, daß die Mitteilung den Berechtigten nicht oder nicht rechtzeitig erreichen wird. 7

Für die **Anhörung** nach Abs. 2 ist keine bestimmte Form vorgeschrieben. Sie kann daher schriftlich, mündlich oder fernmündlich geschehen. Für die Polizei gilt als intern verbindliche Dienstvorschrift grundsätzlich Nr. 27.5 Satz 1 VollzB. 8

Abs. 2 Satz 1 ebenso wie Nr. 27.5 Satz 1 VollzB sind **Sollvorschriften;** s. dazu RdNr. 4 zu Art. 15. Eine mögliche Ausnahme von der durch Abs. 2

Art. 27

Satz 1 begründeten grundsätzlichen Verpflichtung der Polizei nennt Nr. 27.5 Satz 2 VollzB. Die Anhörung ist trotz der Sollvorschrift zu unterlassen, wenn sie nach begründeter Auffassung der Polizei den Zweck der Sicherstellung gefährden würde.

Nach seinem Wortlaut verlangt Abs. 2 Satz 1, daß nicht nur der Betroffene, sondern alle **gehört** werden, denen **ein Recht an der Sache** zusteht. Der zur Ermittlung der Berechtigten notwendige Aufwand darf jedoch nicht außer Verhältnis zu den Kräften und Mitteln stehen, die die Polizei im Rahmen ihrer gesamten Aufgaben für diesen Zweck einsetzen kann (vgl. Nrn 27.4 Satz 6 und 27.5 Satz 2 VollzB).

Abs. 2 Satz 2 ist eine eingeschränkte Muß-Vorschrift im Interesse der Betroffenen und begründet damit eine Amtspflicht. Die **Mitteilung** darf nur aus den gesetzlich umschriebenen, allerdings weit gefaßten Gründen unterbleiben, daß die Umstände oder der Zweck der Maßnahme es im Einzelfall erfordern. Die Aufzählung von „Umstände" und „Zweck der Maßnahme" ist trotz des beide Gründe verbindenden „und" nicht kumulativ zu verstehen. Nach dem Sinn und Zweck der Vorschrift genügt es, wenn entweder die Umstände (z. B. nicht rechtzeitig zu ermittelnde Anschrift von Betroffenen) oder das Erreichen des Maßnahmezwecks (z. B. wahrscheinliche Behinderung notwendiger weiterer Ermittlungen) die Mitteilung verbieten.

9 **Abs. 3** bestimmt, wie eine sichergestellte Sache zu **verwerten** ist. S. dazu zunächst RdNr. 2. In erster Linie hat die Verwertung nach **Satz 1** durch **öffentliche Versteigerung** zu geschehen. Hierfür wird § 979 Abs. 1 BGB für entsprechend anwendbar erklärt. Nachdem nicht nur die Zulässigkeit, sondern sogar das Gebot der Versteigerung in Art. 27 Abs. 3 selbst ausgesprochen ist, hat nur noch § 979 Abs. 1 Satz 2 BGB Bedeutung für die Versteigerung nach dem PAG. Es wäre einfacher gewesen, diesen Satz in bereinigter Fassung unmittelbar in Abs. 3 aufzunehmen. Er stellt es in das pflichtgemäße Ermessen der Polizei, die Versteigerung durch einen ihrer Beamten vornehmen zu lassen oder, wenn etwa kein geeigneter Beamter zur Verfügung steht, einen anderen zuverlässigen Auktionator (z. B. Gerichtsvollzieher) zu beauftragen. Auch eine Versteigerung zusammen mit Fundsachen durch die Gemeinde ist zulässig, wenn das im Einzelfall einfacher und zweckmäßiger und die Gemeinde einverstanden ist. Nach Art. 4 Abs. 1, 2 wie auch nach Art. 27 Abs. 3 Satz 2, dritte Alternative ist auf die dabei entstehenden Kosten zu achten, die möglichst gering zu halten sind. Für den gutgläubigen Erwerb bei öffentlichen Versteigerungen gilt § 935 Abs. 2 BGB.

10 Sind die Voraussetzungen des **Abs. 3 Satz 2** gegeben, steht es im pflichtgemäßen Ermessen der Polizei, die Sache **freihändig zu verkaufen.** Hierzu ist Nr. 27.6 VollzB zu beachten. Seine Nichtbeachtung ist eine Pflichtverletzung, jedoch keine Amtspflichtverletzung im Sinne des § 839 BGB; sie wirkt sich auf

Zulässigkeit und Gültigkeit des Verkaufs nicht aus. Bei dem Verkauf handelt es sich auf seiten der Polizei um die Ausübung einer öffentlich-rechtlichen Befugnis, nicht um eine Veräußerung auf Grund bürgerlich-rechtlicher Verfügungsbefugnis. Da der Verkauf ein Ersatz-Rechtsgeschäft anstelle einer öffentlichen Versteigerung darstellt, erscheint hinsichtlich des gutgläubigen Erwerbs durch den Käufer eine Rechtsanalogie zu § 935 Abs. 2 BGB möglich.

Abs. 3 Satz 3 entspricht § 979 Abs. 2 BGB. Der **Erlös** besteht sowohl bei Versteigerung wie bei freihändigem Verkauf immer in einer **Geldsumme** (vgl. § 385 BGB). Zur weiteren Verfügung über den Erlös s. Art. 28 Abs. 2 und 3. **11**

Abs. 3 Satz 4 läßt anstelle von Versteigerung oder freihändigem Verkauf die Zuführung der Sache zu einem gemeinnützigen Zweck zu, wenn nicht in angemessener Frist ein Käufer gefunden werden kann. Zur **Angemessenheit der Frist** s. o. RdNr. 3. **Zuführung** ist unter Beachtung des Grundsatzes der Verhältnismäßigkeit nicht nur als Gebrauchsüberlassung, sondern auch als Zuwendung mit Eigentumsübergang auszulegen, z. B. wenn bei Lebensmitteln die einzige bestimmungsgemäße Verwendung der alsbaldige Verzehr ist. **12**

Bei **gemeinnützigen Zwecken** ist zunächst an den umfangreichen Katalog des § 5 KörperschaftssteuerG zu denken. Satz 4 dürfte jedoch nach seinem Wortlaut nicht darauf abgestellt haben. Vielmehr ist es ausreichend, daß ein Zweck nach allgemeiner Anschauung als gemeinnützig anzusehen ist ohne Rücksicht auf entsprechende steuerrechtliche Anerkennung. Danach kommen insbesondere in Betracht Anstalten und Einrichtungen, die der Jugend-, Alten-, Krankenpflege, der Wohlfahrtspflege, dem Rettungswesen oder anderen allgemein fürsorgerischen und caritativen Zwecken dienen und von der Allgemeinheit als solche anerkannt werden.

Nach **Abs. 4 Satz 1** können sichergestellte Sachen unbrauchbar gemacht oder vernichtet werden. Beides ist unter den Voraussetzungen der Nrn 1 oder 2 zulässig. Für die Entscheidung zwischen Unbrauchbarmachen und Vernichten ist Art. 4 zu beachten. **13**

Zum **Unbrauchbarmachen** s. Nr. 27.7 VollzB. Auch eine unbrauchbar gemachte Sache kann noch wertvoll sein, z. B. eine unbrauchbar gemachte Schußwaffe, die Antiquitäts- oder Sammlerwert hat. Ist die Sache unbrauchbar gemacht worden, richtet sich das weitere Verfahren nach Art. 28.

Vernichtung einer Sache bedeutet, daß sie entweder gänzlich beseitigt wird (z. B. durch Verbrennen), praktisch auf die Rohstoffe reduziert wird, aus denen sie besteht (z. B. Papier im Reißwolf, Umwandlung von Metallgegenständen in Schrott), jedenfalls in ihrer bisherigen Form nicht mehr weiterbesteht. Auch dies bedeutet nicht, daß sie völlig wertlos wird (z. B. Papier, Schrott), wohl aber, daß sie zumindest ohne neuen Produktionsvorgang nicht mehr ihrem ursprünglichen Zweck dienen und auch ein Erlös nicht mehr er-

Art. 27

zielt werden kann (vgl. RdNr. 1 zu Art. 25). Unter Abs. 4 Satz 1 kann auch das **Töten von Tieren** fallen. Soweit diese Maßnahme nicht bereits nach den Notstands- und Selbsthilfebestimmungen der §§ 228–231 BGB zulässig ist oder nach anderen Rechtsvorschriften, wie denen des Jagdrechts, des § 4 TierschutzG, der §§ 18, 24, 25, 36, 39, 42, 60 und weiterer Vorschriften des TierseuchenG zulässig oder geboten ist, kann auch Art. 11 Abs. 1 und 2 als Befugnisgrundlage in Betracht kommen. Der Grundsatz der Verhältnismäßigkeit ist zu beachten.

Bei der **Tötung von Tieren** gilt das gleiche, was o. in RdNr. 2 zur **Sozialbindung** des Eigentums gesagt wurde. Auch hier eignet sich die Polizei (der Staat) nicht fremdes Eigentum zu, um es selbst oder durch Dritte einer anderweitigen Verwendung zum Wohle der Allgemeinheit zuzuführen. Vielmehr ergreift die Polizei eine bloße Abwehrmaßnahme, um die Allgemeinheit vor Gefahren zu schützen, die von dem Tier ausgehen, oder um die Verwahrung zu beenden, wenn nach Wegfall der Sicherstellungsgründe eine Verwertung aus anderen Gründen nicht möglich ist. Sie tut also nur etwas, was der gewissenhafte Eigentümer selbst tun müßte, sobald er erkennt, daß von seinem Eigentum Gefahren für die Öffentlichkeit ausgehen (BVerfGE 20, 359). Damit ist wiederum auf Art. 14 Abs. 2 GG verwiesen (ebenso die Art. 103 Abs. 2, 158 BV). Soweit Spezialgesetze bei der Tötung von Tieren eine Entschädigung vorsehen, z. B. § 66 TierseuchenG, handelt es sich trotz des gleichen Ausdrucks nicht um eine Entschädigung im Sinne von Art. 14 Abs. 3 GG (BVerfGE 20, 359/360). Deshalb sind auch Ausnahmen von der Entschädigungsregelung möglich (z. B. § 68 TierseuchenG), die andernfalls verfassungswidrig wären.

14 Nach **Abs. 4 Satz 2** gilt im Falle des Satzes 1 die Verfahrensvorschrift des Abs. 2 sinngemäß, d. h. sie ist mit der Maßgabe anzuwenden, daß jeweils an Stelle der Wörter „der Verwertung" zu lesen ist „dem Unbrauchbarmachen" oder „dem Vernichten". Zu den vergleichbaren Maßnahmen des Verfalls, der Einziehung und der Unbrauchbarmachung nach Straf- und Ordnungswidrigkeitsrecht s. die §§ 73 bis 76 a StGB und die §§ 22 bis 29, 87, 123, 129 OWiG.

Art. 28
Herausgabe sichergestellter Sachen oder des Erlöses, Kosten

(1) ¹Sobald die Voraussetzungen für die Sicherstellung weggefallen sind, sind die Sachen an denjenigen herauszugeben, bei dem sie sichergestellt worden sind. ²Ist die Herausgabe an ihn nicht möglich, können sie an einen anderen herausgegeben werden, der seine Berechtigung glaubhaft macht. ³Die Herausgabe ist ausgeschlossen, wenn dadurch erneut die Voraussetzungen für eine Sicherstellung eintreten würden.

(2) ¹Sind die Sachen verwertet worden, ist der Erlös herauszugeben. ²Ist ein Berechtigter nicht vorhanden oder nicht zu ermitteln, ist der Erlös nach den Vorschriften des Bürgerlichen Gesetzbuchs zu hinterlegen. ³Der Anspruch des Berechtigten auf Herausgabe des Erlöses erlischt drei Jahre nach Ablauf des Jahres, in dem die Sache verwertet worden ist.

(3) ¹Für die Sicherstellung, Verwertung und für Maßnahmen nach Art. 27 Abs. 4 werden Kosten (Gebühren und Auslagen) erhoben. ²Die Kosten und die Benutzungsgebühren für die Verwahrung haben die nach Art. 7 oder 8 Verantwortlichen zu tragen. ³Die Herausgabe der Sache kann von der Zahlung der geschuldeten Beträge abhängig gemacht werden; ist eine Sache verwertet worden, so können die geschuldeten Beträge aus dem Erlös gedeckt werden. ⁴Im übrigen gilt das Kostengesetz.

(4) § 983 des Bürgerlichen Gesetzbuchs bleibt unberührt.

28 Zu Art. 28 (Herausgabe sichergestellter Sachen oder des Erlöses, Kosten)

28.1 Die Herausgabe an denjenigen, bei dem die Sache sichergestellt worden ist, ist dann nicht möglich, wenn die Person des Betroffenen oder dessen Aufenthaltsort unbekannt sind und auch nicht mit unverhältnismäßigem Aufwand zu ermitteln ist.

28.2 Machen mehrere Personen ihre Berechtigung im Sinn des Absatzes 1 Satz 2 glaubhaft, so soll die Sache demjenigen herausgegeben werden, dessen Besitzrecht am stärksten ist.

*28.3 **Kostenschuldner** nach Art. 28 **Abs. 3** sind die nach Art. 7 oder 8 Verantwortlichen; das können auch andere als die Betroffenen sein, bei denen die Sache sichergestellt worden ist. Sie haften als Gesamtschuldner. Bei der Auswahl der Kostenschuldner ist Nummer 9.3 als Richtlinie heranzuziehen.*

*28.4 Ist ein Berechtigter im Sinn von Absatz 1 oder dessen Aufenthaltsort nicht bekannt oder nicht mit angemessenem Aufwand zu ermitteln, so kommt nach **Absatz 4** eine Verwertung nur über § 983 BGB in Betracht. Nach dieser Vorschrift finden die §§ 979 bis 982 BGB entsprechende Anwendung. Die Polizei hat öffentlich bekanntzumachen, daß die nach ihrer Art näher zu bezeichnende Sache öffentlich versteigert wird. Gegebenenfalls ist auch bekanntzumachen, wer als Berechtigter in Betracht kommt. In der Bekanntmachung ist*

Art. 28

dem Berechtigten eine Frist zu setzen, innerhalb derer er sein Recht anmelden kann. Die Bekanntmachung kann unterbleiben, wenn der Verderb der Sache zu besorgen oder deren Aufbewahrung mit unverhältnismäßigen Kosten verbunden ist. Nach Ablauf der Frist kann die Sache öffentlich versteigert werden. Die Polizei kann die Versteigerung selbst vornehmen. Meldet sich rechtzeitig ein Empfangsberechtigter, so ist die Versteigerung unzulässig. Ist eine vorherige öffentliche Bekanntmachung unterblieben, so ist die Tatsache der Versteigerung nachträglich öffentlich bekanntzumachen. Vom Versteigerungserlös werden die Kosten abgezogen. Der verbleibende Betrag ist für eventuelle Berechtigte zu hinterlegen. Nach Ablauf von drei Jahren, vom Zeitpunkt der öffentlichen Bekanntmachung an gerechnet, verfällt der verbleibende Erlös dem Fiskus, wenn sich während dieser Frist ein Berechtigter nicht gemeldet hat.

1 Art. 28 ist eine Ausformung des Grundsatzes der Verhältnismäßigkeit (Art. 4 Abs. 3). Er enthält besondere Verfahrensbestimmungen für die Beendigung der Sicherstellung und die Abwicklung ihrer möglichen Folgen. Die Abs. 1 und 2 enthalten Amtspflichten, die der Polizei auch gegenüber Dritten auferlegt sind und deren Verletzung daher Ansprüche nach § 839 BGB zur Folge haben kann.

Abs. 1 Satz 1 entspricht dem Grundsatz des Art. 4 Abs. 3. Die Voraussetzungen der Sicherstellung sind in Art. 25 Nrn 1–3 genannt. Sind diese **Voraussetzungen** im Einzelfall **weggefallen,** die dort genannten Gefahren also nicht mehr gegeben, hat die Polizei nicht nur unverzüglich, also ohne schuldhaftes Zögern, sondern **so schnell wie möglich** („sobald") die Sachen an den **herauszugeben,** bei dem sie sichergestellt worden sind (im folgenden **Betroffener** genannt). Die Herausgabepflicht ist eine Vorschrift zur Sicherung der Rechte des Betroffenen. Deshalb ergibt sich aus ihr grundsätzlich ein Anspruch des Betroffenen auf Herausgabe. Nach Knemeyer in JuS 1988, 696/697 Fußn. 3 handelt es sich dabei um einen gesetzlich geregelten Anwendungsfall des **Folgenbeseitigungsanspruchs.** Ein Anspruch auf Folgenbeseitigung kommt in Betracht, wenn durch einen hoheitlichen Eingriff in ein subjektives Recht ein rechtswidriger Zustand geschaffen worden ist – oder wie hier durch den Wegfall der Voraussetzungen der Sicherstellung nachträglich eingetreten – ist und noch andauert (vgl. BVerwG in BayVBl 1994, 84/85). Er richtet sich seinem Inhalt nach grundsätzlich auf die Wiederherstellung des ursprünglichen, alten Zustands, der im Zeitpunkt des Eintritts der Rechtswidrigkeit bestand. Entscheidend ist also nicht die Art oder die Rechtswidrigkeit des hoheitlichen Eingriffs, sondern die Rechtswidrigkeit der durch ihn herbeigeführten Lage (vgl. BayVGH in DÖV 1996, 82/83). Der sogenannte Vollzugsfolgenbeseitigungsanspruch – als Anspruch auf Beseitigung der Folgen des Vollzugs eines außer Kraft getretenen Verwaltungsakts – stellt sich damit als bloßer Unterfall des allgemeinen Folgenbeseitigungsanspruchs dar, der dessen eigentlichen Charakter eher verschleiert als verdeutlicht. Dementsprechend kommt es für den Bestand des

Anspruchs nicht darauf an, ob das Handlungsgebot an sich Bestand haben könnte oder aufzuheben wäre (BayVGH in BayVBl 1995, 758/759).
Der Folgenbeseitigungsanspruch geht nicht auf eine Naturalrestitution im Sinne der Schaffung eines gleichwertigen Zustands (vgl. BVerwG in BayVBl 1989, 52/53; BayVGH in BayVBl 1992, 147; 1996, 312/313). Er kann sich auch auf die Beseitigung einer Kostenbelastung richten, wenn etwa einem **Anscheinsstörer** (s. RdNr. 1 zu Art. 28) aus einer gegen ihn gerichteten Maßnahme Kosten erwachsen sind. Näheres s. Kraft in BayVBl 1992, 456. Im Fall des Art. 28 Abs. 1 unterliegt der Herausgabeanspruch den Einschränkungen der Sätze 2 und 3. Wie sich aus dem Sinn der Vorschrift ergibt und zugleich aus dem Wortlaut von Satz 2 geschlossen werden kann, der von der Berechtigung ausgeht, muß der Betroffene zugleich als Eigentümer, Erbe oder rechtmäßiger Besitzer ein Recht an der Sache haben. Es darf also z. B. nicht an den Dieb oder Hehler herausgegeben werden, auch wenn die Sache bei ihm sichergestellt wurde. Zu diesem Ergebnis leitet auch Satz 3. Die Pflicht zur Herausgabe kann je nach den Umständen auch eine Pflicht zur **Benachrichtigung** voraussetzen. Die Polizei ist grundsätzlich verpflichtet, ständig zu prüfen, ob der polizeiliche Zweck die Sicherstellung noch gebietet. Die Voraussetzungen der Sicherstellung können entfallen aus Gründen, die in der Sache selbst, in der Person des Betroffenen oder in der Veränderung sonstiger Umstände liegen, die eine weitere Gefahr nicht mehr besorgen läßt.

Die Herausgabe einer sichergestellten Sache an den, bei dem sie sichergestellt worden ist, setzt voraus, daß diese Person den Gegenstand in ihrem Gewahrsam hatte. Wurde ein gefährlicher Gegenstand auf einem Grundstück sichergestellt, wo er ohne Vorwissen des über das Grundstück Verfügungsberechtigten lagerte, ist die Herausgabe an diesen zulässig, falls ein anderer Berechtigter nicht zu ermitteln ist und der über das Grundstück Verfügungsberechtigte die Sache nicht ablehnt. 2

Verpflichtet zur Herausgabe ist die Polizei. Sie ist Träger der entsprechenden Befugnisse und deshalb auch der entsprechenden Obhuts- und Sorgfaltspflichten gegenüber dem Betroffenen. Sie darf daher – unbeschadet der Art. 26 Abs. 1 Sätze 2, 3 und 27 – sichergestellte Gegenstände nicht einem Dritten zur Herausgabe an den Berechtigten übergeben, auch nicht z. B. dem Bürgermeister oder einer Sicherheitsbehörde im Sinne der Art. 6 ff. LStVG oder einer sonst der Polizei gegenüber weisungsberechtigten Stelle.

Ist die Herausgabe an den Betroffenen nicht möglich (s. dazu Nr. 28.1 VollzB), kann die Sache nach **Abs. 1 Satz 2** an einen anderen Berechtigten herausgegeben werden (s. dazu Nr. 28.3 VollzB). Die Herausgabe an einen anderen als den berechtigten Betroffenen ist ebenso wie die Auswahl unter mehreren Berechtigten in das pflichtgemäße Ermessen der Polizei gestellt. Als be- 3 rechtigt im Sinne des Abs. 1 Satz 2 kann jeder gelten, dem ein privates oder sonstiges Recht an der Sache zusteht (z. B. Besitzanspruch; Bestimmungsrecht des Erziehungsberechtigten, Vormunds oder Pflegers; Verfügungsrecht des Testamentvollstreckers oder Konkursverwalters; Bestimmungsrecht des Leiters einer Behörde oder des Organs einer öffentlich-rechtlichen Körperschaft bei Sachen, die im Eigentum öffentlich-rechtlicher Rechtsträger stehen). Die Berechtigung muß der Polizei entweder amtsbekannt sein oder ihr hinreichend glaubhaft gemacht werden. Eine bestimmte Reihenfolge der Berechtigten ist im Gesetz nicht vorgeschrieben, jedoch wird die Polizei nach pflichtgemäßem Ermessen unter mehreren Berechtigten den auswählen, dem das nach der allgemeinen Lebensanschauung stärkste Recht an der Sache zusteht. In jedem Fall darf der sichergestellte Gegenstand nur herausgegeben werden, wenn dadurch der polizeiliche Zweck der Sicherstellung nicht gefährdet wird.

4   Nach dem Wortlaut des Gesetzes sind die Gegenstände herauszugeben, also nicht zu überbringen. Sie sind daher entweder dem sie fordernden Berechtigten auszuhändigen, oder der Berechtigte ist zu benachrichtigen, daß er sie abholen kann. Wird dem Berechtigten die herauszugebende Sache übersandt, so hat er die dafür anfallenden Kosten zu tragen (vgl. OVG Münster in NVwZ 1982, 46). Anders ist es, wenn die Sicherstellung unrechtmäßig war. Zur Beseitigung der Folgen der unrechtmäßigen Handlung gehört dann, daß die Polizei auf ihre Kosten dem Berechtigten die Gegenstände bringt oder schickt.

5   Die Pflicht zur **Herausgabe des Erlöses** nach **Abs. 2 Satz 1** ist die notwendige Folge daraus, daß nach Art. 27 Abs. 3 Satz 3 der Erlös an die Stelle der verwerteten Sache tritt. In der Regel wird mit der Verwertung auch der Grund der Sicherstellung entfallen. Es ist jedoch denkbar, daß auch die Herausgabe des Erlöses eine gegenwärtige Gefahr (Art. 25 Nr. 1) begründet oder verstärkt, wenn z. B. Tatsachen bekannt sind, die darauf schließen lassen, daß der Erlös alsbald zur Finanzierung strafbarer, ordnungswidriger oder verfassungsfeindlicher Handlungen verwendet würde. Dann hat auch für die Herausgabe des Erlöses Abs. 1 Satz 3 entsprechend zu gelten, so daß er gegebenenfalls weiter zu verwahren ist.

6   Ist die Herausgabe des Erlöses zulässig, ein **Berechtigter** (s. o. RdNr. 3) aber **nicht vorhanden oder nicht zu ermitteln,** verweist **Abs. 2 Satz 2** offenbar auf die §§ 690 – 697 BGB. Die Verweisung ist unklar, weil diese Vorschriften von einem Verwahrungsvertrag ausgehen, der hier jedoch nicht vorliegt. Das macht die Anwendung im einzelnen schwierig und die Bestimmungen nur teilweise und nur sinngemäß anwendbar, obwohl das Gesetz anscheinend von ihrer unmittelbaren Anwendbarkeit ausgeht. Geld ist eine vertretbare Sache; die Pflicht zur Aufbewahrung der erlösten Summe läßt sich bereits aus Abs. 2 Satz 2 selbst entnehmen. So können nur die §§ 690, 691, 693, 695–697 BGB

herangezogen werden, die übrigen Vorschriften jedoch nicht, weil ihre Tatbestände dem Wesen der Hinterlegung nach Abs. 2 Satz 2 nicht entsprechen.

Abs. 2 Satz 3 enthält einen selbständigen Erlöschenstatbestand für die Herausgabe des Erlöses an den Berechtigten (s. o. RdNr. 3). Der Beginn der Dreijahresfrist ist, wie aus dem Wortlaut des Satzes 3 geschlossen werden kann, der Zeitpunkt der Verwertung. Die Frist berechnet sich demnach nach den §§ 186, 187 Abs. 1, 188 Abs. 2, 193 BGB. 7

Die Sätze 1 und 2 des **Abs. 3** wurden nach § 1 Nr. 2, § 2 PAGÄndG mit Wirkung vom 1. August 1983 neu gefaßt. Zugleich wurde Satz 3 aufgehoben, die Sätze 4 und 5 a. F. wurden Sätze 3 und 4. 8

Zu den in Abs. 3 geregelten Kosten im einzelnen siehe RdNrn 1 ff. zu Art. 76. Wichtigster Fall ist die Erhebung von **Abschleppkosten**; s. hierzu RdNr. 7 zu Art. 76. Die Gebühren für die Sicherstellung bemessen sich nach § 1 Nr. 2 PolKV, jene der Verwertung, Unbrauchbarmachung oder Vernichtung nach § 1 Nr. 3 PolKV.

Die in **Abs. 3 Satz 2** besonders genannten **Benutzungsgebühren** umfassen die Gebühren und Auslagen für die Inanspruchnahme einer staatlichen öffentlichen Einrichtung (Art. 25 Abs. 1 Nr. 1 Satz 1 KG). Die Erhebung einer Benutzungsgebühr setzt voraus, daß in den in Abs. 3 Satz 1 genannten Fällen Räume, Einrichtungen und Geräte der Polizei oder anderer staatlicher Behörden zur Verwahrung, Verwertung oder Vernichtung sichergestellter Sachen benutzt worden sind. Bei der Verwahrung durch Dritte gehören die dafür anfallenden Aufwendungen zu den allgemeinen Kosten (hier: Auslagen). 9

Abs. 3 Satz 3 räumt der Polizei ein Zurückbehaltungsrecht, im Falle der Verwertung das Recht ein, die geschuldeten, also festgesetzten und vom Schuldner ordnungsgemäß angeforderten Beträge vorab aus dem Erlös zu befriedigen. Das Zurückbehaltungsrecht ist für die Praxis wichtig, wenn ein **durch einen Privatunternehmer im Auftrag der Polizei abgeschlepptes Kfz** von diesem nur gegen Erstattung der Abschleppkosten (hierzu RdNr. 7 zu Art. 76) herausgegeben wird. Zur Rechtmäßigkeit der Beauftragung eines Privatunternehmers zum Abschleppen und Verwahren allgemein s. RdNr. 9 zu Art. 25. Ist er rechtmäßig mit dem Abschleppen bzw. Verwahren beauftragt worden, so übt er das Zurückbehaltungsrecht nicht als eigenes, sondern als öffentlich-rechtliches Recht aus, und zwar als Empfangsbevollmächtigter für die an den Freistaat Bayern zu entrichtenden Kosten (BayObLG in BayVBl 1992, 443). Die Entscheidung über die Herausgabe im Einzelfall muß stets bei der Polizei verbleiben (OVG Münster in DVBl 1983, 1074; vgl. RdNr. 9 zu Art. 25). 10

Art. 28

Die Ausübung des Zurückbehaltungsrechts unterliegt den allgemeinen Grundsätzen öffentlich-rechtlichen Handelns, insbesondere dem Übermaßverbot. Sie kann daher rechtswidrig sein, wenn sie im konkreten Einzelfall unbillig ist oder ihren Zweck als Druck- und Sicherungsmittel offensichtlich verfehlt, etwa wenn der Abholer eines sichergestellten Fahrzeugs hinsichtlich der Kosten zur Sicherheitsleistung bereit ist. Denkbar sind aber auch andere Fälle, etwa wenn der Abholwillige glaubhaft machen kann, nicht genügend Geld bei sich zu haben, das sichergestellte Fahrzeug aber aus wichtigen Gründen unverzüglich zu benötigen, und sein Interesse das Kosteninteresse des Staates erkennbar übersteigt, beispielsweise wenn ein Künstler, ohne über Geld für ein Taxi zu verfügen, einen Auftritt versäumen würde.

11 Abs. 4 betrifft die Fälle, in denen der Berechtigte unbekannt oder sein Aufenthalt nicht feststellbar ist. Er verweist auf § 983 BGB, dieser wiederum auf die §§ 979–982 BGB. Diese Vorschriften des BGB gelten unmittelbar (die Polizei ist eine „öffentliche Behörde" im Sinne des § 983 BGB), so daß es sich hier um einen Hinweis, nicht um eine konstitutive Verweisung handelt.

Zu der „öffentlichen Bekanntmachung", die in den §§ 980, 981 und 982 BGB erwähnt ist, vgl. die V über die Zuständigkeiten und das Verfahren der Fundbehörden (FundV) vom 12. Juli 1977 (BayRS 400-4-I) und ergänzend Nr. 28.4 VollzB.

Art. 29
Befugnisse für Aufgaben der Grenzkontrolle und Sicherung von Anlagen

(1) Soweit es zur Erfüllung der grenzpolizeilichen Aufgaben nach Art. 4 Abs. 3 des Polizeiorganisationsgesetzes erforderlich ist, kann die Polizei
1. Grundstücke mit Ausnahme von Gebäuden betreten und befahren,
2. verlangen, daß Grundstückseigentümer und -besitzer einen Grenzpfad freilassen, an Einfriedungen Durchlässe oder Übergänge einrichten oder Wassergräben überbrücken,
3. auf eigene Kosten Grenzpfade, Durchlässe, Übergänge oder Brücken einrichten oder verbessern.

(2) ¹Die im grenzüberschreitenden Reiseverkehr tätigen Verkehrsunternehmen einschließlich der Verkehrsverwaltungen sind verpflichtet,
1. den mit der polizeilichen Kontrolle ihres grenzüberschreitenden Verkehrs betrauten Beamten den Zutritt zu ihren Anlagen und Beförderungsmitteln unentgeltlich zu gestatten,
2. sie bei dieser Tätigkeit unentgeltlich zu befördern,
3. den für die polizeiliche Kontrolle ihres grenzüberschreitenden Verkehrs zuständigen Dienststellen Fahr- und Flugpläne rechtzeitig mitzuteilen,
4. den in Nummer 3 genannten Dienststellen und den mit der Sicherung von Verkehrsanlagen betrauten Beamten die erforderlichen Diensträume und Parkplätze für die Dienstkraftfahrzeuge der Polizei zur Verfügung zu stellen. ²Die Unternehmen und Verkehrsverwaltungen können verlangen, daß ihnen ihre Selbstkosten vergütet werden, soweit sie diese Einrichtungen nicht ohnehin benötigen. ³Soweit ein Aufwand über das Maß hinausgeht, das für polizeieigene Einrichtungen üblich ist, wird er nicht vergütet.

29 Zu Art. 29 (Befugnisse für Aufgaben der Grenzkontrolle und Sicherung von Anlagen)

29.1 Die in Art. 29 Abs. 1 geregelten Befugnisse setzen keine konkrete Gefahr voraus; vielmehr reicht es aus, wenn die vorgesehenen Maßnahmen für die Erfüllung der grenzpolizeilichen Aufgaben erforderlich sind.

29.2 Die Befugnisse nach Art. 29 beziehen sich nicht nur auf den Grenzbereich, sondern auch auf Flugplätze mit Auslandsverkehr (vgl. Art. 5 POG); ferner erfaßt Absatz 2 auch die in fahrenden Zügen ausgeübte Grenzkontrolle.

*29.3 Das Betretungsrecht nach **Absatz 1 Nr. 1** umfaßt nicht die Befugnis zum Durchsuchen. Es bezieht sich auch auf befriedetes Besitztum mit Ausnahme von Gebäuden.*

*29.4 Die Befugnis nach **Art. 29 Abs. 1 Nr. 2** bezieht sich nur auf Grundstücke in unmittelbarer Nähe der Grenze. Freilassen bedeutet das Unterlassen von allen Änderungen, die eine Begehung oder ein Befahren des Grenzpfades er-*

Art. 29

schweren. Die Einrichtung von Übergängen im Sinn dieser Vorschrift umfaßt auch die Instandhaltung des Übergangs; gleiches gilt für die Überbrückung von Wassergräben.

*29.5 Verkehrsunternehmen im Sinn des Art. 29 **Abs. 2** sind auch die Bundesbahn, die Bundespost und die Flugplatz- und Luftverkehrsgesellschaften.*

*29.6 Zu der Tätigkeit im Sinn des **Absatzes 2 Nr. 2** gehören auch notwendige Rückreisen, bei denen keine Kontrollen vorgenommen werden.*

*29.7 **Diensträume** im Sinn des Absatzes 2 Nr. 4 sind auch Dienstabteile in fahrenden Zügen. Selbstkosten im Sinn dieser Vorschrift sind die Aufwendungen, welche dem (lies: den) Verkehrsunternehmen nicht erwüchsen, wenn sie die Diensträume nicht zur Verfügung stellen müßten. Zu den Diensträumen gehören nicht nur Geschäftszimmer, sondern auch Räume, in denen sich Polizeibeamte während ihrer dienstfreien Zeit ausruhen können, ferner Nebenräume wie Toiletten. Das Zur-Verfügung-Stellen umfaßt auch das Unterhalten und Reinigen der Diensträume.*

*29.8 Die Pflicht nach **Absatz 2 Nr. 4 Satz 1**, Diensträume und Parkplätze zur Verfügung zu stellen, bezieht sich nicht nur auf diejenigen Polizeibeamten, die den grenzüberschreitenden Verkehr kontrollieren, sondern auch auf diejenigen Beamten, die Verkehrsanlagen – insbesondere Flugplätze – sichern.*

1   Durch § 2 Nr. 1 des G zur Eingliederung der Bayerischen Grenzpolizei in die Bayerische Landespolizei vom 26. Juli 1997 (GVBl S. 342) wurde in Art. 29 Abs. 1 die Verweisung auf das POG geändert.

Art. 29 entspricht inhaltlich dem § 33 BGSG a. F.; der an dessen Stelle getretene § 62 BGSG räumt dem Bundesgrenzschutz noch erweiterte Befugnisse ein, die bisher nicht in das PAG übernommen wurden. Die Landespolizei nimmt mit der Grenzkontrolle dieselben Aufgaben wahr wie der Bundesgrenzschutz in den anderen Ländern (s. Art. 4 Abs. 3 POG i. Verb. m. §§ 2 bis 4 BGSG und das Verwaltungsabkommen vom 11./27. Juni 1975, BayRS 2012-3-5-I, geänd. durch Verwaltungsabkommen vom 9./18. Dezember 1991, GVBl S. 518; vgl. dazu RdNr. 1 zu Art. 13. Durch die Änderung des Verwaltungsabkommens gilt Nr. 29.2 VollzB nicht mehr für die Kontrolle des grenzüberschreitenden Verkehrs auf dem Flughafen München–Franz Josef Strauß). Sie muß deshalb zur Erfüllung dieser Aufgaben grundsätzlich die gleichen Befugnisse und Rechte haben wie der Bundesgrenzschutz. Zu dessen präventivpolizeilichen Aufgaben und Befugnissen, insbesondere bei Umweltgefahren, s. Hellenthal in NVwZ 1989, 1001 und Schreiber in DVBl 1992, 589; zu den grenzpolizeilichen Aufgaben im einzelnen s. Art. 4 Abs. 3 POG und die RdNrn 8 und 9 zu Art. 13.

2   Die dem jetzigen Art. 29 entsprechende Vorschrift wurde zwar erst durch Art. 13 Nr. 2 POG vom 10. August 1976 (GVBl S. 303/306) in das PAG ein-

gefügt, ist aber einbezogen in das System des PAG, das im Bundesrecht seinerzeit keine Parallele hatte. Davon geht auch die amtl. Begr. zum POG aus, die ausdrücklich „die allgemeinen Vorschriften des PAG" einschließlich derer über den unmittelbaren Zwang und über Entschädigungs-, Erstattungs- und Ersatzansprüche als für die Anwendung des jetzigen Art. 29 verbindlich erachtet. Deshalb darf auch von Art. 29 grundsätzlich nur Gebrauch gemacht werden, wenn dies zur Erfüllung polizeilicher Aufgaben (Art. 2) notwendig ist und dem Grundsatz der Verhältnismäßigkeit (Art. 4) entspricht. Ferner ist auf Art. 5, insbesondere dessen Abs. 2 zu verweisen. Der Wortlaut des Art. 29 läßt jedoch teilweise weitergehende Maßnahmen zu. Nr. 29.1 VollzB begründet diese Abweichung von dem in Nr. 2.2 Abs. 4 VollzB enthaltenen Grundsatz; vgl. Nr. 29.1 VollzB, Art. 13 Abs. 1 Nr. 5, Nr. 13.7 VollzB und RdNr. 8 zu Art. 13.

Abs. 1 beschränkt die Anwendung der Befugnisse und Berechtigungen des Art. 29 auf die Fälle, in denen sie zu Erfüllung der grenzpolizeilichen Aufgaben nach Art. 5 POG erforderlich, also notwendig sind. 3

Gegen wen **Maßnahmen und Anordnungen** nach Art. 29 **zu richten** sind, ergibt sich zunächst aus dieser Vorschrift selbst, so daß insoweit ein Rückgriff auf die Art. 7, 8, 10 entbehrlich ist. Maßnahmen und Anordnungen nach **Abs. 1** richten sich in erster Linie gegen jeden, der rechtlich über das Grundstück verfügen kann, insbesondere als Eigentümer, Pächter, Mieter, Testamentsvollstrecker. Bei Abs. 1 Nr. 1 kann sich die Maßnahme auch gegen jeden richten, der die Polizei an der rechtmäßigen Ausübung ihrer Befugnis hindern will, gleichgültig ob er ein Recht am Grundstück oder zum Aufenthalt dort hat oder nicht. Ist er nicht der aus Abs. 1 Nr. 1 unmittelbar zur Duldung Verpflichtete, würde er sich bei Behinderung der Polizei als Verursacher im Sinne des Art. 7 darstellen. Auch kann eine Inanspruchnahme von Nichtverantwortlichen nach Art. 10 denkbar sein, etwa wenn die Polizei an Ort und Stelle Hilfe braucht, um den Zugang zu einem Grundstück zu erhalten. Adressaten und Verpflichtete nach **Abs. 2** sind die dort genannten Unternehmen und Verwaltungen, gegebenenfalls jeder ihrer Beschäftigten, der rechtlich oder tatsächlich in der Lage ist, der Polizei die Wahrnehmung ihrer Befugnisse zu ermöglichen. Die Frage, wer im Sinne des Art. 29 Verantwortlicher oder Nichtverantwortlicher oder diesen gleichzustellen ist, ist für die Anwendung der Art. 70 ff. von Bedeutung (s. u. RdNr. 7). 4

Abs. 1 Nr. 1 gestattet der Polizei das **Betreten, Befahren** und das **Anfliegen** (z. B. mit Hubschrauber) von Grundstücken, ausgenommen Gebäude. Die Übernahme der das Befahren ausdrücklich einschließenden bundesrechtlichen Terminologie ist die zeitgemäß ausgedehnte Interpretation des „Betretungsrechts" (vgl. RdNr. 5 zu Art. 23). Nicht nur beim polizeilichen Grenzschutz, 5

Art. 29

sondern allgemein kann auf die Verwendung von Fahrzeugen nicht verzichtet werden, wenn nicht der Erfolg des Polizeieinsatzes in Frage gestellt werden soll, dessen wichtigste praktische Voraussetzungen Rechtzeitigkeit, ausreichende personelle Stärke und ausreichende Ausrüstung sind.

Das Recht des Betretens und Befahrens erstreckt sich auf alle Grundstücke, ausgenommen deren etwaige Bebauung, gleichgültig in wessen Eigentum sie stehen und ob sie „befriedet" oder offen sind. Zur Regulierung dabei entstehender Schäden sind die Vorschriften des VI. Abschnitts (Art. 70–73) anzuwenden. Das setzt voraus, daß der Verpflichtete (s. o. RdNr. 4) wie ein „Nichtverantwortlicher" zu gelten hat. Näheres zu dieser Problematik s. u. RdNr. 7.

Sondervorschriften für das Betreten und Befahren zur **Nachtzeit** (vgl. Art. 23 Abs. 2) sieht Abs. 1 Nr. 1 nicht vor. Eine entsprechende zusätzliche Einschränkung wäre im Hinblick auf die besondere Gefahrenlage im Grenzbereich auch nicht vertretbar.

Das **Betreten von Gebäuden** ist auch im polizeilichen Grenzschutz nur zulässig in den Fällen des Art. 23.

6   Die in **Abs. 1 Nrn 2 und 3** der Polizei eingeräumten Rechte entsprechen ebenfalls den parallelen Vorschriften in § 62 BGSG, die teilweise noch weitergehen (zum Begriff des Grundstückseigentümers in Abs. 1 Nr. 2 vgl. RdNr. 7 zu Art. 8). Die Bestimmungen durchbrechen jedoch das System des PAG.

Maßnahmen nach den Nrn 2 und 3 sind allgemein vorsorglicher Art und nicht auf einen konkreten Einsatz abgestellt. Bei der Ausübung der Rechte nach den Nrn 2 und 3 handelt es sich nicht um „Maßnahmen gegen Personen oder Sachen" im Sinne des Art. 11 Abs. 1. Es sind vielmehr Maßnahmen, die nach der Verwaltungsstruktur der Länder und nach der Systematik des bayerischen Hoheitsrechts den Sicherheitsbehörden nach Art. 6 LStVG zu übertragen gewesen wären, für die es entsprechende Behörden des Bundes nicht gibt. Daraus erklärt sich die Konstruktion des Bundesgrenzschutzes, der im Sinne der bayerischen Systematik zugleich sicherheitsbehördliche wie vollzugspolizeiliche Aufgaben und Befugnisse hat. Für das bayerische Sicherheitsrecht bedeutet Art. 29 eine wohl aus Gründen der Gesetzesökonomie und der Gleichartigkeit der Regelung mit dem BGSG beruhende Besonderheit.

7   Das BGSG hat Maßnahmen auf Grund seines § 62 Abs. 1 ausdrücklich in die zum Schadensausgleich verpflichtenden Tatbestände des § 51 Abs. 1 aufgenommen. Der bayerische Gesetzgeber hat sich bei der Aufnahme des Art. 29 in das PAG mit dem auf den ganzen Art. 29 bezogenen Hinweis begnügt, daß die Art. 70 ff. PAG auch für Art. 29 gelten. Beiden Gesetzen ist damit gemeinsam, daß sie für die Fälle der Absätze 1 ihrer diesbezüglichen Regelungen zunächst anerkennen, darauf beruhende schadenverursachende Rechtseingriffe begründeten einen Entschädigungsanspruch. Die Fälle des Art. 29 Abs. 1 werden also grundsätzlich als Tatbestände entschädigungspflichtiger Enteignung

(Art. 14 Abs. 3 GG) und nicht als entschädigungslos hinzunehmende Fälle gesetzlich bestimmter Eigentumsbeschränkungen auf Grund der Sozial- oder Situationsgebundenheit (vgl. hierzu RdNr. 1 zu Art. 8) behandelt. Das ist sachgerecht und zutreffend. Zieht man § 62 Abs. 1 BGSG als Auslegungshilfe heran, muß dies auch für Abs. 1 Nr. 3 gelten, obwohl das Gesetz hier bestimmt, daß die Polizei die erforderlichen Anlagen auf ihre Kosten einrichten oder verbessern muß, so daß Schäden oder Beeinträchtigungen für den Duldungspflichtigen sich nur aus der Duldung selbst oder aus Folgewirkungen der Anlagen ergeben können. Zum anderen will der Bundes- wie offenbar auch der Landesgesetzgeber die Entschädigung außerhalb des allgemeinen Enteignungsrechts und des – nach seinem § 1 Abs. 1 Nr. 1: Abwendung oder Beseitigung einer die Sicherheit der Grenzen gefährdenden Störung der öffentlichen Ordnung im Grenzgebiet – grundsätzlich auch hier und auch präventiv (Abwendung einer Störung) anwendbaren BundesleistungsG und damit möglichst einfach und unbürokratisch regeln. Das wiederum setzt einen für die Betroffenen befriedigenden Ausgleich für Schäden und Beeinträchtigungen voraus. Geht man für das bayerische Recht von Art. 70 ff. PAG aus, so müßte freilich der nach Art. 29 Abs. 1 leistungs- oder duldungspflichtige Grundstückseigentümer oder -besitzer als Nichtverantwortlicher im Sinne des Art. 10 angesehen werden, wenn Art. 70 Abs. 1 angewendet werden soll. Dem steht aber der Wortlaut des Art. 10 insoweit entgegen, als er ausdrücklich die Abwehr einer „gegenwärtigen" erheblichen Gefahr zur Voraussetzung der Inanspruchnahme eines Nichtverantwortlichen macht, Fälle also, die man teilweise bei Art. 29 Abs. 1 Nr. 1, nicht aber durchgängig bei dessen Nrn 2 und 3 voraussetzen kann. Zu erwägen wäre dann, den nach Art. 29 Abs. 1 in Anspruch Genommenen als jemand anzusehen, der durch eine polizeiliche Maßnahme einen nicht zumutbaren „sonstigen Schaden" erlitten hat. Die Unzumutbarkeit des Schadens bemißt sich nach Umfang und Umständen des Sonderopfers (Art. 70 Abs. 2). Zu dieser Lösung kommt auch Riegel in BayVBl 1981, 289/294 f. Er hält den Anspruch aus Art. 70 Abs. 2 i.Verb. m. Abs. 1 für die nach Art. 14 Abs. 3 GG bei Enteignungen notwendige Entschädigungsregelung für ausreichend. Sie würde in der Tat den Erfordernissen des Art. 14 Abs. 3 Sätze 2, 3 GG genügen, denn sie gewährleistet den Ersatz des gesamten materiellen Schadens einschließlich des entgangenen Gewinns (s. RdNr. 3 zu Art. 70; vgl. auch Art. 11 Abs. 1 LStVG, der auf Art. 70 PAG verweist). Andererseits steht dieser Überlegung die unmittelbare Zielrichtung des Art. 70 Abs. 2 entgegen, der Personen betrifft, die weder als Verantwortliche noch als Nichtverantwortliche in Anspruch genommen worden sind, sondern am Geschehen an sich unbeteiligt waren oder irrtümlich als verantwortlich angesehen worden sind. Wer aber nach den Vorstellungen des Landesgesetzgebers eine Entschädigung erhalten soll, ist eindeutig der aus Art. 29 Abs. 1 unmittelbar Verpflichtete, der begrifflich dem „Verantwortlichen" näher steht, als dem „Unbeteiligten".

Die Heranziehung des § 51 BGSG als Auslegungshilfe führt zu keinem anderen Ergebnis, weil auch dieser den unmittelbar Verpflichteten nicht als „unbeteiligten Dritten" ansieht, wie sich aus der Aufeinanderfolge von § 51 Abs. 1 Nr. 2 und Abs. 2 Nr. 2 BGSG ergibt. Vermag sich die Rechtsprechung nicht im Hinblick auf den weit und unspezifisch gefaßten Wortlaut des Art. 70 Abs. 2 über das systematische Bedenken hinwegzusetzen, das durch eine ausdrückliche Erstreckung der Art. 70 ff. auf die Fälle des Art. 29 Abs. 1 sicher und einfach hätte vermieden werden können, so muß entweder anstelle der Polizei die Sicherheitsbehörde tätig werden (Art. 7 Abs. 2 und Art. 11 LStVG) oder nach allgemeinem Enteignungsrecht vorgegangen oder eingeräumt werden, daß dem Gesetzgeber zwar eine Entschädigungsregelung vorgeschwebt hat, wirksam aber nicht zustandegekommen ist. Damit würde sich die Frage der Entschädigungslosigkeit des Eingriffs erneut stellen, denn Art. 11 LStVG läßt sich auf Fälle nach dem PAG weder unmittelbar noch analog anwenden, weil er selbst seine Anwendbarkeit ausdrücklich auf Maßnahmen nach dem LStVG beschränkt (s. auch Vorbem. zu den Art. 70–73). Diese Unklarheit bestand bereits vor Erlaß des PAG 1967; sie wurde nicht beseitigt.

8   **Abs. 2** legt Verkehrsunternehmen, die im grenzüberschreitenden Reiseverkehr tätig sind (s. o. RdNr. 4), bestimmte Pflichten auf. Die gesonderte Erwähnung von Verkehrsverwaltungen als Unterfall der Unternehmen soll wohl sicherstellen, daß durch Abs. 2 nicht nur privatrechtlich organisierte Unternehmen erfaßt werden, sondern auch solche, die auf öffentlich-rechtlicher Grundlage tätig werden können. Auch ausländische Unternehmen unterliegen unabhängig von ihrer Organisationsform und Trägerschaft auf dem Gebiet des Freistaates Bayern den Verpflichtungen aus Abs. 2.

9   Die in **Abs. 2 Nrn 1 bis 3** enthaltenen Verpflichtungen ergeben sich aus dem besonderen Zweck und der besonderen Tätigkeit der betroffenen Unternehmen. Sie stellen in der Regel weder unter dem Gesichtspunkt des Sonderopfers noch unter dem der Schwere und Tragweite eine Enteignung dar, so daß es keiner Entschädigungsregelung bedarf. Bei **Nr. 4** (vergleichbar: § 29 a Luftverkehrsg), wo dies fraglich sein könnte, ist einer etwaigen Entschädigungspflicht dadurch genügt, daß den Unternehmen und Verkehrsverwaltungen das Recht eingeräumt wird, die **Erstattung (Vergütung) von Selbstkosten** zu verlangen, soweit sie ein Sonderopfer zu erbringen haben. Dieser Anspruch ist durch den letzten Satz von Nr. 4 materiell begrenzt. Er muß ausdrücklich geltend gemacht werden („verlangen"), so daß die Unternehmen und Verkehrsverwaltungen auch stillschweigend auf die „Vergütung" verzichten können. Ob in besonders gelagerten Einzelfällen des Abs. 2 darüber hinaus eine Entschädigung aus den Art. 70, 71 in Betracht kommen kann, bleibt Tatfrage.

10 Die in **Abs. 2** geregelten Verpflichtungen gelten im Bereich des Flughafens München – Franz Josef Strauß gegenüber dem Bundesgrenzschutz, dem dort die polizeiliche Kontrolle des grenzüberschreitenden Verkehrs obliegt (s. o. RdNr. 1 und RdNr. 8 zu Art. 13).

III. Abschnitt
Datenerhebung und -verarbeitung

Vorbemerkung zu den Art. 30–49

Ausgangspunkt für das Dritte Gesetz zur Änderung des PAG vom 18. 7. 1990, mit dem die jetzigen Artikel 30 bis 49 neu in das PAG eingefügt wurden, war das sog. Volkszählungsurteil des Bundesverfassungsgerichts (E 65, 1 = NJW 1984, 419 = BayVBl 1984, 147 amtl. Leitsätze; s. auch RdNr. 4 zu Art. 2). Darin wird aus Art. 2 Abs. 1 in Verb. m. Art. 1 Abs. 1 GG das Recht eines jeden Bürgers abgeleitet, grundsätzlich selbst über die Offenbarung persönlicher Lebenssachverhalte und die Verwendung der auf seine Person bezogenen Daten zu entscheiden, sog. **Recht auf informationelle Selbstbestimmung.** Vgl. aus neuerer Zeit hierzu Simitis/Fuckner in NJW 1990, 2714; Büllesbach in NJW 1991, 2593; speziell für den Bereich der Sicherheitsbehörden Merten, Datenschutz und Datenverarbeitung bei den Sicherheitsbehörden, 1985; Kniesel/Tegtmeyer/Vahle, Sicherheitsbehörden und Datenschutz, 1986; Knemeyer in NVwZ 1988, 193; Groß in AöR 113 (1988), 161; Waechter in Der Staat 27 (1988), 393; Denninger in CuR 1988, 51; Kowalczyk, Datenschutz im Polizeirecht, 1989; Pitschas/Aulehner in NJW 1989, 2353; Kniesel/Vahle in Clages (Hrsg.), Polizeiliche Informationsverarbeitung im künftigen Polizeirecht, 1990; Alberts in ZRP 1990, 147; Pitschas in: Polizeirecht heute, Schriftenreihe der PFA, Heft 4/91, S. 7 ff.; Riegel, Datenschutz bei den Sicherheitsbehörden, 2. Aufl. 1992; Deutsch, Die heimliche Erhebung von Informationen und deren Aufbewahrung durch die Polizei, 1992; Neumann, Vorsorge- und Verhältnismäßigkeit, Die kriminalpräventive Informationserhebung im Polizeirecht, 1994; Riegel in DÖV 1994, 814; ders. in RiA 1996, 12.

Dieses Recht besteht gleichwohl nicht schrankenlos. Auf Grund der Gemeinschaftsbezogenheit und Gemeinschaftsgebundenheit der Person muß der einzelne Einschränkungen im überwiegenden Allgemeininteresse hinnehmen. Das trifft in besonderem Maße bei Daten zu, die nicht nur den Bereich der privaten Lebensgestaltung des einzelnen, sondern sein soziales Verhalten betreffen. Insonderheit betreffen strafrechtlich relevante Verhaltensweisen nicht nur den privaten, individuellen Lebensbereich, sondern berühren auch Belange der Allgemeinheit und damit den Aufgabenbereich der für die Bekämpfung von Straftaten zuständigen Behörden. Hinzu kommt unter Umständen ein staatliches Geheimhaltungsbedürfnis bezüglich dieser Daten. Es besteht regelmäßig dann, wenn es um vorbeugende Verbrechensbekämpfung geht. Dieser Aufgabe kann die Polizei nur gerecht werden, wenn sie ihr Wissen nicht preisgeben muß, insbesondere nicht gegenüber potentiellen Straftätern oder anderen an

Vorbemerkung zu den Art. 30–49

einer Straftat Beteiligten (vgl. zum ganzen BVerwG in NJW 1990, 2765 mit weit. Nachw.). Die dargestellten Einschränkungen bedürfen indes in jedem Einzelfall stets einer formalgesetzlichen Grundlage, aus der die Voraussetzungen und der erlaubte Umfang der Beschränkung des Rechts auf informationelle Selbstbestimmung dem Bürger erkennbar sein müssen und die, wie jede Grundlage für hoheitliche Eingriffe, den Geboten der Tauglichkeit, der Erforderlichkeit und der Verhältnismäßigkeit zu gehorchen hat (BVerwG a. a. O.).

3 Für die Bereiche der präventivpolizeilichen Datenerhebung und -verarbeitung liefern nunmehr die Art. 30 bis 49 diese Grundlage. Sie lehnen sich an den in der Folge des Volkszählungsurteils von der Innenministerkonferenz in Auftrag gegebenen und 1986 fertiggestellten „Vorentwurf zur Änderung des Musterentwurfs eines einheitlichen Polizeigesetzes des Bundes und der Länder" an (zu ihm Kniesel/Vahle in DÖV 1987, 953; Knemeyer in NVwZ 1988, 193; Vahle in VR 1987, 69). Es ist daher müßig, sich mit der Rechtsprechung des BVerwG auseinanderzusetzen, die – geradezu sensationell – offenbar die allgemeine Aufgabenzuweisungsnorm (in Bayern: Art. 2 Abs. 1 PAG) als Rechtsgrundlage für die polizeiliche Datenerhebung und -verarbeitung ausreichen läßt (BVerwG in NJW 1990, 2765).

4 Zur Einführung in den folgenden Normenkomplex seien zunächst die wesentlichen allgemeinen Begriffe des Gesetzes definiert, welche nach der Bestimmung des Art. 49 dem Bayerischen Datenschutzgesetz zu entnehmen sind.
Personenbezogene Daten sind alle Einzelangaben über persönliche oder sachliche Verhältnisse bestimmter oder bestimmbarer natürlicher Personen (Art. 4 Abs. 1 BayDSG), also z. B. Name, Personalausweisnummer, Kfz-Kennzeichen des Halters, Adresse, Beruf, Geburtsdatum, Staatsangehörigkeit, aber auch über das Verhalten der Person, z. B. die Anwesenheit zu einer bestimmten Zeit an einem bestimmten Ort (vgl. Bär in BayVBl 1992, 618), nicht hingegen bloße Zustandsbeschreibungen, etwa daß jemand unter Alkoholeinfluß steht (BayVGH in BayVBl 1991, 657; zweifelhaft). **Daten juristischer Personen und nichtrechtsfähiger Personenvereinigungen** (z. B. BGB-Gesellschaft, OHG, nichtrechtsfähiger Verein) sind vom Begriff der personenbezogenen Daten nicht umfaßt. Zu achten ist gleichwohl stets darauf, ob sie nicht Angaben über natürliche Personen und damit personenbezogene Daten enthalten.
Daten Verstorbener umfaßt der Begriff in PAG nicht; hierfür wäre, wie etwa in Art. 11 BayMeldeG, eine ausdrückliche Einbeziehung nötig.
Betroffener ist derjenige, auf den sich die Daten beziehen (Art. 4 Abs. 1 BayDSG a. E.). Das muß nicht unbedingt der Adressat einer geplanten polizeilichen Maßnahme sein, auch die Störereigenschaft spielt keine Rolle (vgl. RdNr. 2 zu Art. 31).
Datenerhebung bedeutet das Beschaffen von Daten über Betroffene (Art. 4 Abs. 5 BayDSG), und zwar in beliebiger Form, direkt, etwa durch Befragen

des Betroffenen, durch Bild- oder Tonaufnahmen, die die Anwesenheit einer Person zu einer bestimmten Zeit an einem bestimmten Ort dokumentieren, oder indirekt, z. B. durch Einholen von Auskünften Dritter. Wesentlich ist, daß das Beschaffen und damit das Erheben der Daten ein **aktives und finales Handeln** des Beschaffers zur Beschaffung beinhaltet. Damit fällt das unaufgeforderte Zuleiten von Daten durch Dritte an die Polizei für sich allein noch nicht darunter, ebenso noch nicht das bloße Kenntnisnehmen von einer realen Situation, also etwa das bloße Betrachten eines Kfz-Kennzeichens oder vorbeiziehender Demonstranten ohne die Absicht eines Kenntniserwerbs von der Identität konkreter Personen. Das bloße Empfangen einer Information schlägt dann in eine Datenerhebung um, wenn der Polizeibeamte irgendeine Aktivität entfaltet, um die Information mit der Identität oder dem Handeln einer bestimmten Person zu verknüpfen, und zwar mit dem Ziel, damit eine dienstliche Aufgabe zu erfüllen. Beispiele dafür sind das schriftliche Festhalten der Information zu diesem Zweck – Protokollaufnahme, Eintrag in den Neuigkeitsbogen der Dienststelle, aber auch bereits das Notieren auf einen Schmierzettel zur künftigen weiteren dienstlichen Verwendung; darin liegt auch zugleich eine Datenverarbeitung (s. u.). Aber auch ein gezieltes Beobachten einer Person bzw. ihres Verhaltens, sei es auch nur ganz kurzzeitig, stellt sich als eine solche Aktivität dar. Nicht ausreichend ist hingegen ein rein passives Wahrnehmen oder Registrieren personenbezogener Daten ohne eigene bereits gegenwärtige oder zeitlich anschließende Aktivität mit dem Ziel der Datengewinnung. Die Gegenansicht (etwa Bäumler in Lisken/Denninger, Teil J, RdNr. 72 f.) ist mit dem Begriff des Beschaffens nicht vereinbar (umgekehrt wohl zu weit gehend Hippel/Weiß in JR 1992, 316). Zur Abgrenzung der Datenerhebung von der Datenspeicherung s. RdNr. 3 der Vorbem. zu Art. 37.

Datenverarbeitung umfaßt als Oberbegriff gem. Art. 4 Abs. 6 BayDSG das **Speichern, Verändern** (s. jeweils Art. 37 f.), **Übermitteln** (s. Art. 39–42), **Sperren** (s. Art. 45) und **Löschen** (s. ebenfalls Art. 45) von Daten; vgl. hierzu näher RdNrn 2 ff. der Vorbem. zu Art. 37.

Dritte sind alle Personen oder Stellen außerhalb der die Daten speichernden Stelle, nicht die Betroffenen und auch nicht diejenigen Personen oder Stellen, die im Inland personenbezogene Daten im Auftrag erheben, verarbeiten oder nutzen (Art. 4 Abs. 10 BayDSG). Hierzu wird im Schrifttum uneinheitlich die Frage beantwortet, ob innerhalb ein und derselben Behörde verschiedene, als solche eigenständige speichernde Stellen im Sinne des Datenschutzrechts vorhanden sein können mit der Folge, daß Dritter auch ein anderer Teil der gleichen Behörde sein kann. So wird die Meinung vertreten, es komme dabei darauf an, ob organisatorisch verschiedene Teile einer Behörde die gleichen oder unterschiedliche Aufgaben wahrnehmen, und speziell für Polizeibehörden, ob der die Daten speichernde Behördenteil jeweils gerade präventiv oder repressiv tätig wird (vgl. Bäumler in Lisken/Denninger, Teil J, RdNrn 78 f. m. weit. Nachw.). Dem kann jedenfalls für die Organisation und die Aufgabenstellung der Polizei in Bayern nicht gefolgt werden. Nach Maßgabe von POG und PAG hat jede einzelne bayerische Polizeidienststelle als einheitliche Aufgabe Gefahrenabwehr und Strafverfolgung wahrzunehmen, deren Trennung begrifflich ohnehin schwierig ist (s. RdNr. 17 zu Art. 2), und tritt daher als speichernde Stelle einheitlich auf; eine Datenübertragung innerhalb derselben Dienststelle gibt es sonach nicht.

Eine **Datei** ist nach Art. 4 Abs. 3 BayDSG entweder eine Sammlung personenbezogener Daten, die durch automatisierte Verfahren nach bestimmten Merkmalen ausgewertet werden kann, sog. automatisierte Datei (Satz 1 Nr. 1), oder jede sonstige Sammlung personenbezogener Daten, die gleichartig aufgebaut ist und nach bestimmten Merkmalen geordnet, umgeordnet und ausgewertet werden kann, sog. nicht automatisierte Datei (Satz 1 Nr. 2), wie etwa Karteien.

Der Dateibegriff des allgemeinen Datenschutzrechts umfaßt nicht **Akten** und **Aktensammlungen**, es sei denn, daß sie durch automatisiertes Verfahren umgeordnet und ausgewertet werden können (Satz 2). Unter Akten versteht das BayDSG alle sonstigen amtlichen oder dienstlichen Zwecken dienenden Unterlagen, z. B. auch Probengläser mit Proben, einschließlich **Bild- und Tonträgern**, sofern sie nicht den Dateibegriff erfüllen. Nicht hierunter sollen **Vorentwürfe** und **Notizen** fallen, die nicht Bestandteil eines Vorgangs werden sollen (Abs. 4). Der Charakter von Aufzeichnungen als bloße Vorentwürfe oder Notizen geht dann verloren, wenn die in ihnen enthaltenen Daten über den Vorentwurfs- oder Notizcharakter hinaus genutzt oder verarbeitet, z. B. übermittelt werden sollen; die Aufzeichnungen werden in diesem Fall zu Akten. Die Ausgrenzung von Akten aus dem Dateibegriff hat jedoch für die Polizei keine praktische Bedeutung. Denn wenn nach Maßgabe von Art. 30 ff. Daten in Akten gespeichert, verändert und genutzt werden dürfen, bedarf es für eine Sammlung solcher Akten keiner besonderen Vorschrift mehr; der BayVerfGH sieht die bisherige Normierungslücke insoweit als geschlossen an (BayVerfGH in BayVBl 1995, 143/144). **Erkennungsdienstliche Unterlagen** unterfallen nach Ansicht der Rechtsprechung (BayVGH in BayVBl 1993, 211/212) nicht dem Datenbegriff der Art. 30 ff., vgl. RdNr. 1 zu Art. 14.

5   Wie bereits erwähnt, hat das BVerfG das verfassungsmäßige Recht auf informationelle Selbstbestimmung festgestellt und Richtlinien für seinen Schutz aufgestellt. Das war der Anlaß, **den jetzigen III. Abschnitt** in das PAG einzufügen. Daraus ergibt sich, daß alle Pflichten, die in diesem Abschnitt der Polizei auferlegt werden, wenn nicht allein, so zumindest auch dem Schutz dieses Rechts der Bürger dienen. Das gilt auch und gerade dort, wo der Polizei zur wirksameren Bekämpfung moderner Kriminalität erweiterte und weitreichende Befugnisse zu verdeckter Arbeit gegeben werden. Daraus leitet sich wiederum ab, daß die im III. Abschnitt festgelegten polizeilichen Pflichten auch **Amtspflichten** im Sinne von § 839 BGB sind, deren schuldhafte Verletzung die dort vorgegebene **Schadenersatzverpflichtung** nach sich ziehen kann; daneben tritt

über Art. 49 für den Bereich der Datenverarbeitung die eigenständige Schadensersatzbestimmung des Art. 14 BayDSG.

An zahlreichen Stellen wird im III. Abschnitt durch die Verwendung des Wortes „kann" der Polizei für die Anwendung ihrer Befugnisse ein **pflichtgemäßes Ermessen** eingeräumt. Die Grenzen dieses Ermessens sind im Einzelfall zu bestimmen. Sie müssen jedoch stets die Begrenzung der Befugnisse auf den Aufgabenbereich der Polizei einerseits und andererseits den Schutz des informationellen Selbstbestimmungsrechts der Betroffenen in Erwägung ziehen, in den nur unter den allgemeinen Voraussetzungen der Notwendigkeit (Erforderlichkeit) und Verhältnismäßigkeit und der im Gesetz jeweils bestimmten besonderen Voraussetzungen eingegriffen werden darf. 6

Die praktische Anwendung des neuartigen Vorschriftenkomplexes hat sich inzwischen eingespielt. Dabei haben sich die Regelungen, wohl auch mittels der Unterstützung der polizeilichen Praxis durch detaillierte Verwaltungsvorschriften, ungeachtet ihrer Komplexität insgesamt als praktikabel erwiesen. In der Gerichtspraxis fallen Rechtsstreitigkeiten aus diesem Bereich inzwischen quantitativ deutlich ins Gewicht. Der BayVerfGH hat die Art. 30–49 für **verfassungskonform** erklärt (in BayVBl 1995, 143 = DVBl 1995, 347 = NVwZ 1996, 166 = JZ 1995, 299 m. Anm. Schrader/Werner). 7

Eine hierbei nicht unwesentliche Rolle spielt wohl auch, daß der Bundesgesetzgeber die allenthalben angemahnte Ergänzung der gesetzlichen Grundlagen für die repressive polizeiliche Datenerhebung und -verarbeitung inzwischen zumindest in Teilen vorgenommen hat. Versucht wurde das mit dem **Gesetz zur Bekämpfung des illegalen Rauschgifthandels und anderer Erscheinungsformen der Organisierten Kriminalität (OrgKG)** vom 15. 7. 1992 (BGBl I S. 1302). Vgl. zu diesem Gesetz etwa Caesar in ZRP 1991, 241; Krey/Haubrich in JR 1992, 309; Meertens in ZRP 1992, 205; Hilger in NStZ 1992, 457; Eisenberg in NJW 1993, 1033. Demnach läßt sich derzeit folgender vergleichender Überblick über die diesbezüglichen Vorschriften von PAG und StPO bieten:

Vorbemerkung zu den Art. 30–49

I. Datenerhebung

Maßnahme	PAG	StPO
1. Verdeckter Einsatz technischer Mittel zu Bild- und Tonaufnahmen	Art. 33 Abs. 1 Nr. 2	§§ 100 c, 100 d, 101
– Lauschangriff	Art. 34	–
2. Längerfristige Observation	Art. 33 Abs. 1 Nr. 1, Absätze 2, 4, 5	–
3. Verdeckter Ermittler	Art. 33 Abs. 1 Nr. 3, Abs. 5, Art. 35	§§ 110 a bis 110 d
4. Polizeiliche Beobachtung	Art. 36	§ 163 e

II. Datenverarbeitung

Maßnahme	PAG	StPO
1. Polizeiinterner Datenabgleich	Art. 43	§ 98 c
2. Rasterfahndung	Art. 44	§§ 98 a bis 98 b

Es bleibt zu hoffen, daß der Bundesgesetzgeber die Kraft findet, über die bisherigen punktuellen Ansätze hinaus zu einer in sich geschlossenen Regelung des seiner Kompetenz zugeordneten repressiven Normenbereichs zu gelangen.

8 Mit der letzten Novellierung des BayVSG hat der Gesetzgeber die Zuständigkeit des **Landesamtes für Verfassungsschutz** auf den Schutz vor der Organisierten Kriminalität erweitert. Es hat nunmehr auch die Aufgabe, Bestrebungen und Tätigkeiten der Organisierten Kriminalität zu beobachten sowie Informationen dazu zu sammeln und auszuwerten (vgl. Art. 3 Abs. 1 BayVSG). Zum **Begriff der Organisierten Kriminalität** s. die Legaldefinition in Art. 1 Abs. 3 BayVSG.

1. Unterabschnitt
Datenerhebung

Vorbemerkung zu Art. 30

Die Systematik der Bestimmungen des Gesetzes zur Erhebung personenbezogener Daten (zu den Begriffen s. RdNr. 4 der Vorbem. zu den Art. 30–49) ist folgende: 1
Zu den beiden Generalnormen Art. 30 und Art. 31 gesellen sich Spezialnormierungen in den Art. 33 bis 36. Von den ersteren regelt – systematisch überraschend – Art. 31 die Befugnis zur Datenerhebung, also das Ob, während Art. 30 – in der logischen Prüfungsreihenfolge: danach – nähere Bestimmungen über Art und Weise der Datenerhebung, also das Wie, enthält. Das zeigen ganz deutlich Wortlaut und Struktur der beiden Vorschriften. Art. 30 Abs. 1 ändert daran nichts (s. RdNr. 1 zu Art. 30). Geschieht die Datenerhebung beispielsweise bei öffentlichen Veranstaltungen und Ansammlungen sowie an besonders gefährdeten Objekten (Art. 32), durch bestimmte besondere Mittel (Art. 33 bis 35) oder in der Sonderform der polizeilichen Beobachtung (Art. 36), so sind als Befugnisnorm, also zur Entscheidung hinsichtlich des Ob, ausschließlich diese Spezialnormen heranzuziehen, soweit die dort genannten Mittel angewandt werden; Art. 31 Abs. 1 wird gänzlich verdrängt, wie aus seinem letzten Halbsatz deutlich wird. Hinsichtlich des Wie hingegen, bezüglich dessen sich ebenfalls stets Einzelregelungen in der jeweiligen Spezialnorm finden, wird Art. 30 von diesen nicht verdrängt, sondern tritt ergänzend hinzu, ist also stets mit zu beachten. Dies ist für den Aufbau der rechtlichen Prüfung polizeilicher Datenerhebungen von wesentlicher Bedeutung. Im übrigen handelt es sich bei den Regelungen des Wie nicht um bloße Ordnungsvorschriften. Ein Verstoß gegen sie hat die materielle Rechtswidrigkeit der polizeilichen Maßnahme zur Folge.

Bezüglich der **Rechtsnatur der Datenerhebung** läßt das Volkszählungsurteil des BVerfG entgegen der in Satz 2 der Nr. 31.1 VollzB anklingenden Ansicht keinen Raum für die Annahme, eine Erhebung personenbezogener Daten durch die Polizei nach Maßgabe der in der RdNr. 4 der Vorbem. zu den Art. 30–49 dargestellten Kriterien könne unter Umständen keine Eingriffsqualität haben. Eine Offenbarung persönlicher Lebenssachverhalte mittels aktiven und finalen Handelns wird auch dann erzielt, wenn derartige Daten aus allgemein zugänglichen Quellen wie Telefon- oder Adreßbüchern erhoben werden. Dies zeigen Wortlaut und Systematik von Art. 16 Absätze 1 und 2 BayDSG. Die Gegenansicht (etwa Honnacker/Beinhofer Erl. 1 zu Art. 31) verkennt, daß es begrifflich für das Erheben von Daten entscheidend auf dieses aktive, finale Handeln des Polizeibeamten ankommt, nicht hingegen darauf, 2 ob die Daten allgemein zugänglich sind oder nicht, und damit auch nicht, ob der „Normalbürger" zu diesen Daten ebenfalls Zugang hat; dieser kann freilich von den Daten nach seinem Belieben bloße Kenntnis nehmen oder sie auch „erheben", tut das aber nicht hoheitlich. Anders steht es lediglich dann, wenn die Daten durch die Polizei von dem Betroffenen dergestalt erhoben werden, daß er sie **freiwillig** der Polizei preisgibt, was beispielsweise nicht selten im Rahmen von Art. 31 Satz 2 vorkommen dürfte, s. dort. Dann liegt begrifflich überhaupt kein Eingriff vor, ist doch das Wesen des Rechts auf informationelle Selbstbestimmung „die Befugnis des Einzelnen, grundsätzlich selbst über die Preisgabe und Verwendung seiner personenbezogenen Daten zu bestimmen" (BVerfGE 65, 1/43). Dem trägt Art. 15 Abs. 1 Nr. 2 in Verb. m. Abs. 2 bis 4 BayDSG Rechnung, der hier über Art. 49 unmittelbar gilt. Demnach bedarf eine eingriffsausschließende **Einwilligung** des Betroffenen als vorherige Zustimmung zu der polizeilichen Maßnahme grundsätzlich der **Schriftform**, ihr hat ein Hinweis an den Betroffenen auf den Zweck der Maßnahme und die Folgen eines Versagens der Einwilligung vorauszugehen. Sonderregelungen gelten für beabsichtigte Maßnahmen im Bereich der **wissenschaftlichen Forschung**.

3   Kann sonach im Normalfall die Eingriffsqualität der polizeilichen Datenerhebung als gesichert gelten, erhebt sich für den **Rechtsschutz** die Frage nach der richtigen Klageart. Die Antwort darauf richtet sich danach, ob es sich bei der Erhebung personenbezogener Daten um einen **Verwaltungsakt** handelt oder nicht.
Einerseits spricht viel dafür, ein bloßes tatsächliches Handeln der Polizei ohne Regelungscharakter anzunehmen. Andererseits ist davon auszugehen, daß polizeiliche Realakte, etwa die unmittelbare Ausführung einer Maßnahme (Art. 9), das Fesseln (Art. 65) oder der Schußwaffengebrauch (Art. 66 ff.), bereits gleichsam wegen des in ihnen selbst situierten Eingriffs in Grundrechte des Betroffenen eine Regelung enthalten (s. RdNr. 1 zu Art. 9; RdNr. 6 zu Art. 37). Sieht man die Figur des polizeilichen Realaktes als Verwaltungsakt zumindest im Sinne der VwGO, muß dies konsequenterweise auch für den Eingriffsakt der Erhebung persönlicher Daten gelten. Dabei kann die immer noch strittige Frage dahinstehen, ob die Legaldefinition des Verwaltungsakts in Art. 35 BayVwVfG auch für die Anwendung der VwGO zu gelten hat (vgl. Kopp, VwGO, § 42 RdNr. 36) und ob die polizeiliche Datenerhebung unter diesen Begriff subsumierbar ist. Gesichert erscheint, daß die Datenerhebung als polizeilicher Verwaltungsakt im Sinne des § 42 VwGO zu sehen ist und ihre behauptete Rechtswidrigkeit im Wege der Anfechtungsklage nach § 42 Abs. 1 Fall 1 VwGO zur Prüfung durch die Verwaltungsgerichte führt (s. dazu RdNr. 2 zu Art. 15).
Ist die Datenerhebung beendet und soll gegen sie isoliert vorgegangen werden – also nicht gegen eine noch bestehende Speicherung –, so hat dies durch die Erhebung der direkten bzw. analogen Fortsetzungsfeststellungsklage gem. § 113 Abs. 1 Satz 4 VwGO zu geschehen (s. näher RdNr. 17 zu Art. 11).

Vorbemerkung zu Art. 30

Das Löschen einmal gespeicherter personenbezogener Daten ist speziell in den Art. 38 Absätze 2 und 3, 44 Abs. 3 und 45 Abs. 2 geregelt, das Berichtigen in Art. 45 Abs. 1, das Sperren in Art. 45 Abs. 3 und der Anspruch auf Auskunft über die gespeicherten Daten in Art. 48. Zum Rechtsschutz dort s. RdNr. 13 der Vorbem. zu Art. 37, RdNr. 4 zu Art. 44 und RdNr. 11 zu Art. 48.

Art. 30
Grundsätze der Datenerhebung

(1) Die Polizei kann personenbezogene Daten nur erheben, soweit dies durch dieses Gesetz oder besondere Rechtsvorschriften über die Datenerhebung der Polizei zugelassen ist.

(2) ¹Personenbezogene Daten sind grundsätzlich bei dem Betroffenen zu erheben. ²Personenbezogene Daten des Betroffenen können auch bei Behörden, öffentlichen Stellen oder bei Dritten erhoben werden, wenn die Datenerhebung beim Betroffenen nicht oder nur mit unverhältnismäßig hohem Aufwand möglich ist oder die Erfüllung der polizeilichen Aufgaben gefährden würde.

(3) ¹Personenbezogene Daten sind von der Polizei grundsätzlich offen zu erheben. ²Eine Datenerhebung, die nicht als polizeiliche Maßnahme erkennbar sein soll, ist zulässig, wenn die Erfüllung polizeilicher Aufgaben auf andere Weise gefährdet oder erheblich erschwert würde oder wenn anzunehmen ist, daß dies den überwiegenden Interessen des Betroffenen entspricht.

(4) ¹Werden Daten beim Betroffenen oder bei Dritten offen erhoben, sind diese auf Verlangen in geeigneter Weise hinzuweisen auf
1. die Rechtsgrundlage der Datenerhebung,
2. eine im Einzelfall bestehende gesetzliche Auskunftspflicht oder die Freiwilligkeit der Auskunft.

²Der Hinweis kann zunächst unterbleiben, wenn hierdurch die Erfüllung der polizeilichen Aufgabe oder die schutzwürdigen Belange Dritter beeinträchtigt oder gefährdet würden.

(5) Straftaten von erheblicher Bedeutung sind insbesondere Verbrechen, sowie die in § 138 des Strafgesetzbuchs genannten Vergehen, Vergehen nach § 129 des Strafgesetzbuchs und gewerbs- oder bandenmäßig begangene Vergehen nach
1. den §§ 243, 244, 253, 260, 263 a, 265 b, 266, 283, 283 a, 302 a oder 324 bis 330 a des Strafgesetzbuchs,
2. § 53 Abs. 1 Satz 1 Nr. 1 oder Nr. 2 des Waffengesetzes,
3. § 29 Abs. 3 Satz 2 Nr. 1 oder Nr. 4 des Betäubungsmittelgesetzes,
4. § 47 a des Ausländergesetzes.

30 Zu Art. 30 (Grundsätze der Datenerhebung)

*30.1 Personenbezogene Daten (Art. 5 Abs. 1 BayDSG), d. h. Einzelangaben über persönliche oder sachliche Verhältnisse einer bestimmten oder bestimmbaren natürlichen Person (Betroffener) dürfen von der Polizei nur erhoben werden, soweit das PAG oder besondere Rechtsvorschriften des Bundes oder des Landes dies zulassen. Unter **Datenerhebung** ist das Beschaffen von Daten über den Betroffenen zu verstehen.*

Art. 30

*30.2 Personenbezogene Daten sind grundsätzlich bei dem Betroffenen (vgl. Art. 31 Abs. 1) zu erheben (Abs. 2 Satz 1, sogenannter **Unmittelbarkeitsgrundsatz**). Dieser Grundsatz findet keine Anwendung, wenn die Datenerhebung beim Betroffenen nicht (z. B. bei Abwesenheit) oder nur mit unverhältnismäßig hohem Aufwand (z. B. großer Zeitverlust oder Personalaufwand) möglich ist oder die Erfüllung polizeilicher Aufgaben gefährden würde (Nichtantreffen eines Hundehalters oder eines Fahrzeugführers). In diesen Fällen kann die Polizei personenbezogene Daten des Betroffenen auch bei Behörden (z. B. Kraftfahrzeugzulassungsstellen, Meldebehörden, Ausländerbehörden, Waffen- oder Jagdbehörden) oder bei Dritten (z. B. Arbeitgebern, Schulleitern, Ausbildern oder Nachbarn) erheben.*

*30.3 Absatz 3 Satz 1 regelt, daß die Polizei personenbezogene Daten grundsätzlich **offen**, d. h. für den Betroffenen erkennbar erheben soll. Ausnahmen hiervon enthält Satz 2. Beispielsweise kann eine Nachfrage eines Beamten in Zivil, die beim Befragten nicht als polizeiliche Maßnahme erkennbar ist, für den Betroffenen weniger beeinträchtigend sein als die Befragung von Nachbarn durch uniformierte Polizeibeamte.*

Eine verdeckte Datenerhebung nach Satz 2 unter einer Legende ist nur unter den Voraussetzungen des Art. 33 Abs. 3 zulässig. Kurzfristig verdeckt auftretende Polizeibeamte sind keine verdeckten Ermittler im Sinne von Art. 35, da ihnen keine Legende verliehen ist.

*30.4 Bei einem notwendigen sofortigen polizeilichen Zugriff kann nach Satz 2 der Hinweis **zunächst** unterbleiben. Er ist jedoch nachzuholen, sobald dies die jeweilige Situation zuläßt.*

*30.5 Absatz 5 konkretisiert den Begriff der „**Straftat von erheblicher Bedeutung**" durch eine nicht abschließende Aufzählung von Delikten, insbesondere aus dem Bereich der organisierten Kriminalität und der Rauschgiftkriminalität; es sind dies alle Verbrechen (vgl. § 12 Abs. 1 StGB) und die besonders aufgeführten Vergehen. Außer den genannten Katalogstraftaten („insbesondere") kommen Straftaten mit gleicher oder zumindest vergleichbarer Bedeutung in Betracht. Der Wortlaut des Abs. 5 stellt auch klar, daß die besondere Bedeutung einer Straftat im Sinne der Art. 30 ff. nicht dadurch entfällt, daß sich durch Änderungen des Strafgesetzbuches die Nummern der Paragraphen ändern (dynamische Verweisung).*

30.6 Auch bei der Erhebung personenbezogener Daten sind die Grundsätze polizeilichen Handelns, insbesondere Art. 4 (Grundsatz der Verhältnismäßigkeit) und Art. 5 (Ermessen, Wahl der Mittel) zu beachten.

Art. 30 Abs. 1 ist entgegen Honnacker/Beinhofer (Erl. 1 zu Art. 30) selbst keine Befugnisnorm, sondern will lediglich den Willen des Gesetzgebers zum Ausdruck bringen, daß Erhebungen personenbezogener Daten durch die Poli- **1**

Art. 30

zei als Eingriff in das Recht des Betroffenen auf informationelle Selbstbestimmung (vgl. RdNr. 2 der Vorbem. zu den Art. 30 bis 49) stets einer formell-gesetzlichen Grundlage bedürfen, die innerhalb oder außerhalb des PAG belegen sein kann; eine Verordnung als unmittelbare Befugnisnorm bedarf einer Ermächtigung durch formelles Gesetz. Allein auf innerdienstliche Verwaltungsvorschriften dürfen derartige Datenerhebungen nicht mehr gestützt werden, erst recht nicht sind sie bar jeder Vorgabe „ins Blaue hinein" erlaubt. Erlaubnisbestimmungen im PAG finden sich in den Art. 12–14, 24 Abs. 4, 31–36. Die wichtigsten sonstigen Befugnisnormen sind §§ 36 StVG, 12 a und 19 a VersammlG, Art. 27, 28 und 31 BayMeldeG und für das repressive Handeln der Polizei neben den genannten Vorschriften des VersammlG noch §§ 81–81 c, 100 c, 100 d, 101, 110 a–110 d, 111, 163 b und 163 e StPO.

2 **Abs. 2 Satz 1** bestimmt, daß personenbezogene Daten grundsätzlich bei dem oder den Betroffenen zu erheben sind, sog. **Unmittelbarkeitsgrundsatz**. Das Grundrecht auf informationelle Selbstbestimmung hat zum Kern, selbst über die Preisgabe der eigenen Daten zu entscheiden, und beinhaltet auch den subjektiven Anspruch, grundsätzlich darüber informiert zu sein, was die Polizei über einen selbst weiß, insbesondere, um gegebenenfalls Rechtsschutz hiergegen in Anspruch nehmen zu können (Art. 19 Abs. 4 GG), aber auch, um das eigene Verhalten darauf einrichten zu können, wobei eine präventive Wirkung dahingehend, daß der Betroffene in Kenntnis der polizeilichen Datenerhebung über seine Person in der Zukunft eher geneigt sein mag, sich gesetzestreu zu verhalten, als Nebeneffekt gelten kann. Ausnahmen hiervon sind nur im überwiegenden Allgemeininteresse möglich; s. dazu näher Satz 2. Zum Begriff des Betroffenen s. RdNr. 4 der Vorbem. zu den Art. 30–49.

Nach Maßgabe von **Satz 2** können die Daten auch bei anderen Stellen, wie etwa Meldebehörden, Kfz-Zulassungsstellen, Ausländerbehörden, Waffen- oder Jagdbehörden oder bei Dritten, z. B. Nachbarn, Arbeitskollegen, Lehrern etc. (weitere Beispiele s. Nr. 30.2 VollzB) erhoben werden. Hierfür bestehen zum Teil spezialgesetzliche Rechtsgrundlagen, beispielsweise in Art. 31 BayMeldeG, §§ 35 ff. StVG. Daß dies auch dann gestattet ist, wenn die Datenerhebung beim Betroffenen nur mit unverhältnismäßig hohem Aufwand möglich ist, begegnet entgegen der Ansicht von Bäumler (in Lisken/Denninger, Teil J, RdNr. 714 mit Fußn. 764) keinen durchgreifenden Bedenken. Die „knappe Ressource Polizei" muß dem in heutiger Zeit ständig des Gefahrenschutzes bedürftigen Bürger auch bestmöglich zugute kommen. Dieser Schutz genießt gegenüber dem Interesse des Betroffenen an einer unmittelbaren Datenerhebung angesichts der allenthalben dünnen Personaldecke der Polizei dann klaren Vorrang, wenn ein in bezug auf die Gefahrenintensität unverhältnismäßig hoher Zeitverlust oder Personalaufwand in Kauf genommen werden müßte.

3 Personenbezogene Daten hat die Polizei grundsätzlich offen zu erheben, **Abs. 3 Satz 1.** Die Erhebung muß also gegenüber demjenigen, bei dem sie erfolgt, als eine polizeiliche Maßnahme kenntlich gemacht werden, sog. **Prinzip des offenen Visiers.** Auch dieses Prinzip fußt auf dem Recht auf informationelle Selbstbestimmung; das zum Unmittelbarkeitsgrundsatz oben in RdNr. 2 Ausgeführte gilt auch hier. Dem mit dem Ziel der Datenerhebung Angegangenen gegenüber trifft den Polizeibeamten die in Art. 6 näher normierte **Ausweispflicht.** Eine offene Datenerhebung liegt auch dann vor, wenn der Polizeibeamte in Zivilkleidung Dienst versieht oder ein äußerlich nicht als solches erkennbares Dienstfahrzeug benutzt, sofern es sich hierbei nicht um eine bewußte Verschleierung oder Verheimlichung der Zugehörigkeit zur Polizei handelt; sie allein ist das Abgrenzungskriterium für ein verdecktes Tätigwerden. Daher ist auch eine Datenerhebung bei Dritten ohne Kenntnis des Betroffenen dann offen, wenn die Polizei dem Dritten gegenüber „mit offenem Visier" auftritt (vgl. speziell zum **Telefonmithören** durch die Polizei und allgemein BGH in NJW 1994; 596/599 f. mit Anm. Lisken ebenda S. 2069).

Nach **Satz 2** ist das offene Erheben nicht erforderlich, wenn dadurch die Erfüllung polizeilicher Aufgaben gefährdet oder erheblich erschwert werden würde. Die dagegen in der Alternativliteratur (s. etwa Bäumler in Lisken/Denninger, Teil J, RdNr. 715) erhobene Kritik verkennt, daß das BVerfG das Recht auf informationelle Selbstbestimmung gerade nicht als schrankenlos anerkannt hat. Die Schranke des überwiegenden Allgemeininteresses (s. RdNr. 2 der Vorbem. zu den Art. 30–49) umfaßt begrifflich die – legitime – Erfüllung polizeilicher Aufgaben. Andererseits ist letztere nicht gefährdet, auch nicht erheblich erschwert, wenn die verdeckte Datenerhebung für die Polizei lediglich einfacher oder bequemer wäre.

Die verdeckte Datenerhebung ist des weiteren zulässig, wenn aus der Sicht des handelnden Polizeibeamten anzunehmen ist, daß sie den überwiegenden Interessen des Betroffenen entspricht. Die amtl. Begr. 1990 führt hierzu als Beispiel das Herumfragen uniformierter Beamter in der Nachbarschaft des Betroffenen und die damit verbundene Gefahr einer Rufschädigung an. In der Tat würde sich dann das Prinzip vom offenen Visier in seiner Wirkung gerade gegen den von ihm geschützten Bürger verkehren, was sicherlich sein Sinn nicht ist. Daher sind diskrete Erkundigungen unauffällig gekleideter und der Nachbarschaft nicht als solche erkennbarer Kriminalbeamter in aller Regel zulässig. Im übrigen ändert es am Charakter einer polizeilichen Maßnahme als verdeckt nichts, wenn der Betroffene die Maßnahme bemerkt hat. Zum Einsatz von Polizeibeamten unter einer Legende, d. h. als sog. Verdeckte Ermittler, s. Art. 33 Abs. 1 Nr. 3, Abs. 3 und Art. 35. Diese spezielle Ermittlungsform ist von der verdeckten Datenerhebung im Sinne von Art. 30 Abs. 3 Satz 2 dadurch abzugrenzen, daß der ermittelnde Polizeibeamte im letzteren Fall nicht über eine Legende verfügt, also nicht über eine bewußt geänderte, auf Dauer angelegte neue Identität (s. RdNr. 2 zu Art. 33).

Art. 30

4 **Abs. 4 Satz 1** enthält eine Hinweispflicht für den erhebenden Polizeibeamten. Eine im Einzelfall bestehende gesetzliche Auskunftspflicht normiert Art. 12. Die Unterrichtung hat in geeigneter Weise zu erfolgen; ein bestimmtes Verfahren oder eine bestimmte Form sind demnach nicht vorgeschrieben. Eine umfassende quasi anwaltliche Beratung ist damit nicht gemeint. Wird der Hinweis unter den in **Satz 2** beschriebenen Voraussetzungen zunächst unterlassen, so ist er durch die Polizei nachzuholen, soweit bzw. sobald eine Beeinträchtigung oder Gefährdung der Erfüllung der konkreten polizeilichen Aufgabe oder der schutzwürdigen Belange Dritter nicht mehr zu besorgen ist. Einen bestimmten Anlaß oder Zeitpunkt hierfür gibt das Gesetz nicht vor. Dies ist verfassungsrechtlich unbedenklich (BayVerfGH in BayVBl 1995, 143/147).

5 Der im Folgenden immer wieder auftauchende Begriff der **Straftaten von erheblicher Bedeutung** findet eine beispielhafte Erläuterung in **Abs. 5**. Gemeint sind rechtswidrige Handlungen, die einen der genannten Tatbestände erfüllen; auf ein Verschulden des Täters kommt es nicht an. Die Aufzählung ist, wie der Gesetzeswortlaut zeigt („insbesondere"), nicht abschließend. Im Beispielskatalog nicht aufgeführte Straftaten müssen jeweils einer vergleichenden Bewertung mit den dort enthaltenen in Hinblick auf ihr Gewicht unterzogen werden. Insgesamt liegt eine sog. dynamische Verweisung vor, s. Nr. 30.5 VollzB. Allgemein zur dynamischen Verweisung s. RdNr. 2 zu Art. 49. Abs. 5 genügt dem verfassungsrechtlichen Bestimmtheitsgrundsatz (BayVerfGH in BayVBl 1995, 143/147).

Art. 31
Datenerhebung

(1) Die Polizei kann personenbezogene Daten über die in Art. 7, 8 und 10 genannten Personen und über andere Personen erheben, wenn dies erforderlich ist
1. zur Gefahrabwehr, insbesondere zur vorbeugenden Bekämpfung von Straftaten (Art. 2 Abs. 1),
2. zum Schutz privater Rechte (Art. 2 Abs. 2),
3. zur Vollzugshilfe (Art. 2 Abs. 3) oder
4. zur Erfüllung ihr durch andere Rechtsvorschriften übertragener Aufgaben (Art. 2 Abs. 4)

und die Art. 11 bis 48 die Befugnisse der Polizei nicht besonders regeln.

(2) Die Polizei kann ferner über
1. Verantwortliche für Anlagen oder Einrichtungen, von denen eine erhebliche Gefahr ausgehen kann,
2. Verantwortliche für gefährdete Anlagen oder Einrichtungen,
3. Verantwortliche für Veranstaltungen in der Öffentlichkeit,
4. Personen, deren besondere Kenntnisse und Fähigkeiten zur Gefahrenabwehr benötigt werden,

Namen, Vornamen, akademische Grade, Anschriften, Telefonnummern und andere Informationen über die Erreichbarkeit sowie nähere Angaben über die Zugehörigkeit zu einer der genannten Personengruppen erheben, soweit dies zur Vorbereitung für die Hilfeleistung in Gefahrenfällen erforderlich ist.

31 Zu Art. 31 (Datenerhebung)

*31.1 Absatz 1 enthält eine **Generalklausel** für die Erhebung personenbezogener Daten durch die Polizei auch über andere Personen (unbeteiligte Dritte) als die in Art. 7, 8 und 10 genannten Personen. Soweit Datenerhebungen der Polizei gegenüber dem Betroffenen keinen Rechtseingriff darstellen, etwa die Datenerhebung aus allgemein zugänglichen Quellen (z. B. Telefon- oder Adreßbüchern), bedarf es keiner Befugnisnorm für die Polizei.*

31.2 Absatz 1 gilt nicht für Datenerhebungsmaßnahmen der Polizei, die in den Art. 11 bis 48 besonders geregelt sind.

31.3 Der in Abs. 1 enthaltene Katalog für die Erhebung personenbezogener Daten durch die Polizei stimmt mit den polizeilichen Aufgaben in Art. 2 überein. Zur Verdeutlichung ist in Nr. 1 auch die „vorbeugende Bekämpfung von Straftaten" als Unterfall der Gefahrenabwehr genannt, da insoweit Zweifel an der Zuordnung zum Bundesrecht (Strafverfolgung) oder Landesrecht (Gefahrenabwehr) aufgetreten sind.

*31.4 Absatz 1 Nr. 1 bestimmt, daß polizeiliche Datenerhebungen zur **Gefahrenabwehr**, insbesondere zur vorbeugenden Bekämpfung von Straftaten zulässig sind, auch wenn nicht oder noch nicht von dem Vorliegen einer im Einzel-*

Art. 31

fall bestehenden (konkreten) Gefahr ausgegangen werden kann. Für die verdeckte Datenerhebung nach Art. 33 ist aber das Vorliegen einer konkreten Gefahr erforderlich.

31.5 Die Befugnisse zur Erhebung personenbezogener Daten durch die Polizei zum Schutz privater Rechte (Abs. 1 Nr. 2) und zur Vollzugshilfe (Nr. 3) ergeben sich als Folge zur Aufgabenstellung der Polizei in Art. 2 Abs. 2 und 3. Eine Erweiterung der eingeschränkten polizeilichen Befugnisse zum Schutz privater Rechte tritt durch Abs. 1 nicht ein.

31.6 Absatz 1 Nr. 4 regelt die Erhebung personenbezogener Daten zur Erfüllung anderer der Polizei durch Rechtsvorschrift übertragener Aufgaben. Andere Rechtsvorschriften, durch die der Polizei Aufgaben zur Erfüllung zugewiesen sind, sind insbesondere die Vorschriften der Straßenverkehrsordnung (§§ 36, 44), des Meldegesetzes (Art. 27, 28 und 31) und des Unterbringungsgesetzes (Art. 9, 16 und 18). Die Datenerhebung ist in solchen Fällen nach Art. 31 Abs. 1 Nr. 4 zulässig, wenn die jeweilige besondere Rechtsvorschrift der Polizei Aufgaben zuweist, zu deren Erfüllung es einer polizeilichen Erhebung personenbezogener Daten bedarf, und sofern die besondere Rechtsvorschrift nicht selbst die Erhebung personenbezogener Daten regelt (Art. 11 Abs. 3).

*Die Datenerhebung im Rahmen der **Strafverfolgung** (§ 152 Abs. 2 StPO) richtet sich ausschließlich nach den Regeln der StPO, insbesondere der Ermittlungsgeneralklausel (§§ 161, 163 StPO). Die spezifischen Voraussetzungen der Datenerhebung für Zwecke der Gefahrenabwehr gelten insoweit nicht.*

*31.7 Absatz 2 regelt die polizeiliche Datenerhebung im **Vorfeld** polizeilicher Gefahrenlagen. Danach können Daten über Verantwortliche für technische Anlagen oder Einrichtungen, von denen eine erhebliche Gefahr ausgehen kann (z. B. Flughäfen, Müllverbrennungsanlagen, Industrieanlagen, Kraftwerke) erhoben werden, soweit diese zur Vorbereitung für die Hilfeleistung in Gefahrenfällen erforderlich sind, etwa die Erreichbarkeit technischer Leiter oder ihrer Vertreter zur Nachtzeit, an Wochenenden und Feiertagen.*

31.8 Das gleiche gilt für Verantwortliche von Anlagen und Einrichtungen, die nach der polizeilichen Erfahrung besonderen Gefährdungen ausgesetzt sind (z. B. Kasernen, Munitionslager, Polizeidienststellen, Justizvollzugsanstalten).

31.9 Absatz 2 Nr. 3 läßt die Erhebung von Daten über Personen zu, die für die Sicherheit von Veranstaltungen in der Öffentlichkeit mit großem Publikumsandrang verantwortlich sind (z. B. Sportveranstaltungen, Popfestivals, sogenannte Open-Air-Veranstaltungen). Soweit diese Veranstaltungen einer Erlaubnis (z. B. nach Art. 19 LStVG) bedürfen, erhält die Polizei einen Abdruck des Erlaubnisbescheids durch die Sicherheitsbehörde.

31.10 Absatz 2 Nr. 4 regelt die Datenerhebung über Personen, die über besondere, insbesondere technische Kenntnisse und Fähigkeiten verfügen, die zur Gefahrenabwehr benötigt werden (z. B. Umweltingenieure, Rettungsdienstleiter, Betriebsleiter, Angehörige des Technischen Hilfswerks und der Feuerwehr).
Der Katalog der zu erhebenden Daten folgt aus Abs. 2 letzter Halbsatz.

Während Art. 30 im wesentlichen das Wie der Erhebung personenbezogener 1
Daten durch die Polizei regelt, regelt **Art. 31** deren Ob (vgl. RdNr. 1 zu
Art. 30), und zwar nach Ansicht des BayVerfGH in verfassungskonformer
Weise (in BayVBl 1995, 143/144 f.).
Das Verhältnis zur Generalklausel des Art. 11 scheint nach dem Wortlaut
des letzten Halbsatzes von Art. 31 Abs. 1 so zu sein, daß Art. 11 lex specialis
zu Art. 31 sein soll. Art. 11 wiederum spricht im letzten Halbsatz seines
Abs. 1 von einem Zurücktreten, soweit die Art. 12 bis 48, somit auch Art. 31,
die Befugnisse der Polizei besonders regeln. Diese grammatikalische Unstimmigkeit ist im Gesetzgebungsverfahren offenbar übersehen worden. Die Systematik des PAG wie auch die Zielvorstellung des Gesetzgebers, wie sie aus der
Entstehungsgeschichte des Art. 31 ersichtlich wird, lassen gleichwohl nur den
Schluß zu, daß Art. 31 den Art. 11 vollständig verdrängt und nur die besonderen Befugnisvorschriften (ab Art. 12) unberührt läßt. Polizeiliche Datenerhebungen sollen nach der amtl. Begr. 1990 zu Art. 31 ausdrücklich auch dann
zulässig sein, wenn keine konkrete Gefahr im Sinne von Art. 11 Abs. 1 vorliegt.
Der BayVerfGH hält das zu Recht für unbedenklich (in BayVBl 1995, 143/
144 f.). Denn wäre die Datenerhebung erst bei Vorliegen einer konkreten Gefahr
zulässig, könnte diese Gefahr regelmäßig nicht erkannt werden; das Ergreifen
einer erforderlichen polizeilichen Maßnahme nach Maßgabe von Art. 11 wäre
nicht möglich. Damit ist die allgemeine Generalklausel des Art. 11 durch die für
den Bereich der Erhebung personenbezogener Daten durch die Polizei geltende
des Art. 31 verdrängt, Art. 31 ist gegenüber Art. 11 lex specialis, im letzten
Halbsatz von Art. 31 Abs. 1 ist mithin „Art. 11" wie „Art. 12" zu lesen.
Ansonsten tritt Art. 31 Abs. 1 als Befugnisnorm seinerseits hinter die
Art. 32–36 vollständig zurück, sofern nach dem Voraustatbestand diese Vorschriften einschlägig sind. Abs. 2 hingegen ist hinsichtlich des Ob spezielle Befugnisnorm für die darin enthaltenen Datenerhebungen und wird durch sonstige Befugnisnormen gleich welcher Art nicht verdrängt.
Im übrigen gibt es entgegen der Nr. 31.1. VollzB keine polizeiliche Datenerhebung ohne Eingriffsqualität, es sei denn, der Betroffene willigt darin ein
(s. RdNr. 2 der Vorbem. zu Art. 30), so daß jeder derartigen Maßnahme eine
Befugnisnorm zugrunde zu legen ist.

Zum Begriff der **personenbezogenen Daten** und ihrer **Erhebung** im Sinne 2
von **Abs. 1** sowie zum Begriff des Betroffenen allgemein s. RdNr. 4 der Vor-

Art. 31

bem. zu den Art. 30–49. Rechtmäßig betroffen von der Datenerhebung nach Abs. 1 können über die polizeirechtlich traditionellen Adressaten nach Art. 7, 8 und 10 hinaus auch **andere Personen**, d. h. gänzlich unbeteiligte Dritte, sein, und zwar ohne daß die strengen Voraussetzungen des Art. 10 gegeben sein müssen. In dieser Ausweitung polizeilicher Eingriffsmöglichkeiten, die der überkommenen Polizeirechtslehre fremd ist, steckt erheblicher Zündstoff (s. etwa Alberts in ZRP 1990, 147; Lisken in ZRP 1990, 15/19; Staff in ZRP 1992, 384/385 f.; ablehnend auch Bäumler in Lisken/Denninger, Teil J, RdNr. 500). Gleichwohl kann es sich gerade aus der Verfassung selbst und ihrer Schutzfunktion für alle Bürger, nicht nur für potentielle Straftäter, als notwendig erweisen, das herkömmliche System des Polizeirechts auszuweiten. Gefahrenabwehr kann nicht immer nur ausschließlich mit dem Blick auf potentielle Betroffene hierzu vorgenommener hoheitlicher Eingriffe beurteilt werden, sondern muß sich mindestens mit gleichem Gewicht an den Grundrechten der von den Gefahren Bedrohten orientieren, die dem Schutz des Staates anheim gegeben sind (vgl. etwa Pitschas in JZ 1993, 858 m. weit. Nachw.). Demnach erscheint es als verfassungsrechtlich durchaus vertretbar, polizeiliche Datenerhebungen zu erlauben, von denen auch an der abzuwendenden Gefahr völlig Unbeteiligte betroffen sind, sofern in einer Güterabwägung ihr Recht auf informationelle Selbstbestimmung hinter überwiegenden Interessen anderer Schutzbedürftiger zurückzutreten hat (vgl. hierzu auch RdNr. 1 zu Art. 33). Daß sich die Polizei hierbei immer zunächst den Störer halten muß (so Bäumler in Lisken/Denninger, Teil J, RdNr. 666), ist nicht von vornherein der Fall, sondern vom jeweils konkreten Ziel der Gefahrenabwehr her zu beurteilen. Entscheidend ist hier allein die Notwendigkeit zur Erreichung dieses Ziels (s. u. RdNr. 5).

3 Der an der Spitze von **Nr. 1** aufscheinende Begriff **Gefahrenabwehr** weist in seinem Wortlaut und mittels der Verknüpfung mit Art. 2 Abs. 1 zunächst darauf hin, daß, wie auch aus der amtl. Begr. 1990 zu entnehmen ist, die Abwehr abstrakter, nicht konkreter Gefahren gemeint ist (kritisch hierzu etwa Schoreit in DRiZ 1991, 320/324 f.). Damit wird die ansonsten für die Art. 11 ff. geltende Eingriffsschranke zurückgeschoben. Das gilt indes nicht für die Datenerhebung in den speziellen Formen des Art. 33.

Mit seiner Entscheidung, daß auch die **vorbeugende Bekämpfung von Straftaten** zur Gefahrenabwehr gehört und damit in den Bereich des präventiven, nicht des repressiven Handelns der Polizei fällt, hat der bayerische Gesetzgeber in einem seit längerem ausgetragenen Streit eindeutig Stellung bezogen (vgl. im einzelnen RdNr. 17 zu Art. 2 und RdNr. 1 zu Art. 33).

4 Die Zulässigkeit der Datenerhebung zum Schutz privater Rechte in **Nr. 2** korrespondiert mit Art. 2 Abs. 2, wonach eine Datenerhebung nur in eng begrenzten Ausnahmefällen in Betracht kommen wird (s. RdNr. 14 zu Art. 2).

Stets zu bedenken bei der polizeilichen Datenerhebung zur Vollzugshilfe (Nr. 3) ist, daß in diesem Fall die Polizei lediglich für die Art und Weise der Durchführung der Maßnahme zuständig und verantwortlich ist, nicht aber für den Erlaß der Maßnahme als solche, welcher allein in die Kompetenz und Verantwortung der um Vollzugshilfe ersuchenden Behörde gehört (vgl. RdNr. 5 zu Art. 50). Eine Datenerhebung nach dieser Vorschrift ist demnach nur zulässig, soweit es sich um Daten handelt, die für die Ausführung der Vollzugshilfe selbst benötigt werden. Das können etwa Nachforschungen über persönliche Eigenheiten des Betroffenen wie bisheriges Auffallen gegenüber Behörden oder dessen Neigung zu gewalttätigen Reaktionen gegenüber Amtspersonen sein.

Nr. 4 nimmt Bezug auf Art. 2 Abs. 4. Die Aufzählung anderer Rechtsvorschriften in Nr. 31.6 VollzB ergänzt dabei jene in Nr. 2.5 VollzB. Enthalten diese anderen Rechtsvorschriften Regelungen zur Erhebung personenbezogener Daten, so gehen diese als Spezialvorschriften Art. 31 Abs. 1 vor – so beispielsweise Art. 27 ff. BayMeldeG –; ansonsten greifen gem. Art. 11 Abs. 3 Satz 2 hinsichtlich der Datenerhebung Art. 31 ff. ein. In Bereich der Strafverfolgung gilt allein die StPO, und zwar ungeachtet dessen, daß sie insoweit immer noch Lücken aufweist (vgl. RdNr. 7 der Vorbem. zu den Art. 30–49).

Inwieweit die Datenerhebung jeweils **erforderlich** ist, bestimmt zunächst der handelnde Polizeibeamte aus seiner Sicht. Der Begriff der Erforderlichkeit ist dabei mit dem der Notwendigkeit gleichzusetzen (s. RdNr. 4 zu Art. 11; zur Erforderlichkeit im Datenschutzrecht allgemein Gallwas in FS Arthur Kaufmann, 1993, S. 819 ff.). Bei ihrer Bestimmung unterliegt die Polizei der Aufsicht des Staatsministeriums des Innern (Art. 1 Abs. 3 Satz 2 POG) sowie dem Kontrollrecht des Landesbeauftragten für den Datenschutz nach Art. 30 ff. BayDSG; hierbei ist stets Art. 32 Abs. 2 Nr. 3 BayDSG zu beachten. Das allgemeine datenschutzrechtliche Prinzip der Erforderlichkeit (s. Art. 16 Abs. 1 BayDSG) ist auch dann zu berücksichtigen, wenn die Datenerhebung nach anderen Vorschriften des PAG erfolgt, auch wenn es in diesen nicht ausdrücklich enthalten ist. 5

Abs. 2 regelt die polizeiliche Datenerhebung im Vorfeld polizeilicher Gefahrenlagen. Hier wird also nicht einmal eine abstrakte Gefahr zur Voraussetzung für die Datenerhebung gemacht. Diese sehr weit gehende Eingriffslegitimation entspricht gleichwohl den Erfordernissen der Geeignetheit und Erforderlichkeit zur Gefahrenabwehr und ist auch nicht unverhältnismäßig, so daß sie als wirksame Einschränkung des informationellen Selbstbestimmungsrechts angesehen werden kann. Zu Recht formuliert die amtl. Begr. 1990, daß es zur wirksamen polizeilichen Gefahrenabwehr unabdingbar ist sicherzustellen, daß beim Eintritt einer Gefahr sofort mit den Verantwortlichen für besonders gefährliche oder gefährdete Anlagen in Verbindung getreten werden kann. Ge- 6 meint sind mit Anlagen oder Einrichtungen im Sinne der **Nrn 1 und 2** insbesondere technische, aber auch sonstige, von denen allgemein eine erhebliche Gefahr für Anwohner oder die Allgemeinheit ausgehen kann (Nr. 1) oder die nach polizeilicher Erfahrung besonderen Gefährdungen von außen ausgesetzt sind (Nr. 2). Unter **erheblicher Gefahr** wird im Sicherheitsrecht die Gefahr für ein bedeutendes Rechtsgut verstanden (s. Nr. 10.2 VollzB). Beispiele für die genannten Anlagen enthalten die Nrn 31.7 bzw. 31.8 VollzB. Das gleiche gilt sinnvollerweise hinsichtlich der Verantwortlichen für Veranstaltungen in der Öffentlichkeit (**Nr. 3**). Das sind insbesondere solche mit großem Publikumsandrang (vgl. die Beispiele in Nr. 31.9 VollzBek). Schließlich ist nach **Nr. 4** eine Datenerhebung auch über Personen zulässig, welche über besondere, vor allem technische Kenntnisse verfügen, die zur Gefahrenabwehr benötigt werden. Über die hierzu in Nr. 31.10 VollzB enthaltenen Beispiele hinaus seien noch genannt Abschleppunternehmer, Bestattungsunternehmer, Sachverständige und Dolmetscher.

Gegengewicht dieser doch sehr weiten Öffnung des grundrechtlich geschützten Bereichs der informationellen Selbstbestimmung der Betroffenen muß sein, daß die erhebbaren Daten strikt auf den in Abs. 2 genannten Katalog beschränkt bleiben müssen und an die Erforderlichkeit im Sinn des letzten Halbsatzes der Vorschrift ein besonders strenger Maßstab anzulegen ist.

7 Zur **Datenerhebung** auf freiwilliger Basis seitens des Betroffenen s. RdNr. 2 der Vorbem. zu Art. 30, zum **Rechtsschutz** s. ebenda RdNr. 3.

Art. 32
Datenerhebung bei öffentlichen Veranstaltungen und Ansammlungen sowie an besonders gefährdeten Objekten

(1) ¹Die Polizei kann bei oder im Zusammenhang mit öffentlichen Veranstaltungen oder Ansammlungen personenbezogene Daten auch durch den Einsatz technischer Mittel zur Anfertigung von Bild- und Tonaufnahmen oder -aufzeichnungen über die für eine Gefahr Verantwortlichen erheben, wenn tatsächliche Anhaltspunkte die Annahme rechtfertigen, daß dabei Ordnungswidrigkeiten von erheblicher Bedeutung oder Straftaten begangen werden. ²Die Maßnahmen dürfen auch durchgeführt werden, wenn Dritte unvermeidbar betroffen werden.

(2) Die Polizei kann an oder in den in Art. 13 Abs. 1 Nr. 3 genannten Objekten Bild- und Tonaufnahmen oder -aufzeichnungen von Personen anfertigen, soweit tatsächliche Anhaltspunkte die Annahme rechtfertigen, daß an oder in Objekten dieser Art Straftaten begangen werden sollen, durch die Personen, diese Objekte oder andere darin befindliche Sachen gefährdet sind.

(3) Bild- und Tonaufnahmen oder -aufzeichnungen und daraus gefertigte Unterlagen sind spätestens zwei Monate nach der Datenerhebung zu löschen oder zu vernichten, soweit diese nicht zur Verfolgung von Ordnungswidrigkeiten von erheblicher Bedeutung oder Straftaten benötigt werden.

(4) Für Bild- und Tonaufnahmen oder -aufzeichnungen durch die Polizei bei oder im Zusammenhang mit öffentlichen Versammlungen und Aufzügen gelten die §§ 12 a und 19 a des Versammlungsgesetzes.

32 Zu Artikel 32 (Datenerhebung bei öffentlichen Veranstaltungen und Ansammlungen sowie an besonders gefährdeten Objekten)

*32.1 Der Anwendungsbereich des Art. 32 erstreckt sich nach Abs. 4 **nicht** auf Versammlungen und Aufzüge nach dem Versammlungsgesetz. Für Versammlungen und Aufzüge ist die Zulässigkeit von Bild- und Tonaufnahmen und darüber hinaus von sämtlichen Formen der personenbezogenen Informationserhebung durch die Polizei für den Bereich der Abwehr versammlungsspezifischer Gefahren in den §§ 12 a und 19 a des Versammlungsgesetzes abschließend spezialgesetzlich geregelt (vgl. Gesetz vom 9. 6. 1989, BGBl I S. 1059 ff.). Art. 32 gilt für **sonstige öffentliche Veranstaltungen**, Ansammlungen sowie für polizeiliche Maßnahmen an besonders gefährdeten Objekten.*

*32.2 Absatz 1 regelt die Befugnis der Polizei, Bild- und Tonaufnahmen oder -aufzeichnungen über die für eine Gefahr **verantwortlichen Personen** anzufertigen, wenn tatsächliche Anhaltspunkte die Annahme rechtfertigen, daß Ordnungswidrigkeiten von erheblicher Bedeutung (z. B. Abbrennen von Feuerwerkskörpern in einer Menschenmenge) oder Straftaten begangen wer-*

Art. 32

den (z. B. in Fan-Kurven der Sportstadien und deren Zugängen). Satz 2 schließt in die Datenerhebung auch Dritte ein, soweit deren Betroffenheit von Bild- und Tonaufnahmen oder -aufzeichnungen unvermeidbar ist.

32.3 Absatz 2 erstreckt die polizeiliche Befugnis zur Fertigung von Bild- und Tonaufnahmen oder -aufzeichnungen auf Störer oder andere Personen, soweit tatsächliche Anhaltspunkte die Annahme rechtfertigen, daß an oder in den in Art. 13 Abs. 1 Nr. 3 genannten Anlagen (z. B. Bahnhöfe, Versorgungsanlagen, Amtsgebäude) oder anderen besonders gefährdeten Objekten Straftaten begangen werden sollen, durch die Personen, diese Objekte oder andere darin befindliche Sachen gefährdet werden.

32.4 Bild- und Tonaufnahmen ohne unmittelbaren Personenbezug für Zwecke der Dokumentation des polizeilichen Einsatzgeschehens oder der Aus- und Fortbildung bleiben von Art. 32 Abs. 3 unberührt. Einzelangaben mit unmittelbarem Personenbezug sind zu löschen oder unkenntlich zu machen.

1 Bild- und Tonaufnahmen von Versammlungsteilnehmern durch die Polizei sind speziell in den §§ 12 a und 19 a VersammlG geregelt. **Art. 32** will diese bundesgesetzliche Eingriffsbefugnis für bestimmte Veranstaltungen, die nicht dem Versammlungsgesetz unterfallen, ergänzen (vgl. Abs. 4) und auf Aufnahmen an besonders gefährdeten Einrichtungen ausdehnen. Grundrechtlichen Schutz vor der Datenerhebung kann insoweit nur das Recht auf informationelle Selbstbestimmung, nicht Art. 8 GG entfalten. S. allgemein Geiger, Verfassungsfragen zur polizeilichen Anwendung der Video-Übertragungstechnologie bei der Straftatenbekämpfung, 1994.

Im Verhältnis zu Art. 31 gilt, daß auch bei den von Art. 32 umfaßten Veranstaltungen und Ansammlungen grundsätzlich die Regeln des Art. 31 zur Datenerhebung anzuwenden sind. Nur wenn und nur insoweit sich die Polizei bei der Datenerhebung technischer Mittel zur Anfertigung von Bild- oder Tonaufnahmen oder Aufzeichnungen bei oder im Zusammenhang mit den genannten Veranstaltungen oder Ansammlungen bzw. an oder in den in Art. 13 Abs. 1 Nr. 3 genannten Orten bedient, verdrängt Art. 32 die Vorschrift des Art. 31. Ansonsten gilt Art. 31 Abs. 1 auch für die von Art. 32 erfaßten Veranstaltungen und Ansammlungen, wie das Wort „auch" in Abs. 1 Satz 1 der letztgenannten Vorschrift deutlich macht.

Eine Datenerhebung liegt nach dem Wortlaut der Vorschrift auch dann vor, wenn Bild- oder Tonaufnahmen gemacht und diese in eine polizeiliche Einsatzleitung überspielt werden, ohne daß Aufzeichnungen vorgenommen werden.

2 Abs. 1 ähnelt § 12 a Abs. 1 VersammlG. **Öffentliche Veranstaltungen** sind solche, zu denen der Zutritt nicht auf einen namentlich oder sonst individuell bezeichneten Personenkreis beschränkt, sondern, wenn auch ggf. nur nach Erfüllung bestimmter Bedingungen (z. B. dem Entrichten von Eintrittsgeld), jedem gestattet ist, etwa Sportwettkämpfe, Volksfeste oder kulturelle Veranstaltungen. Ein Ausschluß bestimmter Personen oder Personengruppen steht der Öffentlichkeit der Veranstaltung nicht entgegen. Gleichgültig ist auch, ob der Veranstalter zunächst zu einer geschlossenen Veranstaltung eingeladen hatte. Daß der Kreis der Teilnehmer durch die Mitgliedschaft in einem Verein oder in ähnlicher Weise abgegrenzt ist, macht die Veranstaltung grundsätzlich nicht zu einer nichtöffentlichen. Ob die Veranstalter die Veranstaltung als öffentlich oder nichtöffentlich bezeichnen, spielt ebenfalls keine Rolle. Daher kann auch die Mitgliederversammlung eines Vereins eine öffentliche Veranstaltung sein, wenn wahllos Gäste zugelassen werden (vgl. zum ganzen Meyer/Köhler Anm. 3 zu § 1 VersammlG m. weit. Nachw.). Ob die Veranstaltung unter freiem Himmel oder in einem geschlossenen Raum stattfindet, ist nicht von Belang. **Ansammlungen** sind ungeplante, zufällig zustandegekommene Zusammenkünfte mehrerer Personen, etwa von Neugierigen bei Unfällen, Bränden oder Auftritten wirklicher oder vermeintlicher „Prominenter".

Bei oder im Zusammenhang mit öffentlichen Veranstaltungen oder Ansammlungen sind Bild- und Tonaufnahmen oder -aufzeichnungen personenbezogener Daten durch die Polizei zulässig. „Im Zusammenhang" meint die sog. **An- und Abmarschphase** und damit auch die An- und Abreise in ihrer ganzen Dauer. Davon getrennte Vorbereitungshandlungen werden nicht erfaßt. 3

Bei den **technischen Mitteln** zur Anfertigung der genannten Aufnahmen und Aufzeichnungen wird nicht unterschieden, ob nur einfach vorläufige ohne geplante Erhaltungsdauer hergestellt oder die dabei gewonnenen Daten auf Datenträgern fixiert werden. Am Charakter der Maßnahmen als Datenerhebung ändert es nichts. Beispiele sind somit Video- und Filmaufnahmen, versteckte Mikrophone („Wanzen") und Aufzeichnungsgeräte. Nicht gemeint sind technische Hilfsmittel des Alltags wie Brillen, Ferngläser oder Hörgeräte. Im übrigen ist es in Ansehung des Schutzzwecks des Gebots der Normenklarheit unerfindlich, warum der hier ins Gesetz genommene Begriff des „technischen Mittels" zu unbestimmt sein soll (so aber Bäumler in Lisken/Denninger, Teil J, RdNr. 607).

Betroffene (s. RdNr. 2 zu Art. 30) können zum einen die für eine konkrete Gefahr verantwortlichen Personen sein, also in der Regel die Besucher; die Veranstalter oder eigentlichen Akteure (z. B. Musiker) nur dann, wenn sie selbst als Störer i. S. von Art. 7 oder 8 angesehen werden müssen. Zum anderen können es gem. Satz 2 auch Dritte sein, die von der Datenerhebung unvermeidbar mit erfaßt werden, wie bei sog. **Übersichtsaufnahmen**. Diese werden zwar aus so großer Entfernung angefertigt, daß die einzelnen Personen darauf zunächst nicht identifizierbar sind, sind aber mit den heutigen technischen Möglichkeiten jederzeit gezielt personenbezogen auswertbar; das ist im Interesse effizienter Gefahrenabwehr als rechtmäßig hinzunehmen. 4

Art. 32

5   Voraussetzung für die Datenerhebung ist, daß **tatsächliche Anhaltspunkte** die Annahme rechtfertigen, bei oder im Zusammenhang mit der Veranstaltung oder Ansammlung werde es zu Ordnungswidrigkeiten erheblicher Bedeutung oder zu Straftaten kommen. Gedacht ist hierbei an einen einheitlichen Erfahrungssachverhalt, der sich beispielsweise auf die gesamte Auf- und Abmarschphase einer Veranstaltung erstreckt. Nötig sind in diesem Zusammenhang tatsächliche Anhaltspunkte, bloße Vermutungen genügen nicht. Ausreichend sind allein Fakten, die die entsprechende Schlußfolgerung zulassen, also solche, die die Erinnerung an bestimmte polizeiliche Erfahrungswerte auslösen, z. B. das Verhalten bestimmter Gruppen in der Vergangenheit und die Gewißheit, daß diese Gruppen wieder auftreten, auch Hinweise aus der „Szene". **Ordnungswidrigkeiten von erheblicher Bedeutung** sind begrifflich mit jenen in Art. 17 Abs. 1 Nr. 2 Buchst. c gleichzusetzen, es kommt also auf die Bedeutung für die Allgemeinheit an. Als Positivbeispiel mag das Abbrennen von Feuerwerkskörpern durch Stadionbesucher bei Fußballspielen dienen. Vgl. zu den Problemen bei Sportgroßveranstaltungen aus Sicht der Polizeipraxis zusammenfassend Markert/Schmidbauer in BayVBl 1993, 517.

6   Die in **Abs. 2** statuierte Befugnis bildet die Grundlage für die polizeiliche Videoüberwachung etwa der Bahnhöfe, U-Bahn-Stationen, Flughäfen oder jener zum Schutz von Polizeidienststellen, Justizvollzugsanstalten oder Ministerien, und erstreckt sich über gefahrenverantwortliche Personen hinaus auf unvermeidlich betroffene Dritte, die nicht für die Gefahr verantwortlich sind, also etwa auf Angehörige des Wachpersonals, Besucher oder Passanten.

7   **Abs. 3** regelt nicht die Datenerhebung, sondern das, was aus den bereits erhobenen Daten werden soll, und gehört damit an sich in den Bereich der Datenverarbeitung. Bereits seine räumliche Einordnung außerhalb des 2. Unterabschnitts „Datenverarbeitung" des Gesetzes macht aber deutlich, daß für die nach Maßgabe der Absätze 1 und 2 erhobenen Daten eine Spezialregelung gelten soll, welche die Anwendung der Art. 37 ff. bezüglich der Löschung bzw. Vernichtung verdrängt, soweit der Voraustatbestand gegeben ist. Das gilt insonderheit in bezug auf die allgemeinen Vorschriften der Art. 45 Abs. 3 und 38 Abs. 4. Anders ist es nicht zu gewährleisten, daß keine Dateien von Veranstaltungsbesuchern oder von „verdächtigen" Personen an besonders gefährdeten Objekten entstehen können, was der Gesetzgeber ausweislich der amtl. Begründung 1990 gewollt hat. Nr. 32.4 VollzB, wonach Bild- und Tonaufnahmen ohne unmittelbaren Personenbezug für Zwecke der Dokumentation des polizeilichen Einsatzgeschehens oder der Aus- und Fortbildung von Abs. 3 nicht erfaßt sein sollen, ist vom Gesetz nicht gedeckt. An dieser bereits in den Vorauflagen vertretenen Ansicht wird ausdrücklich festgehalten (a. A. Honnacker/Beinhofer, Erl. 4 zu Art. 32).

Eingriffe auf der Grundlage des Art. 32 müssen sich, wie bereits ausgeführt 8 (RdNr. 1 zu Art. 30), auch an Art. 30 messen lassen. Erwähnenswert erscheint in diesem Zusammenhang, daß der in Art. 30 Abs. 3 enthaltene Grundsatz des offenen Visiers in der Praxis dadurch gewahrt sein dürfte, daß eine polizeiliche Videoüberwachung des Publikums bei Sport- und sonstigen Großveranstaltungen, aber auch jene an Objekten nach Art. 32 Abs. 2 inzwischen der Öffentlichkeit allgemein bekannt ist; jedenfalls sind die Voraussetzungen von Art. 30 Abs. 3 Satz 2 erfüllt.

Art. 33
Besondere Mittel der Datenerhebung

(1) Besondere Mittel der Datenerhebung sind
1. die planmäßig angelegte Beobachtung einer Person, die durchgehend länger als 24 Stunden oder an mehr als zwei Tagen durchgeführt werden soll (längerfristige Observation),
2. der verdeckte Einsatz technischer Mittel zur Anfertigung von Bildaufnahmen oder -aufzeichnungen sowie zum Abhören oder zur Aufzeichnung des nichtöffentlich gesprochenen Wortes,
3. der Einsatz von Polizeibeamten unter einer Legende (Verdeckte Ermittler).

(2) Die längerfristige Observation oder der verdeckte Einsatz technischer Mittel zur Anfertigung von Bildaufnahmen oder -aufzeichnungen ist zulässig, wenn die Erfüllung einer polizeilichen Aufgabe auf andere Weise gefährdet oder erheblich erschwert würde.

(3) Die Polizei kann durch den verdeckten Einsatz technischer Mittel zum Abhören und zur Aufzeichnung des nichtöffentlich gesprochenen Wortes oder durch Verdeckte Ermittler personenbezogene Daten erheben
1. über die für eine Gefahr Verantwortlichen und unter den Voraussetzungen des Art. 10 über die dort genannten Personen, wenn dies erforderlich ist zur Abwehr einer Gefahr für den Bestand oder die Sicherheit des Bundes oder eines Landes oder für Leben, Gesundheit oder Freiheit einer Person oder für Sachen, deren Erhaltung im öffentlichen Interesse geboten erscheint, oder
2. über Personen, soweit Tatsachen die Annahme rechtfertigen, daß diese Personen eine Straftat von erheblicher Bedeutung begehen wollen, sowie über deren Kontakt- und Begleitpersonen, wenn die Datenerhebung zur vorbeugenden Bekämpfung dieser Straftaten erforderlich ist.

(4) Datenerhebungen nach den Absätzen 2 und 3 dürfen auch durchgeführt werden, wenn Dritte unvermeidbar betroffen werden.

(5) [1]Der Einsatz von Mitteln nach Absatz 1, ausgenommen die Anfertigung von Bildaufnahmen, darf nur vom Leiter eines Landespolizeipräsidiums oder einer Polizei- oder Kriminaldirektion oder des Landeskriminalamts angeordnet werden. [2]Der Präsident des Landeskriminalamts kann die Anordnungsbefugnis auf die ihm nachgeordneten Abteilungsleiter übertragen. [3]Die Anordnung hat schriftlich unter Angabe der für sie maßgeblichen Gründe zu erfolgen und ist zu befristen. [4]Die Verlängerung der Maßnahme bedarf einer neuen Anordnung.

33 Zu Artikel 33 (Besondere Mittel der Datenerhebung)

*33.1 Absatz 1 enthält **Legaldefinitionen** für die längerfristige Observation, den verdeckten Einsatz technischer Mittel und den Einsatz von Polizeibeamten als Verdeckte Ermittler. Der Einsatz dieser Mittel und der Einsatz einer Ver-*

trauensperson setzt das Bestehen einer besonderen polizeilichen Gefahr voraus. Soweit die Gefahrenlage auch den gesetzlichen Aufgabenbereich des Landesamtes für Verfassungsschutz tangiert, ist der Einsatz dieser Mittel mit dieser Behörde abzustimmen.

33.2 Der Einsatz besonderer Mittel der Datenerhebung nach Absatz 1 kann gegenüber dem Betroffenen einen erheblichen Eingriff in dessen Grundrechte (allgemeines Persönlichkeitsrecht und Unverletzlichkeit der Wohnung) darstellen. Die in Art. 33 und 34 enthaltenen materiellen und formellen Zulässigkeitsvoraussetzungen für den Einsatz besonderer Mittel der Datenerhebung gehen deshalb von einer **Stufenregelung** aus, die sich an der Intensität des jeweiligen Grundrechtseingriffs bemißt. Die polizeirechtlichen Grundsätze der Verhältnismäßigkeit und Notwendigkeit sind strikt zu beachten. Soweit zureichende tatsächliche Anhaltspunkte für eine verfolgbare Straftat vorliegen (§ 152 Abs. 2 StPO), gilt die Strafprozeßordnung.

33.3 Der Einsatz von Vertrauenspersonen *(V-Personen)* ist im Gesetz nicht ausdrücklich geregelt. V-Personen sind keine staatlichen Organe, sondern Private ohne Hoheitsbefugnisse. Die Inanspruchnahme von V-Personen im Bereich der Gefahrenabwehr ist unter den Voraussetzungen des Art. 31 Abs. 1 Nr. 1 und des Art. 30 Abs. 2 Satz 2 und Abs. 3 Satz 2 zulässig. Daneben ist bei der Inanspruchnahme von Vertrauenspersonen die Gemeinsame Bekanntmachung der Staatsministerien der Justiz und des Innern vom 27. März 1986 (MABl 1986 S. 208 ff.) zu berücksichtigen.

Die Inanspruchnahme von V-Personen kommt demnach auch bei der Gefahrenabwehr vor allem im Bereich der **Schwerkriminalität,** der organisierten und der Rauschgiftkriminalität in Betracht; im Bereich der mittleren Kriminalität bedarf es einer besonders sorgfältigen Prüfung des Einzelfalles. Entsprechend Nr. 1.3.2 der Gemeinsamen Bekanntmachung dürfen V-Personen zur Gefahrenabwehr nur in Anspruch genommen werden, wenn die Erfüllung polizeilicher Aufgaben sonst aussichtslos oder wesentlich erschwert wäre. Der Einsatz von Minderjährigen als V-Personen ist nicht zulässig.

33.4 Eine längerfristige Observation (Abs. 1 Nr. 1) ist nach Abs. 2 zulässig, wenn die Erfüllung einer polizeilichen Aufgabe auf andere Weise gefährdet oder erheblich erschwert würde. Die Zulässigkeitsvoraussetzungen für eine kurzfristige Observation ergeben sich aus Art. 31 Abs. 1 in Verbindung mit Art. 30 Abs. 2 und 3.

33.5 Der verdeckte Einsatz technischer Mittel zur Anfertigung von Bildaufnahmen oder -aufzeichnungen (Abs. 1 Nr. 2) *außerhalb* von Wohnungen ist nach Abs. 2 zulässig, wenn die Erfüllung einer polizeilichen Aufgabe auf andere Weise gefährdet oder erheblich erschwert würde.

33.6 Der verdeckte Einsatz technischer Mittel zum Abhören oder zur Aufzeichnung des nicht öffentlich gesprochenen Wortes (Abs. 1 Nr. 2 2. Halb-

Art. 33

*satz) **außerhalb** von Wohnungen sowie der Einsatz Verdeckter Ermittler (Abs. 1 Nr. 3) ist unter den in Abs. 3 Nr. 1 oder Nr. 2 genannten Voraussetzungen zulässig. Betroffen von den Maßnahmen können nach Nr. 1 Störer (Art. 7 und 8) und Nichtstörer (Art. 10) sowie unter den Voraussetzungen der Nr. 2 auch sonstige Personen sein. Nach Abs. 3 Nr. 2 können diese besonderen Mittel der Datenerhebung auch gegen Kontakt- und Begleitpersonen angewandt werden, wenn dies zur vorbeugenden Bekämpfung von Straftaten mit erheblicher Bedeutung (Art. 30 Abs. 5) erforderlich ist. Kontakt- oder Begleitpersonen sind Personen, die mit Straftatenverdächtigen im Sinne von Abs. 3 Nr. 2 in Verbindung stehen, ohne daß ihre Beteiligung an strafbaren Handlungen für die Polizei zu diesem Zeitpunkt feststellbar ist.*

33.7 Die in den Abs. 2 und 3 genannten besonderen Mittel der Datenerhebung dürfen nach Abs. 4 auch dann angewandt werden, wenn es sich nicht vermeiden läßt, daß unbeteiligte Dritte von den Maßnahmen betroffen werden (z. B. Passanten, Besucher).

*33.8 Absatz 5 regelt die **formellen** Voraussetzungen für den Einsatz der besonderen Mittel der Datenerhebung. Mit Ausnahme des verdeckten Einsatzes technischer Mittel zur Anfertigung von Bildaufnahmen (Lichtbildern) ist die Anordnung des Einsatzes besonderer Mittel der Datenerhebung wegen der Schwere des Grundrechtseingriffes den in Abs. 5 Satz 1 genannten **Dienststellenleitern** oder ihren vom Staatsministerium des Innern **bestellten Vertretern** vorbehalten (sogenannter Behördenleitervorbehalt). Eine weitere Delegation innerhalb der Polizeipräsidien oder Direktionen ist unzulässig. Nur der Präsident des Landeskriminalamtes kann die Anordnungsbefugnis auf die ihm nachgeordneten Abteilungsleiter delegieren.*

*33.9 Nach Satz 3 hat die Anordnung für eine eventuelle gerichtliche oder datenschutzrechtliche Nachprüfung **schriftlich** unter Angabe der für sie maßgeblichen Gründe zu erfolgen. Die Schriftform soll den Behördenleiter zu einer kritischen Wertung der vorliegenden Verdachtsgründe veranlassen und seine Entscheidung für eine etwaige gerichtliche Überprüfung nachvollziehbar machen. Die Anordnung ist entsprechend den Grundsätzen der Notwendigkeit und der Verhältnismäßigkeit zu befristen.*

1 Durch § 2 Nr. 2 des G zur Eingliederung der Bayerischen Grenzpolizei in die Bayerische Landespolizei vom 26. Juli 1997 (GVBl S. 342) wurden in Art. 33 Abs. 5 Satz 1 die Worte „des Grenzpolizeipräsidiums" gestrichen.

Die Vorschrift des **Art. 33** geht im Kern auf die gemeinsamen Richtlinien der Konferenz der Minister der Justiz und des Innern vom 27. 10. 1985 zurück, vgl. die gemeinsame Bek der Staatsministerien der Justiz und des Innern vom 27. 3. 1986 (MABl S. 208), geändert durch die Gemeinsame Bek der genannten Stellen vom 13. 5. 1994 (AllMBl S. 497). Die ungewöhnlich dichte Normierung der in ihr aufgezählten Datenerhebungsmittel wurde vom Gesetzgeber im Hinblick auf die zunehmende Bedrohung der Gesellschaft durch die **organisierte Kriminalität,** insbesondere im Bereich der Rauschgiftdelinquenz, für erforderlich gehalten (vgl. hierzu Schwind u. a. [Hrsg.], Organisierte Kriminalität, 1987; Rebscher/Vahlenkamp, Organisierte Kriminalität in der Bundesrepublik Deutschland, 1988; Reiners, Erscheinungsformen und Ursachen organisierter Kriminalität in Italien, den USA und der Bundesrepublik Deutschland, 1989; Lindlau, Der Mob, 1989; Dörmann/Koch/Risch/Vahlenkamp, Organisierte Kriminalität – Wie groß ist die Gefahr?, 1990; Zachert/Küster/Kube u. a. in: Organisierte Kriminalität in einem Europa durchlässiger Grenzen, BKA-Vortragsreihe Bd. 36, 1991; Ostendorf in JZ 1991, 62; Hilger in NStZ 1992, 457; Eisenberg in NJW 1993, 1033; Kesseler, Herausforderung Mafia, 1993; Scherer, Das Netz. Organisierte Verbrechen in Deutschland, 1993; Friedrich-Ebert-Stiftung [Hrsg.], Strategien und Gegenstrategien. Organisierte Kriminalität in Deutschland und Italien, 1993; Gropp [Hrsg.], Besondere Ermittlungsmaßnahmen zur Bekämpfung der Organisierten Kriminalität, 1993; Sieber/Bögel, Logistik der Organisierten Kriminalität, 1993; Bögel, Strukturen und Systemanalysen der Organisierten Kriminalität in Deutschland, 1994; Böhm/Keller, Staatsfeind organisiertes Verbrechen, 1994; Werthebach/Droste-Lehnen in ZRP 1994, 57; Lisken in ZRP 1994, 264; Sieber in JZ 1995, 758; Raith, Organisierte Kriminalität, 1995). Die Organisierte Kriminalität hat ihre **Legaldefinition** nunmehr in Art. 1 Abs. 3 BayVSG gefunden (s. dort). Zu ihrer Bekämpfung muß sich die Polizei auf gegnerische Strategien einstellen und deshalb mit geschlossenem Visier (verdeckt) und bereits im Vorfeld möglicher Straftaten operieren dürfen. Anders ist es nicht möglich, diese kriminellen Strukturen aufzubrechen, d. h. logistische Basen aufzudecken, Handelswege und Umschlagplätze zu zerschlagen sowie personelle und sachliche Vernetzungen zu durchdringen. Andererseits weisen Kniesel/Vahle in DÖV 1990, 646/648 zu Recht auf die neue Qualität dieser polizeilichen Eingriffsmethoden hin, die in Abkehr von grundlegenden Prinzipien des herkömmlichen Polizeirechts wie des Störerprinzips oder der konkreten Gefahr Eingriffe gegen jedermann eröffnen (vgl. auch Alberts in ZRP 1990, 147). Manchen erscheint es deshalb geboten, diese Eingriffsbefugnisse stets eng auszulegen, um sicherzustellen, daß am Ende nicht jeder Bürger als potentieller Straftäter ins polizeiliche Visier gerät (Kniesel/Vahle a. a. O.). Eine solche Sicht vernachlässigt indes den Gesichtspunkt, daß das Recht auf informationelle Selbstbestimmung auch nach der Auffassung des BVerfG nicht eine absolute, uneinschränkbare Herrschaft des einzelnen über „seine" Daten beinhaltet, sondern daß es gerade im Zeitalter moderner Informations- und Kommunikationstechnik in eine Dialektik mit den Belangen anderer oder der Allgemeinheit hineingestellt ist. Polizeiliche Informationsvorsorge ist deshalb nicht automatisch ein Fremdkörper in einem rechtsstaatlichen Polizeirecht, auch dann nicht, wenn sie im Interesse der Sicherheit für alle zur Herstellung eines funktionsfähigen Ausgleichs der Belange des Individuums mit denen anderer Individuen oder der Allgemeinheit von gewachsenen Grundsätzen abrückt, die sich unter ganz anderen historischen Rahmenbedingungen entwickelt haben, s. auch RdNr. 2 zu Art. 31, vgl. zum ganzen Pitschas/ Aulehner in NJW 1989, 2353; Pitschas in: Polizeirecht heute, Schriftenreihe der PFA, Heft 4/91, S. 7 ff.; dagegen Denninger in CuR 1988, 51; grundlegend etwa Isensee, Das Grundrecht auf Sicherheit, 1983; Scholz/Pitschas, Informationelle Selbstbestimmung und staatliche Informationsverantwortung, 1984; Robbers, Sicherheit als Menschenrecht, 1987; Lisken in ZRP 1994, 49; Pitschas in: Kreyher/Böhret (Hrsg.), Gesellschaft im Übergang, 1995, S. 57; Gusy in DÖV 1996, 573, sowie die übrigen Hinweise in den Vorbem. zu den Art. 30–49. Der BayVerfGH hält die Norm für verfassungskonform (in BayVBl 1995, 143/ 147 f.). Speziell zu den **modernen Fahndungsmethoden** grundlegend Rogall in GA 1985, 1; kritisch Walter in GA 1988, 43 und 1129. Für die sog. **Schleppnetzfahndung** nach § 163 d StPO s. näher Rogall in NStZ 1986, 385; Kühl in NJW 1987, 737/738 ff.; Bermig, Rechtsprobleme der Schleppnetzfahndung, Diss. jur. Bonn 1991; Göhring, Polizeiliche Kontrollstellen und Datenverarbeitung, 1992, S. 9 ff. Zum **OrgKG** s. näher RdNr. 7 der Vorbem. zu den Art. 30–49.

2   Abs. 1 enthält die Legaldefinition für die längerfristige Observation, für den verdeckten Einsatz technischer Mittel und den Einsatz von Polizeibeamten als Verdeckte Ermittler.
Längerfristige Observation (Nr. 1) ist demnach die planmäßig angelegte Beobachtung einer Person, die durchgehend länger als 24 Stunden oder an mehr als zwei Tagen durchgeführt werden soll. Ob sie es tatsächlich wird oder etwa vorzeitig ihr Ende findet, spielt begrifflich keine Rolle, es kommt allein auf die Zielvorstellung des anordnenden Beamten (s. Abs. 5) an. Eine **planmäßig angeordnete Beobachtung einer Person** in diesem Sinne ist nur anzunehmen, wenn der Gewinn eines Bildes des Verhaltens des Betroffenen im ganzen angestrebt wird; ein Beobachten einzelner Verhaltensweisen reicht nicht aus. Das Merkmal „**durchgehend**" bezieht sich nur auf die erste Definitionsalternative, so daß eine längerfristige Observation auch dann vorliegt, wenn sie über einen Zeitraum von drei Tagen oder länger täglich nur beispielsweise zwei Stunden währt.
Dauert die Observation nur 24 Stunden oder kürzer oder soll sie nicht an mehr als zwei Tagen durchgeführt werden, so spricht man von einer **kurzen Observation**. Ob sie zulässig ist, bemißt sich hinsichtlich des Ob nach Art. 31 Abs. 1, hinsichtlich des Wie allein nach Art. 30 Absätze 2 und 3, nicht etwa analog Art. 33 Abs. 5.
Eine **Parallelvorschrift in der StPO** für die längerfristige Observation ist bisher nicht vorhanden.
Zum **verdeckten Einsatz technischer Mittel (Nr. 2)** im Gegensatz zum offenen s. RdNr. 3 zu Art. 30. Der offene Einsatz ist nach Maßgabe von Art. 31 Abs. 1 möglich. Näheres zu den technischen Mitteln s. RdNr. 3 zu Art. 32. Art. 33 bezieht sich nur auf den Einsatz der Mittel außerhalb von Wohnungen, für jenen innerhalb derselben gilt Art. 34 als Spezialnorm. **Nichtöffent-**

Art. 33

liche Unterredungen sind solche, die für niemand anderen als den/die Gesprächspartner bestimmt sind, also z. B. auch eine in einem allgemein zugänglichen Geschäftsraum geführte Unterhaltung (vgl. Hilger in NStZ 1992, 457/462). Ein **Kraftfahrzeug** darf heimlich geöffnet werden, um ein technisches Mittel einzubauen, es darf jedoch nicht zu diesem Zweck in eine Werkstatt verbracht werden (BGH in NJW 1997, 2189). Zum **Telefonabhören** durch die Polizei s. RdNr. 3 zu Art. 30.

Parallelvorschriften in der StPO zum verdeckten Einsatz technischer Mittel sind §§ 100 c, 100 d, 101.

Die etwas lückenhafte Legaldefinition des **Verdeckten Ermittlers (Nr. 3)** findet nunmehr eine begriffliche Präzisierung in der Bestimmung des § 110 a Abs. 2 StPO, die die bisher in der Literatur zusammengetragenen Kriterien zusammenfaßt. Demnach sind Verdeckte Ermittler Beamte des Polizeidienstes, die unter einer ihnen verliehenen, auf Dauer angelegten veränderten Identität (**Legende**) ermitteln und unter dieser Legende am Rechtsverkehr teilnehmen (s. auch Art. 35 Abs. 1 Satz 2) mit dem Ziel, Kontakte zur kriminellen Szene zu knüpfen, um Anhaltspunkte für präventives oder repressives Tätigwerden der Polizei zu gewinnen, wobei ihre wahre Identität auch in einem ggf. sich anschließenden Strafverfahren nicht ans Licht kommen soll. Ob der Einsatz auf Dauer angelegt ist, ist durch eine Gesamtwürdigung aller Umstände festzustellen. Dabei kann es nach Ansicht des BGH für den operativ eingesetzten Verdeckten Ermittler auf zeitliche Mindestgrenzen nicht ankommen (BGH in NJW 1995, 2237). Entscheidend ist, ob der Ermittlungsauftrag über einzelne wenige konkret bestimmte Ermittlungshandlungen hinausgeht, ob es erforderlich werden wird, eine unbestimmte Vielzahl von Personen über die wahre Identität des verdeckt operierenden Polizeibeamten zu täuschen, und ob wegen der Art und des Umfangs des Auftrages von vornherein abzusehen ist, daß die Identität des Beamten in künftigen Strafverfahren geheimgehalten werden muß. Dabei ist darauf abzustellen, ob der allgemeine Rechtsverkehr oder der Beschuldigte in künftigen Strafverfahren eine mehr als nur unerhebliche Beeinträchtigung durch den Einsatz des Verdeckten Ermittlers erfahren können Ein Einsatz als Verdeckter Ermittler kann ausscheiden, wenn ein Polizeibeamter auch unter einer Legende lediglich als Scheinaufkäufer auftritt, ohne in die Ermittlungen darüber hinaus eingeschaltet zu sein (BGH ebenda).

Diese Sicht der Dinge ist auf den nach präventivem Polizeirecht tätigen Verdeckten Ermittler nicht vollständig übertragbar. Für ihn kann es nicht darauf ankommen, ob er nach einem konkreten Einsatz in die daraus folgenden strafverfolgenden Maßnahmen eingebunden ist. Die vom BGH aufgestellten Kriterien zum Einsatz auf Dauer erscheinen demgegenüber auch für den präventiv eingesetzten Verdeckten Ermittler als plausibel.

Im bloßen kurzfristigen Täuschen über die eigene Identität, etwa im Vorzeigen eines falschen Firmenausweises, um ohne Schwierigkeiten auf ein bestimmtes Gelände zu kommen, liegt noch nicht die Bildung einer Legende, die ihrem

Art. 33

Wesen nach auf eine gewisse Dauer angelegt ist (vgl. Nr. 35.1 Satz 2 VollzB). Der Verdeckte Ermittler wird straff geführt und mit einem konkreten Ermittlungsauftrag zeitlich begrenzt operativ eingesetzt.
Demgegenüber handelt es sich beim sog. **Under-Cover-Agent (UCA)** um einen Polizeibeamten, der langfristig ohne konkreten Ermittlungsauftrag in die kriminelle Szene eingeschleust wird und dort frei agieren, ja sogar Straftaten begehen darf. Diese in den USA gebräuchliche Fahndungsform ist nach derzeitigem deutschen Verfassungsverständnis hierzulande **unzulässig**, s. RdNr. 4 zu Art. 35.
Abzugrenzen sind Verdeckte Ermittler auch von den sogenannten **V-Leuten**, die der Polizei nicht angehören; sie sind ihrerseits von sog. **Gelegenheitsinformanten** zu unterscheiden (s. RdNr. 7 zu Art. 1). Der V-Mann-Einsatz wirft zahlreiche, auch verfassungsrechtliche Probleme auf, vgl. dazu BVerfG in NJW 1981, 1719/1721 ff.; Beck, Bekämpfung der Organisierten Kriminalität speziell auf dem Gebiet der Rauschgiftkriminalität unter besonderer Berücksichtigung der V-Mann-Problematik, 1990; Scherp, Die polizeiliche Zusammenarbeit mit V-Personen, 1992. Speziell zum völkerrechtswidrigen Einstaz eines V-Mannes BVerfG in NJW 1995, 651. Anders als in den Polizeigesetzen anderer Bundesländer ist der V-Mann-Einsatz nicht ins PAG aufgenommen worden. Die Ursache liegt darin, daß der Gesetzgeber jeden Eindruck einer eigenen, staatlichen Garantie für das rechtsstaatliche Handeln nichtstaatlicher V-Leute vermeiden und auch keine staatliche Haftung für ein derartiges Handeln vorsehen wollte. Die Vorschriften des PAG über Verdeckte Ermittler sind deshalb auf V-Leute nicht analog anzuwenden (wie hier für den Einsatz nach Maßgabe der StPO: BGH in NJW 1995, 2236). Zur Inspruchnahme von V-Leuten durch die Polizei s. Nr. 33.3 VollzB.
Parallelvorschriften in der StPO zum Verdeckten Ermittler finden sich in §§ 110 a bis 110 d.

3 Die **Zulässigkeitsvoraussetzungen** für den Einsatz besonderer Mittel zur Datenerhebung enthalten für die längerfristige Observation die Absätze 2, 4 und 5, für den verdeckten Einsatz technischer Mittel die Absätze 2 bis 5 bzw. specialiter Art. 34 sowie für den Verdeckten Ermittler die Absätze 3 bis 5 i. Verb. m. Art. 35.

4 Abs. 2 bildet die eigentliche Befugnisnorm für längerfristige Observationen und den verdeckten Einsatz technischer Mittel zu Bild- und Tonaufnahmen bzw. -aufzeichnungen. Sie sind hiernach zulässig, wenn sonst die Erfüllung einer polizeilichen Aufgabe erheblich erschwert oder gefährdet würde. Wortlaut, Systematik und Entstehungsgeschichte bieten keinen Hinweis darauf, daß, soweit es um die Erfüllung der Aufgabe Gefahrenabwehr geht, eine **konkrete Gefahr** erforderlich sein soll, wie es Nr. 31.4. VollzB den handelnden Polizeibeamten zur innerdienstlichen Pflicht macht. Dies soll gemäß dieser

Verwaltungsvorschrift für jedes besondere Mittel der Datenerhebung gelten, nach Honnacker/Beinhofer darüber hinaus sogar für eine kurze Observation (Erl. 1 zu Art. 33). Offenbar soll damit der z. T. heftigen Kritik an der verdeckten Datenerhebung durch die in Art. 33 genannten Mittel (vgl. für alle Staff in ZRP 1992, 384/387) begegnet werden. Rechtlich erforderlich ist das indes nicht. Denn ein überwiegendes Allgemeininteresse an der Datenerhebung im Sinne des Volkszählungsurteils des BVerfG (s. RdNr. 2 der Vorbem. zu Art. 30) liegt angesichts begrenzter polizeilicher Kapazitäten einerseits und der Schutzpflicht des Staates gegenüber seinen Bürgern andererseits bereits in jeder Erschwerung der polizeilichen Aufgabenerfüllung, erst recht in ihrer Gefährdung (a. A. Bäumler in Lisken/Denninger, Teil J, RdNr. 680; s. zum ganzen auch RdNr. 3 zu Art. 30 und RdNr. 2 zu Art. 31).

Zur Frage, wer Betroffener der Maßnahme sein darf, s. Abs. 4.

Eine polizeiliche Datenerhebung außerhalb von Wohnungen (für entsprechende Maßnahmen in Wohnungen s. Art. 34) durch den verdeckten Einsatz technischer Mittel zum Abhören und zur Aufzeichnung des nichtöffentlich gesprochenen Wortes – nicht aber durch Bildaufnahmen und Bildaufzeichnungen – sowie durch Verdeckte Ermittler ist unter den Voraussetzungen von **Abs. 3** statthaft. Hierin finden sich im Verhältnis zu Abs. 2 gesteigerte Anforderungen, und, als wunderliche Konstruktion, ein Orientieren der Befugnis am Kreis der jeweils vom Eingriff möglicherweise Betroffenen. 5

Demnach sind die Maßnahmen gegenüber Störern im Sinne von Art. 7 oder 8 und Nichtstörern gem. Art. 10 unter den Voraussetzungen der **Nr. 1** zulässig. Was unter Gefahr für den Bestand oder die Sicherheit des Bundes oder eines Landes zu verstehen ist, wird aus § 92 Abs. 3 Nrn 1 und 2 StGB deutlich, vgl. auch Art. 2 Abs. 2 Nr. 1 des Gesetzes über die Errichtung eines Landesamts für Verfassungsschutz i. d. F. der Bek vom 8. August 1974 (BayRS 12–1–I). Zum Begriff der Sachen, deren Erhaltung im öffentlichen Interesse geboten erscheint, s. RdNr. 11 zu Art. 11.

Soweit Tatsachen die Annahme rechtfertigen, daß Personen Straftaten von erheblicher Bedeutung begehen wollen, können diese Betroffene von Maßnahmen i. S. v. Abs. 3 sein, und zwar ungeachtet dessen, ob sie als Störer oder Nichtstörer anzusehen sind oder ob im letzteren Fall die Voraussetzungen von Art. 10 erfüllt sind oder nicht (**Nr. 2**). **Straftaten von erheblicher Bedeutung** sind in Art. 30 Abs. 5 beispielhaft aufgeführt. Das Vorhaben der beabsichtigten Begehung dieser Taten – Teilnahme und Versuch genügen – muß sich der Polizei durch Tatsachen darstellen, bloße Vermutungen oder polizeiliche Erfahrungswerte reichen nicht aus. Liegen die genannten Voraussetzungen vor, können auch über die **Kontakt- und Begleitpersonen** von Betroffenen Daten erhoben werden, wenn dies zur vorbeugenden Bekämpfung der beschriebenen schweren Straftaten erforderlich ist. Das sind Personen, die mit 6

Art. 33

Straftatverdächtigen im Sinn der Vorschrift nach Kenntnis der Polizei in Verbindung stehen, ohne daß ihre Beteiligung an strafbaren Handlungen zu diesem Zeitpunkt für die Polizei erkennbar ist. Zu dem genannten Kreis zählt nur, wer zu dem Betroffenen soziale Kontakte von einer gewissen Nähe oder Stetigkeit unterhält, anderenfalls handelt es sich um Dritte, für die der nächste Absatz gilt. Zum Begriff der **Erforderlichkeit** s. RdNr. 5 zu Art. 31.

7   **Abs. 4** erweitert die Eingriffsbefugnis im Interesse der Ziele des Art. 33 dahingehend, daß auch die personenbezogenen Daten Dritter, welche nicht Störer, Nichtstörer im Sinne von Art. 10 oder Kontakt- und Begleitpersonen nach Abs. 3 Nr. 2 sind – z. B. Passanten, Besucher, Anrufer – mit erhoben werden dürfen, wenn dies anläßlich einer Datenerhebung nach Abs. 2 oder Abs. 3 unvermeidlich ist. Die Polizei hat dann besonders darauf zu achten, ob diese Daten als zur polizeilichen Aufgabenerfüllung nicht notwendig alsbald zu löschen bzw. ihre Datenträger zu vernichten sind (Art. 45 Absätze 2 und 3 analog).

8   Die Intensität der Grundrechtseingriffe durch die besonderen Mittel der Datenerhebung hat den Gesetzgeber dazu veranlaßt, ihre Rechtmäßigkeit an die Anordnung durch die Leiter der polizeilichen Führungsdienststellen sowie an weitere formelle Erfordernisse nach Maßgabe von **Abs. 5** zu knüpfen (kritisch hierzu Lisken in ZRP 1990, 15/18, und Lisken/Mokros in NVwZ 1991, 609/612 ff.); für die Anfertigung von Bildaufnahmen gilt das nicht. Wie hierbei aus Satz 2 entnommen werden kann, ist allein dem Präsidenten des Landeskriminalamts eine Delegation der Befugnis an seine Abteilungsleiter gestattet. Sie fungieren dann insoweit als ständige Vertreter. Den jeweiligen vom Staatsministerium des Innern bestellten Vertretern der Leiter der Polizeipräsidien und der Polizeidirektionen hingegen kommt die Anordnungskompetenz nach dem Gesetzeswortlaut nur zu, wenn der Vertretungsfall eingetreten ist, also wenn sie auf Grund einer Verhinderung des Leiters selbst als Leiter amtieren. Eine weitere Vertretung wird man entsprechend den Grundsätzen des Staatsorganisationsrechts dann für zulässig zu halten haben, wenn auch der Vertreter verhindert ist; anderenfalls könnte im Einzelfall keine Gefahrenabwehr mehr stattfinden. Die Anordnung selbst ist nach dem Verhältnismäßigkeitsprinzip zu befristen und darüber hinaus für eine eventuelle gerichtliche oder außergerichtliche Überprüfung aktenkundig zu machen, wobei der Anordnende gleichzeitig seine Anordnung nochmals überdenken soll (Satz 3). Sollte sich eine Verlängerung der Maßnahme als notwendig erweisen, muß eine neue Anordnung getroffen werden (Satz 4).

Art. 34
Besondere Bestimmungen über den Einsatz technischer Mittel in Wohnungen

(1) Die Polizei kann durch den verdeckten Einsatz technischer Mittel in oder aus Wohnungen (Art. 23 Abs. 1 Satz 2) personenbezogene Daten erheben
1. über die für eine Gefahr Verantwortlichen und unter den Voraussetzungen des Art. 10 über die dort genannten Personen, wenn dies erforderlich ist zur Abwehr einer unmittelbar bevorstehenden Gefahr für den Bestand oder die Sicherheit des Bundes oder eines Landes oder für Leben, Gesundheit oder Freiheit einer Person oder für Sachen, deren Erhaltung im öffentlichen Interesse geboten erscheint, oder
2. über Personen, soweit Tatsachen die Annahme rechtfertigen, daß diese Personen ein Verbrechen oder gewerbs-, gewohnheits- oder bandenmäßig ein in Art. 30 Abs. 5 genanntes Vergehen begehen wollen.

(2) ¹Die Maßnahme ist zu befristen und darf nur durch den Richter angeordnet werden. ²Art. 24 Abs. 1 Sätze 2 und 3 finden entsprechende Anwendung. ³Bei Gefahr im Verzug kann die Maßnahme auch durch die in Art. 33 Abs. 5 genannten Dienststellenleiter angeordnet werden. ⁴Die Anordnung tritt außer Kraft, wenn sie nicht binnen drei Tagen von dem Richter bestätigt wird.

(3) ¹Einer Anordnung nach Absatz 2 bedarf es nicht, wenn technische Mittel ausschließlich zum Schutz der bei einem polizeilichen Einsatz tätigen Personen mitgeführt oder verwendet werden. ²Aufzeichnungen aus einem solchen Einsatz sind unverzüglich nach Beendigung des Einsatzes zu löschen, soweit sie nicht zur Verfolgung von Straftaten benötigt werden.

(4) Bild- und Tonaufzeichnungen, die mit einem selbsttätigen Aufzeichnungsgerät angefertigt wurden und ausschließlich Personen betreffen, gegen die sich die Datenerhebungen nicht richteten, sind unverzüglich zu vernichten, soweit sie nicht zur Verfolgung von Straftaten benötigt werden.

(5) ¹Der Betroffene ist von der Maßnahme zu unterrichten, sobald dies ohne Gefährdung des Zwecks der Maßnahme, der eingesetzten nicht offen ermittelnden Beamten, der Möglichkeit ihrer weiteren Verwendung oder der öffentlichen Sicherheit geschehen kann. ²Die Unterrichtung unterbleibt, wenn wegen desselben Sachverhalts ein strafrechtliches Ermittlungsverfahren gegen den Betroffenen eingeleitet worden ist.

(6) Das Brief-, Post- und Fernmeldegeheimnis bleibt unberührt.

34 Zu Art. 34 (Besondere Bestimmungen über den Einsatz technischer Mittel in Wohnungen)

*34.1 Der **verdeckte Einsatz technischer Mittel** zur Erhebung personenbezogener Daten **in oder aus Wohnungen** ist nur unter den in Abs. 1 Nr. 1 oder Nr. 2 genannten Voraussetzungen zulässig. Wegen des schwerwiegenden Grundrechtseingriffes (Art. 13 GG, Art. 106 Abs. 3 BV) kommt eine Erhebung personenbezogener Daten durch den verdeckten Einsatz technischer Mittel in*

Art. 34

oder aus Wohnungen des Betroffenen nur dann in Betracht, wenn dies zur Abwehr **unmittelbar bevorstehender Gefahren** *für die in Abs. 1 Nr. 1 genannten besonders schutzwürdigen Rechtsgüter* **oder zur vorbeugenden Bekämpfung von Verbrechen oder Vergehen** *im Sinne von Art. 34 Abs. 1 Nr. 2* **erforderlich ist.** *Es müssen somit Tatsachen die Annahme rechtfertigen, daß die Verdächtigen Verbrechen oder gewerbs-, gewohnheits- oder bandenmäßig Vergehen im Sinne des Art. 30 Abs. 5 begehen werden.*

34.2 Zum Begriff der Wohnung vgl. Nr. 23.3.

34.3 Die Maßnahme darf nur durch den **zuständigen Richter beim Amtsgericht** *angeordnet werden. Nach Abs. 2 Satz 2 ist das Amtsgericht zuständig, in dessen Bezirk die Wohnung liegt (vgl. Art. 24 Abs. 1 Satz 2). Für das Verfahren gelten die Vorschriften des Gesetzes über die Angelegenheiten der freiwilligen Gerichtsbarkeit entsprechend (Art. 24 Abs. 1 Satz 3).*

34.4 **Bei Gefahr im Verzug** *(vgl. 24.1) kann die Maßnahme* **vorläufig** *auch durch die in Art. 33 Abs. 5 genannten Dienststellenleiter angeordnet werden. Nach Abs. 2 Satz 4 muß die Anordnung jedoch in jedem Fall binnen drei Tagen durch den zuständigen Richter bestätigt werden, andernfalls tritt sie außer Kraft.*

34.5 Nach Abs. 3 bedarf es einer richterlichen Anordnung ausnahmsweise dann nicht, wenn die technischen Mittel **ausschließlich** *zum Schutz der im polizeilichen Einsatz tätigen Personen mitgeführt oder verwendet werden (z. B.* **Personenschutzsender),** *da in diesen Fällen das technische Gerät* **ausschließlich dem persönlichen Schutz** *für Leib und Leben der eingesetzten Personen dient. Aufzeichnungen, die mit Hilfe des Personenschutzsenders gefertigt wurden, sind unverzüglich nach Ablauf des Einsatzes zu löschen, soweit sie nicht zur Verfolgung von Straftaten benötigt werden.*

34.6 Bild- und Tonaufzeichnungen, die mittels eines selbsttätigen Aufzeichnungsgerätes in oder aus Wohnungen angefertigt wurden und nur Personen betreffen, gegen die sich die polizeilichen Maßnahmen nicht richteten, sind **unverzüglich zu vernichten,** *soweit sie nicht zur Verfolgung von Straftaten benötigt werden (Abs. 4).*

34.7 Nach Abs. 5 ist der **Betroffene von der Maßnahme zu unterrichten,** *sobald dies ohne Gefährdung des Zwecks der Maßnahme, der eingesetzten nicht offen ermittelnden Beamten, der Möglichkeit ihrer weiteren Verwendung oder der öffentlichen Sicherheit geschehen kann.*

Die Benachrichtigung unterbleibt nach Abs. 5 Satz 2, wenn wegen desselben Sachverhalts ein strafrechtliches Ermittlungsverfahren gegen den Betroffenen eingeleitet worden ist; von diesem Zeitpunkt an gelten die Vorschriften der Strafprozeßordnung.

Die Unterrichtungspflicht bei Gefahrenabwehrmaßnahmen obliegt der Polizei; sie hat das anordnende Gericht vor der Unterrichtung des Betroffenen zu beteiligen.

34.8 Eingriffe in das Brief-, Post- und Fernmeldegeheimnis sind nur aufgrund der bundesrechtlichen Vorschriften zulässig (Abs. 6). **Telefonüberwachungen und Postbeschlagnahme** *können nicht auf das PAG gestützt werden.*

Der verdeckte Einsatz technischer Mittel zur Erhebung personenbezogener Daten in oder aus Wohnungen durch die Polizei (**technische Materialbeschaffung und Beweissicherung** in Wohnungen verdächtiger Personen, sog. **Lauschangriff**) stellt einen besonders schwerwiegenden, einer Telefonüberwachung nach dem G-10-Gesetz gleichkommenden Eingriff dar. Insgesamt handelt es sich um eine rechtspolitisch höchst umstrittene Maßnahme (vgl. etwa Weil in ZRP 1992, 243; Zachert in DRiZ 1992, 355; Hassemer ebenda S. 357; Glauben in DRiZ 1993, 41; Guttenberg in NJW 1993, 567; Eisenberg in NJW 1993, 1033/1037 ff.; Lisken in ZRP 1993, 121; Krüger ebenda S. 124; Böttger/Pfeiffer in ZRP 1994, 7; Schelter in ZRP 1994, 52; Kutscha in NJW 1994, 85; Raum/Palm in JZ 1994, 447; Hund in ZRP 1995, 334; Nitz, Lauschangriff, 1995). Dennoch hat sich der Gesetzgeber entschlossen, mit **Art. 34** die Möglichkeit dafür zu schaffen, um der terroristischen wie auch allgemein der organisierten Kriminalität wirksam begegnen zu können. Zu beachten war hierbei der Schutz des Betroffenen durch das hochrangige Grundrecht des Art. 13 GG sowie insbesondere der Verhältnismäßigkeitsgrundsatz; s. hierzu Nrn. 34.1, 2 VollzB.

Die Rechtsprechung unterscheidet zwischen **Beweiserhebungsverbot** und **Beweisverwertungsverbot**. Die Beweiserhebung läßt Art. 34 ausdrücklich zu und regelt sie. Ob so gefundene Beweise verwertet werden dürfen, ist eine besondere Frage, die nach BayObLG in BayVBl 1997, 412/414 der Abwägung zwischen der Beeinträchtigung der Individualinteressen des Betroffenen einerseits und dem Interesse der Allgemeinheit an der Durchsetzung von Rechtsvorschriften bedarf. Die Verwertung der durch Lauschangriff erhobenen Beweise ist im Rahmen des Art. 13 Abs. 3 bis 5 GG n. F. zulässig, wenn die dort vorgeschriebenen besonderen Verfahren und die noch zu erlassenden Folgegesetze beachtet sind. Der präventivpolizeiliche Lauschangriff auf Grund Landesrechts wird durch die Neufassung des Art. 13 GG und die zu erwartenden Folgegesetze erheblich an Bedeutung verlieren. Für den Anwendungsbereich des Art. 34 PAG bleibt zu beachten, daß z. B. die Vorschriften der StPO über das Aussage- und Zeugnisverweigerungsrecht in ihrer jeweiligen Fassung gemäß Art. 31 GG dem Landesrecht vorgehen (z. B. Aussageverweigerung § 136 StPO; Zeugnisverweigerung Art. 47 GG, 29 BV, §§ 52 bis 56 StPO, 98, 99 VwGO – dazu BayVGH in BayVBl 1997, 597 f.; beamtenrechtliche Aussageverbote und Genehmigungsvorbehalte in § 39 BRRG, Art. 69, 70 BayBG sind leges speciales gegenüber dem PAG). Ob im Einzelfall solche bundes- oder spezialgesetzlichen Vorschriften ein Verwertungsverbot begründen oder ob die in Art. 13 Abs. 3 GG a. F. vorausgesetzten schweren oder dringenden Gefahren, wenn sie zu Recht angenommen wurden, wegen ihres Bedrohungspotentials bereits kraft des verfassungsrechtlichen Schutz- und Sicherheitsauftrags (vgl. RdNrn. 1, 2 zu Art. 2) die einfachgesetzlichen Verweigerungsrechte derogieren, ist eine dem Prozeßrecht zuzuordnende Frage und im Rahmen des PAG nicht näher zu erörtern. Die Polizei wird vielfach gar nicht prüfen können, ob abgehörten Personen im Einzelfall solche Rechte zustehen. Gelingt ihr auf Grund aller nach dem PAG rechtmäßig erworbenen Erkenntnisse ein aussageunabhängiger Beweis, so ist er jedenfalls beachtlich.

Erfolgt der Einsatz weder in noch aus Wohnungen, wird Art. 34 vollständig durch Art. 33 verdrängt.

Angesichts der Spezialregelung des Art. 34 erübrigt sich für das präventive Polizeirecht die Frage, ob Lausch- und Späh„angriffe" auf Wohnungen als unter den Oberbegriff der Durchsuchung im Sinne des Art. 13 Abs. 2 GG fallend anzusehen sind, wie es Guttenberg in NJW 1993, 567/569 f. zu begründen versucht. Dem ist, wie d. Verf. selbst bemerkt, entgegenzuhalten, daß jedenfalls der bisher gebrauchte Begriff der Durchsuchung ganz eindeutig die körperliche Anwesenheit durchsuchender Beamten in der Wohnung (zu diesem Begriff s. RdNrn 1, 2 zu Art. 23) voraussetzt. Nichts anderes kann gelten für die Verwendung des Durchsuchungsbegriffs in Art. 13 Abs. 2 GG (vgl. Kutscha a. a. O. S. 87). Gleiches gilt für den Grundsatz der Unverletzlichkeit im Sinne des Art. 13 Abs. 1 GG, 106 Abs. 3 BV. Die in Art. 34 angesprochene Anwendung technischer Mittel, die lediglich der Erhebung von Daten und Informationen, nicht aber der körperlichen Suche nach Personen oder Sachen im Sinne des Art. 23 dient, ist demgegenüber ein aliud. Auch Analogieschlüsse verbieten sich wegen der Wesensverschiedenheit von Mittel und Zweck bei Durchsuchung und technischer Erkenntnisbeschaffung.

2 **Abs. 1** regelt als eigentliche Befugnisnorm die tatbestandlichen Voraussetzungen für eine rechtmäßige Datenerhebung in diesen Fällen. Grundsätzlich zum **verdeckten Einsatz technischer Mittel** im Gegensatz zum offenen s. RdNr. 3 zu Art. 30. Technische Mittel im Sinne von Art. 34 sind im übrigen dem Wortlaut nach nicht nur jene, die in den Art. 32 und 33 genannt sind, also Mittel zur Anfertigung von Bild- und Tonaufnahmen und -aufzeichnungen oder zum Abhören (s. RdNr. 3 zu Art. 32), sondern darüber hinaus auch solche, die nicht dem Aufnehmen oder Abhören dienen, wie etwa Alarmkoffer, Bewegungsmelder, Nachtsichtgeräte und Peilsender.

Zum Begriff der **Wohnung** verweist das Gesetz auf Art. 23 Abs. 1 Satz 2. Der Grundsatz der Erforderlichkeit einer jeden Datenerhebung (s. RdNr. 5 zu Art. 31) gebietet hierbei stets die genaue Prüfung, ob eine Datenerhebung in oder aus Betriebs- oder Geschäftsräumen nicht ausreicht, ehe sie in oder aus Privaträumen geschieht. „Aus Wohnungen" erfolgt die Datenerhebung dann, wenn personenbezogene Daten durch außerhalb der Wohnung befindliche technische Mittel (z. B. Richtmikrofone) verdeckt erhoben werden. Ein verdeckter Einsatz im Sinne von Art. 34 liegt hingegen nicht vor, wenn eine in einer Wohnung befindliche Person von außerhalb der Wohnung durch die Polizei offen fotografiert oder abgehört wird.

Die Datenerhebung ist – nicht wie in Art. 33 differenziert nach Bildaufnahmen und Abhören – zunächst unter den Voraussetzungen von **Nr. 1** zulässig.

Diese Bestimmung ist weitgehend wortgleich mit Art. 33 Abs. 3 Nr. 1 , so daß insoweit auf die dortige Kommentierung verwiesen werden kann (RdNr. 5 zu Art. 33), enthält aber vor dem Wort „Gefahr" die deutliche Einschränkung „unmittelbar bevorstehenden". Das bedeutet eine konkrete Gefahr (Nr. 2.2 VollzB, RdNr. 10 zu Art. 2), zusätzlich aber, daß der Schritt von der „Gefahr" zur „Störung", also der verwirklichten Gefahr, als unmittelbar bevorstehend beurteilt werden muß, vgl. RdNr. 8 zu Art. 17. Die Charakterisierung liegt zwischen der „konkreten Gefahr" (s. o.) und der „gegenwärtigen Gefahr" im Sinne von Nr. 10.2 VollzB (RdNr. 3 zu Art. 10). Für die Abgrenzung zur „dringenden Gefahr" s. RdNr. 10 zu Art. 2.

Maßgebend ist die ausbildungs- und erfahrungsgestützte Beurteilung der Lage durch die Polizei an Ort und Stelle. An der Grenze zur Vereinbarkeit mit Art. 13 GG dürfte eine derartige Maßnahme zur Gefahrenabwehr für Sachen, deren Erhaltung im öffentlichen Interesse geboten erscheint (s. RdNr. 11 zu Art. 11), liegen, wenn es sich hierbei nicht um höchste Grundrechtsgüter wie Leib und Leben von Menschen unmittelbar dienende Sachen, z. B. Krankenhäuser, sondern beispielsweise um Kunstwerke handelt (generell und undifferenziert ablehnend Bäumler in Lisken/Denninger, Teil J, RdNr. 680).

Unabhängig davon besteht nach **Nr. 2** eine Befugnis zur Erhebung der Daten von Personen, hinsichtlich derer Tatsachen die Annahme rechtfertigen (vgl. hierzu RdNr. 5 zu Art. 33), daß sie ein Verbrechen (vgl. § 12 Abs. 1 StGB) oder gewerbs-, gewohnheits- oder bandenmäßig ein in Art. 30 Abs. 5 genanntes Vergehen begehen wollen. **Gewerbsmäßig** wird eine Straftat begangen, wenn der Täter aus der wiederholten Begehung einen fortgesetzten, auf unbestimmte Zeit vorgesehenen Gewinn erzielen und sich so eine Einnahmequelle von einiger Dauer verschaffen will, **gewohnheitsmäßig,** wenn die Tat auf einem durch wiederholte Begehung erworbenen Hang zu ihr beruht, **bandenmäßig,** wenn der Täter als Mitglied einer Bande, die sich zur fortgesetzten Begehung der Tat verbunden hat, die Tat unter Mitwirkung eines anderen Bandenmitglieds begeht (vgl. § 244 Abs. 1 Nr. 3 StGB). **Kontakt- und Begleitpersonen** dürfen, anders als nach Art. 33 Abs. 3 Nr. 2, nicht erfaßt werden. Die Befugnis aus dieser Vorschrift besteht so lange, bis sich mit Hilfe der gewonnenen Informationen ein hinreichender Tatverdacht gegen einen Betroffenen ergibt, erst dann schlägt die präventive Datenerhebung in eine repressive um mit der Folge, daß sie ab diesem Zeitpunkt unter Einschaltung der Staatsanwaltschaft aufgrund von §§ 161, 163 StPO weiterzuführen ist (wie hier Honnacker/Beinhofer, Erl. 2 zu Art. 34).

3 Zwingende Vorschriften über das Wie der Datenerhebung bringt zunächst **Abs. 2**. Um der Verfassungsbestimmung des Art. 13 Abs. 3 GG Rechnung zu tragen, sieht das Gesetz ausdrücklich einen sog. Richtervorbehalt vor (Satz 1); vgl. hierzu die Kritik von Lisken in ZRP 1990, 15/17 f.; Götz in NVwZ 1990, 725/728; Lisken/Mokros in NVwZ 1991, 609. Anordnungsbefugt ist demnach grundsätzlich das zuständige Amtsgericht, in dessen Bezirk die Wohnung liegt. Für das Verfahren gelten die Vorschriften des FGG entsprechend (Satz 2 in Verb. m. Art. 24 Abs. 1 Sätze 2 und 3). Welches technische Gerät zu benutzen ist, ist nicht Gegenstand der richterlichen Entscheidung, sondern bleibt der Polizei vorbehalten (vgl. Hilger in NStZ 1992, 457/463). Die Maßnahme ist zu befristen. Bei **Gefahr im Verzug** (s. hierzu näher RdNr. 4 zu Art. 23) dürfen nach Satz 3 auch die in Art. 33 Abs. 5 genannten Dienststellenleiter den Einsatz anordnen (vgl. RdNr. 8 zu Art. 33). In einem solchen Fall gelten die Sätze 3 und 4 des Art. 33 Abs. 5 entsprechend; die Anordnung muß binnen drei Tagen durch den zuständigen Amtsrichter bestätigt werden, sonst tritt sie außer Kraft (Satz 4) mit der Folge, daß bis dahin erhobene Daten gem. Art. 45 Abs. 2 Nr. 1 und Abs. 3 grundsätzlich zu löschen sind; das gilt selbstverständlich auch, sobald der Richter innerhalb dieser Frist die Bestätigung versagt. Für die Berechnung der Frist können nach dem Sinn der Norm nicht die Bestimmungen des BGB (§§ 187 ff.) maßgebend sein. Vielmehr beginnt die Frist mit dem Erlaß der Anordnung und endet 3×24 Stunden später ohne Rücksicht auf Sonn- oder Feiertage. Der Ausnahmecharakter der Sätze 3 und 4 läßt in ihrem systematischen Zusammenhang mit Satz 1 überdies deutlich werden, daß der anordnende Dienststellenleiter unverzüglich den zuständigen Richter von seiner Anordnung zu verständigen hat.

Entfällt die Gefahr im Verzug erkennbar vor Ablauf der Drei-Tage-Frist, muß die Anordnung unverzüglich aufgehoben und nötigenfalls eine neue Anordnung durch den Richter beantragt werden.

4 Einer Anordnung gem. Abs. 2 bedarf es nach **Abs. 3** nicht, wenn technische Mittel in Wohnungen ausschließlich zum Schutz der in einem polizeilichen Einsatz tätigen Personen mitgeführt oder verwendet werden (sog. **Personenschutzsender**). Diese technischen Geräte dienen nicht zur Gewinnung von Daten potentieller Störer oder Straftäter, sondern allein dem persönlichen Schutz für Leib und Leben der jeweils eingesetzten Polizeibeamten. Aufzeichnungen der Personenschutzsender sind unverzüglich nach Einsatzende zu löschen, sofern sie nicht für die Verfolgung von Straftaten, etwa bei Angriffen auf den Polizeibeamten, benötigt werden (sog. **Prinzip des Zufallsfunds,** vgl. § 108 StPO).

5 **Selbsttätige Aufzeichnungsgeräte** im Sinne von **Abs. 4** sind beispielsweise solche, die auf Lichtreflexe reagieren, welche durch Bewegungen hervorgerufen werden. Mehr als ein observierender Polizeibeamter wahrnehmen kann, vermag das Gerät nicht aufzuzeichnen. Der Einsatz derartiger Geräte ist unter den Voraussetzungen von Abs. 1 zulässig; Unbeteiligte, die von ihnen erfaßt werden, will Abs. 4 schützen. Die Vernichtungspflicht besteht nicht, soweit die Aufzeichnungen zur Verfolgung von Straftaten benötigt werden, s. o. RdNr. 4 a. E.

Abs. 5 sieht nach Beendigung der Datenerhebungsmaßnahme grundsätzlich 6 die Unterrichtung des Betroffenen vor, sobald dies nach Maßgabe der näher bezeichneten Voraussetzungen möglich ist. Nach unbekannten Betroffenen braucht nach dem Wortlaut der Vorschrift nicht geforscht zu werden. Die Unterrichtung unterbleibt, wenn vor oder im Anschluß an die Maßnahme ein strafrechtliches Ermittlungsverfahren gegen den Betroffenen eingeleitet worden ist bzw. eingeleitet wird; ab diesem Zeitpunkt gelten allein die Vorschriften der StPO. Dies ist verfassungsrechtlich unbedenklich (BayVerfGH im BayVBl 1995, 143/148). S. im übrigen Nr. 34.7 VollzB.

Abs. 6 will klarstellen, daß Eingriffe in das Brief-, Post- und Fernmeldegeheimnis des Art. 10 GG nicht auf Grund von Vorschriften des PAG, sondern nur auf Grund der hierfür geltenden bundesrechtlichen Grundlagen zulässig sind, weil die ausschließliche Regelungskompetenz beim Bund liegt (Art. 73 Nr. 7 GG). Nicht auf das PAG gestützt werden können daher die in Nr. 34.8 VollzB genannten Maßnahmen. 7

Art. 35
Besondere Bestimmungen über den Einsatz Verdeckter Ermittler

(1) ¹Soweit es für den Aufbau und zur Aufrechterhaltung der Legende erforderlich ist, dürfen entsprechende Urkunden hergestellt, verändert oder gebraucht werden. ²Ein Verdeckter Ermittler darf zur Erfüllung seines Auftrages unter der Legende am Rechtsverkehr teilnehmen.

(2) ¹Ein Verdeckter Ermittler darf unter der Legende mit Einverständnis des Berechtigten dessen Wohnung betreten. ²Im übrigen richten sich die Befugnisse eines Verdeckten Ermittlers nach den Bestimmungen dieses Gesetzes und der Strafprozeßordnung.

35 Zu Art. 35 (Besondere Bestimmungen über den Einsatz Verdeckter Ermittler)

35.1 Die Legaldefinition und die Zulässigkeitsvoraussetzungen für den Einsatz Verdeckter Ermittler ergeben sich aus Art. 33 Abs. 1 Nr. 3 und Abs. 3. Als Legende gilt nicht das kurzfristige Vorgeben einer anderen Identität.

35.2 Absatz 1 Satz 1 bestimmt, daß beim Einsatz Verdeckter Ermittler entsprechende **Urkunden** *(z. B. Pässe, Personalausweise, Führerscheine, Kraftfahrzeugzulassungsscheine)* **hergestellt, verändert oder gebraucht werden dürfen,** *soweit dies für den Aufbau und zur Aufrechterhaltung der Legende der Polizeibeamten erforderlich ist.*

35.3 Der Verdeckte Ermittler darf zur Erfüllung seines Auftrages unter der Legende **am Rechtsverkehr** *teilnehmen, um seiner möglichen Enttarnung vorzubeugen.*

35.4 Ein Verdeckter Ermittler darf **unter der Legende mit Einverständnis des Berechtigten** *dessen Wohnung betreten (Abs. 2 Satz 1).*

35.5 Die sonstigen **Befugnisse** *eines Verdeckten Ermittlers richten sich nach den Bestimmungen des PAG und der Strafprozeßordnung (Abs. 2 Satz 2). Daneben gelten – soweit unmittelbar oder für die Gefahrenabwehr entsprechend anwendbar – die in Nr. 2 der Gemeinsamen Bekanntmachung der Bayerischen Staatsministerien der Justiz und des Innern vom 27. März 1986 (MABl 86, 208 ff.) festgelegten Grundsätze.*

1 Die Vorschrift des **Art. 35** enthält zu den Modalitäten des Einsatzes der Verdeckten Ermittler (Art. 33 Abs. 1 Nr. 3) nähere Bestimmungen. S. hierzu allgemein Mütter/Schmid, Verdeckte Ermittlung, 1985; Thiel, Die polizeiliche Verfolgungspflicht im Rahmen verdeckter Ermittlungen, 1989; Krumsiek, Verdeckte Ermittler in der Bundesrepublik Deutschland, 1988; Lisken in ZRP 1990, 15/19 f.; Schmitz, Rechtliche Probleme des Einsatzes Verdeckter Ermittler, 1995. Weitere Nachweise finden sich etwa bei Hilger in NStZ 1992, 523 und bei

Kleinknecht/Meyer-Goßner, RdNr. 5 zu § 110 a. Art. 35 ist auf V-Leute nicht analog anwendbar (s. RdNr. 2 zu Art. 33). Das BVerfG hält den Einsatz Verdeckter Ermittler grundsätzlich für verfassungskonform (BVerfG in NJW 1992, 168).

Soweit es für den Aufbau und zur Aufrechterhaltung der Legende 2 (s. RdNr. 2 zu Art. 33) erforderlich ist, dürfen gem. **Abs. 1** entsprechende Urkunden wie etwa Meldebescheinigungen, Dienstausweise, Pässe, Personalausweise, Führerscheine oder Kfz-Zulassungsscheine hergestellt, verändert oder gebraucht werden (Satz 1). Darin liegt eine Ergänzung von Vorschriften wie etwa Art. 15 AGPersPaßG. Der Landesgesetzgeber war in der Lage, hier ergänzendes Recht, auch abweichend von den Regelungen des Bundesrechts, zu erlassen, weil sich die Sondervorschriften ausschließlich auf das Recht der Vollzugspolizei beziehen, wofür die Landesgesetzgeber die alleinige Zuständigkeit besitzen (vgl. RdNr. 1 zu Art. 1). Ausstellungsbehörden bleiben die dafür jeweils zuständigen Verwaltungsbehörden, beantragt wird die Ausstellung der Urkunden durch die jeweilige den Einsatz des Verdeckten Ermittlers leitende Polizeidienststelle. Bereits bestehende öffentliche Register dürfen indes zum Aufbau einer Legende nicht verwendet werden (vgl. Hilger NStZ 1992, 523/524).

Satz 2 stellt klar, daß der Verdeckte Ermittler zur Erfüllung seines Auftrags unter der Legende am Rechtsverkehr teilnehmen darf, um seiner möglichen Enttarnung durch die kriminelle Szene vorzubeugen; er darf also beispielsweise unter seiner falschen Identität ein Zimmer oder ein Auto mieten oder einen Arbeitsvertrag abschließen, eine Firma gründen, bis hin zu familien- und personenstandsrechtlichen Handlungen einschließlich der Eintragung in öffentliche Register, z. B. ins Grundbuch. Dem Sinn der Einrichtung des Verdeckten Ermittlers entspricht es, daß ihn keine Ausweispflicht nach Art. 6 treffen kann.

Abs. 2 Satz 1 enthält ein Betretungsrecht für den Verdeckten Ermittler 3 unter seiner Legende für Wohnungen (zum Wohnungsbegriff s. Art. 23 Abs. 1 Satz 2) mit Einverständnis des Berechtigten. Gemeint ist hiermit offenkundig der Fall, daß dem Berechtigten die wahre Identität des Verdeckten Ermittlers nicht bekannt ist, ja er nicht einmal weiß, daß er einen vor sich hat. Dies ist, auch in Anbetracht des hohen Rangs des grundrechtlichen Schutzes der Unversehrtheit der Wohnung (Art. 13 Abs. 1 GG) verfassungsrechtlich unbedenklich, weil über Art. 33 Abs. 3 den Erfordernissen von Art. 13 Abs. 3 2. Alt. GG Rechnung getragen ist. Eine Durchsuchung der Wohnung wird davon allerdings ebensowenig abgedeckt wie das Vortäuschen eines Zutrittsrechts, welches über die Nutzung der Legende hinausgeht, z. B. das plötzliche Schlüpfen in die Rolle eines Heizungsablesers (wie hier Kleinknecht/Meyer-Goßner, RdNr. 1 zu § 110 c m. weit. Nachw.; differenzierend Honnacker/Beinhofer, Erl. 3 zu Art. 35). Nicht gestattet ist ihm auch ein heimliches Betreten einer Wohnung (vgl. Kleinknecht/Meyer-Goßner a. a. O.)

4 Satz 2 stellt klar, daß dem Verdeckten Ermittler als Polizeibeamten alle polizeilichen Befugnisse aus PAG und StPO zustehen. Umgekehrt wird daraus ersichtlich, daß nach derzeitigem Recht trotz aller Forderungen aus Politik und Fachwelt eine Rechtfertigung strafbarer Handlungen, auch sog. milieubedingter oder von Ordnungswidrigkeiten, die der Verdeckte Ermittler im Rahmen seines Einsatzauftrages begeht, keinesfalls unter Berufung auf das PAG, die StPO oder sonstige Gesetze, einen Staatsnotstand oder eine „Staatsnotwehr" möglich ist (s. auch Riegel in NVwZ 1985, 639). Dem Verdeckten Ermittler bleiben lediglich ggf. die persönlichen Rechtfertigungs- und Schuldausschließungsgründe aus StGB und BGB erhalten, s. hierzu RdNr. 5 zu Art. 4. Weitere Grundsätze zum Einsatz des Verdeckten Ermittlers enthält die in Nr. 35.5 VollzB angeführte Verwaltungsvorschrift, insbesondere auch zum Verhalten des Verdeckten Ermittlers bei einem Zielkonflikt zwischen Prävention und Repression.

Zum Feststellungsinteresse des Betroffenen an der Rechtswidrigkeit des Einsatzes Verdeckter Ermittler im Verwaltungsprozeß s. RdNr. 17 zu Art. 11.

Art. 36
Polizeiliche Beobachtung

(1) Die Polizei kann personenbezogene Daten, insbesondere die Personalien einer Person sowie das amtliche Kennzeichen des von ihr benutzten Kraftfahrzeugs, zur polizeilichen Beobachtung ausschreiben, wenn
1. die Gesamtwürdigung der Person und ihrer bisher begangenen Straftaten erwarten lassen, daß sie auch künftig Straftaten von erheblicher Bedeutung begehen wird oder
2. Tatsachen die Annahme rechtfertigen, daß die Person Straftaten im Sinn von Art. 30 Abs. 5 begehen wird,

und die polizeiliche Beobachtung zur vorbeugenden Bekämpfung dieser Straftaten erforderlich ist.

(2) Im Fall eines Antreffens der Person oder des Kraftfahrzeugs können Erkenntnisse über das Antreffen sowie über Kontakt- und Begleitpersonen und mitgeführte Sachen an die ausschreibende Polizeidienststelle übermittelt werden.

(3) ¹Die Ausschreibung zur polizeilichen Beobachtung darf nur durch die in Art. 33 Abs. 5 genannten Dienststellenleiter angeordnet werden. ²Die Anordnung ist auf höchstens ein Jahr zu befristen. ³Zur Verlängerung der Laufzeit bedarf es einer neuen Anordnung.

(4) Liegen die Voraussetzungen für die Anordnung nicht mehr vor, ist der Zweck der Maßnahme erreicht oder zeigt sich, daß er nicht erreicht werden kann, ist die Ausschreibung zur polizeilichen Beobachtung unverzüglich zu löschen.

36 Zu Art. 36 (Polizeiliche Beobachtung)

36.1 Im Gegensatz zur gezielten Beobachtung einer verdächtigen Person (Observation) stellt die polizeiliche Beobachtung ein Zusammentragen von polizeilichen Zufallserkenntnissen über das Antreffen einer Person dar.

36.2 Die Ausschreibung zur polizeilichen Beobachtung kommt insbesondere beim Verdacht von Rauschgift-, Waffen-, Falschgeld- und Eigentumsdelikten sowie bei kriminellen Vereinigungen und im Bereich des Terrorismus in Betracht. Dies gilt auch für Straftaten nach § 129 a Abs. 3 und § 138 Abs. 2 StGB.

*36.3 Die Annahme, daß die auszuschreibende Person Straftaten von erheblicher Bedeutung begehen wird, muß sich auf Tatsachen stützen können. **Vermutungen oder die kriminalpolizeiliche Erfahrung reichen** für die nach Abs. 1 Nr. 2 erforderliche Prognoseentscheidung **nicht** aus.*

36.4 Absatz 2 gewährt die Befugnis, Erkenntnisse über das Antreffen der ausgeschriebenen Person sowie über Kontakt- und Begleitpersonen (vgl. Nr. 33.6) und über mitgeführte Sachen der zu beobachtenden Person an die ausschreibende Polizeidienststelle zu übermitteln.

Art. 36

*36.5 Die Anordnung des **Dienststellenleiters** ist aktenkundig zu machen und auf **höchstens ein Jahr** zu befristen. Eine erneute Anordnung ist möglich, wenn eine Verlängerung der Laufzeit zur polizeilichen Aufgabenerfüllung notwendig ist.*

36.6 Wenn die Voraussetzungen für die Anordnung nicht mehr vorliegen, ist die Ausschreibung zur polizeilichen Beobachtung unverzüglich zu löschen.

1   Art. 36 ist eine formalgesetzliche Normierung der polizeilichen Beobachtung, einer speziellen Fahndungsform, die bisher nur in der PDV 384.2, also einer Dienstvorschrift, geregelt war. Im Gegensatz zur Observation handelt es sich nicht um die gezielte Beobachtung einer bestimmten Person, sondern lediglich um ein Zusammentragen polizeilicher Zufallserkenntnisse. Wird eine Person zur polizeilichen Beobachtung ausgeschrieben, so werden gleichzeitig die Personaldaten im System INPOL gespeichert; dieser Datenbestand gibt Auskunft darüber, welche Personen aktuell zur Fahndung ausgeschrieben sind (vgl. Ringwald in ZRP 1988, 178). Gerät die ausgeschriebene Person in eine polizeiliche Kontrolle (z. B. Grenzkontrolle, Kfz-Kontrolle), so werden nach Feststellung ihrer Personalien und der Erkenntnis, daß sie zur polizeilichen Beobachtung ausgeschrieben ist, unauffällig weitere Beobachtungen hinsichtlich Ort und Zeitpunkt des Antreffens, des Fahrzeugs, der Mitfahrer, Fahrtroute und mitgeführten Gegenstände gemacht. Die so gewonnenen Daten werden der ausschreibenden Polizeidienststelle auf herkömmlichem Weg, etwa fernschriftlich oder telefonisch, mitgeteilt. Wird die Person entsprechend oft polizeilich kontrolliert – was letztlich vom Zufall abhängt –, kann sich bei der ausschreibenden Polizeidienststelle nach entsprechenden Rückmeldungen ein **Bewegungsbild** von ihr ergeben. Diese Fahndungsform wird hauptsächlich im Bereich der organisierten Rauschgift-, Waffen-, Falschgeld- und Diebstahlskriminalität, der Bekämpfung der Einschleusung von illegal sich aufhaltenden Ausländern sowie bei der Terroristenfahndung angewandt (s. hierzu allgemein die Nachweise bei Kleinknecht/Meyer-Goßner, RdNr. 1 f. zu § 163 e, der **Parallelvorschrift in der StPO**).

2   Die Voraussetzungen für die Ausschreibung einer Person zur polizeilichen Beobachtung regelt **Abs. 1**. Der Regelungsmechanismus ist dabei so ausgestaltet, daß zunächst die Voraussetzungen von Nr. 1 (sog. gefährlicher Intensivtäter) oder Nr. 2 vorliegen müssen, und sodann in einem zweiten Schritt die Erforderlichkeit der Beobachtung zur vorbeugenden Bekämpfung der nach Nr. 1 bzw. Nr. 2 konkret angenommenen Straftat geprüft und bejaht werden muß.

Zum Begriff der personenbezogenen Daten s. Vorbem. zu den Art. 30–49. Voraussetzung für die Speicherung ist nicht, daß der Benutzer des Fahrzeugs auch dessen Halter ist, ebensowenig kommt es auf die Nutzungsdauer oder auf die Kenntnis des Halters von der Benutzung an. Zulässig ist auch das Ausschrei-

ben eines Fahrzeugs, das von einer bislang namentlich nicht bekannten Person benutzt wird, nämlich dann, wenn außer dem Kfz-Kennzeichen kein Anhaltspunkt für die Ermittlungen vorgegeben ist (Hilger in NStZ 1992, 523/525).
Straftaten von erheblicher Bedeutung im Sinne von **Nr. 1** sind beispielhaft – nicht abschließend – in Art. 30 Abs. 5 aufgezählt, s. RdNr. 5 zu Art. 30.
Als **bisher begangen** sind diese Straftaten begrifflich sicherlich anzusehen, falls eine strafgerichtliche Verurteilung vorliegt, aber auch dann, wenn die Staatsanwaltschaft das Verfahren nach §§ 153 ff. StPO eingestellt hat. Die Ansicht von Honnacker/Beinhofer (Erl. 2 zu Art. 36), auch eine Einstellung nach § 170 Abs. 2 StPO reiche aus, wenn nur bei der Polizei ein Verdacht aus objektiv nachvollziehbaren Gründen weiterbestehe, läßt sich nicht mehr unter den Tatbestand („begangen") der Norm zwingen und ist daher abzulehnen. Für die zu stellende Prognose sind maßgebend die bisher von dem Betroffenen gezeigte kriminelle Energie, die zeitliche Folge der bisher begangenen Straftaten, auch der Erfolg oder Nichterfolg eventueller Resozialisierungsbemühungen.
Nr. 2 betrifft im Gegensatz zu Nr. 1 Personen, die bisher noch keine oder keine erheblichen Straftaten begangen haben, greift aber abgesehen davon auch bei Betroffenen im Sinne von Nr. 1 unabhängig von den dortigen Voraussetzungen immer dann ein, wenn der Polizei Tatsachen bekannt werden, die aus ihrer Sicht die Annahme rechtfertigen, der Betroffene werde Straftaten von erheblicher Bedeutung begehen. Nr. 2 steht mithin als selbständige Teilvoraussetzung des Eingriffs neben Nr. 1. Bloße Vermutungen reichen für eine Anwendung von Nr. 2 nicht aus.
Zur **Erforderlichkeit** einer Datenerhebung allgemein s. RdNr. 2 zu Art. 38.

Abs. 2 eröffnet für die Polizei die in RdNr. 1 beschriebene Übermittlungsmöglichkeit von Daten an die ausschreibende Dienststelle. Eine Zuspeicherung in der Datei durch die feststellende Behörde wäre nicht statthaft. Zum Begriff der **Kontakt- und Begleitpersonen** s. Nr. 33.6 Satz 4 VollzB sowie RdNr. 6 f. zu Art. 33. Das Antreffen kann bei jeder beliebigen polizeilichen Kontrolle festgestellt werden. 3

Abs. 3 bestimmt, daß die Ausschreibung einer Person zur polizeilichen Beobachtung nur durch die in Art. 33 Abs. 5 genannten Dienststellenleiter angeordnet werden kann. Art. 33 Abs. 5 Sätze 3 und 4 gelten entsprechend. S. hierzu insgesamt RdNr. 8 zu Art. 33. Die Ausschreibung ist auf höchstens ein Jahr zu befristen. Sollte sich eine Verlängerung der Maßnahme als notwendig erweisen, muß eine neue Anordnung getroffen werden. 4

Abs. 4 enthält über die sich ohnehin aus dem allgemein geltenden verfassungsrechtlichen Erforderlichkeitsgrundsatz heraus ergebende Pflicht zur unverzüglichen Beendigung der polizeilichen Beobachtung hinaus die Pflicht, die Ausschreibung zu löschen. Das Gebot schließt die Pflicht zur Löschung der gespeicherten INPOL-Ausschreibungsdaten (s. o. RdNr. 1) ein. 5

2. Unterabschnitt
Datenverarbeitung

Vorbemerkung zu Art. 37

1 Die Art. 37 bis 48 enthalten die formalgesetzliche Grundlage für die weitere Behandlung erhobener personenbezogener Daten durch die Polizei, für deren Übermittlung von anderer Seite an die Polizei sowie für den Schutz der von der Datenerhebung Betroffenen. Die Richtlinien für die Führung kriminalpolizeilicher personenbezogener Sammlungen – **PpS-Richtlinien** – (früher: KpS-Richtlinien) dienen nicht mehr als Rechtsgrundlage, wohl aber als verwaltungsinterne Ausführungsvorschriften zu den formalgesetzlichen Bestimmungen.

2 Die **Systematik** des folgenden Vorschriftenkomplexes erschließt sich dem Betrachter nicht auf den ersten Blick, bereitet aber bei einiger Überlegung keine Probleme.

Zum Verständnis ist auszugehen vom **Begriff der Datenverarbeitung** im allgemeinen Datenschutzrecht, wie er in Art. 4 Abs. 6 Satz 1 BayDSG enthalten ist: Verarbeiten ist demnach das Speichern, Verändern, Übermitteln, Sperren und Löschen personenbezogener Daten. Diese Begriffe wurden bisher bereits in der VollzB definiert, wobei das BayDSG noch in der alten Fassung aus dem Jahr 1978 zugrundelag. Dabei kommt es zu Abweichungen vom nunmehr geltenden und gem. Art. 49 auch für das PAG maßgeblichen neuen BayDSG, nach welchem die Definitionen wie folgt vorzunehmen sind:

3 Unter **Speichern** versteht man das Erfassen, Aufnehmen oder Aufbewahren der Daten auf einem Datenträger zum Zweck ihrer weiteren Verarbeitung oder Nutzung (Art. 4 Abs. 6 Satz 2 Nr. 1 BayDSG). Abzugrenzen hiervon ist die in den Art. 30 ff. näher geregelte **Erhebung** von Daten; zu diesem Begriff s. RdNr. 4 der Vorbem. zu den Art. 30–49. Sie geht der Speicherung voraus und ist von ihr begrifflich zu trennen. Werden Daten gleichzeitig erhoben und erfaßt, wie etwa bei der Registrierung von Personen mittels maschinell lesbarer Ausweise, so fallen Erhebung und Speicherung zusammen. In diesen Fällen muß die Rechtmäßigkeit der Maßnahme grundsätzlich sowohl an den Vorschriften über die Datenerhebung als auch zusätzlich an jenen über die Datenspeicherung gemessen werden. Gleichgültig ist für all das die Art des Datenträgers, z. B. Disketten, Platten, Mikrofilme, Akten oder beliebige Bild- oder Tonträger. **Speichernde Stelle** im Sinne des allgemeinen Datenschutzrechts und damit auch des PAG ist jede öffentliche Stelle, die personenbezogene Daten für sich selbst speichert oder durch andere in ihrem Auftrag speichern läßt (Art. 4 Abs. 9 BayDSG). Im Gegensatz dazu sind **Dritte** alle Personen oder Stellen außerhalb der speichernden Stelle, nicht aber die Betroffenen und auch

Vorbemerkung zu Art. 37

nicht diejenigen Personen oder Stellen, die im Inland personenbezogene Daten im Auftrag erheben, verarbeiten oder nutzen (Art. 4 Abs. 10 BayDSG). S. hierzu näher RdNr. 4 der Vorbem. zu den Art. 30–49.

Die **Nutzung** von Daten ist jede Verwendung derselben, soweit es sich nicht um Verarbeitung handelt, namentlich die Weitergabe von Daten innerhalb der speichernden Stelle an Teile derselben Stelle mit anderen Aufgaben oder anderem örtlichen Zuständigkeitsbereich (Art. 4 Abs. 7 BayDSG). Darunter fällt grundsätzlich auch der **Datenabgleich** (s. näher u. RdNr. 11). 4

Von **Verändern** spricht man, wenn (bereits) gespeicherte Daten inhaltlich umgestaltet werden (Art. 4 Abs. 6 Satz 2 Nr. 2 BayDSG), etwa indem sie gelöscht und durch andere Daten ersetzt werden oder aber nicht gelöscht und nur ergänzt werden; in bezug auf diese anderen Daten kann gleichzeitig und zusätzlich ein Speichern gegeben sein, wenn sie vorher noch nicht gespeichert waren, so daß dann wiederum auch die Rechtmäßigkeitsvoraussetzungen des Speicherns zu prüfen sind. Die **Berichtigung** von Daten (vgl. Art. 45 Abs. 1) unterfällt dem Begriff der Veränderung. 5

Übermitteln ist das Bekanntgeben gespeicherter oder durch Datenverarbeitung gewonnener Daten an Dritte (s. o. RdNr. 3), sei es, daß die Daten durch die abgebende Stelle an Dritte weitergegeben werden, sei es, daß Dritte Daten einsehen oder abrufen, die von einer speichernden Stelle zur Einsicht oder zum Abruf bereitgehalten werden (Art. 4 Abs. 6 Satz 2 Nr. 3 BayDSG), auch mittels automatisierter Abrufverfahren (sog. on-line-Zugriff, vgl. Art. 46). Die Übermittlung muß aber begrifflich nicht in einem automatisierten Verfahren erfolgen. So stellt etwa auch die Einsicht in Akten, welche personenbezogene Daten enthalten, einen Fall der Übermittlung dar. Seitens des jeweiligen Empfängers liegt darin im Regelfall eine Datenerhebung (vgl. RdNr. 4 der Vorbem. zu den Art. 30–49), die jedoch als dem Übermitteln begrifflich immanent keiner besonderen Befugnis bedarf und mithin auch keiner eigenen rechtlichen Zulässigkeitsprüfung zu unterziehen ist. Werden Daten – etwa in Ausführung eines Auskunftsersuchens nach Art. 48 – an den Betroffenen selbst gegeben, so liegt darin keine Übermittlung, sondern eine Nutzung, denn der Betroffene ist nicht Dritter (s. o. RdNr. 3). Ohne Auswirkung auf die Notwendigkeit einer gesetzlichen Grundlage bleibt es in der Regel, wenn die übermittelten Daten von dem Betroffenen bereits selbst an die Öffentlichkeit gebracht worden sind (s. im einzelnen OVG Münster in NJW 1995, 1979). 6

Unter **Sperren** wird das Kennzeichnen gespeicherter Daten verstanden, um ihre weitere Verarbeitung oder Nutzung einzuschränken (Art. 4 Abs. 6 Satz 2 Nr. 4 BayDSG). Die Daten bleiben aber gespeichert. 7

Löschen heißt das Unkenntlichmachen gespeicherter Daten (Art. 4 Abs. 6 Satz 2 Nr. 5 BayDSG). Daten sind unkenntlich gemacht, wenn die in ihnen 8

Vorbemerkung zu Art. 37

enthaltene Information von niemandem mehr zur Kenntnis genommen werden kann. Je nach Art des Datenträgers und des Verarbeitungsverfahrens sind auch die Methoden zur Löschung unterschiedlich; Unterscheidungsmerkmal zur **Vernichtung** ist, daß dabei der Datenträger samt den auf ihm gespeicherten Daten zerstört wird, während beim Löschen der Datenträger als solcher erhalten bleibt; sachnotwendig werden die Daten gleichwohl gelöscht, wenn der Datenträger vernichtet wird.

9 **Sperren und Löschen** personenbezogener Daten sind zwar Maßnahmen der Datenverarbeitung, weisen aber bezüglich des Rechts der Betroffenen auf informationelle Selbstbestimmung im Unterschied zu den anderen Verarbeitungsarten **keine Eingriffsqualität** auf, im Gegenteil. Dennoch enthalten sie eine nach außen wirkende Regelung und sind deshalb wie die anderen Verarbeitungsmaßnahmen eingreifenden Charakters als **Verwaltungsakt** anzusehen (vgl. RdNr. 3 der Vorbem. zu Art. 30); die in der Vorauflage vertretene Gegenansicht wird nicht aufrechterhalten.

10 Zu den dargestellten Arten der Datenverarbeitung finden sich, wie auch schon bei der Datenerhebung, im Gesetz Regelungen über die eigentliche Befugnis, also das Ob, sowie nähere Bestimmungen über das Wie, d. h. die Art und Weise der jeweiligen Verarbeitungsmaßnahme. Anders als bei der Datenerhebung mit den Artikeln 30 und 31 gibt es hierfür aber keine gleichsam vor die Klammer gezogenen Generalnormen für alle Verarbeitungsarten. Stattdessen werden für die Speicherung, Veränderung und Übermittlung jeweils zunächst Regelungen des Wie, im Gesetz „Allgemeine Regelungen" genannt, den Regelungen des Ob, also den eigentlichen Befugnisnormen, unmittelbar vorangestellt, nämlich Art. 37 dem Art. 38 und Art. 39 in Verb. m. Art. 46 den Art. 40 bis 42. Sperrung und Löschung bedürfen hinwiederum als begünstigende Verwaltungsakte (s. o. RdNr. 9) keiner Befugnis. Die sie betreffenden Regelungen begründen einen Anspruch des von der Datenerhebung oder -verarbeitung Betroffenen, dessen Ob in Art. 38 Abs. 2 Satz 2, 45 Abs. 2 und Abs. 3 Sätze 1 und 2, dessen Wie in Art. 37 Abs. 3 Sätze 2 bis 4, 38 Abs. 2 Sätze 3 bis 5 und Abs. 3 festgelegt sind.

11 Wie bereits oben (RdNr. 4) ausgeführt, ist das **Nutzen** personenbezogener Daten ein aliud zu deren Verarbeitung. Als bloßes Verwaltungsinternum kann es mangels Außenwirkung nicht als Verwaltungsakt angesehen werden. Auch liegt in ihm, anders als in einer Datenverarbeitung, wohl kein gesonderter Eingriff in das informationelle Selbstbestimmungsrecht; ein solcher ist vielmehr grundsätzlich in der vorhergehenden Datenerhebung oder Datenübertragung zu erblicken. Gleichwohl regelt das Gesetz das Ob der Datennutzung in Art. 38, das Wie in Art. 37. Anders steht es, wenn die vorhergehende Datenerhebung oder -speicherung untrennbar mit der Nutzung verbunden ist, wie etwa

beim speziell in Art. 43 geregelten **Datenabgleich durch die Polizei** oder bei der **Rasterfahndung**, für die als lex specialis Art. 44 bereitsteht. Derartige Nutzungsarten sind insgesamt als Eingriff und auch als Verwaltungsakt gegenüber dem Betroffenen anzusehen.

Übrig bleiben somit noch die Normen des Art. 47 und des Art. 48. Sie beziehen sich auf die Datenverarbeitung insgesamt und regeln näher die Errichtung polizeilicher Dateien (Art. 47) sowie, in der Praxis von außerordentlicher Bedeutung, das subjektive Recht des Betroffenen gegenüber der Polizei auf Auskunft über die zu seiner Person gespeicherten Daten (Art. 48). **12**

Fragwürdig erscheint, ob in Entsprechung zur Regel des Art. 31 Abs. 1 rechtmäßig **Betroffene** von der Datenverarbeitung **auch andere Personen**, d. h. gänzlich unbeteiligte Dritte, sein können (s. hierzu RdNr. 2 zu Art. 31). Einerseits fehlt eine der genannten Vorschrift entsprechende ausdrückliche Regelung für den 2. Unterabschnitt des Gesetzes, andererseits liegt es doch nahe, daß der Gesetzgeber die Adressatenregelung in Art. 31 Abs. 1 nicht auf die Datenerhebung beschränken, sondern auf den gesamten 3. Gesetzesabschnitt und damit auch auf die Datenverarbeitung erstrecken wollte; für einen Gegenschluß fehlt es in der Entstehungsgeschichte an Anhaltspunkten. Jedenfalls hat das bezüglich der Datenspeicherung dann zu gelten, wenn die Datenerhebung mit ihr in einem Akt zusammenfällt (s. o. RdNr. 3). **12 a**

Systematik, Struktur und Charakter der Normen des 2. Unterabschnitts sind soweit im Überblick abgesteckt. Entscheidend für den **Rechtsschutz** ist bezüglich der richtigen Klageart wie schon bei der Datenerhebung (vgl. RdNr. 3 der Vorbem. zu Art. 30), ob es sich bei der in Rede stehenden Maßnahme um einen Verwaltungsakt im Sinne von § 42 VwGO handelt oder nicht. Zu bejahen ist dies, wie dargetan, für alle Arten der Verarbeitung personenbezogener Daten, also für deren Speicherung, Veränderung einschließlich Berichtigung, Übermittlung, sowie für Sperrung und Löschung unter Einschluß der Vernichtung; a. A. König in BayVBl 1993, S. 248. Der Betroffene kann sonach Sperrung, Löschung und Vernichtung seiner Daten sowie deren Berichtigung mit der Verpflichtungsklage (§ 42 Abs. 1 Fall 2 VwGO) begehren und die übrigen genannten Verarbeitungsmaßnahmen mit der Anfechtungsklage (§ 42 Abs. 1 Fall 1 VwGO) angreifen; im Fall ihrer Erledigung steht ihm die direkte bzw. analoge Fortsetzungsfeststellungsklage nach § 113 Abs. 1 Satz 4 VwGO zur Verfügung. Gegen das Nutzen seiner personenbezogenen Daten kann er sich normalerweise mit der allgemeinen Leistungsklage wenden, wobei sich jeweils die Frage nach einem Rechtsschutzbedürfnis stellt, falls sich die Nutzungsart als ein bloßes Verwaltungsinternum ohne gesonderte Eingriffsqualität erweist. Ist hingegen die Nutzungsart dem Wesen nach zugleich Verwaltungsakt, wie etwa beim polizeiinternen Datenabgleich nach Art. 43 oder **13**

Vorbemerkung zu Art. 37

der Rasterfahndung nach Art. 44, dann gilt das zu den Arten der Datenverarbeitung Ausgeführte. Stets ist **§ 44 a VwGO** zu beachten. Zur richtigen Klageart bei der Verwirklichung des **Auskunftsanspruchs nach Art. 48** s. dort RdNr. 11. Zu Besonderheiten des Rechtsschutzes bei der **Rasterfahndung** s. RdNr. 5 zu Art. 44.

Art. 37
Allgemeine Regeln der Datenspeicherung, Datenveränderung und Datennutzung

(1) Die Polizei kann personenbezogene Daten in Akten oder Dateien speichern, verändern und nutzen, soweit dies durch dieses Gesetz oder andere Rechtsvorschriften zugelassen ist.

(2) ¹Die Speicherung, Veränderung oder Nutzung darf nur zu dem Zweck erfolgen, zu dem diese Daten erlangt worden sind. ²Die Nutzung einschließlich einer erneuten Speicherung und einer Veränderung zu einem anderen polizeilichen Zweck ist zulässig, soweit die Polizei die Daten zu diesem Zweck erheben dürfte.

(3) ¹Die Dauer der Speicherung ist auf das erforderliche Maß zu beschränken. ²Für automatisierte Dateien sind Termine festzulegen, an denen spätestens überprüft werden muß, ob die suchfähige Speicherung von Daten weiterhin erforderlich ist (Prüfungstermine). ³Für nichtautomatisierte Dateien und Akten sind Prüfungstermine oder Aufbewahrungsfristen festzulegen. ⁴Dabei sind der Speicherungszweck sowie Art und Bedeutung des Anlasses der Speicherung zu berücksichtigen.

(4) Anderweitige Rechtsvorschriften über die Datenspeicherung, -veränderung und -nutzung bleiben unberührt.

37 Zu Art. 37 (Allgemeine Regeln der Datenspeicherung, Datenveränderung und Datennutzung)

*37.1 Unter den Begriff „**Speichern**" fällt das Erfassen, Aufnehmen oder Aufbewahren von Daten auf einen Datenträger zum Zweck ihrer weiteren Verwendung (vgl. Art. 5 Abs. 2 Nr. 1 BayDSG).*

*Dabei macht es im Polizeiaufgabengesetz keinen Unterschied, ob die Daten in Dateien, Karteien, Mikrofilmen, Akten oder sonstigen Unterlagen aufgenommen worden sind. „**Verändern**" ist das inhaltliche Umgestalten gespeicherter Daten (vgl. Art. 5 Abs. 2 Nr. 3 BayDSG). Unter „**Löschen**" ist das Unkenntlichmachen gespeicherter Daten zu verstehen (vgl. Art. 5 Abs. 2 Nr. 4 BayDSG). „**Datei**" ist eine gleichartig aufgebaute Sammlung von Daten, die nach bestimmten Merkmalen erfaßt und geordnet, nach anderen Merkmalen umgeordnet und ausgewertet werden kann, ungeachtet der dabei angewandten Verfahren (vgl. Art. 5 Abs. 3 Nr. 3 BayDSG).*

*37.2 Nach Abs. 2 Satz 1 darf die Verarbeitung personenbezogener Daten nur zu dem Zweck erfolgen, zu dem diese Daten erhoben worden sind (sogenanntes **Zweckbindungsgebot**). Wegen der umfassenden Aufgabenstellung der Polizei läßt Abs. 2 Satz 2 jedoch die Nutzung einschließlich einer erneuten Speicherung oder einer Veränderung **zu einem anderen polizeilichen Zweck** zu, soweit die Polizei die Daten auch zu diesem Zweck erheben dürfte. Mit dieser*

Art. 37

Einschränkung des Zweckbindungsgebots sollen Doppelspeicherungen in den verschiedenen Aufgabenbereichen der Polizei vermieden werden. Personenbezogene Daten aus dem Bereich der Gefahrenabwehr dürfen daher ebenso für die Strafverfolgung verwendet werden wie umgekehrt.
*37.3 Für **automatisierte** Dateien schreibt Abs. 3 Satz 2 die Festlegung von **Prüfungsterminen** vor. Für **nichtautomatisierte** Dateien oder Akten sind nach Abs. 3 Satz 3 ebenfalls **Prüfungstermine** oder **Aufbewahrungsfristen** (vgl. Art. 38 Abs. 2 Sätze 3 bis 5) festzulegen.*
37.4 Anderweitige Rechtsvorschriften über die Datenspeicherung, -veränderung und -nutzung im Sinn des Abs. 4 sind insbesondere die Vorschriften im Bereich des Strafverfahrens (Ermittlungsgeneralklausel §§ 161, 163 StPO), des Ordnungswidrigkeitenrechts und des Straßenverkehrsrechts (ZEVIS).

1 Die allgemeinen Regeln des Art. 37 beziehen sich im wesentlichen auf das Wie der in der Überschrift aufgeführten Maßnahmen.

2 **Abs. 1** hat eine Parallele in der Vorschrift des Art. 30 Abs. 1. Selbst nicht Befugnisnorm, will er deklaratorisch deutlich machen, daß die Speicherung, Veränderung oder Nutzung personenbezogener Daten durch die Polizei stets einer solchen bedarf, und zwar eines formellen Gesetzes (vgl. im einzelnen RdNr. 1 zu Art. 30 und RdNr. 1 der Vorbem. zu Art. 37). Zum Begriff der personenbezogenen Daten, der Datei und der Akten s. RdNr. 4 der Vorbem. zu den Art. 30–49. Näheres zum Speichern findet sich in RdNr. 3 der Vorbem. zu Art. 37, zum Verändern dort in RdNr. 5, zum Nutzen dort in RdNr. 4. Zu anderen Rechtsvorschriften außerhalb des PAG s. Abs. 4 und unten RdNr. 5.

3 **Abs. 2 Satz 1** formuliert das vom BVerfG hervorgehobene **Gebot der Zweckbindung** des Verarbeitens und Nutzens personenbezogener Daten (vgl. BVerfG in NJW 1984, 419/422). Grundsätzlich dürfen sie nur zu dem Zweck verwendet werden, zu dem sie erhoben worden sind.
Wie aus **Satz 2** erhellt, ist die Zweckbindung aber nicht allein auf den konkreten ursprünglichen Anlaß bezogen. Insbesondere dürfen personenbezogene Daten aus dem Bereich der Gefahrenabwehr ebenso für die Strafverfolgung verwendet werden (hierzu BGH in NJW 1996, 405 m. Anm. von Staechelin in ZRP 1996, 430) wie umgekehrt. Dadurch werden letztlich Doppelspeicherungen vermieden, was im ureigensten Interesse des Datenschutzes liegt; das verkennt die Kritik im Schrifttum (etwa Bäumler in Lisken/Denninger, Teil J, RdNrn. 655, 701, 718 ff., und vertiefend Möllers in: Polizeirecht heute, Schriftenreihe der PFA, Heft 4/91, S. 44/49 ff.). Vgl. auch RdNr. 3 zu Art. 38.

4 **Abs. 3** hält als verfassungskonforme (BayVerfGH in BayVBl 1995, 143/146) Ausformung des Grundsatzes der Erforderlichkeit (vgl. RdNr. 5 zu Art. 31)

Regelungen für die Dauer der Speicherung bereit. Zur Bemessung der Dauer s. Art. 38 Abs. 2 Sätze 3 bis 5. Satz 4 gilt gleichermaßen für Satz 2 wie für Satz 3. Fällt die Datenerhebung mit der Datenspeicherung zusammen (s. RdNr. 3 der Vorbem. zu Art. 37), so ist im Rahmen der Anwendung der Vorschrift Art. 32 Abs. 3 zu beachten. Prüfungstermine und Aufbewahrungsfristen unterscheiden sich vom Wesen her dadurch, daß bei ersteren im Wege der Einzelfallprüfung entschieden werden muß, ob die Daten weiter gespeichert bleiben dürfen, während bei Ablauf der Aufbewahrungsfrist die Unterlagen ohne weitere Prüfung zu vernichten sind. Eine Festlegung von Prüfungsterminen und Aufbewahrungsfristen auf bestimmte Zeitpunkte (z. B. Jahresende, Quartalsende, Monatsende) ist zur Verwaltungsvereinfachung zulässig, darf gleichwohl nicht zu einer unverhältnismäßig verlängerten Speicherungsdauer führen. Sie entbindet daher die Polizei nicht von der Pflicht, im Einzelfall aus gegebenem Anlaß, etwa auf Antrag des Betroffenen, auch schon vor Ablauf der jeweiligen Frist die Erforderlichkeit der weiteren Speicherung der konkreten Daten zu prüfen (VGH Mannheim in DVBl 1992, 1309/1313). Nähere Einzelheiten regeln die PpS-Richtlinien (s. RdNr. 1 der Vorbem. zu Art. 37).

Anderweitige Rechtsvorschriften im Sinne von **Abs. 4**, auf die Abs. 1 ebenfalls Bezug nimmt, sind insbesondere §§ 161 in Verb. m. 163 StPO, 53 OWiG, 33 ff. StVG, Art. 31 BayMeldeG. Ihre Regelungen genießen für den jeweiligen Bereich Vorrang und verdrängen insoweit die des PAG. 5

Art. 38
Speicherung, Veränderung und Nutzung von Daten

(1) Die Polizei kann personenbezogene Daten in Akten oder Dateien speichern, verändern und nutzen, soweit dies zur Erfüllung ihrer Aufgaben, zu einer zeitlich befristeten Dokumentation oder zur Vorgangsverwaltung erforderlich ist.

(2) ¹Die Polizei kann insbesondere personenbezogene Daten, die sie im Rahmen strafrechtlicher Ermittlungsverfahren oder von Personen gewonnen hat, die verdächtig sind, eine Straftat begangen zu haben, speichern, verändern und nutzen, soweit dies zur Gefahrenabwehr, insbesondere zur vorbeugenden Bekämpfung von Straftaten erforderlich ist. ²Entfällt der der Speicherung zugrunde liegende Verdacht, sind die Daten zu löschen. ³Die nach Art. 37 Abs. 3 festzulegenden Prüfungstermine oder Aufbewahrungsfristen dürfen bei Erwachsenen zehn Jahre, bei Jugendlichen fünf Jahre und bei Kindern zwei Jahre nicht überschreiten. ⁴In Fällen von geringerer Bedeutung sind kürzere Fristen festzusetzen. ⁵Die Frist beginnt regelmäßig mit dem Ende des Jahres, in dem das letzte Ereignis erfaßt worden ist, das zur Speicherung der Daten geführt hat, jedoch nicht vor Entlassung des Betroffenen aus einer Justizvollzugsanstalt oder der Beendigung einer mit Freiheitsentziehung verbundenen Maßregel der Besserung und Sicherung.

(3) ¹In den Fällen des Art. 36 Abs. 1 kann abweichend von Abs. 2 eine längere Frist festgelegt werden. ²Wird nach Fristablauf die Aufbewahrung fortgesetzt, ist nach spätestens drei Jahren die Aussonderung erneut zu prüfen.

(4) ¹Die Polizei kann personenbezogene Daten auch zur Aus- und Fortbildung nutzen. ²Die Anonymisierung kann unterbleiben, wenn diese nicht mit vertretbarem Aufwand möglich ist oder dem Aus- und Fortbildungszweck entgegensteht und jeweils die berechtigten Interessen des Betroffenen an der Geheimhaltung der Daten nicht offensichtlich überwiegen.

38 Zu Art. 38 (Speicherung, Veränderung und Nutzung von Daten)

*38.1 Absatz 1 enthält eine **Generalklausel zur Speicherung, Veränderung und Nutzung personenbezogener Daten** durch die Polizei in Akten oder Dateien. Die Speicherung, Veränderung oder Nutzung ist zulässig, soweit dies zur Erfüllung polizeilicher Aufgaben (Art. 2 Abs. 1 bis 4) für eine zeitlich befristete Dokumentation (z. B. Aufzeichnungen von Gesprächen über Notruf 110) oder zur Vorgangsverwaltung (Aktenregistratur auf EDV-Basis) erforderlich ist. Dies bestimmt sich insbesondere nach den Richtlinien für die Führung kriminalpolizeilicher personenbezogener Sammlungen (KpS) – jetzt PpS – und den Errichtungsanordnungen in ihrer jeweils gültigen Fassung.*

*38.2 Absatz 1 stellt insbesondere **die Rechtsgrundlage für die Führung von Kriminalakten** über Störer und Straftatenverdächtige dar. Dabei spielt es keine Rolle, welche Art von Datenträger für die Speicherung verwendet wird.*

38.3 Als Ausnahme von dem in Art. 37 Abs. 2 Satz 1 enthaltenen Zweckbindungsgebot stellt Art. 38 Abs. 2 Satz 1 klar, daß eine Übernahme von Strafermittlungsdaten in kriminalpolizeiliche Sammlungen für Zwecke der Gefahrenabwehr, insbesondere der vorbeugenden Bekämpfung von Straftaten (vgl. Art. 31 Abs. 1 Nr. 1), zulässig ist.

38.4 Personenbezogene Daten sind zu löschen, wenn der der Speicherung zugrunde liegende **Tatverdacht** *entfallen ist. Dies kommt insbesondere bei einem rechtskräftigen gerichtlichen Freispruch oder beim Wegfall des ursprünglichen Tatverdachts infolge der Überführung des tatsächlichen Täters in Betracht. Die Einstellung des Strafverfahrens nach § 170 Abs. 2 StPO beseitigt für sich allein den Tatverdacht der Polizei nicht.*

38.5 Die nach Art. 37 Abs. 3 festzulegenden Prüfungstermine (Speicherung in Dateien) oder Aufbewahrungsfristen (Speicherung in Akten) sind für **Erwachsene** *auf* **10 Jahre,** *bei* **Jugendlichen** *auf* **5 Jahre** *und bei* **Kindern** *auf* **höchstens 2 Jahre** *festgesetzt. Die Fristen sind Regelfristen; nach Abs. 2 Satz 4 sind in Fällen von geringerer Bedeutung kürzere Fristen festzusetzen.*

38.6 Absatz 3 bestimmt, daß in den in Art. 38 Abs. 1 genannten Fällen (insbesondere organisierte Kriminalität, Rauschgiftkriminalität, Terrorismus) abweichend von den in Abs. 2 genannten Regelfristen **längere Fristen festgelegt werden können.** *In solchen begründeten Fällen kann die Regelfrist auch von vornherein um 3 Jahre verlängert werden. Soll nach Ablauf der Regelfrist oder der verlängerten Frist in begründeten Fällen die Speicherung fortgesetzt werden, so hat nach spätestens 3 Jahren die Prüfung der Möglichkeit einer Aussonderung erneut zu erfolgen.*

38.7 Nach Abs. 4 kann die Polizei personenbezogene Daten (sogenannte „Echtdaten") auch zur **Aus- und Fortbildung** *nutzen. Diese Daten sind jedoch* **in aller Regel zu anonymisieren,** *so daß keine Rückschlüsse auf die jeweils betroffene Person möglich sind. Wenn die Anonymisierung nur mit einem nicht vertretbaren Aufwand möglich ist oder dem Aus- oder Fortbildungszweck entgegensteht, kann sie unterbleiben, soweit dies nicht den berechtigten Interessen der Betroffenen an der Geheimhaltung der Daten widerspricht. Die jeweilige Dienststelle hat* **nach pflichtgemäßem Ermessen** *zu entscheiden, ob ausnahmsweise eine Verwendung personenbezogener nicht anonymisierter Daten für Zwecke der Aus- und Fortbildung in Betracht kommt.*

Art. 38 bildet in seinem Kern die eigentliche Befugnisnorm für die Speicherung und Veränderung personenbezogener Daten durch die Polizei, regelt also deren Ob. Soweit die Vorschrift von der Datennutzung spricht, läuft sie insoweit leer, als die Nutzung mangels ihrer Eingriffsqualität (s. RdNr. 11 der Vorbem. zu Art. 37) keiner formalgesetzlichen Befugnis bedarf. Wichtigste praktische Funktion von Art. 38 ist die der Ermächtigungsgrundlage für die

1

Art. 38

Kriminalaktenführung (s. u. RdNr. 4). Art. 11 wird als Befugnisnorm vollständig verdrängt, andererseits treten die Regelungen der Nutzungsarten mit Eingriffsqualität, also Art. 43 und Art. 44, als Spezialregelungen vollständig an die Stelle von Art. 38. Zum **Rechtsschutz** s. RdNr. 13 der Vorbem. zu Art. 37.

2   Die weit gefaßte Generalklausel des **Abs. 1** erweist sich als verfassungsrechtlich unbedenklich (s. BayVerfGH in BayVBl 1995, 143/145 f.). Zu Recht weisen Honnacker/Beinhofer (Erl. 1 zu Art. 38) darauf hin, daß die Vielfalt der möglichen Gefahren für die öffentliche Sicherheit oder Ordnung und der sonstigen der Polizei durch Gesetz übertragenen Aufgaben eine abschließende Aufzählung der zulässigen Datenspeicherungen und -veränderungen unmöglich macht. Überdies erscheint die Klausel durch ihre Zweckbezogenheit hinreichend bestimmt. Zum Begriff der personenbezogenen Daten, der Datei und der Akten s. RdNr. 4 der Vorbem. zu den Art. 30–49. Zum Speichern s. RdNr. 3 der Vorbem. zu Art. 37, zum Verändern dort RdNr. 5, zum Nutzen dort RdNr. 4. All das kann erfolgen, soweit es zur Erfüllung einer polizeilichen Aufgabe, zu einer zeitlich befristeten Dokumentation oder zur Vorgangsverwaltung erforderlich ist.

Die **Erfüllung polizeilicher Aufgaben** ist wie in Art. 31 Abs. 1 zu verstehen und umfaßt auch die vorbeugende Bekämpfung von Straftaten, wie Satz 2 zeigt. S. im einzelnen hierzu RdNrn 3 f. zu Art. 31. Eine zeitlich **befristete Dokumentation** liegt beispielsweise in der Aufzeichnung von Gesprächen über den Notruf 110 oder im Speichern von Meldungen über Einsätze zum Ersatz eines manuell geführten Tagebuchs. Eine derartige Dokumentation dient gleichermaßen dem Schutz der Polizei vor ungerechtfertigten Vorwürfen, etwa jenem der Passivität oder umgekehrt des zu harten Reagierens, wie auch dem Schutz des Bürgers vor möglichen Willkürakten einzelner Beamter. Zur Dauer der zeitlichen Befristung enthält das sonst so detailfreudige Gesetz nichts; man wird hier grundsätzlich einige Monate als angemessen betrachten können.

Unter **Vorgangsverwaltung** ist die Registratur von Akten auf EDV-Basis zu verstehen. Organisatorisch ist sie von den anderen polizeilichen Datensammlungen getrennt zu halten. Sie dient allein dem Auffinden von Vorgängen auf der jeweiligen Dienststelle und nicht anderen Zwecken. Unzulässig ist daher ihre unmittelbare Verwendung für die Gefahrenabwehr oder sonstige polizeiliche Aufgabenerfüllung oder ihre Verknüpfung mit Auskunftssystemen anderer Dienststellen, ja überhaupt mit anderen Datensystemen aller Art. Die Forderung von Bäumler (in Lisken/Denninger, Teil J, RdNr. 704), die Bedienung der Vorgangsverwaltung nur speziellen Mitarbeitern der jeweiligen Dienststelle zu gestatten, nicht aber solchen, die für Gefahrenabwehr oder Strafverfolgung zuständig sind, erscheint angesichts der Personalausstattung der Dienststellen freilich als schlicht absurd.

Inwieweit die jeweilige Datenverarbeitungsmaßnahme **erforderlich** ist, bestimmt zunächst der handelnde Polizeibeamte in eigener Verantwortung (s. hierzu im einzelnen RdNr. 5 zu Art. 31 und unten RdNr. 4).

Abs. 2 ähnelt von der Normtypik her auf den ersten Blick Art. 11 Abs. 2. **3** Allerdings ist die Vorschrift nicht als bloße Verdeutlichung der allgemeinen Befugnisnorm des Absatzes 1 zu betrachten, sondern bildet eine eigene, von Abs. 1 zu trennende Rechtsgrundlage, welche die Anwendung von Abs. 1 dann ausschließt, wenn ihre spezifischen Tatbestandsvoraussetzungen erfüllt sind. Ist das nicht der Fall, dann steht subsidiär Abs. 1 zur Verfügung, wie aus dem Wort „insbesondere" im ersten Halbsatz zwingend geschlossen werden muß. Abs. 2 ist **nicht analog auf erkennungsdienstliche Unterlagen** anwendbar (BayVGH in BayVBl 1993, 211; vgl. auch BayVerfGH in BayVBl 1995, 143/146).

Dem Inhalt der Vorschrift nach hat der Gesetzgeber zwei fundamentale Positionen bezogen: Zum einen hat er sich der bereits vor 1990 wohl herrschenden Ansicht angeschlossen, wonach das Führen von Kriminalakten zum präventivpolizeilichen Bereich gehört (vgl. für alle BayVGH in BayVBl 1984, 235). Zum anderen hat er sich im Gegensatz zu einer kräftigen Mindermeinung im Schrifttum (vgl. etwa Hassemer in ZRP 1991, 121; Möllers in: Polizeirecht heute, Schriftenreihe der PFA, Heft 4/91, S. 49 ff.; Bäumler in Lisken/Denninger, Teil J, RdNrn 655, 701, 718 ff.; Siebrecht in JA 1996, 711), die von der bisherigen obergerichtlichen Rechtsprechung nicht geteilt wird (s. etwa VGH Mannheim in DVBl 1992, 1309/1312; in der Literatur ebenso Globig in ZRP 1991, 289; Krey/Haubrich in JR 1992, 309/312), dazu entschlossen, das allgemeine datenschutzrechtliche Prinzip der Zweckbindung (Art. 37 Abs. 2) insoweit zu durchbrechen (vgl. RdNr. 3 zu Art. 37), als Daten, die von der Polizei in repressiven Verfahren gewonnen wurden, nunmehr auch von ihr im präventiven Aufgabenbereich und für dessen Wahrnehmung verwendet werden können. Der BayVerfGH hält dies für unbedenklich (in BayVBl 1995, 143/146 f.).

Im einzelnen: Satz 1 enthält die für die Praxis wesentliche Grundlage für **4** das Führen von **Kriminalakten** im allgemeinen (vgl. Ahlf, Polizeiliche Kriminalakten, 1988; genauer zu den sog. **Spurenakten** Schnarr in ZRP 1996, 128) wie auch spezieller Dateien im besonderen, etwa des sog. KAN (Kriminalaktennachweis), einer Datei, die darüber Auskunft gibt, bei welcher Polizeibehörde über welche Person eine Kriminalakte vorgehalten wird, oder anderer Aktenerschließungssysteme zu bestimmten Kriminalitätsbereichen (sog. PIOS-Dateien), soweit diese ihre Rechtsgrundlage nicht in anderen Gesetzen, etwa dem BKAG, finden. Erkennungsdienstliche Unterlagen fallen nicht darunter (so ausdrücklich BayVGH in BayVBl 1993, 211/212; s. RdNrn 1 ff. zu Art. 14). Daß erkennungsdienstliche Unterlagen gem. Art. 14 Abs. 1 Nr. 2, Abs. 2 nur bei Wiederholungsgefahr aufbewahrt werden dürfen, steht der Rechtmäßigkeit der Vorschrift nicht

Art. 38

im Wege (vgl. hierzu BayVerfGH in BayVBl 1995, 143/146). Die Vorschrift stellt klar, daß eine Übernahme von personenbezogenen Daten aus Strafermittlungsverfahren für Zwecke der Gefahrenabwehr, zu der auch die vorbeugende Bekämpfung von Straftaten gehört (s. Art. 31 Abs. 1 Nr. 1), zulässig ist.

Hinsichtlich der **Erforderlichkeit** (zum Begriff s. RdNr. 5 zu Art. 31) der Speicherung, Veränderung und Nutzung dieser übernommenen Daten zur Gefahrenabwehr gelten als anerkannte Bemessungsgrundsätze Art, Schwere und Begehungsweise bisher begangener Straftaten, die Persönlichkeit des Täters, der Zeitraum, in dem er seit der letztbegangenen Straftat nicht mehr aufgefallen ist, ein eventueller Ablauf einer Bewährungszeit oder der Verjährungsfrist für die begangenen Straftaten. Nicht maßgeblich ist hingegen der Wegfall der Beschuldigteneigenschaft, auch nicht eine Strafaussetzung zur Bewährung als solche. Auch können nach zutreffender Ansicht des VGH Mannheim (in NJW 1985, 3022; a. A. Bäumler in Lisken/Denninger, Teil J, RdNr. 639) Kriminalakten auch nach Straftaten geringeren Gewichts geführt werden, wenn aus deren Häufung auf eine Wiederholungsgefahr geschlossen werden kann und die Verhältnismäßigkeit gewahrt ist. Vgl. zum ganzen BVerwG in NJW 1990, 2768; BayVGH in BayVBl 1996, 468; BayVGH in BayVBl 1998, 115, und für die Aufbewahrung erkennungsdienstlicher Unterlagen RdNr. 6 zu Art. 14.

Satz 2 enthält die auf den Erforderlichkeitsgrundsatz zurückgehende Pflicht für die Polizei, die Daten zu löschen, wenn der der Speicherung zugrundeliegende Verdacht entfällt. Hierbei handelt es sich um eine den Art. 45 verdrängende Spezialregelung, die immer dann eingreift, wenn die Daten nach Satz 1 gespeichert wurden. Liegen ihre Voraussetzungen vor, gilt nur sie allein, auch Art. 45 Abs. 3 ist nicht analog anwendbar. Denn die Durchbrechung des allgemeinen Prinzips der Zweckbindung (s. o. RdNr. 3) muß systemgerecht ihr Korrelat in einer engen Auslegung der Anwendbarkeit finden. Der der Speicherung zugrundeliegende Verdacht bezieht sich ausschließlich auf die Straftat, welche Anlaß zu der Speicherung gegeben hat. Dabei reicht ein weiterhin bestehender Anfangsverdacht im strafprozessualen Sinn aus. Er muß sich noch nicht zu einem hinreichenden Tatverdacht i. S. von § 203 StPO verdichtet haben (so zu Recht VG Würzburg in BayVBl 1997, 285). Er entfällt immer dann, wenn die Staatsanwaltschaft oder das Gericht feststellen, daß überhaupt keine Straftat vorliegt, der Beschuldigte nicht der Täter ist oder er nach §§ 32 ff. StGB nicht zu bestrafen ist. Demgegenüber lassen die Einstellung des Verfahrens wegen Verfahrenshindernissen oder nach §§ 153 ff. StPO bzw. nach §§ 205 oder 206 a StPO den Verdacht nicht hinfällig werden, ebensowenig ein Absehen von Bestrafung wegen tätiger Reue (z. B. § 310 StGB) oder wegen Rücktritts vom Versuch (§§ 24, 31 StGB), wohl aber eine Verfahrenseinstellung nach § 206 b StPO. Entfällt durch Gesetzesänderung ein Straftatbestand, so muß auch der betreffende Tatverdacht erlöschen.

Einer eigenen Würdigung der eben aufgezählten Feststellungen von Staatsanwaltschaft und Gericht hat sich die Polizei, soweit es um die Frage des Verdachts im Sinne von Satz 2 geht, zu enthalten. Sie darf also in den dargestellten Fällen nicht von sich aus von einem weiterbestehenden Verdacht ausgehen. Andererseits ist es aus dem Gesichtspunkt wirksamer Prävention heraus unvertretbar, einen Täter allein schon wegen der Einstellung des Verfahrens nach § 170 Abs. 2 StPO von einem weiter bestehenden Verdacht auszunehmen (so aber VG Frankfurt/M. in NJW 1997, 675). Vielmehr ist bei einer Verfahrenseinstellung nach dieser Vorschrift stets im Einzelfall zu prüfen, ob ein Verdacht fortbesteht; Satz 3 der Nr. 38.4 VollzB ist insoweit etwas mißverständlich formuliert. Umgekehrt liegt keine Erforderlichkeit der weiteren Datenspeicherung mehr vor, wenn sich im Laufe der polizeilichen Ermittlungen herausstellt, daß entgegen der ursprünglichen Annahme der Betroffene nicht der Täter ist, etwa weil der wirkliche Täter überführt werden konnte. Hier ist dann nicht abzuwarten, bis eine verfahrensabschließende Entscheidung der Justiz ergeht.

Bleibt nach Ansicht von Staatsanwaltschaft oder Gericht trotz Verfahrenseinstellung bzw. Freispruch ein **Restverdacht,** etwa bei einer Einstellung nach § 170 Abs. 2 StPO, bei der Ablehnung der Eröffnung des Hauptverfahrens nach § 199 StPO oder einem Freispruch aus Mangel an Beweisen, so hat die Polizei diesen eigenständig daraufhin zu bewerten, ob er zu einer weiteren Datenspeicherung Anlaß gibt oder nicht. Vgl. zum ganzen VGH Mannheim in DVBl 1992, 1309/1312 ff. m. Anm. Dronsch; BayVGH in BayVBl 1996, 468 und in BayVBl 1998, 115; unzutreffend VG Frankfurt/M. a. a. O.

Die Pflicht zur Löschung der Daten nach Satz 2 geht mit einem **Anspruch des Betroffenen** einher. Die Löschung ist gem. Art. 3 Abs. 1 Nr. 10 KG **kostenfrei.** Zum hier nicht geregelten Anspruch auf Vernichtung erkennungsdienstlicher Unterlagen s. RdNr. 7 zu Art. 14.

Die **Sätze 3 bis 5** sowie **Abs. 3** regeln Näheres zu den in Art. 37 Abs. 3 vorgeschriebenen Prüfungsterminen und Aufbewahrungsfristen. Dabei wird deutlich, daß die Zeit des Aufenthalts des Betroffenen in einer Justizvollzugsanstalt den Beginn der Frist hemmen soll, weil der Betroffene während dieser Zeit an einer eventuellen Fortsetzung der strafbaren Handlung gehindert ist; ob es sich um Straf- oder um Untersuchungshaft handelt, kann demgemäß keine Rolle spielen. Nach Ansicht des BayVGH a. a. O. handelt es sich bei der Zehnjahresfrist in Satz 3 um eine Maximalfrist ohne Fortsetzungszusammenhang und nicht um eine Regelfrist. Das hat zur Folge, daß jedes einzelne Verfahren, für das personenbezogene Daten gewonnen wurden, einzeln zu betrachten ist und nicht wie im Fall der Annahme einer Regelfrist auf das letzte erfaßte Ereignis abzustellen ist. Dieses Ergebnis mag angesichts des Wortlauts von Satz 5 zweifelhaft erscheinen, ist aber gleichwohl bei Betrachtung des Wortlauts des Satzes 3 und im Lichte des verfassungsrechtlichen Übermaßverbots geboten. Zur Pflicht der Polizei, die Erforderlichkeit der weiteren Speicherung der Daten

Art. 38

auch schon vor Ablauf der Prüfungstermine bzw. Aufbewahrungsfristen individuell zu prüfen, s. RdNr. 4 zu Art. 37.

5   **Abs. 4** legt fest, daß die Polizei zur Aus- und Fortbildung auch originale personenbezogene Daten, sog. Echtdaten, benutzen darf. Sie müssen jedoch grundsätzlich anonymisiert werden, was nur unter den Voraussetzungen von Satz 2 unterbleiben kann. Der jeweiligen Dienststelle ist insoweit pflichtgemäßes Ermessen eingeräumt. Eine Verwendung nicht anonymisierter Daten dürfte insbesondere dann unbedenklich sein, wenn der Kriminalfall öffentlich vor Gericht verhandelt wurde.

Die Vorschrift gerät in einen nicht auflösbaren Konflikt mit dem Grundrecht auf informationelle Selbstbestimmung, wenn sie auf Daten erstreckt wird, über die die Polizei zum Zeitpunkt der Ausbildung nicht (mehr) legal verfügt; etwa weil die Vorschrift des Abs. 2 Satz 2 zur Löschung zwingt; das von der Polizeipraxis immer wieder geforderte Ermöglichen einer Verwendung von Echtdaten zur Aus- und Fortbildung der Bediensteten darf nicht zu einem Leerlaufen derjenigen Vorschriften führen, die eine Pflicht zur Löschung der Daten zum Gegenstand haben. Ein überwiegendes Allgemeininteresse daran, wie es das BVerfG als Voraussetzung für Einschränkungen des Rechts auf informationelle Selbstbestimmung fordert, läßt sich nicht begründen. Um der Gefahr zu entgehen, daß Abs. 4 als eine Art Freibrief zum weiteren Vorhalten personenbezogener Daten betrachtet wird, die nach anderen Bestimmungen längst gelöscht werden müßten, muß eine dem System des PAG gerechte wie auch der Verfassung konforme Auslegung der Bestimmungen dergestalt erfolgen, daß sie sich nur auf Daten bezieht, deren Nutzung andere Vorschriften nicht verbieten.

Art. 39
Allgemeine Regelungen der Datenübermittlung

(1) ¹Die übermittelnde Stelle prüft die Zulässigkeit der Datenübermittlung. ²Erfolgt die Datenübermittlung auf Grund eines Ersuchens des Empfängers, hat dieser die zur Prüfung erforderlichen Angaben zu machen. ³Bei Ersuchen von Polizeidienststellen sowie anderen Behörden und öffentlichen Stellen prüft die übermittelnde Stelle nur, ob das Ersuchen im Rahmen der Aufgaben des Empfängers liegt. ⁴Erfolgt die Datenübermittlung durch automatisierten Abruf, trägt der Empfänger die Verantwortung für die Rechtmäßigkeit des Abrufs.

(2) ¹Der Empfänger darf die übermittelten personenbezogenen Daten, soweit gesetzlich nichts anderes bestimmt ist, nur zu dem Zweck verarbeiten und nutzen, zu dem sie ihm übermittelt worden sind. ²Behörden und sonstige Stellen außerhalb des Geltungsbereichs des Grundgesetzes, über- und zwischenstaatliche Stellen sowie Personen und Stellen außerhalb des öffentlichen Bereichs sind bei der Datenübermittlung darauf hinzuweisen.

(3) ¹Unterliegen personenbezogene Daten einem Berufs- oder besonderen Amtsgeheimnis und sind sie der Polizei von der zur Verschwiegenheit verpflichteten Person in Ausübung ihrer Berufs- oder Amtspflicht übermittelt worden, ist die Datenübermittlung durch die Polizei nur zulässig, wenn der Empfänger die Daten zur Erfüllung des gleichen Zwecks benötigt, zu dem die Polizei sie erlangt hat. ²In die Übermittlung an Personen und Stellen außerhalb des öffentlichen Bereichs muß, außer bei Gefahr im Verzug, der Betroffene, oder soweit dies im Einzelfall nicht sachdienlich ist, die zur Verschwiegenheit verpflichtete Stelle einwilligen.

(4) Die Datenübermittlung zwischen Polizeidienststellen und dem Landesamt für Verfassungsschutz erfolgt nach dem Bayerischen Verfassungsschutzgesetz.

(5) Andere Rechtsvorschriften über die Datenübermittlung bleiben unberührt.

39   Zu Art. 39 (Allgemeine Regelungen der Datenübermittlung)

*39.1   Nach Abs. 1 **liegt die datenschutzrechtliche Verantwortung** für die Datenübermittlung bei der übermittelnden Stelle. Soweit eine Polizeidienststelle um Datenübermittlung ersucht, prüft die übermittelnde Stelle nur, ob das Ersuchen im Rahmen der Aufgabenstellung des Empfängers liegt. Soweit die Datenübermittlung durch automatisierten Abruf (sogenannter „on-line-Anschluß", vgl. Nr. 46) erfolgt, trägt der Empfänger die Verantwortung für die Rechtmäßigkeit des Abrufs.*

39.2   Absatz 2 bestimmt, daß der Empfänger personenbezogener Daten, soweit gesetzlich nichts anderes bestimmt ist, diese nur zu dem Zweck verarbeiten und nutzen darf, zu dem sie ihm, gegebenenfalls auf Ersuchen, übermittelt worden sind. Ein Ersuchen um Übermittlung von Daten, die im Wege der

Art. 39

Übermittlung erlangt wurden, ist mit dem Hinweis auf die originär speichernde Stelle abzulehnen.

*39.3 **Das Berufs- oder besondere Amtsgeheimnis** entspricht dem des § 53 StPO für Geistliche, Verteidiger, Rechtsanwälte, Ärzte, Bundes- und Landtagsabgeordnete und Journalisten.* ***Bei Gefahr im Verzug,*** *insbesondere zum Schutz von höchstpersönlichen Rechtsgütern, ist die Einwilligung zur Datenübermittlung an Personen und Stellen außerhalb des öffentlichen Bereichs ausnahmsweise entbehrlich.*

39.4 Datenübermittlungen zwischen Polizeidienststellen und dem Landesamt für Verfassungsschutz richten sich nach den Art. 12 ff. des Bayerischen Verfassungsschutzgesetzes vom 24. August 1990 (GVBl S. 323).

39.5 Andere Rechtsvorschriften über die Datenübermittlung (z. B. Strafprozeßordnung, Straßenverkehrsgesetz, Sozialgesetzbuch, Meldegesetz, Paß- und Personalausweisgesetz) bleiben unberührt.

1 Die Verarbeitungsform der **Datenübermittlung** (zum Begriff s. RdNr. 6 der Vorbem. zu Art. 37) findet im PAG eine Regelung, deren System folgendermaßen aufgebaut ist:
Den allgemeinen Regeln in den Art. 39 und 46 stehen besondere der Datenübertragung durch die Polizei (Art. 40 und 41) sowie an die Polizei (Art. 42) gegenüber. Diese fächern sich, den Aufbauprinzipien anderer bereichsspezifischer Datenschutznormen gehorchend, ihrerseits wieder auf, nämlich bei der Datenübertragung durch die Polizei in die Übertragung innerhalb des öffentlichen Bereichs (Art. 40) und in jene an Personen oder Stellen außerhalb des öffentlichen Bereichs (Art. 41). Auf einer weiteren und letzten Stufe wird sodann getrennt nach dem Fall, daß die übermittelnde Stelle von sich aus tätig wird (Art. 40 Absätze 2 und 3, 41 Abs. 1, 42 Abs. 1), und dem, daß die übermittelnde Stelle um die Übermittlung von anderen angegangen wird (Art. 40 Absätze 4 und 5, 41 Abs. 2, 42 Absätze 2 und 3).

2 Die allgemeinen Regeln des strukturell recht heterogen gestalteten **Art. 39** umfassen solche des Wie der Übermittlung (Abs. 1, Abs. 2 Satz 2) personenbezogener Daten (zu diesem Begriff s. RdNr. 4 der Vorbem. zu den Art. 30–49), aber auch solche des Ob derselben (Abs. 3) und, neben Verweisungen auf andere Rechtsnormen (Absätze 4 und 5), noch Vorschriften, die sich an den jeweiligen Empfänger der übermittelten Daten richten. **Unterfällt der Empfänger nicht der bayerischen Rechtshoheit**, etwa öffentliche Stellen des Bundes, anderer Bundesländer, Stellen außerhalb des Geltungsbereichs des Grundgesetzes, über- und zwischenstaatliche Stellen oder nichtbayerische Personen oder Stellen außerhalb des öffentlichen Bereichs, gelten diese Vorschriften nicht, weil die bayerische Rechtsordnung solche Empfänger nicht zu binden vermag (wie hier Niese in Wilde/Ehmann/Niese/Knoblauch, RdNr. 5 zu Art. 18 m. weit. Nachw.).

Das bezieht sich im einzelnen auf die Angabepflicht gem. Art. 39 Abs. 1 Satz 2, die Zuweisung der Verantwortlichkeit nach Art. 39 Abs. 1 Satz 4 und das Zweckbindungsgebot des Art. 39 Abs. 2. Art. 39 ist nach Ansicht des BayVerfGH insgesamt verfassungskonform (in BayVBl 1995, 143/149).

Abs. 1 regelt die datenschutzrechtliche Verantwortung bei der Übermittlung personenbezogener Daten. Sie liegt gem. **Satz 1** grundsätzlich bei der übermittelnden Stelle. Diese richtet sich dabei ggf. nach den jeweiligen einschlägigen Spezialnormen (etwa §§ 68 ff. SGB-X oder Art. 31 BayMeldeG). Wer um Datenübermittlung ersucht, hat der übermittelnden Stelle die für die Prüfung der Zulässigkeit der Übermittlung notwendigen Angaben zu machen **(Satz 2)**. Ein Ersuchen liegt auch in einem Antrag nach Art. 41 Abs. 2. Zu den Schwierigkeiten der Prüfung bei der Datenübermittlung zu wissenschaftlichen Zwecken s. RdNr. 4 zu Art. 45, speziell zu sog. Gruppenauskünften s. RdNr. 5 zu Art. 41.

Eine Einschränkung von Prüfungsrecht und -pflicht der übermittelnden Stelle bringt **Satz 3:** Ersucht eine Polizeidienststelle, sonstige Behörde oder öffentliche Stelle innerhalb oder außerhalb Bayerns um Übermittlung, so prüft die übermittelnde Stelle nur, ob das Ersuchen im Aufgabenbereich des Empfängers liegt; die Aufgaben der bayerischen Polizei bemessen sich nach Art. 2 Absätze 1 bis 4. Für den Begriff der **öffentlichen Stelle** hält Art. 4 Abs. 2 BayDSG die mittels Art. 49 maßgebliche Legaldefinition bereit, wobei zu beachten ist, daß hinsichtlich der Datenübermittlung öffentliche Stellen des Bundes und der Länder, nicht aber ausländische und zwischenstaatliche, ebenfalls mit umfaßt werden. Beispiele sind etwa staatliche oder kommunale Behörden, Hochschulen, öffentlich-rechtliche Kammern, beliehene Unternehmer wie der TÜV, Freiwillige Feuerwehren, nicht aber öffentlich-rechtliche Religionsgemeinschaften, wie aus Art. 20 BayDSG deutlich wird, auch nicht öffentlich-rechtliche Wettbewerbsunternehmen wie öffentlich-rechtliche Versicherungen oder öffentlich-rechtliche Sparkassen. Mandatsträger, z. B. Abgeordnete, sind nur dann öffentliche Stellen, wenn sie die Daten in ihrer Eigenschaft als Organ oder Teil einer öffentlichen Stelle erhalten, nicht aber etwa zur politischen Werbung oder zur Erfüllung von Aufgaben im Zusammenhang mit ihrem Mandat (vgl. auch OVG Münster 1995, 1979).

Liegt also das Ersuchen um eine Übermittlung personenbezogener Daten nach Ansicht der ersuchten Polizeidienststelle im Aufgabenbereich der ersuchenden öffentlichen Stelle, so findet eine weitere Prüfung der Zulässigkeit der Übermittlung nicht statt. Nicht geprüft wird beispielsweise, ob die ersuchende Stelle die Daten im konkreten Einzelfall wirklich benötigt. Wohl aber ist die übermittelnde polizeiliche Stelle an die für die Übermittlung geltenden Spezialvorschriften innerhalb des PAG (s. u. Abs. 3 sowie Art. 40) oder außerhalb desselben (s. u. Abs. 4) gebunden, deren Voraussetzungen jeweils vorliegen müssen.

Art. 39

Soweit die Datenübermittlung durch automatisierten Abruf erfolgt (sog. online-Anschluß, vgl. Art. 46), trägt nach **Satz 4** der – bayerische, s. o. RdNr. 2 – Empfänger die Verantwortung für ihre Rechtmäßigkeit, weil in diesem Fall die Abfrage technisch nicht verhindert werden kann.

4 Jede Übermittlung personenbezogener Daten unterliegt dem auch für die anderen Datenverarbeitungsarten in Art. 37 Abs. 2 normierten **Zweckbindungsgebot**. Es gilt im Grundsatz auch nach abgeschlossener Übermittlung dergestalt fort, daß der – bayerische, s. o. RdNr. 2 – Empfänger die übermittelten Daten nur zu dem Zweck verarbeiten und nutzen darf, zu dem sie ihm übermittelt worden sind, wie in **Abs. 2 Satz 1** festgelegt ist. Zum Begriff des Verarbeitens s. RdNr. 2 der Vorbem. zu Art. 37, zu dem des Nutzens s. dort RdNr. 4. Gesetzlich kann anderes bestimmt sein. Solche Befugnisnormen zur zweckändernden Datenverarbeitung oder Datennutzung, die im übrigen dann für sich selbst jeweils ein erneuter Eingriff in das Recht auf informationelle Selbstbestimmung des Betroffenen darstellen, können sich im PAG selbst (z. B. in Art. 40 ff.; vgl. zur **Übermittlung präventiv gewonnener Daten zu repressiven Zwecken** RdNr. 3 zu Art. 40) aber auch in anderen Gesetzen des Landes oder des Bundes finden, beispielsweise in Art. 12 ff. BayVSG. Allgemeine Vorschriften über die **Amtshilfe** wie Art. 35 GG oder Art. 4 ff. BayVwVfG richten sich an Behörden und legen deren Rechte und Pflichten fest, haben jedoch nicht den von einer Datenübermittlung Betroffenen im Auge und sind deshalb als Grundlage für Eingriffe in seine Grundrechte nicht tauglich. In indirektem Zusammenhang mit dem Zweckbindungsgebot im Rahmen der Datenübermittlung steht Nr. 39.2 VollzB, wonach ein Ersuchen um die Übermittlung von Daten, die die Polizei ihrerseits durch Übermittlung erlangt hat, mit dem Hinweis auf die originär speichernde Stelle von der angegangenen Polizeidienststelle abzulehnen ist. Hierdurch soll vermieden werden, daß eingeschlichene Fehler in den Datensammlungen durch sog. Kettenübermittlungen immer weiter unkontrolliert fortwirken.

Die in **Satz 2** enthaltene Hinweispflicht für die übermittelnde Stelle beschränkt sich auf die dort aufgeführten Datenempfänger, bei denen die Kenntnis der deutschen datenschutzrechtlichen Lage nicht ohne weiteres zu erwarten ist. Ob sich mit dieser Bestimmung die Zweckbindung sicherstellen läßt, erscheint mehr als fraglich, zumal außerbayerischen Empfängern ohnehin nichts vorgeschrieben werden kann, s. o. RdNr. 2. Zum Begriff der **Stellen außerhalb des öffentlichen Bereichs** s. RdNr. 1 zu Art. 41.

5 Eine weitere Ausformung des Prinzips der Zweckbindung stellt **Abs. 3** dar. Danach ist der Polizei die Übermittlung personenbezogener Daten, die einem Berufs- oder besonderen Amtsgeheimnis unterliegen und der Polizei von der dadurch zur Verschwiegenheit verpflichteten Person in Ausübung ihrer Berufs- oder Amtspflicht übermittelt worden sind, nur erlaubt, wenn der Empfänger die Daten zur Erfüllung des gleichen Zwecks benötigt, zu dem die Poli-

zei sie erlangt hat (**Satz 1**). Träger eines **Berufsgeheimnisses** sind etwa Geistliche, Rechtsanwälte, Ärzte, Journalisten oder Abgeordnete, denen ein Zeugnisverweigerungsrecht gem. §§ 53, 53 a StPO zusteht; allgemein unterliegen diesem Geheimnis alle Daten, die von § 203 Abs. 1 StGB geschützt werden. Ein **besonderes Amtsgeheimnis** wird durch besondere gesetzliche Vorschriften begründet. Beispiele sind das Steuergeheimnis (§ 30 AO 1977), das Sozialgeheimnis (§§ 67 ff. SGB-X), das Postgeheimnis (§ 5 PostG), das Statistikgeheimnis (vgl. §§ 16, 17 ff. BStatG) oder des Meldegeheimnis (Art. 6 BayMeldeG).

Nach wohl überwiegender Meinung in der Literatur sollen die allgemeine Pflicht zur Amtsverschwiegenheit (vgl. § 39 BRRG, Art. 69–72 BayBG, § 9 BAT) und das allgemeine Datengeheimnis (Art. 5 BayDSG) nicht unter die Berufs- oder besonderen Amtsgeheimnisse im Sinne des Art. 39 Abs. 3 Satz 1 fallen. Daran bestehen jedoch zumindest hinsichtlich der **beamtenrechtlichen Verschwiegenheitspflicht** Zweifel. Das Vertrauen zwischen rechtsuchendem Bürger und entscheidungsbefugter Behörde ist elementare Grundvoraussetzung für die Akzeptanz der Entscheidungen. Aus diesem Grund wird in allen Beamtengesetzen die Verschwiegenheitspflicht eingehend geregelt, und zwar auch für die Zeit nach der Beendigung des Beamtenverhältnisses (s. Art. 69 Abs. 1, 2 und Art. 71 BayBG; vgl. auch Art. 30 BayVwVfG). Über Angelegenheiten, über die der Beamte Verschwiegenheit zu bewahren hat, darf er ohne Genehmigung des (letzten) Dienstvorgesetzten weder vor Gericht noch außergerichtlich aussagen oder Erklärungen abgeben. Diese Einschränkungen und ihr gesetzgeberischer Zweck weisen in die gleiche Richtung wie Berufs- oder „besonderes" Amtsgeheimnis, das sich zwar stets durch gegenstandsbezogene Ausgestaltung, aber nicht immer durch größere Strenge vom allgemeinen unterscheidet. Sie lassen jedenfalls nicht erkennen, warum die beamtenrechtliche Verschwiegenheitspflicht zu Lasten des Bürgers an der Übermittlungsbeschränkung des Abs. 3 nicht teilhaben soll. Daran ändert nichts, daß durch Art. 69 Abs. 1 Satz 2 BayBG die Verschwiegenheitspflicht für „Mitteilungen im dienstlichen Verkehr" nicht gilt. „Dienstlicher Verkehr" findet statt zwischen Behörden und Stellen, die an einem Verwaltungsverfahren beteiligt oder in ihm zu hören sind oder deren Auskünfte zur Durchführung eines Verwaltungsverfahrens notwendig sind. Ob eine Datenübermittlung im Sinne des Art. 39 zum dienstlichen Verkehr zu rechnen ist, kann nicht allgemein, sondern nur im Einzelfall festgestellt werden. Ein allgemeiner beamtenrechtlicher Dispens von der Verschwiegenheitspflicht kann daher für die Polizei nicht angenommen werden. Auch fällt die Datenübermittlung im Sinne des III. Abschnitts des PAG nicht generell unter den Begriff der Amtshilfe (Art. 4, 5 BayVwVfG). Bedeutung und Gewicht des Rechts auf informationelle Selbstbestimmung stützen diese Argumentation.

Abs. 3 Satz 1 greift seinem Wortlaut nach nicht ein, wenn die Polizei von den Daten auf anderem Wege erfahren hat als durch eine Mitteilung einer der genannten zur besonderen Verschwiegenheit verpflichteten Personen, bei-

Art. 39

spielsweise durch Angehörige der Betroffenen oder mittels der Berichterstattung in den Medien.
Satz 2 bezieht sich nur auf Daten im Sinne von Satz 1. Zum Begriff der **Stellen außerhalb des öffentlichen Bereichs** s. RdNr. 1 zu Art. 41. Unter **Gefahr im Verzug** ist hier nach allgemeinem Sicherheitsrecht zu verstehen, daß der Zweck der Übermittlung gefährdet würde, wollte man die Einwilligung des Betroffenen bzw. der zur Verschwiegenheit verpflichteten Stelle abwarten, vgl. RdNr. 4 zu Art. 23. Zum Begriff der **Einwilligung** s. RdNr. 2 der Vorbem. zu Art. 30. Die Ansicht von Honnacker/Beinhofer (Erl. 4 zu Art. 39), daß sie nicht der Schriftform bedarf, ist mit der hier über Art. 49 eingreifenden Bestimmung des Art. 15 BayDSG nicht zu vereinbaren und daher abzulehnen; insonderheit sind außerhalb der Fälle, in denen nicht wegen Gefahr im Verzug das Einholen einer Einwilligung ohnehin entbehrlich ist, keine besonderen Umstände im Sinne von Art. 15 Abs. 3 BayDSG denkbar, die die Wahl einer anderen Form als angemessen erscheinen ließen.

6   Die Datenübermittlung zwischen Polizeidienststellen und dem Landesamt für Verfassungsschutz ist, worauf **Abs. 4** hinweist, in Art. 12 ff. BayVSG speziell geregelt. Vgl. auch die Richtlinien des Bayerischen Staatsministeriums des Innern über den Informationsaustausch in Angelegenheiten des Verfassungsschutzes **(IVS-Richtlinien)** vom 4. Januar 1993 (AllMBl S. 51)

7   Anderweitige Rechtsvorschriften zur Datenübermittlung bleiben nach **Abs. 5** unberührt. Als Beispiele seien angeführt §§ 163 Abs. 2 StPO, 35 ff. StVG, 71 und 73 SGB-X, 22 PaßG, 2 b PersonalausweisG, Art. 31 BayMeldeG, Art. 10 Abs. 2 UnterbrG (siehe zu letzterem die Gemeinsame Bek vom 15. September 1993 [AllMBl S. 1114]). Diese Datenübermittlungsvorschriften gelten in dem jeweiligen von ihnen geregelten Bereich speziell.

8   Zum **Rechtsschutz** gegen die Übermittlung personenbezogener Daten s. zunächst RdNr. 13 der Vorbem. zu Art. 37. Ein besonderes Augenmerk ist darauf zu richten, ob nicht § 44 a VwGO eingreift. Dies ist immer dann der Fall, wenn die Polizei Daten – sei es von sich aus, sei es auf Anforderung – an eine andere öffentliche Stelle übermittelt, welche dann die Daten in einem Verwaltungsverfahren verwendet, das sie selbst betreibt und mit einer Maßnahme abschließt. Als Beispiel diene die Datenübermittlung durch die Polizei an eine Ausländerbehörde, wenn diese die Daten zum Anlaß einer aufenthaltsrechtlichen Maßnahme nimmt. Hier ist der Betroffene darauf verwiesen, die Rechtmäßigkeit der Datenübertragung im Rechtsbehelfsverfahren bezüglich der Rechtmäßigkeit der getroffenen Maßnahme der Ausländerbehörde inzident mit überprüfen zu lassen; eine isolierte Klage gegen die Datenübertragung wäre unzulässig (BayVGH in BayVBl 1990, 279).

Art. 40
Datenübermittlung innerhalb des öffentlichen Bereichs

(1) ¹Die Polizei kann personenbezogene Daten an andere Polizeidienststellen übermitteln, soweit dies zur Erfüllung polizeilicher Aufgaben erforderlich ist. ²Dies gilt auch für Datenübermittlungen an Polizeidienststellen anderer Länder oder des Bundes.

(2) Die Polizei kann von sich aus personenbezogene Daten an Behörden oder öffentliche Stellen, sowie an Behörden und sonstige Stellen außerhalb des Geltungsbereichs des Grundgesetzes und an über- und zwischenstaatliche Stellen übermitteln, soweit dies zur Erfüllung polizeilicher Aufgaben erforderlich ist.

(3) Sind andere Behörden oder öffentliche Stellen für die Gefahrenabwehr zuständig, kann die Polizei von sich aus diesen Behörden oder öffentlichen Stellen die bei ihr vorhandenen personenbezogenen Daten übermitteln, soweit die Kenntnis dieser Daten zur Erfüllung der Aufgaben des Empfängers erforderlich erscheint.

(4) Im übrigen kann die Polizei auf Ersuchen personenbezogene Daten an Behörden oder öffentliche Stellen übermitteln, soweit dies
1. zur Wahrnehmung von Aufgaben der Gefahrenabwehr durch den Empfänger,
2. zur Verhütung oder Beseitigung erheblicher Nachteile für das Gemeinwohl oder
3. zur Wahrung sonstiger schutzwürdiger Interessen

erforderlich ist.

(5) ¹Die Polizei kann personenbezogene Daten auf Ersuchen an Behörden und sonstige Stellen außerhalb des Geltungsbereichs des Grundgesetzes sowie an über- und zwischenstaatliche Stellen übermitteln, soweit
1. sie hierzu auf Grund über- oder zwischenstaatlicher Vereinbarungen über Datenübermittlungen zwischen Polizeidienststellen verpflichtet ist oder
2. dies zur Abwehr einer erheblichen Gefahr durch den Empfänger erforderlich ist.

²Die Datenübermittlung unterbleibt, soweit Grund zu der Annahme besteht, daß durch sie gegen den Zweck eines Bundes- oder Landesgesetzes verstoßen würde oder schutzwürdige Interessen des Betroffenen beeinträchtigt würden.

40 Zu Art. 40 (Datenübermittlung innerhalb des öffentlichen Bereichs)

*40.1 Absatz 1 Satz 1 enthält eine **Generalklausel** zur Übermittlung personenbezogener Daten zwischen Polizeidienststellen. Sie ist zulässig, soweit dies zur Erfüllung polizeilicher Aufgaben (Art. 2 Abs. 1 bis 4) erforderlich ist. Abs. 1 Satz 2 stellt klar, daß die Übermittlungsgeneralklausel auch für Datenübermittlungen an Polizeidienststellen anderer Länder oder des Bundes (Bundeskriminalamt, Bundesgrenzschutz, Bahnpolizei) gilt. Die Datenübermittlung an Strafverfolgungsbehörden nach der Strafprozeßordnung bleibt unberührt.*

Art. 40

*40.2 Die Polizei kann **von sich aus** personenbezogene Daten an die in Abs. 2 genannten Stellen übermitteln (sogenannte „**Initiativübermittlung**"), soweit dies zur Erfüllung polizeilicher Aufgaben erforderlich ist. Eine Übermittlung personenbezogener Daten an Behörden oder sonstige Stellen außerhalb des Geltungsbereichs des Grundgesetzes ist nur zulässig, wenn die Erfüllung innerstaatlicher polizeilicher Aufgaben dies erfordert.*

40.3 Nach Abs. 3 sind Initiativübermittlungen der Polizei auch an andere für die Gefahrenabwehr zuständige Behörden oder öffentliche Stellen zulässig, soweit der Polizei die Kenntnis dieser Daten zur Erfüllung der Aufgaben des Empfängers erforderlich erscheint. Insbesondere die in Art. 6 LStVG und Art. 9 Abs. 1 POG genannten Sicherheitsbehörden (Gemeinden, Landratsämter, Regierungen) können ihre Aufgaben nur erfüllen, wenn sie von der Polizei auch die notwendigen Informationen erhalten. In Fällen, für die eine polizeiliche Zuständigkeit mangels Unaufschiebbarkeit der Maßnahme (vgl. Art. 3) nicht besteht, die Sicherheitsbehörden aber gefahrenabwehrend tätig werden müssen, ist die Übermittlung auch personenbezogener Daten geboten.

*40.4 Absatz 4 regelt die Fälle, in denen **die Polizei von anderen Behörden** oder öffentlichen Stellen um die Übermittlung personenbezogener Daten **gebeten wird** (sogenannte „**Anlaßübermittlung**"). Anlaßübermittlungen sind unter den in Abs. 4 Nr. 1 bis 3 genannten Fällen zulässig.*

*40.5 Absatz 5 läßt ausnahmsweise auch die Datenübermittlung an Behörden und sonstige Stellen **außerhalb des Geltungsbereichs des Grundgesetzes** zu. Beispiele für Abs. 5 Satz 2 sind Datenübermittlungen an Staaten mit Diktaturen, durch die der Betroffene in die Gefahr der politischen Verfolgung geraten könnte. Bei Datenübermittlungen an ausländische Polizeidienststellen hat deshalb **in jedem Fall** eine Abwägung zwischen den öffentlichen Belangen und den schutzwürdigen Interessen des Betroffenen zu erfolgen. Ein on-line-Anschluß an zwischenstaatliche Polizeidienststellen bedarf einer zwischenstaatlichen Vereinbarung.*

1   Die Vorschrift des **Art. 40** regelt die Befugnis, also das Ob, zur Übermittlung personenbezogener Daten innerhalb des öffentlichen Bereichs, d. h. von der Polizei zu anderen Behörden oder sonstigen öffentlichen Stellen. Zum Begriff der personenbezogenen Daten s. RdNr. 4 der Vorbem. zu den Art. 30–49, zum Begriff der öffentlichen Stelle s. RdNr. 3 zu Art. 39. Auch wenn in den Absätzen 2 und 5 von sonstigen Stellen die Rede ist, sind nach der Überschrift der Norm und der Systematik des Gesetzes öffentliche Stellen gemeint. Für die Datenübermittlung an Empfänger außerhalb dieses Bereichs gilt Art. 41.

Die Konstruktion von Art. 40, die sich nicht auf den ersten Blick erschließt, ist folgende: Abs. 1 bezieht sich ausschließlich und abschließend auf die Datenübertragung an andere Polizeidienststellen des Bundes oder der anderen Bundesländer. Die Absätze 2 und 3 regeln die Datenübertragung an sonstige

Behörden oder öffentliche Stellen durch die Polizei von sich aus, d. h. ohne daß die Empfänger darum ersucht haben, sog. **Initiativübermittlung.** Dabei betrifft Abs. 2 den Fall, daß die Übermittlung aus Sicht der übermittelnden bayerischen Polizeidienststelle deren eigener Aufgabenerfüllung dienen soll, Abs. 3 hingegen jenen, daß die Übermittlung aus Sicht der übermittelnden Stelle den Aufgaben des Empfängers zu dienen bestimmt ist. Die Absätze 4 und 5 hinwiederum zielen auf den Fall, daß die Polizei die Daten auf Ersuchen der empfangenden Stellen übermittelt, sog. **Anlaßübermittlung.** Dann greift Abs. 4 ein, wenn die ersuchte Stelle eine inländische, d. h. deutsche ist, Abs. 5, wenn es sich um eine ausländische oder supranationale Stelle handelt. Art. 40 ist insgesamt und auch in seinen einzelnen Bestimmungen verfassungskonform (BayVerfGH in BayVBl 1995, 143/146 f.).

Abs. 1 enthält zunächst in **Satz 1** die alleinige Befugnisnorm für die Datenübermittlung zwischen den bayerischen Polizeidienststellen, gleichviel, ob sie von sich aus oder auf Ersuchen erfolgt. Die Übermittlung muß aus Sicht der übermittelnden Stelle erforderlich zur Erfüllung polizeilicher Aufgaben im Sinne von Art. 2 einschließlich der vorbeugenden Bekämpfung von Straftaten sein (s. hierzu im einzelnen RdNr. 3 f. zu Art. 31, speziell zur Erforderlichkeit dort RdNr. 5). **Satz 2** erweitert den Anwendungsbereich von Satz 1 auf die Datenübertragung an Polizeidienststellen anderer Bundesländer oder des Bundes (z. B. Bundeskriminalamt, Bundesgrenzschutz); deren Aufgabenbereich bestimmt sich nach den jeweils einschlägigen Bundes- oder Landesgesetzen. Maßgeblich ist der Aufgabenbereich der Empfängerdienststelle. Unter den Begriff der **Polizeidienststelle** nach Satz 2 fallen in Anbetracht der höchst unterschiedlichen Behördenorganisation in Bund und Ländern alle Dienststellen, in denen (auch) vollzugspolizeiliche Aufgaben wahrgenommen werden. Die Datenübermittlung an **ausländische Polizeibehörden** richtet sich nach den Voraussetzungen von Abs. 2, Abs. 3 oder Abs. 5, jene an **Strafverfolgungsbehörden** gem. den Bestimmungen der StPO bleibt unberührt. 2

In **Abs. 2** ist die Initiativübermittlung (s. o. RdNr. 1) an sonstige, also nichtpolizeiliche Behörden oder öffentliche Stellen innerhalb des Geltungsbereichs des Grundgesetzes, aber auch an Behörden – mit Einschluß der Polizeibehörden – und sonstige öffentliche Stellen außerhalb des Geltungsbereichs des Grundgesetzes einschließlich über- oder zwischenstaatlicher Stellen geregelt. Zum Begriff der öffentlichen Stellen s. RdNr. 3 zu Art. 39. Die Befugnis zur Datenübermittlung muß sich wie in Abs. 1 an der Erforderlichkeit für die Erfüllung polizeilicher Aufgaben messen lassen, wobei hier – anders als dort – der von Art. 2 Absätze 1 bis 4 abgesteckte Aufgabenbereich der bayerischen Polizei maßgeblich ist. Das hat zur Folge, daß die Übermittlung präventivpolizeilich gewonnener Daten an Strafverfolgungsstellen zum Zweck der Strafverfolgung zulässig ist, ist doch die Mitwirkung der Polizei an der Strafver- 3

Art. 40

folgung nach §§ 163 ff. StPO polizeiliche Aufgabe i. S. von Art. 2 Abs. 4. Eine Verletzung des Zweckbindungsgebots kommt deshalb von vorneherein nicht in Betracht (vgl. zu dieser Problematik BGH in NJW 1996, 405 m. Anm. Staechelin in ZRP 1996, 430). Dies erhellt auch aus Art. 37 Abs. 2 Satz 2.

4 Eine Erweiterung der Möglichkeiten zur Initiativübermittlung für die bayerische Polizei über die Befugnis nach Abs. 2 hinaus bringt **Abs. 3**. Hiernach ist die Übermittlung auch möglich, wenn sie nicht der Aufgabenerfüllung der bayerischen Polizei, sondern der Aufgabenerfüllung des Empfängers aus Sicht der übermittelnden bayerischen Polizeidienststelle dient. Ist die Übermittlung allein oder daneben auch noch zur Erfüllung der Aufgaben der übermittelnden Polizeidienststelle erforderlich, gilt bereits Abs. 2; der Rückgriff auf Abs. 3 ist dann entbehrlich. Als potentielle Empfänger nach Abs. 3 zu übermittelnder Daten kommen in Betracht nicht nur die bayerischen Sicherheitsbehörden (Gemeinden, Landratsämter und Regierungen, vgl. Art. 6 LStVG), sondern auch alle sonstigen Behörden innerhalb oder außerhalb der Bundesrepublik einschließlich zwischen- oder supranationaler Stellen, die für die Gefahrenabwehr zuständig sind. Abs. 5 (s. u. RdNr. 6) entfaltet insofern keine Sperrwirkung, auch wenn der Wortlaut von Abs. 2 darauf hindeutet, daß „Behörden und öffentliche Stellen" in Abgrenzung zu „Behörden und sonstige Stellen" nur inländische sein sollen. Der Wortlaut des Abs. 3 ist insoweit erweiternd auszulegen, sonst entstünde nämlich eine Lücke in der Gefahrenabwehr: Die bayerische Polizei könnte personenbezogene Daten an ausländische Sicherheitsbehörden nur auf deren Ersuchen oder zur eigenen Aufgabenerfüllung, d. h. der bayerischen, übermitteln. Eine Initiativübermittlung zur Aufgabenerfüllung der ausländischen Sicherheitsbehörde wäre im Einzelfall nicht möglich. Das kann der Gesetzgeber nicht gewollt haben.

5 Will die Polizei nicht aus eigener Initiative personenbezogene Daten übermitteln, so regelt **Abs. 4** die Befugnis zur sog. Anlaßübermittlung (s. o. RdNr. 1) an Behörden oder andere öffentliche Stellen innerhalb des Geltungsbereichs des Grundgesetzes. Bezüglich der Erforderlichkeit zu den Zwecken der Nrn 1 bis 3 ist wiederum die Sicht der übermittelnden Polizeidienststelle maßgeblich. Gegebenenfalls sind die Voraussetzungen von der ersuchenden Stelle darzulegen.
Die Erforderlichkeit kann sich nach **Nr. 1** auf die Wahrnehmung von Aufgaben der Gefahrenabwehr durch den Empfänger beziehen. Ob er die Daten zur Abwehr einer konkreten Gefahr (s. hierzu RdNr. 10 zu Art. 2) nutzen will, ist nicht von Belang, andererseits läßt sich die Datenübermittlung an Dienststellen der reinen Daseinsvorsorge in aller Regel nicht auf diese Grundlage stützen. **Nr. 2** ermöglicht die Datenübermittlung zur Verhütung oder Beseitigung erheblicher Nachteile für das Gemeinwohl. Hierbei meint ersteres die Prophylaxe, das andere den Fall, daß ein solcher Nachteil (zum Begriff allgemein RdNr. 3 zu Art. 4) bereits eingetreten ist. Erheblich sind Nachteile, auch,

wenn sie einem für das Gemeinwohl bedeutsamen Objekt drohen, etwa öffentlichen Versorgungsanlagen, sonstigen wichtigen öffentlichen Einrichtungen oder unersetzlichen Kulturgütern. **Schutzwürdige Interessen** im Sinne von **Nr. 3,** dem dritten Ziel einer möglichen Datenübermittlung, können alle von der Rechtsordnung als schutzwürdig anerkannten ideellen oder vermögenswerten Interessen irgend jemandes, also auch wirtschaftliche Interessen sein. Zum wissenschaftlichen Interesse s. RdNr. 4 zu Art. 45, zur Zulässigkeit sog. Gruppenauskünfte s. RdNr. 5 zu Art. 41.

Zur **Anlaßübermittlung** (zu deren Begriff s. o. RdNr. 1) an Behörden oder andere öffentliche Stellen außerhalb des Geltungsbereichs des Grundgesetzes sowie an über- und zwischenstaatliche Stellen befugt **Abs. 5.** Er greift nur ein, wenn die bayerische Polizei nicht schon von sich aus gem. den Absätzen 2 und 3 personenbezogene Daten an die genannten Empfänger übermittelt. Ein Beispiel für Vereinbarungen im Sinne von **Satz 1 Nr. 1** ist etwa das **Durchführungsabkommen zum Schengener Grenzabkommen vom 19. Juni 1990** (s. RdNr. 8 zu Art. 13, ratifiziert mit G vom 15. Juli 1993, BGBl II S. 1010). S. hierzu näher Weichert in CuR 1990, 62; Stüer, Personenkontrollen an den europäischen Binnengrenzen und ihr Abbau, 1990; Endress, Internationale Verbrechensbekämpfung, 1991; Kühne, Kriminalitätsbekämpfung durch innereuropäische Grenzkontrollen? Auswirkungen des Schengener Abkommens auf die innere Sicherheit, 1991; sehr lesenswert Scheller in JZ 1992, 904; ferner noch Pitschas in ZRP 1993, 174 und ders. in JZ 1993, 857; Schreiber in FS Lerche, 1993, S. 528 ff.; Bieber in NJW 1994, 294; Nanz in ZAR 1994, 99; Busch, Grenzenlose Polizei?, 1995; Hailbronner (Hrsg.), Zusammenarbeit der Polizei- und Justizverwaltungen in Europa: Die Situation nach Maastricht, 1996; Würz, Das Schengener Durchführungsabkommen, 1997; Di Fabio in DÖV 1997, 89/92 ff.; Schreckenberger in VerwArch Bd 88 (1997), 389. Zur Beurteilung der Erforderlichkeit nach **Nr. 2** gilt das oben in RdNr. 5 Gesagte. Eine Gefahr ist erheblich, wenn sie einem bedeutsamen Rechtsgut droht (s. hierzu Nr. 10.2 VollzB).

Sind die Voraussetzungen von **Satz 2** gegeben, dann entsteht die Befugnis nach Satz 1 nicht. Zum Begriff der schutzwürdigen Interessen allgemein s. o. RdNr. 5. Eine Beeinträchtigung schutzwürdiger Interessen des Betroffenen läßt sich beispielsweise dann annehmen, wenn er durch die Datenübermittlung in die Gefahr einer politischen Verfolgung oder einer nach deutschem Recht übermäßigen Bestrafung (z. B. Todesstrafe) geraten könnte. In jedem Fall hat bei der Datenübermittlung nach Abs. 5 seitens der übermittelnden Stelle eine Abwägung zwischen den öffentlichen Belangen und den schutzwürdigen Interessen des Betroffenen zu erfolgen, so daß ein on-line-Anschluß, der auf Grund zwischenstaatlicher Vereinbarung errichtet wird, nur schwer vorstellbar ist.

Art. 41
Datenübermittlung an Personen oder Stellen außerhalb des öffentlichen Bereichs

(1) Die Polizei kann von sich aus personenbezogene Daten an Personen oder Stellen außerhalb des öffentlichen Bereichs übermitteln, soweit dies erforderlich ist
1. zur Erfüllung polizeilicher Aufgaben,
2. zur Verhütung oder Beseitigung erheblicher Nachteile für das Gemeinwohl oder
3. zur Wahrung schutzwürdiger Interessen Einzelner und kein Grund zur Annahme besteht, daß der Betroffene ein schutzwürdiges Interesse an dem Ausschluß der Übermittlung hat.

(2) Die Polizei kann auf Antrag von Personen oder Stellen außerhalb des öffentlichen Bereichs personenbezogene Daten übermitteln, soweit der Auskunftsbegehrende
1. ein rechtliches Interesse an der Kenntnis der zu übermittelnden Daten glaubhaft macht und kein Grund zu der Annahme besteht, daß der Betroffene ein schutzwürdiges Interesse an dem Ausschluß der Übermittlung hat oder
2. ein berechtigtes Interesse geltend macht, offensichtlich ist, daß die Datenübermittlung im Interesse des Betroffenen liegt, und kein Grund zu der Annahme besteht, daß er in Kenntnis der Sachlage seine Einwilligung verweigern würde.

41 Zu Art. 41 (Datenübermittlung an Personen oder Stellen außerhalb des öffentlichen Bereichs)

*41.1 Art. 41 gibt der Polizei die Befugnis, personenbezogene Daten ausnahmsweise auch an Personen oder Stellen **außerhalb des öffentlichen Bereichs** zu übermitteln.*

*41.2 **Von sich aus** kann die Polizei personenbezogene Daten an Personen oder Stellen **außerhalb des öffentlichen Bereichs** übermitteln, soweit dies für einen der in Nr. 1 bis Nr. 3 genannten Zwecke erforderlich ist (z. B. Vermißtensuche, Warnung vor entwichenen Gewalttätern, Hinweis auf Trickbetrüger).*

*41.3 **Auf Antrag** von Personen oder Stellen außerhalb des öffentlichen Bereichs kann eine Datenübermittlung durch die Polizei nur dann erfolgen, soweit der Auskunftsbegehrende ein **rechtliches Interesse** (insbesondere die Durchsetzung von Unterhaltstiteln) an der Kenntnis der zu übermittelnden Daten glaubhaft machen kann und kein Grund zu der Annahme besteht, daß der Betroffene ein schutzwürdiges Interesse an dem Ausschluß der Übermittlung hat (Nr. 1). Darüber hinaus können einem Auskunftsbegehrenden auf*

*Antrag nach Nr. 2 bestimmte personenbezogene Daten übermittelt werden, soweit er nur ein **berechtigtes Interesse** (ein von der Rechtsordnung als schutzwürdig anerkanntes ideelles oder vermögenswertes Interesse) geltend macht, offensichtlich ist, daß die Datenübermittlung im Interesse des Betroffenen liegt, und kein Grund zu der Annahme besteht, daß er in Kenntnis der Sachlage seine Einwilligung verweigern würde (z. B. Auskünfte der Polizei gegenüber Angehörigen von Verkehrsunfallopfern, die sich nach deren Verbleib erkundigen).*

Art. 41 bringt eine Regelung der Befugnis, also des Ob, zur Übertragung personenbezogener Daten (zu diesem Begriff s. RdNr. 4 der Vorbem. zu den Art. 30–49) von der Polizei an **Personen und Stellen außerhalb des öffentlichen Bereichs**. Das können neben natürlichen Personen alle Stellen sein, die nicht öffentliche Stellen im Sinne des PAG sind (s. hierzu RdNr. 3 zu Art. 39), also juristische Personen des Privatrechts, Personengesellschaften (BGB-Gesellschaft, OHG, KG), private Vereine, aber auch öffentlich-rechtliche Religionsgesellschaften, öffentlich-rechtliche Wettbewerbsunternehmen; ebenso Mandatsträger, soweit sie nicht in ihrer Eigenschaft als Organ oder Teil einer öffentlichen Stelle handeln. Für die Übermittlung an Behörden oder sonstige öffentliche Stellen gilt Art. 40 abschließend. 1

Die **Systematik** der Vorschrift ist einfach: Abs. 1 regelt die Initiativübermittlung, Abs. 2 die Anlaßübermittlung (zu den Begriffen s. RdNr. 1 zu Art. 40).

Die **Auslegung** der einzelnen Bestimmungen der Norm hat stets von dem Grundsatz auszugehen, daß es im Regelfall nicht Aufgabe öffentlicher Stellen sein kann, die von ihnen zur Erfüllung ihrer Aufgaben gespeicherten personenbezogenen Daten an Private zu übermitteln. Das gilt in besonderem Maß für die Polizei, worauf die amtl. Begründung 1990 zu Recht nachdrücklich hinweist. Soweit die polizeilich gespeicherten personenbezogenen Daten wenig sensibel sind wie die bloßen Namen und Adressen von Bürgern, können sie auch von anderen Stellen erlangt werden, etwa von den Meldebehörden; es fehlt dann schon an der Erforderlichkeit der Datenübermittlung durch die Polizei. Sind sie aber sensibel – wozu sie bereits allein die Tatsache macht, daß sie als persönliche Daten des Betroffenen polizeilich gespeichert sind, erst recht als Daten über sein Verhalten oder gar über seine Delinquenz – so wird ein überwiegendes Interesse des Einzelnen (= Dritten) an ihrer Übermittlung nur in Ausnahmefällen in Betracht gezogen werden können. Keinesfalls zulässig ist demgemäß etwa die von den Kirchen immer wieder an die Polizei gerichtete Forderung zur routinemäßigen Übergabe personenbezogener Daten von Bürgern, die einen vergeblichen Selbstmordversuch unternommen haben, eine routinemäßige Übermittlung personenbezogener Daten der Opfer schwerer Gewalttaten an Organisationen, z. B. den Weißen Ring, auch wenn diese ihnen Hilfe anbieten wollen, oder gar eine Übermittlung bei der Polizei vor-

Art. 41

handener persönlicher Daten zu Werbezwecken. Gegenbeispiele sind die Verständigung der Angehörigen von Unfallopfern sowie die übrigen in Nr. 41.2 VollzB genannten Fälle.

2   Abs. 1 hält als Voraussetzung der Zulässigkeit der durch die Polizei von sich aus vorgenommenen Übermittlung personenbezogener Daten drei Tatbestände bereit, hinsichtlich derer es wieder auf die Sicht der übermittelnden Polizeidienststelle ankommt: Einmal die Erforderlichkeit zur Erfüllung polizeilicher Aufgaben im Sinne von Art. 2 einschließlich der vorbeugenden Bekämpfung von Straftaten (**Nr. 1**), s. hierzu RdNrn 3 f. zu Art. 31 und speziell zur Erforderlichkeit dort RdNr. 5, zum zweiten die Erforderlichkeit zur Verhütung oder Beseitigung erheblicher Nachteile für das Gemeinwohl (**Nr. 2**), s. hierzu RdNr. 5 zu Art. 40, zum dritten endlich die Erforderlichkeit zur Wahrung schutzwürdiger Interessen einzelner (**Nr. 3**). In der letzten Fallgruppe darf für die Polizei kein Grund zu der Annahme bestehen, daß der Betroffene ein schutzwürdiges Interesse (s. hierzu RdNr. 5 zu Art. 40) an dem Ausschluß der Übermittlung hat. Es ist also eine gedankliche Abwägung der vorstellbaren Interessen des Betroffenen mit den realen des zu begünstigenden einzelnen vorzunehmen. Dabei hat sich die Polizei streng an die oben (RdNr. 1) dargestellten engen Auslegungsgrundsätze zugunsten des Betroffenen und zu Lasten des potentiellen Empfängers zu halten. Zur sog. **Öffentlichkeitsfahndung** im präventiven Bereich s. Soin'e in ZRP 1992, 84 m. weit. Nachw., zur repressiven OLG Hamm in NJW 1993, 1209. Vgl. allgemein zu **polizeilichen Pressemitteilungen** Schmidbauer in BayVBl 1988, 257, und zum Umfang des presserechtlichen Auskunftsanspruchs OVG Münster in NJW 1995, 2741. S. auch generell die **Verhaltensgrundsätze für Presse/Rundfunk und Polizei zur Vermeidung von Behinderungen bei der Durchführung polizeilicher Aufgaben und der freien Ausübung der Berichterstattung** (AllMBl 1994, 471).

3   Die in RdNr. 2 dargelegten Grundsätze gelten auch für die Datenübermittlung an Private auf deren Antrag hin, s. **Abs. 2.** Die Vorschrift differenziert zunächst zwischen dem rechtlichen sowie dem berechtigten Interesse des Auskunftsbegehrenden an der Übermittlung.

Ein **rechtliches Interesse** an der Kenntnis der zu übermittelnden Daten nach **Nr. 1** ist dann anzunehmen, wenn der Empfänger die Daten zur Verfolgung subjektiver Rechtsansprüche benötigt, z. B. die Ehefrau eines flüchtigen Unterhaltsschuldners, wobei auch hier wieder von der Polizei jeweils zu prüfen ist, ob der Auskunftsbegehrende nicht an eine andere Stelle, etwa die Meldebehörde, verwiesen werden kann. Er muß die sein rechtliches Interesse begründenden Tatsachen glaubhaft machen, etwa durch die Vorlage von Unterlagen; ein bloßes Behaupten reicht nicht aus, auch wenn es plausibel wirkt und in sich schlüssig ist (a. A. Niese in Wilde/Ehmann/Niese/Knoblauch, RdNr. 17 zu Art. 19 m. weit. Nachw.). Wie bei Abs. 1 Nr. 3 ist sodann eine Interessenabwägung vorzunehmen (s. o. RdNr. 2). Sind der übermittelnden Polizeidienststelle die dem rechtlichen Interesse zugrundeliegenden Tatsachen bekannt oder für sie offenkundig, ist eine Glaubhaftmachung entbehrlich (wie hier Niese a. a. O. RdNr. 18 m. weit. Nachw.).

Unter Abs. 2 Nr. 1 ist auch der in der Praxis häufige Fall zu ziehen, daß jemand von der Polizei außerhalb eines laufenden Strafverfahrens – sonst gilt die StPO – die **Offenbarung der Identität eines Informanten oder V-Mannes** fordert, der sie auf seine Spur gebracht hat. In einem solchen Fall scheidet ein Auskunftsanspruch aus Art. 48 eindeutig aus (vgl. im einzelnen Köhler in BayVBl 1993, 748), ebenso regelmäßig eine Datenübermittlung nach Nr. 2, weil der Betroffene, hier der Informant, gerade kein Interesse an der Bekanntgabe seiner Identität an das „Opfer" seiner Informationen an die Polizei hat. Die Interessenabwägung nach Maßgabe von Nr. 1 darf hier nicht isoliert von dem öffentlichen Interesse an der Informationsgewinnung durch die Polizei gesehen werden, welches in die Ermessensausübung der angegangenen Polizeidienststelle wesentlich miteinzubeziehen ist. Dieses – dritte – Interesse ist von erheblichem Gewicht. Es führt regelmäßig zu einer Ablehnung der Datenübermittlung, besonders dann, wenn der Informant schon in anderen Fällen Informationen an die Behörden geliefert hat und bei seiner Enttarnung mit Angriffen auf sein Leben oder seine körperliche Unversehrtheit gerechnet werden muß. Anderenfalls würden die Sicherheitsbehörden in bestimmten Bereichen wie Spionage, Rauschgifthandel oder kriminelle Ausformungen der Prostitution keine vertraulichen Mitteilungen mehr erhalten mit der Folge, daß sie ihrer Aufgabe der Gefahrenabwehr auf diesen Feldern kaum mehr wirksam nachkommen könnten. In solchen Fällen ist ein Schadenersatzinteresse des Betroffenen regelmäßig als nachrangig zu werten (vgl. BayVGH in BayVBl 1987, 146). Eine Auskunftserteilung kommt nur in Betracht, wenn die Informationen der Informanten oder der V-Leute nicht im wesentlichen der Wahrheit entsprechen und zusätzlich in der vorgefaßten Absicht oder leichtfertig gegeben wurden, um den Ruf des Betroffenen zu schädigen (vgl. BVerwG in NJW 1983, 2954; OVG Koblenz in NJW 1983, 2957; BayVGH in BayVBl 1988, 404; BVerwG in DVBl 1992, 298; Knemeyer in JZ 1992, 348). Zur Gesamtproblematik **vertraulicher Mitteilungen an die Polizei** s. Honigl, Rechtsfragen der polizeilichen Vertraulichkeitszusage, Diss. jur. Augsburg 1988.

Im Gegensatz zu Nr. 1 erfordert **Nr. 2** zunächst nur ein **berechtigtes Interesse** des Empfängers. Dieser Begriff ist weiter zu verstehen als der des rechtlichen Interesses nach Nr. 1 und inhaltlich mit jenem des schutzwürdigen Interesses in Abs. 1 Nr. 3 gleichzusetzen, s. RdNr. 5 zu Art. 40. Ein subjektiver Rechtsanspruch ist nicht gefordert, auch nicht ein Glaubhaftmachen nach Maßgabe der Nr. 1. Weiter muß es aus der Sicht der Polizei offensichtlich sein, daß die Datenübermittlung im Interesse des Betroffenen liegt. Überdies darf kein Grund zu der Annahme bestehen, daß der Betroffene in Kenntnis

4

der Sachlage seine Einwilligung verweigern würde. Als Beispiel mag hier wiederum die in der VollzB angeführte Auskunft über den Verbleib eines Unfallopfers an seine Angehörigen gelten, wenn sie, im Unterschied zu den in Abs. 1 Nr. 3 geregelten Fällen, auf Anfrage der Angehörigen gegeben wird. Nicht statthaft ist demgegenüber die Übermittlung personenbezogener Daten auf Anfrage an Kirchen, sonstige soziale Einrichtungen oder Betreuungsinstitutionen, ohne daß der übermittelnden Polizeidienststelle besondere Bindungen des Betroffenen an den Empfänger bekannt sind oder er in die Übermittlung eingewilligt hat. Es verträgt sich nicht mit dem Menschenbild des Grundgesetzes, das die freie eigenverantwortliche Entscheidung des einzelnen über seine persönlichen Lebensumstände allein im überwiegenden Allgemeininteresse Einschränkungen unterwirft, einen voll Handlungs- und Geschäftsfähigen ohne seinen ausdrücklichen Willen sozialer Betreuung durch dafür bestehende Institutionen zu unterwerfen, mag es auch noch so gut gemeint sein.

5   Sogenannte **Gruppenauskünfte,** d. h. Auskünfte über mehrere vom Empfänger nicht namentlich bezeichnete Personen, unterliegen schon nach allgemeinem Datenschutzrecht besonderen Einschränkungen (vgl. Nr. 2 der Gemeinsamen Bek der Bayerischen Staatskanzlei und des BStMI vom 11. März 1994, AllMBl S. 251). Der Grund dafür liegt darin, daß eventuelle schutzwürdige Interessen der Betroffenen von der übermittelnden Stelle nicht hinreichend gewürdigt werden können, wenn die Betroffenen nicht namentlich bekannt sind. Erst recht gilt das dann, wenn mehrere unabhängig voneinander erteilte Gruppenauskünfte vom Empfänger miteinander kombiniert werden, so daß Verhaltensbilder einer Person entstehen können. Nach allgemeiner Auffassung müssen daher stets im Interesse der Allgemeinheit liegende, über das berechtigte Interesse einzelner Auskunftssuchender hinausgehende Belange vorliegen, um Gruppenauskünfte zu rechtfertigen. Beispielhaft sind Datenübermittlungen für Planungs- oder Forschungsvorhaben, welche im öffentlichen Interesse liegen, für Maßnahmen der Gesundheits- oder sonstigen sozialen Vorsorge. Ein besonderes Augenmerk ist bei der polizeilichen Datenübermittlung in diesem Zusammenhang darauf zu legen, daß es sich bei den polizeilich gespeicherten Daten durchwegs um sensible Daten handelt, s. o. RdNr. 1. Der mit der Datenübermittlung verfolgte, im öffentlichen Interesse liegende Zweck muß daher bei Gruppenauskünften ein gewichtiger sein. Gerade bei Gruppenauskünften ist auch in besonderem Maße der Erforderlichkeitsgrundsatz zu beachten. Kann beispielsweise der Zweck eines Forschungsvorhabens unter Verwendung anonymisierter Daten oder ebenso gut bei reduziertem Übermittlungsumfang realisiert werden, so ist die Übermittlung darüber hinausgehender Daten nicht erforderlich und liegt daher auch nicht im öffentlichen Interesse (vgl. RdNr. 4 zu Art. 45).

Art. 42
Datenübermittlung an die Polizei

(1) ¹Öffentliche Stellen können, soweit gesetzlich nichts anderes bestimmt ist, von sich aus personenbezogene Daten an die Polizei übermitteln, wenn anzunehmen ist, daß die Übermittlung zur Erfüllung der Aufgaben der Polizei erforderlich sein kann. ²Die Polizei hat die Daten zu vernichten, soweit diese zur polizeilichen Aufgabenerfüllung offensichtlich nicht mehr benötigt werden.

(2) ¹Die Polizei kann an öffentliche Stellen Ersuchen um Übermittlung personenbezogener Daten stellen, soweit diese zur Erfüllung ihrer Aufgaben erforderlich sind. ²Die ersuchte öffentliche Stelle prüft die Zulässigkeit der Datenübermittlung. ³Wenn gesetzlich nichts anderes bestimmt ist, prüft sie nur, ob das Ersuchen im Rahmen der Aufgaben der Polizei liegt, es sei denn im Einzelfall besteht Anlaß zur Prüfung der Rechtmäßigkeit des Ersuchens. ⁴Die Polizei hat die zur Prüfung erforderlichen Angaben zu machen. ⁵Die ersuchte öffentliche Stelle hat die Daten an die Polizei zu übermitteln, soweit gesetzlich nichts anderes bestimmt ist.

(3) Die Polizei kann an Behörden und sonstige Stellen außerhalb des Geltungsbereichs des Grundgesetzes sowie an über- und zwischenstaatliche Stellen Ersuchen auf Übermittlung von personenbezogenen Daten richten, soweit dies zur Erfüllung ihrer Aufgaben erforderlich und gesetzlich nichts anderes bestimmt ist.

42 Zu Art. 42 (Datenübermittlung an die Polizei)

42.1 Die Übermittlung personenbezogener Daten durch öffentliche Stellen an die Polizei ist zulässig, wenn anzunehmen ist, daß die Datenübermittlung zur Erfüllung polizeilicher Aufgaben erforderlich sein kann. Dies gilt insbesondere, wenn öffentliche Stellen zureichende tatsächliche Anhaltspunkte für das Bevorstehen oder Vorliegen einer Straftat haben. In diesen Fällen sind die öffentlichen Stellen berechtigt, in bestimmten Fällen (vgl. §§ 138, 323 c StGB oder Garantenstellung eines Bediensteten, z. B. als Amtsvormund) sogar verpflichtet, die Daten über die bevorstehende Gefahr beziehungsweise die bereits eingetretene Störung oder die bevorstehende Begehung einer Straftat der Polizei zu übermitteln.

42.2 In Abs. 1 Satz 2 findet der auch in Art. 30 Abs. 1 und Art. 37 Abs. 1 enthaltene datenschutzrechtliche Grundsatz, wonach Datenspeicherungen durch die Polizei „auf Vorrat" unzulässig sind, eine spezialgesetzliche Ausprägung.

*Soweit übermittelte Daten zur **polizeilichen** Aufgabenerfüllung offensichtlich nicht mehr benötigt werden, schreibt Abs. 1 Satz 2 deren Vernichtung vor. Die Verpflichtung zur Datenübermittlung an die Staatsanwaltschaft (§ 163 Abs. 2 Satz 1 StPO) bleibt unberührt.*

Art. 42

*42.3 Absatz 2 Satz 1 regelt den Fall des **Ersuchens einer Polizeidienststelle** an eine öffentliche Stelle um Übermittlung personenbezogener Daten. Abgesehen von den im Sozialgesetzbuch oder in gerichtlichen Verfahrensordnungen enthaltenen Sondervorschriften hat die ersuchte Stelle nur zu prüfen, ob das Ersuchen im Rahmen der Aufgaben der Polizei (Art. 2 Abs. 1 bis 4) liegt. Soweit im Einzelfall Anlaß hierzu besteht, prüft sie auch die Rechtmäßigkeit des Ersuchens; dabei sind die zur Prüfung erforderlichen Angaben von der Polizei zu machen.*

*42.4 Absatz 2 Satz 5 bestimmt, daß die ersuchte öffentliche Stelle die erbetenen personenbezogenen Daten an die Polizei zu übermitteln hat, soweit gesetzlich nichts anderes bestimmt ist. **Bei Meinungsverschiedenheiten** zwischen Polizei und ersuchter Behörde entscheidet die für die ersuchte Behörde zuständige Aufsichtsbehörde über die Zulässigkeit der Datenübermittlung.*

42.5 Unberührt bleibt die Übermittlung von Daten an Strafverfolgungsbehörden.

1 Eine wunderliche Norm hat der Gesetzgeber mit **Art. 42** geschaffen. Abs. 1 Satz 1 richtet sich gar nicht an die Polizei als Adressat und bildet insoweit einen Fremdkörper im PAG. Er enthält nach Art einer Generalklausel eine subsidiäre Befugnisnorm für bayerische öffentliche Stellen zur Übermittlung personenbezogener Daten (zu letzterem Begriff s. RdNr. 4 der Vorbem. zu den Art. 30–49) an die Polizei. Die Absätze 2 und 3 regeln die Berechtigung der Polizei, andere öffentliche Stellen innerhalb und außerhalb des Geltungsbereichs des Grundgesetzes um die Übermittlung personenbezogener Daten zu ersuchen. In dem bloßen Ersuchen selbst liegt noch keine Datenerhebung, auch keine Datenverarbeitung, nicht einmal ein Eingriff in das Recht auf informationelle Selbstbestimmung, weil die Entscheidung über den Datentransfer in der Hand der ersuchten Stelle liegt. Mangels Außenwirkung ist darin auch kein Verwaltungsakt zu erblicken. Er liegt erst in der dann möglicherweise erfolgenden Datenübermittlung. S. hierzu näher u. RdNr. 3.
Art. 42 in seiner Gesamtheit ist hinsichtlich seiner notwendigen Bestimmtheit unbedenklich (a. A. Bäumler in Lisken/Denninger, Teil J, RdNr. 741) und tritt hinter allen Spezialregelungen zurück, die den personenbezogenen Datentransfer bereichsspezifisch regeln, vgl. hierzu die in RdNr. 7 zu Art. 39 genannten Beispiele. Für die Übermittlung zwischen (Vollzugs-)Polizeidienststellen des Bundes und der Bundesländer untereinander gilt statt Art. 42 allein Art. 40 Abs. 1.

2 Adressat der in **Abs. 1** enthaltenen Befugnis zur eigeninitiativ durchgeführten Übermittlung personenbezogener Daten an die Polizei sind alle öffentlichen Stellen (s. hierzu RdNr. 3 zu Art. 39) im Geltungsbereich des Grundgesetzes mit Ausnahme der Polizeidienststellen, soweit sie überhaupt Adressaten der bayerischen Landesgesetzgebung sein können, nicht also Bundesbehörden und Behörden anderer Länder. Abs. 1 gilt subsidiär (s. o. RdNr. 1) und regelt nicht Datenübertragungen durch nichtöffentliche Stellen (zu letzterem s. RdNr. 1 zu Art. 41) oder Privatpersonen an die Polizei.

Für die in **Satz 1** formulierte Annahme der möglichen Erforderlichkeit zur polizeilichen Aufgabenerfüllung im Sinne von Art. 2 einschließlich der vorbeugenden Bekämpfung von Straftaten (s. hierzu RdNrn 3 f. zu Art. 31, speziell zur Erforderlichkeit dort RdNr. 5) kommt es auf die Sicht der übermittelnden Stelle an. Hauptfall ist, daß diese über tatsächliche Anhaltspunkte für das Drohen oder das Vorliegen einer Straftat verfügt. Hier kann sie zur Datenübermittlung an die Polizei nicht nur berechtigt, sondern sogar verpflichtet sein, vgl. Nr. 42.1 VollzB.

Die in **Satz 2** enthaltene Vernichtungspflicht wiederholt eigentlich nur die in Art. 37 Abs. 3 Satz 1 normierte allgemeine Regel des Datenschutzes; sie hat nur die Bedeutung eines an dieser Stelle wichtigen Hinweises. Keinesfalls darf die Vorschrift als Legitimation für ein Fortdauern der Datenspeicherung über das erforderliche Maß hinaus verstanden werden; das Wort „offensichtlich" ist insoweit mißverständlich. Im übrigen gilt Art. 38 Abs. 4 nicht (s. RdNrn 4 f. zu Art. 38); die Pflicht der Polizei zur Datenübermittlung an die Staatsanwaltschaft gem. § 163 Abs. 2 Satz 1 StPO bleibt unberührt.

Abs. 2 befaßt sich mit der Übermittlung personenbezogener Daten an die **3** Polizei auf deren Ersuchen durch öffentliche Stellen im Sinne von Abs. 1, also nicht Bundes- oder außerbayerische Länderbehörden. Das bloße Ersuchen bedarf als Verwaltungsinternum mangels Eingriffsqualität an sich keiner formalgesetzlichen Befugnis. **Satz 1** ist jedoch im Zusammenhang mit **Satz 5** zu lesen. Daraus ergibt sich die sonderbare Konstruktion, daß, wenn andere bereichsspezifische Regelungen fehlen, die Befugnis der ersuchten Stelle zur Datenübermittlung dann gegeben ist, wenn die Übermittlung aus der Sicht der ersuchenden Stelle zur Erfüllung der Aufgaben der Polizei einschließlich der vorbeugenden Bekämpfung von Straftaten erforderlich ist (vgl. hierzu RdNrn 3 f. zu Art. 31, speziell zur Erforderlichkeit s. dort RdNr. 5; vgl. auch RdNr. 2 zu Art. 46). Satz 5 enthält sogar eine über die Befugnis hinausgehende Amtspflicht.

Satz 2 entspricht Art. 39 Abs. 1 Satz 1, **Satz 3** Art. 39 Abs. 1 Satz 3 mit der Einschränkung, daß im Einzelfall eine Prüfung der Rechtmäßigkeit des polizeilichen Ersuchens vorgenommen werden kann und muß, wenn hierfür aus der Sicht der ersuchten Stelle ein Anlaß besteht. In diesem Fall hat ihr gem. **Satz 4** die ersuchende Polizeidienststelle die für die Prüfung erforderlichen Angaben zu machen. Kommt es anläßlich der Prüfung zu nicht ausräumbaren unterschiedlichen Auffassungen zwischen Polizei und ersuchter Stelle – in der Praxis häufig, wenn es sich bei letzterer um eine Sozialbehörde handelt –

Art. 42

dann entscheidet die für die ersuchte Stelle zuständige Aufsichtsbehörde über die Zulässigkeit (Nr. 42.4 VollzB).

4 **Abs. 3** enthält mangels einer dem Satz 5 des Absatzes 2 entsprechenden Regelung keine Befugnisnorm. Das bloße Herantreten an ausländische über- oder zwischenstaatliche Stellen mit der Bitte um Datenübermittlung wäre auch von Abs. 2 direkt gedeckt. Spezialregelungen finden sich im Bereich des internationalen Rechtshilfeverkehrs, der den unmittelbaren polizeilichen Datenaustausch nur in besonderen Fällen zuläßt. In der Regel erfolgt seine Abwicklung über die obersten Justizbehörden oder über das Auswärtige Amt. Sonderbestimmungen enthält ferner künftig das sog. Schengener Zusatzabkommen (s. dazu RdNr. 6 zu Art. 40).

Art. 43
Datenabgleich innerhalb der Polizei

(1) ¹Die Polizei kann personenbezogene Daten der in Art. 7 und 8 genannten Personen mit dem Inhalt polizeilicher Dateien abgleichen. ²Personenbezogene Daten anderer Personen kann die Polizei nur abgleichen, wenn Tatsachen die Annahme rechtfertigen, daß dies zur Erfüllung einer bestimmten polizeilichen Aufgabe erforderlich ist. ³Die Polizei kann ferner im Rahmen ihrer Aufgabenerfüllung erlangte personenbezogene Daten mit dem Fahndungsbestand abgleichen. ⁴Der Betroffene kann außer in den Fällen des Art. 12 für die Dauer des Datenabgleichs angehalten werden. ⁵Art. 13 bleibt unberührt.

(2) Rechtsvorschriften über den Datenabgleich in anderen Fällen bleiben unberührt.

43   Zu Art. 43 (Datenabgleich innerhalb der Polizei)

43.1   Absatz 1 gibt der Polizei die Befugnis, personenbezogene Daten eines in Art. 7 oder 8 genannten Störers mit dem Inhalt polizeilicher Dateien (z. B. dem Kriminalaktennachweis) mit Hilfe der automatisierten Datenverarbeitung abzugleichen **(polizeilicher Datenabgleich).**

43.2   Für Personen, die nicht unter Art. 7 oder 8 fallen, läßt Satz 2 einen Datenabgleich nur dann zu, wenn Tatsachen die Annahme rechtfertigen (vgl. Nr. 36.3), daß der Datenabgleich zur Erfüllung einer bestimmten polizeilichen Aufgabe erforderlich ist (z. B. zur Grenzkontrolle, Flughafenkontrolle).

43.3   Absatz 1 Satz 3 gibt der Polizei die Befugnis, die im Rahmen ihrer Aufgabenerfüllung erlangten personenbezogenen Daten auch mit dem aktuellen Fahndungsbestand (INPOL) abzugleichen. Fahndungsbestand sind die jeweils aktuellen Fahndungsdaten, die in die entsprechenden Dateien des Bundes- oder des Landeskriminalamtes eingestellt sind.

43.4   Absatz 1 Satz 4 bestimmt, daß der Betroffene für die Dauer des Datenabgleichs **angehalten** *werden kann. Dies gilt nicht für den Fall einer Befragung nach Art. 12. Darüber hinausgehende Freiheitsbeschränkungen sind nur unter den Voraussetzungen des Art. 13 zulässig.*

Art. 43 regelt den sogenannten **einfachen Datenabgleich,** welcher darin besteht, daß von der Polizei bei einem bestimmten Anlaß erhobene personenbezogene Daten (zu deren Begriff s. RdNr. 4 der Vorbem. zu den Art. 30–49) mit dem bereits in sonstigen polizeilichen Dateien enthaltenen Datenbestand verglichen werden, d. h. festgestellt wird, ob der Betroffene bereits in anderen polizeilichen Dateien gespeichert ist. Dieses Verfahren wird ständig praktiziert, etwa wenn bei einer allgemeinen Verkehrskontrolle (§ 36 Abs. 5 StVO) die Daten des angehaltenen Kfz-Führers mit dem INPOL-Fahndungsbestand abgeglichen werden (s. hierzu RdNr. 1 zu Art. 36), oder wenn überprüft wird, 1

Art. 43

ob die Daten eines einer Straftat Verdächtigen bereits im Kriminalaktennachweis (KAN) oder der Datei PIOS gespeichert sind.
Die Vorschrift ist als Befugnisnorm gestaltet, regelt also das Ob des polizeiinternen Datenabgleichs, einer eigenständigen Nutzungsart mit Eingriffs- und Verwaltungsaktsqualität (s. RdNr. 11 der Vorbem. zu Art. 37). Sie hat keine konkrete Gefahr zur Voraussetzung. Das ist nach Ansicht des BayVerfGH verfassungsrechtlich unbedenklich (in BayVBl 1995, 143/146). Die Vorschrift verdrängt als Spezialregelung die allgemeinen Vorschriften der Art. 37 f. zur Datennutzung. Zu unterscheiden ist sie von der Rasterfahndung, die specialiter in Art. 44 geregelt ist.
Eine **Parallelvorschrift in der StPO** findet sich in § 98 c.
Zum **Rechtsschutz** s. RdNr. 13 der Vorbem. zu Art. 37.

2   Die Zulässigkeit des Abgleichens personenbezogener Daten von Verantwortlichen nach Art. 7 und 8 normiert **Abs. 1 Satz 1. Polizeiliche Dateien** in diesem Sinne wie auch im Sinn von Satz 2 können solche der bayerischen Polizei, aber auch der Polizeien der übrigen Bundesländer oder des Bundes, künftig auch internationale wie das sog. **Schengener Informationssystem (SIS)** sein; vgl. zum Begriff der Datei RdNr. 4 der Vorbem. zu den Art. 30–49, zum Schengener Zusatzabkommen RdNr. 6 zu Art. 40. Speziell zu SIS Nanz in ZAR 1994, 99/106 f.; Di Fabio in DÖV 1997, 89/94; Schreckenberger in VerwArch Bd. 88 (1997), 389/404 ff. Der Abgleich nach Satz 1 ist ohne zusätzliche Voraussetzungen oder Einschränkungen jederzeit möglich, wie aus den Sätzen 2 und 3 im Gegenschluß entnommen werden muß. Ferner gilt das Zweckbindungsgebot des Art. 37 Abs. 2 insgesamt für Art. 43 nicht. Weil es sich bei der Zweckbindung um ein Gebot handelt, welches nach Ansicht des BVerfG der Verfassung selbst entfließt (BVerfG in NJW 1984, 419/ 422), ist Satz 1 in seiner Weite nicht unbedenklich (kritisch daher etwa Bäumler in Lisken/Denninger, Teil J, RdNr. 702; ablehnend Staff in ZRP 1992, 384/388; positiv dagegen Krey/ Haubrich in JR 1992, 309/312).

Geht es um Daten von Personen, die nicht Verantwortliche im Sinne von Art. 7 oder Art. 8 sind, so ist der Abgleich nach **Satz 2** nur zulässig, wenn aus der Sicht des handelnden Polizeibeamten Tatsachen die Annahme rechtfertigen, daß der Abgleich zur Erfüllung einer bestimmten polizeilichen Aufgabe im Sinne von Art. 2 einschließlich der vorbeugenden Verbrechensbekämpfung erforderlich ist. Verlangt ist ein bestimmter Anlaß, nicht aber eine konkrete Gefahr. Statthaft ist daher der Datenabgleich der Passagiere vor dem Besteigen eines Luftfahrzeugs oder anläßlich des Überschreitens der Staatsgrenze. Ein willkürliches oder gar schikanöses Handeln gegenüber den Betroffenen wird davon gleichwohl nicht gedeckt.

Satz 3 endlich ermöglicht das Abgleichen aller im Rahmen der polizeilichen Aufgabenerfüllung erlangten personenbezogenen Daten mit dem Fahndungsbestand. Gemeint ist hier der jeweils aktuelle INPOL-Datenbestand (s.

RdNr. 1 zu Art. 36). Tatsachen, die die Annahme rechtfertigen, daß der Betroffene dort gespeichert sein könnte, sind hier ausdrücklich nicht Rechtmäßigkeitsvoraussetzung, so daß diese **Routineabfrage** beispielsweise anläßlich von Verkehrskontrollen stets und auch lückenlos durchgeführt werden kann. Hinsichtlich verfassungsrechtlicher Bedenken gilt das oben zu Satz 1 Gesagte.
Das in **Satz 4** normierte **Anhalterecht** (zum Begriff s. Nr. 13.8 VollzB und RdNr. 11 zu Art. 13) macht es künftig überflüssig, daß sich die Polizei bei Kontrollen diverser Verzögerungstaktiken bedient, um Zeit zur Durchführung des Datenabgleichs zu gewinnen. Wird der Betroffene nach Art. 12 befragt, richtet sich das Anhalterecht allein nach Satz 3 dieser Vorschrift. Über das Anhalten hinausgehende Eingriffe bedürfen einer besonderen Rechtsgrundlage, vgl. etwa Art. 13 Absätze 2 und 3.

Rechtsvorschriften über den Datenabgleich bestehen auch in anderen Bundes- oder Landesgesetzen, so in §§ 17 PaßG, 3 a PersonalausweisG, 36 StVG. Sie bleiben nach **Abs.** 2 unberührt und genießen für ihren Bereich Vorrang. 3

Art. 44
Rasterfahndung

(1) ¹Die Polizei kann von öffentlichen und nichtöffentlichen Stellen die Übermittlung von personenbezogenen Daten bestimmter Personengruppen aus Dateien insbesondere Namen, Anschriften, Tag und Ort der Geburt und fahndungsspezifische Suchkriterien zum Zweck des Abgleichs mit anderen Datenbeständen verlangen, soweit dies zur Abwehr von Straftaten von erheblicher Bedeutung erforderlich ist. ²Rechtsvorschriften über ein Berufs- oder besonderes Amtsgeheimnis bleiben unberührt.

(2) ¹Die Rasterfahndung darf nur durch die in Art. 33 Abs. 5 genannten Dienststellenleiter mit Zustimmung des Staatsministeriums des Innern angeordnet werden. ²Von der Maßnahme ist der Landesbeauftragte für den Datenschutz unverzüglich zu unterrichten.

(3) Ist der Zweck der Maßnahme erreicht oder zeigt sich, daß er nicht erreicht werden kann, sind die übermittelten und im Zusammenhang mit der Maßnahme zusätzlich angefallenen Daten auf dem Datenträger zu löschen und die Unterlagen, soweit sie nicht zur Verfolgung von Straftaten erforderlich sind, unverzüglich zu vernichten.

44 Zu Art. 44 (Rasterfahndung)

*44.1 Die Vorschrift regelt die Rasterfahndung im Gefahrenabwehrbereich. Im Gegensatz zum polizeiinternen Datenabgleich nach Art. 43 gibt die Rasterfahndung der Polizei die Befugnis, auch auf **externe Datenbestände** (z. B. Elektrizitätswerke, Gasversorgungsunternehmen, kommunale Rechenzentren, Banken) zuzugreifen.*

44.2 Als Anwendungsfälle des Abs. 1 Satz 1 kommen insbesondere drohende Staatsschutzverbrechen, Geiselnahmen, terroristische Gewaltverbrechen oder organisierte Verbrechen und Vergehen im Rauschgiftmilieu in Betracht (vgl. Art. 30 Abs. 5).

44.3 Die Vorschriften über ein besonderes Berufs- oder Amtsgeheimnis (entsprechend § 53 StPO) sind auch bei einer Rasterfahndung zu beachten.

*44.4 Wegen der landesweiten Bedeutung und der Vielzahl der betroffenen Personen, des Kosten- und des Personalaufwands dürfen Rasterfahndungen nur durch die in Art. 33 Abs. 5 genannten Dienststellenleiter angeordnet werden. Vor der Anordnung ist die **Zustimmung des Staatsministeriums des Innern** einzuholen. Der Landesbeauftragte für den Datenschutz ist von einer angeordneten Rasterfahndung unverzüglich zu unterrichten, damit er seinen Prüfungsaufgaben genügen kann.*

44.5 Nichtöffentliche Stellen sind berechtigt, die ihnen aus Anlaß des Datenabgleichs entstandenen Kosten gegenüber der Polizei als Entschädigungsanspruch (Art. 70 Abs. 1) geltend zu machen.

Art. 44

Die **präventivpolizeiliche Rasterfahndung** ist in **Art. 44** hinsichtlich des Ob wie auch des Wie abschließend geregelt. Die Norm verdrängt zur Gänze die allgemeinen Vorschriften zur Datenerhebung, Datennutzung, und zum polizeiinternen Datenabgleich nach Art. 43.
Ihrem Wesen nach ist die Rasterfahndung eine Art der Nutzung personenbezogener Daten, die sich als Eingriff in das informationelle Selbstbestimmungsrecht und auch als Verwaltungsakt darstellt (s. näher RdNr. 11 der Vorbem. zu Art. 37). Im allgemeinen funktioniert sie wie folgt: Die Polizei fordert ganze Dateien von anderen – auch privaten – Stellen an, etwa Kundendateien einer Firma, und vergleicht diese sodann mit eigenen oder weiteren fremden Datenbeständen, dies aber nur insoweit, als es sich um die Daten von Personen mit bestimmten, vorher festgelegten Suchkriterien – z. B. Alter, Nationalität, Nachname, Wohnort – handelt. Bezweckt wird hiermit ein Aussondern der der anlaßgebenden Tat nicht Verdächtigen (sog. negative Rasterfahndung) und/oder die Feststellung weiterer für die Ermittlungen bedeutsamer Prüfungsmerkmale (sog. positive Rasterfahndung). Auf diese Weise wird eine große Zahl von Unbeteiligten in die Fahndung einbezogen und auch unter den übrigbleibenden, nicht durch das Raster fallenden Personen finden sich zwangsläufig zahlreiche Nichtstörer bzw. Bürger, die einer Straftat gänzlich unverdächtig sind. Diese Einbeziehung Unbeteiligter wie auch die Verwendung von Dateien, die nicht zu polizeilichen Zwecken angelegt wurden, zu ebendiesen Zwecken war und ist Gegenstand anhaltender Kritik, auf die aus Raumgründen hier nicht näher eingegangen werden kann. Vgl. zum ganzen Problemkreis Simon/Taeger, Rasterfahndung, 1981; dieselben in JZ 1982, 140; Rogall in GA 1985, 1; Herold in RuP 1985, 48; Denninger in KJ 1985, 238; Wanner, Die negative Rasterfahndung, 1985; Dästner in RuP 1988, 31; Vahle in DNP 1990, 291.
Gleichwohl ist die Rasterfahndung jedenfalls dann, wenn sich ihre Anwendung auf Straftaten von erheblichem Gewicht beschränkt, verfassungskonform. Der Bedrohung höchster Rechtsgüter wie Leib oder Leben durch das organisierte Verbrechen muß wirkungsvoll entgegengetreten werden können; demgegenüber erscheint die Eingriffstiefe beim bloßen folgenlosen Datendurchlauf innerhalb einer Sekunde ohne Risiko weiterer Konsequenzen als eher gering. Eine nüchterne, unideologische Betrachtungsweise wird in der so angewandten Rasterfahndung, von der zudem in der Praxis relativ selten Gebrauch gemacht wird, keine bedeutsame Manifestation eines allgegenwärtigen Überwachungsstaates erblicken können, ebensowenig wie das bisher geschah, wenn die Polizei manuell geführte Register nach bestimmten Kriterien durchmustert hat.
Als **Parallelvorschriften in der StPO** erscheinen die §§ 98 a, 98 b.

Abs. 1 enthält in **Satz 1** die eigentliche Befugnisnorm zur Rasterfahndung. Zum Begriff der öffentlichen Stellen s. RdNr. 3 zu Art. 39, zu jenem der

Art. 44

nichtöffentlichen Stellen RdNr. 1 zu Art. 41; letztere haben für die ihnen bei der ihnen abverlangten Datenübermittlung entstehenden Kosten einen Entschädigungsanspruch aus Art. 70. In Betracht kommen als angegangene Stellen etwa Elektrizitätswerke, Gasversorgungsunternehmen, kommunale Rechenzentren, Banken oder Sozialversicherungsträger. Allgemein zum Begriff personenbezogener Daten s. RdNr. 4 der Vorbem. zu den Art. 30–49, zu dem der Datenübermittlung RdNr. 1 zu Art. 39, zu dem der Datei RdNr. 4 der Vorbem. zu den Art. 30–49. Verlangt werden kann nur die Übermittlung der Daten bestimmter Personengruppen, nicht einzelner Personen. Das Verlangen hat sich außerdem nach dem Gesetzeswortlaut auf die Übermittlung bereits vorhandener Daten aus bereits bestehenden Dateien zu beschränken; daß die angegangene Stelle die verlangten Daten erst gewinnt, kann nicht gefordert werden. Die Aufzählung einzelner Daten wie Namen, Anschrift etc. ist lediglich beispielhaft gemeint. Weitere fahndungsspezifische Suchkriterien können etwa sein Alter, Geschlecht, Staatsangehörigkeit, Gestalt, Haarfarbe, bestimmte mitgeführte Gegenstände und Verhaltensweisen.

Zulässig ist die Rasterfahndung nur, soweit sie im Einzelfall zur Abwehr von Straftaten von erheblicher Bedeutung, die in Art. 30 Abs. 5 beispielhaft aufgeführt werden, aus polizeilicher Sicht erforderlich ist. Praktische Anwendungsfälle sind insbesondere Geiselnahmen, terroristische Gewaltverbrechen, organisierte Rauschgiftkriminalität und Staatsschutzdelikte. Unzulässig ist sie hingegen zur Bekämpfung einfacher bis mittelschwerer Kriminalität wie etwa Diebstahl, Sachbeschädigung oder einfache Körperverletzung. Bei ihrer Anwendung sind stets gem. **Satz 2** die Rechtsvorschriften über ein besonderes Berufs- oder Amtsgeheimnis (Art. 39 Abs. 3; RdNr. 5 zu Art. 39) zu beachten.

3 **Abs. 2** läßt erkennen, daß es sich bei der Rasterfahndung um eine nicht alltägliche Maßnahme handelt. Wegen der Vielzahl der von ihr betroffenen Personen darf sie nicht nur allein von den in Art. 33 Abs. 5 genannten Dienststellenleitern angeordnet werden (s. dazu im einzelnen RdNr. 8 zu Art. 33), sondern bedarf darüber hinaus der ausdrücklichen Zustimmung des Staatsministeriums des Innern (Satz 1). Die Formvorschriften der Sätze 3 und 4 von Art. 33 Abs. 5 gelten analog. Der Landesbeauftragte für den Datenschutz ist von einer angeordneten Rasterfahndung unverzüglich zu unterrichten, damit er seine Prüfungskompetenzen nach Art. 30 BayDSG wahrnehmen kann (Satz 2). Seiner vorherigen Zustimmung bedarf es hingegen nicht.

4 **Abs. 3** bestimmt in Entsprechung zu den hier verdrängten Vorschriften der Art. 37 Abs. 3 Satz 1 und 38 Abs. 2 Satz 2 die Pflicht der Polizei, die übermittelten Daten und darüber hinaus auch sämtliche im Zusammenhang mit der konkreten Rasterfahndung angefallenen Daten unverzüglich zu löschen, wenn der Zweck der Maßnahme erreicht ist oder sich seine Unerreichbarkeit herausstellt. Etwa angefallene Unterlagen sind unverzüglich zu vernichten. Hierin

liegt nicht nur eine Amtspflicht, sondern auch ein klagbarer Anspruch des Betroffenen wie auch der übermittelnden Stelle, s. u. RdNr. 5. Art. 45 gilt hier nicht. Zu den Begriffen Löschen und Vernichten und ihrer Rechtsnatur s. RdNrn 8 ff. der Vorbem. zu Art. 37. **Unterlagen** sind alle Datenträger mit Ausnahme von Dateien, also nicht nur Akten einschließlich Bild- und Tonträgern, sondern z. B. auch Vorentwürfe und Notizen jeder Art (vgl. RdNr. 4 der Vorbem. zu den Art. 30–49).

Eine Ausnahme gilt für Unterlagen, die zur Verfolgung von Straftaten erforderlich sind. Damit sind nach dem weiten Wortlaut sowohl solche gemeint, die sich auf einen für die jeweilige konkrete Rasterfahndung ursächlichen Sachverhalt beziehen, als auch sogenannte **Zufallsfunde** im Sinne von § 108 StPO.

Rechtsschutz kann zunächst der von der Rasterfahndung Betroffene, d. h. derjenige, auf den sich die übermittelten Daten beziehen, wie gegen jede andere Übermittlung seiner Daten in Anspruch nehmen (s. RdNr. 13 der Vorbem. zu Art. 37). Um Datenübertragung zur Rasterfahndung angegangene **nichtöffentliche Stellen** können sich, weil das Übermittlungsersuchen der Polizei ihnen gegenüber ebenfalls einen Verwaltungsakt darstellt, zu dessen Durchsetzung gegebenenfalls die Anwendung von Verwaltungszwang in Betracht kommt, an sich mit Widerspruch und Anfechtungsklage zur Wehr setzen; angesichts dessen, daß die aufschiebende Wirkung dieser Rechtbehelfe gem. § 80 Abs. 2 Nr. 2 VwGO entfällt, wird zusätzlich und in erster Linie ein Antrag nach § 80 Abs. 5 anzuraten sein. 5

Art. 45
Berichtigung, Löschung und Sperrung von Daten

(1) ¹Personenbezogene Daten sind zu berichtigen, wenn sie unrichtig sind. ²Sind Daten in nichtautomatisierten Dateien oder in Akten zu berichtigen, reicht es aus, in geeigneter Weise kenntlich zu machen, zu welchem Zeitpunkt und aus welchem Grund diese Daten unrichtig geworden sind. ³Erweisen sich personenbezogene Daten nach ihrer Übermittlung durch die Polizei als unrichtig, sind sie unverzüglich gegenüber dem Empfänger zu berichtigen, wenn dies zur Wahrung schutzwürdiger Interessen des Betroffenen erforderlich ist.

(2) In Dateien suchfähig gespeicherte personenbezogene Daten sind zu löschen und die zu dem Betroffenen geführten Akten zu vernichten, wenn
1. ihre Speicherung unzulässig war, oder
2. bei der zu bestimmten Fristen oder Terminen vorzunehmenden Überprüfung oder aus Anlaß einer Einzelfallbearbeitung festgestellt wird, daß ihre Kenntnis für die speichernde Stelle zur Erfüllung der ihr obliegenden Aufgaben nicht mehr erforderlich ist. Art. 38 Abs. 2 Sätze 3 bis 5 gelten entsprechend.

(3) ¹Löschung und Vernichtung unterbleiben, wenn
1. Grund zu der Annahme besteht, daß schutzwürdige Interessen des Betroffenen beeinträchtigt würden,
2. die Daten zur Behebung einer bestehenden Beweisnot unerläßlich sind,
3. die Nutzung der Daten zu wissenschaftlichen Zwecken erforderlich ist oder
4. dies wegen der besonderen Art der Speicherung nicht oder nur mit unverhältnismäßig hohem Aufwand möglich ist.

²In diesen Fällen sind die Daten zu sperren und mit einem Sperrvermerk zu versehen. ³Sie dürfen nur zu den in Satz 1 Nrn 2 und 3 genannten Zwecken oder mit Einwilligung des Betroffenen genutzt werden.

(4) ¹Für die Archivierung gelten die Vorschriften des Bayerischen Archivgesetzes. ²Die Anbietungspflicht bestimmt sich nach Maßgabe der nach Art. 6 Abs. 2 BayArchivG abzuschließenden Vereinbarung.

45 Zu Art. 45 (Berichtigung, Löschung und Sperrung von Daten)

45.1 Nach Abs. 1 Satz 1 sind personenbezogene Daten zu berichtigen, wenn sie entweder von Anfang an unrichtig waren oder nach ihrer Speicherung unrichtig geworden sind.

*45.2 Absatz 1 Satz 3 enthält eine **Berichtigungspflicht** gegenüber dem Empfänger übermittelter Daten für die Fälle, in denen sich personenbezogene Daten nach ihrer Übermittlung durch die Polizei als unrichtig erweisen und die Berichtigung zur Wahrung schutzwürdiger Interessen des Betroffenen erforderlich ist.*

*45.3 In Dateien suchfähig gespeicherte Informationen sind **zu löschen**, wenn ihre Speicherung unzulässig war (Abs. 2 Nr. 1) oder bei der zu bestimmten*

Art. 45

Fristen oder Terminen vorzunehmenden Überprüfung festgestellt wird, daß ihre Kenntnis für die speichernde Stelle nicht mehr erforderlich ist. In diesem Fall sind auch die zu dem Betroffenen geführten Akten zu vernichten.

*45.4 Statt der Löschung und Vernichtung sind die personenbezogenen Daten nach Abs. 3 **zu sperren**, d. h. zu kennzeichnen, um ihre weitere Verarbeitung oder Nutzung einzuschränken.*

*45.5 Für die **Archivierung polizeilicher Unterlagen** gelten die Vorschriften des Bayerischen Archivgesetzes. Der Umfang der den staatlichen Archiven nach Art. 6 Abs. 1 Satz 1 des Bayerischen Archivgesetzes anzubietenden Unterlagen ist in einer nach Art. 6 Abs. 2 des Bayerischen Archivgesetzes abzuschließenden Vereinbarung festzulegen. Hierdurch soll sichergestellt werden, daß tatsächlich nur die polizeilichen Unterlagen den staatlichen Archiven angeboten und von diesen übernommen werden, an deren Archivierung ein besonderes Interesse besteht. Für Unterlagen von geringerer Bedeutung und Routinefälle der Gefahrenabwehr gilt der Grundsatz „Vernichtung geht vor Aufbewahrung".*

Die Vorschrift des **Art. 45** regelt die Berichtigung, Sperrung, Löschung bzw. Vernichtung und Archivierung personenbezogener Daten durch die Polizei. Zum Begriff der personenbezogenen Daten s. RdNr. 4 der Vorbem. zu den Art. 30–49, zu den Begriffen Sperrung, Löschung und Vernichtung s. RdNrn 7 ff. der Vorbem. zu Art. 37. Die Berichtigung von Daten ist keine eigenständige Art der Datenveränderung (s. RdNr. 5 der Vorbem. zu Art. 37). Zur **Rechtsnatur** der Maßnahmen s. RdNr. 9 der Vorbem. zu Art. 37, zum **Rechtsschutz** ebenda RdNr. 13. Die Absätze 1 bis 3 begründen aus ihrer Schutzfunktion heraus jeweils klagbare **Ansprüche** des Betroffenen, auch wenn das dem Gesetzeswortlaut unmittelbar nicht zu entnehmen ist. Die in ihnen genannten Maßnahmen sind ungeachtet dessen nicht auf Antrag, sondern von Amts wegen vorzunehmen, sind also **Amtspflicht**, und, da vom Betroffenen weder beantragt noch sonst veranlaßt, gem. Art. 3 Abs. 1 Nr. 10 KG sämtlich **kostenfrei**. Abs. 4 bringt eine Verweisung in einen anderen Normbereich. 1

Abs. 1 befaßt sich mit der Pflicht zur und dem Anspruch auf Berichtigung personenbezogener Daten. Letzterer besteht für den Betroffenen, liegt aber auch im öffentlichen Interesse an der Aktualität und Brauchbarkeit gespeicherter Daten für die polizeiliche Aufgabenerfüllung, wenn die Daten zum Zeitpunkt der Speicherung unrichtig waren oder es nachher geworden sind (**Satz 1**). Die Berichtigung muß unverzüglich vorgenommen werden, damit der ihr zugrundeliegende Zweck erfüllt wird. **Unrichtig** sind die Daten, wenn die in ihnen enthaltenen Informationen nicht der Wirklichkeit entsprechen. Keine Rolle spielt dabei, ob es sich um einen Verarbeitungsfehler handelt, ob der 2

Art. 45

Fehler auf einem schuldhaften Verhalten beruht oder wer für ihn verantwortlich ist. Wertungen sind unrichtig, wenn die ihnen zugrundeliegenden Tatsachen unrichtig sind oder die Wertung in sich selbst unschlüssig ist bzw. gegen allgemein gültige Bewertungsmaßstäbe verstößt.

Zur **Durchsetzung des Anspruchs** muß der Betroffene gegenüber der speichernden Stelle darlegen, welche gespeicherten Daten unrichtig sind. Dazu ist es nicht notwendig, daß er die gespeicherten Daten im einzelnen genau bezeichnet; es reicht aus, wenn er die Daten umschreibt und ihre Unrichtigkeit darlegt. Ein lediglich auf Verdacht erhobener Berichtigungsanspruch genügt nicht, um die Überprüfungspflicht auszulösen. Die **Beweislast** für den Nachweis der Unrichtigkeit trifft grundsätzlich den Betroffenen, anders, wenn über ihn herabsetzende Informationen tatsächlicher Art gespeichert sind.

Die Berichtigung ist grundsätzlich **kostenfrei**, es sei denn, daß der Betroffene die Unrichtigkeit zu vertreten hat.

Satz 2 macht nach seinem Wortlaut zunächst deutlich, daß Berichtigungspflicht und Anspruch nach Satz 1 dem Grunde nach auch dann bestehen, wenn personenbezogene Daten in nichtautomatisierten Dateien oder in Akten, etwa Kriminalakten, erfaßt sind. Allerdings reicht es zur Berichtigung dann aus, in geeigneter Weise kenntlich zu machen, zu welchem Zeitpunkt und aus welchem Grund die zu berichtigenden Daten unrichtig geworden sind und welche anderen Daten an ihre Stelle treten. Die Berichtigung kann durch einen Aktenvermerk oder die Beinahme einer staatsanwaltschaftlichen Verfügung vorgenommen werden. Das entspricht dem allgemeinen Prinzip der Aktenvollständigkeit, bleibt aber hinter dem Schutz des in einer automatisierten Datei erfaßten Betroffenen deutlich zurück; eine gewisse Kompensation bietet die Löschungsvorschrift des Abs. 2, s. u. RdNr. 3.

Satz 3 richtet sich an die Polizeidienststelle, die personenbezogene Daten an andere Stellen übermittelt hat, und legt ihr die Pflicht zur unverzüglichen Datenberichtigung gegenüber der empfangenden Stelle auf, wenn dies zur Wahrung schutzwürdiger Interessen des Betroffenen erforderlich ist; zum Begriff des schutzwürdigen Interesses s. grundsätzlich RdNr. 5 zu Art. 40. Einzelfälle können etwa sein ein von der Polizei an andere Stellen übermittelter Verdacht auf begangene Straftaten, auch ein personenbezogener Hinweis (z. B. „bewaffnet", „gewalttätig", „HIV-infiziert"), nicht jedoch die bloße Tatsache eines Wohnungswechsels. Dem Sinn und Zweck nach muß die Regelung im übrigen auch dann eingreifen, wenn personenbezogene Daten gem. Abs. 2 gelöscht wurden. In allen übrigen Fällen steht die Benachrichtigung von Empfängern im pflichtgemäßen Ermessen der übermittelnden Stelle.

3 **Abs. 2** umfaßt eine detaillierte Regelung des Anspruchs auf Löschung suchfähig gespeicherter personenbezogener Daten sowie des Anspruchs auf Vernichtung polizeibehördlicher Akten. Daß es nach dem heutigen Stand der Technik in Dateien auch nicht suchfähig gespeicherte Daten geben soll, er-

scheint kaum vorstellbar. Die Vorschrift ist auf personenbezogene Daten in Akten oder Dateien, die die Polizei im Rahmen strafrechtlicher Ermittlungsverfahren oder von einer Straftat verdächtigen Personen gewonnen hat, dann nicht anzuwenden, wenn der der Speicherung zugrundeliegende Verdacht erloschen ist; in diesen Fällen wird sie von der Spezialnorm des Art. 38 Abs. 2 Satz 2 verdrängt (s. RdNr. 4 zu Art. 38). Wohl aber ist Art. 45 Abs. 2 einschlägig, wenn die nach Maßgabe von Art. 38 Abs. 2 Satz 1 vorgenommene Datenspeicherung nicht oder nicht mehr erforderlich war bzw. ist, ohne daß das etwas mit dem Wegfall des ihr zugrundeliegenden Verdachts zu tun hat. Hingegen gilt Art. 45 Abs. 2 nicht für die Vernichtung erkennungsdienstlicher Unterlagen, wofür Art. 14 Abs. 2 lex specialis ist, ferner nicht für die Löschung bzw. Vernichtung von Daten bzw. Unterlagen im Anschluß an eine Rasterfahndung; dafür ist allein Art. 44 Abs. 3 anzuwenden.

Ihrem Wortlaut nach setzt die Vorschrift voraus, daß die Daten bereits gespeichert sind. Dennoch wird man einen Schluß a maiore ad minus dergestalt ziehen müssen, daß die Vorschrift auch einen Abwehranspruch gegen eine geplante Speicherung enthält, wenn ein Bürger von der Absicht der Polizei erfährt, Daten zu seiner Person zu speichern, obwohl das zur polizeilichen Aufgabenerfüllung nicht erforderlich oder sonst unzulässig erscheint.

Die (Amts-)Pflicht zur Löschung bzw. Vernichtung und entsprechende Ansprüche Betroffener bestehen nach **Nr. 1**, wenn die Speicherung der Daten unzulässig war, sei es hinsichtlich des Ob (vgl. Art. 38), sei es hinsichtlich des Wie (vgl. Art. 37). Hierbei ist nach dem Wortlaut der Vorschrift auf den Zeitpunkt der Speicherung abzustellen.

Geht die Speicherung zu einem späteren Zeitpunkt ihrer Rechtmäßigkeit verlustig, greift **Nr. 2** ein. Maßstab ist hier die Erforderlichkeit des weiteren Vorhaltens der Daten zur Aufgabenerfüllung der speichernden Stelle. Weil, wie bereits erwähnt, erkennungsdienstliche Unterlagen überhaupt nicht und anläßlich strafrechtlicher Ermittlungsverfahren angefallene Daten dann nicht hierunter fallen, wenn der der Speicherung zugrundeliegende Verdacht entfallen ist, bleiben als Anwendungsgebiet der Vorschrift nur noch außerhalb derartiger Ermittlungsverfahren von der Polizei erhobene Daten übrig. Zur polizeilichen Aufgabenerfüllung in diesem Zusammenhang s. Art. 31 Abs. 1 Nrn 1 bis 4, speziell zur Erforderlichkeit RdNr. 5 zu Art. 31.

Termine und Fristen für eine Überprüfung der weiteren Erforderlichkeit der Speicherung bzw. Aktenführung sind nach Art. 37 Abs. 3 zu bestimmen, wobei die Regelungen in Art. 38 Abs. 2 Sätze 3 bis 5 entsprechend gelten. Daneben ist die Erforderlichkeit anläßlich jeder Bearbeitung eines einzelnen Vorgangs zu überprüfen.

Liegen die Voraussetzungen von **Abs. 3 Satz 1** vor, entstehen die Ansprüche aus Abs. 2 sowie die entsprechenden Amtspflichten nicht. **4**

Nr. 1 greift ein, wenn Grund zu der Annahme besteht, daß durch die Löschung bzw. Vernichtung schutzwürdige Interessen (zu diesem Begriff s. RdNr. 5 zu Art. 40) des Betroffenen beeinträchtigt würden. Gedacht ist nach der amtl. Begründung 1990 an die Beweisfunktion von Daten oder Akten in anhängigen Zivilrechtsstreitigkeiten oder Strafverfahren, was in **Nr. 2** verdeutlicht wird. **Beweisnot** liegt vor, wenn ein entscheidungserheblicher Beweis in einem an Beweisgrundsätze gebundenen Verfahren – hierzu zählen alle gerichtlichen Verfahren und die in Art. 9 BayVwVfG geregelten Verwaltungsverfahren, s. dazu Art. 26 BayVwVfG – ohne die Verwendung der gespeicherten Daten nicht erbracht werden kann, ihre Verwendung mithin unerläßlich ist. Dabei muß es sich nach dem Wortlaut der Nr. 2 nicht ausschließlich um einen Beweisnotstand des Betroffenen handeln.

Unerläßlich sind die Daten oder Akten zur Behebung der Beweisnot im konkreten Fall dann, wenn die Beweisnot nur durch ihre Vorlage oder Nutzung behoben werden kann und hierzu keine anderen, wenn auch vielleicht umständlicheren Möglichkeiten zur Verfügung stehen. Besteht die Beweisnot für den Betroffenen, so kann er sich nach seiner Wahl sowohl auf Nr. 2 als auch auf Nr. 1 berufen, wobei die Voraussetzungen der Nr. 1 für ihn nicht so hoch sind wie jene der Nr. 2.

Wissenschaftliche Zwecke im Sinne von **Nr. 3** können von privaten oder öffentlichen Forschungseinrichtungen und Einzelpersonen geltend gemacht werden. Die wissenschaftliche Tätigkeit muß unabhängig durchgeführt werden können und sich anerkannter wissenschaftlicher Methoden bedienen. Eine Erforderlichkeit der Nutzung personenbezogener Daten zu wissenschaftlichen Zwecken ist namentlich dann nicht gegeben, wenn diese Zwecke auch mit nicht personenbezogenen, sog. anonymisierten Daten (zum Begriff der Anonymisierung s. Art. 4 Abs. 8 BayDSG) erreicht werden können, was in aller Regel anzunehmen, andernfalls vom Antragsteller schlüssig zu widerlegen ist. Dies alles zu beurteilen ist für die speichernde Polizeidienststelle häufig schwierig. Zudem ist im Hinblick auf die vom Grundgesetz garantierte Freiheit von Forschung und Lehre auch bei einer pauschalen Prüfung eines entsprechenden Nutzungsbegehrens Zurückhaltung geboten. Es handelt sich um ein allgemeines datenschutzrechtliches Problem, für das es Patentlösungen nicht geben kann. Sachgerecht dürfte es sein, auf diejenigen Grundsätze zurückzugreifen, die inzwischen für die Datenübermittlungspraxis im Melderecht entwickelt wurden. Hier werden die genaue Beschreibung des jeweiligen Forschungsvorhabens, die Belehrung des eingesetzten Personals zur Verschwiegenheit, das Verbot personenbezogener Veröffentlichungen und anderes mehr gefordert.

Nr. 4 erfaßt die Fälle, in denen eine Löschung bzw. Vernichtung wegen der besonderen Art der Speicherung nicht oder nur mit unverhältnismäßig hohem Aufwand möglich ist. Als Beispiel läßt sich die Löschung nur einer Person auf einem Film als Datenträger anführen, auf dem mehrere Personen gespeichert sind. Der unverhältnismäßig hohe Aufwand kann personeller oder auch sächlicher Art sein.

Verhindert ein in den Nrn 1 bis 4 des Satzes 1 normierter Grund die Löschung bzw. Vernichtung, so sind die Daten gem. **Satz 2** zu sperren. Hierin liegt wieder eine Amtspflicht und gleichzeitig ein Anspruch des Betroffenen. Eine ergänzende Geltung der übrigen Sperrmöglichkeiten nach dem allgemeinen Datenschutzrecht (s. Art. 12 Absätze 2 bis 7 BayDSG) verträgt sich nicht mit dem System des bereichsspezifischen Datenschutzes (s. RdNr. 2 zu Art. 49) und ist daher abzulehnen (a. A. Bäumler in Lisken/Denninger, Teil J, RdNrn 86 ff. und 747 f.). Die technische Durchführung der Sperrung im einzelnen ist Sache der speichernden Behörde. Entsprechendes gilt für Akten. Gesperrte Daten unterliegen der Berichtigungspflicht. Sie sind nach Abs. 2 zu löschen, und zwar in den Fällen der Nrn 1 und 2 uneingeschränkt, bei Nr. 3, sobald die wissenschaftliche Nutzung beendet ist, und bei Nr. 4, sobald die darin genannten Gründe entfallen. Zum Auskunftsanspruch des Betroffenen s. RdNr. 2 zu Art. 48. Die Daten dürfen im übrigen nach Maßgabe des **Satzes 3** nur noch eingeschränkt genutzt werden. Der Begriff der Nutzung erfaßt an sich gerade nicht die Verarbeitung der Daten (vgl. RdNr. 4 der Vorbem. zu Art. 37), andererseits will das Sperren der Daten begrifflich und von seinem Sinn her auch deren weitere Verarbeitung, insbesondere ihre Übermittlung, einschränken (s. Art. 4 Abs. 6 Satz 2 Nr. 4 BayDSG). Dieser Widerspruch läßt sich nur so auflösen, daß im Wege der ergänzenden Auslegung dem Wort „genutzt" in Satz 3 gedanklich hinzuzufügen ist: „oder verarbeitet".

Die Nutzung bzw. Verarbeitung ist gem. Satz 3 nur zu den in Satz 1 Nrn 2 und 3 genannten Zwecken oder mit Einwilligung des Betroffenen statthaft. Hinsichtlich der Anforderungen an die Einwilligung gilt Art. 15 Abs. 1 Nr. 2 i. Verb. m. Abs. 2 bis 4 BayDSG unmittelbar. Zu achten ist dabei auf Sonderregelungen bezüglich der Datennutzung zu wissenschaftlichen Zwecken (s. Satz 1 Nr. 3).

Nach **Abs. 4** gelten für die Archivierung personenbezogener Daten die Vorschriften des Bayerischen Archivgesetzes. S. hierzu Nr. 45.5 VollzB. Die dort in Satz 1 erwähnte Vereinbarung ist bedauerlicherweise immer noch nicht getroffen worden. Es wäre sehr zu wünschen, daß das öffentliche Interesse an der historischen Forschung entgegen der bedauerlichen Tendenz der VollzB auch in der Polizei mehr als bisher bedacht und berücksichtigt würde, wenn es um die Erhaltung von Dateien über spektakuläre Ereignisse oder, vor allem, von Altaktenbeständen etwa aus dem 19. Jahrhundert, dem Dritten Reich oder der Wiederaufbauphase nach dem 2. Weltkrieg geht. Hier droht leider vielfach wertvollen, gerade lokalhistorischen Quellen leichtfertige Vernichtung; die Oberste Dienstbehörde sollte dringlich das Ihre tun, um insoweit bei den Polizeidienststellen einen Bewußtseinswandel herbeizuführen.

5

Art. 46
Automatisiertes Abrufverfahren

(1) ¹Die Einrichtung eines automatisierten Verfahrens, das die Übermittlung personenbezogener Daten durch Abruf ermöglicht, ist zulässig, soweit dieses Verfahren unter Berücksichtigung der schutzwürdigen Interessen der Betroffenen und der Erfüllung polizeilicher Aufgaben angemessen ist. ²Der Abruf durch andere als Polizeidienststellen ist nur auf Grund besonderer Rechtsvorschriften zulässig.

(2) ¹Protokollbestände, die nach Abfrage nach Absatz 1 eingerichtet worden sind, dürfen zu Zwecken der Kriminalitätsbekämpfung und der Datensicherung ausgewertet werden. ²Die Auswertung für Zwecke der Kriminalitätsbekämpfung bedarf einer Anordnung der in Art. 33 Abs. 5 genannten Dienststellenleiter. ³Die Speicherungsdauer einer protokollierten Abfrage darf den Zeitraum eines Jahres nicht übersteigen.

(3) Das Staatsministerium des Innern kann mit anderen Ländern und dem Bund einen Datenverbund vereinbaren, der eine automatisierte Datenübermittlung ermöglicht.

46 Zu Art. 46 (Automatisiertes Abrufverfahren)

46.1 Absatz 1 Satz 1 regelt die Zulässigkeit der Einrichtung von automatisierten Verfahren, die die Übermittlung personenbezogener Daten durch maschinellen Abruf ermöglichen **(sogenanntes on-line-Verfahren).** *Anwendungsfälle des on-line-Verfahrens sind insbesondere der Abruf von Daten aus dem Melderegister (§ 8 BayMeldeDÜV), dem Ausländerzentralregister und dem Kraftfahrtbundesamt (ZEVIS), sowie polizeiinterne automatisierte Abrufe zwischen dem Landeskriminalamt und den Polizeidienststellen (vgl. Nr. 40.1).*

46.2 (Infolge Gesetzesänderung nicht mehr anwendbar)

46.3 Protokollbestände, die nach einer automatisierten Abfrage eingerichtet worden sind, dienen vorwiegend der Datensicherung. Abs. 3 (jetzt Abs. 2) läßt jedoch in Einzelfällen die Auswertung der Protokollbestände zu Zwecken der Kriminalitätsbekämpfung zu. Die Auswertung für Zwecke der Kriminalitätsbekämpfung bedarf einer Anordnung der in Art. 33 Abs. 5 genannten Dienststellenleiter.

46.4 Absatz 4 (jetzt Abs. 3) gibt dem Staatsministerium des Innern die Befugnis, mit den Polizeien der anderen Länder und des Bundes, insbesondere dem Bundeskriminalamt einen Datenverbund (z. B. Inpol, Bundes-KAN) zu vereinbaren, der eine automatisierte Datenübermittlung ermöglicht.

1 Art. 46 wurde durch Art. 38 Abs. 5 Nr. 1 BayDSG geändert. Der bisherige Absatz 2 ist ersatzlos entfallen, Absatz 3 wurde zu Absatz 2 und Absatz 4 zu Absatz 3. Damit ist auch Nr. 46.2 VollzB obsolet geworden. Der bisher notwendigen schriftlichen Festlegung technischer und organisatorischer Sicherungseinrichtungen (vgl. Art. 7 BayDSG) wie Zugangs-, Abgangs- und Speicherkontrollen durch die für die Einrichtung eines automatisierten Abrufverfahrens verantwortliche Polizeidienststelle bedarf es künftig nicht mehr.

Im Bereich der Datenübermittlung entscheidet grundsätzlich die angegangene Stelle über die Herausgabe ihr anvertrauter Daten (vgl. Art. 39 Abs. 1 Satz 1, andererseits aber RdNr. 3 zu Art. 42). Es entspricht einem Grundsatz des allgemeinen Datenschutzrechts, daß es an ihr ist, die rechtliche Zulässigkeit der Übermittlung zu überprüfen und sodann die Übertragung vorzunehmen oder zu verweigern. In gesetzlich umschriebenen Ausnahmefällen ist diese Prüfungsbefugnis eingeschränkt. So bestimmt etwa Art. 39 Abs. 1 Satz 3, daß die übermittelnde Polizeidienststelle bei Übermittlungsersuchen anderer öffentlicher Stellen nur prüft, ob das Ersuchen im Rahmen der Aufgaben des Empfängers liegt. Ein gleiches gilt gem. Art. 42 Abs. 2 Satz 2, wenn die Polizei andere öffentliche Stellen um Datenübermittlung ersucht, es sei denn, daß im Einzelfall Anlaß zur Prüfung der Rechtmäßigkeit des Ersuchens besteht. Wird nun einer anderen Stelle **mittels eines automatisierten Abrufverfahrens** ein sog. **on-line-Zugriff** ermöglicht, so bedeutet das, daß die abgebende Stelle im Verfahrensablauf keinerlei Einfluß mehr auf die Datenübertragung hat. Die Verantwortung für die Rechtmäßigkeit der Übermittlung trägt dann konsequenterweise der Empfänger. Praktische **Hauptanwendungsfälle** im Polizeibereich sind derzeit on-line-Anschlüsse der Polizei bei den Meldebehörden, dem Ausländerzentralregister und dem Kraftfahrtbundesamt (ZEVIS), polizeiintern die automatisierten Abrufmöglichkeiten zwischen dem Landeskriminalamt und den Dienststellen über den Fahndungsbestand (INPOL), den Kriminalaktennachweis (KAN) und zu verschiedenen Dateien des Bundeskriminalamts. **Art. 46** trifft hierzu generelle Regelungen, soweit es sich um personenbezogene Daten (zum Begriff s. RdNr. 4 der Vorbem. zu den Art. 30–49) handelt.

Die Einrichtung eines automatisierten Abrufverfahrens ist nach **Abs. 1 Satz 1** zulässig, soweit dieses Verfahren unter Berücksichtigung der schutzwürdigen Interessen der Betroffenen und der Erfüllung polizeilicher Aufgaben angemessen ist. Zum Begriff der schutzwürdigen Interessen s. RdNr. 5 zu Art. 40, die Aufgaben der Polizei enthält Art. 2, hierzu gehört auch die vorbeugende Bekämpfung von Straftaten (s. RdNr. 17 zu Art. 2). Angemessen ist die Einrichtung dann, wenn sie in einer Abwägung zwischen den Interessen der Betroffenen und dem Interesse der Öffentlichkeit an der Aufrechterhaltung von öffentlicher Sicherheit oder Ordnung zur Gefahrenabwehr tauglich, erforderlich und verhältnismäßig erscheint. Das ist für die o. in RdNr. 2 erwähnten beispielhaften Fälle ohne weiteres zu bejahen. Die von einer Angst vor dem sog. Überwachungsstaat getriebene Gegenposition (vgl. für alle Bäumler in

Art. 46

Lisken/Denninger, Teil J, RdNrn 742 ff.) verkennt schlicht, daß das Recht auf informationelle Selbstbestimmung nicht als einziges Grundrecht schrankenlos sein kann (s. RdNr. 2 der Vorbem. zu den Art. 30–49). Zu Recht weisen Honnacker/Beinhofer (Erl. 1 zu Art. 46) darauf hin, daß ein online-Anschluß nicht nur dem Interesse der Polizei, sondern auch dem des Betroffenen dient, nämlich dergestalt, daß ein polizeilicher Verdacht schnellstmöglich ausgeräumt werden kann, oder eben seine Bestätigung findet.

Satz 2 betrifft den on-line-Zugriff anderer öffentlicher Stellen auf einen bei einer Polizeidienststelle vorgehaltenen Bestand personenbezogener Daten. Für ihn bedarf es jeweils einer besonderen Rechtsgrundlage.

4 **Protokollbestände** im Sinne von **Abs. 2** sind Aufzeichnungen über erfolgte on-line-Abfragen. Vorwiegend dienen sie dem Zweck der Datensicherung und der Dienstaufsicht, dürfen jedoch unter den im Gesetz festgelegten Voraussetzungen auch zur Kriminalitätsbekämpfung ausgewertet werden. Dazu gehört sowohl die präventive Gefahrenabwehr als auch die Verfolgung von Straftaten. Für eine Auswertung lediglich zu Datensicherungszwecken ist eine Anordnung der in Art. 33 Abs. 5 genannten Dienststellenleiter nicht erforderlich. Näher zum sog. **Dienststellenleitervorbehalt** s. RdNr. 8 zu Art. 33; die Formvorschriften von Art. 33 Abs. 5 Sätze 3 und 4 sind analog anzuwenden.

5 **Abs. 3** der Vorschrift enthält eine Befugnis des Staatsministeriums des Innern, mit den Polizeien der anderen Länder und dem Bund, insbesondere dem Bundeskriminalamt, einen Datenverbund zu vereinbaren, der eine automatisierte Datenübermittlung ermöglicht. Beispiele dazu enthält Nr. 46.4 VollzB.

Art. 47
Errichtungsanordnung für Dateien

(1) ¹Für den erstmaligen Einsatz von automatisierten Verfahren, mit denen personenbezogene Daten verarbeitet werden, ist in einer Errichtungsanordnung, die der Zustimmung des Staatsministeriums des Innern bedarf, festzulegen:
1. speichernde Stelle,
2. Bezeichnung der Datei,
3. Zweck der Datei,
4. betroffener Personenkreis,
5. Art der zu speichernden Daten,
6. Eingabeberechtigung,
7. Zugangsberechtigung,
8. regelmäßige Datenübermittlungen,
9. Überprüfungsfristen, Speicherungsdauer,
10. Protokollierung des Abrufs.

²Nach der Zustimmung des Staatsministeriums des Innern ist die Errichtungsanordnung dem Landesbeauftragten für den Datenschutz mitzuteilen. ³Das gleiche gilt für wesentliche Änderungen des Verfahrens. ⁴Art. 26 und 27 des Bayerischen Datenschutzgesetzes finden keine Anwendung.

(2) Die speichernde Stelle hat in angemessenem Abstand die Notwendigkeit der Weiterführung oder Änderung ihrer Dateien zu prüfen.

(3) Das Staatsministerium des Innern kann hierzu Rahmenregelungen durch Verwaltungsvorschrift erlassen.

47 Zu Art. 47 (Errichtungsanordnung für Dateien)

47.1 Für den erstmaligen Einsatz von automatisierten Verfahren, mit denen personenbezogene Daten verarbeitet werden, sind in einer Errichtungsanordnung die in Abs. 1 Satz 1 Nr. 1 bis 10 genannten inhaltlichen und verfahrensrechtlichen Voraussetzungen für den Betrieb der Datei festzulegen. Automatisierte Verfahren sind solche, in denen wesentliche Verfahrensschritte (z. B. Erfassung, Speicherung, Übermittlung, Veränderung) für einen bestimmten polizeilichen Aufgabenbereich (z. B. Vorgangsverwaltung, Ermittlungsunterstützung, Gefahrenabwehr und Strafverfolgung) mit Hilfe programmgesteuerter Geräte ablaufen.

*47.2 Die Errichtungsanordnung bedarf der **Zustimmung des Staatsministeriums des Innern**. Hat das Staatsministerium des Innern dem erstmaligen Einsatz für einen bestimmten Aufgabenbereich zugestimmt, so kann es andere Polizeidienststellen ermächtigen, **im Rahmen der ergangenen Errichtungsanordnung** Dateien selbst einzurichten.*

Art. 47

47.3 Neben der Zustimmung des Staatsministeriums des Innern ist eine datenschutzrechtliche Freigabe nach Art. 26 Abs. 2 BayDSG nicht erforderlich.

47.4 Die Notwendigkeit der Weiterführung oder Änderung ihrer Dateien hat die speichernde Stelle eigenverantwortlich in angemessenen Abständen zu prüfen.

1 Art. 25 Abs. 1 BayDSG weist für die gesamte bayerische Verwaltung der jeweiligen obersten Dienstbehörde die Verantwortung für den Datenschutz in ihrem Bereich zu. Diesen Gedanken verfolgt **Art. 47** weiter. Die Vorschrift wurde durch Art. 38 Abs. 5 Nr. 2 BayDSG geändert: In Abs. 1 Satz 4 heißt es statt „Art. 26 Abs. 2" jetzt „Art. 26 und 27...". Die Norm stellt insbesondere sicher, daß bayerische Polizeidienststellen automatisierte Dateien ohne datenschutzrechtliche Prüfung durch das Staatsministerium des Innern nicht errichten können. Sie eröffnet daneben dem Landesbeauftragten für den Datenschutz die Möglichkeit, seiner Verantwortung als externes Kontrollorgan des Datenschutzes im Bereich der Polizei nachzukommen.

2 Nach Maßgabe von **Abs. 1** bedarf es für den erstmaligen Einsatz von automatisierten Verfahren, mit denen personenbezogene Daten verarbeitet werden, zunächst einer Errichtungsanordnung. Sie muß zwingend materielle und verfahrensregelnde Vorschriften nach **Satz 1** Nrn 1 bis 10 enthalten. **Zum Erlaß** einer solchen Anordnung ist regelmäßig diejenige Stelle **befugt,** die ein neues automatisiertes Datenverarbeitungsverfahren erstmals einsetzen will. Näheres regelt das Staatsministerium des Innern durch Verwaltungsvorschrift (s. u. Abs. 3). Hat es dem erstmaligen Einsatz für einen bestimmten Aufgabenbereich zugestimmt, so kann es andere Polizeidienststellen ermächtigen, im Rahmen der ergangenen Errichtungsanordnung Dateien selbst einzurichten. Die notwendige Zustimmung des Staatsministeriums des Innern stellt zugleich die gem. Art. 26 BayDSG erforderliche Freigabe dar. Des Führens eines Verzeichnisses durch die errichtende Stelle nach Art. 27 BayDSG bedarf es nicht **(Satz 4).**

Automatisierte Verfahren im Sinne von Art. 47 sind nicht nur Abrufverfahren nach Art. 46, sondern allgemein Verarbeitungsverfahren, bei denen wesentliche Teile mittels programmgesteuerter Geräte ablaufen, vgl. Nr. 47.1 VollzB.

Nach der Zustimmung des Staatsministeriums des Innern ist die Errichtungsanordnung dem Landesbeauftragten für den Datenschutz mitzuteilen **(Satz 2),** um diesem die Möglichkeit der Einflußnahme noch vor der endgültigen Verwirklichung des Vorhabens zu eröffnen und ihm die nötigen Informationen für seine Kontrolltätigkeit zu verschaffen.

Eine Errichtungsanordnung mit Zustimmung des Staatsministeriums des Innern und die anschließende Mitteilung an den Landesbeauftragten für den Datenschutz ist gem. **Satz 3** auch dann notwendig, wenn das bestehende automatisierte Verfahren wesentlich geändert wird. Die wesentlichen Änderungen müssen dabei die verarbeiteten Datenarten oder die regelmäßige Datenübermittlung betreffen. So bedarf beispielsweise die übermittelnde Behörde zur Errichtung eines Terminalanschlusses bei der Empfängerstelle jeweils einer zustimmungs- und mitteilungspflichtigen Anordnung.

Abs. 2 formuliert als Ausfluß des verfassungsrechtlichen Übermaßverbots die Verpflichtung der speichernden Stelle, in angemessenen zeitlichen Abständen die Notwendigkeit der Weiterführung oder Änderung ihrer Dateien zu überprüfen. Handelt es sich hierbei um Akten eines laufenden Strafverfahrens, obliegt eine Entscheidung hierüber der Staatsanwaltschaft. **3**

Für die Prüfung nach Abs. 2 wie auch zu den in Abs. 1 einzeln vorgegebenen Verfahrungsschritten kann das Staatsministerium des Innern Rahmenregelungen durch Verwaltungsvorschrift erlassen, s. **Abs. 3.** **4**

Art. 48
Auskunftsrecht

(1) ¹Die Polizei erteilt dem Betroffenen auf Antrag über die zu seiner Person gespeicherten Daten Auskunft. ²In dem Antrag sollen die Art der personenbezogenen Daten, über die Auskunft erteilt werden soll, und der Grund des Auskunftsverlangens näher bezeichnet werden. ³Die Polizei bestimmt das Verfahren, insbesondere die Form der Auskunftserteilung, nach pflichtgemäßem Ermessen.

(2) Die Auskunft unterbleibt, soweit
1. eine Gefährdung der Aufgabenerfüllung durch die Auskunftserteilung, insbesondere eine Ausforschung der Polizei, zu besorgen ist,
2. die Auskunft die öffentliche Sicherheit oder Ordnung gefährden oder dem Wohle des Bundes oder eines Landes Nachteile bereiten würde, oder
3. die Daten oder die Tatsache ihrer Speicherung nach einer Rechtsvorschrift oder ihrem Wesen nach, insbesondere wegen der überwiegenden berechtigten Interessen eines Dritten, geheimgehalten werden müssen, und das Interesse des Betroffenen an der Auskunftserteilung nicht überwiegt.

(3) ¹Die Ablehnung der Auskunftserteilung bedarf keiner Begründung. ²Wird die Auskunft verweigert, ist der Betroffene darauf hinzuweisen, daß er sich an den Landesbeauftragten für den Datenschutz wenden kann.

(4) ¹Wird dem Betroffenen keine Auskunft erteilt, so ist sie auf sein Verlangen dem Landesbeauftragten für den Datenschutz zu erteilen, soweit nicht das Staatsministerium des Innern im Einzelfall feststellt, daß dadurch die Sicherheit des Bundes oder eines Landes gefährdet würde. ²Die Mitteilung des Landesbeauftragten an den Betroffenen darf keine Rückschlüsse auf den Erkenntnisstand der Polizei zulassen, sofern diese nicht einer weitergehenden Auskunft zustimmt.

48   Zu Art. 48 (Auskunftsrecht)

48.1   Auf Antrag ist dem Betroffenen Auskunft über die zu seiner Person gespeicherten Daten zu erteilen (Abs. 1 Satz 1).

48.2   In dem Antrag sollen die Art der personenbezogenen Daten, über die Auskunft erteilt werden soll, und der Grund des Auskunftsverlangens näher bezeichnet werden. Geschäftsfähigkeit ist nicht erforderlich, wohl aber Einsichts- und Urteilsfähigkeit.

48.3   Das Verfahren, insbesondere die Form der Auskunftserteilung, wird von den Polizeipräsidien und dem Landeskriminalamt nach den Richtlinien über die Führung kriminalpolizeilicher Sammlungen bestimmt. Kosten für die Auskunftserteilung werden von der Polizei nicht erhoben (Art. 76).

48.4   Absatz 2 enthält eine Aufzählung von **Versagungsgründen,** *in denen eine Auskunft unterbleibt. Soweit der Versagungsgrund nur für einen Teil der*

Art. 48

gespeicherten personenbezogenen Daten gilt, ist im übrigen eine Auskunft zu erteilen *(sogenannte Teilauskunft)*.

*48.5 Wird die Auskunftserteilung bei Vorliegen eines Versagungsgrundes abgelehnt, bedarf die Ablehnung **keiner Begründung**. Der Betroffene ist jedoch nach Abs. 3 Satz 2 darauf hinzuweisen, daß er sich an den Landesbeauftragten für den Datenschutz wenden kann.*

*48.6 Unterbleibt die Auskunft, so ist sie **auf Verlangen** dem Landesbeauftragten für den Datenschutz zu erteilen. Dieser bestätigt entweder die Auskunftsverweigerung oder erteilt die beantragte Auskunft oder regt die Löschung des betreffenden Datensatzes an.*

48.7 Art. 48 gilt nicht für den Bereich der Strafverfolgung (vgl. auch Art. 8 Abs. 2 Nr. 3 BayDSG), da insoweit die besonderen Regelungen des Strafverfahrensrechts Anwendung finden.

Der **Anwendungsbereich** des **Art. 48** umfaßt nicht die Daten eines laufenden Strafverfahrens, weil insoweit die Vorschriften des Strafverfahrensrechts Anwendung finden (vgl. Nr. 48.7 VollzB). Im übrigen erstreckt er sich sowohl auf die in Dateien gespeicherten als auch auf die in Akten erfaßten personenbezogenen Daten (s. näher u. RdNr. 2; zum Begriff der personenbezogenen Daten s. RdNr. 4 der Vorbem. zu den Art. 30–49). Die systematische Einordnung der Norm hinter den diese Gleichbehandlung für den gesamten Unterabschnitt „Datenverarbeitung" festschreibenden Art. 37 ff. macht dies deutlich. Art. 10 BayDSG wird vollständig verdrängt (vgl. BayVGH in BayVBl 1991, 467 zu Art. 8 BayDSG a. F.).

Seiner Art nach ist der Auskunftsanspruch aus **Art. 48** eine besonders augenfällige Ausformung der verfassungsrechtlichen Garantie der Menschenwürde. Das Recht auf informationelle Selbstbestimmung umfaßt auch die Möglichkeit für den Bürger, sich zu jeder Zeit darüber zu informieren, welche öffentliche Stelle was über ihn weiß. Andererseits ist, wie bereits erwähnt, die Herrschaft des einzelnen über die eigenen Daten keine unumschränkte, gerade wenn es um die Verbrechensbekämpfung geht (s. RdNr. 2 der Vorbem. zu den Art. 30–49). Der Gesetzgeber kann daher das Auskunftsrecht unter Beachtung des Verhältnismäßigkeitsgrundsatzes näher ausgestalten und es auch in bestimmten Bereichen ausschließen, wie er es in Abs. 2 getan hat. Allgemein hierzu s. Mayer-Retzner, Auskunft aus Dateien der Sicherheits- und Strafverfolgungsorgane, 1994.

Begrifflich ist die Auskunft nach Art. 48 nicht als Datenübermittlung anzusehen, weil die Daten hierbei nicht an Dritte, sondern an den Betroffenen selbst transferiert werden (vgl. die Definition des Übermittelns in Art. 4 Abs. 6 Satz 2 Nr. 3 BayDSG).

Der **Aufbau der Vorschrift** ist folgender: Anspruchsgrundlage (Ob) ist Abs. 1 Satz 1. Diese Norm entfaltet jedoch keine Wirksamkeit, wenn die Vor-

Art. 48

aussetzungen des Absatzes 2 vorliegen. Abs. 1 Satz 3 enthält die generelle Regelung zum Verfahren der Auskunftserteilung, also zum Wie. Abs. 1 Satz 2 regelt näher, was der Auskunftsbegehrende bei seiner Antragstellung auf Auskunft zu beachten hat, ist also ebenso Verfahrensvorschrift (Wie) wie die Absätze 3 und 4, die nähere Regelungen für den Fall enthalten, daß die Polizei die Erteilung der Auskunft ablehnt.

2   **Abs. 1** enthält in **Satz 1** zunächst den Auskunftsanspruch des Betroffenen als subjektives öffentliches Recht. Zum Begriff des Betroffenen s. RdNr. 4 der Vorbem. zu den Art. 30–49. Der Auskunftsanspruch ist höchstpersönlicher Natur und damit nicht übertragbar. Er kann aber durch einen Vertreter ausgeübt werden, was indes nicht bedeutet, daß es ausreicht, wenn der Antragsteller Rechtsanwalt ist und als solcher tätig wird; er kann den Antrag nicht aus eigenem Recht, sondern allein in Vertretung des Betroffenen nach Maßgabe von Art. 14 BayVwVfG stellen (vgl. BVerwG in DVBl 1984, 1078). Hinsichtlich der zu fordernden Handlungsfähigkeit des Anspruchstellers gilt wie in jedem anderen Verwaltungsverfahren grundsätzlich Art. 12 BayVwVfG; weil es hier ausschließlich um personenbezogene Daten geht, gelten die Nrn 3 und 4 von dessen Abs. 1 nicht. Nr. 48.2 VollzB, wonach Einsichts- und Urteilsfähigkeit ausreicht, ist mit dieser formalgesetzlich bestimmten Rechtslage nicht vereinbar und damit rechtlich obsolet.

Gegenstand der Auskunft sind sowohl in Akten als auch in Dateien gespeicherte, auf die Person des Betroffenen bezogene Daten (vgl. o. RdNr. 1), auch wenn diese Daten gesperrt sind. Dem Auskunftsanspruch unterliegt der Inhalt eines Datensatzes, nicht aber Organisationsmerkmale, wenn letztere lediglich der inneren Organisation der Datei dienen, und auch nicht der Inhalt einer Kriminalakte im vollen Wortlaut (BayVGH in BayVBl 1996, 405). **Erkennungsdienstliche Unterlagen** sind keine Daten im Sinne von Art. 30 ff. (s. RdNr. 4 der Vorbem. zu den Art. 30–49). Dennoch unterwirft sie der BayVGH dem Auskunftsanspruch des Art. 48 (BayVGH in BayVBl 1991, 467). Bereits gelöschte Daten können schon nach dem Gesetzeswortlaut nicht mehr Auskunftsgegenstand sein (vgl. VGH Mannheim in DVBl 1992, 1309/1311). Die Frage, ob auch die Bezeichnung der Dateien, in denen personenbezogene Daten des Betroffenen gespeichert sind, Auskunftsgegenstand sein kann, wird allgemein vom VGH Kassel (in DÖV 1991, 806) bejaht; dem dürfte zuzustimmen sein. Denn das Recht auf informationelle Selbstbestimmung verlangt hier Transparenz für den Betroffenen auch dahingehend, wo Daten über ihn überall gespeichert sind.

3   Ein in der Praxis immer wieder auftauchendes Problem ist, ob Art. 48 auch zu Auskünften über Personen berechtigt und ggf. verpflichtet, von denen die Daten stammen oder an die Daten übermittelt worden sind.

Daß Adressaten einer erfolgten Datenübermittlung vom Auskunftsanspruch nicht erfaßt werden, läßt sich verhältnismäßig leicht daraus herleiten, daß der

Gesetzgeber die entsprechende Bestimmung des Art. 8 Abs. 1 Satz 1 Fall 2 BayDSG a. F. seinerzeit gerade nicht in das PAG übernommen hat. Damit bleibt auch für eine analoge Anwendung von Art. 48 mangels planwidriger Lücke kein Raum, die entgegenstehende Auffassung des BayVGH in BayVBl 1991, 467 erweist sich als methodisch nicht haltbar (wie hier im Ergebnis Honnacker/Beinhofer Erl. 1 zu Art. 48).

Stete Aktualität weist aber in erster Linie die erstgenannte Problemstellung auf, die dahingehend lautet, ob unter den Voraussetzungen von Art. 48 die **Identität möglicher Informanten oder V-Leute** der Polizei preisgegeben werden kann. Dies ist abzulehnen. Denn auch hier muß aus der Entstehungsgeschichte zwingend geschlossen werden, daß der Gesetzgeber derartige Auskünfte gerade nicht in den seinerzeit neuen Art. 48 mit hineinnehmen wollte (s. im einzelnen Köhler in BayVBl 1993, 748), mit der Folge, daß allenfalls eine Datenübermittlung gem. Art. 41 Abs. 2 in Betracht kommt, s. dort RdNr. 3.

Wie aus der Formulierung „**erteilt**" erhellt, ist der Polizei im Gegensatz zum vorherigen Rechtszustand kein Ermessen mehr belassen, ob oder in welchem Umfang sie Auskunft erteilen will. Liegen die Voraussetzungen von Abs. 1 Satz 1 vor und jene von Abs. 2 nicht, hat die Auskunftserteilung zu erfolgen. Zur gerichtlichen Überprüfbarkeit s. u. RdNr. 11. **4**

Die Erteilung der Auskunft setzt einen **Antrag** des Betroffenen voraus, der mangels hierfür im Gesetz enthaltenen Erfordernisses keiner besonderen Form bedarf. Den Inhalt des Antrags und damit den Umfang der begehrten Auskunft kann der Betroffene nach Maßgabe der Soll-Vorschrift des **Satzes 2** selbst bestimmen. Er ist aber nach Satz 2 gehalten, seinen Antrag so gut wie möglich zu präzisieren, um die Auskunft nicht unnötig zu erschweren. Die Auskunftserteilung darf indes nicht deshalb verweigert werden, weil der Antrag den in diesem Satz enthaltenen formalen Erfordernissen nicht entspricht; die jeweilige Polizeibehörde hat lediglich die Möglichkeit, in geeigneter Weise auf die Erfüllung dieser Anforderungen hinzuwirken. **5**
Satz 3 stellt das Verfahren der Auskunftserteilung, insbesondere deren Form, in das pflichtgemäße Ermessen der Polizei. Damit ist das Wie, nicht das Ob der Auskunftserteilung angesprochen. Der angegangenen Dienststelle obliegt dabei im Hinblick auf das Datengeheimnis (Art. 14 BayDSG) die Pflicht zu besonderer Sorgfalt. So wird, vor allem bei fernmündlichen Auskunftsersuchen, stets sicherzustellen sein, daß wirklich nur der Betroffene über seine Daten Auskunft erhält. Wie dies im einzelnen geschieht, ist von der jeweiligen Dienststelle zu verantworten. Unumgänglich hierzu ist es jedenfalls, die Identität des Auskunftsbegehrenden vor der Auskunftserteilung einwandfrei festzustellen. Im übrigen wird das Verfahren, insbesondere die Form der Auskunftserteilung, von der Polizei nach den PpS-Richtlinien bestimmt. Hinsichtlich der **Kostenpflicht** ist Nr. 48.3 VollzB nunmehr überholt, weil in Entsprechung zu

Art. 48

Art. 3 Abs. 1 Nr. 10 i. Verb. m. Nr. 3 KG und Art. 19 KG jetzt Gebühren ausnahmsweise dann fällig werden, wenn durch die Auskunftserteilung ein besonderer, das übliche Maß erheblich überschreitender Verwaltungsaufwand verursacht wird oder das Auskunftsersuchen mutwillig erscheint, s. Nr. 9 der Anlage zu den KR-Pol. Eine Auskunftserteilung liegt auch in einer **Negativauskunft**. Das Erheben von Kosten ist dann nach Art. 3 Abs. 1 Nr. 10 KG nur soweit ausgeschlossen, als es im Einzelfall der Billigkeit widersprechen würde.

6 Liegt eine der in **Abs. 2** genannten Voraussetzungen vor, besteht der Auskunftsanspruch aus Abs. 1 Satz 1 nicht. Treffen Versagungsgründe nur für einen Teil der gespeicherten Daten zu, so ist dem Betroffenen wenigstens im übrigen Auskunft zu erteilen (**Teilauskunft**).

Gem. der Bestimmung der **Nr. 1** unterbleibt die Auskunft, wenn durch sie eine Gefährdung der polizeilichen Aufgabenerfüllung (Art. 2) einschließlich der vorbeugenden Verbrechensbekämpfung zu besorgen ist, insbesondere eine Ausforschung der Polizei (vgl. BayVGH in BayVBl 1991, 467). Gedacht ist hier vor allem an derartige Versuche seitens der organisierten und der Rauschgiftkriminalität, die Arbeitsweise der Polizei und sonstiger Sicherheitsbehörden aufzudecken, etwa indem Meldewege offenbart werden. Eine Gefährdung der polizeilichen Aufgabenerfüllung liegt aber ebenso in den in der Praxis nicht seltenen querulatorischen oder sonst rechtsmißbräuchlichen Auskunftsersuchen, beispielsweise bei mehrmals in kurzen Zeitabständen gestellten, obgleich keine Anhaltspunkte für die Veränderung der Datenbestände gegeben sind. Beliebt sind auch andere Formen des Mißbrauchs, etwa formblattmäßige Auskunftsanträge von Gruppen Betroffener, um damit mittels des zur Beantwortung notwendigen Verwaltungsaufwands die Funktionsfähigkeit der angegangenen Polizeibehörde zu beeinträchtigen.

Im Gegensatz zu Nr. 3 (s. u. RdNr. 8) bringt der Gesetzgeber in Nr. 1 die Interessen des Betroffenen bewußt nicht mit ins Spiel. Eine Abwägung dieser Interessen mit dem öffentlichen Sicherheitsinteresse ist daher im Gegensatz zu den Regelungen anderer Bundesländer nicht am Platze, sie ist in der Norm selbst, die einen angemessenen Ausgleich zwischen den Auskunftsinteressen des Bürgers und dem staatlichen Geheimhaltungsbedürfnis darstellt (so BayVGH in BayVBl 1991, 467), gleichsam vorweggenommen.

7 **Nr. 2** verbietet die Auskunft, wenn sie die öffentliche Sicherheit oder Ordnung gefährden oder dem Wohl des Bundes oder eines Landes Nachteile bereiten würde. Auch hier hat wie bei Nr. 1 keine Interessenabwägung stattzufinden (s. o. RdNr. 6). Zu den Begriffen öffentliche Sicherheit und öffentliche Ordnung s. RdNrn 4 ff. zu Art. 2. Ein Nachteil für das Wohl des Bundes oder eines Landes liegt jedenfalls nicht darin, daß Schadensersatzpflichten wegen unrichtiger Datenspeicherung begründet sein könnten.

Art. 48

Die Fallgestaltungen der **Nr. 3** sind von den mit der Nr. 1 erfaßten schwierig **8** abzugrenzen. Denn falls Rechtsvorschriften expressis verbis oder ihrer Zielsetzung nach im Interesse der Erfüllung polizeilicher Aufgaben eine Offenbarung bestimmter Daten verbieten, läßt sich der konkrete Fall schon unter Nr. 1 subsumieren. Das gilt auch, wenn eine Art Interessendreieck vorliegt, wie es die Vorschrift beschreibt. Informanten sind nicht Dritte in ihrem Sinn, weil Auskünfte über sie nicht unter den Anspruch des Art. 48 fallen (s. o. RdNr. 3). Nach der Konstruktion von Abs. 3 kann die Nr. 3 nur zur Anwendung kommen, wenn nicht schon vorher die Nr. 1 greift. Übrig bleiben demnach nur Fälle, in denen die Daten oder die Tatsache ihrer Speicherung nicht (auch) zur polizeilichen Aufgabenerfüllung, sondern allein aus sonstigen Gründen geheimgehalten werden müssen, so beispielsweise aus allgemeinen datenschutzrechtlichen Erwägungen. Hier ist dann eine Abwägung zwischen dem Interesse des Betroffenen an der Auskunft und gegenläufigen Interessen der Allgemeinheit bzw. Dritter vorzunehmen. Daten, die im Interesse des Betroffenen selbst geheimzuhalten sind – etwa solche medizinischer Art –, können allein deshalb vor dem Betroffenen nicht verborgen werden. Dies wäre mit dem vom Grundgesetz gezeichneten Bild vom selbstbestimmten, eigenverantwortlichen Menschen nicht vereinbar.

Wird die Erteilung der Auskunft abgelehnt, so ist nach **Abs. 3** zu verfahren. **9** Einer Begründung bedarf die formlose Ablehnung nicht (Satz 1). Diese Bestimmung verdrängt, sofern man in der Ablehnung einen Verwaltungsakt sieht (s. u. RdNr. 11), gem. Art. 39 Abs. 2 Nr. 4 BayVwVfG die eine Begründungspflicht enthaltende Generalnorm des Art. 39 Abs. 1 BayVwVfG. Der Betroffene ist lediglich darauf hinzuweisen, daß er sich an den Landesbeauftragten für den Datenschutz wenden kann (Satz 2). Die Vorschrift begegnet im Hinblick auf Art. 19 Abs. 4 GG keinen Bedenken. Ein Begründungszwang würde die verfassungskonformen Ziele der Auskunftsverweigerung, wie sie in Abs. 2 aufscheinen, gefährden (wie hier Honnacker/Beinhofer, Erl. 2 zu Art. 48, und im Ergebnis auch BayVGH in BayVBl 1991, 467; a. A. Bäumler in Lisken/Denninger, Teil J, RdNr. 757).

Der Landesbeauftragte für den Datenschutz hat nach Maßgabe von **Abs. 4** **10** gegenüber der Polizei grundsätzlich ein Recht auf Auskunft. Es besteht nur dann nicht, wenn im konkreten Einzelfall das Staatsministerium des Innern die Feststellung trifft, daß die Auskunftserteilung die Sicherheit des Bundes oder eines Landes gefährden würde, s. **Satz 1** (kritisch hierzu Bäumler in Lisken/Denninger, Teil J, RdNr. 757 Fußn. 833). Die darin liegende Einschränkung der Kontrollbefugnis des Datenschutzbeauftragten darf nur ausnahmsweise stattfinden und muß auf gravierende Argumente gestützt werden. Der allgemeine Hinweis auf die Gefährdung der öffentlichen Sicherheit oder Ordnung genügt als Begründung nicht. Möglicherweise kommt eine Teilauskunft (s. o. RdNr. 6) in

Betracht. Der Landesbeauftragte für den Datenschutz bestätigt nach erfolgter Auskunft an ihn gegenüber dem Betroffenen dann die Rechtmäßigkeit der Auskunftsverweigerung oder erteilt die Auskunft; hierbei bezweckt **Satz 2** eine Sicherung der in Satz 1 ausgesprochenen Beschränkung. Überdies kann der Landesbeauftragte bei der Polizei die Löschung des betreffenden Datensatzes anregen.

11 Wird dem Betroffenen die Auskunft ganz oder teilweise verweigert, steht ihm gem. § 40 Abs. 1 VwGO der **Rechtsweg** zu den Verwaltungsgerichten offen. Weil die Entscheidung über die Erteilung der Auskunft nicht dem Ermessen der Polizei anheimgegeben ist, unterliegen Voraussetzungen und Grenzen eines konkret erhobenen Auskunftsanspruchs in vollem Umfang der gerichtlichen Nachprüfung (BVerwG in DVBl 1992, 298/299; VGH Mannheim in DVBl 1992, 1309/1310). Die Klageart richtet sich danach, ob er den Erlaß eines Verwaltungsakts begehrt oder sich gegen einen solchen wendet. In Fällen wie dem vorliegenden kommt die ganz herrschende Meinung zu einem etwas wunderlichen Ergebnis. Einerseits ist nämlich anerkannt, daß es sich bei der Auskunft ihrem Wesen nach um einen tatsächlichen Akt ohne Regelungscharakter handelt, so daß der Anspruch auf Auskunft mit der allgemeinen Leistungsklage zu verfolgen wäre. Trotzdem wird immer dann, wenn eine Behörde einem Antrag auf Erlaß eines solchen an sich reinen Realakts nicht oder nicht voll entsprechen will, in der Ablehnungsentscheidung selbst, die ohne Zweifel einen Verwaltungsakt darstellt, der Klagegegenstand gesehen mit der Folge, daß richtige Klageart zur Durchsetzung des Auskunftsbegehrens die Verpflichtungsklage nach § 40 Abs. 1 Fall 2 VwGO sein soll (BVerwGE 31, 301/306 f.). Damit wird aber nicht berücksichtigt, daß das eigentliche Klageziel die Erteilung der Auskunft ist. Allein das ist es, worauf sich das Begehren des Klägers richtet. Da es im Gegensatz zu früher heute nicht mehr darauf ankommt, mühsam einen Verwaltungsakt zu konstruieren, um dem Bürger eine Klagemöglichkeit zu eröffnen, sollte die herrschende Meinung ihren Standpunkt überdenken; vgl. hierzu auch Köhler in BayVBl 1986, 712/715 mit weit. Nachw. und für die gleiche Problematik bei der Akteneinsicht BayVGH in BayVBl 1990, 622. Jedenfalls steht § 44 a VwGO einer Klage nicht entgegen, weil hier die Sachentscheidung im Sinn dieser Vorschrift die Entscheidung über den Auskunftsanspruch selbst ist, welche gerade keine unselbständige Verfahrenshandlung darstellt.

3. Unterabschnitt
Anwendung des Bayerischen Datenschutzgesetzes

Art. 49
Anwendung des Bayerischen Datenschutzgesetzes

Das Bayerische Datenschutzgesetz findet Anwendung, soweit dieses Gesetz oder andere Rechtsvorschriften keine besonderen Regelungen enthalten.

49 Zu Art. 49 (Anwendung des Bayerischen Datenschutzgesetzes)

Soweit dieses Gesetz oder andere Rechtsvorschriften (insbesondere Strafprozeßordnung, Ordnungswidrigkeitengesetz, Straßenverkehrsgesetz, Meldegesetz) keine besonderen Regelungen enthalten, findet das Bayerische Datenschutzgesetz in seiner jeweils geltenden Fassung Anwendung. Das Bayerische Datenschutzgesetz hat für alle Bereiche der polizeilichen Datenerhebung und -verarbeitung subsidiäre Geltung.

Die Vorschrift des **Art. 49** stellt die subsidiäre Anwendung des BayDSG im Bereich der polizeilichen Datenerhebung und -verarbeitung sicher. **1**

Als Regeln des **bereichsspezifischen Datenschutzes** gehen die Art. 30 bis 48 den allgemeinen Regeln des BayDSG vor; nur soweit die genannten Bestimmungen des PAG keine Regelung enthalten und soweit nicht ohnehin ihnen andere Spezialnormen – etwa der StPO, des OWiG, des StVG, des Melde- oder des Paß- bzw. Personalausweisrechts – vorgehen, gilt das BayDSG in seiner jeweiligen Fassung. Diese sog. **dynamische Verweisung** bewegt sich im Bereich des Landesgesetzgebers und begegnet daher keinen durchgreifenden Bedenken (vgl. BayObLG in BayVBl 1987, 27 und Veh in BayVBl 1987, 225, jeweils m. weit. Nachw.). **2**

Im einzelnen gelten etwa folgende Vorschriften des BayDSG unmittelbar: Art. 1, 4–7, 9, 14, 15 Abs. 1 Nr. 2 in Verb. m. Abs. 2, 29–33 und 37. In den Erläuterungen zum III. Abschnitt wurde auf einzelne Anwendungsfälle hingewiesen. **3**

IV. Abschnitt

Vollzugshilfe

Art. 50
Vollzugshilfe

(1) Die Polizei leistet anderen Behörden auf Ersuchen Vollzugshilfe, wenn unmittelbarer Zwang anzuwenden ist und die anderen Behörden nicht über die hierzu erforderlichen Dienstkräfte verfügen oder ihre Maßnahmen nicht auf andere Weise selbst durchsetzen können.

(2) Soweit Dienstkräfte der Justizverwaltung nicht oder nicht ausreichend zur Verfügung stehen, führt die Polizei Personen dem Gericht oder der Staatsanwaltschaft vor und unterstützt die Gerichtsvorsitzenden bei der Aufrechterhaltung der Ordnung in der Sitzung.

(3) Die Grundsätze der Amtshilfe gelten entsprechend.

(4) Die Verpflichtung zur Amtshilfe bleibt unberührt.

50 Zu Art. 50 (Vollzugshilfe)

50.1 Vollzugshilfe im Sinne des Gesetzes ist die Anwendung unmittelbaren Zwangs durch die Polizei zur Durchsetzung von Verwaltungsakten auf Ersuchen anderer Behörden, ferner die Vorführung von Personen vor Gericht oder vor die Staatsanwaltschaft und die Unterstützung der Gerichtsvorsitzenden bei der Aufrechterhaltung der Ordnung in der Sitzung (sogenannte Justizhilfe als Unterfall der Vollzugshilfe).

50.2 Fälle der Vollzugshilfe nach besonderen Rechtsvorschriften sind insbesondere
- *Art. 37 Abs. 2 des Bayerischen Verwaltungszustellungs- und Vollstreckungsgesetzes*
- *Art. 16 Abs. 2 des Unterbringungsgesetzes*
- *§ 44 Abs. 3 des Wehrpflichtgesetzes, § 23 a des Zivildienstgesetzes*
- *§§ 51, 134, 161 a Abs. 2 Satz 1 und § 163 a Abs. 3 Satz 2 der Strafprozeßordnung*
- *§ 372 a Abs. 2, § 380 Abs. 2, § 613 Abs. 2, §§ 671, 758 Abs. 3 und § 759 der Zivilprozeßordnung*
- *§ 101 Abs. 2 und § 106 Abs. 1 Satz 1 der Konkursordnung*
- *§ 33 Abs. 2 des Gesetzes über die Angelegenheiten der freiwilligen Gerichtsbarkeit und § 5 Abs. 1 des Gesetzes über das gerichtliche Verfahren bei Freiheitsentziehungen*
- *Art. 7 Abs. 3 des Landesstraf- und Verordnungsgesetzes.*

Soweit sich aus diesen Rechtsvorschriften nichts anderes ergibt, sind in diesen Fällen die Art. 50 Abs. 3 und 4 und Art. 51 und 52 anzuwenden.

Art. 50

50.3 *Vollzugshilfe in diesem Sinn ist nicht gegeben, wenn die Polizei Gerichten oder Behörden Hilfe leistet, ohne daß die Voraussetzungen nach Art. 50 Abs. 1 bzw. 2 gegeben sind (beispielsweise Hilfeleistung ohne Ersuchen oder Erteilung von Auskünften).*

50.4 **Behörden** *im Sinn des Art. 50 Abs. 1 sind alle Stellen, die Aufgaben der öffentlichen Verwaltung wahrnehmen, also auch Körperschaften, Anstalten und Stiftungen des öffentlichen Rechts, auch Behörden des Bundes und der bundesunmittelbaren juristischen Personen des öffentlichen Rechts.*

50.5 *Das* **Ersuchen** *kann sich auf einen bestimmten Einzelfall, eine Fallgruppe oder eine Vielzahl von Fällen beziehen. Das Ersuchen muß die Umstände aufzeigen, deren Kenntnis für die Prüfung und die Durchführung des Ersuchens notwendig ist.*

50.6 *Eine Behörde kann um Vollzugshilfe ersuchen, wenn sie*
- *aus rechtlichen Gründen unmittelbaren Zwang nicht selbst anwenden kann, oder*
- *über die hierzu erforderlichen Dienstkräfte nicht verfügt,*
- *ihre Maßnahme nicht auf andere Weise (z. B. Ersatzvornahme, Zwangsgeld) rechtzeitig selbst durchsetzen kann.*

50.7 *Die Befugnis zu* **Eingriffsmaßnahmen** *der Vollzugshilfe haben ihre* **Grundlage** *nicht in Art. 50, sondern müssen sich aus den Befugnisvorschriften dieses Gesetzes oder aus anderen Rechtsvorschriften ergeben.*

50.8 *Eine Pflicht zur Vollzugshilfe ist nicht erst dann gegeben, wenn die erforderliche Anwendung unmittelbaren Zwangs unmittelbar bevorsteht, sondern bereits dann, wenn nach den Umständen voraussichtlich ohne Anwendung unmittelbaren Zwangs durch die Polizei eine Anordnung der Verwaltungsbehörde nicht rechtzeitig durchgesetzt, oder derjenige, der die Amtshandlung vornehmen soll, angegriffen oder an der Vornahme der Amtshandlung gehindert werden würde. Diese Prognose muß auf den Einzelfall abstellen. Eine Mitwirkung der Polizei ist im allgemeinen erforderlich, wenn die Amtshandlung an der ausdrücklichen – nicht nur stillschweigenden – Weigerung des Betroffenen gescheitert ist oder das bisherige Verhalten des Betroffenen erwarten läßt, daß ohne polizeiliche Mitwirkung die Amtshandlung nicht durchzusetzen ist.*

50.9 *Die Voraussetzungen für Vollzugshilfe sind nicht gegeben, wenn eine andere Behörde die Hilfe wesentlich einfacher oder mit wesentlich geringerem Aufwand leisten kann, ferner wenn durch die Hilfeleistung die Erfüllung vordringlicher polizeilicher Aufgaben gefährdet würde.*

50.10 *Die Polizei darf die Vollzugshilfe nicht deshalb verweigern, weil sie die beabsichtigte Maßnahme für unzweckmäßig hält.*

Art. 50

50.11 Hält die Polizei ein an sie gerichtetes Ersuchen für nicht zulässig, so teilt sie das der ersuchenden Behörde mit. Besteht diese auf der Vollzugshilfe, so entscheidet über die Pflicht zur Vollzugshilfe das Staatsministerium des Innern. Lassen die Umstände nach Auffassung der ersuchenden Behörde keinen Aufschub bis zur Entscheidung durch die Aufsichtsbehörde zu, so hat die Polizei dem Ersuchen zu entsprechen, falls keine vordringlicheren Aufgaben die Polizei daran hindern, und unverzüglich dem Staatsministerium des Innern zu berichten.

50.12 Wird die Polizei in Vollzugshilfe tätig, so soll sie das nach außen zu erkennen geben, sofern es nicht offensichtlich ist.

*50.13 Die **Zulässigkeit** der Maßnahme, die durch die Vollzugshilfe verwirklicht werden soll, richtet sich nach dem für die ersuchende Behörde geltenden Recht. Die ersuchende Behörde trägt daher die Verantwortung für die Rechtmäßigkeit der durchzusetzenden Maßnahme. Die Polizei ist nicht verpflichtet, die Rechtmäßigkeit dieser Maßnahme zu prüfen. Die Maßnahme wird hinsichtlich der Zuständigkeit in den Rechtsbehelfsverfahren der ersuchenden Stelle zugerechnet (Art. 12 Abs. 2 Satz 2 in Verbindung mit Absatz 4 Nr. 2 POG).*

*50.14 Für die **Kosten** der Amtshilfe, soweit sie nicht bei der Verfolgung von Straftaten oder Ordnungswidrigkeiten geleistet wird, gilt Art. 8 des Verwaltungsverfahrensgesetzes.*

50.15 Neben der Vollzugshilfe bleibt die Pflicht der Polizei unberührt, Vollzugsbeamten anderer Behörden auf Ersuchen erforderlichen persönlichen Schutz zu gewähren. Der Polizeibeamte hat sich in diesem Fall von der Zuständigkeit des Vollzugsorgans durch Einsicht in dessen Dienstausweis und den etwa erforderlichen schriftlichen Vollzugsauftrag zu überzeugen.

Art. 50 wird weitgehend durch die VollzB erläutert, so daß zunächst auf deren Bestimmungen hinzuweisen ist. Praktisch wichtige, im Katalog der Nr. 50.2 VollzB nicht enthaltene Fälle der Vollzugshilfe finden sich in Art. 7 Abs. 1 Satz 4 UnterbrG, § 18 GKrG und § 44 Abs. 2 WehrpflichtG. 1

Vollzugshilfe auslösen kann auch die Handhabung der **Polizeigewalt im Landtagsgebäude durch den Präsidenten des Landtags** nach Art. 21 Abs. 1 BV, § 12 Abs. 1 Satz 3 GeschO LT. Die **örtliche Zuständigkeit** des LT-Präsidenten ist beschränkt auf das **Landtagsgebäude**, schließt also dessen befriedeten Umgriff oder den Bannkreis nicht ein (§ 16 VersammlG; G über die Befriedung des Landtagsgebäudes, BayRS 2180-5-I; Strafnorm § 106 a StGB). Als Landtagsgebäude ist nicht nur der ständige Sitz des Parlaments anzusehen, sondern auch jedes andere Gebäude, in dem der Landtag oder einer oder mehrere seiner Ausschüsse zu deren verfassungsmäßiger Tätigkeit zusammengetreten sind. Eine den Begriff Landtagsgebäude noch weiter ausdehnende Rege-

Art. 50

lung wie sie § 7 Abs. 2 GeschO BT enthält, hat § 12 Abs. 1 GeschO LT wohl wegen fehlenden Bedürfnisses nicht übernommen. Vgl. im einzelnen Köhler in BayVBl 1988, 33/36 f.

Hilfsbeamter der Staatsanwaltschaft im Sinne des § 152 Abs. 1 GVG ist der LT-Präsident nicht.

Nach jeder Neuwahl des Landtags führt bis zur Neuwahl des Präsidenten nach § 1 Abs. 2 Satz 1 GeschO LT ein **Alterspräsident** den Vorsitz und übt damit auch die Polizeigewalt aus. Insoweit gilt für ihn das oben Gesagte entsprechend.

Zur staatsrechtlichen Gesamtproblematik s. Köhler a. a. O., ferner ders. in DVBl 1992, 1577 und in BayVBl 1993, 680.

Dem **Präsidenten des Bayerischen Senats** ist keine Polizeigewalt übertragen.

Zur Anwendung der Vorschriften über **Notwehr und Notstand** s. RdNrn 5, 6 zu Art. 60; zu den **privaten Selbsthilferechten** s. RdNrn 14 zu Art. 2, 10 zu Art. 13 und 11 zu Art. 25. Hervorzuheben ist das „Jedermannsrecht" zur vorläufigen Festnahme, § 127 Abs. 1 StPO. Allgemein hinzuweisen ist hier auf das **Hausrecht**, das jeder besitzt, der über den Aufenthalt in den geschützten Räumen und deren Benutzung verfügen darf (vgl. die Art. 106 Abs. 3 BV, 13 GG; §§ 123, 124 StGB). Es umfaßt das Recht, unerwünschte und nicht durch Rechtsvorschrift zum Aufenthalt berechtigte Personen zum Verlassen von Wohn- oder Geschäftsräumen oder sonst befriedetem Besitztum aufzufordern und Hausverbote zu erteilen; es ist notwehrfähig.

2 **Begriff** und **Inhalt der polizeilichen Vollzugshilfe,** die nach Art. 2 Abs. 3 ausdrücklich zu den Aufgaben der Polizei gehört, werden durch **Abs. 1 und 2** umschrieben, durch Nr. 50.1 VollzB erläutert und durch Nr. 50.3 VollzB abgegrenzt. **Art. 50** enthält **keine** selbständige **Befugnisnorm** (vgl. Nr. 50.7 VollzB). Da es sich nach Abs. 1 um Vollzugshilfe gegenüber anderen Verwaltungsbehörden handelt, wird sich die **Befugnis in der Regel** auf die Art. 29, 34, 35 VwZVG stützen, soweit nicht andere Vorschriften entsprechende Befugnisse unmittelbar enthalten (vgl. die in Nr. 50.2 VollzB genannten Beispiele). Die Polizei wendet nach Art. 50 unmittelbaren Zwang nicht auf Grund eigener Befugnis (etwa aus Art. 58) an, sondern vollzieht unmittelbaren Zwang, dessen Anordnung in die Zuständigkeit anderer Behörden oder – im Falle des Abs. 2 – der Gerichte und Staatsanwaltschaften fällt.

3 Die Vollzugshilfe ist ein **Teil der** umfassenderen **Amtshilfe** (s. RdNr. 15 zu Art. 2). Sie ist auf die Anwendung unmittelbaren Zwangs beschränkt und unterliegt außerdem den **Subsidiaritätsklauseln** des Abs. 1 Halbsatz 2 und des Abs. 2.

Nicht eindeutig ist die **Abgrenzung** der Pflicht zur **Vollzugshilfe** gegenüber der für alle Behörden – und damit grundsätzlich auch für die Polizei – bestehenden Pflicht **zur Amtshilfe** nach den Art. 4–8 BayVwVfG, deren Anwen-

Art. 50

dung nach Art. 50 **Abs.** 4 PAG unberührt bleibt, wenn auch die amtl. Begr. 1978 auf die Absicht verweist, die Polizei durch Art. 50 von sachfremden Aufgaben zu entlasten.
Art. 50 PAG hat gegenüber den Art. 4–8 BayVwVfG den Vorrang der besonderen gesetzlichen Regelung, soweit unmittelbarer Zwang anzuwenden ist. Die Polizei ist zur Amtshilfe nicht verpflichtet, wenn dies außerhalb ihrer Aufgaben nach Art. 2 PAG liegen würde. Kann ein Amtshilfeersuchen, das nicht auf Vollzugshilfe nach Art. 50 gerichtet ist, als im Rahmen des Art. 2 liegend angesehen werden, ist zu prüfen, ob die Amtshilfepflicht der Polizei auf Grund von Art. 5 Abs. 3 BayVwVfG entfällt (s. auch Nrn 50.9–50.11 VollzB). Schließlich kann es Vollzugshilfe nicht geben, wenn nichts zu vollziehen, also nichts ohne oder gegen den Willen eines Betroffenen „durchzusetzen" ist. So gibt es gegenüber den Ämtern für Verfassungsschutz und ihren Außenstellen keine Vollzugshilfe, weil diese Behörden nach ihren Organisationsgesetzen nur rein beobachtende Funktionen haben, mögen diese auch Eingriffscharakter in das Recht auf informationelle Selbstbestimmung besitzen (vgl. § 3 BVerfSchG, Art. 3 BayVSG), s. RdNr. 15 zu Art. 2. Hier kommt allenfalls die Gewährung persönlichen Schutzes im Sinne der Nr. 50.15 VollzB in Betracht. Liegen keine gesetzlichen Gründe vor, die das Unterlassen der Amtshilfe rechtfertigen, so kann die Polizei auch außerhalb der Vollzugshilfe eine Amtshilfe nicht verweigern (s. Abs. 4).

Die Umschreibung des Begriffs **Behörde** in Nr. 50.4 VollzB erläutert die **4** Legaldefinition in Art. 1 Abs. 2 BayVwVfG. Zu Umfang und Zulässigkeit des **Ersuchens** nach Abs. 1 s. Nrn 50.5 und 50.6 VollzB. Liegt kein Ersuchen vor, fehlt es am Rechtsgrund für die Vollzugshilfe nach Art. 50.
Nach Köhler in BayVBl 1996, 744/747 sind Vollzugshilfeersuchen der **Sicherheitsbehörden** (Art. 6 LStVG) grundsätzlich als Weisungen im Sinne von Art. 9 Abs. 2 POG zu verstehen mit der Folge, daß die Art. 50 ff. PAG auf sicherheitsbehördliche Ersuchen nicht anzuwenden sind.

Die ersuchende Behörde trägt gegenüber der Polizei die **Verantwortung** für **5** die **Rechtmäßigkeit** der Vollzugshilfe (vgl. Art. 7 BayVwVfG und unten RdNr. 7). Die ersuchende Behörde trägt insbesondere auch die Verantwortung für eine bei **Freiheitsentziehungen** notwendige richterliche Anordnung oder Bestätigung (zur Unterscheidung zwischen Freiheitsbeschränkungen und -entziehungen und deren verfassungsrechtliche Bedeutung s. RdNrn 5 zu Art. 15 und 2 zu Art. 18; s. ferner Art. 52). Die **Polizei** kann die ersuchende Behörde zwar auf vermeintliche Rechtsmängel in deren Anordnungen hinweisen, ein Prüfungsrecht hat sie jedoch nicht. Sie ist lediglich für die **Durchführung** selbst und für die **Art und Weise** der Durchführung verantwortlich. Das ergibt sich aus dem auch hier geltenden Art. 7 Abs. 2 BayVwVfG. Dies hat jedoch im gerichtlichen Verfahren nur für das Innenverhältnis zwischen Behörde und

Art. 50

Polizei und für **außergerichtliche Streitigkeiten** Bedeutung, weil nach Art. 51 das Ersuchen an die Polizei gerichtet ist und dem betroffenen Bürger nicht unmittelbar zugeht. Dem Betroffenen tritt vielmehr in der Regel nur die Polizei handelnd gegenüber (s. Art. 61 ff.). Das gilt auch dann, wenn die ersuchende Behörde dem Betroffenen die Anwendung unmittelbaren Zwangs angedroht hat. Die Anordnung der Zwangsmaßnahme ist dann von der ersuchenden Behörde nicht gegenüber dem Betroffenen „erlassen" worden im Sinne des § 70 Abs. 1 Satz 1 VwGO. Die Frage ist von Bedeutung, wenn es sich darum handelt, bei **Klagen gegen Zwangsmaßnahmen** den **richtigen Beklagten** zu ermitteln, wenn das Ersuchen nach Art. 50 Abs. 1 nicht von einer Behörde des Freistaates Bayern ausgegangen ist. Diese Schwierigkeit ist nicht, wie Nr. 50.13 VollzB annimmt, durch Art. 12 Abs. 2 Satz 2 POG ausgeräumt, der mit Art. 7 Abs. 2 BayVwVfG korrespondiert, weil es sich um eine Frage des bundesrechtlich geregelten, durch Landesrecht nicht veränderbaren Verwaltungsprozeßrechts handelt, worauf auch Emmerig in RdNr. 15 a. E. zu Art. 12 POG hinweist. Daran ändert auch nichts, daß § 7 Abs. 2 VwVfG (des Bundes) wörtlich das Gleiche sagt wie Art. 7 Abs. 2 BayVwVfG. In diesen Vorschriften ist keine Bestimmung des allein nach der VwGO zu ermittelnden „richtigen Beklagten" zu sehen. Die Frage mündet ein in die Problematik der prozessualen Zuordnung des Handelns auf Weisung (vgl. Eyermann/Fröhler/Kormann, RdNrn 89 ff. zu § 42 VwGO; Redeker/von Oertzen, RdNr. 48 zu § 42 VwGO; Kopp, RdNrn 1 ff. zu § 78 VwGO). Für Rechtsbehelfe, die sich nicht nach der VwGO zu richten haben, ist die RdNr. 50.13 VollzB unstreitig.

6 Abs. 2 regelt die nach Nr. 50.1 VollzB so genannte **Justizhilfe**. Auch nach Abs. 2 wird die Polizei nur **subsidiär** tätig.

Abs. 2 setzt aus systematischen Gründen ebenfalls ein **Ersuchen** voraus, das jedoch **generalisiert** werden kann (s. dazu Nrn 50.5 und 50.8 VollzB und die GemB vom 5. Februar 1985 betr. Vorführdienst bei Gerichten und Staatsanwaltschaften, MABl S. 38). Einzelfälle aus dem Bereich der Justizgesetze sind in Nr. 50.2 VollzB genannt.

Abs. 2 ist **nicht anzuwenden,** soweit die Polizei von ihr selbst in Gewahrsam genommene Personen nach Art. 18 dem Richter zur Entscheidung über Zulässigkeit und Fortdauer der Freiheitsentziehung vorführt.

7 Die Befugnisse des **Gerichtsvorsitzenden** bei der Aufrechterhaltung der **Ordnung in der Sitzung** ergeben sich aus den §§ 176–183 GVG. Trotz des Wortlauts von Abs. 2 ist aus Gründen des Sachzusammenhangs auch in Fällen des § 180 GVG die polizeiliche Justizhilfe für zulässig zu erachten (Aufrechterhalten der Ordnung bei einzelrichterlichen Amtshandlungen **außerhalb der Sitzung**). In Fällen der **Justizhilfe** liegt die Verantwortung für das Vorhandensein der Rechtsgrundlage des Ersuchens und die Anordnung – nicht die Art und Weise der Durchführung – der Maßnahme bei den ersuchenden Justizbehör-

den. Vgl. zur Frage des **Rechtswegs** die Überlegungen in RdNr. 18 zu Art. 11, die auch hier entsprechend heranzuziehen sind.

Abs. 3 verweist darauf, daß für die Vollzugshilfe die **Grundsätze der Amtshilfe** entsprechend gelten. Da Art. 6 BayVwVfG wegen der Spezialbestimmung des Art. 51 Abs. 3 PAG ausscheidet, kommen nur die Art. 7 und 8 BayVwVfG in Betracht.
Wegen der speziell polizeirechtlichen Vorschrift des Art. 12 Abs. 2 Satz 2 POG, auf die Nr. 50.13 VollzB verweist, ist auf Art. 7 BayVwVfG nur ergänzend zurückzugreifen. S. im übrigen oben RdNrn 3 und 5. Unmittelbare Bedeutung auch im Falle der polizeilichen Vollzugshilfe hat Art. 8 BayVwVfG (vgl. Nr. 50.14 VollzB), für die Entschädigung von Zeugen und Sachverständigen auch Art. 26 Abs. 3 Satz 2 BayVwVfG, der das G über die Entschädigung von Zeugen und Sachverständigen für entsprechend anwendbar erklärt.

8

Abs. 4 trägt zunächst den landesrechtlich wegen Art. 31 GG nicht veränderbaren Art. 35 und 91 GG Rechnung. Anwendbar bleiben aber auch die Art. 4, 5 BayVwVfG und Sondervorschriften wie Art. 9 Abs.1 POG, soweit ihnen nicht die Art. 50, 51 PAG als spezielle Regelungen vorgehen. Zur Abgrenzung s. o. RdNr. 3 und der auf Art. 4 BayVwVfG und Art. 2 PAG beruhende Hinweis in Nr. 50.15 VollzB. Fälle der **allgemeinen Amtshilfe** kommen nach der amtl. Begr. 1978 in Betracht, wenn nicht alle Voraussetzungen nach Art. 50 Abs. 1 und 2 gegeben sind, insbesondere bei Auskunftserteilung oder bei Tätigkeiten der Polizei ohne vorausgehendes Ersuchen. Soweit die Polizei Amtshilfe außerhalb des Art. 50 Abs. 1 und 2 PAG leistet und dazu Rechtseingriffe notwendig sind, wie sich das u. a. beim persönlichen Schutz von Vollzugsbeamten anderer Behörden ergeben kann, muß sie auf **Befugnisse** zurückgreifen, die ihr nach dem PAG oder nach anderen Rechtsvorschriften zustehen (z. B. vorläufige Festnahme nach § 127 StPO).

9

Art. 51
Verfahren

(1) ¹Vollzugshilfeersuchen sind schriftlich zu stellen. ²Sie haben den Grund und die Rechtsgrundlage der Maßnahme anzugeben.

(2) ¹In Eilfällen kann das Ersuchen formlos gestellt werden. ²Es ist jedoch auf Verlangen unverzüglich schriftlich zu bestätigen.

(3) ¹Vollzugshilfeersuchen sollen an die unterste Polizeidienststelle gerichtet werden, deren Dienstbereich für den Vollzug des Ersuchens ausreicht. ²Weisungen der Sicherheitsbehörden gehen dem Ersuchen anderer Verwaltungsbehörden vor.

(4) Die ersuchende Behörde ist von der Ausführung des Ersuchens zu verständigen.

51 Zu Art. 51 (Verfahren der Vollzugshilfe)

In den Fällen der Justizhilfe (Art. 50 Abs. 2) kann von der Schriftlichkeit des Ersuchens und der Bestätigung abgesehen werden.

1   Art. 51 soll nach der amtl. Begr. 1978 gewährleisten, daß der Polizei eine **verläßliche Grundlage** für die Hilfeleistung zur Verfügung steht und daß voreilige Ersuchen unterbleiben. Demzufolge verlangt **Abs. 1** für das **Vollzugshilfeersuchen** grundsätzlich die **Schriftform** unter Angabe des sachlichen Grundes gemäß Art. 50 Abs. 1 und der **Rechtsgrundlage** für die Anwendung des unmittelbaren Zwangs. Zur Angabe der Rechtsgrundlage gehört die Angabe, ob der zu vollziehende Verwaltungsakt **unanfechtbar** oder seine **sofortige Vollziehung** (§ 80 Abs. 2 Nr. 4 VwGO) angeordnet ist. Hat die Polizei begründete Bedenken gegen die Zulässigkeit des Vollzugshilfeersuchens, kann sie nach Nr. 50.11 VollzB vorgehen. Ferner ist auf Nr. 50.13 VollzB, aber auch auf Art. 65 BayBG zu verweisen, der die Konfliktnormen für den Fall enthält, daß Beamte Bedenken gegen die Rechtmäßigkeit dienstlicher Anordnungen haben. Im Zusammenhang damit kann Art. 12 Abs. 2 Satz 2 POG die Bedeutung haben, daß der **Polizeibeamte** von der **Eigenverantwortung** nach Art. 65 Abs. 2 BayBG **befreit** ist, soweit es die Zulässigkeit und die Rechtsgrundlage der Maßnahme, nicht jedoch, soweit es deren Durchführung betrifft.

2   In **Eilfällen** kann das Vollzugshilfeersuchen **formlos,** d. h. mündlich oder fernmündlich gestellt werden (**Abs. 2 Satz 1**). Es ist dann durch die ersuchende Behörde unverzüglich, also ohne schuldhaftes Zögern (§ 121 Abs. 1 BGB) schriftlich zu bestätigen, wenn und sobald die Polizei dies verlangt (**Abs. 2 Satz 2**). Im Hinblick darauf, daß Vollzugshilfeersuchen nur auf unmittelbaren Zwang, also Rechtseingriffe von erheblicher Schwere gerichtet sind, ist Abs. 2 Satz 1 als eng auszulegende **Ausnahmevorschrift** anzusehen. Die Polizei wird formlosen Ersuchen nur entsprechen, wenn sie über die behördliche Herkunft

und die Zulässigkeit des Ersuchens keine Zweifel hat. Handelt die Polizei auf (fern-)mündliches Ersuchen und fehlt dem Ersuchen die notwendige Rechts-(Befugnis-)grundlage oder handelt die Polizei auf Grund von Hör- oder Übertragungsfehlern irrtümlich, so hat sie die Verantwortung selbst zu tragen. Verfügt die Polizei in solchen Fällen nicht über eine ausreichende Befugnis aus dem PAG, ist die Maßnahme rechtswidrig.

Art. 50 Abs. 1 und 2 sind in erster Linie **Verfahrensregelungen zugunsten der Polizei.** Sie begründen wegen der Akzessorietät der Vollzugshilfe weder Amtspflichten der ersuchenden Behörden gegenüber den Betroffenen, noch verleihen sie diesen einen Anspruch auf ihre Beachtung. Allerdings eignet ihnen eine reflektorische Schutzwirkung gegenüber den Betroffenen, wofür auch ihre Aufnahme in das Gesetz anstelle einer Regelung durch Verwaltungsvorschriften spricht. Werden Abs. 1 oder Abs. 2 Satz 2 nicht beachtet, macht das für sich allein die Maßnahme, auf die sich die Vollzugshilfe richtet, nicht unwirksam oder rechtswidrig. Das Gleiche gilt, wenn die Polizei in Fällen des Abs. 1 handelt, ohne daß das schriftliche Ersuchen vorliegt. Abs. 1 bindet die ersuchende Behörde, verpflichtet aber die Polizei nicht, auf dieser Verfahrensvorschrift zu bestehen, allerdings mit der oben in RdNr. 2 behandelten Folge für das Rechtsrisiko der Polizei. 3

Wenn **Nr. 51 VollzB** zuläßt, daß in Fällen des Art. 50 Abs. 2 von der Schriftlichkeit des Ersuchens nach Art. 51 Abs. 1 und der Bestätigung nach Art. 51 Abs. 2 Satz 2 abgesehen werden kann, so ist das vom Wortlaut des Gesetzes nicht gedeckt („sind", „haben"), aus den oben genannten Gründen aber unschädlich. Das Rechtsrisiko der Polizei erscheint in diesen Fällen der regelmäßigen Zusammenarbeit mit den Justizbehörden vernachlässigbar gering.

Abs. 3 Satz 1 entspricht dem Grundsatz des Art. 6 BayVwVfG. Abs. 3 entspricht überdies Art. 9 Abs. 3 POG. Es handelt sich um eine Sollvorschrift; s. dazu RdNr. 4 zu Art. 15. 4

Die unterste Polizeidienststelle ist nach den Art. 3 Abs. 2, 4–6 POG zu bestimmen. Soweit sich ein Vollzugshilfeersuchen an das Landeskriminalamt richtet, was in den Fällen des Art. 7 Abs. 3 POG in Betracht kommen kann, hat es dabei sein Bewenden, weil das LKA keinen organisatorisch selbständigen Unterbau hat.

Abs. 3 Satz 2 bestimmt, daß Weisungen der Sicherheitsbehörden den **Vorrang** vor Ersuchen anderer Verwaltungsbehörden haben. **Sicherheitsbehörden** sind nach Art. 6 LStVG die Gemeinden, Landratsämter, Regierungen und das Staatsministerium des Innern. Abs. 3 Satz 2 setzt das Weisungsrecht dieser Behörde nach Art. 9 Abs. 2 POG voraus (s. hierzu RdNr. 1 zu Art. 3). Die in Abs. 3 Satz 2 gewählte Terminologie, die zwischen **Weisungen** und **Ersuchen** 5 unterscheidet, obwohl das Ersuchen nach Art. 50, 51 seinem Wesen nach ebenfalls eine nach Art. 50, 51 verbindliche Weisung an die Polizei darstellt, muß wohl dahin verstanden werden, daß nicht an die Konkurrenz mehrerer Vollzugshilfeersuchen gedacht ist, sondern daß die Sicherheitsbehörde die Polizei rechtsverbindlich anweisen kann, dem Ersuchen einer anderen Behörde (ganz oder teilweise) nicht zu entsprechen. Die Regelung beruht wohl darauf, daß die Sicherheitsbehörden wegen ihrer diesbezüglichen Aufgabe einen besseren Überblick über die rechtlichen und tatsächlichen Möglichkeiten haben. Die Weisung der Sicherheitsbehörde hebt das Vollzugshilfeersuchen der anderen Behörde nicht auf, jedenfalls bietet Art. 51 Abs. 3 Satz 2 dazu keine Handhabe. Sie kann nur die Durchführung des Ersuchens durch die Polizei modifizieren oder aufschieben, etwa so lange, bis Auffassungsunterschiede zwischen Sicherheitsbehörde und ersuchender anderer Behörde ausgeräumt sind, oder die andere Behörde bewogen wird, ihr Ersuchen aufzuheben. Es ist dabei in der Hierarchie der Sicherheitsbehörden begründet, daß Weisungen einer höheren Behörde gegenüber der Polizei wiederum Vorrang haben vor Weisungen anderer Sicherheitsbehörden. Die Weisungsabhängigkeit der Sicherheitsbehörden untereinander wird dadurch nicht berührt; insbesondere werden die entsprechenden Vorschriften des Kommunalrechts nicht berührt.

6   Abs. 3 Satz 2 gilt nicht für den Fall, daß **Vollzugshilfeersuchen mehrerer Behörden** in verschiedenen Fällen gleichzeitig bei der Polizei eingehen. Reichen die Kräfte und Mittel zum gleichzeitigen Vollzug nicht aus, hat die Polizei nach pflichtgemäßem Ermessen zu entscheiden, welchem Ersuchen wegen der Größe oder Dringlichkeit der Gefahr zuerst zu entsprechen ist. Dabei ist es ohne Bedeutung, von welchen Behörden die Ersuchen stammen. Nur wenn eine Sicherheitsbehörde in einem solchen Fall auch eine Weisung über die Reihenfolge der Erledigung erläßt, hat die Polizei sie nach Abs. 3 Satz 2 zu befolgen.

7   **Adressat** einer sicherheitsbehördlichen **Weisung** nach Abs. 3 Satz 2 ist nur die **Polizei**. Folgt sie der Weisung nicht, so hat das auf die Rechtswirksamkeit ihrer Vollzugshilfemaßnahmen gegenüber dem Betroffenen keinen Einfluß; hierfür ist lediglich die Rechtsgrundlage der polizeilichen Maßnahme von Bedeutung. Der Fall ist ferner zu unterscheiden von dem des Art. 10 LStVG, der den Widerspruch von Maßnahmen der Sicherheitsbehörden und der Polizei behandelt (s. dazu Emmerig in Bengl/Berner/Emmerig, RdNr. 2 zu Art. 10).

8   Abs. 3 Satz 2 bestimmt den **Vorrang** von Weisungen der Sicherheitsbehörden ausdrücklich **nur gegenüber Ersuchen anderer Verwaltungsbehörden.** Die Vorschrift gilt daher **nicht** für die Fälle des **Art. 50 Abs. 2** und entsprechende Ersuchen der Gerichte und Staatsanwaltschaften.

Art. 51

Die **Informationspflicht** der Polizei gegenüber der ersuchenden Behörde 9
nach **Abs. 4** gilt nicht nur für den Fall der Ausführung des Vollzugshilfeersuchens. Auch die Nichtausführung oder das Zurückstellen der Ausführung eines solchen Ersuchens, etwa wegen vordringlich erscheinender anderer Aufgaben der Gefahrenabwehr, fallen unter Abs. 4. Das ergibt sich daraus, daß die Polizei hier nicht selbständig, sondern als Vollzugsorgan von Verwaltungs- und Justizbehörden tätig wird. Der Wortlaut des Abs. 4 steht dieser Auslegung nicht entgegen. Die Verständigung ist gesetzlich nicht formgebunden. Sie kann daher auch mündlich oder fernmündlich geschehen, wenn das zweckmäßig und ausreichend ist.

Art. 52
Vollzugshilfe bei Freiheitsentziehung

(1) Hat das Vollzugshilfeersuchen eine Freiheitsentziehung zum Inhalt, ist auch die richterliche Entscheidung über die Zulässigkeit der Freiheitsentziehung vorzulegen oder in dem Ersuchen zu bezeichnen.

(2) Ist eine vorherige richterliche Entscheidung nicht ergangen, hat die Polizei die festgehaltene Person zu entlassen, wenn die ersuchende Behörde diese nicht übernimmt oder die richterliche Entscheidung nicht unverzüglich nachträglich beantragt.

(3) Die Art. 19 und 20 gelten entsprechend.

52 Zu Art. 52 (Vollzugshilfe bei Freiheitsentziehung)

52.1 Die in Vollzugshilfe durchgeführte Freiheitsentziehung ist als Maßnahme der ersuchenden Behörde anzusehen (vgl. Nummer 50.13). Daher hat grundsätzlich die ersuchende Behörde gemäß Art. 104 GG eine vorherige richterliche Entscheidung über die Zulässigkeit der Freiheitsentziehung herbeizuführen. Art. 52 Abs. 1 soll das gewährleisten.

52.2 Legt die ersuchende Behörde eine richterliche Entscheidung über die Zulässigkeit der Freiheitsentziehung nicht vor und bezeichnet sie auch nicht eine solche Entscheidung, so hat sich die Polizei sofort zu vergewissern, ob die ersuchende Behörde unverzüglich eine richterliche Entscheidung herbeiführt.

52.3 Die Art. 19 und 20 gelten auch für Freiheitsentziehungen im Rahmen der Vollzugshilfe. Die materielle Prüfung nach Art. 20 Nr. 1 obliegt jedoch der ersuchenden Behörde. Die Polizei hat der ersuchenden Behörde unverzüglich alle Anhaltspunkte mitzuteilen, die für einen Wegfall des Grundes der Freiheitsentziehung sprechen. Hat die Polizei sichere Kenntnis vom Wegfall des Grundes und ist die ersuchende Behörde nicht erreichbar, so hat die Polizei die festgehaltene Person zu entlassen.

1 Nach **Art. 104 Abs. 1 GG** kann die Freiheit der Person nur auf Grund eines förmlichen Gesetzes und unter Beachtung der darin vorgeschriebenen Formen beschränkt werden. Über Zulässigkeit und Fortdauer der Freiheitsentziehung hat nur der Richter zu entscheiden. Bei jeder nicht auf richterlicher Anordnung beruhenden Freiheitsentziehung ist unverzüglich eine richterliche Entscheidung herbeizuführen. Zu der von der Rechtsprechung herausgearbeiteten Unterscheidung zwischen Freiheitsbeschränkung und Freiheitsentziehung s. die RdNrn 5 zu Art. 15; 2 zu Art. 18 und 5 zu Art. 50. Die ersuchende Verwaltungsbehörde ist ihrerseits verpflichtet, bei Freiheitsentziehungen, die sie auf Grund Bundesrechts anordnet (§ 1 FreihEntzG), nach § 13 FreihEntzG unverzüglich die richterliche Entscheidung selbst herbeizuführen. Zuständig ist nach § 3 FreihEntzG das Amtsgericht (vgl. RdNrn 2 und 10 zu Art. 18).

Beruht die behördliche Anordnung auf Landesrecht, ergibt sich die Pflicht, eine richterliche Entscheidung herbeizuführen, unmittelbar aus Art. 104 Abs. 2 mit Art. 1 Abs. 3 und 2 Abs. 2 Sätze 2, 3 GG. Für diese Fälle fehlt eine generelle konstitutive Verweisung auf das FreihEntzG. Daher entscheidet dann das Verwaltungsgericht (§ 40 Abs. 1 VwGO), soweit nicht auf Grund einzelgesetzlicher Spezialregelungen ein anderer Rechtsweg vorgeschrieben ist. Zur Verantwortung der ersuchenden Behörde im übrigen s. die Erläuterungen zu Art. 50 und RdNr. 1 zu Art. 51.

Bei **Vollzugshilfeersuchen** im Sinne des **Art. 52 Abs. 1 PAG** soll die Polizei unter Anwendung unmittelbaren Zwangs (Art. 58 Abs. 1) eine **Freiheitsentziehung** durchführen, die sie nicht selbst auf Grund ihr zur Verfügung stehender Befugnisse angeordnet hat. Eben aus diesem Grund soll die Polizei gewiß sein können, daß die strengen verfassungsrechtlichen Voraussetzungen für den schwerwiegenden Eingriff in die persönliche Freiheit, den sie ausführen soll, erfüllt sind.

Art. 52 dient aber nicht nur diesem Interesse der Polizei. Er bedeutet zugleich eine zusätzliche weitere, wenn auch formale **Kontrolle** der rechtlichen Voraussetzungen des Freiheitsentzugs **zugunsten des Betroffenen.** Zwar betrifft Art. 52 nur Verpflichtungen zwischen ersuchender Behörde und Polizei und räumt damit dem Betroffenen keine selbständigen Rechtsansprüche ein (vgl. RdNr. 3 zu Art. 51). Wegen des hohen verfassungsrechtlichen Ranges des Schutzgutes der persönlichen Freiheit wird man jedoch anders als bei Art. 51 dem Art. 52 auch eine **Schutzfunktion zugunsten des Betroffenen** beilegen müssen. Das bedeutet, daß Art. 52 den beteiligten Behörden auch **Amtspflichten** gegenüber dem Betroffenen auferlegt, deren Verletzung Ansprüche aus § 839 BGB zur Folge haben kann und dem Betroffenen einen **Rechtsanspruch** auf Beachtung des Art. 52 einräumt, nicht nur einen bloßen Rechtsreflex, wie aus den Art. 2 Abs. 2, 104 GG abzuleiten ist. Für die der Polizei in Nr. 52.2 VollzB ergänzend auferlegte Dienstpflicht gilt das nicht, weil durch Verwaltungsvorschrift keine unmittelbaren Rechtsansprüche begründet werden können.

Das Vollzugshilfeersuchen nach Art. 52 Abs. 1 ist zugleich ein solches im Sinne des Art. 50, von dem es nur einen speziellen Fall darstellt. Es muß also auch allen Verfahrensvoraussetzungen genügen, die Art. 51 aufstellt. Entsprechend der Schwere des Eingriffs sind an einen Verzicht auf die Schriftform des Ersuchens (Art. 51 Abs. 1 Satz 1 mit Abs. 2) strenge Maßstäbe anzulegen. Auf die **Schriftform,** deren Bedeutung durch die in Art. 52 Abs. 1 grundsätzlich geforderte **Vorlage der richterlichen Entscheidung** unterstrichen wird, darf nur in Fällen äußerster Dringlichkeit und bei Fehlen jeglichen Zweifels auf seiten der ersuchten Polizei verzichtet werden. Nur in solchen Fällen genügt auch die bloße **Bezeichnung der richterlichen Entscheidung.** 2

3 Auch **Abs. 2** setzt stets voraus, daß ein **Vollzugshilfeersuchen** ergangen ist; in anderen Fällen der Freiheitsentziehung sind die Art. 50–52 nicht anwendbar. Da die Polizei bei Vollzugshilfe die rechtliche Verantwortung für den Freiheitsentzug nicht selbst trägt, bleibt sie verpflichtet, sich zu vergewissern, ob die ersuchende Behörde nach § 13 FreihEntzG oder nach § 40 VwGO die richterliche Entscheidung rechtzeitig herbeigeführt oder zumindest beantragt hat. Wegen des Gewichts und der Bedeutung der Freiheitsentziehung muß nach Abs. 1 die ersuchende Behörde der Polizei die richterliche Entscheidung bekanntgeben oder zumindest nachweisen, daß sie den entsprechenden Antrag zeitgerecht gestellt hat. Lehnt der Richter die Freiheitsentziehung aus dem von der Behörde angegebenen Grunde ab, ist die Behörde aus Art. 52 ebenfalls zur unverzüglichen Unterrichtung der Polizei verpflichtet. Die Polizei hat dann den Betroffenen zu entlassen (vgl. Art. 20 Nrn 1 und 3), es sei denn, daß sie aus eigenem Recht, etwa nach Art. 17, den Gewahrsam aufrechterhalten kann.

4 Nicht ohne weiteres klar ist die Bedeutung des Ausdrucks „**übernimmt**" in **Abs. 2 Halbsatz 2**. Der Vordersatz des Abs. 2 geht offensichtlich davon aus, daß sich der Betroffene bereits im Gewahrsam der Polizei befindet („die festgehaltene Person"); andernfalls könnte sie seine Entlassung nicht durchführen. Das deutet darauf hin, daß Übernehmen bedeutet, daß die Polizei die festgehaltene Person der ersuchenden Behörde zur eigenen Verwahrung übergibt. Das dürfte aus tatsächlichen Gründen in den seltensten Fällen möglich sein. In der Übernahme einen lediglich rechtlichen und nicht tatsächlichen Vorgang zu sehen, erscheint nicht schlüssig, weil die rechtliche Verantwortung ohnehin bei der ersuchenden Behörde liegt. Auch an Fälle des Art. 17 Abs. 3 ist nicht zu denken, weil hier bereits eine richterliche Entscheidung über Rechtsgrund und Fortdauer der Freiheitsentziehung vorliegen muß. Die Bedeutung dieser Regelung ist daher schwer abzuschätzen und von Fall zu Fall zu ermitteln.

5 Nach **Abs. 3** gelten auch im Falle der Vollzugshilfe die **Art. 19 und 20 entsprechend.**

Art. 19 regelt die **Behandlung festgehaltener Personen** und gilt unmittelbar für solche, die auf Grund der in Art. 19 Abs. 1 genannten Bestimmungen von der Polizei festgehalten werden. Art. 52 Abs. 3 erstreckt die Pflichten der Polizei aus Art. 19 auch auf die Vollzugshilfe.

6 Art. 20 gilt ebenfalls unmittelbar nur für die Fälle des Art. 19 Abs. 1 und wird durch Art. 52 Abs. 3 auf Fälle der Vollzugshilfe ausgedehnt. Entsprechend der rechtlichen Verantwortung der ersuchenden Behörde obliegt dieser dabei – worauf Nr. 52.3 VollzB hinweist – die **materielle Prüfung** nach **Art. 20 Nr. 1** ebenso, wie sie die richterliche Entscheidung herbeizuführen hat, die in Fällen des Art. 18 die Polizei selbst veranlassen muß.

Dagegen wird die Polizei durch die Verweisung in Art. 52 Abs. 3 verpflichtet, gemäß **Art. 20 Nr. 2** die festgehaltene Person zu **entlassen,** sobald sie **zuverlässige Kenntnis** davon erhält, daß die **Fortdauer der Freiheitsentziehung** durch den Richter unaufschiebbar für **unzulässig** erklärt wurde. Hat die Polizei, gleichgültig durch wen und auf welche Weise, diese Kenntnis zuverlässig erlangt, bedarf es keiner vorherigen Rückfragen bei der ersuchenden Behörde, weil auch diese sich nach der richterlichen Entscheidung nicht mehr auf die Rechtmäßigkeit der Maßnahme berufen kann und der grundrechtliche Rang der persönlichen Freiheit keinen vermeidbaren Aufschub bei ihrer Wiederherstellung zuläßt. Nicht gefolgt werden kann dagegen der Begründung zu § 27 Abs. 1 des Musterentwurfs eines einheitlichen Polizeigesetzes, wenn sie die Dauer der Freiheitsentziehung als „Art der Durchführung" qualifiziert, für die die Polizei verantwortlich ist, und damit die Zuständigkeit der Polizei zur Entlassung rechtfertigen will.

Die Pflicht zur **Entlassung** unter den Voraussetzungen des **Art. 20 Nr. 3** beruht auf dem unmittelbar geltenden Recht der Art. 104 Abs. 2 GG und 102 Abs. 2 BV. Dabei ist „Polizei" im Sinne von Art. 104 Abs. 2 Satz 3 GG nicht im engen Sinne von Vollzugspolizei – wie nach dem PAG – zu verstehen, sondern im überkommenen Sinne funktional. Der Ausdruck umfaßt demnach hier alle (Polizei-, Sicherheits- und Ordnungs-)Behörden, soweit sie auf Grund des allgemeinen Polizeirechts im Sinne des „klassischen" Polizeibegriffs tätig werden. Vgl. dazu Maunz in Maunz/Dürig/Herzog/Scholz, RdNr. 40 zu Art. 104 GG. Damit erstreckt sich die Bindung des Art. 104 Abs. 2 Satz 3 auch auf die ersuchenden Behörden, die als „Polizei" zu gelten haben, soweit sie zu freiheitsbeschränkenden Anordnungen befugt sind. Art. 102 Abs. 2 BV führt sogar über dieses Ergebnis noch hinaus, wenn er schlechthin von der „öffentlichen Gewalt" spricht. Auch in den Fällen des Art. 20 Nr. 3 ist daher die ersuchende Behörde ebenso wie die Polizei zur Entlassung verpflichtet, so daß es grundsätzlich keiner vorherigen Rückfrage bedarf.

7

V. Abschnitt
Zwang

1. Unterabschnitt
Erzwingung von Handlungen, Duldungen und Unterlassungen

Art. 53
Zulässigkeit des Verwaltungszwangs

(1) Der Verwaltungsakt der Polizei, der auf die Vornahme einer Handlung oder auf Duldung oder Unterlassung gerichtet ist, kann mit Zwangsmitteln durchgesetzt werden, wenn er unanfechtbar ist oder wenn ein Rechtsmittel keine aufschiebende Wirkung hat.

(2) Der Verwaltungszwang kann ohne vorausgehenden Verwaltungsakt angewendet werden, wenn das zur Abwehr einer Gefahr notwendig ist, insbesondere weil Maßnahmen gegen Personen nach den Art. 7 bis 10 nicht oder nicht rechtzeitig möglich sind oder keinen Erfolg versprechen, und die Polizei hierbei innerhalb ihrer Befugnisse handelt.

53 Zu Art. 53 (Zulässigkeit des Verwaltungszwangs)

53.1 Rechtsmittel gegen Verwaltungsakte der Polizei haben gemäß § 80 Abs. 2 Nr. 2 und Absatz 5 der Verwaltungsgerichtsordnung keine aufschiebende Wirkung, wenn es sich um unaufschiebbare Maßnahmen der Polizei handelt und das Gericht nicht durch Anordnung die aufschiebende Wirkung des Rechtsmittels wiederhergestellt hat.

53.2 Art. 53 Abs. 2 ergänzt den Art. 9 Abs. 1 hinsichtlich der Anwendung unmittelbaren Zwangs. Er setzt eine Befugnis der Polizei zu dem Rechtseingriff und die Erforderlichkeit der Zwangsanwendung voraus. Art. 4 ist in diesem Rahmen besonders zu berücksichtigen.

Die amtl. Begr. 1978 weist darauf hin, daß die früheren Fassungen des PAG zwar eine Regelung über die Anwendung unmittelbaren Zwangs durch die Polizei, aber keine Vorschriften über die Anwendung der sonstigen, im Verwaltungsvollstreckungsrecht vorgesehenen Zwangsmittel enthalten haben. Die amtl. Begr. 1978 will das darauf zurückführen, daß die Polizei grundsätzlich nur unaufschiebbare Eingriffsmaßnahmen treffe (vgl. Art. 3) und in einem solchen Fall andere Zwangsmittel in aller Regel keinen Erfolg hätten. Gleichwohl seien Fälle nicht auszuschließen, in denen die Polizei auch ohne Unaufschiebbarkeit tätig werde (vgl. die Art. 14, 15, 23, 29). In solchen Fällen sei nach dem Grundsatz der Verhältnismäßigkeit zunächst andere Mittel des Zwangs anzuwenden, wenn sie Aussicht auf Erfolg hätten. Fehle eine Rege-

Art. 53

lung über solche andere Zwangsmittel für die Polizei, so müßte diese – wohl wegen des Grundsatzes, daß die Polizei nur unaufschiebbare Maßnahmen treffen darf – die Sicherheitsbehörden einschalten; das sei nicht verwaltungsökonomisch.

Diesen Ausführungen wäre zuzustimmen gewesen, wenn ihre Voraussetzung zugetroffen hätte. Es war und ist jedoch außer Streit, daß Verwaltungsakte (Maßnahmen) der Polizei, die nicht sofort mit unmittelbarem Zwang durchgesetzt werden mußten, auch vor 1978 schon mit den Zwangsmaßnahmen verwirklicht werden konnten, die die Art. 29–33 VwZVG zur Verfügung stellen. Die Polizei ist eine „Behörde des Freistaates Bayern" im Sinne des Art. 1 Abs. 1 Satz 1 VwZVG, die Vorschriften des Dritten Abschnitts des VwZVG boten für die Anwendung durch die Polizei keine Anpassungsschwierigkeiten, ausgenommen das polizeispezifische Mittel des unmittelbaren Zwangs, der auch den Schußwaffengebrauch einschließt und für die Anwendung durch die Polizei aus rechtsstaatlichen Gründen besonderer Ausgestaltung bedarf.

Das hinderte selbstverständlich nicht, aus Gründen der Vollständigkeit und Übersichtlichkeit des materiellen Polizeirechtes auch die unmittelbaren Zwangsmittel dort zu regeln, wie es im PAG nunmehr geschehen ist. Eine Rechtslücke bestand jedoch insoweit vor 1978 nicht, auch nicht im Hinblick auf die Grundsätze der Notwendigkeit und Unaufschiebbarkeit.

Soweit die Regelungen des V. Abschnitts des PAG reichen, gehen sie als Spezialvorschriften den allgemeinen Regeln des VwZVG vor. Das VwZVG ist jedoch auch im Bereich der Polizei weiterhin anzuwenden, soweit das PAG keine Sonderregelungen enthält oder deren Sinn und Zweck den Rückgriff auf das VwZVG nicht ausschließt. So ist es für den 1. Unterabschnitt des V. Abschnitts des PAG (Art. 53–59) notwendig, Bestimmungen des VwZVG ergänzend heranzuziehen. Darauf wird im einzelnen hingewiesen. Bereits hier ist jedoch anzumerken, daß nach Art. 38 Abs. 1 und 2 VwZVG gegen die Androhung eines Zwangsmittels oder bei seiner Anwendung ohne vorausgehende Androhung die förmlichen Rechtsbehelfe gegen Verwaltungsakte zulässig sind. Sie haben nach Art. 38 Abs. 4 VwZVG jedoch keine aufschiebende Wirkung; § 80 Abs. 4–7 VwGO gilt entsprechend. Dieser Ausschluß der aufschiebenden Wirkung ist nach § 187 Abs. 3 VwGO für Maßnahmen, die in der Verwaltungsvollstreckung getroffen werden, durch Landesrecht zulässig. Er erstreckt sich auf die im PAG geregelte Anwendung polizeilichen Verwaltungszwangs, weil sie begrifflich Verwaltungsvollstreckung ist und Art. 38 VwZVG auf alle Maßnahmen dieser Art anzuwenden ist. Der 2. Unterabschnitt des V. Abschnitts des PAG ist gegenüber dem VwZVG selbständig, wie sich aus der Natur seiner Vorschriften, vor allem derer über den Schußwaffengebrauch ergibt, und wie es Art. 60 auch zum Ausdruck bringt. Soweit die Vorschriften des **VwZVG** nicht ergänzend anzuwenden sind, können sie für die Art. 53–59 PAG als **Auslegungshilfen** herangezogen werden, es sei denn, daß inhaltliche Abweichungen beider Gesetze das nicht zulassen.

Art. 53 Abs. 1 entspricht Art. 29 Abs. 1 VwZVG. Die Anwendung von **Verwaltungszwang** ist nie Selbstzweck. Sie setzt stets einen vollziehbaren Verwaltungsakt (Anordnung) der Polizei voraus, der vom Betroffenen nicht freiwillig befolgt wird und zur Abwehr von Gefahr durchgesetzt werden muß. Hervorzuheben ist, daß unter **Verwaltungsakt** im Sinne des Art. 53 Abs. 1 nur **Anordnungen** auf dem Gebiet **der Gefahrenabwehr** zu verstehen sind; eine Ausweitung auf polizeiliche Verfolgungsmaßnahmen bringen erst die Art. 60 ff. (vgl. Nr. 60.1 VollzB und RdNr. 2 zu Art. 60). Grundsätzlich ist jede Abwehrmaßnahme nach den Art. 11–29 ein solcher Verwaltungsakt, dessen Ausführung, vorbehaltlich des Art. 9, nötigenfalls erzwungen werden muß. Dabei ist der Grundsatz der **Verhältnismäßigkeit** (Art. 4) streng zu beachten. Soweit möglich, ist von der Eigenwahl des Mittels durch den Betroffenen Gebrauch zu machen (Art. 5 Abs. 2 Satz 2). Nr. 53.1 VollzB weist auf verfahrensrechtliche Voraussetzungen nach der VwGO hin. 2

Die Anwendung des Verwaltungszwangs nach **Abs. 1** erfordert neben den dort genannten Voraussetzungen auch die Fortdauer der Gefahrenlage, die die zu vollziehende Maßnahme selbst rechtfertigt (vgl. die Art. 4 Abs. 3, 20, 28 Abs. 1). Das ist in der Regel – wenn auch nicht immer (z. B. Fälle des Art. 29 Abs. 1 Nrn 2, 3) – eine **konkrete Gefahr** (vgl. Nr. 11.4 VollzB). Erheblichkeit und Dringlichkeit der Gefahr sind mitbestimmend für die **Wahl des Zwangsmittels**. Lädt die Polizei nach Art. 15 eine Person vor, wie das auch andere Verwaltungsbehörden nach Maßgabe der ihnen zustehenden Befugnisse können, so ist die Dringlichkeit des Erscheinens der Person in bezug auf die Gefahrenabwehr entscheidend dafür, ob im Weigerungsfalle zunächst ein Zwangsgeld anzudrohen und festzusetzen ist, oder ob die Person unverzüglich nach Art. 58 vorgeführt werden muß. 3

Abs. 2 entspricht Art. 35 VwZVG. Führen Maßnahmen gegen Verhaltens- oder Zustandsverantwortliche (Art. 7, 8) nicht zum Ziel, kann eine Maßnahme auch nicht unmittelbar durch die Polizei ausgeführt werden (Art. 9), etwa weil nicht vertretbare Handlungen notwendig sind, und führt auch die Inanspruchnahme eines Nichtstörers (Art. 10), etwa wegen dessen Weigerung, nicht zeitgerecht zum notwendigen Erfolg, kann gegen die nach den Art. 7, 8, 10 in Betracht kommenden Personen unmittelbarer Zwang (Art. 61 mit Art. 53 Abs. 2) angewendet werden. Dabei erscheint Art. 53 Abs. 2 als Regelfall, weil bereits die Abwehrmaßnahme als solche unter den Voraussetzungen der Notwendigkeit und Unaufschiebbarkeit steht (s. RdNr. 2 zu Art. 3; vgl. Kugelmann in DÖV 1997, 153). 4

Der Verwaltungszwang setzt als **Tatmaßnahme** (Nr. 9.1 VollzB) immer eine zumindest **konkrete,** wenn nicht **dringende Gefahr** (vgl. RdNr. 10 zu Art. 2) voraus, die einen vorausgehenden (schriftlichen) Verwaltungsakt nicht zuläßt. Die Formulierung des Gesetzes ist insofern unscharf. **Jede Maßnahme der Poli-**

Art. 53

zei (s. Nr. 2.1 VollzB) ist ein **Verwaltungsakt** im Sinne der VwGO (s. dazu RdNr. 2 zu Art. 15), zumeist auch – was aber für die Justiziabilität der Maßnahme nicht ausschlaggebend ist – im Sinne des **Art. 35 BayVwVfG.** Je nach der Dringlichkeit der Maßnahme kann dieser Verwaltungsakt im **unmittelbaren Zugriff** seinen Ausdruck finden, der rechtlich als Verfügung mit sofortiger Anwendung unmittelbaren Zwangs anzusehen ist, sogar im zwangsweisen Zugriff dem Betroffenen auch hinsichtlich des Rechtsgehalts der Verfügung erst erkennbar werden kann. Der Verwaltungszwang ohne vorausgehenden Verwaltungsakt (Sofortvollzug) ist nicht zu verwechseln mit der sofortigen Vollziehung im Sinne des § 80 Abs. 2 und 3 VwGO, die in Fällen des Art. 53 Abs. 2 PAG wegen § 80 Abs. 2 Nr. 2 VwGO regelmäßig nicht wird angeordnet werden müssen.

5   **Abs. 2** verweist auf **Maßnahmen** gegen Personen **nach den Art. 7–10.** Das ist insofern ungenau, als Art. 9 Abs. 1 (Abs. 2 kommt hier nicht in Betracht) keine Adressatenbestimmung für polizeiliche Maßnahmen enthält, ein Verantwortlicher danach nicht bestimmt werden kann. Nr. 53.2 VollzB erkennt dies, gibt jedoch keinen entsprechenden Hinweis. Art. 9 Abs. 1 behandelt nur die Ausführung einer Maßnahme durch die Polizei selbst oder einen Beauftragten. Die Anwendung unmittelbaren Zwangs gegen einen Beauftragten ist nur zulässig unter den Voraussetzungen des Art. 10, d. h. auch ein Beauftragter, der sich z. B. plötzlich weigert, der übernommenen Verpflichtung weiter nachzukommen, kann nur dann durch unmittelbaren Zwang dazu angehalten werden, wenn eine oder mehrere der Voraussetzungen des Art. 10 Abs. 1 gegeben sind. Sonst muß die Polizei einen anderen Beauftragten bestellen. Die Anwendung unmittelbaren Zwangs gegen einen Beauftragten nach Art. 9 Abs. 1 ohne die Voraussetzungen des Art. 10 würde eine Umgehung dieser Vorschrift bedeuten.

Anwendungsfall des Abs. 2 ist z. B. notwendiger Zwang zum Vollzug des Gewahrsams nach Art. 17. Wer in Gewahrsam genommen werden darf, ergibt sich unmittelbar aus Art. 17. Die Ingewahrsamnahme dort genannter gefahrverursachender Personen ist in aller Regel höchstpersönlicher Art und durch Maßnahmen gegen (andere) Personen im Sinne der Art. 7, 8, 10 weder zu vermeiden noch zu ersetzen. Der Gewahrsam ist zwar keine Tatmaßnahme im Sinne der Nr. 9.1 Satz 2 VollzB, wohl aber ein Realakt, bei dem Anordnung und Vollzug zusammenfallen. Art. 53 Abs. 2 erlaubt, dazu Zwang anzuwenden.

6   **Art. 53 Abs. 2 kann** schon aus systematischen Gründen **nicht lex specialis gegenüber Art. 10 sein.**

Art. 53 Abs. 2 hebt hervor, daß die Polizei nicht nur innerhalb ihrer Aufgaben, sondern **innerhalb ihrer Befugnisse** handeln muß, wenn die Zwangsanwendung gerechtfertigt sein soll; Nr. 53.2 Satz 2 VollzB betont dies nochmals. Das ist an sich etwas Selbstverständliches und kann nur als ein an dieser Stelle wegen der Schwere der Rechtseingriffe besonders wichtiger Hinweis verstanden werden. Jede Maßnahme der Polizei und erst recht jede Zwangsmaßnahme, die sich nicht auf eine Befugnis stützen kann, ist **rechtswidrig** und deshalb aufhebbar, wenn nicht nichtig. Eine Befugnis entfällt, sobald ihre gesetzlichen Voraussetzungen nicht mehr bestehen, z. B. die Gefahr vorüber ist. Der Hinweis auf die Befugnisse stützt auch das in RdNr. 5 gewonnene Ergebnis, denn Art. 9 Abs. 1 ermächtigt weder für sich allein, noch in Verbindung mit Art. 53 Abs. 2 dazu, gegen einen nur Beauftragten Maßnahmen zu ergreifen.

Soweit in **anderen Gesetzen** der Polizei nicht nur Befugnisse eingeräumt sind, sondern auch die Anwendung von Zwang geregelt ist, gehen diese als Spezialgesetze den Art. 53 ff. PAG vor. Verleihen andere Gesetze der Polizei Befugnisse, ohne die Anwendung von Zwang zu regeln, kann die Polizei nach den Art. 53 ff. PAG verfahren (Art. 11 Abs. 3 Satz 2). 7

Art. 54
Zwangsmittel

(1) Zwangsmittel sind:
1. Ersatzvornahme (Art. 55),
2. Zwangsgeld (Art. 56),
3. Unmittelbarer Zwang (Art. 58).

(2) Sie sind nach Maßgabe der Art. 59 und 64 anzudrohen.

(3) Die Zwangsmittel können auch neben einer Strafe oder Geldbuße angewandt und so lange wiederholt und gewechselt werden, bis der Verwaltungsakt befolgt worden ist oder sich auf andere Weise erledigt hat.

54 Zu Art. 54 (Zwangsmittel)

Die Zwangsmittel stimmen mit denen des Bayerischen Verwaltungszustellungs- und Vollstreckungsgesetzes überein. Die Ersatzzwangshaft ist in Art. 54 nicht aufgeführt, weil sie kein selbständiges Zwangsmittel und auch keine polizeiliche Zwangsmaßnahme darstellt.

1   Art. 54 entspricht den Art. 29 Abs. 2, 36 Abs. 1 und 6 und 37 Abs. 1 VwZVG.

2   **Abs. 1** nennt aus den in Nr. 54 VollzB genannten Gründen die in Art. 29 Abs. 2 VwZVG ebenfalls vorgesehene Ersatzzwangshaft nicht, weil sie kein selbständiges Zwangsmittel ist. Sie wird in Art. 57 nur als Beugemittel für den Fall zugelassen, daß Zwangsgeld uneinbringlich ist. Zur Rechtsnatur der Ersatzzwangshaft s. RdNr. 1 zu Art. 57. Art. 54 PAG entspricht Art. 33 VwZVG, der allerdings die Ersatzzwangshaft erst dann zuläßt, wenn auch unmittelbarer Zwang keinen Erfolg verspricht. Ebenfalls abweichend von Art. 29 Abs. 2 VwZVG nennt Art. 54 Abs. 1 PAG nicht das Zwangsgeld, sondern die Ersatzvornahme an erster Stelle. Die Reihenfolge der Zwangsmittel gibt im VwZVG einen Hinweis auf die Schwere des mit ihrer Anwendung verbundenen Rechtseingriffs (vgl. Art. 32 Satz 2, 33, 34 VwZVG). Auch für Art. 54 PAG sagt die amtl. Begr. 1978, daß die Reihenfolge in der Aufzählung des Abs. 1 zum Ausdruck bringt, welche Zwangsmittel im allgemeinen den Betroffenen weniger beeinträchtigen und daher möglichst vor einem nachfolgenden Zwangsmittel angewendet werden sollen. Die Eigenart und der besondere Zweck des Polizeirechts bedingen in der Tat, daß die Ersatzvornahme in der Ausgestaltung des Art. 55 nicht nur das gegenüber dem Zwangsgeld weniger beeinträchtigende Mittel sein kann, sonden vor allem auch das entsprechend der Gefahrenlage wichtigere.

3   Unbeschadet der Reihenfolge des Abs. 1 bestimmt sich die **Auswahl der Zwangsmittel** nach dem Grundsatz der Verhältnismäßigkeit (Art. 4), dessen

Anwendung sich im Einzelfall wiederum nach der Dringlichkeit der Gefahr und der Eignung des Mittels zur Erfüllung des polizeilichen Zwecks zu richten hat. Hierbei steht der Polizei nach Maßgabe der ihr im Einzelfall verfügbaren Kenntnisse ein **Beurteilungsspielraum** hinsichtlich der Verhältnismäßigkeit des Mittels zu. Erscheinen hiernach, was nur selten der Fall sein wird, mehrere Zwangsmittel in gleicher Weise geeignet und auch nach der Schwere des Eingiffs vergleichbar, steht die Auswahl des Mittels im pflichtgemäßen **Ermessen** (Art. 5 Abs. 1) der Polizei. Ein an sich gelinderes Zwangsmittel darf nicht angewendet werden, wenn es dem Pflichtigen einen größeren Nachteil zufügen würde als ein härteres. Auch bei Wiederholung von Zwangsmitteln ist stets neu zu prüfen, ob das Mittel (noch) geeignet, verhältnismäßig und im Hinblick auf seinen notwendigen Erfolg das gelindeste ist (vgl. BayVGH in BayVBl 1985, 501).

Abs. 2 begründet die **Pflicht zur Androhung** der Zwangsmittel, für die 4 Art. 59 das Verfahren regelt; zu den Rechtsbehelfen und zur sofortigen Vollziehbarkeit s. RdNrn 2 f. zu Art. 59. Gegenüber Art. 64 hat Abs. 2 nur die Bedeutung eines Hinweises, weil Art. 64 die Pflicht zur Androhung unmittelbaren Zwangs in Absatz 1 Satz 1 selbst vorschreibt.

Abs. 3 entspricht Art. 59 Abs. 6 mit Art. 37 Abs. 1 VwZVG, deren Rechts- 5 gehalt er zusammenfaßt und präzisiert. Die Anwendung von **Zwangsmitteln** dient der Durchsetzung von Maßnahmen zur **Gefahrenabwehr.** Diesem Zweck dienen Strafe oder Geldbuße nur, insoweit von ihnen eine general- oder spezialpräventive Wirkung ausgeht. Deshalb kann neben diesen **Sühnemitteln** nicht auf die Anwendung von Zwang verzichtet werden.

Die Zulässigkeit der **Wiederholung** von Zwangsmitteln dient dem notwendigen Erreichen des polizeilichen Zwecks, der mögliche **Wechsel der Zwangsmittel** der besseren Wirksamkeit. Wiederholung ebenso wie Wechsel der Zwangsmittel sind jedoch streng an die Voraussetzungen des Art. 4 gebunden. Eine Wiederholung ist **unzulässig,** wenn nicht zu erwarten ist, daß sie zum angestrebten Erfolg führt (vgl. BayVGH in BayVBl 1985, 501). Für die Betätigung von Ermessen gelten die in RdNr. 3 genannten Voraussetzungen.

Zwangsmittel werden **unzulässig** und dürfen nicht mehr angedroht und 6 nicht mehr (weiter) angewendet (vollstreckt) werden, sobald der Verwaltungsakt befolgt und damit sein Zweck erreicht worden ist, oder er sich auf andere Weise erledigt hat.

Diese Vorschrift stellt lediglich eine andere, der Regelung der Zwangsmittel angepaßte Umschreibung des in Art. 4 Abs. 3 enthaltenen Rechtsgedankens dar. Der Verwaltungsakt ist insbesondere erledigt, wenn die Gefahr nicht mehr besteht, die die Polizei abzuwehren hatte, wenn durch eine Veränderung der Gefahrenlage die zu erzwingende Maßnahme nicht mehr sinnvoll wäre, oder wenn die Polizei erkennt, daß sie durch eine andere Maßnahme die Gefahr rascher, leichter oder besser abwehren kann.

Art. 55
Ersatzvornahme

(1) ¹Wird die Verpflichtung, eine Handlung vorzunehmen, deren Vornahme durch einen anderen möglich ist (vertretbare Handlung), nicht erfüllt, so kann die Polizei die Handlung selbst ausführen oder einen anderen mit der Ausführung beauftragen. ²Für die Ausführung der Ersatzvornahme werden vom Betroffenen Kosten (Gebühren und Auslagen) erhoben. ³Im übrigen gilt das Kostengesetz.

(2) ¹Es kann bestimmt werden, daß der Betroffene die voraussichtlichen Kosten der Ersatzvornahme im voraus zu bezahlen hat. ²Zahlt der Betroffene die Kosten der Ersatzvornahme oder die voraussichtlich entstehenden Kosten der Ersatzvornahme nicht fristgerecht, so können die Kosten im Verwaltungszwangsverfahren beigetrieben werden. ³Die Beitreibung der voraussichtlichen Kosten unterbleibt, sobald der Betroffene die gebotene Handlung ausführt.

55   Zu Art. 55 (Ersatzvornahme)

55.1   Art. 55 Abs. 1 Satz 1 ermächtigt die Polizei nicht dazu, einem anderen die Ausführung der Ersatzvornahme zu gebieten; eine solche Befugnis kann sich im Ausnahmefall aus Art. 11 in Verbindung mit Art. 10 des Gesetzes ergeben.

55.2   Vertretbar ist eine Handlung, wenn sie nicht nur vom Betroffenen persönlich (z. B. Abgabe einer Erklärung), sondern ohne Änderung ihres Inhalts auch von einem anderen vorgenommen werden kann.

55.3   Nach Art. 55 Abs. 1 Satz 2 und Abs. 2 ist der Betroffene kostenpflichtig, an den die Anordnung ergangen ist.

1   Art. 55 Abs. 1 ist vergleichbar dem Art. 32 VwZVG mit dem Unterschied, daß die Ersatzvornahme anders als dort nicht nur zulässig ist, wenn ein Zwangsgeld keinen Erfolg erwarten läßt (Art. 32 Satz 2 VwZVG). Der Wegfall dieser Einschränkung für den Bereich des PAG ist die notwendige Folge dessen, daß Art. 54 davon ausgeht, die Ersatzvornahme sei unter den der Polizei zur Verfügung stehenden Zwangsmitteln gegenüber dem Zwangsgeld grundsätzlich die weniger einschneidende Maßnahme (s. RdNr. 2 zu Art. 54). Der Umstand, daß die Ersatzvornahme zugelassen ist, ohne daß zuvor ein Zwangsgeld erfolglos angedroht wurde oder andere Umstände – etwa Eilbedürftigkeit oder amtsbekannte Mittellosigkeit – das Zwangsgeld von vornherein als erfolglos erscheinen lassen, entbindet die Polizei nicht von der Pflicht zu prüfen, welches der möglichen Zwangsmittel nach dem Grundsatz der **Verhältnismäßigkeit** und nach Zweck und Dringlichkeit der durchzusetzenden Maßnahme an erster Stelle in Betracht kommt (vgl. RdNrn 2 und 3 zu Art. 53). Das kann im Einzelfall durchaus auch die Festsetzung eines Zwangsgeldes sein.

Die Ersatzvornahme setzt voraus, daß ein „Betroffener", also ein nach den Art. 7, 8 Verantwortlicher oder ein nach Art. 10 in Anspruch genommener Dritter vorhanden ist, daß gegen diesen Maßnahmen gerichtet worden sind und daß dieser die etwa nach Art. 1 Abs. 1 ergangene Aufforderung zur Beseitigung der Gefahr oder Störung nicht oder nicht rechtzeitig befolgt oder befolgen kann (ähnlich VGH Kassel in DVBl 1995, 370 = NJW 1995, 2123).

Abs. 1 Satz 1 enthält eine **Legaldefinition der Ersatzvornahme,** die im Wortlaut zwar geringfügig von der in Art. 32 Satz 1 VwZVG abweicht, mit dieser jedoch sinngleich ist. Die Handlung muß dem Verpflichteten unmittelbar durch Rechtsnorm oder durch vollziehbaren Verwaltungsakt (Anordnung, Maßnahme) geboten sein. Soweit die Ersatzvornahme ein Betretungsrecht voraussetzt, müssen auch die Voraussetzungen der einschlägigen Art. 23 oder 29 gegeben sein. 2

Nach dem Aufbau des PAG kommt eine Ersatzvornahme nur in Betracht, wenn eine **atypische Maßnahme** nach Art. 11 PAG **zwangsweise durchzusetzen** ist. Eine atypische Maßnahme kommt aber nach Art. 11 Abs. 1 erst dann in Betracht, wenn nicht eine besonders geregelte typische Maßnahme nach den Art. 12–29 eingreift. So geht die auf Sicherstellung eines Fahrzeuges gerichtete, nach Art. 9 von der Polizei selbst oder durch einen Beauftragten ausgeführte Maßnahme vor, so daß für eine Ersatzvornahme nach Art. 55 kein Raum bleibt (vgl. RdNr. 9 zu Art. 25).

Nach der Natur des Zwangsmittels kann es nur angewendet werden, wenn die **Vornahme einer vertretbaren Handlung** nach Abs. 1 Satz 1 Gegenstand der zu erzwingenden Maßnahme ist. Nicht vertretbare, höchstpersönliche Handlungen, wie etwa eine notwendige Aussage, können ebenso wie Duldungspflichten nicht durch Ersatzvornahme erzwungen werden. Das gleiche gilt, wenn der Betroffene selbst Gegenstand einer Maßnahme ist wie etwa beim Platzverweis, bei erkennungsdienstlichen Maßnahmen oder in Vorführungs- oder Gewahrsamsfällen. Dagegen kann z. B. die Identität einer Person je nach den Umständen auch mit Hilfe anderer Personen (Angehöriger) festgestellt werden, was bei der Frage zu berücksichtigen ist, ob überhaupt Zwangsmittel angewendet werden müssen. 3

Für die **Ausführung** der Ersatzvornahme gilt das gleiche wie nach Art. 9 für die unmittelbare Ausführung einer Maßnahme. Ob die Polizei selbst tätig wird oder einen anderen beauftragt, richtet sich nach den gegebenen personellen und sachlichen Möglichkeiten. Für das Verhältnis des **Beauftragten** zur Polizei s. RdNrn 2–5 zu Art. 9, für die Anwendung von Zwangsmaßnahmen gegen einen Beauftragten s. RdNr. 5 zu Art. 53. 4

Entstehen bei der Ausführung der Ersatzvornahme durch die Polizei oder einen von ihr Beauftragten **Schäden am Eigentum Dritter,** so kann ein Ent-

Art. 55

schädigungsanspruch nach Art. 70 gegeben sein. Er schließt Schadenersatzansprüche nach bürgerlichem Recht (z. B. aus unerlaubter Handlung) oder nach speziellen Rechtsvorschriften nicht aus.

5   **Abs. 1 Satz 2** wurde durch § 1 Nr. 3 a, § 2 PAGÄndG mit Wirkung vom 1. August 1983 neu gefaßt. Er bestimmt die Kostenlast für den Betroffenen; siehe hierzu grundlegend RdNrn 1 f. zu Art. 76. Die Gebühren für die Ersatzvornahme bemessen sich nach § 1 Nr. 4 PolKV.
Von der Anforderung der Kosten für die Ersatzvornahme durch Leistungsbescheid ist die **Androhung der Ersatzvornahme** zu unterscheiden, die sich nach Art. 59 richtet und bei der nach Art. 59 Abs. 4 die voraussichtlichen Kosten angegeben werden sollen (Sollvorschrift; s. RdNr. 4 zu Art. 15). Sie müssen angegeben werden, wenn nach Art. 55 Abs. 2 Satz 1 eine Vorauszahlung verlangt wird. Die Ersatzvornahme selbst ist eine Maßnahme des polizeilichen Verwaltungszwangs und eine Vollstreckungshandlung im Sinne des Dritten Abschnitts des VwZVG. Deshalb ist Art. 38 VwZVG zu beachten. Nach seinem Abs. 4 ist auch gegen die Androhung der Ersatzvornahme als einer Maßnahme, „die in der Verwaltungsvollstreckung getroffen" wird, die aufschiebende Wirkung von Widerspruch und Anfechtungsklage ebenso ausgeschlossen wie gegen die Ersatzvornahme selbst. S. auch RdNr. 2 zu Art. 59.
Die **Androhung** der Ersatzvornahme ist nach Art. 59 Abs. 6 **förmlich zuzustellen**; hierfür gelten die Art. 1–16 VwZVG. Für die Festsetzung der Kosten durch **Leistungsbescheid** gilt gemäß Art. 23 Abs. 1 Nr. 1 VwZVG das gleiche.
Der Leistungsbescheid betrifft Auslagen im Sinne von Art. 13 Abs. 1 Nr. 5 KG. Sie gehören zu den Kosten nach Art. 1 Abs. 1 Satz 1 KG und sind nicht etwa Beugemitteln im Rahmen der Verwaltungsvollstreckung gleichzusetzen wie z. B. Zwangsgelder. Nach § 80 Abs. 2 Nr. 1 VwGO entfällt daher die aufschiebende Wirkung von Rechtsbehelfen gegen derartige Bescheide (BayVGH in BayVBl 1994, 371 f.).

6   **Art. 55 Abs. 1 Satz 3** verweist für die **Kosten der Ersatzvornahme** auf die Vorschriften des **Kostengesetzes, soweit** Art. 55 **nicht Sonderregelungen** enthält; hierzu wird auf RdNr. 8 zu Art. 9 verwiesen. Sonderregelungen sind Abs. 1 Satz 2 (s. dazu o. RdNr. 5), aber auch der gesamte Abs. 2, der sich auch auf die Beitreibung der Kosten erstreckt.
Die Kosten einer Ersatzvornahme sind solche i. S. von § 80 Abs. 2 Nr. 1 VwGO, so daß für ihre Anforderung die aufschiebende Wirkung von Widerspruch und Anfechtungsklage entfällt (so zutreffend BayVGH in DÖV 1994, 1013).

7   **Abs. 2** wurde durch § 1 Nr. 3 b, § 2 PAGÄndG mit Wirkung vom 1. August 1983 neu gefaßt.
Abs. 2 Satz 1 läßt eine Vorausfestsetzung der voraussichtlichen Kosten (s. o. RdNr. 5) der Ersatzvornahme zu. Danach geleistete Vorauszahlungen

sind bei der endgültigen Festsetzung der Kosten anzurechnen, überschießende Zahlungsbeträge sind zu erstatten. Führt der Betroffene nach der Anforderung einer Vorauszahlung die gebotene Handlung selbst oder auf eigene Kosten durch andere aus, darf von diesem Zeitpunkt an die Vorauszahlung nicht beigetrieben werden (Abs. 2 Satz 3), eine bereits eingeleitete Beitreibung ist zu beenden, bereits beigetriebene Beträge sind nach Abzug der hierfür entstandenen Verwaltungskosten zu erstatten.

Gerät der Betroffene mit der Bezahlung von Kosten, die nach Art. 55 festgesetzt worden sind, in **Verzug, so können** sie nach **Abs. 2 Satz 2 im Verwaltungszwangsverfahren beigetrieben werden.** Nach dem Wortlaut des Gesetzes („können") steht es im pflichtgemäßen Ermessen der Polizei (Art. 5 Abs. 1), ob sie nach Art. 24 VwZVG die Vollstreckung anordnet; Voraussetzung ist, daß alle Anforderungen des Art. 23 VwZVG erfüllt sind. Dabei ist in der Regel die Ermessensfreiheit auf den Fall der Beitreibung von Vorausleistungen nach Abs. 2 Satz 1 zu beschränken, weil es sich nach deren Natur um eine Vorschußzahlung handelt. Handelt es sich dagegen um bereits entstandene Kosten, kann die Polizei wegen der zwingenden Vorschrift des Abs. 2 Satz 1 auf die **Beitreibung grundsätzlich nicht verzichten** (vgl. auch Art. 56 Abs. 3 Satz 1); nur in Fällen des Art. 76 Satz 4 kann von der Erhebung abgesehen werden. Die Beitreibung richtet sich nach den Art. 23–28, 41 VwZVG. 8

Mit der Beitreibung darf nicht begonnen werden, ehe nicht eine dem Betroffenen gesetzte **Zahlungsfrist** erfolglos verstrichen ist. Satz 2 setzt damit zugleich voraus, daß dem Betroffenen eine Zahlungsfrist einzuräumen ist. Sie muß in der Weise **angemessen** sein, daß sie nicht nur die Höhe des voraussichtlich entstehenden Aufwandes und die – hier weitgehend fiskalischen – Belange der für die Festsetzung der Kosten zuständigen Polizei, sondern auch die wirtschaftliche Leistungsfähigkeit des Betroffenen und die zeitliche Zumutbarkeit der Leistung berücksichtigt, soweit dafür Anhaltspunkte gegeben sind. Auch diese Überlegungen bestimmen sich nach Art. 4.

Abs. 2 Satz 3 enthält eine dem Inhalt von Abs. 2 angepaßte Formulierung des Rechtsgedankens aus Art. 4 Abs. 3 und Art. 54 Abs. 3. Die vorschußweise Beitreibung voraussichtlicher Kosten ist nur gerechtfertigt, solange die Durchführung der Ersatzvornahme selbst gerechtfertigt bleibt. Diese Voraussetzung entfällt, sobald der Betroffene selbst die ihm auferlegte Handlung vornimmt. War in diesem Zeitpunkt die Beitreibung der voraussichtlichen Kosten bereits eingeleitet worden, muß sie beendet werden (vgl. RdNrn 6 zu Art. 53 und 6 zu Art. 54). Sind bereits vor der Ersatzvornahme Kosten zu ihrer Vorbereitung angefallen oder sind einem Beauftragten solche Kosten zu erstatten, obwohl die Ersatzvornahme selbst nicht mehr durchgeführt werden mußte, so kann dieser Aufwand vom Betroffenen verlangt und beigetrieben werden. 9

Art. 56
Zwangsgeld

(1) Das Zwangsgeld wird auf mindestens zehn und höchstens fünftausend Deutsche Mark schriftlich festgesetzt.

(2) Mit der Festsetzung des Zwangsgeldes ist dem Betroffenen eine angemessene Frist zur Zahlung einzuräumen.

(3) ¹Zahlt der Betroffene das Zwangsgeld nicht fristgerecht, so wird es im Verwaltungszwangsverfahren beigetrieben. ²Die Beitreibung unterbleibt, sobald der Betroffene die gebotene Handlung ausführt oder die zu duldende Maßnahme gestattet.

(4) ¹Für die Festsetzung des Zwangsgeldes werden vom Betroffenen Kosten (Gebühren und Auslagen) erhoben. ²Im übrigen gilt das Kostengesetz.

56 Zu Art. 56 (Zwangsgeld)

56.1 Die Festsetzung eines Zwangsgeldes durch die Polizei wird nur in seltensten Fällen in Betracht kommen, da mit diesem Zwangsmittel die Gefahren, die die Polizei abzuwenden hat, in aller Regel nicht rechtzeitig abgewehrt werden können, so daß dieses Zwangsmittel keinen Erfolg verspricht.

56.2 Bei der Bestimmung der Höhe des Zwangsgeldes sind die Hartnäckigkeit des Betroffenen, seine finanzielle Leistungsfähigkeit und die Bedeutung der Angelegenheit zu berücksichtigen.

56.3 Der Betrag des Zwangsgeldes muß in bestimmter Höhe (also nicht „bis zu 300 DM") festgesetzt werden.

1   Art. 56 Abs. 1 entspricht teilweise Art. 31 Abs. 2 Satz 1 VwZVG. Er bestimmt die **Höhe des Zwangsgeldes** abweichend von dieser Vorschrift.

Das Zwangsgeld ist nach Art. 59 Abs. 5 in **bestimmter Höhe anzudrohen.** Zur Bestimmung der Höhe **im Einzelfall** s. Nr. 56.2 VollzB. Zur Frage der Vollziehbarkeit der Androhung s. RdNrn 2 f. zu Art. 59.

Art. 56 Abs. 1 verlangt außer der Androhung die an die **Schriftform** gebundene **Festsetzung** des Zwangsgeldes. Dabei tritt diese Festsetzung an die Stelle des Leistungsbescheids nach Art. 23 Abs. 1, 31 Abs. 3 VwZVG. Es fehlt jedoch in Art. 56 PAG eine dem Art. 31 Abs. 3 Satz 2 VwZVG entsprechende Bestimmung, die die Androhung des Zwangsgeldes bereits dem Leistungsbescheid gleichsetzt und damit tatsächlich wie begrifflich nur einen Verwaltungsakt voraussetzt. Im Zwangsgeldverfahren nach dem PAG handelt es sich demnach bei **Androhung** und **Festsetzung** um zwei **verschiedene Verwaltungsakte,** auch wenn sie in einem Schreiben etwa dergestalt miteinander verbunden werden, daß das Zwangsgeld angedroht und gleichzeitig in der angedrohten Höhe für festgesetzt erklärt wird, wenn der Betroffene nicht innerhalb einer

Art. 56

bestimmten Frist das ihm durch die polizeiliche Maßnahme Gebotene bewirkt hat. Widerspruch und Anfechtungsklage gegen Androhung und Festsetzung haben gemäß Art. 38 Abs. 4 VwZVG **keine aufschiebende Wirkung** (s. RdNr. 10 zu Art. 76).
Verfahrensrechtlich unterscheidet sich die Festsetzung des Zwangsgeldes nach Art. 56 noch insofern vom Leistungsbescheid nach dem VwZVG, als die in Art. 23 Abs. 1 Nr. 3 VwZVG vorgesehene **Mahnung** in Art. 56 PAG **nicht vorgeschrieben** ist. Vielmehr ist **Abs. 3 Satz 1** so zu verstehen, daß nach Fälligkeit der Forderung ohne weitere Mahnung vollstreckt werden kann.

Die **Androhung** des Zwangsgeldes ist nach Art. 59 Abs. 6 **förmlich zuzustellen**; hierfür gelten die Art. 1–16 VwZVG. Für die **Festsetzung** als den eigentlich verpflichtenden Verwaltungsakt kann danach **nichts anderes** gelten, wenn das Gesetz dies auch nicht ausdrücklich bestimmt; der Rechtsgedanke des Art. 23 Abs. 1 Nr. 1 VwZVG führt zum gleichen Ergebnis. 2

Wegen der Vorschrift des Art. 57 Abs. 1 Satz 1 ist gegebenenfalls bereits mit der Androhung des Zwangsgeldes der **Hinweis** zu verbinden, daß die **Anordnung der Ersatzzwangshaft** in Betracht kommt.

Abs. 2 schreibt bei der Festsetzung des Zwangsgeldes verbindlich vor, daß eine **Zahlungsfrist** eingeräumt werden muß. Die Zahlungsfrist muß **angemessen** sein; d. h. sie hat nicht nur die Dringlichkeit der zu erzwingenden Maßnahme und die fiskalischen Belange der Polizei, sondern auch die wirtschaftliche Leistungsfähigkeit des Betroffenen und die zeitliche Zumutbarkeit der Leistung zu berücksichtigen und so gut wie möglich in Einklang zu bringen. 3

Abs. 3 wiederholt im wesentlichen die auch in Art. 55 Abs. 2 enthaltenen Rechtsgedanken. Zur **fristgerechten Zahlung** s. RdNr. 8 zu Art. 55. Zur Bedeutung des **Abs. 3 Satz 1** (keine Mahnung erforderlich) s. o. RdNr. 1 am Ende. Zur **Beitreibung** s. Art. 31 Abs. 3 Satz 1 VwZVG und RdNr. 8 zu Art. 55. Die Anordnung der Beitreibung steht **nicht im Ermessen** der Polizei. Für das Unterlassen der Beitreibung oder ihre Beendigung nach **Abs. 3 Satz 2** vgl. Art. 55 Abs. 2 Satz 3 und RdNr. 9 zu Art. 55. Das Zwangsgeld dient nur dazu, die Anordnungen der Polizei durchzusetzen. Sobald ihnen entsprochen ist, hat die Beitreibung des Zwangsgeldes zu unterbleiben; ist sie bereits eingeleitet worden, muß sie beendet werden. Es besteht jedoch kein Anspruch des Betroffenen auf Rückzahlung von Zwangsgeld, wenn erst nach dessen Bezahlung oder Beitreibung den Anordnungen der Polizei nachgekommen ist. S. aber die RdNrn 6 zu Art. 53 und 6 zu Art. 54. Art. 56 Abs. 3 Satz 2 enthält als Beendigungsgrund neben der Ausführung der gebotenen Handlung auch das Gestatten der zu duldenden Maßnahme; darauf nimmt Art. 55 Abs. 2 Satz 3 nicht Bezug, weil eine Duldung nicht durch Ersatzvornahme erzwungen werden kann. 4

Art. 56

5   Abs. 4 Satz 1 stellt ausdrücklich fest, daß die **Festsetzung** des Zwangsgeldes ein **kostenpflichtiger Verwaltungsakt** ist. Für die **Androhung** gilt nach Maßgabe des Art. 59 Abs. 2 das gleiche. Die zwingende Vorschrift des Abs. 4 Satz 1 steht im Einklang mit Art. 76 Satz 1, wonach Art. 3 KG und damit vor allem dessen Abs. 1 Nr. 10 auch für die Zwangsgeldfestsetzung durch die Polizei nicht gilt.

Nach **Abs. 4 Satz 2** gilt „im übrigen", also soweit die Art. 56 und 59 hierfür keine speziellen Vorschriften enthalten, das KG. Siehe dazu RdNrn 1 ff. zu Art. 76. Die Gebühren für die Zwangsgeldfestsetzung bemessen sich nach § 1 Nr. 5 PolKV.

Art. 57
Ersatzzwangshaft

(1) ¹Ist das Zwangsgeld uneinbringlich, so kann das Verwaltungsgericht auf Antrag der Polizei die Ersatzzwangshaft anordnen, wenn bei Androhung des Zwangsgeldes hierauf hingewiesen worden ist. ²Die Ersatzzwangshaft beträgt mindestens einen Tag, höchstens zwei Wochen.

(2) Die Ersatzzwangshaft ist auf Antrag der Polizei von der Justizverwaltung nach den Bestimmungen der §§ 904 bis 910 der Zivilprozeßordnung zu vollstrecken.

57   Zu Art. 57 (Ersatzzwangshaft)

Das Zwangsgeld ist dann uneinbringlich, wenn die Beitreibung des Zwangsgeldes ohne Erfolg versucht worden ist oder wenn feststeht, daß sie keinen Erfolg haben wird.

Art. 57, der Art. 56 ergänzt, entspricht inhaltlich völlig Art. 33 VwZVG; **1** die Formulierung ist auf die Anwendung durch die Polizei abgestellt. Die Ersatzzwangshaft ist nur zulässig als weiteres Beugemittel, wenn vorher ein Zwangsgeld festgesetzt wurde, diese Zwangsmaßnahme aber ins Leere geht. Die Ersatzzwangshaft ist also kein selbständiges Zwangsmittel, sondern tritt als „Beugehaft" an die Stelle eines verwirkten Zwangsgeldes. Ihre Anordnung setzt daher die Bestandskraft der Festsetzung des Zwangsgeldes voraus (vgl. LG Oldenburg in NVwZ 1985, 221 und BayVGH in BayVBl 1988, 372). Wegen der Akzessorietät der Ersatzzwangshaft zur Festsetzung des Zwangsgeldes ist sie in Art. 54 Abs. 1 nicht als selbständiges Zwangsmittel aufgeführt.

Zur **Uneinbringlichkeit** des Zwangsgeldes s. Nr. 57 VollzB. Die Uneinbring- **2** lichkeit des Zwangsgeldes steht nicht erst dann fest, wenn die Beitreibung erfolglos versucht wurde. Sie kann sich vielmehr auch aus Tatsachen ergeben, deren Würdigung entweder zu der Feststellung oder zu dem Schluß führt, das Zwangsgeld werde mit an Sicherheit grenzender Wahrscheinlichkeit uneinbringlich sein (vgl. die Abgabe eidesstattlicher Versicherungen nach den §§ 807, 883 ZPO).

Nach **Abs. 1 Satz 1** steht die **Anordnung** der Ersatzzwangshaft im pflichtge- **3** mäßen **Ermessen** der Polizei („kann"); s. Art. 5 Abs. 1. Die Haft darf nach Art. 4 z. B. nicht angeordnet werden, wenn sie voraussichtlich zu wirtschaftlichen oder gesundheitlichen Schäden beim Betroffenen führen würde, die außer Verhältnis zum möglichen Erfolg stehen. Die Anordnung wird kaum je in Betracht kommen, weil das Zwangsgeldverfahren damit insgesamt eine Zeit in Anspruch nimmt, wie sie für die Durchsetzung polizeilicher Maßnahmen re-

Art. 57

gelmäßig nicht zur Verfügung stehen wird. Allenfalls kann dieses Zwangsverfahren bei Fällen des Art. 29 Abs. 1 Nrn 2 und 3 zweckentsprechend sein. Bleibt auch die Ersatzzwangshaft erfolglos, was denkbar ist, muß ohnehin auf ein anderes Zwangsmittel zurückgegriffen werden.

4   Nach Abs. 1 Satz 1 darf die **Zwangshaft** nur angeordnet werden, wenn die Polizei bei Androhung des Zwangsgeldes **hierauf hingewiesen** hat. Dieser Hinweis ist zugleich die Androhung nach Art. 59. Wurde er unterlassen, erscheint es nach dem Sinn des Hinweises zulässig, die Androhung als selbständige Maßnahme nach Art. 59 nachzuholen. Ohne vorausgehende Androhung ist die gerichtliche Haftanordnung unzulässig und rechtswidrig.

5   Die **Androhung** der Ersatzzwangshaft ist ein **Verwaltungsakt**, gegen den Widerspruch und Anfechtungsklage zulässig sind, jedoch keine aufschiebende Wirkung haben (Art. 38 VwZVG). Dagegen setzt die **Anordnung** der Ersatzzwangshaft einen **Gerichtsbeschluß** voraus, gegen den nach § 146 Abs. 1 VwGO die Beschwerde zugelassen ist. Die Anordnung der Ersatzzwangshaft kann allein **von der Polizei beantragt** werden. Wird ihrem Antrag nicht entsprochen, so hat auch sie ein Beschwerderecht nach den §§ 146 Abs. 1, 80 Abs. 6 VwGO.
Abs. 1 Satz 1 übernimmt analog Art. 33 VwZVG die **Zuständigkeit des Verwaltungsgerichts.** Das ist landesrechtlich möglich trotz der Bundeskompetenz für die VwGO. Vollstreckt wird ein Verwaltungsakt der Polizei, der auf Grund des in die Gesetzgebungszuständigkeit der Länder fallenden Polizeirechts ergangen ist. Für landesrechtlich geregelte Materien regelt das Landesrecht auch die Vollstreckung als notwendiges Akzessorium (s. allgemein das VwZVG).
Ist zur Vollstreckung eine Freiheitsentziehung notwendig, um die es sich bei der Ersatzzwangshaft unstreitig handelt (vgl. RdNr. 5 zu Art. 15), muß nach Art. 104 Abs. 2 Satz 1 GG, „der Richter" entscheiden. Das zuständige Gericht ist nach Art. 104 Abs. 2 Satz 4 GG durch Gesetz zu bestimmen, hier durch den Landesgesetzgeber, der für die Setzung des zu vollstreckenden Rechts zuständig ist. Die Regelung stimmt im übrigen mit § 40 Abs. 1 VwGO überein. § 40 Abs. 1 Satz 2 VwGO bestätigt a maiore ad minus die Regelungskompetenz des Landes. Eine Kollision mit dem (Bundes-)Gesetz über das gerichtliche Verfahren bei Freiheitsentziehungen scheidet aus, weil dieses Gesetz nach seinem § 1 nur für Freiheitsentziehungen gilt, die auf Grund Bundesrechts angeordnet werden. Eine entsprechende Verweisung wie etwa in Art. 18 Abs. 2 PAG enthält Art. 57 Abs. 1 nicht.

6   Die Ersatzzwangshaft tritt an die Stelle der (uneinbringlichen) Zahlung des Zwangsgeldes, das neben der Haft nicht zusätzlich verlangt werden kann (s. o. RdNr. 1). Für die Neufestsetzung eines (weiteren) Zwangsgeldes s. Art. 54 Abs. 3.

Hat das Verwaltungsgericht die Haft angeordnet, ist sie auf **Antrag der Polizei** von der **Justizverwaltung** zu **vollstrecken.** Der Vollstreckungsantrag ist **kein Verwaltungsakt** gegenüber dem Betroffenen, er betrifft nur das Innenverhältnis zwischen Polizei und Justizverwaltung. Dem Betroffenen stehen daher gegen diesen Antrag keine selbständigen Rechtsmittel zu. Die Polizei darf nach Abs. 2 die Ersatzzwangshaft nicht selbst vollstrecken, auch wenn ihr polizeieigene Haftanstalten zur Verfügung stehen.

Die Vollstreckung richtet sich nach den §§ 904 ff. ZPO.

Art. 58
Unmittelbarer Zwang

(1) ¹Die Polizei kann unmittelbaren Zwang anwenden, wenn andere Zwangsmittel nicht in Betracht kommen oder keinen Erfolg versprechen oder unzweckmäßig sind. ²Für die Art und Weise der Anwendung unmittelbaren Zwangs gelten die Art. 60 ff.
(2) Unmittelbarer Zwang zur Abgabe einer Erklärung ist ausgeschlossen.
(3) ¹Für die Anwendung unmittelbaren Zwangs werden Kosten (Gebühren und Auslagen) erhoben. ²Im übrigen gilt das Kostengesetz.

58 Zu Art. 58 (Unmittelbarer Zwang)

58.1 Der Begriff des unmittelbaren Zwangs ist in Art. 61 definiert.

58.2 Andere Zwangsmittel sind auch dann unzweckmäßig, wenn sie dem Betroffenen einen größeren Nachteil verursachen würden als die Anwendung unmittelbaren Zwangs.

58.3 Die Kostenpflicht gilt nur für die Anwendung unmittelbaren Zwangs im Bereich der Gefahrenabwehr. Kostenpflichtig ist der Veranlasser im Sinn von Art. 2 Abs. 1 des Kostengesetzes (Art. 58 Abs. 3 Satz 2).

58.4 Die Kostenpflicht nach Art. 58 Abs. 3 bzw. Art. 9 Abs. 2 in Verbindung mit der Polizeikostenverordnung ist eine gesetzlich vorgeschriebene Konsequenz aus der von der Polizei getroffenen Maßnahme des unmittelbaren Zwangs oder der unmittelbaren Ausführung einer Maßnahme. Ob und welche Maßnahmen in der jeweiligen Situation zu treffen sind, entscheidet der polizeiliche Einsatzleiter nach pflichtgemäßem Ermessen. Hierbei bleibt die etwaige kostenrechtliche Folge nach der Polizeikostenverordnung außer Betracht.

1   Art. 58 regelt den **Grund der Anwendung** unmittelbaren Zwangs. Für die Art und Weise der Anwendung s. die Art. 60–69. Nach der **Legaldefinition** des Art. 61 Abs. 1 ist unmittelbarer Zwang die Einwirkung auf Personen oder Sachen durch körperliche Gewalt, ihre Hilfsmittel und durch Waffen.

2   Die Bestimmungen über den unmittelbaren Zwang sind angeglichen an die entsprechenden Vorschriften der übrigen Länder und an das Gesetz über den unmittelbaren Zwang bei Ausübung öffentlicher Gewalt durch Vollzugsbeamte des Bundes (UZwG; s. Anhang), damit vor allem beim Waffengebrauchsrecht eine möglichst weitgehende Rechtsgleichheit innerhalb der Bundesrepublik erreicht wird. Das ist besonders wichtig für die polizeiliche Zusammenarbeit mit den übrigen Ländern und dem Bund. Zum UZwG ist eine Allgemeine Verwaltungsvorschrift ergangen, die UZwVwV-BMI (s. Anhang). Vgl. auch das Gesetz über die Anwendung unmittelbaren Zwanges und die Ausübung besonderer Befugnisse durch Soldaten der Bundeswehr und zivile

Art. 58

Wachpersonen (UZwGBw vom 12. August 1965, BGBl III 55-6). – Für Justizbedienstete gilt in Bayern das Gesetz über die sicherheits- und ordnungsrechtlichen Befugnisse der Justizbediensteten (JSOG) vom 15. April 1977, BayRS 300-12-5-J.
Das UZwG gilt nach seinem § 15 auch für die Polizeikräfte der Länder, wenn sie nach Art. 91 Abs. 2 GG den Weisungen der Bundesregierung unterstellt werden. Die Verfassungsmäßigkeit des § 15 UZwG ist umstritten, weil das GG dem Bundesgesetzgeber keine Zuständigkeit einräumt, polizeiliches Tätigkeitsrecht für Vollzugsbeamte der Länder zu setzen. Andererseits erfordern sowohl der Grundsatz der rechtlichen Gleichbehandlung aller Bürger, wie die bei gemeinsamem Einsatz notwendige einheitliche Leitung von Polizeiverbänden verschiedener Herkunft, daß unmittelbarer Zwang in gleichliegenden Fällen nicht von Bundes- und Länderbeamten nach materiell verschiedenem Recht angewendet wird.

Unmittelbarer Zwang darf unter den Voraussetzungen der Art. 58–69 angewendet werden, um rechtmäßige polizeiliche Maßnahmen jeder Art einschließlich der des Art. 29 durchzusetzen, auch wenn die zu vollziehenden Maßnahmen selbst nicht auf dem PAG, sondern auf anderen Gesetzen – z. B. der StPO – beruhen (vgl. Art. 11 Abs. 3 Satz 2) und diese Gesetze nicht selbständige Regelungen enthalten (wie die §§ 81 a ff. StPO) oder die in ihnen verliehenen Befugnisse nicht die Befugnis zur Anwendung von Zwang notwendig in sich schließen (z. B. gewaltsames Öffnen von Türen, Schränken oder Behältnissen bei Durchsuchung nach § 102 StPO). Vgl. BayObLG in DÖV 1960, 130 = BayVBl 1959, 162. 3

Abs. 1 Satz 1 enthält die **Grundvoraussetzung** für die Anwendung unmittelbaren Zwangs. Rechtlich gesehen ist der unmittelbare Zwang das einschneidendste Zwangsmittel, das der Polizei zur Verfügung steht, wenn auch subjektiv seine Anwendung manchmal den Betroffenen weniger beeinträchtigen mag als andere Zwangsmittel (vgl. Nr. 58.2 VollzB). Das Gesetz verlangt deshalb, daß vor der Anwendung des unmittelbaren Zwangs erwogen werden muß, ob andere Zwangsmittel angewendet werden können oder zweckmäßiger erscheinen. Nur wenn diese Frage nach Lage des Falles zu verneinen ist, darf unmittelbarer Zwang angewendet werden. Darüber hinaus enthalten die Art. 64–69 für die dort geregelten besonders schweren Zwangsmaßnahmen enge zusätzliche Voraussetzungen, die in jedem dieser Fälle erfüllt sein müssen. 4
Die Prüfung der Voraussetzungen ist **Tatbestands-, nicht Ermessensfrage** und kann daher gerichtlich nachvollzogen werden. Sie läßt allerdings wegen der Einbeziehung der Zweckmäßigkeit der Polizei einen weiten Spielraum. Nur wenn zur Überzeugung der Polizei feststeht, daß andere Zwangsmittel nicht in Betracht kommen, nicht erfolgversprechend oder unzweckmäßig sind, hat die Polizei nach **pflichtgemäßem Ermessen** (Art. 5 Abs. 1) zu entscheiden,

Art. 58

ob sie unmittelbaren Zwang anwendet. Die Ermessenserwägung hat den polizeilichen Zweck und die Dringlichkeit der Maßnahme ebenso zu berücksichtigen wie den Grundsatz der Verhältnismäßigkeit.

5 Auch unmittelbarer Zwang ist zunächst **anzudrohen.** Dafür gilt jedoch nicht Art. 59, obwohl sein Wortlaut allgemein gefaßt ist, sondern die **Spezialvorschrift des Art. 64.**

6 **Zu beachten bleibt, daß die Androhung** des unmittelbaren Zwangs nach Art. 64 Abs. 1 ebenso ein **Verwaltungsakt** ist wie die **Anwendung,** auch wenn diese in der Form des unmittelbaren Zugriffs als „Realakt" vorgenommen wird. In der Regel wird unmittelbarer Zwang in der Form des **Realakts,** der „rein tatsächlichen Handlung" (= Tatmaßnahme, s. Nr. 9.1 VollzB; RdNr. 1 zu Art. 9), angewendet. Die Zwangsanwendung ist nicht ein bloßer Vollzugsakt ohne rechtliche Selbständigkeit. Sie enthält eben durch das Moment des Zwangs zusätzliche Rechtseingriffe und ist deshalb auch im Gesetz als selbständige Maßnahme ausgestaltet, insbesondere an zusätzliche Voraussetzungen gebunden. Die Zulässigkeit der Zwangsanwendung ebenso wie die Art und Weise der Durchführung unterliegen deshalb auch unabhängig von der zugrundeliegenden Maßnahme, deren Durchführung die Zwangsanwendung dient, der gerichtlichen Nachprüfung. Sie erstreckt sich darauf, ob die gesetzlichen Voraussetzungen der Zwangsanwendung gegeben waren und damit der Betroffene verpflichtet war, den in der Zwangsanwendung liegenden zusätzlichen Eingriff in körperliche Unversehrtheit, Eigentum, Vermögen, Besitz oder andere Rechtsgüter zu dulden. Der Prüfung unterliegt auch, ob die Art und Weise der Zwangsanwendung etwa gegen den Grundsatz der Verhältnismäßigkeit verstoßen hat. Jedenfalls erschöpft sich die Zwangsmaßnahme inhaltlich in ihrer Anwendung. Sie kann nach dem Vollzug auch nicht mehr rückgängig gemacht werden, so daß der Verwaltungsakt der Zwangsanwendung sich regelmäßig bereits vor Erhebung der Klage, in der Regel auch bereits vor einem möglichen Widerspruch erledigt hat. Die aufschiebende Wirkung der Rechtsbehelfe ist bei Realakten faktisch nicht erreichbar; rechtlich ist sie gemäß § 80 Abs. 2 Nr. 2 VwGO ausgeschlossen.

In der Literatur ist noch jetzt umstritten, mit welcher Klage in diesem Fall die Rechtswidrigkeit der Zwangsanwendung vor dem Verwaltungsgericht zu rügen ist. Eyermann/Fröhler gehen in RdNr. 51 zu § 113 VwGO nach wie vor davon aus, daß es sich zwar materiell um eine Feststellungs-, im Kern jedoch um eine Anfechtungsklage handele. Sie halten dementsprechend ein Vorverfahren für notwendig. Auf keinen Fall aber dürfe der Kläger bereits die Widerspruchsfrist versäumt haben. Kopp begnügt sich in RdNr. 47 zu § 113 VwGO damit, auf die insoweit abweichende Ansicht des BVerwG hinzuweisen. Redeker/von Oertzen verweisen in RdNr. 17 zu § 113 VwGO zwar auf die Anwendbarkeit des § 113 Abs. 1 Satz 4 VwGO, halten aber unter Hinweis auf die Rechtsprechung ein Vorverfahren nicht für erforderlich.

Art. 58

Demgegenüber ist dem Bundesverwaltungsgericht zu folgen, das in BVerwGE 26, 161/164 f./168 = DVBl 1967, 379 = DÖV 1967, 347 überzeugend feststellt, daß die Polizei nicht nur durch schriftlichen oder mündlichen Verwaltungsakt, sondern „auch durch konkludentes Verhalten mittels Anwendung körperlicher Gewalt die betroffenen Bürger zu einem bestimmten Verhalten veranlassen" könne. Dieser Verwaltungsakt erledige sich spätestens, wenn die Störung beseitigt ist. Erledigt sei der Verwaltungsakt nicht etwa, weil er vollzogen worden sei, sondern weil sich die Geltungsdauer des durch Zwangsanwendung vollzogenen polizeilichen Gebotes im entschiedenen Fall inhaltlich erschöpft hatte und die Zwangsanwendung nicht mehr rückgängig gemacht werden konnte. Der Kläger habe daher mit Recht nicht die Aufhebung des Verwaltungsaktes beantragt, sondern von Anfang an die **Feststellung** begehrt, daß der Verwaltungsakt rechtswidrig gewesen sei.

Zum Vorverfahren, zur Einhaltung der Fristen sowie zum berechtigten Interesse an der Feststellung der Rechtswidrigkeit s. RdNr. 17 zu Art. 11.

Auch wenn lediglich die gerichtliche Überprüfung der Zwangsanwendung begehrt wird, ist es nicht immer möglich, die möglichen drei Maßnahmen (die zu vollziehende Maßnahme – z. B. Platzverweisung, die Androhung unmittelbaren Zwangs – z. B. der Räumung einer Straße, die Zwangsanwendung – z. B. durch Räumung der Straße mit körperlicher Gewalt und deren Hilfsmitteln) rein abstrakt zu trennen. Ist die zu vollziehende Maßnahme nicht rechtmäßig, sind Androhung und Anwendung von Zwang ebenfalls unrechtmäßig. Andererseits ist nicht automatisch die zu vollziehende Maßnahme rechtswidrig, wenn Androhung oder Anwendung der Zwangsmaßnahme rechtswidrig sind. 7

Abs. 1 Satz 2 enthält einen lediglich deklaratorischen Hinweis auf die Art. 60–69. 8

Abs. 2 verbietet aus rechtsstaatlichen wie rechtsethischen Gründen, **unmittelbaren Zwang** anzuwenden, um die **Abgabe einer Erklärung** herbeizuführen. Die Vorschrift enthält in einer Kurzfassung die Rechtsgedanken, die auch § 136 a StPO zugrunde liegen. Da unmittelbarer Zwang mithin gesetzlich ausgeschlossen und Ersatzvornahme nicht möglich ist, weil eine Erklärung keine vertretbare Handlung ist, kann in diesem Fall nur Zwangsgeld und allenfalls Ersatzzwangshaft in Betracht kommen. Allerdings ist dabei zu beachten, daß niemand verpflichtet ist, vor der Polizei auszusagen, so daß auch die Verhängung von Zwangsgeld hier problematisch ist und nur auf besondere Erwägungen gestützt werden könnte. 9

Abs. 3 wurde durch § 1 Nr. 4, § 2 PAGÄndG mit Wirkung vom 1. August 1983 dem Art. 58 angefügt. Er gleicht systematisch den Art. 9 Abs. 2, 28 10

Art. 58

Abs. 3 Sätze 1 und 4 und 55 Abs. 1 Sätze 2 und 3; dazu RdNrn 1 f. zu Art. 76. Die Gebühren für die Anwendung unmittelbaren Zwangs bemessen sich nach § 1 Nr. 6 bzw. Nr. 7 PolKV.

Art. 59
Androhung der Zwangsmittel

(1) ¹Zwangsmittel sind möglichst schriftlich anzudrohen. ²Dem Betroffenen ist in der Androhung zur Erfüllung der Verpflichtung eine angemessene Frist zu bestimmen; eine Frist braucht nicht bestimmt zu werden, wenn eine Duldung oder Unterlassung erzwungen werden soll. ³Von der Androhung kann abgesehen werden, wenn die Umstände sie nicht zulassen, insbesondere wenn die sofortige Anwendung des Zwangsmittels zur Abwehr einer Gefahr notwendig ist.

(2) ¹Die Androhung kann mit dem Verwaltungsakt verbunden werden, durch den die Handlung, Duldung oder Unterlassung aufgegeben wird. ²Sie soll mit ihm verbunden werden, wenn ein Rechtsmittel keine aufschiebende Wirkung hat.

(3) ¹Die Androhung muß sich auf bestimmte Zwangsmittel beziehen. ²Werden mehrere Zwangsmittel angedroht, ist anzugeben, in welcher Reihenfolge sie angewandt werden sollen.

(4) Wird Ersatzvornahme angedroht, so sollen in der Androhung die voraussichtlichen Kosten angegeben werden.

(5) Das Zwangsgeld ist in bestimmter Höhe anzudrohen.

(6) ¹Die Androhung ist zuzustellen. ²Das gilt auch dann, wenn sie mit dem zugrunde liegenden Verwaltungsakt verbunden ist und für ihn keine Zustellung vorgeschrieben ist.

(7) ¹Für die Androhung werden Kosten (Gebühren und Auslagen) erhoben. ²Dies gilt nicht, wenn nach Absatz 2 Satz 1 verfahren wird und der Verwaltungsakt, durch den die Handlung, Duldung oder Unterlassung aufgegeben wird, kostenfrei ist. ³Im übrigen gilt das Kostengesetz.

59 Zu Art. 59 (Androhung der Zwangsmittel)

59.1 Eine schriftliche Androhung ist auch dann nicht möglich, wenn durch die dadurch bewirkte Verzögerung der Anwendung des Zwangsmittels die Gefahr nicht rechtzeitig abgewendet würde. Ist eine schriftliche Androhung des Zwangsmittels möglich, so ist sie nach Maßgabe des Zweiten Abschnitts des VwZVG zuzustellen.

59.2 Die Rechtmäßigkeit der Androhung ist Voraussetzung für die Rechtmäßigkeit der nachfolgenden Anwendung des Zwangsmittels. Daher sind die Anforderungen des Art. 60 (lies: 59) an Form und Inhalt der Androhung besonders sorgfältig zu beachten.

59.3 Wird bei der Androhung einer Ersatzvornahme der voraussichtliche Aufwand nicht angegeben, so ist eine solche Androhung gleichwohl rechtswirksam.

Ist eine Androhung mit dem zugrunde liegenden Verwaltungsakt verbunden, so ist sie nur mit ihm anfechtbar.

Art. 59

1 Art. 59 entspricht den Art. 35 und 36 VwZVG. Er gilt für die Anwendung der in Art. 54 Abs. 1 genannten Zwangsmittel der **Ersatzvornahme** und des **Zwangsgeldes**, aber auch für die in Art. 57 geregelte **Ersatzzwangshaft**, wenn sie ohne den dort vorgeschriebenen Hinweis angewendet werden sollte (s. RdNr. 4 zu Art. 57). Für die **Androhung unmittelbaren Zwangs** gilt nicht Art. 59, sondern **Art. 64**.

2 Nach **Abs. 1 Satz 1** sind die in RdNr. 1 genannten Zwangsmittel vor ihrer Anwendung grundsätzlich **anzudrohen**; für die Androhung ist die **Schriftform** vorgeschrieben. Wie sich aus dem vom Wortlaut des Art. 36 Abs. 1 Satz 1 VwZVG abweichenden Wort „**möglichst**" ergibt, **kann** von der Schriftform abgesehen werden, wenn die Umstände des Einzelfalles dies nach verständiger Beurteilung erfordern. Dabei ist vor allem die Dringlichkeit der Maßnahme entscheidend.

Abs. 1 Satz 1 steht in Zusammenhang mit **Satz 3**. Das Wort „möglichst" in Satz 1 kann sich sowohl auf die Schriftform wie auch auf die Pflicht zur vorausgehenden Androhung überhaupt beziehen. Für den zuletzt genannten Fall enthält Satz 3 die weiteren Voraussetzungen. Sie sind dem besonderen Zweck entsprechend weit gefaßt. Gleichwohl enthält Satz 3 gesetzliche Tatbestandsvoraussetzungen, deren Vorliegen gerichtlich voll nachprüfbar ist und die der Polizei einen Beurteilungs-, nicht jedoch einen Ermessensspielraum gewähren.

Rechtsbehelfe gegen die Androhung haben **keine aufschiebende Wirkung** (Art. 38 Abs. 4 VwZVG; s. dazu die RdNrn 5 zu Art. 55 und 1 zu Art. 56).

3 Soweit Art. 59 nicht gestattet, von der Androhung überhaupt abzusehen, ist ihre Vornahme eine der Polizei Dritten gegenüber obliegende Amtspflicht im Sinne des § 839 BGB, weil die Androhung grundsätzlich zwingend („sind") vorgeschrieben ist. S. auch RdNr. 2 zu Art. 64. Die Androhung ist ein **Verwaltungsakt** und als solcher selbständig **gerichtlich nachprüfbar.** Das gilt auch dann, wenn die Androhung nach Abs. 2 mit dem zu vollziehenden polizeilichen Verwaltungsakt verbunden wird. Nr. 59.3 Abs. 2 VollzB, der keine Rechtsnorm ist und daher den Betroffenen und die Gerichte nicht bindet, nimmt offenbar Bezug auf Art. 38 Abs. 1 Satz 2 VwZVG, der eine Einschränkung („soweit ... nicht") enthält, die auch in Fällen des Art. 59 PAG Bedeutung haben kann. Sinn und Zweck des Art. 59 PAG widerstreiten nicht einer ergänzenden Anwendung des VwZVG, das anzuwenden bleibt, wenn sich aus dem PAG nichts anderes ergibt (vgl. RdNr. 1 zu Art. 53).

Die **Androhung** ist eine **gesetzliche Voraussetzung** für die rechtmäßige Anwendung des anzudrohenden Zwangsmittels. Erweist sie sich im Anfechtungsverfahren oder in dem in RdNr. 6 zu Art. 58 beschriebenen Verfahren nach § 113 Abs. 1 Satz 4 VwGO als **fehlerhaft,** so ist auch die danach vorgenommene Zwangsanwendung fehlerhaft und rechtswidrig. Gleiches gilt, wenn die **Androhung unterlassen** wurde, ohne daß die Voraussetzungen des Art. 59 Abs. 1

Satz 1 und 3 vorgelegen haben. Das Unterlassen der Androhung kann allerdings nicht selbständig überprüft werden, weil es für sich allein genommen den Betroffenen nicht beschwert. Wird jedoch eine Zwangsmaßnahme ohne vorherige Androhung durchgeführt, so ist es eine Voraussetzung der Rechtmäßigkeit dieser Maßnahme, daß die Androhung nach dem Gesetz unterlassen werden durfte. Wird gegen eine nicht angedrohte Zwangsmaßnahme selbst Klage erhoben, ist daher als Vorfrage zu prüfen, ob das Unterlassen der Androhung rechtmäßig war.

Nach **Abs. 1 Satz 2** ist dem zu einer Handlung, Duldung oder Unterlassung 4
Verpflichteten grundsätzlich eine **Frist einzuräumen,** innerhalb derer er seiner Verpflichtung nachkommen kann. Die Frist muß **angemessen** sein, d. h. sie hat nicht nur als wichtigsten Umstand die Dringlichkeit der Maßnahme, sondern auch die Zumutbarkeit für den Betroffenen und seine tatsächlichen Möglichkeiten zu berücksichtigen, das Verlangte innerhalb der Frist zu bewirken. Das schließt nicht aus, daß die Frist je nach den Umständen sehr kurz sein kann und muß (vgl. auch RdNr. 8 zu Art. 55 und RdNr. 3 zu Art. 56). Der Grundsatz der Verhältnismäßigkeit ist – wie stets – der ausschlaggebende rechtliche Maßstab.
Abs. 1 Satz 2 Halbsatz 2 erlaubt es der Polizei, von einer **Fristsetzung abzusehen,** wenn lediglich ein **Dulden oder Unterlassen** verlangt wird. Unter dieser Voraussetzung steht es daher im pflichtgemäßen Ermessen der Polizei (Art. 5 Abs. 1), ob sie eine Frist bestimmt oder nicht.

Bereits in RdNr. 2 wurde auf den Zusammenhang zwischen **Abs. 1 Satz 1** 5
und **Satz 3** hingewiesen. Satz 3 konkretisiert den Begriff „möglichst" für den Fall, daß von der Androhung überhaupt abzusehen ist. Er stellt nicht nur ab auf die **Dringlichkeit** der zu vollziehenden Maßnahme, sondern läßt im Hinblick auf die in Art. 3 zum Ausdruck gebrachte Besonderheit des Polizeirechts alle Umstände genügen, die eine vorherige Androhung als zweckwidrig gegenüber der zu vollziehenden Maßnahme erscheinen lassen. Die weite Fassung des Satzes 3 gewährt der Polizei einen entsprechend **weiten Beurteilungsspielraum** hinsichtlich des Vorliegens der in Satz 3 genannten Umstände. Würde nach der Beurteilung der Sachlage die Androhung etwa aus zeitlichen Gründen den Erfolg des Zwangsmittels und damit der zu erfüllenden Verpflichtung des Betroffenen vereiteln, muß im Hinblick auf den polizeilichen Zweck die Androhung unterbleiben, andernfalls darf sie nicht unterbleiben (vgl. u. RdNr. 8). Ein Wahlermessen zwischen beiden Möglichkeiten hat die Polizei trotz des darauf hindeutenden gesetzlichen Sprachgebrauchs („kann") in Wirklichkeit nicht.

Abs. 2 Satz 1 stellt es in das pflichtgemäße Ermessen der Polizei, die **Andro-** 6
hung bereits **mit der zur Gefahrenabwehr getroffenen Maßnahme** (Nr. 2.1 VollzB) der Polizei zu **verbinden.** Das wird immer zweckmäßig sein, wenn die

Art. 59

Polizei nicht damit rechnen kann, der Betroffene werde der an ihn gerichteten Anordnung eines bestimmten Verhaltens nachkommen.

Abs. 2 Satz 2 setzt an die Stelle der Ermessens- eine **Sollvorschrift** (s. RdNr. 4 zu Art. 15), wenn ein Rechtsmittel (Widerspruch, Anfechtungsklage) keine aufschiebende Wirkung hat. Damit ist für diesen Fall das Ermessen weitgehend ausgeschaltet. In Fällen des Art. 59 beruht der Wegfall der aufschiebenden Wirkung regelmäßig auf Gesetz (Art. 80 Abs. 2 Nrn 1 und 2 VwGO, Art. 38 Abs. 4 VwZVG). Ausnahmen sind möglich z. B. beim Vollzug des Art. 29 PAG; auch hier kann die aufschiebende Wirkung aber im Einzelfall nach § 80 Abs. 2 Nr. 4, Abs. 3 VwGO mit auf den Einzelfall bezogener schriftlicher Begründung ausgeschlossen werden.

7   **Abs. 3 Satz 1** verlangt, daß die anzudrohenden **Zwangsmittel bestimmt,** also **eindeutig benannt werden** müssen. Von sondergesetzlichen Regelungen abgesehen, regelt das PAG abschließend, welche Zwangsmittel die Polizei anwenden darf. Sie sind in den Art. 54 (Ersatzvornahme, Zwangsgeld, unmittelbarer Zwang) und 57 (Ersatzzwangshaft anstelle von uneinbringlichem Zwangsgeld) aufgezählt. Nach **Abs. 3 Satz 2** ist darüber hinaus für den Fall, daß **mehrere Zwangsmittel** angedroht werden, auch deren **Reihenfolge** zu bestimmen. Die Reihenfolge darf nicht beliebig sein. Sie richtet sich zunächst nach dem Grundsatz des Art. 4 Abs. 1 und 2, sodann nach dem gesetzlichen Gebot des Art. 58 Abs. 1. Darüber hinaus hat die Nennung der „Reihenfolge" in Abs. 3 Satz 2 auch die Bedeutung, daß mehrere Zwangsmittel nicht gleichzeitig angewendet werden dürfen, sondern die Anwendung des nächsten Zwangsmittels die tatsächliche oder voraussehbare Erfolglosigkeit des voranstehenden voraussetzt. Insoweit steht der Polizei kein Ermessen zu. Ein Auswahlermessen kommt nur in Betracht, soweit es die Beachtung der genannten Vorschriften zuläßt (vgl. OVG Münster in NVwZ-RR 1991, 242). Art. 5 Abs. 2 ist hier nicht anwendbar, weil es sich nicht mehr um die Wahl eines Mittels zur Gefahrenabwehr, sondern um die Durchsetzung einer bereits angeordneten Maßnahme handelt.

8   **Abs. 4** wurde durch § 1 Nr. 5, § 2 PAGÄndG mit Wirkung vom 1. August 1983 neu gefaßt. Er ist eine zusätzliche **Sondervorschrift** für die **Androhung der Ersatzvornahme.** Abs. 4 ist **Sollvorschrift** (s. RdNr. 4 zu Art. 15). Er ist zu unterscheiden von Art. 55 Abs. 2, der die Anordnung der Vorauszahlung der voraussichtlichen Kosten der Ersatzvornahme zuläßt, die stets nur in einer bestimmten Summe gefordert werden können und deshalb immer die Ermittlung des voraussichtlichen Aufwands voraussetzen. Abs. 4 bezieht sich auf die Fälle des Art. 55 Abs. 1 Satz 2, in denen keine Vorauszahlung der voraussichtlichen Kosten verlangt wird, sondern der Betroffene die tatsächlichen Kosten nach Durchführung der Ersatzvornahme zu zahlen hat. Er dient nur dazu, dem Betroffenen das finanzielle Risiko seiner Weigerung deutlich zu machen.

Fehlt die Androhung, obgleich sie möglich war, ist die Durchführung der Zwangsmaßnahme fehlerhaft. Fehlt lediglich die Angabe des voraussichtlichen Aufwands, gilt Gleiches nur, wenn die Polizei nach Maßgabe der Verbindlichkeit der Sollvorschrift nicht von dieser Angabe absehen durfte. Nr. 59.3 VollzB ist mit dieser Einschränkung zu verstehen.

Abs. 5 ist eine zusätzliche **Sondervorschrift** für die Androhung von **Zwangsgeld**. Nach Abs. 5 muß das **Zwangsgeld** in **bestimmter Höhe**, d. h. mit einem festen Betrag **angedroht** werden. Wird anders verfahren, ist die Androhung mangels hinreichender Bestimmtheit der geforderten Leistung rechtswidrig. Der Fehler kann nicht dadurch geheilt werden, daß das Zwangsgeld nach der fehlerhaften Androhung in bestimmter Höhe festgesetzt wird (s. dazu Nr. 56.3 VollzB); er kann nur durch Wiederholung der Androhung unter Bestimmung einer neuen Frist und Nennung eines bestimmten Betrages beseitigt werden.

9

Abs. 6 stimmt überein mit Art. 36 Abs. 7 VwZVG. Die **Androhung** ist **förmlich zuzustellen.** Die Zustellung richtet sich nach den Art. 1–16 VwZVG. Zur Heilung von Zustellungsmängeln s. Art. 9 VwZVG.

10

Abs. 6 Satz 2 setzt voraus, daß die **Androhung** gemäß Abs. 2 **mit dem zugrundeliegenden Verwaltungsakt verbunden** ist, mit dem die Polizei von einem nach den Art. 7, 8, 10 Verpflichteten ein Handeln, Dulden oder Unterlassen fordert. Die Verbindung beider Verwaltungsakte liegt nur teilweise im pflichtgemäßen Ermessen der Polizei; s. dazu o. RdNrn 3 und 6. Für Verwaltungsakte der Polizei, durch die ein Handeln, Dulden oder Unterlassen aufgegeben wird, insbesondere für Maßnahmen im Sinne von Nr. 2.1 VollzB besteht in der Regel kein gesetzliches Zustellungsgebot. Insoweit hat das Zustellungsgebot für die Androhung Ausnahmecharakter.

Die **Androhung** eines Zwangsmittels ist nicht nur ein rechtlich selbständiger, sondern nach Abs. 7 Satz 1 grundsätzlich auch **kostenpflichtiger Verwaltungsakt.** Abs. 7 Sätze 1 und 3 gleichen systematisch den Art. 9 Abs. 2, 28 Abs. 3 Sätze 1 und 4, 55 Abs. 1 Sätze 2 und 3 und 58 Abs. 3. S. zu dieser Systematik RdNrn 1 ff. zu Art. 76. Die Bemessung der Gebühren für die Zwangsmittelandrohung richtet sich nach § 1 Nr. 8 PolKV.

11

Eine kostenrechtliche Ausnahmevorschrift enthält Abs. 7 Satz 2. Danach werden für die Androhung keine Kosten erhoben, wenn sie mit der zu vollziehenden polizeilichen Anordnung verbunden wird und diese selbst kostenfrei ergeht. Das ist vor allem der Fall bei polizeilichen Amtshandlungen, die trotz Art. 76 Satz 1 PAG noch unter Art. 3 Abs. 1 Nr. 2 oder 10 KG fallen (vgl. RdNr. 1 zu Art. 76).

Auch bei Kostenfreiheit nach Art. 3 Abs. 1 KG können jedoch nach pflichtgemäßem Ermessen der Polizei Auslagen im Sinne des Art. 13 Abs. 1 KG er-

Art. 59

hoben werden, die durch unbegründete Einwendungen eines Beteiligten oder durch Verschulden eines Beteiligten oder Dritten entstanden sind (Art. 3 Abs. 3 KG).

12 Art. 59 enthält keine dem Art. 36 Abs. 6 Satz 2 VwZVG entsprechende Vorschrift, wonach eine **neue Androhung** erst dann zulässig ist, wenn die vorausgegangene Androhung des Zwangsmittels erfolglos geblieben ist. Hier ist demgegenüber auf den noch weitergehenden **Art. 54 Abs. 3 PAG** zu verweisen, der die Wiederholung wie den Wechsel von Zwangsmitteln und damit notwendigerweise auch deren Androhung ausdrücklich zuläßt.

2. Unterabschnitt

Anwendung unmittelbaren Zwangs

Art. 60
Rechtliche Grundlagen

(1) Ist die Polizei nach diesem Gesetz oder anderen Rechtsvorschriften zur Anwendung unmittelbaren Zwangs befugt, gelten für die Art und Weise der Anwendung die Art. 61 bis 69 und, soweit sich aus diesen nichts Abweichendes ergibt, die übrigen Vorschriften dieses Gesetzes.

(2) Die zivil- und strafrechtlichen Wirkungen nach den Vorschriften über Notwehr und Notstand bleiben unberührt.

60 Zu Art. 60 (Rechtliche Grundlagen der Anwendung unmittelbaren Zwangs)

60.1 Der 2. Unterabschnitt gilt auch für andere Tätigkeitsbereiche der Polizei als die Gefahrenabwehr, insbesondere gilt er für die polizeiliche Verfolgung von Straftaten und Ordnungswidrigkeiten, soweit die Strafprozeßordnung keine besondere Regelung des unmittelbaren Zwangs enthält.

60.2 Von den „übrigen" Vorschriften dieses Gesetzes im Sinn des Art. 60 Abs. 1 kommen insbesondere die Art. 4 bis 10 in Betracht.

60.3 Art. 60 Abs. 2 gibt keine polizeirechtliche Befugnis. Die Vorschrift stellt jedoch klar, daß eine polizeiliche Maßnahme, die nach diesem Gesetz fehlerhaft ist, gleichwohl durch die zivilrechtlichen oder strafrechtlichen Vorschriften über die Notwehr oder den Notstand gerechtfertigt sein kann.

Mit **Art. 60** beginnen die Vorschriften über die **Anwendung unmittelbaren Zwangs** (s. RdNr. 2 zu Art. 61), die zu den wichtigsten des Gesetzes gehören, weil sie mit dem Abstecken der Grenzen für die Zwangs- und Gewaltanwendung durch die Polizei zugleich die Risiken verdeutlichen, die die Betroffenen zu gewärtigen haben. Zugleich gestatten diese Vorschriften wie auch die Notwehr- und Notstandsrechte des BGB und des StGB der Polizei, zum Schutz von Rechtsgütern vor Gefahren im Sinne der Art. 2 und 11 in gleiche Rechtsgüter der Personen einzugreifen, die Gefahren verursachen oder für ihre Verhinderung und Beseitigung verantwortlich sind. Diese der Schutzfunktion des Rechts unvermeidbar innewohnende Zwiespältigkeit wird um so offenkundiger, je ausgeprägter der Rechtsstaatsgedanke in einer Rechtsordnung sich darstellt. Zugleich zeigen sich hier die Grenzen dessen, was Normen zu leisten vermögen und was der Persönlichkeit und der geschulten Verantwortung derer überlassen bleiben muß, die sie anzuwenden haben.

Art. 60

2   Die **Art. 60–69** regeln die **Art und Weise der Anwendung von unmittelbarem Zwang**; die **Zulässigkeit** der Anwendung ergibt sich aus den Art. 53, 54 Abs. 1 Nr. 3, 58, 59 und aus den entsprechenden Vorschriften außerhalb des PAG.
Soweit Rechtsvorschriften außerhalb des PAG die Polizei nicht unmittelbar ermächtigen, Zwang anzuwenden, sondern zunächst andere Maßnahmen (z. B. die Vorführung Wehrpflichtiger zur Musterung nach §§ 44, Abs. 2, 45 WehrpflichtG oder deren Zuführung zum nächsten Feldjäger-Dienstkommando nach § 44 Abs. 3 WehrpflichtG), richtet sich die Zulässigkeit der Zwangsanwendung gleichwohl nach den Art. 53, 54 Abs. 1 Nr. 3, 58, 59 PAG. Nur wenn sich aus Vorschriften außerhalb des PAG die Zulässigkeit der Zwangsanwendung bereits unmittelbar ergibt, wie es für die Festnahmebefugnis nach § 127 StPO angenommen, bei Beschlagnahme, Durchsuchung, erkennungsdienstlicher Behandlung und ähnlichen Maßnahmen nach der StPO als erfolgsnotwendige Voraussetzung ohne besondere Erwähnung im Gesetz unterstellt wird, sind nur die Vorschriften des PAG über die Art und Weise der Zwangsanwendung zu beachten und auch dies nur, soweit das Verfahren bei diesen Maßnahmen nicht bereits an anderer Stelle geregelt oder Zusätzliches vorgeschrieben ist. So hat das BayObLG in BayVBl 1960, 291 ausgesprochen, daß die Rechtmäßigkeit der Festnahme im Rahmen eines Strafverfahrens nicht davon abhängt, daß sie dem Beschuldigten als solche vorher angekündigt worden ist. Richtet sich die in anderen Gesetzen vorgesehene Maßnahme unmittelbar auf die Anwendung von Zwang, z. B. bei Verhaftung und vorläufiger Festnahme nach den §§ 112 ff. StPO, ist die Zulässigkeit ohne weiteres gegeben.

3   Soweit unmittelbarer Zwang zur Durchführung von Maßnahmen nach dem PAG anzuwenden ist, hat **Abs. 1** nur Hinweischarakter. Rechtlich bedeutsam ist die Vorschrift, soweit sie die **Art und Weise** der Zwangsanwendung auch für die Fälle **verbindlich** vorschreibt, in denen die **Polizei auf Grund anderer Rechtsvorschriften** zur Anwendung unmittelbaren Zwangs befugt ist (vgl. die Art. 2 Abs. 4, 11 Abs. 2), insbesondere außerhalb der vorbeugenden Gefahrenabwehr zur **Verfolgung von Straftaten** oder zur **Erforschung von Ordnungswidrigkeiten** tätig wird.
Soweit andere, insbesondere bundesrechtliche Vorschriften zwar das Anwenden unmittelbaren Zwangs zulassen, voraussetzen oder gebieten, aber nicht vorschreiben, wie dies im einzelnen zu geschehen hat, schließen die Art. 61–69 diese Lücke. Das ist auch gegenüber dem Bundesrecht unbedenklich; es bedürfte lediglich einer ausdrücklichen Ermächtigung, soweit dem Bund nach den Art. 71, 73 GG die ausschließliche Gesetzgebungsbefugnis zusteht. StPO und OWiG z. B. beruhen jedoch auf der nur konkurrierenden Gesetzgebungsbefugnis des Bundes nach Art. 74 Nr. 1 GG, so daß nach Art. 72 Abs. 1 GG die **Gesetzgebungsbefugnis der Länder** auf diesen Gebieten erhal-

ten bleibt, solange und soweit der Bund keine abschließende Regelung trifft. Für die Art und Weise der Anwendung unmittelbaren Zwangs ist dies nur in einzelnen Fällen, nicht aber allgemein geschehen; ein Beispiel dafür ist § 81 a Abs. 1 Satz 2 StPO. Überdies haben die Länder nicht nur nach Art. 30 GG die originäre Regelungskompetenz, es obliegt ihnen nach Art. 83 GG grundsätzlich auch die Ausführung der Bundesgesetze als eigene Angelegenheit. Die konkurrierende Gesetzgebungszuständigkeit hat daher im Kern – wenn auch nicht nach ihrer faktischen Bedeutung – den Charakter einer Ausnahmeregelung, so daß an die Frage, ob der Bund eine Materie in diesem Bereich abschließend geregelt hat, ein strenger Maßstab anzulegen ist.

Die in Abs. 1 enthaltene Verweisung auf „die übrigen Vorschriften dieses Gesetzes" bezieht sich zunächst auf die Art. 4–10 (vgl. Nr. 60.2 VollzB). Schon hier ergeben sich Abweichungen, weil z. B. der Grundsatz der Verhältnismäßigkeit in einzelnen Vorschriften, wie etwa den Art. 65 oder 66 besonders umschrieben ist. Auch die Bestimmungen über die Adressaten von Maßnahmen (Art. 7, 8, 10) sind z. B. in Art. 68 modifiziert. Ferner enthalten die besonderen Befugnisbestimmungen der Art. 13–29 Beschränkungen auf bestimmte Maßnahmen, die ihrerseits mittelbar oder unmittelbar die Zwangsanwendung bestimmen oder beschränken. Grundsätzlich ist davon auszugehen, daß zunächst die Vorschriften der Art. 61–69 zu beachten sind und nur dort, wo sie die Art und Weise der Zwangsanwendung nicht ausreichend bestimmen, auf andere Vorschriften des PAG zurückzugreifen ist. **4**

Nicht ohne weiteres verständlich ist der eigenartig und eher einschränkend formulierte **Abs. 2**. Für die Gründe, die den Gesetzgeber bewogen haben, Abs. 2 in das Gesetz aufzunehmen, ist die amtliche Begründung zum PAGÄndG wenig aufschlußreich. Man kann von der Überlegung ausgehen, daß Notwehr-, Notstands- und Selbsthilferechte (s. u. RdNr. 6) grundsätzlich jedem Bürger und damit auch jedem Polizeibeamten zur Seite stehen, nicht nur, wenn er außerdienstlich „als Bürger", sondern auch wenn er in Ausübung seines Dienstes in eine entsprechende Lage kommt (zum Notwehrrecht s. BayObLG in BayVBl 1991, 475 = JZ 1991, 936; s. dazu RdNrn 5, 6 zu Art. 4). Allerdings sind Notwehr-, Notstands- und Selbsthilfevorschriften lediglich entschuldigende oder rechtfertigende Tatbestände. Sie bieten keine Rechtsgrundlagen für das hoheitliche Tätigwerden der Polizei zur Erfüllung ihres gesetzlichen Auftrags. Nur § 127 StPO verleiht, wie sich aus seinem Wortlaut ergibt, jedermann und damit auch jedem Polizeibeamten eine Befugnis zur vorläufigen Festnahme. Art. 60 Abs. 2 PAG erwähnt übrigens die „Jedermannsrechte" der Selbsthilfe und der vorläufigen Festnahme nicht. **5**

Bei der Diskussion um den Musterentwurf wurde es als Mangel empfunden, daß das materielle Polizeirecht zur Beherrschung akuter Gefahrenlagen, wie

Art. 60

sie die Notwehr- und Notstandsvorschriften umschreiben und wie sie sich häufig bei der Unterbindung oder Verfolgung mit Strafe bedrohter Handlungen ergeben, keine ausreichenden Befugnisvorschriften für aktives Handeln der Polizei vorsah, andererseits die zivil- und strafrechtlichen Notwehr- und Notstandsvorschriften ein Verhalten eben nur zivil- oder strafrechtlich zu entschuldigen oder zu rechtfertigen vermöchten und keine Ermächtigungsgrundlage für hoheitliches Handeln seien. Das geltende PAG läßt einen solchen Mangel an Befugnisvorschriften nicht (mehr) erkennen. Andererseits gelten die Notwehr-, Notstands- und Selbsthilfevorschriften nach wie vor kraft Bundesrechts (Art. 31 GG) auch für Polizeibeamte in entsprechender Lage als Entschuldigungs- oder Rechtfertigungsgründe fort. Der polizeirechtlich fehlerhaft handelnde Beamte setzt gleichwohl keinen rechtswidrigen Verwaltungsakt, wenn ein Rechtfertigungsgrund des Zivil- oder Strafrechts gegeben ist. Sein Handeln ist dann kein polizeirechtlich-hoheitliches, sondern ein „Jedermann"-Handeln und damit kein Verwaltungsakt. Das gilt auch für Festnahmefälle nach § 127 Abs. 1 StPO, während § 127 Abs. 2 StPO eine hoheitliche Befugnis der Polizei begründet. Die übrigen Notwehr- und Notstandsbestimmungen enthalten keine hoheitliche Befugniszuweisung. Diese Rechtslage hebt Art. 60 Abs. 2 hervor und damit hat er lediglich Hinweischarakter, denn eine konstitutive Funktion kann er als Landesrecht gegenüber dem Bundesrecht nicht entfalten und will es seinem Wortlaut nach auch nicht. Insbesondere kann er nicht das Postulat bekräftigen, daß „hoheitliches Handeln nur auf der Grundlage öffentlich-rechtlicher Ermächtigungsnormen zulässig" sei (Heise/Riegel, Musterentwurf eines einheitlichen Polizeigesetzes, 2. Aufl. 1978, S. 110/111; vgl. ferner Riegel in DVBl 1979, 709/717; Amelung in NJW 1977, 833; Lerche in FS von der Heydte, 1977, S. 1033; Schwabe in NJW 1977, 1902; zum „Lauschangriff" s. Art. 34). So erscheint die erwähnte Diskussion wenig fruchtbar. Auf sie scheint aber die Formel von den lediglich „zivil- und strafrechtlichen Wirkungen" in Abs. 2 zurückzugehen (s. auch RdNr. 5 zu Art. 4).

Zu beachten ist, daß **Abs. 2 sich nur auf Handlungen** bezieht, die **Polizeibeamte bei der Anwendung unmittelbaren Zwangs** nach Maßgabe der Art. 60–69 vornehmen.

Die Bedeutung der Art. 60 ff. liegt darin, daß sie der Polizei die zur Erfüllung ihrer öffentlich-rechtlichen (hoheitlichen) Aufgabe aus Art. 2 unerläßlichen **besonderen Befugnisse** geben, die ihre Teilnahme an der **Ausübung des staatlichen Gewaltmonopols** bis hin zum Schußwaffengebrauch erforderlich machen, und sie zugleich mit der gebotenen Sorgfalt abgrenzen und regeln. Damit wird weit über die allgemeinen Verteidigungs- und Selbsthilferechte hinaus ein Bereich „hoheitlichen Handelns" normiert, der „jedermann" weder zusteht noch zustehen darf. Soweit der Polizeibeamte zur Erfüllung seiner besonderen gesetzlichen Aufgaben von diesen Befugnissen einen dem Gesetz entsprechenden Gebrauch macht, handelt er rechtmäßig. Damit ist es entbehrlich, andere Rechtfertigungs- oder Entschuldigungsgründe heranzuziehen. **Handelt in diesem Bereich der Beamte polizeirechtlich fehlerhaft,** so daß die Befugnisnormen des Polizeirechts sein Handeln nicht decken, bleibt nach der Verweisung in Abs. 2 zu **prüfen, ob es nach den allgemeinen zivil- und strafrechtlichen Vorschriften zu entschuldigen oder zu rechtfertigen** war. Dabei ist noch zu bemerken, daß Abs. 2 die Selbsthilfevorschriften des BGB (s. u. RdNr. 6) nicht erwähnt; von ihrer uneingeschränkten Geltung ist auch in Fällen der Anwendung unmittelbaren Zwangs auszugehen.

Das Recht auf **Notwehr** einschließlich der **Nothilfe** ergibt sich aus §§ 227 BGB, 32 StGB, 15 OWiG, wobei §§ 33 StGB und 19 Abs. 3 OWiG zugleich die Straffreiheit der **Notwehrüberschreitung** aus Verwirrung, Furcht oder Schrecken anordnen. Der **rechtfertigende Notstand** ist geregelt in §§ 228, 904 BGB, 34 StGB, 16 OWiG, der **entschuldigende Notstand** in § 35 StGB. Die Polizei kann in dem o. in RdNr. 5 dargestellten Umfang den Schutz dieser Bestimmungen in Anspruch nehmen. Sie kann darüber hinaus in diesen Fällen den **Rechtfertigungsgrund** des **Selbsthilferechts** der §§ 229–231, 859 mit 858 BGB und die **Befugnis** zur **vorläufigen Festnahme** nach § 127 Abs. 1 StPO in Anspruch nehmen.

6

Hat die **Bundesregierung** nach Art. 91 Abs. 2 GG Polizeikräfte eines oder mehrerer Länder **ihren Weisungen unterstellt,** so gelten der Zweite und Dritte Abschnitt des BGSG (Befugnisse des Bundesgrenzschutzes; Schadensausgleich) sowie § 65 BGSG (Vereinfachungen beim Erlaß von Verwaltungsakten) gemäß § 66 BGSG auch für die unterstellten Polizeikräfte. Zugleich gelten im Fall des Art. 91 Abs. 2 GG die Vorschriften des UZwG nach § 15 dieses Gesetzes auch für die unterstellten Polizeikräfte der Länder. In diesem besonderen Fall wird daher das **materielle Polizeirecht der Länder,** zu dem das PAG gehört, durch die genannten Vorschriften des Bundesrechts **verdrängt,** um Verschiedenheiten der Rechtsanwendung auszuschließen. Wegen dieses Eingriffs in das Gesetzgebungsrecht der Länder bestehen an der Verfassungsmäßigkeit des § 15 UZwG erhebliche Zweifel. Um diese irrelevant zu machen, enthielten frühere Fassungen des PAG eine landesrechtliche Parallelvorschrift. Die geltende Fassung des PAG verzichtet auf diese Sicherung der Rechtsgrundlage.

7

Art. 61
Begriffsbestimmung

(1) Unmittelbarer Zwang ist die Einwirkung auf Personen oder Sachen durch körperliche Gewalt, ihre Hilfsmittel und durch Waffen.

(2) Körperliche Gewalt ist jede unmittelbare körperliche Einwirkung auf Personen oder Sachen.

(3) Hilfsmittel der körperlichen Gewalt sind insbesondere Fesseln, Wasserwerfer, technische Sperren, Diensthunde, Dienstpferde, Dienstfahrzeuge, Reiz- und Betäubungsstoffe sowie zum Sprengen bestimmte explosionsfähige Stoffe (Sprengmittel).

(4) Als Waffen sind Schlagstock, Pistole, Revolver, Gewehr, Maschinenpistole, Maschinengewehr und Handgranate zugelassen.

61   Zu Art. 61 (Begriffsbestimmung des unmittelbaren Zwangs)

61.1   Daß Reizstoffe gegenüber dem bisherigen Recht nicht mehr als Waffen, sondern als Hilfsmittel der körperlichen Gewalt anzusehen sind, hat keine praktische Bedeutung.

61.2   Wegen der in Art. 61 Abs. 3 genannten Sprengmittel wird auf Art. 69 Abs. 4 hingewiesen.

61.3   Einsatz von Tränengas und Nebelerzeugern

61.3.1   Tränengas-Wurfkörper und Nebelwurfkörper (Nebelbüchsen) sind keine Handgranaten im Sinn des Art. 61 Abs. 4, sondern Hilfsmittel der körperlichen Gewalt im Sinn des Art. 61 Abs. 3.

61.3.2   Das Verschießen von Tränengas- oder Nebelkörpern ist kein Schußwaffengebrauch im Sinn dieses Gesetzes (vgl. Art. 61 Abs. 3 und 4).

61.4   Hinsichtlich der Maschinengewehre und Handgranaten wird auf Art. 69 hingewiesen.

61.5   Diensthunde müssen für ihre Aufgaben abgerichtet sein; sie dürfen nur von einem ausgebildeten Diensthundeführer eingesetzt werden. Dienstpferde dürfen nur von ausgebildeten Reitern eingesetzt werden. Zum Abdrängen einer Menschenmenge dürfen Dienstpferde nur gebraucht werden, wenn ihre Abrichtung diese Verwendung umfaßt hat. Einzelheiten der Abrichtung und des Einsatzes von Diensthunden und Dienstpferden regeln Dienstvorschriften.

61.6   Dienstfahrzeuge dürfen gegen Menschen eingesetzt werden, um Straßen, Plätze oder andere Grundstücke zu räumen. Der Einsatz ist nicht zulässig in der Absicht, Menschen zu verletzen.

61.7   Zum Absperren von Straßen, Plätzen oder anderem Gelände ist die Verwendung dafür geeigneter Hilfsmittel, z. B. von Seilen, Draht, Stacheldraht, Spanischen Reitern, Dienstfahrzeugen, Nagelböden und -bändern und Sperrgittern zulässig.

61.8 Wasserwerfer dürfen gegen Menschen eingesetzt werden, wenn weniger beeinträchtigende Maßnahmen keinen Erfolg versprechen. Der Einsatz von Wasser aus Wasserwerfern oder aus anderen Geräten kommt insbesondere in Betracht, wenn eine Menschenmenge aufgelöst werden soll, weil sie polizeiliche Anordnungen nicht befolgt.

61.9 Reizstoffe (z. B. Tränengas) dürfen nur gebraucht werden, wenn der Einsatz anderer Hilfsmittel oder einfacher körperlicher Gewalt (Zurückdrängen) keinen Erfolg verspricht oder wenn durch den Einsatz von Reizstoffen die Anwendung von Waffen vermieden werden kann. Der Gebrauch von Reizstoffen kann insbesondere zulässig sein gegen eine Menschenmenge, die sich polizeilichen Anordnungen widersetzt. In geschlossenen Räumen dürfen Reizstoffe in aller Regel nur angewendet werden, wenn sich jemand gegen eine Festnahme gewaltsam, insbesondere mit Waffen, zur Wehr setzt.

61.10 In jedem Fall der Anwendung unmittelbaren Zwangs ist Art. 4 (Grundsatz der Verhältnismäßigkeit) besonders zu berücksichtigen.

Art. 61 hat im VwZVG keine Entsprechung. Er ist zwar eine Bestimmung definitorischen Charakters, enthält damit aber zugleich für die Polizei verbindliche Abgrenzungen. 1

Art. 61 ist so aufgebaut, daß Abs. 1 eine gesetzliche Definition des unmittelbaren Zwangs enthält, deren einzelne Bestandteile entsprechend ihrer Reihenfolge in den weiteren Absätzen jeweils wieder gesetzlich beschrieben und abgegrenzt werden. (Kritisch zur Logik der Definition Schwabe in DVBl 1991, 257/258.)

Abs. 1 umschreibt den **unmittelbaren Zwang** als **Einwirkung** auf Personen oder Sachen durch körperliche Gewalt, ihre Hilfsmittel und durch Waffen. Einwirkung bedeutet, daß die Polizei Handlungen vornimmt, die auf das Verhalten von Menschen und Tieren entweder durch unmittelbare, auf Überwindung von Widerstand gerichtete und mit körperlicher Berührung verbundene Weise Einfluß nehmen, auf den Zustand lebloser Sachen durch Körperkraft einwirken oder eine entsprechende Verhaltens- oder Zustandsänderung durch Hilfsmittel oder Waffengebrauch herbeiführen. Ziel der Zwangsanwendung ist in jedem Fall das Überwinden eines der polizeilichen Maßnahme entgegenstehenden Willens, Verhaltens oder Zustandes oder die Beseitigung von Hindernissen. Der unmittelbare Zwang muß notwendig um so intensiver sein, je größer der Widerstand des Gegners der Maßnahme ist. Das kann in manchen Fällen zu einem gewissen Mißverhältnis des Zwangsgebrauchs zur Bedeutung der Sache führen und damit Bedenken im Hinblick auf den Grundsatz der Verhältnismäßigkeit auslösen (vgl. OLG Düsseldorf in NJW 1990, 998 f.). Ist jedoch die durchzusetzende Maßnahme selbst verhältnismäßig und das Maß der Gewaltanwendung lediglich durch den geleisteten Widerstand bedingt, 2

Art. 61

dann greifen solche Bedenken im Hinblick auf die Wahrung der Rechtsordnung nicht durch. Maßnahmen des unmittelbaren Zwangs gegen Personen, die notwendig sind, damit ein Verhalten behördlicherseits durchgesetzt werden kann, zu dem der Betroffene verpflichtet ist, sind im Regelfall keine Freiheitsentziehungen, sofern die Bewegungsfreiheit nur für eine kurze Zeit zur Durchführung der Maßnahme beschränkt wird (BayObLG in BayVBl 1984, 27; s. auch RdNrn 5 zu Art. 15 und 1 zu Art. 52).

3   Abs. 2 bringt eine umfassende gesetzliche Begriffsbestimmung der **körperlichen Gewalt,** die von der einfachen Berührung (z. B. Handauflegen, Wegführen einer Person am Arm, Wegtragen einer Sache), über die Anwendung von Polizeigriffen, Judo, Boxen usw. bis zum Gebrauch der in Abs. 3 umschriebenen Hilfsmittel reicht. Begrifflich nicht unter die Anwendung körperlicher Gewalt fällt nach der Systematik der Absätze 1–3 die Einwirkung auf Personen oder Sachen durch **Waffen** (Abs. 4). Sie ist möglicherweise nicht immer die im Einzelfall schwerste, wohl aber die gefährlichste und damit nachdrücklichste Form des unmittelbaren Zwangs.

4   Abs. 3 enthält keine Definition, sondern eine **Aufzählung** wichtiger und durch ihre Nennung zugleich gesetzlich zugelassener **Hilfsmittel der körperlichen Gewalt.** Die Aufzählung der Hilfsmittel mag praktisch weitgehend vollständig sein. Sie ist gleichwohl nur beispielhaft und nicht **abschließend,** wie aus dem Wort „insbesondere" hervorgeht. Welche Reiz- oder Betäubungsstoffe und Sprengmittel im einzelnen von der Polizei verwendet werden dürfen, ist der internen Regelung überlassen. Das erleichtert das Anpassen an den jeweiligen Stand des Verfügbaren. Zu den in den Nrn 61.1–61.3 VollzB genannten **Reizstoffen** gehören neben dem dort erwähnten Tränengas und den Nebelerzeugern auch die in schweren Fällen gelegentlich verwendeten Wirkstoffe CN (α-Chloracetophenon) und CS (o-Chlorbenzylidenmalondinitril); sie enthalten zusätzlich Alkohole und nichtionische Tenside. Sie können in organischer Lösung dosiert dem Wasserstrahl von Wasserwerfern zugemischt oder in Wurfkörpern oder Sprühdosen angewendet werden (hierzu eingehend BayVGH in BayVBl 1988, 562 = NVwZ 1988, 1055, bestätigt durch BVerwG in NVwZ 1989, 872, das auch darauf hinweist, daß die Verwendung dieser Reizstoffe zur innerstaatlichen Gefahrenabwehr nicht unter das Gesetz über das Genfer Protokoll wegen Verbots des Gaskriegs vom 5. April 1929, RGBl II S. 174 fällt).

Die Anwendung unmittelbaren Zwangs in allen seinen Formen dient nach dem Zweck des Gesetzes grundsätzlich nur der **Durchsetzung polizeilicher Anordnungen** und sonstiger Maßnahmen (s. Nr. 2.1 VollzB). Sie hat **nicht den Zweck** zu verletzen, zu beschädigen oder zu töten und zu zerstören. Sie muß jedoch derartige Erfolge **in Kauf nehmen,** weil sie bei der Anwendung unmittelbaren Zwangs weder theoretisch noch praktisch in jedem Fall ausgeschlossen werden können. Je nach der Eigenart des angewendeten Hilfsmittels ist der Grad der Gefährdung für die betroffene Person oder Sache mehr oder weniger erheblich. Gleichwohl ist weder die **Zulassung** noch die **Anwendung der Hilfsmittel** im Einzelfall unabhängig von den **verfassungsmäßigen Grenzen,** von denen hier insbesondere das **Übermaßverbot** in Betracht kommt. Hilfsmittel müssen deshalb grundsätzlich so beschaffen sein, daß sie auf das störende Objekt oder die störende Person bezogen gezielt und mit einem Mindestmaß der Gefährdung anderer Menschen oder Sachen angewendet werden können. Die Anwendung muß in jedem Fall mit größtmöglicher Sorgfalt nach dem Grundsatz der **Verhältnismäßigkeit** (Art. 4) beurteilt werden. Das gilt im äußersten Maß, wenn die Hilfsmittel so beschaffen sind, daß ihre Wirkung nicht genau begrenzbar ist, wie etwa bei **Sprengmitteln,** die nach Art. 69 Abs. 4 gegen Personen ohnehin nicht angewendet werden dürfen; sie dienen nur der Zwangsanwendung gegen Sachen, etwa zur Beseitigung größerer Hindernisse bei Unglücksfällen oder Katastrophen. Vgl. im übrigen für die Eigenart der einzelnen zugelassenen Hilfsmittel und ihre Anwendung Nr. 61 VollzB.

Soweit Sprengmittel zu Waffen (z. B. Handgranaten) oder zu Munition für Schußwaffen verarbeitet sind, fallen sie nicht unter Abs. 3, es sei denn, daß sie nicht bestimmungsgemäß, sondern anstelle von Sprengmitteln verwendet werden.

Näheres über die Tätigkeit der Polizei im Sprengstoffwesen bestimmt die Bek des BStMI vom 8. Dezember 1995, AllMBl 1996, 3.

Anders als Abs. 3, der die Hilfsmittel der körperlichen Gewalt nur beispielhaft aufzählt, bestimmt **Abs. 4 abschließend,** welche **Waffen** für den Gebrauch durch die Polizei **zugelassen** sind. Andersartige oder neue polizeiliche Waffen können daher nur durch Gesetzesänderung zugelassen werden. 5
Zum **Begriff** der **Waffen** s. § 1 WaffenG. Die Mehrzahl der in Art. 61 Abs. 4 PAG aufgeführten Waffen fallen unter die Definition des § 1 Abs. 1, 4, 5 und 7 WaffenG; Stoß- und Stichwaffen im Sinne der gleichen Gesetzesbestimmung sind für die Polizei nicht zugelassen, ebensowenig Granatwerfer. Nicht unter § 1 WaffenG fallen die Handgranaten; s. hierzu § 1 des Ausführungsgesetzes zu Art. 26 Abs. 2 des Grundgesetzes (Gesetz über die Kontrolle von Kriegswaffen) vom 20. April 1961 (BGBl III 190–1) und die als Anlage zu diesem Gesetz veröffentlichte Kriegswaffenliste.
Zum Grundsatz der **Verhältnismäßigkeit** s. o. RdNr. 4.

Die Anwendung von körperlicher Gewalt, ihren Hilfsmitteln und von Waffen in Fällen der Notwehr und des Notstandes (s. RdNr. 6 zu Art. 60) oder in gesetzlich besonders geregelten Fällen (z. B. § 81 c Abs. 6 Satz 2 StPO, Unterstützung des Gerichtsvorsitzenden nach Art. 50 Abs. 2 PAG mit §§ 176 ff. GVG) bleibt von den Vorschriften des PAG unberührt. Soweit die Befugnis zur Anwendung unmittelbaren Zwangs sich aus Rechtsvorschriften außerhalb 6

Art. 61

des PAG ergibt, richtet sich die Art und Weise der Anwendung gemäß Art. 60 Abs. 1 nach dem PAG, soweit die Befugnisnormen nicht auch die Anwendung speziell regeln. Vgl. BayObLG in DÖV 1960, 130 = BayVBl 1959, 162.

7 Der **Gebrauch von Fesseln und Schußwaffen** ist nur nach den besonderen Voraussetzungen der Art. 65–68, der **Gebrauch von Maschinengewehren, Handgranaten** und **Sprengmitteln** nur nach Art. 69 zulässig. Art. 61 bietet dafür keine Rechtsgrundlage; soweit solche besonderen Vorschriften gelten, beschränkt sich seine rechtliche Bedeutung auf die rechtliche Zulassung dieser Hilfsmittel und Waffen. Für die Anwendung der übrigen Hilfsmittel und Waffen gelten dagegen die gleichen Voraussetzungen wie für die einfache körperliche Gewalt (Abs. 2 in Verb. m. Art. 60 Abs. 1).

8 Zum verwaltungsgerichtlichen Schutz gegen Übergriffe der Polizei und zum polizeilichen Waffengebrauch s. BVerwGE 26, 161/164, 168 = DVBl 1967, 379 = DÖV 1967, 347; s. auch BayVGH in BayVBl 1969, 105 (nur Leitsätze).

Art. 62
Handeln auf Anordnung

(1) ¹Die Polizeibeamten sind verpflichtet, unmittelbaren Zwang anzuwenden, der von einem Weisungsberechtigten angeordnet wird. ²Dies gilt nicht, wenn die Anordnung die Menschenwürde verletzt oder nicht zu dienstlichen Zwecken erteilt worden ist.

(2) ¹Eine Anordnung darf nicht befolgt werden, wenn dadurch eine Straftat begangen würde. ²Befolgt der Polizeibeamte die Anordnung trotzdem, so trifft ihn eine Schuld nur, wenn er erkennt oder wenn es nach den ihm bekannten Umständen offensichtlich ist, daß dadurch eine Straftat begangen wird.

(3) Bedenken gegen die Rechtmäßigkeit der Anordnung hat der Polizeibeamte dem Anordnenden gegenüber vorzubringen, soweit das nach den Umständen möglich ist.

(4) Art. 65 Abs. 2 und 3 des Bayerischen Beamtengesetzes ist nicht anzuwenden.

62 Zu Art. 62 (Handeln auf Anordnung)

62.1 Bevor Polizei geschlossen eingesetzt wird, sind die eingesetzten Polizeibeamten über die Weisungsbefugnisse zu unterrichten. Insbesondere muß jedem eingesetzten Polizeibeamten bekannt sein, wer den Einsatz leitet, wer Stellvertreter des Einsatzleiters und wer sein Unterführer ist.

62.2 Wird Polizei geschlossen eingesetzt, so steht die Befugnis, zur Anwendung unmittelbaren Zwangs anzuweisen, grundsätzlich dem Beamten zu, der den Einsatz leitet. Fallen der den Einsatz leitende Beamte und sein Vertreter aus, so tritt der dienstranghöchste anwesende Vollzugsbeamte aus dem Einsatzbereich an seine Stelle. Ist nicht sofort feststellbar, wer das ist, darf jeder der hiernach in Betracht kommenden Beamten die Führung einstweilen übernehmen; er hat das bekanntzugeben.

62.3 Die Befugnis vorgesetzter oder sonst dazu befugter Stellen, Weisungen zur Anwendung unmittelbaren Zwangs zu erteilen, bleibt unberührt.

62.4 Befindet sich jemand, der Weisung erteilt, nicht am Ort des Vollzugs, so darf er zur Anwendung unmittelbaren Zwangs nur anweisen, wenn er sich ein so genaues Bild von den am Ort des Vollzugs herrschenden Verhältnissen verschafft hat, daß ein Irrtum über die Voraussetzungen der Anwendung unmittelbaren Zwangs nicht zu befürchten ist. Ändern sich zwischen der Weisung und ihrer Ausführung die tatsächlichen Verhältnisse und kann vor der Ausführung nicht mehr rückgefragt werden, so entscheidet der am Ort leitende Beamte über die Anwendung unmittelbaren Zwangs. Die weisunggebende Stelle ist unverzüglich zu verständigen. Die Weisung, Schußwaffen zu gebrauchen, darf nur an Ort und Stelle gegeben werden.

Art. 62

62.5 Wenn die Polizei in geschlossenem Einsatz Personen in Gewahrsam nimmt, müssen – soweit möglich – Zeit, Ort und Grund der Festnahme und der Name der Polizeibeamten, die den Störer festgenommen haben, an Ort und Stelle schriftlich festgehalten werden.
62.6 Zur Anwendung unmittelbaren Zwangs kann auch von einer sonst dazu befugten Person angewiesen werden, z. B. einem Staatsanwalt.

1   Nach Art. 65 Abs. 1 BayBG trägt der **Beamte** für die **Rechtmäßigkeit** seiner dienstlichen Handlungen die volle persönliche **Verantwortung**. Hat ein Beamter Bedenken gegen die Rechtmäßigkeit dienstlicher Anordnungen, die sein dienstliches Verhalten bestimmen (Weisungen), so greift der den Konflikt regelnde Art. 65 Abs. 2 und 3 BayBG ein. Diese Vorschriften gelten grundsätzlich auch unmittelbar für Polizeibeamte.

Lediglich für den Fall, daß Polizeibeamte **durch Weisung** eines dazu Berechtigten **verpflichtet** werden, **unmittelbaren Zwang anzuwenden,** enthält Art. 62 eine engere **Sonderregelung,** die als Spezialgesetz und kraft ausdrücklicher Bestimmung in Abs. 4 dem Art. 65 Abs. 2, 3 BayBG vorgeht. In allen übrigen Weisungsfällen verbleibt es bei der Regelung nach dem BayBG.

Art. 62 weicht aber nicht nur von Art. 65 BayBG ab, sondern auch von § 38 BRRG, dem Art. 65 BayBG nachgebildet ist. Es bedarf daher einer bundesrechtlichen Ermächtigung, für die Polizeibeamten eine besondere Regelung treffen zu können. Diese Ermächtigung findet sich in § 16 UZwG, der gestattet, für die Vollzugsbeamten der Länder durch Landesgesetz eine dem Grundsatz des § 7 UZwG entsprechende Regelung zu treffen. Das ist durch Art. 62 geschehen, der praktisch mit § 7 UZwG übereinstimmt und in diesem wichtigen Punkt die Rechtsgleichheit herstellt.

Die Sonderregelung ist aus zwei Gründen wichtig. Einmal bedingt die Anwendung unmittelbaren Zwangs häufig erhebliche, schwerwiegende, im Falle des Art. 66 Abs. 2 Satz 2 bis zur bedingt vorsätzlichen Tötung von Menschen reichende Eingriffe in Rechte, die sonst von der Polizei zu schützen sind. Das kann trotz sachgerechter Ausbildung verstärkt zu Bedenken oder Gewissenskonflikten führen. Andererseits kann unangemessenes Zögern bei der Ausführung der Weisung den notwendigen Erfolg der polizeilichen Maßnahme vereiteln. Hier hatte der Gesetzgeber einen Kompromiß zu finden zwischen der allgemeinen beamtenrechtlichen Norm und den besonderen Erfordernissen wirksamer Erfüllung der polizeilichen Aufgaben.

Besonders nahe liegen solche Konflikte bei Großeinsätzen in gefährlichen Situationen und bei geschlossenen (truppenähnlichen) Einsätzen, bei denen der Beamte nicht wie beim Einzeldienst auf sich selbst gestellt ist oder wie beim Einsatz in kleinen Gruppen sich mit den anderen Beamten der Einsatzgruppe oder Streife rasch verständigen kann. Aus diesem Grunde erhalten die Nrn 62.1–62.5 VollzB **besondere Dienstvorschriften,** die vor allem auf die Erfordernisse des **geschlossenen Einsatzes** abgestellt sind. Ihre Nichtbeachtung kann disziplinarrechtlich geahndet werden.

Abs. 1 Satz 1 wiederholt zunächst den beamtenrechtlichen Grundsatz, der 2 allgemein in Art. 64 Abs. 2 Satz 2 Halbsatz 1 BayBG enthalten ist. Satz 1 sagt mithin nichts Neues und er bezieht sich nur auf die Anwendung unmittelbaren Zwangs durch die Polizei, wofür Art. 62 lex specialis ist. Außerhalb dieses engen Befugnisbereiches gelten die Art. 62–65 BayBG auch für Polizeibeamte (s. Art. 129 Abs. 1 BayBG). Die Bedeutung des Art. 62 Abs. 1 Satz 1 PAG liegt daher hauptsächlich in der Wiederholung der Weisungsbindung gerade an dieser Stelle und für die Anwendung unmittelbaren Zwangs, die der rechtlich wie menschlich schwerwiegendste Teil der polizeilichen Beschlüsse ist. Wie bereits oben bemerkt, umfassen sie Handlungen, die außerhalb des staatlichen Rechtsvorbehalts zur Zwangsanwendung mit Strafe bedroht sind, von Sachbeschädigung, Körperverletzung und Freiheitsentzug bis zum gezielt abgegebenen, höchstwahrscheinlich tödlichen Schuß. Zu allen diesen Maßnahmen kann der Beamte angewiesen werden und hat dieser Weisung im Rahmen des Art. 62 zu folgen. Überlegungen zum Notwehr- und Notstandsrecht sind damit bei rechtmäßigem Handeln der Polizei entbehrlich und sogar ausgeschlossen (s. RdNrn 5 f. zu Art. 60). Die Verfassungsmäßigkeit der Regelung ist nach dem Gesamtkontext der BV und des GG nicht zu bezweifeln (vgl. Art. 74).

Wer **weisungsberechtigt** ist, ergibt sich einmal aus der beamtenrechtlichen Hierarchie (Vorgesetzter, Dienstvorgesetzter; s. dazu Art. 4 Abs. 2 BayBG, Art. 4–6 und 7 Abs. 4 POG), zum anderen aus zahlreichen gesetzlichen Vorschriften (vgl. Art. 50 PAG, Art. 9 Abs. 2 POG mit Art. 10 LStVG, Art. 91 GG und die Weisungsrechte der Richter und Staatsanwälte nach StPO, OWiG und § 152 Abs. 1 GVG; s. auch die im Anhang abgedruckte MB über Zusammenarbeit zwischen Staatsanwaltschaft und Polizei vom 5. September 1978, MABl S. 699).

Abs. 1 Satz 2 beruht auf Art. 1 Abs. 1 GG und Art. 100 BV. Er hebt die Verpflichtung, unmittelbaren Zwang anzuwenden, auf, wenn die Anordnung die **Menschenwürde** des Polizeibeamten selbst verletzt, etwa durch das Ansinnen, eine erniedrigende Handlung vorzunehmen, oder wenn die Ausführung der Weisung die Menschenwürde des oder der Betroffenen verletzen würde. Ob eine Anordnung die Menschenwürde verletzt, ist gerichtlich nachprüfbar. Eine gesetzliche Begriffsbestimmung der Menschenwürde gibt es nicht. Sie ist als unbestimmter Rechtsbegriff von den jeweiligen sittlichen Grundanschauungen mitbestimmt und beruht darauf, daß jeder Mensch unverwechselbar und unveräußerlich Mensch ist kraft seines Geistes, der ihn abhebt von der unpersönlichen Natur und ihn aus eigener Entscheidung dazu befähigt, seiner selbst bewußt zu werden, sich selbst zu bestimmen und sich und die Umwelt zu gestalten (vgl. Maunz in Maunz/Dürig/Herzog/Scholz, RdNrn 17 ff. zu Art. 1 GG).

Die Anordnung, unmittelbaren Zwang anzuwenden, braucht ferner nicht befolgt zu werden, wenn sie **nicht zu dienstlichen Zwecken** gegeben wurde, also etwa aus Übermut, aus Rache oder anderen, durch die gesetzlichen Befugnisvoraussetzungen nicht gedeckten Gründen.

3   Die **Verantwortung für die Weigerung** trifft im Falle des Abs. 1 Satz 2 den Polizeibeamten, der die Anordnung nicht ausführt. Hat er das Vorliegen der Voraussetzungen der Weigerung irrtümlich angenommen, obwohl sie objektiv nicht gegeben waren, so kann er bei Verschulden disziplinar zur Rechenschaft gezogen werden. Andererseits begeht der Weisungsberechtigte, der vorsätzlich oder fahrlässig eine die Menschenwürde verletzende Anordnung erteilt, ebenfalls ein **Dienstvergehen**.

4   **Abs. 2 Satz 1** verbietet, eine Weisung zu befolgen, wenn ihre Ausführung ein **Verbrechen oder ein Vergehen** im Sinne des § 12 StGB wäre. Abs. 2 Satz 1 erstreckt sich jedoch **nicht** auf **Ordnungswidrigkeiten.** Würde das Befolgen einer Weisung den Tatbestand einer Ordnungswidrigkeit erfüllen, bleibt der Beamte gleichwohl zu ihrer Ausführung verpflichtet. Deshalb ist auch Abs. 2 Satz 2 bei Ordnungswidrigkeiten unbeachtlich.

Hierbei ist zu beachten, daß die **gesetzliche Erlaubnis, unmittelbaren Zwang anzuwenden, die Rechtswidrigkeit der Maßnahme ausschließt,** soweit die Erlaubnis reicht. Sie reicht sehr weit (s. o. RdNrn 1, 2). Wegen des Ranges der Rechtsgüter, in die eingegriffen werden kann, muß der Grundsatz der Verhältnismäßigkeit und des Übermaßverbots sowohl bei der Anordnung wie bei der Anwendung unmittelbaren Zwangs mit der nach den Umständen größtmöglichen Sorgfalt beachtet werden. Zugleich folgt aber aus der Erlaubnis zur Zwangsanwendung, daß mit Straftaten im Sinne des Abs. 2 nur solche strafbedrohten Handlungen gemeint sein können, die unter keinem vernünftigen Gesichtspunkt dem Sinn und Zweck des situationsentsprechenden polizeilichen Handelns entsprechen. Ob danach eine nicht zu befolgende Anordnung vorliegt, kann abschließend nur nach den Umständen des Einzelfalles entschieden werden. Diese Einschränkung ist Abs. 2 immanent.

Begeht ein Beamter in Ausführung einer entsprechenden Anordnung gleichwohl eine Straftat, z. B. bei angeordnetem Schlagstockgebrauch eine Körperverletzung, obwohl objektiv erkennbar war, daß der Verletzte sich den polizeilichen Anordnungen gar nicht widersetzen wollte, aus der ihn umgebenden Menge aber keinen Ausweg fand, so wäre der Beamte strafrechtlich verfolgbar, träfe ihn ein Verschulden. Andererseits dürfen die Anforderungen an das augenblickliche Unterscheidungs- und Beurteilungsvermögen eines im Einsatz befindlichen und auf Anordnung handelnden Beamten nicht aus der Sicht nachfolgender ruhiger Überprüfung überspannt werden. Auf dieser Erwägung beruht Abs. 2 Satz 2.

Abs. 2 Satz 2 enthält einen **Schuldausschließungsgrund**, der auch gegenüber 5
dem StGB eine Spezialregelung darstellt, weil er auf einer bundesgesetzlichen
Ermächtigung beruht (s. o. RdNr. 1). Stellt die Ausführung der Weisung zugleich eine **Notwehr- oder Nothilfehandlung** dar oder dient sie dazu, einen **Notstand** abzuwenden, so stehen dem Beamten auch die Rechtfertigungs- oder Schuldausschließungsgründe dieser bundesrechtlichen Vorschriften zur Seite (s. RdNr. 6 zu Art. 60).

Befolgt der Polizeibeamte eine Anordnung (Weisung) und begeht er dadurch eine rechtswidrige Tat, die den Tatbestand eines Strafgesetzes erfüllt, so handelt er nur dann schuldhaft, d. h. vorwerfbar, wenn er selbst erkannt hat, daß er eine solche Tat begeht, oder wenn die ihm bekannten tatsächlichen Umstände es für ihn offensichtlich machen, daß die Ausführung der Weisung eine Straftat darstellen würde. Für die eigene Erkenntnis einer Straftat ist die besondere Ausbildung des Polizeibeamten von Bedeutung. Offensichtlich ist eine Straftat dagegen nur dann, wenn sie als solche für jeden durchschnittlich erzogenen und gebildeten Bürger erkennbar ist, wobei die Kenntnis spezieller Straftatbestände nicht vorausgesetzt wird.

Überschreitet der Beamte eine Anordnung eines Weisungsberechtigten, so trägt er dafür die volle persönliche Verantwortung nach Art. 65 Abs. 1 BayBG. Er kann sich jedoch je nach den Umständen auf den Strafausschließungsgrund der Notwehrüberschreitung (§ 33 StGB) berufen (s. RdNrn 5, 6 zu Art. 60).

Hat der Polizeibeamte **Bedenken gegen die Rechtmäßigkeit** einer Anord- 6
nung nach Abs. 1 Satz 1, so ist er nach **Abs. 3** verpflichtet, sie dem Anordnenden gegenüber vorzubringen. Beharrt dieser auf seiner Anordnung oder können Bedenken ihm nicht vorgetragen werden, weil der angewiesene Beamte ihn nicht erreichen kann, die Einsatzlage den Vortrag nicht zuläßt, ein Zögern den notwendigen Erfolg der Maßnahme in Frage stellen würde oder andere Gründe es nicht rechtzeitig ermöglichen, so ist die Anordnung trotz der vorhandenen Bedenken auszuführen. Ausgenommen bleiben die Fälle des Abs. 1 Satz 2 und des Abs. 2 Satz 1. Im übrigen ist die **Anordnung** für den ausführenden Beamten ein **Rechtfertigungsgrund**. Für den Fall des Abs. 2 Satz 1 s. o. RdNr. 5.

Abs. 4 schließt nur die Abs. 2 und 3 des Art. 65 BayBG aus, nicht dagegen 7
dessen Abs. 1. S. dazu o. RdNr. 1.

Art. 63
Hilfeleistung für Verletzte

Wird unmittelbarer Zwang angewendet, ist Verletzten, soweit es nötig ist und die Lage es zuläßt, Beistand zu leisten und ärztliche Hilfe zu verschaffen.

63 Zu Art. 63 (Hilfeleistung für Verletzte)

Die Pflicht, Verletzten Beistand zu leisten und erforderliche ärztliche Hilfe zu verschaffen, ist vordringlicher als die Pflicht, den Tatort (zur Beweissicherung) unverändert zu lassen und als die Pflicht, dem Vorgesetzten zu berichten.

1 Zu Art. 63 s. zunächst allgemein RdNr. 12 zu Art. 2.
Art. 63 ist ein auf die Anwendung unmittelbaren Zwangs bezogener **Sonderfall der allgemeinen Hilfeleistungspflicht** der Polizei, die im Gesetz sonst nicht besonders hervorgehoben ist. Die Teilregelung in Art. 63 ist begründet, weil die Anwendung unmittelbaren Zwangs selbst ursächlich für Verletzungen sein kann. Wegen des Bestehens der allgemeinen Hilfeleistungspflicht der Polizei hat Art. 63 jedoch weder Ausschließlichkeitscharakter, noch begründet er die Pflicht, den durch Zwangsmaßnahmen Verletzten bevorzugt Hilfe zu leisten. Die Hilfeleistungspflicht hat sich vielmehr nach den sachlichen und persönlichen Möglichkeiten und der erkennbaren Dringlichkeit, vor allem der Schwere der Verletzung zu richten.

2 Der Begriff des **Beistandleistens** umfaßt Rettungsmaßnahmen, Verhüten von Verschlimmerungen und an Ort und Stelle notwendige mögliche Vorkehrungen zur Wiederherstellung der Gesundheit. Er reicht von Zuspruch und Erleichterungen über Erste Hilfe bis zur ärztlichen Versorgung und schließt auf Wunsch des Verletzten auch die Sorge für **geistlichen Beistand** ein (s. ME über Unterstützung der Seelsorge für Schwerverletzte vom 3. Dezember 1962, MABl S. 694, geänd. durch ME vom 2. Juli 1964, MABl S. 360).
Als weitere Pflicht enthält Art. 63 die Sorge für **ärztliche Hilfe**, für die notfalls auch erreichbare Privatärzte nach Art. 10 verpflichtet werden können.

3 Die **Hilfeleistungspflicht** ist gesetzlich in zweifacher Hinsicht **beschränkt**. Sie umfaßt nur das, **was nötig ist** und auch das nur, soweit es **die Lage zuläßt**. Die Notwendigkeit hängt vom Grad der Verletzung oder Blutung ebenso ab wie von dem Umstand, ob bereits andere Personen, etwa zufällig anwesende Ärzte oder sonstige Sanitätskräfte, dem oder den Verletzten beistehen. Diese Beschränkung ist geboten, weil im öffentlichen Interesse der Zweck der rechtmäßigen polizeilichen Maßnahmen Vorrang hat. Er darf auch durch Hilfeleistungen nicht in Frage gestellt werden. Das läßt auch die VollzB zu Art. 63 erkennen, die die Pflicht zur Hilfeleistung nur der Beweissicherung und der Berichtspflicht voranstellt.

Selbstverständlich verbietet aber Art. 63 keine Beistandsleistungen, die über den Rahmen der gesetzlichen Pflicht hinausgehen, soweit sie nach Lage des Falles möglich sind. Ist bei geplanten polizeilichen Maßnahmen, insbesondere bei Großeinsätzen und bei geschlossenem Einsatz von vornherein mit Verletzungen zu rechnen, hat die Polizei auf Grund der allgemeinen Hilfeleistungspflicht Vorsorge zu treffen, daß nicht nur ihren Beamten, sondern auch anderen Verletzten Hilfe geleistet werden kann.

Bei der Anwendung unmittelbaren Zwangs wird besonders deutlich, daß die Polizei durch ihre Aufgabe verpflichtet sein kann, selbst Handlungen zu begehen, die sie sonst zu verhindern oder zu verfolgen verpflichtet ist. Diese ursprüngliche Pflicht kommt sofort wieder zum Tragen, sobald der Zweck einer Maßnahme erfüllt ist oder ein Störer nicht mehr stören kann oder will. Gerade darin liegt die Eigenart und die besondere Ethik polizeilichen Handelns.

Die der Polizei durch Art. 63 auferlegten Pflichten sind innerhalb ihrer gesetzlichen Grenzen nicht nur Dienst-, sondern zugleich **Amtspflichten** im Sinne des § 839 BGB gegenüber den durch Zwangsanwendung Verletzten. 4

Art. 64
Androhung unmittelbaren Zwangs

(1) ¹Unmittelbarer Zwang ist vor seiner Anwendung anzudrohen. ²Von der Androhung kann abgesehen werden, wenn die Umstände sie nicht zulassen, insbesondere wenn die sofortige Anwendung des Zwangsmittels zur Abwehr einer Gefahr notwendig ist. ³Als Androhung des Schußwaffengebrauchs gilt auch die Abgabe eines Warnschusses.

(2) Schußwaffen und Handgranaten dürfen nur dann ohne Androhung gebraucht werden, wenn das zur Abwehr einer gegenwärtigen Gefahr für Leib oder Leben erforderlich ist.

(3) ¹Gegenüber einer Menschenmenge ist die Anwendung unmittelbaren Zwangs möglichst so rechtzeitig anzudrohen, daß sich Unbeteiligte noch entfernen können. ²Der Gebrauch von Schußwaffen gegen Personen in einer Menschenmenge ist stets anzudrohen; die Androhung ist vor dem Gebrauch durch Warnschuß zu wiederholen. ³Beim Gebrauch von technischen Sperren und Dienstpferden kann von einer Androhung abgesehen werden.

64   Zu Art. 64 (Androhung unmittelbaren Zwangs)

64.1   Dem Schußwaffengebrauch soll, wenn dadurch der Zweck der Maßnahme nicht vereitelt wird, eine Androhung vorausgehen, deren Befolgung den Schußwaffengebrauch erübrigt, insbesondere die Weisung zu halten. Diese Weisung wird durch den Anruf „Halt! Polizei!" erteilt. Würde eine solche Weisung nicht verstanden werden und wird sie deshalb durch einen Warnschuß ersetzt und nicht befolgt, so ist zur Androhung des Schußwaffengebrauchs ein zweiter Warnschuß abzugeben.

64.2   In den Fällen des Art. 67 Abs. 1 Nr. 3 und 4 des Gesetzes sind die Flüchtenden vernehmlich anzurufen: „Polizei halt oder ich schieße!" Weiß der Flüchtende, daß ihm ein Polizeibeamter gegenübersteht, so kann der Anruf lauten: „Halt, oder ich schieße!". Ist anzunehmen, daß der Anruf nicht verstanden wurde, so ist ein Warnschuß abzugeben. Bestehen Zweifel, ob der Schuß als Warnschuß erkannt wurde, so soll er wiederholt werden.

Kommt jemand aus einem der in Art. 67 Abs. 1 Nr. 3 des Gesetzes bezeichneten Gründen vorübergehend in den Gewahrsam der Polizei, so kann er darauf hingewiesen werden, daß er bei einer Flucht auch ohne erneute Androhung mit dem Gebrauch der Schußwaffe rechnen müsse.

64.3   Warnschüsse dürfen nur abgegeben werden, wenn für den Fall der Erfolglosigkeit der Warnung die Voraussetzungen für den Schußwaffengebrauch gegeben sind. Warnschüsse sind steil in die Luft zu richten. Der Schußwaffengebrauch gegen ein Wasserfahrzeug ist durch mindestens zwei Warnschüsse anzudrohen.

64.4 Die Androhung der Zwangsmaßnahme soll der Anwendung unmittelbar vorausgehen; auch in anderen Fällen als dem des Art. 64 Abs. 3 Satz 1 soll zwischen der Androhung und der Anwendung möglichst eine den Umständen nach angemessene Zeitspanne liegen.

Art. 64 enthält eine **Spezialbestimmung** für die **Androhung** von Maßnahmen des **unmittelbaren Zwangs;** für die übrigen Zwangsmittel s. Art. 59. Zwar geht Art. 59 Abs. 1 Satz 1 bei der Androhung von Zwangsmitteln vom Grundsatz der Schriftlichkeit aus. Doch ist dieser Grundsatz bereits dort in Satz 1 und Satz 3 entsprechend den besonderen Umständen polizeilichen Handelns weitgehend eingeschränkt (s. RdNrn 2, 5 zu Art. 59). Für die Androhung unmittelbaren Zwangs **verzichtet** das Gesetz von vornherein **auf das Erfordernis der Schriftform,** weil die Anwendung unmittelbaren Zwangs stets eine situationsbedingte Reaktion auf das Verhalten von Menschen oder auch Tieren, den Zustand oder die Hinderlichkeit von Sachen ist. Das **Absehen von der Androhung** überhaupt läßt Art. 64 Abs. 1 Satz 2 ebenso zu wie Art. 59 Abs. 1 Satz 3.

1

Art. 1 Abs. 1 ist die Grundbestimmung für alle Maßnahmen des unmittelbaren Zwangs. Soweit die Pflicht („ist") der vorherigen Androhung besteht und nicht nach Abs. 1 Satz 2 oder den Abs. 2 und 3 Satz 3 von der Androhung abgesehen werden darf, ist sie eine der Polizei auch Dritten gegenüber auferlegte **Amtspflicht** im Sinne des § 839 BGB; s. auch RdN. 3 zu Art. 59 und AG Schwandorf in NStZ 1987, 280. Die Androhung soll nach Nr. 64.4 VollzB der Zwangsmaßnahme **unmittelbar** vorausgehen. Das Gesetz enthält diesen engen zeitlichen Spielraum nicht. Der Charakter der Androhung ist aber nicht mehr gewahrt, wenn der zeitliche Abstand zwischen Androhung und Maßnahme so groß wird, daß die Betroffenen nicht mehr damit rechnen müssen, daß die Polizei die angedrohte Zwangsmaßnahme wirklich durchführt. In solchen Fällen muß die Androhung wiederholt werden. Andererseits ist es der Sinn der Androhung, den Betroffenen eine letzte Gelegenheit zu geben, sich entweder zu entfernen, das störende Verhalten zu beenden oder den störenden Zustand zu beseitigen.

2

Die Art und Weise der Androhung ist, abgesehen von Abs. 3 Satz 2, Halbsatz 2, im Gesetz nicht vorgeschrieben. Sie kann in jeder, dem Zweck und den Umständen nach erfolgversprechenden Weise vorgenommen werden, z. B. durch Zuruf, Lautsprecherankündigung, Zeigen einer die Androhung schriftlich enthaltenden Tafel oder eines Transparents. Die **Androhung muß wahrgenommen und als Warnung verstanden werden können.** Sie kann sich also stets nur an Menschen, nicht aber an Tiere oder andere Sachen richten. Sie kann aber auch bei Maßnahmen des unmittelbaren Zwangs gegen Sachen (Art. 61 Abs. 1, 2) sinnvoll sein, wenn solche Maßnahmen Gefahren für Personen verursachen.

3

Art. 64

Kann die Androhung keine nach den Art. 7 oder 8 verantwortliche oder eine nach Art. 10 in Anspruch genommene oder sonst gefährdete unbeteiligte Person erreichen, ist sie gegenstandslos und entfällt daher, auch wenn das Gesetz das nicht ausdrücklich erwähnt. Wird etwa ein Schuß abgegeben, um ein Tier abzuschrecken, handelt es sich dabei begrifflich nicht um eine Androhung, sondern um eine im Gesetz nicht besonders geregelte Maßnahme zur Abwehr einer Gefahr im Sinne des Art. 11.

4   Das Gesetz schreibt auch nicht allgemein vor, daß die **Androhung mehrmals** zu geschehen hat oder wiederholt werden muß. Eine wichtige Sondervorschrift enthält aber Abs. 3 Satz 2, der vor dem Schußwaffengebrauch gegen eine Menschenmenge die Androhung und ihre Wiederholung in bestimmter Form – Warnschuß – zwingend vorschreibt. Auch kann eine Wiederholung der Androhung aus dem in RdNr. 2 genannten Grund geboten sein.

5   **Abs. 1 Satz 2** überläßt es grundsätzlich dem pflichtgemäßen **Ermessen** der Polizei, die **Androhung** zu unterlassen. Der Ermessensgebrauch ist von einer Voraussetzung abhängig gemacht, deren weite Fassung („wenn die Umstände sie nicht zulassen") der Polizei einen großen Beurteilungsspielraum einräumt. Lediglich beispielhaft ist dabei die Notwendigkeit der sofortigen Anwendung des Zwangsmittels genannt. Ob die Umstände die Androhung nicht zulassen, kann nur nach den im Zeitpunkt der Entscheidung an Ort und Stelle möglichen Wahrnehmungen und ihrer verständigen Würdigung beurteilt werden.

6   Auch die **Androhung des Schußwaffengebrauchs** kann, wie sich aus **Abs. 1 Satz 3** ergibt, in jeder möglichen und geeigneten Form (vgl. o. RdNr. 3) geschehen. Anstelle einer mündlichen oder schriftlichen Androhung kann jedoch nach Satz 3 ein **Warnschuß** abgegeben werden. Er kommt z. B. in Betracht, wenn andere Arten der Androhung wegen Lärm, zu großer Entfernung, Unkenntnis der deutschen Sprache bei den Betroffenen oder aus anderen Gründen nicht zweckdienlich sind. Aus dieser besonderen Zulassung des Warnschusses als Androhung ist zugleich zu entnehmen, daß er nicht für die Androhung anderer Zwangsmittel als Schußwaffengebrauch verwendet werden darf. Das Gesetz betont, daß der Warnschuß nur als fiktiver Ersatz einer grundsätzlich in Wort und Schrift gedachten Androhung „gilt", die nach ihrer Eigenart nur als Warnung vor dem Schußwaffengebrauch verstanden werden kann und soll.

Für die Androhung des Schußwaffengebrauchs enthalten im übrigen die Nrn 64.1–64.3 VollzB detaillierte Anweisungen, die, was Form und **Wiederholung der Androhung** anlangt, der Polizei teilweise weitergehende Pflichten auferlegen als das Gesetz selbst. Insoweit begründet die VollzB zusätzlich Dienstpflichten der Polizei, die jedoch nicht Amtspflichten gegenüber Dritten im Sinne des § 839 BGB sind.

Art. 64

Soweit die **Pflicht** zur Androhung gesetzlich geboten ist, macht ihre **Nichtbeachtung** die **Anwendung des Zwangsmittels rechtswidrig** (vgl. Nr. 59.2 VollzB). 7

Abs. 2 schränkt die Ausnahmeregelung des Abs. 1 Satz 2 ein für den Fall, daß **Schußwaffen** oder **Handgranaten** (das Wort „und" ist hier nicht kumulativ zu verstehen) als Zwangsmittel verwendet werden müssen. Hier darf von einer **Androhung nur abgesehen** werden, wenn **Gefahr für Leib oder Leben** abgewehrt werden muß und diese Gefahr **gegenwärtig** ist. Zum Begriff der gegenwärtigen Gefahr s. die Umschreibung in Nr. 10.2 VollzB. Im Falle des Art. 64 Abs. 2 muß sie so dringend sein, daß jede Verzögerung durch die Androhung und eine ihr folgende Wartezeit (vgl. Abs. 3 Satz 1) ein nicht vertretbares Risiko bedeuten würde. S. auch RdNr. 10 zu Art. 2. 8

Abs. 3 enthält Sondervorschriften für die Androhung unmittelbaren Zwangs gegenüber einer Menschenmenge. 9

Abs. 3 Satz 1 macht deutlich, daß die Androhung jedes Zwangsmittels zwar nicht im Rechtssinn eine Maßnahme darstellt, gleichwohl aber den Zweck mit verfolgt, den Betroffenen Gelegenheit zu geben, die Störung zu beenden und ferner die Schädigung Unbeteiligter durch das Zwangsmittel zu vermeiden. Deshalb ist für den stets kritischen Fall der Anwendung unmittelbaren Zwangs gegen eine Menschenmenge die im Sinne des Satzes 1 rechtzeitige Androhung der Zwangsanwendung Grundsatzvorschrift. Wie das Wort „möglichst" zeigt, kann allerdings selbst in diesem Fall unter den Voraussetzungen des Abs. 1 Satz 2 von der rechtzeitigen Androhung wie von der Androhung überhaupt abgesehen werden. Alle diese Bestimmungen dienen der abgestuften Anwendung des Grundsatzes der Verhältnismäßigkeit.

Eine weitere, an keine sonstigen Voraussetzungen gebundene **Ausnahme von der Androhungspflicht** enthält **Abs. 3 Satz 3** für den Fall, daß gegenüber einer Menschenmenge **technische Sperren** (vgl. Nr. 61.7 VollzB) oder **Dienstpferde** als Zwangsmittel verwendet werden. Der Einsatz dieser Mittel ist von sich aus auch noch für entferntere Personen erkennbar, auch geht von ihnen in der Regel keine unmittelbare Verletzungsgefahr für Menschen aus.

Abs. 3 Satz 2 verpflichtet die Polizei für den stets äußerst schwerwiegenden Fall des **Schußwaffengebrauchs gegen Personen in einer Menschenmenge ausnahmslos** zur **vorherigen Androhung** dieser Maßnahme. Auch hier wird vorausgesetzt, daß die erste Androhung gemäß Abs. 3 Satz 1 so rechtzeitig geschieht, daß sich Unbeteiligte noch entfernen können. Für diese erste Androhung ist keine Form bestimmt. Wie sich aus Satz 2 Halbsatz 2 ergibt, ist die Androhung in diesem Fall stets zu wiederholen und zwar unmittelbar vor dem Gebrauch der Schußwaffen gegen Menschen und in der bestimmten Form des **Warnschusses,** um auch dadurch noch einmal die Ernsthaftigkeit und Gefährlichkeit dieses Zwangsgebrauchs klarzumachen. 10

Art. 64

11 Für Fälle der **Notwehr** und des **Notstandes** (s. RdNrn 5 zu Art. 4 und 5, 6 zu Art. 60) gelten die besonderen bundesrechtlichen Vorschriften.

Art. 65
Fesselung von Personen

Eine Person, die nach diesem Gesetz oder anderen Rechtsvorschriften festgehalten wird, darf gefesselt werden, wenn Tatsachen die Annahme rechtfertigen, daß sie
1. Polizeibeamte oder Dritte angreifen, Widerstand leisten oder Sachen beschädigen wird,
2. fliehen wird oder befreit werden soll oder
3. sich töten oder verletzen wird.

65 Zu Art. 65 (Fesselung von Personen)

65.1 Festhaltung im Sinn von Art. 65 ist jede Freiheitsentziehung auf gesetzlicher Grundlage (vgl. Art. 13 Abs. 2 Satz 3, Art. 15 Abs. 3, Art. 17–20 PAG, §§ 111, 163 b und 163 c StPO).

65.2 Art. 65 ist auch im Rahmen der Strafprozeßordnung und der Verfolgung von Ordnungswidrigkeiten anzuwenden, soweit nicht § 119 Abs. 5 StPO eingreift. Letztere Vorschrift gilt nur, wenn der Betroffene aufgrund eines richterlichen Haftbefehls in Untersuchungshaft genommen worden ist, ohne Rücksicht auf den Ort der Fesselung.

65.3 Gefesselt werden soll mit den zugewiesenen Schließketten oder Schließzangen. Stehen solche Hilfsmittel nicht zur Verfügung, können sonstige geeignete Fesselungsmittel benützt werden. Sind auch diese nicht vorhanden oder reichen sie nicht aus, so ist der mit der Fesselung verfolgte Zweck auf andere Weise anzustreben (z. B. durch Abnahme der Hosenträger oder Schuhbänder).

65.4 Mehrere Personen sollen nicht zusammengeschlossen werden, wenn ein Nachteil für Ermittlungen in einer Strafsache zu befürchten ist oder wenn durch eine Zusammenschließung die Gesundheit eines zu Fesselnden gefährdet werden oder eine erniedrigende Behandlung bedeuten würde. Menschen verschiedenen Geschlechts sollen möglichst nicht zusammengeschlossen werden. Bei strenger Kälte ist darauf zu achten, daß die Hände der Gefesselten vor Frost geschützt sind.

Art. 65 ist § 8 UZwG angeglichen, geht jedoch teilweise weiter als dieser, **1** so, wenn in Nr. 1 die Fesselung auch zur Verhütung von Sachbeschädigungen oder in Nr. 3 auch zur Verhütung von Selbstmord und Selbstverletzungen zugelassen wird (s. dazu RdNrn 9 zu Art. 11 und 5 zu Art. 17). Gemessen an der Aufgabe, das Leben eines Menschen zu retten, kann die Fesselung nicht als Verstoß gegen Grundrechte der BV angesehen werden, wenn Tatsachen die Annahme rechtfertigen, daß diese Maßnahme zur Verhinderung eines Selbstmords unerläßlich ist (BayVerfGH in NJW 1990, 2927 mit weit. Nachw.).

Die Fesselung ist ein **Realakt** (s. RdNr. 1 zu Art. 9). Sie ist nicht nur ein schwerer Eingriff in die persönliche Freiheit, sondern berührt auch die Menschenwürde (s. Art. 62 Abs. 1 Satz 2). Wenn sie zum Schutz geringerwertiger Güter, wie etwa der Unversehrtheit von Sachen zugelassen ist, so setzt ihre verfassungskonforme Anwendung eine besonders sorgfältige Prüfung des Grundsatzes der **Verhältnismäßigkeit** einschließlich des **Übermaßverbots** voraus (vgl. aber RdNr. 2 zu Art. 61). Der Eingriff kann rechtswidrig werden, wenn das mit ihm verfolgte Ziel auf andere, den Betroffenen weniger belastende Weise erreicht werden kann, wobei auf ein vernünftiges Verhältnis zwischen dem belastenden Eingriff und dem Gewicht des anzustrebenden Zieles zu achten ist (Art. 4; vgl. LG Baden-Baden in NVwZ 1991, 1118/1119). In dieser Hinsicht ist Nr. 65.3 VollzB nicht unproblematisch. Die dort genannten Behelfe bei Fehlen von Schließwerkzeugen oder sonstigen geeigneten Fesselungsmitteln sind weniger beeinträchtigende Maßnahmen (Art. 4 Abs. 1) als die Fesselung, so daß stets geprüft werden müßte, ob sie auch bei Vorliegen der Voraussetzungen des Art. 65 nicht ausreichen (s. auch u. RdNr. 4). Andererseits kann z. B. das Abnehmen der Hosenträger den Betroffenen der Lächerlichkeit preisgeben und dadurch seine Menschenwürde stärker beeinträchtigen als die Fesselung. Auch können derartige Behelfe je nach der persönlichen Verfassung des Betroffenen weit unsicherer sein als die Fesselung. Das ist nur im Einzelfall zu beurteilen. Allgemein ist durch die besonderen Voraussetzungen der Nrn 1–3 die Prüfung der Verhältnismäßigkeit vorweggenommen.

2 Zur Voraussetzung, daß eine **Person festgehalten** wird, s. die in Nr. 65.1 VollzB aufgezählten Beispiele, zu denen auch § 127 StPO zu rechnen ist. Die Festhaltung kann sich auch aus Vollzugshilfe nach Art. 50 ergeben. Die festgehaltenen Personen werden sich regelmäßig im Gewahrsam der Polizei befinden, doch setzt Art. 65 dies nicht ausdrücklich voraus. Es sind auch Fälle anderweitiger Verwahrung denkbar, etwa im Bereich der Vollzugshilfe, beim Gefangenentransport oder beim Schub, unter dem man Sammeltransporte von Gefangenen, den Vollzug von Ausweisungsverfügungen und andere Fälle des zwangsweisen Verbringens festgehaltener Personen von einem Ort zum anderen versteht (s. z. B. Art. 30 Abs. 1 Satz 2 VwZVG – Abschiebung von Ausländern; vgl. auch Art. 11 Abs. 3 Nr. 4 POG).
Sondervorschriften für die Fesselung festgehaltener Personen sind § 119 Abs. 5, 6 StPO (Fesselung von Untersuchungsgefangenen, die auch zur Verhütung von Gewalt gegen Sachen zulässig ist) und § 126 a Abs. 2 StPO (Fesselung einstweilig untergebrachter Personen). Diese bundesrechtlichen Bestimmungen gehen dem PAG vor; sie sind auch dann maßgebend, wenn sich die betreffende Person vorübergehend in polizeilichem Gewahrsam befindet.

3 **Fesselung** bedeutet Einschränkung oder Unterbindung der Bewegung des Körpers, besonders seiner Gliedmaßen, durch ein dazu geeignetes äußeres Mit-

tel (Fessel). Die gelindeste, in der Regel aber ausreichende Art der Fesselung ist das Aneinanderbringen oder -schließen der Hände an den Gelenken. Nur wenn Widerstand auch mit Hilfe der Beine und Füße geleistet wird oder die Gefahr entsprechender Angriffe besteht, ist auch deren Fesselung, etwa bei Selbstgefährlichkeit äußerstenfalls die Fesselung des gesamten Körpers zulässig. Der Grundsatz der Verhältnismäßigkeit ist streng zu beachten.

Art. 65 setzt jedoch nicht voraus, daß eine der in Nrn 1–3 bezeichneten Verhaltensweisen bereits ausgeführt oder versucht worden ist. Es reicht vielmehr aus, daß Tatsachen die Annahme rechtfertigen, es werde zu einem solchen Verhalten des Betroffenen oder – im Falle der Nr. 2 – auch Dritter kommen. Bloßer Verdacht oder Vermutungen in dieser Hinsicht genügen nicht, vielmehr müssen der Polizei bekannte Tatsachen, zu denen z. B. frühere Fluchtversuche, das Verhalten bestimmter Personen, ernstzunehmende Äußerungen des Betroffenen selbst oder anderer Personen, die in Beziehung zu ihm stehen, von früher bekannte Verhaltensweisen, aggressive oder depressive Zustände und ähnliches zählen, bei vernünftiger Beurteilung den entsprechenden Schluß zulassen.

Auch wenn die gesetzlichen Voraussetzungen der Fesselung vorliegen, gebietet der Grundsatz der **Verhältnismäßigkeit,** vor der Fesselung zu prüfen, ob „die Gefahr durch keine andere, weniger einschneidende Maßnahme abgewendet werden kann" (so § 119 Abs. 5 Satz 1 StPO), z. B. die Gefahr der Beschädigung des Inventars des Haftraums durch das Entfernen beweglicher Stücke, die Selbstmord- oder Selbstbeschädigungsgefahr durch Wegnahme zur Verletzung geeigneter Gegenstände; s. o. RdNr. 1. **4**

Die Fesselung darf immer nur der letzte noch zulässige Ausweg sein. Sie verstößt jedoch nicht gegen Normen der BV, vielmehr dient sie der Durchsetzung des bereits in Art. 17 Abs. 1 Nr. 1 normierten Ziels, Leib oder Leben einer Person gegen Gefahren zu schützen, auch wenn diese von der zu schützenden Person selbst ausgehen. Für die **Beendigung** der Fesselung s. Art. 4 Abs. 3.

Art. 66
Allgemeine Vorschriften für den Schußwaffengebrauch

(1) ¹Schußwaffen dürfen nur gebraucht werden, wenn andere Maßnahmen des unmittelbaren Zwangs erfolglos angewendet sind oder offensichtlich keinen Erfolg versprechen. ²Gegen Personen ist ihr Gebrauch nur zulässig, wenn der Zweck nicht durch Schußwaffengebrauch gegen Sachen erreicht werden kann.

(2) ¹Schußwaffen dürfen gegen Personen nur gebraucht werden, um angriffs- oder fluchtunfähig zu machen. ²Ein Schuß, der mit an Sicherheit grenzender Wahrscheinlichkeit tödlich wirken wird, ist nur zulässig, wenn er das einzige Mittel zur Abwehr einer gegenwärtigen Lebensgefahr oder der gegenwärtigen Gefahr einer schwerwiegenden Verletzung der körperlichen Unversehrtheit ist.

(3) ¹Gegen Personen, die dem äußeren Eindruck nach noch nicht 14 Jahre alt sind, dürfen Schußwaffen nicht gebraucht werden. ²Das gilt nicht, wenn der Schußwaffengebrauch das einzige Mittel zur Abwehr einer gegenwärtigen Gefahr für Leib oder Leben ist.

(4) ¹Der Schußwaffengebrauch ist unzulässig, wenn für den Polizeibeamten erkennbar Unbeteiligte mit hoher Wahrscheinlichkeit gefährdet werden. ²Das gilt nicht, wenn der Schußwaffengebrauch das einzige Mittel zur Abwehr einer gegenwärtigen Lebensgefahr ist.

66   Zu Art. 66 (Allgemeine Vorschriften für den Schußwaffengebrauch)

66.1   Der Schußwaffengebrauch gegen Menschen ist die äußerste Maßnahme des unmittelbaren Zwangs. Der Polizeibeamte hat daher vorher Notwendigkeit und Verhältnismäßigkeit besonders sorgfältig zu prüfen.

66.2   Wird die Schußwaffe gegen Menschen gebraucht, so ist nach Möglichkeit auf die Beine zu zielen. Hierbei ist zu bedenken, daß ein Fehlschuß Menschenleben gefährden kann. Soll jemand fluchtunfähig gemacht werden, so ist vom Schußwaffengebrauch abzusehen, wenn der Polizeibeamte ohne Verletzung anderer Pflichten durch Nacheile oder durch Hilfsmittel körperlicher Gewalt (z. B. Diensthunde) oder durch Zwangsanwendungen gegen Sachen den Flüchtenden anhalten kann. Richtet sich der Schußwaffengebrauch gegen ein fahrendes Fahrzeug, so ist die Wirkung eines solchen Schußwaffengebrauchs auf die Insassen des Fahrzeugs und auf sonstige Personen besonders zu berücksichtigen. Führt der Schußwaffengebrauch gegen ein Fahrzeug voraussichtlich zu einer Gefahr für Leib oder Leben von Personen, so ist er nach dem Grundsatz der Verhältnismäßigkeit nur zulässig, wenn der Schußwaffengebrauch gegen die Person selbst nach den Art. 66 und 67 erlaubt wäre und wenn der Schutz Unbeteiligter nach Maßgabe dieser Vorschriften berücksichtigt wird.

66.3 Art. 66 Abs. 2 Satz 2 stellt klar, daß auch ein Schuß, der mit an Sicherheit grenzender Wahrscheinlichkeit tödlich wirken wird, unter den Voraussetzungen dieser Vorschrift zulässig ist. Wegen des Begriffs der gegenwärtigen Gefahr wird auf Nummer 10.2 verwiesen. Eine Verletzung der körperlichen Unversehrtheit ist insbesondere dann schwerwiegend, wenn sie voraussichtlich zu dauernder Invalidität oder zu einer dauernden erheblichen Verunstaltung führt.

66.4 Bestehen Zweifel, ob jemand noch im Kindesalter ist, so ist davon auszugehen, daß es sich um ein Kind handelt.

66.5 Unbeteiligter im Sinn des Art. 66 Abs. 4 ist jeder, der bei der Tat, gegen die sich die polizeiliche Maßnahme richtet, nicht mitwirkt; die Mitwirkung in diesem Sinn kann sich darauf beschränken, die Tat, gegen die sich die polizeiliche Maßnahme richtet, verbal oder durch schlüssige Handlungen zu unterstützen. Die Geisel in der Hand von Rechtsbrechern ist unbeteiligt im Sinn des Art. 66 Abs. 4.

Die Art. 66–69 enthalten die bei weitem einschneidendsten Eingriffsbestimmungen des PAG. In Fällen gegenwärtiger Lebensgefahr geben sie der Polizei die Befugnis, ohne vorherige Ankündigung (Art. 64 Abs. 2) und im Fall des Abs. 4 Satz 2 auch ohne Rücksicht auf die Gefährdung Unbeteiligter den, der das Leben anderer rechtswidrig bedroht, selbst zu töten. Diese bis an die äußerste Grenze menschlicher Existenz reichende Befugnis kann nur mit einem Höchstmaß an Umsicht und Verantwortungsbewußtsein gebraucht werden.
Polizeiliche Schußwaffen sind nach der gesetzlichen und damit abschließenden Aufzählung in Art. 61 Abs. 4 Pistole, Revolver, Gewehr, Maschinenpistole und Maschinengewehr.
Der Schußwaffengebrauch ist ein **Realakt** (s. RdNr. 1 zu Art. 9). 1

Art. 66 Abs. 1 beruht wiederum auf dem Rechtsgedanken **der Verhältnismäßigkeit** und bestimmt demgemäß den **Schußwaffengebrauch** als das **letzte und äußerste Mittel** polizeilichen Zwangs. Das gilt über Art. 69 Abs. 3 auch für den Gebrauch von Maschinengewehren und Handgranaten, der dort noch an weitere Einschränkungen gebunden ist. Nr. 66.1 VollzB weist auf diese Voraussetzungen des Schußwaffengebrauchs ebenfalls hin.
Besonders wichtig ist der Umstand, daß der **Schußwaffengebrauch** wie der Gebrauch aller anderen Möglichkeiten des unmittelbaren Zwangs nach Art. 62 **angeordnet werden darf**. Auch hierdurch unterscheidet sich die polizeiliche Zwangsanwendung von den bundesrechtlichen Vorschriften für Notwehr und Notstand (s. RdNrn 5, 6 zu Art. 60; 1, 2, 4 zu Art. 62). 2

Abs. 1 Satz 1 gilt sowohl für den **Schußwaffengebrauch gegen Sachen und Tiere wie gegen Personen**. Er setzt voraus, daß **vor dem Schußwaffengebrauch** 3

Art. 66

entweder weniger einschneidende Maßnahmen des unmittelbaren Zwangs nach Art. **61,** nur solche kommen in Betracht, nicht auch andere Zwangsmaßnahmen der Art. 54–57, bereits **erfolglos angewendet worden** sind, oder daß andere Maßnahmen offensichtlich **keinen Erfolg versprechen.** Offensichtlich bedeutet, daß jeder Mensch mit normalem Urteilsvermögen, der die Umstände des Falles ebenso kennen würde wie die Polizei, zu dem Schluß kommen müßte, der Waffengebrauch sei zur Abwendung der Gefahr unerläßlich.

Abs. 1 Satz 1 erlaubt danach z. B. die **Tötung von Tieren,** wenn sie das einzige Mittel ist, von diesen ausgehende Gefahren abzuwehren, die größere Schäden erwarten lassen, als sie dem Wert und der Bedeutung der Tiere selbst entsprechen, also etwa Gefahren für bedeutende Sachwerte oder sogar für Leib oder Leben von Menschen.

4   Für den Schußwaffengebrauch gegen Menschen ist nach **Abs. 1 Satz 2 zusätzliche Voraussetzung,** daß die Gefahr nicht durch Schußwaffengebrauch gegen Sachen abgewehrt werden kann. Gefährdet ein Autofahrer mit Hilfe seines Wagens Leben und Gesundheit anderer und reagiert er nicht auf Haltegebote oder ähnliche Maßnahmen, so muß zuerst versucht werden, den Wagen bewegungsunfähig zu machen, etwa durch Zerstörung der Reifen, des Fahrwerks oder des Motors. Zum Schußwaffengebrauch gegen ein fahrendes Fahrzeug s. die Dienstvorschrift in Nr. 66.2 Satz 4 VollzB.

Weitere Einschränkungen des Schußwaffengebrauchs gegen Menschen ergeben sich aus den Abs. 2, 3 Satz 1 und 4 Satz 1.

5   Zweck des polizeilichen Handelns darf niemals die Verletzung oder Tötung eines Menschen als solche sein. Deshalb bestimmt **Abs. 2 Satz 1,** der auch den Sonderfall des nachfolgenden Satzes 2 mit umfaßt, daß Schußwaffen gegen Personen grundsätzlich **nur** gebraucht werden dürfen, um sie **angriffs- oder fluchtunfähig** zu machen. Hierzu enthält Nr. 66.2 VollzB nähere Anweisungen, die der Beachtung des Grundsatzes der Verhältnismäßigkeit auch und gerade beim Schußwaffengebrauch gegen Menschen dienen.

6   **Abs. 2 Satz 2** zieht die äußerste Konsequenz aus dem **Schutzauftrag des Staates** für die auf seinem Gebiet lebenden Menschen; vgl. RdNr. 1 a. E. und RdNr. 2 zu Art. 2. Dieser Schutz darf nicht zurückbleiben hinter verbrecherischer Energie und Rücksichtslosigkeit, wenn der Staat sich als Schutzverband nicht selbst aufgeben will. Gleichwohl bleibt der Staat auch in dieser Situation noch an Recht und Gesetz gebunden (Art. 20 Abs. 3 GG) und muß sich ebenso wie seine ausführenden Organe der Verantwortung stellen.

Aus diesen Gründen läßt Abs. 2 Satz 2 einen Schuß auf eine Person, der mit an Sicherheit grenzender Wahrscheinlichkeit tödlich wirken wird („Rettungsschuß"), nur zu, wenn er das einzige Mittel zur Abwehr einer gegenwärtigen Lebensgefahr oder der gegenwärtigen Gefahr einer schwerwiegenden Verletzung der körperlichen Unversehrtheit ist. Nach dem Sinn des Art. 66 wie auch aller anderen Vorschriften über den Schußwaffengebrauch muß es sich dabei um Angriffe gegen fremdes Leben, nicht das eigene handeln. Das kann insbesondere in Betracht kommen zum **Schutz und zur Befreiung von Geiseln** (hierzu Sundermann in NJW 1988, 3192). Anders als bei der rechtmäßigen Notwehr (Nothilfe) nach § 32 StGB kommt es dabei auf den Verteidigungswillen der Geisel selbst nicht an. Eine **Androhung** des Rettungsschusses kann gemäß Art. 64 Abs. 2 unterbleiben, weil sie den Erfolg der Maßnahme regelmäßig gefährden würde.

Die Formulierung „**mit an Sicherheit grenzender Wahrscheinlichkeit tödlich wirken**" bedeutet, daß der Schuß mit Absicht und gezielt darauf gerichtet ist, lebenswichtige Organe wie Gehirn oder Herz zu treffen, deren Verletzung den Betroffenen möglichst sofort handlungsunfähig macht, so daß er auch nicht nur vorübergehend noch zu schädigenden Handlungen fähig bleibt. Derzeit gibt es keine Waffe und keine Hilfsmittel der körperlichen Gewalt, die in den in Betracht kommenden Situationen die sofortige Angriffsunfähigkeit ohne einen solchen Schuß herbeiführen können. Sollten sie künftig entwickelt werden, würde der in Abs. 2 Satz 2 vorgesehene Schuß nicht mehr das einzige Mittel zur Abwehr der dort bezeichneten Gefahren darstellen; die Zulässigkeit des Schusses nach Abs. 2 Satz 2 würde damit entfallen (s. amtl. Begr. 1978 zu Art. 44 Abs. 2 Satz 2 des Entwurfs).

Ein höchstwahrscheinlich tödlicher Schuß ist **nur zulässig,** wenn er auf Grund aller vorliegenden Erkenntnisse, zu denen die Tatumstände, das Verhalten und die Äußerungen der Personen gehören, von denen die Gefahr ausgeht, das **einzige Mittel** zu deren Abwehr ist. Es darf also weder Gewalt gegen Sachen – z. B. Zerstörung der vom Täter benutzten Waffen oder Werkzeuge –, noch eine geringere Verletzung – z. B. Aus-der-Hand-Schießen der Waffe, Funktionsunfähigmachen von Gliedmaßen –, zur Gefahrenabwehr möglich und ausreichend sein. Ferner muß die vom Täter ausgehende Gefahr eine **gegenwärtige Gefahr** (s. RdNr. 8 zu Art. 64) **für das Leben** anderer **oder für** deren **körperliche Unversehrtheit durch eine schwerwiegende Verletzung** sein.

Die Vorschrift beruht auf der einleuchtenden Erkenntnis, daß der **Schutzauftrag des Staates stärker** und weitreichender ist **als** sein **Sühneauftrag** (vgl. den Ausschluß der Todesstrafe durch Art. 102 GG). Solange die **Rettung rechtswidrig bedrohten oder gefährdeten Lebens** möglich ist, hat der Staat dafür einzustehen. Das ist verfassungsrechtlich nicht nur unbedenklich, sondern kann aus Art. 2 Abs. 2 Satz 1 GG als Schutzauftrag des Staates abgeleitet werden, dessen Wahrnehmung die Art. 1 Abs. 1, 19 Abs. 2 und 102 GG nicht entgegenstehen (vgl. RdNrn 1, 2 zu Art. 2 und die Vorbem. vor Art. 11). Es ist auch durch die zivil- und strafrechtlichen Vorschriften über Notwehr und Notstand anerkannt, deren Verfassungsmäßigkeit nicht zu bezweifeln ist.

Nicht bedenkenfrei ist jedoch die Zulassung eines tödlich wirkenden Schusses nur zur Abwehr einer **schwerwiegenden Verletzung der körperlichen Unversehrtheit** (s. hierzu die Aufzählung in § 224 StGB). Zwar nennt Art. 2 Abs. 2 Satz 1 GG dieses Rechtsgut verbal gleichwertig neben dem auf Leben. Auch ist außer Streit, daß Notwehr- und Notstandsrechte durchaus nicht nur bei Angriffen oder sonstigen Gefahren für das Leben bestehen. Doch auch diese Vorschriften enthalten Abwägungsgebote. Auch ist zu unterscheiden, ob einzelne sich selbst zur Wehr setzen müssen oder ob – wie hier – besonders ausgebildeten und ausgerüsteten Organen eine gesetzliche Befugnis zur Tötung von Menschen eingeräumt wird. Dabei erscheint die Frage ausschlaggebend, ob nicht zwischen den Rechtsgütern des Lebens und der körperlichen Unversehrtheit ein Wertunterschied dergestalt besteht, daß es unzulässig erscheint, zum Schutz der Unversehrtheit eines Menschen das Leben eines anderen zu beenden. Das Strafrecht macht diesen Unterschied, wie sich aus den verschiedenen Strafdrohungen für Tötungs- und Körperverletzungsdelikte ergibt (Strafrahmen für schwere Körperverletzung nach § 224 StGB Freiheitsstrafe von einem Jahr bis zu fünf Jahren). Ob im Bereich der Gefahrenabwehr der Schutzanspruch für körperliche Unversehrtheit ausreicht, die absichtliche Tötung dessen zu rechtfertigen, der sie bedroht, muß trotz positiver Rechtsgutachten und dem menschlichen Verständnis für diese Vorschrift des Gesetzes offen bleiben (s. dazu u. RdNr. 7); die Zulässigkeit des tödlichen Schusses im hier behandelten Fall bejahen Schöne/Klaes in DÖV 1996, 992/997).

Die Bedeutung der Frage für die Praxis erscheint weit geringer als ihr theoretisches Gewicht. Es ist kaum vorstellbar, daß bei einer schweren und gegenwärtigen Bedrohung hinreichend sicher unterschieden werden könnte, ob sie nur der körperlichen Unversehrtheit oder auch dem Leben gilt. Bei Situationen, wie sie Abs. 2 Satz 2 zugrunde liegen, wird regelmäßig eine gegenwärtige Lebensgefahr angenommen werden müssen.

Schwerwiegende Körperverletzungen bergen auch aus medizinischer Sicht fast ausnahmslos lebensbedrohende Risiken, zumal ein letaler Ausgang nicht nur von Willen und Absicht des Verletzenden, sondern auch vom körperlichen Zustand des Verletzten und vielen anderen, kaum kalkulierbaren sonstigen Umständen abhängt. Selbst wenn ein Täter im einzelnen ankündigen würde, daß und wie er sein Opfer nur zu verletzen gedenke (etwa durch Besprühen oder Übergießen mit Säure oder anderen ätzenden Chemikalien), kann in schweren Fällen Lebensgefahr etwa durch Blutungen, Schockwirkungen, Herz- und Kreislaufversagen und ähnliches in der Regel nicht ausgeschlossen werden. Für die zweite Alternative der Befugnis zum tödlichen Schuß fehlt aber weithin auch eine überzeugende Indikation.

7   Der Einführung des Abs. 2 Satz 2, der wörtlich dem § 41 Abs. 2 Satz 2 des Musterentwurfs eines einheitlichen Polizeigesetzes entspricht, ist eine lange und eingehende Erörterung vorangegangen, die andauert. Wegen der rechts-

staatlichen Bedeutung der insbesondere mit der zweiten Alternative des tödlichen Schusses verbundenen Fragen und der weiteren Vertiefung ist auf folgende Fundstellen zu verweisen: Lerche in FS von der Heydte, 1977, Bd. 2, 1033 ff.; Amtl. Begr. 1978 (Bayer. Landtag, 8. Wahlperiode, zu Drucksache 8/8134) zu Art. 44 Abs. 2 Satz 2 des Entwurfs; Heise/Riegel, Allgem. Begr. Nrn 1.2, 3.44 und Begr. zu § 41 Abs. 2 Satz 2 des Entwurfs; Knemeyer in VVDStRL, Heft 35, 221/256 ff.; Lisken in DRiZ 1989, 401; Weßlau/Kutscha in ZRP 1990, 169; Thewes, Rettungs- oder Todesschuß?, 1988 (sämtlich mit zahlreichen, teilweise identischen Literaturhinweisen); Stümper in DRiZ 1989, 432; Gerhards in DRiZ 1989, 433; zur Rechtfertigung des Gesamtinhalts von Abs. 2 vgl. Schöne/Klaes in DÖV 1996, 992.

Die zum Musterentwurf eingeholten Gutachten stimmen darin überein, daß der Rettungsschuß nicht nur bei Lebens-, sondern auch bei schwerer Leibesgefahr zulässig sein müsse, weil der Staat sonst seiner Verpflichtung, die körperliche Unversehrtheit seiner Bürger zu schützen, nur unzureichend nachkommen würde. Der noch weitergehenden Auffassung der Gutachten, der Rettungsschuß müsse in allen Notwehr- und Nothilfesituationen zulässig sein, zumindest aber zum Schutz der Freiheit und wesentlicher Sachgüter, sind der Musterentwurf und das PAG aus Gründen der Verhältnismäßigkeit und mit Rücksicht auf Art. 2 Menschenrechtskonvention nicht gefolgt; insoweit ist nur der Schußwaffengebrauch nach Art. 67 Abs. 1 Nr. 2 zulässig (vgl. Heise/Riegel, Begr. zu § 41 Abs. 2 Satz 2 des Entwurfs).

Abs. 3 Satz 1 enthält ein grundsätzliches **Verbot des Schußwaffengebrauchs gegen Personen,** die **dem Anschein nach jünger als 14 Jahre** sind. Es entspricht den polizeilichen Erfordernissen, den Anschein genügen zu lassen, weil es in Situationen, wie sie Art. 66 voraussetzt, selten oder nie möglich ist, sich rechtzeitig Gewißheit zu verschaffen. Daß die Wortfassung Personen begünstigt, die jünger erscheinen als sie sind, älter erscheinende dagegen weniger schützt, ist hinzunehmen. Sinn der Vorschrift ist nicht, das Schießverbot auf ein streng nach dem Geburtstag bestimmtes Alter zu beschränken, sondern den Schußwaffengebrauch gegen Menschen auszuschließen, die nach dem Augenschein noch entsprechend jung erscheinen. Ob beim Schußwaffengebrauch die Annahme eines höheren Lebensalters als 14 Jahre zu Recht bestand, ist eine gerichtlich nachprüfbare Tatsachenvoraussetzung, die einen angemessenen Beurteilungsspielraum aber kein Ermessen zuläßt. 8

Nach **Abs. 3 Satz 2** darf auch gegen **Personen, die jünger** erscheinen als 14 Jahre, die **Schußwaffe gebraucht** werden; dies allerdings nur, wenn der Schußwaffengebrauch das **einzige Mittel** zur **Abwehr einer gegenwärtigen Gefahr für Leib oder Leben** ist. Es ist anzunehmen, daß der Gesetzgeber mit dieser verkürzten Fassung die gleiche Voraussetzung umschrieben hat wie in Abs. 2 Satz 2. Die Leibesgefahr kann – unabhängig vom sonstigen Sprachgebrauch – in Abs. 3 Satz 2 nur als Gefahr einer schwerwiegenden Körperver-

Art. 66

letzung gewertet werden, weil auszuschließen ist, daß in Abs. 3 Satz 2 der Schußwaffengebrauch in weiterem Umfang zulässig sein sollte als nach Abs. 2 Satz 2. Zu den Rechtsbegriffen in Abs. 3 Satz 2 siehe im übrigen die RdNrn 8 zu Art. 64, 2 zu Art. 67.

9 **Abs. 4 Satz 1** enthält ein weiteres grundsätzliches Verbot des Schußwaffengebrauchs. **Erkennbar Unbeteiligte** sind alle Personen, die nach den bekannten Tatumständen und dem sich an Ort und Stelle bietenden Bild nicht zu denen gehören, von denen die gegenwärtige Gefahr für Leib und Leben ausgeht, deren Abwehr der Schußwaffeneinsatz dienen soll. Das können Passanten und Zuschauer sein, vor allem aber Personen, die sich im Einflußbereich von Gewalttätern befinden, bereits Opfer von Gewalttaten geworden oder als Geiseln genommen worden sind. Zum Begriff des Unbeteiligten in einer Menschenmenge s. die gesetzliche Fiktion in Art. 68 Abs. 2 und dazu Nr. 66.5 VollzB.

Der in Abs. 4 Satz 1 nicht näher umschriebene Begriff der **Gefährdung** solcher Personen muß im Gesamtzusammenhang des Art. 66 wiederum definiert werden als Gefahr für das Leben oder Gefahr einer nicht nur unbedeutenden Verletzung der körperlichen Unversehrtheit der erkennbar unbeteiligten Person(en). Ist beim Schußwaffengebrauch mit einer solchen Gefahr für Unbeteiligte zu rechnen, ist er zu unterlassen, es sei denn, er ist das einzige Mittel zur Abwehr einer gegenwärtigen Lebensgefahr **(Abs. 4 Satz 2)**. Hier geht das Gesetz unmißverständlich davon aus, daß eine durch den Schußwaffengebrauch zu erwartende Leibes- oder Lebensgefahr für einen Unbeteiligten nur in Kauf genommen werden darf, wenn bei ihm selbst, etwa weil er als Geisel genommen wurde (s. Nr. 66.5 Satz 2 VollzB), oder bei einer anderen bedrohten Person gegenwärtige Lebensgefahr besteht. Ist nur eine gegenwärtige Leibes-, nicht auch Lebensgefahr für bedrohte Personen erkennbar, darf nach dem Wortlaut des Abs. 4 Satz 2 von der Schußwaffe nicht Gebrauch gemacht werden, wenn dadurch erkennbar Unbeteiligte mit hoher Wahrscheinlichkeit gefährdet würden. In solchen Situationen hat auch der Rettungsschuß nach Abs. 2 Satz 2 zu unterbleiben, wenn er lediglich zur Abwehr einer gegenwärtigen, wenn auch schwerwiegenden Leibesgefahr (Verletzung der körperlichen Unversehrtheit) dienen soll.

Das Gesetz bewertet das Leben des Angreifers nicht höher, als die schwere Körperverletzung des Opfers (Abs. 2 Satz 2, Abs. 3 Satz 2). Es läßt aber nach Abs. 4 Satz 2 den Schußwaffengebrauch schlechthin, einschließlich des Rettungsschusses, nicht zu, wenn er nur der Abwehr selbst schwerwiegender aber jedenfalls nicht tödlicher Körperverletzungen dienen, dabei aber Unbeteiligte mit hoher Wahrscheinlichkeit gefährden würde. Das gilt auch, wenn der Unbeteiligte eine Geisel ist. Droht ihr durch den Angreifer lediglich eine Körperverletzung beliebiger Schwere, ist das für die Polizei hinreichend sicher erkennbar und würde durch den Rettungsschuß zugleich die Geisel selbst höchstwahrscheinlich gefährdet, so ist der Schußwaffengebrauch unzulässig. Das Gesetz will insoweit die Eventualität der Verletzung durch den Geiselnehmer nicht austauschen gegen die Eventualität der Verletzung durch den Schußwaffengebrauch der Polizei. Das wird nur in Fällen gegenwärtiger Lebensgefahr in Kauf genommen. Für den Schußwaffengebrauch gegen ursprünglich Unbeteiligte in einer Menschenmenge s. Art. 68 Abs. 2.

Das Gesetz verwendet in den Art. 66–69 bezüglich des Gebrauchs von Schußwaffen, Handgranaten und sonstigen Explosiv- und Sprengmitteln durchgängig den Ausdruck „**dürfen**". Darin liegt jedenfalls keine Verpflichtung der Polizei, in bestimmten Fällen die genannten Waffen und Mittel einzusetzen. Es kann daher aus dem Gesetz **kein Anspruch** irgendwelcher Personen – seien sie selbst Opfer von Verbrechen – abgeleitet werden, daß die Polizei von Schußwaffen, Spreng- oder Explosivmitteln Gebrauch macht. Aus dem gleichen Grund sind Schadenersatzansprüche gegen die Polizei wegen Unterlassung ausgeschlossen. 10

Die Verwendung von Schußwaffen unterliegt dem Grundsatz der Verhältnismäßigkeit, wie er in den besonderen gesetzlichen Voraussetzungen des Art. 66 Ausdruck gefunden hat. Wie aus dem Wort „dürfen" hervorgeht, ist die Polizei bei Vorliegen dieser Voraussetzungen nicht gezwungen, die Schußwaffe zu verwenden. Es stehen ihr vielmehr nicht nur **Beurteilungsspielräume** hinsichtlich der gesetzlichen Voraussetzungen und tatsachengestützten Annahmen (z. B. „offensichtlich", „an Sicherheit grenzende Wahrscheinlichkeit") sondern auch ein **Ermessensspielraum** zur Verfügung (Art. 5 Abs. 1), der allerdings wiederum durch Art. 4 begrenzt ist.

In allen Fällen des Art. 66 **kann** der **Schußwaffengebrauch** nach Art. 62 **angeordnet werden** (s. o. RdNr. 2). 11

Zum **Entschädigungsanspruch** bei Verletzung oder Tötung **Unbeteiligter** s. Art. 70 Abs. 2. 12

Die **Vorschriften außerhalb des PAG**, die den Schußwaffengebrauch gegen Personen besonders regeln, **bleiben unberührt**. Zur Anwendung der Vorschriften über **Notwehr** und **Notstand** s. RdNr. 5 zu Art. 4 und RdNrn 5, 6 zu Art. 60. 13

Art. 67
Schußwaffengebrauch gegen Personen

(1) Schußwaffen dürfen gegen Personen nur gebraucht werden,
1. um eine gegenwärtige Gefahr für Leib oder Leben abzuwehren,
2. um die unmittelbar bevorstehende Begehung oder Fortsetzung eines Verbrechens oder eines Vergehens unter Anwendung oder Mitführung von Schußwaffen oder Explosivmitteln zu verhindern,
3. um eine Person anzuhalten, die sich der Festnahme oder Identitätsfeststellung durch Flucht zu entziehen versucht, wenn sie
   a) eines Verbrechens dringend verdächtig ist oder
   b) eines Vergehens dringend verdächtig ist und Tatsachen die Annahme rechtfertigen, daß sie Schußwaffen oder Explosivmittel mit sich führt,
4. zur Vereitelung der Flucht oder zur Ergreifung einer Person, die in amtlichem Gewahrsam zu halten oder ihm zuzuführen ist
   a) auf Grund richterlicher Entscheidung wegen eines Verbrechens oder auf Grund des dringenden Verdachts eines Verbrechens oder
   b) auf Grund richterlicher Entscheidung wegen eines Vergehens oder auf Grund dringenden Verdachts eines Vergehens, sofern Tatsachen die Annahme rechtfertigen, daß sie Schußwaffen oder Explosivmittel mit sich führt,
5. um die gewaltsame Befreiung einer Person aus amtlichem Gewahrsam zu verhindern oder in sonstigen Fällen des § 100 des Strafvollzugsgesetzes.

(2) Schußwaffen dürfen nach Absatz 1 Nr. 4 nicht gebraucht werden, wenn es sich um den Vollzug eines Jugendarrestes oder eines Strafarrestes handelt oder wenn die Flucht aus einer offenen Anstalt verhindert werden soll.

67 Zu Art. 67 (Schußwaffengebrauch gegen Personen)

67.1 Für die Befugnis zum Schußwaffengebrauch nach Art. 67 kommt es zum Teil darauf an, ob eine rechtswidrige Tat ein Verbrechen oder Vergehen darstellt. Das richtet sich gemäß § 12 StGB nach der für die Straftat angedrohten Mindeststrafe. Hierbei ist nur der Regelstrafrahmen maßgebend. Schärfungen und Milderungen nach dem Allgemeinen Teil des StGB (z. B. bei Versuch, Beihilfe, verminderter Schuldfähigkeit) oder für besonders schwere Fälle (z. B. §§ 243, 263 Abs. 3, § 266 Abs. 2 StGB) oder minder schwere Fälle (z. B. § 154 Abs. 2 StGB) bleiben außer Betracht.

67.2 § 100 Strafvollzugsgesetz wendet sich nur an Bedienstete der Justizvollzugsanstalten. Durch Art. 67 Abs. 1 Nr. 5 PAG werden diese Befugnisse auch der Polizei übertragen. Sie überschneiden sich zum Teil mit Art. 67 Abs. 1 Nr. 4.

1 Art. 67 wie auch Art. 68 enthalten **weitere** einschränkende **Voraussetzungen** für den **Schußwaffengebrauch gegen Personen.** Art. 67 schließt Art. 66 nicht

Art. 67

aus, sondern ergänzt und konkretisiert ihn teilweise. Das Verhältnis kann so gesehen werden, daß Art. 66 in seinen Absätzen 1, 3 und 4 allgemeine Zulassungsvoraussetzungen des Schußwaffengebrauchs gegen Sachen und Personen enthält, die stets zu beachten sind, während Art. 67 einzelne besonders typische Ausgangssituationen für den Schußwaffengebrauch gegen Menschen benennt und die jeweiligen Voraussetzungen für die Zulässigkeit des Schußwaffengebrauchs verbindlich festlegt. Ferner enthält Art. 66 Abs. 2 Vorschriften über den zugelassenen Zweck des Schußwaffengebrauchs, die ebenfalls in jedem Anwendungsfall zu beachten sind.

Abs. 1 Nr. 1 erlaubt den Schußwaffengebrauch gegen Personen zur Abwehr einer gegenwärtigen Gefahr für Leib oder Leben. Der Unterfall des höchstwahrscheinlich tödlichen Schusses ist in Art. 66 Abs. 2 Satz 2 behandelt. Zur **gegenwärtigen Gefahr** s. Nr. 10.2 VollzB und die RdNrn 10 zu Art. 2, 8 zu Art. 64 und 6 zu Art. 66. Der Begriff ist ebenso zu verstehen wie in den Notwehr- und Notstandsbestimmungen (s. RdNr. 5 zu Art. 4 und RdNrn 5 f. zu Art. 60). Der im Gesetz mehrfach verwendete Ausdruck **„Gefahr für Leib oder Leben"** entspricht nach Nr. 5 der Allgem. Begr. zum Musterentwurf eines einheitlichen Polizeigesetzes den vergleichbaren Umschreibungen im Strafgesetzbuch (z. B. §§ 34, 35, 102, 177, 178, 249, 252, 255 StGB). Aus der Verbindung **„Leib oder Leben"** ist zu folgern, daß nicht jede drohende Körperverletzung genügt, sondern nur eine erhebliche Verletzung. Danach rückt die hier entsprechende Leibesgefahr zwar in die Nähe der schweren Körperverletzung nach § 224 StGB, ohne jedoch wegen der unbestimmten Fassung „Leib oder Leben" auf die dort genannten Verletzungsarten begrenzt zu sein. Auch ist zu bedenken, daß die Folgen einer Körperverletzung nicht sicher voraussehbar sind. So kann selbst eine leichte Körperverletzung wegen einer damit verbundenen Infektion oder durch Schockwirkung bei vorhandenem Kreislaufschaden schwerwiegende Folgen haben oder sogar zum Tode des Opfers führen. Daraus ist jedenfalls für das Polizeirecht abzuleiten, daß grundsätzlich jede drohende Leibesverletzung als Voraussetzung für den Schußwaffengebrauch ausreichen kann. Der reine Wortlaut „für Leib oder . . ." steht dem nicht entgegen. Eine zutreffende Abgrenzung kann nur im Einzelfall unter Beachtung des Grundsatzes der Verhältnismäßigkeit insoweit gefunden werden, als die mit dem Schußwaffengebrauch verbundenen Gefahren nicht offensichtlich außer Verhältnis zu der abzuwehrenden Körperverletzung stehen dürfen. 2

Abs. 1 Nr. 2 läßt den Schußwaffengebrauch gegen Personen zu bei unmittelbar bevorstehenden oder bereits in Ausführung begriffenen Verbrechen und bei unmittelbar bevorstehenden oder bereits in Ausführung befindlichen Vergehen, bei deren Ausführung **Schußwaffen** oder Explosivmittel angewendet werden oder von den Tätern mitgeführt werden. **Explosivmittel** sind Zünd- und Sprengmittel einschließlich von Munition. Allerdings muß sich der Ein- 3

Art. 67

druck aufdrängen, daß der Störer sie in einer **Art und Menge** mit sich führt, die personen- oder sachschädlich werden kann.
Zu den Begriffen „**Verbrechen**" und „**Vergehen**" s. § 12 StGB und Nr. 67.1 VollzB; hinzuweisen ist auf die Verbrechen nach § 30 BtMG, die Vergehen nach § 29 BtMG und den §§ 372, 373 AO 1977. Das Vorliegen der Voraussetzungen der Nr. 2 bestimmt sich danach, ob die Polizei auf Grund ihrer Kenntnisse im Einzelfall annehmen muß, daß der **objektive Tatbestand** einer nach § 12 StGB als Verbrechen oder Vergehen zu qualifizierenden Handlung verwirklicht wird oder alsbald verwirklicht werden wird. Fragen der Schuld und der Zurechenbarkeit haben dabei außer Betracht zu bleiben. Allerdings muß auch die Rechtswidrigkeit der Tat unterstellt werden. Der Schußwaffengebrauch ist deshalb unzulässig gegen Personen, die sich erkennbar selbst in einer Notwehr- oder Notstandssituation befinden. **Bei Vergehen** muß hinzukommen, daß der Täter entweder **Schußwaffen** oder **Explosivmittel anwendet** oder **mit sich führt**. Schußwaffen im Sinne des Art. 67 sind nicht nur die für die Polizei durch Art. 61 Abs. 4 zugelassenen, sondern alle Schußwaffen im Sinne von § 1 Abs. 1 WaffenG („Geräte, die zum Angriff, zur Verteidigung, zum Sport, Spiel oder zur Jagd bestimmt sind und bei denen Geschosse durch einen Lauf getrieben werden"). Zum Begriff Explosivmittel s. § 3 Abs. 1 SprengstoffG. Ob der Täter sie anwendet, bestimmt sich nach den optischen oder akustischen Wahrnehmungen der Polizei oder den glaubwürdigen Angaben von Zeugen. Daß jemand, der ein Vergehen ausführt oder alsbald ausführen will, Schußwaffen oder Explosivmittel bei sich führt, muß der Polizei entweder zur Gewißheit **bekannt sein** oder es muß auf Grund von **Tatsachen,** also fallbezogenen Wahrnehmungen oder Mitteilungen anzunehmen sein. Es reicht aus, wenn entweder bekannt ist, daß der Störer in früheren Fällen Schußwaffen oder Explosivmittel bei sich hatte oder daß die Modalitäten des Verhaltens („modus operandi") darauf schließen lassen, daß die Tat von jemand beabsichtigt oder ausgeführt wird, der nach früheren Erkenntnissen der Polizei Schußwaffen oder Explosivmittel mit sich zu führen pflegt, daß er solche Gegenstände entwendet hat oder sie nach zuverlässigen Informationen mit sich führt.

4 **Abs. 1 Nr. 1 und 2** stellen nur auf die **objektive Gefahrensituation** ab. Sie setzen keinen Kausalzusammenhang zwischen dieser Situation und deren Verursacher voraus, wenn das Bestehen eines solchen auch die Regel sein wird. Der Schußwaffengebrauch ist daher in den Fällen der Nrn 1 und 2 grundsätzlich auch gegen Personen zulässig, die die Gefahr nicht selbst verursacht haben, aber durch ihr Verhalten die Beseitigung der Gefahr verhindern.

5 **Abs. 1 Nr. 3** ermächtigt zum Schußwaffengebrauch gegen Personen, um sie anzuhalten. Zum Begriff des **Anhaltens** s. Nr. 13.8 VollzB und RdNr. 11 zu Art. 13. Zweck des Waffengebrauchs nach Nr. 3 ist nicht die Verhütung oder

Art. 67

Unterbindung gefährlicher Handlungen, sondern die Verhinderung des Fluchtversuchs einer verdächtigen Person.
Zur **Festnahme** s. die Art. 13 Abs. 2 Satz 3, 15 Abs. 3 und 17 PAG und die Festnahmebestimmungen der StPO. Zur **Identitätsfeststellung** s. die Art. 12, 13 und 14 Abs. 1 PAG und die entsprechenden Bestimmungen der StPO.
Zu den Begriffen **Verbrechen, Vergehen** und **Mitsichführen von Schußwaffen oder Explosivmitteln** s. o. RdNr. 3.
Nr. 3 Buchst. a und b setzen voraus, daß ein Verbrechen oder Vergehen bereits begangen worden ist. Sie verlangen jedoch nicht die Gewißheit, daß der Flüchtige als Täter feststeht. Es genügt, daß er einer solchen Tat **dringend verdächtig** ist. Es müssen also gewichtige Anhaltspunkte dafür sprechen, daß gerade diese Person als Täter in Betracht kommt und daß sie – im Fall eines begangenen Vergehens – Schußwaffen oder Explosivmittel mit sich führt. Die Person muß ferner entweder bereits fliehen oder unmittelbar Anstalten zur **Flucht** machen. Hier genügt kein Verdacht, sondern allein die tatsächliche Wahrnehmung.

Abs. 1 Nr. 4 hat den Zweck, entweder die Flucht einer bestimmten Person zu vereiteln oder eine solche Person zu ergreifen. 6
Auch für die **Vereitelung der Flucht** gilt, daß die Person entweder bereits flüchtig sein muß oder unmittelbar Anstalten trifft zu fliehen.
Weitere Voraussetzung des Schußwaffengebrauchs ist, daß die Person, deren Flucht vereitelt oder die (wieder) ergriffen werden soll, in **amtlichem Gewahrsam zu halten oder ihm zuzuführen** ist, und zwar aus einem oder mehreren der in Buchst. a oder b genannten Gründe. Damit ist Nr. 4 erheblich enger als der Gewahrsamsfall des Art. 17 Abs. 3, der für die Fälle der Nr. 4 jedoch durch die Vorschriften der StPO oder des § 87 StVollzG als Befugnisgrundlage regelmäßig verdrängt wird. § 87 StVollzG bestimmt, daß ein Gefangener, der entwichen ist oder sich sonst ohne Erlaubnis außerhalb der Anstalt aufhält, durch die Vollzugsbehörde oder auf ihre Veranlassung hin festgenommen und in die Anstalt zurückgebracht werden kann.
Amtlicher Gewahrsam ist jeder Freiheitsentzug, der auf Grund dazu ermächtigender Rechtsvorschriften in dazu bestimmten Anstalten oder Räumen oder durch öffentliche Bedienstete (Beamte) vorgenommen wird. Dazu gehört auch der polizeiliche Gewahrsam nach Art. 17 Abs. 1 Nr. 2 und Abs. 3, regelmäßig nicht dagegen das vorübergehende Festhalten einer Person nach Art. 13 Abs. 2 Satz 3 oder Art. 15 Abs. 3. Ein nach § 127 StPO Festgenommener befindet sich nicht ohne weiteres in amtlichem Gewahrsam, sondern nur, wenn er auf Grund dieser Vorschrift von der Staatsanwaltschaft oder der Polizei festgenommen oder ihr oder der Staatsanwaltschaft übergeben wurde; die vorläufige Festnahme durch „jedermann" begründet keinen amtlichen Gewahrsam, kann aber den Zweck haben, den Festgenommenen dem polizeilichen Gewahrsam zuzuführen. Da Art. 67 aber nur den Schußwaffengebrauch durch

Art. 67

Polizeibeamte regelt, ist vorauszusetzen, daß mindestens ein Polizeibeamter bereits anwesend ist und die Übergabe des Festgenommenen an ihn bevorsteht. **Nr. 4 Buchst. a und b** unterscheiden jeweils zwei Alternativen, die durch die Konjunktion „oder" verbunden sind. Nach der sprachlichen Fassung ist nicht ganz eindeutig, ob sich das Erfordernis „richterlicher Entscheidung" jeweils auf beide Alternativen erstreckt. Es ist davon auszugehen, daß die **richterliche Entscheidung** nur für die jeweils ersten Alternativen gefordert wird, unter die nur Personen fallen, die wegen eines Verbrechens oder Vergehens bereits rechtskräftig verurteilt sind oder gegen die wegen einer solchen Tat Untersuchungshaft angeordnet ist. Würde die richterliche Entscheidung auch für die jeweils zweite Alternative vorausgesetzt, hätte das bereits im einleitenden Satz der Nr. 4 gesagt werden müssen. Ist noch keine richterliche Entscheidung über den amtlichen Gewahrsam ergangen, ist nach der **zweiten Alternative unter Buchst. a** als weitere Voraussetzung des Schußwaffengebrauchs gefordert, daß die betreffende Person wegen des **dringenden Verdachts eines Verbrechens** in Gewahrsam zu halten oder ihm zuzuführen ist. Zum dringenden Verdacht s. o. RdNr. 5, zum Begriff Verbrechen s. o. RdNr. 3. Die **zweite Alternative unter Buchst. b** setzt den **dringenden Verdacht eines Vergehens** und zusätzlich die **Kenntnis von Tatsachen** voraus, daß die betroffene Person **Schußwaffen oder Explosivmittel** mit sich führt (s. dazu o. RdNr. 3). Ein Verdacht, der sich nur auf Vermutungen und nicht zumindest auch auf Tatsachen stützt, reicht in diesem Fall zur Rechtfertigung des Schußwaffengebrauchs nicht aus.
Bei allen Fällen des Abs. 1 Nr. 4 ist die weitere **Einschränkung des Abs. 2** zu beachten. Sie stellt die Übereinstimmung mit § 178 Abs. 3 StVollzG her.

7   Die in Abs. 1 Nr. 4 getroffene Unterscheidung nach der Art der Straftaten und der Gefährlichkeit des Täters kann zu Schwierigkeiten führen, wenn der mit einem fliehenden oder geflüchteten Gefangenen konfrontierte Polizeibeamte die vorher genannten Kriterien nicht kennt. Deshalb werden der Polizei auch die Befugnisse nach § 100 des StVollzG gegeben, wie sie den Bediensteten der Vollzugsanstalten zustehen (amtl. Begr. 1978 zu Art. 45 Abs. 1 Nr. 4 des Entwurfs). § 100 StVollzG lautet:

> „Besondere Vorschriften für den Schußwaffengebrauch
> (1) Gegen Gefangene dürfen Schußwaffen gebraucht werden,
> 1. wenn sie eine Waffe oder ein anderes gefährliches Werkzeug trotz wiederholter Aufforderung nicht ablegen,
> 2. wenn sie eine Meuterei (§ 121 des Strafgesetzbuches) unternehmen oder
> 3. um ihre Flucht zu vereiteln oder um sie wiederzuergreifen.
> Um die Flucht aus einer offenen Anstalt zu vereiteln, dürfen keine Schußwaffen gebraucht werden.

Art. 67

(2) Gegen andere Personen dürfen Schußwaffen gebraucht werden, wenn sie es unternehmen, Gefangene gewaltsam zu befreien oder gewaltsam in eine Anstalt einzudringen."

Abs. 1 Nr. 5 läßt den Schußwaffengebrauch zu, wenn er notwendig ist, um die **gewaltsame Befreiung** verwahrter Personen zu verhindern, ferner in sonstigen Fällen des § 100 StVollzG. Voraussetzung der ersten Alternative ist, daß eine **amtlich verwahrte Person** unter **Anwendung von Gewalt** befreit werden soll, wobei es gleichgültig ist, ob es sich um körperliche Gewalt oder Gewaltanwendung durch Waffen oder Anwendung sonstiger Hilfsmittel handelt (vgl. §§ 120, 121 Abs. 1 und 3 StGB). Abs. 1 Nr. 5 überschneidet sich teilweise mit Abs. 1 Nr. 4 und mit § 100 Abs. 1 Nr. 3 und Abs. 2 StVollzG. Insoweit besteht Gesetzeskonkurrenz zwischen Landes- und Bundesrecht (s. §§ 1 Abs. 2, 10 Abs. 3 UZwG, s. Anh. Nr. 3). Zum Begriff „offene Anstalt" (§ 100 Abs. 1 Satz 2 StVollzG, Art. 67 Abs. 2 PAG) s. § 178 Abs. 3 StVollzG.

Zu Art. 67 **Abs. 2** s. zunächst o. RdNr. 6. Soweit Abs. 1 Nr. 4 Fälle betrifft, in denen Vollzugsmaßnahmen der in Abs. 2 genannten Art angeordnet sind und deshalb das StVollzG anzuwenden ist, stellt Abs. 2 die Übereinstimmung mit dessen § 178 Abs. 3 her. Die Abs. 3 und 4 dieser Vorschrift lauten: 8

„(3) Beim Vollzug des Jugendarrestes, des Strafarrestes sowie der Ordnungs-, Sicherungs-, Zwangs- und Erzwingungshaft dürfen zur Vereitelung einer Flucht oder zur Wiederergreifung (§ 100 Abs. 1 Nr. 3) keine Schußwaffen gebraucht werden. Dies gilt nicht, wenn Strafarrest oder Ordnungs-, Sicherungs-, Zwangs- oder Erzwingungshaft in Unterbrechung einer Untersuchungshaft, einer Strafhaft oder einer Unterbringung im Vollzuge einer freiheitsentziehenden Maßregel der Besserung und Sicherung vollzogen wird.
(4) Das Landesrecht kann, namentlich beim Vollzug der Jugendstrafe, weitere Einschränkungen des Rechtes zum Schußwaffengebrauch vorsehen."

Zum Begriff **„Jugendarrest"** s. §§ 13 Abs. 2 Nr. 3, 16 JGG, zum Begriff **„Strafarrest"** s. § 9 WehrstrafG.

Zu dem in Art. 67 mehrfach verwendeten Ausdruck **„dürfen"** s. RdNr. 10 zu Art. 66. 9

In allen Fällen des Art. 67 **kann** der **Schußwaffengebrauch** nach Art. 62 **angeordnet** werden. 10

Zum **Entschädigungsanspruch** bei Verletzung oder Tötung **Unbeteiligter** s. Art. 70 Abs. 2. 11

12 Zur ergänzenden Anwendung der Vorschriften über **Notwehr** und **Notstand** s. RdNr. 5 zu Art. 4 und RdNrn 5, 6 zu Art. 60. **Vorschriften außerhalb des PAG,** die den Schußwaffengebrauch gegen Personen besonders regeln, **bleiben unberührt.**

Art. 68
Schußwaffengebrauch gegen Personen in einer Menschenmenge

(1) Schußwaffen dürfen gegen Personen in einer Menschenmenge nur gebraucht werden, wenn von ihr oder aus ihr heraus schwerwiegende Gewalttaten begangen werden oder unmittelbar bevorstehen und andere Maßnahmen keinen Erfolg versprechen.

(2) Wer sich aus einer solchen Menschenmenge nach wiederholter Androhung des Schußwaffengebrauchs nicht entfernt, obwohl ihm das möglich ist, ist nicht als Unbeteiligter (Art. 66 Abs. 4) anzusehen.

68 Zu Art. 68 (Schußwaffengebrauch gegen Personen in einer Menschenmenge)

68.1 Menschenmenge im Sinn des Art. 68 Satz 1 ist eine größere Anzahl von Personen, die kraft ihrer Zahl eine Gefährdung der öffentlichen Sicherheit und Ordnung herbeiführen kann. Zum Begriff der Menschenmenge gehört jedoch nicht notwendig, daß sie „ungemessen" ist. Notwendig ist jedoch eine gewisse räumliche Konzentration (Zusammenrottung).

68.2 Schwerwiegende Gewalttat im Sinn dieser Vorschrift sind mit Strafe bedrohte Handlungen, die unter Anwendung von Gewalt begangen werden und besonders wichtige Rechtsgüter oder für die Allgemeinheit wichtige Einrichtungen verletzen, insbesondere Körperverletzungsdelikte, gemeingefährliche Verbrechen und Vergehen aller Art (§§ 106 ff. StGB). Nötigung von Verfassungsorganen unter Gewaltanwendung (§§ 105 und 106 StGB), vorsätzliche erhebliche Sachbeschädigung lebensnotwendiger Einrichtungen (insbesondere von Versorgungsanlagen oder Kernenergieanlagen), von Behördengebäuden oder von unersetzlichen Kulturgütern. Solche Gewalttaten müssen, damit die Befugnisse nach Art. 68 Abs. 1 gegeben sind, nicht bereits begangen werden, vielmehr reicht es aus, wenn die Gewalttaten unmittelbar bevorstehen.

68.3 Für den Fall eines Schußwaffengebrauchs gegen Personen in einer Menschenmenge kommt der Androhung des Schußwaffengebrauchs besondere Bedeutung zu. Zwischen den Warnschüssen soll möglichst so viel Zeit verstreichen, daß sich insbesondere Unbeteiligte aus der Menge entfernen können.

Art. 68 ist Sondervorschrift für den Schußwaffengebrauch **gegen Personen,** 1
die sich **in einer Menschenmenge** befinden.
Diese Formulierung bedeutet, daß der **Schußwaffengebrauch** sich **nicht gegen eine Menschenmenge als solche** richten, nicht „blind" auf oder in die Menge hinein geschossen werden darf. Zugleich wird damit zum Ausdruck gebracht, daß die in den **Art. 66 und 67 festgelegten Voraussetzungen gegeben sein müssen,** wenn die Schußwaffe **gegen Menschen** eingesetzt werden soll.

Art. 68

2   Der Begriff „**Menschenmenge**" ist unbestimmt und zahlenmäßig nicht sicher abzugrenzen. Den Versuch einer Definition unternimmt Nr. 68.1 VollzB. Sicher ist, daß der Begriff nicht identisch ist mit dem der Versammlung im Sinne des Versammlungsrechts, für den nach ObLG in BayVBl 1979, 378 drei Personen genügen, die sich an einem gemeinsamen Ort zu einem gemeinsamen, nicht nur zufälligen Zweck in bezug auf öffentliche Angelegenheiten zusammenfinden und auf die Öffentlichkeit einwirken. Drei Personen reichen jedenfalls nicht aus, um den Begriff „Menge" zu erfüllen. Eine andere zahlenmäßige Untergrenze kann aber nicht allgemein festgelegt werden, weil es auch auf die Entschlossenheit und die kriminelle Energie von Gruppen und auf die jeweiligen örtlichen Gegebenheiten und Umstände ankommt. In einer engen Straße kann eine geringere Zahl von Menschen gefährlicher sein als auf einem großen und offenen Platz. Eine kleinere Zahl bewaffneter oder mit Hilfsmitteln zur Gewaltanwendung versehener Menschen ist gefährlicher als eine größere Zahl unbewaffneter und unausgerüsteter. Schließlich kann es auch auf das zahlenmäßige Verhältnis zwischen der Menge und den vorhandenen Polizeikräften ankommen. Jedenfalls bleibt der Begriff „Menge" aber eine Größenordnung, die nicht erst dann gegeben ist, wenn die Menge gegenüber der Polizei als eine Übermacht erscheint.

Der Begriff Menschenmenge ist unabhängig von dem Ort, an dem sich die Menge befindet. Der Ort kann auch ein umschlossener (offenes Stadion) oder ein geschlossener Raum (Saal) sein. Auch eine **Versammlung** mit einer größeren Anzahl von Teilnehmern ist eine Menschenmenge. Handelt es sich um eine Versammlung, sind zusätzlich die Vorschriften des Versammlungsrechts zu beachten. Solange die Versammlung ordnungsgemäß verläuft, ist die Anwendung von Art. 68 PAG ausgeschlossen. Er kann nur in Betracht kommen, wenn eine Versammlung verboten (§§ 15, 16 VersammlG) oder aufgelöst ist (§ 13 VersammlG), weil dann im Rechtssinne keine durch das GG geschützte Versammlung mehr gegeben ist.

3   Befinden sich Menschen, gegen die nach den Art. 66 oder 67 Schußwaffen gebraucht werden dürfen, in einer Menge anderer Menschen, erhöht sich die Gefahr beträchtlich, auch solche Menschen zu treffen, in deren Person die Voraussetzungen für den Waffengebrauch nicht erfüllt und die deshalb **Unbeteiligte** sind. Abs. 1 umschließt insoweit den Rechtsgedanken des Art. 66 Abs. 4 (s. jedoch Art. 68 Abs. 2). Zum Schutz Unbeteiligter enthält Abs. 1 eine **weitere erhebliche Einschränkung** der Voraussetzungen **des Schußwaffengebrauchs,** insbesondere der des Art. 67. Art. 68 Abs. 1 setzt voraus, daß von der Menge selbst, also von allen Menschen, die sie bilden, oder aber aus ihr heraus durch einzelne Personen schwerwiegende Gewalttaten begangen werden oder unmittelbar bevorstehen. In Anlehnung an Samper/Honnacker, Erl. 5 zu Art. 68, ist die Formulierung „**von ihr** (der Menschenmenge) **begangen**" so aufzufassen, daß so viele einzelne Mitglieder der Menschenmenge Ge-

walttätigkeiten begehen, daß man im Sinne der Umgangssprache von „Gewalttätigkeiten der Menschenmenge" sprechen kann. Gewalttätigkeiten sind „aus ihr (der Menschenmenge) heraus" begangen, wenn die Gewalttätigkeiten der einzelnen von den übrigen Mitgliedern der Menschenmenge hingenommen, gebilligt, vielleicht sogar verbal oder durch Decken der Täter unterstützt werden oder jedenfalls in der Linie des Verhaltens und der Äußerungen der Menge liegen. Zum Begriff der **schwerwiegenden Gewalttat** s. Nr. 68.2 VollzB. Im Sinne des § 125 StGB (Landfriedensbruch), der mit Art. 68 PAG in naher Beziehung steht, gefährden Gewalttätigkeiten die öffentliche Sicherheit, wenn sie nicht gegen den Rechtsfrieden des einzelnen, sondern den der Gemeinschaft gerichtet sind. Entscheidend ist also, daß eine unbestimmte Vielzahl von Personen für Leib oder Leben, Hab und Gut fürchten müssen. Richten sich die Gewalttätigkeiten gegen eine einzelne Person, so ist die öffentliche Sicherheit gefährdet, wenn diese Person nur das zufällige Opfer aus einer unbestimmten Vielzahl ist, es also auch jeder andere hätte sein können, aber auch, wenn das Opfer nur wegen seiner Zugehörigkeit zu einer bestimmten Personengruppe ausgewählt wurde, mit ihm also nur die durch es repräsentierte Personengruppe getroffen werden soll. Vgl. BGH in NJW 1969, 1770; OLG Karlsruhe in NJW 1979, 2415 mit weit. Nachw. Ob Gewalttaten **unmittelbar bevorstehen,** muß aus dem Verhalten der Menge oder einzelner Menschen in ihr wahrzunehmen sein. Auch aus glaubwürdigen Mitteilungen kann ein solcher Schluß gezogen werden, der jedoch durch das Verhalten der Störer bestätigt werden muß. Abs. 1 setzt weiter voraus, daß **Schußwaffen nur** gebraucht werden dürfen, **wenn andere Maßnahmen keinen Erfolg** versprechen. Hier wird wiederholt, was sich bereits aus Art. 4 und in differenzierter Form aus Art. 66 ergibt.

Abs. 2 enthält die **gesetzliche Fiktion** eines Übergangs vom Unbeteiligten **4 zum polizeirechtlich Verantwortlichen.** Sie tritt ein, wenn sich Personen nach wiederholter – also mindestens zweimaliger – Androhung des Schußwaffengebrauchs, wie sie Art. 64 Abs. 3 Satz 2 Halbsatz 2 ohnehin vorschreibt, nicht aus einer Menschenmenge entfernen, die sich wie in Art. 68 Abs. 2 beschrieben verhält (s. dazu Nr. 68.3 VollzB). Wegen der besonderen Gefahren im Sinne der Art. 2 und 11, die von einer gewalttätigen Menschenmenge ausgehen, nötigt die Regelung des Abs. 1, die auch beim Vorgehen gegen eine Menschenmenge den Schußwaffengebrauch nur gegen einzelne Personen zuläßt, zu einer Ausweitung des Begriffs des Unbeteiligten. Die Gefährdung anderer Personen wird im Fall des Abs. 2 zwangsläufig so groß, daß der Schußwaffengebrauch nach Abs. 1 allein deswegen unterbleiben müßte. Das könnte zur Folge haben, daß die Polizei in solchen höchst gefährlichen Lagen hilflos würde. Abs. 2 ist also gerade deswegen notwendig, weil das „blinde" Schießen auf oder in die Menge untersagt ist.

Die Fiktion hat zur Folge, daß das gesetzliche Verbot des Art. 66 Abs. 4 Satz 1 aufgehoben wird und daß jeder, der trotz wiederholter Androhung in

Art. 68

der Menge verbleibt, nach den Art. 66, 67 Ziel des Schußwaffengebrauchs werden kann. Er verliert außerdem den Entschädigungsanspruch nach Art. 70 Abs. 2.

5   Zu dem in Art. 68 Abs. 1 verwendeten Ausdruck „dürfen" s. RdNr. 10 zu Art. 66.

6   In allen Fällen des Art. 68 kann der **Schußwaffengebrauch** nach Art. 62 **angeordnet** werden.

7   Zur ergänzenden Anwendung der Vorschriften über **Notwehr** und **Notstand** s. RdNr. 5 zu Art. 4 und RdNrn 5, 6 zu Art. 60. **Vorschriften außerhalb des PAG,** die den Schußwaffengebrauch gegen Personen z. B. im Falle des Art. 91 Abs. 2 GG (s. dazu RdNr. 2 zu Art. 58) besonders regeln, **bleiben unberührt.**

Art. 69
Besondere Waffen, Sprengmittel

(1) Maschinengewehre und Handgranaten dürfen gegen Personen nur in den Fällen des Art. 67 Abs. 1 Nrn. 1, 2 und 5 und nur mit Zustimmung des Staatsministers des Innern oder eines von ihm im Einzelfall Beauftragten angewendet werden, wenn
1. diese Personen von Schußwaffen oder Handgranaten oder ähnlichen Explosivmitteln Gebrauch gemacht haben und
2. der vorherige Gebrauch anderer Waffen erfolglos geblieben ist.

(2) ¹Maschinengewehre und Handgranaten dürfen nicht gebraucht werden, um fluchtunfähig zu machen. ²Handgranaten dürfen gegen Personen in einer Menschenmenge nicht gebraucht werden.

(3) Im übrigen sind die Vorschriften über den Schußwaffengebrauch entsprechend anzuwenden.

(4) Sprengmittel dürfen gegen Personen nicht angewendet werden.

69 Zu Art. 69 (Besondere Waffen, Sprengmittel)

69.1 Der Gebrauch der besonderen Waffen im Sinn des Art. 69 Abs. 1 ist den damit ausgerüsteten und hierfür besonders ausgebildeten Einheiten vorbehalten.

69.2 Ähnliche Explosivmittel im Sinn des Art. 69 Abs. 1 Nr. 1 sind insbesondere sogenannte Molotow-Cocktails.

69.3 Andere Waffen im Sinn des Art. 69 Abs. 1 Nr. 2 sind die in Art. 61 Abs. 4 genannten Waffen, ausgenommen Maschinengewehre und Handgranaten.

69.4 Bei den für die Anwendung von Handgranaten entsprechend anzuwendenden Vorschriften über den Schußwaffengebrauch (Art. 69 Abs. 3) handelt es sich um Art. 66 Abs. 1, Abs. 2 Satz 1 (soweit diese Vorschrift sich nicht auf den Zweck der Verhinderung der Flucht bezieht) und Absatz 2 Satz 2, Abs. 3 und 4.

Maschinengewehre und Handgranaten gehören zu den in Art. 61 Abs. 4 gesetzlich zugelassenen Waffen der Polizei. Beide Waffenarten dürfen jedoch **nur** unter den besonderen und eingeschränkten **Voraussetzungen des Art. 69 gegen Personen** angewendet werden. Nr. 69.1 VollzB weist darauf hin, daß die im Einzeldienst und in kleinen Einheiten (Streifen) diensttuenden Polizeibeamten mit diesen Waffen nicht ausgerüstet sind und deren Anwendung Einheiten vorbehalten ist, die nicht nur mit diesen Waffen ausgerüstet, sondern im Umgang mit ihnen auch besonders ausgebildet sind. 1

Abs. 1 enthält für die **Anwendung** von Maschinengewehren und Handgranaten eine **mehrfache Einschränkung**. 2

Art. 69

Die Anwendung dieser Waffen ist materiell beschränkt auf die Fälle des Art. 67 Abs. 1 Nrn 1, 2 und 5. Auch wenn ein solcher Fall gegeben ist, dürfen die hier genannten Waffen nur **mit** (vorheriger) **persönlicher Zustimmung** des für die Polizei verantwortlichen **Innenministers,** im Vertretungsfall seines amtierenden Stellvertreters (Staatssekretär oder weiterer Vertreter im politischen Amt) oder eines **im Einzelfall** vom verantwortlichen Minister oder seinem Stellvertreter **zu bestellenden Beauftragten** angewendet werden. Zum Beauftragten kann nach der Natur der Sache nur ein leitender Polizeibeamter oder eine andere sachkundige und verantwortungsfähige, möglichst auch sonst weisungsbefugte Persönlichkeit (z. B. Staatssekretär, leitender Ministerialbeamter) bestellt werden.

Die **besonderen Waffen** dürfen **nur angewendet** und die **Zustimmung** des Ministers oder seines Beauftragten **darf nur erteilt werden,** wenn in den Fällen des Art. 67 Abs. 1 Nrn 1, 2 und 5 die weiteren **kumulativen** („und") **Voraussetzungen des Art. 69 Abs. 1 Nrn 1 und 2** vorliegen; ist nur eine der beiden dort genannten Voraussetzungen erfüllt, dürfen Maschinengewehre und Handgranaten nicht verwendet werden.

Die Zustimmung des Ministers oder seines Beauftragten darf ebenso wie die Bestellung des Beauftragten selbst nicht fallunabhängig vorgenommen werden. Andererseits muß mit beiden Maßnahmen nicht bis zur akuten Phase eines Falles zugewartet werden. Sie können vielmehr vorgenommen werden, sobald sich in einem Einzelfall eine im Sinne des Art. 69 gefährliche Entwicklung abzuzeichnen beginnt.

3   Für den Beauftragten im Sinne des Abs. 1 gilt Nr. 62.4 Satz 1 VollzB entsprechend. Für den Minister und seinen Stellvertreter gilt diese Vorschrift zwar nicht, weil sie für ihre Person an keine polizeiliche Dienstvorschrift gebunden sind; sie werden sich jedoch im Hinblick auf ihre Verantwortung an die gleichen Grundsätze halten.

4   **Explosivmittel, die Handgranaten ähnlich** sind (Abs. 1 Nr. 1), können sogenannte Molotow-Cocktails (Nr. 69.2 VollzB) oder andere, auch nicht fabrikmäßig hergestellte Gegenstände mit vergleichbarer explosiver Wirkung sein, z. B. in größerer Menge gebündelte und gleichzeitig gezündete Feuerwerkskörper etwa der Art von Kanonenschlägen.
Andere Waffen (Abs. 1 Nr. 2) sind die in Art. 61 Abs. 4 aufgeführten mit Ausnahme von Maschinengewehren und Handgranaten, also Schlagstock, Pistole, Revolver, Gewehr und Maschinenpistole.

5   Abs. 2 bestimmt, daß **Maschinengewehre und Handgranaten nur** eingesetzt werden dürfen, um **angriffsunfähig, nicht** um **fluchtunfähig** zu machen; Art. 66 Abs. 2 Satz 1 wird insoweit eingeschränkt. In Kauf genommen werden muß, daß Angriffsunfähigkeit auch Fluchtunfähigkeit zur Folge haben kann.

Art. 69

Der Einsatz von Handgranaten zur Verhinderung der Flucht wäre unvereinbar mit dem Grundsatz der Verhältnismäßigkeit. Gegen **Personen in einer Menschenmenge** dürfen **Handgranaten** überhaupt **nicht gebraucht** werden. Ihre Verwendung ist daher auch in den Fällen des Art. 68 ausgeschlossen.

Abs. 3 bedeutet, daß für den Gebrauch der besonderen Schußwaffe Maschinengewehr und den Gebrauch der Handgranaten, die begrifflich keine Schußwaffen sind, zusätzlich zu Art. 69 die Vorschriften über den Schußwaffengebrauch (Art. 66–68) entsprechend gelten. S. dazu Nr. 69.4 VollzB, die sich richtigerweise auf die Anwendung von Handgranaten beschränkt, weil für Maschinengewehre die Vorschriften über den Schußwaffengebrauch unmittelbar gelten. 6

Abs. 4 schließt aus Gründen der Verhältnismäßigkeit und der Achtung der Menschenwürde **den Gebrauch von Sprengmitteln gegen Personen** ausdrücklich **aus,** obwohl diese nach Art. 61 Abs. 3 zu den zugelassenen Hilfsmitteln der körperlichen Gewalt gehören (s. dazu die Nrn 61.2 und 61.3 VollzB). Sie dienen nur der Gewaltanwendung gegen Sachen (z. B. zum Öffnen versperrter Räume, zur Beseitigung von Barrikaden, zur Beseitigung einsturzgefährdeter Bauteile, von Lawinen u. ä.). Zu den Sprengmitteln s. § 1 SprengstoffG und die Anlagen zu diesem Gesetz. 7

VI. Abschnitt
Entschädigungs-, Erstattungs- und Ersatzansprüche

Vorbemerkung zu den Art. 70–73

Der VI. Abschnitt des PAG (Art. 70–73) unterscheidet zwischen den **Entschädigungspflichten** des Staates als Polizeiträger gegenüber Dritten, die durch polizeiliche Maßnahmen zu Schaden gekommen sind, und den entsprechenden Ansprüchen der Geschädigten gegenüber dem Staat (Art. 70), den **Erstattungspflichten,** die im Entschädigungsfall zwischen dem Staat als Träger der Polizei und nicht-staatlichen Verwaltungsträgern entstehen können (Art. 71), und den **Ersatzansprüchen** des Staates, der als Polizeiträger entschädigungspflichtig geworden ist, und erstattungspflichtig gewordenen anderen Verwaltungsträgern gegenüber den nach Art. 7, 8 verantwortlichen Personen (Art. 72). Die **Rechtswege** für die gerichtliche Entscheidung von Streitigkeiten über Pflichten und Ansprüche auf Grund des VI. Abschnitts des PAG bestimmt Art. 73.

Die Entschädigungsansprüche des PAG sind ursprünglich aus der vorwiegend in der Rechtsprechung entwickelten Figur des **Aufopferungsanspruchs** abgeleitet worden, der auf Entschädigung für die Aufopferung besonderer Rechte und Vorteile zum Wohle des gemeinen Wesens gerichtet ist. Sie beruhen weitgehend auf den einschlägigen Grundsätzen dieser früheren Rechtsprechung, die in die Regelungen des PAG eingegangen sind. Das gilt vor allem für die durch Art. 70 Abs. 7 vorgenommene grundsätzliche (ausgenommen bei Freiheitsentziehungen) Beschränkung des Entschädigungsanspruchs auf Vermögensschäden (vgl. die §§ 74 und 75 der Einleitung zum Allgemeinen Landrecht für die Preußischen Staaten von 1794 sowie die in der amtl. Begr. 1954 erwähnte Rechtsprechung: OLG München in HRR Nr. 1057; VerfGH in GVBl 1951, S. 155 ff./165, vgl. auch BGH in JZ 1952, 622). Allerdings gewährt Art. 70 grundsätzlich vollen Schadenersatz, während die frühere Rechtsprechung bei Aufopferungsansprüchen nur Ersatz nach gerechter Abwägung der Interessen der Allgemeinheit und der Beteiligten gewährte. Der Unterschied ist jedoch vor allem wegen der Zumutbarkeitsklausel für andere Schäden als Tötung oder Verletzung in Art. 70 Abs. 2 und wegen Art. 70 Abs. 4 verhältnismäßig gering.

Das BVerfG sieht die **Enteignung** als eine zweckgerichtete (finale) Maßnahme an, die auf die vollständige oder teilweise Entziehung konkreter subjektiver Rechtspositionen gerichtet ist, die durch Art. 14 Abs. 1 Satz 1 GG geschützt werden (BVerfGE 52, 1/27; 56, 249/260; 58, 300/331; BGH in BayVBl 1987, 473/474; BGHZ 90, 17/31). Die Junktimklausel des Art. 14 Abs. 3 GG (Erfordernis der Regelung von Art und Ausmaß der Entschädigung) bezieht sich

Vorbemerkung zu den Art. 70–73

nur auf Enteignungen in diesem (engen) Sinn. Auf enteignende und enteignungsgleiche Eingriffe, für deren Verwirklichung ein hoheitlicher Realakt genügt, trifft die Klausel nicht zu; für diese beiden Eingriffsarten findet der BGH die Haftungsgrundlage im allgemeinen Aufopferungsgrundsatz der §§ 74, 75 Einleitung zum Allgemeinen Landrecht für die Preußischen Staaten, der nach der Rspr. als „Bundesgewohnheitsrecht" und „allgemeiner Rechtsgrundsatz" gilt (BVerwGE 4, 15; BGH a. a. O. S. 474; BGHZ 16, 374; 90, 17/29; 91, 20/26; BVerwG in DÖV 1985, 28/29).

Ein Entschädigungsanspruch aus **enteignendem Eingriff** kommt in Betracht, wenn eine an sich rechtmäßige hoheitliche Maßnahme unmittelbar auf eine Rechtsposition des Eigentümers einwirkt und dabei im konkreten Fall zu – meist atypischen und unvorhergesehenen – Nebenfolgen und Nachteilen führt, die die Schwelle des enteignungsrechtlich Zumutbaren überschreiten (BGH in NJW 1987, 2573 mit weit. Nachw.; vgl. auch BayVGH in BayVBl 1982, 627; BGHZ 91, 20/26). Solche Nachteile können ein entschädigungspflichtiges Sonderopfer darstellen, wenn sie in einem inneren Zusammenhang mit der hoheitlichen Maßnahme stehen. Dafür genügt es nicht, daß sie deren adäquat kausale Folge sind; das würde auf eine allgemeine Gefährdungshaftung der öffentlichen Hand hinauslaufen, für die das geltende Recht keine Grundlage bietet. Erforderlich ist vielmehr, daß sich eine besondere Gefahr verwirklicht, die bereits in der hoheitlichen Maßnahme selbst angelegt ist, so daß sich der im konkreten Fall eintretende Nachteil aus der Eigenart dieser Maßnahme ergibt. So hat der BGH entschieden, daß dem Eigentümer für Schäden, die an einem sichergestellten und in Verwahrung genommenen Kfz durch vorsätzliche Fremdeinwirkung („Vandalismus") entstehen, keine Entschädigung aus dem Gesichtspunkt des enteignenden Eingriffs zusteht (BGH in NJW 1987, 2573/2574). Fälle dieser Art regelt für den Bereich des bayerischen Polizeirechts Art. 70 PAG.

Von **enteignungsgleichem Eingriff** spricht der BGH, wenn schuldhaft oder schuldlos rechtswidrig durch hoheitliche Maßnahmen in eine als Eigentum geschützte Rechtsposition unmittelbar eingegriffen und dadurch dem Berechtigten ein Sonderopfer für die Allgemeinheit auferlegt wird (BGH in JR 76, 478; NJW 76, 1840; BayObLGZ 78, 75; Palandt-Bassenge, Anm. 5 D a zu § 903 BGB). Auch Fälle dieser Art können unter Art. 70 PAG fallen. Seit dem Naßauskiesungs-Beschluß des BVerfG (BVerfGE 58, 300 = NJW 1982, 745) ist der Fortbestand des Rechtsinstituts des enteignungsgleichen Eingriffs umstritten. Der BGH hat jedoch bisher daran festgehalten (s. die o. zit. E in BayVBl 1987, 473). Die Frage kann hier auf sich beruhen, weil Art. 70 allein von der Unzumutbarkeit eines Schadens ausgeht und die Entschädigung nicht davon abhängig macht, ob die Polizei rechtmäßig oder rechtswidrig, schuldlos oder schuldhaft gehandelt hat.

Soweit das PAG Ansprüche ausdrücklich regelt, sind die erwähnten Entwicklungen und Unterscheidungen auf die vielfältigen Streitfragen zu den durch Richterrecht konstruierten Anspruchsgrundlagen nur als Verständnishilfen wichtig. Am ehesten können sie noch Bedeutung erlangen im Anwendungsbereich des Art. 29 PAG, der sich in das System des Gesetzes nicht einfügt. Für seine besondere Problematik muß auf die Erläuterungen verwiesen werden.

Zu bedenken ist schließlich, daß jedes Glied einer verfaßten Gesellschaft allgemein verbindlichen Normen zum Schutze der Rechte aller unterworfen ist. Diese Normen bestimmen das Verhalten des einzelnen und den als ordnungsgemäß geltenden Gebrauch, den er von seinen individuellen Rechten machen kann. Verletzt er diese Normen, so haftet er dafür, ohne daß dies ein entschädigungswürdiges Sonderopfer darstellt (vgl. die Rspr. zur Sozialbindung des Eigentums, z. B. BGH in JZ 1971, 132; BVerfGE 20, 351/361). Darin ist begründet, daß das PAG Verantwortlichen nach den Art. 7, 8 keinen Anspruch auf Entschädigung einräumt und daß u. a. der „polizeiwidrige" Gebrauch des Eigentums keinen Schutz genießt. Soweit das Recht der öffentlichen Sicherheit und Ordnung für jedermann verbindliche Grenzen der rechtlichen oder tatsächlichen Verfügungsmacht bestimmt, handelt es sich um eine Bestimmung von deren Inhalt und Schranken, wie sie Art. 14 Abs. 1 Satz 2 GG für das Eigentum ausdrücklich zuläßt. Wo das geschriebene Recht solche Bestimmungen allgemein verbindlich vorsieht, sind Entschädigungsansprüche grundsätzlich nicht gegeben, es sei denn, der Gesetzgeber räume sie in bestimmtem Umfang für Härtefälle ein, so in §§ 66 ff. TierseuchenG (vgl. RdNrn 2, 13 zu Art. 27). Sind Inhalt und Schranken des Rechts gesetzlich bestimmt, muß und kann auf rechtsimmanente Sozialbindungen, wie sie die Rechtsprechung für das Eigentum vielfältig herausgearbeitet hat, nicht zurückgegriffen werden.

Anders ist es, wenn sicherheitsrechtlich durchaus berechtigte Verpflichtungen nur einige wenige treffen, und diese Personen polizeirechtlich weder als Störer (Art. 7, 8) noch als Nichtstörer (Art. 10) definiert werden können. Hier ist wieder auf Art. 29 zu verweisen, der Verpflichtungen lediglich an die grenznahe Lage von Grundstücken knüpft. Versuche, auch solche Verpflichtungen noch als eine Art lagebedingte Sozialbindung mit der Folge der Aberkennung von Entschädigungsansprüchen anzusehen, können nicht befriedigen. Die Belegenheit des Grundstücks kann nicht als Verursachung im Sinne des Polizeirechts oder Veranlassung im Sinne des Kostenrechts gedeutet werden, ohne dieser Begrifflichkeit Gewalt anzutun. Hier handelt es sich vielmehr um Sonderopfer. Es ist daher richtig und entspricht der Forderung des Art. 14 Abs. 3 Satz 2 GG, wenn der bayerische Gesetzgeber in Art. 70 Abs. 2 einen Auffangtatbestand geschaffen hat, der für Verletzungen Unbeteiligter beim Schußwaffengebrauch ebenso gedacht ist wie für Schäden durch Freiheitsentziehungen auf Grund Polizeirechts oder die Fälle des Art. 29 PAG, wenn diese sich auch in das sonst brauchbare Schema Störer – Nichtstörer – Unbeteiligter nicht einordnen lassen (s. RdNrn 6, 7 zu Art. 29).

Vorbemerkung zu den Art. 70–73

Die Art. 70 ff. regeln nur einen Teil der denkbaren Ansprüche, die aus – rechtmäßigen wie rechtswidrigen – Amtshandlungen der Polizei entstehen können. So können nach den Art. 7, 8 verantwortlichen Personen gegebenenfalls Ansprüche aus dem Staatshaftungsrecht zustehen, bei Personen, die nach Art. 10 in Anspruch genommen worden sind, können Ansprüche aus dem Staatshaftungsrecht zusammentreffen mit denen aus Art. 70. Zur Vertiefung dieser Andeutungen kann hingewiesen werden auf Leisner in DVBl 1981, 76, Riegel in BayVBl 1981, 289; Ossenbühl in NJW 1983, 1; Papier in NVwZ 1983, 258; Schwabe in JZ 1983, 273; Hillermeier in BayVBl 1985, 449; Treffer, Staatshaftung im Polizeirecht, 1993. Zur Amtshaftung des Staates als Träger der Polizei nach Art. 34 Abs. 1 Satz 1 GG, § 839 BGB bei Tätigwerden Privater, die nicht als durch Hoheitsakt (z. B. Gesetz, Verordnung) „beliehene Unternehmer", sondern durch privatrechtlichen Vertrag mit dem Polizeiträger nur als Beauftragte der Polizei in deren Aufgabenbereich tätig werden, s. BGHZ 121, 161 = NJW 1993, 1258 = NVwZ 1993, 603 = JZ 1993, 1001; zu dieser E: Würtenberger, in JZ 1993, 1003 und Kreissl in NVwZ 1994, 349; ferner Scholz in NJW 1997, 14. Zur haftungsrechtlichen Dogmatik der Ansprüche aus dem VI. Abschnitt und zur einschlägigen neueren Rspr. s. Treffer in BayVBl 1996, 200.

Art. 70
Entschädigungsanspruch

(1) Erleidet jemand, gegen den Maßnahmen nach Art. 10 getroffen worden sind, einen Schaden, so ist dem Geschädigten dafür Entschädigung zu leisten, soweit der Schaden durch die polizeiliche Maßnahme entstanden ist und der Geschädigte nicht von einem anderen Ersatz zu erlangen vermag.

(2) ¹Das gleiche gilt, wenn jemand, der nicht nach den Art. 7 oder 8 verantwortlich ist und gegen den nicht Maßnahmen nach Art. 10 gerichtet worden sind, durch eine polizeiliche Maßnahme getötet oder verletzt wird oder einen nicht zumutbaren sonstigen Schaden erleidet. ²Die Entschädigung ist auch zu leisten, soweit die Maßnahme auf einer richterlichen Anordnung beruht.

(3) Im Fall der Tötung ist dem Unterhaltsberechtigten in entsprechender Anwendung von § 844 Abs. 2 des Bürgerlichen Gesetzbuchs Entschädigung zu leisten.

(4) Ein Entschädigungsanspruch nach den Absätzen 1 bis 3 besteht nicht, soweit die Maßnahme auch unmittelbar dem Schutz der Person oder des Vermögens des Geschädigten gedient hat.

(5) Ist die Entschädigungspflicht aus Anlaß von Maßnahmen der Polizei in besonderen gesetzlichen Vorschriften geregelt, so gelten diese Vorschriften.

(6) Entschädigungspflichtig ist der Träger der Polizei, welche die zur Entschädigung verpflichtende Maßnahme getroffen hat.

(7) ¹Entschädigung nach den Absätzen 1 bis 3 wird für Vermögensschäden gewährt; dabei sind Vermögensvorteile, die dem Berechtigten aus der zur Entschädigung verpflichtenden Maßnahme entstehen, zu berücksichtigen. ²Bei Freiheitsentziehungen wird Entschädigung auch für Nichtvermögensschäden entsprechend § 7 Abs. 3 des Gesetzes über die Entschädigung für Strafverfolgungsmaßnahmen (StrEG) gewährt. ³Ein mitwirkendes Verschulden des Berechtigten ist zu berücksichtigen. ⁴Die Entschädigung wird in Geld gewährt.

70 Zu den Art. 70–73 (Entschädigungs-, Erstattungs- und Ersatzansprüche)

Die Art. 70 bis 73 entsprechen dem bisherigen Recht. In Abweichung von dem im Polizeirecht geltenden Grundsatz, wonach dem Betroffenen nur Ersatz von Vermögensschäden gewährt wird, sieht Art. 70 Abs. 7 Satz 2 vor, daß bei Freiheitsentziehungen unter den Voraussetzungen des Art. 70 Abs. 1 und 2 vom Betroffenen auch für Nichtvermögensschäden eine Entschädigung verlangt werden kann. Entsprechend § 7 Abs. 3 des Gesetzes über Entschädigung für Strafverfolgungsmaßnahmen (StrEG) beträgt die Entschädigung für jeden Tag zwanzig Deutsche Mark. Weitergehende Entschädigungsansprüche, die der Betroffene u. U. nach anderen Vorschriften (§ 839 BGB) hat, werden hierdurch nicht berührt.

Art. 70

1 Durch das 2. PAGÄndG wurde dem Abs. 2 ein Satz 2 angefügt und Abs. 7 neu gefaßt.
Art. 70 gewährt und regelt öffentlich-rechtliche **Entschädigungsansprüche**, die den durch eine polizeiliche Maßnahme geschädigten Personen, die nicht nach den Art. 7 oder 8 Verantwortliche sind, gegen den Träger der Polizei zustehen; s. hierzu auch u. RdNr. 16. Für den Umfang der Ansprüche s. u. RdNrn 12 ff.
Soweit sich eine polizeiliche Maßnahme auch bei Beachtung der in RdNr. 2 zu Art. 25 behandelten Grundsätze noch als Enteignung darstellt, ergibt sich ein Entschädigungsanspruch bereits aus Art. 159 Satz 1 BV, der im Hinblick auf Art. 142 GG in Bayern neben Art. 14 Abs. 3 Satz 2, 3 GG aufrechterhalten geblieben ist.

2 Die Entschädigungsansprüche auf Grund des PAG bestehen selbständig neben etwaigen anderen Entschädigungsansprüchen auf Grund anderer Rechtsvorschriften, z. B. den §§ 839, 847 BGB mit Art. 34 GG. Sie schließen andere Rechtsansprüche nicht aus, sondern können zusammen mit diesen oder wahlweise geltend gemacht werden. Der Anspruch nach Art. 70 besteht aber ohne Rücksicht darauf, ob die polizeiliche Maßnahme rechtmäßig oder rechtswidrig und, falls rechtswidrig, schuldlos oder schuldhaft war. Insofern enthält er eine Besserstellung der Berechtigten gegenüber § 839 BGB, der den Nachweis des Verschuldens voraussetzt. Außer den Ansprüchen aus Art. 70 können je nach Sachlage auch **weitere**, durch diese Vorschrift nicht erfaßte **Folgenbeseitigungsansprüche** bestehen. So hat der BGH mehrfach entschieden, daß einem Anscheinsverantwortlichen (s. RdNrn 10 zu Art. 2; 7 zu Art. 7; 1 zu Art. 8; 1 zu Art. 28), gegen den Maßnahmen ergriffen worden sind, obwohl in Wirklichkeit keine Gefahr bestand und der die den Anschein der Gefahr begründenden Umstände nicht zu verantworten hatte, ein Entschädigungsanspruch zusteht, gleichviel ob er als Verhaltens- oder Zustandsstörer angesehen wurde (BGH in NJW 1992, 2639; in NJW 1994, 2355; in DVBl 1996, 1312; OLG Köln in DÖV 1996, 86/87).

3 Art. 70 Abs. 1 gewährt dem, der nach Art. 10 als Nichtverantwortlicher in Anspruch genommen worden ist, einen Entschädigungsanspruch, der durch den letzten Halbsatz des Art. 70 Abs. 1 (Näheres s. RdNr. 7 zu Art. 29) sowie durch die Abs. 4 und 7 beschränkt ist, im übrigen aber den gesamten materiellen Schaden einschließlich des entgangenen Gewinns umfaßt (vgl. u. RdNr. 9 und die Vorbem. vor Art. 70–73). Der Schaden muß **unmittelbar** durch eine Maßnahme der Polizei verursacht worden sein. Es ist die Adäquanztheorie des bürgerlichen Rechts für die Verursachung heranzuziehen (vgl. Palandt-Heinrichs, Vorbem. vor § 249 BGB, Anm. 5 A b).

4 „**Ersatz von einem anderen**" im Sinne des Abs. 1 können z. B. gesetzliche oder vertragliche Versicherungsleistungen sein. Wegen der Einzelheiten vgl.

Palandt-Thomas, Anm. 7 zu § 839 BGB. Der Geschädigte muß nachweisen, daß ein anderweitiger Ersatzanspruch nicht besteht oder nicht realisierbar ist. Art. 70 Abs. 1 gilt also nur subsidiär.

Die Entschädigung wird nach Abs. 7 Satz 4 in Geld gewährt. Die Entscheidung obliegt nach Art. 73 Abs. 1 im Streitfall den ordentlichen (bürgerlichen) Gerichten (s. auch § 40 Abs. 2 VwGO). 5

Abs. 2 bestand bisher nur aus seinem jetzigen Satz 1 und bezog sich deshalb nur auf Schäden, die als Folgen von Maßnahmen eintraten, welche die Polizei allein getroffen hatte. Diese Regelung ist unverändert geblieben. Das 2. PAGÄndG hat sie jedoch rechtsnotwendig ergänzt, indem es einen Satz 2 anfügte, der die Regelung des Satzes 1 auf Maßnahmen erstreckte, die auf richterlicher Anordnung beruhen. 6
Abs. 2 Satz 1 setzt nicht voraus, daß die schädigende polizeiliche Maßnahme auf Grund des PAG getroffen worden ist; sie kann auch auf Befugnisse gestützt sein, die der Polizei nach anderen Rechtsvorschriften zustehen. Abs. 5 schließt die Anwendung der Abs. 1 und 2 nur für solche Fälle aus, in denen besondere gesetzliche Vorschriften – auch solche des bürgerlichen Rechts – die Entschädigungspflicht aus Anlaß von Maßnahmen der Polizei regeln (vgl. LG Würzburg in BayVBl 1985, 570, mit Anm. von Köhler, a. a. O. S. 571). Abs. 2 Satz 1 gewährt den gleichen Entschädigungsanspruch wie Abs. 1, wenn Personen getötet oder verletzt worden sind oder einen nicht zumutbaren sonstigen Schaden erlitten haben, die **weder** nach den Art. 7 oder 8 **als verantwortliche, noch** nach Art. 10 **als nicht verantwortliche Personen** in Anspruch genommen worden sind, sondern am Geschehen entweder **unbeteiligt** waren (z. B. Tötung eines Passanten durch den auf einen flüchtenden Verbrecher abgegebenen Schuß oder Beschädigung einer Sache, wenn der unbeteiligte Eigentümer sonst keine Entschädigung zu erlangen vermag), oder deren polizeirechtliche Verantwortlichkeit aus den besonderen Befugnisbestimmungen hervorgeht (z. B. Art. 12, Art. 13 Abs. 1, Art. 29). Sie müssen weder nach den Art. 7, 8 verantwortlich, noch nach Art. 10 in Anspruch genommen worden sein. Gleichwohl sind sie verpflichtet, den gesetzlich geregelten Anforderungen der Polizei nachzukommen, ähnlich dem Personenkreis der Art. 7, 8. Aus Art. 70 Abs. 1 ergibt sich, daß die Rechtswohltat des Entschädigungsanspruchs nur Personen zukommen soll, die nicht nach Art. 7 oder 8 verantwortlich sind. Diese Absicht kann in Abs. 2 nicht vernachlässigt werden. Eine Verantwortlichkeit, die sich aus den Adressatenbestimmungen der besonderen Befugnisbestimmungen ergibt, ohne unter die Art. 7, 8 subsumierbar zu sein, muß rechtssystematisch doch dieser Verantwortlichkeit gleichgestellt werden, so daß ein Entschädigungsanspruch für solche Personen trotz des an sich klaren Wortlauts des Abs. 2 auszuschließen wäre. Das kann zu erheblichen Härten führen, wenn etwa eine Person verletzt oder nach Art. 17 Abs. 1 Nr. 3 festgenommen wird, die sich ernstlich

bemüht hat, den polizeilichen Anordnungen nachzukommen, durch die Situation (Gedränge, Unruhen) aber daran gehindert wurde. Der Umstand, daß polizeirechtliche Verantwortlichkeit kein Verschulden voraussetzt, bekräftigt aber die Verneinung des Entschädigungsanspruchs. Um diese Härten zu vermeiden, wird man davon ausgehen können, daß die Verweisungen in Abs. 2 auf die Art. 7, 8, 10 nur zum Ausdruck bringen sollen, daß für Personen, deren Adressateneigenschaft sich nur aus den besonderen Befugnisvorschriften ergibt ohne zugleich unter die Art. 7, 8 oder 10 subsumierbar zu sein, ein – allerdings unvollständiger – Billigkeitsrahmen umschrieben werden soll, dessen Konkretisierung im Einzelfall den zuständigen Stellen oder dem Richter obliegt. Unproblematisch ist Abs. 2 daher nur, soweit er Personen betrifft, die im Sinne des Polizeirechts gänzlich unbeteiligt, also auch nicht Adressaten besonderer Befugnisvorschriften waren. So ist z. B. der Eigentümer eines Hauses, in dem bei der unaufschiebbaren Suche nach einem Rauschgifthändler eine Wohnungstür gewaltsam geöffnet wurde, unmittelbar nach Abs. 2 zu entschädigen (vgl. Vogel in Drews/Wacke/Vogel/Martens, S. 666).

Für die Entschädigung wegen Verletzung privater Rechte von Personen, die zwar im Sinne von Art. 8 (mit)verantwortlich sind, gegen die jedoch nicht unmittelbar Maßnahmen gerichtet wurden, s. RdNr. 1 zu Art. 8.

Sind bei einer Anscheinsgefahr Maßnahmen gegen Personen getroffen worden, von denen anzunehmen war, daß sie im Sinne der Art. 7, 8 verantwortlich seien, und ergibt sich nachträglich, daß die Gefahr in Wirklichkeit nicht bestand und die Betroffenen auch die den Verdacht begründenden Umstände nicht zu verantworten hatten, so können sie in entsprechender Anwendung des Art. 70 Abs. 2 Entschädigung verlangen wie wenn sie nach Art. 10 herangezogen worden wären. Ihre Inanspruchnahme entspricht der von Nichtverantwortlichen nach Art. 10, auch wenn sie nicht auf Grund dieser Vorschrift erging. Der Wortlaut des Art. 10 läßt diesen Schluß ohne weiteres zu. Das Ergebnis entspricht der Billigkeit. Vgl. auch BGH in NJW 1992, 2639 = DVBl 1992, 1158. Abs. 2 Satz 1 gilt infolge seiner objektiven Fassung ferner, wenn jemand durch eine Maßnahme der Polizei **getötet, verletzt** oder sonst **nicht zumutbar geschädigt** wurde, den die Polizei für verantwortlich hielt, ohne daß er es in Wirklichkeit war. Der Wortlaut des Abs. 2 Satz 1 („Das gleiche gilt ...") besagt, daß auch bei diesem Anspruch die Unmittelbarkeit der Verursachung und die Subsidiarität wie bei Abs. 1 geprüft werden müssen. **Zumutbar** ist ein sonstiger Schaden (insbes. ein Vermögensschaden, z. B. Sachschaden, Verdienstentgang) nur dann, wenn oder allenfalls soweit sich der Schaden in einer Größenordnung hält, mit der auf Grund des allgemeinen Risikos (das z. B. mit dem Eigentum verbunden ist) gerechnet werden muß, und wenn dieser Schaden im Einzelfall für den Betroffenen keine unbillige Härte darstellt; die gesetzliche Beschränkung durch Abs. 4 gilt auch für die Bestimmung der Zumutbarkeit (vgl. LG Würzburg in BayVBl 1991, 187/188). Bei der Prüfung der Zumutbarkeit ist zu beachten, daß z. B. die Verfahrensvorschriften, die eine

Sicherstellung oder Beschlagnahme von Sachen nach Polizei- oder Strafprozeßrecht vorsehen, eine Inhalts- und Schrankenbestimmung des Eigentums im Sinne des Art. 14 Abs. 1 Satz 2 GG sind, die jedermann als Sozialbindung hinnehmen muß (vgl. RdNr. 1 zu Art. 8). Ein unzumutbarer Schaden kann deshalb in der Regel nur dann angenommen werden, wenn die schädigende polizeiliche Maßnahme unverhältnismäßig oder sachwidrig war oder unvertretbar lange aufrechterhalten wurde, oder wenn sie für den Betroffenen aus persönlichen oder wirtschaftlichen Gründen eine unzumutbare Härte darstellte (z. B. Kosten für ein Ersatzfahrzeug bei Sicherstellung eines Krankenfahrstuhls zu Ermittlungszwecken). S. dazu Köhler in BayVBl 1985, 571/572 mit weit. Nachw. Wünscht ein Betroffener im Sinne des Abs. 2 Satz 1, daß die Polizei Dritte, z. B. den Arbeitgeber oder sonst für den Betroffenen wichtige Bezugspersonen davon verständigt, daß er in Wirklichkeit unbeteiligt war, so kann diese Mitteilung nicht als Abgeltung oder Teil der Entschädigung angesehen werden, soweit nicht die Voraussetzungen des Abs. 4 erfüllt sind; allenfalls kann sie der Schadensbegrenzung dienen. Abs. 7 Satz 4 läßt nur die Entschädigung in Geld zu. Andere Mittel des Schadensausgleichs sieht das Gesetz außerhalb des Absatzes 4 nicht vor.

Abs. 2 Satz 2 erstreckt die Entschädigungspflicht, deren Umfang durch Satz 1 in Verb. m. Abs. 1 bestimmt und gegebenenfalls durch Abs. 4 und Abs. 7 Sätze 1 und 3 beschränkt ist, auf Maßnahmen, die auf **richterlicher Anordnung** beruhen. Richterliche Anordnungen, die unmittelbar dem Vollzug des PAG dienen, kennt das Gesetz nur für die Durchsuchung von Wohnungen nach Art. 24 Abs. 1 und bei Freiheitsentziehungen. Bei diesen sind es die Entscheidungen nach Art. 18 über Zulässigkeit und Fortdauer der ursprünglich von der Polizei angeordneten Gewahrsamnahmen, die nach Art. 20 Nr. 3 bis auf zwei Wochen ausgedehnt werden können. In RdNr. 6 zu Art. 20 wurde darauf hingewiesen, daß der Schwerpunkt der Fälle, in denen eine Überschreitung der Zeitspanne bis zum Ende des Tages nach dem Ergreifen überhaupt in Betracht kommt, bei dem Präventiv- und Unterbindungsgewahrsam nach Art. 17 Abs. 1 Nr. 2 liegen kann. Diese Fälle bedürfen stets richterlicher Anordnung. 7

Polizeirechtlicher Gewahrsam setzt weder den Nachweis eines Verschuldens im Sinne des Straf- und Ordnungswidrigkeitenrechts voraus, noch den begründeten Verdacht einer solchen begangenen Tat. Überdies werden in Fällen des Art. 17 Abs. 1 Nr. 2 die Polizei und nachgehend der Richter sich Ausgangslagen gegenübersehen, die aus größeren Menschenansammlungen heraus entstehen. Damit wächst zugleich das Risiko, daß Menschen betroffen werden, die sich bei späterer Prüfung als unbeteiligt im Sinne des Abs. 2 Satz 1 erweisen, durch den Gewahrsam aber einen nicht zumutbaren Schaden erlitten haben. Abs. 2 n. F. erfaßt jedenfalls alle auf dem Recht des PAG beruhenden Fälle, gleichgültig, ob sie allein auf polizeilicher oder auf nachfolgender richterlicher Anordnung beruhen.

Neben dem Entschädigungsanspruch aus Abs. 2 kann **konkurrierend** ein **Anspruch aus Amtspflichtverletzung** (§ 839 BGB) in Betracht kommen (s. u. RdNr. 16). Die in Art. 17 normierten Voraussetzungen wie auch die Art. 18 bis 20 enthalten zugleich Schutzrechte für die Betroffenen, deren schuldhafte Verletzung die Amtshaftung begründen kann. Die Beweislast für die Rechtswidrigkeit wie für das Verschulden der Amtsträger liegt nach § 839 BGB beim Kläger. Demgegenüber tritt die Entschädigungspflicht aus Art. 70 Abs. 2 PAG unabhängig von einem Verschulden der handelnden Polizeibeamten oder des Richters ein, so daß die prozessuale Stellung des Klägers günstiger ist.

8   Abs. 3 bezieht sich auf die Entschädigungsleistung sowohl im Fall der Tötung einer nach Art. 10 in Anspruch genommenen Person (z. B. Tötung eines mit der vorübergehenden Bewachung eines Festgenommenen beauftragten Passanten durch den Häftling) wie auch eines Unbeteiligten im Sinne des Abs. 2. **§ 844 Abs. 2 BGB,** dessen entsprechende Anwendung hier konstitutiv zum Bestandteil der Regelung des Art. 70 gemacht wird, bezieht sich auf die Gewährung einer Geldrente, soweit der Getötete während der mutmaßlichen Dauer seines Lebens zur Gewährung des Unterhalts verpflichtet gewesen sein würde. Er erstreckt den Schadenersatzanspruch ferner auf Menschen, die zur Zeit der tödlichen Verletzung des real oder potentiell Unterhaltspflichtigen erzeugt, aber noch nicht geboren waren.

9   Die Entschädigungsansprüche nach dem PAG gehen grundsätzlich auf **vollen** Ersatz des zugefügten materiellen Schadens (s. Abs. 1: „Erleidet jemand... einen Schaden, so ist... **dafür** Entschädigung zu leisten"). Dieser Grundsatz wird aber in bestimmter Hinsicht begrenzt: Abs. 1: Schaden muß durch die polizeiliche Maßnahme entstanden sein, Geschädigter darf nicht Ersatz von einem anderen erhalten können; Abs. 2: voller Schadenersatz nur bei Tötung oder Verletzung, Ersatz für sonstigen Schaden nur, soweit dieser nicht zumutbar ist, als zusätzliche Einschränkung. **Abs. 4** bringt eine weitere Einschränkung dadurch, daß der Entschädigungsanspruch ausgeschlossen ist, soweit die polizeilichen Maßnahmen tatsächlich und unmittelbar auch dem Geschädigten zugute gekommen sind (s. dazu die interessante E des OLG Köln in DÖV 1996, 86/87). Die Verwendung des Ausdrucks „gedient" bedeutet, daß nur der Umfang des wirklich erreichten Schutzes des Geschädigten maßgebend ist, nicht die bloße Schutzabsicht der Polizei. (Vgl. zu Abs. 4 LG Würzburg in BayVBl 1991, 187/188.) Über das Ausmaß der Schadenskompensation entscheiden nach Art. 73 Abs. 1 PAG und § 40 Abs. 2 VwGO im Streitfall die ordentlichen (bürgerlichen) Gerichte. Dabei ist **„Vermögen"** im bürgerlich-rechtlichen Sinn zu verstehen. Hierzu gehören alle Rechte, Rechtsverhältnisse und Forderungen, die auf Geld gerichtet sind oder einen in Geld schätzbaren (geldwerten) Inhalt haben. Hier kommen insbesondere Rechte aus Eigentum und Besitz und Nutzungsrechte in Betracht, während dingliche Rechte, Erb- und sonstige

Anwartschaftsrechte ihrer Natur nach kaum durch polizeiliche Maßnahmen berührt werden.

Zu **Abs. 5** vgl. das StrEG, das G über die durch innere Unruhen verursachten Schäden (sog. TumultschädenG vom 12. Mai 1920 i. d. F. vom 1. August 1968, BayRS 2183-1-I) und das G über die Entschädigung für Opfer von Gewalttaten vom 11. Mai 1976 (BGBl I S. 1181; geändert) sowie Art. 14 BayDSG. 10

Abs. 6 bestimmt als **Entschädigungspflichtigen** den Freistaat Bayern; er ist Träger der Polizei (vgl. Art. 1 PAG und POG). Da der Landesgesetzgeber weder für andere Bundesländer noch für den Bund einseitig Verpflichtungen statuieren kann, ist die Entschädigungspflicht nach Abs. 6 nicht wirksam auf andere Hoheitsträger abwälzbar, auch nicht in den Fällen des Art. 11 POG auf außerbayerische Hoheitsträger (Bund, andere Länder; s. dazu Art. 11 Abs. 4 Satz 2 und Abs. 5 POG). Werden bayerische Polizeidienstkräfte auf Weisung der Bundesregierung oder auf Anforderung anderer Länder außerhalb Bayerns tätig, so gelten die Vorschriften des Hoheitsträgers, der den Einsatz veranlaßt hat. 11

Die Entschädigungspflicht nach Abs. 6 knüpft an die tatsächlich getroffenen Maßnahmen an. Sie wird in vielen Fällen den Staat nur vorläufig belasten, weil er möglicherweise einen Erstattungsanspruch nach Art. 71 gegen eine andere Körperschaft des öffentlichen Rechts hat oder nach Art. 72 von einem nach den Art. 7 oder 8 Verantwortlichen Ersatz verlangen kann. Die Frage der örtlichen Zuständigkeit der handelnden Polizei ist für die Entschädigungspflicht **gegenüber dem Geschädigten** ebenso unbeachtlich wie die Frage, welcher staatliche Polizeiverband oder welche Polizeidienststelle die Maßnahme getroffen hat.

Abs. 7 wurde durch das 2. PAGÄndG neu gefaßt. Die Sätze 1, 3 und 4 entsprechen dem schon bisher geltenden Recht. Sie beziehen sich auf **Schäden, die aus jeder Art von Maßnahmen auf Grund des PAG** herrühren können, einschließlich solcher aus Freiheitsentziehungen. 12

Nach **Satz 1 Halbs. 1** wird **Entschädigung** nach den Abs. 1 bis 3 nur für **Vermögensschäden** gewährt. Vermögensschaden ist jede in Geld bewertbare Einbuße, die jemand an seinem Vermögen erleidet. Danach ist ein Vermögensschaden gegeben, wenn der jetzige tatsächliche Wert des Vermögens des Geschädigten geringer ist als der Wert, den das Vermögen ohne das die Ersatzpflicht begründete Ereignis jetzt haben würde (Palandt-Heinrichs, Vorbem. vor § 249 BGB, Anm. 2 b). Für Schäden an Leben, Gesundheit, Freiheit oder anderen immateriellen Gütern ist nur Entschädigung zu leisten, soweit ihre Folgen vermögensmindernde Wirkung haben. Damit ist eine Entschädigung für sog. „immaterielle Schäden" (vgl. den Schmerzensgeldanspruch nach §§ 253, 847 BGB) grundsätzlich ausgeschlossen. Zum Begriff des **Vermögens** s. o. RdNr. 9.

Satz 1 Halbs. 2 wiederholt zunächst den Rechtsgedanken des Abs. 4 (s. o. RdNr. 9). Die Vorschrift ist ebenso wie Satz 3 bei der Ermittlung der Schadenshöhe zu berücksichtigen. Sie kann zu einer Minderung des grundsätzlich voll zu ersetzenden berechenbaren Schadens führen. Wie sich aus ihrem Wortlaut ergibt, ist sie **nur bei Vermögensschäden** anwendbar.

13 Die sehr wichtige Vorschrift des **Satzes 2** wurde zugleich mit der Möglichkeit der Verlängerung polizeilichen Gewahrsams bis zu einer Höchstdauer von zwei Wochen durch Richterentscheid (Art. 20 Nr. 3 Satz 2) durch das 2. PAGÄndG eingefügt. Satz 2 durchbricht den Grundsatz des Satzes 1 und läßt **bei Freiheitsentziehungen** neben der Entschädigung für Vermögensschäden **auch** die Entschädigung für **Nichtvermögensschäden** zu. Nichtvermögensschäden sind die Einbußen, die jemand an seinen immateriellen Gütern erleidet, z. B. an Gesundheit, Unversehrtheit, Wohlbefinden, Freizeit, Ehre, Ansehen, Leumund und Vertrauenswürdigkeit. Dazu gehören auch berufliche Nachteile oder Hindernisse für das Fortkommen. Teilt die Polizei wichtigen Bezugspersonen des Betroffenen mit, daß die Freiheitsentziehung rechtswidrig war, so kann dies einen Vermögensschaden begrenzen und einen Nichtvermögensschaden mindern oder abwenden, z. B. eine Rufschädigung ausgleichen. Damit können auch solche Personen eine Entschädigung erhalten, die einen Vermögensschaden schon deshalb nicht geltend machen können, weil sie vermögenslos sind oder kein nennenswertes Vermögen besitzen (z. B. Arbeitslose, Rentner, Schüler, Studenten), aber auf andere Weise geschädigt worden sind. Bleibt jedoch ein Nichtvermögensschaden bestehen, so gelten Abs. 7 Sätze 2 bis 4 wegen der Verweisung auf die strikte Regelung des § 7 Abs. 3 StrEG unabhängig von Ausmaß und Bewertung des Schadens. S. aber u. RdNr. 16.

Der Nichtvermögensschaden bei Freiheitsentziehungen ist je nach Sachlage allein oder neben einem Vermögensschaden zu entgelten, was in Abs. 7 Satz 2 durch das Wort „auch" zum Ausdruck kommt. Satz 2 stellt damit die durch eine polizeirechtliche Freiheitsentziehung Geschädigten den durch entsprechende Maßnahmen der Strafverfolgung Geschädigten gleich.

Für die Höhe der Entschädigung verweist Satz 2 mit einer konstitutiven und dynamischen Verweisung auf § 7 Abs. 3 StrEG in seiner jeweils geltenden Fassung. Gegenwärtig lautet diese Vorschrift: „Für den Schaden, der nicht Vermögensschaden ist, beträgt die Entschädigung zwanzig Deutsche Mark für jeden angefangenen Tag der Freiheitsentziehung."

14 **Abs. 7 Satz 3** kann ebenso wie Satz 1 Halbs. 2 die Höhe der Entschädigung mindern. Anders als Satz 1 Halbs. 2 ist Satz 3 sowohl bei Vermögens- wie bei Nichtvermögensschäden anwendbar. In beiden Fällen ist mitwirkendes Verschulden des Betroffenen denkbar. In der früheren Fassung des Abs. 7 war die Berücksichtigung mitwirkenden Verschuldens nur auf Vermögensschäden bezogen. Die systematische Stellung des jetzigen Abs. 7 Satz 3 umfaßt dagegen auch

den in Satz 2 geregelten Nichtvermögensschaden bei Freiheitsentziehungen. Ein mitwirkendes Verschulden dabei kann beispielsweise gegeben sein, wenn jemand im Zuge einer Maßnahme nach Art. 17 Abs. 1 Nr. 2 in Gewahrsam genommen wurde, der selbst die dort genannten Taten weder beging noch sich anschickte sie zu begehen, es aber versäumte, einer polizeilichen Aufforderung nachzukommen, den Platz zu verlassen, obwohl ihm dies möglich gewesen wäre.

Abs. 7 Satz 4 schließt für die im PAG geregelten Entschädigungsansprüche 15 den Grundsatz des Naturalersatzes (vgl. § 249 BGB) auch bei Vermögensschäden aus. Die amtl. Begr. 1954 bemerkt dazu, daß das hergebrachte Recht der öffentlich-rechtlichen Entschädigung die Naturalrestitution nicht kennt und verweist auf BGH in NJW 1953, 337 mit Anm. von Forsthoff.

Soweit auf Grund von Gesetzen außerhalb des PAG – seien sie Bundes- oder 16 spezielle Landesgesetze – Ersatz für materielle wie immaterielle Schäden erlangt werden kann, gehen diese Vorschriften dem PAG vor und bleiben daher unberührt (z. B. bei schuldhafter Amtspflichtverletzung durch die Polizei nach §§ 839, 847 BGB mit Art. 34 GG). Möglicherweise ist insoweit auch noch an einen Aufopferungsanspruch zu denken (vgl. die Vorbem. zu den Art. 70 bis 73), nicht jedoch an einen Folgenbeseitigungsanspruch (s. RdNr. 1 zu Art. 28).

Art. 71
Erstattungsanspruch

(1) Ist die Polizei auf Weisung oder Ersuchen einer nichtstaatlichen Behörde tätig geworden, so ist die Körperschaft, der die Behörde angehört, dem nach Art. 70 Abs. 6 Entschädigungspflichtigen erstattungspflichtig, soweit nicht der Schaden durch ein Verschulden der Polizei bei Durchführung der Maßnahme entstanden ist.

(2) Die erstattungspflichtige Körperschaft hat dem entschädigungspflichtigen Polizeiträger die auf Grund des Art. 70 geleisteten notwendigen Aufwendungen zu erstatten.

1   Art. 71 regelt die öffentlich-rechtliche Pflicht zur **Erstattung** von Aufwendungen für **Entschädigungsleistungen** nach Art. 70 zwischen dem Staat als entschädigungspflichtigem Polizeiträger nach Art. 70 Abs. 6 und den Trägern nichtstaatlicher Behörden (z. B. der kommunalen Gebietskörperschaften), soweit die Polizei auf deren Weisung oder Ersuchen tätig geworden ist. Die Erstattungspflicht setzt eine Leistung auf Grund einer Entschädigungspflicht nach Art. 70 voraus (s. u. RdNr. 4). Ist die Erstattungspflicht oder ihr Umfang (Abs. 2) strittig, so entscheidet das Verwaltungsgericht (Art. 73 Abs. 2). Dabei kann incidenter über die der Erstattungspflicht zugrunde liegende Entschädigungspflicht nach Art. 70 entschieden werden, wenn diese Frage nicht bereits von einem ordentlichen Gericht (Art. 73 Abs. 1) entschieden worden ist. Zum Erlöschen öffentlich-rechtlicher Erstattungsansprüche s. Art. 71 Abs. 1 AGBGB; vgl. VGH in BayVBl 1993, 374.

2   Die Erstattungspflicht nach **Art. 71 Abs. 1** betrifft die Fälle, in denen die Polizei Vollzugs- oder Amtshilfe geleistet hat (vgl. Art. 2 Abs. 3 und RdNr. 15 zu Art. 2, ferner die Art. 50–52). Erstattungspflichtig kann eine kommunale Gebietskörperschaft (Gemeinde, Landkreis, Bezirk), in besonderen Fällen auch eine andere Körperschaft des öffentlichen Rechts (z. B. ein Zweckverband oder eine Verwaltungsgemeinschaft) sein (s. Art. 9 POG mit Art. 6 LStVG). Der Fall, daß die Polizei auf Ersuchen einer Amtsstelle einer rechtsfähigen Anstalt des öffentlichen Rechts tätig wird, dürfte kaum praktisch werden, wäre aber gegebenenfalls unter Art. 71 zu subsumieren, weil man „Körperschaft" gegenüber der rechtsfähigen Anstalt als Oberbegriff auffassen kann.

3   Die Erstattungspflicht einer nichtstaatlichen Körperschaft kann billigerweise nur eintreten, wenn der Schaden bei pflicht- und sachgemäßer Ausführung der für sie wahrgenommenen Aufgabe eingetreten ist. Für **Schäden infolge Verschuldens der handelnden Polizei** hat der Träger dieser Polizei – also der Staat – selbst zu haften. „Verschulden" ist ein vorsätzliches oder fahrlässiges Verstoßen gegen die einschlägigen Rechts- und Verwaltungsvorschriften, wo-

bei nur solche Verwaltungsvorschriften in Betracht kommen, die für die handelnde Polizei verbindlich sind, z. B. die VollzB zum PAG. Die Erstattungspflicht kann auch teilweise („soweit") entfallen. Das richtet sich nach dem Maß des Verschuldens und seiner Kausalität für den Umfang des eingetretenen Schadens.

Entschädigungspflichtiger Polizeiträger ist nach Art. 70 Abs. 6 stets der **4** Staat. **Abs. 2** beschränkt den **Umfang der Erstattungspflicht** einer nichtstaatlichen Körperschaft durch die Verweisung auf Art. 70 auf die **tatsächlich angefallenen** und bereits erbrachten **Entschädigungsleistungen** des Staates als Polizeiträger. Er ist weiter dadurch beschränkt, daß nur **notwendige,** d. h. auf gesetzlicher Verpflichtung beruhende **Aufwendungen** für Entschädigungsleistungen erstattungsfähig sind, nicht aber etwaige darüber hinausgehende freiwillige oder in Verkennung der Rechtslage erbrachte Leistungen. Vgl. ferner o. RdNr. 1. Die Erstattungspflicht beschränkt sich im allgemeinen der Höhe nach auf das, was dem Entschädigungsberechtigten tatsächlich an Entschädigung geleistet wurde. Jedoch können notwendige Aufwendungen auf Grund des Art. 70 z. B. auch **Kosten eines Rechtsstreits** sein, wenn dieser zur Feststellung von Grund oder Höhe der Entschädigung notwendig oder durch den Träger der entschädigungspflichtigen Polizei nicht zu vermeiden war. Vgl. auch RdNr. 3 zu Art. 72.

Art. 72
Ersatzanspruch

(1) Hat der nach Art. 70 Abs. 6 entschädigungspflichtige Polizeiträger keinen Erstattungsanspruch nach Art. 71, so kann er von der nach Art. 7 oder 8 verantwortlichen Person Ersatz der notwendigen Aufwendungen verlangen.
(2) Hat die nach Art. 71 erstattungspflichtige Körperschaft ihre Verpflichtung erfüllt, so kann sie von dem nach Art. 7 oder 8 Verantwortlichen Ersatz der notwendigen Aufwendungen verlangen.

1   Art. 72 behandelt den **Ersatzanspruch**, der dem Staat als entschädigungspflichtigem Polizeiträger, der Entschädigung nach Art. 70 tatsächlich geleistet hat, gegen eine nach den Art. 7 und 8 verantwortliche Person zusteht. Der Anspruch richtet sich nur gegen eine wirklich, nicht nur vermeintlich verantwortliche Person. Erstattungspflichtig kann jedoch auch sein, wer den Anschein einer Gefahr in einer für einen verständigen Beobachter zureichenden Weise herbeiführt; vgl. VG Berlin in NJW 1991, 2854 und RdNr. 10 zu Art. 2. Zum Rechtsweg s. Art. 73 Abs. 2.

2   Art. 72 Abs. 1 gestattet dem gegenüber dem Geschädigten **entschädigungspflichtigen** Polizeiträger (Staat) den Rückgriff auf den Verantwortlichen, der das polizeiliche Eingreifen gefahradäquat unmittelbar verursacht hat. Um jedoch den Verantwortlichen in Fällen des Art. 71 Abs. 1 nicht den Ansprüchen mehrerer Körperschaften auszusetzen, schreibt Abs. 1 vor, daß der Staat als Polizeiträger den Verantwortlichen nur in Anspruch nehmen darf, soweit ihm kein Erstattungsanspruch nach Art. 71 gegen eine andere Körperschaft zusteht.

Ist ein Erstattungsanspruch gegeben, kann sich nicht der unmittelbar Entschädigungspflichtige, wohl aber nach **Abs. 2** die **erstattungspflichtige** Körperschaft an den Verantwortlichen halten, sobald sie selbst ihrer Erstattungspflicht nach Art. 71 genügt hat. Die Reihenfolge ist also: Entschädigung – Erstattung – Ersatz. Rechtlich mögliche, aber nicht tatsächlich geleistete Entschädigungen und Erstattungen können dem nach Art. 7 oder 8 Verantwortlichen nicht auferlegt werden.

3   Auch die **Ersatzforderungen** nach Abs. 2 sind **beschränkt** auf die zur Erfüllung der polizeilichen Aufgaben **notwendigen** Aufwendungen. Notwendig im Sinne dieser Vorschrift ist eine Maßnahme dann, wenn sie bei pflichtgemäßer, sorgsamer Würdigung aller Umstände des Einzelfalles als rechtlich geboten und damit unerläßlich erscheinen mußte.

Aufwendungen, die die Polizei zwar für notwendig hielt, deren Notwendigkeit jedoch objektiver (im Streitfall: gerichtlicher) Prüfung nicht standhält, begründen keinen Ersatzanspruch. Das gilt insbesondere für Schäden, die aus Verschulden der handelnden Polizei entstanden sind. In jedem Fall aber ist der

Ersatzanspruch beschränkt auf das, was der nach Art. 72 berechtigte Polizeiträger seinerseits an Entschädigung (Abs. 1) oder Erstattung (Abs. 2) oder an unvermeidbaren sonstigen Aufwendungen im unmittelbaren Zusammenhang mit solchen Leistungen tatsächlich geleistet hat. (Siehe zum ganzen RdNr. 4 zu Art. 71.)

Art. 73
Rechtsweg

(1) Über die Entschädigungsansprüche nach Art. 70 entscheiden im Streitfall die ordentlichen Gerichte.

(2) Über die Erstattungsansprüche nach Art. 71 und die Ersatzansprüche nach Art. 72 entscheiden im Streitfall die Verwaltungsgerichte.

1 Nach dem Stand der Gesetzgebung hat **Art. 73** im wesentlichen nur die Bedeutung eines Hinweises, weil sich die Regelung des Rechtsweges weitgehend aus anderen Gesetzen ergibt (vgl. die RdNrn 2 und 3).

2 Ordentliche Gerichte im Sinne des **Abs. 1** sind die Zivilgerichte. Bei den Entschädigungsansprüchen nach dem PAG handelt es sich zwar um öffentlich-rechtliche Ansprüche, soweit die den Schaden begründende Polizeimaßnahme aber eine Enteignung oder einen enteignungsgleichen oder enteignenden Eingriff bedeutet (s. Vorbem. vor den Art. 70–73), ist jedenfalls wegen der Höhe der Entschädigung verfassungsrechtlich (Art. 14 Abs. 3 Satz 4 GG, Art. 159 Satz 2 BV) der Rechtsweg vor den ordentlichen (bürgerlichen) Gerichten vorgeschrieben. Das gleiche gilt gemäß § 40 Abs. 2 Satz 1 VwGO, soweit es sich um Aufopferungsansprüche, Ansprüche aus öffentlich-rechtlicher Verwahrung oder Schadenersatzansprüche aus der Verletzung öffentlich-rechtlicher, nichtvertraglicher Pflichten handelt. Unbeschadet dessen und noch mögliche Zweifel ausschließend bestimmt Abs. 1, daß die ordentlichen Gerichte auch bei Streitigkeiten über den Grund der Entschädigung zu entscheiden haben. Für die Entschädigungsansprüche nach Art. 70 PAG sind gemäß Art. 9 Nr. 1 AGGVG in erster Instanz die Landgerichte ohne Rücksicht auf den Wert des Streitgegenstandes zuständig. Im übrigen ist gemäß § 40 Abs. 2 VwGO der gleiche Rechtsweg für alle Schadensersatzansprüche aus der Verletzung öffentlich-rechtlicher, nicht auf einem öffentlich-rechtlichen Vertrag beruhender Pflichten (insbesondere also von Amtspflichten) gegeben; auch hier sind in der Regel erstinstanziell die Landgerichte zuständig, und zwar – je nach den Voraussetzungen – entweder gemäß Art. 9 Nr. 1 AGGVG oder gemäß § 71 Abs. 2 Nr. 2 GVG.

3 Zulässigkeitsvoraussetzung für eine Klage gegen den Freistaat Bayern vor den ordentlichen Gerichten ist die vorherige Durchführung des sog. **Abhilfeverfahrens** gem. Art. 22 AGGVG, §§ 16, 17 der Verordnung über die gerichtliche Vertretung des Freistaates Bayern und über das Abhilfeverfahren (Vertretungsverordnung – VertrV) i. d. F. der Bekanntmachung vom 8. Februar 1977 (BayRS 600–1–F); zur Bestimmung der Ausgangsbehörden im Bereich der Polizei s. dort § 3, insbesondere dessen Abs. 4; zur Bestimmung der Ausgangsbehörden bei Ansprüchen gegen den Freistaat Bayern, die aus dem Verhalten einer nichtstaatlichen Behörde oder Stelle hergeleitet werden, s. dort

§ 3 Abs. 7. Vgl. auch die Gemeinsame Bek über den Vollzug der Vertretungsverordnung vom 12. Dezember 1960 (StAnz Nr. 52/53; geändert StAnz 1974 Nr. 27) und die Bek über die Ermächtigung der Ausgangs- und Abhilfebehörden im Bereich der staatlichen Polizei zu außergerichtlichen Anerkenntnissen und zum Abschluß außergerichtlicher Vergleiche vom 9. Mai 1980 (MABl S. 215).

Abs. 2 weist darauf hin, daß für die darin genannten öffentlich-rechtlichen **Erstattungs- und Ersatzansprüche der Rechtsweg vor den Verwaltungsgerichten** eröffnet ist (s. § 40 Abs. 1 VwGO), bei denen diese Ansprüche im Wege der Leistungsklage (vgl. § 43 Abs. 2 Satz 1 VwGO) geltend gemacht werden können, und zwar nach Grund und Höhe. Ein Vorverfahren (§§ 68 ff. VwGO) ist nicht durchzuführen. 4

VII. Abschnitt

Schlußbestimmungen

Art. 74
Einschränkung von Grundrechten

Auf Grund dieses Gesetzes können die Grundrechte auf Leben und körperliche Unversehrtheit, Freiheit der Person und Unverletzlichkeit der Wohnung (Art. 2 Abs. 2 Sätze 1 und 2 und Art. 13 des Grundgesetzes, Art. 102 Abs. 1, Art. 106 Abs. 3 der Verfassung) eingeschränkt werden.

Art. 74 trägt der Vorschrift des Art. 19 Abs. 1 Satz 2 GG Rechnung. Neben 1
den einschlägigen Grundrechtsbestimmungen des GG sind im Hinblick auf Art. 142 GG, der gegenüber Art. 31 GG lex specialis ist, auch die entsprechenden Vorschriften der BV genannt.

Durch das polVÄndG wurden die Art. 13 Abs. 1 Nr. 5 und 19 Abs. 2 Satz 4 PAG geändert. § 3 des polVÄndG bestimmt dazu: „Auf Grund dieses Gesetzes kann das Grundrecht der Freiheit der Person (Art. 2 Abs. 2 Satz 2 des Grundgesetzes, Art. 102 Abs. 1 der Verfassung) eingeschränkt werden." Die amtl. Begr. 1994 bemerkt dazu: „Die Vorschrift trägt dem Zitiergebot des Art. 19 Abs. 1 Satz 2 GG Rechnung. § 1 Nr. 1 schränkt das Grundrecht der Freiheit der Person ein." Das trifft zu. Gleichwohl wäre § 3 polVÄndG entbehrlich gewesen, weil auf Grund dieses Gesetzes selbst keine Rechtseingriffe möglich sind. Mit seinem Inkrafttreten am 1. Januar 1995 ist die Neufassung des Art. 13 Abs. 1 Nr. 5 integrierter Bestandteil des PAG und erst dadurch zur Befugnisgrundlage geworden. Damit aber erstreckt sich gleichzeitig Art. 74 PAG automatisch auf die Änderung. In Art. 74 sind das Grundrecht der Freiheit der Person und die einschlägigen Verfassungsartikel aufgeführt.

Das Grundrecht des Eigentums (Art. 14 GG, Art. 103 BV) ist in Art. 74 2
nicht genannt. Nach Art. 14 Abs. 1 Satz 2 GG wird das Eigentum nur mit dem Inhalt und in den Schranken gewährleistet, den die jeweils geltenden Gesetze bestimmen; es genießt also keinen absoluten Schutz. Nach BVerfGE 21, 93 gilt das **Zitiergebot** nicht für Gesetze, die lediglich der Konkretisierung von Inhaltsbestimmungen des Eigentums im Sinne des Art. 14 Abs. 1 Satz 2 GG oder diesem immanente Grundrechtsschranken dienen; nach BayVGH in BayVBl 1993, 684/685 ist dies herrschende Meinung. Auch bei Enteignungsgesetzen greift nach BVerfGE 24, 398 das Zitiergebot nicht ein. Über diesen Rahmen geht das PAG schon nach seiner Natur als allgemeines Sicherheitsgesetz nicht hinaus.

3 In Art. 74 nicht genannt sind auch das Brief-, Post- und Fernmeldegeheimnis (Art. 10 GG, Art. 112 BV), das Grundrecht der Versammlungsfreiheit (Art. 8 GG, Art. 113 BV), das Grundrecht auf Freizügigkeit (Art. 11 GG, Art. 109 BV; kritisch hierzu Alberts in NVwZ 1997, 45) und das Grundrecht der allgemeinen Handlungsfreiheit (Art. 2 Abs. 1 GG, Art. 101 BV). Das ist gerechtfertigt. Das Brief-, Post- und Fernmeldegeheimnis kann durch polizeiliche Maßnahmen auf Grund des PAG nicht beschränkt werden. Maßnahmen wie Postbeschlagnahme oder Telefonüberwachung dürfen auf Grund des PAG nicht angeordnet werden, auch nicht nach dessen Art. 11 Abs. 1. Sie würden nach dem System des PAG wegen der besonderen Schwere des Eingriffs einer Zulassung durch besondere Befugnisvorschriften bedürfen; das ist nicht geschehen. Maßgebend sind vielmehr die §§ 99, 100 Abs. 3, 100 a, 100 b, 101 StPO; 12, 13 G über Fernmeldeanlagen und das G zur Beschränkung des Brief-, Post- und Fernmeldegeheimnisses (G zu Art. 10 GG – G 10).

Die Versammlungsfreiheit umfaßt nur das Recht aller Deutschen, sich friedlich und ohne Waffen zu versammeln. Die im VersammlG und im Polizeirecht der Länder enthaltenen Vorschriften zur Gefahrenabwehr berühren daher den Wesenskern dieses Grundrechts nicht, dienen vielmehr seiner Gewährleistung und dem Schutz der Beteiligten. (Vgl. RdNr. 8 zu Art. 17).

Das Recht auf Freizügigkeit ist das Recht, ohne Behinderung durch die Staatsgewalt an jedem Ort innerhalb des Bundesgebiets Aufenthalt und Wohnsitz nehmen zu können, wobei die Freiheit der Wahl grundsätzlich überörtlich zu verstehen ist. Entgegen anderen Auffassungen (vgl. Riegel in BayVBl 1980, 577/578 ff.) wird dieses Recht durch polizeiliche Maßnahmen wie Platzverweis oder vorübergehende Evakuierung aus Sicherheitsgründen – soweit diese nicht ohnehin nach Art. 7 LStVG durch die Sicherheitsbehörde angeordnet wird – nicht berührt. Hier handelt es sich um Freiheitsbeschränkungen oder -entziehungen in dem in RdNr. 5 zu Art. 15 beschriebenen Sinn. Sie beschränken zwar vorübergehend die Freiheit zum körperlichen Ortswechsel, nicht aber die in den Verfassungsbestimmungen über die Freizügigkeit angesprochene Freiheit der Wahl des Aufenthaltsortes oder des Wohnsitzes, der z. B. auch während der Dauer eines Freiheitsentzuges anderweitig bestimmt werden könnte (Verlegung des Familienwohnsitzes).

Durch die im 2. PAGÄndG vorgenommenen Ergänzungen des Art. 17 Abs. 1 Nr. 2 wird das Zitiergebot ebenfalls nicht verletzt. Nach BayVerfGH in BayVBl 1990, 654/660 soll dieses Gebot lediglich ausschließen, daß neue, dem bisherigen Recht fremde Möglichkeiten des Eingriffs in Grundrechte geschaffen werden, ohne daß der Gesetzgeber sich darüber Rechenschaft ablegt und dies ausdrücklich zu erkennen gibt. Soweit ein Gesetz eine herkömmliche (bereits vor dem Inkrafttreten des GG bestehende) Einschränkung ändert, ohne grundsätzlich neue Eingriffsmöglichkeiten zu eröffnen, entfällt die Notwendigkeit, das einzuschränkende Grundrecht unter Angabe des Artikels zu benennen (vgl. BVerfGE 28, 36/46; 35, 185/188 = BayVBl 1973, 407 – amtlicher Leitsatz). Polizeigewahrsam mit seinen möglichen Auswirkungen auf Versammlungsfreiheit und Freizügigkeit gehört zu den herkömmlichen Mitteln der Gefahrenabwehr.

Das Grundrecht der allgemeinen Handlungsfreiheit fällt nach BVerfGE 10, 99; 28, 46 nicht unter das Zitiergebot (vgl. Leibholz/Rinck, RdNr. 9 zu Art. 2 und RdNr. 3 zu Art. 19 GG).

Art. 75
(Änderungsbestimmung)

Art. 76
Verhältnis zum Kostengesetz

[1]Art. 3 des Kostengesetzes ist nicht anzuwenden, soweit dieses Gesetz die Erhebung von Kosten (Gebühren und Auslagen) bestimmt. [2]Die Gebühren sind abweichend von den Art. 6 und 8 des Kostengesetzes nach dem Verwaltungsaufwand und der Bedeutung der Amtshandlung zu bemessen. [3]Das Staatsministerium des Innern wird ermächtigt, im Einvernehmen mit dem Staatsministerium der Finanzen durch Rechtsverordnung die Gebühren zu bestimmen und die pauschale Abgeltung der Auslagen zu regeln. [4]Von der Erhebung der Kosten kann abgesehen werden, soweit sie der Billigkeit widerspricht.

71 Zu Art. 76 (Verhältnis zum Kostengesetz)

71.1 Der Vorrang der Kostenbestimmungen des Polizeiaufgabengesetzes vor den Regelungen über die grundsätzliche Kostenfreiheit polizeilicher Amtshandlungen gemäß Art. 3 Abs. 1 Nr. 10 des Kostengesetzes wird durch Art. 76 Satz 1 klargestellt (lex specialis).

71.2 In der Polizeikostenverordnung vom 2. März 1994 (GVBl S. 177) sind die nach dem Polizeiaufgabengesetz zu erhebenden Gebühren bestimmt und die pauschale Abgeltung bestimmter Auslagen geregelt.

1 Art. 76 wurde als Art. 54 a durch § 1 Nr. 6, § 2 PAGÄndG mit Wirkung vom 1. August 1983 eingefügt.

Für die Erhebung von **Kosten** für polizeiliche Amtshandlungen gelten zunächst die Vorschriften des Kostengesetzes unmittelbar. Wird die **Polizei als Vollstreckungsorgan** der Vollstreckungsbehörde (Art. 37 Abs. 2 VwZVG) tätig, so ist nach Art. 41 Abs. 1 VwZVG ebenfalls das Kostengesetz anzuwenden.

Zur Kostenerstattung für die **polizeiliche Abschiebung von Ausländern** vgl. BayVGH in DÖV 1986, 161 und in BayVBl 1986, 245, ferner VGH Mannheim in DÖV 1986, 161.

Der **Begriff der Kosten** umfaßt Gebühren und Auslagen (Art. 1 Abs. 1 KG). Mit der **Gebühr** wird der allgemeine Verwaltungsaufwand (Personal- und Sachaufwand) abgegolten, **Auslagen** sind die besonderen, ausscheidbaren Aufwendungen der handelnden Behörde (Art. 13 Abs. 1 KG) und die Schreibauslagen (Art. 12 KG). Art. 3 Abs. 1 Nr. 10 KG legt fest, daß Amtshandlungen, die von der Polizei zur Erfüllung ihrer Aufgabe nach dem PAG wahrgenommen werden, grundsätzlich kostenfrei sind, sofern nichts anderes bestimmt ist oder die jeweilige Amtshandlung nicht von einem Beteiligten beantragt oder sonst veranlaßt wurde und nicht überwiegend im öffentlichen Interesse vorgenommen wird. Keine Kosten in diesem Sinn sind diejenigen Entgelte, die die Polizei für Leistungen im privatrechtlichen Bereich erhebt, etwa für Vermietungen, das Bereitstellen von Sperrgittern, die Entschädigung für Sachverständigenleistungen oder die Überprüfung eingerichteter Alarmanlagen; vgl. hierzu Abschnitt I Nr. 5 der KR-Pol. S. zum Ganzen auch Nirschl, Kosten der Polizei- und Sicherheitsbehörden in der Systematik des deutschen Abgabenrechts, 1993.

Das PAG enthält verschiedene Bestimmungen, die eine Kostenpflicht begründen, nämlich in Art. 9 Abs. 2 (unmittelbare Ausführung einer Maßnahme), Art. 28 Abs. 3 (Sicherstellung, Verwertung, Unbrauchbarmachung oder Vernichtung sichergestellter Sachen), 55 (Ersatzvornahme), 56 Abs. 4 (Festsetzung des Zwangsgeldes), 58 Abs. 3 (Anwendung unmittelbaren Zwangs), 59 Abs. 7 (Androhung von Zwangsmitteln). Daß die dort genannten Maßnahmen damit nicht der Kostenfreiheit des Art. 3 KG unterliegen, wird von **Art. 76 Satz 1** deklaratorisch klargestellt; die konstitutive Wirkung liegt bereits in den genannten Vorschriften des PAG. Art. 76 Satz 1 genießt als später erlassenes Gesetz wie auch als Spezialregelung für die Erhebung von Polizeikosten Vorrang vor Art. 3 KG und derogiert diese Vorschrift. 2

Die Erhebung von Kosten für polizeiliche Tätigkeiten begegnet ebenso wie die für andere behördliche Handlungen nicht etwa deshalb Bedenken, weil die Kosten der im öffentlichen Interesse notwendigen Einrichtungen bereits durch das Steueraufkommen gedeckt sind (VGH Mannheim in DÖV 1984, 517/519 und in DVBl 1989, 1003/1005; Götz in DVBl 1984, 14/18; a. A. Albrecht in FS Samper, 1982, S. 178; s. auch Waechter, Polizeigebühren und Staatszwecke, 1988; Gusy in DVBl 1996, 722).

Kostenfreiheit gilt dagegen praktisch für alle anderen Maßnahmen nach dem PAG, die nicht in dem vorstehenden Katalog enthalten sind, weil die Polizei auf Grund des PAG immer überwiegend im öffentlichen Interesse tätig wird, und zwar auch dann, wenn es sich hierbei gem. Art. 2 Abs. 2 um den Schutz privater Rechte handelt (str., a. A. Broß in DVBl 1983, 377/381 f.). Art. 3 Abs. 1 Nr. 10 Satz 1 KG verfügt die Kostenfreiheit für Amtshandlungen, die von der Polizei zur Erfüllung ihrer Aufgaben nach Art. 2 PAG vorgenommen werden, soweit nichts anderes bestimmt ist (s. zum letzteren o. RdNr. 2). Das gilt auch für die **Erforschung einer Anscheinsgefahr** (vgl. dazu die Überlegungen des BayVGH in BayVBl 1995, 309 f.). Allerdings bestehen Zweifel, ob wegen des Bestimmtheitsgrundsatzes unmittelbar auf Grund von Art. 3 Abs. 1 Nr. 10 KG Kosten erhoben werden können, ohne daß die kostenpflichtigen Maßnahmen, wie im PAG geschehen, formalgesetzlich konkretisiert worden sind (vgl. hierzu VG Frankfurt in NVwZ 1985, 214; VGH Mannheim in NVwZ 1986, 3

Art. 76

657). Das gilt auch hinsichtlich der **Kosten von Polizeieinsätzen bei privaten kommerziellen Großveranstaltungen,** wie Popkonzerten, Spielen der Fußball-Bundesliga u. ä. Im Gegensatz zu anderen Bundesländern hat der bayerische Gesetzgeber sich zur gesonderten Festlegung eines konkreten Kostenersatzes hierfür nicht verstehen wollen (vgl. Götz in DVBl 1984, 14/16 ff.; VGH Mannheim a. a. O.; Krekel, Die Kostenpflichtigkeit vollzugspolizeilicher Maßnahmen unter besonderer Berücksichtigung der Kostenerhebung von Großveranstaltungen und von Störern bei Anwendung unmittelbaren Zwangs, 1986; Erdmann, Die Kostentragung bei Maßnahmen des unmittelbaren Zwangs, 1987). Die Konkretisierung durch innerdienstliche Richtlinien (Nr. 4 der Anlage zu den KR-Pol) reicht als Rechtsgrundlage nicht aus und kann nur bei ungleicher Handhabung wegen Verstoßes gegen den Grundsatz der Gleichbehandlung rechtsrelevant werden (s. auch Art. 76 Satz 3). Ein gleiches gilt hinsichtlich der allein in diesen Richtlinien statuierten Kostenpflicht für polizeiliches Einschreiten bei **Familienstreitigkeiten** (Nr. 25.2. der Anlage zu den KR-Pol), für die **Ingewahrsamnahme von Betrunkenen und Drogenabhängigen** (Nr. 33.1. der Anlage zu den KR-Pol) sowie der polizeilichen **Begleitung von Transporten** (Nr. 44.1. der Anlage zu den KR-Pol); wie hier im Ergebnis auch Albrecht in FS Samper, 1982, S. 165 ff.

Der Veranlasser eines objektiv nicht notwendigen Polizeieinsatzes braucht für dessen Kosten nicht aufzukommen, wenn aus seiner Sicht der Lage **Anscheinsgefahr** (s. RdNr. 10 zu Art. 2) das Anfordern der Polizei rechtfertigte (str.; wie hier VG Bremen in NJW 1981, 1227 mit Anm. von Röper in DVBl 1981, 780; a. A. insbesondere VG Lüneburg in NJW 1984, 192 und in NJW 1986, 2007; VGH Mannheim in NVwZ 1988, 271). Hat bei Anscheinsgefahr jemand als vermutlich polizeirechtlich Verantwortlicher den Anschein veranlaßt, trifft ihn gleichwohl keine Kostenlast. Nach BayVGH in BayVBl 1995, 760/761 ist kostenpflichtiger Veranlasser, wer eine Gefahr für die öffentliche Sicherheit und Ordnung schafft, nicht jedoch derjenige, der lediglich den Anschein einer Gefahr veranlaßt hat. Im übrigen ist Art. 76 Satz 4 zu beachten (s. u. RdNrn 6 f.; OVG Hamburg in NJW 1986, 2005; OVG Berlin in NJW 1991, 2854). Das gilt im Ergebnis insbesondere auch für **Fehlalarme von Alarmanlagen** (so ausdrücklich BayVGH in BayVBl 1981, 625; vgl. auch Nr. 45.1 der KR-Pol und allgemein die umfassende **Richtlinie für Überfall- und Einbruchsmeldeanlagen mit Anschluß an die Polizei [ÜEA]**, abgedruckt in AllMBl 1994, 1009), und zwar unabhängig davon, ob der Fehlalarm unmittelbar durch die Anlage bei der Polizei ausgelöst wird, oder mittelbar dergestalt, daß auf Grund des Tätigwerdens der Anlage der durch den Einsatz Begünstigte oder ein Dritter die Polizei alarmieren (vgl. OVG Lüneburg in NJW 19884, 192; VGH Kassel in NJW 1984, 73; OVG Bremen in NJW 1994, 1170). Unabhängig davon, ob man im Betreiben einer Alarmanlage ein Veranlassen im Sinn von Art. 3 Nr. 10 KG sieht oder nicht, liegt es überwiegend im öffentlichen Interesse, wenn die Polizei zur Abwehr von Straftaten tätig wird (vgl. BayVGH a. a. O.;

OVG Hamburg in DVBl 1985, 972; a. A. VGH Kassel a. a. O.; OVG Bremen a. a. O.; VGH Mannheim a. a. O.; OVG Lüneburg a. a. O.). Das gilt jedenfalls dann, wenn die Alarmanlage nachweislich ordnungsgemäß eingestellt und instand gehalten wurde. Überdies dürfte in diesen Fällen ein „echter" Fehlalarm, d. h. das Tätigwerden der Alarmanlage ohne einen gefahrenbegründenden Anlaß, in der Regel nur schwer nachweisbar sein (instruktiv VGH Kassel a. a. O. S. 74; vgl. auch BayVGH a. a. O. S. 626; a. A. VGH Mannheim a. a. o.; OVG Lüneburg in NJW 1986, 2007 f.). Unabhängig davon wird der Schwerpunkt des polizeilichen Handelns im Alarmfall regelmäßig in der Verfolgung einer (vermeintlichen) Straftat liegen, so daß die **Polizei auf Grund der Bestimmungen der StPO tätig geworden** ist; hierfür besteht aber ebenfalls Kostenfreiheit (vgl. BayVGH in BayVBl 1986, 338 sowie VGH Mannheim in NVwZ 1989, 163/164).

Zur Abgrenzung von präventivem zu repressivem polizeilichen Handeln s. RdNr. 18 zu Art. 11.

Vereinzelt wird die Meinung vertreten, Polizeimaßnahmen aus Anlaß von **Demonstrationen** seien aus Gründen des Schutzes des Art. 8 GG bzw. des als abschließende Regelung gedachten Versammlungsgesetzes sämtlich kostenfrei (v. Brünneck in NVwZ 1984, 273; vgl. auch Knauf in RiA 1985, 193 und Gusy in DVBl 1996, 722/724 ff.). Das ist in dieser allgemeinen Form abzulehnen; unfriedliche Demonstrationen, und nur gegen solche erscheinen rechtmäßige Maßnahmen nach dem PAG denkbar, genießen keinen grundrechtlichen Schutz (vgl. VGH Mannheim in DÖV 1984, 517/519 und in DÖV 1986, 881/882 ff.; Vogel in Drews/Wacke/Vogel/ Martens, S. 677).

Satz 2 besagt, daß die Höhe der nach dem PAG festzusetzenden **Gebühren** 4 nach dem **Verwaltungsaufwand** und der **Bedeutung der Amtshandlung** zu bemessen ist und wiederholt damit Bemessungsgrundsätze, die auch in Art. 6 KG angewendet werden. Das dient dem Ziel, den kostenrechtlichen Teil des PAG zu verselbständigen und im wesentlichen von den allgemeinen Vorschriften unabhängig zu machen. So werden auch die in den Art. 6, 8 KG enthaltenen Grundsätze für die fallbezogene Konkretisierung von Rahmengebühren durch Art. 76 Satz 2 PAG ersetzt. Er schließt z. B. die in den Art. 6 und 8 KG vorgesehene Berücksichtigung der „allgemeinen wirtschaftlichen Verhältnisse" der Beteiligten und der „wirtschaftlichen Verhältnisse des Kostenschuldners" aus. Als individueller Bemessungsmaßstab bleibt nach Satz 2 nur die „Bedeutung der Amtshandlung", die in bezug auf die Aufrechterhaltung der öffentlichen Sicherheit und Ordnung zu sehen ist und nicht die Bedeutung für den oder die Betroffenen meint. Sollte die Bedeutung für die Betroffenen maßgebend sein, hätte das Gesetz dies erwähnen müssen, wie ein Vergleich mit den ausgeschlossenen Art. 6 Abs. 2 und 8 KG zeigt. Wirtschaftliche Verhältnisse der Beteiligten können nur im Rahmen von Satz 4 berücksichtigt werden (s. u. RdNr. 6). Der **Verwaltungsaufwand** ist je nach

Art. 76

den Besonderheiten des Einzelfalls individuell zu bestimmen (vgl. VGH Mannheim in NVwZ 1986, 657/658; OVG Hamburg in DÖV 1987, 257).

5   Der Ausschluß des Art. 6 KG durch Art. 76 Satz 2 hat auch zur Folge, daß das in Art. 6 KG vorgesehene Kostenverzeichnis nicht für die nach dem PAG zu erhebenden Kosten gilt. Statt dessen ermächtigt Art. 76 **Satz 3** das Staatsministerium des Innern, im Einvernehmen mit dem Staatsministerium der Finanzen die nach dem PAG zu erhebenden Gebühren durch eine eigene Rechtsverordnung zu bestimmen und dabei die Auslagen pauschal abzugelten. Das ist in der **Polizeikostenverordnung** (PolKV), abgedruckt im Anhang, geschehen. § 1 dieser V bestimmt die **Rahmengebühren** für die nach dem PAG kostenpflichtigen Amtshandlungen; § 2 bestimmt, daß mit den Gebühren nach § 1 die **Auslagen** im Sinn des Art. 13 Abs. 1 Nrn 2, 3, 4 KG abgegolten sind. Das betrifft Fernmelde- und sonstige Post- und Zustellungsgebühren, Aufwendungen zur Veröffentlichung von amtlichen Bekanntmachungen, Reisekosten und -verwandte Auslagen. Alle anderen Auslagen, die das KG nennt, gelten nicht als abgegolten; sie sind deshalb neben den Gebühren nach § 1 PolKV zu erheben. Das gilt vor allem für die Schreibauslagen (Art. 12 KG) und die Entschädigungen für Zeugen und Sachverständige (Art. 13 Abs. 1 Nr. 1 KG).

6   **Satz 4** bringt einen begrenzten Ausgleich für den oben (RdNr. 4) dargestellten Ausschluß von Kostenfreiheit nach Art. 3 KG und die individuellen Kostenbemessungskriterien der Art. 6, 8 KG. Er läßt zu, von der Kostenerhebung ganz oder teilweise („soweit") aus Gründen der Billigkeit abzusehen. Der Begriff der **Billigkeit** ist wiederum nach dem allgemeinen Kostenrecht zu bestimmen (vgl. Art. 7 KG). Die Vorschrift spielt eine wesentliche Rolle bei der Auswahl des Kostenschuldners aus mehreren Verantwortlichen; s. u. RdNr. 7.

7   **Kostenschuldner** ist jeweils der in der entsprechenden Kostenvorschrift des PAG (s. o. RdNr. 2) Bezeichnete, in der Regel der nach Art. 7, 8 PAG für die kostenpflichtige Maßnahme Verantwortliche, bei der Ersatzvornahme der zur Vornahme einer vertretbaren Handlung Verpflichtete („Betroffener"), beim Zwangsgeld, der gegen den sich die Festsetzung richtet („Betroffener"), beim unmittelbaren Zwang gegen eine Person diejenige, gegen die dieser Zwang angewendet wird, gegebenenfalls der für diese Person Verantwortliche (Art. 7), beim unmittelbaren Zwang gegen Sachen der für die Sache Verantwortliche (Art. 8). Zur Kostenschuld einer **öffentlich-rechtlichen Körperschaft** vgl. OVG Münster in NJW 1986, 2526; zur Kostenschuld eines **Anscheinsstörers**, der in Wahrheit nicht Störer war, s. BayVGH in BayVBl 1995, 758.

Mehrere Kostenschuldner haften nach Art. 2 Nr. 4 KG, dessen unmittelbare Geltung Art. 76 im Umkehrschluß eindeutig erkennen läßt, als **Gesamtschuldner.** Das bedeutet jedoch nicht, daß bei mehreren möglichen Verantwortlichen die Schuldnerauswahl dem freien Belieben des Gläubigers anheimgegeben ist,

z. B. nach § 421 BGB. Die in den Artikeln 7 und 8 PAG geregelte polizeirechtliche Verantwortlichkeit geht sehr weit und findet ihre Berechtigung im Zweck der unmittelbaren Gefahrenabwehr. Die sich nach jedem Polizeieinsatz ergebende Frage, wem die Kosten für die getroffenen Maßnahmen anzulasten sind, gehört jedoch nicht mehr in den Bereich der unmittelbaren Gefahrenabwehr, sondern betrifft deren finanzielle Folgen und kann ohne wesentlichen Handlungs- und Zeitdruck entschieden werden (vgl. eingehend OVG Münster in NJW 1993, 2698). Maßgeblich für die Schuldnerauswahl sind daher in erster Linie die Kriterien des Kostenrechts, die auf dem Grundsatz des Veranlasserprinzips (Art. 2 Abs. 1 Satz 1 Fall 1 KG) beruhen, das dem für die Störerauswahl wesentlichen Verursacherprinzip des Polizeirechts ähnelt. Das Kostenrecht hält aber zusätzlich und anders als das auf wirksame und unverzügliche Gefahrenabwehr gerichtete Polizeirecht die Möglichkeit eines Billigkeitserlasses bereit (vgl. Art. 7 KG), die über Art. 76 Satz 4 PAG auch im Polizeirecht gilt. Sie bietet hier einen Ausgleich für das Fehlen eines zumutbaren Verschuldens und kann für die Kostenerhebung und damit auch bei der Schuldnerauswahl nicht unbeachtet bleiben.

Im einzelnen gilt demnach folgendes: Sind mehrere Störer vorhanden, so ist grundsätzlich ein Handlungsstörer wegen des Verfassungsgrundsatzes der Verhältnismäßigkeit vor einem Zustandsstörer in Anspruch zu nehmen. Das gilt nicht, wenn für die Entscheidung über die Kostenerstattung die Feststellung des Handlungsstörers mit angemessenem und zumutbarem Verwaltungsaufwand nicht möglich ist (so unter ausdrücklicher Aufgabe seiner früheren Rechtsprechung BayVGH in BayVBl 1986, 625; 1987, 119 und 404; 1989, 438/439; vgl. auch OVG Koblenz in NJW 1986, 1369; anders noch BayVGH in BayVBl 1984, 16; zum Ausgleichsanspruch eines anstelle des Verhaltensstörers zur Kostentragung herangezogenen Zustandsstörers s. u. RdNr. 8). Sonst wäre die wirksame polizeiliche Gefahrenabwehr untragbar beeinträchtigt. Der Gesetzgeber hat diesen Gedanken für die Kostenlast im Bußgeldverfahren wegen Falschparkens in § 25 a StVG ausgeformt; das BVerfG hält ihn hierbei für verfassungskonform (BVerfG in NJW 1989, 2679 = BayVBl 1989, 655; vgl. auch BayVerfGH in BayVBl 1989, 657).

Besondere praktische Bedeutung haben die vorstehend genannten Grundsätze beim Heranziehen des Kfz-Halters zu den durch die Sicherstellung oder das Versetzen seines falsch geparkten Fahrzeugs gem. Art. 9 Abs. 2 Satz 1 bzw. Art. 28 Abs. 3 Satz 2 PAG entstandenen **Abschleppkosten.** Kann oder will der Halter den Fahrer eines von ihm nicht selbst rechtswidrig geparkten und deshalb auf Veranlassung der Polizei abgeschleppten Kfz nicht nennen, so haftet er regelmäßig als Inhaber der tatsächlichen Gewalt und damit als Zustandsstörer (Art. 8 Abs. 1 PAG) für die Kosten; weitere Ermittlungen nach dem Fahrer als Verhaltensverantwortlichem (Art. 7 PAG) nur wegen der Kosten stellen regelmäßig einen unangemessenen und unzumutbaren Verwaltungsaufwand dar (vgl. OVG Koblenz a. a. O.). Überläßt der Fahrzeughalter einem anderen

Art. 76

das Fahrzeug zum Gebrauch, so haftet er auch dann für die Abschleppkosten, wenn der Fahrer das ihm überlassene Fahrzeug abredewidrig und ohne Wissen des Halters in den das Abschleppen verursachenden störenden Zustand gebracht hat (BayVGH in BayVBl 1989, 438; OVG Hamburg in NJW 1992, 1909 m. Anm. Dienelt in NVwZ 1994, 664; s. auch RdNr. 7 zu Art. 8). Dies ist mit der Eigentumsgarantie des Art. 14 GG vereinbar (so ausdrücklich BVerwG in NJW 1992, 1908). Zur Haftung für die Abschleppkosten bei mehreren verkehrsgefährdenden Fahrzeugen vgl. VGH Kassel in NJW 1984, 1197; zur Haftung des Halters für die Abschleppkosten ungesichert aufgefundener, insbesondere gestohlener Fahrzeuge vgl. OVG Koblenz in DÖV 1989, 173 (s. RdNrn 9 und 11 zu Art. 25); zur Haftung des Halters, der die Veräußerung seines Fahrzeugs nicht der Zulassungsstelle gemeldet hat, s. VGH Mannheim in DÖV 1996, 1055; a. A. OVG Bautzen in NJW 1997, 2253.

Die Abschleppkosten dürfen nicht außer Verhältnis zum Umfang des Schadens stehen, der durch den Störer verursacht wird (Taxikosten, Zeitverluste, Terminversäumnisse); vgl. VG Freiburg in NJW 1979, 2060. Zu den erstattungsfähigen Kosten gehören im übrigen neben den Abschleppkosten im engeren Sinn auch die Kosten für die **Verwahrung** der Fahrzeuge, vgl. hierzu die **FVGebO**, und auch die Kosten einer sog. **Leerfahrt** (vgl. BayVGH in BayVBl 1991, 433/435 f.; VGH Kassel in NVwZ-RR 1995, 29).

Werden ohne vorherige Ankündigung Halteverbotsschilder aufgestellt und Straßenbauarbeiten durchgeführt, so daß ein ursprünglich erlaubt geparktes Fahrzeug zu einer Gefahr für die Sicherheit und Leichtigkeit des Straßenverkehrs wird, ist die zwei Tage danach ergangene Anordnung, das Fahrzeug abzuschleppen, zwar rechtmäßig, die Belastung des Fahrers oder Halters mit den Kosten aber unzumutbar (VGH Mannheim in DÖV 1991, 163; a. A. OVG Hamburg in DÖV 1995, 783: Zwischen dem Aufstellen des Halteverbots und seinem Wirksamwerden müssen drei Werktage und zusätzlich ein Sonn- oder Feiertag liegen; a. A. OVG Münster in DVBl 1996, 575: 48 Stunden ausreichend; a. A. VGH Kassel in NJW 1997, 1023: Mindestens drei Werktage; a. A. BVerwG in NJW 1997, 1021: Vier Werktage ausreichend). Hinsichtlich der Kostenerhebung für Abschleppen und Verwahren eines Kfz durch einen polizeilich beauftragten **Privatunternehmer** (s. hierzu RdNr. 9 zu Art. 25; RdNr. 10 zu Art. 28) kann im übrigen ein Anspruch auf Ersatz der Abschleppkosten nur zugunsten desjenigen öffentlich-rechtlichen Rechtsträgers entstehen, dessen Organ (hier: die Polizei) die Ersatzvornahme ausführen ließ. Der unmittelbar ausführende Unternehmer hat – wenn er Vertragspartner der Polizei und nicht nach Art. 10 in Anspruch genommen worden ist – nur einen zivilrechtlichen Anspruch gegen den Staat als Träger der Polizei, nicht aber gegen den Störer oder den Fahrzeughalter. Vereinbart die auftraggebende Polizei mit dem Unternehmer, daß dieser dem Pflichtigen den abgeschleppten Wagen nur gegen sofortige Zahlung der entstandenen Abschleppkosten aushändigt und die entsprechenden Geldbeträge selbst einzieht, so handelt der Unternehmer bei der Entgegennahme des Geldes als Bevollmächtigter des Staates als Polizeiträger. Der Pflichtige erbringt keine Leistung in einem privatrechtlichen Verhältnis zum Unternehmer oder auf die zivilrechtliche Forderung des Unternehmers gegen den Staat, sondern er leistet allein im Rahmen eines öffentlich-rechtlichen Kostenschuldverhältnisses an den Staat zu Händen des von diesem empfangsbevollmächtigten Unternehmers (vgl. zum ganzen OVG Münster in NJW 1980, 1974; BayVGH in BayVBl 1984, 559 mit Anm. von Köhler in BayVBl 1984, 630). Zum Rechtsweg s. u. RdNrn 9 f. Sind **mehrere Handlungsstörer** (Art. 7 Abs. 1 PAG) und/oder **mehrere Zustandsstörer** (Art. 8 Abs. 1 PAG) vorhanden, steht das Heranziehen als Kostenschuldner im Ermessen der Polizei, wobei es im Einzelfall sein kann, daß mangels jeder zurechenbaren Verantwortung an einen Erlaß aus Billigkeitsgründen (Art. 76 Satz 4) zu denken ist. Ein solcher Erlaß ist auch immer dann zu erwägen, wenn die nach den Art. 7 Abs. 2 und 3, 8 Abs. 2 und 3 sog. **weiteren Verantwortlichen** herangezogen werden sollen. Kann diesen eine Verantwortung für den kostenpflichtigen Einsatz nicht zumutbar zugerechnet werden, so würde ihre Heranziehung der Billigkeit widersprechen.

Wird einer von mehreren Störern bzw. Betroffenen als Kostenschuldner in Anspruch genommen, so erhebt sich die Frage, ob er einen **Ausgleichsanspruch** gegen die übrigen Störer hat, und wenn ja, welche rechtliche Grundlage ihm diesen verschafft. Das ist dann umstritten, wenn ausdrückliche gesetzliche Bestimmungen fehlen (vgl. Schwachheim in NVwZ 1988, 225; Kloepfer/Thull in DVBl 1989, 1121; Kohler-Gehring in NVwZ 1992, 1049, jeweils mit weit. Nachw.). Für Kostenschuldner nach dem PAG ist aber, wie o. in RdNr. 7 dargestellt, jedenfalls Art. 2 Nr. 4 KG vorhanden, der auf das Institut der Gesamtschuld verweist, welches in den §§ 421 ff. BGB näher geregelt ist. Hier findet sich in § 426 ein Ausgleichsanspruch, der analog angewandt werden kann. Die Verweisung des KG auf die Regeln der zivilrechtlichen Gesamtschuld führt also dazu, daß mit der Inanspruchnahme des Kostenschuldners durch die Polizei nicht nur ein Rechtsverhältnis zwischen diesen beiden begründet wird, sondern schafft gleichzeitig Rechtsverhältnisse zwischen den in Anspruch genommenen und den übrigen Störern bzw. Betroffenen.

Eine andere Frage ist indes, ob der Ausgleichsanspruch in diesen Fällen öffentlich-rechtlicher oder privatrechtlicher Natur ist. Für letzteres spricht vor allem, daß die Ausübung hoheitlicher Gewalt mit der Inanspruchnahme des Kostenschuldners endet. Gleichwohl erscheint es angezeigt, in der Verweisung des KG auf ein im BGB näher ausgestaltetes Rechtsinstitut nicht gleich einen „Sprung ins Privatrecht" zu sehen, denn angesichts dessen, daß Voraussetzung für eine wirksame Ausgleichsverpflichtung die rechtmäßige Inanspruchnahme des Kostenschuldners ist, welche ihrerseits die Rechtmäßigkeit der die Kostenpflicht auslösenden polizeilichen Maßnahme zur Voraussetzung hat, wird die sachliche Bindung des Ausgleichsanspruchs an öffentlich-rechtliche Voraustatbestände deutlich, die ihn eher als Annex derselben denn als

Art. 76

davon strikt getrennten Ausfluß der Privatautonomie erscheinen läßt. Daß ursprünglich privatrechtliche Institute Eingang ins öffentliche Recht finden können, zeigt sich exemplarisch etwa am öffentlich-rechtlichen Vertrag (Art. 54 ff. BayVwVfG). Zudem gibt es keinen Rechtssatz, daß Private nicht Träger öffentlich-rechtlicher Ansprüche sein oder solche nicht geltend machen könnten oder bei deren Geltendmachung keine „privatautonome Verfügungsbefugnis" (Kloepfer/Thull a. a. O. S. 1123) ausüben könnten. Der vor den Verwaltungsgerichten mit der Leistungsklage geltend zu machende Anspruch ist überdies für den Berechtigten prozessual einfacher zu verfolgen als vor den Zivilgerichten.

Zur Gesamtproblematik der Schuldnerhaftung für Polizeikosten s. neben den gegebenen Nachweisen noch Knauf, Gesamtschuld und Polizeikostenrecht, 1985; Giesberts, Die gerechte Lastenverteilung unter mehreren Störern, 1990; Petersen, Der gesamtschuldnerische Ausgleich bei einer Mehrheit polizeirechtlich verantwortlicher Personen, 1990; Grießbeck, Die materielle Polizeipflicht des Zustandsstörers und die Kostentragung nach unmittelbarer Ausführung der Ersatzvornahme, 1991; Dienelt in NVwZ 1994, 355.

9 Die insbesondere dem **Gleichheitssatz** unterliegende (vgl. VG Frankfurt in NVwZ 1985, 214) Kostenerhebung hat zur wesentlichen Voraussetzung, daß die Maßnahme der Polizei rechtmäßig war (BayVGH in BayVBl 1984, 559). Die Erhebung geschieht durch **Leistungsbescheid,** der nach Art. 1 Abs. 5 Fall 2 VwZVG zuzustellen ist, um vollstreckt werden zu können (Art. 23 Abs. 1 Nr. 1 VwZVG). Die **Vollstreckung** richtet sich nach den Art. 23 ff. VwZVG. Von der Kostenforderung durch Leistungsbescheid ist die **Angabe der voraussichtlichen Kosten** in einem Bescheid, der die Ersatzvornahme androht, zu unterscheiden (Art. 59 Abs. 4). S. hierzu RdNr. 11 zu Art. 59. Zur **Vorausfestsetzung der Kosten der Ersatzvornahme** nach Art. 55 Abs. 2 Satz 1 s. RdNr. 7 zu Art. 55.

10 Der kostenfordernde Leistungsbescheid ist ein Verwaltungsakt (Art. 35 BayVwVfG) und nach der VwGO mit den dort vorgesehenen **Rechtsbehelfen** des Widerspruchs und der Anfechtungsklage anfechtbar. Diese haben gem. § 80 Abs. 1 Satz 1 VwGO **keine aufschiebende Wirkung.** Das gilt auch für die Kosten der unmittelbaren Ausführung einer Maßnahme nach Art. 9 Abs. 2 PAG (BayVGH in BayVBl 1990, 435; a. A. VGH Mannheim in DÖV 1986, 844; OVG Berlin in NVwZ-RR 1995, 575) wie auch der Ersatzvornahme nach Art. 55 (hierzu näher BayVGH in BayVBl 1994, 372; a. A. Götz in DVBl 1984, 14; OVG Münster in NJW 1984, 2844; bejahend hinsichtlich der Kosten für die Anwendung unmittelbaren Zwangs VGH Mannheim in DÖV 1984, 517). Zu den Rechtsbehelfen gegen die Androhung der Ersatzvornahme hinsichtlich der voraussichtlichen Kosten s. RdNrn 2 f. zu Art. 59.

Zu den **Besonderheiten** der Kosten der **unmittelbaren Ausführung einer Maßnahme (Art. 9 Abs. 2)** s. RdNr. 8 zu Art. 9, der **Sicherstellung, Verwertung und Vernichtung einer Sache (Art. 25 ff.)** s. RdNrn 8 f. zu Art. 28, der **Auskunft (Art. 48)** s. RdNr. 5 zu Art. 48, der **Ersatzvornahme (Art. 55)** s. RdNrn 5 ff. zu Art. 55, **der Festsetzung des Zwangsgeldes (Art. 56 Abs. 4)** s. RdNr. 5 zu Art. 56, der **Anwendung unmittelbaren Zwangs (Art. 58 Abs. 3)** s. RdNr. 10 zu Art. 58, der **Androhung von Zwangsmitteln (Art. 59 Abs. 7)** s. RdNr. 11 zu Art. 59.

11

Vgl. im übrigen die **Richtlinien zur Kostenerhebung durch die Polizei (KR-Pol)**; vgl. o. RdNr. 3, und die **Gebührenordnung zur Fahrzeugverwahrung – FVGO –,** s. RdNr. 6 zu Art. 26.

Art. 77
Begriff der Polizeibehörde

¹**Aufgaben und Befugnisse, die in bundes- oder landesrechtlichen Vorschriften den „Polizeibehörden" übertragen sind, werden nur dann von der Polizei wahrgenommen, wenn das Staatsministerium des Innern im Einvernehmen mit den sachlich beteiligten Staatsministerien es durch Verordnung bestimmt.** ²**Im übrigen sind die Behörden der allgemeinen inneren Verwaltung zuständig, soweit nicht andere Gesetze eine besondere Regelung treffen.**

72 Zu Art. 77 (Begriff der Polizeibehörde)

Aufgrund des Art. 55 (jetzt Art. 77) *wird die Verordnung vom 29. März 1972 (GVBl S. 167) neu gefaßt werden.*
(Anm. d. Verf.: s. V über die Wahrnehmung von Aufgaben und Befugnissen der „Polizeibehörden" durch die Polizei vom 16. März 1979, BayRS 2012-1-1-I; abgedruckt im Anhang).

1 Art. 77 dient der Bereinigung des früheren polizeirechtlichen Sprachgebrauchs. Im Hinblick auf die Art. 1 PAG und POG kann als „Polizeirecht" in der eigentlichen Bedeutung des Wortes in Bayern nur noch das Organisations- und Tätigkeitsrecht der Verbände und Einrichtungen der Polizei verstanden werden. Das bayerische Polizeirecht setzt daher den sog. „institutionellen Polizeibegriff" voraus. Alle Rechtsgebiete, in denen der Ausdruck „Polizei" sonst noch gelegentlich verwendet wird, z. B. bei der „Baupolizei", „Gesundheitspolizei", „Gewerbepolizei" u. ä., werden zum allgemeinen Verwaltungsrecht gezählt und durch den Landesgesetzgeber auch so behandelt. Zur neueren Entwicklung des Rechts der Gefahrenabwehr s. Erichsen in VVDStRL Heft 35 (1977), 171/173 f., Berner in BayVBl 1982, 362, Martens in DÖV 1982, 89 und Götz in NVwZ 1984, 211.

2 Art. 77 stellt fest, daß die Polizei im Sinne des Art. 1 Aufgaben und Befugnisse von Behörden, die nach früherem Sprachgebrauch als „Polizeibehörden" im oben erwähnten weiteren Sinn bezeichnet zu werden pflegten, nur kraft besonderer Übertragung wahrnehmen darf. Diese Übertragung ist für die Polizei grundsätzlich zuständigkeitsbegründend, also konstitutiv im Rechtssinne. Sie hat als Spezialregelung Vorrang vor älteren Landesgesetzen, soweit diese nicht ausdrücklich etwas anderes bestimmen. Verwenden Bundesgesetze den Ausdruck „Polizeibehörden" und bezeichnen sie damit ausdrücklich oder doch nach dem Gesamtzusammenhang der Regelung eindeutig die Polizei im Sinne des Art. 1 PAG, so bedarf es wegen Art. 31 GG keiner Verordnung nach Art. 77; ergeht trotzdem eine Verordnung im gleichen Sinne, etwa um eine Unklarheit über die Zuständigkeit zu beseitigen, hat sie in diesem Fall nur

deklaratorische Wirkung. Beispiele für unklare bundesrechtliche Regelungen enthält die zur Ausführung von Art. 77 ergangene obengenannte Verordnung über die Wahrnehmung von Aufgaben und Befugnissen der „Polizeibehörden" durch die Polizei.

Soweit diese Verordnung Bundesrecht betrifft, kann sie bestehende Zweifel für die Praxis klären, aber rechtlich gesehen keine Änderung bewirken, wenn der Bundesgesetzgeber hier mit „Polizeibehörde" eine andere Stelle als die Polizei im Sinne des PAG bezeichnen wollte, wofür bei den in der Verordnung genannten Fällen allerdings keine Anzeichen sprechen.

Art. 77 Satz 2 stellt verbindlich fest, daß in Bayern für die Wahrnehmung der allgemeinen Verwaltungsaufgaben auf dem Gebiet der öffentlichen Sicherheit oder Ordnung grundsätzlich die Behörden der allgemeinen inneren Verwaltung (Gemeinden; Kreisverwaltungsbehörden = Landratsämter als Staatsbehörden und kreisfreie Städte; Regierungen; Staatsministerium des Innern) zuständig sind. S. hierzu Art. 6 LStVG. Das bedeutet, daß überall dort, wo in älteren bayerischen Vorschriften oder in außerbayerischen, insbesondere bundesrechtlichen Vorschriften von „Polizeibehörden" gesprochen wird und nicht die Polizei im Sinne des Art. 1 PAG damit gemeint sein kann oder nach der in RdNr. 2 zitierten genannten V zuständig sein soll, die Behörden der allgemeinen inneren Verwaltung zuständig sind (z. B. nach § 965 BGB). Das gilt nicht, soweit sich der Ausdruck „Polizeibehörde" in anderen Gesetzen ausdrücklich oder schlüssig auf besondere Behörden bezieht (z. B. Bau-, Gewerbe- oder Gesundheitsbehörden). 3

Art. 78*)
Inkrafttreten

(1) Dieses Gesetz tritt am 1. Oktober 1978 in Kraft.
(2) *(gegenstandslos)*

Nr. 73 VollzB

Die Bek vom 24. Januar 1975 (MABl S. 202), geändert durch die Bek vom 5. Oktober 1976 (MABl S. 842), wird aufgehoben.

1   Art. 78 Abs. 1 trägt Art. 76 Abs. 2 BV Rechnung, wonach in jedem Gesetz der Tag bestimmt sein muß, an dem es in Kraft tritt.

2   Noch die Fassung des PAG vom 24. Oktober 1974 enthielt als Art. 64 Abs. 1 folgende Bestimmung, die als Art. 76 Abs. 1 bereits in der ersten Fassung des Gesetzes vom 16. Oktober 1954 (BayBS I S. 442/449) enthalten war:

„Mit dem Inkrafttreten dieses Gesetzes tritt alles entgegenstehende oder gleichlautende bayerische Recht außer Kraft. Insbesondere werden außer Kraft gesetzt:
1. Art. 102 Abs. 2 bis 5 des Gesetzes zur Ausführung der Reichsstrafprozeßordnung vom 18. August 1879 (GVBl S. 781),
2. das Gesetz über die Anwendung unmittelbaren Zwangs durch die Polizei vom 22. November 1950 (GVBl S. 239),
3. das Gesetz über gebührenpflichtige Verwarnungen durch die Polizei vom 7. März 1952 (GVBl S. 99)."

Insbesondere der Einleitungssatz dieser Bestimmung hat die auch jetzt noch fortwirkende Bedeutung, daß er alles dem PAG entgegenstehende oder gleichlautende bayerische Recht außer Kraft gesetzt hat. Durch die Verwendung des Ausdrucks „Recht" sollte nach der amtl. Begr. 1954 auch das dem PAG entgegenstehende oder gleichlautende Gewohnheitsrecht außer Kraft gesetzt werden, soweit sich solches Recht in Bayern überhaupt bilden konnte. Wie die amtl. Begr. 1954 ausführt, ginge der Sinn des Gesetzes verloren, wenn nach seinem Erlaß z. B. die Auffassung vertreten werden könnte, neben den Bestimmungen des PAG gelte immer noch eine gewohnheitsrechtliche polizeiliche Generalklausel als Grundlage für Polizeiverordnungen und polizeiliche Befugnisse im Sinne des § 14 Abs. 1 pr. PVG. Für den Ausschluß von etwaigem Gewohnheitsrecht bleibt die oben zitierte altrechtliche Vorschrift von 1954 entscheidend. Daran ändert es nichts, daß durch die Novelle vom 24. August 1978 (GVBl S. 507) eine eingeschränkte Generalklausel in das PAG auf-

---

*) Amtliche Fußnote:
    Diese Vorschrift betrifft das Inkrafttreten des Gesetzes in der ursprünglichen Fassung vom 24. August 1978 (GVBl S. 561). Der Zeitpunkt des Inkrafttretens der späteren Änderungen ergibt sich aus den jeweiligen Änderungsgesetzen.

Art. 78

genommen wurde (Art. 11 Abs. 1). Sie hat keine rückwirkende Kraft, kann nicht als Bestätigung etwaigen früheren Gewohnheitsrechts gedeutet werden und hat auch nicht in das Befugnis- und Verordnungsrecht der Sicherheitsbehörden (s. das LStVG) Eingang gefunden. Sie ermöglicht lediglich der Polizei, sogenannte atypische, gesetzlich nicht besonders geregelte Maßnahmen zu ergreifen, die jedoch generell unterhalb der Schwelle der durch die Art. 12–29 geregelten Befugnisse bleiben müssen. Mit der Bedeutung und Reichweite der Generalklausel des früheren preußischen Polizeirechts ist Art. 11 Abs. 1 PAG daher nur sehr bedingt vergleichbar.

Die **Änderungsgesetze** zum PAG sind wie folgt **in Kraft getreten:**   **3**
1. August 1983 (PAGÄndG),
1. April 1989 (2. PAGÄndG),
1. Oktober 1990 (3. PAGÄndG).
1. Januar 1995 (polVÄndG).

Anhang

Verordnung über die Wahrnehmung von Aufgaben und Befugnissen der „Polizeibehörden" durch die Polizei

vom 16. März 1979 (GVBl S. 85 – BayRS 2012-1-1-1-I)

Auf Grund des Art. 55 *(jetzt Art. 77)* Satz 1 des Polizeiaufgabengesetzes erläßt das Bayerische Staatsministerium des Innern im Einvernehmen mit den Staatsministerien der Justiz, der Finanzen, für Wirtschaft und Verkehr und für Arbeit und Sozialordnung folgende Verordnung:

§ 1

Die Aufgaben und Befugnisse, die in den nachfolgend bezeichneten Vorschriften den „Polizeibehörden" oder den „Behörden des Polizeidienstes" übertragen sind, werden von der Polizei im Sinn des Art. 1 des Polizeiaufgabengesetzes wahrgenommen:

1. § 30 Abs. 2 der Gewerbeordnung
2. § 167 Abs. 2 des Gerichtsverfassungsgesetzes
3. § 131 Abs. 2 Satz 2, § 158 Abs. 1 Satz 1, § 159 Abs. 1, §§ 161, 163 Abs. 1 und 2 Satz 1 der Strafprozeßordnung
4. § 125 a Abs. 1 des Gesetzes über die Angelegenheiten der Freiwilligen Gerichtsbarkeit
5. § 53 des Gesetzes über Ordnungswidrigkeiten
6. § 14 Abs. 1 Satz 2 des Gesetzes über die Arbeitszeit in Bäckereien und Konditoreien vom 29. Juni 1936 (RGBl I S. 521), zuletzt geändert durch Gesetz vom 14. Juli 1976 (BGBl I S. 1801)
7. § 19 des Gesetzes zur Bekämpfung der Geschlechtskrankheiten vom 23. Juli 1953 (BGBl I S. 700), zuletzt geändert durch Gesetz vom 10. August 1978 (BGBl I S. 1217)
8. §§ 44 und 106 Abs. 2 der Ersten Verordnung über Wasser- und Bodenverbände vom 3. September 1937 (BayBS ErgB S. 95)
9. Nummer 40 der Ausführungsverordnung zur Arbeitszeitordnung vom 12. Dezember 1938 (RGBl I S. 1799), zuletzt geändert durch Verordnung vom 18. April 1975 (BGBl I S. 967)
10. § 191 Abs. 4 Nr. 1 des Bundesentschädigungsgesetzes
11. § 11 Abs. 2 Satz 1 des Verwaltungszustellungsgesetzes vom 3. Juli 1952 (BGBl I S. 379), zuletzt geändert durch Gesetz vom 14. Dezember 1976 (BGBl I S. 3341).

§ 2

(1) Diese Verordnung tritt am 1. Mai 1979 in Kraft.

(2) Gleichzeitig tritt die Verordnung über die Wahrnehmung von Aufgaben und Befugnissen der „Polizeibehörden" durch die Polizei vom 29. März 1972 (GVBl S. 167) außer Kraft.

Anhang Nr. 2

2 Zusammenarbeit zwischen Staatsanwaltschaft und Polizei

Bek des Bayer. Staatsministeriums des Innern vom 5. September 1978
Nr. I C 2 – 2100/11-3 (MABl 1978 S. 699)

An die Dienststellen der Bayer. Polizei

1 Nach der Strafprozeßordnung trägt die Staatsanwaltschaft die Verantwortung für das ganze Ermittlungsverfahren. Die Polizei hat der Staatsanwaltschaft auch dann, wenn sie aus eigener Initiative Straftaten erforscht, nach § 163 Abs. 2 Satz 1 StPO ihre Verhandlungen ohne Verzug zu übersenden. Unbeschadet dieser Vorschrift ist die Polizei verpflichtet, die Staatsanwaltschaft sofort von einer Straftat zu unterrichten, sobald eine Anzeige, eine Mitteilung oder durchgeführte Ermittlungen zu der Annahme berechtigten, daß es sich um einen rechtlich oder tatsächlich schwierigen oder sonst bedeutsamen Fall handelt. Das gilt auch dann, wenn „Verhandlungen" im Sinn des § 163 Abs. 2 Satz 1 StPO noch nicht entstanden sind.

2 Bedeutsame Fälle im Sinn der Nummer 1 sind alle Straftaten, die wegen der Schwere der Tat, wegen der Persönlichkeit oder der Stellung der Täter oder der durch die Tat Betroffenen besondere Beachtung verdienen oder bei denen aus sonstigen Gründen damit gerechnet werden muß, daß sie die Öffentlichkeit besonders beschäftigen werden. Hierzu zählen auch Straftaten von besonderer politischer Bedeutung.

Ein bedeutsamer Fall ist demnach insbesondere anzunehmen, wenn der Verdacht der Begehung folgender Straftaten besteht:

2.1 Mord, Totschlag, Kindestötung sowie alle vorsätzlichen Straftaten mit Todesfolge;

2.2 Vergiftung;

2.3 Geiselnahme, Menschenraub, erpresserischer Menschenraub, Verschleppung;

2.4 schwerer Raub sowie Raub in Geldinstituten, Poststellen, öffentlichen Kassen und bei Geldtransporten, ferner räuberische Erpressung, wenn mit der Tötung oder Entführung von Menschen gedroht wird;

2.5 gemeingefährliche Verbrechen gemäß §§ 306 ff. StGB, aber auch Brandfälle und Explosionen von großer Bedeutung, die nicht durch ein Verbrechen hervorgerufen wurden;

2.6 Attentate und Sabotageakte (z. B. Eisenbahnanschläge, Autofallen u. ä.);

2.7 Unfälle von Verkehrsluftfahrzeugen und von sonstigen Luftfahrzeugen mit tödlichem Ausgang;

2.8 Unfälle von öffentlichen Verkehrsmitteln, von Schienen- oder Wasserfahrzeugen sowie Unfälle im Straßenverkehr, jeweils mit tödlichem Ausgang oder mehr als sechs Schwerverletzten;

2.9 Katastrophen und Unglücksfälle von größerem Ausmaß (z. B. Betriebsunfälle mit tödlichem Ausgang, Lawinenunglücke, Unfälle in Kernenergieanlagen);

Anhang Nr. 2

2.10 Einbruch in Geldinstitute oder in Amtsgebäude, sofern die Tat erkennbar darauf abzielte, Informationen oder amtliche Unterlagen zu erlangen;

2.11 Diebstahl von Sprengstoff, Kriegswaffen, größeren Mengen von Munition oder mehr als einer besitzerkartenpflichtigen Waffe; von radioaktiven Stoffen sowie von besonders wertvollen Kunstgegenständen;

2.12 Straftaten der in den Abschnitten 1 und 5 des Besonderen Teils des Strafgesetzbuchs genannten Art;

2.13 Straftaten gegen die öffentliche Ordnung gemäß §§ 125 mit 131 StGB;

2.14 politische Verdächtigung (§ 241 a StGB);

2.15 Münzverbrechen;

2.16 Wirtschaftsstraftaten und Straftaten nach den Umweltschutzbestimmungen von größerem Ausmaß;

2.17 Straftaten, die durch den Inhalt einer Druckschrift begangen werden;

2.18 Straftaten, an denen Persönlichkeiten des öffentlichen Lebens (als Täter oder als Opfer) beteiligt waren.

3 Über Fälle von außergewöhnlicher Bedeutung oder über solche bedeutsamen Fälle, in denen umgehende Maßnahmen der Staatsanwaltschaft angezeigt erscheinen, ist die zuständige Staatsanwaltschaft sofort fernmündlich oder fernschriftlich zu unterrichten.

In anderen Fällen ist die Staatsanwaltschaft schriftlich entsprechend des Rundschreibens des Bayer. Staatsministeriums des Innern vom 7. Oktober 1975 Nr. I C 5–2305/103–11 über Meldung wichtiger Ereignisse (WE-Meldungen) zu unterrichten; dabei sind für sie jene Zusätze beizufügen, die zu einer sachgemäßen Unterrichtung im Hinblick auf die Strafverfolgung erforderlich sind.

4 Die Pflicht der Polizei, die erforderlichen Ermittlungen von sich aus weiterzuführen, bleibt unberührt.

Unberührt bleibt auch die Anzeigepflicht beim Auffinden von Leichen nach § 159 StPO und nach der Gemeinsamen Bekanntmachung der Bayer. Staatsministerien der Justiz, des Inneren und der Finanzen über das Verfahren bei Anhaltspunkten für einen nicht natürlichen Todesfall und bei Auffinden von unbekannten Leichen vom 23. Februar 1973 (MABl S. 181).

5 Diese Bek ergeht im Einvernehmen mit dem Bayer. Staatsministerium der Justiz. Sie steht weitergehenden örtlichen Regelungen nicht entgegen.

6 Die Bek über die Zusammenarbeit zwischen Staatsanwaltschaft und Polizei vom 1. Juli 1959 (MABl S. 494) wird aufgehoben.

Anhang Nr. 3

Vorbemerkung zu den Nrn 3 und 4

Das PAG regelt in seinem V. Abschnitt die Voraussetzungen, die Mittel und das Verfahren für das Erzwingen von Handlungen, Duldungen und Unterlassungen von Personen, die durch eine entsprechende polizeiliche Maßnahme betroffen sind (Zwangsanwendung). Demgegenüber regelt das BGSG zwar Art und Voraussetzungen bestimmter polizeilicher Befugnisse des Bundesgrenzschutzes, nicht jedoch deren zwangsweise Durchsetzung. Hierfür sind maßgebend das UZwG des Bundes und die dazu ergangene Allgemeine Verwaltungsvorschrift des Bundesministers des Innern, deren geltende Fassung allerdings bisher nicht auf die geltende Gesetzeslage abgestimmt ist. Beide bundesrechtlichen Vorschriften wurden deshalb als Nrn 3 und 4 in den Anhang aufgenommen.

3 Gesetz über den unmittelbaren Zwang bei Ausübung öffentlicher Gewalt durch Vollzugsbeamte des Bundes (UZwG)

vom 10. März 1961 (BGBl I S. 165), geändert durch Art. 17 Erstes G zur Reform des Strafrechts vom 25. Juni 1969 (BGBl I S. 645), Art. 37 und Art. 326 Abs. 5 Nr. 6 EGStGB vom 2. März 1974 (BGBl I S. 469), durch Art. 3 des Gesetzes zur Änderung des Strafvollzugsgesetzes vom 20. Dezember 1984 (BGBl I S. 1654), Art. 5 Zehntes G zur Änderung des Luftverkehrsgesetzes vom 23. Juli 1992 (BGBl I S. 1370) und Art. 6 Abs. 7 EisenbahnneuordnungsG – ENeuOG – v. 27. 12. 1993 (BGBl I S. 2378)

Inhaltsübersicht

Erster Abschnitt
Allgemeine Vorschriften über den unmittelbaren Zwang

§
1 Rechtliche Grundlagen
2 Begriffsbestimmungen
3 Einschränkung von Grundrechten
4 Grundsatz der Verhältnismäßigkeit
5 Hilfeleistung für Verletzte
6 Vollzugsbeamte des Bundes
7 Handeln auf Anordnung

Zweiter Abschnitt
Besondere Vorschriften für Fesselung und den Gebrauch von Schußwaffen und Explosivmitteln

8 Fesselung von Personen
9 Zum Gebrauch von Schußwaffen Berechtigte
10 Schußwaffengebrauch gegen Personen
11 Schußwaffengebrauch im Grenzdienst
12 Besondere Vorschriften für den Schußwaffengebrauch
13 Androhung
14 Explosivmittel

Anhang Nr. 3

Dritter Abschnitt
Schlußvorschriften

15 Notstandsfall
16 Beamtenrechtliche Rahmenvorschrift
17 Vollzugsbeamte im Land Berlin
18 Verwaltungsvorschriften
19 Berlin-Klausel
20 Inkrafttreten

Der Bundestag hat das folgende Gesetz beschlossen:

Erster Abschnitt
Allgemeine Vorschriften über den unmittelbaren Zwang

§ 1
Rechtliche Grundlagen

(1) Die Vollzugsbeamten des Bundes haben bei der in rechtmäßiger Ausübung ihres Dienstes zulässigen Anwendung unmittelbaren Zwanges nach den Vorschriften dieses Gesetzes zu verfahren.

(2) Soweit andere Gesetze Vorschriften über die Art der Anwendung unmittelbaren Zwanges erhalten, bleiben sie unberührt.

§ 2
Begriffsbestimmungen

(1) Unmittelbarer Zwang ist die Einwirkung auf Personen oder Sachen durch körperliche Gewalt, ihre Hilfsmittel und durch Waffen.

(2) Körperliche Gewalt ist jede unmittelbare körperliche Einwirkung auf Personen oder Sachen.

(3) Hilfsmittel der körperlichen Gewalt sind insbesondere Fesseln, Wasserwerfer, technische Sperren, Diensthunde, Dienstpferde und Dienstfahrzeuge.

(4) Waffen sind die dienstlich zugelassenen Hieb- und Schußwaffen, Reizstoffe und Explosivmittel.

§ 3
Einschränkung von Grundrechten

Soweit rechtmäßig unmittelbarer Zwang bei Ausübung öffentlicher Gewalt angewendet wird, werden die in Artikel 2 Abs. 2 Satz 1 und 2, Artikel 13 Abs. 1 des Grundgesetzes für die Bundesrepublik Deutschland geschützten Grundrechte auf Leben, körperliche Unversehrtheit, Freiheit der Person und Unverletzlichkeit der Wohnung eingeschränkt.

Anhang Nr. 3

§ 4
Grundsatz der Verhältnismäßigkeit

(1) Die Vollzugsbeamten haben bei der Anwendung unmittelbaren Zwanges unter mehreren möglichen und geeigneten Maßnahmen diejenigen zu treffen, die den einzelnen und die Allgemeinheit am wenigsten beeinträchtigen.

(2) Ein durch eine Maßnahme des unmittelbaren Zwanges zu erwartender Schaden darf nicht erkennbar außer Verhältnis zu dem beabsichtigten Erfolg stehen.

§ 5
Hilfeleistung für Verletzte

Wird unmittelbarer Zwang angewendet, ist Verletzten, soweit es nötig ist und die Lage es zuläßt, Beistand zu leisten und ärztliche Hilfe zu verschaffen.

§ 6
Vollzugsbeamte des Bundes

Vollzugsbeamte des Bundes nach diesem Gesetz sind
1. die Polizeivollzugsbeamten des Bundes (§ 1 des Bundespolizeibeamtengesetzes vom 19. Juli 1960 – Bundesgesetzbl. I S. 569);
2. die Beamten des Zollgrenzdienstes (Grenzaufsichtsdienst und Grenzabfertigungsdienst), des Zollfahndungsdienstes, des Bewachungs- und Begleitdienstes und die übrigen Beamten der Bundesfinanzbehörden, die mit Vollzugsaufgaben betraut sind;
3. *(aufgehoben)*
4. die Beamten der Wasser- und Schiffahrtsverwaltung des Bundes mit strom- und schiffahrtspolizeilichen Befugnissen;
5. *(aufgehoben)*
6. die Beamten der Bundesanstalt für den Güterfernverkehr, soweit sie mit Ermittlungsaufgaben nach den §§ 54 ff. des Güterkraftverkehrsgesetzes vom 17. Oktober 1952 (Bundesgesetzbl. I S. 697) betraut sind;
7. die Beamten der Bundesgerichte und der Behörden der Bundesjustizverwaltung, die mit Vollzugs- und Sicherungsaufgaben betraut sind;
8. andere Personen, die durch die zuständigen Bundesbehörden mit Aufgaben betraut sind, die den unter den Nummern 1 bis 7 aufgeführten Beamten obliegen;
9. die der Dienstgewalt von Bundesbehörden unterstehenden Personen, die mit Aufgaben der Strafverfolgung oder der Verfolgung von Ordnungswidrigkeiten im Sinne des Gesetzes über Ordnungswidrigkeiten betraut sind, wenn sie sich in Ausübung dieser Tätigkeit im Vollzugsdienst befinden.

§ 7
Handeln auf Anordnung

(1) Vollzugsbeamte sind verpflichtet, unmittelbaren Zwang anzuwenden, der im Vollzugsdienst von ihren Vorgesetzten oder einer sonst dazu befugten Person angeordnet

wird. Dies gilt nicht, wenn die Anordnung die Menschenwürde verletzt oder nicht zu dienstlichen Zwecken erteilt worden ist.

(2) Eine Anordnung darf nicht befolgt werden, wenn dadurch eine Straftat begangen würde. Befolgt der Vollzugsbeamte die Anordnung trotzdem, so trifft ihn eine Schuld nur, wenn er erkennt oder wenn es nach den ihm bekannten Umständen offensichtlich ist, daß dadurch eine Straftat begangen wird.

(3) Bedenken gegen die Rechtmäßigkeit der Anordnung hat der Vollzugsbeamte dem Anordnenden gegenüber vorzubringen, soweit das nach den Umständen möglich ist.

(4) § 56 Abs. 2 und 3 des Bundesbeamtengesetzes in der Fassung der Bekanntmachung vom 17. Juli 1971 (Bundesgesetzbl. I S. 1181) ist nicht anzuwenden.

Zweiter Abschnitt
Besondere Vorschriften für Fesselung und den Gebrauch von Schußwaffen und Explosivmitteln

§ 8
Fesselung von Personen

Wer im Gewahrsam von Vollzugsbeamten ist, darf gefesselt werden, wenn

1. die Gefahr besteht, daß er die Vollzugsbeamten oder Dritte angreift, oder wenn er Widerstand leistet;
2. er zu fliehen versucht oder wenn bei Würdigung aller Tatsachen, besonders der persönlichen Umstände, die einer Flucht entgegenstehen, zu befürchten ist, daß er sich aus dem Gewahrsam befreien wird;
3. Selbstmordgefahr besteht.

§ 9
Zum Gebrauch von Schußwaffen Berechtigte

Bei Anwendung unmittelbaren Zwanges ist der Gebrauch von Schußwaffen nur gestattet

1. den Polizeivollzugsbeamten des Bundes (§ 1 des Bundespolizeibeamtengesetzes vom 19. Juli 1960 – Bundesgesetzblatt I S. 569);
2. den Beamten des Grenzaufsichtsdienstes und denen des Grenzabfertigungsdienstes, wenn sie Grenzaufsichtsdienst verrichten, des Zollfahndungsdienstes und des Bewachungs- und Begleitdienstes;
3. den Beamten der hauptamtlichen Bahnpolizei;
4. den Beamten der Wasser- und Schiffahrtsverwaltung des Bundes mit strom- und schiffahrtspolizeilichen Befugnissen nach näherer Anweisung des Bundesministers für Verkehr;
5. *(aufgehoben)*
6. den mit Vollzugs- und Sicherungsaufgaben betrauten Beamten der Bundesgerichte und der Behörden der Bundesjustizverwaltung;

Anhang Nr. 3

7. anderen Personen, die durch die zuständigen Bundesbehörden mit Aufgaben betraut sind, die den unter den Nummern 1 bis 6 aufgeführten Beamten obliegen;
8. den der Dienstgewalt von Bundesbehörden unterstehenden Personen, die mit Aufgaben der Strafverfolgung betraut sind, wenn sie sich in Ausübung dieser Tätigkeit im Vollzugsdienst befinden.

§ 10
Schußwaffengebrauch gegen Personen

(1) Schußwaffen dürfen gegen einzelne Personen nur gebraucht werden,

1. um die unmittelbar bevorstehende Ausführung oder die Fortsetzung einer rechtswidrigen Tat zu verhindern, die sich den Umständen nach

    a) als ein Verbrechen

    oder

    b) als ein Vergehen, das unter Anwendung oder Mitführung von Schußwaffen oder Sprengstoffen begangen werden soll oder ausgeführt wird,

    darstellt;

2. um eine Person, die sich der Festnahme oder der Feststellung ihrer Person durch die Flucht zu entziehen versucht, anzuhalten, wenn sie

    a) bei einer rechtswidrigen Tat auf frischer Tat betroffen wird, die sich den Umständen nach als ein Verbrechen darstellt oder als ein Vergehen, das unter Anwendung oder Mitführung von Schußwaffen oder Sprengstoffen begangen wird,

    b) eines Verbrechens dringend verdächtig ist oder

    c) eines Vergehens dringend verdächtig ist und Anhaltspunkte befürchten lassen, daß sie von einer Schußwaffe oder einem Sprengstoff Gebrauch machen werde;

3. zur Vereitelung der Flucht oder zur Wiederergreifung einer Person, die sich in amtlichem Gewahrsam befindet oder befand

    a) zur Verbüßung einer Freiheitsstrafe wegen einer Straftat mit Ausnahme des Strafarrestes,

    b) zum Vollzug der Unterbringung in der Sicherungsverwahrung,

    c) wegen des dringenden Verdachts eines Verbrechens,

    d) auf Grund richterlichen Haftbefehls oder

    e) sonst wegen des dringenden Verdachts eines Vergehens, wenn zu befürchten ist, daß sie von einer Schußwaffe oder einem Sprengstoff Gebrauch machen werde;

4. gegen eine Person, die mit Gewalt einen Gefangenen oder jemanden, dessen Unterbringung in

    a) der Sicherungsverwahrung (§ 66 des Strafgesetzbuches),

    b) einem psychiatrischen Krankenhaus (§ 63 des Strafgesetzbuches, § 126 a der Strafprozeßordnung) oder

    c) einer Entziehungsanstalt (§ 64 des Strafgesetzbuches, § 126 a der Strafprozeßordnung)

    angeordnet ist, aus dem amtlichen Gewahrsam zu befreien versucht.

(2) Schußwaffen dürfen gegen eine Menschenmenge nur dann gebraucht werden, wenn von ihr oder aus ihr heraus Gewalttaten begangen werden oder unmittelbar bevorstehen und Zwangsmaßnahmen gegen einzelne nicht zum Ziele führen oder offensichtlich keinen Erfolg versprechen.

(3) Das Recht zum Gebrauch von Schußwaffen auf Grund anderer gesetzlicher Vorschriften bleibt unberührt.

§ 11
Schußwaffengebrauch im Grenzdienst

(1) Die in § 9 Nr. 1, 2, 7 und 8 genannten Vollzugsbeamten können im Grenzdienst Schußwaffen auch gegen Personen gebrauchen, die sich der wiederholten Weisung, zu halten oder die Überprüfung ihrer Person oder der etwa mitgeführten Beförderungsmittel und Gegenstände zu dulden, durch die Flucht zu entziehen versuchen. Ist anzunehmen, daß die mündliche Weisung nicht verstanden wird, so kann sie durch einen Warnschuß ersetzt werden.

(2) Als Grenzdienst gilt auch die Durchführung von Bundes- und Landesaufgaben, die den in Absatz 1 bezeichneten Personen im Zusammenhang mit dem Grenzdienst übertragen sind.

§ 12
Besondere Vorschriften für den Schußwaffengebrauch

(1) Schußwaffen dürfen nur gebraucht werden, wenn andere Maßnahmen des unmittelbaren Zwanges erfolglos angewendet sind oder offensichtlich keinen Erfolg versprechen. Gegen Personen ist ihr Gebrauch nur zulässig, wenn der Zweck nicht durch Waffenwirkung gegen Sachen erreicht wird.

(2) Der Zweck des Schußwaffengebrauchs darf nur sein, angriffs- oder fluchtunfähig zu machen. Es ist verboten, zu schießen, wenn durch den Schußwaffengebrauch für die Vollzugsbeamten erkennbar Unbeteiligte mit hoher Wahrscheinlichkeit gefährdet werden, außer wenn es sich beim Einschreiten gegen eine Menschenmenge (§ 10 Abs. 2) nicht vermeiden läßt.

(3) Gegen Personen, die sich dem äußeren Eindruck nach im Kindesalter befinden, dürfen Schußwaffen nicht gebraucht werden.

§ 13
Androhung

(1) Die Anwendung von Schußwaffen ist anzudrohen. Als Androhung gilt auch die Abgabe eines Warnschusses. Einer Menschenmenge gegenüber ist die Androhung zu wiederholen.

(2) Der Einsatz von Wasserwerfern und Dienstfahrzeugen gegen eine Menschenmenge ist anzudrohen.

§ 14
Explosivmittel

Die Vorschriften der §§ 9 bis 13 gelten entsprechend für den Gebrauch von Explosivmitteln.

Anhang Nr. 3

Dritter Abschnitt
Schlußvorschriften

§ 15
Notstandsfall

(1) Unterstellt die Bundesregierung die Polizei eines Landes oder mehrerer Länder nach Artikel 91 Abs. 2 des Grundgesetzes für die Bundesrepublik Deutschland ihren Weisungen, so gilt dieses Gesetz auch für die unterstellten Polizeikräfte.

(2) Die Vorschrift des Absatzes 1 gilt nicht im Land Berlin.

§ 16
Beamtenrechtliche Rahmenvorschrift

Für die Vollzugsbeamten der Länder kann durch Landesgesetz eine dem Grundsatz des § 7 dieses Gesetzes entsprechende Regelung getroffen werden.

§ 17
Vollzugsbeamte im Land Berlin

Dieses Gesetz findet entsprechende Anwendung auf die Vollzugsbeamten, die unter das Gesetz zur Regelung der Rechtsverhältnisse der in einzelnen Verwaltungszweigen des Landes Berlin beschäftigten Personen vom 26. April 1957 (Bundesgesetzbl. I S. 397) fallen.

§ 18
Verwaltungsvorschriften

Die allgemeinen Verwaltungsvorschriften zu diesem Gesetz erläßt der Bundesminister des Innern für seinen Geschäftsbereich; die anderen Bundesminister erlassen sie für ihre Geschäftsbereiche im Einvernehmen mit dem Bundesminister des Innern.

§ 19
Berlin-Klausel

(gegenstandslos)

§ 20
Inkrafttreten

(1) Dieses Gesetz tritt am 1. April 1961 in Kraft.

(2) Gleichzeitig tritt das Gesetz über den Waffengebrauch des Grenzaufsichtspersonals der Reichsfinanzverwaltung vom 2. Juli 1921 (Reichsgesetzbl. S. 935) außer Kraft.

Allgemeine Verwaltungsvorschrift des Bundesministers des Innern zum Gesetz über den unmittelbaren Zwang bei Ausübung öffentlicher Gewalt durch Vollzugsbeamte des Bundes (UZwVwV – BMI)

vom 18. Januar 1974 (GMBl 1974 S. 55) in der Fassung der gleichnamigen Vorschrift vom 3. September 1975 (GMBl 1975 S. 630) und vom 19. Dezember 1975 (GMBl 1976 S. 27)

Nach § 18 des Gesetzes über den unmittelbaren Zwang bei Ausübung öffentlicher Gewalt durch Vollzugsbeamte des Bundes vom 10. März 1961 (Bundesgesetzbl. I S. 165), geändert durch Artikel 17 des Ersten Gesetzes zur Reform des Strafrechts vom 25. Juni 1969 (Bundesgesetzbl. I S. 645) wird folgende allgemeine Verwaltungsvorschrift erlassen:

I.
Rechtliche Grundlagen

(Zu § 1)

(1) Vollzugsbeamte im Sinne des Gesetzes über den unmittelbaren Zwang bei Ausübung öffentlicher Gewalt durch Vollzugsbeamte des Bundes können aufgrund einer gesetzlichen Ermächtigung in Wahrnehmung hoheitlicher Aufgaben von einer Person ein Handeln, Dulden oder Unterlassen verlangen und erforderlichenfalls erzwingen.

(2) Die gesetzliche Ermächtigung, ein Handeln, Dulden oder Unterlassen zu verlangen, ergibt sich

1. für die Polizeivollzugsbeamten im Bundeskriminalamt
   a) bei Verfolgung von Straftaten aus § 5 Abs. 2 und 3, § 8 Abs. 1 des Gesetzes über die Einrichtung eines Bundeskriminalpolizeiamtes (Bundeskriminalamtes) in der Fassung der Bekanntmachung vom 29. Juni 1973 (Bundesgesetzbl. I S. 704), zuletzt geändert durch Artikel 8 Nr. III des Ersten Gesetzes zur Reform des Strafverfahrensrechts vom 9. Dezember 1974 (Bundesgesetzbl. I S. 3393, 3413),
   b) bei der Wahrnehmung polizeilicher Schutzaufgaben aus § 9 Abs. 1 und 3 des Gesetzes über die Einrichtung eines Bundeskriminalpolizeiamtes (Bundeskriminalamtes);
2. für die Polizeivollzugsbeamten im Bundesgrenzschutz
   a) bei Durchführung des Grenzschutzes aus § 1 Nr. 1 in Verbindung mit den §§ 2 und 10 bis 33 des Gesetzes über den Bundesgrenzschutz vom 18. August 1972 (Bundesgesetzbl. I S. 1834), zuletzt geändert durch Artikel 2 des Achten Gesetzes zur Änderung des Wehrsoldgesetzes vom 2. September 1974 (Bundesgesetzbl. I S. 2152),
   b) beim Einsatz zur Abwehr einer drohenden Gefahr für den Bestand oder die freiheitliche demokratische Grundordnung des Bundes oder eines Landes nach Arti-

kel 91 Abs. 2 Satz 1 des Grundgesetzes für die Bundesrepublik Deutschland aus § 3 Abs. 1 in Verbindung mit den §§ 10 bis 32 des Gesetzes über den Bundesgrenzschutz,

c) im Verteidigungsfall beim Einsatz nach Artikel 115 f. Abs. 1 Nr. 1 des Grundgesetzes aus § 3 Abs. 2 in Verbindung mit den §§ 10 bis 32 des Gesetzes über den Bundesgrenzschutz,

d) bei der Sicherung von Bundesorganen aus § 4 in Verbindung mit den §§ 10 bis 32 des Gesetzes über den Bundesgrenzschutz,

e) bei der Sicherung von Einrichtungen des Bundesgrenzschutzes aus § 5 in Verbindung mit den §§ 10 bis 32 des Gesetzes über den Bundesgrenzschutz,

f) bei Maßnahmen auf hoher See aus § 6 in Verbindung mit den §§ 10 bis 32 des Gesetzes über den Bundesgrenzschutz unter Berücksichtigung der jeweils anzuwendenden Vorschriften des Völkerrechts,

g) bei der Erfüllung von Aufgaben

aa) nach § 4 Abs. 1 sowie den §§ 5 und 10 des Gesetzes zur vorläufigen Regelung der Rechte am Festlandsockel vom 24. Juli 1964 (Bundesgesetzbl. I S. 497), zuletzt geändert durch das Gesetz zur Änderung des Gesetzes zur vorläufigen Regelung der Rechte am Festlandsockel vom 2. September 1974 (Bundesgesetzbl. I S. 2149),

bb) nach § 20 Abs. 4 bis 7 des Ausländergesetzes vom 28. April 1965 (Bundesgesetzbl. I S. 353), zuletzt geändert durch Artikel 3 des Gesetzes zur Änderung des Arbeitsförderungsgesetzes und Arbeitnehmerüberlassungsgesetzes vom 25. Juni 1975 (Bundesgesetzbl. I S. 1542),

cc) nach § 4 Abs. 5 und 6 der Verordnung zur Durchführung des Ausländergesetzes in der Fassung der Bekanntmachung vom 12. März 1969 (Bundesgesetzbl. I S. 206), zuletzt geändert durch die Siebente Verordnung zur Änderung der Verordnung zur Durchführung des Ausländergesetzes vom 11. Juli 1975 (Bundesgesetzbl. I S. 1911),

dd) nach § 2 Abs. 1 Nr. 10 und § 3 der Verordnung zur Durchführung des Gesetzes über das Paßwesen vom 12. Juni 1967 (Bundesgesetzbl. I S. 598), geändert durch die Verordnung zur Durchführung des Gesetzes über das Paßwesen vom 29. Januar 1969 (Bundesgesetzbl. I S. 93),

ee) nach den §§ 2 und 5 der Verordnung zur Durchführung der Internationalen Gesundheitsvorschriften vom 25. Juli 1969 im Luftverkehr vom 11. November 1971 (Bundesgesetzbl. I S. 1809), zuletzt geändert durch die zweite Verordnung zur Änderung der Verordnung zur Durchführung der Internationalen Gesundheitsvorschriften vom 25. Juli 1969 im Luftverkehr vom 13. Dezember 1974 (Bundesgesetzbl. I S. 3519),

ff) nach § 27 Abs. 7 des Waffengesetzes vom 19. September 1972 (Bundesgesetzbl. I S. 1797), zuletzt geändert durch Artikel 181 des Einführungsgesetzes zum Strafgesetzbuch,

gg) nach § 14 Abs. 6 Satz 1 des Sprengstoffgesetzes vom 25. August 1969 (Bundesgesetzbl. I S. 1358, 1970 I S. 224), zuletzt geändert durch § 12 Abs. 7 des Gesetzes über die Beförderung gefährlicher Güter vom 6. August 1975 (Bundesgesetzbl. I S. 705), hh) nach § 46 Abs. 4 Satz 2 des Außenwirtschaftsgesetzes vom 28. April 1961 (Bundesgesetzbl. I S. 481), zuletzt geändert durch Artikel 21 des Zuständigkeitsanpassungs-Gesetzes vom 18. März 1975 (Bundesgesetzbl. I S. 705),

ii) nach § 103 a des Güterkraftverkehrsgesetzes in der Fassung der Bekanntmachung vom 6. August 1975 (Bundesgesetzbl. I S. 2132),

kk) nach Artikel 3 des Gesetzes zu dem Europäischen Übereinkommen vom 30. September 1957 über die internationale Beförderung gefährlicher Güter auf der Straße vom 18. August 1969 (Bundesgesetzbl. II S. 1489),

aus den unter aa) bis kk) genannten Vorschriften und den §§ 10 bis 32 des Gesetzes über den Bundesgrenzschutz, soweit die unter aa) bis kk) genannten Vorschriften nicht inhaltsgleiche oder entgegenstehende Bestimmungen enthalten.

(3) Die gesetzliche Ermächtigung, ein Handeln, Dulden oder Unterlassen zu erzwingen, ergibt sich für die Vollzugsbeamten des Bundes aus dem Verwaltungs-Vollstreckungsgesetz vom 27. April 1953 (Bundesgesetzbl. I S. 157), zuletzt geändert durch Artikel 36 des Einführungsgesetzes zum Strafgesetzbuch vom 2. März 1974 (Bundesgesetzbl. I S. 469).

(4) Gesetzliche Ermächtigungen, ein Handeln, Dulden oder Unterlassen zu verlangen und zu erzwingen, ergeben sich für Vollzugsbeamte des Bundes, zu deren Dienstpflichten die Verfolgung von Straftaten und von Ordnungswidrigkeiten gehört, auch aus der Strafprozeßordnung und aus dem Gesetz über Ordnungswidrigkeiten.

(5) Für die Polizeivollzugsbeamten im Bundesgrenzschutz ergeben sich gesetzliche Ermächtigungen, ein Handeln, Dulden oder Unterlassen zu verlangen und zu erzwingen aus dem für die Polizei des Landes maßgebenden Recht, wenn der Bundesgrenzschutz zur Unterstützung der Polizei eines Landes verwendet wird

1. auf Anforderung der zuständigen Landesbehörde nach Artikel 35 Abs. 2 Satz 1 des Grundgesetzes zur Aufrechterhaltung oder Wiederherstellung der öffentlichen Sicherheit oder Ordnung in Fällen von besonderer Bedeutung, soweit die Polizei des Landes ohne diese Unterstützung eine Aufgabe nicht oder nur unter erheblichen Schwierigkeiten erfüllen könnte,

2. zur Hilfe bei einer Naturkatastrophe oder einem besonders schweren Unglücksfall nach Artikel 35 Abs. 2 Satz 2 und Abs. 3 des Grundgesetzes,

3. zur Abwehr einer drohenden Gefahr für den Bestand oder die freiheitliche demokratische Grundordnung des Bundes oder eines Landes nach Artikel 91 Abs. 1 des Grundgesetzes.

In diesen Fällen sind das Gesetz über den unmittelbaren Zwang bei Ausübung öffentlicher Gewalt durch Vollzugsbeamte des Bundes und die allgemeine Verwaltungsvorschrift nicht anwendbar; es gelten vielmehr die entsprechenden Vorschriften des Landes, in dem der Bundesgrenzschutz eingesetzt wird.

(6) Die Befugnis der Vollzugsbeamten bei den Grenzschutzkommandos, den Verbänden und Einheiten des Bundesgrenzschutzes sowie bei der Grenzschutzschule, mit dem Beginn eines bewaffneten Konflikts zur Abwehr mit militärischen Mitteln geführter Angriffe gegen das Bundesgebiet Waffen nach den Grundsätzen des Kriegsvölkerrechts zu gebrauchen, bleibt unberührt (§ 64 des Gesetzes über den Bundesgrenzschutz).

Anhang Nr. 4

II.
Zur Anwendung unmittelbaren Zwanges befugte Personen

(Zu § 6 Nr. 1, § 9 Nr. 1)

(1) Im Geschäftsbereich des Bundesministers des Innern sind Vollzugsbeamte im Sinne des Gesetzes über den unmittelbaren Zwang bei Ausübung öffentlicher Gewalt durch Vollzugsbeamte des Bundes die in der Verordnung zu § 1 Abs. 1 des Bundespolizeibeamtengesetzes vom 30. Mai 1969 (Bundesgesetzbl. I S. 474), geändert durch die Verordnung zur Änderung der Verordnung zu § 1 Abs. 1 des Bundespolizeibeamtengesetzes vom 10. Juli 1974 (Bundesgesetzbl. I S. 1268) aufgeführten Polizeivollzugsbeamten im Bundesgrenzschutz, im Bundeskriminalamt und im Bundesministerium des Innern.

(Zu § 6 Nr. 8, § 9 Nr. 7)

(2) Mit der Wahrnehmung der Aufgaben von Polizeivollzugsbeamten im Bundesgrenzschutz werden hiermit betraut

1. die Verwaltungsbeamten bei den Verbänden des Bundesgrenzschutzes, soweit sie zum Tragen von Dienstkleidung berechtigt sind,
2. die Verwaltungsbeamten im Grenzschutzdienst.

Diese Beamten dürfen erforderlichenfalls auch unmittelbaren Zwang anwenden. Sie sind insoweit Vollzugsbeamte nach dem Gesetz über den unmittelbaren Zwang bei Ausübung öffentlicher Gewalt durch Vollzugsbeamte des Bundes.

(3) In den Fällen des Abschnitts I Abs. 5 sollen die in Absatz 2 genannten Beamten unmittelbaren Zwang auch nach landesrechtlichen Vorschriften nicht anwenden.

III.
Anwendung unmittelbaren Zwanges auf Anordnung

(Zu § 7)

(1) Werden im Vollzugsdienst mehrere Vollzugsbeamte gemeinsam tätig, so ist der den Einsatz leitende Vollzugsbeamte befugt, unmittelbaren Zwang anzuordnen oder einzuschränken. Ist ein den Einsatz leitender Vollzugsbeamter nicht bestimmt oder fällt er aus, ohne daß ein Vertreter bestellt ist, so tritt der anwesende Dienstranghöchste, bei gleichem Dienstrang und Dienstalter der der Geburt nach älteste Vollzugsbeamte an seine Stelle. Ist dies in drängender Lage nicht sofort feststellbar, darf jeder der hiernach in Betracht kommenden Vollzugsbeamten die Führung einstweilen übernehmen. Die Übernahme der Führung ist bekanntzugeben.

(2) Das Recht höherer Vorgesetzter, unmittelbaren Zwang anzuordnen oder einzuschränken, bleibt unberührt.

(3) Befindet sich der Anordnende nicht am Ort des Vollzuges, so darf er unmittelbaren Zwang nur anordnen, wenn er sich ein so genaues Bild von den am Ort des Vollzuges herrschenden Verhältnissen verschafft hat, daß ein Irrtum über die Voraussetzungen der Anwendung des unmittelbaren Zwanges nicht zu befürchten ist. Ändern sich zwi-

schen der Anordnung und ihrer Ausführung die tatsächlichen Verhältnisse und kann der Anordnende vor der Ausführung nicht mehr verständigt werden, so entscheidet der örtlich leitende Vollzugsbeamte über die Anwendung unmittelbaren Zwanges. Der Anordnende ist unverzüglich zu verständigen. Der Gebrauch von Schußwaffen darf nur an Ort und Stelle angeordnet werden.

(4) Die Anwendung des unmittelbaren Zwanges kann auch von einer sonst dazu befugten Person angeordnet werden, z. B. von der Staatsanwaltschaft im Rahmen der Allgemeinen Verfügung über die Anwendung unmittelbaren Zwanges durch Polizeibeamte auf Anordnung des Staatsanwalts vom 5. Dezember 1973 (Bundesanzeiger Nr. 240 vom 22. Dezember 1973, S. 1).

IV.
Gebrauch von Hilfsmitteln der körperlichen Gewalt, Reizstoffen und Hiebwaffen

(Zu § 2, § 4)

(1) Diensthunde müssen für ihre Aufgaben abgerichtet sein; sie dürfen nur von einem ausgebildeten Diensthundführer eingesetzt werden. Dienstpferde dürfen nur von ausgebildeten Reitern eingesetzt werden. Zum Abdrängen einer Menschenmenge dürfen Dienstpferde nur gebraucht werden, wenn ihre Abrichtung diese Verwendung umfaßt hat. Einzelheiten der Abrichtung und des Einsatzes von Diensthunden und Dienstpferden regeln Dienstvorschriften.

(2) Dienstfahrzeuge dürfen gegen Personen eingesetzt werden, um Straßen, Plätze oder andere Geländeteile zu räumen. Der Einsatz ist nicht zulässig in der Absicht, Menschen zu verletzen.

(3) Zum Absperren von Straßen, Plätzen oder anderen Geländeteilen ist die Verwendung dafür geeigneter Hilfsmittel, z. B. von Seilen, Draht, Stacheldraht, Spanischen Reitern, Dienstfahrzeugen, Nagelböden oder -bändern zulässig.

(4) Wasserwerfer dürfen gegen Personen ihrer Bestimmung gemäß eingesetzt werden, wenn körperliche Gewalt keinen Erfolg verspricht oder untunlich ist und angestrebt wird, die Anwendung von Waffen zu vermeiden. Der Einsatz von Wasserwerfern ist insbesondere zulässig, wenn eine Menschenmenge aufgelöst werden soll, weil sie die polizeilichen Weisungen nicht befolgt. Die Vorschriften der Sätze 1 und 2 gelten auch für den Einsatz von Wasser aus anderen Wasserspritzen oder aus ortsfesten Anlagen.

(5) Reizstoffe, z. B. Tränengas, dürfen nur gebraucht werden, wenn der Einsatz körperlicher Gewalt oder ihre Hilfsmittel keinen Erfolg versprechen oder untunlich ist und angestrebt wird, den Gebrauch anderer Waffen zu vermeiden. Der Gebrauch von Reizstoffen ist insbesondere zulässig gegen eine unfriedliche Menschenmenge, die sich den polizeilichen Weisungen widersetzt. In geschlossenen Räumen dürfen Reizstoffe nur gegen Personen gebraucht werden, die sich gegen eine Festnahme gewaltsam, insbesondere mit Waffen, zur Wehr setzen.

(6) Werden Hiebwaffen gebraucht, so sollen die Schläge gegen Arme oder Beine gerichtet werden.

Anhang Nr. 4

V.
Besondere Vorschriften für die Fesselung

(Zu § 8)

(1) Gewahrsam im Sinne von § 8 des Gesetzes über den unmittelbaren Zwang ist jede Freiheitsentziehung auf gesetzlicher Grundlage. Gewahrsam ist daher z. B. die polizeiliche Ingewahrsamnahme nach § 20 des Gesetzes über den Bundesgrenzschutz, die vorläufige Festnahme nach § 127 der Strafprozeßordnung und die Mitnahme einer Person zur Dienststelle nach § 17 Abs. 2 des Gesetzes über den Bundesgrenzschutz.

(2) Gefesselt werden soll mit den als Hilfsmittel der körperlichen Gewalt zugewiesenen Fesseln. Stehen solche Hilfsmittel nicht zur Verfügung, können sonstige geeignete Fesselungsmittel benutzt werden. Sind auch diese nicht vorhanden oder reichen sie nicht aus, so ist der mit der Fesselung verfolgte Zweck auf andere Weise anzustreben (z. B. durch Abnahme der Hosenträger, der Schnürsenkel).

(3) Mehrere Personen sollen nicht zusammengeschlossen werden, wenn ein Nachteil für Ermittlungen in einer Strafsache zu befürchten ist oder wenn für eine dieser Personen die Zusammenschließung eine Gesundheitsgefährdung zur Folge haben oder eine erniedrigende Behandlung bedeuten würde.

(4) Personen verschiedenen Geschlechts sollen nach Möglichkeit nicht zusammengeschlossen werden.

(5) Bei strenger Kälte ist darauf zu achten, daß die Hände der Gefesselten vor Frost geschützt sind.

VI.
Ausstattung des Bundesgrenzschutzes und des Bundeskriminalamtes mit Waffen

(Zu § 2 Abs. 4)

(1) Im Bundesgrenzschutz sind zugelassen:

1. In den Verbänden des Bundesgrenzschutzes

   Schlagstöcke
   Reizstoffe
   Pistolen
   Revolver
   Gewehre
   Maschinenpistolen
   Maschinengewehre
   Schußwaffen, aus denen Sprenggeschosse verschossen werden können
   Explosivmittel,

2. im Grenzschutzeinzeldienst

   Schlagstöcke
   Pistolen
   Maschinenpistolen.

Anhang Nr. 4

(2) Im Bundeskriminalamt sind zugelassen:
Schlagstöcke
Reizstoffe
Pistolen
Revolver
Maschinenpistolen
Gewehre.

(3) Bundesgrenzschutz und Bundeskriminalamt bilden ihre Vollzugsbeamten an den ihnen zugewiesenen Waffen aus. Zur Ausbildung gehört auch das Übungsschießen, bei Ausbildung an Handgranaten das Übungswerfen.

VII.
Gebrauch von Schußwaffen

(Zu § 4, § 10, § 11, § 12 Abs. 1 und 2)

(1) Der Alarmschuß (Signalschuß) ist nicht als Schußwaffengebrauch im Sinne dieser Vorschrift anzusehen. Wegen der Verwechslungsgefahr mit Warnschüssen oder mit Schüssen eines Rechtsbrechers kommt er nur in Betracht, wenn die Verwechslungsgefahr nicht besteht.

(2) Der Schußwaffengebrauch ist die äußerste Maßnahme des unmittelbaren Zwanges. Vor dem Gebrauch der Schußwaffe hat der Vollzugsbeamte Notwendigkeit und Verhältnismäßigkeit sorgfältig zu prüfen.

(3) Wird die Schußwaffe gegen eine Person gebraucht, ist nach Möglichkeit auf die Beine zu zielen. Hierbei muß der Vollzugsbeamte bedenken, daß ein Fehlschuß Menschenleben gefährden kann.

(4) Wird angestrebt, eine Person fluchtunfähig zu machen, so ist vom Schußwaffengebrauch abzusehen, wenn der Vollzugsbeamte die flüchtende Person ohne Verletzung anderer Pflichten durch Nacheile zu Fuß oder unter Benutzung eines Fahrzeuges oder durch ein Hilfsmittel der körperlichen Gewalt, z. B. durch Einsatz eines Diensthundes nach Abschnitt IV Abs. 1 oder durch eine Absperrung nach Abschnitt IV Abs. 3, zum Anhalten zwingen kann.

(5) Besteht bei einem Schußwaffengebrauch gegen Sachen erkennbar die Wahrscheinlichkeit, daß Personen verletzt werden, so ist dieser nur unter den Voraussetzungen des Schußwaffengebrauchs gegen Personen zulässig. Diese Wahrscheinlichkeit besteht in der Regel beim Schußwaffengebrauch gegen fahrende Personenkraftwagen.

(6) Der Schußwaffengebrauch gegen ein Fahrzeug soll dieses fahruntauglich machen. Der Schußwaffengebrauch ist unzulässig, wenn das Fahrzeug erkennbar explosive oder ähnlich gefährliche Güter befördert oder als zur Beförderung solcher Güter bestimmt gekennzeichnet ist; dies gilt nicht, wenn begründete Anhaltspunkte bestehen, daß bei Weiterfahrt größere Gefahren für die Allgemeinheit als durch den Schußwaffengebrauch drohen.

(7) Bei Kraftfahrzeugen ist anzustreben, die Bereifung, den Tank, den Motor oder den Kühler zu beschädigen. Bei Wasserfahrzeugen ist die Schußwaffe nach Möglichkeit auf die Antriebsanlage, die Ruderanlage oder die Bordwand in Höhe der Wasserlinie, jedoch nicht auf Räume zu richten, in denen sich üblicherweise Personen aufhalten.

Anhang Nr. 4

(8) Der Schußwaffengebrauch gegen ein Luftfahrzeug ist nur zulässig, um den Start zu verhindern. Bei einem Flugzeug ist nach Möglichkeit die Bereifung zu beschädigen. Der Schußwaffengebrauch gegen ein Luftfahrzeug, das vom Boden abgehoben hat, ist zulässig, wenn aus ihm Gewalttaten unter Gebrauch von Schußwaffen oder Explosivmitteln begangen werden. Der Schußwaffengebrauch gegen ein Luftfahrzeug ist zu unterlassen, wenn offensichtlich unbeteiligte Personen an Bord sind.

(9) Der Schußwaffengebrauch aus einem fliegenden Luftfahrzeug ist nur zulässig
1. im Grenzdienst zur Abgabe eines Warnschusses, der die mündliche Weisung zu halten, ersetzt (Abschnitt IX Abs. 2 Satz 2). Weitere Warnschüsse sind daher zu unterlassen;
2. bei Notwehr und Notstand nach den Grundsätzen des Abschnitts XI.

(Zu § 12 Abs. 3)

(10) Im Kindesalter befinden sich Personen, die jünger als 14 Jahre sind. Im Zweifel ist davon auszugehen, daß die Person noch ein Kind ist.

(11) Kommt die Anwendung von Schußwaffen gegen Jugendliche (Personen im Alter von 14–18 Jahren), weibliche Personen oder Gebrechliche in Betracht, ist besondere Zurückhaltung geboten.

VIII.
Gebrauch von Explosivmitteln

(Zu § 2 Abs. 4, § 10, § 11, § 12 Abs. 2 Satz 2, § 14)

(1) Explosivmittel sind Handgranaten, Sprenggeschosse, die aus Schußwaffen verschossen werden können, und Sprengmittel.

(2) Explosivmittel dürfen gegen Personen nur gebraucht werden, wenn die Anwendung von Maschinenpistolen, Gewehren oder Maschinengewehren ohne Erfolg war oder keinen Erfolg verspricht.

(3) Der Gebrauch von Explosivmitteln gegen Personen bedarf der Zustimmung des Bundesministers des Innern.

(4) Die Vorschriften der Abschnitte III Abs. 3 Satz 4, VII Abs. 1, IX Abs. 3 bis 5, X Abs. 4 Satz 1 und 3, XI Abs. 3 bis 5 und XV gelten für den Gebrauch von Explosivmitteln entsprechend.

IX.
Besondere Vorschriften für den Schußwaffengebrauch im Grenzdienst

(Zu § 11, § 13)

(1) Grenzdienst im Sinne des § 11 Abs. 1 des Gesetzes über den unmittelbaren Zwang bei Ausübung öffentlicher Gewalt durch Vollzugsbeamte des Bundes ist der grenzpolizeiliche Dienst, der
1. aufgrund des § 1 Nr. 1 in Verbindung mit § 2 des Gesetzes über den Bundesgrenzschutz

und

2. aufgrund der in § 1 Nr. 3 des Gesetzes über den Bundesgrenzschutz genannten Vorschriften

im Grenzdienst geleistet wird.

(2) Die Weisung zu halten, wird durch den Anruf „Halt! Bundesgrenzschutz! (Polizei!)" erteilt. Wird die mündliche Weisung durch einen Warnschuß ersetzt und nicht befolgt, so ist ein zweiter Warnschuß abzugeben. Dieser Warnschuß gilt zugleich als Androhung des Schußwaffengebrauchs nach § 13 Abs. 1 Satz 2 des Gesetzes über den unmittelbaren Zwang bei Ausübung öffentlicher Gewalt durch Vollzugsbeamte des Bundes. Warnschüsse dürfen auch abgegeben werden, wenn Personen nicht durch den Gebrauch von Schußwaffen angehalten werden sollen, sondern z. B. durch Diensthunde.

(3) Beim Gebrauch von Schußwaffen ist darauf zu achten, daß die Geschosse nach Möglichkeit fremdes Hoheitsgebiet nicht berühren.

(4) Abschnitt VIII Abs. 3 gilt nicht im Grenzdienst.

(5) Schußwaffen dürfen im Grenzdienst gegen flüchtende Personen nur von Vollzugsbeamten gebraucht werden, die entweder selbst Dienstkleidung tragen oder erkennbar mit einem Vollzugsbeamten in Dienstkleidung zusammenwirken. Dies ist nicht erforderlich für den Schußwaffengebrauch gegen eine Person, die flüchtet, nachdem der Vollzugsbeamte sich ihr gegenüber ausgewiesen hat.

X.
Androhung unmittelbaren Zwanges, insbesondere des Gebrauchs von Schußwaffen

(1) Nach § 13 Abs. 1 des Verwaltungs-Vollstreckungsgesetzes ist der unmittelbare Zwang schriftlich anzudrohen (§ 13 Abs. 1). Die Androhung entfällt nach § 6 Abs. 2 dieses Gesetzes, wenn der sofortige Vollzug zur Verhinderung rechtswidriger Taten, die den Tatbestand eines Strafgesetzes verwirklichen, oder zur Abwendung einer drohenden Gefahr notwendig ist. Soweit es die Umstände nicht unmöglich machen, soll der unmittelbare Zwang jedoch in diesen Fällen mündlich oder auf andere nach der Lage gebotene Weise angedroht werden.

(2) Soll unmittelbarer Zwang aufgrund der Strafprozeßordnung oder des Gesetzes über Ordnungswidrigkeiten angewandt werden, so soll er, soweit tunlich, auf die nach der Lage gebotene Weise angedroht werden.

(3) Die Androhung der Zwangsmaßnahme hat der Anwendung unmittelbar vorauszugehen; zwischen Androhung und Anwendung muß jedoch eine den Umständen nach angemessene Zeitspanne liegen.

(Zu § 10 Abs. 1 und 2, § 11, § 13)

(4) Der Gebrauch von Schußwaffen als Maßnahme des unmittelbaren Zwanges ist stets anzudrohen. Das gleiche gilt für den Einsatz von Dienstfahrzeugen, Wasserwerfern oder Reizstoffen gegen eine Menschenmenge. Für die Androhung der Zwangsmaßnahme gegen eine Menschenmenge ist nach Möglichkeit ein Lautsprecher zu benutzen. Dem Schußwaffengebrauch gegen ein Wasserfahrzeug haben mindestens zwei Warnschüsse vorauszugehen.

Anhang Nr. 4

(5) In den Fällen des § 10 Abs. 1 Nr. 2 und 3 des Gesetzes über den unmittelbaren Zwang bei Ausübung öffentlicher Gewalt durch Vollzugsbeamte des Bundes sind flüchtende Personen vornehmlich anzurufen: „Bundesgrenzschutz! (Polizei!) Halt oder ich schieße!" Weiß die Person, gegen die der Gebrauch der Schußwaffe beabsichtigt ist, daß ihr ein Vollzugsbeamter gegenübersteht, so kann der Anruf lauten „Halt oder ich schieße". Ist anzunehmen, daß der Anruf nicht verstanden wurde, ist ein Warnschuß abzugeben. Bestehen Zweifel, ob der Warnschuß als solcher erkannt wurde, soll er wiederholt werden.

(6) Kommt eine Person aus einem der in § 10 Abs. 1 Nr. 3 des Gesetzes über den unmittelbaren Zwang bei Ausübung öffentlicher Gewalt durch Vollzugsbeamte des Bundes bezeichneten Gründe vorübergehend in den Gewahrsam von Vollzugsbeamten, so kann die Person drauf hingewiesen werden, daß sie bei einer Flucht auch ohne erneute Androhung mit dem Gebrauch der Schußwaffe rechnen müsse. Flüchtet die Person trotz des Hinweises, so bedarf es keiner erneuten Androhung vor dem Gebrauch der Schußwaffe. In diesem Falle bedarf es nicht des Anrufs nach Absatz 5. Das gleiche gilt im Grenzdienst, wenn jemand zur Überprüfung seiner Person oder der etwa mitgeführten Beförderungsmittel und Gegenstände festgehalten wird (§ 11 Abs. 1 des Gesetzes über den unmittelbaren Zwang bei Ausübung öffentlicher Gewalt durch Vollzugsbeamte des Bundes).

(7) Warnschüsse dürfen nur abgegeben werden, wenn die Voraussetzungen für den Schußwaffengebrauch gegeben sind oder wenn ein Warnschuß im Grenzdienst die mündliche Weisung zu halten, ersetzt (§ 11 Abs. 1 Satz 2 des Gesetzes über den unmittelbaren Zwang bei Ausübung öffentlicher Gewalt durch Vollzugsbeamte des Bundes). Warnschüsse sind steil in die Luft, bei Wasserfahrzeugen auf See steil in die Luft oder vor den Bug zu richten.

XI.
Notwehr und Notstand

(Zu § 10 Abs. 3)

(1) § 32 des Strafgesetzbuches und § 227 (Notwehr), § 228 Satz 1 (Verteidigungsnotstand) und § 904 Satz 1 (Angriffsnotstand) des Bürgerlichen Gesetzbuches gelten auch für Handlungen eines Vollzugsbeamten während der Ausübung öffentlicher Gewalt.

(2) Auf einen entschuldigenden Notstand (§ 35 des Strafgesetzbuches) kann ein Vollzugsbeamter sich nur berufen, wenn er zur Abwendung einer Gefahr handelt, die er nicht aufgrund seiner dienstlichen Pflichten hinzunehmen hat.

(3) Die dienstlich zugelassenen Waffen dürfen benutzt werden.

(4) Ist der Gebrauch einer Schußwaffe erforderlich, um einen gegenwärtigen rechtswidrigen Angriff von sich oder einem anderen abzuwenden, so soll der Vollzugsbeamte den Angreifer vorher warnen, wenn dies ohne Gefährdung des Angegriffenen möglich ist.

(5) Die Weigerung einer angehaltenen Person, Waffen oder gefährliche Werkzeuge aus der Hand zu legen, oder der Versuch, niedergelegte Waffen oder gefährliche Werkzeuge ohne Erlaubnis wieder aufzunehmen, wird in der Regel den Beginn eines gegen-

wärtigen Angriffs darstellen, der erforderlichenfalls auch mit der Schußwaffe abgewehrt werden darf. Angehaltenen Personen, die mitgeführte Waffen oder gefährliche Werkzeuge niedergelegt haben, ist, sobald es die Umstände zulassen, der Gebrauch der Schußwaffe für den Fall anzukündigen, daß sie versuchen sollten, die niedergelegten Waffen oder gefährlichen Werkzeuge ohne Erlaubnis aufzunehmen.

XII.
Anhalten von Landfahrzeugen

(1) Die Standorte planmäßiger Kontrollen sind unter gebührender Berücksichtigung der Sicherheit und Flüssigkeit des Verkehrs auszuwählen. Zum Anhalten sind im allgemeinen nur Vollzugsbeamte in Dienstkleidung, in begründeten Ausnahmefällen auch Vollzugsbeamte in bürgerlicher Kleidung berechtigt. Das Haltezeichen muß so gegeben werden, daß der Fahrer des anzuhaltenden Fahrzeugs rechtzeitig ohne Gefahr anhalten kann. Hierbei sind die Sichtverhältnisse und der Zustand der Fahrbahn zu berücksichtigen.

(2) Bei Tage wird das Haltezeichen durch Hochheben eines Armes, einer Winkerkelle oder eines Anhaltestabes gegeben. Bei Kontrollen größeren Umfangs sind zusätzlich entweder geeignete Schilder oder eine rote Flagge zu verwenden. Von einem Fahrzeug aus ist das Haltezeichen stets mit Winkerkelle, Anhaltestab oder einer roten Flagge zu geben.

(3) Bei Dunkelheit oder schlechter Sicht muß durch genügende Beleuchtung sichergestellt sein, daß der anhaltende Vollzugsbeamte erkennbar ist. Als Haltezeichen ist rotes Licht (Laterne, Taschenlampe oder selbstleuchtender Anhaltestab) zu verwenden, das bei normalen Sichtverhältnissen auf 150 m Entfernung erkennbar sein soll. Das Licht ist von oben nach der Seite zu schwenken. Die Verwendung im Scheinwerferlicht aufleuchtender Garnituren an der Dienstkleidung der Vollzugsbeamten ist zweckmäßig.

(4) Das Anhalten von Landfahrzeugen durch Vollzugsbeamte in Luftfahrzeugen ist nur bei Tage, bei ausreichender Sicht und wenn die Verkehrslage es gestattet, zulässig. Die Weisung zu halten, ist durch Lautsprecher zu erteilen.

XIII.
Kenn- und Sichtzeichen von Wasser- und Luftfahrzeugen

(1) Wasserfahrzeuge des Bundesgrenzschutzes führen
1. bei Tage die Bundesdienstflagge am Heck, auf der Brücke oder an der Gaffel nach Maßgabe der Flaggenordnung für Schiffe des Bundesgrenzschutzes in der Fassung der Bekanntmachung vom 17. Oktober 1972 (Gemeinsames Ministerialbl. S. 657),
2. bei Dunkelheit oder schlechter Sicht die nach den schiffahrtspolizeilichen Bestimmungen zu führenden Lichter sowie auf dem Rhein, der Mosel, der Donau und den Binnenschiffahrtsstraßen ein blaues Funkellicht,
3. auf Seeschiffahrtsstraßen, wenn während eines polizeilichen Einsatzes die Sicherheit und Leichtigkeit des Verkehrs es erfordern, ein dauerndes blaues Funkellicht über dem Toplicht,
4. ein blaues Schild mit der weißen Aufschrift „Bundesgrenzschutz".

Anhang Nr. 4

(2) Wasserfahrzeuge der allgemeinen Polizei führen

1. bei Tage die Bundesflagge am Heck oder an der Gaffel, die Landesdienstflagge als Gösch am Bug oder an der Raa,
2. bei Dunkelheit oder schlechter Sicht die nach den schiffahrtspolizeilichen Bestimmungen zu führenden Lichter,
3. auf Seeschiffahrtsstraßen, wenn während eines polizeilichen Einsatzes die Sicherheit und Leichtigkeit des Verkehrs es erfordern, ein dauerndes blaues Funkellicht über dem Toplicht,
4. auf dem Rhein, der Mosel, der Donau und den Binnenschiffahrtsstraßen ein blaues Funkellicht,
5. eine Aufschrift, die sie als Polizeifahrzeuge kennzeichnet.

(3) Neben den nach den Luftfahrbestimmungen zu führenden Kennzeichen führen

1. Luftfahrzeuge des Bundesgrenzschutzes die Aufschrift „Bundesgrenzschutz",
2. Luftfahrzeuge der allgemeinen Polizei eine Aufschrift, die sie als Luftfahrzeuge der Polizei kennzeichnet.

XIV.
Haltezeichen auf Wasserstraßen

(1) Haltezeichen auf Wasserstraßen sollen nur von Bord der nach Abschnitt XIII gekennzeichneten Fahrzeuge gegeben werden.

(2) Als Haltezeichen (Aufforderung zum Halten) auf der hohen See und auf den Seeschiffahrtsstraßen sowie in den Seehäfen werden gegeben

1. am Tage

   die Flagge „L" des Internationalen Signalbuches oder das Schallsignal: 1 kurzer Ton, 1 langer Ton, 2 kurze Töne ($\cdot - \cdot \cdot$),
2. bei Nacht oder unsichtigem Wetter

   der als Lichtsignal gegebene Buchstabe „L" des Internationalen Signalbuches oder das Schallsignal: 1 kurzer Ton, 1 langer Ton, 2 kurze Töne ($\cdot - \cdot \cdot$).

(3) Die Weisung zu halten, kann in den Fällen des Absatzes 2 auch allein oder neben den dort genannten Haltezeichen mündlich, durch Lautsprecher oder durch Sprechfunk erteilt werden. Auf dem Rhein, der Mosel, der Donau und den Binnenschiffahrtsstraßen ist die Weisung stets mündlich zu erteilen.

(4) Die in Abschnitt XIII Abs. 3 genannten Luftfahrzeuge erteilen die Weisung zu halten, durch Lautsprecher oder durch Sprechfunk.

(5) Dem Haltegebot ist auf dem Rhein, der Mosel, der Donau und den Binnenschiffahrtsstraßen Genüge getan, wenn die Fahrt des Schiffes so verlangsamt wird, daß die Vollzugsbeamten ungefährdet an Bord kommen können.

XV.
Verhalten nach unmittelbarem Zwang oder sonstiger Gewaltanwendung

(Zu § 5)

(1) Die Verpflichtung, Verletzten Beistand zu leisten und ärztliche Hilfe zu verschaffen, geht den Pflichten nach den Absätzen 2 und 3 vor.

(2) Ist jemand durch Anwendung unmittelbaren Zwanges oder durch sonstige Gewaltanwendung (Abschnitt XI Abs. 1) getötet oder erheblich verletzt worden, so sind am Ort des Vorfalls nach Möglichkeit keine Veränderungen vorzunehmen. Das gleiche gilt bei jeder Verletzung, die durch den Gebrauch einer Schußwaffe oder bei sonstiger Gewaltanwendung (Abschnitt XI Abs. 1) verursacht worden ist.

(3) Vorfälle nach Absatz 2 sind der nächstgelegenen Dienststelle der zuständigen Polizei unverzüglich mitzuteilen. Wurde ein Mensch getötet, so hat der Dienstvorgesetzte den Vorfall sofort der zuständigen Staatsanwaltschaft, hilfsweise dem nächsten Amtsgericht, anzuzeigen (§ 159 Strafprozeßordnung). Im übrigen ist der Vorfall auf dem Dienstweg als „besonderes Vorkommnis" zu berichten. Der Mitteilung an die Polizei, der Anzeige und dem Bericht ist eine Skizze beizufügen oder alsbald nachzureichen, die über alle wesentlichen Umstände Aufschluß gibt (z. B. Lage des Verletzten oder Toten, Grenzverlauf, Standort des Vollzugsbeamten).

XVI.
Notstandsfall

(Zu § 15)

Hat die Bundesregierung nach Artikel 91 Abs. 2 des Grundgesetzes für die Bundesrepublik Deutschland Polizeikräfte der Länder ihren Weisungen unterstellt, so gelten die Abschnitte III bis V und VII bis XV auch für die unterstellten Polizeikräfte der Länder.

XVII.
Aufhebung von Vorschriften

Die allgemeine Verwaltungsvorschrift des Bundesministers des Innern zum Gesetz über den unmittelbaren Zwang bei Ausübung öffentlicher Gewalt durch Vollzugsbeamte des Bundes in der Fassung vom 24. Januar 1969 (GMBl S. 59), zuletzt geändert durch die allgemeine Verwaltungsvorschrift vom 24. Januar 1973 (GMBl S. 60, 151) wird aufgehoben.

Polizeikostenverordnung (PolKV)

Vom 2. März 1994 (GVBl S. 177)

Auf Grund des Art. 76 Satz 3 des Polizeiaufgabengesetzes (PAG) in der Fassung der Bekanntmachung vom 14. September 1990 (GVBl S. 397, BayRS 2012-1-1-I), zuletzt geändert durch Art. 38 Abs. 5 des Gesetzes vom 23. Juli 1993 (GVBl S. 498), erläßt das Bayerische Staatsministerium des Innern im Einvernehmen mit dem Bayerischen Staatsministerium der Finanzen folgende Verordnung:

§ 1
Gebühren

Die Gebühr beträgt für die
1. unmittelbare Ausführung einer Maßnahme (Art. 9 PAG)   40 bis 2500 DM,
2. Sicherstellung (Art. 25, 28 PAG)   40 bis 2500 DM,
3. Verwertung, Unbrauchbarmachung oder Vernichtung (Art. 27, 28 PAG)   15 bis 150 DM,
4. Ausführung der Ersatzvornahme (Art. 55 PAG)   50 bis 2500 DM,
5. Festsetzung des Zwangsgeldes (Art. 56 PAG)   15 bis 150 DM,
6. Anwendung unmittelbaren Zwangs zur Durchsetzung eines vorausgehenden Verwaltungsaktes der Polizei (Art. 58 PAG)   50 bis 2500 DM,
7. Anwendung unmittelbaren Zwangs ohne vorausgehenden Verwaltungsakt der Polizei (Art. 58 PAG)   40 bis 2500 DM,
8. Androhung der Zwangsmittel, soweit sie nicht mit dem Verwaltungsakt verbunden ist, durch den die Handlung, Duldung oder Unterlassung aufgegeben wird, und der Verwaltungsakt nicht kostenfrei ist (Art. 59 PAG)   25 bis 120 DM.

§ 2
Auslagen

Mit den Gebühren nach § 1 sind die Auslagen im Sinn des Art. 13 Abs. 1 Nrn. 2, 3 und 4 des Kostengesetzes abgegolten.

§ 3
Inkrafttreten

(1) Diese Verordnung tritt am 1. Mai 1994 in Kraft.
(2) Gleichzeitig tritt die Polizeikostenverordnung (PolKV) vom 2. August 1983 (GVBl S. 555, BayRS 2012-1-1-2-I) außer Kraft.

Gesetz über die Organisation der Bayerischen Staatlichen Polizei (Polizeiorganisationsgesetz – POG)

vom 10. August 1974
BayRS 2012-2-1-I (GVBl S. 303);
geändert durch Gesetz vom 24. August 1990 (GVBl S. 329),
vom 23. Dezember 1994 (GVBl S.1050) und vom 26. Juli 1997 (GVBl S. 342)

Inhaltsübersicht

Art. 1	Begriff, Träger und Gliederung der Polizei
Art. 2	Dienstkräfte der Polizei
Art. 3	Zuständigkeit, Dienstbereiche
Art. 4	Landespolizei
Art. 5	*(aufgehoben)*
Art. 6	Bereitschaftspolizei
Art. 7	Landeskriminalamt
Art. 8	Polizeiverwaltungsamt
Art. 9	Zusammenarbeit
Art. 10	Besondere Zuständigkeiten
Art. 11	Dienstkräfte anderer Länder sowie des Bundes oder anderer Staaten
Art. 12	Rechtsbehelfe
Art. 13	*(Änderungsbestimmung)*
Art. 14	*(gegenstandslos)*
Art. 15	Inkrafttreten

Art. 1
Begriff, Träger und Gliederung der Polizei

(1) Polizei im Sinn dieses Gesetzes ist die gesamte Polizei des Freistaates Bayern.

(2) Träger der Polizei ist der Freistaat Bayern.

(3) ¹Die Polizei ist nach den Art. 4 bis 8 gegliedert. ²Oberste Dienstbehörde und Führungsstelle der Polizei ist das Staatsministerium des Innern.

Vollzug des Polizeiorganisationsgesetzes

Bek des Bayer. Staatsministeriums des Innern vom 5. Oktober 1976 (MABl S. 842), geändert durch Bek vom 7. September 1978 (MABl S. 700), vom 5. März 1981 (MABl S. 137) und vom 23. Dezember 1994 (AllMBl 1995 S. 28)

An die Dienststellen der Bayerischen Polizei

nachrichtlich an
 die Regierungen
 die Landratsämter
 die Gemeinden

Beim Vollzug des Polizeiorganisationsgesetzes (POG) vom 10. August 1976 (GVBl S. 303), geändert durch Gesetz vom 24. August 1978 (GVBl S. 561), und der Verordnung zur Durchführung des Polizeiorganisationsgesetzes (DVPOG) vom 20. Oktober 1980 (GVBl S. 600) ist folgendes zu beachten:

Anhang Nr. 6

1 Begriff, Träger und Gliederung der Polizei

Der Polizeibegriff des Art. 1 Abs. 1 POG stimmt mit dem des Art. 1 des Polizeiaufgabengesetzes (PAG) vom 24. August 1978 überein. Die Änderung des Art. 1 Abs. 1 POG läßt die amtliche Bezeichnung für die Polizei, die sich aus der Überschrift des POG ergibt, unberührt.

Im Staatsministerium des Innern tätige Dienstkräfte des polizeilichen Vollzugsdienstes, denen Führungsaufgaben für die Polizei zugewiesen sind, sind Teil der Polizei im Sinne dieses Gesetzes.

Art. 2
Dienstkräfte der Polizei

(1) Als DIenstkräfte des polizeilichen Vollzugsdienstes dürfen nur Beamte verwendet werden.

(2) Zur Verwarnung von Verkehrsteilnehmern nach § 57 des Gesetzes über Ordnungswidrigkeiten (OWiG) wegen Zuwiderhandlungen gegen Vorschriften des Straßenverkehrsrechts können auch Angestellte ermächtigt werden.

(3) [1]Dienstkräfte der Polizei dürfen sich während des Dienstes, in Dienst- oder Unterkunftsräumen oder in Dienstkleidung parteipolitisch nicht betätigen. [2]In Dienstkleidung dürfen die Dienstkräfte politische Veranstaltungen nur dienstlich besuchen. [3]Politische Abzeichen dürfen während des Dienstes und an der Dienstkleidung nicht getragen werden.

2 Dienstkräfte der Polizei

Die staatlichen Angestellten bei den Dienststellen der Landespolizei (gegenstandslos: und Grenzpolizei) denen ein Dienstausweis mit einem Vermerk über die Befugnis zu Verwarnungen nach § 57 OWiG erteilt worden ist oder erteilt wird, werden ermächtigt, Verkehrsteilnehmer wegen Zuwiderhandlungen gegen Vorschriften des Straßenverkehrsrechts nach § 57 OWiG zu verwarnen. Solche Angestellten müssen für ihre Aufgabe ausreichend ausgebildet sein. Ihre Befugnis zur Verwarnung erstreckt sich auf den ihnen zugewiesenen örtlichen Dienstbereich. Das Nähere wird durch die Richtlinien für die polizeiliche Verkehrsüberwachung geregelt.

Art. 3
Zuständigkeit, Dienstbereiche

(1) Jeder im Vollzugsdienst tätige Beamte der Polizei ist zur Wahrnehmung der Aufgaben der Polizei im gesamten Staatsgebiet befugt.

(2) [1]Die Beamten der Polizei werden unbeschadet des Absatzes 1 nach Maßgabe dieses Gesetzes in bestimmten örtlichen und sachlichen Dienstbereichen eingesetzt. [2]Beamte der Polizei werden jedoch im Einzelfall auch in Dienstbereichen, in denen sie nicht eingesetzt sind, tätig, wenn

1. die dort eingesetzte Polizei nicht oder nicht rechtzeitig ausreichend zur Verfügung steht;
2. das wegen des Zusammenhangs von Dienstverrichtungen im eigenen und in einem anderen Dienstbereich zweckmäßig ist;
3. die für beide Dienstbereiche zuständige vorgesetzte Stelle sie dazu anweist oder

4. das Gericht oder die Staatsanwaltschaft nach Feststellung schwerwiegender Gründe die Dienststelle der Beamten ersucht, in einem anderen örtlichen Dienstbereich an Stelle der dort eingesetzten Polizei strafverfolgend tätig zu werden.

(3) Die Polizei wird in einer Gemeinde, die eine Gemeindepolizei errichtet hat, zur Verhütung von Zuwiderhandlungen gegen Ortsrecht nur tätig, wenn die Gemeindepolizei nicht oder nicht rechtzeitig ausreichend zur Verfügung steht.

3 Zuständigkeit, Dienstbereiche

3.1 Nach Art. 3 Abs. 1 POG sind im Vollzugsdienst tätige Beamte der Polizei – also nicht Angestellte im Sinne des Art. 2 Abs. 2 POG – im gesamten Staatsgebiet berechtigt, alle Aufgaben der Polizei wahrzunehmen. Zu den polizeilichen Aufgaben in diesem Sinne gehören nicht nur die Aufgaben nach Art. 2 Abs. 1 bis 3 PAG, sondern auch die ihr durch andere Rechtsvorschriften zugewiesenen Aufgaben (vgl. Art. 2 Abs. 4 PAG). Aus Art. 3 Abs. 1 POG folgt, daß eine Maßnahme der Polizei nicht dadurch rechtswidrig werden kann, daß der Polizeibeamte zwar im polizeilichen Aufgabenbereich und sachlich befugt, jedoch außerhalb des örtlichen oder sachlichen Dienstbereichs seiner Dienststelle (vgl. Nr. 3.2) tätig wird. Der umfassende örtliche Zuständigkeitsbereich der Polizei nach Art. 3 Abs. 1 POG wird durch Art. 10 Abs. 2 POG ergänzt (vgl. Nr. 10).

3.2 Die örtlichen und sachlichen Dienstbereiche (Art. 3 Abs. 2 Satz 1 POG) werden, soweit sie sich nicht bereits aus dem Gesetz ergeben (vgl. insbesondere Art. 5 Abs. 1, Art. 6 Abs. 1 Satz 1, Abs. 2 und 3, Art. 7 Abs. 3 POG), durch die DVPOG bestimmt. Wird ein Polizeibeamter außerhalb seines Dienstbereichs dienstlich tätig, ohne daß ein Fall des Art. 3 Abs. 2 Satz 2 POG gegeben ist, so kann das ein Dienstvergehen darstellen.

3.3 Art. 3 Abs. 2 Satz 2 Nr. 2 POG findet insbesondere im Schubwesen und beim polizeilichen Begleitschutz für Personen Anwendung, ferner auch dann, wenn eine polizeiliche Maßnahme in einem anderen Dienstbereich zweckmäßigerweise fortgesetzt werden soll. In solchen Fällen soll, wenn das rechtzeitig möglich ist, eine Weisung der für beide Dienstbereiche gemeinsam vorgesetzten Dienststelle nach Art. 3 Abs. 2 Satz 2 Nr. 3 POG erholt werden. Schwerwiegende Gründe nach Art. 3 Abs. 2 Satz 2 Nr. 4 POG können insbesondere dann vorliegen, wenn in einer strafrechtlichen Ermittlungssache die Besorgnis der Befangenheit von Beamten der Dienststelle gegeben ist, in deren Dienstbereich die Maßnahme getroffen werden soll.

Mit strafrechtlichen Ermittlungen gegen einen Polizeibeamten sind Beamte einer anderen Polizeidienststelle (nach Möglichkeit einer übergeordneten Polizeidienststelle) zu betrauen. Die Betrauung einer Polizeidienststelle mit polizeilichen Maßnahmen nach Art. 3 Abs. 2 Satz 2 Nr. 3 POG kann ferner zweckmäßig sein, wenn andernfalls der Anschein der Befangenheit eingesetzter Polizeibeamter entstehen kann. Der Anschein der Befangenheit kann sich z. B. daraus ergeben, daß der Beamte, der Maßnahmen treffen soll, bereits früher mit dem Betroffenen in Auseinandersetzungen verstrickt worden ist.

3.4 Im Fall des Art. 3 Abs. 2 Nr. 1 POG hat sich der Polizeibeamte, sofern es sich nicht lediglich um eine Verwarnung handelt, auf die für den ersten Zugriff erforderlichen Maßnahmen zu beschränken und seine Feststellungen der örtlich zuständigen Polizeidienststelle mitzuteilen, die dann die weitere Bearbeitung übernimmt. Die gemeinsame vorgesetzte Dienststelle kann im Einzelfall eine abweichende Weisung erteilen.

Anhang Nr. 6

Im übrigen ist die örtlich zuständige Polizeidienststelle von Maßnahmen, die in ihrem Dienstbereich getroffen werden, zu unterrichten, sofern die Kenntnis der Maßnahme für diese Dienststelle von Bedeutung sein kann. Die Unterrichtung einer anderen Dienststelle, in deren Dienstbereich jemand verschubt, dem Richter vorgeführt oder eine Verwarnung nach § 57 OWiG ausgesprochen worden ist, ist im allgemeinen nicht erforderlich.

Art. 4
Landespolizei

(1) Die Bayerische Landespolizei wird im gesamten Staatsgebiet für alle der Polizei obliegenden Aufgaben eingesetzt, soweit nicht besondere örtliche und sachliche Dienstbereiche anderen Teilen der Polizei zugewiesen sind.

(2) [1]Die Landespolizei gliedert sich in
1. Präsidien, die dem Staatsministerium des Innern unmittelbar nachgeordnet sind;
2. Direktionen;
3. Inspektionen und
4. soweit erforderlich, Stationen.

[2]Für bestimmte sachliche Dienstbereiche können besondere Direktionen, Inspektionen und Stationen der Landespolizei errichtet werden.

(3) [1]Für die Wahrnehmung der grenzpolizeilichen Aufgaben der Landespolizei wird ein Präsidium zur Führungsstelle Grenze bestimmt. [2]Diesem Präsidium werden, soweit erforderlich, Grenzpolizeiinspektionen unmittelbar nachgeordnet, denen innerhalb ihres örtlichen Dienstbereichs auch allgemeinpolizeiliche Aufgaben übertragen werden können. [3]Soweit andere Dienststellen der Landespolizei grenzpolizeiliche Aufgaben wahrnehmen, unterliegen sie der fachlichen Weisung der in Satz 1 genannten Führungsstelle. [4]Grenzpolizeiliche Aufgaben sind
1. die polizeiliche Überwachung der Landesgrenzen,
2. die polizeiliche Kontrolle des grenzüberschreitenden Verkehrs einschließlich
    a) der Überprüfung der Grenzübertrittspapiere und der Berechtigung zum Grenzübertritt sowie der beim Grenzübertritt mitgeführten Gegenstände und Transportmittel,
    b) der Grenzfahndung,
    c) der Beseitigung von Störungen und der Abwehr von Gefahren, die ihren Ursprung außerhalb des Bundesgebiets haben,
3. im Grenzgebiet bis zu einer Tiefe von 30 km die Beseitigung von Störungen und die Abwehr von Gefahren, die die Sicherheit der Grenzen beeinträchtigen.

[5]Für Fragen der grenzüberschreitenden Zusammenarbeit können durch das Staatsministerium des Innern Grenzbeauftragte bestellt werden.

(4) Das Staatsministerium des Innern errichtet durch Verordnung die einzelnen Dienststellen der Landespolizei und bestimmt dabei insbesondere Bezeichnung, Sitz und Nachordnung.

4 Landespolizei

Auf § 1 und die Anlage 1 der DVPOG wird hingewiesen.

Art. 5
(aufgehoben)

Anhang Nr. 6

Art. 6
Bereitschaftspolizei

(1) Die Bayerische Bereitschaftspolizei ist ein Polizeiverband, der insbesondere in geschlossenen Einheiten
1. aus besonderem Anlaß zum Schutz oberster Staatsorgane und Behörden sowie lebenswichtiger Einrichtungen und Anlagen,
2. zur Unterstützung anderer Teile der Polizei,
3. zur Katastrophenhilfe

eingesetzt wird. Für diese Einsätze bedarf es der Weisung des Staatsministeriums des Innern.

(2) Der Bereitschaftspolizei obliegt es ferner, Polizeibeamte für die Laufbahn des mittleren Dienstes auszubilden und unbeschadet der Fortbildungsveranstaltungen anderer Teile der Polizei Dienstkräfte der Polizei fortzubilden.

(3) Bei der Bereitschaftspolizei besteht eine Hubschrauberstaffel, die nach Weisung des Staatsministeriums des Innern eingesetzt wird.

(4) Die Bereitschaftspolizei gliedert sich in das Präsidium, das dem Staatsministerium des Innern unmittelbar nachgeordnet ist, und in Abteilungen, Ausbildungs- und Fortbildungseinrichtungen.

(5) Das Staatsministerium des Innern errichtet durch Verordnung das Präsidium und die einzelnen Abteilungen und bestimmt deren Bezeichnung und Sitz.

6 Bereitschaftspolizei

6.1 Durch Art. 6 Abs. 1 Satz 2 POG wird Art. 3 Abs. 1 POG nicht eingeschränkt. Vielmehr eröffnet die Weisung nach Art. 6 Abs. 1 Satz 2 POG den sachlichen Dienstbereich der Bereitschaftspolizei für Fälle des Art. 6 Abs. 1 Satz 1 POG. Ein Einsatz im Sinne des Art. 6 Abs. 1 Satz 2 POG ist nur gegeben, wenn Kräfte der Bereitschaftspolizei durch ihre Vorgesetzten oder durch sonstige weisungsbefugte Stellen (vgl. Art. 10 Abs. 2 Nr. 3 POG) zu polizeilichen Maßnahmen im Sinne des Art. 6 Abs. 1 Satz 1 POG angewiesen werden.

Auch der Einsatz der Bereitschaftspolizei zur Katastrophenhilfe bedarf der Weisung des Staatsministeriums des Innern. Eine Weisung nach Art. 6 Abs. 1 Satz 2 POG ist hingegen nicht erforderlich, wenn ein Vollzugsbeamter der Bereitschaftspolizei aus eigenem Entschluß in den Fällen des Art. 3 Abs. 2 Nr. 1 POG eine polizeiliche Maßnahme treffen will oder bei einer anderen Polizeidienststelle, zu der er beamtenrechtlich abgeordnet worden ist, tätig wird.

6.2 Für den Einsatz der Hubschrauberstaffel gilt Art. 6 Abs. 1 Satz 2 POG nicht, da die in Art. 6 Abs. 3 POG vorgesehene Weisung des Staatsministeriums des Innern eine Spezialregelung gegenüber Art. 6 Abs. 1 Satz 2 POG darstellt.

6.3 Auf § 3 und Anlage 3 der DVPOG wird hingewiesen.

Art. 7
Landeskriminalamt

(1) [1]Das Bayerische Landeskriminalamt ist die zentrale Dienststelle für kriminalpolizeiliche Aufgaben. [2]Es ist dem Staatsministerium des Innern unmittelbar nachgeordnet. [3]Das Landeskriminalamt ist weiterhin zugleich zentrale Dienststelle der Kriminalpolizei

Anhang Nr. 6

im Sinn des Gesetzes über die Einrichtung eines Bundeskriminalpolizeiamtes (Bundeskriminalamtes), Zentralstelle für die polizeiliche Datenverarbeitung und Datenübermittlung und Fernmeldeleitstelle für die polizeiliche Nachrichtenübermittlung.

(2) Dem Landeskriminalamt obliegt es insbesondere

1. Nachrichten und Unterlagen für die Verhütung und polizeiliche Verfolgung von Straftaten zu sammeln und auszuwerten und über die Aufbewahrung solcher Unterlagen bei der Polizei für den Einzelfall zu entscheiden;
2. kriminalistische Methoden weiter zu entwickeln;
3. andere Teile der Polizei über Maßnahmen zur Verhütung und polizeilichen Verfolgung von Straftaten zu beraten und die Beratung Dritter durch andere Teile der Polizei zu lenken, zu unterstützen sowie in besonderen Fällen selbst durchzuführen;
4. Einrichtungen für erkennungsdienstliche, kriminaltechnische und kriminologische Untersuchungen und Forschungen zu unterhalten;
5. auf Anforderung anderer Teile der Polizei, der Staatsanwaltschaft oder auf Anordnung des Staatsministeriums des Innern oder des Gerichts erkennungsdienstliche und kriminaltechnische Untersuchungen durchzuführen sowie Gutachten zu erstatten und andere Teile der Polizei, soweit sie solche Aufgaben erfüllt, zu beraten und fachlich zu überwachen;
6. mit Zustimmung des Staatsministeriums des Innern Richtlinien für die Durchführung kriminalpolizeilicher Aufgaben zu erlassen;
7. als Zentralstelle Fahndungsmaßnahmen aufeinander abzustimmen sowie auf Weisung des Staatsministeriums des Innern zu lenken.

(3) Dem Landeskriminalamt obliegt die polizeiliche Verfolgung

1. der Kernenergie-, Sprengstoff- und Strahlungsstraftaten in den Fällen der §§ 310 b, 311 Abs. 1 bis 3, 311 a bis 311 d, 326 Abs. 1 Nr. 3 dritte Alternative, auch in Verbindung mit Abs. 2, 4 und 5, 326 Abs. 3, 327 Abs. 1 und 3 Nr. 1, 328, 330 des Strafgesetzbuchs und der Straftaten nach § 40 des Sprengstoffgesetzes und nach §§ 19, 20, 22 a des Gesetzes über die Kontrolle von Kriegswaffen;
2. des unbefugten Handels mit Betäubungsmitteln;
3. der Geld-, Wertzeichen- und Wertpapierfälschungen (§§ 146, 147, 148 Abs. 1, §§ 149, 151, 152, 152 a StGB);
4. des unbefugten Handels mit Schußwaffen und Munition;
5. der Gründung politisch motivierter krimineller und terroristischer Vereinigungen und der Tätigkeit für solche Vereinigungen (§§ 129, 129 a des Strafgesetzbuchs);
6. des Friedensverrats, Hochverrats, Landesverrats und der Gefährdung der äußeren Sicherheit (§§ 80, 80 a, 81 bis 83, 93 bis 101 a StGB, Art. 7 des Vierten Strafrechtsänderungsgesetzes);
7. der Straftaten, deren polizeiliche Verfolgung wegen der besonderen Gefährlichkeit, der räumlichen Ausdehnung oder wegen der besonderen Umstände der Begehung durch das Staatsministerium des Innern allgemein oder für den Einzelfall, im Bereich der Wirtschaftskriminalität und des Umweltschutzes auch durch das Gericht oder die Staatsanwaltschaft für den Einzelfall, dem Landeskriminalamt zugewiesen wird;
8. der im Zusammenhang mit Straftaten in den Fällen der Nummern 1 bis 7 stehenden anderen Straftaten und Ordnungswidrigkeiten.

(4) ¹Das Staatsministerium des Innern kann in den Fällen des Absatzes 3 Nrn. 1 bis 6 die polizeiliche Verfolgung für bestimmte Fallgruppen den Dienststellen der Landespolizei übertragen. ²Das Landeskriminalamt kann in den Fällen des Absatzes 3 Nrn. 1 bis 6 und 8 Dienststellen der Landespolizei je nach deren Dienstbereichen mit einzelnen Ermittlungshandlungen oder in den Fällen des Absatzes 3 Nrn. 1 bis 6 mit der Strafverfolgung insgesamt beauftragen. ³Es kann der Landespolizei fachliche Weisungen erteilen, soweit es sich um die polizeiliche Verfolgung von Straftaten im Sinn des Absatzes 3 Nrn. 1 bis 6 und 8 oder sonstiger Straftaten gegen die freiheitliche demokratische Grundordnung, den Bestand oder die Sicherheit des Bundes oder eines Landes handelt.

7 Landeskriminalamt

7.1 Verlangt ein Betroffener von einer anderen Polizeidienststelle als dem Landeskriminalamt die Vernichtung erkennungsdienstlicher Unterlagen, so hat diese Dienststelle den Antrag mit einer Stellungnahme dem Landeskriminalamt zuzuleiten, das über den Antrag entscheidet (Art. 7 Abs. 2 Nr. 1 POG) und von der Entscheidung die anderen Polizeidienststellen und das Bundeskriminalamt, bei denen sich solche Unterlagen über den Betroffenen ebenfalls befinden, unterrichtet. Soweit bayerische Polizeidienststellen von einer Entscheidung des Landeskriminalamtes über die Vernichtung solcher Unterlagen unterrichtet werden, haben sie die Entscheidung alsbald zu vollziehen.

7.2 Unberührt von Art. 7 Abs. 2 Nr. 6 POG bleiben die von Justizbehörden erlassenen Richtlinien und Weisungen für das Strafverfahren und das Bußgeldverfahren.

Art. 8
Polizeiverwaltungsamt

(1) Das Bayerische Polizeiverwaltungsamt nimmt zentrale Verwaltungsaufgaben der Polizei wahr; es beschafft die Ausrüstung der Polizei und kann auch andere Behörden ausrüsten. Es ist eine dem Staatsministerium des Innern unmittelbar nachgeordnete Dienststelle.

(2) Das Polizeiverwaltungsamt kann als Verwaltungsbehörde im Sinn des § 36 OWiG bestimmt werden, soweit es sich um Ordnungswidrigkeiten nach §§ 24 oder 24 a des Straßenverkehrsgesetzes handelt.

8 Polizeiverwaltungsamt

Die Zentrale Bußgeldstelle im Bayerischen Polizeiverwaltungsamt ist gemäß § 4 Abs. 1 der ZuVOWiG vom 16. Dezember 1980 (GVBl S. 721) Verwaltungsbehörde im Sinn des § 36 OWiG, soweit es sich um die in § 4 Abs. 1 ZuVOWiG bezeichneten Ordnungswidrigkeiten nach §§ 24 oder 24 a StVG handelt.

Dem Polizeiverwaltungsamt gehört der Sicherheitsbeauftragte des Bayerischen Staatsministeriums des Innern für Schießstätten an (vgl. GemBek vom 3. 4. 1980, MABl S. 186).

Art. 9
Zusammenarbeit

(1) Die Dienststellen der Polizei haben miteinander und mit anderen Stellen, denen die Abwehr von Gefahren für die öffentliche Sicherheit und Ordnung obliegt, zusammenzuarbeiten und die Sicherheitsbehörden über den Sicherheitszustand zu unterrichten.

Anhang Nr. 6

(2) Unbeschadet anderer Rechtsvorschriften, insbesondere des Gerichtsverfassungsgesetzes, der Strafprozeßordnung und des Gesetzes über Ordnungswidrigkeiten, können die Sicherheitsbehörden Dienststellen der Landespolizei Weisungen im polizeilichen Aufgabenbereich erteilen.

(3) Weisungen nach Absatz 2 sollen an die unterste Polizeidienststelle gerichtet werden, deren Dienstbereich für den Vollzug der Weisung ausreicht. Satz 1 gilt nicht für Weisungen des Staatsministeriums des Innern und der Regierungen.

9 Zusammenarbeit

9.1 Auf Nr. 3.4 (Unterrichtungspflicht) wird hingewiesen.

9.2 Andere Stellen, denen die Abwehr von Gefahren für die öffentliche Sicherheit und Ordnung obliegt (Art. 9 Abs. 1 POG), sind neben den Sicherheitsbehörden (Art. 6 LStVG) insbesondere das Landesamt für Verfassungsschutz (vgl. Art. 4 Abs. 3 des Gesetzes in der Fassung der Bek vom 8. August 1974, GVBl S. 467, und die dazu erlassenen Weisungen), die Baubehörden (vgl. Art. 79 Abs. 1 BayBO), die Gewerbeaufsichtsämter an der Grenze der Bundesgrenzschutz, das Bundeskriminalamt, die Wasser- und Schiffahrtsverwaltung des Bundes, die Bahnpolizei, die Fahndungsbeamten der Deutschen Bundesbahn, der Betriebssicherungsdienst der Deutschen Bundespost, die Behörden der Luftaufsicht, die Bundesanstalt für den Güterfernverkehr, die Zollfahndungsämter, der Zollgrenzdienst.

9.3 Weisungen nach Art. 9 Abs. 2 POG betreffen die Aufgaben der Polizei im Sinne von Art. 2 PAG, soweit nicht das Weisungsrecht gegenüber der Polizei in anderen Gesetzen abschließend geregelt ist. Für die Strafverfolgung gehen Weisungen nach § 152 GVG und §§ 161, 163 StPO anderen Weisungen vor. Hinsichtlich der Befugnisse der Führungsaufsichtsstellen (§ 68 a StGB) wird auf § 463 a StPO verwiesen.

9.4 Durch Art. 9 Abs. 2 POG wird die Dienstbereichseinteilung (vgl. Art. 3 Abs. 2 POG) nicht durchbrochen. Das Weisungsrecht der Sicherheitsbehörden nach Art. 9 Abs. 2 POG beschränkt sich daher auf den Zuständigkeitsbereich der weisunggebenden Behörde und auf den in diesem Bereich liegenden örtlichen und sachlichen Dienstbereich der Polizeidienststelle, an die die Weisung gerichtet werden soll. Solche Weisungen können daher nur Maßnahmen betreffen, durch die polizeiliche Aufgaben nach Art. 2 PAG erfüllt werden und die im Zuständigkeitsbereich der weisunggebenden Behörde und im örtlichen und sachlichen Dienstbereich der Polizeidienststelle, an die die Weisung gerichtet wird, getroffen werden sollen.

9.5–9.10 gestrichen

9.11 Nach Art. 9 Abs. 3 POG sollen Weisungen – ausgenommen solche des Staatsministeriums des Innern und der Regierungen – an die unterste Polizeidienststelle gerichtet werden, deren Dienstbereich für den Vollzug der Weisung ausreicht. Sollen daher polizeiliche Maßnahmen im örtlichen Bereich einer Polizeistation getroffen werden, so soll die Weisung an diese gerichtet werden, sofern sie rechtzeitig tätig werden kann. Steht nicht fest, an welchem Ort die Weisung zu vollziehen ist, soll die Weisung an die Polizeidienststelle gerichtet werden, deren örtlicher Dienstbereich dem örtlichen Zuständigkeitsbereich der weisunggebenden Behörde entspricht oder am nächsten kommt. Ein Verstoß gegen Art. 9 Abs. 3 POG macht die Weisung nicht unwirksam. Eine angewiesene Polizeidienststelle kann die Weisung an diejenige Polizeidienststelle weiterleiten, die für den Vollzug der Weisung besser geeignet ist.

9.12 Von Weisungen nach Art. 9 Abs. 2 POG sind Ersuchen um Vollzugshilfe nach Art. 29 ff. PAG zu unterscheiden; die Art. 29 ff. PAG verdrängen für ihren Anwendungsbereich den Art. 9 Abs. 2 und 3 POG.

9.13 In welcher Reihenfolge Weisungen nach Art. 9 Abs. 2 POG zu befolgen sind, richtet sich nach der Dringlichkeit und Intensität der Gefahr. Auf Art. 10 LStVG wird hingewiesen.

Art. 10
Besondere Zuständigkeiten

(1) Im Rahmen des Staatshaushaltsplans kann das Staatsministerium des Innern durch Verordnung einzelne Aufgaben der dem Staatsministerium des Innern unmittelbar nachgeordneten Dienststellen der Polizei einer dieser Dienststellen übertragen.

(2) Die Polizei darf im Zuständigkeitsbereich eines anderen Landes der Bundesrepublik Deutschland oder des Bundes nur in den Fällen des Art. 11 Abs. 3 dieses Gesetzes und des Art. 91 Abs. 2 des Grundgesetzes und nur dann tätig werden, wenn das jeweilige Landes- oder das Bundesrecht es vorsieht.

(3) ¹Einer Anforderung von Polizei durch ein anderes Land ist zu entsprechen, soweit nicht die Verwendung der Polizei in Bayern dringender ist als die Unterstützung der Polizei des anderen Landes. ²Die Anforderung soll alle für die Entscheidung wesentlichen Merkmale des Einsatzauftrags enthalten.

10 Besondere Zuständigkeiten

10.1 Auf Art. 10 Abs. 2 in Verbindung mit Art. 11 Abs. 3 Nr. 5 POG beruhen nunmehr

10.1.1 Verwaltungsabkommen zwischen dem Land Baden-Württemberg und dem Freistaat Bayern über die Wahrnehmung der wasserschutzpolizeilichen Aufgaben auf dem Main vom 3./17. Dezember 1957 (Bek vom 15. Januar 1958, MABl S. 89),

10.1.2 Verwaltungsabkommen zwischen dem Land Baden-Württemberg und dem Freistaat Bayern über die Wahrnehmung verkehrspolizeilicher Vollzugsaufgaben auf der Bundesautobahn Frankfurt am Main–Würzburg vom 30. Juli/14. August 1962 (Bek vom 30. August 1962, MABl S. 527),

10.1.3 Verwaltungsabkommen zwischen dem Freistaat Bayern und dem Land Baden-Württemberg über die polizeiliche Vorführung von Untersuchungs- und Strafgefangenen vor den Gerichten in Ulm und Neu-Ulm vom 17. Mai/29. April 1965 (Bek vom 14. Juni 1965, GVBl S. 108),

10.1.4 Abkommen über die erweiterte Zuständigkeit der Polizei der Bundesländer bei der Strafverfolgung vom 6. November 1969 (Bek vom 24. März 1970, GVBl S. 125),

10.1.5 Verwaltungsabkommen zwischen dem Land Baden-Württemberg und dem Freistaat Bayern über die Wahrnehmung verkehrspolizeilicher Vollzugsaufgaben auf der Bundesautobahn Würzburg–Kempten (Teilstück Altenstadt–Memmingen/Süd) vom 8./23. März 1973 (Bek vom 4. September 1973, GVBl S. 507),

10.1.6 Verwaltungsabkommen zwischen dem Land Hessen und dem Freistaat Bayern über die Wahrnehmung verkehrspolizeilicher Vollzugsaufgaben auf der Landesstraße 2305 (Teilstück zwischen Niedersteinbach und Michelbach) vom 29. April/13. Mai 1975 (Bek vom 4. Juni 1975, GVBl S. 148).

Anhang Nr. 6

10.2 Fälle, in denen bayerische Polizei aufgrund Bundesrechts außerhalb Bayerns tätig wird, sind insbesondere

10.2.1 Weisungen der Bundesregierung in den Fällen des Art. 35 Abs. 3 Satz 1 und des Art. 91 Abs. 2 Satz 1 GG,

10.2.2 Nachteile (§ 167 GVG),

10.2.3 § 7 Abs. 1 Bundeskriminalamtsgesetz.

10.3 Die Abkommen der Bundesrepublik Deutschland mit anderen Staaten über vorgeschobene Grenzdienststellen bleiben unberührt.

Art. 11
Dienstkräfte anderer Länder sowie des Bundes oder anderer Staaten

(1) Die Anforderung polizeilicher Dienstkräfte anderer Länder und des Bundes zur Abwehr einer drohenden Gefahr für den Bestand oder die freiheitliche demokratische Grundordnung des Bundes oder des Freistaates Bayern (Art. 91 Abs. 1 des Grundgesetzes) ist dem Bayerischen Ministerpräsidenten vorbehalten.

(2) Zuständige Landesbehörde im Sinn von § 5 Abs. 3 Nr. 1 und § 6 Abs. 1 Satz 1 des Gesetzes über die Einrichtung eines Bundeskriminalpolizeiamtes (Bundeskriminalamtes) für Ersuchen an das Bundeskriminalamt,
1. polizeiliche Aufgaben auf dem Gebiet der Strafverfolgung in Einzelfällen wahrzunehmen, sind das Staatsministerium des Innern, der Generalstaatsanwalt bei dem Obersten Landesgericht und die Generalstaatsanwälte bei den Oberlandesgerichten;
2. Dienstkräfte zur Unterstützung polizeilicher Strafverfolgungsmaßnahmen zu Dienststellen der Polizei zu entsenden, ist das Staatsministerium des Innern.

(3) ¹Polizeivollzugsbeamte eines anderen Landes der Bundesrepublik Deutschland können in Bayern Amtshandlungen vornehmen
1. auf Anforderung oder mit Zustimmung des Staatsministeriums des Innern,
2. in den Fällen des Art. 35 Abs. 2 und 3 und Art. 91 Abs. 1 des Grundgesetzes,
3. zur Abwehr einer gegenwärtigen erheblichen Gefahr, zur Verfolgung von Straftaten auf frischer Tat sowie zur Verfolgung und Wiederergreifung Entwichener, wenn die zuständige Polizei die erforderlichen Maßnahmen nicht rechtzeitig treffen kann,
4. zur Erfüllung polizeilicher Aufgaben bei Gefangenentransporten oder
5. zur Erfüllung ihrer Aufgaben in den durch Verwaltungsabkommen des Staatsministeriums des Innern mit anderen Ländern geregelten Fällen.

²In den Fällen der Nummern 3 und 5 ist die zuständige Polizeidienststelle unverzüglich zu unterrichten.

(4) ¹Werden Polizeivollzugsbeamte eines anderen Landes nach Absatz 3 tätig, haben sie die gleichen Befugnisse wie die Bayerische Staatliche Polizei. ²Ihre Maßnahmen gelten als Maßnahmen derjenigen Polizeidienststelle, in deren örtlichem und sachlichem Dienstbereich sie tätig geworden sind; sie unterliegen insoweit deren Weisungen.

(5) ¹Die Absätze 3 und 4 gelten für Polizeivollzugs- und Grenzzolldienstbeamte des Bundes entsprechend. ²Das gleiche gilt für Bedienstete ausländischer Polizeibehörden und -dienststellen, soweit völkerrechtliche Verträge dies vorsehen oder das Staatsministerium des Innern Amtshandlungen dieser Polizeibehörden oder -dienststellen allgemein oder im Einzelfall zustimmt; in bezug auf Maßnahmen der Strafverfolgung gelten die Absätze 3

und 4 entsprechend, soweit die auf Grund einer zwischenstaatlichen Vereinbarung oder sonst nach dem Recht der internationalen Rechtshilfe zuständige Behörde zustimmt oder eine derartige Zustimmung nach den genannten Vorschriften entbehrlich ist.

11 Dienstkräfte anderer Länder sowie des Bundes oder anderer Staaten

11.1 Auf Art. 11 Abs. 3 Nr. 5 POG beruhen nunmehr:

11.1.1 die in Nrn. 10.1.3 und 10.1.4 bezeichneten Abkommen,

11.1.2 das Verwaltungsabkommen zwischen dem Freistaat Bayern und dem Land Baden-Württemberg über die Wahrnehmung der verkehrspolizeilichen Vollzugsaufgaben auf der Bundesautobahn ostwärts Ulm vom 20. Januar/20. Februar 1964 (Bek vom 20. März 1964, GVBl S. 49).

11.2 Bundesrechtliche Zuständigkeiten für Kräfte des Bundes, in Bayern tätig zu werden, ergeben sich insbesondere

11.2.1 aus Art. 35 Abs. 2 und 3, Art. 91, 115 f Abs. 1 Nr. 1 GG,

11.2.2 aus § 5 Abs. 2 und 3, § 6 Abs. 1, § 7 Abs. 1 Bundeskriminalamtsgesetz,

11.2.3 aus § 5 Bundesgrenzschutzgesetz.

Art. 12
Rechtsbehelfe

(1) Für Rechtsbehelfe gegen Maßnahmen der Polizei gelten die Vorschriften der Verwaltungsgerichtsordnung, soweit eine Zuständigkeit nach § 23 des Einführungsgesetzes zum Gerichtsverfassungsgesetz nicht gegeben ist.

(2) [1]Über den Widerspruch gegen Verwaltungsakte der Polizei entscheidet die dem Staatsministerium des Innern unmittelbar nachgeordnete Polizeidienststelle, wenn der Verwaltungsakt von einem Beamten getroffen worden ist, der dieser oder einer ihr nachgeordneten Dienststelle angehört. [2]Hat eine andere Stelle die Einsatzleitung übernommen oder zu dem Verwaltungsakt angewiesen, so ist der Verwaltungsakt der anderen Stelle zuzurechnen.

(3) Über den Widerspruch in den Fällen des Art. 11 Abs. 3 und 4 entscheidet die dem Staatsministerium des Innern unmittelbar nachgeordnete Polizeidienststelle, in deren Dienstbereich der Verwaltungsakt getroffen worden ist, soweit das Recht des anderen Landes oder Bundesrecht nichts anderes bestimmt.

(4) Über Aufsichtsbeschwerden gegen Maßnahmen, deren Ablehnung oder Unterlassung oder gegen das sonstige Verhalten der Polizei entscheidet
1. das Staatsministerium des Innern, wenn es die Beschwerde an sich zieht;
2. im übrigen die nach Absatz 2 zuständige Dienststelle.

(5) [1]Abweichend von Absatz 4 entscheidet die Staatsanwaltschaft, wenn
1. der Beschwerdeführr geltend macht, durch eine strafprozessuale Maßnahme, ihre Ablehnung oder Unterlassung in seinen Rechten verletzt zu sein, oder
2. die Beschwerde sich gegen eine Maßnahme richtet, die auf einer Anordnung der Staatsanwaltschaft beruht.

[2]Die Polizei kann der Beschwerde abhelfen, wenn die Maßnahme nicht auf einer Anordnung der Staatsanwaltschaft beruht. Im übrigen hat die Polizei die Staatsanwaltschaft von Aufsichtsbeschwerden in Angelegenheiten der Strafverfolgung, die sich nicht lediglich gegen das Verhalten der Polizei richten, vor der Entscheidung zu unterrichten.

Anhang Nr. 6

12 Rechtsbehelfe

12.1 Gegenstand eines Rechtsbehelfs kann eine polizeiliche Amtshandlung oder das dienstliche Verhalten eines Polizeibeamten sein. Dabei kommt es nicht auf die vom Beschwerdeführer gewählte Bezeichnung seines Rechtsbehelfs an, sondern darauf, was er der Sache nach will, nämlich

12.1.1 die förmliche Überprüfung einer polizeilichen Maßnahme, deren Ablehnung oder Unterlassung; dies kann durch Einlegung eines Widerspruchs, wenn es sich um einen Verwaltungsakt handelt, oder durch Rechtsbehelfe des Straf- und Ordnungswidrigkeitenverfahrens geschehen,

12.1.2 die nichtförmliche Überprüfung einer polizeilichen Maßnahme, deren Ablehnung oder Unterlassung im Weg der Aufsichtsbeschwerde,

12.1.3 die nichtförmliche Überprüfung des dienstlichen Verhaltens eines Polizeibeamten im Wege der Aufsichtsbeschwerde.

12.2 Geht ein Rechtsbehelf bei einer anderen Polizeidienststelle ein als bei derjenigen, deren Tätigkeit angegriffen wird, so ist er unverzüglich der letzteren Dienststelle zuzuleiten.

12.3 Widerspruch

12.3.1 Der Widerspruch (§ 69 VwGO) kann sich gegen die Rechtmäßigkeit oder die Zweckmäßigkeit einer polizeilichen Maßnahme richten, die ein Verwaltungsakt ist. Bestehen Zweifel, ob die angegriffene Maßnahme einen Verwaltungsakt darstellt oder ob der Widerspruch form- und fristgerecht eingelegt ist, so ist der Rechtsbehelf gleichwohl unter Hinweis auf die Bedenken an die Dienststelle, die über den Widerspruch entscheidet (Widerspruchsbehörde, Art. 12 Abs. 2 und 3 POG) zu leiten.

12.3.2 Wird der Widerspruch unmittelbar bei der Widerspruchsbehörde eingelegt, so ist er zunächst der Dienststelle zuzuleiten, welcher der Beamte, der die angegriffene Maßnahme getroffen hat, angehört (Ausgangsbehörde). Hat jedoch eine andere Stelle die Einsatzleitung übernommen oder zu dem Verwaltungsakt angewiesen, so ist der Widerspruch dieser Stelle als Ausgangsbehörde zuzuleiten.

12.3.3 Die Ausgangsbehörde prüft zunächst Rechtmäßigkeit und Zweckmäßigkeit der angegriffenen Maßnahme. Hält sie den Widerspruch für begründet, so hilft sie ihm ab (§ 72 VwGO). Der Abhilfebescheid wird über die Polizeidirektion bzw. Landespolizeiinspektion zugestellt. Die Widerspruchsbehörde erhält einen Abdruck des Abhilfebescheides und den Widerspruch selbst.

12.3.4 Hält die Ausgangsbehörde den Widerspruch für unzulässig oder für unbegründet oder handelt es sich um eine unbedeutende Angelegenheit, so kann sie versuchen, die Sache durch ein aufklärendes Schreiben zu bereinigen. Die Widerspruchsbehörde erhält einen Abdruck des Schreibens.

12.3.5 Legt die Ausgangsbehörde den Widerspruch vor, so berichtet sie in sachlicher und rechtlicher Hinsicht. Die Widerspruchsbehörde prüft Rechtmäßigkeit und Zweckmäßigkeit der angegriffenen Maßnahme. Sie übermittelt der Ausgangsbehörde einen Abdruck des Widerspruchsbescheides.

12.4 Förmliche Rechtsbehelfe gegen strafverfolgende Maßnahmen

12.4.1 Hat der Rechtsbehelf die förmliche Überprüfung einer Maßnahme zum Gegenstand, die die Polizei auf Ersuchen oder Anordnen der Staatsanwaltschaft oder des Gerichts getroffen hat, so ist er mit einer Stellungnahme zur Sach- und Rechtslage über das Präsidium der ersuchenden oder anordnenden Stelle zuzuleiten.

Anhang Nr. 6

12.4.2 Hat der Rechtsbehelf die förmliche Überprüfung einer strafprozessualen Maßnahme zum Gegenstand, die die Polizei nicht auf Ersuchen der Staatsanwaltschaft oder des Gerichts getroffen hat, so ist er mit den Akten und einer Stellungnahme unverzüglich über die örtlich zuständige Staatsanwaltschaft dem Generalstaatsanwalt vorzulegen. Bei drohendem Ablauf der Monatsfrist des § 26 EGGVG ist der Rechtsbehelf unmittelbar dem Oberlandesgericht oder dem nächsten Amtsgericht zuzuleiten.

Wird mit dem Rechtsbehelf die richterliche Entscheidung über eine noch nicht erledigte Maßnahme beantragt, die die Polizei wegen Gefahr im Verzug anstelle des Richters getroffen hat, so ist der Rechtsbehelf mit einer Stellungnahme zur Sach- und Rechtslage über die Staatsanwaltschaft dem Amtsgericht, in dessen Bezirk die angegriffene Maßnahme getroffen wurde, zuzuleiten.

12.4.3 Für die förmlichen Rechtsbehelfe gegen polizeiliche Maßnahmen beim Vollzug des Ordnungswidrigkeitenrechts gilt Nr. 8 der Bek vom 8. März 1977 (MABl S. 385).

12.5 Aufsichtsbeschwerde

12.5.1 Die Aufsichtsbeschwerde ist ein nichtförmlicher und nicht fristgebundener Rechtsbehelf. Jedermann, nicht nur der Beschwerte, kann sie einlegen. Sie kann die Überprüfung sowohl einer Amtshandlung wie auch des sonstigen dienstlichen Verhaltens des Polizeibeamten zum Gegenstand haben.

12.5.2 Richtet sich die Aufsichtsbeschwerde gegen eine Maßnahme auf dem Gebiet der Gefahrenabwehr, deren Ablehnung oder Unterlassung, so ist zur Entscheidung die Widerspruchsbehörde (Präsidium) zuständig, sofern nicht das Staatsministerium des Innern die Sache an sich zieht.

Wird die Aufsichtsbeschwerde bei der Dienststelle eingelegt, gegen deren Tätigkeit sie sich richtet, so ist sie mit einer Stellungnahme zur Sach- und Rechtslage dem Präsidium vorzulegen, sofern ihr nicht abgeholfen wird.

12.5.3 Richtet sich die Aufsichtsbeschwerde gegen eine strafprozessuale Maßnahme, deren Ablehnung oder Unterlassung, so ist zu unterscheiden:

12.5.3.1 Beruht die Maßnahme auf einer – allgemein oder für den Einzelfall – erteilten Anordnung der Staatsanwaltschaft, so ist diese zur Entscheidung zuständig. Wird die Aufsichtsbeschwerde bei der Polizeidienststelle eingelegt, so legt diese sie mit einer Stellungnahme zur Sach- und Rechtslage über die vorgesetzte Polizeidirektion bzw. Landespolizeiinspektion der Staatsanwaltschaft vor; das Präsidium erhält einen Abdruck der Stellungnahme. Die Polizei kann in diesem Fall nicht abhelfen.

12.5.3.2 Liegt keine solche Anordnung vor, so ist die Staatsanwaltschaft nur dann zuständig, wenn der Beschwerdeführer die Verletzung eigener Rechte geltend macht. Will die Polizei der Beschwerde abhelfen, so hat sie zuvor die Staatsanwaltschaft zu unterrichten. Hilft sie nicht ab, so legt sie die Beschwerde mit einer Stellungnahme zur Sach- und Rechtslage über die vorgesetzte Polizeidirektion bzw. Landespolizeiinspektion der Staatsanwaltschaft vor; das Präsidium erhält einen Abdruck der Stellungnahme.

12.5.3.3 Liegt keine Anordnung der Staatsanwaltschaft vor und macht der Beschwerdeführer nicht die Verletzung eigener Rechte geltend (Beschwerde eines nicht betroffenen Dritten), so entscheidet die Polizei nach Maßgabe der Nr. 12.5.2. Vor der Entscheidung ist die Staatsanwaltschaft zu unterrichten.

12.5.4 Wird in einer Aufsichtsbeschwerde gegen polizeiliche Maßnahmen, die nach Nr. 12.5.3 der Staatsanwaltschaft zur Entscheidung vorzulegen ist, zugleich das sonstige dienstliche Verhalten des Polizeibeamten beanstandet, so ist über diesen Teil der Beschwerde vom Dienstvorgesetzten des Beamten gesondert zu entscheiden; grundsätzlich ist die Sachentscheidung der Staatsanwaltschaft abzuwarten.

Art. 13
(Änderungsbestimmungen)

Art. 14
(gegenstandslos)

Art. 15
Inkrafttreten[1])

(1) Dieses Gesetz tritt am 1. Oktober 1976 in Kraft.

(2) Abweichend von Absatz 1 treten Art. 4 Abs. 3, Art. 5 Abs. 2 und 4, Art. 6 Abs. 5 und Art. 10 Abs. 1 am 1. September 1976 in Kraft.

---

1) Diese Vorschrift betrifft die ursprüngliche Fassung des Gesetzes vom 10. August 1976 (GVBl S. 303).

Gesetz über die Sicherheitswacht in Bayern (Sicherheitswachtgesetz – SWG)

vom 24. Dezember 1993 (GVBl S. 1049) i. d. F. der Bek vom 28. April 1997 (GVBl S. 88 – BayRS 2012-2-3-I)

Der Landtag des Freistaates Bayern hat das folgende Gesetz beschlossen, das nach Anhörung des Senats hiermit bekanntgemacht wird:

I. Abschnitt
Zweck der Sicherheitswacht

Art. 1
Zweck der Sicherheitswacht

In der Sicherheitswacht wirken Bürger an der Aufrechterhaltung der öffentlichen Sicherheit und Ordnung mit.

II. Abschnitt
Aufgaben und Befugnisse

Art. 2
Aufgaben

Die Angehörigen der Sicherheitswacht unterstützen in ihrer Dienstzeit die Polizei bei der Erfüllung ihrer Aufgaben, insbesondere im Zusammenhang mit der Bekämpfung der Straßenkriminalität.

Art. 3
Befugnisse

[1]Anordnungen und sonstige Maßnahmen für den Einzelfall, die in Rechte anderer eingreifen, dürfen die Angehörigen der Sicherheitswacht nur treffen, wenn sie durch Gesetz dazu besonders ermächtigt sind. [2]Die allgemeinen Vorschriften über gerechtfertigtes Verhalten bleiben unberührt.

Art. 4
Befragung

[1]Die Angehörigen der Sicherheitswacht sind befugt, eine Person nach deren Wahrnehmung zu tatsächlichen Ereignissen oder Personen zu befragen, wenn anzunehmen ist, daß sie sachdienliche Angaben machen kann, die zur Erfüllung der zugewiesenen hoheitlichen Aufgaben erforderlich sind. [2]Zu Auskünften gegenüber den Angehörigen der Sicherheitswacht, die über die Angabe der Personalien (Name, Vorname, Tag und Ort der Geburt, Wohnanschrift und Staatsangehörigkeit) hinausgehen, ist die Person nur verpflichtet, soweit für sie gesetzliche Handlungspflichten bestehen. [3]Für die Dauer der Befragung kann die Person angehalten werden.

Art. 5
Identitätsfeststellung

[1]Die Angehörigen der Sicherheitswacht sind befugt, zur Abwehr einer Gefahr und zum Schutz privater Rechte die Identität der für die Gefahr verantwortlichen Personen festzustellen. [2]Sie können die dazu erforderlichen Maßnahmen treffen, insbesondere die Person anhalten, sie nach ihren Personalien befragen und verlangen, daß sie mitgeführ-

te Ausweispapiere zur Prüfung aushändigt. ³Die Person kann bis zum Eintreffen der Polizei festgehalten werden, wenn ihre Identität auf andere Weise nicht oder nur unter erheblichen Schwierigkeiten festgestellt werden kann.

Art. 6
Platzverweisung

Die Angehörigen der Sicherheitswacht können zur Abwehr einer Gefahr eine Person vorübergehend von einem Ort verweisen.

Art. 7
Übermittlung der erhobenen Daten an öffentliche Stellen

(1) ¹Die Angehörigen der Sicherheitswacht teilen die im Rahmen ihrer Aufgabenerfüllung gewonnenen personenbezogenen Daten unverzüglich ihrer Polizeidienststelle (Art. 11 Abs. 1 Satz 2 und Art. 14 Satz 2) mit. ²Soweit dies für die Erfüllung der Aufgaben der Sicherheitswacht erforderlich ist, können die Angehörigen der Sicherheitswacht auch anderen Angehörigen der Sicherheitswacht personenbezogene Daten übermitteln; hierüber haben sie ihre Polizeiinspektion unverzüglich in Kenntnis zu setzen.

(2) ¹Soweit die Gemeinden für die Gefahrenabwehr zuständig sind, können die Angehörigen der Sicherheitswacht von sich aus den Gemeinden im Rahmen ihrer Aufgabenerfüllung erhobene personenbezogene Daten übermitteln. ²Die Übermittlung ist nur zulässig, soweit die Kenntnis dieser Daten zur Erfüllung der Aufgaben des Empfängers erforderlich erscheint.

Art. 8
Ermessen, Grundsatz der Verhältnismäßigkeit

(1) Die Angehörigen der Sicherheitswacht treffen ihre Maßnahmen nach pflichtgemäßem Ermessen.

(2) Von mehreren möglichen und geeigneten Maßnahmen haben die Angehörigen der Sicherheitswacht diejenige zu treffen, die den einzelnen und die Allgemeinheit am wenigsten beeinträchtigt.

(3) Eine Maßnahme darf nicht zu einem Nachteil führen, der zu dem erstrebten Erfolg erkennbar außer Verhältnis steht.

(4) Eine Maßnahme ist nur so lange zulässig, bis ihr Zweck erreicht ist oder sich zeigt, daß er nicht erreicht werden kann.

Art. 9
Datenschutz

¹In bezug auf die Sicherstellung des Datenschutzes, die Datenübermittlung an nichtöffentliche Stellen, die Geltendmachung der datenschutzrechtlichen Schutzrechte und die Kontrolle durch den Landesbeauftragten für den Datenschutz gelten die Angehörigen der Sicherheitswacht als Angehörige ihrer Polizeiinspektion (Art. 11 Abs. 1 Satz 2 und Art. 14 Satz 2). ²Im übrigen findet das Bayerische Datenschutzgesetz Anwendung.

Art. 10
Rechtsbehelfe

In bezug auf das Rechtsbehelfsverfahren gegen Maßnahmen der Angehörigen der Sicherheitswacht gelten diese als Angehörige ihrer Polizeiinspektion (Art. 11 Abs. 1 Satz 2 und Art. 14 Satz 2).

III. Abschnitt
Bestellung, Organisation und Dienstbetrieb

Art. 11
Begründung und Beendigung des Dienstverhältnisses

(1) ¹Die Angehörigen der Sicherheitswacht sind ehrenamtlich tätig; sie stehen zum Freistaat Bayern in einem besonderen öffentlich-rechtlichen Dienstverhältnis. ²Sie werden auf ihren Antrag hin für den Bereich einer Polizeiinspektion von der zuständigen Polizeidirektion bestellt. ³Die Bestellung erfolgt jederzeit widerruflich durch die Aushändigung einer Urkunde. ⁴Die Bestellung kann befristet werden.

(2) ¹Das Dienstverhältnis wird auf Antrag, durch Widerruf oder durch Zeitablauf beendet. ²Die Entscheidung über den Antrag auf Beendigung des Dienstverhältnisses und der Widerruf bedürfen der Schriftform. ³Zuständig ist die Polizeidirektion, von welcher der Angehörige der Sicherheitswacht bestellt wurde.

Art. 12
Persönliche und fachliche Eignung

(1)* ¹Die Angehörigen der Sicherheitswacht müssen volljährig sein. ²Sie müssen gesundheitlich in der Lage sein, ihren Aufgaben nachzukommen, und die erforderliche Zuverlässigkeit besitzen, insbesondere die Gewähr dafür bieten, daß sie jederzeit für die freiheitliche demokratische Grundordnung im Sinn des Grundgesetzes und der Verfassung eintreten. ³Polizeivollzugsbeamte werden nicht als Angehörige der Sicherheitswacht bestellt.

(2) Die Angehörigen der Sicherheitswacht sollen ihre Wohnung, bei mehreren Wohnungen ihre Hauptwohnung, im Zuständigkeitsbereich der Polizeiinspektion haben, für die sie bestellt werden (Art. 11 Abs. 1 Satz 2).

(3) In die Abklärung dieser Voraussetzungen sollen die Wohnsitzgemeinden einbezogen werden.

(4)** ¹Die Angehörigen der Sicherheitswacht müssen über die für die Erfüllung ihrer Aufgaben erforderlichen rechtlichen und fachlichen Kenntnisse verfügen. ²Ihre Aus- und Fortbildung obliegt der Polizei.

Art. 13
Verschwiegenheitspflicht

(1) ¹Die Angehörigen der Sicherheitswacht haben über die ihnen bei ihrer Tätigkeit bekanntgewordenen Angelegenheiten Verschwiegenheit zu bewahren. ²Dies gilt nicht für Mitteilungen im amtlichen Verkehr und über Tatsachen, die offenkundig sind oder ihrer Bedeutung nach keiner Geheimhaltung bedürfen.

(2) Die Verpflichtung zur Verschwiegenheit besteht auch nach Beendigung der Tätigkeit in der Sicherheitswacht fort.

(3) ¹Die Angehörigen der Sicherheitswacht dürfen ohne Genehmigung über Angelegenheiten, über die sie Verschwiegenheit zu bewahren haben, weder vor Gericht noch außergerichtlich aussagen oder Erklärungen abgeben. ²Für die Genehmigung gelten die Art. 69 Abs. 2 Satz 2 und Art. 70 des Bayerischen Beamtengesetzes entsprechend, wobei die Angehörigen der Sicherheitswacht als Angehörige ihrer Polizeiinspektion (Art. 11 Abs. 1 Satz 2) gelten.

---
*) Hierzu Nr. 1.3 VollzB, abgedruckt in Anhang 8.
**) Hierzu Nrn 2.1 und 3 VollzB, abgedruckt in Anhang 8.

Anhang Nr. 7

Art. 14
Dienstbetrieb

¹Die Angehörigen der Sicherheitswacht unterliegen den Weisungen der Polizeibehörden. ²Soweit es zur Erfüllung polizeilicher Aufgaben erforderlich ist, können die Angehörigen der Sicherheitswacht abweichend von Art. 11 Abs. 1 Satz 2 im Zuständigkeitsbereich benachbarter Polizeiinspektionen, die dem Zuständigkeitsbereich der örtlich zuständigen Polizeidirektion angehören, eingesetzt werden.

Art. 15
Kennzeichnung und Ausrüstung

(1)*) Die Angehörigen der Sicherheitswacht tragen während des Dienstes Zivilkleidung mit einer Kennzeichnung, die ihre Eigenschaft als Angehörige der Sicherheitswacht deutlich macht; sie dürfen keine politischen Abzeichen tragen.

(2) Die Angehörigen der Sicherheitswacht führen keine Schuß-, Hieb- und Stoßwaffen mit sich.

Art. 16**)
Ausweispflicht

¹Die Angehörigen der Sicherheitswacht erhalten einen Dienstausweis. ²Sie haben sich auf Verlangen der von einer Maßnahme betroffenen Person auszuweisen, soweit der Zweck der Maßnahme dadurch nicht beeinträchtigt wird.

IV. Abschnitt
Entschädigung, Sachschadenersatz und Haftung

Art. 17***)
Entschädigung und Sachschadenersatz

¹Angehörige der Sicherheitswacht erhalten für ihren Aufwand eine pauschale Entschädigung nach Maßgabe einer Verwaltungsvorschrift des Staatsministeriums des Innern. ²Treten im Rahmen ihrer Dienstausübung Sachschäden ein, so gelten die Richtlinien zum Sachschadenersatz bei Staatsbediensteten entsprechend.

Art. 18****)
Haftung

Art. 85 des Bayerischen Beamtengesetzes gilt entsprechend.

V. Abschnitt
Schlußbestimmungen

Art. 19
Einschränkung von Grundrechten

Auf Grund dieses Gesetzes kann das Grundrecht der Freiheit der Person (Art. 2 Abs. 2 Satz 2 des Grundgesetzes, Art. 102 Abs. 1 der Verfassung) eingeschränkt werden.

---

*) Hierzu Nr. 4 VollzB, s. Anhang Nr. 8.
**) Hierzu Nr. 4.2 VollzB, s. Anhang Nr. 8.
***) Hierzu Nrn 6 und 7.2 VollzB, s. Anhang Nr. 8.
****) Hierzu Nr. 7.3 VollzB, s. Anhang Nr. 8.

Art. 20
Inkrafttreten

Dieses Gesetz tritt am 1. Januar 1994 in Kraft.*)

---

*) Diese Vorschrift betrifft das Inkrafttreten des Gesetzes in der ursprünglichen Fassung vom 24. Dezember 1993 (GVBl S. 1049). Der Zeitpunkt des Inkrafttretens der späteren Änderung ergibt sich aus dem Änderungsgesetz vom 27. Dezember 1996 (GVBl S. 539).

8 Vollzug des Gesetzes über die Sicherheitswacht in Bayern (Sicherheitswachtgesetz – SWG)

Bekanntmachung des Bayerischen Staatsministeriums des Innern

vom 2. Januar 1997 (AllMBl S. 103 – BayRS 2011–I)

Für den Vollzug des Gesetzes über die Sicherheitswacht in Bayern (Sicherheitswachtgesetz – SWG) – Gesetz vom 27. 12. 1996 (GVBl S. 539) wird folgendes bestimmt:

1 Personalauswahl

1.1 Bestellungsvoraussetzungen

In die Sicherheitswacht können Männer und Frauen aufgenommen werden, die

- Deutsche im Sinne des Art. 116 des Grundgesetzes sind. Bei dienstlichem Bedarf ist auch die Aufnahme von Bewerbern mit ausländischer Staatsangehörigkeit möglich, wenn die sonstigen Voraussetzungen erfüllt werden. Als Nachweis der Staatsangehörigkeit genügt der Paß oder Personalausweis.

- mindestens 18 und höchstens 60 Jahre alt sind. Das Verwendungshöchstalter beträgt 65 Jahre. In begründeten Einzelfällen sind Ausnahmen vom Bestellungs- und Verwendungshöchstalter möglich.

- Zuverlässigkeit und Verantwortungsbereitschaft erkennen lassen und einen guten Ruf besitzen. Die Überprüfung der Zuverlässigkeit umfaßt auch die Einholung von Auskünften nach dem Bundeszentralregistergesetz.

- Gewähr dafür bieten, daß sie jederzeit für die freiheitliche demokratische Grundordnung nach dem Grundgesetz und der Verfassung eintreten.
  Bestehen Zweifel am Vorliegen dieser Voraussetzung, kommt mit Zustimmung des Bewerbers eine Anfrage beim Landesamt für Verfassungsschutz, gegebenenfalls auch beim Bundesbeauftragten für die Unterlagen des Staatssicherheitsdienstes der ehemaligen Deutschen Demokratischen Republik in Betracht.

- den Anforderungen des Außendienstes gesundheitlich gewachsen sind, ausreichende Seh- und Hörfähigkeit besitzen und an keiner ansteckenden Krankheit leiden. Im Zweifelsfall veranlaßt die Bestellungsbehörde eine ärztliche Eignungsüberprüfung.

- durch Zeugnis eine abgeschlossene Schul- oder Berufsausbildung nachweisen.

1.2 Bewerbung

Wer in die Sicherheitswacht eintreten will, muß sich bei der Polizeiinspektion, in deren Zuständigkeitsbereich die Person wohnhaft ist und bei der der Einsatz erfolgen soll, schriftlich bewerben (Art. 11 Abs. 1 SWG). Die Polizeiinspektion bemüht sich ihrerseits um die Gewinnung geeigneter Personen und tritt hierzu auch an die Gemeinde heran. Die Polizeiinspektion leitet die Bewerbungsunterlagen an die für die Personalauswahl und das Bestellungsverfahren zuständige Polizeidirektion weiter und fügt gegebenenfalls eine Stellungnahme bei.

1.3 Zuverlässigkeitsüberprüfung

Bei allen Bewerbern ist eine sorgfältige Zuverlässigkeitsüberprüfung vorzunehmen (Art. 12 Abs. 1 SWG). Einzelheiten dazu werden gesondert geregelt.

1.4 Auswahlverfahren und Bestellung

Soweit die Bestellungsvoraussetzungen nicht vorliegen, teilt die Polizeidirektion dies den Bewerbern schriftlich mit.

Liegen die Bestellungsvoraussetzungen vor, lädt die Polizeidirektion die Bewerber zu einem **Eignungstest** ein. Ziel dieses Eignungstestes ist es, über die Bewerbungsunterlagen hinaus festzustellen, ob die Bewerber den Anforderungen in der Sicherheitswacht gewachsen sind.

Der Eignungstest besteht aus einem schriftlichen Teil und einem Auswahlgespräch. Im schriftlichen Teil ist innerhalb von 30 Minuten ohne Hilfsmittel ein handgeschriebener Lebenslauf zu fertigen. Durch ein anschließendes, etwa 15 Minuten dauerndes Auswahlgespräch sollen das persönliche Erscheinungsbild, die sprachliche Ausdrucksfähigkeit sowie insbesondere die Zuverlässigkeit und Verantwortungsbereitschaft geprüft werden. Dazu gehören auch die Beweggründe für die Bewerbung und die Einstellung zur öffentlichen Sicherheit und zur freiheitlichen demokratischen Grundordnung.

Der Eignungstest endet mit dem Ergebnis „geeignet" oder „nicht geeignet". Das Ergebnis wird den Bewerbern schriftlich mitgeteilt.

Bei Eignung erfolgt im Rahmen des erforderlichen Bedarfs die Bestellung zur Sicherheitswacht durch Aushändigung der Bestellungsurkunde (Muster siehe **Anlage 1**) und die Zulassung zur Ausbildung.

2 Ausbildung

2.1 Allgemeines

Zuständig für die Ausbildung ist die auch für die Bestellung zuständige Polizeidirektion (Art. 12 Abs. 4 SWG). Als Ausbildungsleiter ist ein Beamter des gehobenen Polizeivollzugsdienstes einzuteilen.

Die Ausbildung umfaßt grundsätzlich 40 Unterrichtseinheiten (UE) von je 45 Minuten. Sie ist unter Berücksichtigung der persönlichen Belange der Teilnehmer in Blöcken möglichst innerhalb von drei Monaten durchzuführen. Dabei werden die auszubildenden Angehörigen der Sicherheitswacht in der Regel im Direktionsbereich zusammengefaßt.

2.2 Ausbildungsziel

Die auszubildenden Angehörigen der Sicherheitswacht sollen

- einen Überblick über die Zuständigkeit von Polizei, Sicherheitsbehörden, Staatsanwaltschaft und Gerichten erhalten
- die innere Organisation und den Dienstbetrieb einer Polizeiinspektion kennenlernen
- die jedermann zustehenden Rechtfertigungsgründe und Eingriffsbefugnisse sowie die besonderen Aufgaben und Befugnisse der Sicherheitswacht kennen und beherrschen
- über die Erscheinungsformen der Straßenkriminalität, des Vandalismus, von Sachbeschädigungen und deren Bekämpfungsmöglichkeiten im Rahmen der Sicherheitswacht informiert werden

Anhang Nr. 8

- praktische und psychologische Verhaltenshinweise bekommen
- Meldungen absetzen und einfache schriftliche Berichte abfassen können
- in den Gebrauch der zugewiesenen Sachausstattung eingewiesen werden und damit einen Grundstock für ihre spätere Tätigkeit erhalten.

2.3 Ausbildungsinhalte

2.3.1 Strafrecht (10 UE)

Behandlung insbesondere von
- Gewaltdelikten wie Raub, Körperverletzung, Nötigung
- Straftaten gegen die sexuelle Selbstbestimmung wie Vergewaltigung, sexuelle Nötigung und exhibitionistische Handlungen
- Diebstahl allgemein, Einbruchdiebstahl, Diebstähle rund um das Kraftfahrzeug und von Fahrrädern
- Sachbeschädigung allgemein, Beschädigung von Fahrzeugen und öffentlichen Einrichtungen
- Grundzügen des Waffenrechts (Führen von Waffen und verbotenen Gegenständen).

2.3.2 Eingriffsrecht (12 UE)

Behandlung insbesondere von
- Befragung und Identitätsfeststellung
- Platzverweisung
- jedermann zustehenden Rechtfertigungsgründen wie Notwehr und Notstand nach dem BGB und dem StGB
- vorläufiger Festnahme nach § 127 Abs. 1 StPO
- Datenübermittlung und Datenschutz

und den im Zusammenhang mit der Dienstausübung zu beachtenden Vorschriften über
- Ausweispflicht
- Ermessen/Grundsatz der Verhältnismäßigkeit
- sowie die Verschwiegenheitspflicht von Amtsträgern.

2.3.3 Dienstkunde (18 UE)

Behandlung insbesondere von
- Organisation der Polizei und innerer Dienstbetrieb einer Polizeiinspektion
- Weisungsrecht der Polizeibehörden gegenüber den Angehörigen der Sicherheitswacht
- praktischen und psychologischen Verhaltensweisen für den Einsatz und beim Einschreiten gegenüber Personen
- Auftreten in der Öffentlichkeit und gegenüber der Bevölkerung
- Absetzen von mündlichen und fernmündlichen Meldungen, Abfassen schriftlicher Berichte
- Grundsätzen der Eigensicherung
- Gebrauch der zugewiesenen Sachausstattung, insbesondere der Bedienung des Handsprechfunkgeräts und des Reizstoffsprühgeräts.

Die für die einzelnen Ausbildungsbereiche angesetzten Unterrichtseinheiten sind grundsätzliche Richtwerte. Stundenverlagerungen sind nur bei zwingendem Erfordernis möglich.

2.4 Ausbildungsabschluß

Die Ausbildung wird mit einem Prüfungsgespräch abgeschlossen, an dem maximal vier Ausgebildete teilnehmen. Das Gespräch sollte, bezogen auf den einzelnen Teilnehmer, jeweils 15 Minuten nicht überschreiten. Die Prüfung obliegt einer Kommission, die aus drei Beamten besteht. Vorsitzender der Kommission ist ein Beamter des gehobenen Polizeivollzugsdienstes.

Das Ergebnis lautet „geeignet" oder „nicht geeignet". Es ist aktenkundig zu machen und jedem Teilnehmer einzeln persönlich mitzuteilen.

Eine Wiederholung des Prüfungsgespräches ist grundsätzlich nicht vorgesehen. Über Ausnahmen entscheidet die Kommission. Erhält ein Teilnehmer das Prädikat „nicht geeignet", hat dies den Widerruf der Bestellung zur Folge.

Erst nach bestandenem Prüfungsgespräch und einer daran anschließenden eingehenden örtlichen Einweisung durch die zuständige Polizeiinspektion dürfen die Angehörigen der Sicherheitswacht in ihrem Aufgabenbereich eingesetzt werden.

3 Fortbildung

Die Angehörigen der Sicherheitswacht sollen im notwendigen Umfang an Einsatz- und Dienstbesprechungen der Polizeiinspektion teilnehmen. Mindestens einmal vierteljährlich hat die Polizeidirektion in ihrem Zuständigkeitsbereich eine zentrale Fortbildungsveranstaltung durchzuführen (Art. 12 Abs. 4 SWG).

4 Kennzeichnung und Ausweispflicht (Art. 15 Abs. 1 SWG)

4.1 Kennzeichnung

Die Angehörigen der Sicherheitswacht verrichten ihren Dienst in Zivilkleidung. Zur Kenntlichmachung ihrer Eigenschaft als Angehörige der Sicherheitswacht tragen sie bei Ausübung ihrer Tätigkeit an der rechten Brustseite ein **Kennzeichen** in Plastikfolie, das mit einem Clip an der Kleidung befestigt werden kann. Das Kennzeichen mit der Aufschrift „Sicherheitswacht" ist auf der Vorderseite mit einem Lichtbild versehen. Auf der Rückseite wird die Anschrift der örtlich zuständigen Polizeiinspektion und das Ausstellungdatum abgedruckt (Muster s. **Anlage 2**).

Weiter sind die Angehörigen der Sicherheitswacht am linken Oberarm mit einer **signalgrünen Ärmelschlaufe**, die mit dem gestickten Staatswappen und der Aufschrift „Sicherheitswacht" versehen ist, ausgestattet (Muster s. **Anlage 3**).

Auf Wunsch werden die Angehörigen der Sicherheitswacht mit einem gelben Blouson mit der reflektierenden Aufschrift „Sicherheitswacht" nach dem sogenannten Ingolstädter Modell ausgerüstet.

Das Tragen von politischen Abzeichen während des Dienstes ist den Angehörigen der Sicherheitswacht untersagt.

4.2 Dienstausweis (Art. 16 SWG)

Die Angehörigen der Sicherheitswacht erhalten einen Dienstausweis (Muster s. **Anlage 4**), den sie während ihrer Tätigkeit mitführen müssen.

Der Dienstausweis enthält ein Lichtbild, den Namen und Vornamen und eine Dienstausweis-Nummer. Der Ausweis ist von der zuständigen Polizeidirektion auszustellen und mit der Anschrift der zuständigen Polizeiinspektion zu versehen.

Anhang Nr. 8

Vom Inhaber und von der ausstellenden Polizeidirektion wird der Dienstausweis bei der Übergabe unterschrieben. Ausstellungsort und Datum sind anzuführen. Der Ausweis ist am unteren Eck des Lichtbildes ebenfalls zu siegeln.

Die Angehörigen der Sicherheitswacht sind verpflichtet, sich auf Verlangen der von einer Maßnahme betroffenen Person mit ihrem Dienstausweis auszuweisen, soweit der Zweck der Maßnahme dadurch nicht beeinträchtigt wird. Es genügt **ein Vorzeigen des Dienstausweises, eine Aushändigung ist nicht erforderlich.**

5 Ausstattung

Verwendet werden darf nur die dienstlich zugelassene Ausstattung.

Zur Ausstattung der Sicherheitswacht gehören insbesondere
- eine Signalpfeife
- ein Reizstoffsprühgerät
- ein Handsprechfunkgerät.

Als weitere Ausstattung können u. a. Diktiergeräte, Fahrräder, Taschenlampen, Ferngläser oder Kartenmaterial verwendet werden.

6 Aufwandsentschädigung (Art. 17 SWG)

Die Angehörigen der Sicherheitswacht erhalten für ihre Tätigkeit eine Aufwandsentschädigung von 12 DM pro Stunde, die auch während der Grundausbildung und bei laufenden Fortbildungsveranstaltungen bezahlt wird.

Durch die Aufwandsentschädigung werden alle anfallenden Kosten, z. B. Ausgaben für Kleidung, Kosten für die Fahrten von und zum Dienst und für Verpflegung abgegolten. Zulagen und Reisekostenvergütungen werden nicht bezahlt.

Die Aufwandsentschädigung wird für die während der Tätigkeit zugrunde gelegte Zeit bezahlt. Angerechnet werden nicht die An- und Abfahrtszeit, eingelegte Pausen und sonstige Erledigungen, die nicht zur Dienstverrichtung gehören. Grundlage für die Abrechnung der Entschädigung ist der Dienstplan der zuständigen Polizeiinspektion.

Auszahlung und Besteuerung der Aufwandsentschädigung werden mit IMS gesondert geregelt.

7 Unfallschutz und Haftung

7.1 Schutz bei Personenschaden

Erleiden die Angehörigen der Sicherheitswacht bei der Ausübung ihrer Tätigkeit einen Personenschaden, so genießen sie nach § 2 Abs. 1 Nr. 10 des Siebten Buches Sozialgesetzbuch vom 7. 8. 1996 als ehrenamtlich für eine Staatsbehörde Tätige den Schutz der gesetzlichen Unfallversicherung. Die Gewährung einer angemessenen Aufwandsentschädigung steht der Anwendung dieser Vorschrift nicht entgegen. Der Versicherungsschutz tritt mit Beginn der Tätigkeit ein, wozu die Abfahrt vom Wohn- beziehungsweise Berufsort zur Polizeiinspektion und von dort zum Einsatzgebiet wie auch die erforderliche Rückfahrt gehören. Im übrigen gelten die allgemeinen Grundsätze des gesetzlichen Unfallversicherungsschutzes.

7.2 Schutz bei Sachschäden (Art. 17 SWG)

Treten bei Angehörigen der Sicherheitswacht im Rahmen ihrer Dienstausübung Sachschäden ein, so gelten die Richtlinien zum Sachschadenersatz bei Staatsbediensteten (Bekanntmachung des Staatsministeriums der Finanzen vom 22. 12. 1981, StAnz. Nr. 53) entsprechend. Für den Ersatz von Sachschäden am eigenen Kraftfahrzeug, die bei einem Unfall auf der Fahrt zwischen Dienststelle und Einsatzstätte entstehen, wird Sachschadenersatz jedoch nur geleistet, sofern Dienstfahrzeuge für diese Fahrt nicht zur Verfügung stehen und regelmäßig verkehrende öffentliche Verkehrsmittel nicht benutzt werden können. Die Benutzung des privateigenen Kraftfahrzeuges erfolgt freiwillig. Sachschäden am eigenen Kraftfahrzeug können im Rahmen der nicht gedeckten Kosten bis zur Höhe von 650 DM ersetzt werden. Höhere Kosten sind vom Geschädigten zu tragen.

7.3 Haftung (Art. 18 SWG)

Verursacht ein Angehöriger der Sicherheitswacht bei der Ausübung seiner Tätigkeit einen Schaden, so beurteilt sich eine etwaige Schadensersatzpflicht nach Art. 34 GG in Verbindung mit § 839 BGB. Wegen des Rückgriffs auf einen Angehörigen der Sicherheitswacht ist Art. 85 Abs. 1, Abs. 2 Satz 2 BayBG entsprechend anwendbar.

8 Inkrafttreten

Diese Bekanntmachung tritt mit Wirkung vom 1. 1. 1997 in Kraft.

Anhang Nr. 8

Anlage 1

Urkunde

für die

Bestellung

zur

Sicherheitswacht

Die Polizeidirektion ....

bestellt

Herrn/Frau ....

mit Wirkung vom ....

zum/zur Angehörigen der Sicherheitswacht.

....
Ort, Datum   Unterschrift

Anhang Nr. 8

Anlage 2

Vorderseite

Sicherheitswacht

Lichtbild

Rückseite

Der/die Inhaber/in ist im

Bereich der Polizeiinspektion

....

tätig.

Ausstellungsdatum:

Anhang Nr. 8

Anlage 3

Armschlaufe für Sicherheitswacht

Anlage 4

Dienstausweis

Nr. ....

Herr / Frau

....

Ist Angehöriger der Sicherheitswacht

Polizeidirektion

Lichtbild

....

Ort, Datum

....
Unterschrift

Stichwortverzeichnis

(Fettgedruckte Zahlen bezeichnen die Art. des PAG, die anderen Zahlen verweisen auf die entsprechenden Anmerkungen [Randnummern] zu den einzelnen Artikeln bzw. – soweit vermerkt – auf die VollzB)

Abhilfeverfahren 73 3

Abschleppen von Kraftfahrzeugen 25 9; 28 10; 55 2; 76 7

Abwehr von Gefahren s. Gefahr

Akten 11 1; Vorbem. zu den Art. 30–49 4

Aktenvernichtung 45 3 ff.

Allgemeinverfügung 5 8

Amtlicher Gewahrsam 67 6

Amtsgericht, Zuständigkeit Nrn 18.5 f. VollzB; 18 8 ff.; 24 3

Amtshilfe 2 15; 39 4; 50 3, 7–9

Amtspflicht
- Androhung unmittelbaren Zwangs 59 2, 3; 64 2 ff.
- bei Gewahrsam 18 3; 19 1; 20 2; 70 7
- bei Verwahrung 26 2, 4, 6
- bei Verwertung 27 9, 10; 28 1
- Hilfeleistung 63 4
- Verletzung 2 3, 14; 5 4, 5; 23 4; 24 4, 7; Vorbem. zu den Art. 30–49 5; 70 7
- Vollzugshilfe bei Freiheitsentziehung 52 1

Amtsverschwiegenheit 1 1; Nr. 39.3 VollzB; 39 5

Andere Rechtsvorschriften Nr. 2.5 VollzB; 2 17

Androhung von Zwangsmitteln 59 1 ff.; 64 1 ff.

Angehörige, Benachrichtigung bei Gewahrsam 19 4

Angestellte im kommunalen Dienst 1 2

Angriffs- oder fluchtunfähig Nr. 66.2 VollzB; 66 5; 69 5

Anhalten, Begriff Nr. 13.8 VollzB; 13 11

Anhörung vor Verwertung 27 8

Anordnung der Polizei 5 7, 8

Ansammlungen 32 2, 3

Anscheinsgefahr s. Gefahr

Anscheinsstörer s. Verantwortlichkeit

Anspruch auf Einschreiten 2 2; 5 4

Asylbewerber, wohnungslose s. Obdachlose

Atypische Maßnahmen 11 1; 16 1; 55 2

Arbeits-, Betriebs- und Geschäftsräume, Betreten und Durchsuchen 23 1

Aufenthaltserlaubnis Nr. 13.4.1 VollzB

Aufgaben der Polizei Nr. 2 VollzB; 2 1 ff.
- auf Grund anderer Rechtsvorschriften Nr. 2.5 VollzB; 2 17
- und anderer Stellen 2 13

Aufopferungsanspruch Vorbem. zu den Art. 70–73; 70 16

Aufschiebende Wirkung 3 6
- Androhung der Ersatzvornahme 55 5
- Androhung von Zwangsgeld 56 1

Aufsichtspflichtige Personen Nr. 7.4 VollzB; 7 4

Aufwand s. Verwaltungsaufwand

Aufzüge 16 6

Ausgleichsanspruch des Kostenschuldners 76 8

Auskunft aus Akten bzw. Dateien 48 1 ff.

Auslagen 76 1

Aussagepflicht Nr. 15.5 VollzB; 15 6

Ausschluß der freien Willensbestimmung 17 6

Ausländer, Gewahrsam 17 17

Ausweispflicht Nr. 6 VollzB; 6 2; 13 11

Bahnpolizei 1 1

Beamte im Vollzugsdienst 1 1

Beauftragte, vertragl. d. Pol. Nr. 9.1 VollzB; 9 4 ff.

Stichwortverzeichnis

Bedenken gegen Rechtmäßigkeit von Anordnungen (Weisungen) 1 1; 62 1, 6
Befahren von Grundstücken 29 5
Befugnis
– aus anderen Rechtsvorschriften Nr. 11.2 VollzB; **2** 17; **11** 18, 19
– besondere Vorschriften Vorbem. vor Art. 12 ff.
– Erforderlichkeit **11** 1
– Trennung zwischen Aufgabe und **2** 3 b; **11** 1
Begleitpersonen 17 9; 33 6; 34 2
Begleitung, einschließende 16 6
Begriff der Polizei i. Sinne d. PAG **1** 1 ff.
Behandlung festgehaltener Personen Nr. 19 VollzB; **19** 1 ff.
Behörden **2** 15; Nr. 50.4 VollzB; **50** 4
Beistandsleistung bei Unglücksfällen **2** 12
Beleihung Privater mit polizeilichen Aufgaben **1** 7
Benachrichtigungspflicht
– bei Gewahrsam Nr. 19.2 VollzB; **19** 4, 7
– bei Herausgabe sichergestellter Sachen **28** 1
– gegenüber Betroffenen **9** 7
Beobachtung, polizeiliche **2** 1; **11** 18; **33** 2; Nr. 36 VollzB
Berechtigter bei Herausgabe sichergestellter Gegenstände Nrn 27.3 ff. VollzB; **27** 2 ff.; Nr. 28.2 VollzB; **28** 2, 3
Berechtigungsschein Nr. 13.11 VollzB
Bereitschaftspolizei Nr. 1 VollzB; **1** 2
Bescheinigung
– Durchsuchung **22** 7
– Verwahrung Nr. 26.4 VollzB; **26** 3
Beschlagnahme s. Sicherstellung
Beschränkung bei Durchsuchung **22** 2
Bestätigung bei Durchsuchung von Wohnungen **24** 8
Bestimmtheit von Anordnungen **5** 7; von Rechtsnormen **2** 4; **11** 17
Betreten
– von Grundstücken Nr. 29.3 VollzB; **29** 5
– von Wohnungen **13** 5; Nr. 23.1 VollzB; **23** 5 ff.
Betreuung **7** 4

Betroffener **5** 10; **6** 1; **9** 1 ff.; **10** 1; **11** 1, 17, 18; **14** 6 ff.; **18** 11; Nr. 24.4 VollzB; **28** 1 ff.; Vorbem. zu den Art. 30–49 4; Nr. 30.1–30.3 VollzB; **30** 2 f.; **52** 1
Bewachungsgewerbe **1** 7
Beweiserhebungs- und **Beweisverwertungsverbot** 34 1
Beweissicherung, technische 34 1
Bild- und Tonaufnahmen 16 6
Bundesgrenzschutz **1** 1; **2** 13; **13** 8; **29** 1 ff.
Bundeswehr **1** 7; **2** 13

Chaos-Tage 16 6
CN s. Reizstoffe
CS s. Reizstoffe

Datei Vorbem. zu den Art. 39–40 4; **37** 2; **47** 1 ff.
Daten, personenbezogene Vorbem. zu den Art. 30–49 4; **30** 2 f.
Datenabgleich innerhalb der Polizei **43** 1 ff.
Datenarchivierung **45** 5
Datenberichtigung **45** 1
Datenerhebung Vorbem. zu den Art. 30–49 4; Nr. 30.1 VollzB
– besondere Mittel zur Nr. 33.1 VollzB
– Rechtsnatur der Vorbem. zu Art. 30 2
– Rechtsschutz gegen Vorbem. zu Art. 30 3 und zu Art. 37 13
Datenlöschung Vorbem. zu Art. 37 8; **45** 3 ff.
Datennutzung Vorbem. zu Art. 37 4
Datenspeicherung Vorbem. zu Art. 37 3; **37** 2
Datenschutz Vorbem. zu Art. 37 1; **37** 3
Datensperrung Vorbem. zu Art. 37 7, 9; **45** 4
Datenübermittlung
– Allgemeines; Vorbem. zu Art. 37 6; **39** 1 ff.
– Anlaßübermittlung Nr. 40.4 VollzB; **40** 1
– an nichtöffentliche Stellen **41** 1 ff.
– an öffentliche Stellen **39** 3; **40** 1 ff.

Stichwortverzeichnis

– Initiativübermittlung Nr. 40.2 VollzB; **40** 1
Datenveränderung Vorbem. zu Art. 37 5
Datenverarbeitung Vorbem. zu den Art. 30–49 4; Vorbem. zu Art. 37 2
Dauer
– des Betretungsrechts **23** 14
– des Gewahrsams **17** 7; **18** 7; Nr. 20 VollzB; **20** 3 ff.
Demonstrationsrecht **11** 2; **16** 1, 6, 7
Dereliktion **8** 8
Diensthunde Nr. 61.5 VollzB
Dienstkleidung **1** 5; Nr. 6.1 VollzB; **6** 2
Dienstpferde Nr. 61.5 VollzB; **64** 9
Dienststelle, Verbringung Nr. 14.3 VollzB
Dienststellen der Polizei **1** 2
Dienstvergehen **5** 5; **62** 3
Diplomaten und andere bevorrechtigte Personen **5** 6
Doppelfunktion der Polizei **11** 7, 12–14, 16–19; Vorbem. vor Art. 12; **14** 1 ff.
Druckwerke, Sicherstellung **25** 3
Durchgangsstraßen Nr. 13.7 VollzB; **13** 8
Durchsuchung
– Begriff **21** 2; Nr. 23.2 VollzB; **25** 13
– bei Identitätsfeststellung **21** 9
– Bescheinigung **22** 7
– richterl. Anordnung Nr. 24 VollzB; **24** 1–4
– von Personen Nr. 21.1 ff. VollzB; **21** 1 ff.
– von Personen und Sachen Nr. 13.10 VollzB; **13** 11
– von Sachen Nr. 22 VollzB; **22** 1 ff.
– von Wohnungen **21** 2; Nr. 23.1 VollzB; **23** 1 ff.; **24** 1 ff.
Dynamische Verweisung **49** 2

Eigentümer
– Maßnahmen gegen Nr. 8.6 VollzB; **8** 1, 5, 7; **29** 4, 6
Eigentum
– Inhalt und Schranken **8** 1
– Sozialbindung **8** 1
Einschließende Begleitung **16** 6

Einschließung **15** 5; **17** 10
Einschränkung von Grundrechten **74** 1 ff.
Elterliche Sorge **7** 4
Enteignung **25** 1; **27** 2, 13; **29** 7; Vorbem. vor Art. 70–73
– enteignender Eingriff Vorbem. vor Art. 70–73
– enteignungsgleicher Eingriff Vorbem. vor Art. 70–73
Entlassung aus dem Gewahrsam **52** 6 f.
Entmündigte s. Betreute
Entschädigungsansprüche
– allgemein **9** 4; Vorbem. vor Art. 70–73; **70** 1 ff.
– bei Identitätsfeststellungen **13** 7
– bei Nichtvermögensschaden **70** 13
– bei Tötung Unbeteiligter **66** 12; **67** 11; **70** 6
– Nichtverantwortlicher **10** 8; **70** 6
– Zeugen und Sachverständige **15** 7
Entschädigungspflicht **70** 1 ff.
Erforderlichkeit
– der Datenverarbeitung **38** 4
– von Maßnahmen **14** 6
Erkennungsdienstliche Maßnahmen Nr. 14 VollzB; **14** 1 ff.
Erkennungsdienstliche Unterlagen **11** 18; Nr. 14.4 VollzB; **14** 6; Vorbem. zu den Art. 30–49 4
– Rechtsschutz **14** 8
– Vernichtung Nr. 14.4 VollzB; **14** 2, 7, 8
– Vorladung Nr. 15 VollzB; **15** 1 ff.
Ermessen Nr. 5.1 VollzB; **5** 2; **15** 2
– Androhung von Schußwaffengebrauch **64** 5
– Androhung von Zwangsmitteln **59** 6
– Anordnung von Ersatzzwangshaft **57** 3
– Anwendung unmittelbaren Zwangs **58** 4
– Ausführung von Maßnahmen **9** 3
– Handlungsermessen der Polizei **5** 1 ff.; Vorbem. zu den Art. 30–49 6
– Sicherstellung **25** 6
– Spielraum **5** 2 ff.; **66** 10
Ermessensfehler **5** 4

547

Stichwortverzeichnis

Ersatzansprüche Vorbem. vor Art. 70–73; **72** 1 ff.
Ersatzvornahme **54** 2; Nr. 55 VollzB; **55** 1 ff.
– Androhung **55** 5; Nr. 59.3 VollzB; **59** 8
– Definition **55** 2
– Durchführung **55** 4
– Kosten **55** 6 ff.
Ersatzzwangshaft **54** 2; Nr. 57 VollzB; **57** 1 ff.
Erstattungsansprüche Vorbem. vor Art. 70–73; **71** 1 ff.
– Selbstkosten **29** 9
Ersuchen
– Gewahrsam **17** 18
– Vollzugshilfe Nrn 50.5, 6 VollzB; **50** 4; **52** 1
EUROPOL **1** 1
ex ante-, ex post-Beurteilung **3** 2; **11** 4
Explosionsmittel (Explosivmittel)
– Durchsuchung Nr. 21.3 VollzB; **21** 10
– Gebrauch **67** 3, 5; Nr. 69.1 VollzB; **69** 1 ff.
– Sicherstellung Nr. 25.3 VollzB
– Voraussetzung für Schußwaffengebrauch **67** 3 ff.
Exterritoriale und andere Bevorrechtigte **5** 6

Fehlalarm s. Kosten
Fesselung **11** 9; Nr. 65 VollzB; **65** 1 ff.
– Begriff **65** 3
– Beendigung **65** 4
– Mittel der Nr. 65.3 VollzB
Festhalten **13** 11; **14** 4; **18** 1 ff.; **21** 9
Feststellungsinteresse bei Fortsetzungsfeststellungsklage **11** 17
Feuerwehr **1** 7
Flugplatzbereich **13** 8
– polizeiliche Kontrollen Nr. 29.2 VollzB
Folgenbeseitigungsanspruch **28** 1 (Herausgabepflicht); **70** 16
Fortsetzungsfeststellungsklage **11** 17; Vorbem. zu Art. 37 13
Frauen als Polizeibeamte **1** 1
Freie Willensbestimmung, ausschließender Zustand **17** 6

Freihändiger Verkauf, Verwertung **27** 10
Freiheitsbeschränkung **13** 11; Nr. 15.4 VollzB; **15** 5; **18** 2; **52** 1
Freiheitsentziehung Nr. 13.9 VollzB; **13** 11; Nr. 15.4 VollzB; **15** 5; **17** 1 ff.; **18** 2; **50** 5; **52** 1 ff.
– Dauer Nr. 20 VollzB; **20** 1 ff.; **52** 6
– Vollzugshilfe Nr. 52 VollzB; **52** 1 ff.
Freiwillige Gerichtsbarkeit, Verfahren **18** 11 f.

Gebühren **9** 8; **28** 8, 9; **55** 5, 6; **56** 5; **58** 10; **59** 11; **76** 1 ff.
Gefahr
– abstrakte Nr. 2.2 VollzB; **2** 10
– Abwehr von **2** 9, 10, 18; **11** 18
– Anscheinsgefahr **2** 10; **7** 7; **8** 6; **17** 3; **70** 2; **76** 3
– Begriff Nr. 2.2 VollzB; **2** 10
– dringende **2** 10; **23** 9
– erhebliche Nr. 10.2 VollzB
– für Leib o. Leben Nr. 2.2 VollzB; **17** 4; **17** 5; **21** 9, 12; **64** 8; **66** 6, 8; **67** 2
– gegenwärtige **2** 10; Nr. 10.2 VollzB; **10** 3; **23** 7; Nr. 25.3 VollzB; **25** 8; **66** 6, 8; **67** 2
– im Verzug **23** 4; Nr. 24.1 VollzB; **24** 2
– konkrete Nr. 2.2 VollzB; **2** 10; Nr. 11.4 VollzB; **11** 1; **17** 3; **23** 10
– maßgebender Zeitpunkt für Ansatz gerichtlicher Nachprüfung **2** 10
– Prognose **2** 10; Nr. 17.3.2 VollzB; **17** 9
– Putativgefahr **2** 10; **17** 3
Gefahr(en)erforschung **2** 10; **10** 4
Gefährliche Werkzeuge, Durchsuchung nach Nr. 17.3.2 VollzB; **17** 9; Nr. 21.3 VollzB; **21** 10
Gemeinnützige Zwecke **27** 12
Gemeinsamer Einsatz **1** 1
Generalermächtigung s. Generalklausel
Generalklausel, polizeiliche **2** 4 ff.
Genomanalyse **14** 3
Gesamtschuldner **76** 7
Geschäftsführung ohne Auftrag **2** 13
Geschäftsräume, Betreten von Nrn 23.3, 23.11 VollzB; **23** 1, 13

Stichwortverzeichnis

Geschlossener Einsatz, Weisungen zur Anwendung unmittelbaren Zwangs Nr. 62.1 ff. VollzB; **62** 1
Gesetzgeber s. Gestaltungsfreiheit
Gesetzgebungszuständigkeit der Länder für die allgemeine präventiv-polizeiliche Gefahrenabwehr **1** 1
Gestaltungsfreiheit des Gesetzgebers **1** 1
Gewahrsam Nr. 17 VollzB; **17** 1 ff.
– Ausländer **17** 17
– Behandlung Festgehaltener Nr. 19 VollzB; **19** 1 ff.
– Benachrichtigung Nr. 19.2 VollzB; **19** 4
– Betreten und Durchsuchen von Wohnungen Nr. 23 VollzB; **23** 9 ff.
– Dauer **17** 7; **18** 6 f.; Nr. 20 VollzB; **20** 1 ff.
– Fürsorge- und Sorgfaltspflicht **17** 10, 12
– Minderjähriger Nr. 17.5 VollzB; **17** 13
– richterliche Entscheidung Nr. 18 VollzB; **18** 1 ff.
– Schutzgewahrsam Nr. 17.2 VollzB; **17** 3–7
– Verbringungsgewahrsam **11** 2, 18; **17** 12
– Vereinbarkeit mit Verfassungsrecht **18** 2
Gewalt, nichtstaatliche Vorbem. vor Art. 11
Gewaltenteilung 11 17
Gewaltmonopol, staatliches Vorbem. vor Art. 11
Gewohnheitsrecht 2 5
Grenzbereich 13 8
Grenzgebiet 13 8
Grenzkontrolle
– Befugnisse Nr. 29 VollzB; **29** 1 ff.
– Grenzabfertigung **13** 8, 9
– Grenzdienststellen **13** 8, 9
– mit Österreich **13** 9
– Verwaltungsabkommen **29** 1
Grenzpolizeiliche Aufgaben 1 2; **13** 8, 9; **29** 1
Grenzüberschreitender Verkehr 13 8; **21** 6; Nr. 29.2 VollzB; **29** 1
Grundstückseigentümer s. Eigentümer
Gruppenauskünfte 41 5

Haftbefehl **17** 14; **18** 3 ff.; **20** 6
Halterhaftung bei Kfz **8** 7
Handgranaten 61 7; **64** 8; **69** 1 ff.
Handlungsermessen der Polizei s. Ermessen
Handlungspflicht der Polizei **5** 4
Handlungsstörer s. Verantwortlichkeit (Verhaltensstörer)
Hausbesetzungen 11 2
Hausrecht 50 1
Herausgabe
– des Erlöses **28** 5, 6
– von Gegenständen Nrn 28.1 f. VollzB; **28** 1–7
Herrenlose Sachen Nr. 8.7 VollzB; **8** 8
Hilfeleistungen für Verletzte Nr. 63 VollzB; **63** 1 ff.
Hilfeleistungspflicht 63 1, 3
Hilfsbeamte der Staatsanwaltschaft 11 18, 19; **50** 1
Hilflose Lage
– Durchsuchung **21** 5
– Gewahrsam **17** 6; **22** 3
Hilfsmittel der körperlichen Gewalt **61** 4
Hilfsorgan, Polizei als **2** 15
Hilfspolizeibeamte 1 7
Hilfs- und Rettungsdienste 2 13; Nr. 16.3 VollzB; **16** 5

Identität
– Durchsuchung **21** 9
– Feststellung der Nrn 13.1–4 VollzB; **13** 1 ff.; **14** 5; **21** 9
– Rechtsmittelbelehrung **19** 3
– richterliche Entscheidung **18** 1 ff.; Nr. 20.3 VollzB; **20** 5, 6
Immunität der Abgeordneten **5** 6
Inanspruchnahme des Nichtverantwortlichen Nr. 10 VollzB; **10** 1 ff.
Informant der Polizei **1** 7; **2** 17
Informationelle Selbstbestimmung s. Selbstbestimmung
Informationspflicht gegenüber Behörden **51** 9

549

Stichwortverzeichnis

Inhaber der tatsächlichen Gewalt Nr. 8.3 VollzB; **8** 4; **22** 5, 7; Nr. 23.4 VollzB; 25 11; 26 3

Initiativübermittlung von Daten 40 1

Inkrafttreten des Gesetzes 78 1 ff.

Interesse,
– berechtigtes 11 17; 18 7 f.
– schutzwürdiges 11 17; 18 7; 40 5

Internationaler Verkehr, Einrichtungen Nr. 13.7 VollzB; **13**.8

IVS-Richtlinien 39 6

Jedermannsrechte s. Selbsthilferechte

Justizhilfe Nr. 50.1 VollzB; 50 6, 7

Justizverwaltung, Dienstkräfte 50 6

KAN s. Kriminalaktennachweis

Kausalität, überholende 7 3

Kennzeichnung der Polizeibeamten 6 1, 2

Körperliche Gewalt 61 3

Körperliche Unversehrtheit 66 6

Kombattantenstatus 1 1

Kommunale Parküberwachung s. Parküberwachung

Kontaktpersonen 33 6; 34 2

Kontrollstellen 13 7

Kosten s. auch Gebühren
– Androhung von Zwangsmitteln 59 11
– bei Demonstrationen 76 3
– bei Fehlalarm 76 3
– Ersatzvornahme 55 6, 7
– Gesamtschuldner 76 7
– Leistungsbescheid 76 9
– pol. Maßnahmen 5 9; 9 8; Nr. 28.3 VollzB; **28** 8; **55** 6; **58** 10; **59** 8, 11; 76 1 ff.
– Rahmengebühren 76 5
– unmittelbarer Zwang 58 10
– Verhältnis PAG–KG 76 1 ff.
– Vollstreckung 76 9

Kostenfreiheit 9 8; 76 3

Kostenschuldner 76 7

KpS-Richtlinien Vorbem. zu Art. 37 1

Kraftfahrzeug, Sicherstellung von Nr. 25.3 VollzB; 25 9

Kriminalaktennachweis 11 18; 38 4

Landtagspräsident, Polizeigewalt 50 1

Lauschangriff s. Beweissicherung, technische

Legalitätsprinzip 5 1

Legende 33 2

Lockspitzel 2 17; s. auch V-Personen

Luftverkehrsbehörden 13 8

Luftverkehrssicherheit 1 1

Maschinengewehre, Anwendung 61 7; Nr. 69 VollzB; **69** 1 ff.

Maßnahmen d. Pol. Nr. 4 VollzB; **3** 1 ff.; 4 1
– atypische 11 1; 16 1; 55 2
– Aufwand 9 8; 76 11
– Ausführung Nr. 9 VollzB; **9** 1 ff.
– Begriff Nr. 2.1 Satz 4 VollzB; **4** 1
– gegen andere Hoheitsträger 8 10
– gegen Nichtverantwortliche Nr. 10 VollzB; **10** 1 ff.
– Grenze (sachlich und zeitlich) 4 4
– Kollision mit behördlichen 3 1–4
– Notwehr und Notstands- 4 5
– notwendige 11 4
– Rechtsweg gegen 11 16 ff.
– Unaufschiebbarkeiten der 3 6

Menschenmenge
– Begriff Nr. 68.1 VollzB; **68** 2
– Gebrauch von Handgranaten 69 5
– Platzverweisung Nr. 16.2 VollzB; **16** 3, 6 ff.; 17 12
– Schußwaffengebrauch 64 10; **68** 1 ff.

Menschenwürde, Verletzung der 62 2, 3

Minderjährige, Gewahrsam Nr. 17.5 VollzB; **17** 13; Nr. 19.3 VollzB; **19** 7

Münchner Modell 25 9

Stichwortverzeichnis

Nichtstörer 2 11; 7 1; **10** 1 ff.; **13** 7;
s. auch Verantwortlichkeit
Niederschrift
– bei Durchsuchung Nr. 24.3 VollzB; **24** 7
– bei Verwahrung Nr. 26.5 VollzB; **26** 3
Normenklarheit, Grundsatz **2** 4
Notwendigkeit pol. Handelns **3** 2; Nr. 11
VollzB; **11** 4
Notwehr- und Notstandsmaßnahmen 4 5;
50 1; **60** 5, 6; **64** 11; **66** 13; **67** 12; **68** 7

Obdachlose **11** 10
Observation 2 1; **11** 2; **16** 6; **33** 2
Offenes Visier, Prinzip **30** 3
Öffentliche Sicherheit und Ordnung
Nr. 2.2 VollzB; **2** 4 ff.; **11** 3
– Begriff Nr. 2.2 VollzB; **2** 5 ff.; **11** 3
Öffentliche Stelle 39 3
Öffentliche Veranstaltungen 32 2, 3
On-line-Anschluß 46 1 ff.
Opportunitätsprinzip 1 1; **5** 1
Ordnungswidrigkeiten Nr. 2.5 VollzB;
2 17; **11** 6; **32** 5
– Ermittlung von **16** 4
– Gewahrsam **17** 8
– Unterbindung **11** 6, 7
– Verfolgung von **2** 17; Nr. 13.2 VollzB
– Verhütung von **11** 7
Organisation der Polizei **1** 2
Organisierte Kriminalität 33 1

Parküberwachung, kommunale **25** 9
Personenbezogene Daten Vorbem. zu den
Art. 30–49 4
Personenschutzsender 34 4; **35** 2 ff.
Platzverweisung Nr. 16 VollzB; **16** 1 ff.;
17 12
Polizeiaufgaben s. Aufgaben
Polizei
– als Hilfsorgan Nr. 2.5 VollzB; **2** 15
– als Vollzugsorgan **2** 15; **11** 13, 17; **15** 2
– Ausweispflicht Nr. 6 VollzB; **6** 1, 2
– Beamte **1** 1
– Begriff Nr. 1 VollzB; **1** 1 ff.

– Bestandteil der Verwaltung **1** 6
– Dienststellen **1** 2; **40** 2
– Organisation **1** 2
– und Staatsanwaltschaft **2** 17, 18;
Anhang Nr. 2
– uniformierte **1** 2, 5
Polizeibefugnisse s. Befugnisse
Polizeibehörden 77 1 ff.
Polizeigewalt im Landtagsgebäude **50** 1
Polizeikostenverordnung 9 8; **76** 5;
Anhang Nr. 5
Polizeimaßnahme s. Maßnahmen
Polizeipflicht 7 1, 3; **8** 1, 4; **70** 6
– als Sozialbindung des Eigentums **8** 1;
Vorbem. vor Art. 70–73; **70** 6
– materielle **7** 3
– negative **8** 1
PpS-Richtlinien Vorbem. zu Art. 37 1
Präventivsicherstellung 25 1
Presseerzeugnisse 25 3
Pressemitteilungen, polizeiliche
41 2
Presseräume, Durchsuchung **23** 1, 13
Private Rechte 2 14; **13** 10; **25** 4
Private Sicherheitsdienste 1 7
Prognose s. Gefahr
Prostitution Nr. 13.4.1 VollzB; **13** 4, 5;
23 13
Prüfungsrecht bei Berechtigungsscheinen Nr. 13.11 VollzB; **13** 12
Putativgefahr s. Gefahr

Rasterfahndung **2** 17; **11** 18; Vorbem. zu
Art. 37 11; Nr. 44 VollzB; **44** 1 ff.
Razzien 13 2, 7
Realakt Nr. 9.1 VollzB; **9** 1; **58** 6; **65** 1;
66 1
Rechtsanspruch mit pol. Handeln **2** 2; **5** 4
Rechtsbegriffe, unbestimmte **2** 4
Rechtsbehelfe nach der VwGO **11** 17;
Nr. 53.1 VollzB; **53** 1; **76** 10
Rechtsgüter, Schutz gefährdeter **2** 1, 10

551

Stichwortverzeichnis

Rechtsmittelbelehrung bei Gewahrsam 19 1–3

Rechtsweg gegen Maßnahmen d. Pol.
- allgemein 11 16–18
- Entschädigungsanspruch 73 1 ff.
- Ersatzanspruch 73 4
- Erstattungsanspruch 73 4
- Freiheitsentziehung 18 8 ff.
- zu den ordentlichen Gerichten 11 16–18; 14 8; 18 8 ff.; 24 3; 26 4; 73 1–4
- zu den Verwaltungsgerichten 11 16, 17; 73 4

Rehabilitationsinteresse 11 17

Reizstoffe 11 17; Nrn 61.1, 3, 9 VollzB; 61 4

Rettungsschuß s. tödlicher Schuß

Richterliche Anordnung zum Durchsuchen von Wohnungen 23 8; 24 2; 70 7

Richterliche Entscheidung Nr. 18 VollzB; 18 1 ff.; 20 5, 6; 52 2; 67 6

Richterliche Selbstbeschränkung 11 17

Sachen
- Begriff Nr. 8.2 VollzB; Nr. 22.1 VollzB; 25 1, 7
- Beschaffenheit 8 2; Nr. 26.2 VollzB
- Durchsuchung von 13 11; Nr. 22 VollzB; 22 1 ff.
- Herausgabe sichergestellter Nrn 28.1 f. VollzB; 28 1 ff.
- Sicherstellen von Nr. 25 VollzB; 25 1 ff.
- Verderb 27 3
- Verwahrung von Nr. 26.1 VollzB; 26 1 ff.
- Verwertung, Vernichtung Nr. 27.7 VollzB; 27 2, 9, 13

Sachwerte Erhaltung oder Rettung 11 11

Selbstbestimmung, Recht auf informationelle Vorbem. zu den Art. 30–49 2; 30 2

Selbstgefährdung 11 9; 17 5; 65 1

Selbsthilferechte, private 2 14; 13 10; 25 9, 11; 50 1; s. auch Notwehr- und Notstandsmaßnahmen

Selbstmord 11 9; 17 5; 65 1

Senat, Präsident 50 1

Sicherheitsbehörden 2 15; 3 1; 51 5; 77 1 ff.

Sicherheitsdienste, private 1 7

Sicherheitswacht 1 7; Anhang Nr. 7

Sicherstellung 25 1 ff.
- Begriff Nr. 25.2 VollzB; 25 1
- Druckwerke 25 3, 4
- Herausgabe Nr. 28.1 VollzB; 28 1 ff.
- Kosten Nr. 28.3 VollzB; 28 8 ff.
- Kraftfahrzeuge Nr. 25.3 VollzB; 25 9 ff.

Sicherung von Anlagen 29 1 ff.

Sittlichkeit, Maßnahmen zum Schutz 11 12

Sofortige Vollziehung 15 2; 51 1

Sollvorschrift 15 4; 19 8; 22 6; Nr. 24.3 VollzB; 27 8; 59 8

Sorgfaltspflicht der Polizei bei Verwahrung Nr. 26.6 VollzB

Sozialbindung s. Polizeipflicht

Sprengmittel 61 4, 7; 69 7

Subsidiaritätsprinzip 3 1, 2; 8 10; 11 6; 15 2; 50 3

Schengener Grenzabkommen 13 8; 40 6; 43 2

Schleierfahndung 13 8

Schleppnetzfahndung 2 17; 33 1

Schriftform
- Androhung der Zwangsmittel Nr. 59.1 VollzB; 59 2
- Mitteilung über Vernichtung 27 7
- Vollzugshilfeersuchen 51 1; 52 2
- Zwangsgeldandrohung 56 1

Schub 65 2

Schußwaffen
- allgemeiner Begriff 61 5; 67 3
- polizeiliche 61 5; 66 1

Schußwaffengebrauch
- allgemein Nr. 66 VollzB; 66 1 ff.
- Androhung Nr. 64 VollzB; 64 6
- Anordnung 66 2, 6, 11; 67 10; 68 6

Stichwortverzeichnis

- Gefährdung Unbeteiligter **66** 9; **68** 3
- gegen einzelne Personen Nr. 66.2 VollzB; **66** 3, 6; Nr. 67 VollzB; **67** 1 ff.
- gegen Fahrzeuge **66** 4
- gegen Kinder **66** 8
- gegen Menschenmenge **64** 10; Nr. 68 VollzB; **68** 1 ff.; **69** 5
- gegen Sachen **66** 3
- gegen Tiere **66** 3
- Notwehr, Notstand **66** 13; **67** 12; **68** 7
- Verhältnismäßigkeit **66** 2
- Voraussetzungen **66** 1 ff.; **67** 1 ff.; **68** 1 ff.; **69** 1 ff.
- zur Fluchtvereitelung **67** 5, 6; **69** 5

Schutz
- Auftrag des Staates und der Polizei **2** 1 f., 17; **66** 6
- der Bevölkerung **2** 1, 2
- der Jugend **17** 13
- der Sittlichkeit **11** 12
- privater Rechte Nr. 2.3 VollzB; **2** 14; Nr. 13.7 VollzB; **13** 10; **25** 9, 11

Schutzgewahrsam **17** 3–7

Staatsanwaltschaft, Hilfsbeamte der **11** 18, 19

Staatshaftung Vorbem. zu den Art. 70–73

Sterbehilfe, aktive **11** 9

Störer s. Verantwortlichkeit

Störung, Begriff **2** 11; Nr. 11.4 VollzB

Straftaten
- Begriff **11** Abs. 2; **11** 6–8
- erkennungsdienstliche Maßnahmen Nr. 14 VollzB; **14** 1 ff.
- Ermittlung, Aufklärung **16** 4
- Gewahrsam **17** 8–12
- Identitätsfeststellung Nr. 13 VollzB; **13** 1 ff.
- Legaldefinition **11** Abs. 2
- Unterbindung **11** 7
- Verhütung **2** 18; **11** 7
- von erheblicher Bedeutung **30** 5

Strafunmündigkeit **7** 4

Strafverfolgung **2** 13, 18; **11** 7, 18

Tatsächliche Gewalt Nr. 8.3 VollzB; **8** 4; **22** 5, 7; Nr. 23.4 VollzB; **25** 11; **26** 3

Technische Sperren Nr. 61.7 VollzB; **64** 9

Technisches Hilfswerk **1** 7

Techno-Parade **16** 6

Teilauskunft **48** 6

Tiere, Tötung **27** 13; **66** 3

Tödlicher Schuß **66** Abs. 2; Nr. 66.3 VollzB; **66** 6, 7

Tränengas s. Reizstoffe

Übermaßverbot Nr. 4.1 VollzB; **4** 2; **17** 6–13; **20** 6; **61** 4

Übersichtsaufnahmen **32** 4

Unaufschiebbarkeit pol. Handelns **3** 2

Unbestimmte Rechtsbegriffe **2** 4

Überwachung, polizeiliche **2** 1

Unbeteiligter
- Entschädigung **66** 12; **70** 6
- Fiktion des Übergangs zum Verantwortlichen **68** 4
- Gefährdung **66** 9

Under-cover-agent **33** 2

Unmittelbarer Zwang s. Zwang

Untätigkeit der Polizei **5** 4

Unterbindung, Begriff **11** 7

Unterbringung psych. Kranker **2** 17; **15** 2; Nr. 50.2 VollzB

Untersuchung, körperliche Nr. 21.1 VollzB; **21** 1 ff.

Unverletzlichkeit der Wohnung **23** 2; **74**
- Einschränkung **74**

Unverzüglich **18** 3; **19** 2; **24** 6

Verantwortlichkeit s. auch Verursachen
- des Anscheinsstörers **2** 10; **7** 7; **8** 1; **70** 2
- des Geschäftsherrn Nr. 7.5 VollzB; **7** 5

553

Stichwortverzeichnis

– für Personen   Nr. 7 VollzB; **7** 1 ff.
– für Sachen   Nr. 8 VollzB; **8** 1 ff.
– kostenrechtliche   **9** 8; **76** 7
– nicht verantwortliche Personen   Nr. 10 VollzB; **10** 1 ff.
– Sozialadäquanz   **7** 3; Vorbem. vor Art. 70–73
– Störer   **7** 1 ff.; **17** 9
– s. auch Verhaltens- und Zustandsverantwortlichkeit

Verbringungsgewahrsam   s. Gewahrsam

Verdeckter Einsatz technischer Mittel   **33** 2; **34** 2

Verdeckter Ermittler   **6** 1; **33** 2; Nr. 35 VollzB; **35** 1 ff.

Verfassungsmäßige Ordnung   **11** 6

Verfassungsfeindliche Handlungen
– Begriff   **11** 6
– Gewahrsam   **17** 8
– Legaldefinition   **11** Abs. 2 Satz 4
– Unterbindung   **11** 7
– Verhütung   **11** 7

Verfassungsschutz   **2** 15; Nr. 33.1 VollzB; **39** 6; **50** 3

Verfolgung rechtswidriger Taten   **11** 7, 18

Verhältnis zu anderen Behörden   Nr. 3 VollzB; **3** 1 ff.

Verhältnismäßigkeit, Grundsatz   Nr. 4 VollzB; **4** 2 ff.; **8** 1; **11** 4, 14
– bei Ersatzvornahme   **55** 1
– bei Gewahrsam   **17** 13; **20** 6
– bei Herausgabe sichergestellter Sachen   **28** 1
– bei Normsetzung   **1** 1
– bei Sicherstellung   **25** 6
– bei Vorladung   **15** 2
– bei Verwaltungszwang   **53** 2
– Fesselung   **65** 1, 4
– Schußwaffengebrauch   Nr. 66.1 VollzB; **66** 2
– unmittelbarer Zwang   **61** 4, 5
– Wahlrecht des Betroffenen   **5** 10

Verhaltensverantwortlicher   **7** 1, 2

Verhütung, Begriff   **11** 6, 7; **23** 9

Vernehmung, Vorladung zur   **15** 1, 3

Vernichtung sichergestellter Gegenstände   **27** 13

Verpflichtung zum Einschreiten   Nr. 5.2 VollzB; **5** 1–5

Verrichtungsgehilfen   Nr. 7.5 VollzB; **7** 5

Versammlungsrecht   **11** 2; **16** 1, 6, 7; **68** 2

Versteigerung sichergestellter Sachen   **27** 9

Vertrauensperson, Benachrichtigung   Nr. 19.2 VollzB; **19** 4

Verursachen, Begriff   **7** 1, 3

Verwahrung
– Amtspflicht   **26** 2, 4, 6
– Begriff   Nr. 26.1 VollzB
– Bescheinigung   Nr. 26.4 VollzB; **26** 3
– Niederschrift   Nr. 26.5 VollzB; **26** 3
– Schadenersatz   **26** 4
– Sorgfaltspflicht   Nr. 26.6 VollzB; **26** 4
– von Fahrzeugen   **25** 9 ff.; **76** 7
– Wertminderung   Nr. 26.6 VollzB; **26** 4

Verwaltungsabkommen   **1** 3

Verwaltungsakt   **9** 1; Nr. 53.1 VollzB; **53** 4
– allgemein   **11** 17; Vorbem. zu Art. 30 3 und zu Art. 37 9
– Androhung von Ersatzzwangshaft   **57** 5
– Androhung von Zwangsmitteln   **59** 2, 3; **64** 2 ff.
– polizeilicher   **53** 4
– unmittelbarer Zwang   **58** 6
– Vollstreckungsantrag   **57** 7
– Zwangsgeldfestsetzung   **56** 5

Verwaltungsdienstkräfte d. Polizei   **1** 1

Verwaltungsgerichtshof, Zuständigkeit   **11** 16, 17

Verwaltungspolizei   **77** 1–3

Verwaltungszwang   **53** 2 ff.
– bei Vorladung   **15** 5
– Zwangsmittel   **54** 2 ff.

Stichwortverzeichnis

Verweisung
- konstitutive 18 11; 24 3; 29 11
- dynamische 49 2

Verwertung sichergestellter Gegenstände Nr. 27 VollzB; 27 2
- Anhörung Beteiligter Nr. 27.5 VollzB; 27 8
- Begriff 27 2, 13
- Erlös 27 11; 28 5 ff.
- Mitteilung 27 7, 8
- öffentl. Versteigerung 27 9

V-Mann s. V-Personen

Vollzugsdienstkräfte 1 1

Vollzugshilfe Nrn 2.4 und 50–52 VollzB; 2 15; 11 13, 17; 15 2 50 1 ff.; 51 1 ff.; 52 1 ff.
- Abgrenzung zur Amtshilfe 50 3
- Begriff Nr. 50.1 VollzB; 50 2
- bei Freiheitsentziehung 52 1 ff.
- bei Vorladung 15 2
- Verantwortung für Rechtmäßigkeit 50 5
- Verfahren 51 1 ff.

Vorbeugende Bekämpfung von Straftaten 2 1; 11 6, 7; 14 3; 31 3

Vorführen von Personen 15 5; 50 6–8

Vorgangsverwaltung 38 2

Vorladung
- Angabe des Grundes Nr. 15.2 VollzB
- zu einer Dienststelle der Polizei Nr. 15 VollzB; 15 1 ff.
- zwangsweise Durchsetzung Nr. 15.3 VollzB; 15 5

Vormundschaft über Minderjährige 7 4

V-Personen, V-Männer 1 7; 2 17; Nr. 33.3 VollzB

Waffen, polizeiliche 61 5; Nr. 69 VollzB; 69 1 ff.
- Durchsuchung Nr. 21.3 VollzB; 21 11
- Sicherstellung Nr. 25.3 VollzB

Warnschuß Nrn 64.2 f. VollzB; **64** 6, 10

Wasserwerfer Nr. 61.8 VollzB

Weisungsrecht der Behörden der allg. inneren Verwaltung 3 1; 51 5

Wertminderung sichergestellter Gegenstände Nr. 26.6 VollzB; 26 4; 27 3

Wiederholungsgefahr 11 17; 14 6; 17 9

Willkür- und Schikaneverbot Nr. 4 VollzB; 4 2; 22 3

Wirkung diskriminierende 11 17

Wohnung
- Begriff Nr. 23.3 VollzB; 23 1, 2
- Betreten Nr. 23.1 VollzB
- Durchsuchen 23 3; 24 3 ff.
- Inhaber Nr. 23.4 VollzB; 24 5 ff.
- Schutz 23 2

Zeitpunkt, maßgebender für richterliche Prüfung 2 10; 3 2

Zeitungen, Zeitschriften, Sicherstellung von 25 3

Zitiergebot 74 1 ff.

Zufallsfunde 34 4; 44 4

Zusammenarbeit
- mit anderen Sicherheitsbehörden 2 13, 15, 17; Nr. 50 VollzB; 50 1 ff.
- mit Staatsanwaltschaft 2 17; Anhang Nr. 2

Zustandsverantwortlicher 7 2, 3; 8 1 ff.

Zwang, unmittelbarer 54 2; 58 1 ff.
- Anordnung Nr. 62 VollzB; 62 1 ff.
- Anwendung 11 9; 60 1 ff.–69 1 ff.
- Begriff Nr. 61 VollzB; 61 1 ff.
- Ermessen 58 4
- Gesetz (UZwG u. Allg. VerwVorschr.) Anhang Nr. 3, 4
- Hilfeleistung für Verletzte 63 1 ff.
- rechtliche Grundlagen Nr. 60 VollzB; 60 2 ff.
- Vollzugshilfe Nr. 50 VollzB; 50 2 ff.

555

Stichwortverzeichnis

Zwangsgeld 54 2; Nr. 56 VollzB; 56 1 ff.
– Androhung 56 1, 2; 59 1 ff.
– Frist 55 8; 56 3, 4
– Schriftform 56 1
– Zustellung 56 2

Zwangsmittel Nr. 54 VollzB; 54 1 ff.
– Androhung 54 4; 58 5, 6; Nr. 59 VollzB; 59 1 ff.
– Unzulässigkeit 54 6
– unmittelbarer Zwang 58 1 ff.
– Wahl des Zwangsmittels 54 3

Zweckbindung der Datenerhebung 37 3; 39 4

Zweckveranlasser 7 1

**Klarheit
im Verwaltungs-
verfahrensrecht:
aktuell, schnell,
zuverlässig**

Giehl
Verwaltungs-verfahrens-recht in Bayern

Kommentar zum BayVwVfG und zum VwZVG

Bearbeitet von Dr. Friedrich Giehl, Regierungspräsident von Niederbayern, Landshut

**Loseblatt, 1068 Seiten, DIN A5, 1 Ordner, DM 128,–
Best.-Nr.: 10100 – ISBN 3-8073-0203-4**

Praxisorientiert:
Die Vorschriften des Bayerischen Verwaltungsverfahrensgesetzes und des Bayerischen Verwaltungszustellungs- und Vollstreckungsgesetzes werden ausführlich kommentiert. Dabei wird besonders auf die Belange der Praxis eingegangen.

Kompetent:
Dieses Werk gibt Anwendern aller Ebenen schnell und zuverlässig Antwort auf alle Fragen, die sich im Umgang der Verwaltung mit dem Bürger oder auch der Verwaltungen untereinander ergeben.

Umfassend:
Die inhaltliche Tiefe und der Umfang der Kommentierung bieten auch bei anspruchsvollen Rechtsfragen die sichere Gewähr der richtigen Lösung.

Aktuell:
Ihre Informationen bleiben immer auf dem neuesten Stand – bei aktuellem Anlaß wird die Kommentierung rechtzeitig und rechtssicher ergänzt.

Im Fachbuchhandel erhältlich; Preisänderung vorbehalten!

Ein unverzichtbarer Leitfaden für die Praxis ...

Linhart
Fristen und Termine im Verwaltungsrecht
Leitfaden

Von Dr. Helmut Linhart, Vorsitzender Richter am Bayerischen Verwaltungsgerichtshof, München

3. Auflage, 1996, XVI, 120 Seiten, kartoniert, DM 18,80
Best.-Nr.: 54125 – ISBN 3-7825-0363-5

Kaum ein Bereich des Verwaltungsrechtes kommt ohne Fristsetzung und -berechnung oder Terminbestimmung aus. Zu allen wesentlichen dabei auftretenden Fragen liefert dieses Buch die Lösungen.

Der Leitfaden wurde sowohl für die Belange der Praxis als auch für Ausbildungszwecke konzipiert.

Die langjährige juristische wie publizistische Praxis des Autors spiegelt sich in einer klaren Gliederung der umfangreichen Information, die leicht verständlich auf doch geringem Raum vermittelt wird.

Der Band legt eine in der Praxis bislang ergiebige Fehlerquelle trocken und nimmt einem häufig abgefragten Prüfungsstoff den Schrecken.

Im Fachbuchhandel erhältlich; Preisänderung vorbehalten!